ITALIA

1: 200 000

ATLANTE STRADALE e TURISTICO
TOURIST and MOTORING ATLAS
ATLAS ROUTIER et TOURISTIQUE
STRASSEN- und REISEATLAS

MICHELIN

Sommario / Contents / Sommaire / Inhaltsübersicht

Copertina interna: Quadro d'insieme
Inside front cover: Key to map pages
Intérieur de couverture : Tableau d'assemblage
Umschlaginnenseite: Übersicht

D - G

Grandi itinerari - Quadro d'insieme
Route planning - Key to map pages
Grands itinéraires - Tableau d'assemblage
Reiseplanung - Übersicht

H - I

Distanze
Distances
Tableau des distances
Entfernungen

J -K

Tempi di percorrenza
Driving times
Temps de parcours
Fahrzeiten

1 - 41

Profili autostradali : intersezioni e svincoli, servizi, distanze progressive

Motorways table: intersections & interchanges, services, cumulative distances

Schéma autoroutiers : intersections et échangeurs, services, distances cumulées

Autobahntabellen : Autobahnkreuzen, Anschlussstellen, Dienste Progresive Entfernungen

1

Legenda
Key
Légende
Zeichenerklärung

2 - 181

Italia
Italy
Italie
Italien

182 - 205

Sicilia
Sicily
Sicile
Sicilien

206 - 227

Sardegna
Sardinia
Sardaigne
Sardinien

228 -329

Indice completo - Piante di città
Index of place names - Town plans
Index des localités - Plans de ville
Ortsverzeichnis - Stadtpläne

Piante di città / Town plans / Plans de ville / Stadtpläne

229	**Agrigento**	257	**Ferrara**	284	**Padova**	310	**Sassari**
230	**Alessandria**	258	**Firenze**	285	**Palermo**	312	**Siena**
230	**Ancona**		**(pianta d'insieme)**		**(pianta d'insieme)**	313	**Siracusa**
231	**Aosta**	259	**Firenze**	286	**Palermo**	313	**Sorrento**
231	**Arezzo**	260	**Forlì**	287	**Parma**	314	**Spoleto**
232	**Ascoli Piceno**	262	**Genova**	288	**Pavia**	315	**Stresa**
232	**Assisi**		**(pianta d'insieme)**	288	**Perugia**	316	**Taormina**
234	**Bari**	263	**Genova**	289	**Pesaro**	316	**Taranto**
235	**Bergamo**	266	**L'Aquila**	289	**Pescara**	318	**Torino**
236	**Bologna**	267	**La Spezia**	290	**Piacenza**		**(pianta d'insieme)**
	(pianta d'insieme)	268	**Lecce**	291	**Pisa**	319	**Torino**
237	**Bologna**	269	**Livorno**	294	**Prato**	320	**Trento**
238	**Bolzano**	270	**Lucca**	296	**Ravenna**	320	**Treviso**
239	**Brescia**	272	**Mantova**	296	**Reggio di Calabria**	321	**Trieste**
240	**Brindisi**	274	**Messina**	297	**Reggio nell'Emilia**	322	**Udine**
241	**Cagliari**	275	**Milano**	298	**Rimini**	323	**Urbino**
247	**Catania**		**(pianta d'insieme)**	299	**Roma**	323	**Varese**
252	**Como**	276	**Milano**		**(pianta d'insieme)**	324	**Venezia**
253	**Cortina d'Ampezzo**	277	**Modena**	300	**Roma**	325	**Verona**
253	**Cosenza**	281	**Napoli**	302	**Salerno**	326	**Vicenza**
254	**Courmayeur**		**(pianta d'insieme)**	304	**San Gimignano**	329	**Viterbo**
254	**Cremona**	282	**Napoli**	305	**San Marino**		
255	**Cuneo**	283	**Novara**	307	**San Remo**		

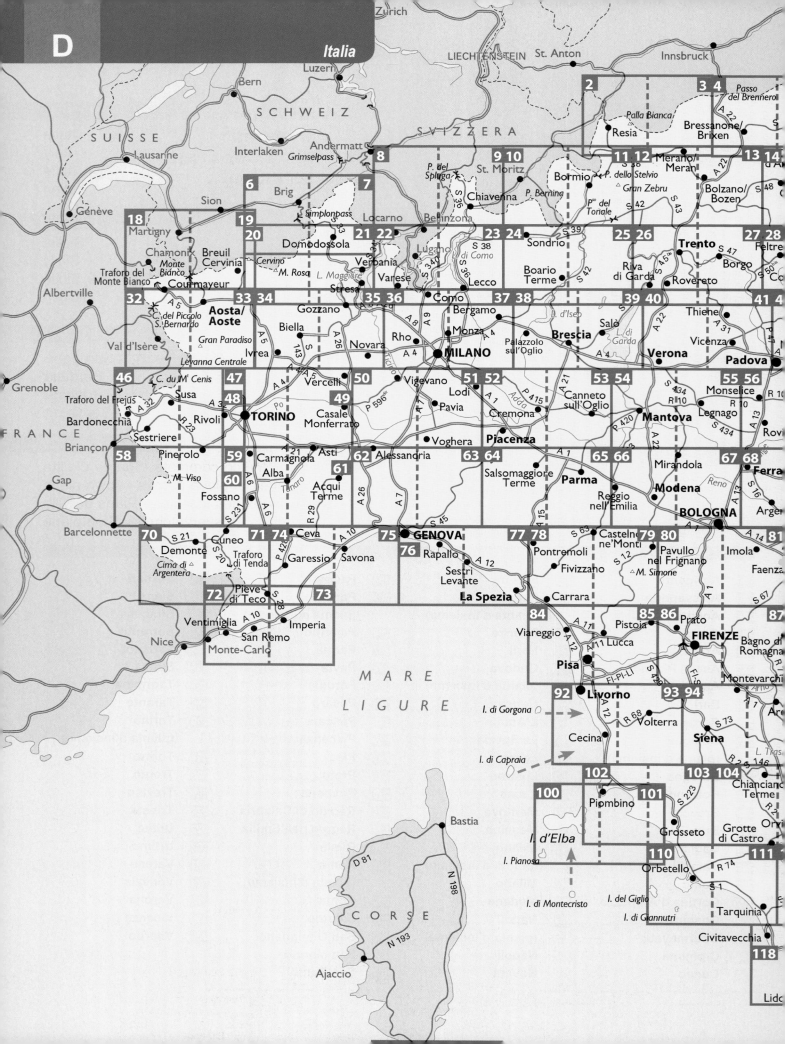

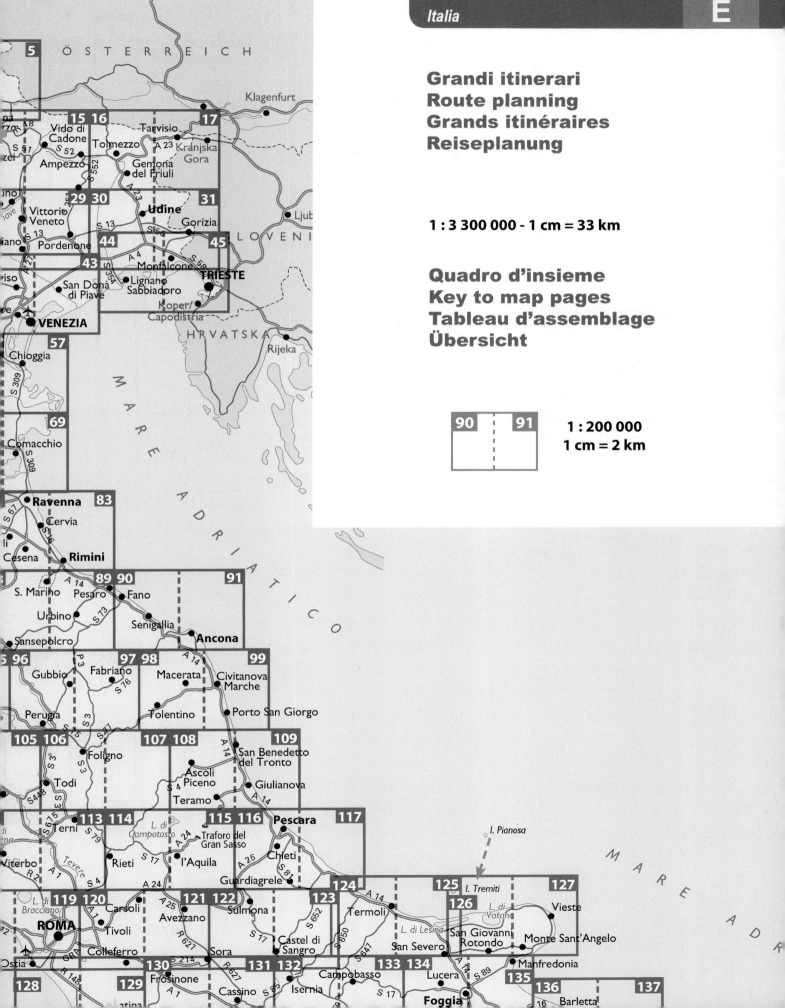

Grandi itinerari
Route planning
Grands itinéraires
Reiseplanung

1 : 3 300 000 - 1 cm = 33 km

Quadro d'insieme
Key to map pages
Tableau d'assemblage
Übersicht

90 **91**   **1 : 200 000**
1 cm = 2 km

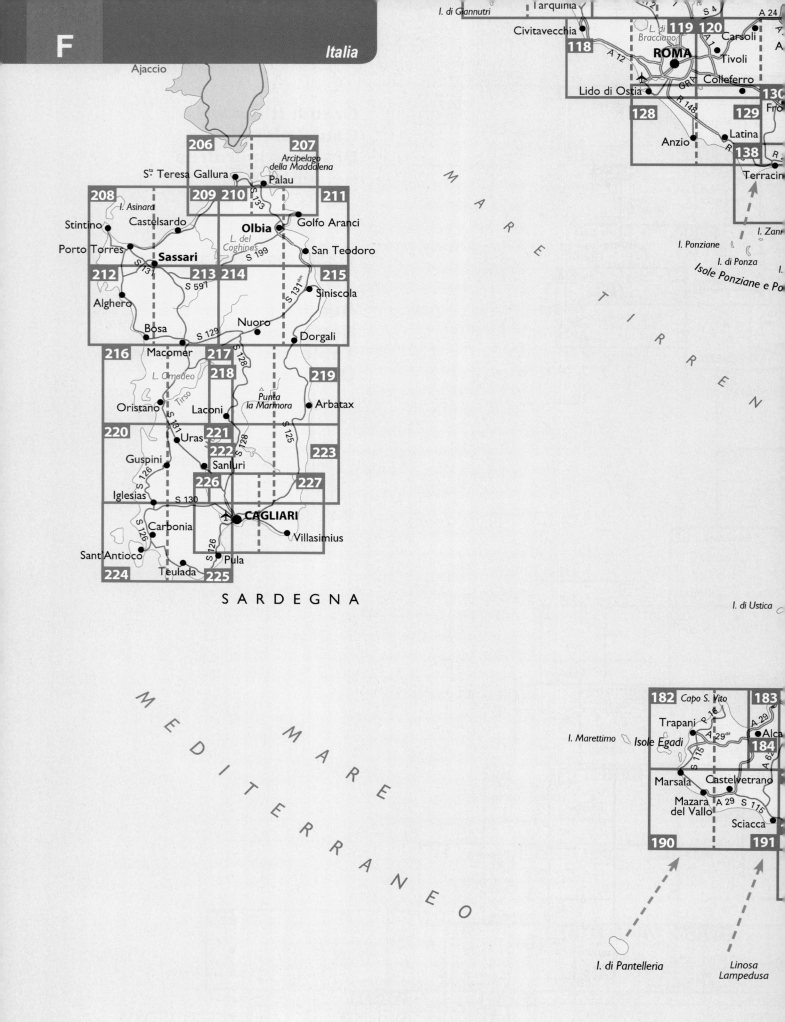

Ajaccio

I. di Giannutri
Tarquinia
Civitavecchia
L. di Bracciano
118 **119** **120**
Carsoli
A 1
A 12
ROMA
Tivoli
GRA
Colleferro
Lido di Ostia
R 148
128 **129**
130
Fro
Anzio
Latina
R
138
Terracin

I. Zan
I. Ponziane
I. di Ponza
Isole Ponziane e Po

206 **207**
Arcipelago della Maddalena
S.ta Teresa Gallura
Palau
208 **209** **210** **211**
I. Asinara
S 133
Castelsardo
Stintino
Olbia
Golfo Aranci
Porto Torres
L. del Coghinas
S 199
San Teodoro
Sassari
212 **213** **214** **215**
S 131
S 591
S 131 din
Siniscola
Alghero
Nuoro
Bosa
S 129
Dorgali
216 **217**
Macomer
218
L. Omodeo
S 128
219
Tirso
Punta la Marmora
Oristano
Laconi
Arbatax
220
S 131
221
Uras
S 128
S 125
Guspini
222
S 126
Sanluri
223
S 126
226 **227**
Iglesias
S 130
CAGLIARI
Carbonia
Villasimius
S 126
Sant'Antioco
Pula
224
Teulada
225

S A R D E G N A

I. di Ustica

M A R E   T I R R E N O

182 *Capo S. Vito* **183**
R 16
Trapani
A 29
Alca
I. Marettimo
Isole Egadi
A 29 dir
S 115
184
A 6
Marsala
Castelvetrano
Mazara del Vallo
A 29
S 115
Sciacca
190 **191**

M A R E   M E D I T E R R A N E O

I. di Pantelleria
Linosa
Lampedusa

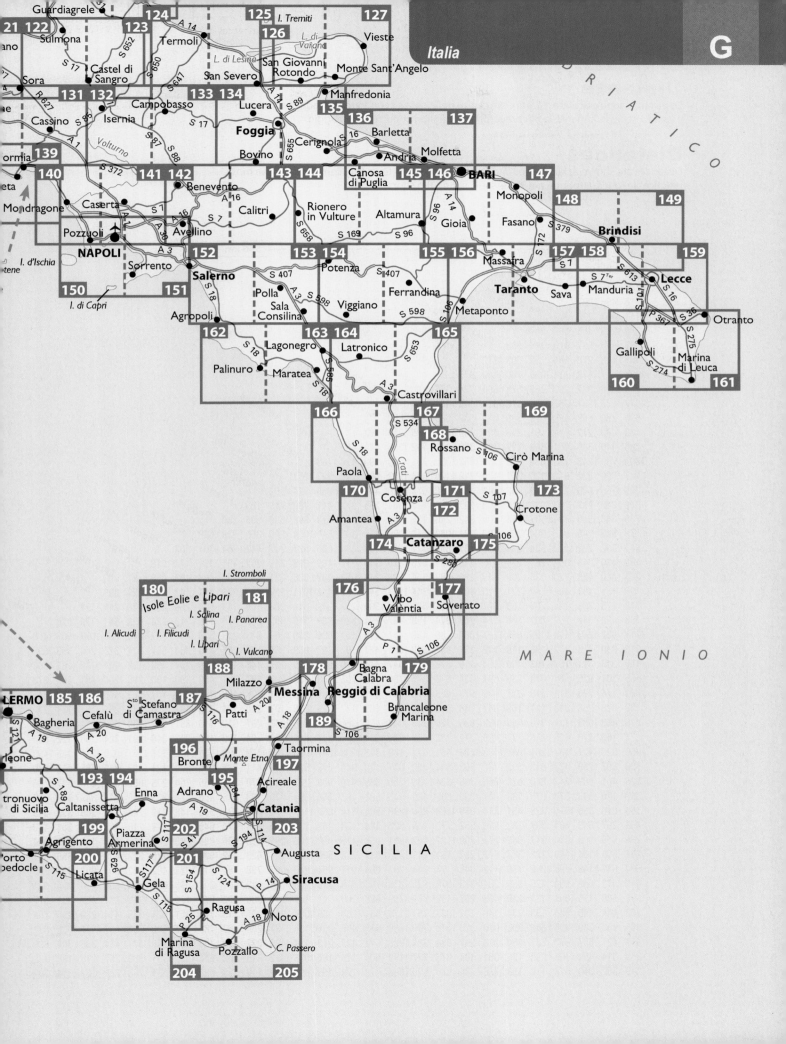

Distanze

Le distanze sono calcolate a partire dal centro delle città e seguendo la strada che, pur non essendo necessariamente la più breve, offre le migliori condizioni di viaggio

Distances

Distances are shown in kilometres and are calculated from town/city centres along the most practicable roads, although not necessarily taking the shortest route.

Ancona – Domodossola: 560 km

	Alessandria	Ancona	Aosta	Bari	Bergamo	Bologna	Brennero (Passo del)	Brescia	Brindisi	Campobasso	Catanzaro	Civitavecchia	Como	Cortina d'Ampezzo	Cosenza	Domodossola	Ferrara	Firenze	Foggia	Genova	L'Aquila	La Spezia	Livorno	Milano	Modena	Napoli
Ancona	464																									
Aosta	169	615																								
Bari	916	466	1067																							
Bergamo	151	457	228	909																						
Bologna	254	216	405	668	247																					
Brennero (Passo del)	437	578	537	1029	317	368																				
Brescia	181	413	278	864	58	203	272																			
Brindisi	1027	577	1178	114	1020	780	1142	975																		
Campobasso	775	326	927	263	769	528	890	724	375																	
Catanzaro	1177	833	1337	361	1191	976	1313	1146	361	487																
Civitavecchia	506	296	665	498	578	360	696	532	636	298	683															
Como	139	482	212	934	91	273	401	140	1046	795	1214	592														
Cortina d'Ampezzo	486	449	586	901	366	292	126	321	1012	762	1255	640	452													
Cosenza	1084	739	1243	268	1098	883	1219	1053	268	393	98	590	1124	1163												
Domodossola	167	560	222	1012	170	351	479	219	1124	874	1293	664	140	527	1201											
Ferrara	295	265	446	716	220	53	341	174	828	578	1016	401	315	250	924	391										
Firenze	332	342	492	703	346	117	468	287	814	477	861	285	372	411	769	449	159									
Foggia	793	343	945	134	787	546	908	742	246	152	480	410	813	778	388	890	595	590								
Genova	89	519	248	937	204	309	493	234	1049	711	1096	425	192	541	1004	246	350	239	849							
L'Aquila	641	192	792	423	634	394	756	589	534	227	619	198	661	625	527	737	442	364	301	603						
La Spezia	189	430	349	852	261	221	475	216	964	626	1010	340	277	499	918	347	262	154	761	114	515					
Livorno	264	420	423	770	336	209	545	290	882	544	928	248	352	489	836	421	251	92	683	188	453	97				
Milano	95	431	187	882	60	221	370	109	994	744	1163	541	53	418	1071	129	262	306	761	142	608	225	303			
Modena	212	273	363	724	205	63	327	160	836	586	1005	390	232	342	913	308	104	148	603	259	450	178	243	177		
Napoli	788	420	948	262	802	588	924	757	374	159	407	294	829	867	315	905	630	474	175	713	234	622	541	775	606	
	1111	662	1263	199	1105	864	1227	1060	86	459	441	719	1131	1096	349	1208	913	899	330	1138	597	1046	965	1077	909	458
	316	330	416	782	196	119	272	151	894	643	1081	467	282	185	989	358	77	225	660	364	507	327	320	244	158	695
	159	315	311	767	163	106	364	118	878	628	1047	441	179	384	955	255	146	191	645	207	492	126	204	125	67	660
	465	161	625	564	479	238	601	434	676	375	760	183	505	468	668	582	287	151	443	390	180	298	240	451	283	373
	624	174	776	314	618	377	739	573	425	175	681	291	644	609	589	721	426	456	192	672	107	591	545	590	422	246
	98	379	253	830	111	169	347	88	942	692	1111	489	121	395	1019	197	210	254	709	146	556	173	251	67	131	724
	926	462	1086	131	940	665	1062	895	224	236	337	432	966	896	245	1043	767	612	115	851	372	759	678	912	744	157
	324	169	476	620	318	77	439	272	732	482	941	364	344	287	849	420	94	189	499	372	346	291	284	290	122	554
	1268	923	1427	451	1281	1067	1403	1236	452	577	160	773	1308	1347	190	1384	1109	953	571	1192	713	1101	1020	1254	1085	499
	600	307	759	432	613	399	735	568	544	232	617	70	640	679	525	716	441	285	345	524	121	433	316	586	418	230
	829	461	989	242	843	628	965	798	324	139	355	335	870	908	263	946	670	515	155	754	275	662	581	815	647	56
	382	126	533	578	375	134	497	330	689	439	945	391	402	366	853	478	183	246	456	429	303	348	341	347	179	533
	195	640	355	1076	325	431	614	356	1188	850	1235	564	314	662	1143	353	471	378	970	146	739	249	326	269	393	848
	383	267	543	664	397	182	519	352	776	438	823	184	424	462	731	500	224	73	549	308	327	216	158	369	201	436
	236	559	309	1010	117	349	271	209	1122	872	1291	669	115	320	1199	251	390	435	889	283	736	353	431	140	311	904
	141	598	164	1049	233	388	542	282	1161	911	1308	637	218	590	1216	227	429	452	928	219	775	322	400	192	350	921
	997	547	1148	96	990	750	1112	945	76	344	292	604	1017	981	200	1093	798	784	216	1023	482	932	851	963	794	309
	549	512	649	964	429	355	284	383	1075	825	1318	703	514	222	1226	591	313	461	842	596	689	563	556	476	394	931
	92	549	115	1001	183	339	493	232	1112	862	1259	588	169	541	1167	177	380	403	879	170	726	273	351	142	301	872
	303	444	403	895	183	234	140	137	1007	757	1176	561	268	189	1084	345	205	319	774	351	621	339	414	230	196	789
	489	453	589	904	369	296	370	324	1016	766	1258	643	455	245	1166	531	254	402	783	537	630	503	497	417	335	871
	457	421	557	872	337	264	273	292	984	734	1226	611	423	213	1134	499	222	370	751	505	598	471	464	385	302	839
	350	314	450	765	230	156	351	184	876	627	1119	504	316	160	1028	392	115	262	644	398	491	366	357	276	199	732
	240	362	340	814	120	153	236	75	925	675	1094	479	206	259	1002	282	110	238	692	288	539	263	333	167	114	707

SICILIA

Agrigento	Caltanissetta	Catania	Messina	Palermo	Ragusa	Siracusa	Trapani
58							
164	110						
261	208	116					
127	129	211	227				
141	133	110	208	251			
213	160	66	164	259	92		
177	236	318	334	112	308	368	

SARDEGNA

Arbatax	Cagliari	Nuoro	Olbia	Oristano	Sassari
131					
93	184				
187	276	104			
173	98	89	182		
205	218	121	103	123	

Distances

Les distances sont comptées à partir du centre-ville et par la route la plus pratique, c'est à dire celle qui offre les meilleures conditions de roulage, mais qui n'est pas nécessairement la plus courte.

Entfernungen

Die Entfernungen gelten ab Stadtmitte unter Berücksichtigung der günstigsten, jedoch nicht immer kürzesten Strecke.

Otranto	Padova	Parma	Perugia	Pescara	Piacenza	Potenza	Ravenna	Reggio di Calabria	Roma	Salerno	San Marino	San Remo	Siena	Sondrio	Susa	Taranto	Tarvisio	Torino	Trento	Trieste	Udine	Venezia	Verona
980																							
965	212																						
762	353	338																					
512	492	477	276																				
1028	225	76	401	539																			
306	833	799	510	309	852																		
818	176	177	187	329	230	610																	
534	1175	1141	851	725	1194	428	1033																
630	507	473	183	211	526	367	365	709															
406	737	702	413	286	756	105	595	447	270														
776	249	234	214	287	288	568	86	1037	393	549													
1274	492	338	525	801	274	985	500	1327	660	889	558												
862	291	256	110	379	310	573	253	915	248	477	311	441											
1208	347	257	582	719	197	1041	419	1383	716	945	476	410	495										
1247	420	296	599	758	232	1058	458	1400	733	963	515	281	512	314									
158	865	850	648	395	903	157	701	385	513	257	659	1156	742	1092	1130								
1162	248	449	530	673	457	1068	349	1410	742	972	430	723	522	478	655	1045							
1198	370	247	550	710	183	1009	409	1351	684	914	467	232	463	264	66	1082	604						
1093	182	231	467	604	211	926	304	1268	601	830	361	477	380	167	409	977	347	358					
1102	189	390	471	613	397	1008	290	1350	683	913	370	664	462	522	596	986	167	545	310				
1070	157	358	439	581	365	976	258	1318	651	881	338	632	430	490	563	954	98	513	278	75			
963	49	249	332	474	258	755	148	1211	544	774	231	526	326	341	456	847	224	406	215	165	133		
1012	89	150	385	523	148	844	222	1186	519	749	280	414	298	273	346	895	323	295	101	264	233	125	

Tempi di percorrenza

Il tempo di percorrenza tra due località è riportato all'incrocio della fascia orizzontale con quella verticale.

Driving times

The driving time between two towns is given at the intersection of horizontal and vertical bands.

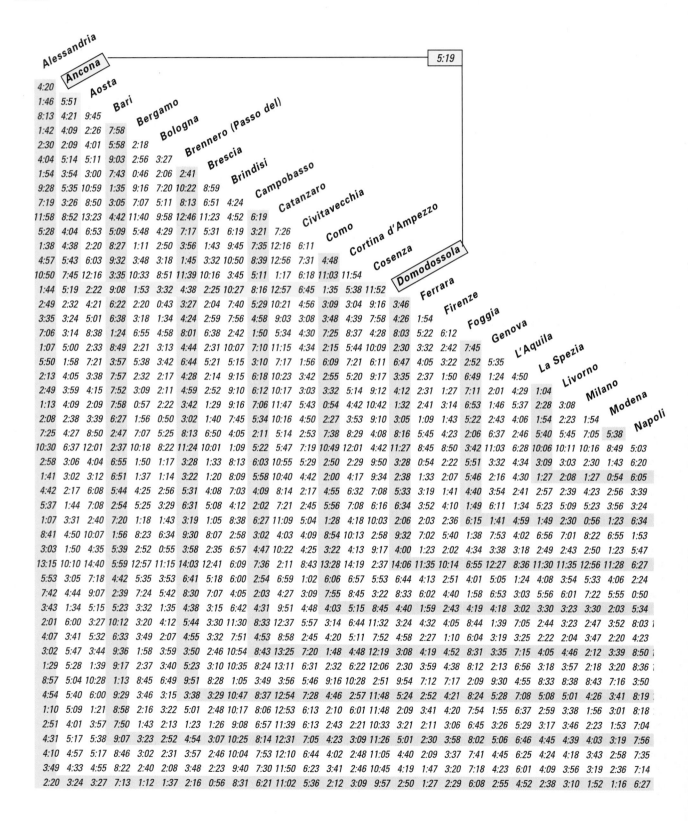

Alessandria	Ancona	Aosta	Bari	Bergamo	Bologna	Brennero (Passo del)	Brescia	Brindisi	Campobasso	Catanzaro	Civitavecchia	Como	Cortina d'Ampezzo	Cosenza	Domodossola	Ferrara	Firenze	Foggia	Genova	L'Aquila	La Spezia	Livorno	Milano	Modena	Napoli

5:19

4:20																									
1:46	5:51																								
8:13	4:21	9:45																							
1:42	4:09	2:26	7:58																						
2:30	2:09	4:01	5:58	2:18																					
4:04	5:14	5:11	9:03	2:56	3:27																				
1:54	3:54	3:00	7:43	0:46	2:06	2:41																			
9:28	5:35	10:59	1:35	9:16	7:20	10:22	8:59																		
7:19	3:26	8:50	3:05	7:07	5:11	8:13	6:51	4:24																	
11:58	8:52	13:23	4:42	11:40	9:58	12:46	11:23	4:52	6:19																
5:28	4:04	6:53	5:09	5:48	4:29	7:17	5:31	6:19	3:21	7:26															
1:38	4:38	2:20	8:27	1:11	2:50	3:56	1:43	9:45	7:35	12:16	6:11														
4:57	5:43	6:03	9:32	3:48	3:18	1:45	3:32	10:50	8:39	12:56	7:31	4:48													
10:50	7:45	12:16	3:35	10:33	8:51	11:39	10:16	3:45	5:11	1:17	6:18	11:03	11:54												
1:44	5:19	2:22	9:08	1:53	3:32	4:38	2:25	10:27	8:16	12:57	6:45	1:35	5:38	11:52											
2:49	2:32	4:21	6:22	2:20	0:43	3:27	2:04	7:40	5:29	10:21	4:56	3:09	3:04	9:16	3:46										
3:35	3:24	5:01	6:38	3:18	1:34	4:24	2:59	7:56	4:58	9:03	3:08	3:48	4:39	7:58	4:26	1:54									
7:06	3:14	8:38	1:24	6:55	4:58	8:01	6:38	2:42	1:50	5:34	4:30	7:25	8:37	4:28	8:03	5:22	6:12								
1:07	5:00	2:33	8:49	2:21	3:13	4:44	2:31	10:07	7:10	11:15	4:34	2:15	5:44	10:09	2:30	3:32	2:42	7:45							
5:50	1:58	7:21	3:57	5:38	3:42	6:44	5:21	5:15	3:10	7:17	1:56	6:09	7:21	6:11	6:47	4:05	3:22	2:52	5:35						
2:13	4:05	3:38	7:57	2:32	2:17	4:28	2:14	9:15	6:18	10:23	3:42	2:55	5:20	9:17	3:35	2:37	1:50	6:49	1:24	4:50					
2:49	3:59	4:15	7:52	3:09	2:11	4:59	2:52	9:10	6:12	10:17	3:03	3:32	5:14	9:12	4:12	2:31	1:27	7:11	2:01	4:29	1:04				
1:13	4:09	2:09	7:58	0:57	2:22	3:42	1:29	9:16	7:06	11:47	5:43	0:54	4:42	10:42	1:32	2:41	3:14	6:53	1:46	5:37	2:28	3:08			
2:08	2:38	3:39	6:27	1:56	0:50	3:02	1:40	7:45	5:34	10:16	4:50	2:27	3:53	9:10	3:05	1:09	1:43	5:22	2:43	4:06	1:54	2:23	1:54		
7:25	4:27	8:50	2:47	7:07	5:25	8:13	6:50	4:05	2:11	5:14	2:53	7:38	8:29	4:08	8:16	5:45	4:23	2:06	6:37	2:46	5:40	5:45	7:05	5:38	
10:30	6:37	12:01	2:37	10:18	8:22	11:24	10:01	1:09	5:22	5:47	7:19	10:49	12:01	4:42	11:27	8:45	8:50	3:42	11:03	6:28	10:06	10:11	10:16	8:49	5:03
2:58	3:06	4:04	6:55	1:50	1:17	3:28	1:33	8:13	6:03	10:55	5:29	2:50	2:29	9:50	3:28	0:54	2:22	5:51	3:32	4:34	3:09	3:03	2:30	1:43	6:20
1:41	3:02	3:12	6:51	1:37	1:14	3:22	1:20	8:09	5:58	10:40	4:42	2:00	4:17	9:34	2:38	1:33	2:07	5:46	2:16	4:30	1:27	2:08	1:27	0:54	6:05
4:42	2:17	6:08	5:44	4:25	2:56	5:31	4:08	7:03	4:09	8:14	2:17	4:55	6:32	7:08	5:33	3:19	1:41	4:40	3:54	2:41	2:57	2:39	4:23	2:56	3:39
5:37	1:44	7:08	2:54	5:25	3:29	6:31	5:08	4:12	2:02	7:21	2:45	5:56	7:08	6:16	6:34	3:52	4:10	1:49	6:11	1:34	5:23	5:09	5:23	3:56	3:24
1:07	3:31	2:40	7:20	1:18	1:43	3:19	1:05	8:38	6:27	11:09	5:04	1:28	4:18	10:03	2:06	2:03	2:36	6:15	1:41	4:59	1:49	2:30	0:56	1:23	6:34
8:41	4:50	10:07	1:56	8:23	6:34	9:30	8:07	2:58	3:02	4:03	4:09	8:54	10:13	2:58	9:32	7:02	5:40	1:38	7:53	4:02	6:56	7:01	8:22	6:55	1:53
3:03	1:50	4:35	5:39	2:52	0:55	3:58	2:35	6:57	4:47	10:22	4:25	3:22	4:13	9:17	4:00	1:23	2:02	4:34	3:38	3:18	2:49	2:43	2:50	1:23	5:47
13:15	10:10	14:40	5:59	12:57	11:15	14:03	12:41	6:09	7:36	2:11	8:43	13:28	14:19	2:37	14:06	11:35	10:14	6:55	12:27	8:36	11:30	11:35	12:56	11:28	6:27
5:53	3:05	7:18	4:42	5:35	3:53	6:41	5:18	6:00	2:54	6:59	1:02	6:06	6:57	5:53	6:44	4:13	2:51	4:01	5:05	1:24	4:08	3:54	5:33	4:06	2:24
7:42	4:44	9:07	2:39	7:24	5:42	8:30	7:07	4:05	2:03	4:27	3:09	7:55	8:45	3:22	8:33	6:02	4:40	1:58	6:53	3:03	5:56	6:01	7:22	5:55	0:50
3:43	1:34	5:15	5:23	3:32	1:35	4:38	3:15	6:42	4:31	9:51	4:48	4:03	5:15	8:45	4:40	1:59	2:43	4:19	4:18	3:02	3:30	3:23	3:30	2:03	5:34
2:01	6:00	3:27	10:12	3:20	4:12	5:44	3:30	11:30	8:33	12:37	5:57	3:14	6:44	11:32	3:24	4:32	4:05	8:44	1:39	7:05	2:44	3:23	2:47	3:52	8:03
4:07	3:41	5:32	6:33	3:49	2:07	4:55	3:32	7:51	4:53	8:58	2:45	4:20	5:11	7:52	4:58	2:27	1:10	6:04	3:19	3:25	2:22	2:04	3:47	2:20	4:23
3:02	5:47	3:44	9:36	1:58	3:59	3:50	2:46	10:54	8:43	13:25	7:20	1:48	4:48	12:19	3:08	4:19	4:52	8:31	3:35	7:15	4:05	4:46	2:12	3:39	8:50
1:29	5:28	1:39	9:17	2:37	3:40	5:23	3:10	10:35	8:24	13:11	6:31	2:32	6:22	12:06	2:30	3:59	4:38	8:12	2:13	6:56	3:18	3:57	2:18	3:20	8:36
8:57	5:04	10:28	1:13	8:45	6:49	9:51	8:28	1:05	3:49	3:56	5:46	9:16	10:28	2:51	9:54	7:12	7:17	2:09	9:30	4:55	8:33	8:38	8:43	7:16	3:50
4:54	5:40	6:00	9:29	3:46	3:15	3:38	3:29	10:47	8:37	12:54	7:28	4:46	2:57	11:48	5:24	2:52	4:21	8:24	5:28	7:08	5:08	5:01	4:26	3:41	8:19
1:10	5:09	1:21	8:58	2:16	3:22	5:01	2:48	10:17	8:06	12:53	6:13	2:10	6:01	11:48	2:09	3:41	4:20	7:54	1:55	6:37	2:59	3:38	1:56	3:01	8:18
2:51	4:01	3:57	7:50	1:43	2:13	1:23	1:26	9:08	6:57	11:39	6:13	2:43	2:21	10:33	3:21	2:11	3:06	6:45	3:26	5:29	3:17	3:46	2:23	1:53	7:04
4:31	5:17	5:38	9:07	3:23	2:52	4:54	3:07	10:25	8:14	12:31	7:05	4:23	3:09	11:26	5:01	2:30	3:58	8:02	5:06	6:46	4:45	4:39	4:03	3:19	7:56
4:10	4:57	5:17	8:46	3:02	2:31	3:57	2:46	10:04	7:53	12:10	6:44	4:02	2:48	11:05	4:40	2:09	3:37	7:41	4:45	6:25	4:24	4:18	3:43	2:58	7:35
3:49	4:33	4:55	8:22	2:40	2:08	3:48	2:23	9:40	7:30	11:50	6:23	3:41	2:46	10:45	4:19	1:47	3:20	7:18	4:23	6:01	4:09	3:56	3:19	2:36	7:14
2:20	3:24	3:27	7:13	1:12	1:37	2:16	0:56	8:31	6:21	11:02	5:36	2:12	3:09	9:57	2:50	1:27	2:29	6:08	2:55	4:52	2:38	3:10	1:52	1:16	6:27

SICILIA

Agrigento	Caltanissetta	Catania	Messina	Palermo	Ragusa	Siracusa	Trapani
12:55							
2:08	1:21						
2:59	2:11	1:13					
1:52	1:34	2:23	2:24				
2:21	2:04	1:37	2:35	3:16			
2:47	2:00	1:01	1:58	2:57	1:25		
2:21	2:46	3:34	3:36	1:25	4:28	4:14	

SARDEGNA

Arbatax	Cagliari	Nuoro	Olbia	Oristano	Sassari
2:30					
1:19	2:28				
2:32	3:53	1:25			
2:23	1:24	1:16	2:40		
2:51	2:56	1:44	1:40	1:42	

Temps de parcours

Le temps de parcours entre deux localités est indiqué à l'intersection des bandes horizontales et verticales.

Fahrzeiten

Die Fahrzeit in zwischen zwei Städten ist an dem Schnittpunkt der waagerechten und der senkrechten Spalten in der Tabelle abzulesen.

Otranto	Padova	Parma	Perugia	Pescara	Piacenza	Potenza	Ravenna	Reggio di Calabria	Roma	Salerno	San Marino	San Remo	Siena	Sondrio	Susa	Taranto	Tarvisio	Torino	Trento	Trieste	Udine	Venezia	Verona
9:19																							
9:14	2:08																						
8:08	3:54	3:19																					
5:18	4:27	4:19	3:16																				
9:44	2:11	0:54	3:51	4:45																			
4:01	7:36	7:18	4:57	3:24	7:44																		
8:03	2:08	1:46	2:24	3:04	2:12	6:10																	
7:13	12:10	11:52	9:31	9:22	12:18	5:29	11:47																
7:05	4:47	4:29	2:09	2:17	4:56	3:47	4:25	8:14															
5:08	6:36	6:18	3:57	3:49	6:44	1:16	6:14	5:42	2:39														
7:47	2:33	2:26	2:46	2:49	2:52	5:55	1:14	11:06	4:39	6:11													
12:36	4:36	3:24	5:20	7:14	2:46	9:26	4:44	13:52	6:32	8:21	5:24												
8:56	3:01	2:43	1:36	4:34	3:10	5:46	2:40	10:13	2:53	4:41	3:19	4:48											
12:00	3:51	3:10	6:07	7:01	2:36	10:13	4:31	14:40	7:20	9:08	5:11	4:44	5:29										
11:40	4:15	2:51	5:53	6:42	2:14	10:00	4:12	14:26	7:06	8:55	4:51	2:49	5:16	3:58									
2:08	7:47	7:39	6:36	3:38	8:05	2:06	6:27	5:11	5:26	3:07	6:10	11:00	7:09	10:28	10:02								
11:53	2:18	4:04	6:14	6:54	4:06	9:42	4:01	14:08	6:48	8:37	5:04	6:37	4:58	6:40	6:02	10:14							
11:22	3:53	2:33	5:35	6:24	1:55	9:41	3:54	14:08	6:48	8:37	4:33	2:29	4:58	3:36	0:52	9:43	5:58						
10:14	1:41	2:11	4:21	5:15	2:03	8:27	2:45	12:54	5:33	7:22	3:25	4:35	3:43	2:54	3:59	8:34	4:13	3:36					
11:30	1:55	3:42	5:52	6:32	3:43	9:20	3:39	13:46	6:26	8:15	4:41	6:15	4:36	5:28	5:39	9:51	1:41	5:17	3:46				
11:09	1:35	3:21	5:31	6:11	3:22	8:59	3:18	13:25	6:05	7:54	4:20	5:54	4:15	5:07	5:18	9:30	1:02	4:56	3:25	0:57			
10:46	1:13	2:58	5:07	5:49	3:00	8:54	2:52	13:04	5:43	7:32	3:57	5:34	3:56	4:34	4:57	9:07	2:43	4:34	2:34	2:20	2:02		
9:37	1:02	1:34	3:44	4:38	1:32	7:51	2:08	12:17	4:57	6:46	2:48	4:04	3:07	3:17	3:28	7:58	3:06	3:06	1:04	2:45	2:26	1:56	

Profili autostradali

Nomi delle uscite
Collegamenti autostradali
Intersezioni e svincoli autostradali
Aree di servizio
Distanze progressive

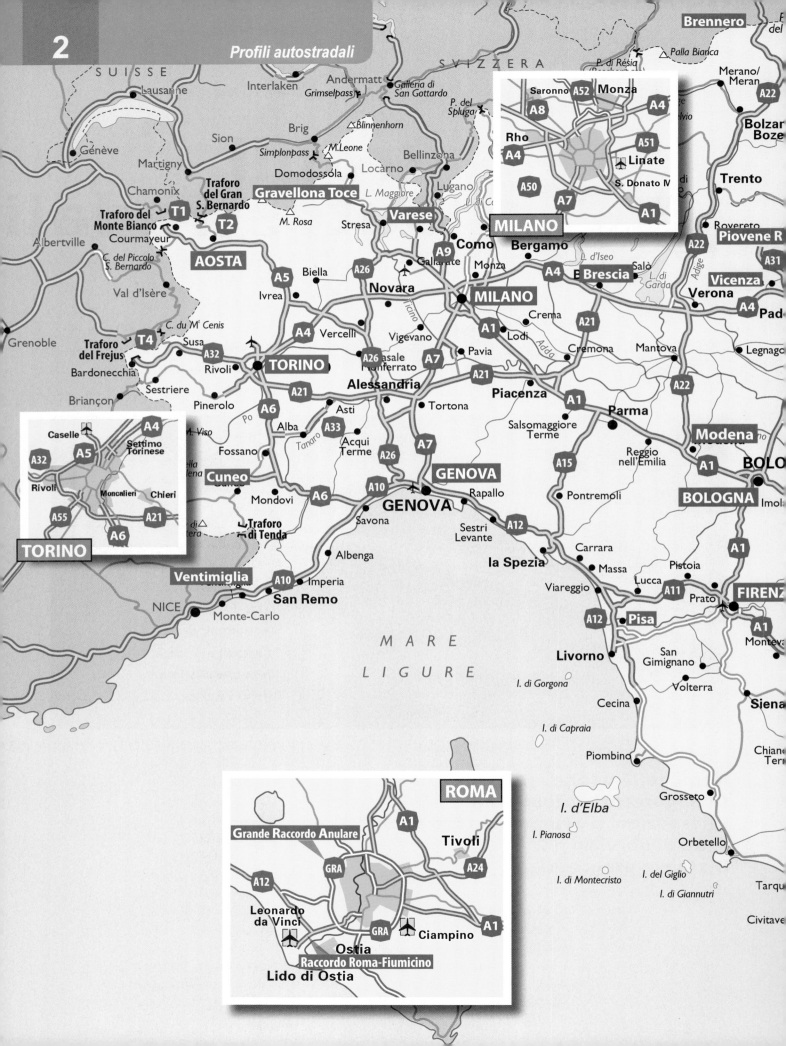

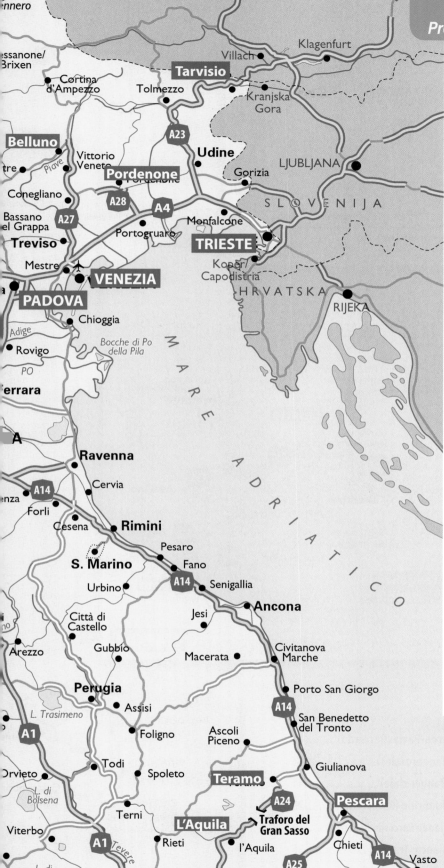

Profili autostradali
Motorways table
Schémas autoroutiers
Autobahntabellen

- **A1** **Milano-Napoli** 7
- **A3** **Napoli-Salerno-Reggio Calabria** 10
- **A4** **Torino-Trieste** 12
- **A5** **Torino-Aosta** 15
- **A6** **Torino-Savona** 16
- **A7** **Milano-Genova** 16
- **A8** **Milano-Varese** 17
- **A9** **Lainate-Como-Chiasso** 18
- **A10** **Genova-Ventimiglia** 18
- **A11** **Firenze-Pisa nord** 19
- **A12** **Genova-Roma** 20
- **A13** **Bologna-Padova** 21
- **A14** **Bologna-Taranto** 22
- **A15** **Parma-La Spezia** 24
- **A16** **Napoli-Canosa** 25
- **A18** **Messina-Catania-Rosolini** 25
- **A19** **Palermo-Catania** 26
- **A20** **Messina-Palermo** 27
- **A21** **Torino-Piacenza-Brescia** 28
- **A22** **Brennero-Modena** 29
- **A23** **Palmanova-Tarvisio** 30
- **A24** **Roma-L'Aquila-Teramo** 30
- **A25** **Torano-Pescara** 31

segue p.4

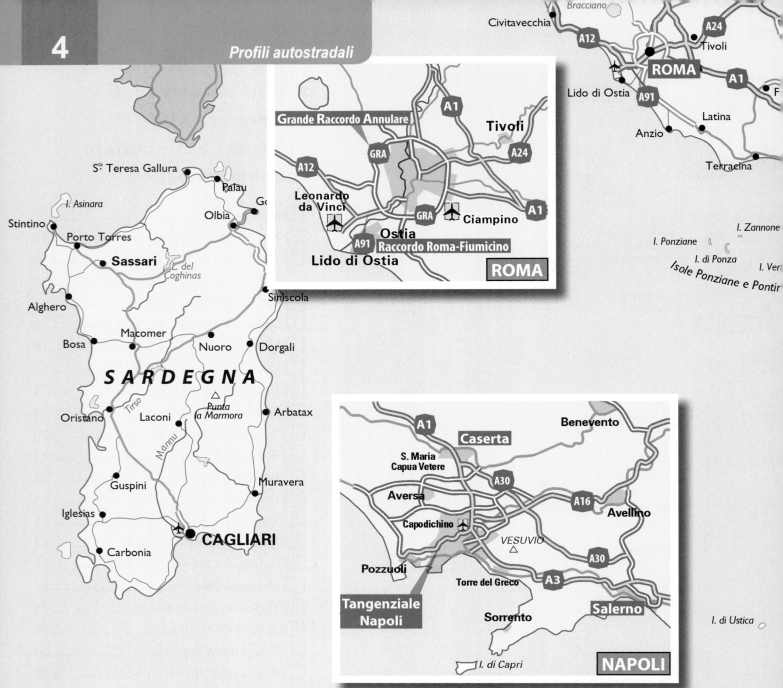

Grande Raccordo Annulare

Leonardo da Vinci

Tivoli

Ostia
Raccordo Roma-Fiumicino

Lido di Ostia

Ciampino

ROMA

Bracciano

Civitavecchia

ROMA

Tivoli

Lido di Ostia

Latina

Anzio

Terracina

I. Zannone

I. Ponziane

I. di Ponza

I. Ver

Isole Ponziane e Pontir

Sta Teresa Gallura

Palau

I. Asinara

Stintino

Porto Torres

Sassari

Olbia

Go

L. del Coghinas

Alghero

Macomer

Bosa

Nuoro

Dorgali

Siniscola

S A R D E G N A

Tirso

Punta la Marmora

Arbatax

Oristano

Laconi

Mannu

Guspini

Muravera

Iglesias

Carbonia

CAGLIARI

A1

Caserta

Benevento

S. Maria
Capua Vetere

Aversa

A30

A16

Avellino

Capodichino

VESUVIO

Pozzuoli

Torre del Greco

A3

A30

Tangenziale Napoli

Sorrento

Salerno

I. di Capri

NAPOLI

I. di Ustica

Capo S. Vito

Isole Egadi

Trapani

I. Marettimo

Alcamo

I. Favignana

A29

Marsala

Castelvetran

Mazara del Vallo

A29

Sciacca

I. di Pantelleria

S I

A26 Genova Voltri-Gravellona Toce 32

A27 Venezia-Belluno 33

A28 Portogruaro-Pordenone-Conegliano ... 33

A29 Palermo - Mazara del Vallo 34

A30 Caserta-Salerno 35

A31 Vicenza-Piovene R. 35

A32 Torino-Bardonecchia......................... 35

A33 Asti - Cuneo 36

A50 Milano (Tangenziale Ovest) 36

A51 Milano (Tangenziale Est) 37

A52 Milano (Tangenziale Nord) 38

A53 Bereguardo-Pavia (Raccordo) 17

A55 Torino (Tangenziale) 38-39

A56 Napoli (Tangenziale)...................... 41

A91 Roma-Fiumicino (Raccordo) 21

GRA Roma (Grande Raccordo Anulare)........ 40

T1 Monte Bianco (Traforo) 15

T2 Gran San Bernardo (Traforo)........... 15

T4 Frejus (Traforo).............................. 35

Gallarate-Gattico (Raccordo) 18

Catania (Tangenziale)...................... 26

Bologna (Tangenziale) 39

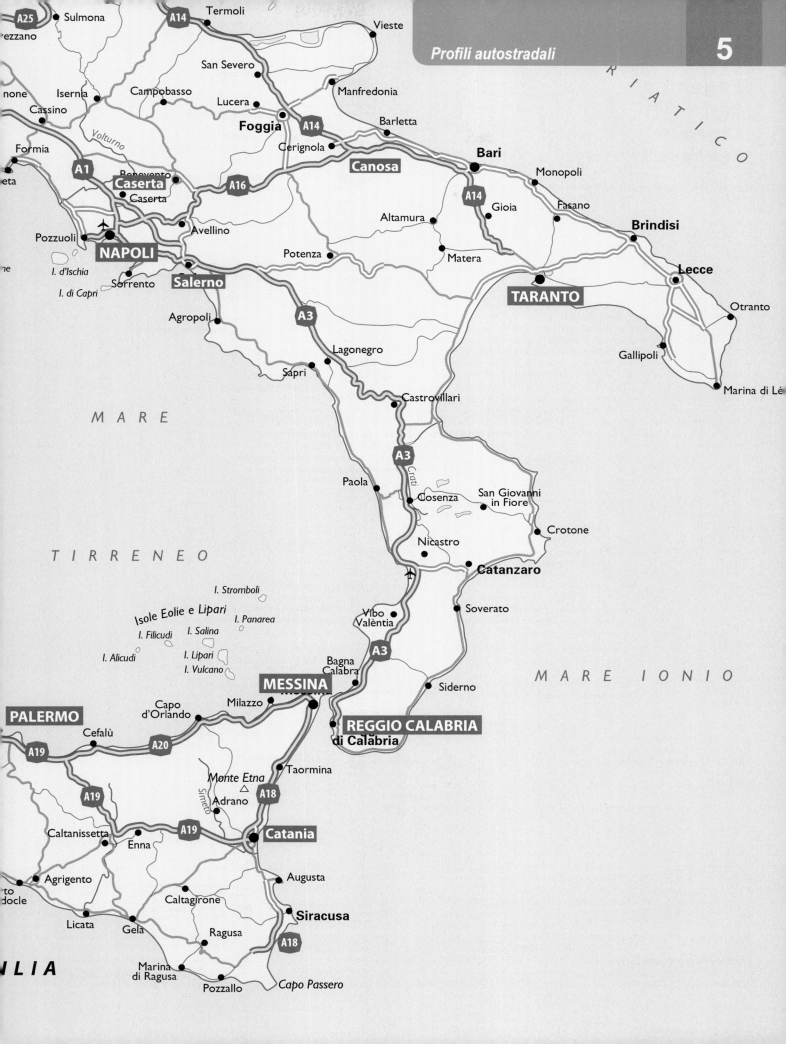

Legenda
Key
Légende
Zeichenerklärung

 A 1 — Autostrada - *Motorway*
Autoroute - *Autobahn*

MILANO — Uscita - *Exit name*
Sortie d'autoroute - *Ausfahrtnamen*

A21 BRESCIA — Collegamento autostradale
Motorway link - Liaison autoroutière
Verbindungautobahn

PIACENZA — Altra direzione - *Other direction*
Autre direction -

Intersezioni autostradali - *Motorway intersections*
Intersections autoroutières - Autobahnkreuzen

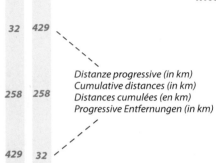

32	429
258	258
429	32

Distanze progressive (in km)
Cumulative distances (in km)
Distances cumulées (en km)
Progressive Entfernungen (in km)

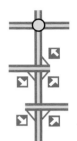

- a quattro direzioni (completo)
- *four directions (full)*
- quatre directions (complet)
- *in vier Richtungen (Voll)*

- a tre direzioni • *three directions*
- trois directions • *in drei Richtungen (Voll)*

- a due direzioni
- *two directions*
- deux directions
- *in zwei Richtungen*

Svincoli autostradali - *Motorway interchanges*
Échangeurs autoroutiers - Anschlussstellen

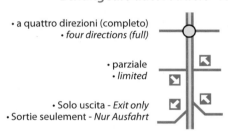

- a quattro direzioni (completo)
- *four directions (full)*

- quatre directions (complet)
- *in vier Richtungen (Voll)*

- parziale
- *limited*

- incomplet
- *Teilanschlussstellen*

- Solo uscita - *Exit only*
- Sortie seulement - *Nur Ausfahrt*

- Solo entrata - *Entrance only*
- Entrée seulement - *Nur Einfahrt*

Servizi - *Services - Dienste*

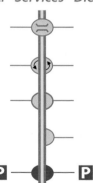

Area di servizio doppia a ponte
Twin-bridge service area
— Aire de service à pont en double sens
Doppeltes Tankstelle als Brückenbau

Area di servizio doppia comunicante
Twin service area connected by passage
— Aire de service double avec liaison
Doppeltes Tankstelle mit Übergang

Area di servizio doppia (senza comunicazione)
Twin service area (without communication)
— Aire de service double (unilatérale)
Doppeltes Tankstelle an beiden Fahrbahn

Area di servizio singola
Single service area
— Aire de service dans un seul sens
Einfaches Tankstelle an der Fahrbahnen

Area di parcheggio
Parking area
— Aire de stationnement
Parkplatz

Barriera a pedaggio
Toll barrier
— Barrière de péage
Zahlstelle für Autobahngebühr

 Rifornimento carburante
Petrol station
Station-service - *Tankstelle*

 Rifornimento gas (GPL)
LPG station - Gaz (GPL)
Tankstelle Flüssigas

M Metano - *Methane*
Méthane - *Methan*

 Officina meccanica
Repair service
Atelier de mécanique
Werkstatt

 Servizi per disabili
Facilities for the disabled
Services pour handicapés
Dienste für Behinderte

 Ristorante - *Restaurant*
Gasthaus

 Motel

 Area attrezzata camper
Camper service
Aire pour camping-cars

 Snack bar - *Cafeteria*

 Informazioni turistiche
Tourist information
Information touristique
Touristiche Informationen

 Punto blu
Motorway service & information
Information et services autoroutes
Autobahn Auskünfte und Service

 Soccorso sanitario
Medical aid
Secours sanitaire
Erstehilfestelle

 Bancomat - *Cash dispenser*
Distributeur de billets
Geldautomat

 Area attrezzata per picnic - *Picnic area*
Aire de pique-nique - *Picknickplatz*

 Area per animali domestici - *Pets area*
Aire pour animaux domestiques - *Haustierpark*

 Radar fisso - *Speed camera*
Radar fixe - *Starenkasten*

 Tutor: Rilevatore di velocità media tra due o piú punti
Tutor: Report of the average speed between two or several points
Tutor : Relevé de vitesse moyenne entre deux ou plusieurs points
Tutor: Erhebung der Durchschnittgeschwindigkeit zwischen zwei oder mehr Punkten

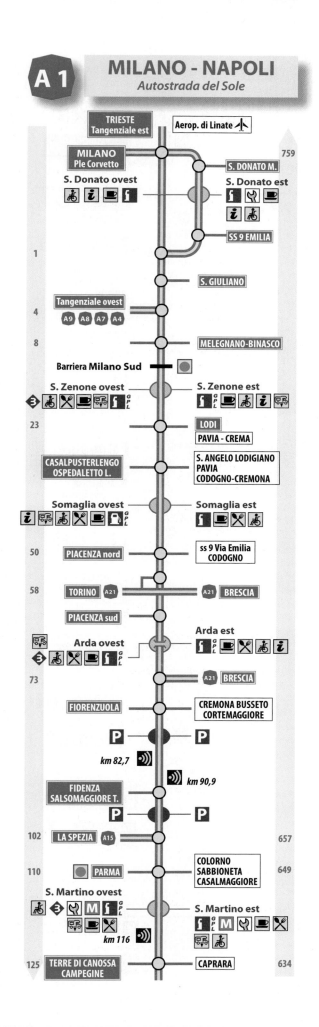

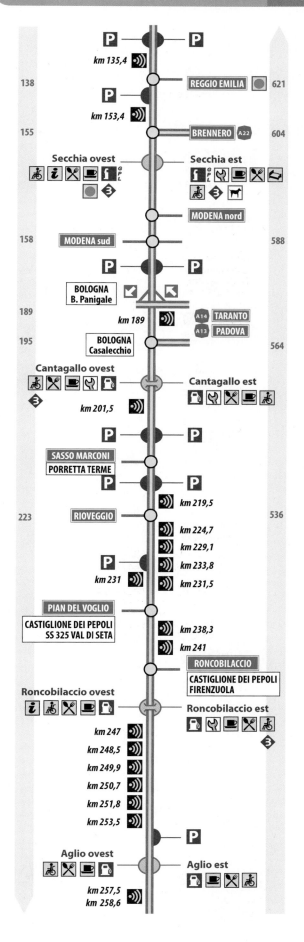

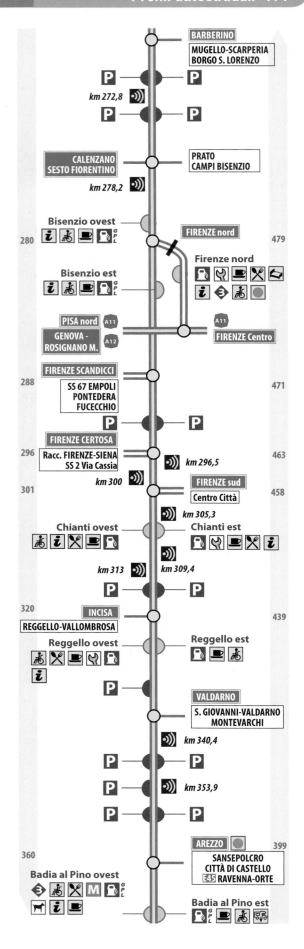

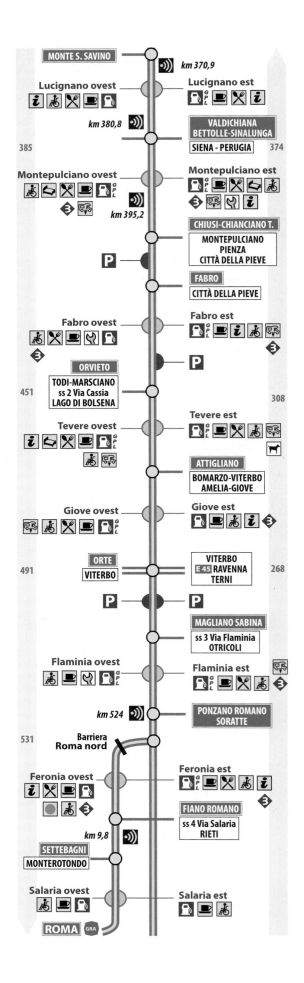

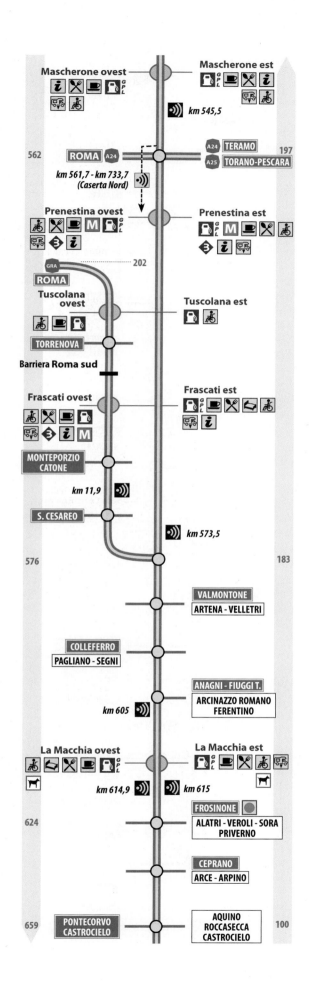

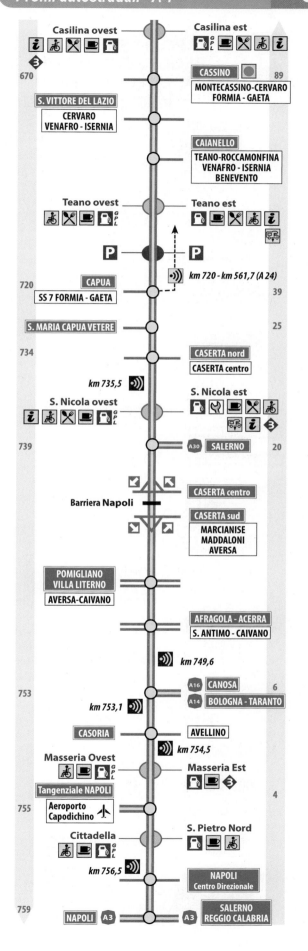

A 3 — NAPOLI - SALERNO - REGGIO CALABRIA

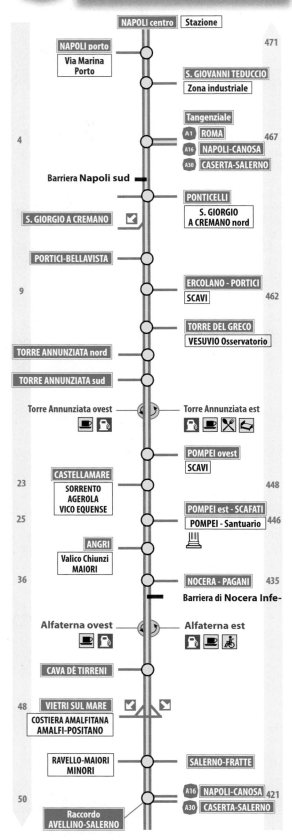

NAPOLI centro — Stazione

NAPOLI porto — Via Marina Porto — 471

S. GIOVANNI TEDUCCIO — Zona industriale

Tangenziale
A1 ROMA
A16 NAPOLI-CANOSA — 467
A30 CASERTA-SALERNO

4

Barriera Napoli sud

PONTICELLI — S. GIORGIO A CREMANO nord

S. GIORGIO A CREMANO

PORTICI-BELLAVISTA

ERCOLANO - PORTICI — SCAVI — 462

9

TORRE DEL GRECO — VESUVIO Osservatorio

TORRE ANNUNZIATA nord

TORRE ANNUNZIATA sud

Torre Annunziata ovest — Torre Annunziata est

POMPEI ovest — SCAVI

CASTELLAMARE — SORRENTO AGEROLA VICO EQUENSE — 448

23

25 — POMPEI est - SCAFATI — POMPEI - Santuario — 446

ANGRI — Valico Chiunzi MAIORI

36 — NOCERA - PAGANI — 435

Barriera di Nocera Infe-

Alfaterna ovest — Alfaterna est

CAVA DÈ TIRRENI

48 — VIETRI SUL MARE — COSTIERA AMALFITANA AMALFI-POSITANO

RAVELLO-MAIORI MINORI — SALERNO-FRATTE

50 — A16 NAPOLI-CANOSA — 421 — A30 CASERTA-SALERNO — Raccordo AVELLINO-SALERNO

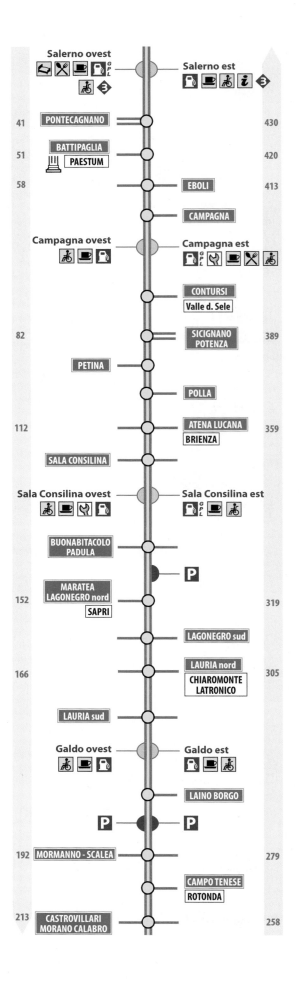

Salerno ovest — Salerno est

41 — PONTECAGNANO — 430

51 — BATTIPAGLIA — PAESTUM — 420

58 — EBOLI — 413

CAMPAGNA

Campagna ovest — Campagna est

CONTURSI — Valle d. Sele

82 — SICIGNANO POTENZA — 389

PETINA

POLLA

112 — ATENA LUCANA — BRIENZA — 359

SALA CONSILINA

Sala Consilina ovest — Sala Consilina est

BUONABITACOLO PADULA

P

MARATEA LAGONEGRO nord — SAPRI
152 — 319

LAGONEGRO sud

LAURIA nord — CHIAROMONTE LATRONICO
166 — 305

LAURIA sud

Galdo ovest — Galdo est

LAINO BORGO

P — P

192 — MORMANNO - SCALEA — 279

CAMPO TENESE — ROTONDA

213 — CASTROVILLARI MORANO CALABRO — 258

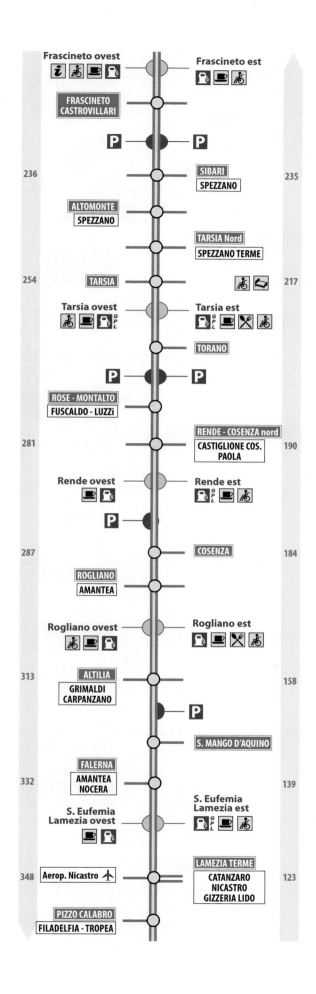

Frascineto ovest
Frascineto est

FRASCINETO
CASTROVILLARI

P   P

236   SIBARI   235
SPEZZANO

ALTOMONTE
SPEZZANO

TARSIA Nord
SPEZZANO TERME

254   TARSIA   217

Tarsia ovest   Tarsia est

TORANO

P   P

ROSE - MONTALTO
FUSCALDO - LUZZi

RENDE - COSENZA nord
281   CASTIGLIONE COS.   190
PAOLA

Rende ovest   Rende est

P

287   COSENZA   184

ROGLIANO
AMANTEA

Rogliano ovest   Rogliano est

313   ALTILIA   158
GRIMALDI
CARPANZANO

P

S. MANGO D'AQUINO

FALERNA
332   AMANTEA   139
NOCERA

S. Eufemia   S. Eufemia
Lamezia ovest   Lamezia est

LAMEZIA TERME
348   Aerop. Nicastro   CATANZARO   123
NICOTERA
GIZZERIA LIDO

PIZZO CALABRO
FILADELFIA - TROPEA

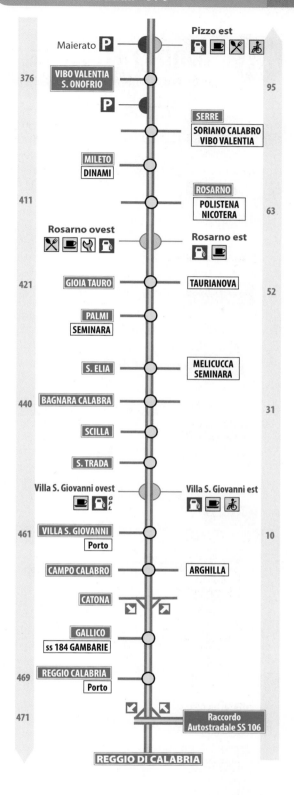

Maierato P   Pizzo est

376   VIBO VALENTIA   95
S. ONOFRIO

P

SERRE
SORIANO CALABRO
VIBO VALENTIA

MILETO
DINAMI

411   63
ROSARNO
POLISTENA
NICOTERA

Rosarno ovest   Rosarno est

421   GIOIA TAURO   TAURIANOVA   52

PALMI
SEMINARA

S. ELIA   MELICUCCA
SEMINARA

440   BAGNARA CALABRA   31

SCILLA

S. TRADA

Villa S. Giovanni ovest   Villa S. Giovanni est

461   VILLA S. GIOVANNI   10
Porto

CAMPO CALABRO   ARGHILLA

CATONA

GALLICO
ss 184 GAMBARIE

469   REGGIO CALABRIA
Porto

471   Raccordo
Autostradale SS 106

REGGIO DI CALABRIA

A 4 TORINO - TRIESTE

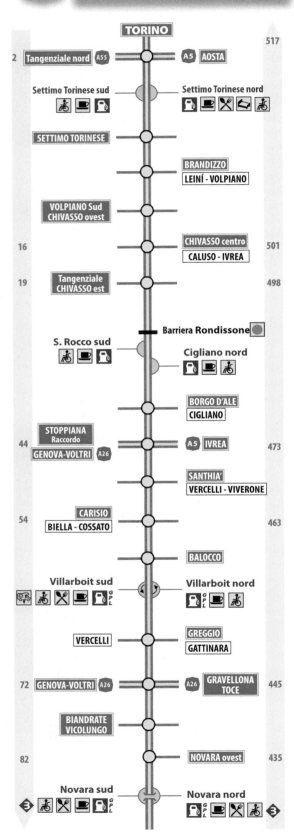

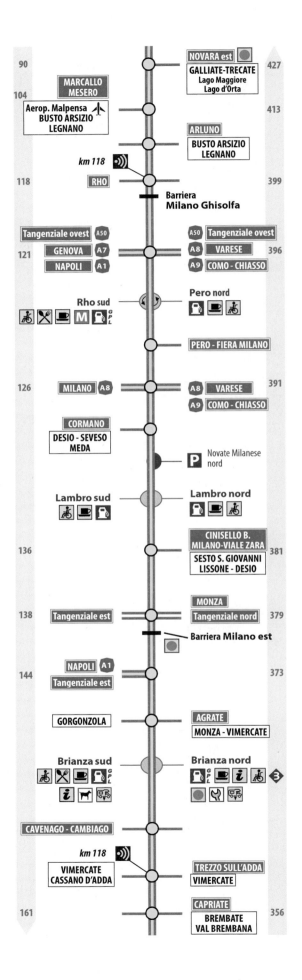

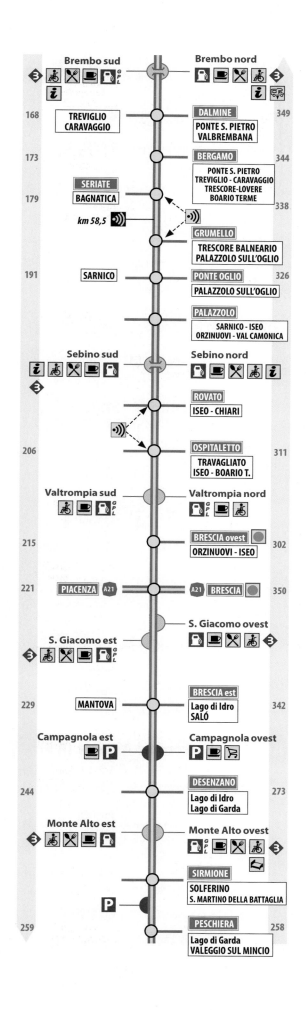

Brembo sud

168 TREVIGLIO CARAVAGGIO

173

SERIATE
179 **BAGNATICA**

km 58,5

191 **SARNICO**

Sebino sud

206

Valtrompia sud

215

221 **PIACENZA** A21

S. Giacomo est

229 **MANTOVA**

Campagnola est

244

Monte Alto est

259

Brembo nord

DALMINE 349
PONTE S. PIETRO
VALBREMBANA

BERGAMO 344
PONTE S. PIETRO
TREVIGLIO - CARAVAGGIO
TRESCORE-LOVERE
BOARIO TERME 338

GRUMELLO
TRESCORE BALNEARIO
PALAZZOLO SULL'OGLIO

PONTE OGLIO 326
PALAZZOLO SULL'OGLIO

PALAZZOLO
SARNICO - ISEO
ORZINUOVI - VAL CAMONICA

Sebino nord

ROVATO
ISEO - CHIARI

OSPITALETTO 311
TRAVAGLIATO
ISEO - BOARIO T.

Valtrompia nord

BRESCIA ovest 302
ORZINUOVI - ISEO

A21 **BRESCIA** 350

S. Giacomo ovest

BRESCIA est
Lago di Idro 342
SALÓ

Campagnola ovest

DESENZANO 273
Lago di Idro
Lago di Garda

Monte Alto ovest

SIRMIONE
SOLFERINO
S. MARTINO DELLA BATTAGLIA

PESCHIERA 258
Lago di Garda
VALEGGIO SUL MINCIO

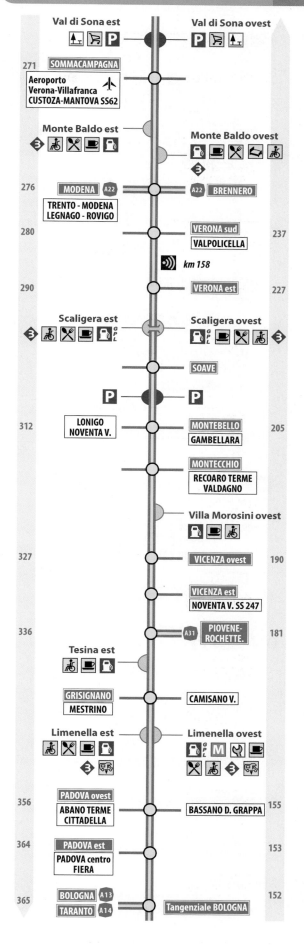

Val di Sona est

271 **SOMMACAMPAGNA**
Aeroporto
Verona-Villafranca
CUSTOZA-MANTOVA SS62

Monte Baldo est

276 **MODENA** A22
TRENTO - MODENA
LEGNAGO - ROVIGO

280

km 158

290

Scaligera est

312 LONIGO
NOVENTA V.

327

336

Tesina est

GRISIGNANO
MESTRINO

Limenella est

356 **PADOVA ovest**
ABANO TERME
CITTADELLA

364 **PADOVA est**
PADOVA centro
FIERA

365 **BOLOGNA** A13
TARANTO A14

Val di Sona ovest

Monte Baldo ovest

A22 **BRENNERO**

VERONA sud 237
VALPOLICELLA

VERONA est 227

Scaligera ovest

SOAVE

MONTEBELLO 205
GAMBELLARA

MONTECCHIO
RECOARO TERME
VALDAGNO

Villa Morosini ovest

VICENZA ovest 190

VICENZA est
NOVENTA V. SS 247

A31 **PIOVENE-ROCHETTE.** 181

CAMISANO V.

Limenella ovest

BASSANO D. GRAPPA 155

153

Tangenziale BOLOGNA 152

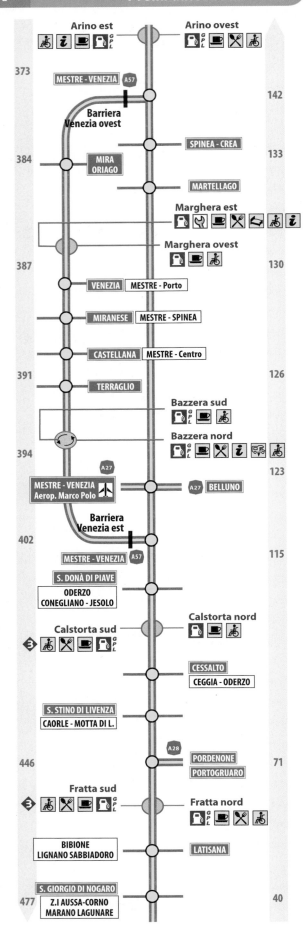

A 5 — TORINO - AOSTA

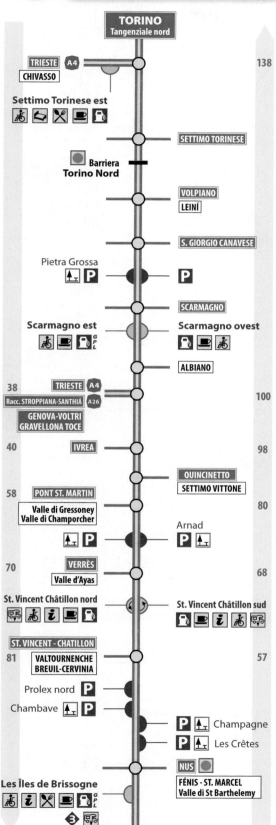

TORINO
Tangenziale nord

TRIESTE A4
CHIVASSO — 138

Settimo Torinese est

SETTIMO TORINESE

Barriera
Torino Nord

VOLPIANO
LEINÍ

S. GIORGIO CANAVESE

Pietra Grossa — P

SCARMAGNO

Scarmagno est — Scarmagno ovest

ALBIANO

38 — TRIESTE A4
Racc. STROPPIANA-SANTHIÁ A26
GENOVA-VOLTRI
GRAVELLONA TOCE — 100

40 — IVREA — 98

QUINCINETTO
SETTIMO VITTONE

58 — PONT ST. MARTIN — 80
Valle di Gressoney
Valle di Champorcher

Arnad

70 — VERRÈS — 68
Valle d'Ayas

St. Vincent Châtillon nord — St. Vincent Châtillon sud

ST. VINCENT - CHATILLON
81 — VALTOURNENCHE — 57
BREUIL-CERVINIA

Prolex nord — P

Chambave — P

Champagne

Les Crêtes

NUS

Les Îles de Brissogne — FÉNIS - ST. MARCEL
Valle di St Barthelemy

100 — AOSTA est — Barriera Aosta — 38
SVIZZERA
T. Gran S. Bernardo — T2

Aosta est — P — Pollein Autoporto sud

P — Gran Combin

113 — AOSTA ovest — 25
COGNE
Gran Paradiso

131 — MORGEX — 7

LA THUILE

138 — COURMAYEUR sud

T 1 — Traforo del Monte Bianco

ITALIA — AOSTA

143 — Barriera — Soc. Italiana per il Traforo del Monte Bianco
Viabilità ☎ 0165/890411

(11,6) — 70 — 70

162 — FRANCIA
CHAMONIX

T 2 — Traforo del Gran San Bernardo

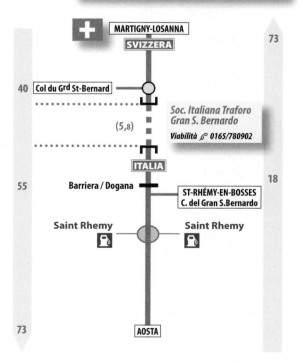

MARTIGNY-LOSANNA
SVIZZERA — 73

40 — Col du Grd St-Bernard

Soc. Italiana Traforo
Gran S. Bernardo
Viabilità ☎ 0165/780902

(5,8)

ITALIA

55 — Barriera / Dogana — ST-RHÉMY-EN-BOSSES — 18
C. del Gran S.Bernardo

Saint Rhemy — Saint Rhemy

73 — AOSTA

A 6 — TORINO - SAVONA
Autostrada Verdemare

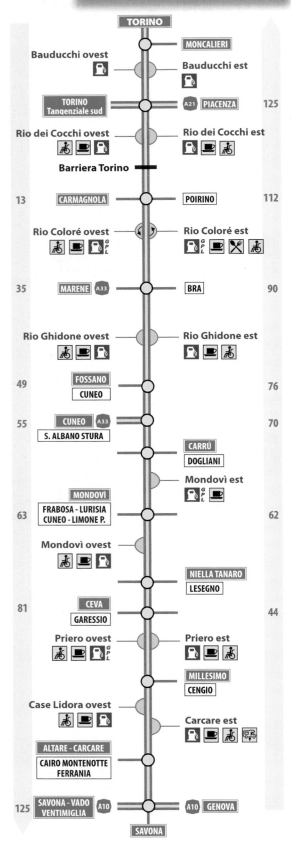

TORINO

Bauducchi ovest	MONCALIERI
	Bauducchi est
TORINO Tangenziale sud	A21 PIACENZA — 125
Rio dei Cocchi ovest	Rio dei Cocchi est
Barriera Torino	
13 — CARMAGNOLA	POIRINO — 112
Rio Coloré ovest	Rio Coloré est
35 — MARENE A33	BRA — 90
Rio Ghidone ovest	Rio Ghidone est
49 — FOSSANO / CUNEO	76
55 — CUNEO A33 / S. ALBANO STURA	70
	CARRÚ / DOGLIANI
	Mondovì est
MONDOVI / FRABOSA - LURISIA CUNEO - LIMONE P. — 63	62
Mondovì ovest	
	NIELLA TANARO / LESEGNO
81 — CEVA / GARESSIO	44
Priero ovest	Priero est
	MILLESIMO / CENGIO
Case Lidora ovest	
	Carcare est
ALTARE - CARCARE / CAIRO MONTENOTTE FERRANIA	
125 — SAVONA - VADO VENTIMIGLIA A10	A10 GENOVA

SAVONA

A 7 — MILANO - GENOVA

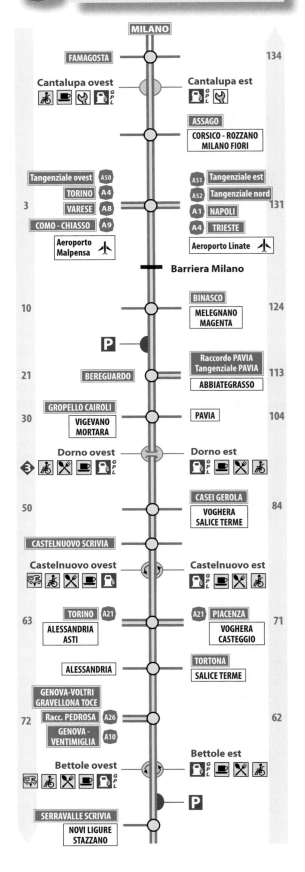

MILANO

FAMAGOSTA	134
Cantalupa ovest	Cantalupa est
	ASSAGO / CORSICO - ROZZANO MILANO FIORI
Tangenziale ovest A50	A51 Tangenziale est
TORINO A4	A52 Tangenziale nord
3 — VARESE A8	A1 NAPOLI — 131
COMO - CHIASSO A9	A4 TRIESTE
Aeroporto Malpensa ✈	Aeroporto Linate ✈
	Barriera Milano
10 — BINASCO / MELEGNANO MAGENTA	124
P ●	
21 — BEREGUARDO	Raccordo PAVIA Tangenziale PAVIA — 113 / ABBIATEGRASSO
GROPELLO CAIROLI / 30 — VIGEVANO MORTARA	PAVIA — 104
Dorno ovest	Dorno est
50 — CASEI GEROLA / VOGHERA SALICE TERME	84
CASTELNUOVO SCRIVIA	
Castelnuovo ovest	Castelnuovo est
63 — TORINO A21 / ALESSANDRIA ASTI	A21 PIACENZA — 71 / VOGHERA CASTEGGIO
ALESSANDRIA	TORTONA / SALICE TERME
GENOVA-VOLTRI GRAVELLONA TOCE / 72 — Racc. PEDROSA A26 / GENOVA - VENTIMIGLIA A10	62
Bettole ovest	Bettole est
	P
SERRAVALLE SCRIVIA / NOVI LIGURE STAZZANO	

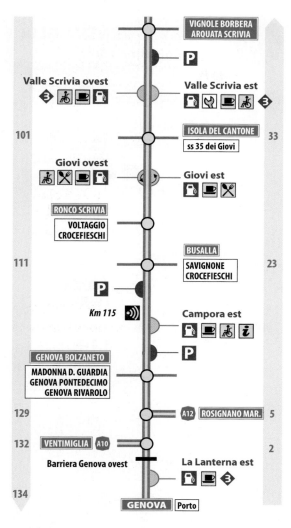

VIGNOLE BORBERA
ARQUATA SCRIVIA

P

Valle Scrivia ovest
Valle Scrivia est

101 ISOLA DEL CANTONE 33
ss 35 dei Giovi

Giovi ovest
Giovi est

RONCO SCRIVIA
VOLTAGGIO
CROCEFIESCHI

111 BUSALLA 23
SAVIGNONE
CROCEFIESCHI

P

Km 115

Campora est

P

GENOVA BOLZANETO
MADONNA D. GUARDIA
GENOVA PONTEDECIMO
GENOVA RIVAROLO

129 A12 ROSIGNANO MAR. 5

132 VENTIMIGLIA A10 2

Barriera Genova ovest
La Lanterna est

134 GENOVA Porto

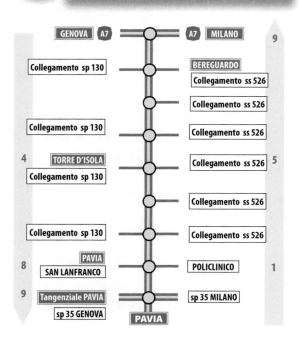

A 7

Raccordo
BEREGUARDO - PAVIA

GENOVA A7 A7 MILANO 9

Collegamento sp 130 BEREGUARDO
Collegamento ss 526

Collegamento ss 526

Collegamento sp 130 Collegamento ss 526

4 TORRE D'ISOLA 5
Collegamento sp 130 Collegamento ss 526

Collegamento ss 526

Collegamento sp 130 Collegamento ss 526

8 PAVIA POLICLINICO 1
SAN LANFRANCO

9 Tangenziale PAVIA sp 35 MILANO
sp 35 GENOVA

PAVIA

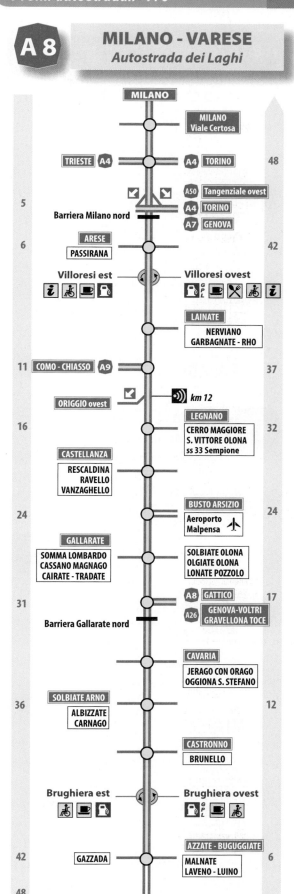

A 8

MILANO - VARESE
Autostrada dei Laghi

MILANO

MILANO
Viale Certosa

TRIESTE A4 A4 TORINO 48

A50 Tangenziale ovest
A4 TORINO
5 Barriera Milano nord A7 GENOVA

6 ARESE 42
PASSIRANA

Villoresi est Villoresi ovest

LAINATE
NERVIANO
GARBAGNATE - RHO

11 COMO - CHIASSO A9 37

ORIGGIO ovest km 12

16 LEGNANO 32
CERRO MAGGIORE
S. VITTORE OLONA
ss 33 Sempione

CASTELLANZA
RESCALDINA
RAVELLO
VANZAGHELLO

24 BUSTO ARSIZIO 24
Aeroporto
Malpensa

GALLARATE SOLBIATE OLONA
SOMMA LOMBARDO OLGIATE OLONA
CASSANO MAGNAGO LONATE POZZOLO
CAIRATE - TRADATE

31 A8 GATTICO 17
A26 GENOVA-VOLTRI
Barriera Gallarate nord GRAVELLONA TOCE

CAVARIA
JERAGO CON ORAGO
OGGIONA S. STEFANO

36 SOLBIATE ARNO 12
ALBIZZATE
CARNAGO

CASTRONNO
BRUNELLO

Brughiera est Brughiera ovest

42 AZZATE - BUGUGGIATE 6
GAZZADA MALNATE
LAVENO - LUINO

48 VARESE

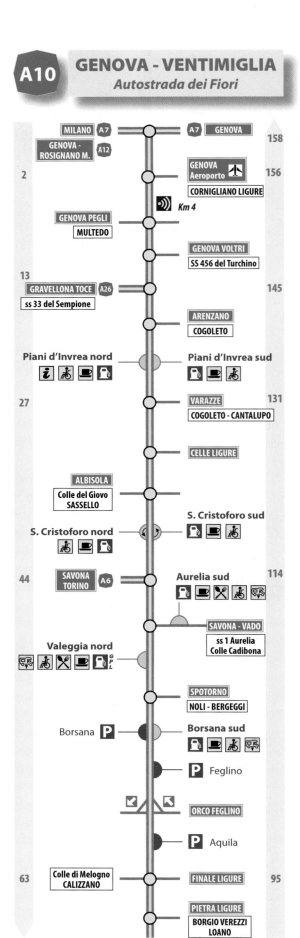

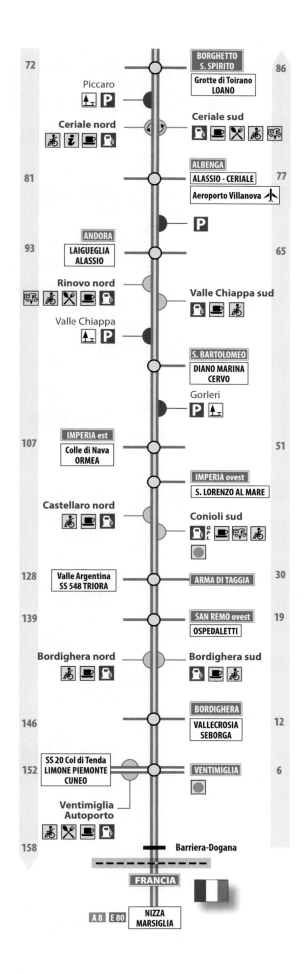

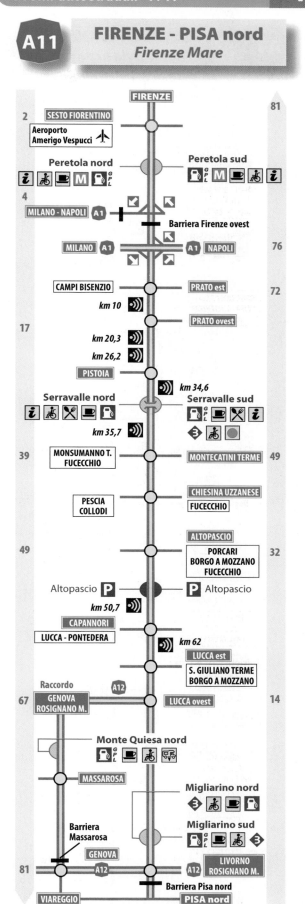

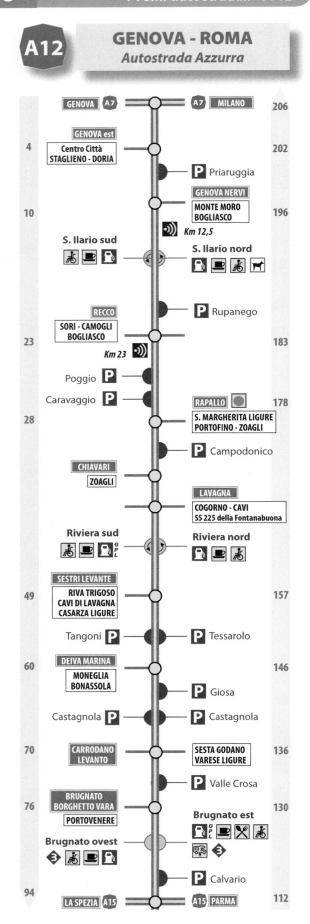

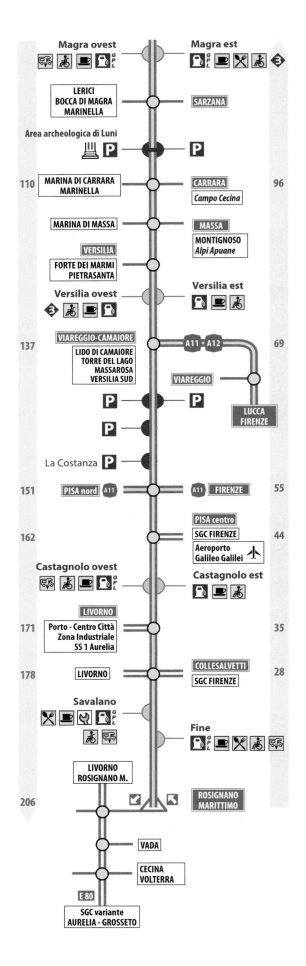

A12

GENOVA - ROMA
Autostrada Azzurra

A12 GRA — Raccordo ROMA - FIUMICINO

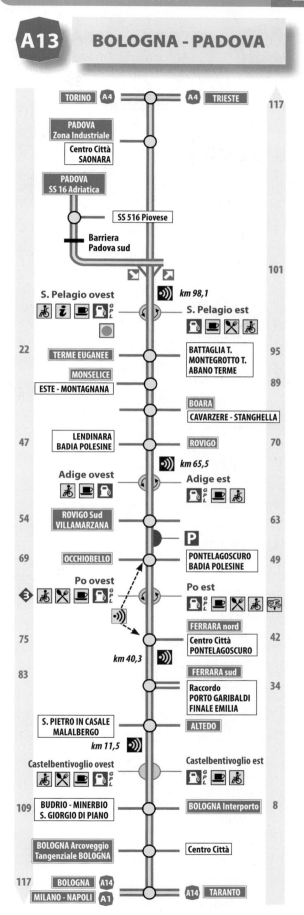

A13 BOLOGNA - PADOVA

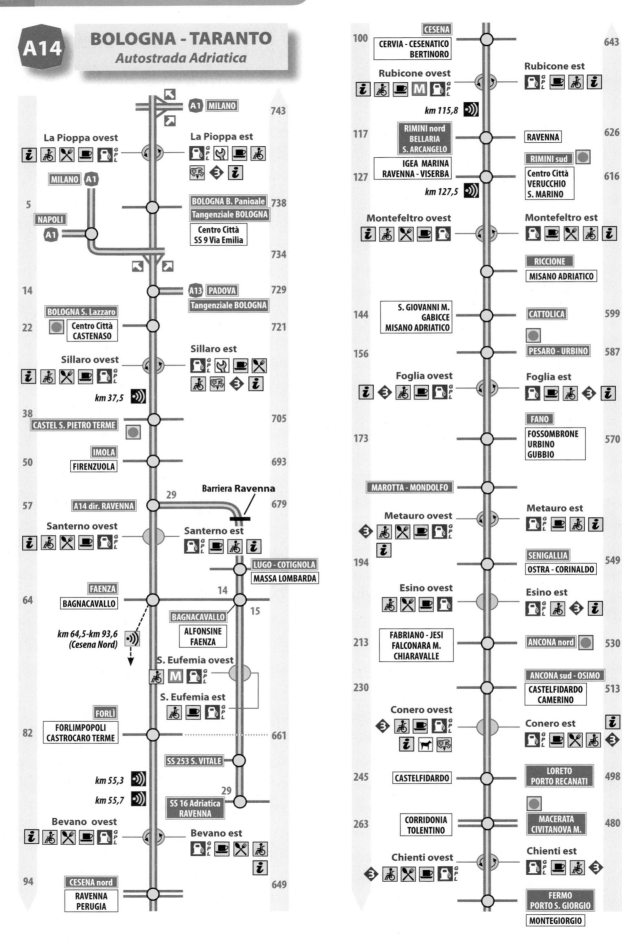

A14

BOLOGNA - TARANTO
Autostrada Adriatica

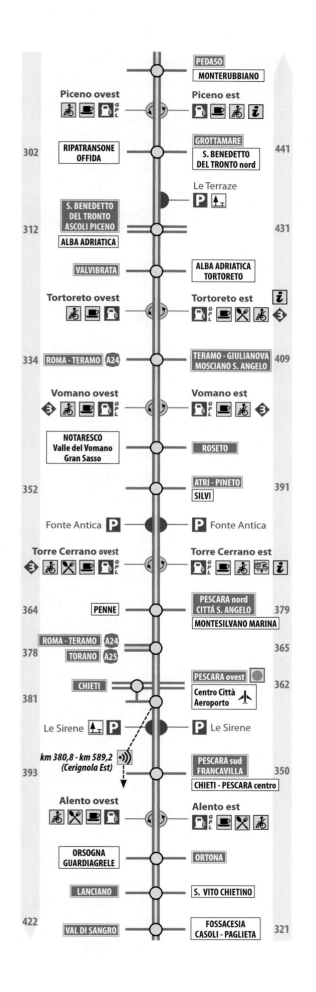

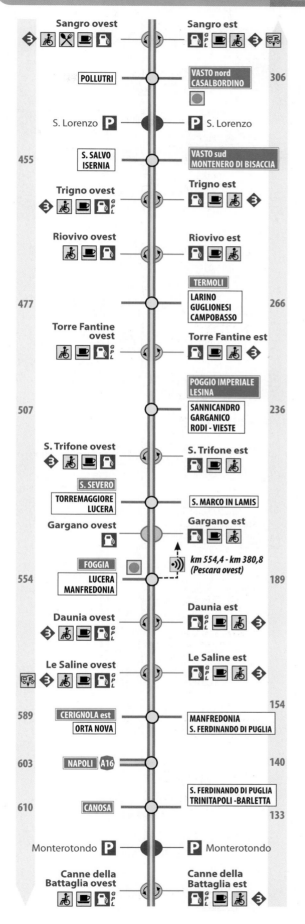

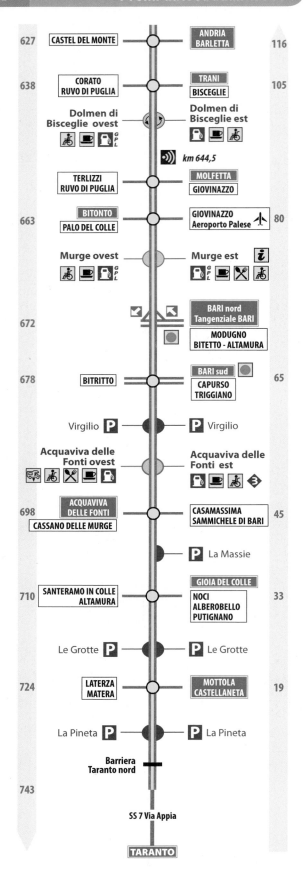

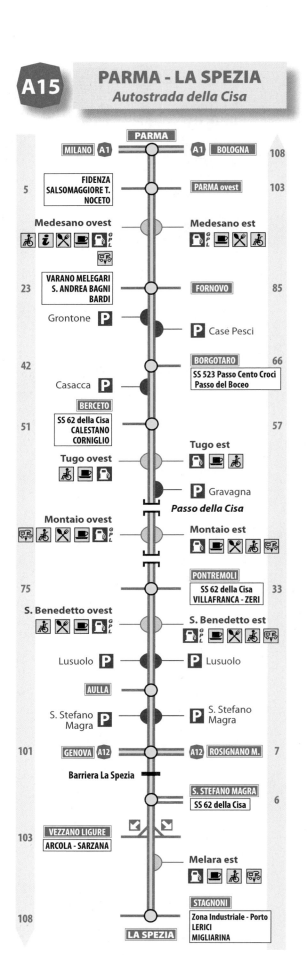

A16 — NAPOLI - CANOSA
Autostrada dei Due Mari

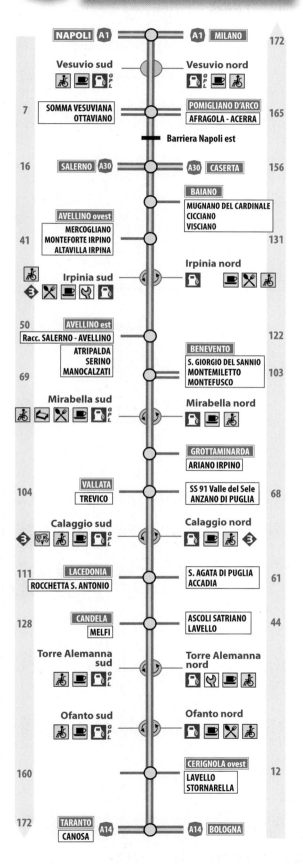

A18 — MESSINA - CATANIA

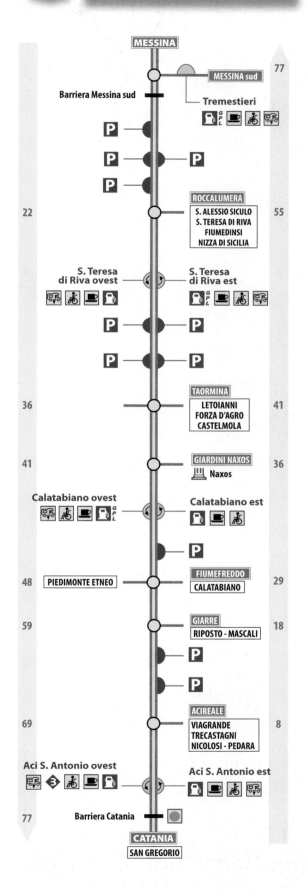

A18 CATANIA-SIRACUSA ROSOLINI

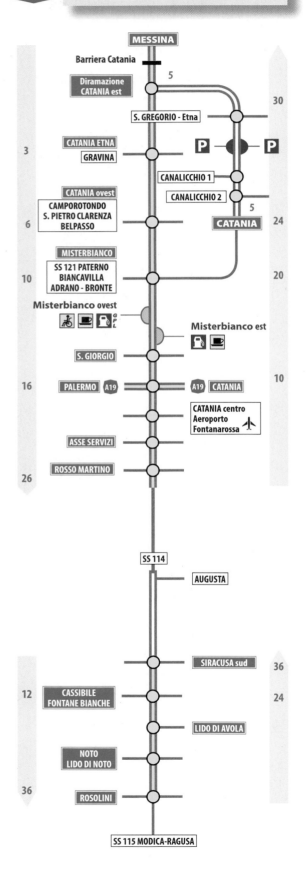

MESSINA

Barriera Catania

Diramazione CATANIA est — 5

S. GREGORIO - Etna — 30

CATANIA ETNA / GRAVINA — 3 — 5

CANALICCHIO 1

CANALICCHIO 2

CATANIA — 24

CATANIA ovest / CAMPOROTONDO S. PIETRO CLARENZA BELPASSO — 6

MISTERBIANCO / SS 121 PATERNO BIANCAVILLA ADRANO - BRONTE — 10 — 20

Misterbianco ovest

Misterbianco est

S. GIORGIO

PALERMO A19 — 16 — A19 CATANIA — 10

CATANIA centro Aeroporto Fontanarossa

ASSE SERVIZI

ROSSO MARTINO — 26

SS 114

AUGUSTA

SIRACUSA sud — 36

CASSIBILE FONTANE BIANCHE — 12 — 24

LIDO DI AVOLA

NOTO LIDO DI NOTO

ROSOLINI — 36

SS 115 MODICA-RAGUSA

A19 PALERMO - CATANIA

PALERMO

VILLABATE / AGRIGENTO — FICARAZZI — 188

BAGHERIA

CASTELDACCIA

ALTAVILLA MILICIA — 10 — 178

TRABIA / S. NICOLA L'ARENA

TERMINI IMERESE / CACCAMO — 26 — 162

Caracoli sud — Caracoli nord

Agglomerato Industriale

A20 MESSINA BUONFORNELLO — 40 — 148

Scillato sud

SCILLATO CALTAVUTURO POLIZZI — 57 — 131

TRE MONZELLI / CASTELLANA POLIZZI GENEROSA — 73 — 115

RESUTTANO

Daino

S. CATERINA VILLARMOSA — 98 — PONTE CINQUE ARCHI VILLAROSA — 90

IMERA / SS 640 CALTANISSETTA — 112 — 76

ENNA NICOSIA — 119 — 69

Sacchitello sud — Sacchitello nord

MULINELLO

S. Barbara

AGIRA — 144 — 44

CATENANUOVA / CENTURIPE — 156 — 32

Muglia

SFERRO - GERBINI / PATERNÒ — 171 — 17

MOTTA-S. ANASTASIA

Gelso Bianco sud — Gelso Bianco nord — 188

CATANIA

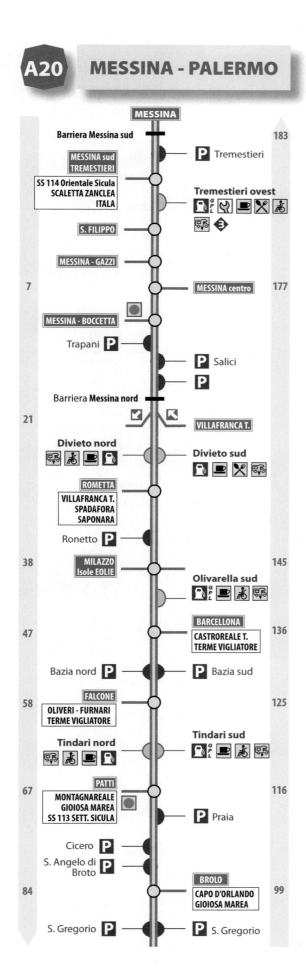

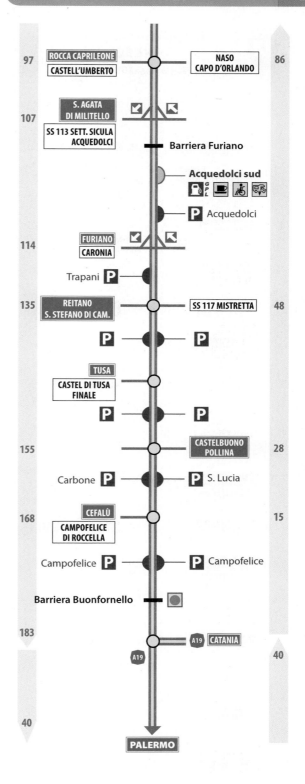

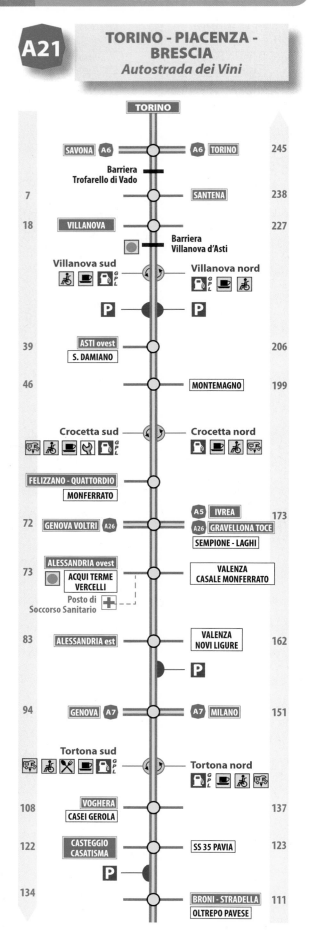

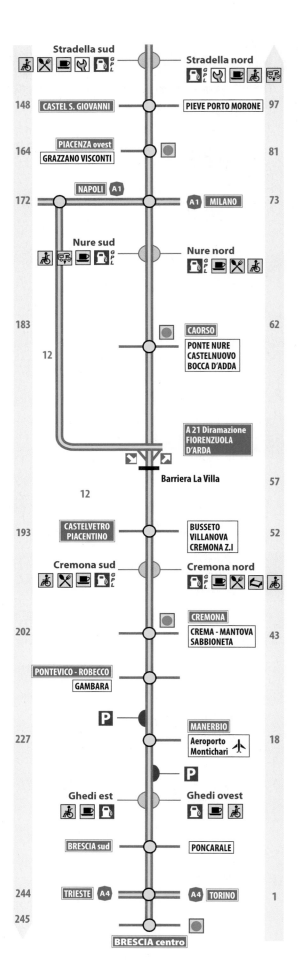

A21 TORINO - PIACENZA - BRESCIA
Autostrada dei Vini

TORINO

SAVONA A6	A6 TORINO	245
Barriera Trofarello di Vado		
7	SANTENA	238
18 VILLANOVA		227
	Barriera Villanova d'Asti	
Villanova sud	Villanova nord	
P	P	
39 ASTI ovest / S. DAMIANO		206
46	MONTEMAGNO	199
Crocetta sud	Crocetta nord	
FELIZZANO - QUATTORDIO / MONFERRATO		
	A5 IVREA	173
72 GENOVA VOLTRI A26	A26 GRAVELLONA TOCE / SEMPIONE - LAGHI	
73 ALESSANDRIA ovest / ACQUI TERME VERCELLI	VALENZA CASALE MONFERRATO	
Posto di Soccorso Sanitario		
83 ALESSANDRIA est	VALENZA NOVI LIGURE	162
	P	
94 GENOVA A7	A7 MILANO	151
Tortona sud	Tortona nord	
108 VOGHERA / CASEI GEROLA		137
122 CASTEGGIO CASATISMA	SS 35 PAVIA	123
P		
134	BRONI - STRADELLA / OLTREPO PAVESE	111

Stradella sud	Stradella nord	
148 CASTEL S. GIOVANNI	PIEVE PORTO MORONE	97
164 PIACENZA ovest / GRAZZANO VISCONTI		81
NAPOLI A1	A1 MILANO	73
172		
Nure sud	Nure nord	
183		
12	CAORSO / PONTE NURE CASTELNUOVO BOCCA D'ADDA	62
	A 21 Diramazione FIORENZUOLA D'ARDA	
	Barriera La Villa	57
12		
193 CASTELVETRO PIACENTINO	BUSSETO VILLANOVA CREMONA Z.I	52
Cremona sud	Cremona nord	
202	CREMONA / CREMA - MANTOVA SABBIONETA	43
PONTEVICO - ROBECCO / GAMBARA		
P		
227	MANERBIO / Aeroporto Montichari	18
P		
Ghedi est	Ghedi ovest	
BRESCIA sud	PONCARALE	
244 TRIESTE A4	A4 TORINO	1
245		

BRESCIA centro

A22 BRENNERO - MODENA
Autostrada del Brennero

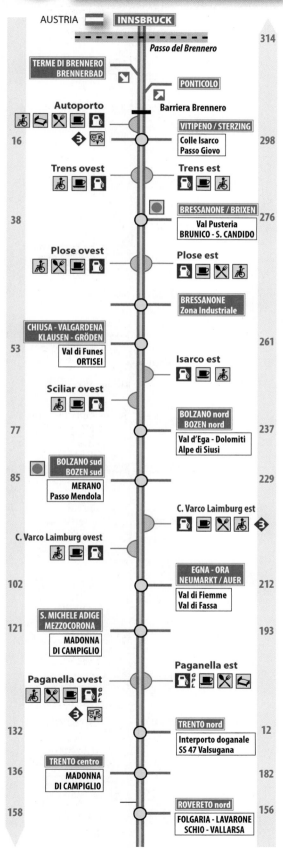

AUSTRIA **INNSBRUCK**

Passo del Brennero — 314

TERME DI BRENNERO BRENNERBAD

PONTICOLO

Autoporto — Barriera Brennero

16

VITIPENO / STERZING — 298
Colle Isarco
Passo Giovo

Trens ovest — **Trens est**

38 — BRESSANONE / BRIXEN — 276
Val Pusteria
BRUNICO - S. CANDIDO

Plose ovest — **Plose est**

BRESSANONE
Zona Industriale

CHIUSA - VALGARDENA
KLAUSEN - GRÖDEN — 261
53
Val di Funes
ORTISEI

Isarco est

Sciliar ovest

77 — BOLZANO nord
BOZEN nord — 237
Val d'Ega - Dolomiti
Alpe di Siusi

BOLZANO sud
BOZEN sud
85 — 229
MERANO
Passo Mendola

C. Varco Laimburg est

C. Varco Laimburg ovest

EGNA - ORA
NEUMARKT / AUER — 212
102
Val di Fiemme
Val di Fassa

S. MICHELE ADIGE
MEZZOCORONA
121 — 193
MADONNA
DI CAMPIGLIO

Paganella est

Paganella ovest

132 — TRENTO nord — 12
Interporto doganale
SS 47 Valsugana

TRENTO centro
136 — 182
MADONNA
DI CAMPIGLIO

158 — ROVERETO nord — 156
FOLGARIA - LAVARONE
SCHIO - VALLARSA

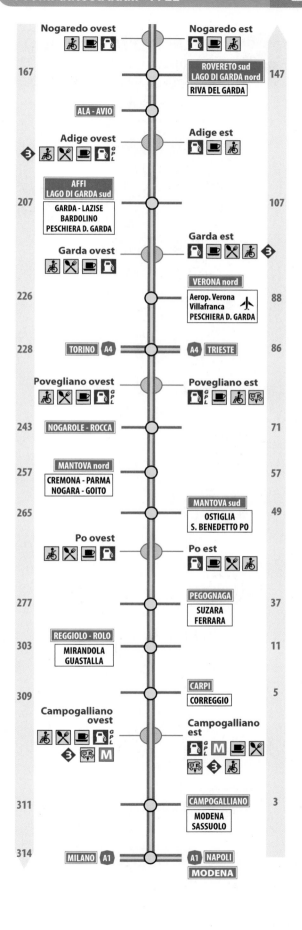

Nogaredo ovest — **Nogaredo est**

167 — ROVERETO sud
LAGO DI GARDA nord — 147
RIVA DEL GARDA

ALA - AVIO

Adige ovest — **Adige est**

AFFI
LAGO DI GARDA sud
207 — 107
GARDA - LAZISE
BARDOLINO
PESCHIERA D. GARDA

Garda ovest — **Garda est**

VERONA nord
226 — Aerop. Verona
Villafranca — 88
PESCHIERA D. GARDA

228 — TORINO A4 — A4 TRIESTE — 86

Povegliano ovest — **Povegliano est**

243 — NOGAROLE - ROCCA — 71

MANTOVA nord
257 — CREMONA - PARMA
NOGARA - GOITO — 57

MANTOVA sud
265 — OSTIGLIA
S. BENEDETTO PO — 49

Po ovest — **Po est**

PEGOGNAGA
277 — SUZARA
FERRARA — 37

REGGIOLO - ROLO
303 — MIRANDOLA
GUASTALLA — 11

CARPI
309 — CORREGGIO — 5

Campogalliano ovest — **Campogalliano est**

CAMPOGALLIANO
311 — MODENA
SASSUOLO — 3

314 — MILANO A1 — A1 NAPOLI
MODENA

A23 — PALMANOVA - TARVISIO
Autostrada Alpe - Adria

- AUSTRIA
- Dogana di Coccau — 120
- TARVISIO nord
- TARVISIO sud / CAMPOROSSO — 108
- MALBORGHETTO-VALBRUNA — 105
- Barriera Ugovizza
- P La Foresta
- km 97
- Fella est — 92
- PONTEBBA / DOGNA MALBORGHETTO — 28
- P Cadramazzo
- P Resiutta
- km 75,1
- Campiolo ovest — P Campiolo
- P
- CARNIA - TOLMEZZO — 60 / 60
- AMPEZZO SS 52 CARNICA
- GEMONA - OSOPPO / BUIA - ARTEGNA TARCENTO — 75 / 45
- Rio Gelato P — P Rio Gelato
- P
- Ledra ovest — Ledra est
- P Cormor
- Cormor P
- UDINE nord Tangenziale UDINE — 94 / 26
- TAVAGNACCO TRICESIMO TARCENTO PAGNACCO
- km 20,8
- P — P
- Zugliano ovest — Zugliano est
- UDINE sud Tangenziale UDINE — 107 / 13
- CIVIDALE DEL FRIULI MANZANO
- TORINO A4 — 120 — A4 TRIESTE / PALMANOVA

A24 — ROMA - L'AQUILA - TERAMO
Autostrada dei Parchi

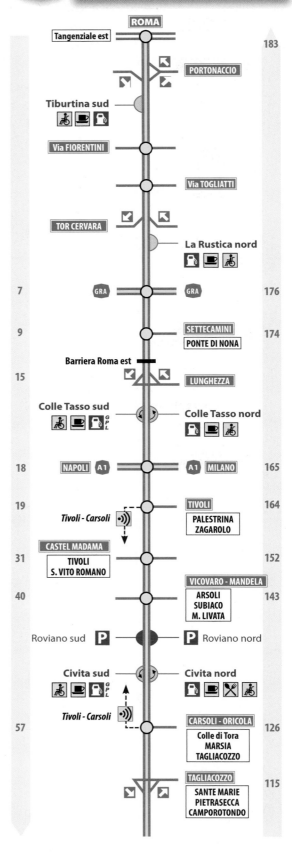

- ROMA
- Tangenziale est — 183
- PORTONACCIO
- Tiburtina sud
- Via FIORENTINI
- Via TOGLIATTI
- TOR CERVARA
- La Rustica nord
- GRA — 7 — GRA — 176
- SETTECAMINI / PONTE DI NONA — 9 / 174
- Barriera Roma est — 15
- LUNGHEZZA
- Colle Tasso sud — Colle Tasso nord
- NAPOLI A1 — 18 — A1 MILANO — 165
- TIVOLI — 19 / 164
- Tivoli - Carsoli — PALESTRINA ZAGAROLO
- CASTEL MADAMA / TIVOLI S. VITO ROMANO — 31 / 152
- VICOVARO - MANDELA / ARSOLI SUBIACO M. LIVATA — 40 / 143
- Roviano sud P — P Roviano nord
- Civita sud — Civita nord
- Tivoli - Carsoli
- CARSOLI - ORICOLA / Colle di Tora MARSIA TAGLIACOZZO — 57 / 126
- TAGLIACOZZO / SANTE MARIE PIETRASECCA CAMPOROTONDO — 115

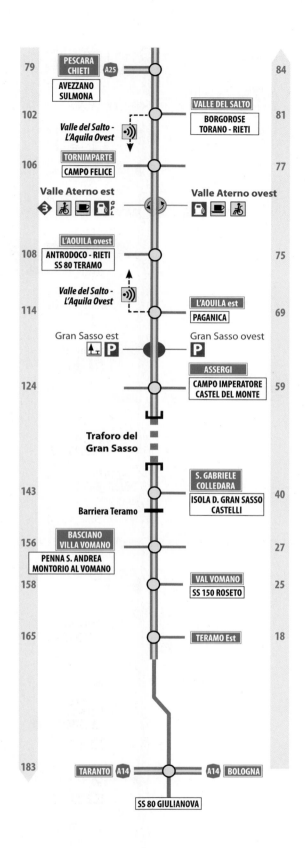

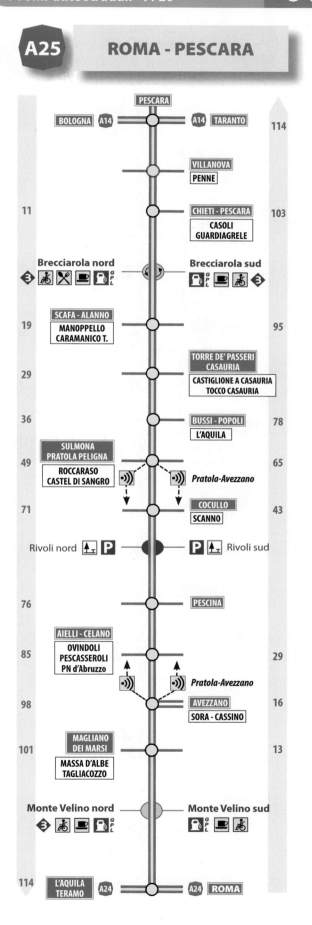

A25 ROMA - PESCARA

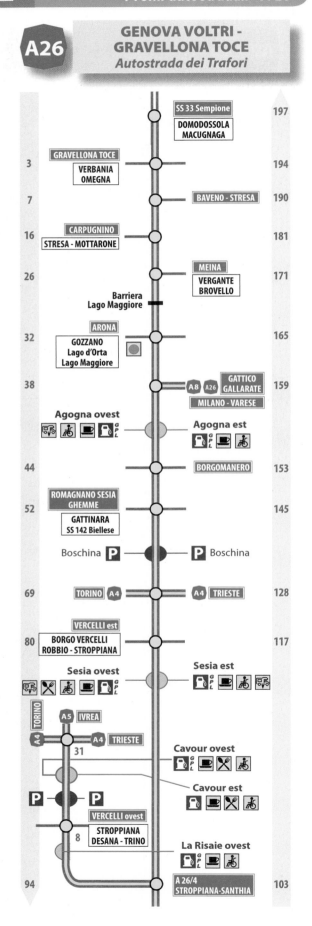

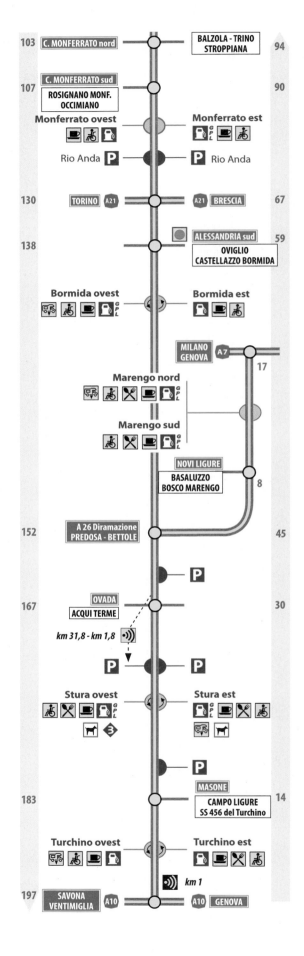

A27 VENEZIA - BELLUNO
Autostrada d'Alemagna

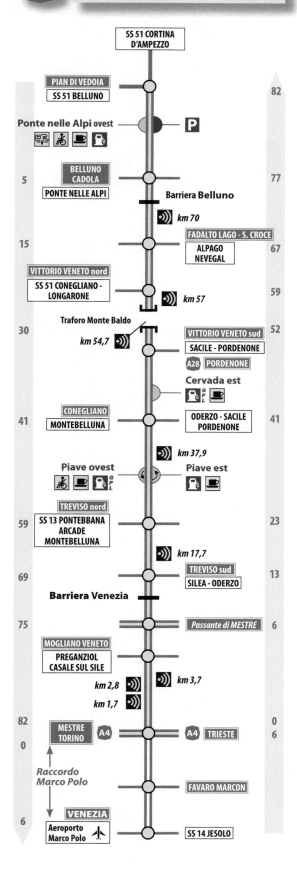

SS 51 CORTINA D'AMPEZZO

PIAN DI VEDOIA
SS 51 BELLUNO — 82

Ponte nelle Alpi ovest — P

5 — BELLUNO CADOLA
PONTE NELLE ALPI — 77

Barriera Belluno

km 70

15 — FADALTO LAGO - S. CROCE
ALPAGO NEVEGAL — 67

VITTORIO VENETO nord
SS 51 CONEGLIANO - LONGARONE — 59
km 57

Traforo Monte Baldo
30 — km 54,7
VITTORIO VENETO sud
SACILE - PORDENONE — 52
A28 PORDENONE

Cervada est

CONEGLIANO
41 — MONTEBELLUNA
ODERZO - SACILE PORDENONE — 41

km 37,9

Piave ovest — Piave est

TREVISO nord
59 — SS 13 PONTEBBANA ARCADE MONTEBELLUNA — 23

km 17,7

69 — TREVISO sud
SILEA - ODERZO — 13

Barriera Venezia

75 — Passante di MESTRE — 6

MOGLIANO VENETO
PREGANZIOL CASALE SUL SILE

km 2,8 — km 3,7
km 1,7

82 — MESTRE TORINO A4 — A4 TRIESTE — 0
0 — 6

Raccordo Marco Polo

FAVARO MARCON

6 — VENEZIA
Aeroporto Marco Polo — SS 14 JESOLO

A28 PORTOGRUARO - PORDENONE CONEGLIANO

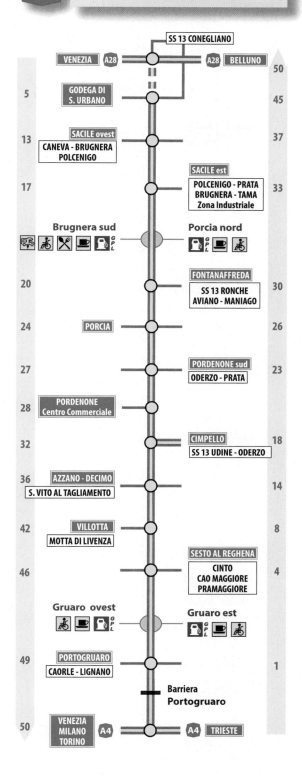

SS 13 CONEGLIANO

VENEZIA A28 — A28 BELLUNO — 50

5 — GODEGA DI S. URBANO — 45

13 — SACILE ovest
CANEVA - BRUGNERA POLCENIGO — 37

SACILE est
17 — POLCENIGO - PRATA BRUGNERA - TAMA Zona Industriale — 33

Brugnera sud — Porcia nord

20 — FONTANAFFREDA
SS 13 RONCHE AVIANO - MANIAGO — 30

24 — PORCIA — 26

27 — PORDENONE sud
ODERZO - PRATA — 23

28 — PORDENONE Centro Commerciale

32 — CIMPELLO
SS 13 UDINE - ODERZO — 18

36 — AZZANO - DECIMO
S. VITO AL TAGLIAMENTO — 14

42 — VILLOTTA
MOTTA DI LIVENZA — 8

SESTO AL REGHENA
46 — CINTO CAO MAGGIORE PRAMAGGIORE — 4

Gruaro ovest — Gruaro est

49 — PORTOGRUARO
CAORLE - LIGNANO — 1

Barriera Portogruaro

50 — VENEZIA MILANO TORINO A4 — A4 TRIESTE

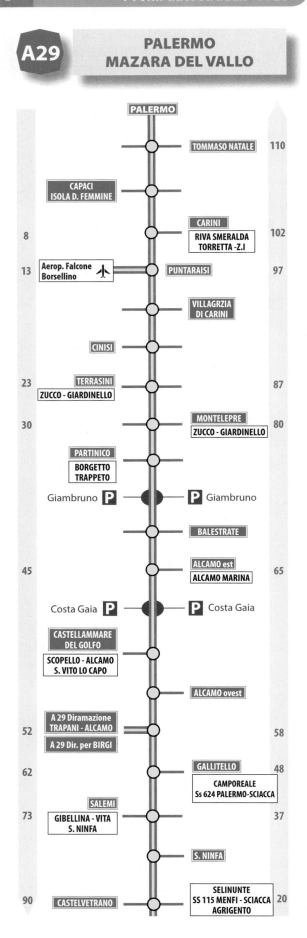

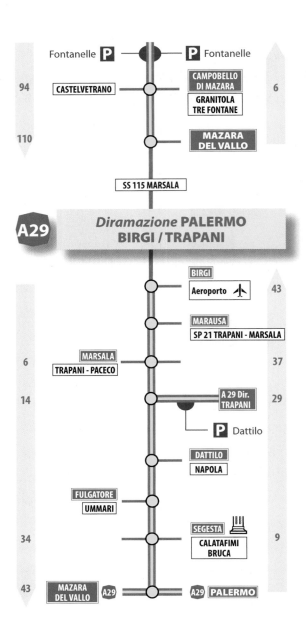

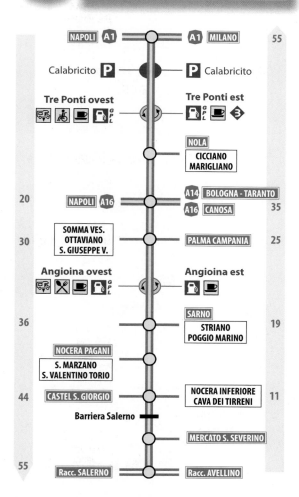

A30 — CASERTA - SALERNO

NAPOLI **A1**		**A1** MILANO	55
Calabricito **P**		**P** Calabricito	
Tre Ponti ovest		Tre Ponti est	
NOLA		CICCIANO MARIGLIANO	
NAPOLI **A16**	20	**A14** BOLOGNA - TARANTO / **A16** CANOSA	35
SOMMA VES. OTTAVIANO S. GIUSEPPE V.	30	PALMA CAMPANIA	25
Angioina ovest		Angioina est	
	36	SARNO / STRIANO POGGIO MARINO	19
NOCERA PAGANI / S. MARZANO S. VALENTINO TORIO			
CASTEL S. GIORGIO	44	NOCERA INFERIORE CAVA DEI TIRRENI	11
Barriera Salerno			
		MERCATO S. SEVERINO	
Racc. SALERNO	55	Racc. AVELLINO	

A31 — VICENZA - PIOVENE R.
Autostrada della Valdastico

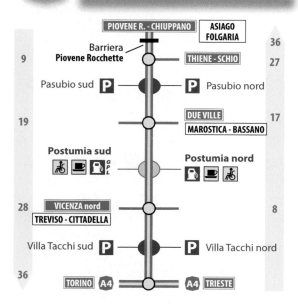

PIOVENE R. - CHIUPPANO		ASIAGO FOLGARIA	36
Barriera Piovene Rocchette	9	THIENE - SCHIO	27
Pasubio sud **P**		**P** Pasubio nord	
	19	DUE VILLE / MAROSTICA - BASSANO	17
Postumia sud		Postumia nord	
VICENZA nord / TREVISO - CITTADELLA	28		8
Villa Tacchi sud **P**		**P** Villa Tacchi nord	
TORINO **A4**	36	**A4** TRIESTE	

A32 — TORINO BARDONECCHIA

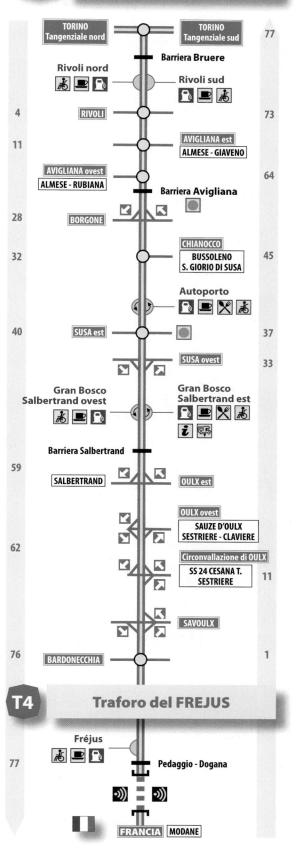

TORINO Tangenziale nord		TORINO Tangenziale sud	77
		Barriera Bruere	
Rivoli nord		Rivoli sud	
RIVOLI	4		73
	11	AVIGLIANA est / ALMESE - GIAVENO	
AVIGLIANA ovest / ALMESE - RUBIANA			64
		Barriera Avigliana	
BORGONE	28		
	32	CHIANOCCO / BUSSOLENO S. GIORIO DI SUSA	45
		Autoporto	
SUSA est	40		37
		SUSA ovest	33
Gran Bosco Salbertrand ovest		Gran Bosco Salbertrand est	
Barriera Salbertrand			
SALBERTRAND	59	OULX est	
		OULX ovest / SAUZE D'OULX SESTRIERE - CLAVIERE	
	62	Circonvallazione di OULX / SS 24 CESANA T. SESTRIERE	11
		SAVOULX	
BARDONECCHIA	76		1

T4 — Traforo del FREJUS

Fréjus		
	77	Pedaggio - Dogana
		FRANCIA MODANE

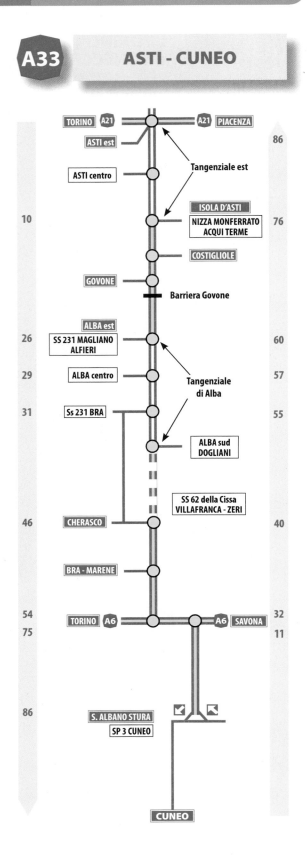

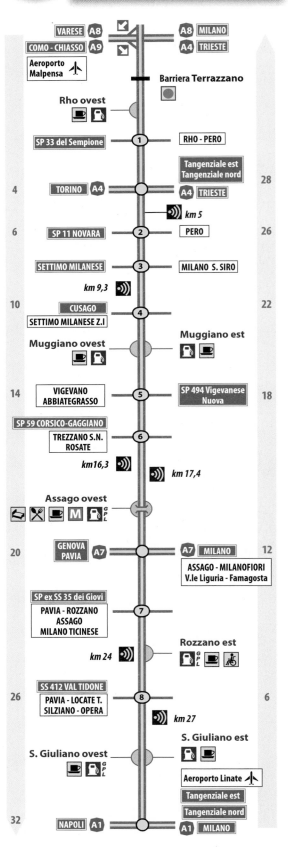

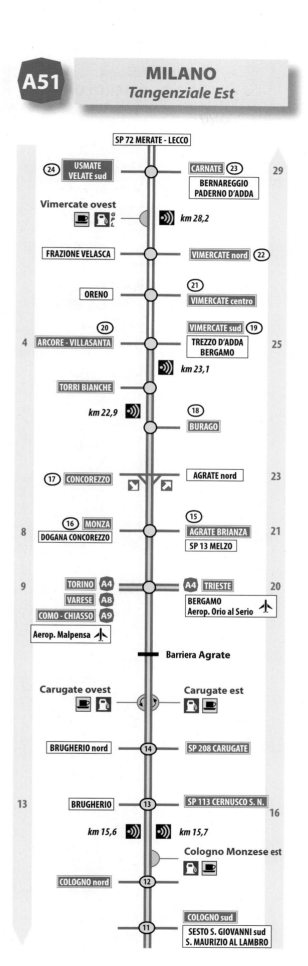

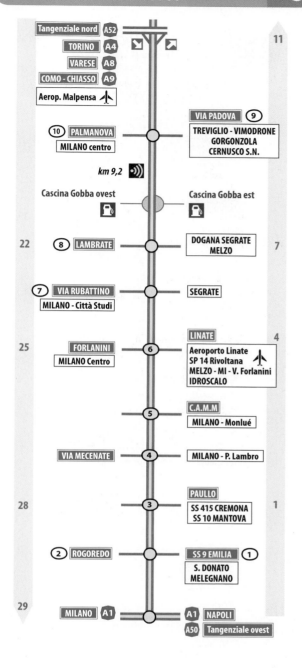

A52 MILANO
Tangenziale Nord

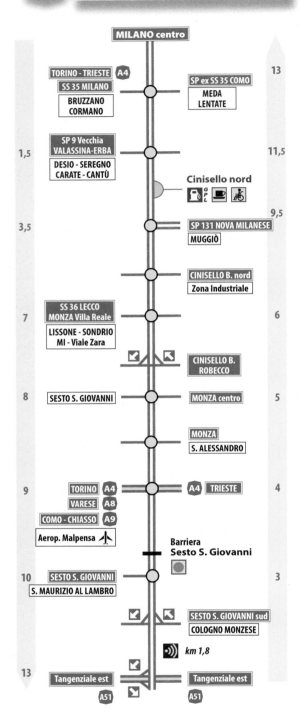

MILANO centro

		13
TORINO - TRIESTE A4	SP ex SS 35 COMO	
SS 35 MILANO	MEDA	
BRUZZANO CORMANO	LENTATE	
SP 9 Vecchia VALASSINA-ERBA		11,5
1,5		
DESIO - SEREGNO CARATE - CANTÙ	Cinisello nord	
3,5	SP 131 NOVA MILANESE	9,5
	MUGGIÒ	
	CINISELLO B. nord	
	Zona Industriale	
SS 36 LECCO MONZA Villa Reale		6
7		
LISSONE - SONDRIO MI - Viale Zara		
	CINISELLO B. ROBECCO	
8 SESTO S. GIOVANNI	MONZA centro	5
	MONZA S. ALESSANDRO	
9 TORINO A4	A4 TRIESTE	4
VARESE A8		
COMO - CHIASSO A9		
Aerop. Malpensa ✈	Barriera Sesto S. Giovanni	
10 SESTO S. GIOVANNI		3
S. MAURIZIO AL LAMBRO		
	SESTO S. GIOVANNI sud	
	COLOGNO MONZESE	
	km 1,8	
13 Tangenziale est	Tangenziale est	
A51	A51	

Diramazione
TORINO - PINEROLO

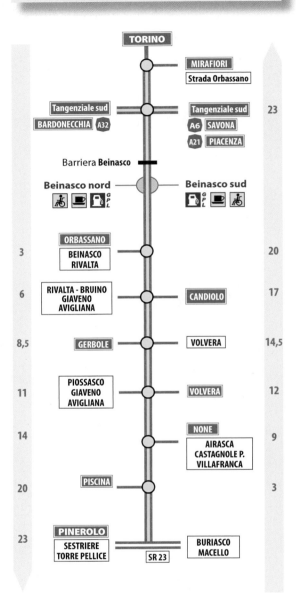

TORINO

	MIRAFIORI	
	Strada Orbassano	
Tangenziale sud	Tangenziale sud	23
BARDONECCHIA A32	A6 SAVONA	
	A21 PIACENZA	
Barriera **Beinasco**		
Beinasco nord	Beinasco sud	
3 ORBASSANO		20
BEINASCO RIVALTA		
6 RIVALTA - BRUINO GIAVENO AVIGLIANA	CANDIOLO	17
8,5 GERBOLE	VOLVERA	14,5
11 PIOSSASCO GIAVENO AVIGLIANA	VOLVERA	12
	NONE	
14	AIRASCA CASTAGNOLE P. VILLAFRANCA	9
20 PISCINA		3
23 PINEROLO	BURIASCO MACELLO	
SESTRIERE TORRE PELLICE	SR 23	

TORINO
Tangenziale Nord - Sud

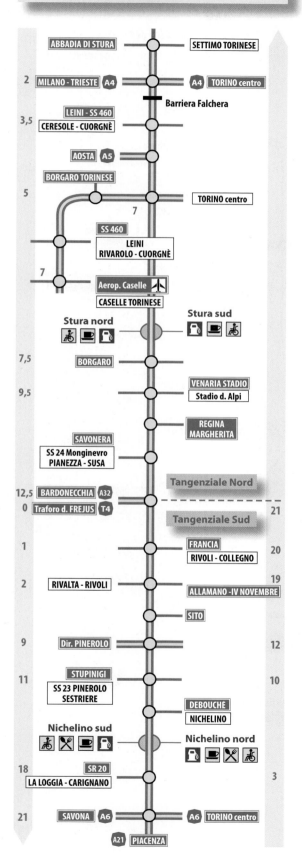

BOLOGNA
Tangenziale

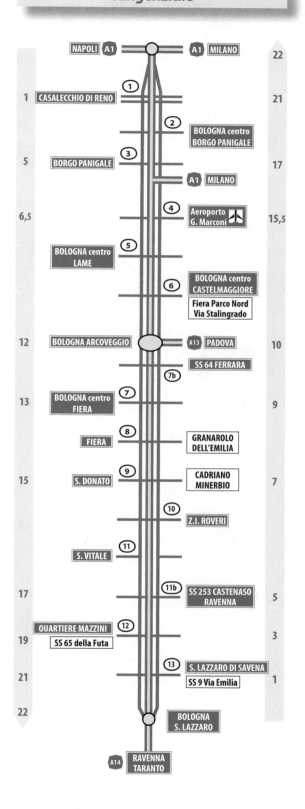

ROMA - *Grande Raccordo Anulare*

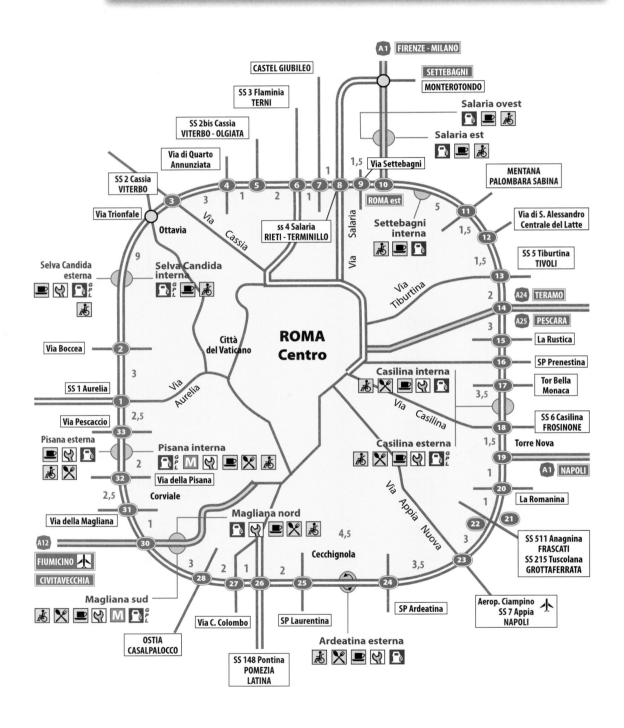

NAPOLI - *Tangenziale*

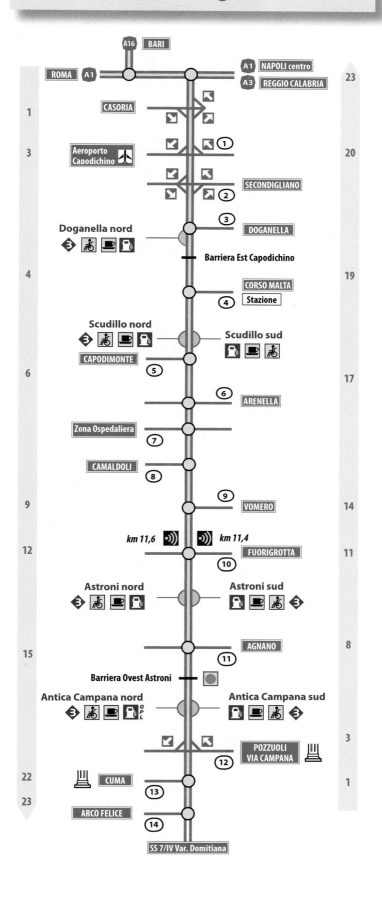

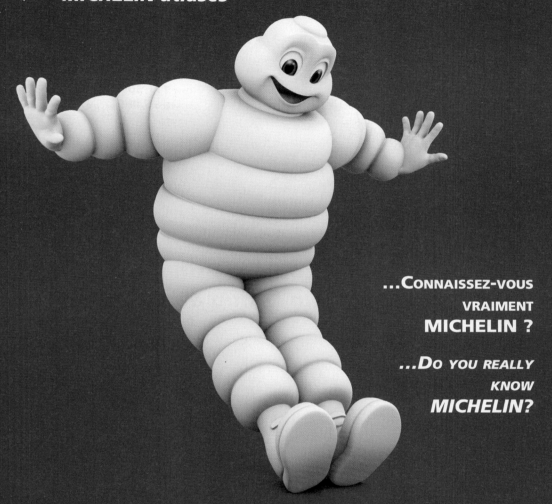

Vous CONNAISSEZ
les atlas MICHELIN

You KNOW
MICHELIN atlases

...CONNAISSEZ-VOUS
VRAIMENT
MICHELIN ?

...*Do* YOU REALLY
KNOW
MICHELIN?

N°1 mondial des pneumatiques avec 17,1 % du marché

Une présence commerciale dans plus de 170 pays

Une implantation industrielle au cœur des marchés

68 sites industriels dans 19 pays ont produit en 2008 :
- **177** millions de pneus
- **16** millions de cartes et guides

Des équipes très internationales

Plus de **117 500** employés* de toutes cultures sur tous les continents dont **6 000** personnes employées dans les centres de R&D en Europe, aux Etats-Unis, en Asie.

*110 252 en équivalent temps plein

The world No.1 in tires with 17.1% of the market

A business presence in over 170 countries

A manufacturing footprint at the heart of markets

In 2008, **68** industrial sites in **19** countries produced:
- **177** million tires
- **16** million maps and guides

Highly international teams

Over **117,500** employees* from all cultures on all continents including **6,000** people employed in R&D centers in Europe, the US and Asia.

*110,252 full-time equivalent staff

Le groupe Michelin en un coup d'œil
The Michelin Group at a glance

Michelin présent en compétition

A fin 2008

24h du Mans
11 années de victoires consécutives

Endurance 2008
- 5 victoires sur 5 épreuves en Le Mans Series
- 10 victoires sur 10 épreuves en American Le Mans Series

Paris-Dakar
Depuis le début de l'épreuve, le groupe Michelin remporte toutes les catégories

Moto GP
26 titres de champion du monde des pilotes en catégorie reine

Trial
Tous les titres de champion du monde depuis 1981 (sauf 1992)

Michelin competes

At the end of 2008

Le Mans 24-hour race
11 consecutive years of victories

Endurance 2008
- 5 victories on 5 stages in Le Mans Series
- 10 victories on 10 stages in American Le Mans Series

Paris-Dakar
Since the beginning of the event, the Michelin group has won in all categories

Moto GP
26 Drivers' World Champion titles in the premier category

Trial
Every World Champion title since 1981 (except 1992)

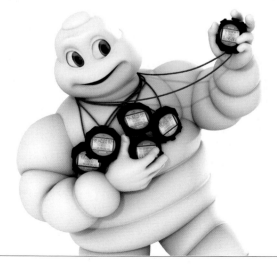

• Données au 31/12/2008 / Data 31/12/2008

Michelin, implanté près de ses clients
Michelin, established close to its customers

- **Un centre de Technologies réparti sur 3 continents**
  - Amérique du Nord
  - Asie
  - Europe

- **2 plantations d'hévéa**
  - Brésil

- **68 sites de production dans 19 pays**
  - Algérie
  - Allemagne
  - Brésil
  - Canada
  - Chine
  - Colombie
  - Espagne
  - Etats-Unis
  - France
  - Hongrie
  - Italie
  - Japon
  - Mexique
  - Pologne
  - Roumanie
  - Royaume-Uni
  - Russie
  - Serbie
  - Thaïlande

- **A Technologies Center spread over 3 continents**
  - Asia
  - Europe
  - North America

- **2 natural rubber plantations**
  - Brazil

- **68 plants in 19 countries**
  - Algeria
  - Brazil
  - Canada
  - China
  - Colombia
  - France
  - Germany
  - Hungary
  - Italy
  - Japan
  - Mexico
  - Poland
  - Romania
  - Russia
  - Serbia
  - Spain
  - Thailand
  - UK
  - USA

Notre mission

Contribuer, de manière durable, au progrès de la mobilité des personnes et des biens en facilitant la liberté, la sécurité, l'efficacité et aussi le plaisir de se déplacer.

Our mission

To make a sustainable contribution to progress in the mobility of goods and people by enhancing freedom of movement, safety, efficiency and pleasure when on the move.

Michelin s'engage pour l'environnement

Michelin, 1er producteur mondial de pneus à basse résistance au roulement, contribue à la diminution de la consommation de carburant et des émissions de gaz par les véhicules.

Michelin développe, pour ses produits, les technologies les plus avancées afin de :
- diminuer la consommation de carburant, tout en améliorant les autres performances du pneumatique ;
- allonger la durée de vie pour réduire le nombre de pneus à traiter en fin de vie ;
- privilégier les matières premières à faible impact sur l'environnement.

Par ailleurs, à fin 2008, 99,5 % de la production de pneumatiques en tonnage est réalisé dans des usines certifiées ISO 14001*.

Michelin est engagé dans la mise en œuvre de filières de valorisation des pneus en fin de vie.

*certification environnementale

Michelin committed to environmental-friendliness

Michelin, world leader in low rolling resistance tires, actively reduces fuel consumption and vehicle gas emission.

For its products, Michelin develops state-of-the-art technologies in order to:
- Reduce fuel consumption, while improving overall tire performance.
- Increase life cycle to reduce the number of tires to be processed at the end of their useful lives;
- Use raw materials which have a low impact on the environment.

Furthermore, at the end of 2008, 99.5% of tire production in volume was carried out in ISO 14001* certified plants.

Michelin is committed to implementing recycling channels for end-of-life tires.

*environmental certification

Tourisme camionnette
Passenger Car Light Truck

Poids lourd
Truck

Michelin au service de la mobilité
Michelin a key mobility enabler

Génie civil
Earthmover

Avion
Aircraft

Agricole
Agricultural

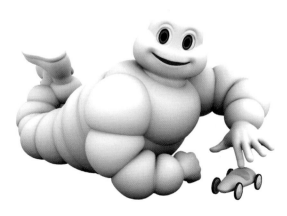

Deux roues
Two-wheel

Distribution

| Partenaire des constructeurs, à l'écoute des utilisateurs, présent en compétition et dans tous les circuits de distribution, Michelin ne cesse d'innover pour servir la mobilité d'aujourd'hui et inventer celle de demain. | *Partnered with vehicle manufacturers, in tune with users, active in competition and in all the distribution channels, Michelin is continually innovating to promote mobility today and to invent that of tomorrow.* |

Cartes et Guides
Maps and Guides

ViaMichelin,
des services d'aide au voyage /
travel assistance services

Michelin Lifestyle,
des accessoires pour vos déplacements /
for your travel accessories

MICHELIN
joue l'équilibre des performances  / *plays on balanced performance*

- **Longévité des pneumatiques**
- **Economies de carburant**
- ○ **Sécurité sur la route**

... les pneus MICHELIN vous offrent les meilleures
performances, sans en sacrifier aucune.

- **Long tire life**
- **Fuel savings**
- ○ **Safety on the road**

*... MICHELIN tires provide you with the best
performance, without making a single sacrifice.*

Le pneu MICHELIN, un concentré de technologie
The MICHELIN tire, pure technology

1 Bande de roulement
Une épaisse couche de gomme
assure le contact avec le sol.
Elle doit évacuer l'eau
et durer très longtemps.

Tread
*A thick layer of rubber
provides contact with the ground.
It has to channel water away
and last as long as possible.*

2 Armature de sommet
Cette double ou triple ceinture armée
est à la fois souple verticalement
et très rigide transversalement.
Elle procure la puissance de guidage.

Crown plies
*This double or triple reinforced belt
has both vertical flexibility
and high lateral rigidity.
It provides the steering capacity.*

3 Flancs
Ils recouvrent et protègent la carcasse
textile dont le rôle est de relier la bande
de roulement du pneu à la jante.

Sidewalls
*These cover and protect the textile casing
whose role is to attach the tire tread
to the wheel rim.*

4 Talons d'accrochage à la jante
Grâce aux tringles internes,
ils serrent solidement le pneu
à la jante pour les rendre solidaires.

Bead area for attachment to the rim
*Its internal bead wire
clamps the tire firmly
against the wheel rim.*

5 Gomme intérieure d'étanchéité
Elle procure au pneu l'étanchéité
qui maintient le gonflage à la bonne
pression.

Inner liner
*This makes the tire
almost totally impermeable
and maintains the correct inflation pressure.*

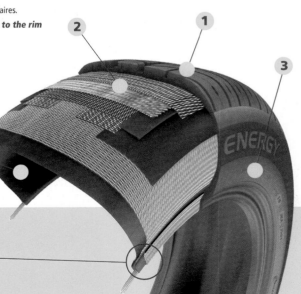

Suivez les conseils du bonhomme MICHELIN
Heed the MICHELIN Man's advice

Pour gagner en sécurité :

- Je roule avec une pression adaptée
- Je vérifie ma pression tous les mois
- Je fais contrôler régulièrement mon véhicule
- Je contrôle régulièrement l'aspect
  de mes pneus (usure, déformations)
- J'adopte une conduite souple
- J'adapte mes pneus à la saison

To improve safety:

- *I drive with the correct tire pressure*
- *I check the tire pressure every month*
- *I have my car regularly serviced*
- *I regularly check the appearance*
  of my tires (wear, deformation)
- *I am responsive behind the wheel*
- *change my tires according to the season*

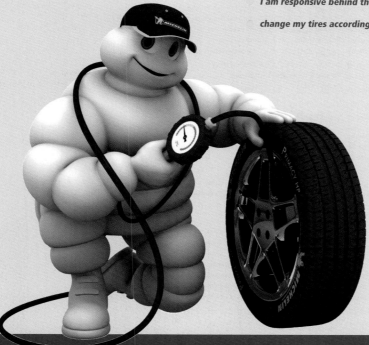

www.michelin.com
www.michelin. (votre extension pays - ex : fr pour France / *your country extension – e.g. : fr for France*)

Legenda | Légende

Strade | Routes

Autostrada - Stazione di servizio - Area di riposo	Autoroute - Aire de service - Aire de repos
Doppia carreggiata di tipo autostradale	Double chausée de type autoroutier
Svincoli: completo, parziale	Échangeurs : complet, partiels
Svincolo numerato	Sortie numérotée
Strada di collegamento internazionale o nazionale	Route de liaison internationale ou nationale
Strada di collegamento interregionale o di disimpegno	Route de liaison interrégionale ou de dégagement
Altre Strade	Autres routes
Strada per carri - Sentiero	Chemin d'exploitation - Sentier
Autostrada - Strada in costruzione	Autoroute - Route en construction

Larghezza delle strade | Largeur des routes

Italiano	Français
Carreggiate separate - 4 corsie	Chaussées séparées - 4 voies
2 corsie larghe	2 voies larges
2 corsie	2 voies
1 corsia	1 voie

Distanze (totali e parziali) | Distances (totalisées et partielles)

Italiano	Français
Tratto a pedaggio su autostrada	Section à péage sur autoroute
Tratto esente da pedaggio su autostrada	Section libre sur autoroute
Su strada	Sur route

Numerazione - Segnaletica | Numérotation - Signalisation

Italiano	Français
Strada europea - Autostrada	Route européenne - Autoroute
Strada statale / regionale / provinciale	Route d'État / régionale / provinciale

Ostacoli | Obstacles

Italiano	Français
Forte pendenza (salita nel senso della freccia)	Forte déclivité (flèches dans le sens de la montée)
Passo ed altitudine	Col et sa cote d'altitude
Percorso difficile o pericoloso	Parcours difficile ou dangereux
Passaggi della strada: a livello, cavalcavia, sottopassaggio	Passages de la route : à niveau, supérieur, inférieur
Strada a senso unico - Casello	Route à sens unique - Barrière de péage
Strada vietata	Route interdite
Autovelox - Tutor: Rilevatore di velocità media (tra due o piu' punti) in autostrada	Radar fixe - Tutor: Relevé de vitesse moyenne entre deux ou plusieurs points sur autoroute

Trasporti | Transports

Italiano	Français
Ferrovia - Stazione	Voie ferrée - Gare
Aeroporto - Aerodromo	Aéroport - Aérodrome
Trasporto auto:	Transport des autos:
su traghetto	par bateau
per ferrovia	par voie ferrée
Traghetto per pedoni e biciclette	Bac pour piétons et cycles

Amministrazione | Administration

Italiano	Français
Frontiera - Dogana	Frontière - Douane
Capoluogo amministrativo	Capitale de division administrative

Sport - Divertimento | Sports - Loisirs

Italiano	Français
Stadio - Golf - Ippodromo	Stade - Golf - Hippodrome
Porto turistico - Stabilimento balneare Parco acquatico	Port de plaisance - Baignade - Parc aquatique
Area o parco per attività ricreative	Base ou parc de loisirs
Circuito automobilistico	Circuit automobile
Rifugio - Sentiero per escursioni	Refuge de montagne - Sentier

Mete e luoghi d'interesse | Curiosités

Italiano	Français
Principali luoghi d'interesse, vedere LA GUIDA VERDE	Principales curiosités: voir LE GUIDE VERT
Tavola di orientamento - Panorama - Vista Percorso pittoresco	Table d'orientation - Panorama - Point de vue Parcours pittoresque
Edificio religioso - Castello - Rovine	Édifice religieux - Château - Ruines
Monumento megalitico - Faro - Mulino a vento	Monument mégalithique - Phare - Moulin à vent
Ossario - Cimitero militare	Ossuaire - Cimetière militaire
Grotta - Nuraghe - Necropoli etrusca	Grotte - Nuraghe - Nécropole étrusque
Scavi archeologici - Vestigia greco-romani	Fouilles archéologiques - Vestiges gréco-romains
Palazzo, Villa - Trenino turistico	Palais, Villa - Train touristique
Giardino, parco - Altri luoghi d'interesse	Jardin, parc - Autres curiosités

Simboli vari | Signes divers

Italiano	Français
Fabbrica - Diga - Raffineria	Usine - Barrage - Raffinerie
Centrale elettrica - Pozzo petrolifero o gas naturale	Centrale électrique - Puits de pétrole ou gaz
Torre o pilone per telecomunicazioni	Tour ou pylône de télécommunications
Cava - Mulino a vento - Torre idrica	Carrière - Moulin à vent - Château d'eau
Chiesa o cappella - Cimitero - Ospedale	Église ou chapelle - Cimetière - Hôpital
Castello - Forte - Rovine	Château - Fort - Ruines
Grotta - Monumento - Altiporto	Grotte - Monument - Altiport
Foresta o bosco - Palude, risaie	Forêt ou bois - Marais, rizières

Baldo

MONTECCHIO ❸

15

7 8
7 8

15

7 8

15

E 10   A 10

S 434 R 25 P 500

1250

C P C

Key — Zeichenerklärung

Roads — Straßen

Motorway - Service area - Rest area	Autobahn - Tankstelle - Tankstelle mit Raststätte
Dual carriageway with motorway characteristics	Schnellstraße mit getrennten Fahrbahnen
Interchanges: complete, limited	Anschlussstellen: Voll - bzw. Teilanschlussstellen
Numbered interchanges	Nr. der Ausfahrt
International and national road network	Internationale bzw. nationale Hauptverkehrsstraße
Interregional and less congested road	Überregionale Verbindungsstraße oder Umleitungsstrecke
Other roads	Sonstige Straße
Rough track - Footpath	Wirtschaftsweg - Pfad
Motorway - Road under construction	Autobahn - Straße im Bau

Road withs — Straßenbreiten

English	German
Dual carriageway - 4 lanes	Getrennte Fahrbahnen - 4 Farhspuren
2 wide lanes	2 breite Fahrspuren
2 lanes	2 Fahrspuren
1 lane	1 Fahrspur

Distances (total and intermediate) — Entfernungen (Gesamt- und Teilentfernungen)

English	German
Toll roads on motorway	Mautstrecke auf der Autobahn
Toll-free section on motorway	Mautfreie Strecke auf der Autobahn
On road	Auf der Straße

Numbering - Signs — Nummerierung - Wegweisung

English	German
European route - Motorway	Europastraße - Autobahn
State road / Regional road / Provincial road	Staatsstraße / regionale straße / Provinzialestraße

Obstacle — Verkehrshindernisse

English	German
Steep hill (ascent in direction of the arrow)	Starke Steigung (Steigung in Pfeilrichtung)
Pass and its height above sea level	Pass mit Höhenangabe
Difficult or dangerous section of road	Schwierige oder gefährliche Strecke
Level crossing: railway passing, under road, over road	Bahnübergänge : schienengleich, Unterführung, Überführung
One way road - Toll barrier	Einbahnstraße - Mautstelle
Prohibited road	Gesperrte Straße
Speed camera - Tutor: Report of the average speed between two or several points on a motorway	Starenkasten - Tutor: Erhebung der Durchschnittsgeschwindigkeit zwischen zwei oder mehr Punkten auf der Autobahn

Transportation — Verkehrsmittel

English	German
Railway - Station	Bahnlinie - Bahnhof
Airport - Airfield	Flughafen - Flugplatz
Transportation of vehicles:	Schiffsverbindungen:
by boat	per Schiff
by rail	per Bahn
Ferry (passengers and cycles only)	Fähre für Personen und Fahrräder

Administration — Verwaltung

English	German
National boundary - Customs post	Staatsgrenze - Zoll
Administrative district seat	Verwaltungshauptstadt

Sport & Recreation Facilities — Sport - Freizeit

English	German
Stadium - Golf course - Horse racetrack	Stadion - Golfplatz - Pferderennbahn
Pleasure boat harbour - Bathing place Water park	Yachthafen - Strandbad - Badepark
Country park	Freizeitanlage
Racing circuit	Rennstrecke
Mountain refuge hut - Footpath	Schutzhütte - Fernwanderweg

Signs — Sehenswürdigkeiten

English	German
Principal sights: see THE GREEN GUIDE	Hauptsehenswürdigkeiten: siehe GRÜNER REISEFÜHRER
Viewing table - Panoramic view - Viewpoint Scenic route	Orientierungstafel - Rundblick - Aussichtspunkt Landschaftlich schöne Strecke
Religious building - Historic house, castle - Ruins	Sakral-Bau - Schloss, Burg - Ruine
Prehistoric monument - Lighthouse - Windmill	Vorgeschichtliches Steindenkmal - Leuchtturm Windmühle
Ossuary - Military cemetery	Ossarium - Soldatenfriedhof
Cave - Nuraghe - Etruscan necropolis	Höhle - Nuraghe - Etruskiche Nekropole
Archaeological excavations - Greek or roman ruins	Ausgraben - Griechische, römanische Ruinen
Palace, Villa - Tourist train	Palast, Villa - Museumseisenbahn-Linie
Garden, park - Other place of interest	Garten, Park - Sonstige Sehenswürdigkeit

Other signs — Sonstige Zeichen

English	German
Factory - Dam - Refinery	Fabrik - Staudamm - Raffinerie
Power station - Oil or gas well	Kraftwerk - Erdöl-, Erdgasförderstelle
Telecommunications tower or mast	Funk-, Sendeturm
Quarry - Windmill - Water tower	Steinbruch - Windmühle - Wasserturm
Church or chapel - Cemetery - Hospital	Kirche oder Kapelle - Friedhof - Krankenhaus
Castel - Fort - Ruins	Schloss, Burg - Fort, Festung - Ruine
Cave - Monument - Moutain airfield	Höhle - Denkmal - Landeplatz im Gebirge
Forest or wood - Marshland, rice field	Wald oder Gehölz - Sumpfgebiete, Reisfelder

Cima Cadini / Napfspitz

Kimmlertauern / Passo del Tauri

Birnlücke / Fila dei Pic

2667

Tridente

Fonte alla Roccia / Trinkstein

3499

Eichham
3371

Kristallkopf
3008

vandspitze
3157

Rauchkofel

3251

AH

AI

3157

A

Kasseler H.

3144

Malga Prato / Wieser Alm

Casere / Casern

Canova / Neuhaus

Giorgio Lungo

3132

Rostocker H.

Clara-H.

Hinterbichl

Prägraten

Bonn-Matreler-H.

1

Predoi / Prettau

San Pietro / St.Peter

S 624

Virgen

17

V
i
r
g
i
a
n
t
a
l

San Giacomo / St.Jakob

Lasorling
2098

Cadipietra / Steinhaus

Malga dei Dossi / Knutten Alm

Passo di Gola / Klammljoch

2268

Panargen
3173

Reichenberger H.

St. Velt i. Def.

2

Malga dei Dossi Knutten Alm

Triangolo di Riva / Dreleck-Spitze
3031

Oberhaus

Schwarzach

L
a
s
o
r
l
i
n
g
g
r
u
p
p

no /

ra /

ich

Cima Dura / Oumeck
3130

Cima di Riva
2737

Erlsbach

St. Jakob i. Dereggen

17

Riva di Tures / Rain in Taufers

PARCO

Acereto

NATURALE

Vedrette de Ries

3435

Barmer H.

Mariahilf

Defereggen

Hochalmspitze
2727

Tures / Taufers

Caminata di Tures

Malga di Val Fredda

3357

M. Nevoso / Rutner Holm

Collalto / Hochgall

Passo Staile / Stallersattel

2052

Weiße Spitze
2963

Volkzeiner H.

2

Molini di Tures / Mühlen

VEDRETTE

3105

Lago di Anterselva

2052

Anterselva di Sopra / Antholz Oberhal

Malga Pudio Pidig Alm

2739

M. Ripa / Riepenspitze
2775

Hocherabe
2951

Villa Ottone / Uttenholm

Croda nera / Schwarze Wand

San Giuseppe in Anterselva

2817

Malga Pudio

Passo della Sella
2750

Anterselva di Mezzo / Antholz M.

Croda Rossa / Rote Wand

Huiben

Unterstalleralm

Riomolino / Mühlbach

DI

Bagni di Riomolino

Villa

Malga Campobove

Santa Maddalena in Casies Vallalta / St.Magdalena

Villa / Dorfl

Gais

Montone

2687

2438

Anterselva di Sotto

La Porta del Monte

San Martino / in Casies Valbassa

Innervillgraten

St. Katar

Montassilone

Bagni di Salomone / Bad Salomonsbrunn

Valle di Casies / Gsies

Vallesella

14.5

Villa di Sopra / Ober Wielenbach

RIES

(Rasun-Antersalva / Rasen-Antholz)

Prateria

Kalkstein

Villa Santa Caterina

Poligono

Plata

Monte Luta
2448

Planca di Sopra / Obenplanken

2663

Außervillgraten

Brunico / Bruneck

Perca / Percha

Rasun di Sopra / Oberrasen

Colle di Fuori Pichl-Ausser

Colle di Dentro

2163

Colle di Dentro / Pichl Inner

Corno di Fana / Toblacher Pfannhorn

2436

Prato di Drava / Winnebach

Tessenb

3

Montevila

Lunes

Riscone / Reischach

Scandole

Prati di Tesido

Masi

Planea di Sotto / Underplenken

Ruvacco

Durna in Selva / Durnwald

Monte Rota L'addolorata Wehlen

Valle San Silvestro / Winnebach

Prato alla Drava / Winnebach

Arnbach

Sillian

5

S 49

Valdaora di Sotto / Niederolang

Rasun di Sotto / Niederrasen

Tesido Taisten

30

Lago di Valdaora

Monguelfo / Welsberg

S.Candido / Innichen

Versciaco di Sotto / Uberverschach

E 66

Panzerdorf

n de Corones / Kronplatz

Casola Sorafurcia

Valdaora di Sopra / Ober Olang

Novale / Ried

Villabassa / Niederdorf

Dobbiaco Toblach

5

Versciaco di Sopra / Oberverschach

Hollbruck

2273

Regola Brusada

(Braies / Prags)

S 49

Dobbiaco Nuovo Neu Toblach

Bagni di San Candido

7

M. Elmo / Helm
2433

Bagni di Pervalle / Bad Bergfall

2029

Vallone / Pflung

Bagni di Piandimaio

Seghe

V. di Sesto / Sexental

P 43

Pizzo delle Pietre
2507

San Vito / St.Volt

Segheria

Fiume Rienz

Sesto / Sexten

San Giuseppe / Moos

Bara

Cima dei Colli Alti
2567

Ferrara / Schmieden

Bagni / Braies Vecchia

Pusteria

Croda dei Baranci / Birken
2905

Bagni / Bad

Col Quaterna
2503

San Vigilio / St.Vigil

Tabia dei Colli Alti

PARCO

Lago di Braies

NATURALE

14

DOLOMITI

Cima Tre Scarperi
3149

25

. Valle / Wengen

Spessa

M. Sella di Sennes
2787

Croda del Becco/Seekofel
2810

Pico di Vallandro / Durrenstein
2839

DI

Campo Fiscalino / Fischleinboden

SESTO

1636

Passo Monte Croce

Biella

Tamores / Tamers

M.Specie / Strudel Kopf
2307

P 48 Bis

nco

Croda Rossa Hohe Geisel
3146

Berti

4

Monte Sella
2654

PARCO

Cimabanche

Lago d'Landro

Carbonin / Schluderbach

3094

Croda dei Toni / Swölferkofel
2983

Carducci M. Popera

Valgrande

Cima Dieci
2654

FANES

DI

AH

14

AI

AJ

Padola

17

St.Leonard

SENNES

Monte Parei

Passo Limo
2172

2793

2367

Cima Cadini

REGIONALE

18

San Biagio

9

M. Aiarnola

Croda da Campo
2712

2562

M. Varello

Auronzo

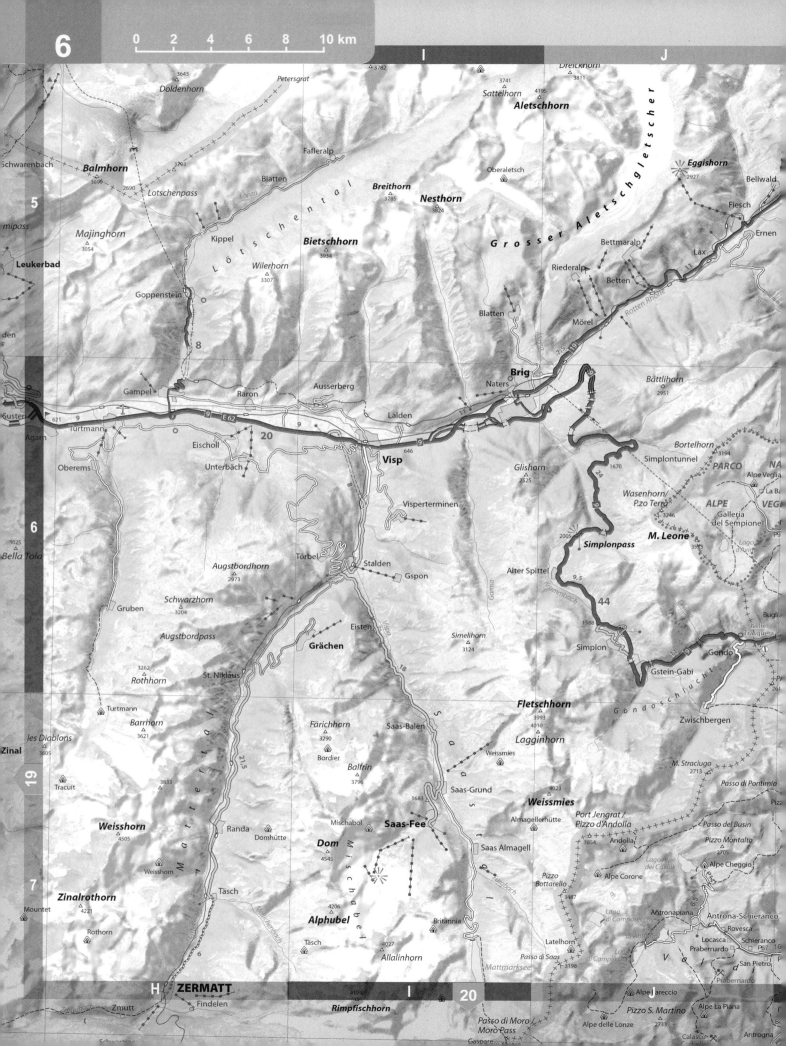

Q R T

15

15

15

40

4

10

5

6

Q R S T

23

P. Tomül 2946
Thalkirch
Bruschghorn 3056
Piz Beverin 2998
Lonn
Donath
Zillis

Piz Curver 2972
Salouf
Cunter
Corn da Tinizong 3172
Bergüner Stein
Bergün/ Bravuogn

Cufercal
Roflaschlucht
Andeer
Savognin
P. Ela 3390

Safierberg 2486
Alperschällihorn 3039
Sufers
Schons
Tinizong 1258
Rona

Meinwald
Splügen
Ausserferrera
Martegnas 2674
Piz d'Err 3378
Jenatsch

Medels i. R.
Nufenen 19 13
Innerferrera
P. Forbesch 3262
Mulegns

Splügenpass/Passo dello Spluga
Surettahorn / Pizzo Suretta 3027 2113
Usser Wissberg 3053
P. Platta 3392
L. da Marmorera
Marmorera

Pizzo Tambo 3279
Vegheri
Montespluga
Campsut (Avers)
Julierpass/ P. dal Guglia 2284

Lago di Montespluga
Stuetta
P. Timun 3209
Passo di Sterla
Cresta
Bivio

Rasdeglia
Teggiate
Casone
Juf
P. Lagr 3168
Sils/Segl Baseglia

Passo di Baldiscio 2353
Isola
San Rocco
Madesimo
Motta
Lago di Lei
Alpe Mulecetto
Tscheischhorn 3019
Septimerpass 2310
L. da Se

Cima de Barna 2862
Pianazzo
Passo Groppera 2650
Maloja 1815
Passo del Maloja

Starleggia
Corti
Pzo Groppera 2948
Chiavenna
P. Bles/ P.zo d'Inferno 3045
P. Piot 3055
Casaccia
Löbbia

Mesocco
Campodolcino
Pietra
Prestone
Pzo Stella 3163
P. Duan 3131
Stampa

Misox
Lago di Truzzo
Pzo Quadro 3026
Lirone
Avero
Pizzo Gallegione 3107
Bregaglia
Piz Bacone 3244
Passo Muretto 2562

Gallivaggio
San Giacomo Filippo
Savogno
Soglio
Forno 3214

Passo della Forcola 2315
Olmo
Prosto
Borgonuovo
Villa di Chiavenna
Castasegna
Stampa
Albigna
M. del Fo

Bette
Mese
Campedello
Santa Croce
Sciora
Cima di Castello 3388

Foppo
San Vittore
Chiavenna
Parco delle Marmitte
Sciora-Dadent 3275
For

Voga
Bortolotto
Prata Camportaccio
Pizzo Cengalo 3370
Allievi
M. Disg 3678

P. de Cressim/ Pzo Roggione 2575
(Menarola)
Gordona
M. Gruf 2936
Passo Camerozza 2765
Alpe Cameraccio
Rosica

Corte Terza
Bedolina
Bodengo
San Cassiano
P. di Prata 2727
Gianetti
Averta
Cima del Cavalcorto 2753

Pizzo Martello 2459
San Pietro
Porrettina
Bresciadega
Bagni del Masino
San Martino
M. Piezza 2758

Pzo Ledu 2503
Samolaco
Somaggia
Piazzo
Codera
Pzo Ligoncio 3033
Corni Bruciati 3114

Como
Nogaredo
Era
Casenda
Volta
Passo di Primalpia 2476
Valbiore
San Quirico

M. Duria
Baggio
Paiedo
Novate Mezzola
Mezzolpiano
Fransedo
Cataeggio
Prati

Cascinotta
Alpe Zocca
Campo
Albonico
Dascio
M. Erbea 2430
Cevo
Buglio in Monte

Piaghedo
Prennaro
Montalto
Bugiallo
Burano
Cerceno
Sorico
Roncaglia
Caspano
Pieda
Villapinta
Ardenno
Berbenno di Valtellina
Maroggia

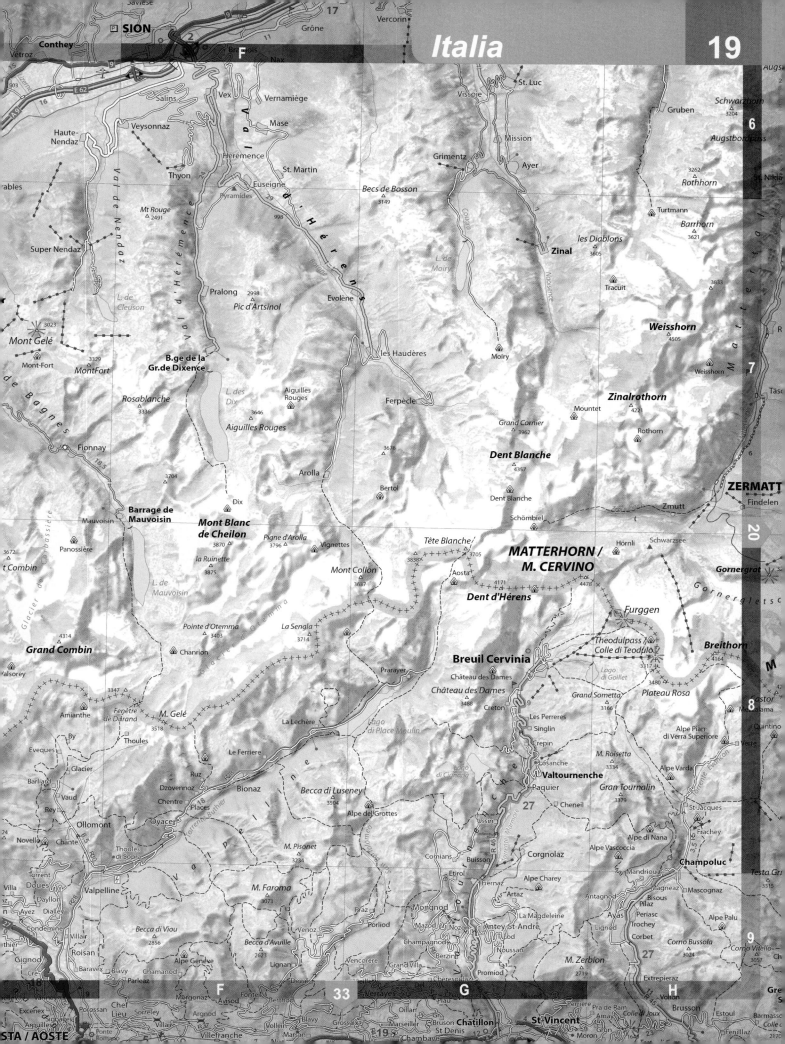

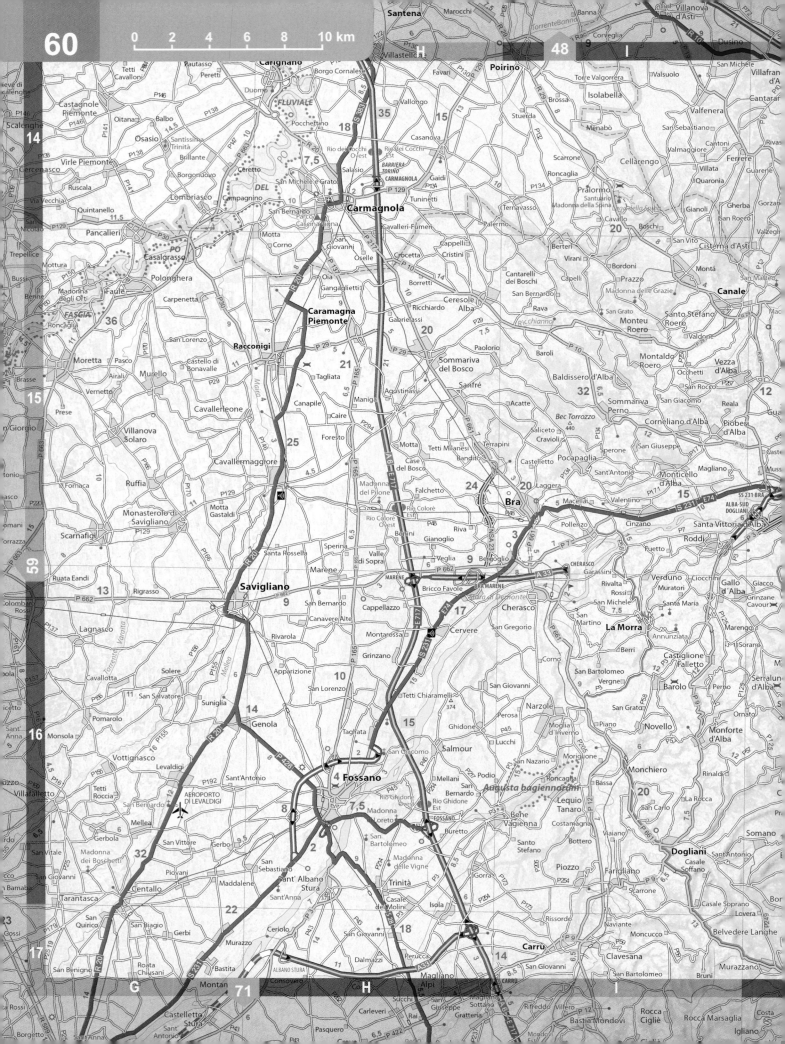

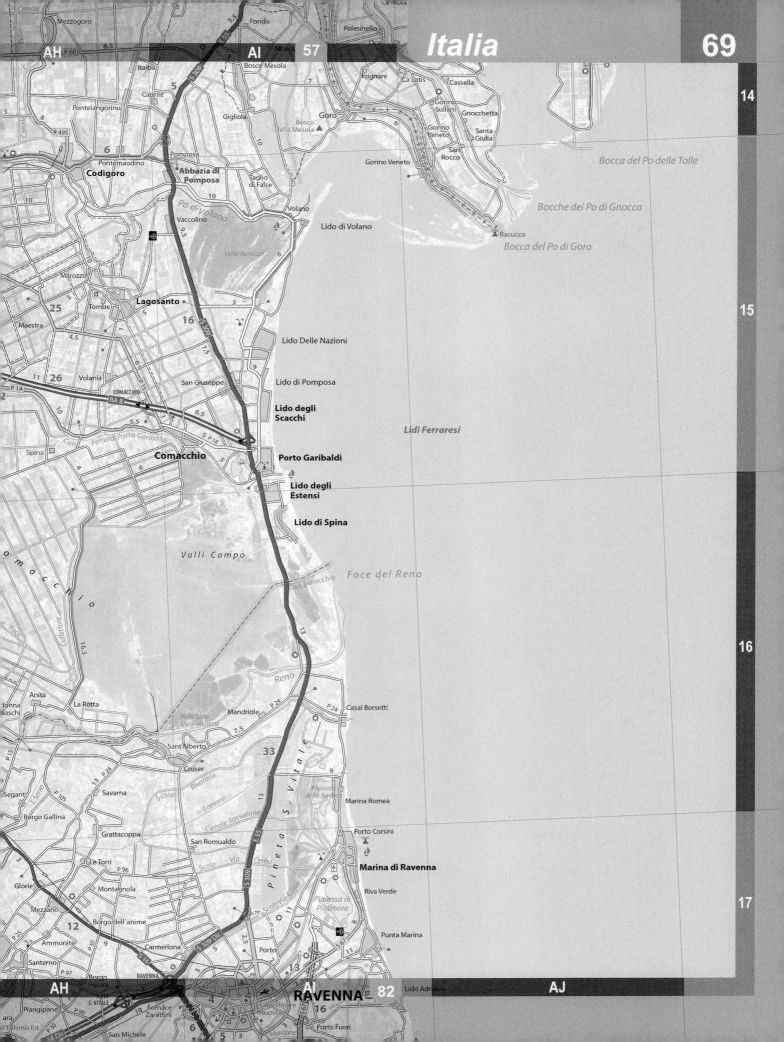

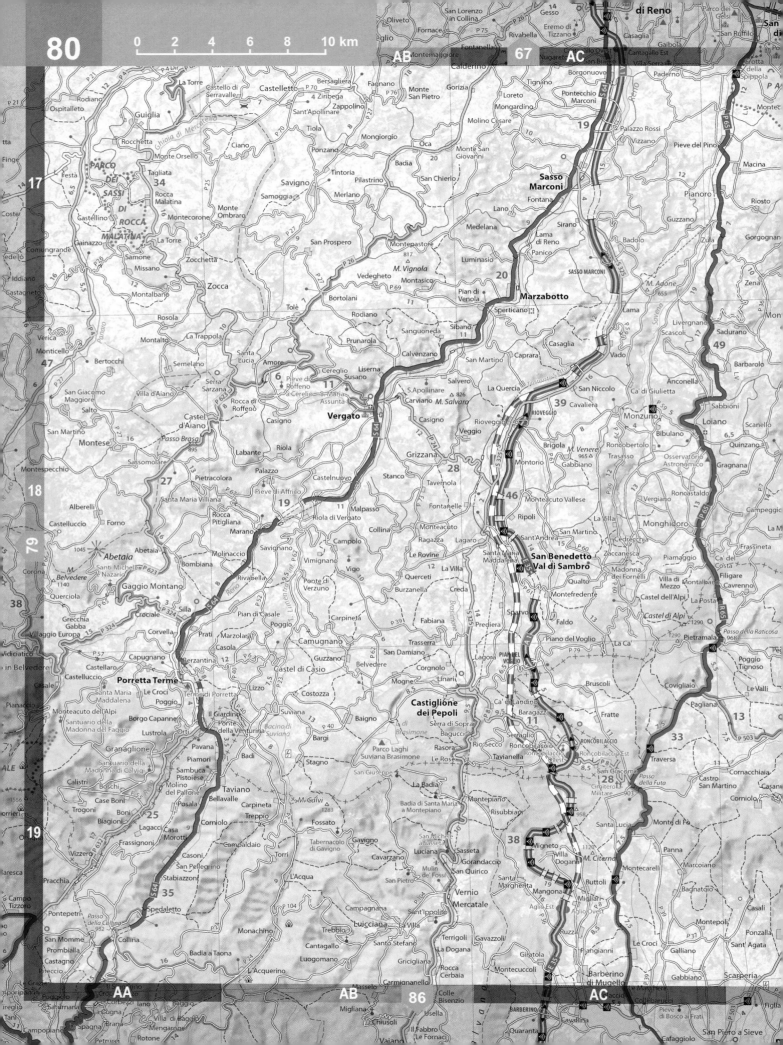

17

18

19

20

Cesenatico

Valverde
Villamarina
Gatteo a Mare
Savignano a Mare
San Mauro a Mare
Bellaria
Castellaccio
Igea Marina
Sant'Angelo
8,5
Fiumicino
Bordonchio
La Torre
Torre Pedrera
**San Mauro
Pascoli**
1,5
Osteria
del Bagno
Viserbella
Borgo
Nuove
9
Viserba
San Vito
di Rimini
Fornace
Italia in
Miniatura
Rivabella
San Giuliano
a Mare
Orsoleto
Variano
San Martino
Delfinario
Ca' Spina
RIMINI
Santa Giustina
Ponte di
Tiberio
Arco d'Augusto
Canonica
Pieve
S. Michele
**Santarcangelo
di Romagna**
Ghetto Randuzzi
Bellariva
Spadarolo
Casetti
Vergiano
Prazzolo
Marebello
Rivazzurra
Camerano
San Martino
S. Andrea
Il Fondo
San Fortunato
Miramare
Poggio Berni
Corpolo
Sant'Ermete
San Martino
Monte L'Abate
Riccione
S. Marino
San Lorenzo in
Correggiano
Casalecchio
S. Lorenzo
in Strada
Osteria
Delphinarium Riccione
Trebbio
Villa Verucchio
Gaiotana
Ceriano
San Paolo
Cerbaiola
Tamagnino
Le Casette
San-Salvatore
**Misano
Adriatico**
Santa Cristina
Dogana
Cerasolo
Fienili
Besanigo
Cattolica
Falciano
San
Patrignano
Pedrolara
Scacciano
Gabicce Mare
Verucchio
Monte
Tauro
Coriano
Gabicce Monte
Casteldimezzo
Ponte
Verucchio
Serravalle
Misano
Monte
Montalbano
Fiorenzuola
di Focara

Rep. di
Mulazzano
Vecciano
Castelleale
Cella
Simbeni
Ventoso
Domagnano
Vallechio
Cavallino
San Savino
CATTOLICA
Gradara
Granarola
Acquaviva
San Marino
Trarivi
Agello
San Clemente
Santa Maria
Pietrafitta
Roncaglia

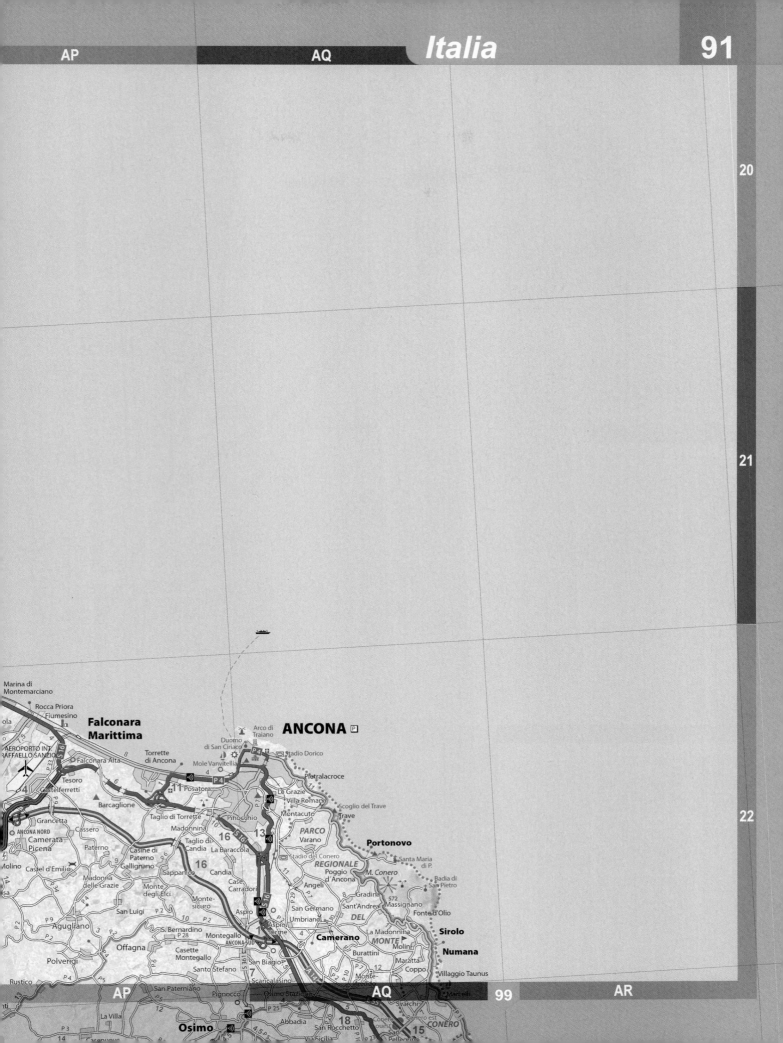

20

21

22

Marina di
Montemarciano

Rocca Priora
Fiumesino

**Falconara
Marittima**

AEROPORTO INT.
RAFFAELLO SANZIO

Torrette
di Ancona

Falconara Alta

Tesoro
Castelferretti

Barcaglione

Grancetta

ANCONA NORD

Cassero

**Camerata
Picena**

Paterno

Taglio di Torrette

Madonnina

Taglio di
Candia

La Baraccola

Casine di
Paterno
Gallignano

Sappanico

Candia

Madonna
delle Grazie

Monte
degli Elci

San Luigi

Agugliano

Offagna

Polverigi

Rustico

Casette
Montegallo

San Biagio

Santo Stefano

San Paterniano

La Villa

Arco di
Traiano

Duomo
di San Ciriaco

Mole Vanvitelli

Posatora

Pinocchio

ANCONA

Stadio Dorico

Pietralacroce

Le Grazie
Villa Romana

Montacuto

Scoglio del Trave
Trave

PARCO
Varano

Stadio del Conero

REGIONALE

Poggio
d'Ancona

Angeli

Case
Carradori

San Germano

Umbriano

Aspio

S. Bernardino

Montegallo

ANCONA SUD

Aspio
Terme

DEL

Camerano

Burattini

Monte-
sicuro

Monte-

Scaricalasino

Sant'Andrea

M. Conero

572
Massignano

Fonte d'Olio

La Madonnina

MONTE

Gradina

Portonovo

Santa Maria
di P.

Badia di
San Pietro

Sirolo

Numana

Molini

Maratta
Coppo

Villaggio Taunus

CONERO

Osimo Stazione

Marcelli

Pignocco

Svarchi

Conero est

La Villa

Osimo

Abbadia

San Rocchetto

Conero
ovest

18

15

AQ

23

24

25

Sirolo
Numana
Villaggio Taunus
Marcelli

CONERO
15
San Pellegrino

Loreto
Costabianca
Montatrice
Porto Recanati
Beniamino Gigli
Santa Maria
a Potenza
LORETO PORTO
RECANATI

Chiarino
San Pietro

San Girio   Pamperduto
26   Casette
Torresi
17
Montecanepino   Casette
Antonelli
Porto Potenza Picena
**Potenza
Picena**
Giardino
Buonaccorsi   Riva
Alviano   Verde

Castelletta
Mori   Fontespina

Morrovalle
San Giacomo   Civitanova
Alta
Montecosaro   San Gaetano
Costamartina
Ruano   Mandolesi
Pintura   Santa Maria
Piane   Apparente
Borgo di Stazione   Chienti
Montecorsaro   Filippantò   **Civitanova Marche**
MACERATA CIVITANOVA
S. Maria   Montecorsaro   Aurora   Chienti est
di Chienti   Chienti ouest   Fonte di Mare
Molinetto
Trodica   Santa Croce
Bivio
Piane   Cascinare
Chienti   20   Cascinare
Torrione   Castellano
Villa   Zona
Villa San Filippo   Luciani   Pescola   **Porto Sant' Elpidio**
Vagli   Casette   Fonte
d'Ete   Serpe
Mostrapiedi   Zona   Marina Faleriensa
Casa Stizza   Ovest
Elpidiense   Bivio
Casa   Strada
Renzi   Vecchia   Tre Archi
Montegranaro   Cretarola   7
Monte San   Il Molino
Giusto   Roccolo   Lungotenna
Svampa   66
Santa Caterina   San Marco   Alberelli
Primo   La Luce   Lido di Fermo
Casa Tosoni   Monte   Santa Caterina
Urano   Secondo   Faleriense   Montemarino
14   Capodarco
Monte San   San Lorenzo
Andrea Pietrangeli   Val   **Porto San Giorgio**
Coste   Tenna   Vallasciano   Casa Papa
Torre San   San   Molini   Valloscura   Giovanni
Patrizio   Venanzio   di Tenna   56
Villa Zara   Campiglione   Salette   Salvano
Rapagnano   Logognano   Misericordia   Santa Maria a Mare
San Tiburzio   Girola   Montotto   **Fermo**   FERMO PORTO
Contrada Tenna   Fontana   Storno   SAN GIORGIO   Marina Palmense
Le Grazie   San Gaetano   Madonna   Santo   Palazzina
Magliano   Paoloni   San   Ete   Stefano   d'Ete   11
di Tenna   Piane   Girolamo   Fornace   Sacri
Capparuccia   Ferracuti   Ponte Ete-   Cuori   Madonna
Croce   Piemarano   Manu Primo
di Via   Molino   Sant'Isidoro   Madonna   Marina di
Le Prese   Grottazzolina   Lapedona   Madonna Manu   Altidona
Molino   Ponzano di Fermo   Madonna   San Michele   Altidona   PEDASO
Bruna   Lago   Turchia   **Pedaso**
Santa Maria   Cancello   Aso   Molino
Torchiaro   Soccorso-Lago   Moresco   Primo   Cannella   Tre
Monte   Moregnano   Aso   Secondo   Camini
Giberto   Montotto   Monterubbiano   Molino   Santa Maria   Campo-   Ponte
San Vitale   Petritoli   Fares   filone   Nina
Rubbianello   Marina di
Massignano
Monsampietro   San Procolo   Agelli   Sant'Antonio   Montefiore   Massignano   27
Morico   dell'Aso
Montottone   Il Molino   Monte Vidon   Santa Maria La Campana
Combatte   della Fede
Collina Nuova   Ortezzano
Monte Rinaldo   Carassai   Sant'   Castellano   Cupra Marittima
Pennesi   Imero

0 2 4 6 8 10 km

W   X

26

27

28

Canale di Pi

ISOLA D'ELBA

Populoni

Marina di Sal

Pi

286

Capo della Vita   *I. dei Topi*

I.

Cavo

PARCO   P 33

P 26

Nisporto   *M. Serra*   7,5

427

C. d'Enfola   P 27   **Portoferraio**

Villa dei Mulini

Rio nell'Elba

Rio Marina

Viticcio   3   Bagnaia   Villaggio Togliatti

Scaglieri   Ottone   16   Ortano

Carpani   Casa del Duca   P 28

Marciana   Biodola   Campitelle   Magazzini-Schiopparello   2

Marina   San Martino   Villa Romana   Madonna   Capo d'Arco

Zanca   P 36   Bagno-   delle Grotte   di Monserrato

La Guardia   P 34   Sprizze   P 24   Valcarene   Acquabona   **Porto Azzurro**

Mortigliano   Marciana   P 34   Procchio   Colle   Villa   6,5   Mola   Naregno

Colle d'Orano   8   Poggio   7   di Procchio   di Napoleone

Punta Polveraia   14   Marmi   9   Capoliveri   P 31   Castagni

NAZIONALE   Sant'Ilario   Pila   Bonalaccia   Lido   P 26

M. Capanne   in Campo   P 29   Filetto   Lacona   Madonna   TOSCANO

1018   P 37   7   La Serra   14   delle Grazie   *M. Calamita*

Punta Nera   La Foce   P 30   Pareti   413   Ripe Alte

Chiessi   **ARCIPELAGO**   San Piero   5   Palazzo

in Campo   Marina   *Punta dei Ripalti*

Pomonte   di Campo

Cavoli   2,5

P 25   9

Fetovaia   Colle

di Palombaia

Punta di Fetovaia

29

30

Punta del Marchese

Isola Pianosa

Punta Libeccio   Parco

Nazionale   Pianosa

Il Cardon   *Arcipelago*

Toscano

Punta Brigantina

I. di Montecristo

645

Punta Rossa

V   W   X

0 2 4 6 8 10 km

25

Monterotondo
Marittimo
I Boschet

Podere Gualda
Lagoni
Rossi

11 P 329
15

522 Sassetta
San Carlo
Il Poggio
36
Frassine
Podere
la Pieve
Vascognano
San Vincenzo
M. Calvi
646
Prata
Belvedere
Montebamboli
Rocca
di San Silvestro
Villa Lanzi
Quattrino
Campiglia
Marittima
Suvereto
Casa Il Caglio
Castello
della Marsiliana
Campalto
Miniera
di Cassiterite
12
I Forni
Castello
di San Lorenzo
Fattoria
Marsiliana
P 143
Rimigliano
13
Lumiere
Rovinato
Cafaggio
Casetta
di Cornia
Castello
di San Lorenzo
Montioni
P 19
17
11
Caldana
R 398
La Bandita
Venturina
Casalappi
P 22
Pecora
P 439
Valpi
La Torraccia
2
Banditelle
Casalpiano
13
P 33
Golfo di Baratti
13
La Scriscia
13
P 39
Riotorto
Cura Nuova
Baratti
R 398
Poggio
all'Agnello
8
Vignale
Podere
del Pelagone
8
Populonia
5
23
P 23
12
22
Il Cavaliere
Carbonifera
8 S1-E80
5
Palazzo
Guelfi
286
Fiorentina
Colmata
Rondelli
P 152
Scarlino
Scalo
Salivoli Gagno
3 R 439
Marina di Salivoli
Cattedrale
di Sant'Antimo
Follonica
P 106
Scarlino
26
Piombino
Mura Leonardesche
Golfo
P 60
Canale di Piombino
di   Follonica
Portiglione
Puntone
Capo della Vita
I. dei Topi
Pian d'Alma
Cavo
I. Palmaiola
PARCO
P 33
M. Serra
427
Punta Ala
101
Rio Marina
Scoglio dello Sparviero
Punta Ala
Pian di Rocca
Villaggio
Togliatti
Ortano
Rocchette
Madonna
di Monserrato
Capo d'Arco
Roccamare
Riva del Sole
Porto Azzurro
Mola
Naregno
Castg
della Pe
Castagni
27
Riva del Sol
Capoliveri
TOSCANO
M. Calamito
413
Ripe Alte
Palazzo
Punta dei Ripalti

X   Y   Z

Nina
Marina di
Massignano
27
Cupra Marittima
Grottammare
Opera GROTTAMMARE
Pelagallo
San Salvatore
Il Ponterotto
San Benedetto del Tronto
Palazzo
Fiorani
Piacentini
Madonna
di Marina
Acquaviva Picena
Torre dei
Gualtieri
4,5
Monteprandone
San Giacomo
San Donato
Porto d´Ascoli
Monte Cretaccio
Sentina
ampolo
onto
Cento-
buchi
SAN BENEDETTO
DEL TRONTO
1,5
nunanza
Molino
Martinsicuro
Sant'Anna
Marconi
9
Colonnella
Prosperi
San Venanzo II
Villa Rosa
Sant'Angelo
6,5
Pignotto
Riomoro
VALVIBRATA
Alba Adriatica
San
Giovanni II
Villa
Catenacci
Corropoli
Casa
Plaiani
Flaio
San Giuseppe
Tortoreto Lido
14
Bivio
Corropoli
Colle
Luna
Tortoreto
Ovest
Tortoreto Est
Nereto
Terrabianca
Tortoreto
Alto
Fontana
Vecchia
Sant'
Omero
Poggio
Morello
Cavatassi
6,5
23
Villa
Gatti
Montone
Giulianova Lido
29
Mosciano
Sant Angelo
Giulianova
3,5
Collepietro
Case di
Trento
San
Filomone
Cichetti
Bellante
Cologna
Spiaggia
Casino
Savini
Villa
Volpe
Cologna
Marina
San
Mauro
Ripattoni
6
Mosciano
Stazione
Villa
Ardente
TERAMO
GIULIANOVA
15
Le Torri
Todino
Cologna
9
Mazzocco
20
Santa Croce
Grasciano
Giammartino
Centovie
Roseto degli Abruzzi
Campogrande
Villa
Pasqualone
Vallevignale
Tanesi
Vomano
Est
Montepagano
Castellalto
Morro
d'Oro
Santa
Lucia
Casal
Thaulero
Sant'Anna
Scerne
Guzzano
Notaresco
30
Vomano
Ovest
Molino San Antimo
7
Valle
Canzano
Castelbasso
Guardia
Vomano
10
Villa
Fumosa
Canzano
Castelnuovo
Vomano
ROSETO
14
San Clemente al V.
Borgo S. Maria
Immacolata
Pineto
ano
Penna
t' Andrea
Montegualtieri
Faiete
Fontanelle
Casoli
Sorreti
Santa
Margherita
ATRI PINETO
Foggetta
Scorrano
Celino
Attanasio
San Giacomo
Riserva Naturale
dei Calanchi
Atri
Mutignano
10

Castellaro
52
Poggio delle Rose
Floriano
Piomba
Villa Bozza
Villa San
Romualdo
Cavalieri
12
Piane
Maglierici
**Silvi
Marina**

0 2 4 6 8 10 km

Scansano

M. Bottigli
319

Il Luog

Magazzini
Alberese

Valle
Maggiore

Podere Corso

La Pieve

Pereta

Alberese

NATURALE

Cupi

Montiano

Impostino

37

Alberese
Scalo

28

246

Collecchio

DELLA

Poderone

Magliano
in Toscana

Impostino

Fatt
Col

La Marta

S. Bruzio

28

MAREMMA

Banditella

Uccellina

San
Donato

Formiche di Grosseto

Fonteblanda

Osa

Talamone

San Donato
Vecchio

Doganella

La Polverosa

Monti

Albegna

La Barca
del Grazi

Albinia

29

8

Quattrostrade

353

Laguna

14

Punta Lividonia

di

Orbetello Scalo

Orbetello

Isola del Giglio

Porto
Santo Stefano

Santa Liberata

Orbetello

Punta del Fenaio

Punta Cala Grande

Cala
Moresca

Il Mascherino

Terrarossa

14

Villaggio
Grotte

Arenella

Cala Piccola

Convento Padri
Passionisti

Le
Miniere

Ansedonia

La Tor

Giglio Campese

29

Cala Piccola

M.
Il Telegrafo
653

Forte Filippo

Giglio
Castello

Giglio Porto

Promontorio
dell'Argentario

Torre
dell'Acqua

Porto
Ercole

Cannelle

Cala d'Uomo

Lo Sbarcatello

I. Formica di Burano

Il Carrubo

Punta Avoltore

Punta del Capel Rosso

Punta di Torre Ciana

30

Villa Romana

Spalmatoio
Ischiaiola

I. di Giannutri

Punta del Capel Rosso

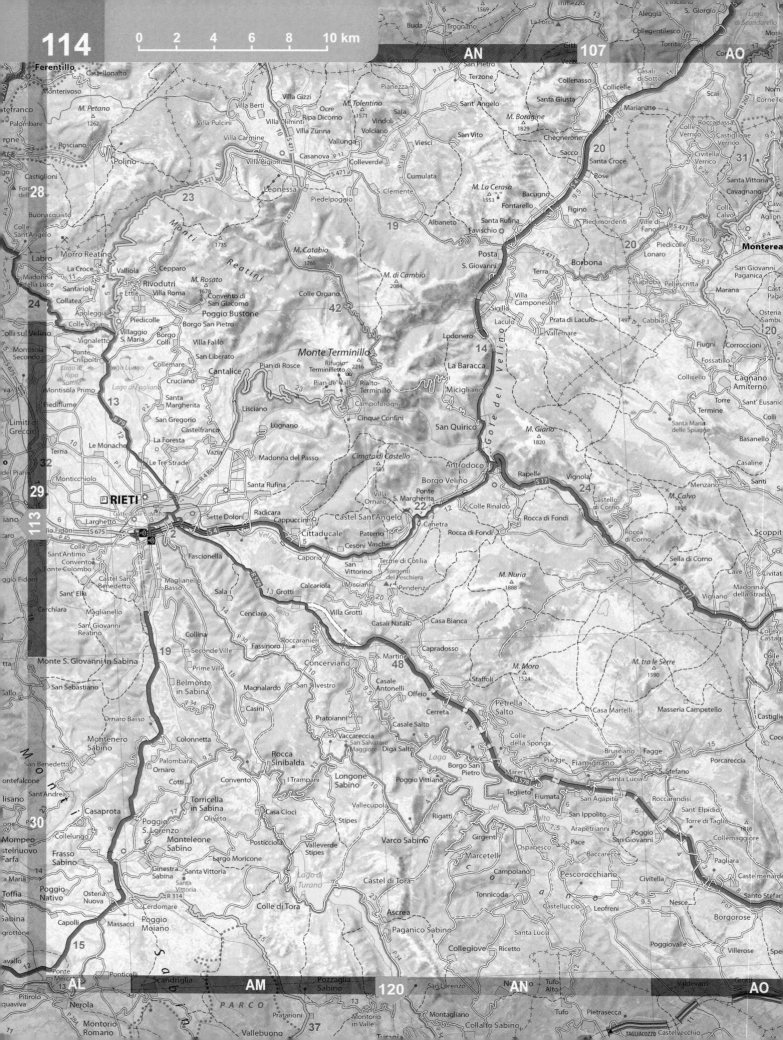

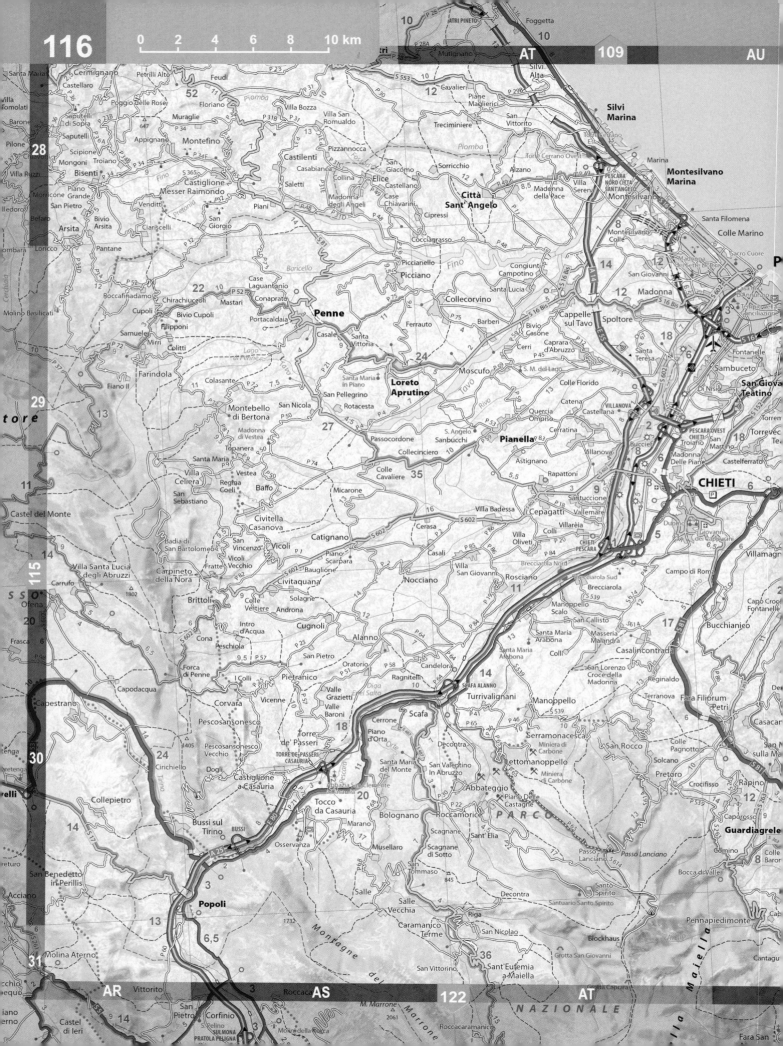

28

29

30

ARA P

Pretaro

Francavilla al Mare
10 Postilli
11
PESCARA SUD FRANCAVILLA
Foro
Lazzaretto
Savini Foro
Feudo
Aquilano
Miglianico 22
44 Villa San Tommaso
Tollo Villa San Nicola
Fonticelli
Collesecco Villa Grande Casino Vezzani
San Rocco
Villa Tucci Villa San Leonardo
Giuliano Teatino San Romano Villa Torre
Turri Ari Canosa Sannita Salciaroli Villa Lubatti
Villa Caldari Villa Rogatti
San Pietro
Arielli Frisa Guastameroli Treglio
Poggiofiorito 30
29 Sant'Amato Nasuti
Calvario Spaccarelli **Lanciano**
San Basile Villa Martelli
Filetto Brecciarola Nasuti Scorciosa
Orsogna Croceta Rotelle
Fratticello Stazione di Filetto Piano delle Fonti San Rocco Villa Elce
Aianera Castel Frentano Buongarzone
Melone San Vincenzo Rizzacorno
11 Sant'Eusanio del Sango 12 Lentesco
Colle Bianco Piana delle Mele Sant'Onofrio
Capoposta Cotti
12 Consalvi Pianibbie Saponelli
Piano di Ascigno Laroscia Tori
Zampielli Minco di Lici
Palombaro Guarenna Nuova Ponte Aventino
Meroscl Giarrocco
Casoli Perano Monte Marcone
Briccioli Sant'Amico Capragrassa I
La Fonte Altino Archi San Marco
Il Calvario Cona

Lido Riccio
1,5
Ortona
19 Palazzo Farnese
ORTONA 1
Murata Alta Marina di San Vito
Sant'Apollinare San Vito Chietino
Cese
Mancini Punta del Cavalluccio
Puncichitti
LANCIANO Rocca San Giovanni Fossacesia Marina
Rocca San Giovanni
Novellari Fossacesia
Villa Romagnoli Santa Maria Imbaro Tagliaferri
26 Fattore Torino di Sangro Marina
Mozzagrogna 15
Rosciavizza VAL DI SANGRO Le Morgie
Villa Stanazzo 16 Sangro Est Lido di Casalbordino
Villa Andreoli Sangro Ovest E 55 S 16
Castel di Sette Torino di Sangro Travaglini
Sant'Egidio Castracani Zimarino Genova Rulli
Paglieta Villalfonsina 28 Pagliarelli
Ranco Guarniera Miracoli 13
Maseria Spaventa San Barbato Miracoli VASTO NORD Incoronata
Castelluccio Pollutri San Lorenzo 31
Pili II San Giacomo **Casalbordino**
Masseria Rucconi Scerni 32
Scorciagallo Colle Marrollo
Masseria de Marco Masseria Menna 13

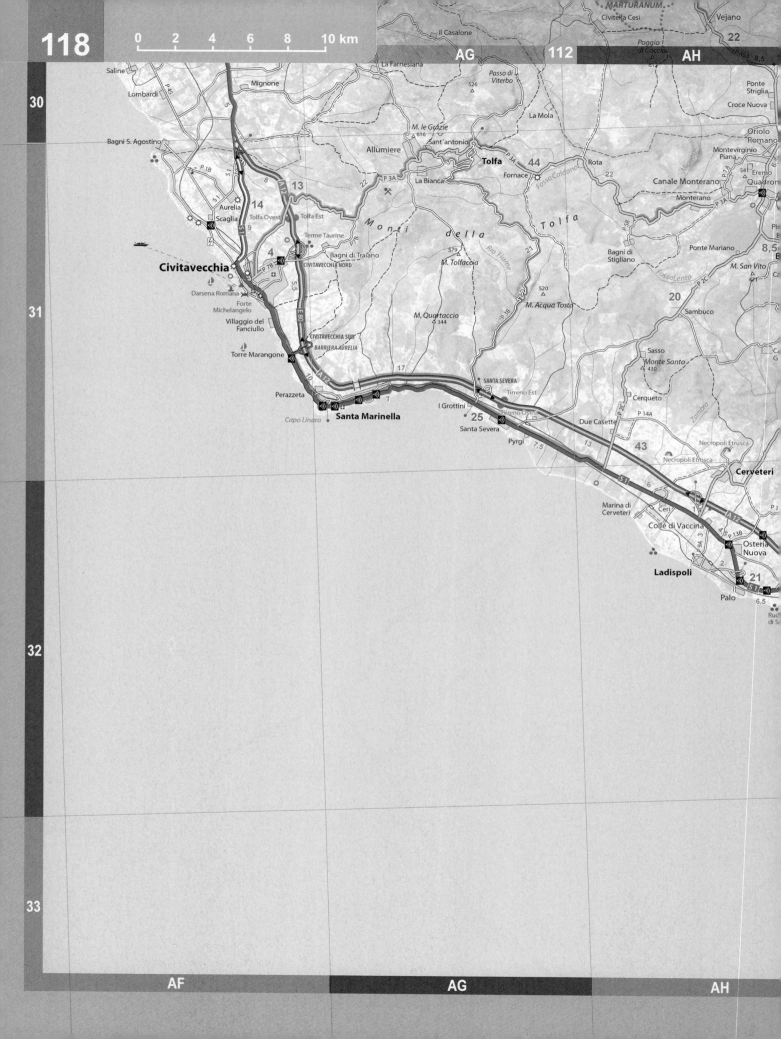

Isole Tremiti
Villaggio San Domino
△116
I. San Domino

31

Termoli
TERMOLI

Lido Campomarino

Campomarino

P 40

Punta Pietre Nere
Marina di Lesina

32 Torre
Sa..morte

Cianaluca

9,5
S 16
3
26
Marina di Chieuti

A 14 — E 55

Fantina Prima

Masseria Rivolta

Masseria
Pesce

Portocannone
P 130

Nuova
Cliternia

Torre Fantine Est
Torre Fantine Ovest

11

Masseria
Maresca

31

Lago

Casa Cagnilia
di Sotto

di

Masseria De Lilia

S. Agata

Ripalta

POGGIO IMPERIALE
LESINA

Lesina

12

Masseri
San Naz

San Martino
in Pensilis

P 85
6,5

Masseria Pollice

27

Masseria Grotte

9

Poggio
Imperiale

Masseria
San Sabino

Masseria Rodisani

126

Ururi **22**

16
P 167

Serracapriola

Fortore

Masseria
Coppe di Rose

San Trifone Ovest — San Trifone Est
Stazione di
Apricena

Apricena

22

13 **33**
Calcificio
Falcone

Masseria
Palmeri

Masseria
Cornicione

Masseria
di Tronco

Masseria
Lauria

Candelaro

Masseria
Azzardatore

21

Masseria
Pietra Cipolle

39

Rotello

Tona

Mass.
Piscicelli

Masseria
Pietra Cipolle

San Paolo
di Civitate

27

23

San Severo

6

Saccione

Masseria
Palmeri

Colle Monte

Masseria
Mastrangelo

Masseria la Marchesa

Torremaggiore

SAN SEVERO

Ponte del Porco

Casone

0 2 4 6 8 10 km

30

I. Pianosa

31

Isole Tremiti
I. Capraia
Santa Maria I. San Nicola
a Mare
Villaggio San Domino
San Nicola di Tremiti
△ 116
I. San Domino

Foce di
Varano
Lic
de
Lido di
Torre Mileto
5.5
Capolale
P 42
18
Largolungo
Palude
a Pietre Nere
Torre Mileto
M. d'Eljo
△ 260
Lago
Torre
Scampamorte
Manaa di Lesina
32
Lesina
Casa Metilde
San Nicola
Varano
di
Casa Saggese
di
Casa Cagnilia
di Sotto
P 40
10.5
5
Varano
Lago
29
13
Bagno
7
Lesina
12
9
Masseria
San Nazario
5.5
P 41
Sannicandro
Garganico
6
13
S 89
8
Cagnano
Varano
2
Santuario
San Nazario
P 38
34
P 43
32
Masseria Grotte
9
13
P 48
Poggio
Imperiale
Masseria
San Sabino
M. Coppa Ferrata
913
△
17
274
Passo di Ingarano
Casa
Campanozzi
Pro
mon
to
ri
o
902
△
Masseria Rodisani
P 37
P 36
4.5
San Trifone Ovest
San Trifone Est
5.5
20
Apricena
P 28
Poderi
Palombino
Castel Pagano
M. Castello
△
683
M. Calvo
△
1055
Stazione di
Apricena
22
13
Calcificio
Falcone
P 27
11
Montenero
1014
San Giovanni
Rotondo
21
S 16
P 32
P 34
Santo di Madonna
di Stignano
San Matteo
In Lamis
Santuario di
Padre Pio
15
P 42
11
Stazione di
San Marco in Lamis
Casa
Gravina
Stignano
S 272
12
San Matteo
Borgo Celano
P 26
7
683
24
San Marco
in Lamis
San Severo
Masseria Fraccacreta
7.5
P 22
emaggiore
S 272
Rignan
Garga
M. Ividori
512
Masseria
Don Gennaro
BA
SAN SEVERO
San Matteo
135
Ponte
Villanova
9.5
14
GARG
Madonna di Cristo
Casone

Peschici
Torre di Calalunga
Torre Usmai
San Nicola
Valle Clavia
Manacore
Paglianza
Torre La Chianca
Coppa di Cielo
I. la Chianca
Torre di Porticello
San Menaio
Rodi Garganico
15
8
14
Grotta dell'Acqua
Montincello
Spiaggia Scialmarino
Molinella
Faro di Santa Eufemia
Villaggio Moresco Alto
23
Mandrione
Palude Mezzane
Defensola
21
23
Villaggio Moresco Basso
10
23
Intresiglio
San Lorenzo
Sant'Andrea
Ischitella
Vico del Gargano
Fucito
Chiesiola
Vieste
PARCO
Coppitella
Spiaggia del Castello
Scialara
Macchia di Mauro
Torre del Ponte
de Pema
M. Nicola
490
13
Lido di Portonuovo
Carpino
715
Gattarella
Testa del Gargano
Casa Forestale
129
Baia di Campi
Torre di Campi
40
794
M. Salvatori
385
Torre di Portogreco
ONALE
M. Iacotenente
832
Pugnochiuso
20
682
Baia dei Gabbiani
Casa Guida
Valico di Lupo
9
Grotta Campana Grande
M. Spigno
1008
M. Sacro
572
37
Baia delle Zagare
Masseria Paolino
10
Mattinatella
20
7
L
18
Grotta San Michele
Mattinata
Punta di Mattinata
Monte S. Angelo
17
Monte Sant'Angelo
Punta Rossa
22
Ruggiano
Madonna della Libera
Sansone
San Pasquale
San Salvatore
Tomaiolo
Santo di Pulsano
Carlo Pasqua
20
L'Annunziata
Castello Svevo Angioino

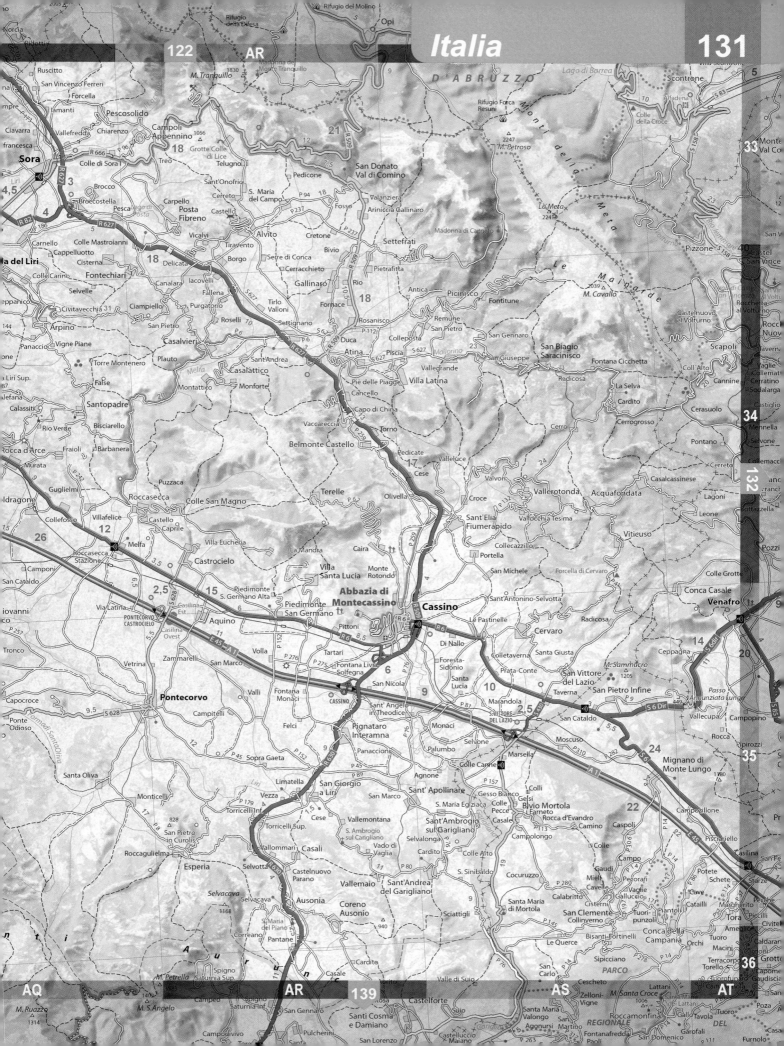

35

36

146

Trani

Bisceglie

Molfetta

Giovinazzo

Palese

BAR

Corato

Terlizzi

Ruvo di Puglia

Sovereto

Bitonto

Modugno

Palo del Colle

Bitetto

Valenzan

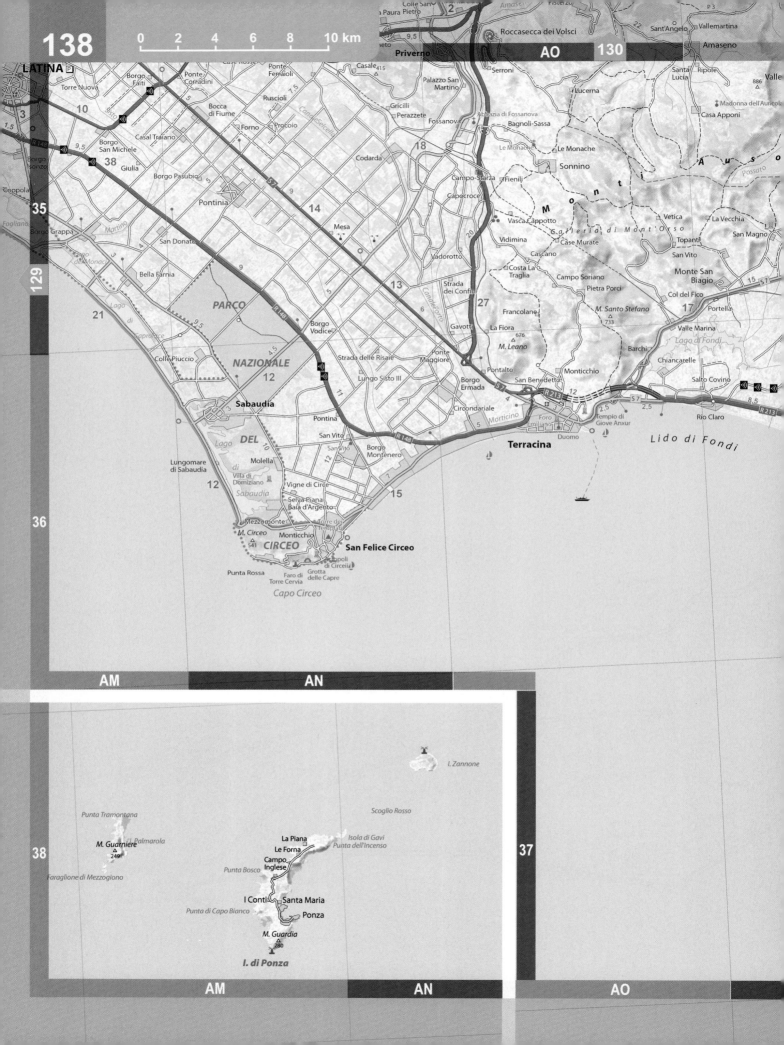

0 2 4 6 8 10 km

LATINA

Torre Nuova

Borgo Faiti

Ponte Corradini

Ponte Ferraioli

Case Rosse

Casale

Serroni

Roccasecca dei Volsci

Priverno

Palazzo San Martino

Colle San

Paura Pietro

Sant'Angelo Vallemartina

Amaseno

AO 130

Santa Lucia Ripole

Valle

886

Madonna dell'Auricola

Casa Apponi

Lucerna

Abbazia di Fossanova

Bagnoli-Sassa

Le Monache

Le Monache

Sonnino

Monti

Ausо

Vetica

La Vecchia

San Magno

Topanti

Monte San Biagio

Galleria di Mont'Orso

San Vito

Col del Fico

Portella

Valle Marina

Lago di Fondi

Chiancarelle

Salto Covino

Rio Claro

R 213

8,5

Lido di Fondi

Terracina

Duomo

Tempio di Giove Anxur

San Benedetto

Morticino

Foro Emiliano

Circondariale

Borgo Ermada

Pontalto

Monticchio

Pontina

San Vito

Borgo Montenero

San Felice Circeo

Monticchio

Acropoli di Circeii

Grotta delle Capre

Punta Rossa

Faro di Torre Cervia

Capo Circeo

M. Circeo

541

CIRCEO

Mezzomonte

Torre del Templato

Selva Piana

Baia d'Argento

Vigne di Circe

Molella

Lungomare di Sabaudia

Villa di Domiziano

Lago di Sabaudia

DEL

Sabaudia

NAZIONALE

PARCO

Borgo Vodice

Strada delle Risaie

Lungo Sisto III

Ponte Maggiore

Strada dei Confini

M. Leano

676

M. Santo Stefano
1.733

La Fiora

Gavott

Francolane

Pietra Porci

Campo Soriano

Costa La Traglia

Cascano

Vidimina

Case Murate

Vasca Cappotto

Campo-Starza

Fienili

Capocroce

Vadorotto

Codarda

Mesa

Gricilli

Perazzete

Fossanova

Bocca di Fiume

Forno

Procoio

Ruscioli

Casal Traiano

Borgo San Michele

Giulia

Borgo Pasubio

Pontinia

San Donato

Bella Farnia

Colle Piuccio

Lago di Caprolace

Lago dei Monaci

Martino

Borgo Grappa

Borgo Isonzo

Teppola

Fogliano

Lago di Fogliano

I. Zannone

Scoglio Rosso

Isola di Gavi

Punta dell'Incenso

La Piana

Le Forna

Campo Inglese

Punta Bosco

I Conti

Santa Maria

Ponza

Punta di Capo Bianco

M. Guardia
280

I. di Ponza

Punta Tramontana

M. Guarniere
249

I Palmarola

Faraglione di Mezzogiono

M. Calvilli
Pastena
Colle Ponte
Capocroce
Vetrina

M. Calvilli
1115

AP

Madonna del Piano
Pico
Ponte Odioso
Santa Oliva

Fiume di Santa Oliva

9,5

Felci
Pignataro Interamna
Monaci
Selvone

Marsel

52

Lenola
Liverani
904
Taverna
Campodimele
Monticelli
828
San Pietro in Curolis
12

Santa Oliva

Sopra Gaeta
P 45
P 152
P 45
9
P 89
Limatella
San Giorgio a Liri
Panaccioni
Palumbo
Colle Cann

35

Quercia
Monaco
548 11
Case De Filippis
San Martino
Madonna del Latte
Campodimele

Liri
Vezza
Torricelli Inf.
Cese
S. Maria Egiziaca
S. Ambrogio sul Gariglia
Gesso Bianco
Colle Pecce

Passignano
Tarantone

San Nicola
1256

Roccaguglielma
Esperia
Torricelli Sup.
Casali
Vallommari
Casali
Vallemontana
S. Ambrogio sul Garigliano
Selvalonga
Sant'Ambrogio sul Garigliano

Cardito
Colle Alto
S. Sinibaldo
19
Cocuru

Fondi

Santa M
di Mor

Masseria Mole Perito
Madonna d. Civita
22

Selvacava
1168
Selvotta
Castelnuovo Parano
Coreno Ausonio
Vallemaio
Sant'Andrea del Garigliano

21

M. Grande
766

Itri

M. Ruazzo
1314

Selvacava
S. Maria del Piano
Correano
Pantane
Ausonia
940
Sciattigli

Lago S. Puoto

34

M. Lauzo
421

Sperlonga

Stazione di Itri
S7

M. S.Angelo

M. Petrella
1533
1402
Campeo
Spigno Saturnia Sup.
Campodivivo
Spigno Saturnia Inf.
San Gennaro

31

Cardito
Casale
Aurito
Valle di Suio
Suio
Castelforte

Maranola
Trivio
Castellonorato
Penitro
Tore
Santa Maria Infante
Pulcherini
Santi Cosma e Damiano
Campomaggiore
San Luca
Castelluccio Maiano
Maiano di Sopra
Pietrerotte
P 310

Laur

14

M. Cefalo
543

Grotta di Tiberio

11

Stazione di Itri
Torre di Mola
Santa Teresa d'Avila
Villa Rubino
Camera Bianca
Cicerone

8
Mamurrano
R 213

R 213
7,5
Santa Croce

Scauri
8,5
Le Tore
S 7
Grunuovo

Minturno
Tufo
San Marco
Manuli
Selva Cimino-Setera
San Castrese
30
36

Formia

Vendicio
Tomba di Cicerone
Arzano
Porto Salvo

Minturno

15
Gariglia

Campo Felice

Villaggio Senn

Marina di Minturno

9

Gaeta
3,5
Serapo

Santa Croce

Borgo Centore
Casamare
27
P 291
P 299
P 276
P 120
P 130
P 429
P 175
P 304
Fasani
Cellole
140

P 264
P 311
P 122
S 7 qu

Baia Domizia

Golfo   di   Gaeta

Le Perle
Baia Azzurra-Levagnole
Bagni Sulfurei
P 124

San Seb

Mondragone

37

AP | | AQ | | AR

39

Punta Ecla
Ventotene
Isola Santo Stefano

Punta dell'Arco

I. Ventotene

BQ

BR

38

39

40

41

Punta Penne

Torre Rossa

Case Bianche

P 41

Torre Rossa

18

AEROPORTO
PAPOLA CASALE

Canale Patereese

BRINDISI Ⓟ

Capo Bianco

Capo di Torre Cavallo

S 379

13

Paradiso

S 16

12

Duomo

Castello Aragonese

Monumento al
Marinaio

Porta Mesagne

P 43

P 42

Punta di Contessa

E 90

P 80

3

P 79

P 88

Masseria
Villanova

S 16

P 79

Torre
Mattarelle

S 379

13

P 43

P 43

11

8

Torre

Masseria
Palmarini

P 79

S 613

Canale Ribessi di Nardi

Lido
Cerano

P 80

P 87

P 87

Stazione di
Tuturano

P 79

Campo di Mare

Tuturano

2,5

P 81

2

P 81

Torre

Cerrito

P 81

4

P 86

P 87

12

19

18

P 83

7

14

Lindinuso
Zona
Canuta

P 82

S 16

38

Canale Infocaciucci

Casalabate

P 80

5

4

onna
razie

11

P 84

35

Torre
Rinalda

17

P 51

**San Pietro
Vernotico**

4,5

P 5

Torchiarolo

5,5

P 100

8

Torricella

P 96

P 304

Masseria Monacelli

Torre

Case Simini

BQ

Curtipitrizzi

Cellino
San Marco

6

BR

159

P 30g

P 93

Abbazia
Santa Maria
di Cerrate

BS

Borgo Grappa

8

San Donaci

P 76

P 272

P 101

23

P 256

P 100

Frigole

Borgo
Piave

0 2 4 6 8 10 km

42

43

44

45

La Strea
Scianne
Torre Squillace
Sant' Isidoro
Torre
Sant'Isidoro
Santa Barbara
Collemeto
Sternatia
Galatina
Soleto
Villaggio
Resta
Corsari
Nardò
Corigliano
d'Otranto
Torre dell'Inserraglio
Galatone
Noha
Sogliano
Cavour
Torre dell' Inserraglio
Cenate
Aradeo
Cutrofiano
Santa Caterina
Villaggio
Santa Rita
Secli
Sirgole
Santa
Maria al Bagno
Neviano
Lido Conchiglie
Sannicola
Padula
Bianca
Rossina
Collepasso
Rivabella
Chiesanuova
Muteterre
Tuglie
Gallipoli
Alezio
Parabita
Matino
I. Sant'Andrea
Monastero
Baia
Verde
Spàgnulo
Casarano
Manfio
Pizzo
Taviano
Castelforte
Melissano
Taurisano
Marina di
Mancaversa
Racale
Torre
Suda
Alliste
Torre
Masseria Nuova
Pacci
Felline
Ugento
Gem
Capilungo
Torre
Sintono
Posto
Rosso
Torre San
Giovanni
50
Torre San
Giovanni
Torre
Mozza
Torre Mozza
Lido
Mari
Sant

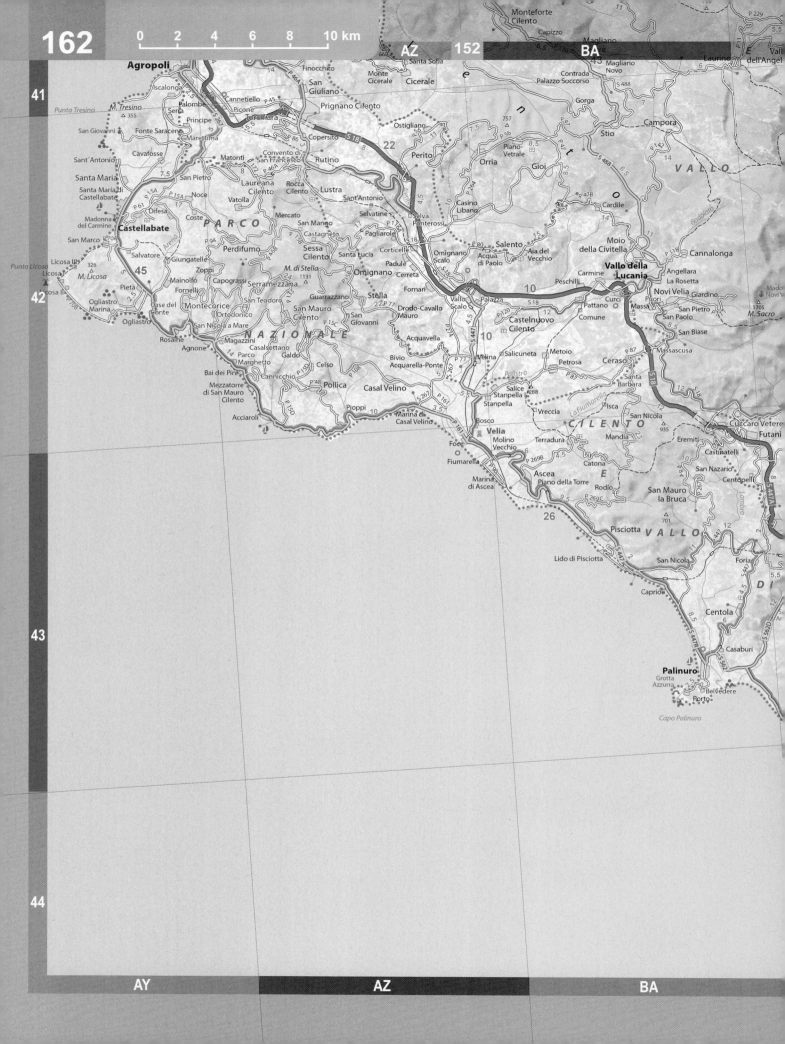

0 2 4 6 8 10 km

44

45

46

47

Saracena
San Nicola Arcella
Gioffa
Torre ▲ Dino
Profondiero
Capo Scalea
Santa Domenica
Talao

Scalea
Magaroti
San Filippo
Via Impresa
Menestalla
Marcellina
Bruca
Granata
24
Fiumicello
Acchio
Finieri
Punta di Civirella
Cirella
I. di Cirella
Cucco - Riviere
Diamante
Malafarina
Marina
Calabro
Fontanelle
Marina di Belvedere
Paradiso
Belvedere Marittimo
Campominore
Campominore Alto
Serluca - Calabaia
Palazza Alta
Isola - Palazza
Le Crete
Sangineto Lido
Sparvasile
20
Paneduro
Cittadella del Capo
Torrevecchia
Telegrafo
San Lorenzo
Capo Bonifati
Dattilo
Santa Marina
Bosco-Arvara
Porcili
Triolo
Lampezia
Nezzo
Cetraro
Marina di Cetraro
San Francesco
Ricoso
Marina di Acquappesa
Terme Luigiane
Intavolata
Guardia Piemontese
Pantana-Santa Rosalia
Marina di Guardia Piemontese
Cerro
Pianetto
Cariglio
Gelsomini
Serricella
Marina di Fuscaldo
Fuscaldo
Scarcelli

La Limpida
48
Torre
Tremoli
Timpone Mezzinare
1091
Orsomarso
San Francesco
Verbicaro
Santa Maria del Cedro
Scalo Ferroviario
Valle dell'Orco
Grisolia
Maiera
Giardino
Alorio
Lauro
Sagarote
San Basile
Mezzane
Massete
Visciglioso
Puma
Vizioso
Viscigliita
Triuglio
Palazza
Vignali
Lago
Orecchiuto
Ficobianco
Ferraro
Santo Ianni
Trifari Alto
Petrosa
Sabatara
Trifari
Il Barone
Laise
Santo Ianni
Olivella
Campominore
Livorni
Brombolo
Sangineto
San Basile
Cacciola
Bonifati
San Candido
Jardino
Cirimarco
San Tommaso
Santa Barbara
Santa Lucia
Sopralirto
Sinni
Motta
Ceramile
Malvitani
Acquappesa
San Iorio

DEL
M. Vernita
1456
M. Palanude
1632
M. Cara
POLLINO
Cozzo del Pellegrino
1978
Serra del Lepre
1277
Santa Maria del Monte
San Donato di Ninea
Cozzo Laimi
1665
La Mula
1935
Licastro
Pantano
Massanova
Ombrece
Policastrello
San Lazzo
Alberi Maritati
62
Madonna del Pettoruto
San Sosti
Mottafollone
Fravitta
Gadursello
Gadurso
Alvani
Scivolenta
Vaditari
Piano Menta
Fontanelle
Miniere
Pascalia
Sant'Agata di Esaro
Piana
Santa Caterina Albanese
Malvito
Cozzo La Limpa
Cozzo Capo Bianco
993
Fontana di Sola
Fagnano Castello
Serra dei Monaci
1032
Sant'Angelo
Monte Caloria
1183
Rinacchio
Cafaro
Difesa
Gallufo
Lecara
Angilla
Rammatico
Massete
Torrenuova
Santo Ianni
Citino
Varrone
Manche
San Martino
Ponte Arenazza
Orecchiuto
San Filippo-Battendieri
Serra Nicolina
1257
Salimati
Pesco
Torretta
Gatti
San Pietro

45

47

o-Marinella

Camigliano

Marina di Mandatoriccio

arello

E 90

S 106

S 383

San Cataldo

Cariati Marina

S 106

San Morello

Cariati

Punta Fiume Nicà

3,5

6

13

624

Colle delle Rose

6,5

Torre

Mortilletto

Mandatoriccio

Terravecchia

Torretta

S 108 ter

9

11

2,5

P 1

Scala Coeli

Nicà

7

5

22

56

Pismataro

5

Crucoli

23

San Leonardo

10

13

Villaggio
Volvito

Madonna
del mare

Punta Alice

47

Campana

M. Lelo
529

S. Vincenzo

Cappella

Santa Veneri

P 4

Oliveto

P 3

Cozzo di Corica
549

P 7

Cirò

P 2

P 4

6

Cirò Marina

zo di Calamacca

14

P 10

P 3

P 7

2

Sant'Agata

Madonna
d'Itri

Torre

Torre

Umbriatico

Villaggio
Solito
Posto

Stragòlata

631

17

P 9

Torre el puda

7,5

S 106

Perticaro

M. Sùvaro

Melissa

Torre

Torre Melissa

75

P 12

P 13

Carfizzi

Pallagorio

11

0 2 4 6 8 10 km

47

48

49

50

Fuscaldo
Gatti
San Pietro
Scarcelli
San Miceli
Sant'Angelo
San Salvatore
14
Sotterra
San Giuliano
Cutura
Tina
Santuario
San Francesco
Paola
Fanale
Marina di Paola
San Giovanni
Petraro
Castagnelle
Pantani
Parata
Tenimento
Fosse
17
Badia
Deuda
San Lucido
Santa Lucia
Acquabianca
Cerasuolo
Miccisi
Torremezzo
di Falconara
S 18
Falconara
Albanese
Fabiano
Barbaro
Stazione
di Fiumefreddo
Bruzio
Destro
Crivaro
Fiumefreddo
Bruzio
Mitisci
Badia
Donnella
Reggio-
Scornavacca
Santa
Serra
Malacorona
San Biase
Bardano
Piro
Tauriana
Longobardi
Longobardi
Marina
Serra
d'Olivo
25
Acquavona
Le Pera
Fraillliti
Salice
Tarifi Croce
Tarifi Giudice
Santa Barbara
Tarifi
Buda
Palombella
Campo di Mare
Fosse
Salice
Pezzalonga
Viglia
Sellina
Cava
Cuoco
Calella
Annunziata
Belmonte
Calabro
Ruccoli
Marina di Belmonte
Oliveto
Camoli
Veri
Vadi
Chiale
Amantea
Cannavina
San Pietro
in Amantea
Colongi
Santa
Caterina
411 Serra
d'Aiello
Tonnara
Corica
Oliva
Cona
Villanova
Campora
San Giovanni
Cologni
Aurala
Fravitte
26
Villaggio
del Golfo
Nocera Scalo
Marina di Nocera
Terinese
Cartolano
Falerna Marina
Falerna
Scalo
Lenzi
Maiolimo
Capo Suvero

Marri
Vaccarizzo
58 3
Montalto Uffugo
Madonna
delle Grazie
San
Raffaele
Parantoro
Santa Maria
La Castagna
Caldopiano
Zaingra
Ponte
Coryo
San Sisto
dei Valdesi
Greco
Gesuiti
Bucita
Gramsci
Giovanni XXIII
Amendola
San Fili
Nogiano
Rende
Malvitani
Santo Ianni
San Vincenzo
La Costa
Arcavacata
Santo
Stefano
Monticello
S 107
Cucchiano
Cutura
Villana
27
Castrolibero
Surdo
Ortomatera
Fontana
che Piove
Andreotta
Marano
Marchesato
Serra
Miceli
Carmine
Episcopia
Volpicchi
La Pietra
Marano
Motta
Rosario
Pianetto
Scarazze
Zadiana
Pasquali
Cerisano
Merenzata
Cappelli
1216
Codicina-
Manche
Palagani
Tivolille
San
Pietro
Tessano
Mendicino
Treti
Carolei
Basso
Terredonniche
Cacoe
Monache
Cappuccini
Rizzuto
Vennariello
Dipignano
Cardili
Capocasale
Domanico
Grosse
43
Paterno Cala
Lacone
M. Cucuzza
1541
1130
Foresta
Potame
San'Lorenzo
Lago
Greci
Vasci
Palomandro
Zaccanelle
Paragieri
Fontanella
Aria di Lupi
1250
Malito
Versaggi
Chiorio
Grimaldi
Terrati
Scavolio
Case
Campagna
26
Aiello
Calabro
Coschi
Serra
d'Aiello
Passo Moroni
18
Cleto
Savuto
San Mango
d'Aquino
P 93
San Mango
d'Aquino
Dacolla
Nocera
Tirinese
Acquafredda
Salice
Golieri
San Cataldo
M. Mascuso
1328
Campodorato
Vallerice
Convento
35
Falerna
Sanguinello
Gizzeria
Castiglione
Marittimo
Campoienzo

48

49

50

Villaggio
Solito
Posto

Torre ▲ Torre Melissa

Melissa

Carfizzi

San Nicola dell'Alto

San Michele

Miniera
di Zolfo

Strongòli

Tronca

Tronca di Strongoli

Madonna
dell'Acqua Dolce

Casabona

Contrada Gangemi

Montagnapiana

Truvio
Pagliarella

Santa Maria

Marina di Strongòli

Serra Mulara

Torre Simma

Fasana

Bucchi

Rocca
di Neto

Polligrone Scirropio Cupone Setteporte
Cicoria

Neto

Barchi Blocchiera

Giardino
Corazzo

Parrera

Foresta

Via Provinciale

Timperosso

Carpentieri

Santa Severina

Margherita

Gabella Grande

Scandale

Cipolla

San Mauro
Marchesato

Gullo

Apriglianello

Timpone Centonze

CROTONE

Papanice

Il Càrmine

San Leonardo

Farina

Maiorano

Cutro

Santuario
Hera Lacinia

Capo Colonna

Parco Archeologico
di Capo Colonna

Scifo

Sant' Anna

Sant'Andrea

Salica

Rosito

Marinella

Carnalevari
Soprano

San
Pietro

Torre

Carnalevari
Sottano

San Fantino

Capo Cimiti

Pedocchiella

San Leonardo
di Cutro

Isola
di Capo Rizzuto

Le Cannella

Steccato

Campolongo

Praialonga

Stumio

Inf.
Turchese

Le Castella

Le Castella

Capo Rizzuto

Capo Rizzuto

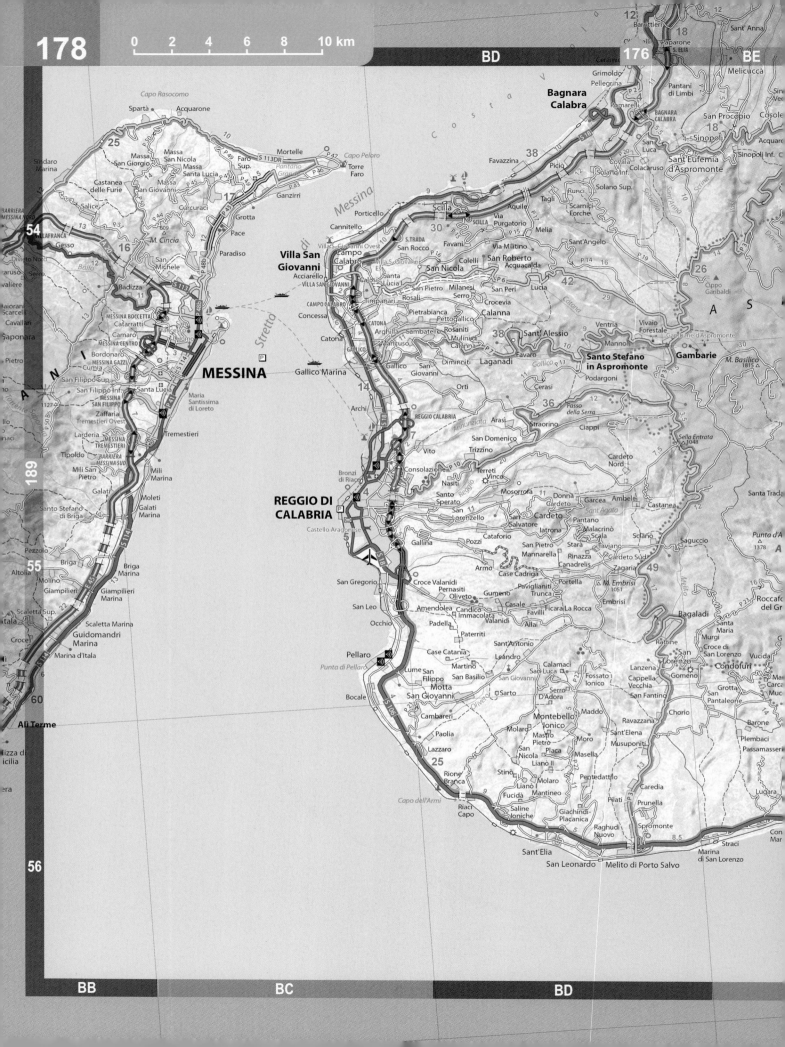

54

55

56

0   2   4   6   8   10 km

I. Filicudi

Punta di Perci

Po

I. Canna

773 △

Pecorini a Mare   Filicudi Porto

I. Alicudi

Capo Graziano

Castello
675 △ ○   ⋈
□
Perciato   □ Alicudi Porto

ISOLE EOLIE O LIPARI

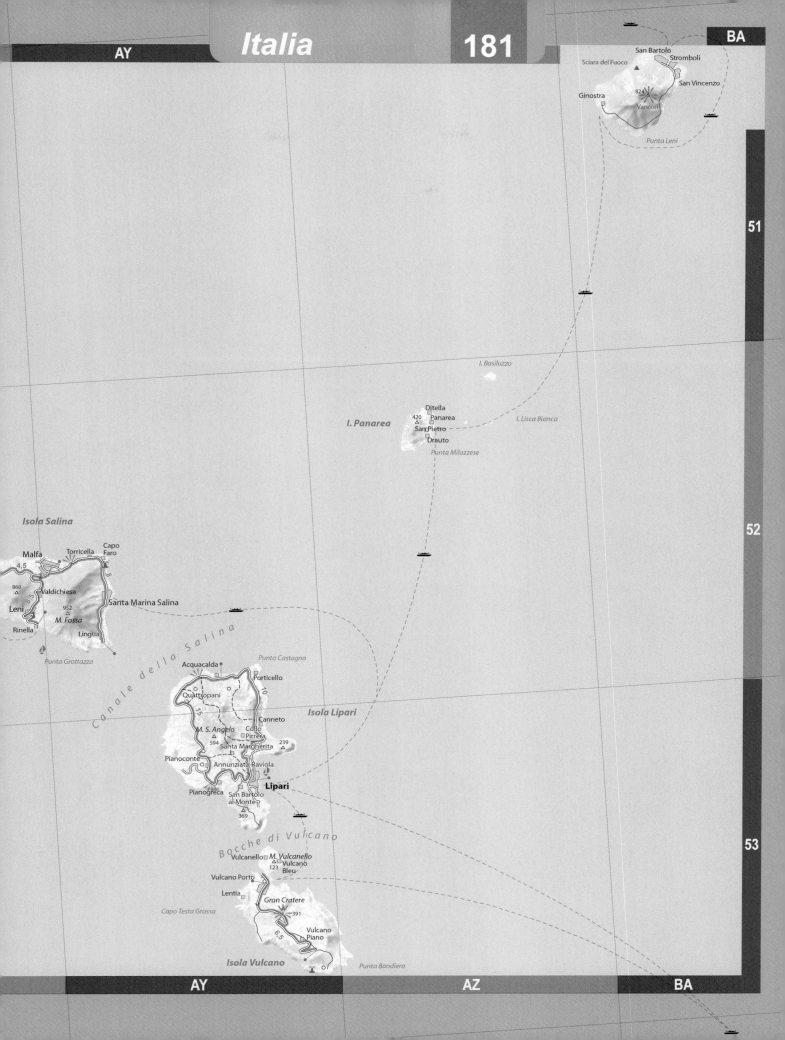

Sciara del Fuoco

San Bartolo
Stromboli
San Vincenzo

Ginostra

824
Vancori

Punta Leni

51

I. Basiluzzo

52

Ditella
420
Panarea
I. Panarea
San Pietro
Drauto

I. Lisca Bianca

Punta Milazzese

Isola Salina

Capo
Torricella
Faro
Malfa
4,5

860
Valdichiesa
8,5
952
Leni
M. Fossa
Rinella
Lingua
Santa Marina Salina

Punta Grottazza

C a n a l e   d e l l a   S a l i n a

Punta Castagna
Acquacalda
Porticello
Quattropani
10
Canneto
Isola Lipari
M. S. Angelo
Collo
594
Pirrera
239
Santa Margherita
15
Pianoconte
Annunziata-Raviola
Lipari
Pianogreca
San Bartolo
al Monte
369

B o c c h e   d i   V u l c a n o

Vulcanello
M. Vulcanello
Vulcano
123
Bleu
Vulcano Porto

Lentia
Gran Cratere
Capo Testa Grossa
391
Vulcano
Piano
6,5

Isola Vulcano
Punta Bandiera

53

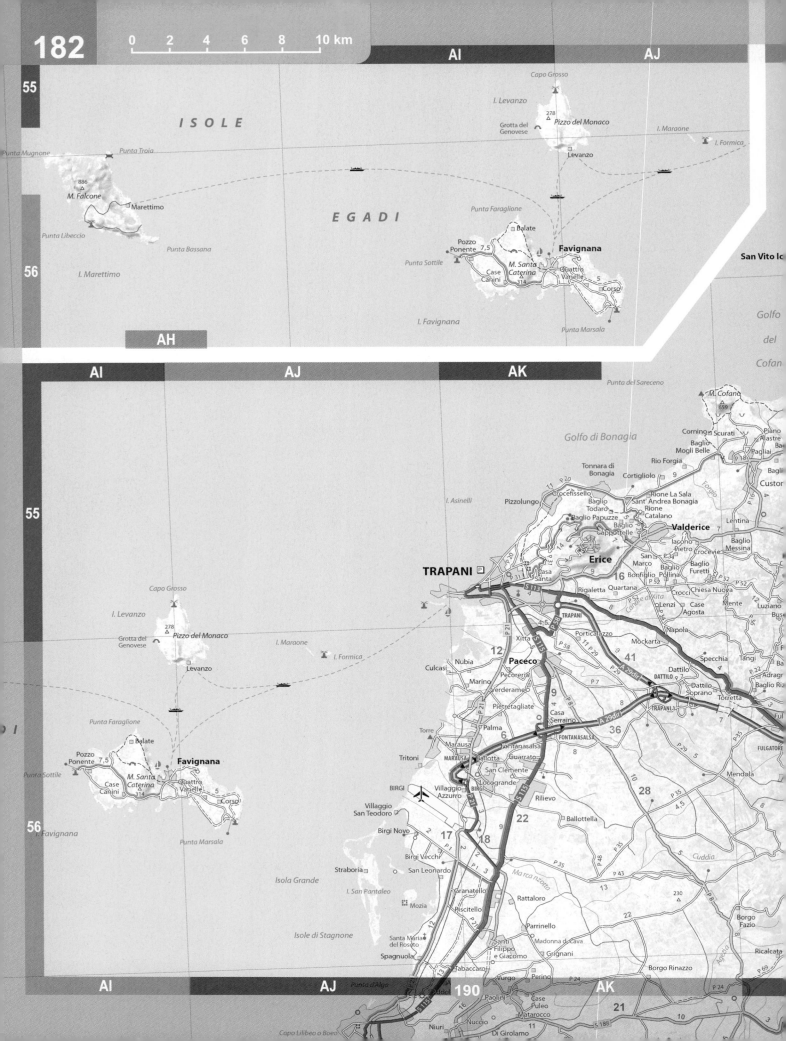

54

22

55

184

56

11

57

Capo Rasocomo

Spartà   Acquarone

25   Massa   Massa
      San Giorgio   San Nicola
Sindaro   Castanea   Massa
Marina   delle Furie   Santa Lucia   Faro
            Massa   Sup.   S 113DR   Mortelle
            San Giovanni   Curcuraci   Ganzirri   P 47   Capo Peloro
Golfo di Milazzo   Salice   17   Grotta   Pantano   Torre Faro
            Paradiso   M. Cincia   Pace   Grande
BARRIERA   Divieto   Messina   16   Paradiso
Villafranca Tirrena   Sud   San   di
Saponara Marittima   VILLAFRANCA   Michele   Villa San   Porticello
Rometta Marea   Gesso   Badizza   Giovanni   Cannitello   54   Sicilia
Spadafora   Divieto Nord   14   MESSINA BOCCETTA   VILLA SAN GIOVANNI   30   S.TRADA
38   ROMETTA   Catarratti   Camaro   Villa San Giovanni Ovest   San Rocco
Venetico Marina   Calvaruso   Cavaliere   MESSINA-CENTRO   Acciarello   CAMPO CALABRO   San Pietro
Fondachello   Ilàri   Serro   Camaro   Concessa   Timpanari   189
Scala   Grangiara   Sant'Andrea   MESSINA GAZZI   CATONA   Pietrabianca
Monforte   Tracoccia   San Martino   San Filippo Sup.   Catona   GALLICO
Marina   Rapano   Maiorani   San Filippo Inf.   Santa Lucia   Gallico   MESSINA
Giammoro   Rapano Sup.   Scarcelli   MESSINA   Santa Lucia   Gallico Marina   14
Archi   Saponara   Cavallari   SAN FILIPPO   Maria   Archi
MILAZZO   Venetico   Zaffaria   Santissima   REGGIO CALABRIA
Masseria   Serro   Oliveto   Tremestieri Ovest   di Loreto   7
Torregrotta   Scalone   Larderia   Tremestieri
Olivarella   Valdina   Carda   Rometta   MESSINA   Bronzi   Consolazione
Calcarone   Roccavaldina   San Pietro   San Cono   TREMESTIERI   di Riace
Condrò   Gualtieri   Santissimo   Gimello   BARRIERA   San Gregorio   Croce Valanidi
Pace   Sicaminò   Salvatore   Gimello   MESSINA SUD   REGGIO DI
del Mela   San Pier   Santa Domenica   ne' Monaci   Tipoldo   Mili San   CALABRIA   San Leo
Santa Lucia   Niceto   Monforte   Vinelli   Pietro   Castello Aragonese   Amendolea
del Méla   San Giorgio   Pellegrino   Galati   Mili   Occhio
17   Santa Maria   Chiappi   Marina
Femmina   San Paolo   Santo Stefano   Moleti
Morta   Rossellina   di Briga   Galati   Pellaro
Cannistrà   Misericordia   Pizzo   Marina   Punta di Pellaro   Bocale
Case   della Moda   Pezzolo
Migliardo   PELORITANI   Galati   San Filippo
Santa Nicola   M. Poverello   Briga   Motta
reale   1278   Briga   San Giovanni
Colle del Re   Pizzo della Croce   Altolia   Marina   Cambareri
1180   1214   Molino   Giampilieri
M. Fosazza   M. Scuderi   Giampilieri   Paola
1246   1253   Itala   Marina   00   Lazzaro
Guidomandri Sup.   Scaletta Sup.   Scaletta Marina   25   Rione
Pizzo d'Armi   Crocer   Guidomandri   Branc
M. Cavallo   950   Alì   Marina
1216   Fiumedinisi   Marina d'Itala   Capo dell'Armi
MONTI   43   60
1286   Alì Terme
Mandanici   Badia   Galluffi   Nizza di
Rimiti   Allume   Pagliara   Sicilia
Misitano   Ciccattali   Misserio   Locadi
Misitano   San Carlo   Rogani   Roschenere
Inf.   Morzulli   Fautari   ROCCALUMERA   Roccalumera
Antillo   Mitta   Mancusa   Grotte   56
Bastianello   Pietrabianca   Cucco   Calcare
Fadarechi   Sparagonà   Furci Siculo
Limina   San   Casalvecchio   Savoca   Santa Teresa di Riva
Pietro   Siculo   Rina   San Francesco di Paola
Roccafiorita   Scifì   Contura   Santa Teresa   Santa Teresa
Sup.   di Riva Ovest   di Riva Est
Lacco   Sant'Alessio
Forza d'Agrò   Sant'Alessio   Siculo
Village   Sant' Alessio Siculo
Mongiuffi   Capo
Pantana   Melia   Gallodoro   S. Alessio
Larderia   Fondaco Prete   Santa Margherita

BA   197   BB   BC

Musciano-Cupparo   Letojanni
Acquaforte   TAORMINA   Mazzeo
Gaggi   Lumbia   Spisone
Castelmola   Mazzarò

0 2 4 6 8 10 km

AK

Santa Maria del Roseto
Spagnuola
Santi Filippo e Giacomo
Grignani
Parrinello
Madonna di Cava
Borgo Rinazzo
Ricalcata
Borgo Fazio

Punta d'Alga
Tabaccaro
Arini
Vurgo
Addolorata
Paolini
Case Puleo
Matarocco

Capo Lilibeo o Boeo
Niuri
Nuccio
Di Girolamo
La Carcia

Intorcia
Centonze
Digerbato
Ciavolo
Chelbi
Calamita Vecchi

Marsala
Abate
Ciavolotto

Villaggio Crimi
Villapetrosa
Casale

Villaggio Montalto
Curatolo
Tortorelle
Santo Padre delle Perriere
Magghiu
Case Ciaci-Bilelli

Berbaro
Cardilla
Munner

Lido Signorino
Grande
Terrenove
Case Don
San Giorgio

Villaggio Greco
Pulani
Chiano Torreggiani
Marchittati

Villaggio Stella d'Oro
Villaggio Samburgia
Strasatti
Triglia Scaletta
Biancolidda

Torre Sibiliana
Case Falcone
Borgata Costiera

Punta Parrino Sibiliana
Petrosino
Rappareddi
Case Don Tommasino
Vignale

Punta Parrino
Biscione
Parrini
Piano Mezzapelle
Mazara II
Mazara del Vallo

Pizzolato
Città
Piano Canino
Dulceti

Capo Feto
Mazara del Vallo

Lago della Pitolu

Granitola Torretta

Punta Granito

57

58

AI

AJ

Mordomo
Garitte
Karuscia

Cala Cinque Denti

Pantelleria
Santa Chiara
Karuscia

Balate
Campobello

Khaddiuggia
Punta Spadillo

Bugeber
Gadir
Sopra Gadir

Sesi
Khamma Fuori
La Cittadella

Punta Fram
San Vito
Santa Chiara

Madonna delle Grazie
Cufurà
Khamma
Punta Tracino

San Michele
Buccaram di Sopra

Contrada Venedise
Montagna Grande
836
Tracino

Sciavechi
Siba-Roncone

Sataria
Penna
Scauri

Punta delle Tre Pietre
Basso
Scauri

Villaggio Tre Pietre

Rizzo

Martingana

Punta Dietro Isola

Isola di Pantelleria
Balata dei Turchi

AX

Scoglio del Sacramento
Isola di Lampedusa

Capo Ponente
M. Albero Sole
133
Terranova
Grecale
Cala Creta
Capo Grecale

Madonna di Porto Salvo
Lampedusa

Cala Francese
Punta Sottile

AG

AH

AK

63

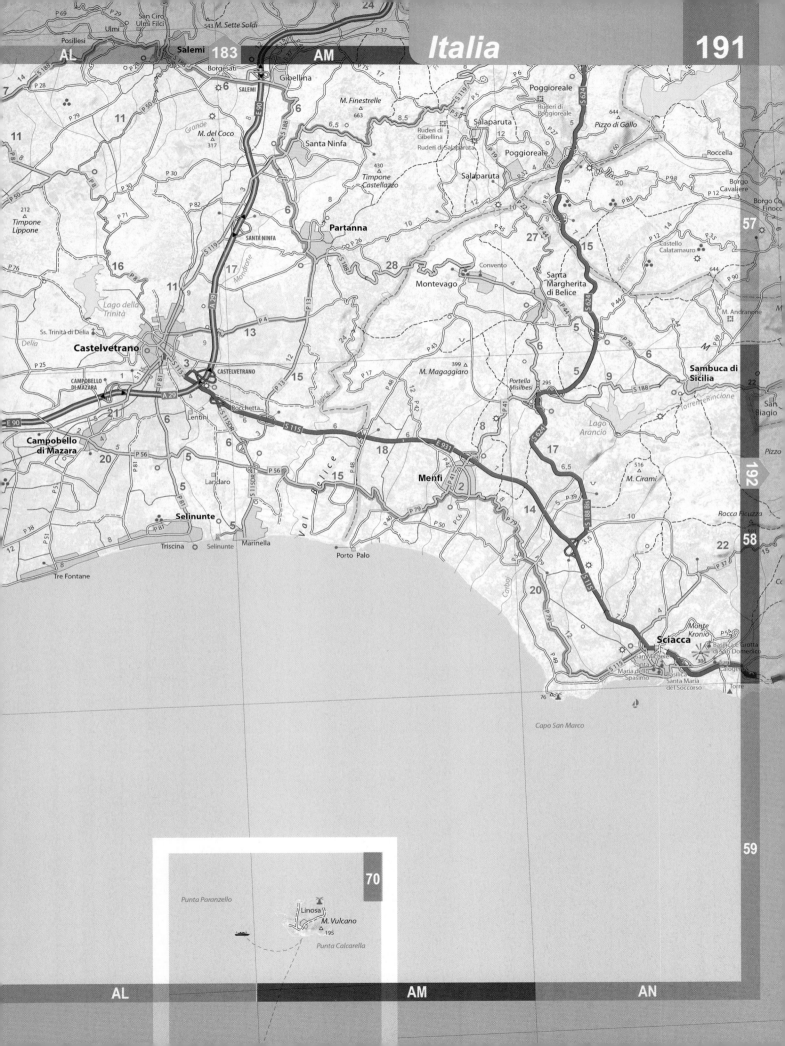

Posillesi
Ulmi
San Ciro
Ulmi Filci
P 69
P 29
543 M. Sette Soldi
24
AL
P 28
Salemi
183
AM
P 37
Borgesati
Gibellina
M. Finestrelle
663
Poggioreale
Ruderi di Poggioreale
Pizzo di Gallo
644
Roccella
57
11
P 79
SALEMI
6
Grande
M. del Coco
317
6
Santa Ninfa
6,5
8,5
Ruderi di Gibellina
Salaparuta
Ruderi di Salaparuta
Poggioreale
Borgo Cavaliere
Borgo Co Finocc
11
P 8
P 30
P 82
Partanna
10
Salaparuta
Timpone Castellazzo
430
27
15
Castello Calatamauro
Timpone Lippone
212
P 71
SANTA NINFA
Mondrone
P 26
28
Montevago
Convento
Santa Margherita di Belice
644
M. Andranone
16
17
11
Delia
Ss. Trinità di Delia
13
24
M. Magaggiaro
399
M. Magaggiaro
P 43
5
6
5
9
Sambuca di Sicilia
22
Castelvetrano
3
CASTELVETRANO
15
P 17
Portella Misilbesi
295
San Biagio
Pizzo
CAMPOBELLO DI MAZARA
Rocchetta
6
Lentini
8
8
17
Campobello di Mazara
21
Landaro
18
Menfi
14
17
M. Cirami
516
192
20
15
2
20
Rocca Ficuzza
22
58
Selinunte
5
Triscina
Selinunte
Marinella
Porto Palo
Monte Kronio
386
Sciacca
Basilica e Grotta di San Domenico
Tre Fontane
12
Val Belice
Carbol
Santa Maria dello Spasimo
Basilica San Calogero
Santa Maria del Soccorso
Torre
76
Capo San Marco

59

70

Punta Paranzello
Linosa
M. Vulcano
195
Punta Calcarella

0 2 4 6 8 10 km

Santa Domenica Vittoria

Serra del Re

O R
NEBRODI

Pizzo Fau 696
1260

Pizzo Pilato 1567

Randazzo

Petrosino Maniace

Galatese La Piana Porticelle

Flascie Murazzorotto

Pizzo Tornitore

56

Fondaco Margherito 29

Abbazia di Maniace

Castello Maniace

Boschetto Vacchería Boschetto

12.5

S 120

187

Lago Ancipa

San Teodoro Cesarò

Serra

7.5 S 159

1273

M. la Nave

Maletto

26

Cerami 910

Borgo Giuliano

20 20

17

S 120 9

P 17 P 225

21 17

17

M. Maletto 1773

P 77 P 47

12

Troina

Serra di Vito 1242

P 211 P 94

Bronte

Pizzo Petrisi 1316

57

24

15 P 34

M. Femminamorta

S 558

31

Pizzo dell'Eremita 807

11 P 121 P 94

14

1410 M. Ruvolo

MO RE

28

34

S 575

10 P 94

14

1491 M. Turchio

Gagliano Castelferrato

M. Salici 1142

Villaggio Santa Margherita

M. Revisotto 647

Sacro Cuore

Calcerana-Marina

P 85A 8

P 21

Grotta Fumata

Adrano

Castelluccio-Paratore

Boschetto

D

Sant'Anna

2

Lago Pozzillo

Salso

Carcaci

S 121 126 P 122

Vallone Rosso

Rognoni

12

Regalbuto

13 S 121

10

Biancavilla

Ranno

Ragalna

Agira

S 121 12

28

P 23A

P 23B

3

P 244

7 P 71

156

Spinelli

P 44 167

Piano Vite

16

194

S 741 M. S. Agata

10

Centuripe

Miniera di Zolfo

P 241 P 82

S 121

Santa Maria di Licodia

Vitel Va

Currone P 4 S 57

P 60

Vignali

24

P 243

Miniera di Zolfo

P 84

18

9

Porraizzo

58

DITTAINO

17

Rocca d'Aquila

455

Carruba

P 59

13

15

Pietralunga

P 228

Paternò

Santa Marina

S 121

Santa Maria di Josaphat

S 122 P 40

Palazzolo

S 121

S 302

13

AGIRA

7

38

21

14

Raisa I

Raisa II

Isola di Niente

Muglia

Miniera di Zolfo

P 50

San Francesco

Giaconia

P 15

S 35

Cuticchi

7

S 192

CATENANUOVA

Catenanuova

16

18

P 15

Libertinia

5.5

P 20

P 123

Granilia

14

Cavalera

M. Ludica 765

Lago

Dittaino

Sferro

32

Motta Sant'

59

14

M. Libra 490

Carrubbo

Serro

Pasubio

Castel di Iudica

Calderaro

P 203

P 213

Borgo Franchetto

Poggio Disa 224

GERBINI

P 24

La Rotondella

P 13

Raddusa

S 288

Giumarra

Ragonese

Cinquegrana

San Giuseppe

170

Poggio Mirrina

Gerbini

A 19

MOTTA S. ANASTASIA

27

0 2 4 6 8 10 km

58

Ribera

59

60

61

Basilica e Grotta
di S. Domenico

Torre

E 931

16

S 115

P 10

P 36

5

S 386

P 33

Magazzolo

P 12

22

AP

192

Cianciana

San Biagio
Platani

S 118

Sant' Angelo Muxaro

44

29

M. Iazzo Vecchio
587

653
M. Le Fosse

Sant

Raffadali

P 17

S 118

P 19

11

P 86

6

8

P 57

3

Secca Grande

P 33

2.5

P 57

Borgo Bonsignore

Eraclea
Minoa

Bovo
Marina

P 87

Capo Bianco

Torre

S 115

4

4

4

35

P 30

P 61

Laghetto
Gorgo

9.5

Montallegro

P 61

P 29

M. Sedita
428

Platani

434

M. Sara

Cattolica
Eraclea

P 31

P 29

M. Giafaglione
674

P 29

12

21

10

M. Suzza
509

Giardina
Gallotti

Bor

Montape

P 2

Canpe

M. Grano
Vecchio

362

9

P 17

Portella Miligne

P 75

S 115

11

Siculiana

Monte Mele
425

253

16

15

P 18

Jo
Gia

Siculiana Marina

P 56

P 75

E 931

13

Realmonte

Gelonardo

Pergole

P 27

Scavuzzo

P 68

Caliato

AGRIGENTO
Villaseta

Lido
Rossello

Punta
Grande

Capo Rossello

Punta Grande

**Porto
Empedocle**

P 17

596

544

Mazzarino · 24

San Cono Sottano · San Cono · 13

Miniere di Zolfo

Castello di Mazzarino

M. di Bubonia · 595

Cotomino · 24

San Michele di Ganzaria · M. della Scala · 791

Santa Maria del Monte · Santissimo Salvatore · Dei Cappuccini · Miniera di Zolfo

Caltagirone

San Mauro · Madonna del Piano · 60

Grammichele

Rangasia · Favarella · Saie

28 · 20

Lago Disueri

M. di Guardia · 310

Castelluccio

Niscemi · Madonna del Buonconsiglio · Cagliastro · 330

Piano San Paolo · Villa Grazia · Albanazzo · Granieri · Leva

Ponte Olivo · 12 · Santo Pietro · Mazzarrone · Botteghelle

30 · 9 · 17 · 11 · Priolo · Poggio Terrana · 233 · Sesto

Gela · 10 · Passo delle Pantanelle

GELA · il Biviere · Poggio Mazzarrone · 232 · 61 · 31

Marina di Acate · 22 · Bosco Grande · Acate · Casazza · Bastonaca · Quaglio · Mortilla · Roccazzo

Casa Bernardello · 202 · 11

Cali · Pedalino

Diligenza · Mostrazz

Gela

Gaspanella · Sugherotorto · **Vittoria** · Cozzo del Re · **Comiso** · 8

Scaletta · Villaggio San Giovanni · Villaggio degli Ulivi · Bareo

Berdia Nuova · Borgo Europa · 18 · 17 · Tresa · 62

Borgo del Vecchio Carrubbo · Villaggio Porte Rosse · Donnafugata

Scoglitti · Castello di Donnafugata · Costa

Necropoli Camarina · 19

Branco Piccolo · Punta Braccetto · Santa Croce Camerina · Gatto Corvino · Principe I

59

60

61

62

di

Catania

Foce di Simeto

Golfo

di

Augusta

Porto
di
Augusta

Capo Campolato

Capo Santa Croce

Capo Santa Panagia

SIRACUSA

Augusta

Lentini

Porto
Grande

Penisola della Maddalena

Capo Murro di Porco

Capo Ognina

Fontane Bianche

Cassibile

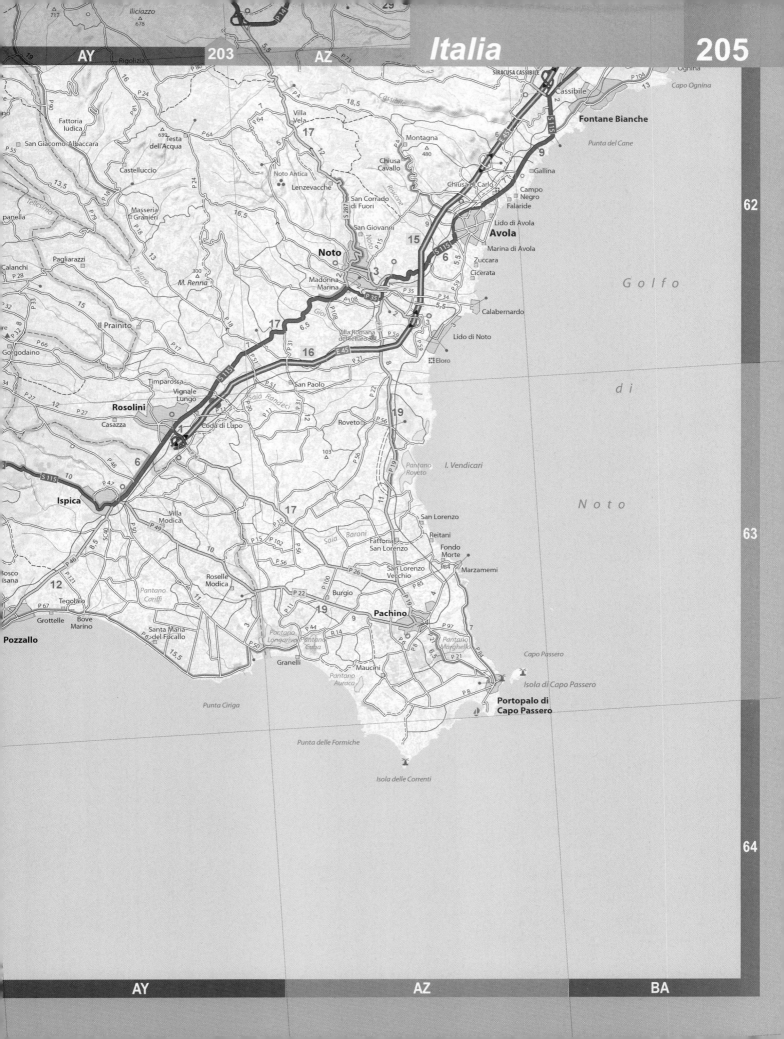

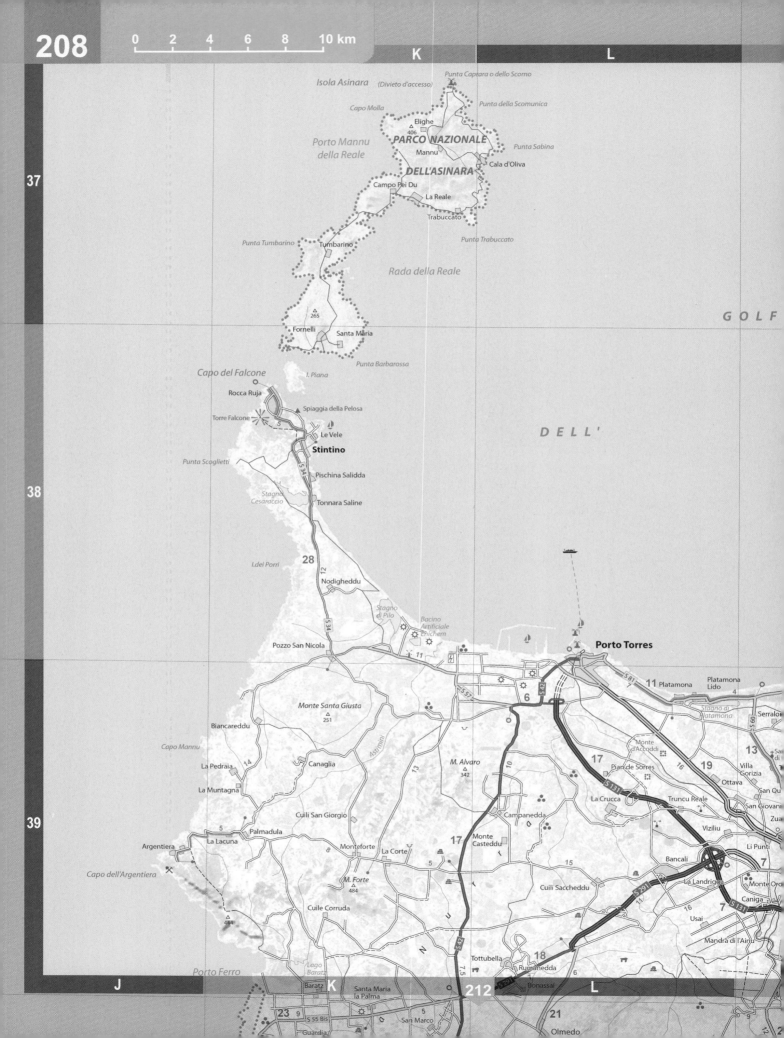

0 2 4 6 8 10 km

K L

Isola Asinara (Divieto d'accesso)

Punta Caprara o dello Scorno

Capo Molla

Punta della Scomunica

Elighe
406

PARCO NAZIONALE

Mannu

Punta Sabina

**Porto Mannu
della Reale**

Cala d'Oliva

DELL'ASINARA

37

Campo Pei Du

La Reale

Trabuccato

Punta Trabuccato

Punta Tumbarino

Tumbarino

Rada della Reale

GOLF

△ 265

Fornelli

Santa Maria

Punta Barbarossa

Capo del Falcone

I. Piana

Rocca Ruja

Spiaggia della Pelosa

DELL'

Torre Falcone

S 34

Le Vele

Stintino

Punta Scoglietti

Pischina Salidda

38

Stagno
Cesaraccio

Tonnara Saline

S 34

I. dei Porri

28

12

Nodigheddu

Stagno
di Pilo

Bacino
Artificiale
Enichem

Porto Torres

S 34

Pozzo San Nicola

11

Biancareddu

Monte Santa Giusta
△ 251

S 57

6

S 42

11 Platamona
7

Platamona
Lido
4

Capo Mannu

Asinini

Canaglia

14

13

M. Alvaro
△ 342

10

Stagno di
Platamona

Serralo

Monte
d'Accoddi

17

Pian de Sorres

16

19

Villa
Gorizia

13

La Pedraia

Ottava

San Qu

La Muntagna

Cuili San Giorgio

La Crucca

Truncu Reale

San Giovanni

Zua

5

Monteforte

La Corte

17

Campanedda

Viziliu

Li Punti

39

Argentiera

5

Palmadula

8

5

17

Monte
Casteddu

15

Bancali

S 131

7

La Landrigga

La Lacuna

Capo dell'Argentiera

M. Forte
△ 484

Cuili Saccheddu

S 291

11

16

7

Monte Oro

Caniga

Usai

444

Cuile Corruda

Mandra di l'Ainu

Porto Ferro

Lago
Baratz

Tottubella

18

S 42

7.5

Rumanedda

6

Bonassai

Baratz

J

K

212

L

23

S 55 Bis

5

San Marco

21

Guardia

Santa Maria
la Palma

Olmedo

9

Portobello di Gallura

Cala Serraina

Naragoni
Greuli Tamburu 9
Li Vaccaggi
Punta Cruzitta **37**
△ 287
Lu Colbu **81**
Falsaggiu
Punta li Canneddi 5.5
Monte Tinnari Costa Paradiso
Porto Leccia Tinnari
Costa Paradiso
Canneddi 216 3
Isola Rossa La Marinedda 10
I. Rossa 4
Pischinazza
Paduledda **Trinità d'Agultu**
 e Vignola
La Scalitta S74 Nigolaeddu
Li Junchi 5 10
Badesi Mare *M. Littigheddu*
Badesi 693△
Pirotto Li Frati La Tozza
 Muntiggioni
Coghinas 8 Azzagulta
San Pietro a Mare S14
 Codaruina Li Reni 13
Maragnani 2 Tungoni *Punta Salici*
Castelsardo Terrabianca La Ciaccia S90 **Viddalba** L'Avru △ 911 **38**
 4.5 *M. Ossoni* 3.5 Longareddu La Scalitta Giagazzu Lu Falzu
18 S134 348△ La Muddizza Casteldoria Figaruia Borti
Lu Bagnu Multeddu 10 Pedru Malu Terme Li Paulis
 Pedra Sciolta Santa Maria Giuncana 23
 15 5 ▲L'Elefante Coghinas 12
 San Giovanni 11 Buroni Scupaggiu
Punta Tramontana Littigheddu Isolana Lu Torrinu Scala Ruia
Punta Tramontana **Tergu** **27** Cancatile *Las di Casteldoria*
 Caldeddu **Sedini** Mastruiagu Fraigata S127
Tonnara Bachile Corte Ponti Ezzu
Maritza *M. Tudderi* Palpazu **Bulzi** Alvarizzu Sa Contra
 435△ *Toltu* S134 San Pietro S127
di Sorso **10** 12 di Simbranos Sas Littu
S81 9.5 **Perfugas** Contreddas Erede
moriamar 6 S29 Grotta de 3 Sas Tanchittas
 su Coloru **Laerru** 10 Falzittu
M. Cau *Piana Ederas* **18** Modditonalza Liumbaldu
Sorso 233△ 597△ Campudulimu
Trunconi Pirastreddu P170 11 **15** 12 Sa Mela
 Lungo Valle S127 Su Bullone Sa Inistra Sa Sia
Sennori San Lorenzo 9 **Martis** **Erula**
Taniga 21 **Nulvi** S127 Tettile 702△
Malafede Santa Vittoria S132 Cabrana *M. su Casteduzzu* Su Montiju
18 S151 *M. Iscoba* 10 San Giuseppe 14
 629△ **9** *Monte Sassu* **39**
Filigheddu **14** Santa Maria **Tula**
 Osilo **28** Maddalena 640△
Le Querce Nostra Signora **Chiaramonti**
Palazzo Ducale di Bonaria
SASSARI *M. Prosu*
Cattedrale 677△ *M. Aldu*
di San Nicola 465△ S132 12
3 6 Scala di Giocca 5.5
5 Bagni **18** **19** *di Cast*
7 Tissi di San Martino
Muros S58
Ossi S131

Usini Cargeghe Ploaghe Codrongianos *M. Pittu* 488△

206

Capo Ferro

Liscia di Vacca

Porto Cervo

hi Bianchi

Poltu
Quatu

Pantogia

M. Moro
422

Porto Paglia

Piccolo Pevero

Cala di Volpe

19

Abbiadori

Pevero
4

Romazzino

Punta Capaccia

24

Milmeggiu Portisco

icanaglia

Capriccioli

Cala di Volpe

I. le Camere

Soffi

I. di li Nibani

37

Punta della Volpe

**Porto
Rotondo**

Golfo di Marinella

Punta di Canigione

ugnana

Marana

Rudalza

Marinella

3

Golfo Aranci

Capo Figari

I. di Figarolo

Sottomonte Punta Pedrosa

Sopramonte

Turrita

M. sa Curi
415

16

Terrata

Nodu Pianu

*Golfo
di
Olbia*

Santissimo Nuragico
Cabu Abbas

Osseddu

Punta Bados

6

Pittulongu

4

BIA

13

Sa Testa

Capo Ceraso

Punta Timone

Lido del Sole

5

Le Saline

Li Cuncheddi

218

Costa Romantica

I. Tavolara
564

Padrogiano

Murta Maria

12

Porto Istana

Costa Corallina

Porto San Paolo

Tiriddò

M. Ruiu
317

29

Punta Pietra Bianca
Vaccileddu

Porto Taverna

Cala Girgolu

Punta Don Diego

Costa Dorata

158

I. Molara

I. Malorotto

Punta Molara

Aldià Bianca La Pipara Cala Paradiso

Cala Suaraccia

Capo Coda Cavallo

oiri

Montiiittu

Trudda

Castagna

Lu Nibbareddu

Monte Petrosu

Muzzeddu

Sanalvò

Lutturai

Salina
Bamba

Salinedda

Capo Coda Cavallo

palli

25

Sarra

P.ta Zarababbo

Burrasca

Lu Fraili

Lu Fraili di Sotto

Azzanidò
339

Lu Fraili di Sopra

Lu Impostu

Azzani

Graminatoggiu

Santu
Juanni

Ovilò

Villaggio
Nuragheddu

Punta Sabbatino

Andria
Puddu

Nuragheddu

*Stagno
di San
Teodoro*

amusi

L'Alzoni

Li Mori

Padru

Sitagliacciu

Biaxi

Budò

Lu Lioni

Suaredda

San Teodoro

Terrapadedda

La Runcina

Lu Finocciu

Badualga

Lu Miriacheddu

Lu Muntiggiu
di La Petra
9

Punta d'Ottiolu

Straulas

Ottiolu

Luddui

Monte Nieddu

Berruiles

Birgalavò

Cala di Budoni

Sozza

Punta Maggiore
971

Stazzu Bruciatu

San Silvestro

Malamori

Cuzzola

Schifoni

Franculaceiu

Agrustos

Sos Runcos

*Punta
di Coloredda*
819

Nuditta

Maiorca

Budoni

Serra

Strugas

Lutturai

16

M. Sempio
828

Brunella

San Pietro

Limpiddu

Punta dell'Asino

San Gavino

Tanaunella

Baia
Sant'Anna

I. dei Pedrami

San Lorenzo

Solità
9

39

Pedra Bianca

Su Cossu

Talavà

Muriscuvo

Sas Murtas

Matta e Peru

Concas

513

215

0 2 4 6 8 10 km

Q 210 R

Corrugunele
Ludufru
Riu Pedrosu
Punta di Senel
1076
Scala Pedrosa
7.5
13
20

Alà dei Sardi

Punta sa Mesa
925

Sos Sonorcolos

Santiss Annun

M. Pedralunga
729

12
S 389

Santa Reparata

Punta sa Donna
1019

Mamone

21
Fraigas

cola

40 Ozieri
S 128 Bis
10
5

Bantine
Pattada

Oschiri
Pattada
Manna

Lago Lerno
27
S 389 Dir
10

sa Serra
836

Buddusò
14
Loelle
Tirso
25
9
Nortiddi

Gogoli

Nughedu di San Nicolò

Mulinu 7
5

11

Santiss

M. Calvia
760

Madonna di Fatima

23

6

Tirso

Osidda

Temi

M. Paidorzu
1002
24

8.5
8

M. Medaris
766
8
16

S. Giovanni
11

Onanì

Bitti

213

25

19

979
Punta Masiennera
1157

S 128 Bis 8
1

4

9

Punta Comoretta
857

7.5
M. Saraloi
854
7
18

Bultei
6

Benetutti
Nule

12

Miniera Sos Enattos

41
Monte Rasu
8.5
Anela
5

28

n
4

9

16

12
9

Bono

Terme Aurora
Terme
8

793

34
12
Su Pradu

Oruno

Isalle

Bottidda
8
2

Santa Restituta

6

M. Tiria
800

Nuraghe Loddone

Nuraghe Nunnale
13

rgos
sporlatu

M. Mannalunghe
495

Serra d'Orotelli

16

9

M. Nuschele
793

Nuraghe di Orizzanne
10

M. Lollove
795

Lollove
12

Punta Murittu
698

'Aspidarsu
78
Illorai

6

993 Punta Cherbina

11

11
Madonna di Valverde

M. Ortobene
265

20

15
Nuraghe Colone
S 129

13

S 131 d.c.n.

N.S. della Solitudine
S 129

Nostra Signora de Su Monte

NUORO

Mussingiua
Orotelli

Ola
S 128

Puntannedas
872

S 129
2
3

Predas Arbas

Nuraghe Terelo

12

21

42
14

Bórta De Corrones
S 537
Nostra Signora Lisco
S 131 d.c.n.
10

Sos Eremos

16
Oniferi
9

Orani

17

M. su Dovaru
745

18

20

17

Nostra Signora di Monserrat

Oliena

Punta Corrasi
1463

P
Ottana
M. Cuccureddu
540

Sarule

Nostra Signora di Gonari
1083

Nostra Signora di Lorete

218 R

31

Sopramonte

Binza

15
M. Guareo
557

Nuraghe Ludurido
7

15

Orgosolo

Lago di Cambidanu

Mamoiada

Punta de Anzu
802

16

S   T   U

Strugas
Maiorca
Lutturai
San Pietro
Limpiddu
Brunella
San Gavino
Talava
S Iscala
Muriscuvo
Tanaúne
a Serra
M. Sempio
828
Pedra Bianca
Su Cossu
Sas Murtas
Matta e Peru
Concas
513
Posada
Torpè
Posada
Lago di Posada
San Giovanni
Monte Longu
La Caletta
M. Tundu
675
Cuccuru
e Iana
Su Pranu
Lodè
Sant'Anna
Santa Lucia
Siniscola
Punta Cupetti
1029
Iscra e Voes
S'ena 'e sa Chitta
10
Cantoniera
Guzzurra
Tanca Altara
Punta Unnichedda
433
Capo Comino
I. Ruia
Capo Comino
Murtas
Artas
Punta Maiores
244
Punta Catirina
1127
M. Senes
863
Berchidda
Punta su Anzu
448
Lula
M. Turuddo
1127
Punta su Grabellu
826
29
Sos Alinos
Cala Liberotto
Sas Linnas Siccas
S 125
Irgoli
Loculi
Onifai
Galtellì
Castello Pontes
M. Tuttavista
805
Orosei
Sa Ena
e' Thomes
8
Marina di Orosei
Punta Nera
La Traversa
Serra Orrios
Nuraghe
d'Ordigna
20
21
Nuraghe
Luduruiu
12
Ispinigoli
Nuraghe
Muristeno
Mottorra
M. Irveri
616
Lago di
Cedrino
Dorgali
Sorgente Su
Gologone
Nuraghe Arvo
Cala Gonone
Nostra Signora del
Buon Cammino
M. Tului
Grotta del Bue Marino
Golfo
NAZ.
di
M. Oddeu
1063
Cala Luna
Punta Onamarra
620

0 2 4 6 8 10 km

M

42

43

44

45

M

del Mare del Monte **Tresnuraghes**
Porto Alabe 6

Punta Salam' Nuraghe
Nuracale Sant'Antioc

16
Sennariolo Scano Santa Barbara
di Montiferro
Santa
Imbenia
276 Grotta Button 6.5
Mannu Grotta Button **Cuglieri**
Punta di Foghe 15 Rocca
de sa Pattaa
959
M. Tuvonari
769 Madonnina
Badde Urbara Badd
M. Urtigu
1060 Santa Caterina Santu Luss
Nuraghe
Tappaggiu 15
Fattoria Pilli

Santa Caterina Bor
di Pittinuri Cornus 584 M. Nesu 'e Rocca Seneghe
Sant'Elena
S'Archittu Pischipappiu
M. Rassu
475 M. Rassu 234
40
Cala su Paliosu Narbolia
Su Pallosu Milis
Sa Marigosa Stagno de
Is Benas Nuraghe Accas
Capo mannu Sant'Andrea Rudero
Porto Mandriola 7.5
Putzu Idu Nuraghe S'Urachi San Vero Milis
Stagno 2
S'Arena Scoada Sale 12 7
Porcus

Cala Saline Riola Baratili San Pietro Zeddiani Tram
Sardo Pauli
di Mare
I. di Mal di Ventre Foghe Nuraghe
17 Goa
Nuraghe Civas Nurachi
Stagno di
Mari Ermi Maria Paulis San Giusto
6 San Giusto Siama
Stagno di Par
Punta is Arutas Cabras S 292 Massama No
Nuraghe 3 Nuraxinieddu
Piscina Rubia Donigala Fenughedu 7 Sili
Cabras 5 4
San Salvatore Solanas 6
5 21 8
Marina di Cattedrale
Torre Grande **ORISTANO**
Stagno Cuccuru
di Mistras de Portu
San Giovanni Foce del Tirso Santa 5
di Sinis Giusta Pa
Tharros Stagno di Ar
Capo San Marco Santa Giusta Zona
S 131 Stagn
Maiot
Stagno
G o l f o Rugu
Trotu
d i S'Ena
Arrubia
O r i s t a n o
22
S'Ungroni
Sassu
Capo di Frasca M Arborea
Pomponias Marrub

0 2 4 6 8 10 km

O r i s t a n o

S'Ungroni

22

Arborea

Marrubi

Pompongias   Tanca
                    Marchese

Torrevecchia

Marceddì   Luri   12

                  Linnas

Capo di Frasca

Punta de s'Aschivoni

45

Sant'Antonio
di Santadi   Stagno
Pistis   di Marceddì

                    Stagno di
                    S. Giovanni   Mogoro

Torre dei Corsari   Santa Maria
                           di Neapoli   17

Porto Palma

                    FluminMan

                    M. Funesu
                       △555

                    Pardu Atzei   5

                    Montevecchio
Montevecchio
Marina

Marina di Arbus   M. Arcuentu
                         ☼ △785

46

Portu Maga

         Punta Nuracciolu
         △338   Sa'Tanca   Piccalinna
Costa   Montevecchio   ✕
Verde   Arcu sa Tella   728   5
         Piscinas   343   Punta   △
                            s'Accoradroxiti
         Casargiu
         Ingurtosu   Arbus
         Pitzinurri   7,5
Naracauli   5
         Bau
    A   r   b
         Gennamari 492 Passo   u   Riu Terra Maistu
                       Bidderdi r
                             e
                             s   Gon
         Punta Mumullonis
Capo Pecora   235   △499   Punta Mairu △724   Punta Perda
                           52   de sa Mesa
                                                     △1236
Portixeddu   12   Santa Lucia   Mannu
                                                   l
              M. Argentu   Fluminimaggiore
San Nicolao   △501   S 126   Arras
                          F   u   m   i   n   e   s   e
Buggerru   Serra Trigus   9,5
           △851   3   G
Palnu Sartu
                    Sant'Angelo   Punta Campu
           11   Spina
                    Arcu   939 △
Acqua Resi   549   Genna Bogai   Malacalzetta   Sa Duchessa
      14   San Benedetto   V
Montecani   Punta S. Michele
Masua   Lago   Lago Punta   △906
         Montenoni   Gennaria
Pan di Zuchero
Porto Flavia

Nebida   3   P **Iglesias**

Monte Scorra   Monte Figu   S 130

Monte Agruxiau   S 130
Bindua

Jerzu

Santa Barbara

Nostra Signora
di Buon Camm

Buoncammino

Genna 'e Cresia

Punta
Corongiu
1008

Genna su Ludu
852

Nuraghe Marcusu

M. Ferru
875

Sa Perda Pera

Serra Sconargiu

Marina di Gairo

Capo Sferracavallo

Monte Arbu
812

Nuraghe di Accu

Corte Porcus
872

M. Codi
850

Nurage
Gellea

Arcu de Sarrala de Susu
233

Dispensa

Punta is Ebbas

Tertenia

Nuraghe
CennePira

Is Erriolus

Zinnibiri Mannu

Nuraghe
Erbeis

Nuraghe
su Petri

Nuraghe su
Concali

Foxi Murdegu

Perdasdefogu

San Slvatore

ghe Arras

Nuraghe
Cea Usasta

Riu Gilus

M. is Crobus
589

Melisenda

19

559

M. Buddi
d'Abba

Barisoni

M. Rasu
646

San Giorgio

Serra Cadaro

Pardu di Quirra

Perde is Furonis
874

Nuraghe
Piddedu

Nuraghe
Is Baresus

Nuraghe
Strisai

Porto Santoru

Textus

537

Nuraghe Cresia

Cuccuru
Luggerras

Punta s'Accettori
589

a l t o   d i

Q u i r r a

M. Cardiga
676

Riu Corr'e Cerbu

Quirra

Torre de Murtas

Gruppa

M. Parredis
630

Castello
Quirra

Quirra

I. di Quirra

S 125

M. Ordini
324

Capo S. Lorenzo

M. su Piroi
605

S 387

14

13

Punta sa Modditzi
250

17

Flumendosa

San Vito

Porto Tramatzu

Villaputzu

Santa
Maria

Castello Gibas

Sa Prasa

Porto Corallo

M. Casargius
735

4 0

Foce del Flumendosa

Genn'Argiolas
775

Muravera

47

M. Narba
559

Rio Cannas

S'Oro

Stagno
della
Salina

San Priamo

Stagno
dei
Colostrai

Gola di

Tuerra

Tuerra I

S 125

25

16

Porceddu

M. Liuru
420

Stagno
Feraxi

Annunziata

Camisa

M. Ferru
300

M. dei Sette Fratelli

Capo Ferrato

Domusnovas

Musei

Siliqua

S 130

Villaspeciosa

Is Orrus

Decimomannu

Sestu

Santa Porada

Bascus Argius

Is Pruxineddas

Su Carroppu

Sant'Andrea

4

5

8

Uta

Assemini

7

Terrasili

Is Arenas

Elmas

Su Pez Mannu

Acquafredda

20

Giliaquas

AEROPORTO DI CAGLIARI-ELMAS

Buxonera

3

48

Zinnigas

M. Orri
723

Case d'Orbai

Lago di Medau Lirimilis

Zona Umida Stagno Santa Gilla

Anfiteatro Romano

M. Rosa
609

Terrubia

M. Arcosu
946

Santa Lucia

Macchiareddu

19

2

Narcao

33

Riomurtas

Su de Is Pinnas

Is Aios

Acquacadda

Crabi

Riserva Naturale Foresta di Monte Arcosu

Santa Lucia

Capoterra

Golfo degli Angeli

226

Sais

Is Santus

Su Peppi Mereu

Is Cherchis-Is Canes

Nuxis

S'Acqua Callenti

Is Pinnas

M. is Caravius
116

Poggio dei Pini

La Maddalena

Is Meddas

Is Pittaus

Santa Barbara

Orti Su Loi

Villaperuccio

Is Scanus

Is Xianas

Is Pinnas

Is Sabas

Is Pirosus

M. sa Mirra
1087

M. is Pauceris Mannu
720

Villa d'Orri

Is Pisanus

Is Piroddis

Is Lois de Basciu

Is Cosas

M. is Laccuneddas
601

Sa Grux 'e Marmuri

49

Terrazzu

Is Collus

Barrancu Mannu

Is Langius

Morimenta

Is Canis

Pantaleo

Punta Maxia
1017

21

Forada Is Olias

Porto Foxi

Sarroch

Santadi

Is Vaccas

Is Sinzus

Crabi

Sarroch

Santadi Basso

Crabi

Genniauri

Sa Domu 'e S'Orcu

Piscinas

Barrua

Monte Arrubiu

Torre del Diavolo

Spagnolu

Su Benatzu

Grotte Is Zuddas

Is Scattas

Genniomus

Punta Sebara
979

Villa San Pietro

Porto Columbu-Perd'e Sali

M. Codotis
438

Su Rai

Is Carillus

Punta sa Cresia
864

Pula

50

Perdaiola

Su De is Seis

Gutturu Saidu

M. Culurgioni
443

M. Orbai
688

Is Molas

Su Guventeddu

Is Palas

S 195

Sa Portedda

628

San Efisio

Nora   Capo di Pula

Foxi

M. Arbus
195

M. Perdaie
437

Punta is Crabus
576

Punta Eva
551

Fox'E Sali

Sant'Isidoro

Teulada

M. Maria
491

Santa Margherita

Valico Nuraxi de Mesu
300

54

Domus de Maria

M. Lapanu

I. Rossa
43

Porto di Teulada

Guardia de is Morus

Is Morus

195

M. Filau
363

Chia

Porto Scudo

Setti Ballas

Torre di Chia

Porto Zafferano

I. Tuaredda

Sa Perda Longa

Bithia

Capo Malfatano

Capo Spartivento

Costa   del   Sud

N   del   O   P

0   2   4   6   8   10 km

Michele

Stagnetto

Samassi

19

18   11   15

S 196 Dir

Villagreca

Nuraminis

San Lussorio

S 131

San Lussorio

19

24

Samatzai

Pimentel

M. Uda
379

Sant' Andrea
Frius

Barrali

Cuccuru Orru
801

M. Ixi
639

San N
Gerre

Cardexius

Cirras

16

G

e

47   11   S 196

Serramanna

Leni

Compagnia
Evaristiani

Malu

5.5

S 178

9

Ussana

S 466   7

Dolianova

Donori

Coxinas

M

Bruncu Salamu
842

33

S 387

Monti Nou

Pixina Longa

Villasor

Mannu

9

San Sperate

Monastir

12

Serdiana

Soleminis

Pau

Matta

221   5

Decimoputzu

12

Fluminella

S 130 Dir

11

6

9

10

Cannas

San Gemiliano

13

Sinnai

Laghi
Corangiu

Siliqua

S 130   15

Villaspeciosa

Is Orrus

Su Meriagu

Decimomannu

4

Sestu

San Giovanni

Tasonis

Santa Porada

Bascus Argius

Is Pruxineddas

Su Canroppu   5

Sant'Andrea

Is Perrizzonis

Cixerri

Uta

Assemini

S 130   7

Is Arenas

8

3

Settimo
San Pietro

Maracalagonis

48

Acquafredda

20

Terrasili

Giliaquas

Elmas

Su Pezzu
Mannu

Su Planu

Selargius

Quartucciu   9

Foxi

8,5   13

26

Lago di
Medau
Lirmilis

Salamidro

19

Macchiareddu

Stagno
di Cagliari

AEROPORTO DI
CAGLIARI ELMAS

Buxonera

Zona
Umida Stagno
Santa Gilla

Anfiteatro Romano

Pirri

6

7

CAGLIARI

Monserrato

Stagno di
Molentargius

San Pietro
di Ponte

Santa Maria
di Coepola

Parco
delle Stagioni

Separassiu

San Forzorio

Flumini

M. Arcosu
946

Riserva Naturale
Foresta di
Monte Arcosu

Santa Lucia

Santa Lucia

11

S 195

Santuario Nostra Signora
di Bonaria

Medau Su Cramu

11   **Quartu
Sant' Elena**   26

Sant' Andrea

M. is Caravius

M. is Mirra
689

M. is Pauceris Mannu

Poggio dei Pini

Santa Barbara

Guttura Mannu

Capoterra

19

9

La Maddalena

Orti Su Loi

Sant'Elia

Faro Sant'Elia

Poetto

Cala Mosca

Capo Sant'Elia

Golfo
degli
Angeli

Golfo
di
Quartu

49

Punta Maxia
1017

M. is Laccuneddas
601

Canargiu

21

9

Villa d'Orri

Sa Grux ´e Marmuri

S 195

Forada
Is Olias

Porto Foxi

Sarroch

Monte Niedu

Genniauri

Sa Domu ´e S'Orcu

Monte Arrubiu

10

Torre del Diavolo

Spagnolu

G O L F O

D I

C A G L I A R I

Punta Sebara
976

Punta Ca

aleo

Villa San Pietro

Pula

Porto Columbu-
Perd ´e Sali

Indice dei nomi - Piante di città
Index of place names - Town plans
Index des localités - Plans de ville
Ortsverzeichnis - Stadtpläne

Sigle delle provinze presenti nell'indice
Abbreviations of province names contained in the index
Sigles des provinces répertoriées au nom
Im Index Vorhandene Kennzeiche

AG	Agrigento (Sicilia)
AL	Alessandria (Piemonte)
AN	Ancona (Marche)
AO	Aosta/Aoste (Valle d'Aosta)
AP	Ascoli-Piceno (Marche)
AQ	L'Aquila (Abruzzo)
AR	Arezzo (Toscana)
AT	Asti (Piemonte)
AV	Avellino (Campania)
BA	Bari (Puglia)
BG	Bergamo (Lombardia)
BI	Biella (Piemonte)
BL	Belluno (Veneto)
BN	Benevento (Campania)
BO	Bologna (Emilia-R.)
BR	Brindisi (Puglia)
BS	Brescia (Lombardia)
BZ	Bolzano (Trentino-Alto Adige)
CA	Cagliari (Sardegna)
CB	Campobasso (Molise)
CE	Caserta (Campania)
CH	Chieti (Abruzzo)
CI	Carbonia-Iglesias (Sardegna)
CL	Caltanissetta (Sicilia)
CN	Cuneo (Piemonte)
CO	Como (Lombardia)
CR	Cremona (Lombardia)
CS	Cosenza (Calabria)
CT	Catania (Sicilia)
CZ	Catanzaro (Calabria)
EN	Enna (Sicilia)
FC	Forlì-Cesena (Emilia-Romagna))
FE	Ferrara (Emilia-Romagna))
FG	Foggia (Puglia)
FI	Firenze (Toscana)
FR	Frosinone (Lazio)
GE	Genova (Liguria)
GO	Gorizia (Friuli-Venezia Giulia)
GR	Grosseto (Toscana)
IM	Imperia (Liguria)
IS	Isernia (Molise)
KR	Crotone (Calabria)
LC	Lecco (Lombardia)
LE	Lecce (Puglia)
LI	Livorno (Toscana)
LO	Lodi (Lombardia)
LT	Latina (Lazio)
LU	Lucca (Toscana)

MC	Macerata (Marche)
ME	Messina (Sicilia)
MI	Milano (Lombardia)
MN	Mantova (Lombardia)
MO	Modena (Emilia-Romagna)
MS	Massa-Carrara (Toscana)
MT	Matera (Basilicata)
NA	Napoli (Campania)
NO	Novara (Piemonte)
NU	Nuoro (Sardegna)
OG	Ogliastra (Sardegna)
OR	Oristano (Sardegna)
OT	Olbia-Tempio (Sardegna)
PA	Palermo (Sicilia)
PC	Piacenza (Emilia-Romagna)
PD	Padova (Veneto)
PE	Pescara (Abruzzo)
PG	Perugia (Umbria)
PI	Pisa (Toscana)
PN	Pordenone (Friuli-Venezia Giulia)
PO	Prato (Toscana)
PR	Parma (Emilia-R.)
PT	Pistoia (Toscana)
PU	Pesaro e Urbino (Marche)
PV	Pavia (Lombardia)
PZ	Potenza (Basilicata)
RA	Ravenna (Emilia-Romagna)
RC	Reggio Calabria (Calabria)
RE	Reggio Emilia (Emilia-Romagna)
RG	Ragusa (Sicilia)
RI	Rieti (Lazio)
RM	Roma (Lazio)
RN	Rimini (Emilia-Romagna)
RSM	San Marino (Rep. di)
RO	Rovigo (Veneto)
SA	Salerno (Campania)
SI	Siena (Toscana)
SO	Sondrio (Lombardia)
SP	La Spezia (Liguria)
SR	Siracusa (Sicilia)
SS	Sassari (Sardegna)
SV	Savona (Liguria)
TA	Taranto (Puglia)
TE	Teramo (Abruzzo)
TN	Trento (Trentino-Alto Adige)
TO	Torino (Piemonte)
TP	Trapani (Sicilia)
TR	Terni (Umbria)

TS	Trieste (Friuli-Venezia Giulia)
TV	Treviso (Veneto)
UD	Udine (Friuli-Venezia Giulia)

VA	Varese (Lombardia)
VB	Verbania (Piemonte)
VC	Vercelli (Piemonte)
VE	Venezia (Veneto)
VI	Vicenza (Veneto)

VR	Verona (Veneto)
VS	Medio-Campidano (Sardegna)
VT	Viterbo (Lazio)
VV	Vibo Valentia (Calabria)

LOMBARDIA
BG Bergamo · BS Brescia · CO Como · CR Cremona · LC Lecco · LO Lodi · MN Mantova · MI Milano · PV Pavia · SO Sondrio · VA Varese

TRENTINO-ALTO ADIGE
BZ Bolzano · TR Trento

VENETO
BL Belluno · PD Padova · RO Rovigo · TV Treviso · VE Venezia · VR Verona · VI Vicenza

FRIULI-VENEZIA GIULIA
GO Gorizia · PN Pordenone · TS Trieste · UD Udine

EMILIA-ROMAGNA
BO Bologna · FE Ferrara · FC Forlì-Cesena · MO Modena · PR Parma · PC Piacenza · RA Ravenna · RE Reggio Emilia · RN Rimini

VALLE D'AOSTA
AO Aosta/Aoste

PIEMONTE
AL Alessandria · AT Asti · BI Biella · CN Cuneo · NO Novara · TO Torino · VB Verbania · VC Vercelli

LIGURIA
GE Genova · IM Imperia · SP La Spezia · SV Savona

MARCHE
AN Ancona · AP Ascoli Piceno · MC Macerata · PU Pesaro e Urbino

TOSCANA
AR Arezzo · FI Firenze · GR Grosseto · LI Livorno · MS Massa-Carrara · PI Pisa · PT Pistoia · PO Prato · SI Siena · LU Lucca

UMBRIA
PG Perugia · TR Terni

ABRUZZO
CH Chieti · AQ L'Aquila · PE Pescara · TE Teramo

MOLISE
CB Campobasso · IS Isernia

LAZIO
FR Frosinone · LT Latina · RI Rieti · RM Roma · VT Viterbo

San Marino (RSM)

PUGLIA
BA Bari · BR Brindisi · FG Foggia · LE Lecce · TA Taranto

CAMPANIA
AV Avellino · BN Benevento · CE Caserta · NA Napoli · SA Salerno

BASILICATA
MT Matera · PZ Potenza

CALABRIA
CZ Catanzaro · CS Cosenza · KR Crotone · RC Reggio Calabria · VV Vibo Valentia

SARDEGNA
CA Cagliari · CI Carbonia-Iglesias · NU Nuoro · OG Ogliastra · OR Oristano · OT Olbia-Tempio · VS Medio Campidano · SS Sassari

SICILIA
AG Agrigento · CL Caltanissetta · CT Catania · EN Enna · ME Messina · PA Palermo · RG Ragusa · SR Siracusa · TP Trapani

Piante : segni convenzionali

- Zona a traffico limitato — Zone à circulation réglementée
- Municipio - Museo - Università (H M U) — Hôtel de ville - Musée - Université
- Informazioni turistiche — Information touristique
- Ufficio postale — Bureau de poste
- Parcheggio (P) — Parking
- Ospedale - Stadio — Hôpital - Stade

Plans de villes : signes particuliers

Town plans: special signs

- Area subject to restrictions
- Town hall - Museum - University (H M U)
- Tourist information centre
- Post office
- Car park (P)
- Hospital - Stadium

Stadtpläne : Bezondere zeichen

- Zone mit Verkehrsbeschränkungen
- Rathaus - Museum - Universität (H M U)
- Informationsstelle
- Postamt
- Parkplatz (P)
- Krankenhaus - Stadion

A

Abano Terme PD 41 AF 11
Abasse AL 61 M 16
Abate FI 86 AC 21
Abate TP 190 AJ 57
Abate Mauro BR 148 BN 39
Abatemarco SA 163 BB 43
Abazia AL 61 L 14
Abazs AO 33 H 9
Abbadesse RA 68 AG 17
Abbadia AN 98 AQ 23
Abbadia PU 89 AK 22
Abbadia SI 94 AD 24
Abbadia SI 95 AF 25
Abbadia Alpina TO 59 E 14
Abbadia Cerreto LO 52 S 12
Abbadia di Fiastra MC 98 AP 24
Abbadia di Valvisciolo LT 129 AM 34
Abbadia Isola SI 94 AC 23
Abbadia Lariana LC 23 R 8
Abbadia San Salvatore SI 104 AF 26
Abbadiaccia PG 88 AI 22
Abbasanta OR 217 N 43
Abbateggio PE 116 AT 30
Abbazia BG 38 U 9
Abbazia BO 67 AE 16
Abbazia CS 167 BG 45
Abbazia di Acqualunga PV 50 N 13
Abbazia di Monte
Oliveto Maggiore SI 94 AE 24
Abbazia di Naro PU 89 AK 22
Abbazia di Santa Maria
in Selva MC 98 AP 24
Abbazia di Sasso Vivo PG 106 AL 26
Abbazia di Trisulti FR 130 AP 33
Abbazia Pisani PD 41 AG 10
Abbiadori OT 211 S 37
Abbiate Guazzone VA 36 O 9
Abbiategrasso MI 36 O 11
Abbo PD 56 AG 11
Aberstuckl / Sonvigo BZ 3 AC 3
Abetaia BO 80 AA 18
Abetemozzo TE 108 AQ 28
Abetina PZ 154 BF 41
Abetito AP 108 AP 26
Abeto FI 81 AF 19
Abeto PG 107 AN 26
Abetone PT 79 Y 19
Abriola PZ 154 BD 40
Acaia LE 159 BS 41
Acate RG 202 AV 61
Acatte CN 60 I 15
Accadia FG 143 BB 37
Accampamento PZ 163 BD 42
Accaria CZ 171 BH 50
Accaria Rosaria CZ 171 BH 50
Acceglio CN 58 C 17
Accettura MT 154 BF 41
Acchio CS 166 BD 45
Acciaiolo PI 92 Y 22
Acciano AQ 115 AR 30
Acciano-Fossaccio PG 97 AL 25
Acciarella LT 129 AL 35
Acciarello RC 189 BC 54
Acciaroli SA 162 AZ 42
Accoli Secondo AV 143 AZ 36
Acconia CZ 174 BG 50
Accorneri AT 49 L 14
Accumoli RI 107 AO 27
Acera PG 107 AM 27
Acerenza PZ 144 BE 39
Acereto BZ 5 AG 2
Acerno SA 152 AZ 39
Acero GE 76 Q 17
Acerra NA 151 AV 38
Aci Bonaccorsi CT 197 AZ 58
Aci Castello CT 197 AZ 58
Aci Catena CT 197 AZ 58
Aci Platani CT 197 AZ 58
Aci San Filippo CT 197 AZ 58
Aci Sant'Antonio CT 197 AZ 58
Aci Trezza CT 197 AZ 58
Acilia RM 128 AJ 33
Acireale CT 197 AZ 58
Aclete UD 17 AQ 5
Acone FI 87 AD 20
Acqua Bianca LT 129 AM 35
Acqua Bona PI 85 Z 22
Acqua dei Corsari PA 185 AP 55
Acqua dei Ranci IS 132 AU 33
Acqua del Tiglio CS 171 BH 48
Acqua delle Pere CZ 171 BI 50
Acqua di Paolo SA 162 BA 42
Acqua di Sopra GE 76 Q 17
Acqua Dolce TA 157 BO 42
Acqua Nocella PZ 164 BF 44
Acqua Resi CI 220 L 47
Acqua Seccagna PZ 164 BG 43
Acqua Solfurea BN 142 AY 36
Acqua Solfurea PU 89 AJ 21
Acqua Vogliera TR 113 AK 28
Acquabianca CS 170 BF 48
Acquabianca SV 62 M 17
Acquabona BL 14 AH 4
Acquabona LI 92 X 23
Acquabona LI 100 X 27
Acquabona RE 78 W 17
Acquabuona GE 62 M 16
Acquacadda CI 225 N 48
Acquacalda ME 181 AY 52
Acquacalda RC 178 BD 54
Acquadalto FI 81 AE 19
Acquadauzano CZ 171 BG 49
Acquaficara ME 188 BA 55
Acquafondata FR 131 AS 34
Acquaformosa CS 166 BF 45
Acquafredda AV 142 AY 37
Acquafredda BN 142 AX 37
Acquafredda BS 53 X 12
Acquafredda CS 172 BJ 48
Acquafredda CZ 170 BG 49
Acquafredda CZ 171 BG 50
Acquafredda PZ 163 BD 43
Acquafredda SV 74 K 17
Acquaiola-Gratiano PG 105 AI 25
Acquaiolo BG 38 V 9
Acqualagna PU 89 AL 22
Acqualemma AV 142 AY 38
Acqualoreto TR 106 AJ 27
Acqualorto ME 197 BA 56
Acqualunga BS 52 U 12
Acqualunga Badona CR 52 U 12
Acquamammone CZ 174 BH 51
Acquamara PA 186 AT 57
Acquamarza Alta VE 57 AH 13
Acquamela-Aiello SA 151 AX 39
Acquanegra Cremonese CR 52 U 12
Acquanegra sul Chiese MN 53 X 13
Acquanera PU 89 AK 22
Acquapagana MC 107 AM 26
Acquapalombo TR 113 AL 28
Acquapendente VT 105 AG 27
Acquappesa CS 166 BE 47
Acquara AV 143 AZ 38
Acquara SA 152 BA 40
Acquaratola TE 108 AQ 27
Acquarelia VT 111 AF 29
Acquarica del Capo LE 161 BS 44
Acquarica di Lecce LE 159 BS 42
Acquaro RC 178 BE 54
Acquaro VV 176 BG 52
Acquarone ME 189 BC 54
Acquarotta CE 140 AT 36
Acquas Callentis CI 224 M 48
Acquasanta GE 75 N 17
Acquasanta PA 184 AP 55
Acquasanta PG 106 AJ 26
Acquasanta Terme AP 108 AP 27
Acquaseria CO 23 Q 7
Acquasparta TR 106 AK 27
Acquate LC 23 R 8
Acquatino PG 106 AK 26
Acquavella SA 162 AZ 42
Acquavena SA 163 BB 43
Acquaviva AR 88 AI 22
Acquaviva BZ 12 AB 4
Acquaviva RM 120 AL 31
Acquaviva RSM 89 AJ 20
Acquaviva SA 151 AW 39
Acquaviva SA 152 AZ 41
Acquaviva SI 94 AC 23
Acquaviva SI 95 AG 25
Acquaviva TN 26 AB 8
Acquaviva Collecroce CB 124 AX 32
Acquaviva delle Fonti BA 146 BK 38
Acquaviva d'Isernia IS 132 AT 33
Acquaviva Picena AP 109 AR 26
Acquaviva Platani CL 193 AR 58
Acquavive MC 98 AP 24
Acquavona CS 170 BF 48
Acquavona CZ 172 BJ 49
Acque Fredde AO 33 E 9
Acquedolci ME 187 AW 55
Acquetico IM 72 I 19
Acquevive IS 132 AV 34
Acqui Terme AL 61 L 15
Acquosi MC 97 AN 24
Acri CS 168 BH 47
Acuto FR 130 AO 33
Adami CZ 171 BH 49
Addolorata MC 99 AQ 23
Addolorata ME 189 BA 54
Addolorata TP 190 AJ 57
Adegliacco UD 30 AO 7
Adelfia BA 146 BK 37
Adragna TP 182 AL 56
Adrano CT 195 AY 58
Adrara San Martino BG 38 U 9
Adrara San Rocco BG 38 U 9
Adret TO 47 E 13
Adria RO 56 AH 13
Adro BS 38 U 10
Afens / Avenes BZ 4 AE 2
Afers / Eores BZ 4 AF 3
Affegna UD 16 AN 6
Affi VR 39 Z 10
Affile RM 121 AN 32
Afing / Avigna BZ 13 AD 4
Afragola NA 150 AU 38
Àfrico RC 179 BE 55
Àfrico Nuovo RC 179 BF 55
Afrile PG 106 AL 25
Agaggio Superiore IM 72 H 20
Agai BL 14 AG 5
Agarina VB 7 L 6
Agata delle Noci FG 143 BB 36
Agazzano PC 51 S 14
Agazzara SI 94 AC 24
Agazzi AR 95 AG 23
Agazzi Polioti VV 174 BH 51
Agazzino PC 51 S 13
Agelli AP 108 AP 26
Agelli AP 99 AQ 25
Agello MC 98 AN 24
Agello PG 105 AI 25
Agello RN 89 AK 20
Agerola NA 151 AW 40
Aggi PG 97 AM 25
Aggio GE 76 P 17
Aggius OT 210 P 38
Agilati PI 85 Z 22
Agira EN 195 AW 58
Agli CZ 171 BH 50
Agliana PT 86 AB 20
Agliandroni PA 183 AN 55
Agliano AT 61 K 15
Agliano LU 78 W 18
Agliano PG 107 AM 26
Agliastreto RC 177 BH 53
Agliate MI 36 Q 9
Agliè TO 48 H 11
Aglientu OT 210 P 37
Aglietti BI 34 K 10
Aglio PC 63 R 15
Agliona RC 177 BG 54
Aglioni AQ 114 AO 28
Agna AR 87 AF 21
Agna FI 87 AE 20
Agna PD 56 AG 12
Agna PR 65 V 17
Agnadello CR 37 S 11
Agnana Calabra RC 177 BG 54
Agnano PI 85 X 21
Agnata OT 210 P 37
Agnedo SO 24 U 7
Agnedo TN 27 AE 7
Agnella MN 55 AB 13
Agnellengo NO 35 M 10
Agnena CE 141 AU 37
Agneto AL 63 P 16
Agnino MS 78 V 18
Agnona VC 34 K 9
Agnone FR 131 AS 35
Agnone IS 123 AV 33
Agnone SA 162 AY 42
Agnone Bagni SR 203 AZ 60
Agnosine BS 39 X 10
Agnova TE 108 AQ 28
Agognate NO 35 M 11
Agoiolo CR 53 X 13
Agolla MC 97 AM 25
Agonursi CE 140 AS 36
Agordo BL 14 AH 6
Agore AP 108 AP 27
Agosta RM 120 AN 32
Agostinassi CN 60 H 15
Agostino CB 132 AV 34
Agra VA 22 N 7
Agrano VB 21 L 8
Agrate NO 35 M 9
Agrate Brianza MI 37 R 10
Agriano PG 107 AN 27
Agrifoglio CS 171 BH 49
Agrigento AG 198 AQ 60
Agrimonte PR 78 V 17
Agromastelli RC 177 BH 53
Agrons UD 16 AM 5
Agropoli SA 162 AY 41
Agrustos NU 211 T 39
Aguai TN 13 AD 6
Agugliano AN 91 AP 22
Agugliaro VI 56 AE 12
Aguiaro RO 56 AG 14
Agumes BZ 11 Y 4
Aguscello FE 68 AE 15
Aguzzo TR 113 AK 29
Aia al Cerro PI 93 Z 24
Aia Chiaffa PZ 154 BE 40
Aia Decina AQ 121 AQ 31
Aia del Gallo AV 143 AZ 37
Aia del Vecchio SA 162 BA 42
Aia della Noce CB 133 AX 34
Aia Le Monache FR 130 AP 33
Aiale PG 97 AK 23
Aianera CH 117 AU 30
Aica BZ 3 AC 3
Aica BZ 4 AE 3
Aica di Sopra BZ 13 AD 5
Aicurzio MI 37 R 10
Aidomaggiore OR 217 O 42
Aidone EN 194 AV 59
Aie Cosola AL 63 Q 15
Aielli AQ 122 AQ 31
Aielli Stazione AQ 121 AQ 31
Aiello SA 151 AX 39
Aiello TE 115 AQ 28
Aiello Calabro CS 170 BF 49
Aiello del Friuli UD 31 AP 8
Aiello del Sabato AV 142 AX 38
Aieta CS 164 BD 44
Aigovo IM 72 H 20
Ailano CE 132 AU 35
Ailoche BI 34 K 9
Aiola RE 65 X 15
Aiole GR 104 AE 26
Aione di Sopra PR 64 U 15
Aip UD 16 AN 4
Airali CN 59 G 15
Airali TO 59 E 14
Airali TO 59 E 15
Airali TO 48 I 13
Airasca TO 47 F 14
Airaudi TO 59 F 15
Airola AV 142 AY 37
Airola AV 143 BA 37
Airola BN 141 AW 37
Airola Inf. SP 77 T 18
Airoldi BG 37 S 10
Airole IM 72 G 20
Airone TN 26 Z 7
Airuno LC 37 R 9
Aisone CN 70 E 18
Al Gallo BZ 3 AB 2
Al Piano BZ 12 Z 4
Al Ponte BZ 13 AD 3
Al Sasso LU 84 X 20
Ala TN 40 AB 9
Alà dei Sardi OT 214 Q 40
Ala di Stura TO 47 E 12
Alagna PV 50 O 12
Alagna Valsesia VC 20 I 8
Alagua VB 7 L 6
Alanno PE 116 AS 30
Alano di Piave BL 28 AG 8
Alassio SV 73 K 19
Alatri FR 130 AP 33
Alba CN 60 J 15
Alba PR 65 X 14
Alba TN 13 AF 5
Alba Adriatica TE 109 AS 26
Albacina AN 97 AN 23
Albagiara OR 217 O 45
Albairate MI 36 O 11
Albana UD 31 AP 7
Albanazzo CT 202 AW 60
Albanella SA 152 AZ 41
Albaneto RI 114 AN 28
Albano di Lucania PZ 154 BF 40
Albano Laziale RM 120 AK 33
Albano S. Alessandro BG 37 T 9
Albano Vercellese VC 35 L 11
Albarasca AL 62 O 15
Albarè VR 39 Z 10
Albarea FE 68 AF 14
Albarea VE 42 AH 11
Albareda SO 24 U 7
Albaredo TN 26 AB 8
Albaredo TV 42 AH 9
Albaredo VI 27 AD 8
Albaredo Arnaboldi PV 51 Q 13
Albaredo d'Adige VR 55 AC 12
Albaredo
per San Marco SO 23 S 7
Albarengo AT 49 J 13
Albareto MO 66 AA 15
Albareto PC 51 R 14
Albareto PR 77 T 17
Albareto PR 65 W 14
Albareto RE 65 X 16
Albarette VR 55 AB 13
Albaretto CN 58 D 17
Albaretto della Torre CN 61 J 16
Albaria VR 54 AB 13
Albaro VR 55 AC 11
Albaro Vecchio VR 40 AC 11
Albarola PC 64 S 14
Albate CO 36 P 9
Albavilla CO 22 Q 9
Albazzano PR 65 W 16
Albe AQ 121 AP 31
Albeins / Albes BZ 4 AE 3
Albenga SV 73 K 19
Albenza BG 37 S 9
Albera CR 52 T 11
Albera MN 39 Y 11
Albera RO 55 AD 13
Albera Ligure AL 63 P 15
Alberaccio PI 85 Z 21
Alberazzo FE 57 AI 14
Alberazzo RA 81 AF 18
Alberelli AP 99 AR 24
Alberelli MO 80 AA 18
Albereria PD 41 AE 10
Alberese GR 110 AB 27
Alberese Scalo GR 110 AB 28
Albereto AL 62 M 15
Albereto RA 82 AG 18
Albereto RN 89 AK 20
Alberetti TO 59 F 15
Alberghi PT 85 Z 20
Alberi FI 93 AA 22
Alberi NA 151 AV 40
Alberi PR 65 W 15
Alberi Maritati CS 166 BF 45
Alberino BO 68 AE 16
Albero MO 79 Y 17
Alberobello BA 147 BM 39
Alberona FG 134 AZ 35
Alberone FE 67 AC 15
Alberone FE 56 AG 14
Alberone MN 54 Y 14
Alberone PV 51 S 13
Alberone RO 56 AE 13
Alberone TV 41 AG 9
Alberoni AT 61 L 14
Alberoni GO 31 AQ 9
Alberoni VE 42 AI 11
Alberoro AR 95 AF 23
Alberti AR 95 AE 23
Albes / Albeins BZ 4 AE 3
Albese con Cassano CO 22 Q 9
Albettone VI 41 AE 11
Albi CZ 171 BI 49
Albiano AR 95 AH 23
Albiano LU 78 W 18
Albiano LU 79 X 19
Albiano PO 86 AB 20
Albiano TN 26 AC 7
Albiano d'Ivrea TO 34 I 11
Albiano Magra MS 78 U 18
Albiate MI 36 Q 10
Albidona CS 165 BH 44
Albignano MI 37 R 10
Albignasego PD 42 AG 11
Albina TV 29 AJ 9
Albina TV 29 AK 8
Albinatico PT 85 Z 20
Albinea RE 66 Y 16
Albinia GR 110 AC 28
Albino BG 37 T 9
Albiolo CO 22 O 9
Albions BZ 13 AE 4
Albisano VR 39 Z 10
Albisola Sup. SV 75 M 17
Albissola Marina SV 75 M 18
Albizzate VA 36 N 9
Albo CS 171 BG 48
Albo VB 21 L 8
Albogasio CO 22 P 7
Albone PC 52 T 14
Albonese PV 50 N 12
Albonico CO 23 R 6
Albori SA 151 AX 39
Albosaggia SO 24 U 7
Albra CN 74 I 18
Albrona PC 64 S 15
Albuccione RM 120 AL 32
Albugnano AT 48 I 13
Albusciago VA 35 N 9
Albuzzano PV 51 Q 12
Alcamo TP 183 AM 56
Alcamo Marina TP 183 AM 55
Alcanterini BA 147 BM 38
Alcara li Fusi ME 187 AX 55
Alcenago VR 40 AA 10
Alcheda PN 15 AK 6
Alcovia CT 202 AX 59
Aldein / Aldino BZ 13 AD 5

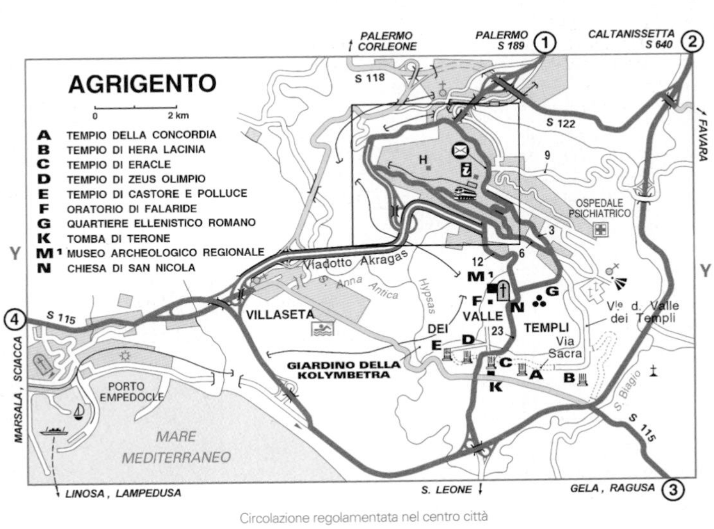

AGRIGENTO
0 2 km
A TEMPIO DELLA CONCORDIA
B TEMPIO DI HERA LACINIA
C TEMPIO DI ERACLE
D TEMPIO DI ZEUS OLIMPIO
E TEMPIO DI CASTORE E POLLUCE
F ORATORIO DI FALARIDE
G QUARTIERE ELLENISTICO ROMANO
K TOMBA DI TERONE
M1 MUSEO ARCHEOLOGICO REGIONALE
N CHIESA DI SAN NICOLA
PALERMO CORLEONE
PALERMO S 189
CALTANISSETTA S 640
FAVARA
S 118
S 122
OSPEDALE PSICHIATRICO
Viadotto Akragas
VILLASETA
VALLE DEI TEMPLI
V.le d. Valle dei Templi
Via Sacra
GIARDINO DELLA KOLYMBETRA
PORTO EMPEDOCLE
MARE MEDITERRANEO
S 115
MARSALA, SCIACCA
LINOSA, LAMPEDUSA
S. LEONE
GELA, RAGUSA

Circolazione regolamentata nel centro città

Crispi (V. F.) Y 3
La Malfa (V. U.) Y 6
Papa Luciani (Via) Y 9
Petrarca (V.) Y 12
Templi (V. dei) Y 23

Aldeno *TN* ... 26 AB 8
Aldia Bianca *NU* ... 211 S 38
Aldino / Aldein *BZ* ... 13 AD 5
Alefana *FR* ... 131 AQ 34
Aleggia *RI* ... 107 AO 28
Ales *OR* ... 221 N 45
Alessandria *AL* ... 62 M 14
Alessandria del Carretto *CS* ... 165 BH 44
Alessandria della Rocca *AG* ... 192 AP 58
Alessano *LE* ... 161 BS 44
Alessio *FC* ... 88 AI 20
Alesso *UD* ... 16 AN 6
Aletta *AP* ... 108 AP 26
Alezio *LE* ... 160 BR 43
Alfaedo *SO* ... 23 T 7
Alfano *SA* ... 163 BB 42
Alfauro *BL* ... 14 AG 5
Alfeo *CR* ... 53 W 13
Alfero *FC* ... 88 AH 20
Alfi *MC* ... 107 AN 25
Alfianello *BS* ... 53 V 12
Alfiano Natta *AL* ... 49 K 13
Alfiano Nuovo *CR* ... 53 V 12
Alfiano Vecchio *CR* ... 53 V 12
Alfonsi *AN* ... 90 AO 22
Alfonsine *RA* ... 69 AH 16
Alghero *SS* ... 212 K 40
Algua *BG* ... 37 T 9
Algund / Lagundo *BZ* ... 3 AB 3
Ali *ME* ... 189 BB 55
Ali Terme *ME* ... 189 BB 55
Alia *PA* ... 193 AR 57
Alianello *MT* ... 164 BG 42
Alianello Nuovo *MT* ... 164 BG 42
Aliano *MT* ... 155 BG 42
Alica *PI* ... 85 Z 22
Alice *AL* ... 62 N 16
Alice Bel Colle *AL* ... 61 L 15
Alice Castello *VC* ... 49 J 11
Alice Sup. *TO* ... 33 H 11
Alicudi Porto *ME* ... 180 AV 52
Aliena *PG* ... 107 AN 27
Alifana *CB* ... 132 AV 34
Alife *CE* ... 132 AV 36
Aliforni *MC* ... 98 AN 24
Alimena *PA* ... 194 AT 57
Aliminusa *PA* ... 185 AR 56
Alino *BG* ... 23 S 8
Allai *OR* ... 217 O 44
Allai *RC* ... 178 BD 55
Alleghe *BL* ... 14 AH 5
Allegnidis *UD* ... 16 AM 5
Allegrezze *GE* ... 63 R 16
Allein *AO* ... 19 E 9
Alleri *PA* ... 194 AT 57
Allerona *TR* ... 105 AG 27
All'Erta *LU* ... 85 Y 20
Allesaz *AO* ... 33 H 9
Alliste *LE* ... 160 BR 44
Allitz *BZ* ... 11 Z 4
Allivellatori *TO* ... 47 F 14
Allume *ME* ... 189 BB 56
Allumiere *RM* ... 118 AG 31
Alluoro *IS* ... 132 AT 34
Alluvioni Cambiò *AL* ... 50 N 13
Alma *CN* ... 71 H 18
Almadis *PN* ... 16 AM 6
Almazzago *TN* ... 12 AA 4
Almè *BG* ... 37 S 9
Almellina *CN* ... 71 G 18
Almenno San Bartolomeo *BG* ... 37 S 9
Almenno San Salvatore *BG* ... 37 S 9
Almese *TO* ... 47 F 13
Almisano *VI* ... 41 AD 11
Alnicco *UD* ... 30 AN 7
Alone *BS* ... 38 W 9
Alonte *VI* ... 41 AD 11
Alorio *CS* ... 166 BE 45
Alpage du Berrio Blanc *AO* ... 32 C 9
Alpago *BL* ... 29 AJ 7
Alpe *GE* ... 63 P 16
Alpe *GE* ... 63 Q 16
Alpe *PR* ... 64 S 17
Alpe *VI* ... 40 AC 9
Alpe di Lex Blanche *AO* ... 32 C 9
Alpe di Crause *AO* ... 32 D 9
Alpe Sup. de Lex Blanche *AO* ... 32 B 9
Alpe Tedesco *VA* ... 22 O 8
Alpette *TO* ... 33 G 11
Alpi di Chevanne *AO* ... 32 C 9
Alpiano Superiore *VB* ... 7 K 6
Alpicella *GE* ... 63 R 16
Alpicella *SV* ... 75 M 17

Alpignano *TO* ... 47 G 13
Alpino *VB* ... 21 M 8
Alpisella *CN* ... 72 I 19
Alpo *VR* ... 40 AA 11
Alseno *PC* ... 64 U 14
Alserio *CO* ... 36 Q 9
Altagnana *MS* ... 78 W 19
Altamura *BA* ... 146 BI 39
Altana *UD* ... 31 AQ 7
Altare *SV* ... 74 L 17
Altarello *CS* ... 171 BG 48
Altarello *CT* ... 197 AY 58
Altarello *CT* ... 197 BA 57
Altaura *PD* ... 55 AD 12
Altavilla *CS* ... 171 BG 49
Altavilla *TE* ... 115 AQ 28
Altavilla Irpina *AV* ... 142 AX 37
Altavilla Milicia *PA* ... 185 AQ 55
Altavilla Monferrato *AL* ... 49 L 14
Altavilla Silentina *SA* ... 152 AZ 40
Altavilla Vicentina *VI* ... 41 AD 11
Alte Ceccato *VI* ... 41 AD 11
Altedo *BO* ... 67 AD 15
Altenburg / Castelvecchio *BZ* ... 12 AC 5
Altesino *SI* ... 104 AD 25
Alteta *AP* ... 99 AQ 25
Alteto *PT* ... 85 Z 20
Altidona *AP* ... 99 AR 25
Altilia *CB* ... 133 AW 35
Altilia *CS* ... 171 BG 49
Altilia *KR* ... 172 BK 48
Altillone *VB* ... 7 L 5
Altin / Altino *BZ* ... 14 AG 4
Altino *CH* ... 107 AO 26
Altino *CH* ... 124 AU 31
Altino *VE* ... 43 AJ 10
Altino / Altin *BZ* ... 14 AG 4
Altissimo *VI* ... 40 AC 10
Altivole *TV* ... 42 AG 9
Alto *CN* ... 73 J 19
Altoè *PC* ... 52 T 14
Altofonte *PA* ... 184 AO 55
Altoggio *VB* ... 7 L 6
Altoggio *VB* ... 7 L 6
Altolia *ME* ... 189 BB 55
Altolina *PG* ... 106 AL 26
Altomena *FI* ... 87 AD 21
Altomonte *CS* ... 167 BF 45
Altopascio *LU* ... 85 Z 21
Altore *GR* ... 104 AE 26
Altovia *TE* ... 108 AP 28
Altrei / Anterivo *BZ* ... 13 AD 6
Altura *OT* ... 207 R 36
Alture *UD* ... 31 AP 8
Alvaneta *AV* ... 142 AZ 37

Alvani *CS* ... 166 BE 46
Alvano *AV* ... 143 BA 38
Alvar *GE* ... 76 Q 17
Alvarizzu *OT* ... 209 O 38
Alvelli *TE* ... 108 AP 27
Alverà *BL* ... 14 AH 4
Alvi *TE* ... 115 AP 28
Alviano *MC* ... 99 AR 23
Alviano *TR* ... 112 AI 28
Alvignanello *CE* ... 141 AV 36
Alvignano *CE* ... 141 AV 36
Alvisopoli *VE* ... 30 AM 9
Alvito *FR* ... 131 AR 33
Alzano *PE* ... 116 AT 28
Alzano Lombardo *BG* ... 37 T 9
Alzate *NO* ... 35 M 10
Alzate Brianza *CO* ... 36 Q 9
Alzo *NO* ... 35 L 9
Ama *AP* ... 108 AR 26
Ama *SI* ... 94 AD 23
Amalfi *SA* ... 151 AW 40
Amandola *AP* ... 108 AP 26
Amantea *CS* ... 170 BF 49
Amaro *UD* ... 16 AN 5
Amaroni *CZ* ... 175 BH 51
Amaseno *FR* ... 130 AP 35
Amati *BN* ... 141 AV 36
Amato *CZ* ... 171 BH 50
Amatrice *RI* ... 107 AO 28
Amay *AO* ... 33 H 9
Amazas *TO* ... 46 B 13
Ambaraga *BS* ... 38 W 10
Ambele *RC* ... 178 BD 55
Ambivere *BG* ... 37 S 9
Amblar *TN* ... 12 AB 5
Amborzasco *GE* ... 63 R 16
Ambra *AR* ... 95 AE 23
Ambria *BG* ... 23 T 9
Ambria *SO* ... 24 U 7
Ambrogio *FE* ... 56 AG 14
Ambrosi *CN* ... 71 H 17
Ameglia *SP* ... 78 U 19
Ameglio *CE* ... 132 AX 36
Amelia *TR* ... 113 AJ 28
Amendola *CS* ... 170 BF 47
Amendola *FG* ... 135 BD 34
Amendola *VI* ... 41 AD 9
Amendolara *CS* ... 165 BI 44
Amendolea *RC* ... 178 BD 55
Amendolea *RC* ... 179 BE 56
Ameno *NO* ... 35 L 9
Amianthe *AO* ... 19 E 8
Amica *CS* ... 168 BJ 46
Ammeto *PG* ... 106 AJ 26
Ammonite *RA* ... 69 AH 17
Amodio *NA* ... 150 AT 38
Amola *MS* ... 78 U 18

Amora *BG* ... 37 T 9
Amore *BO* ... 80 AB 18
Amorosi *BN* ... 141 AV 36
Ampezzo *UD* ... 15 AL 5
Ampiniana *FI* ... 87 AE 20

Ampio *GR* ... 103 AA 27
Ampugnano *SI* ... 94 AC 24
Anacapri *NA* ... 150 AU 40
Anagni *FR* ... 130 AN 33
Anatraia *AR* ... 95 AF 24

Ancaiano *PG* ... 106 AL 28
Ancaiano *SI* ... 94 AC 24
Ancarano *TE* ... 108 AR 26
Ancarano di Sopra *PC* ... 64 S 14
Ancarano di Sotto *PC* ... 52 S 14

ALESSANDRIA

Bergamo (V.) ... Z 2
Brigata Ravenna (Viale) ... Z 3
Carducci (Pza) ... Y 4
Carlo Marx (Cso) ... Y 5
Casale (V.) ... Y 7
Cavallotti (Cso) ... Z 8
Crimea (Cso) ... Z 9
Dante Alighieri (V.) ... Y 10
Fiume (V.) ... YZ
Garibaldi (Pza) ... Z 14
Gobetti (Pza) ... Y 15
Gramsci (V.) ... Z 16

Lamarmora (Cso) ... Z 18
Libertà (Pza della) ... Y 19
Machiavelli (V.) ... YZ 20
Magenta (Lungo Tanaro) ... Y 21
Marini (Cso Virginia) ... Y 23
Martiri (V. dei) ... Y 24
Morbelli (V.) ... Y 26
Pistoia (V. Ernesto) ... YZ 27
Pontida (V.) ... YZ 28
Roma (V.) ... YZ
Savona (V.) ... Z 38
Solferino (Lungo Tanaro) ... Y 39
S. Caterina da Siena (V.) ... P 35

S. Dalmazzo (V.) ... Y 30
S. Giacomo d. Vittoria (V.) ... YZ 31
S. Maria di Castello (V.) ... Y 36
S. Martino (Lungo Tanaro) ... Y 37
S. Pio V (V.) ... Y 34
Tivoli (V.) ... Y 40
Tiziano (Via Vecellio) ... Y 41
Tripoli (V.) ... YZ 42
Turati (Pza) ... YZ 43
Valfré (Pza) ... Z 44
Vittorio Veneto (Pza) ... Z 45
Vochieri (V.) ... Y 46
1821 (V.) ... Y 48

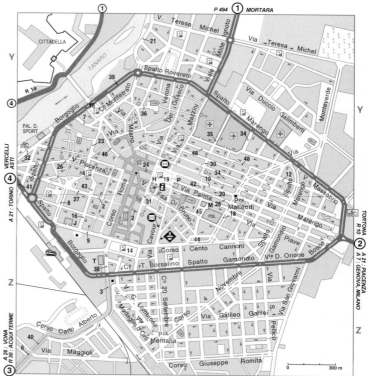

ANCONA

Garibaldi (Cso) ... ABZ
Giovanni XXIII (V.) ... AY 6
Marconi (V.) ... AZ 8
Pizzecolli (V. Ciriaco) ... AYZ 13
Plebiscito (Pza) ... AZ 14
Repubblica (Pza) ... AZ 17
Roma (Pza) ... AZ 19
Stamira (Cso) ... AZ
Stamira (Pza) ... BZ 20
Thaon de Revel (V.) ... CZ 21
Vecchini (V.) ... BZ 22
24 Maggio (Piazzale) ... BZ 23

Chiesa di Santa Maria della Piazza ... AZ B
Loggia dei Mercanti ... AZ F

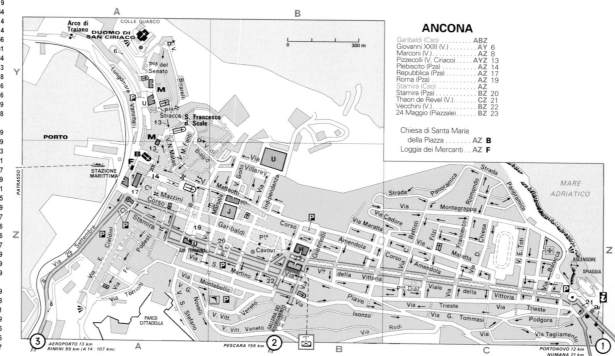

Ancetti VI 41 AD 9
Anchiano LU 85 Y 20
Anchione PT 85 Z 21
Ancignano VI 41 AE 10
Anciolina AR 87 AF 22
Ancona AN 91 AQ 22
Anconella BO 80 AC 18
Anconetta VI 41 AE 10
Andagna IM 72 H 20
Andali CZ 172 BJ 49
Andalo TN 26 AB 7
Andalo Valtellino SO 23 R 7
Andezeno TO 48 I 13
Andolaccio FI 86 AC 20
Andonno CN 71 F 18
Andora SV 73 J 20
Andorno Micca BI 34 J 10
Andosso VB 7 K 7
Andrano LE 161 BT 44
Andrate TO 34 I 10
Andraz BL 14 AG 5
Andrazza UD 15 AK 5
Andreis PN 15 AK 6
Andreoli SA 152 AZ 41
Andreotta CS 170 BG 48
Andretta AV 143 BA 38
Andria BA 136 BG 36
Andria Puddu OT 211 S 39
Andriace MT 156 BJ 42
Andrian / Andriano BZ 12 AC 4
Andriano / Andrian BZ 12 AC 4
Androna PE 116 AS 30
Anduins PN 16 AM 6
Anela SS 214 P 41
Aneta RE 78 V 17
Aneto MC 99 AQ 23
Anfo BS 39 X 9
Anfurro BS 24 V 8
Angeli AN 97 AN 23
Angeli AN 91 AQ 22
Angeli VI 41 AD 11
Angelica PI 85 Z 21
Angellara SA 162 BA 42
Angeloni FG 135 BE 35
Angera VA 35 M 9
Anghebeni TN 26 AB 9
Anghiari AR 95 AH 22
Angiari VR 55 AC 12
Angilla CS 166 BE 46
Angoli CZ 171 BH 50
Angolo Terme BS 24 V 8
Angone BS 24 W 8
Angoris GO 31 AP 8
Angri SA 151 AW 39
Angrogna TO 59 E 14
Anguillara Sabazia RM 119 AI 31
Anguillara Veneta PD 56 AG 13
Anita FE 69 AH 16
Anitrella FR 130 AQ 34
Annibali CB 132 AV 34
Annicco CR 52 U 12
Annifo PG 107 AM 25
Annone di Brianza LC 23 Q 9
Annone Veneto VE 29 AL 9
Annunciata BS 24 W 8
Annunziata AT 61 J 15
Annunziata AV 142 AY 38
Annunziata CA 227 S 48
Annunziata CE 141 AV 37
Annunziata CN 71 H 18
Annunziata CS 170 BF 48
Annunziata CZ 171 BG 50
Annunziata NA 151 AV 40
Annunziata PG 106 AK 26
Annunziata SA 151 AX 39
Annunziata SA 152 AY 39
Annunziata SV 74 K 18
Annunziata-Raviola ME 181 AY 53
Anoia RC 176 BF 53
Anòia Sup. RC 176 BF 53
Anqua SI 93 AA 24
Ansedonia GR 110 AC 29
Ansedonia Sud GR 111 AD 29
Anselmi AL 49 J 13
Ansina AR 95 AH 23
Anson VR 55 AC 12
Antagnod AO 19 H 9
Antara MS 77 T 17
Antea BG 23 T 8
Antegnate BG 37 T 11
Antella FI 86 AC 21
Anterivo / Altrei BZ 13 AD 6
Antermoia / Untermol BZ 4 AG 3
Anterselva di Mezzo / Antholz M. BZ 5 AH 2
Anterselva di Sopra / Antholz Oberhal BZ 5 AH 2
Anterselva di Sotto BZ 5 AH 2
Antesica PR 65 W 16
Antessio SP 77 T 18
Antey-Saint-André AO 19 G 9
Antholz M. / Anterselva di Mezzo BZ 5 AH 2
Antholz Oberhal / Anterselva di Sopra BZ 5 AH 2
Antica FR 131 AS 34
Antico MC 107 AN 25
Antico PU 88 AI 20
Anticoli Corrado RM 120 AM 31
Antignano AT 61 J 14
Antignano LI 92 W 23
Antignano NA 151 AV 40
Antillo ME 189 BA 56
Antirata PG 96 AI 23
Antisciana LU 79 X 19
Antognano LU 78 W 18
Antognano PC 64 T 15
Antognola PG 96 AJ 24
Antognola PR 65 W 16
Antole BL 28 AH 7
Antona MS 78 W 19
Antonelli BA 147 BM 38
Antonimina RC 179 BF 54
Antraccoli LU 85 Y 20
Antreola PR 65 W 16
Antria AR 95 AG 23
Antria PG 96 AI 25
Antrodoco RI 114 AN 29
Antrogna VB 20 K 7
Antronapiana VB 6 J 7
Antrona-Schieranco VB 6 J 7
Antrosano AQ 121 AP 31
Anversa degli Abruzzi AQ 122 AR 32
Anzafava CS 165 BH 44
Anzano TV 29 AJ 8
Anzano del Parco CO 36 Q 9
Anzano di Puglia FG 143 BA 37
Anzasco TO 34 J 11
Anzi PZ 154 BE 40
Anzino VB 20 J 8
Anzio RM 129 AK 35
Anzo Setta SP 77 S 18
Anzola PR 64 S 16
Anzola Dell'Emilia BO 67 AC 16
Anzola d'Ossola VB 21 L 8
Anzolla PR 65 W 17
Anzù BL 28 AG 7
Aonedis UD 30 AM 7
Aorivola CE 140 AT 36
Aosta /Aoste AO 33 E 9
Aoste / Aosta AO 33 E 9
Apagni PG 107 AM 26
Apecchio PU 89 AJ 22
Apella MS 78 V 18
Apice Nuovo BN 142 AY 37
Apice Vecchio BN 142 AY 37
Apiro MC 98 AN 23
Apoco ME 189 BB 54
Apoleggia RI 114 AM 28
Apollosa BN 142 AX 37
Apostolello CZ 175 BI 50
Appalto AR 95 AG 24
Appalto FI 85 AA 21
Appalto MO 66 AA 15
Apparizione CN 59 H 16
Appecano TR 113 AK 28
Appenninia AQ 122 AS 32
Appennino MC 107 AN 26
Appiano / Eppan BZ 12 AC 5
Appiano Gentile CO 36 O 9
Appignano MC 98 AP 23
Appignano TE 116 AS 28
Appignano del Tronto AP 108 AQ 26
Appolario AP 108 AQ 26
Aprati TE 115 AP 28
Aprica SO 24 V 7
Apricale IM 72 G 20
Apricena FG 126 BB 33
Aprigliancello KR 173 BL 49
Aprigliano CS 171 BH 48
Aprilia LT 129 AK 34
Aprilia Marittima UD 44 AN 9
Apriliana LT 128 AK 34
Apsa PU 89 AJ 21
Apsella PU 89 AL 20
Aquara SA 153 BA 41
Aquila di Arroscia IM 73 J 19
Aquilano CH 117 AV 29
Aquilano TE 115 AQ 28
Aquile RC 178 BD 54
Aquilea LU 85 Y 20
Aquileia UD 31 AP 9

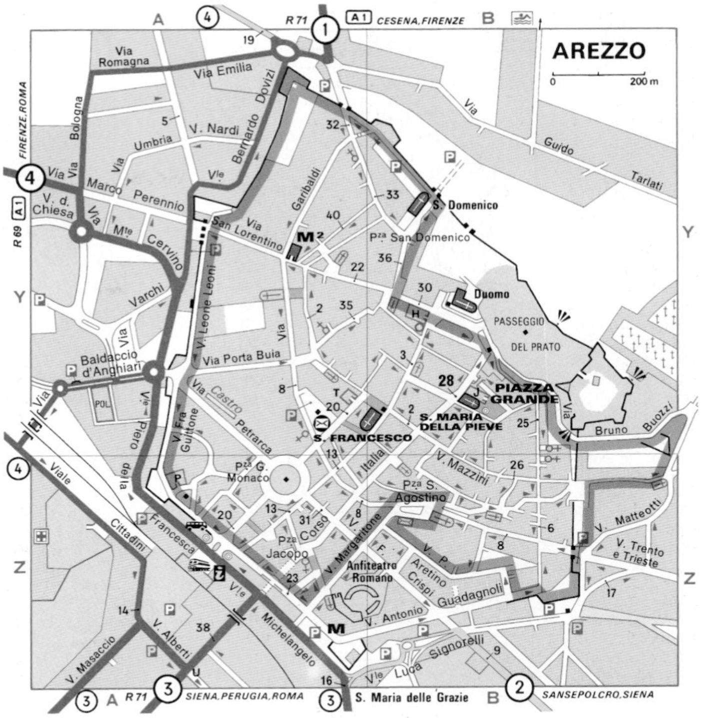

Cavour (V.) ABY 2
Cesalpino (V.) BY 3
Chimera (V. della) AY 5
Fontanella (V.) BZ 6
Garibaldi (V.) ABYZ 8
Giotto (Viale) BZ 9
Grande (Pza) BY
Italia (Cso) ABYZ
Madonna del Prato (V.) AYZ 13
Maginardo (Viale) AZ 14
Mecenate (Viale) AZ 16
Mino da Poppi (V.) BZ 17
Mochi (V. F.) AY 19
Monaco (V. G.) AYZ 20
Murello (Piagga del) AY 22
Niccolò Aretino (V.) AZ 23
Pellicceria (V.) BY 25
Pescioni (V.) BZ 26
Pileati (V. dei) BY 28
Ricasoli (V.) BY 30
Roma (V.) AZ 31
Saracino (V. del) AY 35
Sasso Verde (V.) BY 36
S. Clemente (V.) AY 32
S. Domenico (V.) BY 33
Vittorio Veneto (V.) AZ 38
20 Settembre (V.) AY 40

Museo d'Arte Medievale e Moderna AY M²

Aquilini BS 38 V 10
Aquilinia Stramare TS 45 AR 10
Aquilio AQ 115 AP 29
Aquilonia AV 143 BB 38
Aquino FR 131 AR 35
Ara NO 35 K 9
Ara della Croce AQ 121 AP 32
Ara Grande UD 30 AO 7
Ara La Stella FR 130 AN 33
Ara Piccola UD 30 AO 7
Arabba BL 14 AG 5
Aradeo LE 160 BR 43
Aradolo CN 71 F 18
Arafranco-Pinaco RI 115 AO 28
Aragno AQ 115 AP 29
Aragona AG 193 AQ 59
Aramengo AT 48 J 13
Aramo PT 85 Z 20
Arancia ME 188 AZ 55
Aranco VC 34 K 9
Aranova RM 119 AI 32
Arapetrianni RI 114 AN 30
Arasì RC 178 BD 55
Arasulè NU 218 Q 43
Aratena OT 210 R 38
Arato AP 108 AP 26
Arba PN 29 AL 7
Arbatax OG 219 T 44
Arbaz AO 33 H 9
Arbengo BI 34 J 10
Arbi CN 74 J 17
Arbiglia AL 61 L 16
Arbizzano VR 40 AA 11
Arboerio VC 21 K 8
Arbora GE 76 P 17
Arbora NO 35 M 9
Arborea OR 220 M 45
Arborea TO 48 I 12
Arboriamar SS 209 M 39
Arborio VC 35 L 11
Arbus VS 220 M 46
Arbusto CE 141 AU 36
Arbusto RC 154 BD 41
Arbusto PZ 154 BD 41
Arcade TV 42 AI 9
Arcagna LO 51 R 11
Arcando TO 33 G 10
Arcano Inf. UD 30 AN 7
Arcano Sup. UD 30 AN 7
Arcavacata CS 170 BG 47
Arce FR 130 AQ 34
Arcella AV 142 AX 38
Arcello PC 51 R 14
Arcene BG 37 S 10
Arcesaz AO 33 H 9
Arceto RE 66 Z 16
Arcevia AN 97 AM 22
Archi CH 123 AV 31
Archi CT 197 BA 57
Archi ME 189 BA 54
Archi RC 189 BC 55
Archi S. Lidano LT 129 AM 35
Arcidosso GR 104 AE 26
Arci-Empolitana RM 120 AL 32
Arcigliano PT 85 AA 20
Arcille GR 103 AC 27
Arcinazzo Romano RM 121 AN 32
Arciprete CZ 171 BH 49
Arcisate VA 22 O 8
Arco TN 26 AA 8
Arcola PN 15 AK 6
Arcola SP 78 U 19
Arcole VR 40 AC 11
Arcomano I CS 166 BF 45
Arcomano II CS 166 BF 45
Arconate MI 36 O 10
Arcore MI 37 Q 10
Arcu Santo Stefano CA 222 Q 46
Arcugnano-Torri VI 41 AE 11
Arcumeggia VA 22 N 8
Ardali OG 219 S 43
Ardara SS 213 N 40
Ardauli OR 217 O 43
Ardea RM 128 AK 34
Ardeatina RM 128 AK 33
Ardena VA 22 O 8
Ardenno SO 23 S 6
Ardenza LI 92 W 22
Ardesio BG 24 U 8
Ardichetto CT 197 AZ 57
Ardola PR 53 V 13
Ardore RC 179 BG 54
Ardore Marina RC 179 BG 54
Are TO 48 I 12
Area dei Tufi BN 133 AX 35
Area del Bosco SA 151 AW 39
Areglio VC 34 J 11
Aremogna AQ 122 AT 33
Arena PC 52 S 13
Arena PU 89 AL 20
Arena VV 177 BG 52
Arena Po PV 51 R 13
Arenabianca SA 163 BD 42
Arenara AV 142 AZ 37
Arenara AV 143 BA 38
Arenara PZ 154 BD 41
Arenella GR 110 AA 29
Arenella PA 184 AP 55
Arenella SR 203 BA 61
Arente CS 167 BG 47
Arenzano GE 75 N 17
Arese MI 35 N 10
Arese MI 36 P 10
Arezzo AR 95 AG 23
Arezzo GE 63 P 16
Arezzola PG 106 AK 27
Arfanta TV 28 AI 8
Argegno CO 22 P 8
Argelato BO 67 AD 16
Argenta FE 68 AG 16
Argentera CN 70 C 17
Argentera TO 48 H 12
Argentera VA 22 O 8
Argentiera SS 208 J 39
Arghillà RC 189 BC 54
Argiano SI 104 AD 26
Argiano SI 105 AG 25
Argignano AN 97 AM 24
Argine NO 35 M 10
Argine PV 51 P 13
Argine RE 66 Y 15
Arginello RO 56 AG 14
Arginone BO 67 AC 15
Arginone RO 56 AH 14
Arginotto MN 54 Z 13
Argnal VB 7 K 6
Arguello CN 61 J 16
Argusto CZ 175 BH 51
Ari CH 117 AU 30
Aria della Valle CS 164 BE 44
Aria di Lupi CS 170 BG 49
Aria Sana LE 159 BR 41
Ariacchino AV 143 BA 37
Arianiello AV 142 AY 38
Ariano SA 152 AZ 40

Anfiteatro Y E Arco di Augusto Y B Ponte Y G Porta Pretoria Y A Theatro Y D

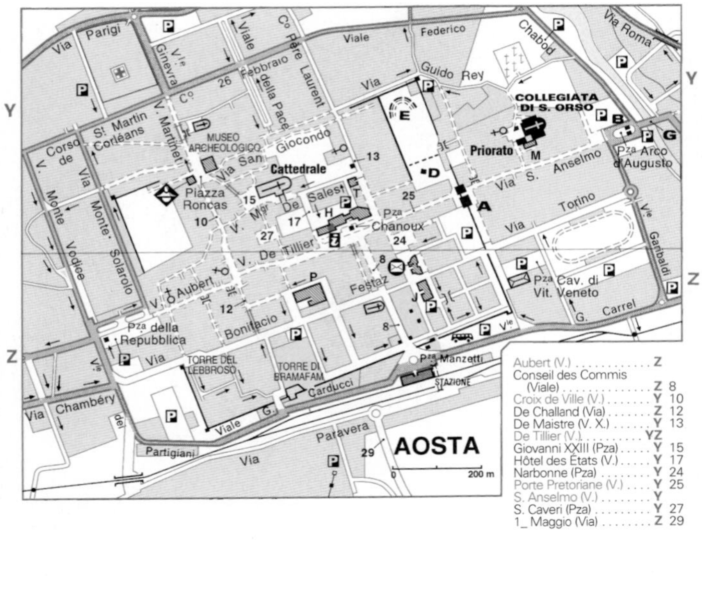

Aubert (V.) Z
Conseil des Commis (Viale) Z 8
Croix de Ville (V.) Y 10
De Challand (Via) Z 12
De Maistre (V. X.) Y 13
De Tillier (V.) YZ
Giovanni XXIII (Pza) Y 15
Hôtel des États (V.) Y 17
Narbonne (Pza) Y 24
Porte Pretoriane (V.) Y 25
S. Anselmo (V.) Y
S. Caveri (Pza) Y 27
1_ Maggio (Via) Z 29

ASCOLI PICENO

Adriatico (V.) ..... BC
Alighieri (V. D.) ..... C 2
Amadio (V.) ..... A
Ariosto (V. L.) C
Arringo (Pza) ..... BC 3
Bengasi (V.) ..... A
Bonaccorsi (V. del) ..... BC 5

Buonaparte (V.) ..... C 6
Cairoli (V.) ..... B 7
Canterine (V. d.) ..... BC
Cappuccini (V. dei) ..... A
Caro (V. A.) ..... A
Castellano Sisto V (Lungotevere) ..... B
Cecco d'Ascoli ..... A
Cecco (Ponte di) ..... A 9
Corfino (V. di) ..... A 10
De Gasperi (Viale A.) C

Dino Angelini (V.) ..... AB
Federici (Viale M.) C
Fortezza (V. della) ..... B 13
Lazzan Tullio (V.) ..... A 14
Manilia (V.) ..... A 15
Mattotti (Pza) ..... C 17
Mazzini (Corso) ..... ABC
Mazzoni (V. A.) ..... A
Napoli (Viale) C
Pacifici (V. M. E.) C
Piave (V.) C

Piazzarola (V. d.) ..... B
Ponte Maggiore ..... C 18
Ponte Pta Cartara (Nuovo) ..... C 21
Popolo (Pza del) ..... B
Porta Tufilla C
Pozzetti (Rua del) ..... A 23
Pretoriana (V.) ..... B
Ricci (Viale) ..... B
Roma ..... B 22

Sacconi (V. G.) C
Scariglia (V. M.) C
Serafino da Montegranaro (V. S.) ..... A
Soderini (V. dei) ..... A
Solestà (V. di) ..... B 28
Sotto (Corso di) ..... A
S. Agostino (Pza) ..... B 24
S. Angelo (V.) ..... B 25
S. Giuliano (V.) ..... A 26

Templari (V. dei) ..... A 29
Torri (V. delle) ..... B
Trebbiani (V.) ..... B 32
Trento e Trieste (Cso) ..... B 33
Trivio (V. dei) ..... B 34
Tucci (V. A.) ..... A
Vellei (Viale) C
Vidacilio (V.) ..... B 35
Vittorio Emanuele (Corso) C
20 Settembre (V.) ..... B 37

Battistero ..... C E   Chiesa dei Santi Vincenzo ed Anastasio ..... B N   Loggia dei Mercanti ..... B A

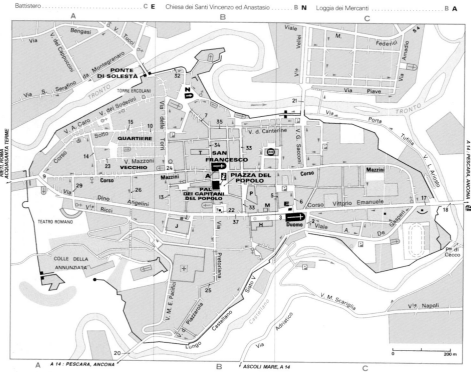

Ariano VR ..... 54 Z 11
Ariano Ferrarese FE ..... 57 AH 14
Ariano Irpino AV ..... 143 AZ 37
Ariano nel Polesine RO ..... 57 AH 14
Ariano Scalo AV ..... 143 AZ 36
Arianova CE ..... 132 AU 36
Arias BS ..... 39 Z 9
Ariccia RM ..... 129 AL 33
Ariconi AP ..... 108 AP 26
Arielli AP ..... 117 AU 30
Arielli CH ..... 117 AV 29
Arienzo CE ..... 141 AW 37
Arienzo SA ..... 151 AV 40
Arietta CZ ..... 172 BJ 49
Arigna SO ..... 24 U 7
Arignano TO ..... 48 I 13
Arigno AQ ..... 115 AO 28
Ariis UD ..... 30 AN 8
Arillette FR ..... 130 AP 34
Arina BL ..... 27 AF 7
Aringo FR ..... 130 AP 34
Arini TP ..... 190 AJ 57
Ariniccia Gallinaro FR ..... 131 AR 33
Arino VE ..... 42 AH 11
Ariola VV ..... 177 BG 52
Ariolo RO ..... 57 AI 14
Arischia AQ ..... 115 AP 29
Aritzo NU ..... 218 Q 44
Arixi CA ..... 222 P 46
Arizzano VB ..... 21 M 8
Arlena di Castro VT ..... 111 AF 29
Arlesega PD ..... 41 AF 11
Arlesse AO ..... 34 I 10
Arlezze VC ..... 35 L 9
Arli AP ..... 108 AP 27
Arlia MS ..... 78 V 18
Arliano FI ..... 87 AD 20
Arlier AO ..... 33 G 9
Arlongo CN ..... 58 E 16
Arlunda BZ ..... 2 Y 3
Arluno MI ..... 36 O 10
Arma di Taggia IM ..... 72 I 20
Armaiolo SI ..... 94 AE 24
Armarolo BO ..... 67 AD 16
Armasia PN ..... 15 AK 6
Armedola PD ..... 41 AE 10

Armeno NO ..... 35 L 9
Armento PZ ..... 154 BF 42
Armenzano PG ..... 106 AL 25
Armetta RM ..... 120 AL 33
Armio VA ..... 22 N 7
Armo BS ..... 39 Y 9
Armo IM ..... 72 I 19
Armo RC ..... 178 BD 55
Armo RC ..... 177 BH 53
Armungia CA ..... 222 R 46
Arnaccio PI ..... 85 X 22
Arnad AO ..... 33 H 10
Arnano MC ..... 97 AN 25
Arnara FR ..... 130 AP 34
Arnate VA ..... 36 N 10
Arnesano LE ..... 159 BR 41
Arni LU ..... 78 W 19
Arniano SI ..... 94 AD 24
Arnoga SO ..... 11 W 5
Arnone CE ..... 140 AT 37
Arnouvaz AO ..... 18 D 8
Arnuzzolo MS ..... 78 U 17
Arola AP ..... 108 AP 26
Arola AP ..... 108 AP 27
Arola NA ..... 151 AV 40
Arola PR ..... 65 W 15
Arola VB ..... 35 L 9
Arolo VA ..... 21 M 8
Arona NO ..... 35 M 9
Aronco NO ..... 35 M 9
Arorella NA ..... 151 AV 40
Arosio CO ..... 36 Q 9
Arpaia BN ..... 141 AW 37
Arpaise BN ..... 142 AX 37
Arpelles AO ..... 33 E 9
Arpette AO ..... 18 C 9
Arpettes AO ..... 32 C 9
Arpicella AL ..... 62 O 15
Arpignano SA ..... 152 AZ 39
Arpillaz AO ..... 32 D 9
Arpino FR ..... 131 AQ 34
Arpino NA ..... 150 AU 38
Arpinova FG ..... 135 BC 34
Arpiola Pianfurcano MS ..... 78 U 18
Arpuilles AO ..... 33 E 9
Arpy AO ..... 32 D 9

Arquà Petrarca PD ..... 56 AF 12
Arquà Polesine RO ..... 56 AF 13
Arquata del Tronto AP ..... 107 AO 27
Arquata Scrivia AL ..... 62 O 15
Arquino SO ..... 10 U 6
Arrani CS ..... 168 BH 45
Arre PD ..... 56 AG 12
Arro BI ..... 34 J 11
Arrobbio AT ..... 49 L 14
Arrone TR ..... 113 AL 28
Arsago Seprio VA ..... 35 N 9
Arsanello RC ..... 179 BF 54
Arsego PD ..... 42 AG 10
Arsicci AR ..... 88 AH 21
Arsie BL ..... 29 AI 6
Arsié BL ..... 27 AF 8
Arsiera BL ..... 14 AI 5
Arsiero VI ..... 27 AD 9
Arsina LU ..... 85 X 20
Arsita TE ..... 116 AR 28
Arsoli RM ..... 120 AN 31
Arta Terme UD ..... 16 AN 5
Artallo IM ..... 73 J 20
Artaz AO ..... 19 G 9
Arten BL ..... 28 AF 7
Artena RM ..... 120 AM 33
Artesina CN ..... 71 H 18
Artimino PO ..... 86 AB 21
Arto VB ..... 35 L 9
Artogne BS ..... 24 V 8
Arveaco BS ..... 39 S 44
Arvello PG ..... 107 AM 25
Arvier AO ..... 32 E 9
Arvus AO ..... 18 E 8
Arzachena OT ..... 210 R 37
Arzago d'Adda BG ..... 37 S 11
Arzana OG ..... 219 S 44
Arzano LT ..... 139 AQ 36
Arzano NA ..... 150 AU 38
Arzarello PD ..... 56 AU 12
Arzaron PD ..... 56 AE 12
Arzaron RO ..... 56 AE 13
Arzelato MS ..... 77 U 17
Arzello AL ..... 61 L 16
Arzene IM ..... 72 I 20
Arzene PN ..... 30 AM 7
Arzengio MS ..... 78 U 17
Arzeno GE ..... 77 R 17
Arzenutto PN ..... 30 AM 7

Arzercavalli PD ..... 56 AG 12
Arzergrande PD ..... 56 AH 12
Arzeri TV ..... 43 AK 9
Arzignano VI ..... 40 AC 10
Arzilla di Novilara PU ..... 90 AM 20
Arzo SO ..... 23 S 7
Arzo VB ..... 21 L 8
Arzona VV ..... 174 BF 52
Ascani MC ..... 99 AQ 23
Ascea SA ..... 162 BA 43
Aschbach / Rio di Lagundo BZ ..... 12 AB 4
Aschi Alto AQ ..... 122 AR 32
Aschio MC ..... 107 AN 26
Aschl / Eschio BZ ..... 12 AC 4
Ascianello SI ..... 95 AE 25
Asciano PI ..... 85 X 21
Asciano SI ..... 94 AE 24
Ascolese SA ..... 153 BC 42
Ascoli Piceno AP ..... 108 AQ 26
Ascoli Satriano FG ..... 144 BC 36
Ascona GE ..... 63 R 16
Ascrea RI ..... 114 AM 30
Asei BI ..... 34 K 10
Asasego PD ..... 42 AG 10
Asei BL ..... 34 K 10
Aselogna VR ..... 55 AC 13
Asia BO ..... 67 AD 15
Asiago VI ..... 41 AD 10
Asiago VI ..... 27 AE 8
Asigliano Veneto VI ..... 55 AD 12
Asigliano Vercellese VC ..... 49 L 12
Asinara AT ..... 61 L 14
Asnago CO ..... 36 P 9
Asnenga BG ..... 37 T 10
Aso AP ..... 108 AQ 25
Aso Primo AP ..... 99 AR 25
Aso Secondo AP ..... 99 AR 25
Aso Terzo AP ..... 99 AR 25
Asola MN ..... 53 X 12
Asolo TV ..... 28 AG 9
Aspalmo RC ..... 177 BG 54
Aspalmo RC ..... 177 BG 54
Aspalmo Inf. Palermo RC ..... 177 BG 54
Asparetto VR ..... 55 AC 12
Aspes BS ..... 38 W 11
Aspice CR ..... 53 V 12
Aspio AN ..... 91 AQ 22
Aspio Terme AN ..... 91 AQ 22
Aspra PA ..... 185 AQ 55
Aspro BN ..... 142 AW 37
Asproli PG ..... 106 AJ 27
Assago MI ..... 36 P 11

ASSISI

Aretino (V. Borgo) C
Brizi (V.) ..... B 2
Carceri (V. Eremo d.) ..... B
Colle (V. del) ..... B
Comune (Pza del) ..... B 3
Cristofani (V.) ..... B
Fontebella (V.) ..... B

Fortini (V. A.) ..... B 4
Fosso Cupo (V. del) ..... AB 6
Frate Elia (V.) ..... A 7
Galeazzo Alessi (V.) ..... C 8
Garibaldi (Piazzetta) ..... B 9
Giotto (V.) ..... B 10
Marconi (Viale) ..... A
Matteotti (Pza) C
Mazzini (Corso) ..... B 12

Merry del Val (V.) ..... A 13
Metastasio (V.) ..... B
Porta Perlici (V.) ..... C 14
Porta S. Pietro (Piazzale) ..... A
Portica (V.) ..... B 16
Rocca (V. della) ..... BC
San Francesco (Pza) ..... A 20
Seminario (V. del) ..... B 28
S. Agnese (V.) ..... B

S. Apollinare (V.) ..... B 17
S. Chiara (Pza) ..... BC 19
S. Croce (V.) ..... B
S. Francesco (Pza) ..... A 20
S. Gabriele della Addolorata (V.) ..... BC 21
S. Giacomo (V.) ..... A 23
S. Paolo (V.) ..... B

S. Pietro (Borgo) ..... AB
S. Pietro (Pza) ..... A 24
S. Rufino (V.) C
Torrione (V. del) ..... C 30
Umberto I (Viale) C
Villamena (V.) ..... C 31
Vittorio Emanuele II (Viale) ..... ABC

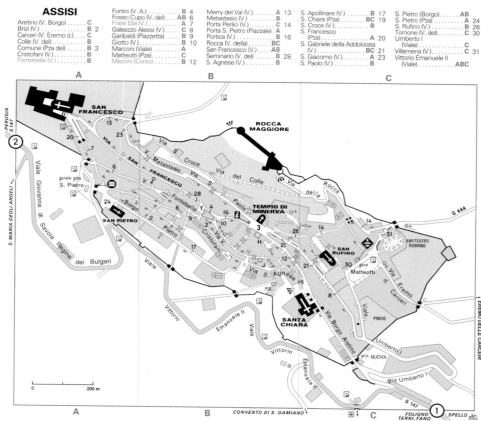

Assemini CA ...... 226 P 48
Assenza VR ...... 39 Z 9
Assergi AQ ...... 115 AQ 29
Assiano MI ...... 36 P 11
Assignano PG ...... 106 AJ 26
Assisi PG ...... 106 AK 25
Asso CO ...... 23 Q 8
Assolo OR ...... 217 O 45
Assoro EN ...... 194 AV 58
Assura RM ...... 119 AJ 31
Asta RE ...... 79 X 18
Astasi ME ...... 187 AW 55
Asten / Laste BZ ...... 4 AD 3
Astfeld / Campolasta BZ .. 13 AD 4
Asti AT ...... 61 K 14
Astignano PE ...... 116 AT 29
Astorara AP ...... 108 AO 26
Astore MN ...... 39 Y 11
Astrata AL ...... 63 P 15
Astrio BS ...... 25 W 8
Asturi BG ...... 23 S 8
Asuai NU ...... 218 Q 43
Asuni OR ...... 218 O 44
Ateleta AQ ...... 123 AU 32
Atella PZ ...... 144 BC 38
Atena PG ...... 96 AH 22
Atena Lucana SA ...... 153 BC 41
Atessa CH ...... 123 AV 31
Atina FR ...... 131 AR 34
Atrani SA ...... 151 AW 40
Atri PG ...... 107 AN 27
Atri TE ...... 116 AS 28
Atrigna CS ...... 164 BD 44
Atripalda AV ...... 142 AY 38
Attiggio AN ...... 97 AM 24
Attigliano TR ...... 112 AI 28
Attiloni MC ...... 107 AM 26
Attimis UD ...... 16 AO 6
Atzara NU ...... 218 P 44
Audelio TO ...... 48 G 12
Auditore PU ...... 89 AK 21
Auduni CE ...... 132 AV 36
Auer / Ora BZ ...... 13 AC 5
Augusta SR ...... 203 BA 60
Auletta SA ...... 153 BB 40
Aulla MS ...... 78 U 18
Aulogna VB ...... 7 L 6
Aulpi CE ...... 140 AS 36
Auna Inf. BZ ...... 13 AD 4
Auna Sup. / Obedon BZ .. 13 AD 4
Aune BL ...... 28 AF 7
Aunede BL ...... 14 AI 5
Aupa UD ...... 16 AO 4
Aupa UD ...... 16 AO 5
Aurala CS ...... 170 BF 49
Aurano VB ...... 21 M 7
Aurava PN ...... 30 AM 7
Aurelia RM ...... 118 AF 31
Auricarro BA ...... 146 BJ 37
Aurigo IM ...... 72 I 20
Aurisina TS ...... 31 AR 9
Aurito LT ...... 139 AR 36
Auro BS ...... 38 W 9
Aurogna CO ...... 23 R 6
Auronzo di Cadore BL ...... 15 AJ 4
Aurora LC ...... 37 R 9
Aurora MC ...... 99 AR 24
Ausone VB ...... 7 K 6
Ausonia FR ...... 131 AR 35
Aussa -Corno UD ...... 30 AO 9
Ausser Sulden /
 Solda di Fuori BZ ...... 11 Y 4
Austis NU ...... 218 P 43
Autagne TO ...... 46 B 14
Autamia VB ...... 7 K 7
Auvrascio CO ...... 22 P 8
Avacelli AN ...... 97 AM 23
Avaglio PT ...... 85 Z 20
Avaglio UD ...... 16 AM 5
Avane FI ...... 86 AA 21
Avane PI ...... 85 X 21
Avaro TO ...... 59 E 14
Avasinis UD ...... 16 AN 6
Avausa UD ...... 15 AM 4
Ave BG ...... 24 U 8
Ave Gratia Plena BN ...... 141 AV 37
Aveacco UD ...... 16 AN 6
Avelengo / Hafing BZ ...... 12 AC 4
Avelengo di Sopra BZ ...... 12 AC 4
Avella AV ...... 142 AW 38
Avellana PU ...... 97 AL 23
Avellino AV ...... 151 AX 38
Avena AR ...... 87 AF 21
Avena CS ...... 164 BE 44
Avenale FI ...... 86 AA 21
Avenale MC ...... 98 AO 23
Avendita PG ...... 107 AN 27

Avenes / Afens BZ ...... 4 AE 2
Aveno GE ...... 76 Q 17
Avenone BS ...... 39 X 9
Avenza MS ...... 78 V 19
Averara BG ...... 23 S 8
Avero SO ...... 9 R 5
Aversa CE ...... 141 AU 38
Averta SO ...... 9 S 6
Avesa VR ...... 40 AA 11
Avetrana TA ...... 158 BP 41
Avetta TO ...... 34 J 11
Avezzano AQ ...... 121 AP 31
Avezzano CE ...... 140 AS 36
Aviano PN ...... 29 AK 7
Aviatico BG ...... 37 T 9
Avigliana TO ...... 47 F 13
Avigliano PZ ...... 153 BD 39
Avigliano Lucania PZ ...... 154 AW 33
Avigliano Umbro TR ...... 106 AJ 28
Avigna / Afing BZ ...... 13 AD 4
Avigno VA ...... 22 N 8
Avilla UD ...... 16 AN 6
Avini NA ...... 151 AV 39
Avio TN ...... 40 AA 9
Avise AO ...... 32 D 9
Avisod AO ...... 33 F 9
Avola SR ...... 205 AZ 62
Avolasca AL ...... 62 O 15
Avolasio BG ...... 23 S 8
Avosacco UD ...... 16 AN 5
Avoscan BL ...... 14 AG 5
Avriola PZ ...... 153 BC 39
Avuglione TO ...... 48 I 13
Ayas AO ...... 19 H 9
Ayez AO ...... 19 E 9
Aymavilles AO ...... 32 E 9
Azaria TO ...... 33 G 10
Azeglio TO ...... 34 I 11
Azienda Beccarini FG ...... 135 BE 35
Azzago VR ...... 40 AB 10
Azzagulta OT ...... 209 O 38
Azzanello CR ...... 52 U 12
Azzanello PN ...... 29 AK 9
Azzanì OT ...... 211 S 39
Azzanidò OT ...... 211 S 39
Azzano CO ...... 22 Q 8
Azzano CR ...... 37 S 11
Azzano LU ...... 84 W 19
Azzano PC ...... 63 R 14
Azzano PG ...... 106 AL 27
Azzano UD ...... 31 AP 7
Azzano VA ...... 54 AA 11
Azzano d'Asti AT ...... 61 K 14
Azzano Decimo PN ...... 29 AL 8
Azzano Mella BS ...... 38 V 11
Azzano San Paolo BG ...... 37 T 10
Azzarone FG ...... 127 BD 33
Azzate VA ...... 35 N 9
Azzida UD ...... 31 AP 7
Azzinano TE ...... 115 AQ 28
Azzio VA ...... 22 N 8
Azzone BG ...... 24 V 8
Azzonica BG ...... 37 S 9

B

Babano TO ...... 59 F 15
Babato PD ...... 42 AG 11
Babbaccio LT ...... 129 AM 34
Baccaiano FI ...... 86 AB 22
Baccano RM ...... 119 AJ 31
Baccano SP ...... 78 U 19
Baccarato EN ...... 194 AV 59
Baccarecce RI ...... 114 AN 30
Bacchereto PO ...... 86 AA 21
Baccinello GR ...... 104 AD 27
Bacciolino FC ...... 82 AI 19
Baccu Curzu CA ...... 227 Q 48
Bacedasco PC ...... 64 U 14
Baceno VB ...... 7 K 6
Bachile Corte SS ...... 209 N 38
Baciano AR ...... 88 AG 22
Baciardi PU ...... 89 AK 22
Baco PT ...... 86 AA 20
Bacoli NA ...... 150 AT 39
Bacu Abis CI ...... 224 L 48
Bacugno RI ...... 114 AN 28
Bad / Bagni BZ ...... 5 AJ 3
Bad Bergfall /
 Bagni di Pervalle BZ ...... 5 AH 3
Bad Rahmwald /
 Bagni di Selva BZ ...... 4 AG 3
Bad Ratzes Frommer /
 Bagni di Razzes BZ ...... 13 AE 4
Bad Salomonsbrunn /
 Bagni di Salomone BZ ...... 5 AH 3

Badagnano PC ...... 64 T 14
Badaiuz UD ...... 16 AO 5
Badalà CT ...... 197 AZ 58
Badalucco IM ...... 72 I 20
Badani SV ...... 75 L 17
Badde Salighes NU ...... 213 O 41
Badde Suelzu OT ...... 210 Q 39
Badde Urbana OR ...... 216 M 43
Badesi OT ...... 209 O 38
Badesi Mare OT ...... 209 O 38
Badesse PV ...... 51 P 13
Badesse SI ...... 94 AC 23
Badetto BS ...... 25 X 8
Badi BO ...... 80 AB 19
Badia AL ...... 62 M 15
Badia BO ...... 80 AB 17
Badia BZ ...... 14 AG 4
Badia CH ...... 124 AW 33
Badia CS ...... 170 BF 48
Badia CS ...... 170 BF 48
Badia FC ...... 82 AI 19
Badia FC ...... 82 AF 15
Badia GE ...... 62 M 16
Badia ME ...... 189 BB 56
Badia PG ...... 105 AH 25
Badia PG ...... 96 AJ 24
Badia PZ ...... 154 BD 39
Badia TP ...... 183 AL 55
Badia VV ...... 176 BE 52
Badia a Cerreto FI ...... 93 AB 22
Badia a Coneo SI ...... 93 AB 23
Badia a Passignano FI ...... 86 AC 22
Badia a Ripoli FI ...... 86 AC 21
Badia a Ruoti AR ...... 95 AE 23
Badia a Taona PT ...... 86 AA 19
Badia Agnano AR ...... 95 AE 23
Badia al Pino AR ...... 87 AE 20
Badia al Pino AR ...... 95 AF 23
Badia Ardenga SI ...... 104 AD 25
Badia Bagnaturo AQ ...... 122 AS 31
Badia Calavena VR ...... 40 AB 10
Badia Coltibuono SI ...... 94 AD 23
Badia della Valle FI ...... 81 AF 19
Badia di Dulzago NO ...... 35 M 10
Badia di
 San Bartolomeo PE ...... 116 AR 29
Badia Mont'Ercole PU ...... 88 AI 20
Badia Pavese PV ...... 51 R 13
Badia Petroia PG ...... 96 AI 23
Badia Polesine RO ...... 55 AD 13
Badia Prataglia AR ...... 88 AG 21
Badia Tedalda AR ...... 88 AI 21
Badia Tega AR ...... 87 AF 22
Badiaccia PG ...... 95 AH 24
Badiaccia a Montemuro SI .. 94 AD 22
Badiavecchia ME ...... 188 AZ 55
Badicorte AR ...... 95 AF 24
Badile MI ...... 51 P 11
Badiella PA ...... 183 AN 55
Badiola GR ...... 103 AA 27
Badiola PG ...... 95 AI 25
Badione PI ...... 92 Y 23
Badizza ME ...... 189 BC 54
Badoere TV ...... 42 AH 10
Badolato CZ ...... 175 BI 52
Badolato Marina CZ ...... 175 BI 52
Badolo BO ...... 80 AC 17
Badualga NU ...... 211 S 39
Baesse VR ...... 39 Z 10
Baffadi RA ...... 81 AE 18
Baffo PE ...... 116 AS 29
Bafia ME ...... 188 BA 55
Bagaggiolo TV ...... 43 AJ 10
Bagaladi RC ...... 178 BD 55
Baganzola PR ...... 65 W 14
Bagatte BS ...... 39 X 11
Bagazzano MO ...... 66 AB 16
Baggio CO ...... 23 Q 6
Baggio MI ...... 36 P 11
Baggio PT ...... 86 AA 20
Baggiovara MO ...... 66 AB 16
Bagheria PA ...... 185 AQ 55
Bagni SO ...... 23 S 7
Baglio Cappottelle TP ...... 182 AK 55
Baglio Casale TP ...... 183 AL 56
Baglio Furetti TP ...... 182 AK 55
Baglio Messina TP ...... 182 AL 55
Baglio Messina TP ...... 183 AL 55
Baglio Messina I TP ...... 182 AL 55
Baglio Messina II TP ...... 182 AL 55
Baglio Mogli Belle TP ...... 182 AK 55
Baglio Papuzze TP ...... 182 AK 55
Baglio Portelli TP ...... 183 AL 55
Baglio Rizzo TP ...... 182 AL 56

Baglio Todaro TP ...... 182 AK 55
Baglionovo TP ...... 182 AL 56
Bagnacavallo RA ...... 82 AG 17
Bagnaia LI ...... 100 X 27
Bagnaia PG ...... 105 AI 25
Bagnaia SI ...... 94 AC 24
Bagnaia VT ...... 112 AH 29
Bagnara BN ...... 142 AX 37
Bagnara CR ...... 53 V 13
Bagnara FR ...... 130 AP 33
Bagnara PG ...... 97 AM 25
Bagnara SR ...... 202 AY 59
Bagnara VE ...... 30 AM 8
Bagnara VI ...... 41 AD 10
Bagnara VI ...... 27 AE 9
Bagnara Calabra RC ...... 178 BD 54
Bagnara di Romagna RA .. 81 AF 17
Bagnara PV ...... 63 P 15
Bagnaria Arsa UD ...... 30 AO 8
Bagnarola BO ...... 67 AD 16
Bagnarola FC ...... 82 AJ 19
Bagnarola PN ...... 30 AM 8
Bagnatica BG ...... 37 T 10
Bagnatoio FI ...... 80 AC 19
Bagnena AR ...... 87 AF 22
Bagni BZ ...... 13 AD 4
Bagni MS ...... 78 U 18
Bagni PG ...... 96 AJ 24
Bagni PZ ...... 164 BE 43
Bagni SI ...... 93 AB 24
Bagni TR ...... 105 AH 27
Bagni / Bad BZ ...... 5 AJ 3
Bagni Braies Vecchia BZ .. 5 AH 3
Bagni del Masino SO ...... 9 S 6
Bagni di Contursi SA ...... 152 BA 39
Bagni di Lucca LU ...... 85 Y 19
Bagni di Lusnizza UD ...... 17 AP 4
Bagni di Mezzo /
 Mitterbad BZ ...... 12 AB 4
Bagni di Mommialla FI ...... 93 AA 23
Bagni di Montalceto SI ...... 95 AE 24
Bagni di Pervalle /
 Bad Bergfall BZ ...... 5 AH 3
Bagni di Petriolo SI ...... 103 AC 25
Bagni di Piandimaio BZ ...... 5 AI 3
Bagni di Razzes /
 Bad Ratzes Frommer BZ .. 13 AE 4
Bagni di Riomolino BZ ...... 5 AH 2
Bagni di Salomone /
 Bad Salomonsbrunn BZ .. 5 AH 3
Bagni di San Candido BZ .. 5 AI 2
Bagni di San Cataldo PZ . 153 BC 39
Bagni di San Martino SS . 209 N 39
Bagni di Saturnia GR ...... 111 AE 28
Bagni di Selva /
 Bad Rahmwald BZ ...... 4 AG 3
Bagni di Stigliano RM ...... 118 AH 31
Bagni di Tabiano PR ...... 64 V 15
Bagni di Tivoli RM ...... 120 AL 32
Bagni di Traiano RM ...... 118 AG 31
Bagni di Vicarello RM ...... 119 AI 31
Bagni di Vinadio CN ...... 70 D 18
Bagni di Viterbo VT ...... 112 AH 29
Bagni Forlenza SA ...... 152 BA 40
Bagni Minerali RC ...... 179 BG 54
Bagni S. Agostino VT ...... 118 AF 31
Bagni San Filippo SI ...... 104 AF 26
Bagni Termali SI ...... 105 AG 26
Bagnile FC ...... 82 AI 18
Bagno AQ ...... 115 AP 30
Bagno FC ...... 82 AG 19
Bagno PG ...... 126 BD 32
Bagno RE ...... 66 Z 16
Bagno SA ...... 163 BC 42
Bagno a Ripoli FI ...... 86 AC 21
Bagno al Morbo PI ...... 93 AA 24
Bagno di Gavorrano GR .. 103 AA 26
Bagno di Piano BO ...... 67 AC 16
Bagno di Romagna FC ...... 88 AG 20
Bagno Roselle GR ...... 103 AB 27
Bagno Vignoni SI ...... 104 AE 25
Bagnola MC ...... 98 AQ 23
Bagnole VR ...... 55 AD 12
Bagnoletto PD ...... 56 AG 12
Bagnoli BN ...... 141 AV 37
Bagnoli FC ...... 82 AH 18
Bagnoli del Trigno IS ...... 132 AW 33
Bagnoli della Rosandra TS .. 45 AS 10
Bagnoli di Sopra PD ...... 56 AF 12
Bagnoli Irpino AV ...... 143 AZ 39
Bagnoli-Sassa LT ...... 130 AO 35
Bagnolo AR ...... 95 AH 23
Bagnolo FC ...... 82 AG 18
Bagnolo FC ...... 82 AH 18

Bagnolo GR ...... 103 AC 25
Bagnolo GR ...... 104 AE 26
Bagnolo LC ...... 23 R 9
Bagnolo PC ...... 64 S 14
Bagnolo PO ...... 86 AB 20
Bagnolo TV ...... 28 AI 8
Bagnolo VI ...... 41 AD 11
Bagnolo VR ...... 54 AA 12
Bagnolo VR ...... 54 AB 12
Bagnolo VT ...... 113 AJ 29
Bagnolo Cremasco CR ...... 52 S 11
Bagnolo del Salento LE ...... 161 BT 43
Bagnolo di Po RO ...... 55 AE 13
Bagnolo in Piano RE ...... 66 Z 15
Bagnolo Mella BS ...... 38 W 11
Bagnolo Piemonte CN ...... 59 E 15
Bagnolo San Vito MN ...... 54 AA 13
Bagnolo-Cantagallo FI ...... 86 AC 21
Bagnon TV ...... 42 AJ 9
Bagnone MS ...... 78 U 18
Bagnore GR ...... 104 AE 26
Bagnoregio VT ...... 112 AH 28
Bagnoro AR ...... 95 AG 23
Bagnore-Sprizze LI ...... 100 W 27
Bagolino BS ...... 25 X 9
Bagucci BO ...... 80 AC 19
Bai dei Pini SA ...... 162 AZ 42
Baia CE ...... 132 AU 36
Baia MO ...... 55 AC 14
Baia NA ...... 150 AT 39
Baia Azzurra-
 Levagnole CE ...... 139 AS 37
Baia delle Zagare FG ...... 127 BF 33
Baia Domizia CE ...... 139 AR 36
Baia Sant'Anna NU ...... 211 T 39
Baia Sardinia OT ...... 207 R 37
Baia Verde LE ...... 160 BR 43
Baiamonte ME ...... 189 BA 55
Baiano AV ...... 142 AW 38
Baiano CS ...... 168 BI 46
Baiardo IM ...... 72 H 20
Baiedo LC ...... 23 R 8
Baigno BO ...... 80 AB 19
Baio Dora TO ...... 34 H 10
Bairo TO ...... 33 H 11
Baise RE ...... 66 Y 17
Baite MN ...... 53 Y 12
Baitoni TN ...... 25 Y 9
Balangero CN ...... 59 E 16
Balangero TO ...... 47 G 12
Balata di Baida TP ...... 183 AL 55
Balata di Modica RG ...... 204 AX 62
Balate TP ...... 182 AI 56
Balatro FI ...... 86 AC 21
Balbi CN ...... 61 S 15
Balbiano MI ...... 37 R 11
Balbo TO ...... 59 G 14
Balconcello MN ...... 54 Z 13
Balconevisi PI ...... 85 AA 22
Baldaria VR ...... 55 AD 12
Baldesco AL ...... 50 M 13
Baldichieri d'Asti AT ...... 61 J 14
Baldignano AR ...... 88 AH 22
Baldissero Canavese TO .. 33 H 11
Baldissero d'Alba CN ...... 60 I 15
Baldissero Torinese TO ...... 48 H 13
Baldone BS ...... 53 W 12
Balduina PD ...... 56 AE 13
Balduini PG ...... 106 AK 27
Balestrate PA ...... 183 AN 55
Balestrino AT ...... 61 K 14
Balestrino SV ...... 73 K 19
Balignano FC ...... 82 AI 19
Balistreri PA ...... 184 AO 56
Balistreri PA ...... 185 AP 56
Ballabio FC ...... 23 R 8
Ballabio Sup. LC ...... 23 R 8
Ballao CA ...... 222 R 46
Ballata TP ...... 182 AL 56
Balletto TP ...... 183 AN 56
Ballino TN ...... 26 Z 8
Ballò VE ...... 42 AH 11
Ballone PR ...... 65 V 17
Ballottella TP ...... 182 AK 56
Balma BI ...... 34 J 10
Balma TO ...... 46 B 14
Balma TO ...... 47 F 12
Balma VC ...... 34 I 9
Balma VC ...... 20 I 8
Balmuccia VC ...... 34 J 9
Balocco VC ...... 34 K 11
Balossa Bigli PV ...... 50 O 13
Balossa Savoia PV ...... 50 O 13
Balsorano Nuovo AQ ...... 121 AQ 33

Balsorano Vecchio AQ ...... 122 AQ 33
Baltigati BI ...... 34 K 10
Balutella EN ...... 194 AU 59
Balvano PZ ...... 153 BC 40
Balze FC ...... 88 AH 21
Balze ME ...... 188 AY 55
Balzi CE ...... 141 AV 37
Balziglia TO ...... 46 D 14
Balzo AP ...... 108 AO 26
Balzola AL ...... 49 L 12
Banale TN ...... 26 AA 7
Banari SS ...... 213 N 40
Banca BN ...... 141 AW 36
Bancali SS ...... 208 L 39
Banchette BI ...... 34 J 10
Banchette VR ...... 40 AA 10
Banco TN ...... 12 AB 5
Banco Sicilia PA ...... 185 AQ 56
Bancole MN ...... 54 Z 12
Bancone PZ ...... 154 BD 39
Bandello PI ...... 92 Y 24
Bandita AL ...... 62 M 16
Bandita PA ...... 184 AP 55
Bandita SI ...... 95 AF 24
Bandita VT ...... 112 AH 30
Bandita Cilleni PG ...... 97 AL 25
Banditaccia SI ...... 104 AF 26
Banditaccia VT ...... 113 AJ 30
Banditella GR ...... 110 AC 28
Banditella PG ...... 95 AI 25
Banditelle LI ...... 102 Y 25
Bandito CN ...... 60 H 15
Bando FE ...... 68 AG 16
Bando PN ...... 30 AM 8
Bando VE ...... 30 AL 9
Banengo AT ...... 49 J 13
Banna TO ...... 48 I 14
Bannatella EN ...... 194 AV 59
Bannera Primo BN ...... 133 AY 35
Bannera Secondo BN ...... 133 AY 35
Banni TO ...... 48 H 12
Bannia PN ...... 29 AL 8
Bannio VB ...... 20 J 8
Bannò EN ...... 194 AV 58
Bannone PR ...... 65 X 16
Bantine SS ...... 214 P 40
Banzano AV ...... 151 AX 38
Banzena AR ...... 88 AG 21
Banzi PZ ...... 145 BF 38
Banzola PR ...... 65 V 15
Banzola RE ...... 65 X 16
Bànzola PR ...... 64 V 16
Baone PD ...... 56 AF 12
Bar Cenisio TO ...... 46 C 12
Barabana BO ...... 68 AF 16
Baraccella SS ...... 171 BH 48
Baracchino CR ...... 52 U 13
Baracco CN ...... 71 H 18
Baraccone CN ...... 61 J 15
Baraccone CS ...... 168 BI 46
Baraccone VV ...... 174 BF 52
Baradella CB ...... 133 AW 34
Baradili OR ...... 221 O 45
Baragazza BO ...... 80 AC 19
Baraggia NO ...... 35 L 9
Baraggia NO ...... 35 L 11
Baraggia VA ...... 21 M 8
Baraggia VA ...... 22 O 8
Baraggia VA ...... 22 O 9
Baraggia Sotto NO ...... 35 M 10
Baraggione NO ...... 35 L 10
Baragiano PZ ...... 153 BC 39
Baragiola CO ...... 36 O 9
Baragiotta CO ...... 36 L 9
Baranello CB ...... 133 AW 34
Barano AQ ...... 115 AO 30
Barano d'Ischia NA ...... 150 AS 39
Barasso VA ...... 22 N 8
Barate MI ...... 36 P 11
Baratili San Pietro OR ...... 216 M 44
Barattano PG ...... 106 AK 26
Baratti LI ...... 102 Y 26
Baratz SS ...... 212 K 39
Barauda TO ...... 48 H 14
Baravex AO ...... 19 E 9
Barazzetto UD ...... 30 AN 7
Barazzone BI ...... 34 J 10
Barba ME ...... 188 AY 55
Barba PT ...... 86 AA 20
Barbagelata GE ...... 63 Q 17
Barbagiulo BR ...... 148 BN 39
Barbaiana MI ...... 36 P 10

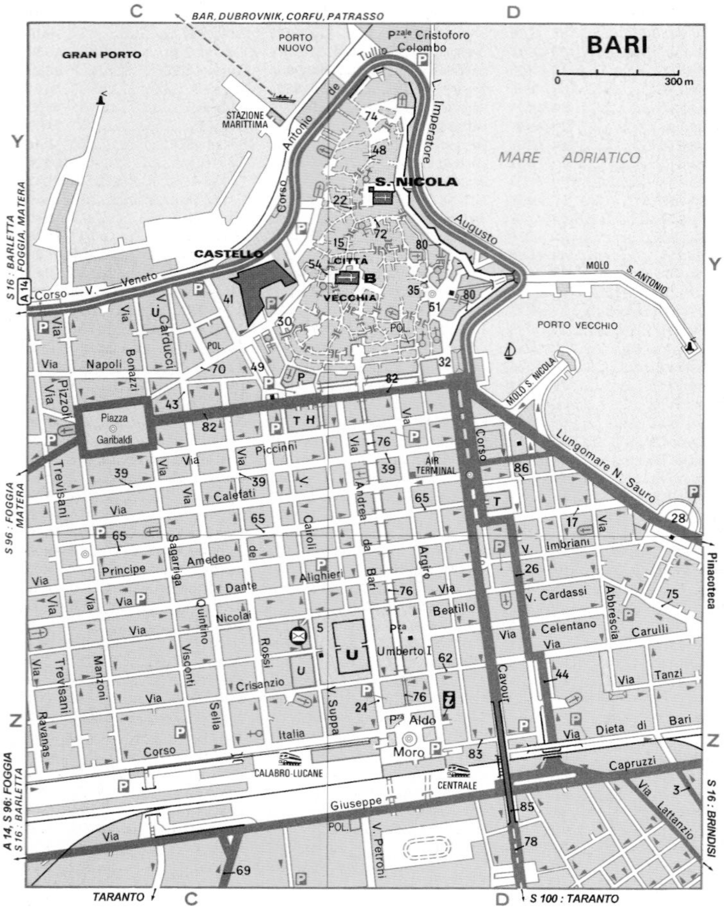
BARI
BAR, DUBROVNIK, CORFU, PATRASSO
GRAN PORTO
PORTO NUOVO
P.zale Cristoforo Colombo
STAZIONE MARITTIMA
MARE ADRIATICO
S. NICOLA
CASTELLO
CITTÀ VECCHIA
B
PORTO VECCHIO
MOLO S. ANTONIO
MOLO S. NICOLA
Lungomare N. Sauro
Piazza Garibaldi
AIR TERMINAL
CALABRO LUCANE
CENTRALE
Pinacoteca
S 16 : BARLETTA
A 14 : FOGGIA, MATERA
S 96 : FOGGIA MATERA
A 14, S 96: FOGGIA
S 16 : BARLETTA
S 16 : BRINDISI
TARANTO
S 100 : TARANTO
300 m
C
D
Y
Z

Amendola (V. Giovanni) . . . . . . **DZ** 3
Battisti (Pza Cesare) . . . . **CDZ** 5
Carmine (Strada del) . . . . **DY** 15
Cavour (Cso) . . . . **DYZ**
Cognetti (V. Salvatore) . . . . . . **DY** 17
Crociate (Strada delle) . . . . . . **DY** 22
De Cesare (V. Raffaele) . . . . . . **DZ** 24
De Giosa (V.) . . . . **DZ** 26
Diaz (Pza Armando) . . . . **DY** 28
Federico II (Pza) . . . . **CY** 30
Ferrarese (Pza del) . . . . **DY** 32
Fragigena (Rua) . . . . **DY** 35
Gimma (V. Abate) . . . . **CDY** 39
Isabella d'Aragona (Giardini) . . **CY** 41
Latilla (V.) . . . . **CY** 43
Luigi di Savoia (Pza) . . . . **DZ** 44
Martinez (Strada) . . . . **DY** 48
Massari (Pza G.) . . . . **CY** 49
Mercantile (Pza) . . . . **DY** 51
Odegitria (Pza dell') . . . . **CDY** 54
Petroni (V. Prospero) . . . . **DZ** 62
Piccinni (V.) . . . . **CY**
Putignani (V.) . . . . **CDYZ** 65
Salandra (Viale) . . . . **CZ** 69
Sonnino (Cso Sidney) . . . . **DZ** 75
Sparano (V.) . . . . **DYZ** 76
S. Francesco d'Assisi (V.) . . . . **CY** 70
S. Marco (Strada) . . . . **DY** 72
S. Pietro (Pza) . . . . **DY** 74
Unità d'Italia (V.) . . . . **DZ** 78
Venezia (V.) . . . . **DY** 80
Vittorio Emanuele II (Cso) . . . **CDY** 82
Zuppetta (V. Luigi) . . . . **DZ** 83
20 Settembre (Ponte) . . . . **DZ** 85
24 Maggio (V.) . . . . **DY** 86

Cathedrale . . . . **DY** **B**

Barbanera ***FR*** 131 AQ 34
Barbania ***AL*** 61 L 16
Barbania ***TO*** 48 G 12
Barbano ***VI*** 41 AF 11
Barbanti ***PU*** 89 AM 22
Barbara ***AN*** 90 AN 22
Barbarano ***BS*** 39 Y 10
Barbarano del Capo ***LE*** 161 BS 44
Barbarano Romano ***VT*** 112 AH 30
Barbarano Vicentino ***VI*** 41 AE 11
Barbarasco ***MS*** 78 U 18
Barbaresco ***CN*** 61 J 15
Barbaricina ***PI*** 84 X 21
Barbariga ***BS*** 38 V 11
Barbaro ***CS*** 170 BF 48
Barbarolo ***BO*** 80 AD 18
Barbassiria ***SV*** 74 J 18
Barbasso ***MN*** 54 AA 13
Barbassolo ***MN*** 54 AA 13
Barbata ***BG*** 37 T 11
Barbavara ***PV*** 50 N 11
Barbè ***VB*** 21 M 7
Barbeano ***PN*** 30 AM 7
Barbellotta ***AL*** 62 N 15
Barbere ***VR*** 55 AB 12
Barberi ***PE*** 116 AT 29
Barberini ***PU*** 88 AI 20
Barberino di Mugello ***FI*** 86 AC 19
Barberino Val d'Elsa ***FI*** 94 AC 22
Barbetta ***BL*** 27 AF 7
Barbi ***SI*** 104 AE 25
Barbialla ***FI*** 86 AA 22
Barbianello ***PV*** 51 Q 13
Barbiano ***AR*** 87 AE 21
Barbiano ***BZ*** 13 AE 4
Barbiano ***PR*** 65 W 15
Barbiano ***RA*** 81 AG 17
Barbide ***TN*** 13 AE 5
Barbisano ***TV*** 28 AI 8
Barbischio ***SI*** 94 AD 23
Barbiselle ***CR*** 53 V 12
Barbiselle di Mezzo ***CR*** 53 V 12
Barbona ***PD*** 56 AF 13
Barboniga ***VB*** 7 K 7
Barbotto ***FC*** 88 AI 20
Barbuglio ***RO*** 56 AE 13
Barbusi ***CI*** 224 M 48
Barbuste ***AO*** 33 G 9
Barbuzzera ***CR*** 37 S 11
Barca ***AL*** 62 P 14
Barca ***PR*** 64 U 16
Barca ***SA*** 153 BC 41
Barca ***TS*** 94 AD 23
Barcaccia ***RE*** 65 X 16
Barcaglione ***AN*** 91 AP 22
Barcanello ***AL*** 62 N 15
Barcara ***AT*** 49 K 14
Barcarola ***VI*** 27 AD 8
Barcellona Pozzo di Gotto ***ME*** 188 BA 55
Barche ***BS*** 38 V 10
Barche ***PD*** 41 AF 10
Barchei ***IM*** 72 H 19
Barchessa ***BO*** 68 AE 16
Barchessa ***PD*** 41 AF 10
Barchi ***BS*** 53 V 12
Barchi ***CN*** 74 I 19
Barchi ***KR*** 173 BK 48
Barchi ***LT*** 138 AO 36
Barchi ***MN*** 53 X 12
Barchi ***PC*** 63 Q 16
Barchi ***PU*** 90 AM 21
Barchi ***VI*** 27 AD 8
Barcis ***PN*** 15 AK 6
Barco ***BS*** 38 U 11
Barco ***FI*** 81 AD 19
Barco ***LC*** 23 R 8
Barco ***MI*** 36 O 11
Barco ***MS*** 78 U 18
Barco ***PN*** 29 AL 9
Barco ***RE*** 65 X 15
Barco ***RG*** 204 AW 62
Barco ***TN*** 26 AB 6
Barco ***TN*** 27 AD 7
Barco ***TV*** 28 AI 9
Barco ***VI*** 41 AE 9
Barco ***VR*** 40 AC 10
Barcola ***TS*** 45 AR 9
Barcon ***TV*** 42 AH 9
Barcuzzi ***BS*** 39 X 11
Bard ***AO*** 33 H 10
Bardalone ***PT*** 79 AA 19
Bardano ***CS*** 170 BF 48
Bardano ***TR*** 105 AH 27
Bardassano ***TO*** 48 I 13
Bardella ***AT*** 48 I 13
Bardelle ***CR*** 53 V 13
Bardelle ***MN*** 54 AA 13
Bardello ***VA*** 22 N 8
Bardi ***PR*** 64 T 16
Bardine ***MS*** 78 V 19
Bardineto ***SV*** 74 J 18
Bardino Nuovo ***SV*** 74 K 18
Bardino Vecchio ***SV*** 74 K 18
Bardolino ***VR*** 39 Z 10
Bardone ***PR*** 65 V 16
Bardonecchia ***TO*** 46 B 13
Bardonetto ***TO*** 33 F 11
Bardoney ***AO*** 33 F 10
Bardosu ***NU*** 213 O 42
Barega ***CI*** 224 M 48
Bareggio ***MI*** 36 O 11
Barello ***TO*** 47 G 12
Barengo ***NO*** 35 M 10
Barengo ***TO*** 48 I 12
Baresi ***BG*** 24 T 8
Baressa ***OR*** 221 O 45
Barete ***AQ*** 115 AO 29
Bareto ***FC*** 88 AI 20
Barga ***LU*** 79 X 19
Bargagli ***GE*** 76 P 17
Bargana ***MS*** 78 V 19
Bargano ***LO*** 51 R 12
Barge ***CN*** 59 E 15
Bargecchia ***LU*** 84 W 20
Bargecchia ***LU*** 79 X 19
Bargellino ***BO*** 67 AC 16
Barghe ***BS*** 39 X 9
Bargi ***BO*** 80 AB 19
Bargi ***PT*** 86 AA 20
Bargino ***FI*** 86 AC 22
Bargnana ***BS*** 38 V 10
Bargnano ***BS*** 38 V 11
Bargni ***PU*** 90 AM 21
Bargone ***GE*** 77 R 18
Bari ***BA*** 146 BK 37
Bari Sardo ***OG*** 219 S 44
Bariano ***BG*** 37 T 10
Bariano ***RO*** 55 AC 13
Baricella ***BO*** 67 AE 16
Baricetta ***RO*** 56 AG 13
Barigazzo ***MO*** 79 Y 18
Barile ***PZ*** 144 BD 38
Barisano ***FC*** 82 AH 18
Barisciano ***AQ*** 115 AQ 30
Barisello ***MS*** 78 V 18
Barisoni ***OG*** 223 S 46
Barlassina ***MI*** 36 P 10
Barletta ***BA*** 136 BG 36
Barliard ***AO*** 19 E 8
Barmasso ***AO*** 34 H 9
Barna ***CO*** 23 Q 7
Barni ***CO*** 23 Q 8
Barnico ***BS*** 39 X 9
Baroli ***CN*** 60 I 15
Barolo ***CN*** 60 I 16
Barona ***MI*** 36 Q 11
Barona ***PV*** 51 Q 12
Baroncino ***SA*** 152 AY 40
Barone ***PA*** 184 AO 55
Barone ***RC*** 178 BE 56
Barone ***TE*** 115 AR 28
Barone Canavese ***TO*** 48 I 12
Baroni ***TO*** 47 D 13
Baronissi ***SA*** 151 AX 39
Barquedo ***NO*** 35 L 9
Barra ***NA*** 150 AU 38
Barrabisa ***OT*** 207 Q 36
Barrafranca ***EN*** 194 AU 59
Barrali ***CA*** 221 P 47
Barranco ***PZ*** 164 BF 44
Barrancu Mannu ***CI*** 225 N 49
Barrata ***PZ*** 154 BD 39
Barrea ***AQ*** 131 AS 33
Barri ***PG*** 106 AL 26
Barriera ***TV*** 28 AI 8
Barrittieri ***RC*** 176 BE 54
Barrua ***CI*** 225 N 49
Barrucchella ***TV*** 42 AI 9
Bartesate ***LC*** 23 R 9
Bartoli ***LU*** 85 X 20
Baruccana ***MI*** 36 Q 10
Baruccio ***AN*** 97 AL 23
Baruchella ***RO*** 55 AD 13
Baruchella ***RO*** 56 AF 14
Baruffini ***SO*** 10 W 6
Barullo ***AR*** 95 AG 24
Barumini ***VS*** 221 P 45
Barussa ***BS*** 38 U 11
Barza ***VA*** 35 M 9
Barzago ***LC*** 37 Q 9
Barzaniga ***CR*** 52 U 12
Barzanò ***LC*** 37 Q 9
Barzesto ***BG*** 24 V 7
Barzio ***LC*** 23 R 8
Barzizza ***BG*** 24 U 9
Barzola ***VA*** 35 M 9
Barzona ***VB*** 20 J 8
Basagliapenta ***UD*** 30 AN 8
Basaldella ***PN*** 29 AL 7
Basaldella ***UD*** 30 AO 7
Basalghelle ***TV*** 29 AK 8
Basalica ***BS*** 39 X 11
Basaluzzo ***AL*** 62 N 15
Basanello ***AQ*** 114 AO 29
Bascape ***PV*** 51 Q 12
Baschi ***TR*** 105 AI 27
Bascianella ***TE*** 115 AR 28
Basciano ***SI*** 94 AC 23
Basciano ***TE*** 108 AR 28
Bascio ***PU*** 88 AI 21
Bascus Argius ***CA*** 226 O 48
Basedo ***PN*** 29 AL 8
Baseglia ***PN*** 30 AM 7
Baseleone ***BN*** 133 AY 36
Baselga ***TN*** 12 AA 5
Baselga ***TN*** 26 AB 7
Baselga di Pinè ***TN*** 26 AC 7
Baselica ***PC*** 52 S 14
Baselica ***PR*** 64 U 16
Baselica ***PV*** 51 P 12
Baselica ***PV*** 51 Q 13
Baselicaduce ***PC*** 52 U 14
Baselice ***BN*** 133 AY 35
Basella ***BG*** 37 T 10
Basetti ***LU*** 85 Z 20
Basiago ***RA*** 82 AG 18
Basiano ***MI*** 37 R 10
Basiasco ***LO*** 52 S 12
Basicò ***ME*** 188 AZ 55
Basiglio ***MI*** 51 P 11
Basile ***CZ*** 175 BI 51
Basiliano ***UD*** 30 AN 7
Basilicagoiano ***PR*** 65 X 15
Basilicanova ***PR*** 65 X 15
Baslan ***BZ*** 12 AB 4
Basoia ***PN*** 15 AK 6
Basovizza ***TS*** 45 AS 10
Bassa ***CN*** 60 I 16
Bassa ***FI*** 86 AA 21
Bassa ***PR*** 65 W 16
Bassa ***VR*** 40 AA 10
Bassa di Mai ***PR*** 53 V 14
Bassacutena ***OT*** 210 Q 37
Bassana ***VR*** 39 Y 11
Bassanega ***BS*** 26 Z 9
Bassanico ***SV*** 73 J 19
Bassano ***AN*** 97 AM 24
Bassano ***VA*** 22 N 7
Bassano Bresciano ***BS*** 53 V 12
Bassano del Grappa ***VI*** 27 AF 9
Bassano in Teverina ***VT*** 113 AI 29
Bassano Romano ***VT*** 112 AI 30
Basse di Caldana ***GR*** 103 AA 26
Bassi ***SV*** 74 L 18
Bassiano ***LT*** 129 AN 34
Bassiello ***AV*** 142 AZ 36
Bassignana ***AL*** 50 N 13
Basso ***CS*** 170 BG 48
Basso Fadalto ***TV*** 29 AI 7
Bassone ***MS*** 77 U 17
Bassone ***VR*** 40 AA 11
Bastardo ***PG*** 106 AK 26
Bastelli ***PR*** 65 V 14
Bastia ***AN*** 97 AL 23
Bastia ***BL*** 29 AJ 7
Bastia ***FG*** 143 BB 37
Bastia ***MN*** 54 AB 13
Bastia ***MS*** 78 V 18
Bastia ***PC*** 52 S 13
Bastia ***PD*** 41 AE 11
Bastia ***PG*** 106 AK 25
Bastia ***PR*** 78 V 17
Bastia ***SV*** 73 K 19
Bastia ***TO*** 46 D 13
Bastia ***VC*** 35 K 11
Bastia ***VI*** 27 AF 8
Bastia Mondovì ***CN*** 71 I 17
Bastianello ***ME*** 189 BA 56
Bastida de' Dossi ***PV*** 50 O 13
Bastida Pancarana ***PV*** 51 P 13
Bastiglia ***MO*** 66 AA 15
Bastiglia ***MO*** 55 AB 14
Bastiola ***PG*** 106 AK 25
Bastione ***ME*** 188 BA 54
Bastioni di Malta ***CZ*** 174 BG 50
Bastita ***CN*** 59 G 17
Basto ***TE*** 108 AQ 27
Bastonaca ***RG*** 202 AW 61
Bastremoli ***SP*** 77 U 19
Batano ***LU*** 85 Y 20
Batignano ***GR*** 103 AC 26
Batiola ***ME*** 188 AY 55
Battaglia ***PA*** 185 AQ 55
Battaglia ***SA*** 163 BC 43
Battaglia ***TE*** 108 AQ 27
Battaglia ***TP*** 183 AI 55
Battaglia ***UD*** 30 AN 7
Battaglia ***VR*** 40 AA 11
Battaglia Terme ***PD*** 56 AF 12
Battagliosi ***AL*** 62 M 16
Battaias ***PN*** 16 AM 6
Battifarano ***PZ*** 164 BG 43
Battiferro ***TR*** 113 AL 28
Battifolle ***AR*** 87 AF 21
Battifolle ***AR*** 95 AF 23
Battifollo ***AR*** 95 AG 24
Battifollo ***CN*** 74 J 18
Battiloro ***FI*** 87 AD 20
Battipaglia ***SA*** 152 AY 40
Battista ***OT*** 210 R 39
Battistei ***PD*** 41 AF 9
Battistella ***RM*** 119 AH 31
Battistini ***PD*** 41 AF 10
Battuda ***PV*** 51 P 12
Bau ***VS*** 220 L 47
Baucca ***PG*** 96 AI 23
Baucche ***VT*** 113 AJ 29
Baucina ***PA*** 185 AQ 56
Baudenasca ***TO*** 59 F 14
Bauducchi ***TO*** 48 H 14
Bauglione ***PE*** 116 AS 29
Bauladu ***OR*** 217 N 43
Baunei ***OG*** 219 T 43
Baura ***FE*** 68 AF 14
Bausone ***TO*** 48 I 13
Baussan ***TO*** 59 E 15
Bava ***CN*** 72 I 19
Bavantore ***AL*** 62 O 15
Bavantorino ***AL*** 62 O 15
Bavareto ***MC*** 97 AM 25
Bavari ***GE*** 76 P 17
Bavastrelli ***GE*** 63 Q 16
Bavastri ***GE*** 63 Q 16
Baveno ***VB*** 21 M 8
Baver ***TV*** 29 AJ 8
Baveria ***TV*** 28 AI 9
Bavorosso ***TR*** 105 AH 26
Bazza ***MN*** 54 AA 12
Bazzana ***AT*** 61 L 15
Bazzanella ***MI*** 36 P 11
Bazzano ***AQ*** 115 AP 29
Bazzano ***BO*** 67 AB 16
Bazzano ***MC*** 107 AN 25
Bazzano ***PR*** 65 X 16
Bazzano Inf. ***PG*** 106 AL 27
Bazzano Sup. ***PG*** 106 AL 27
Bazzari ***PC*** 63 R 14
Bazzoffie ***IS*** 132 AU 34
Beano ***UD*** 30 AN 8
Beatrice ***AV*** 142 AY 37
Beaulard ***TO*** 46 B 13
Beaume ***TO*** 46 B 13
Beazzone ***VR*** 55 AC 12
Bebbe ***VE*** 57 AI 13
Bebbio ***RE*** 79 Y 17
Beccacivetta ***VR*** 54 AA 11
Beccalzù ***PV*** 51 R 12
Becetto ***CN*** 59 E 16
Bedero Valcuvia ***VA*** 22 N 8
Bedero Valtravaglia ***VA*** 22 N 8
Bedizzano ***MS*** 78 V 19
Bedizzole ***BS*** 39 X 10
Bedoglio ***SO*** 10 U 6
Bedolina ***SO*** 9 R 6
Bedollo ***TN*** 27 AC 7
Bedonia ***PR*** 64 S 16
Bedulita ***BG*** 23 S 9
Beduzzo ***PR*** 65 W 16
Bee ***VB*** 21 M 8
Befaro ***TE*** 115 AR 28
Beffi ***AQ*** 115 AR 30
Begaro ***GE*** 76 O 17
Begliano ***GO*** 31 AP 9
Begosso ***VR*** 55 AD 13
Begozzo ***MN*** 54 Z 14
Begozzo ***PR*** 65 W 16
Beinasco ***TO*** 47 G 13
Beinette ***CN*** 71 G 17
Beivars ***UD*** 30 AO 7
Belardo ***ME*** 188 BA 55
Belbrolo ***MN*** 54 Z 12
Belcastro ***CZ*** 172 BJ 49
Belcolle ***VT*** 112 AH 29
Belereda ***PV*** 50 O 12
Belfiore ***PG*** 106 AL 26
Belfiore ***VE*** 29 AL 9
Belfiore ***VR*** 40 AC 11
Belfiore ***VR*** 55 AC 12
Belfiore ***VR*** 55 AC 13
Belfiore ***VR*** 55 AD 12
Belforte ***MN*** 54 Y 13
Belforte ***PG*** 107 AM 26
Belforte ***PR*** 64 U 16
Belforte ***PU*** 89 AJ 21
Belforte ***SI*** 93 AB 24

BERGAMO

0 _____ 400 m

CASTAGNETA
S. VIGILIO
Largo Colle Aperto
CITTÀ ALTA
Rocca
PARCO SUARDI
S. Agostino
Rotonda dei Mille
Broseta Pontida
AIR TERMINAL
Piazzale Marconi
Via Gavazzeni

VAL BREMBANA
S. PELLEGRINO 25 km
VAL SERANA
CLUSONE 34 km
BRESCIA 51 Km LOVERE 41 Km
LAGO D'ISEO
LAGO DI COMO
LECCO 33 Km
49 km MILANO
20 km TREVIGLIO
A 4 : MILANO 47 km
BRESCIA 52 km
40 km CREMA

Giovanni XXIII (Viale)	BZ	13
Gombito (V.)	AY	14
Libertà (Pza della)	ABZ	17
Matteotti (Pza)	ABZ	19
Mercato delle Scarpe (Pza)	AY	22
Muraine (Viale)	BY	26
Porta Dipinta (V.)	ABY	28
Previtali (V. Andrea)	AZ	29
S. Alessandro (V.)	AZ	
S. Tomaso (V.)	BY	30
S. Vigilio (V.)	AY	32
Tasca (V.)	AY	34
Tasso (V. T.)	BZ	
Tiraboschi (V.)	BZ	37
Tre Passi (V. Contrada dei)	BZ	38
Vecchia (Pza)	AY	39
20 Settembre (V.)	AZ	40

Baschenis (V. Evaristo)	AZ	2
Battisti (V. C.)	BY	3
Belotti (Largo Bortolo)	BZ	4
Bonomelli (V. G.)	BZ	6
Borfuro (V.)	AZ	7
Borgo Canale (V.)	AY	8
Brembate (V. P. da)	BZ	9
Camozzi (V.)	BZ	
Colleoni (V.)	AY	10
Duomo (Pza del)	AY	12

Accademia Carrara .... BY **M¹**

Bene Lario *CO*	22	Q 7	Berti Bassi *VI*	41	AD 10	Bevola *VB*	7	K 6
Bene Vagienna *CN*	60	H 16	Bertigaro *GE*	76	R 17	Bezze *PR*	53	X 14
Beneceto *PR*	65	X 15	Bertigo *VI*	27	AE 8	Bezzecca *TN*	25	Z 8
Benedello *MO*	79	AA 17	Bertine *AR*	95	AH 22	Bezzetti *MN*	54	Y 11
Benestare *RC*	179	BF 54	Bertinoro *FC*	82	AH 19	Bezzo *SV*	73	J 19
Benetutti *SS*	214	Q 41	Bertiolo *UD*	30	AN 8	Biacesa *TN*	26	Z 8
Benevello *CN*	61	J 16	Bertipaglia *PD*	56	AG 12	Biacis *UD*	31	AP 7
Benevento *BN*	142	AX 37	Bertocchi *MO*	80	AA 18	Biadene *TV*	28	AH 9
Benevento *FC*	82	AH 19	Bertoglia *AT*	49	L 14	Biagasco *AL*	63	P 14
Beniamino Gigli *MC*	99	AQ 23	Bertoldi *TN*	27	AC 8	Biagi *MC*	98	AO 24
Benincasa *SA*	151	AX 39	Bertolini Soprani *CN*	71	H 18	Biagioni *BO*	80	AA 19
Benna *BI*	34	J 10	Bertolini Sottani *CN*	71	H 18	Biagioni *LU*	85	Z 21
Benna *VC*	34	K 11	Bertonazzi *PR*	64	T 16	Biana *PC*	64	S 15
Benne *TO*	47	G 12	Bertoncello *PD*	42	AG 10	Biancacamicia *SI*	104	AF 25
Benne *TO*	59	G 15	Bertone *MN*	54	Z 12	Biancade *TV*	42	AJ 10
Benot *TO*	47	E 12	Bertoneria *TV*	42	AH 10	Biancalana *PU*	88	AJ 22
Bentivoglio *BO*	67	AD 16	Bertonico *LO*	52	T 12	Biancanigo *RA*	81	AF 18
Bentivoglio *RO*	55	AE 14	Bertorella *PR*	64	T 17	Biancano *BN*	141	AV 37
Benvenuto *AV*	142	AZ 36	Bertuccia *SR*	203	AZ 59	Biancareddu *SS*	208	K 39
Benvignante *FE*	68	AF 15	Berzano di San Pietro *AT*	48	I 13	Biancavilla *CT*	195	AY 58
Benzi *AL*	61	M 16	Berzano di Tortona *AL*	62	O 14	Bianche *CN*	74	I 18
Beorchia *PN*	29	AK 7	Berzantina *BO*	80	AA 19	Bianchi *AT*	48	I 14
Berana *BS*	39	X 10	Berzi *IM*	72	H 20	Bianchi *CN*	59	E 16
Berardelli *RI*	113	AK 29	Berzieri *PR*	64	U 15	Bianchi *CS*	171	BH 49
Berardinone *FG*	134	BA 35	Berzin *AO*	19	G 9	Bianchi *PR*	64	T 16
Berbaro *TP*	190	AJ 57	Berzo *BS*	25	X 7	Bianchi *SO*	10	U 6
Berbenno *BG*	23	S 9	Berzo Inf. *BS*	25	W 8	Bianchi *SV*	74	K 18
Berbenno di Valtellina *SO*	24	T 6	Berzo San Fermo *BG*	38	U 9	Bianchi *TV*	43	AI 10
Berceto *PR*	64	U 16	Bes *BL*	28	AH 7	Bianco *BI*	34	J 10
Berchidda *NU*	215	T 41	Besagno *TN*	26	AA 8	Bianco *PD*	56	AG 12
Berchidda *OT*	210	P 39	Besana in Brianza *MI*	36	Q 9	Bianco *RC*	179	BF 55
Berchiddeddu *OT*	210	R 39	Besanigo *RN*	89	AK 20	Bianco Vecchio *RC*	179	BF 55
Berchiotto *TO*	33	G 11	Besano *VA*	22	O 8	Biancolidda *TP*	190	AK 57
Berda *UD*	31	AQ 7	Besate *MI*	50	O 12	Bianconese *PR*	65	W 14
Berdia Nuova *RG*	204	AV 62	Besenello *TN*	26	AB 8	Biandrate *NO*	35	L 11
Beregazzo *CO*	36	O 9	Besenzano al Serio *BG*	37	T 9	Biandronno *VA*	22	N 9
Bereguardo *PV*	50	P 12	Besenzone *PC*	52	U 14	Bianca *BG*	38	U 9
Berenzi *MN*	53	X 12	Besnate *VA*	35	N 9	Bianzano *BG*	38	U 9
Bergagiolo *AL*	61	L 16	Besozzo *VA*	21	N 8	Bianzè *VC*	49	J 12
Bergalla *SV*	73	J 19	Besse *TO*	46	C 14	Bianzone *SO*	24	V 6
Bergamasco *AL*	61	L 15	Bessica *TV*	41	AG 9	Biassa *SP*	77	T 19
Bergamo *BG*	37	T 9	Bessimo *BS*	24	V 8	Biassono *MI*	36	Q 10
Bergantino *BL*	49	L 13	Bessude *SS*	213	N 40	Biauzzo *UD*	30	AM 8
Bergantino *RO*	55	AC 13	Bestagno *IM*	73	J 20	Biaxi *OT*	211	S 39
Bergassana *SP*	77	T 18	Bestazzo *MI*	36	P 11	Bibano *TV*	29	AJ 8
Bergazzi *PR*	64	T 16	Betlemme *TO*	48	I 12	Bibbiana *FI*	81	AE 19
Bergeggi *SV*	75	L 18	Bettafilava *RG*	204	AX 62	Bibbiano *AR*	87	AF 22
Bergemoletto *CN*	58	E 18	Bettale *VI*	26	AC 9	Bibbiano *AT*	87	AD 21
Bergereto *TO*	47	E 13	Bette *SO*	9	R 6	Bibbiano *RE*	65	X 16
Bergia *CN*	70	F 17	Bettegno *BS*	53	V 12	Bibbiano *SI*	93	AB 23
Bergiola Maggiore *MS*	78	V 19	Bettenesco *CR*	52	V 12	Bibbiano *SI*	94	AD 25
Bergoglio *CN*	60	I 15	Bettola *BL*	27	AF 7	Bibbiena *AR*	87	AF 21
Bergolo *RE*	65	X 16	Bettola *BS*	39	X 11	Bibbona *LI*	92	Y 24
Bergolo *CN*	61	K 16	Bettola *MI*	50	P 12	Bibiana *TO*	59	E 15
Bergoro *VA*	36	O 9	Bettola *MI*	37	Q 11	Bibione *VE*	44	AN 10
Bergotto *PR*	64	U 16	Bettola *MI*	37	R 10	Bibione Pineda *VE*	44	AN 10
Berguarina *RO*	55	AD 13	Bettola *MO*	66	AA 15	Bibola *MS*	78	U 18
Bergugliara *MS*	77	T 17	Bettola *MS*	78	U 18	Bibulano *BO*	80	AC 18
Berlasco *PC*	51	R 13	Bettola *PC*	64	S 15	Biccari *FG*	134	BA 35
Berleta *FC*	87	AG 20	Bettola *RE*	65	Y 16	Bicchiere di Sopra *PT*	79	Z 19
Berlinghetto *BS*	38	V 10	Bettola *VB*	21	L 8	Bicciano *AR*	87	AF 22
Berlingo *BS*	38	V 10	Bettola *VC*	21	K 9	Biceghi *VI*	40	AC 10
Berlini *PR*	64	T 16	Bettola *VR*	40	AB 10	Bichl / Colle *BZ*	3	AC 2
Bernagolo *PC*	177	BG 54	Bettole *AL*	62	O 15	Bicicera *VA*	36	O 9
Bernalda *MT*	156	BJ 41	Bettole *BS*	38	V 10	Bicinicco *UD*	30	AO 8
Bernarda *RO*	56	AE 13	Bettole *BS*	38	W 11	Bicocca *BZ*	4	AG 4
Bernardi *AP*	108	AQ 26	Bettole *VC*	35	K 9	Bicocca *CT*	197	AZ 59
Bernardi *BL*	27	AF 8	Bettole di Pozzolo *AL*	62	N 15	Bicocca *NO*	35	M 11
Bernardi *VI*	40	AC 9	Bettolelle *AN*	90	AO 22	Bidasio *TV*	28	AI 9
Bernardi *VI*	40	AB 10	Bettoletto *BS*	39	X 10	Biddemi *RG*	204	AW 63
Bernardotto *VE*	30	AL 9	Bettolino *BS*	38	V 10	Bidoni *OR*	217	O 43
Bernareggio *MI*	37	R 10	Bettolino *BS*	38	V 10	Biecina *LU*	85	Y 20
Bernate *CO*	36	P 9	Bettolino *CO*	36	Q 9	Biegno *VA*	22	N 7
Bernate *VA*	35	N 9	Bettolino *MI*	37	R 10	Biel *AO*	33	H 10
Bernate Ticino *MI*	36	N 11	Bettolino *MO*	66	AA 17	Bielciuken *AO*	34	I 9
Bernezzo *CN*	71	F 17	Bettolino *PV*	50	O 13	Biella *BI*	34	J 10
Bernolda *RE*	66	Z 14	Bettolino *RE*	66	Z 14	Biellese *TO*	47	F 13
Bernuffi *VI*	41	AD 10	Bettolle *SI*	95	AF 24	Bielmonte *BI*	34	J 10
Beroide *PG*	106	AL 27	Bettona *PG*	106	AJ 25	Bienate *MI*	36	N 10
Berra *FE*	56	AG 14	Bettuno *BG*	24	U 8	Bienca *TO*	34	I 10
Berri *CN*	60	I 16	Beura *VB*	7	K 7	Bienno *BS*	25	W 8
Berriaz *AO*	33	H 9	Bevadoro *PD*	41	AF 10	Bieno *TN*	27	AE 7
Berrioli *SV*	74	J 19	Bevagna *PG*	106	AK 26	Bieno *VB*	21	M 8
Berroni *AL*	49	L 13	Bevalle / Pievalle *BZ*	13	AE 5	Bientina *PI*	85	Y 21
Berruiles *NU*	211	S 39	Bevazzana *VE*	44	AN 9	Bier *PN*	15	AL 6
Bersagliera *BO*	80	AB 17	Bevera *IM*	72	G 21	Biestro *SV*	74	K 18
Bersani *PC*	64	T 15	Bevera *LC*	37	R 9	Biettole *VE*	42	AH 11
Bersano *PC*	52	V 14	Beverara *MN*	53	X 12	Biforco *AR*	88	AG 21
Bersezio *CN*	70	C 17	Beverare *RO*	56	AG 13	Biforco *FI*	81	AE 19
Bersia *CN*	59	E 16	Beverate *LC*	37	R 9	Bigarello *MN*	54	AA 12
Bertassi *TO*	47	F 13	Beverino *SP*	77	T 18	Bigini *CL*	193	AS 59
Berteri *CN*	60	I 15	Beverone *SP*	77	T 18	Biglia *MS*	78	U 17
Bertesina *VI*	41	AE 10	Bevia *TN*	12	AA 5	Bigliola *VI*	41	AE 10
Bertesseno *TO*	47	F 12	Bevilacqua *FE*	67	AC 15	Bigurro *AR*	95	AG 24
Berthod *AO*	33	F 9	Bevilacqua *VR*	55	AD 12	Bilegno *PC*	51	R 14

Belforte del Chienti *MC*	98	AO 25	Bellisio Solfare *PU*	97	AL 22	Belvedere *LI*	102	Z 25
Belforte Monferrato *AL*	62	N 16	Bellissimi *IM*	72	I 20	Belvedere *ME*	188	AZ 55
Belgiardino *TV*	42	AI 9	Bellizzi *SA*	152	AY 40	Belvedere *MN*	54	Y 12
Belgioioso *PV*	51	Q 13	Bellizzi Irpino *AV*	151	AX 38	Belvedere *MN*	53	Y 13
Belgirate *VB*	21	M 8	Belloca *PU*	89	AL 21	Belvedere *MN*	54	Z 12
Belgrado *UD*	30	AM 8	Belloca *VR*	40	AC 10	Belvedere *MN*	54	Z 12
Bella *CZ*	171	BG 50	Bellocchi *PU*	90	AM 21	Belvedere *MO*	66	AA 14
Bella *PZ*	153	BC 39	Bellocozzo *RG*	204	AY 62	Belvedere *NA*	151	AV 40
Bella Farnia *LT*	138	AM 35	Bellolampo *PA*	184	AO 55	Belvedere *PC*	52	S 13
Bella Venezia *TV*	42	AG 9	Bellombra *RO*	56	AH 13	Belvedere *PC*	52	U 14
Bellacera *PA*	185	AQ 55	Bellona *CE*	141	AU 37	Belvedere *PG*	96	AI 23
Belladonna *CZ*	175	BI 50	Belloni *CN*	59	E 17	Belvedere *PG*	97	AK 23
Bellagio *CO*	23	Q 8	Bellori *VR*	40	AA 10	Belvedere *PG*	96	AK 24
Bellaguarda *MN*	54	Y 14	Bellosguardo *SA*	153	BA 41	Belvedere *PG*	106	AK 27
Bellaguarda *MN*	54	Z 13	Bellotti *BL*	27	AF 7	Belvedere *PG*	106	AL 28
Bellaluce *PU*	89	AL 22	Bellugello *PG*	96	AK 24	Belvedere *PN*	30	AM 8
Bellamonte *TN*	13	AE 6	Belluno *BL*	28	AI 7	Belvedere *PN*	89	AL 21
Bellano *LC*	23	Q 7	Belluno Veronese *VR*	40	AA 9	Belvedere *PV*	51	Q 13
Bellante *TE*	109	AR 27	Bellusco *MI*	37	R 10	Belvedere *RE*	65	Y 15
Bellàntone *RC*	176	BF 53	Belmonte *FI*	81	AD 18	Belvedere *RM*	119	AK 31
Bellaria *AL*	62	N 15	Belmonte Calabro *CS*	170	BF 49	Belvedere *RM*	120	AL 31
Bellaria *MN*	53	X 12	Belmonte Castello *FR*	131	AR 34	Belvedere *SA*	152	AY 39
Bellaria *MO*	66	AA 14	Belmonte del Sannio *IS*	123	AV 33	Belvedere *SA*	162	BA 43
Bellaria *MO*	66	AA 16	Belmonte in Sabina *RI*	114	AM 30	Belvedere *SA*	153	BB 40
Bellaria *PR*	64	T 15	Belmonte Mezzagno *PA*	184	AP 55	Belvedere *SI*	104	AE 26
Bellaria *PU*	89	AK 22	Belmonte Piceno *AP*	98	AQ 25	Belvedere *SR*	203	BA 61
Bellaria *RE*	66	Z 15	Belpasso *CT*	197	AZ 58	Belvedere *TN*	26	AB 7
Bellaria *RN*	83	AJ 19	Belpiano *GE*	76	R 17	Belvedere *TR*	105	AG 26
Bellariva *PN*	83	AK 19	Belprato /Schonau *BZ*	3	AB 2	Belvedere *TV*	42	AH 9
Bellasola *PR*	78	V 17	Belprato *BS*	39	X 9	Belvedere *UD*	31	AP 9
Bellavalle *PT*	80	AA 19	Belricetto *RA*	68	AG 16	Belvedere *VA*	36	O 9
Bellavista *AR*	95	AE 23	Belsedere *SI*	95	AE 24	Belvedere *VA*	41	AF 9
Bellavista *BZ*	13	AE 4	Belsito *CS*	171	BG 50	Belvedere *VV*	55	AD 13
Bellavista *GR*	103	AB 27	Beltiglio *BN*	142	AX 37	Belvedere di Spinello *KR*	172	BK 48
Bellavista *GR*	103	AB 27	Belvedere *AN*	97	AM 24	Belvedere di Statto *PC*	64	S 14
Bellavista *LI*	92	X 22	Belvedere *BL*	28	AG 7	Belvedere Fogliense *PU*	89	AL 20
Bellavista *RM*	129	AK 34	Belvedere *BN*	28	AH 7	Belvedere Langhe *CN*	60	I 17
Bellavista *SI*	94	AB 23	Belvedere *BO*	80	AB 19	Belvedere Marittimo *CS*	166	BE 46
Bellecombe *AO*	33	G 9	Belvedere *BO*	80	AD 15	Belvedere Ostrense *AN*	90	AN 22
Bellegra *RM*	120	AN 32	Belvedere *BO*	81	AD 18	Belvedere		
Bellena *PR*	65	W 14	Belvedere *BS*	38	V 10	Piano Tavola *CT*	197	AY 58
Bellevere *VR*	55	AB 12	Belvedere *BS*	39	X 10	Belviglio *AT*	61	K 15
Bellini *PC*	64	T 15	Belvedere *BS*	39	Y 11	Belvì *NU*	218	Q 44
Bellinzago Lombardo *MI*	37	R 10	Belvedere *FE*	57	AH 14	Belvigrate *LO*	52	S 12
Bellinzago Novarese *NO*	35	M 10	Belvedere *GE*	77	R 17	Bema *SO*	23	S 7
Bellisio Alto *PU*	97	AL 22	Belvedere *GR*	103	AB 25	Benabbio *LU*	85	Y 20
			Belvedere *GR*	104	AE 27	Benano *TR*	105	AH 27

Bilgalzu *OT* ... 210 P 39
Biliemme *VC* ... 49 L 12
Billerio *UD* ... 16 AO 6
Binago *CO* ... 36 O 9
Binanuova *CR* ... 53 W 12
Binasco *MI* ... 51 P 12
Bindo *LC* ... 23 R 7
Bindua *CI* ... 224 L 48
Binetto *BA* ... 146 BJ 37
Bingia Manna *CI* ... 224 M 48
Binio *TN* ... 26 Z 7
Binzago *BS* ... 39 X 10
Binzago *MI* ... 36 P 10
Binzamanna *SS* ... 213 N 40
Bioc *BZ* ... 4 AG 4
Biodola *LI* ... 100 W 27
Bioglio *BI* ... 34 J 10
Bioley *TO* ... 33 H 10
Biolla *BI* ... K 9
Biolo *SO* ... 23 S 6
Bionaz *AO* ... 19 F 8
Bionde di Visegna *VR* ... 55 AB 12
Biondi *AP* ... 108 AR 25
Bionzo *AT* ... 61 K 15
Birago *MI* ... 36 P 10
Birandola *RA* ... 82 AG 18
Birbesi *MN* ... 54 Y 12
Birchabruck / Ponte Nova *BZ* ... 13 AD 5
Birgalavò *NU* ... 211 T 39
Birgi Novo *TP* ... 182 AJ 56
Birgi Vecchi *TP* ... 182 AJ 56
Birori *NU* ... 213 N 42
Birti *BZ* ... 13 AC 5
Bisaccia *AV* ... 143 BB 37
Bisaccia Nuova *AV* ... 143 BB 37
Bisacquino *PA* ... 192 AO 57
Bisano *BO* ... 81 AD 18
Bisanti-Fortinelli *CE* ... 131 AS 36
Biscaccia *GE* ... 75 N 17
Bisceglie *BA* ... 137 BI 36
Bisciarello *FR* ... 131 AQ 34
Biscina *PG* ... 97 AK 24

Biscina *PU* ... 89 AL 22
Bisciola *VE* ... 29 AL 9
Biscione *TP* ... 190 AJ 57
Bisdonio *TO* ... 33 G 11
Biseli *PG* ... 107 AM 27
Bisenti *TE* ... 116 AR 28
Bisentrate *MI* ... 37 R 11
Bisenzio *BS* ... 39 X 9
Bisignano *AP* ... 108 AP 26
Bisignano *CS* ... 167 BG 46
Bisio *MC* ... 107 AO 25
Bisnate *LO* ... 37 R 11
Bisone *BG* ... 37 R 9
Bisous *AO* ... 19 H 9
Bissoggio *VB* ... 7 K 7
Bissone *PV* ... 51 R 13
Bistagno *AL* ... 61 L 16
Bistrigna *GO* ... 31 AQ 9
Bisuschio *VA* ... 22 O 8
Bitetto *BA* ... 146 BJ 37
Bitonto *BA* ... 146 BJ 37
Bitritto *BA* ... 146 BJ 37
Bitti *NU* ... 214 R 41
Bivai *BL* ... 28 AH 7
Biverone *VE* ... 43 AL 9
Bivieri *VV* ... 177 BG 52
Bivigliano *FI* ... 86 AC 20
Bivio *FR* ... 131 AR 33
Bivio *SA* ... 153 BA 40
Bivio *TN* ... 13 AD 6
Bivio Acquarella-Ponte *SA* ... 162 AZ 42
Bivio Arsita *TE* ... 116 AR 28
Bivio Avena O Vuccale *CS* ... 164 BE 44
Bivio Bonacci *CZ* ... 171 BH 49
Bivio Cascinare *AP* ... 99 AR 24
Bivio Casone *PE* ... 116 AT 29
Bivio Cioffi *SA* ... 152 AY 40
Bivio Colonnetta *RM* ... 120 AL 31
Bivio Corropoli *TE* ... 109 AS 27
Bivio Coseat *UD* ... 30 AM 8
Bivio Costa *VC* ... 41 AE 9
Bivio Cupoli *PE* ... 116 AS 29

Bivio di Albidona *CS* ... 165 BI 44
Bivio di Cantagallo *MC* ... 98 AO 24
Bivio di Capanelle *RM* ... 119 AK 31
Bivio di Formello *RM* ... 119 AJ 31
Bivio di Ravi *GR* ... 103 AA 26
Bivio Gallo *MC* ... 108 AP 25
Bivio Giustimana *AP* ... 108 AP 27
Bivio Jannarello *CT* ... 202 AY 59
Bivio Montalto *CS* ... 167 BG 47
Bivio Montegelli *FC* ... 82 AI 19
Bivio Mortola *CE* ... 131 AS 35
Bivio Moscardini *PG* ... 106 AK 26
Bivio Regina *CS* ... 167 BF 47
Bivio San Polo *RM* ... 120 AL 32
Bivio San Vito *SA* ... 152 AY 40
Bivio Santa Cecilia *SA* ... 152 AZ 40
Bivio Strada Vecchia *AP* ... 99 AR 24
Bivio-Pratole *SA* ... 152 AY 40
Bivona *AG* ... 192 AP 58
Bivona *VV* ... 174 BK 51
Bivongi *RC* ... 177 BH 53
Bizzarone *CO* ... 22 O 8
Bizzarria *TO* ... 47 G 13
Bizzi *PG* ... 96 AI 23
Bizzozero *VA* ... 22 O 9
Bizzuno *RA* ... 68 AG 17
Blandano *CT* ... 197 AZ 58
Blandri *SV* ... 61 K 17
Blangetti *CN* ... 71 H 17
Blaschi I *PA* ... 185 AP 55
Blaschi II *PA* ... 185 AP 55
Blaschi III *PA* ... 185 AP 55
Blavy *AO* ... 33 F 9
Blavy *AO* ... 19 F 9
Bleggio Inf. *TN* ... 26 AA 7
Bleggio Sup. *TN* ... 26 Z 7
Bleia *AO* ... 34 H 9
Blello *BG* ... 23 S 9
Blera *VT* ... 112 AH 30
Blessaglia *VE* ... 29 AL 9
Blessagno *CO* ... 22 P 8
Blessano *UD* ... 30 AN 7
Blevio *CO* ... 22 P 8

Blocchiera *KR* ... 173 BK 48
Blockhaus *PE* ... 116 AT 31
Blufi *PA* ... 194 AT 57
Blumau / Prato all'Isarco *BZ* ... 13 AD 5
Boara *FE* ... 47 AF 14
Boara Pisani *PD* ... 56 AF 13
Boarezzo *VA* ... 22 O 8
Boaria Canella *PD* ... 55 AD 13
Boaria Guerra *RO* ... 55 AE 14
Boarie *VR* ... 40 AC 10
Boario *BG* ... 24 U 8
Boario Terme *BS* ... 24 W 8
Boasi *GE* ... 76 P 17
Bobbiano *PC* ... 63 R 14
Bobbiate *VA* ... 22 N 9
Bobbio *PC* ... 63 R 15
Bobbio Pellice *TO* ... 58 D 15
Boca *NO* ... 35 L 9
Bocale *RC* ... 189 BC 55
Bocca Callalta *TV* ... 43 AJ 9
Bocca Chiavica *MN* ... 54 Y 13
Bocca della Selva *BN* ... 132 AW 35
Bocca di Fiume *LT* ... 138 AN 35
Bocca di Magra *SP* ... 78 U 19
Bocca di Piazza *CS* ... 171 BH 49
Bocca di Serra *TV* ... 28 AG 8
Bocca di Valle *CH* ... 116 AU 30
Bocca Fossa *VE* ... 43 AL 10
Bocca Serriola *PG* ... 96 AJ 22
Boccadasse *GE* ... 76 O 17
Boccadiganda *MN* ... 54 Z 13
Boccaia *LU* ... 85 X 18
Boccaldo *TN* ... 26 AB 8
Boccaleone *FE* ... 68 AF 16
Boccasette *RO* ... 57 AJ 14
Boccassuolo *MO* ... 79 Y 18
Bocchere *MN* ... 53 Y 12
Bocchetta D'arbala *VB* ... 7 K 8
Bocchigliero *CS* ... 168 BJ 47
Bocchignano *RI* ... 113 AL 30

Bocchino *AV* ... 143 AZ 38
Boccia al Mauro *NA* ... 151 AV 39
Bocciolaro *VC* ... 21 K 8
Boccioleto *VC* ... 20 J 9
Bocco *GE* ... 76 Q 17
Boccolo Dei Tassi *PR* ... 64 T 15
Boccolo Noce *PC* ... 64 S 15
Boccon *PD* ... 56 AE 12
Bocconi *FC* ... 87 AF 19
Boce *VR* ... 64 T 17
Boceto *TE* ... 108 AR 27
Bodeina *TO* ... 58 D 15
Bodengo *SO* ... 9 Q 6
Bodigoi *VB* ... 31 AQ 7
Bodio *VA* ... 22 N 9
Bodria *PR* ... 65 W 17
Boesimo *RA* ... 81 AF 19
Boetti *SV* ... 74 K 19
Boffalora *PV* ... 51 Q 13
Boffalora d'Adda *LO* ... 51 R 11
Boffalora Sopra Ticino *MI* ... 36 O 11
Boffetto *SO* ... 24 U 7
Bogli *PC* ... 63 Q 16
Bogliaco *BS* ... 39 Y 9
Bogliano *PE* ... 116 AS 30
Bogliano *TN* ... 26 AA 8
Bogliasco *GE* ... 76 P 17
Boglietto *AT* ... 61 K 15
Boglio *CN* ... 74 J 17
Bognanco *VB* ... 7 K 7
Bogogno *NO* ... 35 M 10
Bogolese *PR* ... 65 X 14
Boiago *TV* ... 42 AI 10
Boidi *AT* ... 61 L 15
Bois de Clin *AO* ... 32 E 10
Boissano *SV* ... 73 K 19
Bojano *CB* ... 132 AV 35
Bojon-Lova *VE* ... 42 AH 11
Bola *MS* ... 78 U 18
Bolago *BL* ... 28 AH 7
Bolago *PZ* ... 163 BD 43
Bolano *SP* ... 78 U 18

Bolbeno *TN* ... 25 Z 7
Bolca *VR* ... 40 AC 10
Boldara *VE* ... 30 AM 9
Boleniga *BS* ... 38 V 11
Bolella *FC* ... 83 AJ 18
Bolentina *TN* ... 12 AA 5
Boleto *VB* ... 35 L 9
Bolgare *BG* ... 37 T 10
Bolgheri *LI* ... 93 Y 24
Bolgheri *PC* ... 64 S 15
Bolgiano *MI* ... 36 Q 11
Bolgione *SI* ... 94 AD 23
Bolla *AT* ... 49 K 13
Bolladello *VA* ... 36 O 9
Bolladore *SO* ... 11 W 6
Bollano *SI* ... 94 AE 24
Bollari *PA* ... 185 AQ 55
Bollate *MI* ... 36 P 10
Bollella *BN* ... 133 AX 35
Bollengo *TO* ... 34 I 11
Bollone *BS* ... 39 Y 8
Bolognetta *PA* ... 185 AP 56
Bolognina *BO* ... 107 AD 16
Bolognola *MC* ... 107 AO 26
Bolognola *PV* ... 51 R 12
Bolotana *NU* ... 213 O 42
Bolsena *VT* ... 112 AG 28
Boltiere *BG* ... 37 S 10
Bolviso *SA* ... 151 AW 39
Bolzanello *TA* ... 156 BK 40
Bolzaneto *GE* ... 76 O 17
Bolzano / Bozen *BZ* ... 13 AD 5
Bolzano Novarese *NO* ... 35 L 9
Bolzano Vicentino *VI* ... 41 AE 10
Bolzone *CR* ... 52 S 11
Bolzonella *PD* ... 41 AF 10

BOLOGNA

Amaseo (V. R.) ... GU 6
Arno (V.) ... HV 9
Artigiano (V. d.) ... GU 10
Bandiera (V. I.) ... FV 12
Barbieri (V. F.) ... GU 13
Barca (V. d.) ... FV 15

Battaglia (V. d.) ... HU 16
Bentivogli (V. G.) ... GV 19
Beverara (V. della) ... FU 20
Cadriano (V.) ... GHU 21
Castiglione (V.) ... HU 25
Cavazzoni (V. F.) ... HV 27
Codivilla (V.) ... GV 31
Colombo (V. C.) ... FU 34
Coubertin (V. de) ... FV 36

Dagnini (V. G.) ... GV 39
Firenze (V.) ... HV 42
Foscherara (V. d.) ... GV 43
Gagarin (V. Y.) ... FU 45
Gandhi (Viale M. K.) ... FU 49
Marconi (V.) ... EV 61
Marco Polo (V.) ... FU 60
Mario (V. A.) ... GV 63

Martelli (V. T.) ... HV 66
Matteotti (V.) ... GU 67
Mazzini (V.) ... GV 69
Mezzofanti (V. G.) ... GV 70
Montefiorino (V.) ... FV 73
Ospedaletto (V. d.) ... EU 79
Palagi (V. P.) ... GV 81
Panigale (V.) ... EU 82

Persicetana Vecchia (V.) ... EU 85
Persicetana (V.) ... EU 84
Pietra (V. d.) ... EU 88
Pirandello (V. L.) ... HU 90
Porrettana (V.) ... FVE 91
Putti (V.) ... GV 96
Sabbioni (V. d.) ... GV 100
Sabotino (V.) ... FUV 102

Saffi (V. A.) ... FU 103
Sigonio (V. C.) ... GV 111
Sturzo (V. Don L.) ... FV 112
S. Barbara (V.) ... GV 105
S. Mamolo (V.) ... FV 108
Timavo (V. d.) ... FV 115
Tolmino (V.) ... FV 117
Tosarelli (V. B.) ... HU 118

Aldrovandi (Pza) .... **CY** 3	Cavour (Pza) .... **CY** 28	Garibaldi (V.) .... **CZ** 51	Marconi (V. G) .... **BXY**
Alessandrini (V.) .... **CY** 4	Clavature (V.) .... **CY** 30	Grada (V. della) .... **AY** 52	Marsili (V.A.) .... **BYZ** 64
Archiginnasio (V. d.) .... **CY** 7	Collegio di Spagna (V.) .... **BY** 33	Guinizelli (V.) .... **DZ** 54	Matteotti (V.) .... **CX** 67
Bassi (V. U.) .... **BY**	D'Azeglio (V. M.) .... **BZ** 37	Indipendenza (V. d.) .... **CXY**	Mezzofanti (V. G.) .... **DZ** 70
Belmeloro (V.) .... **DY** 18	Falegnami (V. d.) .... **CY** 40	Lana (V. J. della) .... **DZ** 55	Mille (V. dei) .... **CX** 72
Cairoli (V.) .... **BX** 22	Galileo (Pza) .... **BY** 46	Maggiore (Pza) .... **CY** 57	Murri (V. A.) .... **DZ** 75
Castagnoli (V. de) .... **CY** 24	Galvani (Pza) .... **CY** 48	Malpighi (Pza) .... **BY** 58	Nettuno (Pza d.) .... **CY** 76

Oberdan (V.) .... **CY** 78	S. Giacomo (V.) .... **DY** 106
Petroni (V. G.) .... **CY** 87	Tagliapietre (V.) .... **BYZ** 114
Portanova (V.) .... **BY** 94	Trombetti (V.) .... **CDY** 120
Porta Ravegnana (Pza di) .... **CY** 93	Urbana (V.) .... **BY** 121
Ranzani (V.) .... **DXY** 97	Val d'Aposa (V.) .... **BY** 123
Rizzoli (V.) .... **CY** 99	Venezian (V. G.) .... **BY** 124
Selmi (V.) .... **DY** 109	4 Novembre (V.) .... **BY** 126

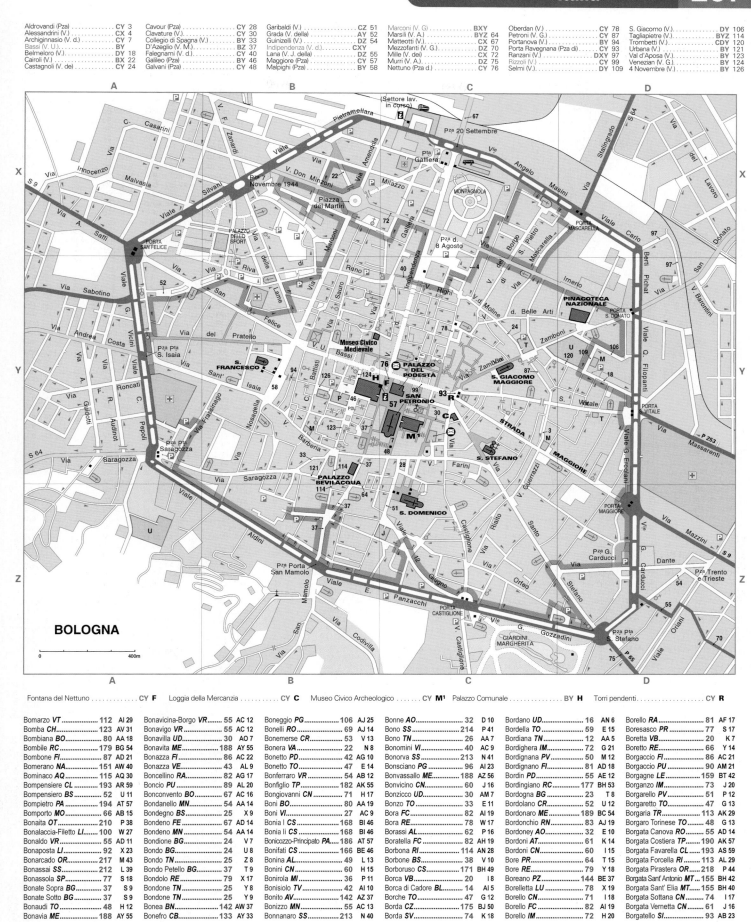

BOLOGNA

0   400m

Fontana del Nettuno .... **CY F**   Loggia della Mercanzia .... **CY C**   Museo Civico Archeologico .... **CY M¹**   Palazzo Comunale .... **BY H**   Torri pendenti .... **CY R**

Bomarzo *VT* .... 112 AI 29	Bonavicina-Borgo *VR* .... 55 AC 12	Boneggio *PG* .... 106 AJ 25	Bonne *AO* .... 32 D 10	Bordano *UD* .... 16 AN 6	Borello *RA* .... 81 AF 17
Bomba *CH* .... 123 AV 31	Bonavigo *VR* .... 55 AC 12	Bonelli *RO* .... 69 AJ 14	Bono *SS* .... 214 P 41	Bordella *TO* .... 59 E 15	Boresasco *PR* .... 77 S 17
Bombiana *BO* .... 80 AA 18	Bonavilla *UD* .... 30 AO 7	Bonemerse *CR* .... 53 V 13	Bono *TN* .... 26 AA 7	Bordiana *TN* .... 12 AA 5	Boretta *VB* .... 20 K 7
Bombile *RC* .... 179 BG 54	Bonavita *ME* .... 188 AY 55	Bonera *VA* .... 22 N 8	Bonomini *VI* .... 40 AC 9	Bordighera *IM* .... 72 G 21	Boretto *RE* .... 66 Y 14
Bombone *FI* .... 87 AD 21	Bonazza *FI* .... 86 AC 22	Bonetto *PD* .... 42 AG 10	Bonorva *SS* .... 213 N 41	Bordignana *PV* .... 50 M 12	Borgaccio *FI* .... 86 AC 21
Bomerano *NA* .... 151 AW 40	Bonazza *VE* .... 43 AL 9	Bonetto *TO* .... 47 E 14	Bonsciano *PG* .... 96 AI 23	Bordignano *FI* .... 81 AD 18	Borgaccio *PU* .... 90 AM 21
Bominaco *AQ* .... 115 AQ 30	Boncellino *RA* .... 82 AG 17	Bonferraro *VR* .... 54 AB 12	Bonvassallo *ME* .... 188 AE 12	Bordin *PD* .... 55 AE 12	Borgagne *LE* .... 159 BT 42
Bompensiere *CL* .... 193 AR 59	Boncio *PU* .... 89 AL 20	Bonfiglio *TP* .... 182 AK 55	Bonvicino *CN* .... 60 J 16	Bordigiano *RC* .... 177 BH 53	Borganzo *IM* .... 73 J 20
Bompensiero *BS* .... 52 U 11	Bonconvento *BO* .... 67 AC 16	Bongiovanni *CN* .... 71 H 17	Bonzo *TO* .... 33 E 11	Bordogna *BG* .... 23 T 8	Borgarello *PV* .... 51 P 12
Bompietro *PA* .... 194 AT 57	Bondanello *MN* .... 54 AA 14	Boni *BO* .... 80 AA 19	Bonzicco *UD* .... 30 AM 7	Bordolano *CR* .... 52 U 12	Borgaretto *TO* .... 48 G 13
Bomporto *MO* .... 66 AB 15	Bondegno *BS* .... 25 X 9	Boni *VI* .... 27 AC 9	Bora *FC* .... 82 AI 19	Bordonaro *ME* .... 189 BC 54	Borgaria *TR* .... 113 AK 29
Bonaita *OT* .... 210 P 38	Bondeno *FE* .... 67 AD 14	Bonia I *CS* .... 168 BI 46	Bora *RE* .... 78 W 17	Bordonchio *RN* .... 83 AJ 19	Borgaro Torinese *TO* .... 48 G 13
Bonalaccia-Filetto *LI* .... 100 W 27	Bondeno *MN* .... 54 AA 14	Bonia li *CS* .... 168 BI 46	Borassi *AL* .... 62 P 16	Bordoney *AO* .... 32 E 10	Borgata Canova *RO* .... 55 AD 14
Bonaldo *VR* .... 55 AD 11	Bondione *BG* .... 24 V 7	Bonicozzo-Principato *PA* .. 186 AT 57	Boratella *FC* .... 82 AH 19	Bordoni *AT* .... 61 K 14	Borgata Costiera *TP* .... 190 AK 57
Bonaposta *LI* .... 92 X 23	Bondo *BG* .... 24 U 8	Bonifati *CS* .... 166 BE 46	Borbona *RI* .... 114 AN 28	Bordoni *CN* .... 60 I 15	Borgata Favarella *CL* .... 193 AS 59
Bonarcado *OR* .... 217 M 43	Bondo *TN* .... 25 Z 8	Bonina *AL* .... 49 L 13	Bore *PR* .... 64 T 15	Bordonitto *RC* .... 177 BH 53	Borgata Forcella *RI* .... 113 AL 29
Bonassai *SS* .... 212 L 39	Bondo Petello *BG* .... 37 T 9	Bonini *CN* .... 60 H 15	Bore *RE* .... 79 Y 18	Bordoni *CN* .... 60 I 15	Borgata Pirastera *OR* .... 218 P 44
Bonassola *SP* .... 77 S 18	Bondolo *RE* .... 79 X 17	Bonirola *MI* .... 36 P 11	Borca *VB* .... 20 I 8	Boreano *PZ* .... 144 BE 37	Borgata Sant'Antonio *MT* ... 155 BH 42
Bonate Sopra *BG* .... 37 S 9	Bondone *TN* .... 25 Y 8	Bonisiolo *TV* .... 42 AI 10	Borca di Cadore *BL* .... 14 AI 5	Borelletta *LU* .... 78 X 19	Borgata Sant'Elia *MT* ... 155 BH 40
Bonate Sotto *BG* .... 37 S 9	Bondone *TN* .... 25 Y 9	Bonito *AV* .... 142 AZ 37	Borche *TO* .... 47 G 12	Borello *CN* .... 71 I 18	Borgata Sottana *CN* .... 74 I 17
Bonaudi *TO* .... 48 H 12	Bonea *BN* .... 142 AW 37	Bonizzo *MN* .... 55 AC 13	Borda *CZ* .... 175 BJ 50	Borello *FC* .... 82 AI 19	Borgata Vernetta *CN* .... 61 J 16
Bonavia *ME* .... 188 AY 55	Bonefro *CB* .... 133 AY 33	Bonnanaro *SS* .... 213 N 40	Borda *SV* .... 74 K 18	Borello *IM* .... 72 H 20	Borgatello *SI* .... 93 AB 23

BOLZANO
400 m
GÜNCINA, SARENTINO, S.GENESIO
MENDOLA MERANO
STRADA DEL VINO
TRENTO
RENON
Lago di Carezza BRESSANONE, A22
BRENNERO
A22, TRENTO
GRIES
STAZIONE
DUOMO
Via dei Portici
Francescani
Viale Druso
Viale Trento
Isarco
Variante Virgolo
Ponte Virgolo
Via M. Nusser
Roma
Talvera

Alto Adige (V.) B 2	Garibaldi (V.) B 10	Parrocchia (Pza) B 17
Brennero (V.) B 3	Marconi (V. G.) A 14	Portici (V.) B
Dodiciville (V.) B 7	Mostra (V. della) B 15	Stazione (Viale) B 19
Domenicani (Pza) B 8	Museo (V.) AB	Streiter (V. Dottor) B 20
Erbe (Pza) B	Ospedale (V.) A 16	Walther (Pza) B 21

Borgazzo **RE** 66 Z 15
Borgesati **TP** 191 AM 57
Borgetto **CN** 71 G 17
Borgetto **PA** 183 AN 55
Borghesana **VR** 55 AC 13
Borghese **PR** 53 V 14
Borghetto **AN** 90 AO 22
Borghetto **PG** 97 AL 24
Borghetto **PR** 65 V 15
Borghetto all'adige **TN** 40 AA 9
Borghetto d'Arroscia **IM** 73 I 19
Borghetto di Borbera **AL** 62 O 15
Borghetto di Fenigli **PU** 89 AL 22
Borghetto di Vara **SP** 77 T 18
Borghetto Lodigiano **LO** 51 R 12
Borghetto Primo **RA** 82 AI 18
Borghetto San Nicolò **IM** 72 G 21
Borghetto San Vito **PU** 90 AM 22
Borghetto Santo Spirito **SV** 73 K 19
Borghetto Secondo **RA** 82 AI 18
Borghi **FC** 82 AJ 19
Borghi **SV** 74 L 18
Borghigiana **PI** 85 AA 22
Borghignon **CN** 70 E 18
Borgia **CZ** 175 BI 51
Borgiallo **TO** 33 H 11
Borgiano **MC** 98 AO 25
Borgiano **PG** 106 AL 27
Borgio **SV** 74 K 19
Borgnana **VA** 22 O 8
Borgnano **GO** 31 AP 8
Borgo **CN** 58 D 15
Borgo **FR** 131 AR 33
Borgo **PG** 107 AN 26
Borgo **PR** 65 W 15
Borgo a Buggiano **PT** 85 Z 20
Borgo a Mozzano **LU** 85 Y 20
Borgo Adorno **AL** 63 P 15
Borgo alla Collina **AR** 87 AF 21
Borgo Ampiano **PN** 30 AM 7
Borgo Anese **TV** 28 AI 8
Borgo Angelo Rizza **SR** 203 AZ 60
Borgo Antiga **TV** 28 AI 8
Borgo Appio **CE** 140 AT 37
Borgo Bainsizza **LT** 129 AL 35
Borgo Bellussi **TV** 29 AJ 9
Borgo Berga **VI** 41 AE 10
Borgo Bianchi **TV** 29 AJ 9
Borgo Bisano **BO** 81 AD 18
Borgo Bonsignore **AG** 192 AO 59
Borgo Botticino **FE** 68 AF 15
Borgo Canalet **TV** 29 AJ 8
Borgo Capanne **BO** 80 AA 19
Borgo Carillia **SA** 152 AZ 40
Borgo Carso **LT** 129 AM 34
Borgo Cascino **EN** 194 AU 59
Borgo Castelletto **MN** 54 AA 13
Borgo Cavaliere **PA** 191 AN 57
Borgo Celano **FG** 126 BC 33
Borgo Centore **CE** 139 AR 36
Borgo Cerreto **PG** 107 AM 27
Borgo Chiari **TV** 29 AJ 8
Borgo Chiusini **UD** 16 AN 5
Borgo Circito **BA** 146 BJ 38
Borgo Colesei **TV** 29 AI 7
Borgo Colli **RI** 114 AM 29
Borgo Cornalese **TO** 60 H 14
Borgo Cortili **FE** 68 AE 16
Borgo Cozzo Finocchio **PA** 192 AN 57
Borgo d'Ale **VC** 49 J 11
Borgo dei Pini Mercadante **BA** 146 BJ 38
Borgo del Castellaccio **PG** 105 AH 26
Borgo del Vecchio Carrubbo **RG** 204 AV 62
Borgo della Consolazione **AN** 90 AN 21
Borgo dell'anime **RA** 69 AH 17
Borgo di Ranzo **IM** 73 J 19
Borgo di Ronta **FC** 82 AI 18
Borgo di Sopra **TV** 29 AJ 8
Borgo di Sopra **UD** 17 AP 6
Borgo di Sotto **PC** 64 S 14
Borgo di Stazione Montecorsaro **MC** 99 AQ 24
Borgo di Terzo **BG** 38 U 9
Borgo Doimo **TV** 28 AI 8
Borgo d'Oneglia **IM** 73 J 20
Borgo Emilio **AN** 90 AM 22
Borgo Eras A **PA** 186 AS 56
Borgo Eras B **PA** 186 AS 56
Borgo Ermada **LT** 138 AO 36
Borgo Europa **RG** 204 AV 62
Borgo Faiti **LT** 138 AM 35
Borgo Fazio **TP** 182 AK 56
Borgo Flora **LT** 129 AL 34
Borgo Fonterosa **FG** 135 BD 35
Borgo Fornari **GE** 62 O 16
Borgo Fosso Ghiaia **RA** 82 AI 17
Borgo Fra Diavolo **BA** 146 BJ 38
Borgo Franchetto **CT** 195 AX 59
Borgo Frassine **PD** 55 AD 12
Borgo Fusara **RA** 82 AH 17
Borgo Gallea **AG** 193 AR 58
Borgo Gallina **RA** 69 AH 16
Borgo Gallitano **CL** 194 AT 60
Borgo Galluzzo **AN** 90 AO 21
Borgo Garbinogara **PA** 185 AS 56
Borgo Gardin **TV** 29 AJ 8
Borgo Giglione **PG** 96 AI 24
Borgo Giovanni XXIII **AN** 90 AM 22
Borgo Giuliano **ME** 187 AX 57
Borgo Grappa **LE** 159 BS 41
Borgo Grappa **LT** 138 AM 35
Borgo Grotta Gigante **TS** 31 AR 9
Borgo Incoronata **BA** 146 BJ 38
Borgo Isonzo **LT** 129 AM 35
Borgo Lampertico **VI** 41 AD 9
Borgo Le Taverne **AV** 143 BA 38
Borgo Libertà **FG** 144 BD 36
Borgo Liverano **RA** 83 AG 18
Borgo Lotti **RM** 128 AK 33
Borgo Maggiore **RSM** 89 AJ 20
Borgo Mallitana **ME** 188 AZ 56
Borgo Massano **PU** 89 AK 21
Borgo Mezzanone **FG** 135 BD 35
Borgo Milletari **EN** 194 AU 57
Borgo Miriam **AP** 108 AR 26
Borgo Moia **RO** 56 AF 14
Borgo Molino **TV** 28 AI 8
Borgo Molino **TV** 43 AJ 9
Borgo Montello **LT** 129 AL 34
Borgo Montenero **LT** 138 AN 36
Borgo Municipio **TV** 29 AJ 8
Borgo Nobili **TV** 29 AJ 8
Borgo Nuovo **PU** 89 AL 21
Borgo Nuovo **RN** 83 AJ 19
Borgo Nuovo **SA** 152 AZ 41
Borgo Olara **VI** 41 AE 9
Borgo Olivi **TV** 28 AI 7
Borgo Ottomila **AQ** 121 AQ 31
Borgo Pace **PU** 82 AI 22
Borgo Paglia **FC** 82 AI 19
Borgo Pala **PA** 186 AT 57
Borgo Palù **TV** 29 AJ 8
Borgo Panigale **BO** 67 AC 16
Borgo Parco La Vecchia **BA** 146 BJ 38
Borgo Pasini **RA** 82 AI 18
Borgo Passera **AN** 90 AO 21
Borgo Pasubio **LT** 138 AN 35
Borgo Perinot **TV** 29 AI 8
Borgo Petilia **CL** 194 AT 58
Borgo Piano Torre **ME** 188 AZ 56
Borgo Piave **LE** 159 BS 41
Borgo Piave **LT** 129 AM 35
Borgo Picciano **MT** 155 BH 39
Borgo Pietrapizzola **ME** 188 AZ 56
Borgo Pietro Lupo **CT** 202 AW 59
Borgo Pineto **RM** 119 AJ 31
Borgo Pipa **RA** 82 AI 18
Borgo Podgora **LT** 129 AM 34
Borgo Poncarale **BS** 38 W 11
Borgo Ponte **UD** 16 AO 6
Borgo Priolo **PV** 51 P 14
Borgo Quinzio **RI** 120 AL 31
Borgo Redentore **VI** 41 AD 10
Borgo Regalmici **PA** 193 AR 57
Borgo Regio **TO** 48 I 12
Borgo Revel **TO** 49 J 12
Borgo Rinazzo **TP** 182 AK 57
Borgo S. Mara del Soccorso **RM** 119 AK 32
Borgo S. Maria **PU** 89 AL 20
Borgo S. Maria Immacolata **TE** 109 AT 28
Borgo S. Vittore **FC** 82 AI 19
Borgo Sabbioni **FE** 56 AG 14
Borgo Sabotino **LT** 129 AL 35
Borgo Salano **UD** 16 AN 5
Borgo San Cesareo **SA** 152 AZ 40
Borgo San Dalmazzo **CN** 71 F 18
Borgo San Giacomo **BS** 52 U 11
Borgo San Giorgio **FE** 68 AE 15
Borgo San Giovanni **LO** 51 R 12
Borgo San Giovanni **MC** 107 AN 26
Borgo San Giovanni **MC** 98 AO 25
Borgo San Giovanni **ME** 188 AZ 56
Borgo San Giusto **FG** 134 BB 35
Borgo San Lazzaro **SA** 152 AZ 40
Borgo San Lorenzo **FI** 87 AD 20
Borgo San Marco **PD** 55 AD 12
Borgo San Martino **AL** 49 M 13
Borgo San Mauro **UD** 31 AP 7
Borgo San Michele **LT** 138 AM 35
Borgo San Michele **PU** 89 AL 20
Borgo San Pietro **RI** 114 AM 29
Borgo San Pietro **RI** 114 AN 30
Borgo San Siro **PV** 50 O 12
Borgo Santa Margherita **TV** 28 AH 9
Borgo Santa Maria **LT** 129 AL 35
Borgo Santa Maria **MC** 98 AO 25
Borgo Santa Maria **RM** 120 AL 31
Borgo Santa Rita **GR** 104 AD 26
Borgo Santa Rita **RM** 128 AJ 34
Borgo Sant'Agata **IM** 73 J 20
Borgo Sant'Anna **FE** 68 AF 15
Borgo Sant'Anna **VI** 41 AF 9
Borgo Sant'Antonio **MC** 107 AN 26
Borgo Santerno **FI** 81 AD 19
Borgo Saraceno **FE** 68 AE 16
Borgo Schirò **PA** 184 AO 56
Borgo Schisina **ME** 188 AZ 56
Borgo Schisina **ME** 188 AZ 56
Borgo Seganti **RA** 69 AH 16
Borgo Segezia **FG** 135 BB 35
Borgo Segezia **FG** 135 BC 35
Borgo Selva **AN** 90 AO 22
Borgo Serragli **TV** 41 AF 9
Borgo Serraglio **RA** 68 AF 17
Borgo Sisa **RA** 82 AH 18
Borgo Ticino **NO** 35 M 9
Borgo Ticino **PV** 51 P 12
Borgo Tocchet **TV** 29 AJ 8
Borgo Torre Spineto **CS** 171 BI 48
Borgo Tossignano **BO** 81 AE 18
Borgo Val di Taro **PR** 64 T 17
Borgo Valeriani **FE** 68 AE 15
Borgo Valle **VE** 30 AM 9
Borgo Valsugana **TN** 27 AD 7
Borgo Velino **RI** 114 AN 29
Borgo Venusio **MT** 146 BI 39
Borgo Venusio Vecchio **MT** 146 BI 39
Borgo Vercelli **VC** 49 L 11
Borgo Verde **TV** 42 AI 10
Borgo Verdi **PA** 194 AT 57
Borgo Via Nuova **AQ** 121 AP 31
Borgo Vidali **TV** 43 AK 9
Borgo Villa **TV** 29 AJ 8
Borgo Vodice **LT** 138 AN 35
Borgo Zurini **UD** 16 AO 6
Borgoforte **FI** 93 AA 22
Borgoforte **MN** 54 Z 13
Borgoforte **PD** 56 AG 13
Borgofranco d'Ivrea **TO** 34 I 10
Borgofranco sul Po **MN** 55 AC 13
Borgolavezzaro **NO** 50 N 12
Borgomale **CN** 61 J 16
Borgomanero **NO** 35 L 9
Borgomaro **IM** 72 I 20
Borgomasino **TO** 48 I 11
Borgonato **BS** 38 V 10
Borgone **BZ** 4 AE 2
Borgone Susa **TO** 47 E 13
Borgonovo **CN** 61 J 15
Borgonovo **GE** 76 R 17
Borgonovo **LU** 85 Y 20
Borgonovo **PC** 52 U 13
Borgonovo **PR** 53 W 14
Borgonovo **TE** 108 AQ 28
Borgonovo Val Tidone **PC** 51 R 13
Borgonuovo **AR** 88 AG 22
Borgonuovo **AR** 95 AG 24
Borgonuovo **BL** 28 AG 7
Borgonuovo **BO** 80 AC 17
Borgonuovo **BS** 25 W 7
Borgonuovo **CR** 52 U 12
Borgonuovo **PN** 29 AK 8
Borgonuovo **SO** 9 R 6
Borgonuovo **TO** 59 G 14
Borgoratto Alessandrino **AL** 62 M 14
Borgoratto Mormorolo **PV** 51 Q 14
Borgoricco **PD** 42 AG 10
Borgorose **RI** 114 AO 30
Borgosatollo **BS** 38 W 11
Borgosesia **VC** 34 K 9
Borgostorto **PD** 55 AD 13
Borgovecchio **AT** 61 J 14
Borlasca **GE** 62 O 16
Bormida **CN** 74 J 17
Bormida **SV** 74 K 17
Bormio **SO** 11 X 5
Bormio 2000 **SO** 11 X 5
Bormiola **SV** 74 K 17
Bornago **MI** 37 R 10
Bornago **NO** 35 N 10
Bornasco **BI** 34 I 10
Bornasco **PV** 51 Q 12
Bornate **VC** 35 K 9
Bornato **BS** 38 V 10
Borniga **IM** 72 H 19
Bornio **RO** 56 AE 13
Borno **BS** 24 W 8
Borno **TO** 33 E 11
Boroneddu **OR** 217 O 43
Borore **NU** 217 N 42
Borra **PV** 51 P 13
Borrano **TE** 108 AR 27
Borrello **CH** 123 AU 32
Borrello **CH** 124 AV 33
Borrello **PA** 186 AU 56
Borretti **CN** 60 H 15
Borri **FI** 87 AD 22
Borriana **BI** 34 J 10
Borro **AR** 95 AF 22
Borsano **PR** 65 V 16
Borsano **VA** 36 O 10
Borsea **RE** 65 X 16
Borseda **SP** 77 T 18
Borselli **FI** 87 AE 21
Borsellino **AG** 192 AQ 59
Borsigliana **LU** 78 W 18
Borso del Grappa **TV** 28 AF 9
Bortigali **NU** 213 O 42
Bortigiadas **OT** 210 P 38
Bortolacelli **MO** 79 Z 17
Bortolani **BO** 80 AB 17
Bortolotto **SO** 9 R 6
Borutta **SS** 213 N 40
Borzago **TN** 25 Z 7
Borzano **RE** 66 Y 16
Borzano Chiesa **RE** 65 X 16
Borzoli **GE** 75 O 17
Borzonasca **GE** 76 R 17
Bosa **OR** 212 L 42
Bosa Marina **OR** 212 L 42
Bosagro **AV** 151 AW 38
Bosaro **RO** 56 AF 14
Boscagnone **PU** 88 AH 21
Boscarello **CS** 168 BI 46
Boscarini **PN** 29 AL 6
Boscarola **VR** 55 AC 12
Boscarso **BZ** 3 AC 3
Boscazzo **BI** 34 J 10
Boschetta **FE** 55 AC 14
Boschetta **TV** 42 AI 10
Boschetti **MN** 54 Z 14
Boschetti **PD** 55 AE 12
Boschetti **PD** 56 AG 12
Boschetti di Brenta **PD** 41 AF 10
Boschetto **AN** 97 AM 22
Boschetto **AT** 61 J 14
Boschetto **AV** 142 AY 37
Boschetto **BO** 67 AC 16
Boschetto **CR** 52 V 13
Boschetto **CT** 196 AX 56
Boschetto **CT** 195 AY 57
Boschetto **FE** 68 AF 15
Boschetto **LT** 129 AM 33
Boschetto **PD** 56 AG 12
Boschetto **PG** 97 AL 24
Boschetto **PR** 77 T 17
Boschetto **PR** 65 W 16
Boschetto **PV** 50 O 13
Boschetto **PV** 51 P 12
Boschetto **TO** 48 I 12
Boschetto **VE** 29 AL 9
Boschetto **VR** 55 AB 12
Boschetto Vaccheria **CT** 196 AX 56
Boschetto Vecchio **PG** 105 AI 25
Boschi **BO** 80 AA 19
Boschi **BO** 67 AB 15
Boschi **BO** 68 AE 15
Boschi **CN** 60 I 14
Boschi **MO** 79 Y 18
Boschi **PC** 63 R 16
Boschi **PC** 52 U 13
Boschi **PR** 65 V 15
Boschi **PR** 64 V 16
Boschi **PV** 51 Q 13
Boschi **RE** 66 Z 14
Boschi **TO** 47 G 12
Boschi **VR** 54 AB 12
Boschi **VR** 55 AB 13
Boschi di Bardone **PR** 65 V 16
Boschi San Marco **VR** 55 AD 12
Boschi Sant'Anna **VR** 55 AD 12
Boschietto **TO** 33 F 10
Boschietto **TO** 33 F 11
Boschietto **TO** 47 F 11
Boschirolle **VR** 55 AC 12
Boschirolo **CN** 59 E 16
Bosco **AL** 49 K 13
Bosco **BN** 133 AY 35
Bosco **BO** 67 AE 15
Bosco **BS** 39 Y 11
Bosco **CL** 193 AS 59
Bosco **CS** 171 BG 48
Bosco **MN** 54 AA 13
Bosco **PD** 41 AF 11
Bosco **PD** 56 AH 12
Bosco **PG** 96 AJ 25
Bosco **PR** 78 V 17
Bosco **PR** 65 W 16
Bosco **PV** 50 M 12
Bosco **PV** 51 S 13
Bosco **RE** 66 Y 16
Bosco **RE** 66 Z 16
Bosco **RO** 55 AD 13
Bosco **SA** 162 AZ 42
Bosco **SA** 163 BB 43
Bosco **SV** 74 J 18
Bosco **TN** 26 AC 7
Bosco **TN** 27 AD 7
Bosco **TO** 33 G 11
Bosco **TV** 42 AI 10
Bosco **TV** 43 AJ 9
Bosco **VA** 21 M 8
Bosco **VB** 7 K 7
Bosco **VE** 43 AL 9
Bosco **VI** 27 AD 8
Bosco **VR** 40 AB 10
Bosco **VR** 55 AB 11
Bosco **VR** 55 AC 12
Bosco **VR** 55 AC 12
Bosco **VR** 39 Z 11
Bosco Amatello II **CZ** 174 BG 50
Bosco Amatello IV **CZ** 171 BG 50
Bosco Chiesanuova **VR** 40 AB 10
Bosco dei Fichi **AV** 151 AX 38
Bosco di Nanto **VI** 41 AE 11
Bosco di Rossano **MS** 77 T 18
Bosco Ex Parmigiano **CR** 52 V 13
Bosco Fontana **MN** 54 Z 12
Bosco Grande **PZ** 153 BD 39
Bosco Grande **PZ** 154 BE 39
Bosco Grande **RG** 204 AV 61
Bosco I **RC** 176 BE 53
Bosco II **RC** 176 BE 53
Bosco III **RC** 176 BE 53
Bosco Marengo **AL** 62 N 15
Bosco Mesola **FE** 69 AI 14
Bosco Panaro **BN** 142 AX 37
Bosco Piazza **CR** 53 W 13
Bosco Piccolo **PZ** 154 BE 39
Bosco Pisana **RG** 205 AY 63
Bosco San Pietro **AV** 142 AZ 37
Bosco Sant'Elia **AV** 142 AZ 37
Bosco Sant'Ippolito **RC** 179 BF 55
Bosco Torre **AV** 142 AZ 37
Bosco Tosca **PC** 51 R 13
Bosco Valentino **LO** 52 T 12
Bosco Valtravaglia **VA** 22 N 8
Bosco-Arvara **CS** 166 BE 46
Bosco-Belloro **RC** 179 BF 55
Boscochiaro **VE** 57 AH 13
Boscolungo **PT** 79 Z 19
Boscomare **IM** 72 I 20

Boscomatarazzo *AV*	151	AX 38	Bovolone *VR*	55 AB 12

Boscomatarazzo *AV* ...... 151 AX 38
Boscona *SI* ...... 93 AB 23
Boscone *CO* ...... 22 O 9
Boscone Cusani *PC* ...... 52 S 13
Bosconero *TO* ...... 48 H 12
Boscoreale *NA* ...... 151 AV 39
Boscoriva *BZ* ...... 4 AD 3
Bosco-Strisce *RC* ...... 176 BE 53
Boscotrecase *NA* ...... 151 AV 39
Bosentino *TN* ...... 26 AC 7
Boset *AO* ...... 33 G 10
Bosia *CN* ...... 61 J 16
Bosini *PR* ...... 64 S 15
Bosio *AL* ...... 62 N 16
Bosisio Parini *LC* ...... 23 Q 9
Bosmenso Sup. *PV* ...... 63 Q 15
Bosnasco *PV* ...... 51 R 13
Bosplans *PN* ...... 15 AK 6
Bossaneto *SV* ...... 73 J 19
Bossea *CN* ...... 71 I 18
Bossi *SI* ...... 94 AD 23
Bossi Cellaio *AR* ...... 95 AG 23
Bossico *BG* ...... 24 V 9
Bossieta *CN* ...... 72 I 19
Bossola *BI* ...... 34 I 10
Bossolaschetto *CN* ...... 61 J 16
Bossolasco *CN* ...... 61 J 16
Bossoleto *SV* ...... 73 J 19
Botasi *GE* ...... 77 R 17
Botindari *PA* ...... 186 AU 56
Botontano *MC* ...... 98 AO 23
Botricello *CZ* ...... 175 BK 50
Botricello Inf. *CZ* ...... 175 BK 50
Botrugno *LE* ...... 161 BS 43
Botta *BG* ...... 23 S 8
Botta *BG* ...... 37 S 9
Botta *PD* ...... 56 AH 12
Botta *RO* ...... 56 AF 14
Botta *SV* ...... 74 L 17
Botta *SV* ...... 75 L 17
Botta *VE* ...... 56 AH 13
Bottagna *SP* ...... 77 U 19
Bottaiano *CR* ...... 37 T 11
Bottaione *PV* ...... 51 Q 13
Bottanuco *BG* ...... 37 S 10
Bottarolo *PV* ...... 51 Q 13
Bottarone *PV* ...... 51 P 13
Bottazzella *IS* ...... 132 AT 34
Botte *VT* ...... 112 AH 30
Bottega *PU* ...... 89 AL 20
Bottega Nuova *FI* ...... 87 AD 21
Bottega Nuova *MO* ...... 66 AB 16
Bottegaccia *PT* ...... 86 AA 20
Botteghe *CR* ...... 53 V 13
Botteghelle *CT* ...... 202 AW 61
Botteghino di Zocca *BO* ...... 81 AD 17
Bottegone *GR* ...... 103 AB 27
Bottegone *MO* ...... 67 AB 15
Bottegone *PT* ...... 86 AA 20
Bottenicco *UD* ...... 31 AP 7
Bottero *CN* ...... 60 I 16
Botti *AL* ...... 61 L 15
Botti Barbarighe *VE* ...... 56 AH 13
Botticela *PU* ...... 88 AI 20
Botticino *BS* ...... 38 W 10
Botticino *LU* ...... 85 Y 20
Bottidda *SS* ...... 214 P 41
Bottilli *AV* ...... 142 AX 37
Bottinaccio *FI* ...... 86 AB 21
Bottini *TO* ...... 47 G 11
Bottione *PR* ...... 64 U 16
Botto *TR* ...... 105 AH 27
Bottrighe *RO* ...... 57 AH 13
Boury *AO* ...... 34 I 9
Bousson *TO* ...... 46 B 14
Bova *FE* ...... 68 AF 15
Bova *RC* ...... 179 BE 56
Bova *VR* ...... 40 AC 11
Bova Marina *RC* ...... 179 BE 56
Bovalino Marina *RC* ...... 179 BG 55
Bovalino Sup. *RC* ...... 179 BF 54
Bovara *PG* ...... 106 AL 26
Bove Marino *RG* ...... 205 AY 63
Bovecchia *AP* ...... 108 AP 26
Boveglio *LU* ...... 85 Y 20
Bovegno *BS* ...... 25 W 9
Boves *CN* ...... 71 G 18
Boveto *PG* ...... 107 AM 26
Bovezzo *BS* ...... 38 W 10
Bovile *TO* ...... 47 D 14
Boville Ernica *FR* ...... 130 AP 34
Bovina *RO* ...... 56 AG 13
Bovino *FG* ...... 134 BB 36
Bovino *FI* ...... 87 AE 20
Bovisio Masciago *MI* ...... 36 P 10
Bovo Marina *AG* ...... 192 AO 59
Bovolenta *PD* ...... 56 AG 12

Bovolone *VR* ...... 55 AB 12
Bozen / Bolzano *BZ* ...... 13 AD 5
Bozzana *TN* ...... 12 AA 5
Bozzole *AL* ...... 50 M 13
Bozzolo *MN* ...... 53 X 13
Bozzolo *SP* ...... 77 T 18
Bra *CN* ...... 60 I 15
Brabbia *NO* ...... 35 M 9
Bracca *BG* ...... 23 T 9
Braccagni *GR* ...... 103 AB 26
Braccano *MC* ...... 97 AN 24
Bracchiello *TO* ...... 47 F 12
Bracchio *VB* ...... 21 L 8
Bracciano *FC* ...... 82 AH 19
Bracciano *RM* ...... 119 AI 31
Bracciano *SI* ...... 94 AC 23
Bracco *GE* ...... 77 S 18
Bracelli *SP* ...... 77 T 18
Bracigliano *SA* ...... 151 AX 39
Braga *PD* ...... 56 AG 12
Braga *VR* ...... 39 Z 10
Bragioli *CN* ...... 74 J 17
Braglia *RE* ...... 79 X 17
Braglia *RO* ...... 56 AH 14
Braglie *RE* ...... 65 X 16
Bragno *SV* ...... 74 K 17
Braia *MS* ...... 77 U 17
Braia *PR* ...... 65 V 17
Braia *TO* ...... 49 J 13
Braida *CN* ...... 70 F 17
Braida *PZ* ...... 153 BC 39
Braida Bottari *PN* ...... 30 AM 8
Braidacurti *PN* ...... 30 AL 8
Braidi *ME* ...... 188 AZ 55
Braies / Prags *BZ* ...... 5 AH 3
Braila *TN* ...... 26 AA 8
Bralen / Brie *BZ* ...... 13 AD 5
Brallo *AT* ...... 61 K 16
Brallo *PV* ...... 63 Q 15
Bramairate *AT* ...... 61 J 14
Bran *AO* ...... 33 G 9
Brana *PT* ...... 86 AA 20
Branca *PG* ...... 97 AL 24
Brancaglia *VR* ...... 55 AC 13
Brancaleone Marina *RC* .. 179 BF 56
Brancaleone Sup. *RC* ...... 179 BF 56
Brancato *TO* ...... 47 E 14
Brancere *CR* ...... 53 V 13
Brancialino *AR* ...... 88 AH 22
Branco Piccolo *RG* ...... 204 AV 62
Brancon *VR* ...... 54 AB 13
Brandeglio *LU* ...... 85 Y 20
Brandet *BS* ...... 24 W 7
Brandico *BS* ...... 38 V 11
Brandizzo *TO* ...... 47 F 13
Brandizzo *TO* ...... 48 I 12
Branduzzo *PV* ...... 51 P 13
Branzi *BG* ...... 24 T 7
Branzola *CN* ...... 71 H 17
Branzolino *FC* ...... 82 AH 18
Branzoll / Bronzolo *BZ* ...... 13 AC 5
Branzone *PR* ...... 64 U 16
Braone *BS* ...... 25 X 8
Brarola *VC* ...... 49 M 12
Brasi *SV* ...... 75 M 17
Brasse *CN* ...... 59 G 15
Brassi *TO* ...... 48 G 14
Bratta *SO* ...... 10 V 6
Brattirò *VV* ...... 176 BE 52
Bratto *BG* ...... 24 V 8
Bratto *MS* ...... 77 U 17
Braulins *UD* ...... 16 AN 6
Brazzacco *UD* ...... 30 AN 7
Brazzano *GO* ...... 31 AP 8
Brazzolo *FE* ...... 68 AG 14
Brazzova *CO* ...... 23 Q 8
Brazzuoli *CR* ...... 53 V 12
Brè *PR* ...... 53 V 14
Brebbia *VA* ...... 21 M 9
Breccelle *BN* ...... 141 AW 36
Breccelle *IS* ...... 132 AU 34
Breccelle I *AV* ...... 142 AX 38
Breccia *RM* ...... 119 AI 32
Brecciarola *CH* ...... 116 AT 30
Brecciarola *CH* ...... 117 AU 30
Breccione *PG* ...... 96 AI 23
Brecciosa *CB* ...... 133 AW 35
Breda *CR* ...... 52 U 12
Breda *MN* ...... 54 Y 11
Breda *TV* ...... 29 AJ 8
Breda Azzolini *CR* ...... 53 X 13
Breda Cisoni *MN* ...... 53 Y 13
Breda de' Bugni *CR* ...... 52 U 12
Breda di Piave *TV* ...... 42 AI 9
Breda Libera *BS* ...... 53 V 11

Brefaro *PZ* ...... 163 BD 44
Brega *VI* ...... 41 AF 9
Bregagnina *MN* ...... 53 Y 14
Bregalla *IM* ...... 72 H 19
Bregano *VA* ...... 35 N 9
Breganze *PD* ...... 56 AE 12
Breganzina *VI* ...... 41 AE 9
Bregazzana *VA* ...... 22 N 8
Breglia *CO* ...... 23 Q 7
Bregni *AL* ...... 63 P 15
Breguzzo *TN* ...... 25 Z 7
Breia *AV* ...... 64 T 17
Breia *VC* ...... 35 K 9
Brembate *BG* ...... 37 S 10
Brembate di Sopra *BG* ...... 37 S 9
Brembilla *BG* ...... 23 S 9
Brembio *LO* ...... 52 S 12
Breme *PV* ...... 50 M 13
Brendibusio *BS* ...... 25 W 8
Brendola *VI* ...... 41 AD 11
Brenna *CO* ...... 36 Q 9
Brenna *SI* ...... 94 AC 24
Brenna *VA* ...... 21 M 8
Brenner / Brennero *BZ* ...... 4 AE 1
Brennero / Brenner *BZ* ...... 4 AE 1
Brenno Useria *VA* ...... 22 O 8
Breno *BS* ...... 25 W 8
Breno *PC* ...... 51 R 13
Breno *TO* ...... 33 E 11
Brenta *BL* ...... 14 AG 5
Brenta *TN* ...... 27 AC 7
Brenta *VA* ...... 21 N 8
Brentasecca
  Sabbioncello *PD* ...... 42 AG 11
Brentassi *AL* ...... 63 P 15
Brentatori *TO* ...... 47 F 14
Brentelle *TV* ...... 41 AG 9
Brentelle *TV* ...... 42 AG 9
Brentino *VR* ...... 40 AA 10
Brenton *AO* ...... 40 AC 10
Brentonico *TN* ...... 26 AA 9
Brenzeglio *CO* ...... 22 Q 7
Brenzone *VR* ...... 39 Z 9
Breo *CN* ...... 71 H 17

Breolungi *CN* ...... 71 H 17
Breonio *VR* ...... 40 AA 10
Brescello *RE* ...... 65 Y 14
Brescia *BS* ...... 38 W 10
Bresciadega *SO* ...... 9 S 6
Bresciana *PD* ...... 56 AE 12
Bresenara *VR* ...... 54 AB 13
Bresparola *RO* ...... 56 AF 14
Bressa *UD* ...... 30 AN 7
Bressana Bottarone *PV* ...... 51 P 13
Bressani *VI* ...... 41 AF 9
Bressanone / Brixen *BZ* ...... 4 AE 1
Bressanvido *VI* ...... 41 AE 10
Bresso *MI* ...... 36 Q 10
Breuil *AO* ...... 18 D 9
Breuil Cervinia *AO* ...... 19 G 8
Brevia *LO* ...... 52 U 13
Brezza *CE* ...... 140 AT 37
Brezzo *VA* ...... 22 N 8
Briaglia *CN* ...... 71 I 17
Briale *BS* ...... 38 W 9
Briallo *NO* ...... 35 L 9
Brian *VE* ...... 43 AL 10
Briana *VE* ...... 42 AH 10
Briano *BS* ...... 39 Y 9
Brianza *CO* ...... 36 Q 9
Briatico *VV* ...... 174 BF 51
Briavacca *MI* ...... 37 R 11
Bribano *BL* ...... 28 AH 7
Brica *LU* ...... 78 X 18
Bricciana *FI* ...... 87 AD 20
Briccioli *CH* ...... 123 AV 31
Briccioso *IS* ...... 132 AU 33
Bricco *AL* ...... 61 L 16
Bricco *AT* ...... 48 J 13
Bricco *AT* ...... 61 K 14
Bricco *AT* ...... 61 K 14
Bricco Bosetto *AT* ...... 61 K 15
Bricco di Neive *CN* ...... 61 J 15
Bricco Favole *CN* ...... 60 H 16
Bricco Morra *AT* ...... 49 K 14
Briccolino *AT* ...... 49 K 14
Bricerasio *TO* ...... 59 E 15
Bricherasio *TO* ...... 59 E 15
Brie / Bralen *BZ* ...... 13 AD 5
Brieis *CN* ...... 58 D 17
Brienno *CO* ...... 22 P 8

Brienza *PZ* ...... 153 BC 41
Briga *ME* ...... 189 BB 55
Briga Marina *ME* ...... 189 BB 55
Briga Novarese *NO* ...... 35 L 9
Brignano *AL* ...... 63 P 15
Brignano Gera d'Adda *BG* 37 S 10
Brigneta *SV* ...... 74 J 18
Brignole *GE* ...... 63 R 16
Brigola *BO* ...... 80 AC 18
Brigoli *VE* ...... 44 AN 9
Brillante *TO* ...... 59 G 14
Brilli *MC* ...... 107 AO 25
Brindisi *BR* ...... 148 BQ 40
Brindisi Montagna *PZ* ...... 154 BE 40
Brinzio *VA* ...... 22 N 8
Briona *NO* ...... 35 L 10
Brione *BG* ...... 38 U 9
Brione *CN* ...... 58 D 16
Brione *TN* ...... 25 Y 8
Brione *TO* ...... 47 F 13
Briosco *MI* ...... 36 Q 9
Brische *TV* ...... 29 AK 9
Brischis *UD* ...... 17 AP 6
Brisighella *RA* ...... 81 AF 18
Brissago Valtravaglia *VA* .. 22 N 8
Brissogne *AO* ...... 33 F 9
Bristie *TS* ...... 31 AR 9
Brittoli *PE* ...... 116 AS 30
Brivadi *VV* ...... 176 BE 52
Brivio *LC* ...... 37 R 9
Brixen / Bressanone *BZ* ...... 4 AE 3
Brizzolara *GE* ...... 76 R 17
Broccaro *PG* ...... 97 AL 24
Brocco *FR* ...... 131 AQ 33
Broccostella *FR* ...... 131 AQ 33
Brogliano *VI* ...... 41 AD 10
Broglie *VR* ...... 39 Y 11
Brognaturo *VV* ...... 174 BH 52
Brolazzo *MN* ...... 54 Z 12
Brolio *AR* ...... 95 AG 24
Brollo *FI* ...... 87 AD 22
Brolo *ME* ...... 188 AX 55
Brolo *RE* ...... 78 X 17
Brolo *VB* ...... 21 L 8
Brolpasino *CR* ...... 53 W 13
Brombolo *CS* ...... 166 BE 46

Brondello *CN* ...... 59 F 16
Brondoleto *MC* ...... 97 AN 24
Brondolo *VE* ...... 57 AI 12
Broni *PV* ...... 51 Q 13
Bronte *CT* ...... 196 AY 57
Bronzacco *UD* ...... 16 AN 6
Bronzo *PU* ...... 89 AK 21
Bronzola *PD* ...... 42 AG 10
Bronzolo / Branzoll *BZ* ...... 13 AC 5
Brossa *TO* ...... 60 I 14
Brossasco *CN* ...... 59 F 16
Brosso *TO* ...... 34 H 11
Brovello *VB* ...... 21 M 8
Brovida *SV* ...... 74 K 17
Broz *BL* ...... 29 AJ 7
Broni *PV* ...... 51 Q 13
Brozzo *BS* ...... 38 W 9
Bruca *CS* ...... 166 BD 45
Bruca *TP* ...... 183 AL 56
Brucciano *LU* ...... 79 X 19
Brucciano *SI* ...... 94 AC 24
Brucianesi *FI* ...... 86 AB 21
Bruciate *PZ* ...... 153 BD 39
Bruciati *AT* ...... 61 L 15
Brucoli *SR* ...... 203 BA 60
Bruera *TO* ...... 47 F 13
Bruere *TO* ...... 47 G 13
Brugai *BG* ...... 24 V 8
Brugaro *VC* ...... 21 K 8
Brugarolo *LC* ...... 37 R 9
Brugazzo *MI* ...... 36 Q 9
Bruggi *AL* ...... 63 Q 15
Brughiera *BG* ...... 37 S 9
Brughiera *CO* ...... 22 O 9
Brughiera *VA* ...... 36 Q 9
Brugine *PD* ...... 56 AG 12
Brugna *AL* ...... 50 O 14
Brugnato *SP* ...... 77 T 18
Brugnera *PN* ...... 29 AK 8
Brugneto *PC* ...... 63 R 15
Brugneto *PV* ...... 63 Q 14
Brugneto *RE* ...... 54 Z 14
Brugnetto *AN* ...... 90 AN 22
Brugnolo *CR* ...... 53 Y 13
Brugnoni *GE* ...... 63 Q 17

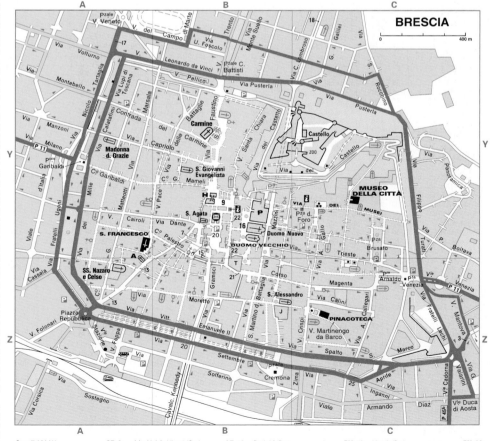

BRESCIA

0 — 400 m

Castellini (V. N.) .... CZ 3
Fratelli Porcellaga (V.) .... BY 7
Loggia (Pza della) .... BY 9
Martiri della Libertà (Cso) .... AZ 13
Mercato (Pza del) .... BY 15
Palestro (Cso) .... BY
Paolo VI (Pza) .... BY 16
Pastrengo (V.) .... AY 17
S. Crocifissa di Rosa (V.) .... CY 18
Vittoria (Pza) .... BY 20
Zanardelli (Cso) .... BZ 21
10 Giornate (V. delle) .... BY 22

BRINDISI

Amena (V.) .... Y 4
Annunziata (V.) .... Y 6
Betolo (V.) .... Z 9
Cappellini (V.) .... Z 15
Cittadella (V.) .... Y 19
Colonne (V.) .... Y 21
Commenda (Viale) .... Z 22

De Marco (V. C.) .... Z 24
Garibaldi (Cso) .... Y
Madonna della Neve
  (V.) .... Y 31
Madonna della Scala (V.) .... Z 33
Matteotti (Pza) .... Y 39
Montenegro (V.) .... Y 40
Osanna (V.) .... Z 42
Pozzo Traiano (V.) .... Z 47
Provinciale San Vito (V.) .... Y 48

Regina Margherita
  (Lungomare) .... Y 49
Santi (V.) .... Y 60
Sauro (V. Nazario) .... Z 61
S. Barbara (V.) .... Y 54
S. Dionisio (V.) .... Y 55
S. Margherita (V.) .... Y 58
Tarantini (V.) .... Y 64
Tunisi (V.) .... Y 69
Umberto I (Cso) .... YZ

Colonna Romana .... Y A

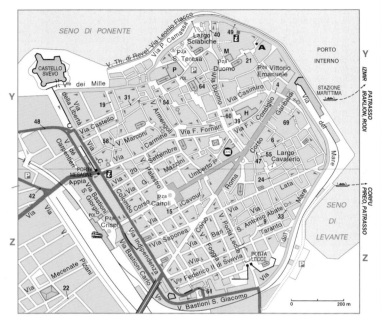

Bruil *AO* 32	D 10	Bucaferrara *PU* 89	AL 21
Bruino *TO* 47	F 13	Bucaletto *PZ* 154	BE 40
Brulin *AO* 32	D 9	Buccaram di Sopra *TP* 190	AG 63
Brumano *BG* 23	S 8	Buccella *PV* 50	O 11
Bruna *PG* 106	AL 27	Buccerio *VV* 174	BG 51
Bruna *TN* 29	AJ 8	Buccheri *SR* 202	AY 61
Brunate *CO* 22	P 9	Bucchi *KR* 173	BL 48
Bruncu Teula *CI* 224	L 49	Bucchianico *CH* 116	AU 30
Bruneck / Brunico *BZ* 5	AG 3	Buccino *FC* 88	AH 20
Brunelli *PR* 64	T 16	Buccino *BN* 141	AW 37
Brunello *VA* 35	N 9	Buccino *PI* 85	Z 22
Brunetta *PG* 96	AJ 24	Bucciano *UD* 31	AO 8
Bruni *CN* 60	I 17	Bucciano *SI* 94	AD 24
Bruni *PC* 63	R 15	Buccieri *PE* 116	AT 29
Bruni *TN* 26	AB 9	Bucine *AR* 95	AE 23
Brunico / Bruneck *BZ* 5	AG 3	Bucine *LU* 84	X 20
Bruno *AT* 61	L 15	Bucita *CS* 170	BF 47
Bruntino *BG* 37	S 9	Bucito *CS* 167	BF 46
Brusa del Plan *TO* 46	C 14	Buda *BO* 68	AF 16
Brusadaz *BL* 14	AH 5	Buda *CS* 170	BF 48
Brusadure *PD* 56	AG 12	Buda *PG* 107	AN 28
Brusago *TN* 27	AC 6	Buddusò *OT* 214	Q 40
Brusaporto *BG* 37	T 9	Budino *PG* 106	AK 26
Brusasca *AL* 49	K 13	Budò *OT* 211	S 39
Brusaschetto *AL* 49	K 12	Budoia *PN* 29	AK 7
Brusasco *TO* 49	J 13	Budoni *NU* 211	T 39
Brusatasso *MN* 54	Z 14	Budrie *BO* 67	AC 16
Bruscarolo *SP* 77	U 18	Budrio *BO* 67	AE 16
Bruschi *PR* 77	S 17	Budrio *RA* 81	AE 18
Brusciana *NA* 114	AN 38	Budrio *RA* 82	AG 17
Brusciano *RI* 114	AN 30	Budrio *RE* 66	Z 15
Bruscoli *FI* 80	AC 19	Budrione *MO* 66	AA 15
Brusegana *PD* 41	AG 11	Bueggio *BG* 24	V 8
Brusimpiano *VA* 22	O 8	Bueriis *UD* 16	AO 6
Brusino *TN* 26	AA 8	Bufalara *CB* 124	AX 32
Brusnengo *BI* 34	K 10	Bufali *RO* 56	AG 13
Bruso *VE* 57	AH 12	Bufaloria *MT* 165	BJ 42
Brussa *VE* 44	AM 10	Bufalotta *RM* 119	AK 32
Brusson *AO* 33	H 9	Bufana *ME* 188	AX 55
Bruzolo *TO* 47	E 13	Bufeto *MC* 97	AM 24
Bruzzano Vecchio *RC* 179	BF 55	Buffa *TO* 47	F 13
Bruzzano Zeffirio *RC* 179	BF 55	Buffalora *BS* 38	W 11
Bruzzelle *LO* 52	T 13	Buffoluto *TA* 157	BM 41
Bruzzetti *PC* 64	S 15	Buffone *ME* 187	AW 55
Bruzzi *PC* 64	S 15	Bufolaria *PZ* 144	BD 39
Bubano *BO* 81	AF 17	Bugano *VI* 41	AE 11
Bubbiano *MI* 50	P 12	Bugeber *TP* 190	AG 63
Bubbio *AT* 61	K 16	Buggerru *CI* 220	L 47
Bubegno *CO* 22	P 7	Buggiana *FC* 88	AG 20
		Buggiano *PG* 107	AM 26

Buggiano *PT* 85	Z 20	Burago di Molgora *MI* 37	R 10
Buggina *LU* 79	X 19	Burana *FE* 55	AD 14
Buggio *IM* 72	H 20	Burano *BO* 81	AD 17
Buggiolo *CO* 22	P 7	Burano *CO* 23	R 6
Bugiallo *CO* 23	R 6	Burano *RE* 78	X 17
Bugiana *AR* 95	AF 23	Burano *VE* 43	AJ 11
Bugliaga *VB* 7	K 6	Burattini *AN* 91	AQ 22
Buglio in Monte *SO* 23	T 6	Burcei *CA* 222	R 47
Bugnara *AQ* 122	AS 31	Burchio *FI* 87	AD 21
Bugnate *NO* 35	L 9	Burdini *TO* 47	F 14
Bugnins *UD* 30	AM 8	Bure *VR* 40	AA 10
Bugno *RO* 55	AC 13	Burello *AN* 90	AN 22
Bugo *MI* 50	O 11	Buretto *CN* 60	H 16
Buguggiate *VA* 36	N 9	Burgeis / Burgusio *BZ* 2	Y 3
Buia *UD* 16	AN 6	Burgio *AG* 192	AO 58
Buiano *AR* 87	AF 21	Burgio *SR* 205	AZ 63
Buillet *AO* 32	E 9	Burgos *SS* 213	O 41
Builon *UD* 16	AO 6	Burgstall / Postal *BZ* 12	AC 4
Buisson *AO* 19	G 8	Burgugliarito *SR* 203	AZ 60
Bulciano *AR* 88	AH 21	Burgusio / Burgeis *BZ* 2	Y 3
Bulera *PI* 93	AA 24	Buriano *GR* 103	AA 26
Bulgaria *FC* 82	AI 19	Buriasco *TO* 59	F 14
Bulgarnò *FC* 82	AJ 19	Burligo *BG* 37	S 9
Bulgarograsso *CO* 36	P 9	Burolo *TO* 34	I 11
Bulgorello *CO* 36	P 9	Buroni *SS* 209	O 38
Buliciano *SI* 93	AB 23	Buronzo *VC* 34	K 11
Bulla *BZ* 13	AE 4	Burraitofio *AG* 199	AR 60
Bulliana *BI* 34	J 10	Burrasca *OT* 211	S 39
Bultei *SS* 214	P 41	Burzanella *BO* 80	AB 18
Bulzi *SS* 209	N 38	Busa *BG* 37	T 9
Bundschen / Ponticino *BZ* 13	AD 4	Busa *GE* 62	N 17
Buodano *AV* 142	AZ 36	Busa *MN* 54	AB 13
Buonabitàcolo *SA* 163	BC 42	Busa *TV* 42	AI 10
Buonacompra *FE* 67	AD 15	Busa *VI* 27	AE 8
Buonacquisto *TR* 114	AL 28	Busachi *OR* 217	O 43
Buonalbergo *BN* 142	AY 36	Busalla *GE* 62	O 16
Buonanotte *TO* 59	E 14	Busana *RE* 78	W 17
Buoncammino *OG* 219	S 45	Busano *TO* 48	G 12
Buonconvento *SI* 94	AD 25	Busatica *MS* 77	U 18
Buonfornello *PA* 185	AR 56	Busatti *VI* 26	AC 8
Buongarzone *CH* 117	AV 30	Busatto *VE* 43	AI 10
Buongianni *CS* 164	BE 44	Busca *CN* 59	F 16
Buongiorno *NA* 150	AT 38	Busca *PV* 51	Q 13
Buonopane *NA* 150	AS 39	Buscar *VI* 27	AD 8
Buonriposo *EN* 194	AU 58	Buscarella *PV* 50	O 13
Buonriposo *PI* 93	Z 23	Buscate *MI* 36	N 10
Buonvicino *CS* 166	BE 45	Busche *BL* 28	AG 7
Buoro *VE* 57	AH 13	Busche *PG* 97	AL 24
Buotano *PG* 97	AK 23	Buschi *PV* 50	P 13
		Busci *AQ* 114	AO 28
		Busco *TV* 28	AI 9
		Busco *TV* 43	AK 9
		Busco *TV* 57	AH 13
		Buscoldo *MN* 54	Z 13
		Busei *AQ* 121	AQ 31
		Buseto Palizzolo *TP* 183	AL 55
		Buseto Sup. *TP* 183	AL 55
		Busi *CN* 61	J 15
		Busiago *PD* 41	AG 10
		Busnago *MI* 37	R 10
		Buso *RO* 56	AG 13
		Buso Borella *RO* 56	AG 13
		Busona *SI* 94	AC 23
		Busonengo *VC* 35	K 11
		Busovecchio *RO* 56	AF 13
		Bussacchetti *MN* 54	Z 11
		Bussana *IM* 72	I 21
		Bussana Vecchia *IM* 72	H 20
		Bussero *MI* 37	R 10
		Bussero *TV* 42	AG 9
		Bussi sul Tirino *PE* 116	AR 30
		Busso *CB* 133	AW 34
		Bussolengo *VR* 40	AA 11
		Bussoleno *TO* 47	D 13
		Bussoleto *TO* 48	G 13
		Bussonico *AP* 108	AP 26
		Busta *TV* 42	AG 9
		Bustighera *MI* 37	R 11
		Busto Arsizio *VA* 36	O 10
		Busto Garolfo *MI* 36	O 10
		Butera *CL* 200	AU 60
		Buthier *AO* 19	E 9
		Buti *PI* 85	Y 21
		Butino *PG* 107	AM 28
		Butiotti *TO* 48	G 12
		Butteri *TE* 108	AQ 28
		Buttapietra *VR* 54	AB 11
		Buttigliera Alta *TO* 47	F 13
		Buttigliera d'Asti *AT* 48	I 13
		Buttogno *VB* 7	L 7
		Buttoli *FI* 80	AC 19

Buttrio *UD* 31	AP 7	Ca'de Pinci *MN* 53	X 12
Buturo *CZ* 171	BI 49	Ca'de Quinzani *CR* 53	V 13
Buxonera *CA* 226	P 48	Ca'de Soresini *CR* 53	W 13
Buyzzi *RC* 177	BG 53	Ca'de Staoli *CR* 53	V 13
Buzzacarina *PD* 55	AE 12	Ca'de Stefani *CR* 53	V 12
Buzzo *VC* 34	I 9	Ca'de Varani *CR* 53	W 13
Buzzo *VC* 20	J 8	Ca'de Zecchi *LO* 51	R 12
Buzzò *PR* 77	T 17	Cadecoppi *MO* 67	AC 15
Buzzoletto *MN* 54	Y 14	Ca'degli Oppi *VR* 55	AB 12
By *AO* 19	E 8	Cadegliano *VA* 22	O 8
		Ca'del Bosco *LO* 52	S 12
C		Ca'del Costa *BO* 80	AC 19
		Ca'del Ferro *VR* 55	AB 12
C. Sarais *VS* 221	N 47	Ca'del Fosso *PV* 51	Q 14
Ca' Mora *RO* 57	AI 14	Ca'del Monte *VA* 22	O 8
Ca'Agostini *PU* 90	AM 21	Ca'del Vento *PU* 88	AI 20
Ca'Angeletti *PU* 88	AI 20	Ca'del vescovo *UD* 31	AO 9
Ca'Angelino *PU* 89	AK 21	Cadelbosco di Sopra *RE* 66	Y 15
Ca'Antonio *PU* 89	AK 21	Cadelbosco di Sotto *RE* 66	Y 15
Ca'Baldone *PU* 88	AI 20	Cadelfoglia *BG* 23	S 9
Ca'Barbaro *TV* 42	AI 10	Ca'della Terra *PV* 51	Q 12
Ca'Bardaia *PU* 88	AI 20	Cadelmonte *PC* 63	R 15
Ca'Basse *PC* 51	R 13	Cadenabbia *CO* 23	Q 8
Ca'Bastianelli *AR* 88	AI 21	Cadeo *PC* 52	T 14
Cabatarcio *PU* 88	AH 21	Caderzone *TN* 26	Z 7
Ca'Bazzone *BO* 81	AD 17	Cadetto Inf. *BR* 148	BO 40
Cabbia *AQ* 114	AO 29	Ca'd'Eusepio *PU* 97	AL 22
Cabbiano *AP* 108	AR 26	Ca'di David *VR* 40	AA 11
Cabella Ligure *AL* 63	P 15	Ca'di Giannasi *MO* 79	Y 18
Cabelle *MO* 66	AB 16	Ca'di Giulietta *BO* 80	AC 18
Cabelli *FC* 87	AG 20	Ca'di Landino *BO* 80	AC 19
Cabernardi *AN* 97	AM 22	Ca'di Lanzo *VC* 20	I 9
Ca'Bertacchi *RE* 66	Y 16	Ca'di Lugo *VR* 68	AG 17
Ca'Bertello *PU* 88	AI 20	Ca'di Macici *VR* 40	AB 11
Cabia *UD* 16	AN 5	Ca'di Malanca *RA* 81	AE 19
Cabiana *BS* 39	Y 10	Ca'di Sola *MO* 66	AA 16
Ca'Bianca *AL* 62	O 15	Ca'di Tosti *MC* 98	AN 23
Ca'Bianca *BG* 24	T 7	Ca'di Vico *PU* 88	AI 20
Ca'Bianca *BS* 25	W 8	Cadibona *SV* 74	L 17
Ca'Bianca *CO* 23	Q 7	Cadignano *BS* 53	V 11
Ca'Bianca *FE* 68	AG 14	Cadignano *MO* 79	Z 18
Ca'Bianca *MO* 67	AC 15	Cadignano *RE* 79	Y 17
Ca'Bianca *PD* 56	AF 13	Cadilana *LO* 51	S 12
Ca'Bianca *PV* 50	M 12	Cadimarco *BS* 53	X 12
Ca'Bianca *VI* 41	AD 9	Cadin di Sopra *BL* 14	AH 4
Cabianco *BS* 39	X 10	Cadine *TN* 26	AB 7
Cabiano *AP* 108	AR 26	Cadipietra / Steinhaus *BZ* 5	AG 2
Cabiate *CO* 36	Q 9	Cadiroggio *RE* 66	Z 16
Caboara *PR* 64	T 16	Cadirossi *GR* 104	AE 27
Ca'Bortolucci *MO* 79	Z 17	Ca'Doffin *VI* 41	AF 9
Cabrana *SS* 209	O 39	Ca'Dolfin *RO* 57	AJ 14
Cabras *OR* 216	M 44	Cadoneghe *PD* 42	AG 11
Ca'Bredo *PD* 57	AH 12	Cadorago *CO* 36	P 9
Ca'Briani *VE* 57	AH 13	Cadossa *SV* 74	K 18
Cabriolo *PR* 65	V 14	Cadria *BS* 25	Y 9
Cabrozzo *BG* 37	S 9	Cadrezzate *VA* 35	M 9
Ca'Cappellino *RO* 57	AI 14		
Ca'Cappello *RO* 57	AI 13	Ca'Emo *RO* 56	AG 13
Caccamo *PA* 185	AQ 56	Caerano di San Marco *TV* 42	AH 9
Caccamo sul Lago *MC* 98	AO 25	Cafaggio *LI* 92	X 23
Caccamone *TA* 146	BK 39	Cafaggio *PI* 85	AB 20
Cacce *SS* 167	BG 46	Cafaggio *PO* 86	AB 20
Cacchiamo *EN* 194	AU 57	Cafaggiolo *FI* 86	AC 20
Cacchiano *SI* 94	AD 23	Ca'Falier *TV* 42	AH 9
Caccia al Piano *LI* 93	Y 24	Cafaro *CS* 166	BF 46
Cacciana *NO* 35	L 10	Cafasse *TO* 47	G 12
Cacciano *AN* 97	AM 24	Cafasso *SA* 152	AZ 41
Cacciano *AR* 95	AF 23	Caferi *ME* 188	AY 55
Cacciano *BN* 142	AW 37	Ca'Ferrari *RE* 78	X 17
Cacciano *PG* 106	AJ 26	Caffaraccia *PR* 64	T 16
Caccianova *CS* 167	BH 45	Caffarena *GE* 63	Q 16
Cacciarasca *PR* 77	S 17	Cafone *NA* 150	AT 38
Cacciola *CS* 166	BE 46	Ca'Francescone *PU* 88	AI 20
Cacciola *RE* 66	Z 16	Ca'Frizzo *PD* 41	AF 10
Caccivio *CO* 36	O 9	Ca'Fulvi *PU* 90	AM 22
Caccuri *KR* 172	BJ 48	Ca'Gaiotto *VA* 43	AL 9
Cacoe *SS* 170	BG 48	Ca'Gallo *PU* 89	AK 21
Ca'Corner *VE* 43	AJ 10	Ca'Gentili *PG* 105	AI 25
Ca'Corniani *VE* 43	AM 10	Caggiano *SA* 153	BB 40
Ca'Cottoni *VE* 43	AL 10	Caggio di Mezzo *SI* 94	AC 24
Ca'da La Voleca *RM* 120	AM 33	Ca'Giovaccolo *PU* 89	AK 22
Cadagnolo *MO* 79	Y 18	Ca'Giovannino *PU* 89	AJ 21
Ca'd'Andrea *CR* 53	W 13	Cagli *PU* 89	AK 22
Cadarese *VB* 7	L 6	Cagliano *BI* 34	J 11
Caddo *VB* 7	K 7	Cagliano *LC* 37	R 9
Cadè *MN* 54	AA 13	Cagliari *CA* 226	P 48
Cadè *RE* 65	Y 15	Cagliari *TN* 12	AA 5
Ca'de Bonavogli *CR* 53	W 13	Cagliastro *CT* 202	AW 61
Ca'de Caggi *CR* 53	W 13	Caglieglia *MS* 78	W 19
Ca'de Corti *CR* 53	W 13	Caglio *CO* 23	Q 8
Ca'de Fabbri *BO* 67	AD 16	Cagnano *PG* 96	AH 23
Ca'de Gatti *CR* 53	W 13	Cagnano *SI* 94	AC 23
Ca'de' Mari *CR* 53	V 13		
Ca'de Novelli *CR* 53	W 13		

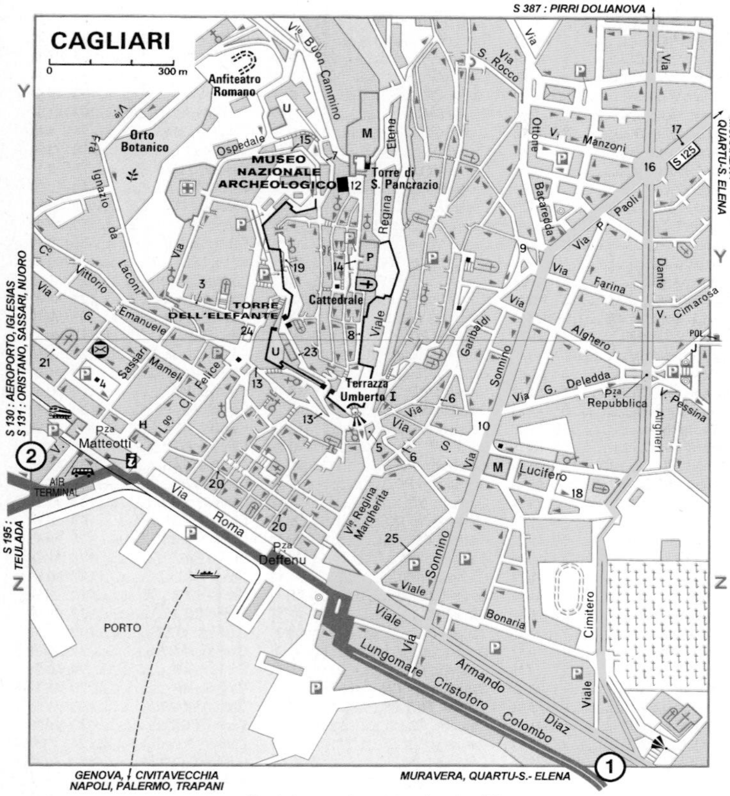

CAGLIARI
0
300 m
S 387 : PIRRI DOLIANOVA
MURAREVA QUARTU-S. ELENA
S 130 : AEROPORTO, IGLESIAS
S 131 : ORISTANO, SASSARI, NUORO
S 195 : TEULADA
Orto Botanico
Anfiteatro Romano
MUSEO NAZIONALE ARCHEOLOGICO
Torre di S. Pancrazio
TORRE DELL'ELEFANTE
Cattedrale
Terrazza Umberto I
Pza Matteotti
AIR TERMINAL
Pza Deffenu
Pza Repubblica
PORTO
Via Roma
Viale Bonaria
Lungomare Cristoforo Colombo
GENOVA, CIVITAVECCHIA NAPOLI, PALERMO, TRAPANI
MURAVERA, QUARTU-S.- ELENA

Circolazione regolamentata nel centro città

Azuni (V.) Y 3
Carlo Felice (Largo) Z
Carmine (Pza) Z 4
Costituzione (Pza) Z 5
D'Arborea (V. E.) Z 6
Fiume (V.) Y 7
Fossario (V.) Y 8
Garibaldi (Pza) Y 9
Gramsci (Pza) Z 10
Indipendenza (Pza) Y 12
Manno (V. G.) Z 13
Martini (V.) Y 14
Porceli (V.) Y 15
Roma (V.) Z
Sardegna (V.) Z 20
S. Benedetto (Pza) Y 16
S. Benedetto (V.) Y 17
S. Cosimo (Pza) Z 18
S. Croce (V.) Y 19
Trieste (Viale) Z 21
Università (V.) Z 23
Yenne (Pza) Y 24
20 Settembre (V.) Z 25

Cagnano **VI** 55 AD 12
Cagnano Amiterno **AQ** 114 AO 29
Cagnatico **BS** 39 X 10
Cagni **BN** 141 AW 37
Cagno **CO** 22 O 9
Cagno **CS** 171 BI 48
Cagnò **TN** 12 AB 5
Cagnola **PD** 56 AG 12
Cagnoletti **SO** 10 U 6
Cagnoli **BG** 24 T 8
Ca'Gostino **PU** 89 AJ 20
Ca'Grignella **RO** 57 AH 13
Caia Borsa **BN** 133 AW 35
Caianello **CE** 140 AT 36
Caiano **AR** 87 AE 21
Caiano **SA** 151 AW 39
Caiano **TE** 108 AQ 28
Caiazzano **SA** 153 BC 42
Caiazzo **CE** 141 AV 36
Caicaccia **PU** 97 AL 22
Caicambiucci **PG** 96 AK 23
Caicchia **BN** 133 AW 36
Caidate **VA** 35 N 9
Cailina **BS** 38 W 10
Caimarini **PU** 96 AK 23
Caimariotti **PG** 96 AK 23
Caimercati **PU** 96 AK 22
Càines / Kuens **BZ** 3 AC 3
Caino **BS** 38 W 10
Caino **CO** 23 R 7
Caioletto **PU** 88 AI 21
Caiolo **SO** 24 T 7
Caionvica **BS** 38 W 10
Caira **FR** 131 AR 34
Cairano **AV** 143 BB 38
Cairate **VA** 36 O 9
Caire **CN** 60 H 15
Cairo **PU** 89 AM 21
Cairo **PV** 50 N 13
Cairo Montenotte **SV** 74 K 17
Caivano **NA** 141 AU 38
Caivano **PZ** 153 BD 39
Caivola **PU** 90 AM 21
Cal Monte **PU** 89 AK 21
Cala Bitta **OT** 210 R 37
Cala Caterina **CA** 227 S 49
Cala Creta **AG** 191 AK 70
Cala di Volpe **OT** 211 S 37
Cala d'Oliva **SS** 208 L 37
Cala Francese **AG** 191 AK 71
Cala Francese **OT** 207 R 36
Cala Girgolu **NU** 211 T 38
Cala Gonone **NU** 215 S 42
Ca'la Lagia **PU** 89 AK 21
Cala Liberotto **NU** 215 T 41
Cala Moresca **GR** 110 AB 29
Cala Mosca **CA** 226 P 48
Ca'la Ninetta **PU** 89 AK 21
Cala Paradiso **NU** 211 T 38
Ca'la Petra **PU** 88 AI 21
Cala Pianorum **RM** 119 AI 31
Cala Piccola **GR** 110 AB 29
Cala Pira **CA** 227 S 48
Cala Rossa **PA** 183 AN 55
Cala Sinzias **CA** 227 S 48
Cala Suaraccia **NU** 211 T 38
Ca'Labaglia **PU** 89 AL 21
Calabernardo **SR** 205 AZ 62
Ca'Labia **VE** 57 AH 13
Calabrese **BR** 148 BN 39
Calabricata **CZ** 175 BJ 50
Calabricito **CE** 141 AV 37
Calabrina **FC** 82 AI 18
Calabritto **AV** 152 BA 39
Calabritto **CE** 131 AS 35
Calabro **CS** 166 BE 46
Calabrò **ME** 188 AY 55
Calabrò **PA** 194 AT 57
Calafatoni **VV** 176 BE 52
Calafuria **LI** 92 W 23
Calaggio **AV** 143 BB 37
Ca'Lagostina **PU** 89 AK 22
Calalzo di Cadore **BL** 15 AJ 5
Calamaci **RC** 178 BD 55
Calamandrana **AT** 61 L 15
Calamante **MC** 98 AP 23
Calamari **PT** 85 Z 20
Calambrone **PI** 84 W 22
Calamecca **PT** 85 Z 20
Calamia **CS** 168 BH 46
Calamita Vecchia **TP** 190 AK 57
Calamonaci **AG** 192 AO 58
Calanchi **RG** 205 AY 62
Calandrone **MI** 37 R 11
Calangianus **OT** 210 Q 38
Calanna **RC** 178 BD 54
Calaone **PD** 56 AE 12
Calariccia **PU** 89 AJ 21
Calasca-Bannio-Anzino **VB** 20 J 8
Calascibetta **EN** 194 AU 58
Calascio **AQ** 115 AR 30
Calasetta **CI** 224 L 49
Calasmita **RC** 177 BG 53
Calassiti **FR** 131 AQ 34
Calatabiano **CT** 197 BA 57
Calatafimi **TP** 183 AM 56
Ca'Latis **RO** 69 AJ 14
Calavà **ME** 188 AY 54
Calavino **TN** 26 AA 7
Calazzotto **CH** 123 AU 31
Calbenzano **AR** 88 AG 22
Calbi **AR** 95 AG 23
Calboli **FC** 82 AG 19
Calcaferro **LU** 84 W 20
Calcara **BO** 67 AB 16
Calcara **MC** 107 AN 26
Calcara **VI** 41 AD 10
Calcare **ME** 189 BB 56
Calcarella **CB** 133 AW 34
Calcariola **RI** 114 AM 29
Calcarole **VR** 40 AA 10
Calcarone **AV** 142 AY 38
Calcarone **ME** 189 BA 54
Calcata **RM** 113 AJ 30
Calcata Vecchia **RM** 113 AJ 30
Calcerame **PA** 184 AO 55
Calcerana-Marina **CT** 195 AY 57
Calceranica al Lago **TN** 26 AC 7
Calchera Frontale **BG** 23 S 9
Calchesio **CN** 58 E 16
Calci **PI** 85 Y 21
Calciano **MT** 154 BG 40
Calcificio Falcone **FG** 126 BB 33
Calcina **MC** 97 AN 25
Calcinaia **FI** 86 AC 22
Calcinaia **GE** 76 Q 17
Calcinaia **PI** 85 Y 21
Calcinara **GE** 76 P 17
Calcinara **PC** 51 R 13
Calcinate **BG** 37 T 10
Calcinate del Pesce **VA** 22 N 9
Calcinatello **BS** 39 X 11
Calcinato **BS** 39 X 11
Calcinelli **PU** 90 AM 21
Calcinere **CN** 59 E 15
Calcini **AT** 49 L 14
Calcio **BG** 38 U 10
Calcione **AR** 95 AF 24
Calciurro **PU** 89 AK 21
Calco **LC** 37 R 9
Calco Sup. **LC** 37 R 9
Calda **PZ** 164 BE 43
Caldamura **VR** 55 AD 11
Caldana **GR** 103 AA 26
Caldana **LI** 102 Y 25
Caldana **VA** 21 N 8
Caldane **CN** 58 D 16
Caldarani **CE** 132 AT 36
Caldarella **RC** 177 BI 53
Caldarello **MC** 98 AP 25
Caldaro / Kaltern **BZ** 12 AC 5
Caldarola **MC** 98 AO 25
Caldarola **PC** 63 R 14
Caldasio **AL** 61 L 16
Caldè **VA** 21 N 8
Caldeddu **SS** 209 N 38
Calderano **TV** 29 AK 8
Calderara **IM** 72 I 19
Calderara di Reno **BO** 67 AC 16
Calderino **BO** 67 AC 17
Caldes **TN** 12 AA 5
Caldiero **VR** 40 AC 11
Caldine **FI** 86 AC 20
Caldirola **AL** 63 P 15
Caldogno **VI** 41 AE 10
Caldonazzo **TN** 27 AC 8
Caldonazzo **VI** 41 AE 10
Caldopiano **CS** 170 BF 47
Calea **TO** 34 H 11
Caleipo **BL** 28 AI 7
Calella **CS** 170 BF 49
Calendano **BA** 137 BH 37
Calendasco **PC** 52 S 13
Calendini **CS** 170 BG 48
Calenzano **FI** 86 AB 20
Calenzano **PC** 63 S 15
Calenzano **PI** 86 AA 21
Caleppio **MI** 37 R 11
Ca'Lepri **PU** 90 AM 20
Caleri **RO** 57 AI 13
Calerno **RE** 65 X 15
Calestano **PR** 65 V 16
Caletta **LI** 92 X 23
Calevace **RC** 179 BG 54
Calgaretto **UD** 16 AM 4
Calghera **PV** 63 Q 14
Cali **CT** 197 BA 58
Cali **RG** 204 AW 62
Caliato **AG** 198 AQ 60
Calice **PR** 64 S 16
Calice **VB** 7 K 7
Calice al Cornoviglio **SP** 77 U 18
Calice Ligure **SV** 74 K 18
California **BL** 14 AG 6
Caligiana **PG** 96 AI 24
Calignano **PV** 51 Q 12
Calimera **LE** 159 BS 42
Calimera **VV** 176 BF 52
Calino **BS** 38 V 10
Ca'Lino **VE** 57 AI 13
Calise **BN** 133 AY 36
Calisese **FC** 82 AI 19
Calistri **BO** 80 AA 19
Calitri **AV** 143 BB 38
Calitta **SA** 151 AV 40
Calizzano **SV** 74 J 18
Calla **PU** 89 AJ 22
Calla **UD** 17 AP 6
Callabiana **BI** 34 J 10
Calle **MT** 154 BF 39
Calleo **SA** 163 BB 43
Calleta **AR** 87 AF 22
Calli **AV** 143 BB 37
Callianetto **AT** 49 K 14
Calliano **AT** 49 K 13
Calliano **TN** 26 AB 8
Calliera **MN** 54 Y 12
Callieri **CN** 70 D 18
Calma **TO** 47 G 12
Calmana **PD** 56 AE 12
Calmasino **VR** 39 Z 10
Calmazzo **PU** 89 AK 21
Calmazzo **PU** 89 AL 21
Calnago **MI** 37 R 10
Calnova **TV** 43 AK 9
Calo' **MI** 36 Q 9
Calogna **VB** 21 M 8
Calolziocorte **LC** 23 R 9
Calonega **PD** 41 AF 10
Calopezzati **CS** 168 BJ 46
Calore **AV** 142 AY 37
Calore **AV** 142 AY 37
Calore Sandriani **BN** 142 AY 37
Calosi **RC** 189 BC 54
Calosso **AT** 61 K 15
Caloveto **CS** 168 BJ 46
Calozzo Mianico **CO** 23 Q 7
Calpino **PU** 89 AK 21
Calsazio **TO** 33 G 11
Caltabellotta **AG** 192 AO 58
Caltafalsa **PA** 183 AM 56
Caltagirone **CT** 202 AW 60
Caltana **VE** 42 AH 11
Caltanissetta **CL** 194 AT 59
Caltavuturo **PA** 186 AS 57
Caltignaga **NO** 35 M 10
Calto **RO** 55 AD 14
Calto **VI** 41 AD 11
Caltrano **VI** 27 AD 9
Caltron **TN** 12 AB 5
Caluga **VI** 27 AF 9
Ca'Lupara **PG** 96 AK 23
Caluri **VR** 40 AA 11
Calusco d'Adda **BG** 37 R 9
Caluso **TO** 48 I 12
Calvagese della Riviera **BS** 39 X 10
Calvanese **NA** 151 AW 39
Calvanico **SA** 152 AX 39
Calvano **BN** 142 AY 37
Calvarese **AP** 108 AP 26
Calvari **GE** 76 P 17
Calvari **GE** 76 Q 17
Calvario **CB** 133 AW 34
Calvario **CH** 117 AU 30
Calvaruso **ME** 189 BB 54
Calvatone **CR** 53 X 13
Calvecchia **VE** 43 AK 10
Calvello **PZ** 154 BE 41
Calvene **VI** 27 AE 9
Calvenzano **BG** 37 S 11
Calvenzano **BO** 80 AB 18
Calvenzano **LO** 51 R 12
Calvera **MT** 155 BG 41
Calvera **PZ** 164 BF 43
Calvesegno **CO** 23 Q 7
Calvetro **RE** 66 Z 15
Calvi **BO** 67 AE 15
Calvi **SV** 74 K 18
Calvi dell'Umbria **TR** 113 AK 29
Calvi Risorta **CE** 140 AT 36
Calvi Vecchia **CE** 141 AT 36
Calvignano **PV** 51 Q 14
Calvignasco **MI** 50 P 12
Calvillano **PU** 88 AJ 21
Calvisano **BS** 53 X 11
Calvisi **CE** 132 AV 36
Calvizzano **NA** 150 AU 38
Calvo **IM** 72 G 21
Calzaiolo **FI** 86 AC 22
Calzavitello **MS** 77 T 17
Calzisi **AV** 142 AY 38
Calzolaro **PG** 96 AI 23
Calzoppo **PU** 89 AJ 21
Camagna **AL** 49 L 13
Ca'Maiano **AN** 97 AM 23
Camaiore **LU** 84 W 20
Camairago **LO** 52 T 12
Camalavicina **VR** 39 Z 11
Camaldoli **AR** 87 AF 21
Camaldoli **GE** 76 O 17
Camaldoli **NA** 151 AV 38
Camaldoli **NA** 151 AV 40
Camaldoli **SA** 152 BA 40
Camalò **TV** 42 AI 9
Ca'Mancino **PU** 89 AJ 21
Camandona **BI** 34 J 10
Camarda **AQ** 115 AP 29
Camaro **ME** 189 BC 54
Ca'Marone **PU** 89 AJ 20
Camartina **AP** 107 AO 27
Camarza **GE** 62 O 16
Camasco **VC** 21 K 8
Camastra **AG** 199 AR 60
Camastriglio **PU** 89 AJ 21
Camatta **MN** 54 AA 13
Camatte **MN** 54 Z 13
Camatte **VR** 55 AD 12
Ca'Matte **RO** 56 AG 13
Ca'Matte **VE** 57 AH 13
Camavina **MC** 98 AP 25
Ca'Mazzasette **PU** 89 AK 21
Camazzole **PD** 41 AF 10
Cambareri **RC** 189 BD 56
Cambiago **MI** 37 R 10
Cambiano **FI** 86 AA 22
Cambiano **TO** 48 H 14
Cambiasca **VB** 21 M 8
Cambio **RO** 56 AG 13
Cambiò **PV** 50 N 13
Cambroso **PD** 57 AH 12
Cambruso **RC** 177 BG 53
Camburzano **BI** 34 J 10
Camellino **KR** 172 BJ 49
Ca'Mello **RO** 57 AJ 14
Camemi **RG** 204 AW 63
Camera Bianca **LT** 139 AQ 36
Camerano **AN** 91 AQ 22
Camerano **AT** 49 J 14
Camerano **RN** 83 AJ 19
Camerata **PG** 106 AJ 27
Camerata Cornello **BG** 23 S 8
Camerata Nuova **RM** 121 AN 31
Camerata Picena **AN** 91 AP 22
Camerata **IS** 132 AV 34
Cameri **NO** 35 M 10
Cameriano **NO** 35 M 11
Camerin **TV** 29 AI 8
Camerino **MC** 98 AN 25
Camerota **SA** 163 BB 43
Ca'Messenio **GO** 31 AP 9
Camica **TV** 29 AJ 9
Ca'Micci **PU** 89 AJ 20
Camicelle **CS** 168 BJ 46
Camicia **ME** 189 BA 54
Camigliano **CE** 141 AU 36
Camigliano **CS** 169 BK 46
Camigliano **SI** 104 AD 25
Camigliatello Silano **CS** 171 BH 47
Ca'Migliore **PU** 88 AI 20
Camin **PD** 42 AG 11
Caminata **GE** 77 R 17
Caminata **PC** 63 Q 14
Caminata **PC** 63 Q 15
Caminata **PC** 64 S 15
Caminata **PC** 64 T 14
Caminata **PC** 64 T 14
Caminata / Kematen **BZ** 4 AE 2
Caminata Boselli **PC** 63 R 15
Caminata di Tures **BZ** 5 AG 2
Caminate **PU** 90 AN 21
Caminetto **UD** 31 AP 7
Camini **RC** 177 BH 53
Caminia **CZ** 175 BI 51
Camino **AL** 49 K 13
Camino **CE** 131 AS 35
Camino **PG** 107 AM 26
Camino **PU** 89 AJ 21
Camino **UD** 31 AP 8
Camino al Tagliamento **UD** 30 AM 8
Camisa **CA** 227 S 48
Camisano **CR** 37 T 11
Camisano Vicentino **VI** 41 AF 10
Camisasca **CO** 36 Q 9
Camissinone **BG** 23 S 9
Camitrici **EN** 194 AU 59
Cammara-San Giorgio **ME** 188 AX 55
Cammarata **AG** 193 AQ 58
Cammaresano **SA** 163 BC 43
Cammarota **PZ** 144 BD 39
Cammattole **SI** 104 AF 26
Camminata **CR** 53 X 13
Cammisini **PA** 186 AS 56
Cammoro **PG** 107 AM 26
Camo **CN** 61 K 15
Camocelli Inf. **RC** 177 BH 54
Camocelli Sup. **RC** 177 BH 53
Camogli **GE** 76 P 17
Camoglieres **CN** 59 E 16
Camoli **CS** 170 BF 49
Ca'Molin **PD** 56 AG 12
Ca'Montegherardello **PU** 89 AL 22
Ca'Morosini **PD** 56 AE 13
Camorsciano **MC** 97 AN 25
Camp **AO** 34 H 10
Camp Fiamena **TN** 27 AF 6
Campaccio **AR** 87 AF 22
Campaccio **AR** 95 AH 24
Campaegli **RM** 121 AN 32
Campagna **BL** 27 AF 7
Campagna **BS** 38 V 10
Campagna **CR** 52 U 12
Campagna **LO** 52 T 13
Campagna **PC** 63 R 15
Campagna **PN** 29 AL 7
Campagna **SA** 152 AZ 40
Campagna **SO** 10 V 6
Campagna **VA** 21 M 8
Campagna **VC** 49 J 12
Campagna Lupia **VE** 42 AH 11

Campagna Sopra *BS* ...... 39 X 11
Campagna Sotto *BS* ...... 39 X 11
Campagnana *PO* ...... 80 AB 19
Campagnano *VA* ...... 22 N 7
Campagnano di Roma *RM*. 119 AJ 31
Campagnari *VI* ...... 41 AF 9
Campagnatico *GR* ...... 103 AC 26
Campagnazza *RO* ...... 56 AF 13
Campagnella *CZ* ...... 175 BI 50
Campagni *CE* ...... 141 AV 36
Campagnino *TO* ...... 59 G 14
Campagnola *BI* ...... 34 J 11
Campagnola *BS* ...... 39 X 10
Campagnola *BS* ...... 39 X 11
Campagnola *CE* ...... 140 AT 36
Campagnola *CR* ...... 52 V 12
Campagnola *NO* ...... 35 M 9
Campagnola *PD* ...... 56 AG 12
Campagnola *RO* ...... 56 AG 14
Campagnola *VA* ...... 22 O 9
Campagnola *VE* ...... 57 AH 13
Campagnola *VI* ...... 40 AC 10
Campagnola *VI* ...... 41 AF 9
Campagnola *VR* ...... 54 Z 11
Campagnola Cremasca *CR*.. 37 T 11
Campagnola Emilia *RE* ...... 66 Z 14
Campagnole *CN* ...... 59 F 16
Campagnolo *BS* ...... 39 X 11
Campagrina *LU* ...... 78 W 19
Campaiana *LU* ...... 79 X 18
Campalano *VR* ...... 55 AB 12
Campaldaio *PT* ...... 80 AB 19
Campalestro *PV* ...... 50 N 12
Campalto *LI* ...... 102 Y 25
Campalto *VE* ...... 42 AI 11
Campalto *VR* ...... 40 AB 11
Campana *AL* ...... 63 P 15
Campana *AQ* ...... 115 AQ 30
Campana *CS* ...... 169 BJ 47
Campana *FI* ...... 94 AC 22
Campana *VI* ...... 27 AD 8
Campanarello *AV* ...... 142 AY 37
Campanari *AN* ...... 99 AQ 23
Campanedda *SS* ...... 208 L 39
Campanella *AT* ...... 61 K 14
Campanella *BS* ...... 38 V 10
Campanella *RG* ...... 204 AY 62
Campanella *CE* ...... 40 AC 10
Campanella *VI* ...... 27 AE 8
Campanelle *MC* ...... 98 AP 25
Campanelle *TV* ...... 29 AJ 8
Campanile *BR* ...... 148 BO 39
Campanile *FR* ...... 130 AQ 34
Campanile *PU* ...... 90 AM 21
Campanotico *MC* ...... 107 AO 25
Camparada *MI* ...... 37 Q 10
Campatello *FC* ...... 81 AF 19
Campazzo *BS* ...... 53 V 12
Campazzo *MO* ...... 66 AB 15
Campazzo *PR* ...... 65 V 14
Campea *TV* ...... 28 AH 8
Campedei *BL* ...... 28 AH 7
Campedello *PR* ...... 53 W 14
Campedello *SO* ...... 9 R 6
Campeggio *BO* ...... 80 AD 18
Campegine *RE* ...... 65 Y 15
Campegli *GE* ...... 77 R 18
Campeglio *UD* ...... 31 AP 7
Campeglio *VB* ...... 7 N 7
Campelli *BG* ...... 24 V 8
Campelli *PU* ...... 56 AH 13
Campello Alto *PG* ...... 106 AL 27
Campello Monti *VB* ...... 21 K 8
Campello sul Clitunno *PG*. 106 AL 27
Campeo *LT* ...... 139 AR 36
Campertogno *VC* ...... 34 J 9
Campese *VI* ...... 27 AF 9
Campestre *PZ* ...... 153 BB 39
Campestri *FI* ...... 87 AD 20
Campestrin *TN* ...... 13 AF 5
Campestrini *TN* ...... 27 AD 7
Campetto *AN* ...... 90 AO 22
Campi *AR* ...... 87 AG 21
Campi *AV* ...... 95 AG 23
Campi *BN* ...... 141 AV 37
Campi *GE* ...... 75 M 17
Campi *PG* ...... 107 AN 26
Campi *PR* ...... 64 T 17
Campi *SI* ...... 94 AD 23
Campi *TN* ...... 26 Z 6
Campi Bisenzio *FI* ...... 86 AB 21
Campi Marzi *CB* ...... 132 AV 34
Campi Resi *PU* ...... 89 AK 21
Campi Salentina *LE* ...... 158 BR 41
Campi Vécchio *PG* ...... 107 AN 26
Campia *LU* ...... 79 X 19
Campiano *GR* ...... 103 AB 25

Campiano *PU* ...... 88 AI 20
Campiano *RA* ...... 81 AF 18
Campiano *RA* ...... 82 AI 18
Campiano *VR* ...... 40 AC 10
Campicello *CS* ...... 164 BE 44
Campicino *MC* ...... 107 AO 25
Campidello / Kampidell *BZ*... 13 AC 4
Campiello *SP* ...... 77 T 19
Campiglia Cervo *BI* ...... 34 I 10
Campiglia dei Berici *VI* ...... 55 AE 11
Campiglia dei Foci *SI* ...... 93 AB 23
Campiglia d'Orcia *SI* ...... 104 AE 26
Campiglia Marittima *LI* ...... 102 Y 25
Campiglia Soana *TO* ...... 33 G 10
Campigliano *SA* ...... 152 AY 39
Campiglio *MO* ...... 66 AA 17
Campiglio *PT* ...... 85 AA 20
Campiglione *AP* ...... 99 AR 24
Campiglione *CN* ...... 58 D 16
Campiglione *MS* ...... 78 V 18
Campiglione *FI* ...... 87 AE 21
Campiglioni *FI* ...... 81 AE 19
Campigna *FC* ...... 87 AF 20
Campigo *TV* ...... 42 AG 10
Campigotti *BL* ...... 27 AF 7
Campino *GR* ...... 103 AC 27
Campino *VB* ...... 21 M 8
Campioli *VB* ...... 20 J 8
Campiolo *UD* ...... 16 AN 5
Campion *TV* ...... 29 AJ 8
Campione *MN* ...... 54 Z 13
Campione del Garda *BS* ...... 39 Z 9
Campione d'Italia *CO* ...... 22 O 8
Campitello *LI* ...... 100 W 27
Campitelli *FR* ...... 131 AR 35
Campitello *BL* ...... 15 AK 4
Campitello *MN* ...... 54 Y 13
Campitello *PG* ...... 97 AL 23
Campitello *TR* ...... 113 AK 28
Campitello di Fassa *TN* ...... 13 AF 5
Campitello Matese *CB* ...... 132 AX 35
Campivolo *UD* ...... 16 AM 4
Campizze *AV* ...... 142 AW 37
Campo *BL* ...... 28 AG 8
Campo *BL* ...... 28 AH 7
Campo *BZ* ...... 3 AC 3
Campo *BZ* ...... 4 AG 4
Campo *CE* ...... 131 AS 35
Campo *CS* ...... 171 BG 49
Campo *CZ* ...... 175 BI 50
Campo *PI* ...... 85 X 21
Campo *PU* ...... 88 AJ 21
Campo *RC* ...... 179 BG 54
Campo *SO* ...... 9 R 6
Campo *SO* ...... 23 T 7
Campo *TN* ...... 26 AA 7
Campo *TO* ...... 33 H 11
Campo *VC* ...... 20 J 8
Campo *VI* ...... 27 AF 8
Campo *VR* ...... 39 Z 9
Campo al Melo *LI* ...... 92 X 22
Campo Calabro *RC* ...... 189 BC 54
Campo del Pero *VT* ...... 112 AI 28
Campo della Pietra *TO* ...... 32 E 11
Campo dell'Osso *RM* ...... 121 AO 32
Campo di Carne *LT* ...... 129 AK 34
Campo di Fano *AQ* ...... 122 AS 31
Campo di Fieno *CS* ...... 167 BG 47
Campo di Giove *AQ* ...... 122 AT 31
Campo di Mare *BR* ...... 149 BR 40
Campo di Mare *CS* ...... 170 BF 48
Campo di Nusco *AV* ...... 143 AJ 10
Campo di Pietra *TV* ...... 43 AK 9
Campo di Roma *CH* ...... 116 AU 30
Campo di Sopra *BL* ...... 14 AK 4
Campo di Sopra *MS* ...... 78 U 18
Campo di Trens /
Freienteld *BZ* ...... 4 AD 2
Campo Felice *CE* ...... 139 AS 36
Campo Inglese *LT* ...... 138 AM 38
Campo Le Rose *PZ* ...... 164 BF 44
Campo Lemini *RM* ...... 128 AJ 34
Campo Ligure *GE* ...... 62 N 16
Campo Magno *PT* ...... 79 AA 19
Campo Morino *VT* ...... 105 AG 27
Campo Negro *SR* ...... 205 AZ 62
Campo Pei Du *SS* ...... 208 K 37
Campo Piano *SA* ...... 153 BA 39
Campo Profughi *SA* ...... 152 AY 40
Campo Reggiano *PG* ...... 96 AJ 23
Campo Rosso *PU* ...... 88 AI 20
Campo San Lorenzo *CS*.. 168 BH 47
Campo San Martino *PD* ... 41 AF 10

Campo San Pietro *BL* ...... 28 AH 7
Campo Selva *RM* ...... 128 AJ 34
Campo Soriano *LT* ...... 130 AO 35
Campo Staffi *FR* ...... 121 AP 32
Campo Tizzoro *PT* ...... 79 AA 19
Campo Tures /
Sand i. Taufers *BZ* ...... 5 AG 2
Campo Verde *LE* ...... 159 BS 41
Campobasso *CB* ...... 133 AX 34
Campobello *TP* ...... 190 AG 63
Campobello di Licata *AG*. 199 AS 60
Campobello di Mazara *TP*.. 191 AL 58
Campobernardo *TV* ...... 43 AK 9
Campobonomo *MC* ...... 107 AM 25
Campocatino *FR* ...... 121 AP 33
Campocavallo *AN* ...... 98 AP 23
Campochiaro *CB* ...... 132 AW 35
Campochiesa *SV* ...... 73 K 19
Campocroce *TV* ...... 42 AI 10
Campocroce *VE* ...... 42 AH 11
Campodalbero *VI* ...... 40 AC 10
Campodarco *PU* ...... 89 AJ 20
Campodarsego *PD* ...... 42 AG 10
Campodenno *TN* ...... 12 AB 6
Campodidentro *AN* ...... 97 AL 24
Campodimele *LT* ...... 130 AQ 35
Campodino *TE* ...... 108 AR 27
Campodipietra *CB* ...... 133 AX 34
Campodivivo *LT* ...... 139 AR 36
Campodolcino *SO* ...... 9 R 5
Campodolio *MO* ...... 79 Z 17
Campodonico *AN* ...... 97 AM 24
Campodorato *CZ* ...... 170 BF 49
Campodoro *PD* ...... 41 AF 11
Campofelice di Fitalia *PA* 185 AP 57
Campofelice
di Roccella *PA* ...... 186 AS 56
Campoferro *PV* ...... 51 P 13
Campo-filone *AP* ...... 99 AR 25
Campofiorito *PA* ...... 192 AO 57
Campofondo *PG* ...... 106 AK 26
Campofontana *VR* ...... 40 AB 10
Campoforano *TO* ...... 46 D 14
Campoformido *UD* ...... 30 AN 7
Campoforogna *RI* ...... 114 AN 29
Campofranco *CL* ...... 193 AR 58
Campogalliano *MO* ...... 66 AA 15
Campogialli *AR* ...... 95 AF 22
Campogiallo *FI* ...... 87 AD 21
Campogrande *ME* ...... 188 AZ 55
Campogrande *TE* ...... 109 AR 27
Campoienzo *CZ* ...... 170 BG 50
Campolano *RI* ...... 114 AN 30
Campolaro *BS* ...... 25 X 8
Campolarzo *MC* ...... 98 AN 25
Campolasalza *TO* ...... 46 A 15
Campolasta / Astfeld *BZ* ... 13 AD 4
Campolattaro *BN* ...... 133 AX 36
Campolemisi *LU* ...... 85 X 19
Campoleone *LT* ...... 129 AK 34
Campoli Appennino *FR* ... 131 AR 33
Campoli Cerasara *RC* ... 177 BH 53
Campoli del
Monte Taburno *BN* .. 142 AW 37
Campolieto *CB* ...... 133 AX 34
Campolo *BO* ...... 80 AB 18
Campolonghetto *UD* ...... 30 AO 8
Campolongo *BL* ...... 15 AK 4
Campolongo *BN* ...... 142 AY 36
Campolongo *CE* ...... 131 AS 35
Campolongo *KR* ...... 173 BL 50
Campolongo *TN* ...... 26 AC 7
Campolongo *TV* ...... 29 AI 8
Campolongo *VI* ...... 43 AJ 10
Campolongo *VI* ...... 41 AD 11
Campolongo al Torre *UD*... 31 AP 8
Campolongo I *SA* ...... 152 AY 40
Campolongo II *SA* ...... 152 AY 40
Campolongo Maggiore *VE*.. 56 AH 12
Campolongo sul Brenta *VI*.. 27 AF 7
Campoluci *AR* ...... 95 AG 22
Campolungo *AP* ...... 108 AR 26
Campolungo *CN* ...... 74 J 17
Campolungo *FE* ...... 68 AG 15
Campolungo *LO* ...... 51 R 12
Campolungo *PU* ...... 88 AI 20
Campolungo *RE* ...... 79 X 17
Campolungo *VT* ...... 112 AH 29
Campomaggio *MC* ...... 98 AP 24
Campomaggiore *PZ* ...... 154 BF 40
Campomaggiore
Vecchio *PZ* ...... 154 BF 40
Campomanente *AV* ...... 151 AX 38
Campomarino *CB* ...... 125 AZ 32
Campomarino *TA* ...... 157 BO 42
Campomarzio *RC* ...... 177 BI 53

Campomezzavia *VI* ...... 27 AE 9
Campomilia *ME* ...... 188 AY 55
Campominore *CS* ...... 166 BE 46
Campominore Alto *CS* ...... 166 BE 46
Campomolino *AV* ...... 142 AX 38
Campomolino *CN* ...... 70 E 17
Campomolino *TV* ...... 29 AK 8
Campomolle *UD* ...... 30 AN 8
Campomorone *GE* ...... 62 O 16
Campomorto *PV* ...... 51 Q 12
Campomulo *VI* ...... 27 AE 8
Campon *BL* ...... 29 AJ 7
Campone *LO* ...... 52 T 13
Campone *PN* ...... 16 AL 6
Campone *SO* ...... 10 W 6
Campone *VB* ...... 21 L 8
Camponi *FR* ...... 131 AQ 34
Camponocecchio *AN* ...... 97 AM 23
Camponogara *VE* ...... 42 AH 11
Camponuovo *SV* ...... 74 J 17
Campopalazzi *SI* ...... 94 AD 25
Campopiano *GE* ...... 76 Q 17
Campopiano *PT* ...... 85 AA 20
Campopino *IS* ...... 132 AT 35
Campora *PR* ...... 65 W 16
Campora San Giovanni *CS* 170 BF 49
Camporaghena *MS* ...... 78 W 18
Camporanda *LU* ...... 78 X 18
Camporbiano *FI* ...... 93 AA 23
Campore *NA* ...... 151 AW 40
Campore *SP* ...... 77 S 17
Camporeale *PA* ...... 183 AN 56
Camporella *RE* ...... 78 W 17
Camporgiano *LU* ...... 78 X 19
Campori *GE* ...... 76 R 17
Campori *LU* ...... 79 X 19
Camporinaldo *PV* ...... 51 R 13
Camporoppolo *PG* ...... 106 AL 27
Camporosso *IM* ...... 72 G 21
Camporosso in Valcanale *UD* 17 AQ 4
Camporotondo *AQ* ...... 121 AO 32
Camporotondo *GE* ...... 76 P 17
Camporotondo *IM* ...... 73 J 20
Camporotondo *OT* ...... 210 Q 37
Camporotondo *PZ* ...... 163 BD 43
Camporotondo
di Fiastrone *MC* ...... 98 AO 25
Camporotondo Etneo *CT* 197 AZ 58
Camporovere *VI* ...... 27 AD 8
Camporsevoli *SI* ...... 105 AG 26
Camposaccone *IS* ...... 132 AV 34
Camposampiero *PD* ...... 42 AG 10
Camposanto *BO* ...... 67 AB 15
Camposasco *GE* ...... 76 Q 17
Camposilvano *GE* ...... 62 O 17
Camposilvano *TN* ...... 40 AB 9
Camposilvano *VR* ...... 40 AB 10
Camposonaldo *FC* ...... 88 AG 20
Campospinoso *PV* ...... 51 Q 13
Campostaggia *SI* ...... 94 AB 23
Campo-Starza *LT* ...... 130 AO 35
Campostrino *VI* ...... 55 AD 12
Campotamaso *VI* ...... 40 AC 10
Campotino *PG* ...... 116 AT 29
Campotosto *AQ* ...... 115 AP 28
Campotto *FE* ...... 68 AF 16
Campovaglio *OT* ...... 206 Q 37
Campovalano *TE* ...... 108 AQ 27
Campovecchio *AR* ...... 87 AF 22
Campoverde *BS* ...... 39 X 10
Campoverde *LT* ...... 129 AL 34
Campovico *SO* ...... 23 S 7
Campremoldo Sopra *PC*.. 51 S 14
Campremoldo Sotto *PC*.. 52 S 13
Campretto *PD* ...... 42 AG 10
Campsirago *LC* ...... 37 R 9
Camputari *BN* ...... 141 AV 36
Camucia *AR* ...... 95 AG 24
Camugliano *PI* ...... 85 Y 22
Camugnano *BO* ...... 80 AB 18
Camurano *MI* ...... 61 L 16
Camuti *FI* ...... 81 AE 19
Camuti *RC* ...... 179 BF 54
Cana *GR* ...... 104 AD 26
Canà *MS* ...... 77 U 17

Canal San Bovo *TN* ...... 27 AF 7
Canala *FE* ...... 67 AD 14
Canalara *FR* ...... 131 AR 34
Canale *AV* ...... 142 AX 38
Canale *CN* ...... 71 G 17
Canale *CN* ...... 60 I 15
Canale *GE* ...... 63 Q 16
Canale *MS* ...... 78 U 17
Canale *MS* ...... 78 U 18
Canale *RC* ...... 179 BF 54
Canale *RO* ...... 56 AG 13
Canale d'Agordo *BL* ...... 14 AG 5
Canale Monterano *RM* ... 118 AH 31
Canale Nuovo *TR* ...... 105 AH 27
Canale San Cristoforo *TN*. 26 AC 7
Canale Vecchio *TR* ...... 105 AH 27
Canalecce *PG* ...... 96 AK 23
Canalello *RC* ...... 179 BF 55
Canaletti *CZ* ...... 175 BH 50
Canaletto *BO* ...... 67 AD 16
Canaletto *MO* ...... 67 AB 15
Canaletto *MO* ...... 67 AC 14
Canali *AV* ...... 142 AZ 38
Canalicchio *PG* ...... 106 AJ 26
Canalnuovo *RO* ...... 56 AG 14
Canalutto *UD* ...... 31 AP 7
Canalvecchio *RO* ...... 57 AI 13
Canapaie *CN* ...... 60 H 15
Canarazzo *PV* ...... 51 P 12
Canareggio *PD* ...... 56 AH 13
Canareggio *RO* ...... 56 AH 13
Canaro *RO* ...... 56 AF 14
Canarra *PZ* ...... 144 BD 39
Canavaccio *PU* ...... 89 AL 21
Canavera *PV* ...... 51 Q 14
Canavere Alte *CN* ...... 60 H 16
Canazei *TN* ...... 13 AF 5
Cancallede *BL* ...... 14 AH 6
Cancellara *PG* ...... 106 AL 26
Cancellara *PZ* ...... 154 BE 39
Cancelleria *BN* ...... 142 AY 37
Cancelli *AN* ...... 97 AM 24
Cancelli *AV* ...... 142 AY 38
Cancelli *FI* ...... 87 AE 21
Cancello *BN* ...... 141 AW 36
Cancello *CE* ...... 140 AT 37
Cancello *CE* ...... 141 AW 38
Cancello *CZ* ...... 171 BH 50
Cancello *FR* ...... 131 AR 34
Cancello *VR* ...... 40 AB 10
Cancia *BL* ...... 14 AI 5
Candeggio *PG* ...... 96 AI 23
Candeglia *PT* ...... 86 AA 20
Candela *FG* ...... 143 BC 37
Candelara *AV* ...... 143 AZ 37
Candeli *FI* ...... 86 AD 21
Candelo *BI* ...... 34 J 10
Candelora *ME* ...... 188 AY 55
Candelora *PE* ...... 116 AS 30
Candelù *TV* ...... 42 AJ 9
Canderico *AN* ...... 97 AL 23
Candia *AN* ...... 91 AP 22
Candia Canavese *TO* ...... 48 I 12
Candia Lomellina *PV* ...... 50 M 12
Candiana *PD* ...... 56 AG 12
Candico *RC* ...... 178 BD 55
Candida *AV* ...... 142 AY 38
Candide *BL* ...... 15 AK 4
Candidoni *RC* ...... 176 BF 52
Candiolo *TO* ...... 47 G 14
Candoglia *VB* ...... 21 L 8
Canè *BS* ...... 11 X 6
Canebola *UD* ...... 17 AP 6
Canedo *PV* ...... 63 Q 15
Canedole *MN* ...... 54 AA 12
Ca'Negra *RO* ...... 57 AI 13
Canegrate *MI* ...... 36 O 10
Canelli *AT* ...... 61 K 15
Canepa *GE* ...... 76 P 17
Canepari *MS* ...... 78 V 19
Canepina *VT* ...... 112 AI 29
Canepinetta *VT* ...... 112 AH 29
Caneso *PR* ...... 64 S 17
Canetra *RI* ...... 114 AN 29
Caneva *AL* ...... 61 L 15
Caneva *PN* ...... 29 AJ 8
Caneva *UD* ...... 16 AM 5
Canevara *MS* ...... 78 W 19
Canevare *MO* ...... 79 Z 18
Canevella Venaro *SP* ...... 77 U 18

Canfinello *VB* ...... 20 J 8
Canfittori *PT* ...... 85 Z 20
Canfora *SA* ...... 151 AX 39
Canfriolo *PD* ...... 41 AF 10
Canicatti *AG* ...... 193 AS 59
Canicattini Bagni *SR* ...... 203 AZ 61
Canicossa *MN* ...... 54 Y 13
Caniga *SS* ...... 208 M 39
Canigiano *LU* ...... 78 X 18
Canille *SI* ...... 94 AC 24
Caninago *CO* ...... 22 P 9
Canino *VT* ...... 111 AF 29
Canischio *TO* ...... 33 G 11
Canisi *LE* ...... 158 BR 42
Canistro Inferiore *AQ* ...... 121 AP 32
Canistro Superiore *AQ* ... 121 AP 32
Canizzano *TV* ...... 42 AI 10
Canna *CS* ...... 165 BI 43
Cannai *CI* ...... 224 L 50
Canniola *PG* ...... 106 AL 26
Cannalia *VV* ...... 174 BG 51
Cannalonga *SA* ...... 162 BA 42
Cannara *AN* ...... 98 AK 26
Cannara *PG* ...... 106 AK 27
Cannatello *AG* ...... 199 AQ 60
Cannavà *RC* ...... 176 BE 53
Cannavina *BN* ...... 142 AY 36
Cannavina *CS* ...... 170 BF 49
Cannavina *CS* ...... 171 BH 49
Canne *BA* ...... 136 BF 36
Canne *CS* ...... 167 BG 46
Canne *CZ* ...... 171 BI 50
Canne *RC* ...... 177 BH 54
Canneddi *OT* ...... 209 O 37
Canneggia *MC* ...... 97 AM 25
Cannella *AN* ...... 90 AO 21
Cannella *AP* ...... 99 AR 25
Cannella II *CH* ...... 123 AV 31
Cannelle *GR* ...... 110 AA 29
Cannero Riviera *VB* ...... 21 N 7
Cannetiello *SA* ...... 162 AZ 42
Canneto *BS* ...... 38 W 11
Canneto *BS* ...... 39 X 10
Canneto *EN* ...... 194 AT 59
Canneto *IM* ...... 72 I 20
Canneto *ME* ...... 187 AX 55
Canneto *ME* ...... 181 AY 53
Canneto *MS* ...... 78 V 18
Canneto *PG* ...... 96 AK 24
Canneto *PI* ...... 86 AA 22
Canneto *PI* ...... 93 Z 24
Canneto *PO* ...... 86 AB 20
Canneto *PU* ...... 89 AL 22
Canneto *SA* ...... 152 BA 40
Canneto *SV* ...... 73 J 19
Canneto Pavese *PV* ...... 51 Q 13
Canneto sull'Oglio *MN* ...... 53 X 13
Cannetola *FC* ...... 81 AF 19
Cannetolo *PR* ...... 65 V 14
Cannicchio *SA* ...... 162 AZ 42
Cannigione *OT* ...... 210 R 37
Cannigonis *CI* ...... 224 M 49
Cannine *IS* ...... 132 AT 34
Cannistrò *ME* ...... 189 BA 55
Cannitello *RC* ...... 189 BC 54
Cannitello *RG* ...... 204 AO 63
Cannito Pezze *SA* ...... 152 AY 40
Cannizzara *RG* ...... 204 AY 62
Cannizzaro *CT* ...... 197 AZ 58
Cannizzaro *PA* ...... 184 AO 55
Cannobio *VB* ...... 22 N 7
Cannuccio *SI* ...... 94 AC 24
Cannuzzo *RA* ...... 82 AI 18
Canocchielle *PZ* ...... 164 BG 44
Canolo *RC* ...... 177 BG 54
Canolo *RE* ...... 66 Z 15
Canolo Nuova *RC* ...... 176 BF 54
Canonica *CB* ...... 132 AV 34
Canonica *FI* ...... 93 AB 22
Canonica *MI* ...... 36 Q 10
Canonica *PG* ...... 106 AJ 27
Canonica *RN* ...... 83 AJ 19
Canonica *TR* ...... 105 AH 27
Canonica a Cerreto *SI* ...... 94 AD 23
Canonica d'Adda *BG* ...... 37 S 10
Canosa di Puglia *BA* ...... 136 BF 36
Canosa Sannita *CH* ...... 117 AU 30
Canoscio *PG* ...... 96 AJ 23
Canosio *CN* ...... 58 D 17
Canossa *MS* ...... 78 U 18
Canossa *RE* ...... 65 X 16
Canossa *RE* ...... 78 Y 14
Canossi *SV* ...... 73 J 20
Canova *CR* ...... 52 T 12
Canova *CR* ...... 53 W 13

Canova FE .... 56 AG 14
Canova FI .... 87 AE 22
Canova GE .... 76 P 17
Canova LC .... 37 R 9
Canova MN .... 55 AB 13
Canova MS .... 78 V 18
Canova PC .... 64 S 15
Canova PV .... 51 P 13
Canova PV .... 51 P 13
Canova PV .... 63 Q 15
Canova RE .... 78 W 17
Canova SV .... 74 K 18
Canova VI .... 41 AD 9
Canova VI .... 41 AD 9
Canova VI .... 41 AF 9
Canova VR .... 55 AD 11
Canova / Neuhaus BZ .... 5 AH 1
Canova Inferiore VI .... 41 AD 10
Canova Ponte PC .... 64 S 14
Canove BS .... 53 V 12
Canove BS .... 53 W 12
Canove CN .... 61 J 15
Canove VR .... 53 AD 12
Canove di Roana VI .... 27 AD 8
Cansano AQ .... 122 AT 31
Cansatessa AQ .... 115 AP 29
Cansoli LC .... 84 W 19
Cantagallina PG .... 105 AH 25
Cantagallo BO .... 81 AE 18
Cantagallo PO .... 86 AB 19
Cantagrillo PT .... 86 AA 20
Cantagufo CH .... 116 AU 31
Cantalice RI .... 114 AM 29
Cantalupa TO .... 47 E 14
Cantalupi BN .... 141 AV 37
Cantalupo AL .... 62 M 14
Cantalupo AN .... 98 AO 23
Cantalupo CO .... 22 O 9
Cantalupo GE .... 75 N 17
Cantalupo IM .... 73 I 20
Cantalupo MI .... 36 O 10
Cantalupo PG .... 106 AK 26
Cantalupo in Sabina RI .... 113 AK 30
Cantalupo Ligure AL .... 63 P 15
Cantalupo nel Sannio IS .. 132 AV 34
Cantalupo Selice BO .... 81 AF 17
Cantarana AT .... 61 J 14
Cantarana CN .... 72 I 19
Cantarana PV .... 51 R 13
Cantarana VE .... 57 AK 11
Cantarane CR .... 52 U 12
Cantarelle AV .... 142 AY 38
Cantarelle IS .... 171 BG 49
Cantarelle PZ .... 164 BE 42
Cantarelli CH .... 124 AW 32
Cantarelli dei Boschi CN .... 60 I 15
Cantarino AN .... 97 AM 22
Cantello BG .... 23 S 8
Cantello VA .... 22 O 9
Canterano RM .... 120 AN 32
Cantevria VA .... 22 N 8
Cantia AN .... 97 AM 23
Cantiano PU .... 97 AK 23
Cantiere NA .... 150 AT 38
Cantina LU .... 84 W 19
Cantinella BN .... 141 AV 37
Cantinella CS .... 168 BH 46
Cantinone PG .... 106 AK 26
Cantogno TO .... 59 F 15
Cantombacci LU .... 79 X 19
Canton Basso RO .... 44 AH 13
Canton di Sotto TV .... 41 AG 9
Canton Vittore BI .... 34 K 10
Cantonazzo RO .... 56 AF 13
Cantone MI .... 37 R 10
Cantone PC .... 51 R 14
Cantone PG .... 88 AI 22
Cantone TR .... 105 AH 26
Cantone Tre Miglia PV .... 51 P 12
Cantoni AT .... 60 I 14
Cantoni BG .... 24 T 8
Cantoni CR .... 53 W 13
Cantoni PD .... 41 AF 10
Cantoniera VT .... 112 AG 28
Cantoniera dell Ulmeta BA.. 145 BF 37
Cantoniera Guzzurra NU .. 215 S 40
Cantrina BS .... 39 X 10
Cantù CN .... 36 P 9
Cantun PV .... 59 F 16
Canuggione NO .... 35 L 9
Ca'Nuova del Gallo CR .... 53 V 13
Canussio UD .... 30 AM 8
Canza VB .... 7 L 5
Canzano TE .... 109 AR 28
Canzo CO .... 23 Q 8

Cao Malnisio PN .... 29 AK 7
Ca'Oddo PD .... 56 AF 12
Ca'Oliviero PU .... 89 AJ 21
Caonada TV .... 42 AH 9
Ca'Orecchiona VI .... 41 AE 9
Caorera BL .... 28 AG 8
Ca'Orezzi PC .... 64 S 15
Caoria TN .... 27 AF 6
Caorle VE .... 44 AM 10
Caorso PC .... 52 U 13
Capaccio SA .... 152 AZ 41
Capaccio Scalo SA .... 152 AZ 41
Capaci PA .... 184 AO 54
Capalbio GR .... 111 AD 29
Capalbio Stazione GR .... 111 AD 29
Capanna del Ceppo TE .. 108 AP 27
Capannacce RM .... 113 AJ 30
Capannaccia OT .... 207 Q 36
Capannaguzzo FC .... 82 AJ 18
Capanne GR .... 104 AE 27
Capanne LU .... 84 W 20
Capanne MS .... 84 V 19
Capanne PG .... 96 AH 22
Capanne PG .... 105 AI 25
Capanne di Careggine LU. 78 W 19
Capanne di Lera MS .... 78 V 17
Capanne di Marcarolo AL . 62 N 16
Capanne di Roca
  Porena PG .... 107 AM 27
Capanne di Sillano LU .... 78 W 18
Capanne di Sotto PT .... 85 Z 19
Capanne Tornini MS .... 78 V 17
Capannella MS .... 78 U 18
Capannette di Pey PC .... 63 Q 15
Capannole AR .... 95 AE 23
Capannoli PI .... 93 Z 22
Capannone MO .... 79 Y 18
Capannori LU .... 85 Y 20
Capannuccia FI .... 86 AB 21
Capannuccia FI .... 86 AC 21
Caparucci AN .... 97 AM 23
Ca'Pasqua VE .... 57 AI 12
Capassero RM .... 23 S 9
Capasso NA .... 151 AV 38
Capatelli BG .... 23 S 8
Capece BN .... 148 BO 40
Capeleti PD .... 41 AF 10
Capella CR .... 53 X 13
Capellegrino BG .... 23 S 9
Capelli CN .... 60 I 15
Capena RM .... 119 AK 31
Capergnanica CR .... 52 S 11
Capestrano AQ .... 116 AR 30
Capezzana LU .... 84 W 20
Capezzano PO .... 86 AA 21
Capezzano SA .... 151 AX 39
Capezzano Inf. SA .... 151 AX 39
Capezzano le Pianore LU. 84 W 20
Capiago CO .... 36 P 9
Capileggi BN .... 133 AX 35
Capilungo LE .... 160 BR 44
Ca'Pirani VE .... 43 AK 10
Ca'Pisani RO .... 57 AI 14
Capistrano VV .... 174 BG 51
Capistrello AQ .... 121 AP 32
Capitan Loreto PG .... 106 AK 25
Capitana CA .... 227 Q 48
Capitano CS .... 170 BG 47
Capitello RO .... 56 AE 14
Capitello VR .... 55 AB 12
Capitignano AQ .... 115 AO 28
Capitignano SA .... 151 AW 39
Capitignano SA .... 152 AY 39
Capitolo BA .... 147 BN 38
Capitolo BR .... 148 BN 39
Capitolo SV .... 73 J 19
Capitone BN .... 141 AV 37
Capitone TR .... 113 AJ 28
Capitoni PZ .... 144 BD 38
Capizzo PZ .... 154 BE 41
Capizzo SA .... 152 BA 41
Capizzone BG .... 37 S 9
Capo PA .... 184 AO 54
Capo Coda Cavallo NU... 211 T 38
Capo Comino NU .... 215 T 40
Capo Contessa PG .... 96 AI 24
Capo Croce-Fontanelle CH. 116 AU 30
Capo d'Acqua PG .... 97 AM 24
Capo d'Arci LI .... 102 X 27
Capo d'Arco NA .... 151 AV 40
Capo d'Argine BO .... 67 AD 16
Capo di China FR .... 131 AR 34
Capo di Ponte BS .... 25 X 7
Capo di Rio MC .... 98 AO 23
Capo d'Orlando ME .... 187 AX 55

Capo d'Orso OT .... 207 R 36
Capo Faro ME .... 181 AY 52
Capo Le Prata FR .... 130 AO 34
Capo Mazzo NA .... 151 AV 38
Capo Mulini CT .... 197 BA 58
Capo Rama PA .... 183 AN 55
Capo Rizzuto KR .... 173 BL 50
Capo Taormina ME .... 197 BA 56
Capo Vaticano VV .... 176 BD 52
Capobianco VT .... 112 AH 28
Capocasale CS .... 170 BG 48
Capocavallo PG .... 96 AI 25
Capocroce FR .... 130 AN 33
Capocroce FR .... 131 AQ 35
Capocroce LT .... 130 AO 35
Capodacqua AP .... 107 AO 27
Capodacqua AQ .... 116 AR 30
Capodacqua MC .... 107 AN 25
Capodacqua MC .... 107 AN 26
Capodacqua PG .... 106 AL 25
Capodarco AP .... 99 AR 24
Capodimonte BS .... 38 W 11
Capodimonte NA .... 150 AU 38
Capodimonte VT .... 112 AG 28
Capodipiano AP .... 108 AP 26
Capodirigo AP .... 108 AP 27
Capodisopra UD .... 31 AP 9
Capoferrato CA .... 227 S 48
Capoggi AN .... 97 AM 23
Capograssi SA .... 162 AZ 42
Capoiaccio CB .... 133 AX 35
Capoiale FG .... 126 BC 32
Capoianca BN .... 133 AX 36
Capolago VA .... 22 N 9
Capolapiaggia MC .... 98 AN 25
Capolavilla AN .... 97 AM 23
Capolcastro PD .... 56 AF 12
Capolegrotti CH .... 116 AU 31
Capoliveri LI .... 100 X 27
Capolli RI .... 114 AL 30
Capolona AR .... 88 AG 22
Capometa CE .... 132 AT 36
Caponago MI .... 37 R 10
Caponara RM .... 120 AL 32
Caponi AV .... 142 AY 37
Caponte PR .... 65 W 16
Caposposta CH .... 117 AU 31
Caporciano AQ .... 115 AR 30
Caporiaccio UD .... 30 AN 7
Caporio IS .... 132 AV 34
Caporio RI .... 114 AM 29
Caporosa CS .... 171 BI 48
Caporosso TV .... 28 AU 30
Caporra SA .... 163 BC 42
Caporumiatti RO .... 56 AE 14
Caposele AV .... 143 BA 39
Caposelvi AR .... 94 AE 23
Caposile VE .... 43 AK 10
Caposotto MN .... 55 AC 14
Capoterra CA .... 226 O 48
Capotrio IS .... 132 AT 34
Capovalle AP .... 107 AO 26
Capovalle BG .... 24 T 8
Capovilla MN .... 55 AC 13
Capovilla VI .... 41 AE 9
Capovilla VI .... 41 AE 10
Capovilla VR .... 40 AB 11
Capoville PU .... 89 AL 21
Cappa CL .... 193 AR 59
Cappadocia AQ .... 121 AO 31
Capparuccia AP .... 99 AQ 25
Cappasanta SA .... 152 AZ 41
Cappella AV .... 142 AX 38
Cappella AV .... 142 AX 38
Cappella KR .... 169 BL 47
Cappella SA .... 152 AY 40
Cappella TN .... 27 AC 8
Cappella VE .... 42 AH 10
Cappella de' Picenardi CR 53 W 13
Cappella degli Spiriti NA. 151 AW 38
Cappella del Bosco TO .... 59 F 15
Cappella Fasani VR .... 40 AA 10
Cappella Madonna
  di Pompei AV .... 142 AW 36
Cappella Maggiore TV .... 29 AJ 8
Cappella San Nicola
  Trignano AV .... 142 AZ 37
Cappella Vecchia RC .... 178 BD 55
Cappellano CL .... 193 AS 59
Cappellazzi VI .... 41 AC 9
Cappellazzo CN .... 60 H 16
Cappelle AQ .... 121 AP 31
Cappelle CE .... 140 AS 36
Cappelle CR .... 52 U 12

Cappelle sul Tavo PE .... 116 AT 29
Cappelletta MN .... 54 Z 13
Cappelletta PC .... 63 S 15
Cappelletta VE .... 42 AH 10
Cappelletta VR .... 40 AB 10
Cappelli CN .... 60 H 15
Cappelli CS .... 170 BG 48
Cappelli CS .... 74 I 18
Cappello SA .... 153 BB 41
Cappello VT .... 112 AH 28
Cappellone BN .... 141 AV 37
Cappelluotto FR .... 131 AQ 33
Capponi AP .... 108 AQ 26
Cappone PU .... 89 AL 21
Cappuccini BN .... 133 AW 36
Cappuccini BS .... 25 W 8
Cappuccini CS .... 170 BG 48
Cappuccini FR .... 121 AO 33
Cappuccini MC .... 98 AN 25
Cappuccini MC .... 106 AJ 27
Cappuccini PA .... 185 AQ 56
Cappuccini PG .... 106 AJ 27
Cappuccini PG .... 96 AK 23
Cappuccini PZ .... 153 BB 39
Cappuccini PZ .... 153 BC 40
Cappuccini RI .... 114 AM 29
Cappuccini RM .... 119 AH 31
Cappuccini SP .... 78 U 19
Cappuccini TR .... 105 AH 26
Cappuccini Vecci TR .... 113 AK 28
Cappucciu CA .... 227 S 48
Capra PA .... 185 AQ 56
Capra RI .... 114 AN 30
Capracotta IS .... 123 AU 33
Capradosso AP .... 108 AQ 26
Capradosso RI .... 114 AN 30
Capraia FI .... 86 AB 21
Capraia LI .... 92 U 25
Capraia LU .... 79 X 19
Capralba CR .... 37 S 11
Capranica PG .... 106 AL 25
Capranica VT .... 112 AI 30
Capranica Prenestina RM. 120 AM 32
Capranica-Scalo VT .... 112 AH 30
Capraprato AQ .... 115 AR 30
Caprara BO .... 80 AC 18
Caprara KR .... 171 BI 48
Caprara PG .... 97 AL 24
Caprara PU .... 88 AJ 21
Caprara RE .... 65 Y 15
Caprara d'Abruzzo PE .... 116 AT 29
Caprarelle BN .... 142 AX 36
Capraria LE .... 161 BT 44
Caprarica di Lecce LE .... 159 BS 42
Caprarico di Sotto MT .... 155 BH 42
Caprarola VT .... 112 AI 30
Caprazzino PU .... 89 AJ 21
Caprecano SA .... 151 AX 39
Caprese Michelangelo AR. 88 AG 22
Capretta TR .... 105 AI 27
Caprezzo VB .... 21 M 8
Capri NA .... 150 AU 40
Capri Leone ME .... 187 AX 55
Capriano MI .... 36 Q 9
Capriano del Colle BS .... 38 V 11
Capriata d'Orba AL .... 62 N 15
Capriate San Gervasio BG. 37 S 10
Capriati a Volturno CE .... 132 AT 35
Capricchia LU .... 78 W 19
Capricchia RI .... 108 AO 28
Capriccioli OT .... 211 S 37
Caprie TO .... 47 E 13
Capriglia AV .... 142 AX 38
Capriglia CH .... 123 AU 31
Capriglia MC .... 107 AN 25
Capriglia SA .... 151 AX 39
Capriglia AT .... 48 J 13
Capriglio PR .... 65 W 17
Caprigliola MS .... 78 U 18
Caprignana LU .... 78 W 18
Caprignano AP .... 108 AQ 26
Caprile AR .... 88 AH 21
Caprile BG .... 23 S 7
Caprile BI .... 34 K 9
Caprile BL .... 14 AH 5
Caprile FE .... 69 AI 14
Caprile FR .... 131 AR 34

Caprile GE .... 63 Q 16
Caprile NA .... 151 AW 39
Caprile PC .... 63 R 14
Caprile PR .... 64 T 16
Caprile PU .... 97 AL 23
Caprile RE .... 78 X 17
Caprile di Tesino / Gfril BZ. 12 AB 4
Caprile VV .... 174 BG 51
Caprioli SA .... 162 BA 43
Capriolo BS .... 38 U 10
Capriolu OT .... 210 Q 37
Ca'Priuli PD .... 56 AE 13
Caprizzi UD .... 15 AL 5
Capro PG .... 106 AK 26
Caprona PI .... 85 Y 21
Caprone / Kapron BZ .... 2 Y 3
Capronno VA .... 35 M 9
Capsano TE .... 115 AR 28
Capua CE .... 141 AU 37
Capuccini PU .... 90 AM 22
Capugnano BO .... 80 AA 19
Capurso BA .... 146 BK 37
Caput Acquas CI .... 224 M 48
Caputo MT .... 155 BH 42
Caraceto BI .... 34 K 10
Caracoi Agoin BL .... 14 AG 5
Caraffa del Bianco RC .... 179 BF 55
Caraffa di Catanzaro CZ. 175 BH 50
Caraglio CN .... 71 F 17
Caragna SV .... 74 J 18
Ca'Rainati TV .... 41 AG 9
Carale VB .... 7 K 7
Caralte BL .... 15 AJ 5
Caramagna Ligure IM .... 73 I 20
Caramagna Piemonte CN... 60 H 15
Caramanico Terme PE .... 116 AT 31
Ca'Rando PU .... 89 AJ 20
Caranna BR .... 148 BN 39
Carano CE .... 140 AS 36
Carano LT .... 129 AL 34
Carano TN .... 13 AD 6
Caranza SP .... 77 S 17
Caranzano AL .... 61 M 15
Caranzino SR .... 203 BA 61
Carapelle FG .... 135 BD 35
Carapelle Calvisio AQ .... 115 AR 30
Ca'Rapetti MS .... 78 U 18
Carasco GE .... 76 R 17
Carassai AP .... 108 AR 25
Carassone CN .... 71 H 17
Carate Brianza MI .... 36 Q 9
Carate Lario CO .... 22 P 8
Caravate VA .... 21 M 8
Caravini VC .... 49 J 12
Caravino TO .... 34 I 11
Caravita NA .... 151 AV 38
Caravonica IM .... 72 I 20
Carazza VI .... 55 AE 11
Carazzai BL .... 28 AH 7
Carazzole VR .... 40 AA 10
Carbagnano TO .... 49 J 13
Carbognano VT .... 112 AI 30
Carbona PG .... 97 AL 24
Carbonara FE .... 67 AD 14
Carbonara PD .... 41 AE 11
Carbonara PD .... 56 AF 13
Carbonara PU .... 90 AM 21
Carbonara RC .... 176 BF 53
Carbonara TV .... 42 AI 9
Carbonara al Ticino PV .... 51 P 12
Carbonara di Bari BA .... 146 BK 37
Carbonara di Nola NA .... 151 AW 38
Carbonara di Po MN .... 55 AC 13
Carbonara Scrivia AL .... 62 O 14
Carbonare TN .... 26 AC 8
Carbonari CS .... 166 BF 46
Carbonata LU .... 85 Y 21
Carbone PZ .... 164 BF 43
Carbonelli BR .... 147 BN 38
Carbonera BG .... 23 S 7
Carbonera TV .... 42 AI 9
Carbonere Nuove TV .... 43 AK 9
Carbonesca PG .... 97 AK 24
Carbonetti CO .... 36 O 9
Carboni PG .... 96 AJ 22
Carbonia CI .... 224 M 48
Carbonifera LI .... 102 Z 26
Carbonile FI .... 87 AD 21
Carbonile FI .... 87 AE 20
Carbonin / Schluderbach BZ. 5 AI 4

Carbuta SV .... 74 K 18
Carcaci EN .... 195 AX 58
Carcano CO .... 22 Q 9
Carcapalle SA .... 152 AX 39
Carcara RC .... 178 BE 56
Carcarella RC .... 174 BG 51
Carcarelle VT .... 112 AH 29
Carceri AQ .... 123 AU 32
Carceri PD .... 56 AE 12
Carceri PG .... 106 AJ 26
Carceri Basse AQ .... 123 AU 32
Carchitti RM .... 120 AL 33
Carciato TN .... 12 AA 6
Carcina BS .... 38 W 10
Carciuso PZ .... 144 BD 38
Carcoforo VC .... 20 J 8
Carda AR .... 87 AF 22
Cardagnano MC .... 108 AO 25
Cardalani AV .... 142 AX 38
Cardana VA .... 21 M 8
Cardano BZ .... 13 AD 5
Cardano TR .... 113 AK 29
Cardano al Campo VA .... 35 N 10
Cardazzo PV .... 51 R 13
Carde CN .... 59 F 15
Cardedu OG .... 219 S 45
Cardella PU .... 89 AK 22
Cardeto RC .... 178 BD 55
Cardeto RC .... 178 BD 55
Cardeto Nord RC .... 178 BD 55
Cardeto Sud RC .... 178 BD 55
Cardezza VB .... 7 K 7
Cardigliano di Sopra LE. 161 BS 44
Cardile SA .... 162 BA 42
Cardilli CS .... 170 BG 48
Cardilla PA .... 190 AJ 57
Cardillo PA .... 184 AO 54
Cardini CN .... 71 I 18
Cardini GE .... 77 R 18
Carditello NA .... 150 AU 38
Cardito BN .... 133 AY 36
Cardito FR .... 131 AR 36
Cardito FR .... 131 AS 34
Cardito FR .... 131 AS 35
Cardito NA .... 150 AU 38
Cardolo CZ .... 171 BH 50
Cardona AL .... 49 L 13
Cardoni CE .... 132 AT 36
Cardoso LU .... 84 W 19
Cardoso LU .... 85 X 19
Caredia RC .... 178 BD 56
Carega VC .... 35 K 9
Careggine LU .... 78 W 19
Carelli TA .... 157 BM 41
Carello Inf. CS .... 172 BJ 48
Carema TO .... 34 H 10
Carengo VC .... 49 L 12
Carenno LC .... 23 R 9
Carentino AL .... 61 L 15
Careola MS .... 77 U 17
Careri RC .... 179 BF 54
Caresee / Carezza BZ .... 13 AE 5
Caresana TS .... 45 AS 10
Caresana VC .... 49 M 12
Caresanablot VC .... 49 L 11
Careste FC .... 88 AH 20
Carestello PG .... 96 AK 24
Carestia PU .... 89 AJ 22
Caretto TO .... 33 H 11
Carezza / Caresee BZ .... 13 AE 5
Carezzano Maggiore AL... 62 O 15
Carezze VR .... 55 AD 12
Carfagnoi BL .... 28 AH 7
Carfizzi KR .... 173 BK 48
Carfon BL .... 14 AG 5
Cargalla SS .... 213 M 39
Cargeghe SS .... 213 M 39
Cargnacco UD .... 30 AO 7
Caria ME .... 187 AX 55
Caria VV .... 176 BE 52
Caria Ferro ME .... 187 AX 55
Caria-Piano Bosco VV .... 174 BG 51
Cariati CS .... 169 BK 47
Cariati Marina CS .... 169 BK 47
Carie PG .... 106 AL 25
Carifano-Mastralessio FG. 143 BA 37
Carife AV .... 143 BA 37
Carifi Torello SA .... 151 AX 39

Carigie Alta *GR* ... 111 AD 29
Carigie Bassa *GR* ... 111 AD 29
Carigliano *NA* ... 150 AT 38
Cariglio *CS* ... 166 BF 47
Carignano *FG* ... 134 BA 35
Carignano *LU* ... 85 X 20
Carignano *MS* ... 78 U 19
Carignano *PR* ... 65 W 15
Carignano *PU* ... 90 AM 21
Carignano *TO* ... 47 F 13
Carignano *TO* ... 59 H 14
Carignone *PC* ... 64 T 15
Carimate *CO* ... 36 P 9
Carinaro *CE* ... 141 AU 38
Carini *PA* ... 184 AO 55
Carini *PC* ... 64 T 15
Carinola *CE* ... 140 AS 36
Caripoli *SR* ... 203 BA 60
Caris *VR* ... 39 Z 9
Carisasca *PC* ... 63 Q 15
Cariseto *PC* ... 63 R 16
Carisio *VC* ... 34 K 11
Carisolo *TN* ... 26 Z 6
Caristia *ME* ... 188 AY 55
Carità *TV* ... 42 AI 9
Cariti I *SA* ... 151 AX 39
Cariti II *SA* ... 151 AX 39
Carlantino *FG* ... 133 AY 34
Carlazzo *CO* ... 22 P 7
Carlentini *SR* ... 203 AZ 60
Carlentini Nord *SR* ... 203 AZ 60
Carletti *IM* ... 72 G 21
Carleveri *CN* ... 71 H 17
Carlino *UD* ... 30 AO 9
Carlo Pasqua *FG* ... 127 BE 34
Carloforte *CI* ... 224 K 49
Carlona *AL* ... 62 N 15
Carlopoli *CZ* ... 171 BH 49
Carlotta *PZ* ... 153 BC 39
Carmagnola *TO* ... 60 H 14
Carmasciano *AV* ... 143 BA 38
Carmerlona *RA* ... 69 AH 17
Carmiano *LE* ... 158 BR 41
Carmiano *PC* ... 64 S 14
Carmignanello *PO* ... 86 AB 20
Carmignano *FE* ... 56 AG 14
Carmignano *PD* ... 56 AE 13
Carmignano *PO* ... 86 AB 21
Carmignano di Brenta *PD* ... 41 AF 10
Carmine *AR* ... 88 AH 22
Carmine *CS* ... 170 BG 48
Carmine *PV* ... 63 Q 14
Carmine *SA* ... 162 BA 42
Carmine *SV* ... 75 L 17
Carmine *TV* ... 42 AH 9
Carmine *VB* ... 22 N 7
Carmito *SR* ... 203 AY 59
Carnago *VA* ... 36 O 9
Carnaiola *TR* ... 105 AH 26
Carnale *ME* ... 188 AZ 55
Carnalevari Soprano *KR* ... 173 BK 50
Carnalevari Sottano *KR* ... 173 BK 50
Carnalez *TN* ... 12 AB 5
Carnate *MI* ... 37 R 10
Carnello *FR* ... 131 AQ 33
Carnia *UD* ... 16 AN 5
Carniana *RE* ... 79 X 17
Carniglia *PR* ... 64 S 17
Carnino *CN* ... 71 H 19
Carnola *RE* ... 79 X 17
Carnovale *SV* ... 74 K 17
Carobbio *PR* ... 65 V 16
Carobbio degli Angeli *BG* ... 38 T 9
Carolea *CZ* ... 171 BH 49
Carolei *CS* ... 170 BG 48
Caroli *BG* ... 23 S 9
Ca'Romano *PU* ... 88 AI 21
Ca'Romano Primo *PU* ... 89 AK 22
Carona *AL* ... 63 P 14
Carona *BG* ... 24 T 7
Carona *SO* ... 24 V 7
Càroni *VV* ... 176 BE 52
Caronia *ME* ... 187 AV 55
Caroniti *VV* ... 176 BE 52
Caronno *VA* ... 36 P 10
Caronno Varesino *VA* ... 36 N 9
Caropepe *EN* ... 194 AV 59
Carosina di Sopra *AV* ... 143 BA 37
Carosino *TA* ... 157 BN 41
Carotte *SO* ... 10 T 6
Carovigno *BR* ... 148 BO 39
Carovilli *IS* ... 132 AU 33
Carozzo *SP* ... 77 U 19
Carpacco *UD* ... 30 AM 7
Carpana *PR* ... 64 T 16
Carpane *PD* ... 42 AG 10
Carpanè *VI* ... 27 AF 8
Carpanea *VR* ... 55 AC 13
Carpaneto *PR* ... 65 W 16
Carpaneto Piacentino *PC* ... 64 T 14
Carpani *LI* ... 100 W 27
Carpani *TE* ... 108 AQ 27
Carpanzano *CS* ... 171 BG 49
Carpari *TA* ... 147 BM 39
Carpasio *IM* ... 72 I 20
Carpe *SV* ... 74 J 19
Carpegna *PU* ... 88 AI 21
Carpello *FR* ... 131 AR 33
Carpen *BL* ... 28 AG 8
Carpena *FC* ... 82 AH 18
Carpena *SP* ... 77 T 19
Carpenara *GE* ... 75 N 17
Carpeneda *BS* ... 39 X 10
Carpeneda *TN* ... 26 AB 8
Carpenedo *TV* ... 42 AH 9
Carpenedo *VE* ... 42 AI 10
Carpenedolo *BS* ... 53 X 11
Carpeneta *CN* ... 61 K 16
Carpeneto *AL* ... 62 M 15
Carpeneto *GE* ... 63 Q 16
Carpeneto *GE* ... 76 Q 17
Carpeneto *SV* ... 74 K 17
Carpeneto *UD* ... 30 AO 8
Carpeneto *VC* ... 49 K 12
Carpenetta *CN* ... 59 G 15
Carpenetto *TO* ... 48 G 14
Carpentera *RG* ... 205 AY 63
Carpentieri *KR* ... 173 BL 49
Carpenzago *MI* ... 36 O 11
Carperi *BR* ... 148 BN 39
Carperi-Tanzarella *BR* ... 148 BN 39
Carpesica *TV* ... 29 AI 8
Carpi *MO* ... 66 AA 15
Carpi *VR* ... 55 AD 13
Carpiano *MI* ... 51 Q 11
Carpiano *PG* ... 96 AK 24
Carpignalle *FI* ... 86 AC 22
Carpignano *AV* ... 142 AZ 37
Carpignano *MC* ... 98 AO 24
Carpignano Salentino *LE* ... 161 BT 42
Carpignano Sesia *NO* ... 35 L 10
Carpine *FR* ... 130 AP 34
Carpinelli *LU* ... 78 W 18
Carpinelli *PZ* ... 153 BD 39
Carpinello *FC* ... 82 AH 18
Carpinello *GE* ... 75 O 17
Carpinello del Monte *MT* ... 155 BG 41
Carpine-Pantana *SA* ... 163 BB 43
Carpineta *BO* ... 80 AB 18
Carpineta *FC* ... 82 AI 19
Carpineta *PT* ... 80 AB 19
Carpinete *IS* ... 132 AT 34
Carpineti *RE* ... 79 Y 17
Carpineto *AP* ... 108 AQ 27
Carpineto *RM* ... 119 AI 30
Carpineto *SA* ... 151 AX 39
Carpineto *SI* ... 94 AC 24
Carpineto della Nora *PE* ... 116 AS 29
Carpineto Romano *RM* ... 129 AN 34
Carpineto Sinello *CH* ... 124 AW 31
Carpini *PG* ... 96 AJ 23
Carpini *PZ* ... 144 BD 39
Carpiniello *AV* ... 143 AZ 37
Carpino *FG* ... 127 BE 32
Carpinone *IS* ... 132 AU 34
Carra *CZ* ... 175 BJ 50
Carrà Cosentino *CZ* ... 171 BG 50
Carrà Fossi *CZ* ... 171 BG 50
Carrabba *CT* ... 197 BA 57
Carraia *FI* ... 86 AC 20
Carraia *LU* ... 85 Y 21
Carraia *PG* ... 105 AH 25
Carraia *PI* ... 85 X 21
Carraie *RA* ... 82 AI 18
Carrano *CS* ... 171 BH 49
Carrara *AL* ... 61 L 15
Carrara *AL* ... 62 M 15
Carrara *LT* ... 129 AM 34
Carrara *MS* ... 78 V 19
Carrara *PU* ... 90 AM 21
Carrara Santo Stefano *PD* ... 56 AF 12
Carrare *RO* ... 56 AF 13
Carraria *UD* ... 31 AP 7
Carratiello *SA* ... 152 BA 41
Carratù *SA* ... 151 AX 39
Carrè *VI* ... 41 AD 9
Carrega Ligure *AL* ... 63 Q 16
Carreto *CS* ... 164 BE 44
Carreto *PG* ... 96 AI 23
Carretti *AT* ... 61 K 14
Carretto *SV* ... 74 K 17
Carrito *AQ* ... 122 AR 31
Carro *CN* ... 61 J 16
Carro *CN* ... 74 J 17
Carro *PV* ... 63 Q 15
Carro *SP* ... 77 S 18
Carrobbio *MN* ... 54 Y 13
Carrobioli *RE* ... 66 Z 14
Carrodano *SP* ... 77 S 18
Carrodano Superiore *SP* ... 77 S 18
Carrone *TO* ... 48 I 11
Carrosio *AL* ... 62 N 16
Carrozziere *SR* ... 203 BA 61
Carrù *CN* ... 60 I 17
Carruba *CT* ... 197 BA 57
Carruba *EN* ... 195 AW 58
Carrubbara-Liserà *RC* ... 177 BH 53
Carrubba-Rincione *PA* ... 184 AO 55
Carrubbo *CT* ... 195 AW 59
Carrufo *AQ* ... 116 AR 30
Carsi *GE* ... 63 P 16
Carsoducci *MC* ... 107 AO 25
Carsoli *AQ* ... 120 AN 31
Carsuga *PG* ... 96 AH 23
Cartagenova *GE* ... 76 O 17
Cartari *IM* ... 72 I 19
Cartasegna *AL* ... 63 Q 16
Carteano *PO* ... 86 AB 20
Cartella *PU* ... 90 AM 21
Cartelli *ME* ... 188 AY 55
Cartiera *FR* ... 130 AO 34
Cartiera *LU* ... 85 Y 20
Cartiera *MO* ... 66 AA 16
Cartiera *PR* ... 65 X 15
Cartiera *TV* ... 42 AG 10
Cartiera *TV* ... 43 AJ 9
Cartigliano *VI* ... 41 AF 9
Cartignano *CN* ... 59 E 17
Cartoceto *PU* ... 89 AL 22
Cartoceto *PU* ... 90 AM 21
Cartolano *CZ* ... 170 BF 50
Cartosio *AL* ... 61 L 16
Cartura *PD* ... 56 AG 12
Carturo *PD* ... 41 AF 10
Carugate *MI* ... 37 R 10
Carugo *CO* ... 36 Q 9
Carunchio *CH* ... 124 AW 32
Caruso *ME* ... 188 BA 55
Caruso *RC* ... 179 BE 54
Carvacco *UD* ... 16 AN 6
Carvagnano *CO* ... 22 P 8
Carvanno *BS* ... 39 Y 9
Carve *BL* ... 28 AH 7
Carviano *BO* ... 80 AB 18
Carvico *BG* ... 37 R 9
Carzaghetto *MN* ... 53 X 12
Carzago *BS* ... 39 X 10
Carzano *BS* ... 38 V 9
Carzano *TN* ... 27 AD 7
Carzeto *PR* ... 53 V 14
Casà *GE* ... 63 P 16
Casa Apponi *FR* ... 130 AP 35
Casa Archignano *TR* ... 112 AI 28
Casa Arsa *AV* ... 142 AZ 38
Casa Basilico *SI* ... 93 AB 24
Casa Bastella *RN* ... 89 AL 20
Casa Belvedere *PU* ... 89 AK 22
Casa Bernardello *RG* ... 204 AW 62
Casa Betti *RM* ... 120 AL 31
Casa Biagio *MS* ... 77 T 17
Casa Bianca *RI* ... 114 AN 29
Casa Bianca *SA* ... 151 AW 40
Casa Bidagoria *PG* ... 96 AI 24
Casa Bocca
di Pantano *AQ* ... 122 AS 32
Casa Boccetta *TR* ... 105 AH 27
Casa Bruscara *PU* ... 88 AJ 22
Casa Cagnilia di Sotto *FG* ... 125 BB 32
Casa Campanozzi *FG* ... 126 BC 33
Casa Campi *VT* ... 112 AI 30
Casa Campomorto *VT* ... 111 AE 29
Casa Cantalupo *MC* ... 97 AM 24
Casa Cantoniera *RI* ... 113 AK 30
Casa Capitan Celli *RM* ... 129 AL 33
Casa Carbonara *VT* ... 112 AH 28
Casa Carelia *FG* ... 135 BC 35
Casa Carloni *FI* ... 81 AE 19
Casa Castalda *PG* ... 97 AK 24
Casa Castiglioni *PI* ... 93 Z 24
Casa Cerralti *SI* ... 104 AD 25
Casa Cioci *RI* ... 114 AM 30
Casa Cividia *UD* ... 15 AL 5
Casa Coletta *AP* ... 108 AO 26
Casa Conti *GR* ... 103 AB 25
Casa Corazza *AP* ... 108 AP 26
Casa d' Ercole *CH* ... 124 AW 31
Casa de Minicis *AP* ... 98 AQ 25
Casa de Pema *FG* ... 127 BE 32
Casa dei Guardiani *AQ* ... 121 AQ 31
Casa del Conte *PZ* ... 164 BG 44
Casa del Corto *SI* ... 104 AF 27
Casa del Duca *LI* ... 100 W 27
Casa di Cura *VT* ... 119 AI 30
Casa di Loia *MS* ... 77 U 18
Casa di Monte *PT* ... 85 Z 19
Casa di Piano *LT* ... 129 AN 35
Casa di Pietra *GR* ... 103 AA 26
Casa di Ponterotto *VT* ... 112 AI 30
Casa di Riposo
San Giuseppe *BR* ... 148 BO 40
Casa Doccia *PI* ... 93 Z 23
Casa Faini *GR* ... 104 AF 27
Casa Fattorale *VT* ... 111 AF 29
Casa Fedele *UD* ... 17 AP 6
Casa Feraudi *CS* ... 168 BH 45
Casa Fiego *CZ* ... 175 BI 51
Casa Fiorelli *PG* ... 106 AK 27
Casa Fontana
del Prato *LT* ... 129 AM 34
Casa Forestale *FG* ... 127 BE 33
Casa Francese *SA* ... 152 AY 40
Casa Gaetufo *VT* ... 113 AJ 30
Casa Galeotti *PV* ... 63 P 15
Casa Ghita *PV* ... 50 O 12
Casa Giannino *MS* ... 78 W 18
Casa Giusti *PI* ... 92 Y 24
Casa Gravina *FG* ... 126 BC 33
Casa Guida *FG* ... 127 BE 33
Casa Il Caglio *LI* ... 102 Z 25
Casa la Bruca *GR* ... 104 AE 26
Casa Lacersa *PZ* ... 164 BG 42
Casa Maggi *PG* ... 106 AK 27
Casa Marchese *PV* ... 63 Q 14
Casa Maria *UD* ... 30 AN 9
Casa Marsiglia *SA* ... 152 AX 39
Casa Martelli *RI* ... 114 AN 30
Casa Matti *PV* ... 63 Q 15
Casa Mattoni *FR* ... 130 AP 34
Casa Meana *RM* ... 113 AK 30
Casa Melilli *SR* ... 203 AZ 61
Casa Metilde *FG* ... 126 BC 32
Casa Montanara *AN* ... 97 AM 23
Casa Monte Salaiole *PG* ... 96 AK 24
Casa Morella *PG* ... 96 AK 24
Casa Morotti *PT* ... 80 AA 19
Casa Napoli *PG* ... 106 AL 27
Casa Nuova *PU* ... 89 AJ 22
Casa Pace *CS* ... 167 BG 45
Casa Palombaro *VT* ... 105 AG 27
Casa Paolinami *PG* ... 105 AH 25
Casa Papa Giovanni *AP* ... 99 AR 24
Casa Pasquali *RM* ... 120 AL 31
Casa Paterno *PG* ... 96 AI 22
Casa Pecol *PN* ... 16 AM 6
Casa Perazza *TR* ... 105 AH 27
Casa Piccoli Operai *VT* ... 113 AJ 30
Casa Piemontino *PG* ... 96 AJ 24
Casa Pioppai *PC* ... 52 U 13
Casa Plaiani *TE* ... 109 AS 26
Casa Poggetti *GR* ... 103 AA 25
Casa Poggialti *GR* ... 104 AD 27
Casa Ponte *PV* ... 63 P 14
Casa Poppi *GR* ... 103 AC 25
Casa Quadrozzi *FR* ... 130 AP 34
Casa Ranchetti *PG* ... 97 AL 24
Casa Recino *FR* ... 130 AP 34
Casa Renzi *MC* ... 99 AQ 24
Casa Riminello *VT* ... 111 AE 29
Casa Riva Lunga *GO* ... 31 AQ 9
Casa Rizzo *CS* ... 167 BH 46
Casa Rocco d'Amato *SA* ... 152 AX 39
Casa Rosalini *VT* ... 112 AH 28
Casa Saggese *FG* ... 126 BC 32
Casa San Lazzaro *VT* ... 112 AG 28
Casa San Pietro *GR* ... 103 AC 25
Casa Sant' Erasmo *AQ* ... 115 AP 30
Casa Santa *TP* ... 182 AK 55
Casa Santa Lucia *SI* ... 94 AD 24
Casa Santa Maria *VT* ... 112 AI 28
Casa Sant'Amante *GR* ... 103 AB 25
Casa Sconfitta *GR* ... 111 AF 28
Casa Sergiacomi *AP* ... 108 AR 26
Casa Serraino *TP* ... 182 AK 56
Casa Servelli *VT* ... 112 AI 30
Casa Sinibaldi *VT* ... 112 AI 29
Casa Sorgnano *PG* ... 106 AJ 26
Casa Stizza *AP* ... 99 AQ 24
Casa Taurana *RM* ... 113 AK 30
Casa Testi *GR* ... 104 AE 27
Casa Torricella *PG* ... 96 AJ 24
Casa Tosoni *AP* ... 99 AQ 24
Casa Trezza *SA* ... 151 AX 39
Casa Valdienna *MT* ... 154 BF 41
Casa Valle Dossi *GO* ... 31 AP 9
Casa Varrea *PG* ... 96 AJ 23
Casa Venice *PZ* ... 165 BG 42
Casa Ventre *RI* ... 107 AO 28
Casa Zucchini *GR* ... 103 AB 25
Casabasciana *LU* ... 85 Y 19
Casabianca *AT* ... 61 J 14
Casabianca *GE* ... 63 P 16
Casabianca *GR* ... 103 AB 27
Casabianca *PC* ... 52 T 13
Casabianca *PI* ... 92 X 22
Casabianca *SI* ... 95 AE 24
Casabianca *SI* ... 104 AF 25
Casabianca *TE* ... 116 AS 28
Casabianca *TO* ... 48 I 12
Casabocci *SI* ... 94 AC 24
Casabona *IS* ... 132 AT 33
Casabona *KR* ... 173 BK 48
Casaburi *SA* ... 162 BA 43
Casacagnano *AP* ... 108 AP 26
Casacalenda *CB* ... 124 AY 33
Casacanditella *CH* ... 116 AU 30
Casa-castello *AV* ... 151 AX 39
Casacce *AR* ... 95 AG 23
Casacce *BS* ... 53 V 12
Casacce *PG* ... 96 AK 24
Casacce *PG* ... 97 AL 23
Casaccia *PG* ... 106 AJ 26
Casaccia *RM* ... 119 AI 31
Casachelle *CS* ... 168 BH 46
Casacorba *TV* ... 42 AH 10
Casada *BL* ... 15 AK 4
Casadio *BO* ... 67 AC 16
Casafredda *CE* ... 140 AT 36
Casagiove *CE* ... 141 AU 37
Casaglia *BO* ... 67 AC 17
Casaglia *BO* ... 80 AC 18
Casaglia *BS* ... 38 V 10
Casaglia *FE* ... 55 AE 14
Casaglia *FI* ... 81 AE 19
Casaglia *PG* ... 96 AJ 25
Casaglia *PI* ... 93 Y 23
Casaglia *SI* ... 93 AB 23
Casagliana *OT* ... 210 R 37
Casaglio *BS* ... 38 V 10
Casal *BL* ... 14 AI 5
Casal Boccone *RM* ... 119 AK 32
Casal Borsetti *RA* ... 69 AI 16
Casal Cermelli *AL* ... 62 M 14
Casal di Mezzo *PG* ... 106 AL 28
Casal di Mondo li *RM* ... 120 AM 33
Casal di Principe *CE* ... 141 AT 37
Casal Malombra *CR* ... 53 V 13
Casal Nuovo *VT* ... 112 AG 30
Casal Nuovo *VT* ... 112 AI 29
Casal Palocco *RM* ... 128 AJ 33
Casal Thaulero *TE* ... 109 AS 28
Casal Traiano *LT* ... 138 AN 35
Casal Velino *SA* ... 162 AZ 42
Casala *PU* ... 89 AJ 22
Casalabate *LE* ... 149 BR 41
Casalanguida *CH* ... 123 AV 31
Casalappi *LI* ... 102 Z 25
Casalàttico *FR* ... 131 AR 34
Casalazara *LT* ... 128 AK 34
Casalbarbato *PR* ... 65 V 14
Casalbaroncolo *PR* ... 65 X 15
Casalbellotto *CR* ... 53 X 14
Casalbeltrame *NO* ... 35 L 11
Casalbergo *VR* ... 54 AB 12
Casalbordino *CH* ... 124 AW 31
Casalbore *AV* ... 142 AZ 36
Casalborgone *TO* ... 48 I 13
Casalbuono *SA* ... 163 BD 42
Casalbuttano ed Uniti *CR* ... 52 U 12
Casalcassinese *FR* ... 131 AS 34
Casalciprano *CB* ... 132 AW 34
Casaldonato *PC* ... 63 R 16
Casalduni *BN* ... 142 AX 36
Casale *AN* ... 97 AM 23
Casale *AP* ... 108 AP 26
Casale *AR* ... 88 AI 21
Casale *AV* ... 142 AX 38
Casale *AV* ... 142 AX 38
Casale *BG* ... 38 U 9
Casale *BI* ... 34 I 10
Casale *BN* ... 142 AX 36
Casale *BO* ... 80 AA 19
Casale *BS* ... 39 X 10
Casale *CB* ... 132 AV 33
Casale *CE* ... 131 AS 35
Casale *CE* ... 132 AT 35
Casale *CE* ... 140 AT 36
Casale *CE* ... 140 AT 36
Casale *FC* ... 81 AF 18
Casale *FC* ... 82 AI 19
Casale *FI* ... 87 AE 20
Casale *FR* ... 131 AR 36
Casale *GE* ... 62 O 16
Casale *GE* ... 77 R 18
Casale *IM* ... 73 I 19
Casale *IS* ... 132 AV 34
Casale *LT* ... 130 AN 35
Casale *MC* ... 97 AN 25
Casale *ME* ... 188 AZ 55
Casale *MN* ... 54 AA 13
Casale *MN* ... 54 Y 13
Casale *MN* ... 39 Z 11
Casale *MO* ... 79 Z 17
Casale *PC* ... 63 R 15
Casale *PC* ... 64 T 15
Casale *PE* ... 116 AS 29
Casale *PG* ... 106 AK 26
Casale *PG* ... 106 AL 26
Casale *PR* ... 65 W 15
Casale *PR* ... 65 X 14
Casale *PU* ... 97 AK 23
Casale *PV* ... 63 R 14
Casale *RA* ... 81 AF 18
Casale *RC* ... 178 BD 55
Casale *RE* ... 79 X 17
Casale *RE* ... 78 X 17
Casale *SA* ... 152 BA 39
Casale *SI* ... 93 AB 23
Casale *SP* ... 77 T 18
Casale *TO* ... 48 I 12
Casale *TP* ... 190 AK 57
Casale *VI* ... 27 AD 9
Casale Abbruciate *RM* ... 128 AK 33
Casale Antonelli *RI* ... 114 AN 30
Casale Basso *CS* ... 171 BG 48
Casale Belvedere *CR* ... 52 U 12
Casale Buccitto *FR* ... 130 AO 33
Casale Carcarella *VT* ... 112 AG 29
Casale Colle Fiorito *RM* ... 119 AJ 32
Casale Corte Cerro *VB* ... 21 L 8
Casale Cremasco *CR* ... 37 T 11
Casale dei Molini *CN* ... 60 H 16
Casale del Bosco *SI* ... 104 AD 25
Casale della Cesarina
Vecchia *RM* ... 119 AK 32
Casale delle Palme *LT* ... 129 AM 34
Casale di Pari *GR* ... 103 AC 25
Casale di Scodosia *PD* ... 55 AD 12
Casale Fiammingo *RM* ... 129 AL 34
Casale Fiorentini *VT* ... 112 AI 29
Casale Giminiani *FR* ... 121 AN 33
Casale Litta *VA* ... 35 N 9
Casale Loreto *UD* ... 30 AM 8
Casale Macchia
del Conte *VT* ... 112 AG 29
Casale Marittimo *PI* ... 92 Y 24
Casale Marzili *FR* ... 120 AN 33
Casale Masè *CH* ... 123 AU 32
Casale Mazzarella *PZ* ... 164 BE 43
Casale Mogliane *VT* ... 112 AH 29
Casale Monaci *AV* ... 142 AY 38
Casale Monferrato *AL* ... 49 L 13
Casale Nuovo *RM* ... 120 AK 31
Casale Nuovo
di Presciano *RM* ... 129 AL 34
Casale Panicotti *CH* ... 123 AU 32
Casale Pazielli *VT* ... 113 AI 30
Casale Pian delle Rose *VT* ... 119 AJ 30
Casale Pisello *VT* ... 112 AG 29
Casale Poggio Martino *VT* ... 111 AF 29
Casale Quarticciolo *VT* ... 111 AF 29
Casale Raimondi *CH* ... 124 AW 31
Casale S. Colomba *RM* ... 119 AK 31
Casale Salto *RI* ... 114 AN 30
Casale San Giuliano *PZ* ... 153 BB 39
Casale San Nicola *TE* ... 115 AQ 29
Casale San Savino *VT* ... 112 AG 29
Casale Serino *PZ* ... 164 BE 43
Casale Soffano *CN* ... 60 I 16
Casale Soprano *CN* ... 60 I 16
Casale Staffora *PV* ... 63 Q 15
Casale Sugarello *VT* ... 111 AF 29
Casale sul Sile *TV* ... 42 AI 10
Casale Teta *AV* ... 143 AZ 38
Casale Trinità *VT* ... 112 AG 29
Casale Vecchio *AN* ... 90 AN 21
Casale Vepre *VT* ... 111 AF 28
Casale Zenti *VT* ... 112 AG 29
Casalecchio *AR* ... 87 AG 22
Casalecchio *FC* ... 88 AH 20
Casalecchio *PU* ... 88 AI 20
Casalecchio *RA* ... 81 AF 17
Casalecchio *RE* ... 65 X 17
Casalecchio *RN* ... 83 AK 19
Casalecchio dei conti *BO* ... 81 AE 17
Casalecchio di Reno *BO* ... 67 AC 17
Casaleggio *PC* ... 51 R 14
Casaleggio Boiro *AL* ... 62 N 16
Casaleggio Novara *NO* ... 35 L 11
Casalena *AP* ... 108 AQ 26
Casalene *CB* ... 133 AW 35
Casaleni *ME* ... 188 AY 55
Casaleno *TE* ... 108 AR 27

Casaleone *VR* .... 55 AC 12
Casaleto *PR* .... 64 S 16
Casalette Norchia *VT* ... 112 AG 29
Casaletti Mattei *RM* .... 119 AJ 32
Casaletto *AL* .... 49 K 13
Casaletto *AQ* .... 120 AN 31
Casaletto *MN* .... 54 Y 14
Casaletto *VI* .... 41 AE 10
Casaletto *VT* .... 112 AH 30
Casaletto Ceredano *CR* ... 52 S 12
Casaletto di Sopra *CR* ... 37 T 11
Casaletto di Sotto *RM* ... 119 AI 31
Casaletto Lodigiano *LO* ... 51 R 12
Casaletto Spartano *SA* ... 163 BC 43
Casaletto Vaprio *CR* ... 37 S 11
Casalfiumanese *BO* ..... 81 AE 18
Casalfoschino *PR* .... 53 W 14
Casalgiate *NO* .... 35 M 11
Casalgiordana *PA* .... 194 AU 57
Casalgrande *RE* .... 66 Z 16
Casalgrande Alto *RE* .... 66 Z 16
Casalgrasso *CN* .... 59 G 15
Casali *AP* .... 108 AQ 25
Casali *AQ* .... 122 AR 31
Casali *FI* .... 80 AD 19
Casali *FR* .... 131 AR 35
Casali *MC* .... 107 AO 26
Casali *PC* .... 64 T 15
Casali *PE* .... 116 AT 29
Casali *RI* .... 113 AK 30
Casali *TR* .... 112 AI 28
Casali d' Aschi *AQ* ...... 122 AR 32
Casali di Serravalle *PG* ... 107 AN 27
Casali di Sotto *RI* .... 114 AO 28
Casali Franceschinis *UD* ... 30 AN 8
Casali Marianis *UD* ...... 30 AN 9
Casali Natali *RI* .... 114 AN 29
Casali Santa Maria
Maddalena *AQ* .... 122 AR 32
Casalicchio *AG* .... 193 AR 58
Casalicchio *AP* .... 107 AO 26
Casaliggio *PC* .... 52 S 14
Casalina *MS* .... 78 U 17
Casalina *PG* .... 106 AJ 26
Casalincontrada *CH* ..... 116 AT 30
Casaline *AQ* .... 114 AO 29
Casalinella *CS* .... 168 BH 46
Casalini *BR* .... 148 BN 39
Casalini *PG* .... 105 AH 25
Casalini *VI* .... 41 AD 9
Casalino *AL* .... 49 K 13
Casalino *AR* .... 87 AF 21
Casalino *AR* .... 95 AF 23
Casalino *GE* .... 62 P 16
Casalino *GR* .... 104 AD 26
Casalino *NO* .... 35 M 11
Casalino *PG* .... 105 AI 26
Casalino *PR* .... 64 U 15
Casalino *RE* .... 65 X 16
Casalino *RE* .... 78 X 18
Casalino *TN* .... 26 AC 7
Casalino *VR* .... 55 AC 12
Casali-San Potito *SA* ... 151 AX 39
Casalmaggiore *CR* .... 53 X 14
Casalmaiocco *LO* .... 51 R 11
Casalmartino *AQ* .... 121 AQ 31
Casalmoro *MN* .... 53 X 12
Casalnoceto *AL* .... 62 O 14
Casalnuovo *RC* .... 179 BE 55
Casalnuovo di Napoli *NA* ... 151 AV 38
Casalnuovo
Monterotaro *FG* .... 134 AZ 34
Casaloldo *MN* .... 53 X 12
Casalone *VT* .... 112 AH 29
Casalorzo *CR* .... 53 W 13
Casalorzo Geroldi *CR* ... 53 W 13
Casalotti *RM* .... 119 AJ 32
Casalotti *SA* .... 152 AZ 41
Casalotto *AT* .... 61 L 15
Casalotto *CB* .... 132 AV 34
Casalpiano *LI* .... 102 Y 25
Casalpo *RE* .... 65 Y 14
Casalpoglio *MN* .... 53 X 12
Casalporino *PR* .... 64 S 16
Casalpusterlengo *LO* ... 52 S 12
Casalromano *MN* .... 53 X 12
Casalrosso *VC* .... 49 L 12
Casalserugo *PD* .... 56 AG 12
Casalsigone *CR* .... 52 V 12
Casalsottano *SA* .... 162 AZ 42
Casalta *PG* .... 106 AJ 26
Casaltondo *PG* .... 105 AH 25
Casaltone *PR* .... 65 X 15
Casaluce *CE* .... 141 AU 37
Casalupa *BZ* .... 3 AD 2
Casalvatico *CB* .... 133 AX 35

Casalvecchio *AL* .... 62 O 14
Casalvecchio di Puglia *FG* ... 134 AZ 34
Casalvecchio Siculo *ME* ... 189 BA 56
Casalvento *AN* .... 97 AL 23
Casalvieri *FR* .... 131 AR 34
Casalvolone *NO* .... 35 L 11
Casalzuigno *VA* .... 22 N 8
Casamaggiore *PG* .... 105 AG 25
Casamaina *AQ* .... 115 AP 30
Casamarciano *NA* .... 151 AW 38
Casamare *CE* .... 139 AS 36
Casamari *FR* .... 130 AP 33
Casamarone *PT* .... 85 Z 19
Casamassella *LE* .... 161 BT 43
Casamassima *BA* .... 146 BK 38
Casamicciola Terme *NA* ... 150 AS 39
Casamona *AR* .... 87 AF 22
Casamona *AR* .... 87 AE 22
Casamostra *CE* .... 140 AT 36
Casamurana *AP* .... 108 AQ 26
Casan *BL* .... 29 AI 6
Casandrino *NA* .... 150 AU 38
Casania *MS* .... 78 W 19
Casano *SP* .... 78 V 19
Casanola *RA* .... 81 AF 18
Casanova *AR* .... 87 AF 22
Casanova *CE* .... 140 AS 36
Casanova *FC* .... 81 AF 19
Casanova *FR* .... 130 AP 35
Casanova *GE* .... 76 O 17
Casanova *GE* .... 63 Q 16
Casanova *PC* .... 51 R 14
Casanova *PG* .... 93 Z 22
Casanova *PR* .... 64 T 16
Casanova *RI* .... 114 AM 28
Casanova *SI* .... 94 AC 24
Casanova *TE* .... 108 AQ 28
Casanova *TN* .... 13 AD 6
Casanova *TO* .... 60 H 14
Casanova *UD* .... 16 AN 5
Casanova del Morbasco *CR* ... 52 U 13
Casanova di Destra *PV* ... 63 Q 15
Casanova di Sinistra *PV* ... 63 Q 15
Casanova di Torre *PG* ... 97 AK 24
Casanova d'Offredi *CR* ... 53 W 13
Casanova Elvo *VC* .... 35 K 11
Casanova Lerrone *SV* ... 73 J 19
Casanova Lonati *PV* ..... 51 Q 13
Casanuova *FI* .... 86 AA 21
Casanuova *FI* .... 80 AD 19
Casanuova *SI* .... 95 AF 24
Casanuovo dell'alpe *FC* ... 88 AG 20
Casape *RM* .... 120 AM 32
Casapesenna *CE* .... 141 AT 38
Casapinta *BI* .... 34 K 10
Casaprota *RI* .... 114 AL 30
Casapulla *CE* .... 141 AU 37
Casapullo *CE* .... 141 AU 37
Casapuzzano *CE* .... 141 AU 38
Casarano *LE* .... 160 BR 43
Casarano *SR* .... 203 AZ 60
Casarea *NA* .... 151 AV 38
Casareale-Cipriani *CE* ... 140 AT 36
Casaregnano *AP* .... 108 AP 26
Casarello *AL* .... 49 K 13
Casargiu *VS* .... 220 M 46
Casargo *LC* .... 23 R 7
Casarile *MI* .... 51 P 12
Casarini *RI* .... 113 AK 29
Casarini Primo *MC* ...... 98 AN 23
Casarini Secondo *MC* ... 98 AN 23
Casarinoli *CE* .... 140 AS 36
Casario *TR* .... 74 J 18
Casarnese *TR* .... 113 AJ 28
Casarola *PR* .... 78 V 17
Casarotti *VI* .... 40 AL 9
Casarsa della Delizia *PN* ... 30 AM 8
Casarza Ligure *GE* ...... 77 R 18
Casasco *AL* .... 62 P 15
Casasco *AT* .... 49 J 14
Casasco Intelvi *CO* ...... 22 P 8
Casaselvatica *PR* .... 65 V 16
Casaso *UD* .... 16 AN 4
Casasola *PN* .... 15 AL 6
Casasola *UD* .... 16 AN 4
Casasola *UD* .... 16 AO 5
Casastieri *SI* .... 94 AC 23
Casastrada *FI* .... 86 AA 22
Casate *CO* .... 23 Q 8
Casate *MI* .... 36 N 11
Casate *MN* .... 36 N 11
Casateia / Gasteig *BZ* ... 3 AD 2
Casatenovo *LC* .... 37 Q 9
Casati *RM* .... 120 AL 31
Casatico *LU* .... 78 W 19
Casatico *MN* .... 53 Y 13

Casatico *PR* .... 65 W 16
Casatico *PV* .... 51 P 12
Casatisma *PV* .... 51 P 13
Casatta *TN* .... 13 AD 6
Casavatore *NA* .... 150 AU 38
Casavecchia *AR* .... 95 AF 22
Casavecchia *FI* .... 86 AC 21
Casavecchia *GE* .... 62 M 16
Ca'Savio *VE* .... 43 AJ 11
Casazza *BG* .... 38 U 9
Casazza *BI* .... 34 J 10
Casazza *MN* .... 55 AC 14
Casazza *PC* .... 52 U 13
Casazza *RG* .... 204 AW 61
Casazza *RO* .... 56 AE 14
Casazza *SR* .... 205 AY 63
Casazza *SV* .... 74 K 17
Casazze *MN* .... 54 Y 13
Casazze *VR* .... 39 Z 11
Cascano *CE* .... 140 AS 36
Cascano *LT* .... 130 AO 35
Caschino *BS* .... 39 X 10
Cascia *FI* .... 87 AE 21
Cascia *MC* .... 98 AP 23
Cascia *NA* .... 192 AO 57
Cascia *PG* .... 107 AN 27
Cascia *TO* .... 34 I 11
Casciago *VA* .... 22 N 9
Casciana *LU* .... 78 W 18
Casciana *MS* .... 78 V 18
Casciana Alta *PI* .... 92 Y 22
Casciana Terme *PI* ...... 92 Y 22
Cascianella *LU* .... 78 W 18
Casciano *SI* .... 94 AC 24
Casciano *SI* .... 94 AC 25
Cascina *IM* .... 73 I 19
Cascina *PI* .... 85 Y 21
Cascina *PR* .... 65 W 16
Cascina *RA* .... 82 AG 18
Cascina Albrate *PV* ..... 50 M 12
Cascina Belvedere *PV* ... 50 N 13
Cascina Bettole *NO* ..... 35 N 11
Cascina Bosco Bovi *CR* ... 53 V 13
Cascina Boscolevato *BS* ... 38 U 10
Cascina Camilla *AL* ..... 62 M 14
Cascina Casale di Sopra *PV* ... 50 M 12
Cascina Casale di Sotto *PV* ... 50 M 12
Cascina Castelletto Sera *BS* ... 52 U 12
Cascina Castello *CR* ..... 37 S 11
Cascina Centalupa *PV* ... 50 M 12
Cascina Centrale *RM* ... 119 AI 32
Cascina Colombaie
Centro *BS* .... 53 X 12
Cascina Colombara *BS* ... 38 U 10
Cascina Colombara *CR* ... 37 S 11
Cascina Colombara *PD* ... 41 AF 10
Cascina Colombara *VA* ... 36 P 10
Cascina Colombare *BG* ... 38 U 11
Cascina Costa *VA* .... 35 N 10
Cascina Dado *PV* .... 50 M 12
Cascina della Comunità *PV* ... 50 M 12
Cascina dell'Ebreo *VC* ... 35 L 11
Cascina di Castel
Campanile *RM* .... 119 AI 32
Cascina di Monte
Migliore *RM* .... 128 AK 33
Cascina di Perna *RM* ... 128 AJ 33
Cascina Elisa *VA* .... 36 N 10
Cascina Favorita *BG* ..... 37 T 10
Cascina Ferrera *NO* ...... 35 L 10
Cascina Finiletti *BG* ...... 38 T 11
Cascina Fornaci *BG* ...... 37 T 11
Cascina Forzata *BG* ...... 37 T 10
Cascina Gerre *CR* .... 53 V 13
Cascina Gioietta *CR* ..... 37 T 11
Cascina Guizza *PV* .... 50 M 12
Cascina Guizzafame *PV* ... 50 M 12
Cascina La Castellana *PV* ... 50 N 12
Cascina la Riccia *RM* ... 119 AI 31
Cascina Lasso *MI* .... 50 O 12
Cascina le Caselle *CR* ... 53 V 13
Cascina Luisiana *PV* ..... 51 P 13
Cascina Mercandone *BS* ... 53 W 11
Cascina Moscona *BI* ..... 34 J 11
Cascina Nuova *MI* .... 36 P 10
Cascina Nuova *MI* .... 36 P 10
Cascina Nuova *MI* .... 50 M 12
Cascina Nuova *NO* .... 35 M 11
Cascina Nuova *PV* .... 50 O 12
Cascina Oca *PV* .... 50 M 12
Cascina Paggi *PV* .... 119 AK 31
Cascina Pergolesca *PV* ... 50 N 12
Cascina Ponetta *PV* ..... 50 M 12
Cascina Reghinera *LO* ... 52 T 12
Cascina Remondina *BS* ... 53 V 11
Cascina Restelli *CO* ..... 36 O 9

Cascina Ribolla *BG* ...... 38 U 11
Cascina Roggera *TO* ..... 59 F 15
Cascina S. Lorenzo *RM* ... 128 AK 34
Cascina San Bassano *CR* ... 52 T 12
Cascina San Vittore *PV* ... 50 O 12
Cascina Santa Maria *PV* ... 50 O 12
Cascina Sbarra *NO* ...... 50 N 12
Cascina Taranta *BG* ..... 37 S 10
Cascina Vallazza *PV* ..... 50 N 12
Cascina Valle *CR* .... 52 U 11
Cascina Vallunga *PV* ..... 50 N 12
Cascina Vernico *BS* ...... 53 X 12
Cascina Visconta *VA* ..... 36 O 9
Cascina Volpara *PV* ...... 51 P 13
Cascina Peruzzi *VT* ...... 111 AF 29
Cascinali Chiampeis *UD* ... 16 AM 5
Cascinare *AP* .... 99 AR 24
Cascinassa *VC* .... 35 K 11
Cascinazza *LO* .... 52 T 13
Cascinazza *MI* .... 36 O 11
Cascine *CN* .... 74 I 19
Cascine *GE* .... 62 O 16
Cascine *GE* .... 62 O 16
Cascine *MC* .... 107 AM 26
Cascine *PI* .... 85 Y 21
Cascine *PR* .... 65 W 14
Cascine *TO* .... 34 I 11
Cascine Bertana *AL* ..... 49 K 13
Cascine Candelina *VC* ... 49 L 12
Cascine Capri *CR* .... 37 S 11
Cascine Gandini *CR* ..... 37 S 11
Cascine Gianotti *NO* ..... 35 L 10
Cascine Nuove *AL* .... 50 O 13
Cascine Nuove *PI* .... 84 X 21
Cascine San Carlo *CR* ... 52 S 12
Cascine San Pietro *BS* ... 38 V 10
Cascine Strà *VC* .... 49 L 12
Cascine Tagliente *RM* ... 120 AL 33
Cascine Vecchie *PI* ...... 84 X 21
Cascine Vergani *AL* ...... 49 L 14
Cascinetta *NO* .... 35 M 9
Cascinette d'Ivrea *TO* ... 34 I 11
Cascinino *PV* .... 50 O 13
Cascinotta *CO* .... 23 Q 6
Cascinotto Mensa *PV* ... 50 O 13
Cascio *LU* .... 79 X 19
Casco dell'Acqua *PG* ... 106 AL 26
Case *BS* .... 38 W 10
Case *SV* .... 73 J 19
Case *UD* .... 31 AP 8
Case Agosta *TP* .... 182 AK 55
Case Babini *RA* .... 82 AG 17
Case Barboni *AN* .... 88 AI 21
Case Basse *PG* .... 106 AL 26
Case Becci *AN* .... 90 AO 21
Case Belardi *AP* .... 108 AQ 27
Case Bellangelo *AV* ...... 142 AZ 37
Case Benedetti *AN* ...... 90 AO 21
Case Bergamin *PD* .... 42 AG 10
Case Bertulli *PU* .... 90 AM 20
Case Bettone *PD* .... 56 AF 13
Case Bianche *BG* .... 38 V 10
Case Bianche *BR* .... 149 BQ 39
Case Bianche *RM* .... 119 AI 32
Case Bianche *LE* .... 159 BR 41
Case Bifolchini *GR* .... 104 AE 27
Case Boni *BO* .... 80 AA 19
Case Borgatti *FE* .... 68 AE 15
Case Borra *FE* .... 68 AF 16
Case Brilli *PG* .... 106 AK 25
Case Brioschi *PC* .... 52 T 14
Case Bruciate *AQ* .... 122 AS 31
Case Bruciate *GE* .... 76 P 17
Case Bruciate *ME* .... 188 AZ 55
Case Bruciate *MO* .... 67 AB 15
Case Bruciate *PC* .... 64 S 15
Case Bruciate *PC* .... 64 T 14
Case Bruciate *PU* .... 89 AL 20
Case Bucceri *CL* .... 194 AT 59
Case Calà *RC* .... 178 BD 55
Case Calò *AN* .... 90 AO 22
Case Calvaiano *SI* .... 93 AB 24
Case Campagna *CS* ..... 170 BG 49
Case Canini *TP* .... 182 AI 56
Case Carloni *AN* .... 97 AM 24
Case Carradori *AN* ...... 91 AQ 22
Case Castagna *IM* .... 72 H 19
Case Castiglione *VT* ..... 112 AH 29
Case Catania *RC* .... 178 BD 55
Case Cervi *CZ* .... 170 BG 49
Case Chiangali *PZ* .... 154 BD 39
Case Chiavarini *PC* ...... 116 AS 28
Case Ciaci-Bilelli *TP* ..... 190 AK 57
Case Ciaramella *AN* ..... 97 AM 23
Case Cocconi *RE* .... 65 Y 15
Case Colbottoni *MC* ..... 98 AO 25

Case Colle *FR* .... 130 AO 34
Case Colle *PG* .... 97 AK 24
Case Conforti *SA* .... 152 AZ 41
Case Contadine *TP* ...... 183 AM 56
Case Conti *AN* .... 97 AM 24
Case Costantino *SA* ..... 152 AZ 41
Case Cudi *CZ* .... 171 BG 49
Case da Zara *PD* .... 56 AG 12
Case Dammusi *RM* ...... 184 AO 56
Case De Filippis *LT* ...... 130 AP 35
Case del Bosco *CN* ...... 60 H 15
Case del Conte *PV* ...... 50 P 14
Case del Conte *SA* ...... 162 AY 42
Case del Molino *PV* ...... 63 P 14
Case del Principe *CE* .... 134 AZ 34
Case del Riglio *PC* .... 64 T 14
Case di Gosto *PI* .... 85 X 22
Case di Malo *VI* .... 41 AD 9
Case di Norcia *AQ* .... 122 AQ 33
Case di Sopra *SO* .... 23 S 7
Case di Sotto *TE* .... 115 AQ 28
Case di Trento *TE* .... 109 AS 27
Case di Val Paghera *BS* ... 25 X 8
Case di Viso *BS* .... 11 Y 6
Case Don Tommasino *TP* ... 190 AK 57
Case d'Orbai *CI* .... 225 N 48
Case Dordone *PR* .... 65 V 15
Case Draga *AN* .... 90 AO 22
Case Faggi *PR* .... 64 U 15
Case Falcone *TP* .... 190 AJ 57
Case Fioravanti *AP* ...... 108 AQ 26
Case Fornaci *PG* .... 97 AL 24
Case Garbatini *AN* ...... 90 AN 21
Case Genna *VS* .... 221 O 46
Case Giampeo *AN* .... 97 AM 24
Case Gioia *VE* .... 43 AK 10
Case Giorgi *PG* .... 95 AG 25
Case Grandi *BR* .... 158 BO 41
Case Guerra *PD* .... 55 AD 13
Case i Palazzi *PG* .... 106 AJ 25
Case i Pratti *PR* .... 113 AL 29
Case il Poggio *PG* .... 106 AJ 27
Case Il Troncolo *PI* ...... 84 W 21
Case Incenso *CZ* .... 174 BH 51
Case Incile *AQ* .... 121 AP 32
Case Iommi *AQ* .... 122 AS 31
Case la Valle *MC* .... 97 AM 24
Case Laguantonio *PE* ... 116 AS 29
Case Lancione *TR* .... 113 AK 29
Case Lengueglia *SV* ..... 73 J 19
Case Lidora *SV* .... 74 K 17
Case Longo *ME* .... 188 BA 54
Case Lucia *SA* .... 152 BA 41
Case Lunghe *PG* .... 105 AI 25
Case Mabili *AV* .... 142 AX 38
Case Malaguti *BO* .... 67 AD 15
Case Marconi *PD* .... 42 AG 10
Case Marconi *PR* .... 64 W 15
Case Marconi *PZ* .... 154 BD 39
Case Matte *RO* .... 56 AG 13
Case Mealla *TR* .... 105 AH 27
Case Meschine *MC* ...... 98 AO 25
Case Mete *CZ* .... 171 BG 49
Case Meucci *AV* .... 142 AZ 37
Case Migliardo *ME* ...... 189 BA 55
Case Mocaiana *PG* ...... 96 AK 23
Case Molino d'Elsa *SI* ... 93 AB 24
Case Molle *VI* .... 41 AD 11
Case Monti *SI* .... 94 AC 23
Case Monticchio *AV* ..... 142 AZ 37
Case Morolo *RM* .... 119 AJ 30
Case Murate *LT* .... 130 AO 35
Case Mustaiole *PG* ...... 106 AL 27
Case Nanni *PU* .... 89 AJ 21
Case Nove *PG* .... 97 AM 24
Case Nuove *BL* .... 15 AK 4
Case Nuove *CE* .... 132 AT 35
Case Nuove *FI* .... 86 AA 22
Case Nuove *LO* .... 51 R 12
Case Nuove *MC* .... 98 AO 24
Case Nuove *ME* .... 188 BA 55
Case Nuove *MO* .... 66 AA 15
Case Nuove *MO* .... 66 AA 15
Case Nuove *PC* .... 64 T 14
Case Nuove *PC* .... 65 W 14
Case Nuove *PR* .... 65 X 15
Case Nuove *PU* .... 89 AK 21
Case Nuove *PV* .... 51 P 13
Case Nuove *PV* .... 50 P 14
Case Nuove *RE* .... 65 Y 15
Case Nuove *RE* .... 66 Z 15
Case Nuove *RI* .... 113 AL 30
Case Nuove *RN* .... 89 AK 20

Case Nuove *RO* .... 56 AE 13
Case Nuove *TR* .... 105 AI 27
Case Nuove *VA* .... 35 N 10
Case Nuove *VA* .... 40 AA 11
Case Nuove *VT* .... 112 AI 28
Case Nuove Malluzzo *ME* ... 188 AZ 55
Case Nuove Russo *ME* ... 188 AY 55
Case Ocaro *RO* .... 57 AJ 14
Case Orazio *AP* .... 108 AQ 26
Case Oriani *BS* .... 39 X 11
Case Orsi *PC* .... 64 U 15
Case Orsolina *BL* .... 15 AJ 4
Case Paolangeli *PG* ..... 107 AM 26
Case Perrone *TA* .... 156 BK 41
Case Pettenuzzo *PD* ..... 41 AG 10
Case Pian dei Bighi *GR* ... 103 AB 26
Case Picognola *PG* ...... 97 AK 23
Case Pileci *ME* .... 188 AY 55
Case Pollina *TP* .... 183 AL 55
Case Ponticelli *TR* .... 113 AK 28
Case Puleo *TP* .... 190 AK 57
Case Puntone *PI* .... 85 Y 21
Case Querina *PD* .... 55 AD 13
Case Ricco *SA* .... 152 BA 41
Case Rocchi *GR* .... 104 AF 27
Case Rodano *CZ* .... 175 BI 51
Case Romagnoli *AN* ..... 90 AO 22
Case Rondena *FE* .... 67 AC 14
Case Rosa *PD* .... 42 AG 10
Case Rosa *PR* .... 65 V 16
Case Rosse *IM* .... 72 I 19
Case Rosse *LT* .... 129 AN 35
Case Rossi *AV* .... 142 AX 38
Case Rossi *BS* .... 39 X 10
Case Rossi *SO* .... 23 T 7
Case Rossi *SV* .... 74 K 17
Case Rossi *SV* .... 74 K 17
Case Russomanno *CZ* ... 175 BI 51
Case S. Martino *TR* ..... 106 AJ 28
Case San Cristoforo *TR* ... 113 AJ 28
Case San Martino *MC* ... 98 AO 24
Case San Mauro *TR* ..... 113 AJ 28
Case Sant' Antonio *MT* ... 165 BH 42
Case Sant'Erasmo *PG* ... 97 AK 24
Case Sartori *TV* .... 42 AJ 9
Case Scafarelli *PZ* .... 154 BD 39
Case Sciuto *TP* .... 183 AL 56
Case Scuderi *TP* .... 183 AL 56
Case Siconolfi *AV* .... 143 BA 38
Case Simini *LE* .... 159 BS 41
Case Soligo *TV* .... 42 AH 9
Case Soligo *TV* .... 42 AH 9
Case Stangaletto *AN* .... 97 AM 23
Case Stillo *AV* .... 143 AZ 37
Case Susi II *AQ* .... 122 AS 31
Case Svizzere *AV* .... 143 AZ 38
Case Terzi *PG* .... 96 AJ 23
Case Tosti *PG* .... 106 AJ 26
Case Trava *FE* .... 68 AG 15
Case Turchetti *RA* .... 82 AH 17
Case Venzi *FC* .... 82 AH 19
Case Vescio *CZ* .... 171 BG 49
Case Vespada *TV* .... 29 AJ 8
Case Vighen *PR* .... 64 T 17
Case Zampieri *PD* .... 42 AG 11
Case Zanoni *PD* .... 42 AG 11
Casebianche *AP* .... 108 AP 26
Casedi Sopra *RE* .... 65 X 17
Casei Gerola *PV* .... 50 O 13
Caseificio *CR* .... 53 W 13
Caseificio *PR* .... 65 W 14
Caselata *VT* .... 112 AI 29
Caselette *TO* .... 47 F 13
Casella *GE* .... 62 O 16
Casella *GR* .... 103 AD 25
Casella *PC* .... 63 R 14
Casella *PC* .... 64 U 14
Casella *PG* .... 96 AI 24
Casella *PU* .... 89 AL 20
Casella *RE* .... 78 X 17
Casella *RE* .... 65 Y 17
Casella *SI* .... 95 AG 25
Casella *SP* .... 77 T 19
Casella *TV* .... 42 AG 9
Casella *VR* .... 55 AE 12
Casella *VR* .... 55 AD 12
Caselle *CS* .... 168 BH 45
Caselle *PE* .... 65 V 15
Caselle *TV* .... 42 AG 9
Caselle *VI* .... 55 AE 12
Caselle *VR* .... 55 AD 12
Caselle d'Isola *VR* ...... 54 AB 12
Caselle in Pittari *SA* ... 163 BC 42

Caselle Landi *LO*............ 52   T 13
Caselle Lurani *LO*............ 51   R 12
Caselle Scuole *PC*............ 64   U 14
Caselle Sup. *SA*............ 151   AX 39
Caselle Torinese *TO*............ 48   G 12
Caselline *GE*............ 63   P 16
Casello *AT*............ 61   L 15
Casello *CS*............ 167   BF 46
Casello *LC*............ 37   R 9
Casello *PR*............ 53   X 14
Casello *PR*............ 65   X 15
Casello *PU*............ 97   AL 22
Casello dei Morti *CS*.... 167   BF 46
Caselunghe *MC*............ 98   AP 25
Ca'Selva *PN*............ 15   AL 6
Casemascio *PG*............ 105   AI 27
Casembola *PR*............ 64   T 16
Casemurate *RA*............ 82   AI 18
Casenda *SO*............ 9   R 6
Casenove *PG*............ 106   AK 27
Casenove *PG*............ 107   AM 26
Casenove *PV*............ 51   Q 13
Casenovole *GR*............ 103   AC 25
Casentino *AQ*............ 115   AQ 30
Casenuove *AN*............ 98   AP 23
Casenuove *AR*............ 88   AG 21
Casenuove *LO*............ 52   T 13
Casenuove e Paradisino *BS*. 38   W 11
Caseo *PV*............ 51   Q 14
Casera Bozzia *PN*............ 15   AJ 6
Casera Chiarpegnis *PN*.... 15   AL 5
Casera le Valli *PN*............ 29   AK 7
Casera Liron *PN*............ 15   AJ 6
Casera Lius *UD*............ 16   AO 4
Casera Lodina *PN*............ 15   AJ 6
Casera Losa *UD*............ 15   AL 5
Casera Pian delle More *PN*.. 29   AK 7
Casera Pian di Mea *UD*..... 16   AP 6
Casera Ramaz *UD*............ 16   AN 4
Casera Razzo *BL*............ 15   AK 5
Casera Sauch *PN*............ 29   AK 7
Casera Somp la Mont *PN*.. 15   AL 5
Casera Tragonia *UD*............ 15   AL 5
Casera Tuglia *UD*............ 15   AL 4
Casera Tuglia *UD*............ 15   AL 5
Casere *BL*............ 28   AF 8
Casere *VA*............ 21   M 8
Casere / Casern *BZ*............ 5   AH 1
Casere Cregnedul *UD*............ 17   AQ 5
Caserma *PC*............ 52   S 13
Caserma *RA*............ 82   AI 18
Caserma Forestale *CS*... 165   BH 44
Casern / Casere *BZ*............ 5   AH 1
Caserta *CE*............ 141   AV 37
Caserta *LC*............ 23   R 8
Caserta-vecchia *CE*............ 141   AV 37
Casetta *GR*............ 104   AF 27
Casetta di Cornia *LI*............ 102   Z 24
Casette *UD*............ 44   AN 9
Casette Antonelli *MC*............ 99   AQ 23
Casette d'Ete *AP*............ 99   AR 24
Casette Montegallo *AN*............ 91   AP 22
Casette Torresi *MC*............ 99   AQ 23
Casetti *BO*............ 67   AC 16
Casetti *FE*............ 67   AC 15
Casetti *RA*............ 82   AG 18
Casetti *TO*............ 33   F 11
Casetti Prazzolo *RN*............ 83   AK 19
Casevecchie *PG*............ 106   AL 26
Casevecchie *TO*............ 47   F 14
Casez *TN*............ 12   AB 5
Casi *CE*............ 140   AT 36
Casi *FI*............ 87   AE 21
Casiacco *PN*............ 16   AM 6
Casier *TV*............ 42   AI 10
Casiglione *TR*............ 106   AK 27
Casignana *RC*............ 179   BF 55
Casignano *FI*............ 86   AC 21
Casignano / Gschnon *BZ*.. 13   AC 6
Casigno *BO*............ 80   AB 18
Casigno *BO*............ 80   AB 18
Casilina *CE*............ 132   AT 35
Casilina *FR*............ 130   AO 34
Casilli *NA*............ 151   AW 39
Casina *RE*............ 65   Y 16
Casina *SV*............ 75   L 18
Casinalbo *MO*............ 66   AA 16
Casine *AN*............ 90   AN 22
Casine *MO*............ 79   Z 18
Casine di Paterno *AN*............ 91   AP 22
Casinello *MT*............ 156   BJ 42
Casini *FI*............ 87   AD 20
Casini *FI*............ 87   AE 20
Casini *FI*............ 85   Z 21
Casini *PT*............ 86   AB 20
Casini *RI*............ 114   AM 30

Casini di Corie *LU*............ 78   X 18
Casinina *PU*............ 89   AK 21
Casino *BG*............ 24   U 9
Casino *RE*............ 78   X 17
Casino *SV*............ 75   L 17
Casino Barletta *PZ*............ 164   BF 42
Casino Bosco *CS*............ 171   BG 48
Casino Bruni *MT*............ 155   BH 40
Casino d Érchia *BA*............ 147   BL 38
Casino del Duca *TA*............ 147   BK 39
Casino del Marchese *CS*.. 171   BH 49
Casino dell'Osso *MT*............ 156   BJ 41
Casino di Falcone *ME*............ 188   AZ 55
Casino di Monsignore *BA*. 136   BH 36
Casino di Terra *PI*............ 93   Y 24
Casino Eramo
  a Marzagaglia *BA*.. 146   BK 39
Casino Libano *SA*............ 162   AZ 42
Casino Rocco *CS*............ 165   BH 43
Casino Salfi *CS*............ 171   BG 48
Casino San Martino *BA*.... 146   BK 39
Casino Savini *TE*............ 109   AS 27
Casino Toscano *PZ*............ 164   BG 44
Casino Vezzani *CH*............ 117   AV 30
Casino Vitelli *PZ*............ 164   BG 44
Casirate d'Adda *BG*............ 37   S 11
Casirate Olona *MI*............ 51   P 12
Casitti Sup. *ME*............ 188   AY 55
Casletto *LC*............ 23   Q 9
Caslino al Piano *CO*............ 36   P 9
Caslino d'Erba *CO*............ 23   Q 8
Casnate *CO*............ 36   P 9
Casnigo *BG*............ 24   U 9
Caso *PG*............ 107   AM 27
Caso *SV*............ 73   J 19
Casola *AV*............ 151   AW 38
Casola *BZ*............ 5   AH 3
Casola *CE*............ 141   AV 37
Casola *MO*............ 79   Y 17
Casola *PR*............ 65   V 16
Casola Canina *BO*............ 81   AD 17
Casola Canina *BO*............ 81   AF 17
Casola Canossa *RE*............ 65   X 16
Casola di Napoli *NA*............ 151   AW 39
Casola in Lunigiana *MS*.. 78   W 18
Casola Querciola *RE*............ 66   Y 16
Casola Valsenio *RA*............ 81   AE 18
Casolaro *RC*............ 176   BF 53
Casole *FI*............ 87   AD 20
Casole *FI*............ 94   AD 22
Casole Bruzio *CS*............ 171   BG 48
Casole d'Elsa *SI*............ 93   AB 23
Casolesi *CS*............ 171   BI 47
Casoli *CH*............ 123   AU 31
Casoli *LU*............ 84   W 20
Casoli *LU*............ 79   Z 19
Casoli *TE*............ 109   AS 28
Casolta *CE*............ 141   AV 37
Casolta *LO*............ 51   R 11
Cason *PD*............ 56   AF 12
Cason *VE*............ 43   AK 10
Casone *BZ*............ 2   Y 3
Casone *FC*............ 81   AG 19
Casone *FC*............ 82   AH 18
Casone *FG*............ 134   BB 34
Casone *FI*............ 86   AB 21
Casone *GR*............ 111   AF 28
Casone *LI*............ 92   Y 25
Casone *LU*............ 79   X 18
Casone *MC*............ 98   AP 23
Casone *MI*............ 36   P 10
Casone *PD*............ 42   AG 11
Casone *PG*............ 97   AL 24
Casone *PV*............ 50   P 13
Casone *PV*............ 63   Q 15
Casone *SO*............ 9   R 5
Casone *SV*............ 75   L 17
Casone della Macchia *MT*.. 155   BH 39
Casone Macchione *PZ*............ 145   BF 39
Casone Panni *PZ*............ 144   BE 39
Casoni *BL*............ 28   AH 7
Casoni *BL*............ 14   AI 6
Casoni *BO*............ 67   AD 16
Casoni *CS*............ 168   BI 45
Casoni *FE*............ 67   AC 15
Casoni *GE*............ 63   Q 16
Casoni *GE*............ 63   R 17
Casoni *LO*............ 51   R 12
Casoni *MN*............ 54   AB 13
Casoni *MO*............ 67   AB 15
Casoni *MO*............ 79   Y 18
Casoni *PC*............ 63   R 15
Casoni *PC*............ 52   T 14
Casoni *PD*............ 41   AF 10

Casoni *PR*............ 64   U 16
Casoni *PT*............ 80   AA 19
Casoni *PV*............ 51   R 13
Casoni *RE*............ 54   Z 14
Casoni *TV*............ 42   AG 9
Casoni *TV*............ 42   AG 10
Casoni *TV*............ 43   AK 9
Casoni *VI*............ 41   AF 9
Casoni *VR*............ 41   AF 10
Casoni *VR*............ 40   AB 11
Casoni *VR*............ 40   AC 11
Casoni del Terzo *GR*............ 103   AB 27
Casoni di Valsalega *BL*.. 15   AJ 4
Casoni Sant'Antonio *PV*.. 50   N 12
Casorate Primo *PV*............ 50   P 12
Casorate Sempione *VA*............ 35   N 9
Casorbica *AR*............ 95   AG 24
Casore del Monte *PT*............ 85   Z 20
Casorezzo *MI*............ 36   O 10
Casori *AQ*............ 122   AS 33
Casoria *NA*............ 150   AU 38
Casorzo *AT*............ 49   L 13
Casotti *CR*............ 53   V 13
Casotti *PT*............ 79   Z 19
Casotti *PV*............ 51   P 13
Casotti *RO*............ 56   AF 14
Casotti *VR*............ 54   AA 12
Casotti *VR*............ 40   AC 11
Casotti *VR*............ 55   AC 12
Casotti *VR*............ 55   AC 12
Casotto *AT*............ 49   K 14
Casotto *BS*............ 38   V 10
Casotto *PV*............ 51   P 14
Casotto *TV*............ 28   AI 8
Casotto *VI*............ 27   AD 8
Caspano *SO*............ 23   S 6
Casperia *RI*............ 113   AL 29
Caspessa *PU*............ 89   AM 22
Ca'Spina *PN*............ 83   AJ 19
Caspoggio *SO*............ 10   U 6
Caspoli *CE*............ 131   AS 35
Caspri *AR*............ 87   AE 22
Cassacco *UD*............ 16   AO 6
Cassagna *GE*............ 77   R 17
Cassago Brianza *LC*............ 36   Q 9
Cassana *MS*............ 77   U 18
Cassana *SP*............ 77   T 18
Cassana *TN*............ 12   AA 5
Cassanesi *GE*............ 76   Q 17
Cassanigo *RA*............ 82   AG 17
Cassano *AV*............ 142   AX 37
Cassano *BN*............ 141   AV 37
Cassano *BO*............ 81   AD 18
Cassano *MO*............ 79   Z 17
Cassano *NO*............ 35   L 9
Cassano *PC*............ 64   S 14
Cassano allo Ionio *CS*............ 167   BG 45
Cassano d'Adda *MI*............ 37   S 10
Cassano delle Murge *BA*.. 146   BJ 38
Cassano Irpino *AV*............ 142   AZ 38
Cassano Magnago *VA*............ 36   N 9
Cassano Spinola *AL*............ 62   O 15
Cassano Valcuvia *VA*............ 22   N 8
Cassarese *PT*............ 85   Z 19
Cassari *VV*............ 177   BG 53
Cassaro *SR*............ 203   AY 61
Cassavrolo *SO*............ 11   W 5
Cassegliano *GO*............ 31   AP 8
Cassella *RO*............ 69   AJ 14
Cassero *AN*............ 91   AP 22
Cassiano *AN*............ 90   AO 22
Cassibile *SR*............ 205   BA 62
Cassiglio *BG*............ 23   S 8
Cassignanica *MI*............ 37   R 11
Cassignano *PG*............ 107   AM 25
Cassimoreno *PC*............ 64   S 16
Cassina de' Pecchi *MI*............ 37   R 10
Cassina Rizzardi *CO*............ 36   P 9
Cassina Valsassina *LC*............ 23   R 8
Cassinasco *AT*............ 61   K 15
Cassinazza *PV*............ 50   M 12
Cassine *AL*............ 61   M 15
Cassinelle *AL*............ 62   M 16
Cassinetta *GE*............ 63   Q 16
Cassinetta *PV*............ 50   N 12
Cassinetta di Lugagnano *MI*.. 36   O 11
Cassingheno *GE*............ 63   Q 16
Cassino *FR*............ 131   AR 35
Cassino *MI*............ 36   P 11
Cassino *PC*............ 52   T 13
Cassino *RI*............ 107   AO 27
Cassino *VB*............ 21   M 7
Cassino d'Alberi *LO*............ 37   R 11
Cassio *PR*............ 64   V 16
Casso *PN*............ 15   AI 6
Cassola *VI*............ 41   AF 9

Cassolana *MS*............ 78   V 18
Cassolino *SA*............ 163   BB 43
Cassolnovo *PV*............ 50   N 11
Cassolo *PC*............ 63   R 15
Cassone *VR*............ 39   Z 9
Castagna *AN*............ 97   AM 22
Castagna *CZ*............ 171   BH 49
Castagna *GE*............ 62   O 17
Castagna *MC*............ 97   AM 24
Castagna *OT*............ 211   S 38
Castagna *TR*............ 113   AL 28
Castagnacupa *PG*............ 106   AK 27
Castagnara *PG*............ 42   AG 11
Castagnaretta *CN*............ 71   G 17
Castagnaro *VR*............ 55   AD 13
Castagnè *VR*............ 40   AB 11
Castagnea *BI*............ 34   J 9
Castagneia *VB*............ 35   K 9
Castagnelle *CS*............ 170   BF 47
Castagneto *RE*............ 78   W 17
Castagneto *MO*............ 79   AA 17
Castagneto *RE*............ 78   Y 17
Castagneto *RI*............ 113   AL 29
Castagneto *SA*............ 162   AZ 42
Castagneto *TE*............ 108   AQ 27
Castagneto Carducci *LI*............ 92   Y 25
Castagneto Po *TO*............ 48   I 13
Castagnetoli *MS*............ 77   U 17
Castagni *LI*............ 102   X 27
Castagnito *CN*............ 61   J 15
Castagno *FI*............ 81   AE 19
Castagno *PT*............ 86   AA 19
Castagno *SI*............ 94   AC 23
Castagno d'Andrea *FI*............ 87   AE 20
Castagnola *AL*............ 62   O 16
Castagnola *AL*............ 63   P 15
Castagnola *GE*............ 76   P 17
Castagnola *GE*............ 77   R 17
Castagnola *LU*............ 78   W 18
Castagnola *MO*............ 79   Z 18
Castagnola *PC*............ 63   R 16
Castagnola *PG*............ 106   AK 26
Castagnola *PR*............ 65   S 16
Castagnola *PR*............ 65   X 15
Castagnola *RM*............ 128   AK 34
Castagnola *SP*............ 77   S 18
Castagnola *VC*............ 35   L 9
Castagnola *AT*............ 61   K 15
Castagnole *TV*............ 42   AI 9
Castagnole delle Lanze *AT*.. 61   J 15
Castagnole Monferrato *AT*.. 49   K 14
Castagnole Piemonte *TO*.. 59   G 14
Castagnoli *SI*............ 94   AD 23
Castagnolo *BO*............ 67   AB 16
Castagnolo Minore *BO*............ 67   AD 16
Castagnone *AL*............ 49   K 13
Castaldia *VE*............ 43   AK 10
Castana *PV*............ 51   Q 13
Castana *PV*............ 51   Q 13
Castanea *RC*............ 178   BD 55
Castanea delle Furie *ME*.. 189   BC 54
Castasegna *SO*............ 11   W 5
Castegnato *BS*............ 38   V 10
Castegnero *VI*............ 41   AE 11
Castel Arcione *RM*............ 120   AL 32
Castel Baronia *AV*............ 143   BA 37
Castel Boglione *AT*............ 61   L 15
Castel Bolognese *RA*............ 81   AF 18
Castel Campagnano *CE*.. 141   AV 36
Castel Castagna *TE*............ 115   AR 28
Castel Castagnaio *AR*............ 87   AE 21
Castel Celiesi *VT*............ 112   AH 28
Castel Cerreto *BG*............ 37   S 10
Castel Colonna *AN*............ 90   AN 21
Castel Condino *TN*............ 25   Y 8
Castel d'Aiano *BO*............ 80   AB 18
Castel d'Alfero *FC*............ 88   AH 20
Castel d'Alfiolo *PG*............ 97   AK 24
Castel d'Ario *MN*............ 54   AB 12
Castel d'Asso *VT*............ 112   AH 29
Castel d'Azzano *VR*............ 54   AA 11
Castel de' Ratti *AL*............ 62   O 15
Castel dei Britti *BO*............ 81   AD 17
Castel dei Ceveri *RM*............ 119   AJ 31
Castel del Bosco *TO*............ 59   D 14
Castel del Giudice *IS*............ 123   AU 32

Castel del Monte *AQ*............ 115   AR 29
Castel del Piano *GR*............ 104   AE 26
Castel del Piano *PG*............ 105   AI 25
Castel del Rio *BO*............ 81   AE 18
Castel dell'alpe *FC*............ 87   AF 20
Castel dell'Alpi *BO*............ 80   AC 18
Castel dell'Aquila *TR*............ 113   AJ 28
Castel d'Emilio *AN*............ 91   AP 22
Castel di Casio *BO*............ 80   AB 19
Castel di Cisterna *CE*............ 141   AU 36
Castel di Croce *AP*............ 108   AQ 26
Castel di Decima *RM*............ 128   AJ 33
Castel di Fiori *TR*............ 105   AH 26
Castel di Guido *RM*............ 119   AI 32
Castel di Ieri *AQ*............ 122   AR 31
Castel di Iudica *CT*............ 195   AW 59
Castel di Lama *AP*............ 108   AR 26
Castel di Leva *RM*............ 128   AK 33
Castel di Lucio *ME*............ 187   AU 56
Castel di Nocco *PI*............ 85   Y 21
Castel di Sangro *AQ*............ 123   AT 33
Castel di Sette *CH*............ 117   AV 30
Castel di Tora *RI*............ 114   AM 30
Castel di Tusa *ME*............ 186   AU 55
Castel Focognano *AR*............ 87   AF 22
Castel Frentano *CH*............ 117   AV 30
Castel Gabbiano *CR*............ 37   T 11
Castel Gandolfo *RM*............ 120   AK 33
Castel Gilardi *AR*............ 95   AH 24
Castel Ginnetti *LT*............ 129   AL 34
Castel Giocondo *SI*............ 104   AD 25
Castel Giòrgio *TR*............ 105   AG 27
Castel Giubileo *RM*............ 119   AK 32
Castel Giuliano *RM*............ 118   AH 31
Castel Goffredo *MN*............ 53   X 12
Castel Guelfo *PG*............ 96   AJ 22
Castel Guelfo
  di Bologna *BO*............ 81   AF 17
Castel Lagopesole *PZ*............ 144   BD 39
Castel Lambro *PV*............ 51   Q 12
Castel Madama *RM*............ 120   AM 32
Castel Madruzzo *TN*............ 26   AA 7
Castel Maggiore *BO*............ 67   AD 16
Castel Malnome *RM*............ 119   AI 32
Castel Mella *BS*............ 38   V 11
Castel Nuovo *FI*............ 87   AE 21
Castel Nuovo *TS*............ 31   AQ 9
Castel Porziano *RM*............ 128   AJ 33
Castel Rigone *PG*............ 96   AJ 24
Castel Rinaldi *PG*............ 106   AJ 27
Castel Ritaldi *PG*............ 106   AL 27
Castel Rocchero *AT*............ 61   L 15
Castel Romano *RM*............ 128   AJ 33
Castel Rozzone *BG*............ 37   S 10
Castel Rubello *TR*............ 105   AH 27
Castel Ruggero *SA*............ 163   BB 43
Castel San Benedetto *RI* ... 114   AM 29
Castel San Felice *PG*............ 107   AM 27
Castel San Gimignano *SI*.. 93   AB 23
Castel San Giorgio *SA*............ 151   AX 39
Castel San Giovanni *PC*............ 51   R 13
Castel San Giovanni *PG*. 107   AM 27
Castel San Lorenzo *SA*............ 152   BA 41
Castel San Pietro *AL*............ 49   K 13
Castel San Pietro *AP*............ 108   AP 26
Castel San Pietro *MC*............ 98   AN 24
Castel San Pietro
  Romano *RM*............ 120   AM 32
Castel San Pietro Terme *BO*.. 81   AE 17
Castel San Venanzo *MC*.. 98   AN 24
Castel San Vincenzo *IS*... 132   AT 34
Castel Santa Maria *MC*............ 97   AM 24
Castel Sant'Angelo *MC*............ 98   AO 23
Castel Sant'Angelo *RI*............ 114   AN 29
Castel Sant'Elia *VT*............ 113   AJ 30
Castel Taranto *BZ*............ 12   AB 4
Castel Trosino *AP*............ 108   AQ 27
Castel Venzago *BS*............ 39   Y 11
Castel Viscardo *TR*............ 105   AH 27
Castel Vittorio *IM*............ 72   H 20
Castel Volturno *CE*............ 140   AS 37
Castelbaldo *PD*............ 55   AD 13
Castelbasso *TE*............ 109   AS 28
Castelbello / Kastelbell *BZ*.. 12   AA 4
Castelbianco *SV*............ 73   J 19
Castelbottaccio *CB*............ 124   AX 33
Castelbuono *PA*............ 186   AT 56
Castelcanafurone *PC*............ 63   R 15
Castelcerino *VR*............ 40   AC 11
Castelceriolo *AL*............ 62   N 14
Castelcies *TV*............ 28   AG 8
Castelcivita *SA*............ 152   BA 41

Castelcovati *BS*............ 38   U 10
Castelcucco *TV*............ 28   AG 9
Castelcucco *TV*............ 42   AH 10
Casteldaccia *PA*............ 185   AQ 55
Casteldame / Ehrenburg *BZ*.... 4   AF 3
Casteldelci *FC*............ 88   AH 21
Casteldelfino *CN*............ 58   D 16
Casteldilago *TR*............ 106   AK 27
Casteldimezzo *PU*............ 89   AL 20
Casteldoria *SS*............ 209   O 38
Castelfalfi *FI*............ 93   AA 22
Castelferrato *CH*............ 116   AU 29
Castelferretti *AN*............ 91   AP 22
Castelferro *AL*............ 62   M 15
Castelfidardo *AN*............ 98   AQ 23
Castelfiorentino *FI*............ 86   AA 22
Castelfondo *TN*............ 12   AB 5
Castelforte *LE*............ 160   BR 44
Castelforte *LT*............ 139   AR 36
Castelfranci *AV*............ 142   AZ 38
Castelfranco *BG*............ 24   V 8
Castelfranco *FE*............ 55   AD 14
Castelfranco *RI*............ 114   AM 29
Castelfranco di Sopra *AR*.... 37   T 11
Castelfranco di Sotto *PI*.... 85   Z 21
Castelfranco d'Oglio *CR*.... 53   X 13
Castelfranco Emilia *MO*.... 67   AB 16
Castelfranco in
  Miscano *BN*............ 134   AZ 36
Castelfranco Veneto *TV*.... 42   AG 9
Castel-gomberto *VI*............ 41   AD 10
Castelgonelle *BS*............ 38   V 11
Castelgrande *PZ*............ 143   BB 39
Castelgrimaldo *MN*............ 54   Y 12
Castelguglielmo *RO*............ 55   AE 13
Castelguidone *CH*............ 124   AW 33
Castella *TV*............ 28   AI 8
Castellabate *SA*............ 162   AY 42
Castellaccio *FC*............ 83   AJ 19
Castellaccio *FC*............ 120   AN 33
Castellaccio *LI*............ 92   X 23
Castellaccio *PG*............ 106   AK 25
Castellacciola *AR*............ 88   AI 22
Castellace *RC*............ 176   BE 54
Castellafiume *AQ*............ 121   AP 32
Castellaicardi *PR*............ 65   W 14
Castell'Alfero *AT*............ 49   K 14
Castell'Alfero *TE*............ 109   AR 27
Castellammare
  del Golfo *TP*............ 183   AM 55
Castellammare
  di Stabia *NA*............ 151   AV 39
Castellamonte *TO*............ 33   H 11
Castellana *BG*............ 37   S 10
Castellana *IS*............ 123   AV 32
Castellana *PC*............ 64   S 15
Castellana *PC*............ 64   T 15
Castellana *PC*............ 64   U 14
Castellana *PE*............ 116   AT 29
Castellana *RE*............ 65   X 15
Castellana *SR*............ 202   AY 59
Castellana *VA*............ 35   N 10
Castellana *VE*............ 42   AH 9
Castellana Grotte *BA*............ 147   BL 38
Castellana Sicula *PA*............ 186   AT 57
Castellaneta *TA*............ 156   BK 40
Castellaneta Marina *TA*.. 156   BK 41
Castellania *VI*............ 40   AC 9
Castellania *AL*............ 62   O 15
Castellano *AP*............ 108   AQ 26
Castellano *AQ*............ 99   AR 24
Castellano *AR*............ 108   AR 25
Castellano *FR*............ 121   AN 33
Castellano *PE*............ 116   AS 28
Castellano *RC*............ 177   BG 53
Castellano *TN*............ 26   AB 8
Castell'Anselmo *LI*............ 92   X 22
Castellanza *VA*............ 36   O 10
Castellar *CN*............ 59   F 16
Castellar *CN*............ 71   G 18
Castellar Guidobono *AL*............ 62   O 14
Castellar Ponzano *AL*............ 62   O 15
Castellarano *RE*............ 66   Z 16
Castellare *PG*............ 97   AL 24
Castellare *PT*............ 85   Z 20
Castellari *AN*............ 97   AN 23
Castellaro *AN*............ 90   AO 22
Castellaro *BO*............ 80   AA 19
Castellaro *CB*............ 133   AW 34
Castellaro *CN*............ 58   E 17
Castellaro *CN*............ 82   AJ 19
Castellaro *FE*............ 68   AF 14
Castellaro *IM*............ 72   I 20

Castellaro MN..... 53 X 12	Castelliviero VE..... 42 AH 10	Castello Lavazzo BL..... 14 AI 6	Castelnuovo d'Elsa FI..... 86 AA 22	Castelromano IS..... 132 AU 34	Castelvecchio TR..... 113 AK 29
Castellaro MO..... 79 Y 17	Castello AG..... 199 AR 60	Castello Liteggio BG..... 37 T 10	Castelnuovo di Ceva CN... 74 J 17	Castelrosino AN..... 98 AO 23	Castelvecchio VI..... 40 AC 10
Castellaro MO..... 79 Z 18	Castello AL..... 63 P 15	Castello Marchetti PT..... 86 AB 20	Castelnuovo di Conza SA143 BA 39	Castelrosso TO..... 48 I 12	Castelvecchio VT..... 112 AI 28
Castellaro PD..... 41 AF 10	Castello AP..... 108 AP 26	Castello Marchione BA..... 147 BL 38	Castelnuovo di Farfa RI... 113 AL 30	Castelrotto AV..... 142 AY 38	Castelvecchio / Altenburg BZ..12 AC 5
Castellaro PR..... 64 U 15	Castello AP..... 108 AQ 26	Castello Matese CE..... 132 AV 35	Castelnuovo di Garfagnana LU..... 79 X 19	Castelrotto CN..... 60 J 15	Castelvecchio Calvisio AQ.. 115 AR 30
Castellaro PR..... 64 U 16	Castello AQ..... 115 AQ 30	Castello Monteleone NA..... 150 AT 38	Castelnuovo di Porto RM 119 AK 31	Castelrotto PV..... 90 AM 22	Castelvecchio di Rocca
Castellaro PV..... 50 N 13	Castello AT..... 61 J 14	Castello Paganica AQ..... 115 AO 29	Castelnuovo di Val	Castelrotto VR..... 40 AA 11	Barbena SV..... 73 J 19
Castellaro PV..... 51 P 14	Castello AV..... 151 AX 38	Castello Ramici TR..... 112 AI 28	di Cecina PI..... 93 AA 24	Castelrotto / Kastelruth BZ.. 13 AE 4	Castelvecchio Pascoli LU..79 X 19
Castellaro PV..... 63 Q 15	Castello BN..... 142 AY 36	Castello Roganzuolo TV..... 29 AJ 8	Castelnuovo Don Bosco AT.. 48 I 13	Castelsantangelo	Castelvecchio
Castellaro PZ..... 153 BC 40	Castello BN..... 38 V 11	Castello Tesino TN..... 27 AE 7	Castelnuovo Fogliani PC.. 64 U 14	sul Nera MC..... 107 AN 26	Subequo AQ..... 122 AR 31
Castellaro RE..... 65 X 17	Castello BS..... 39 X 10	Castellonalto TR..... 114 AL 28	Castelnuovo Ghirardi CR.. 53 V 12	Castelsaraceno PZ..... 164 BE 43	Castelvenere BN..... 141 AW 36
Castellaro RE..... 78 X 17	Castello BS..... 39 Y 10	Castellonchio PR..... 64 V 16	Castelnuovo Magra SP.. 78 V 19	Castelsardo SS..... 209 N 38	Castelverde CR..... 52 U 12
Castellaro SV..... 73 J 19	Castello BZ..... 11 Y 4	Castellone CB..... 132 AV 35	Castelnuovo Nigra TO.. 33 H 11	Castelseprio VA..... 36 O 9	Castelvero AT..... 49 J 13
Castellaro SV..... 73 J 19	Castello CN..... 58 D 16	Castellone FR..... 130 AO 34	Castelnuovo Parano FR.. 131 AR 35	Castelsilano KR..... 172 BJ 48	Castelvero VR..... 40 AC 10
Castellaro SV..... 74 K 17	Castello CN..... 59 F 16	Castellonorato LT..... 139 AR 36	Castelnuovo Rangone MO 66 AA 16	Castelspina AL..... 62 M 15	Castelverrino IS..... 123 AV 33
Castellaro TE..... 116 AR 28	Castello CN..... 74 I 18	Castell'Ottieri GR..... 104 AF 27	Castelnuovo Scrivia AL.. 50 O 14	Casteltermini AG..... 193 AQ 58	Castelvetere
Castellaro de' Giorgi PV.. 50 N 13	Castello CO..... 22 P 7	Castellucchio MN..... 54 Y 13	Castelnuovo Vomano TE.. 109 AS 28	Casteltodino TR..... 106 AK 28	in Val Fortore BN..... 133 AY 35
Castellaro Lagusello MN.. 39 Y 11	Castello CO..... 36 P 9	Castelluccio AR..... 95 AF 22	Castelo di Montaldo SI..... 94 AE 23	Castel'umberto	Castelvetere sul Calore AV.. 142 AZ 38
Castell'Arquato PC..... 64 U 14	Castello CO..... 37 T 11	Castelluccio BO..... 80 AA 19	Castelpagano SA..... 152 AY 39	Vecchio ME..... 188 AX 55	Castelvetrano TP..... 191 AL 57
Castell'Azzara GR..... 104 AF 27	Castello CS..... 165 BI 43	Castelluccio CH..... 117 AV 31	Castel-pagano BN..... 133 AX 35	Castelvecchio AQ..... 121 AO 31	Castelvetro di Modena MO.. 66 AA 16
Castellazzo AL..... 49 K 13	Castello FC..... 82 AH 19	Castelluccio LT..... 139 AS 36	Castelpetroso IS..... 132 AV 34	Castelvecchio BS..... 53 W 12	Castelvetro Piacentino PC..52 U 13
Castellazzo AT..... 49 K 14	Castello FC..... 88 AH 20	Castelluccio MO..... 80 AA 18	Castelpietra BZ..... 4 AD 2	Castelvecchio FI..... 81 AD 18	Castelvieto PG..... 96 AI 25
Castellazzo BI..... 34 I 10	Castello FE..... 67 AE 15	Castelluccio PG..... 107 AO 27	Castelpizzuto IS..... 132 AU 34	Castelvecchio LU..... 85 Y 21	Castelvisconti CR..... 52 U 12
Castellazzo PV..... 51 P 13	Castello FI..... 86 AC 21	Castelluccio RI..... 114 AN 30	Castelplanio AN..... 97 AN 23	Castelvecchio MO..... 79 Z 17	Castenaso BO..... 67 AD 16
Castellazzo RE..... 66 Z 15	Castello FR..... 131 AR 33	Castelluccio SI..... 104 AF 25	Castelpoggio MS..... 78 V 19	Castelvecchio PC..... 64 S 14	Castenedolo BS..... 38 W 11
Castellazzo TO..... 59 F 15	Castello FR..... 131 AR 34	Castelluccio SR..... 205 AY 62	Castelponzone CR..... 53 W 13	Castelvecchio PG..... 106 AK 26	Casterna VR..... 40 AA 10
Castellazzo Bormida AL.. 62 M 14	Castello GE..... 76 Q 17	Castelluccio TR..... 113 AJ 29	Castelporniglio PC..... 64 U 16	Castelvecchio PT..... 85 Z 20	Casternago LC..... 37 R 9
Castellazzo dei Barzi MI.. 36 O 11	Castello IS..... 132 AT 34	Castelluccio Cosentino SA..153 BB 40	Castelpoto BN..... 142 AX 37	Castelvecchio PU..... 90 AN 21	Casterno MI..... 36 O 11
Castellazzo Novarese NO.. 35 L 10	Castello IS..... 132 AV 34	Castelluccio dei Sauri FG..135 BB 36	Castelpriore FC..... 88 AH 21	Castelvecchio RE..... 79 Y 17	Castiadas CA..... 227 R 48
Castelleale RN..... 89 AK 20	Castello MC..... 97 AM 24	Castelluccio Inf. PZ..... 164 BE 43	Castelraimondo MC..... 97 AN 24	Castelvecchio RE..... 66 Y 17	Castiglia BO..... 67 AC 16
Castellelce CB..... 124 AX 32	Castello MC..... 107 AN 25	Castelluccio Sup. PZ..... 164 BE 43		Castelvecchio TO..... 48 H 13	Castiglia BO..... 67 AC 16
Castellengo BI..... 34 K 10	Castello ME..... 180 AV 52	Castelluccio			
Castelleone CR..... 52 T 12	Castello ME..... 188 AX 55	Valmaggiore FG..... 134 BA 35			
Castelleone PG..... 106 AJ 26	Castello MO..... 66 AA 15	Castelluccio-Paratore CT 195 AY 57			
Castelleone di Suasa AN.. 90 AM 22	Castello MO..... 79 Y 18	Castell'Umberto ME..... 188 AX 55			
Castellero AT..... 49 J 14	Castello MO..... 79 Z 18	Castelluccio TR..... 105 AI 27			
Castellero AT..... 61 K 15	Castello MS..... 77 T 17	Castelluzzo TP..... 183 AL 55			
Castelletta AN..... 97 AN 23	Castello MS..... 78 U 18	Castelmaggiore PI..... 85 Y 21			
Castelletta MC..... 98 AP 24	Castello NA..... 151 AV 38	Castelmagno CN..... 70 E 17			
Castelletta MC..... 99 AQ 23	Castello NA..... 151 AW 38	Castelmarte CO..... 23 Q 9			
Castelletti VR..... 40 AA 9	Castello NA..... 151 AW 39	Castelmassa RO..... 55 AC 13			
Castelletto AT..... 61 J 15	Castello PC..... 63 R 15	Castelmassimo FR..... 130 AP 33			
Castelletto AT..... 61 J 15	Castello PG..... 96 AI 25	Castelmauro CB..... 124 AX 33			
Castelletto BO..... 67 AB 16	Castello PU..... 88 AI 20	Castelmenardo RI..... 114 AO 30			
Castelletto BO..... 80 AB 17	Castello PU..... 89 AJ 20	Castelmerlino VC..... 49 K 12			
Castelletto BS..... 53 W 12	Castello PU..... 89 AL 20	Castelmezzano PZ..... 154 BF 40			
Castelletto CN..... 71 F 17	Castello PV..... 51 Q 13	Castelminio VI..... 42 AG 10			
Castelletto CN..... 60 I 15	Castello PZ..... 164 BE 43	Castelmola ME..... 197 BA 56			
Castelletto CR..... 52 U 11	Castello RE..... 66 Z 15	Castelmonte UD..... 31 AQ 7			
Castelletto LU..... 78 W 18	Castello SA..... 163 BD 43	Castelmorrone CE..... 141 AW 37			
Castelletto MI..... 36 O 11	Castello SO..... 23 S 7	Castelmozzano PR..... 65 W 16			
Castelletto MN..... 54 Z 12	Castello SP..... 77 S 18	Castelmuzio SI..... 95 AF 25			
Castelletto NO..... 35 M 10	Castello SP..... 77 T 18	Castelnovate VA..... 35 N 10			
Castelletto PC..... 52 S 14	Castello SP..... 77 U 18	Castelnovetto PV..... 50 M 12			
Castelletto PD..... 56 AH 12	Castello SV..... 73 J 20	Castelnovo PC..... 51 R 14			
Castelletto PR..... 65 X 14	Castello TN..... 26 AB 7	Castelnovo VI..... 41 AD 10			
Castelletto PT..... 85 AA 21	Castello TN..... 27 AC 7	Castelnovo a Sera PR.. 65 W 14			
Castelletto SI..... 94 AB 24	Castello TN..... 12 Z 6	Castelnovo Bariano RO.. 55 AC 13			
Castelletto TN..... 12 AB 6	Castello TV..... 42 AI 9	Castelnovo del Friuli PN.. 16 AM 6			
Castelletto VI..... 27 AD 8	Castello UD..... 30 AN 7	Castelnovo di Sotto RE.. 66 Y 15			
Castelletto VI..... 41 AD 11	Castello UD..... 30 AO 8	Castelnovo ne' Monti RE.. 79 X 17			
Castelletto VR..... 44 AA 12	Castello VA..... 21 N 8	Castelnuovo AQ..... 121 AP 31			
Castelletto VR..... 40 AC 11	Castello VI..... 41 AD 10	Castelnuovo AQ..... 115 AQ 30			
Castelletto VR..... 55 AD 12	Castello VI..... 41 AE 10	Castelnuovo AR..... 87 AF 20			
Castelletto Brusca CN.. 59 F 17	Castello VI..... 56 AE 11	Castelnuovo AR..... 95 AG 22			
Castelletto Busca CN.. 57 F 17	Castello VR..... 40 AC 10	Castelnuovo BN..... 88 AH 22			
Castelletto Cervo BI.. 34 K 10	Castello Cabiaglio VA.. 22 N 8	Castelnuovo BO..... 80 AB 18			
Castelletto d'Erro AL.. 61 L 16	Castello d'Agogna PV.. 50 N 12	Castelnuovo MC..... 98 AQ 23			
Castelletto di Brenzone VR.. 39 Z 9	Castello d'Argile BO.. 67 AC 15	Castelnuovo MN..... 53 X 12			
Castelletto d'Orba AL.. 62 N 15	Castello del Lago AV.. 142 AY 37	Castelnuovo MN..... 54 Z 13			
Castelletto Molina AT.. 61 L 15	Castello della Marsiliana GR 102 Z 25	Castelnuovo PG..... 106 AK 25			
Castelletto Monferrato AL. 50 M 14	Castello della Pieve PU.. 88 AI 22	Castelnuovo PO..... 86 AB 21			
Castelletto Po PV..... 51 P 13	Castello dell'Acqua SO.. 24 V 7	Castelnuovo PU..... 88 AJ 20			
Castelletto Sopra Ticino NO.. 35 M 9	Castello delle Forme PG. 106 AJ 26	Castelnuovo PU..... 89 AK 20			
Castelletto Stura CN.. 71 G 17	Castello delle Formiche TR.. 113 AJ 29	Castelnuovo RA..... 81 AF 19			
Castelletto Uzzone CN.. 61 K 17	Castello di Annone AT.. 61 K 14	Castelnuovo TN..... 27 AD 7			
Castelletto Villa VC.. 34 K 10	Castello di Bonavalle CN.. 59 G 15	Castelnuovo al Volturno IS..131 AT 34			
Castelli TE..... 115 AR 29	Castello di Br. LC..... 27 R 9	Castelnuovo Belbo AT.. 61 L 15			
Castelli TV..... 28 AG 8	Castello di Brenzone VR.. 39 Z 9	Castelnuovo Berardenga SI..94 AE 23			
Castellina FI..... 86 AA 21	Castello di Campeggi BO.. 67 AC 16	Castelnuovo			
Castellina LO..... 52 T 13	Castello di Casola PR.. 64 W 16	Bocca d'Adda LO.. 52 U 13			
Castellina PR..... 65 V 14	Castello di Cavallino PU.. 89 AK 21	Castelnuovo Bormida AL.. 62 M 15			
Castellina PT..... 85 AA 20	Castello di Cisterna NA.. 151 AV 38	Castelnuovo Bozzente CO 36 O 9			
Castellina PU..... 89 AJ 21	Castello di Corno RI.. 114 AN 29	Castelnuovo Calcea AT.. 61 K 15			
Castellina RA..... 81 AF 18	Castello di Fiemme TN.. 13 AD 6	Castelnuovo Cilento SA.. 162 BA 42			
Castellina RI..... 113 AL 29	Castello di Folignano AP.. 108 AQ 27	Castelnuovo			
Castellina in Chianti SI.. 94 AC 23	Castello di Godego TV.. 42 AG 9	dei Sabbioni AR.. 94 AD 22			
Castellina Marittima PI.. 92 Y 23	Castello di Morgnano PG. 106 AJ 27	Castelnuovo del Garda VR 39 Z 11			
Castellina Scalo SI.. 94 AC 23	Castello di Poggio PU.. 90 AM 21	Castelnuovo			
Castellinaldo CN..... 61 J 15	Castello di Ravarano PR.. 64 V 16	del Vescovo CR.. 53 W 12			
Castellino AL..... 49 M 13	Castello di San Lorenzo LI..102 Z 25	Castelnuovo del Zappa CR.. 52 U 12			
Castellino AT..... 49 K 13	Castello di Serravalle BO.. 80 AB 17	Castelnuovo			
Castellino MO..... 80 AA 17	Castello di Tocchi SI.. 94 AC 25	della Daunia FG.. 134 AZ 34			
Castellino del Biferno CB.. 133 AX 33	Castello Inici TP..... 183 AM 56	Castelnuovo della			
Castellino Nuovo CB.. 133 AX 33	Castello La Rancia MC.. 98 AP 24	Misericordia LI.. 92 X 23			
Castellino Tanaro CN.. 74 I 17		Castelnuovo dell'Abate SI.. 104 AE 26			
Castelliri FR..... 130 AQ 33					

CATANIA

Angelo Custode (V.) .... DZ 3	Etnea (V.) .... DXY	Spirito Santo (Pza) .... EY 87		
Benedetto (Pza A. d.) .... DZ 11	Giuffrida (V. Vincenzo). .... EX 39	Stesicoro (Pza) .... DY 91		
Biondi (V.) .... EY 12	Guardie (Pza delle) .... EY 42	S. Anna (V.) .... DZ 79		
Bovio (Pza G.) .... EY 15	Imbriani (V. M. R.) .... DEX 43	S. Francesco d'Assisi (Pza) . DZ 80		
Carlo Alberto (Pza) .... EY 19	Landolina (V.) .... EZ 45	S. Gaetano alle Grotte (V.). DEY 81		
Castello Ursino (V.) .... DZ 21	Lupo (Pza Pietro) .... EY 47	S. Giuseppe al Duomo (V.).. DZ 82		
Conte di Torino (V.) .... EY 25	Museo Biscari (V.) .... EZ 57	Teatro Massimo (V.) .... EYZ 92		
Currò (Pza) .... DZ 26	Orlando (V. Vitt. E.) .... EX 60	Trento (Pza) .... EX 95		
Cutelli (Pza) .... EZ 27	Porticello (V.) .... EZ 68	Umberto I (V.) .... DEX		
Dante (Pza) .... DY 29	Rabbordone (V.) .... EY 69	Università (Pza dell') .... EY 112		
	Rapisardi (V. Michele) .... EY 70	Verga (Pza) .... EX 98		
	Rotonda (V. d.) .... DYZ 77	Vittorio Emanuele III (Pza) . EY 100		

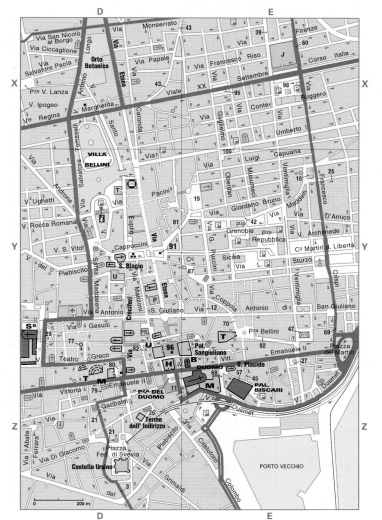

Castiglia *BO* .... 67 AD 17
Castiglion Fibocchi *AR* ... 95 AF 22
Castiglion Fiorentino *AR* ... 95 AG 23
Castiglion Fosco *PG* ... 105 AI 26
Castiglioncello *LI* ... 92 X 23
Castiglioncello *LI* ... 93 Y 24
Castiglioncello *MS* ... 78 W 18
Castiglioncello *PI* ... 85 X 21
Castiglioncello Bandini *GR* ... 104 AD 26
Castiglioncello
del Trinoro *SI* ... 104 AF 26
Castiglione *AN* ... 97 AM 24
Castiglione *AQ* ... 122 AR 31
Castiglione *AR* ... 95 AE 23
Castiglione *AT* ... 49 K 14
Castiglione *CN* ... 58 D 16
Castiglione *FC* ... 82 AI 19
Castiglione *GE* ... 77 S 18
Castiglione *IS* ... 132 AT 33
Castiglione *IS* ... 132 AU 33
Castiglione *LE* ... 161 BT 44
Castiglione *MS* ... 78 U 18
Castiglione *PR* ... 64 U 15
Castiglione *PU* ... 89 AJ 22
Castiglione *RE* ... 79 X 18
Castiglione *RI* ... 113 AL 29
Castiglione *RI* ... 113 AL 29
Castiglione *SA* ... 151 AW 40
Castiglione *TO* ... 47 F 12
Castiglione *TV* ... 41 AG 9
Castiglione *VR* ... 40 AB 11
Castiglione a Casauria *PE* ... 116 AS 30
Castiglione Cosentino *CS* ... 171 BG 47
Castiglione d'Adda *LO* ... 52 T 12
Castiglione dei Pepoli *BO* ... 80 AB 19
Castiglione del Bosco *SI* ... 104 AD 25
Castiglione
del Genovesi *SA* ... 152 AY 39
Castiglione del Lago *PG* ... 95 AH 25
Castiglione
della Pescaia *GR* ... 103 AA 27
Castiglione della Valle *PG* ... 105 AI 25
Castiglione della Valle *TE* ... 115 AR 28
Castiglione delle Stiviere *MN* ... 39 X 11
Castiglione di Cervia *RA* ... 82 AI 18
Castiglione di Garfagnana *LU* 79 X 19
Castiglione di Ravenna *RA* ... 82 AI 18
Castiglione di Sicilia *CT* ... 197 AZ 56
Castiglione d'Intelvi *CO* ... 22 P 8
Castiglione d'Orcia *SI* ... 104 AE 25
Castiglione d'Ossola *VB* ... 21 K 7
Castiglione Falletto *CN* ... 60 I 16
Castiglione in Teverina *VT* 105 AI 28
Castiglione Mantovano *MN* ... 54 Z 12
Castiglione Maritimo *CZ* ... 170 BF 50
Castiglione Messer
Marino *CH* ... 123 AV 32
Castiglione Messer
Raimondo *TE* ... 116 AS 28
Castiglione Olona *VA* ... 36 O 9
Castiglione Tinella *CN* ... 61 K 15
Castiglione Torinese *TO* ... 48 H 13
Castiglione Ubertini *AR* ... 95 AE 22
Castiglione Vara *SP* ... 77 T 18
Castiglione Vèrrico *AQ* ... 114 AO 28
Castiglioni *AN* ... 97 AL 23
Castiglioni *AN* ... 97 AN 22
Castiglioni *AP* ... 108 AQ 26
Castiglioni *FI* ... 86 AB 21
Castiglioni *FI* ... 87 AE 20
Castiglioni *IS* ... 132 AT 34
Castiglioni *PG* ... 97 AM 25
Castiglioni *SI* ... 94 AB 23
Castiglioni *TR* ... 113 AL 28
Castiglioni Basso *SI* ... 94 AB 23
Castiglione *AQ* ... 114 AO 30
Castignano *AP* ... 108 AQ 26
Castignola *BG* ... 23 S 9
Castilenti *TE* ... 116 AS 28
Castinatelli *SA* ... 162 BA 43
Castino *CN* ... 61 K 16
Castiòn *BL* ... 28 AI 7
Castion Veronese *VR* ... 39 Z 10
Castione *LC* ... 23 R 8
Castione *PC* ... 64 T 14
Castione *PR* ... 65 W 15
Castione *TN* ... 26 AA 8
Castione *TV* ... 41 AG 9
Castione Andevenno *SO* ... 24 T 6
Castione de Baratti *PR* ... 65 X 16
Castione della Presolana *BG* ... 24 V 8
Castione Marchesi *PR* ... 64 V 14
Castionetto *SO* ... 24 V 6
Castions *PN* ... 29 AL 8
Castions Delle Mura *UD* ... 30 AO 8
Castions di Strada *UD* ... 30 AO 8
Castiraga *LO* ... 51 R 12

Casto *BS* ... 38 W 9
Castoglio *MS* ... 77 T 18
Castoglio *PR* ... 64 U 16
Castoi *BL* ... 28 AI 7
Castorano *AP* ... 108 AP 26
Castorano *AP* ... 108 AR 26
Castracani *CH* ... 124 AW 30
Castreccioni *MC* ... 98 AN 23
Castrezzato *BS* ... 38 U 10
Castrezzone *BS* ... 39 X 10
Castri di Lecce *LE* ... 159 BS 42
Castrignano de' Greci *LE* ... 161 BS 42
Castrignano del Capo *LE* ... 161 BT 44
Castro *AP* ... 108 AO 26
Castro *BG* ... 24 V 9
Castro *LE* ... 161 BT 43
Castro dei Volsci *FR* ... 130 AV 34
Castro Marina *LE* ... 161 BT 43
Castro San Martino *FI* ... 80 AC 19
Castrocaro Terme *FC* ... 82 AG 18
Castrocielo *FR* ... 131 AR 34
Castrocucco *PZ* ... 163 BD 44
Castrofilippo *AG* ... 193 AR 59
Castrolibero *CS* ... 170 BG 48
Castro-mediano *LE* ... 159 BS 42
Castroncello *AR* ... 95 AG 24
Castronno *VA* ... 36 N 9
Castronuovo di
Sant' Andrea *PZ* ... 164 BG 42
Castronuovo di Sicilia *PA* ... 193 AQ 57
Castropignano *CB* ... 133 AW 34
Castroreale *ME* ... 188 BA 55
Castroreale Terme *ME* ... 188 AZ 55
Castroregio *CS* ... 165 BH 44
Castrovalva *AQ* ... 122 AR 32
Castrovillari *CS* ... 167 BG 45
Casumaro *FE* ... 67 AD 14
Casuto *EN* ... 194 AV 57
Casuzze *RG* ... 204 AW 63
Casuzze-Caucana *RG* ... 204 AW 63
Cataeggio *SO* ... 9 S 6
Catabbio *GR* ... 104 AE 27
Cataforio *RC* ... 178 BD 55
Catagnana *LU* ... 79 X 19
Cataili *CE* ... 131 AS 35
Catalani *PA* ... 74 K 17
Catalani *PA* ... 186 AT 57
Cataldi *AV* ... 142 AY 38
Catalimita *ME* ... 188 BA 54
Catalisano *RC* ... 177 BG 53
Catania *CT* ... 197 AZ 58
Catania *PZ* ... 164 BE 43
Catanzaro *CZ* ... 171 BI 50
Catanzaro Lido *CZ* ... 175 BI 51
Catapano *NA* ... 151 AW 38
Catarratti *ME* ... 189 BC 54
Catasco *CO* ... 23 Q 7
Catelde *SA* ... 152 AY 39
Catello *ME* ... 189 AY 55
Catena *CS* ... 171 BG 48
Catena *CT* ... 197 AZ 56
Catena *CZ* ... 171 BH 50
Catena *PE* ... 116 AT 29
Catena *TV* ... 42 AI 9
Catenacci *AV* ... 142 AY 38
Catenaccio *FG* ... 135 BB 36
Catenanuova *EN* ... 195 AX 58
Cateratte *ME* ... 188 AY 55
Caterè *BN* ... 133 AY 35
Ca'Tiepolo *RO* ... 57 AJ 14
Catignano *FI* ... 93 AA 22
Catignano *AR* ... 95 AH 22
Catignano *PE* ... 116 AS 29
Catino *BA* ... 137 BJ 37
Catobagli *AN* ... 97 AM 23
Catona *RC* ... 178 BC 54
Catona *SA* ... 162 BA 43
Catone *CE* ... 141 AU 37
Catornaro *PU* ... 97 AL 23
Catozzi *AN* ... 97 AM 23
Ca'Tron *TV* ... 43 AJ 10
Cattafi *ME* ... 189 BA 54
Cattagno *VB* ... 7 K 6
Cattai *TV* ... 29 AJ 8
Cattanea-Casoni dei Peri *PV* ... 50 S 12
Cattaragna *PC* ... 63 R 16
Cattignano *VR* ... 40 AC 10
Cattolica *RN* ... 89 AL 21
Cattolica Eraclea *AG* ... 192 AP 59
Ca'Turcata *VE* ... 43 AK 10
Catuté *ME* ... 187 AX 55
Caudino *AN* ... 97 AM 22
Caulònia *RC* ... 177 BH 53
Caulònia Marina *RC* ... 177 BH 53
Caupo *BL* ... 28 AG 8
Cauria / Gfrill *BZ* ... 13 AC 6

Cauria i Là *BZ* ... 13 AC 6
Causà *TO* ... 47 G 13
Causolo *AL* ... 61 L 15
Caussi *VI* ... 40 AC 10
Cautano *BN* ... 142 AW 37
Cauzaro *CB* ... 133 AW 35
Cava *CS* ... 170 BF 48
Cava *VE* ... 43 AL 9
Cava *VI* ... 112 AH 28
Cava d'Aliga *RG* ... 204 AX 63
Cava de' Ispica *RG* ... 204 AX 62
Cava Manara *PV* ... 51 P 13
Cavacurta *LO* ... 52 T 12
Cavafosse *SA* ... 162 AY 42
Cavaglià *BI* ... 34 J 11
Cavagliano *NO* ... 35 M 10
Cavaglietto *NO* ... 35 M 10
Cavaglio *VB* ... 7 M 7
Cavaglio d'A. *NO* ... 35 L 10
Cavagnano *AQ* ... 114 AO 28
Cavagnano *VA* ... 22 O 8
Cavagnera *PV* ... 51 Q 12
Ca'Vagnino *PU* ... 89 AK 21
Cavagnolo *TO* ... 49 J 13
Cavaion Veronese *VR* ... 39 Z 10
Cavaione *MI* ... 37 R 11
Cavaione *TN* ... 26 Z 7
Cavaizza *PD* ... 55 AE 12
Cavalcanese *PU* ... 89 AJ 20
Cavalcaselle *VR* ... 39 Z 11
Cavalera *CT* ... 195 AW 58
Cavalese *TN* ... 13 AD 6
Cavalicco *UD* ... 30 AO 7
Cavalier *TV* ... 43 AK 9
Cavaliera *BO* ... 80 AC 18
Cavaliera *VC* ... 35 K 11
Cavaliere *AQ* ... 120 AN 31
Cavaliere *CS* ... 171 BH 48
Cavaliere *ME* ... 189 BB 54
Cavaliere *PC* ... 64 T 15
Cavalieri *TE* ... 116 AT 28
Cavallana *MS* ... 78 U 17
Cavallana *SI* ... 93 AB 23
Cavallana *MN* ... 54 Y 14
Cavallari *AQ* ... 114 AO 28
Cavallari *AQ* ... 115 AO 29
Cavallari *ME* ... 189 BB 54
Cavallari *SI* ... 94 AC 23
Cavallari *RC* ... 176 BG 53
Cavallaro *VI* ... 27 AC 9
Cavallasca *CO* ... 22 P 9
Cavalleri-Fumeri *TO* ... 60 H 15
Cavallerizza *BR* ... 148 BN 39
Cavallerizze Nuove *CE* ... 141 AT 37
Cavalleone *CN* ... 59 G 15
Cavallermaggiore *CN* ... 59 H 15
Cavallina *FI* ... 80 AC 18
Cavallino *AL* ... 49 L 13
Cavallino *FI* ... 87 AE 20
Cavallino *LE* ... 159 BS 42
Cavallino *PU* ... 89 AK 21
Cavallino *RN* ... 89 AK 20
Cavallino *VE* ... 43 AK 11
Cavallino *NO* ... 35 L 10
Cavallo *TO* ... 60 I 14
Cavallo Morto *CS* ... 171 BG 48
Cavallo Pastorio *ME* ... 188 AY 55
Cavallone *AQ* ... 115 AQ 30
Cavallotta *CN* ... 59 G 16
Cavalo *VR* ... 40 AA 10
Cavandone *VB* ... 21 M 8
Cavanella *VE* ... 30 AM 9
Cavanella d'Adige *VE* ... 57 AI 13
Cavanella Po *RO* ... 57 AH 13
Cavanella Vara *SP* ... 77 T 18
Cavanna *PR* ... 64 T 17
Cavanna *SV* ... 74 L 17
Ca'Vanni *MO* ... 79 Y 18
Cavarena *BN* ... 141 AW 36
Cavargna *CO* ... 22 P 7
Cavaria con Premezzo *VA* ... 35 N 9
Cavarzano *PO* ... 80 AB 19
Cavarzerani *VE* ... 30 AM 9
Cavarzere *VE* ... 57 AH 13
Cavasagra *TV* ... 42 AH 10
Cavaso del Tomba *TV* ... 28 AG 8
Cavasso Nuovo *PN* ... 15 AL 6
Cavatassi *TE* ... 109 AS 27
Cavatelle *FR* ... 130 AP 35
Cavatigozzi *CR* ... 52 U 13
Cavatore *AL* ... 61 L 16
Cavazzale *VI* ... 41 AE 10
Cavazzana *RO* ... 56 AE 13

Cavazzo Carnico *UD* ... 16 AN 5
Cavazzola *PR* ... 64 V 16
Cavazzona *MO* ... 67 AB 16
Cavazzone *RE* ... 66 Y 16
Cavazzuta *BA* ... 147 BN 39
Cave *AQ* ... 114 AO 29
Cave *CE* ... 131 AT 35
Cave *RM* ... 120 AM 33
Cave *VA* ... 22 N 8
Cave del Predil *UD* ... 17 AQ 5
Ca'Vecchia *MN* ... 54 Z 13
Cavedago *TN* ... 26 AB 6
Cavedine *TN* ... 26 AA 8
Cavelle *CE* ... 131 AS 35
Cavelonte *TN* ... 13 AE 6
Cavenago d'Adda *LO* ... 52 S 12
Cavenago di Brianza *MI* ... 37 R 10
Ca'Venier *RO* ... 57 AJ 14
Cavenzano *UD* ... 31 AP 8
Cavernago *BG* ... 37 T 10
Cavessago *BL* ... 28 AI 7
Cavezzago *MO* ... 66 AB 14
Cavezzo *BS* ... 53 W 12
Cavezzo *MO* ... 66 AB 14
Cavi *IM* ... 72 I 20
Caviaga *LO* ... 52 S 12
Caviola *BL* ... 14 AG 5
Cavion *VE* ... 40 AC 9
Cavirano *PR* ... 65 W 16
Cavizzana *TN* ... 12 AA 5
Cavizzano *SP* ... 77 S 17
Cavo *LI* ... 102 X 26
Cavo Diversivo *MN* ... 55 AC 13
Cavola *RE* ... 79 Y 17
Cavoleto *PU* ... 89 AJ 21
Cavoletto *MI* ... 51 P 11
Cavoli *LI* ... 100 W 27
Cavona *VA* ... 22 N 8
Cavoni *CS* ... 167 BG 47
Cavora-Lenticchia *CZ* ... 171 BI 50
Cavoretto *TO* ... 48 H 13
Cavorsi *GE* ... 63 P 17
Cavour *PD* ... 41 AF 10
Cavour *TO* ... 59 F 15
Cavrari *VI* ... 27 AD 8
Cavrasto *TN* ... 26 Z 7
Cavrenno *FC* ... 80 AB 18
Cavriago *RE* ... 65 Y 15
Cavriana *MN* ... 54 AA 14
Cavriè *TV* ... 42 AJ 9
Cavriglia *AR* ... 94 AD 22
Cavuccia *TE* ... 108 AQ 28
Cavuria *RC* ... 179 BG 54
Ca'Zennare *VE* ... 57 AH 12
Ca'Zuliani *RO* ... 57 AJ 14
Cazzago Brabbia *VA* ... 22 N 9
Cazzago San Martino *BS* ... 38 U 10
Cazzago San Martino *BS* ... 38 S 9
Cazzanino *BG* ... 37 S 9
Cazzano *BO* ... 67 AD 16
Cazzano di Tramigna *VR* ... 40 AC 11
Cazzano Sant'Andrea *BG* ... 24 U 9
Cazzanore *CO* ... 22 P 8
Cazzaso Nuova *UD* ... 16 AM 5
Cazzola *PR* ... 65 X 16
Cea *OG* ... 219 T 44
Cebbiazza *SR* ... 203 BA 61
Cecalocco *TR* ... 113 AL 28
Cecanibbi *PG* ... 106 AJ 27
Ceccano *FR* ... 130 AO 34
Cecchetti *VI* ... 40 AC 9
Cecchetto *PT* ... 79 Z 19
Cecchignola *RM* ... 128 AJ 33
Cecchina *RM* ... 129 AK 33
Cecci *PZ* ... 144 BC 39
Ceccobello *PG* ... 106 AJ 26
Ceci *CS* ... 171 BH 48
Ceciliano *AR* ... 95 AG 23
Cecima *PV* ... 63 P 14
Cecina *SS* ... 39 Y 10
Cecina *LI* ... 92 Y 24
Cecina *MS* ... 78 V 19
Cecina *PT* ... 85 AA 20
Cecino *PT* ... 39 Y 9
Ceda *PR* ... 78 V 17
Cedarchis *UD* ... 16 AN 5
Cedda *SI* ... 94 AC 23
Cedegolo *BS* ... 25 X 7

Cedogno *PR* ... 65 X 16
Cedrasco *SO* ... 24 T 7
Cedrecchia *BO* ... 80 AC 18
Cedri *PI* ... 93 Z 22
Cefalà Diana *PA* ... 185 AP 56
Cefalicchio *BA* ... 136 BF 37
Cefalicchio *BN* ... 142 AY 36
Cefalù *PA* ... 186 AT 55
Ceggia *VE* ... 43 AK 9
Ceglie del Campo *BA* ... 146 BK 37
Ceglie Messapica *BR* ... 148 BO 40
Cegliolo *AR* ... 95 AG 24
Ceirole *AT* ... 61 K 15
Celalba *PG* ... 96 AI 22
Celamonti *SI* ... 104 AE 25
Celana *PR* ... 65 W 15
Celano *AQ* ... 121 AQ 31
Celante di Castelnuovo *PN* 16 AM 6
Celat *BL* ... 14 AG 5
Celatica Tolari *BG* ... 38 U 10
Celeano *MC* ... 98 AN 24
Celenza sul Trigno *CH* ... 124 AW 32
Celenza Valfortore *FG* ... 133 AY 34
Celeseo *PD* ... 42 AH 11
Celestrino *PG* ... 106 AK 26
Celico *CS* ... 171 BH 48
Celincordia *FC* ... 82 AI 19
Cella *FC* ... 81 AG 19
Cella *FC* ... 88 AI 19
Cella *FC* ... 82 AJ 18
Cella *PG* ... 92 Q 15
Cella *PV* ... 63 Q 15
Cella *RE* ... 66 Y 15
Cella *UD* ... 15 AK 5
Cella *UD* ... 14 AM 5
Cella Costamezzana *PR* ... 65 V 15
Cella Dati *CR* ... 53 W 13
Cella Monte *AL* ... 49 L 13
Cella Simbeni *RN* ... 89 AL 20
Cellamare *BA* ... 146 BK 37
Cellara *AV* ... 143 AZ 37
Cellara *CS* ... 171 BH 48
Cellarengo *AT* ... 60 I 14
Cellatica *BS* ... 38 W 10
Celle *CN* ... 58 D 16
Celle *FC* ... 87 AF 20
Celle *FI* ... 87 AE 20
Celle *LU* ... 85 X 20
Celle *PG* ... 96 AH 23
Celle *PG* ... 107 AM 26
Celle *PT* ... 85 AA 20
Celle *RE* ... 84 AL 18
Celle *TO* ... 47 F 13
Celle di Bulgheria *SA* ... 163 BB 43
Celle di Macra *CN* ... 58 E 17
Celle di San Vito *FG* ... 134 BA 36
Celle Enomondo *AT* ... 61 J 14
Celle Ligure *SV* ... 75 M 17
Celle sul Rigo *SI* ... 104 AF 26
Celledizzo *TN* ... 11 Z 5
Cellena *GR* ... 104 AE 27
Celleno *VT* ... 112 AH 28
Cellerano *PG* ... 97 AM 24
Cellere *VT* ... 111 AF 28
Celli *PI* ... 93 Z 22
Cellina *VA* ... 21 M 8
Cellino Attanasio *TE* ... 116 AS 28
Cellino di Sotto *PN* ... 15 AJ 6
Cellino San Marco *BR* ... 149 BQ 41
Cellio *VC* ... 35 K 9
Cellole *CE* ... 139 AS 36
Cellole *SI* ... 93 AB 23
Cellore *VR* ... 40 AB 10
Cellore *VR* ... 40 AC 11
Celpenchio *PV* ... 50 M 12
Celso *SA* ... 162 AZ 42
Celsi *AV* ... 151 AX 38
Cembra *TN* ... 26 AC 6
Cembrano *SP* ... 77 S 17
Cenacchio *BO* ... 67 AD 15
Cenadi *CZ* ... 175 BH 51
Cenaia *PI* ... 85 Y 22
Cenaia Vecchia *PI* ... 85 Y 22
Cenate *LE* ... 160 BR 43
Cenate di Sopra *BG* ... 38 T 9

Cene di Sopra *BG* ... 24 T 9
Cene di Sotto *BG* ... 38 T 9
Cenerente *PG* ... 96 AJ 25
Ceneselli *RO* ... 55 AD 13
Cenesi *SV* ... 73 J 19
Cengio *SV* ... 74 K 17
Cengio Alto *SV* ... 74 K 17
Cengles / Tschenels *BZ* ... 11 Y 4
Ceniga *TN* ... 26 AA 8
Cenina *AR* ... 87 AF 22
Cenina *AR* ... 94 AE 23
Cenova *IM* ... 72 I 19
Censi *CZ* ... 171 BH 50
Censo *CS* ... 171 BH 49
Centa *SI* ... 31 AP 7
Centa San Nicolò *TN* ... 26 AC 8
Centallo *CN* ... 59 G 16
Centenaro *BS* ... 39 Y 11
Centenaro *PD* ... 42 AG 10
Centenaro Castello *PC* ... 63 S 16
Centeno *VT* ... 104 AF 27
Centimolo *CE* ... 132 AV 36
Centinarola *PU* ... 90 AM 21
Cento *BO* ... 67 AE 16
Cento *FC* ... 82 AI 19
Cento *FE* ... 67 AC 15
Cento Croci *MO* ... 79 Y 18
Cento-buchi *AP* ... 109 AS 26
Centocelle *RM* ... 119 AK 32
Centocroci *PU* ... 90 AN 21
Centofinestre *AN* ... 98 AP 23
Centofontane *CS* ... 168 BJ 46
Centoia *AR* ... 95 AG 24
Centola *SA* ... 162 BA 43
Centomani *IS* ... 132 AV 34
Centonara *BO* ... 68 AE 16
Centone *CZ* ... 174 BH 51
Centonze *TP* ... 190 AK 57
Centopelli *SA* ... 162 BA 43
Centora *PC* ... 52 S 13
Centovera *PC* ... 64 T 14
Centovie *TE* ... 109 AS 27
Centrache *CZ* ... 175 BH 51
Centrale *AP* ... 108 AP 27
Centrale *BG* ... 24 U 8
Centrale *BN* ... 142 AY 36
Centrale *BZ* ... 4 AD 2
Centrale *TN* ... 27 AC 7
Centrale *VI* ... 41 AD 9
Centrale Fontenoce *MC* ... 98 AQ 23
Centrale S I T *VT* ... 113 AJ 29
Centro *VR* ... 40 AB 10
Centro Giovanni XXIII *VT* ... 112 AH 28
Centro Sociale *CS* ... 167 BG 45
Centro Tre Cannelle
Barbabianca *RM* ... 119 AI 32
Centro Tre Denari *RM* ... 119 AI 32
Centuripe *EN* ... 195 AX 58
Ceolara *VR* ... 40 AA 11
Ceolini *PN* ... 29 AK 8
Cepagatti *PE* ... 116 AT 29
Cepano *NA* ... 151 AW 40
Ceparana *SP* ... 77 U 18
Cepina *SO* ... 11 X 5
Cepletischis *UD* ... 17 AQ 6
Ceppagna *IS* ... 131 AV 35
Ceppaiano *PI* ... 85 Y 24
Ceppaloni *AV* ... 142 AX 37
Cepparano *AP* ... 108 AQ 26
Cepparo *RI* ... 114 AM 28
Cepeda *LO* ... 51 S 12
Ceppine *VA* ... 36 O 9
Ceppo Morelli *VB* ... 20 J 8
Ceprano *FR* ... 130 AQ 34
Ceradello *LO* ... 52 S 12
Ceradolo *LU* ... 79 X 18
Ceraino *VR* ... 39 Z 10
Ceralto *PG* ... 106 AJ 26
Cerami *EN* ... 187 AW 57
Ceramida *RC* ... 176 BD 54
Ceramile *CS* ... 166 BE 46
Ceranesi *GE* ... 62 O 16
Cerano *VC* ... 35 N 11
Cerano d'Intelvi *CO* ... 22 P 8
Ceranova *PV* ... 51 Q 12
Cerasa *LU* ... 79 X 18
Cerasa *PE* ... 116 AT 29
Cerasa *PG* ... 97 AL 24
Cerasa *PU* ... 90 AN 21
Cerasara *RC* ... 177 BG 53
Cerasella *PA* ... 186 AT 57
Cerasella *RG* ... 204 AW 63
Cerasello *CS* ... 168 BH 47
Cerasi *RC* ... 178 BD 55
Cerasito *IS* ... 132 AV 34
Cerasito Inferiore *IS* ... 132 AV 34
Ceraso *CS* ... 171 BI 48

Ceraso *SA* 162 BA 42
Cerasola *PG* 107 AM 27
Cerasolo *RN* 89 AK 20
Cerasomma *LU* 85 X 21
Cerasuolo *CS* 170 BF 48
Cerasuolo *IS* 131 AT 34
Ceratelli *MS* 78 W 18
Ceratello *BG* 24 V 8
Ceraulo *PA* 184 AO 55
Cerbaia *FI* 86 AB 21
Cerbaia *SI* 94 AC 24
Cerbaia *SI* 103 AC 25
Cerbaiola *PI* 93 AA 24
Cerbaiola *RI* 83 AK 20
Cerbaiolo *AR* 88 AH 21
Cerbara *PG* 96 AI 22
Cerbara *PU* 90 AM 21
Cercemaggiore *CB* 133 AX 35
Cercenasco *TO* 59 G 14
Cerceno *CO* 23 R 6
Cercepiccola *CB* 133 AW 36
Cercetole *AR* 88 AH 21
Cerchiara *RI* 113 AL 29
Cerchiara *TE* 115 AQ 28
Cerchiara di Calabria *CS* 165 BH 44
Cerchiarito *MT* 165 BJ 42
Cerchiate *MI* 36 P 10
Cerchio *AQ* 122 AQ 31
Cercino *SO* 23 S 7
Cercivento *UD* 16 AM 4
Cercola *NA* 151 AV 38
Cercolone-Centimolo Cuccaro *CE* 141 AU 37
Cercomano *VR* 54 AB 12
Cerda *PA* 185 AR 56
Cerdevol *PN* 16 AM 6
Cerdomare *RI* 114 AM 30
Cerea *BI* 34 I 10
Cerea *VC* 55 AC 12
Cereda *VI* 40 AC 10
Cereda *VI* 41 AD 10
Ceredello *VR* 39 Z 10
Ceredo *VR* 40 AA 10
Ceregallo *LC* 37 R 9
Cereglio *BO* 80 AB 18
Ceregnano *RO* 56 AG 13
Cereie *BL* 14 K 10
Cerellaz *AO* 32 D 9
Cerena *SO* 11 Y 5
Cerenzia *KR* 172 BJ 48
Ceres *TO* 47 F 12
Ceresa *TO* 33 G 11
Ceresara *MN* 54 Y 12
Ceresara *VI* 41 AD 9
Ceresarea *TO* 58 D 14
Cerese *MN* 54 Z 13
Cereseto *AL* 49 K 13
Cereseto *PC* 64 T 16
Ceresetto *UD* 30 AN 7
Ceresey *TO* 47 E 13
Ceresola *AN* 97 AM 24
Ceresola *AP* 108 AP 26
Ceresola *BG* 23 S 9
Ceresola *BG* 75 O 17
Ceresole Alba *CN* 60 H 15
Ceresole Reale *TO* 32 E 11
Cereta *MN* 54 Y 12
Cerete Alto *BG* 24 U 8
Cerete Basso *BG* 24 U 8
Cereto *BS* 53 W 11
Cereto *BS* 39 X 10
Ceretoli *MS* 78 U 17
Ceretolo *PR* 65 W 16
Ceretta *VI* 41 AD 10
Ceretti *TO* 48 G 12
Ceretto *CN* 59 F 16
Ceretto *TO* 59 G 14
Ceretto Lomellina *PV* 50 N 12
Cerfignano *LE* 161 BT 43
Cergnago *PV* 50 N 12
Cergnai *BL* 28 AH 7
Cergneu Inf. *UD* 16 AO 6
Cergneu Sup. *UD* 16 AO 6
Ceri *RM* 118 AH 32
Ceri *RM* 119 AH 32
Ceriale *SV* 73 K 19
Ceriana *IM* 72 H 20
Ceriano *RN* 83 AJ 20
Ceriano Laghetto *MI* 36 P 10
Ceriara *LT* 130 AN 35
Ceriati *PR* 64 U 15
Cerignale *PC* 63 R 15
Cerignola *FG* 135 BE 36
Cerignola Campagna *FG* 135 BE 36
Cerina *VR* 40 AC 10
Ceriolo *CN* 59 H 17
Cerisano *CS* 170 BG 48

Cerisciolo *AP* 108 AP 26
Cerise *AO* 33 G 9
Cerisey *AO* 18 E 9
Cerisola *CN* 74 J 19
Cerlongo *MN* 54 Y 12
Cermenate *CO* 36 P 9
Cermes *BZ* 12 AB 4
Cermignano *TE* 116 AR 28
Cermitosa *PU* 88 AI 20
Cerna *VR* 40 AA 10
Cernadoi *BL* 14 AG 5
Cernapenc *UD* 17 AP 5
Cerneglons *UD* 30 AO 7
Cernobbio *CO* 22 P 8
Cernobbio *CO* 23 Q 8
Cernusca *PC* 63 S 14
Cernusco Lombardone *LC* 37 R 9
Cernusco sul Naviglio *MI* 37 Q 10
Ceroglie dell'Ermada *TS* 31 AQ 9
Cerone *TO* 34 I 11
Cerqueta *CE* 132 AU 35
Cerqueta *FR* 130 AQ 34
Cerqueta *RI* 97 AN 24
Cerquetella *MC* 98 AP 23
Cerqueto *AN* 97 AM 23
Cerqueto *PG* 105 AI 26
Cerqueto *PG* 106 AK 27
Cerqueto *PG* 97 AL 24
Cerqueto *PU* 89 AL 22
Cerqueto *RM* 118 AH 31
Cerqueto *TE* 108 AQ 27
Cerqueto *TE* 115 AQ 28
Cerqueto *TR* 105 AH 26
Cerquito *CE* 132 AT 35
Cerquone *TE* 115 AQ 28
Cerracchieto *FR* 131 AR 33
Cerracchio *BN* 142 AY 36
Cerratina *PE* 116 AT 29
Cerratino *IS* 132 AT 34
Cerre' *RE* 78 X 17
Cerredolo *RE* 79 Y 17
Cerreggio *RE* 78 W 17
Cerrelli *SA* 152 AZ 40
Cerreta *BN* 141 AW 37
Cerreta *CE* 141 AU 37
Cerreta *PZ* 154 BD 40
Cerreta *RI* 114 AN 30
Cerreta *SA* 162 AZ 42
Cerreta *SA* 163 BC 42
Cerretana *AP* 108 AP 26
Cerrete *PG* 106 AK 26
Cerreto *AP* 108 AP 26
Cerreto *AP* 99 AQ 25
Cerreto *AP* 108 AP 26
Cerreto *AV* 142 AY 38
Cerreto *BS* 25 X 9
Cerreto *CS* 167 BF 46
Cerreto *FR* 131 AR 33
Cerreto *IS* 131 AT 34
Cerreto *IS* 132 AT 34
Cerreto *IS* 132 AU 33
Cerreto *MC* 97 AM 25
Cerreto *MC* 98 AO 25
Cerreto *MO* 66 Z 17
Cerreto *PC* 63 Q 16
Cerreto *PI* 93 Z 23
Cerreto *PR* 64 T 16
Cerreto *PR* 65 W 16
Cerreto *PU* 96 AK 22
Cerreto *PU* 90 AM 20
Cerreto *RE* 78 X 17
Cerreto *RN* 89 AK 20
Cerreto *SA* 163 BB 42
Cerreto Alto *LT* 129 AM 35
Cerreto Castello *BI* 34 J 10
Cerreto d'Asti *AT* 49 J 13
Cerreto d'Esi *AN* 97 AM 24
Cerreto dell'Alpi *RE* 78 W 18
Cerreto di Spoleto *PG* 107 AM 27
Cerreto Grue *AL* 62 O 14
Cerreto Guidi *FI* 86 AA 21
Cerreto Landi *PC* 52 T 14
Cerreto Langhe *CN* 61 J 16
Cerreto Laziale *RM* 120 AM 32
Cerreto Maggio *FI* 86 AC 20
Cerreto Ratti *AL* 62 O 15
Cerreto Rossi *PC* 63 R 16
Cerreto Sannita *BN* 133 AW 36
Cerreto Selva *SI* 94 AC 24
Cerretta *CN* 61 J 16
Cerretti *PI* 85 Z 21
Cerri *CS* 164 BE 44
Cerri *PE* 116 AT 29
Cerri *PI* 85 Z 21
Cerri *SP* 78 U 19

Cerri *SV* 74 L 18
Cerri d'Antonio *BN* 142 AY 36
Cerrina *AL* 49 K 13
Cerrina Il *SA* 152 AZ 41
Cerrione *BI* 34 J 11
Cerrisi *CZ* 171 BH 49
Cerrito *BR* 149 BQ 40
Cerro *AQ* 115 AP 30
Cerro *BG* 37 S 10
Cerro *CS* 166 BF 47
Cerro *CT* 197 AZ 56
Cerro *FR* 131 AS 34
Cerro *GE* 63 P 16
Cerro *GE* 63 R 16
Cerro *PG* 106 AJ 26
Cerro *PG* 106 AL 27
Cerro *SP* 77 S 17
Cerro al Lambro *MI* 51 R 12
Cerro al Volturno *IS* 132 AT 34
Cerro del Tasca *SI* 104 AE 26
Cerro Lago Maggiore *VA* 21 M 8
Cerro Maggiore *MI* 36 O 10
Cerro Tanaro *AT* 61 L 14
Cerro Veronese *VR* 40 AB 10
Cerrogrosso *FR* 131 AS 34
Cerrone *AL* 49 K 13
Cerrone *PE* 116 AS 30
Cerrone *PV* 51 Q 13
Cerrone *VC* 49 J 12
Ceruti *BI* 34 K 10
Cersosimo *PZ* 165 BH 43
Cersuta *PZ* 163 BD 43
Certaldo *FI* 93 AB 22
Certalto *PU* 89 AJ 21
Certardola *MS* 78 V 18
Certignano *AR* 87 AE 22
Certino *PU* 97 AL 22
Certosa *BR* 148 BO 39
Certosa *VV* 174 BG 52
Certosa / Kartheus *BZ* 3 AA 3
Certosa di Pavia *PV* 51 P 12
Certosino *MI* 36 P 11
Certosino *PR* 65 X 14
Cerudina *BS* 38 U 11
Cerva *CZ* 172 BJ 49
Cerva *VC* 20 J 9
Cervara *AP* 108 AP 27
Cervara *MS* 77 T 17
Cervara *PG* 107 AN 26
Cervara di Roma *RM* 120 AN 32
Cervarese Santa Croce *PD* 41 AF 11
Cervaro *FG* 135 BC 35
Cervaro *FR* 131 AS 35
Cervaro *PZ* 163 BD 43
Cervaro *SV* 74 L 18
Cervaro *TE* 115 AP 28
Cervarolo *RE* 79 X 18
Cervarolo *VC* 21 K 8
Cervasca *CN* 71 F 17
Cervatto *VC* 20 J 8
Cervazzera *RE* 78 X 17
Cervelli *TO* 47 E 13
Cerveno *BS* 25 W 7
Cervere *CN* 60 H 16
Cervesina *PV* 50 P 13
Cerveteri *RM* 118 AH 32
Cerveto *TO* 47 D 13
Cervi *VI* 26 AC 9
Cervia *RA* 82 AJ 18
Cervia *VR* 40 AC 11
Cervicati *CS* 167 BF 46
Cervidone *MC* 98 AO 23
Cervignano d'Adda *LO* 51 R 11
Cervignano del Friuli *UD* 31 AP 9
Cervignasco *CN* 59 G 15
Cervillo *BR* 141 AW 36
Cervillo *BR* 147 BN 39
Cervinara *AV* 142 AW 37
Cervinara *FR* 120 AN 33
Cervino *CE* 141 AV 37
Cervo *IM* 73 J 20
Cervognano *SI* 104 AG 25
Cervoto *TO* 49 J 13
Cerza *CT* 197 AZ 58
Cerza Montanara *PZ* 144 BD 39
Cerzeto *CZ* 174 BG 50
Cerzitello *CS* 167 BG 45
Cesa *AR* 95 AF 24
Cesa *BL* 28 AH 7
Cesa *BZ* 4 AF 2
Cesa *CE* 141 AU 38
Cesacaraccio *BN* 133 AY 36
Cesacastina *TE* 115 AP 28
Cesale *TR* 114 AK 29
Cesalonga *FR* 130 AP 34

Cesaminiera *CE* 132 AU 35
Cesana Brianza *LC* 23 Q 9
Cesana Torinese *TO* 46 B 14
Cesane *BS* 39 X 9
Cesani *CN* 58 D 16
Cesano *AN* 90 AO 21
Cesano *RM* 119 AJ 31
Cesano *TE* 108 AQ 27
Cesano Boscone *MI* 36 P 11
Cesano Maderno *MI* 36 P 10
Cesaplana *CH* 123 AU 32
Cesaproba *AQ* 114 AO 29
Cesara *VB* 21 L 8
Cesaracchio *PZ* 154 BD 39
Cesarano *CE* 141 AW 39
Cesarano *SA* 151 AW 39
Cesariello *CE* 141 AV 36
Cesariis *UD* 16 AO 6
Cesarina *BS* 38 U 11
Cesarò *ME* 187 AX 56
Cesarolo *VE* 30 AN 9
Cesate *MI* 36 P 10
Cescatto *VR* 40 AA 10
Cescheto *AS* 146 AS 36
Cesclans *UD* 16 AN 5
Cese *AP* 108 AP 25
Cese *AP* 108 AP 26
Cese *AQ* 115 AO 29
Cese *AQ* 121 AP 31
Cese *CE* 140 AS 36
Cese *CE* 141 AU 36
Cese *CH* 117 AV 30
Cese *FR* 131 AR 35
Cese *FR* 131 AS 34
Cese *LT* 129 AL 34
Cese *PG* 106 AL 27
Cese San Manno *BN* 141 AV 36
Ceselli *PG* 107 AL 27
Cesena *FC* 82 AI 19
Cesena *SP* 77 S 17
Cesena *FC* 83 AJ 18
Ceserana *LU* 79 X 19
Ceserano *MS* 78 V 18
Cesi *MC* 107 AM 25
Cesi *TR* 113 AK 28
Cesinale *PZ* 153 BC 41
Cesine *AV* 142 AX 38
Cesine *AV* 142 AY 38
Cesine *AV* 142 AZ 36
Cesine *AV* 143 BA 37
Cesine *BN* 142 AY 37
Cesine I *AV* 142 AY 38
Cesinelle *AV* 142 AY 38
Cesinola *SA* 151 AX 39
Cesio *IM* 73 I 19
Cesiomaggiore *BL* 28 AG 7
Cesiominore *BL* 28 AG 7
Cesnola *TO* 34 H 10
Cesole *MN* 54 Y 13
Cesoli *AQ* 122 AR 31
Cesolo *MC* 98 AO 24
Cesolo *VC* 35 K 9
Cesoni *RI* 114 AM 29
Cesovo *BS* 38 W 9
Cessalto *TV* 43 AK 9
Cessaniti *VV* 174 BF 52
Cessapalombo *MC* 98 AO 25
Cessarè *AT* 61 K 16
Cessole *AT* 61 K 16
Cesta *FE* 56 AG 14
Cesta *NO* 35 M 10
Cesuna *VI* 27 AD 8
Cesure *MC* 107 AN 25
Cet *BL* 28 AI 7
Cetara *SA* 151 AX 40
Cetica *AR* 87 AE 21
Cetina Grossa *SI* 93 AB 24
Cetinale *SI* 94 AC 24
Cetinara *FR* 120 AN 33
Ceto *BS* 25 X 7
Cetona *SI* 105 AG 26
Cetrangolo *SA* 152 AY 39
Cetraro *CS* 166 BE 46
Cetta *IM* 72 H 20
Ceva *CN* 74 J 17
Cevedale *BZ* 3 AD 2
Ceves *BZ* 13 AE 4
Cevo *BS* 25 X 7
Cevo *SO* 10 V 6
Cevolabbate *RN* 89 AK 20
Cevoli *LU* 85 Y 19
Cevoli *PI* 92 Y 22
Cevoli *VT* 112 AH 28
Challancin *AO* 32 D 9
Challand Saint Anselme *AO* 33 H 9
Chamanod *AO* 19 F 9

Chambave *AO* 33 G 9
Chambonniers *AO* 32 D 9
Chambons *TO* 46 D 13
Chamin *AO* 32 D 9
Champagnod *AO* 19 G 9
Champdepraz *AO* 33 G 9
Champlan *AO* 33 E 9
Champlas du Col *TO* 46 C 14
Champlas Seguin *TO* 46 B 14
Champlong *AO* 33 F 10
Champlong *AO* 33 G 9
Champoluc *AO* 19 H 9
Champorcher *AO* 33 G 10
Championd *AO* 34 I 9
Champsil Inf. *AO* 34 I 9
Champsil Sup. *AO* 34 I 9
Chanaley *AO* 33 H 9
Chanavey *AO* 32 D 10
Chante *AO* 19 E 8
Chanton *AO* 32 C 9
Chardon *BI* 34 I 10
Chardonney *AO* 33 G 10
Charrere *AO* 32 E 9
Charvaz *AO* 32 D 9
Charvensod *AO* 33 E 9
Chasteriran *TO* 46 D 14
Chateau *AO* 33 G 10
Chateau *TO* 46 B 13
Chatelard *AO* 32 D 9
Châtillon *AO* 33 G 9
Chaudenne *AO* 32 D 10
Chaval *AO* 20 H 8
Chaz Nuova *AO* 18 E 8
Checi *LU* 85 Z 21
Chef Lieu *AO* 33 F 9
Cheglio *VA* 35 M 9
Chegnerone *RI* 114 AN 28
Cheirano *SV* 74 K 18
Chelbi *TP* 190 AK 57
Chemonal *AO* 34 H 9
Cheneil *AO* 19 G 8
Chenet *BL* 14 AG 5
Chentre *AO* 19 F 8
Cherasco *CN* 60 I 16
Cheremule *SS* 213 N 40
Cheresoulaz *AO* 19 G 9
Chero *PC* 52 T 14
Cherubine *VR* 55 AC 12
Cherz *BL* 14 AG 4
Chesio *VB* 21 L 8
Chessa *OT* 210 Q 37
Chesta *CN* 59 E 16
Cheverel *AO* 32 D 9
Chevrere *AO* 32 E 10
Chevril *AO* 32 E 9
Chez Croiset *AO* 33 F 9
Chezal *TO* 46 C 14
Chia *CA* 225 O 50
Chia *VT* 112 AI 29
Chiabrano *TO* 46 D 14
Chiaiamari *FR* 130 AQ 34
Chiaiano *NA* 150 AU 38
Chiaicis *UD* 16 AM 5
Chiaie *CS* 170 BF 49
Chiaito *PZ* 164 BE 43
Chialambertetto *TO* 47 E 12
Chialamberto *TO* 47 F 11
Chialina *UD* 16 AM 5
Chialminis *UD* 16 AO 6
Chialvetta *CN* 70 D 17
Chiamorio *TO* 47 F 12
Chiampano *UD* 16 AM 5
Chiampernotto *TO* 47 F 12
Chiampetto *TO* 47 F 12
Chiampo *VI* 40 AC 10
Chianacce *AR* 95 AG 24
Chianale *CN* 58 C 16
Chiancarelle *LT* 138 AO 36
Chianche *AV* 142 AX 37
Chianche *TA* 157 BN 41
Chianchitelle *PA* 193 AR 57
Chianchitta *ME* 197 BA 57
Chianchitta Pallio *ME* 197 BA 57
Chianchitta-Trappiteto *ME* 197 BA 57
Chianchizzo *BR* 148 BO 39
Chianciano *SI* 104 AF 25
Chianciano Terme *SI* 104 AF 25
Chiandarens *UD* 15 AK 5
Chiandussegio *TO* 47 E 12
Chiani *AR* 95 AF 23
Chiani *BR* 158 BO 41
Chianitto *ME* 188 AY 55
Chianni *PI* 93 Y 23
Chiano *TP* 190 AJ 57
Chianocco *TO* 47 E 13
Chiapera *TO* 47 F 13
Chiapili *TO* 32 E 11

Chiappa *CN* 61 K 16
Chiappa *GE* 63 P 16
Chiappa *IM* 73 J 20
Chiappa *SP* 77 S 18
Chiapparolo *AL* 62 O 15
Chiappellino *CN* 59 F 16
Chiappera *CN* 58 C 17
Chiappi *CN* 70 E 17
Chiappi *ME* 189 BB 55
Chiappini *BL* 27 AF 7
Chiappino *AL* 61 L 16
Chiapuzzo *BL* 14 AI 5
Chiara *TO* 33 H 10
Chiaramonte Gulfi *RG* 202 AX 61
Chiaramonti *SS* 209 N 39
Chiaranda *UD* 16 AO 5
Chiarano *TV* 43 AK 9
Chiaranzano *CZ* 175 BJ 52
Chiaravalle *AN* 90 AO 22
Chiaravalle *RC* 177 BH 53
Chiaravalle Centrale *CZ* 175 BH 51
Chiaravallino *CZ* 175 BH 51
Chiaravalle della Colomba *PC* 52 U 14
Chiaravalle Milanese *MI* 36 Q 11
Chiareggio *SO* 10 T 5
Chiarenzo *FR* 131 AQ 33
Chiari *BS* 38 U 10
Chiarini *AP* 108 AP 26
Chiarini *BS* 39 X 11
Chiarini *TV* 29 AJ 8
Chiarino *MC* 99 AQ 23
Chiarisi-Cicchettoni *PA* 194 AT 57
Chiarmacis *UD* 30 AN 8
Chiaromonte *PZ* 164 BG 43
Chiarone *PC* 63 R 14
Chiaserna *PU* 97 AK 23
Chiasiellis *UD* 30 AO 8
Chiasottis *UD* 30 AO 8
Chiassa *AR* 95 AG 23
Chiassaia *AR* 87 AF 22
Chiassis *UD* 16 AM 5
Chiastre *PR* 65 V 16
Chiatona *TA* 156 BL 40
Chiatri *LU* 84 X 20
Chiauci *IS* 132 AV 33
Chiaulis *UD* 16 AM 5
Chiaulis *UD* 16 AN 5
Chiavano *PG* 107 AN 28
Chiavari *GE* 76 Q 18
Chiavazza *BI* 34 J 10
Chiavenna Landi *PC* 52 U 13
Chiavenna Rocchetta *PC* 64 T 14
Chiaverano *TO* 34 I 11
Chiaveretto *AR* 95 AG 22
Chiaves *TO* 47 F 12
Chiavica *PR* 53 V 14
Chiavica Pignatta *RO* 56 AH 13
Chiavicone *LO* 52 T 13
Chiavicone *PD* 56 AE 12
Chiavicone *RO* 56 AE 14
Chiavoni *TE* 115 AR 28
Chiazzale *CN* 58 D 16
Chiazzano *PT* 86 AA 20
Chiazzuola *CN* 72 I 19
Chibbo Nuovo *PA* 193 AS 58
Chicone *PZ* 144 BD 39
Chieci *SI* 94 AD 23
Chiecinella *PI* 85 Z 22
Chienes / Kiens *BZ* 4 AG 3
Chienis *TN* 26 AA 8
Chientina *PI* 93 Y 22
Chieri *TO* 48 H 13
Chies d'Alpago *BL* 29 AJ 7
Chiesa *BG* 23 U 9
Chiesa *BL* 14 AH 5
Chiesa *CN* 58 D 16
Chiesa *FE* 67 AD 15
Chiesa *GE* 62 O 16
Chiesa *PR* 53 X 14
Chiesa *RE* 65 X 16
Chiesa *RO* 56 AF 14
Chiesa *SV* 73 J 19
Chiesa *TN* 26 AC 8
Chiesa *VB* 21 L 5
Chiesa *VC* 21 K 9
Chiesa degli Angeli *CZ* 175 BI 52
Chiesa di Lucoli *AQ* 115 AP 30
Chiesa di Vivaro *VI* 41 AE 10
Chiesa Gambara *VE* 42 AH 11
Chiesa in Valmalenco *SO* 10 U 6
Chiesa Nuova *FE* 67 AD 15
Chiesa Nuova *GE* 76 Q 17
Chiesa Nuova *LU* 85 Y 20
Chiesa Nuova *SV* 55 AE 12
Chiesa Nuova *SP* 77 S 18

Chiesa Nuova *TP* .... 182 AK 55
Chiesa Nuova
di Marzaglia *MO* ...... 66 Z 16
Chiesa Nuova S. Luigi *BL* .... 28 AF 8
Chiesa Vecchia *PD* ...... 56 AF 12
Chiesa Vecchia *VI* ..... 41 AE 11
Chiesanuova *FI* .... 86 AC 21
Chiesanuova *LE* ...... 160 BR 43
Chiesanuova *PD* .... 41 AF 11
Chiesanuova *PD* .... 41 AF 11
Chiesanuova *PI* .... 85 Y 22
Chiesanuova *RA* .... 68 AF 16
Chiesanuova *RSM* ...... 89 AJ 20
Chiesanuova *TO* .... 33 G 11
Chiesanuova *VE* .... 43 AK 10
Chiesanuova
di San Vito *MC* .... 98 AO 23
Chiesina *BO* .... 79 AA 18
Chiesina *PT* .... 85 Z 20
Chiesina Uzzanese *PT* .... 85 Z 20
Chiesino *AR* .... 95 AF 23
Chiesiola *FG* .... 127 BF 32
Chiesone *VR* .... 54 AB 13
Chiessi *LI* .... 100 V 27
Chiesuol del Fosso *FE* .... 68 AE 15
Chiesuola *BS* .... 53 V 12
Chiesuola *RA* .... 82 AH 17
Chiesuola *VR* .... 40 AC 11
Chiesuolo *LO* .... 52 T 13
Chieti *CH* .... 116 AU 29
Chieuti *AZ* .... 125 AZ 32
Chieve *CR* .... 52 S 11
Chieve *VR* .... 40 AA 10
Chievolis *PN* .... 15 AL 6
Chiezzo *VB* .... 7 K 6
Chifenti *LU* .... 85 Y 20
Chigiano *MC* .... 98 AN 24
Chignolo *BG* .... 23 S 8
Chignolo *BG* .... 24 T 8
Chignolo d'Isola *BG* .... 37 S 9
Chignolo Po *PV* .... 51 R 13
Chilivani *SS* .... 213 O 40
Chimento *CS* .... 168 BH 46
Chioano *PG* .... 106 AJ 27
Chiobbica *BR* .... 148 BN 39
Chiobbica *BR* .... 148 BN 39
Chiocchio *FI* .... 86 AC 22
Chiocciolaio *GR* ..... 103 AB 27
Chioggia *VE* .... 57 AI 12
Chioma *LI* .... 92 X 23
Chiomonte *TO* .... 46 C 13
Chions *PN* .... 29 AL 8
Chiopris *UD* .... 31 AP 8
Chioraira *CN* .... 71 I 19
Chiorano *RI* .... 113 AK 29
Chiorio *CS* .... 170 BF 49
Chiose *GE* .... 76 Q 17
Chioso *MS* .... 77 T 18
Chioso *VB* .... 7 L 6
Chioso *VC* .... 34 J 9
Chiosso *CN* .... 58 D 16
Chiotti *CN* .... 70 E 17
Chiotti *CN* .... 70 F 17
Chiotti *TO* .... 47 D 14
Chiotto *CN* .... 58 D 17
Chiotto *CN* .... 58 E 17
Chiout *UD* .... 16 AO 5
Chiout Cali *UD* .... 17 AP 5
Chiout di Puppe *UD* .... 16 AO 5
Chiout Zuouin *UD* ..... 17 AP 5
Chiove *BL* .... 14 AH 4
Chiovitti *CB* .... 132 AV 35
Chiozza *LU* .... 79 X 19
Chiozza *RE* .... 66 Z 16
Chiozza *TV* .... 42 AG 9
Chiozzola *PR* .... 65 X 15
Chirachiuccoli *PE* ... 116 AS 29
Chitignano *AR* .... 88 AG 22
Chiuduno *BG* .... 38 U 10
Chiugiana *PG* .... 96 AI 25
Chiulano *PC* .... 64 S 14
Chiuppano *VI* .... 27 AD 9
Chiuppo *PZ* .... 154 BD 41
Chiuro *SO* .... 24 U 6
Chiusa *BZ* .... 12 AC 4
Chiusa *CS* .... 171 BG 48
Chiusa *PC* .... 52 U 14
Chiusa *RC* .... 177 BG 54
Chiusa *RC* .... 177 BG 54
Chiusa *SA* .... 152 AY 39
Chiusa *VT* .... 113 AJ 30
Chiusa / Klausen *BZ* .... 13 AE 4
Chiusa Cavallo *SR* ... 205 AZ 62
Chiusa di Carlo *SR* .. 205 AZ 62
Chiusa di Pesio *CN* ... 71 H 18
Chiusa di San Michele *TO* . 47 E 13
Chiusa Ferranda *PR* ... 65 V 14

Chiusa Nuova *PU* ...... 89 AL 20
Chiusa Sclafani *PA* .. 192 AO 57
Chiusa Viarola *PR* .... 65 V 14
Chiusaforte *UD* .... 16 AO 5
Chiusani *PV* .... 63 P 14
Chiusanico *IM* .... 73 I 20
Chiusano d'Asti *AT* ... 49 J 14
Chiusano di
San Domenico *AV* ..... 142 AY 38
Chiusavecchia *IM* ..... 73 I 20
Chiusdino *SI* .... 93 AB 25
Chiuse *PZ* .... 153 BC 41
Chiuse *SA* .... 153 BB 40
Chiuselle *IS* .... 132 AT 34
Chiusi *CS* .... 171 BG 48
Chiusi *SI* .... 105 AG 25
Chiusi della Verna *AR* .. 88 AG 21
Chiusi Scalo *SI* .... 105 AG 26
Chiusita *MC* .... 107 AM 26
Chiusola *SP* .... 77 T 17
Chiusoli *PO* .... 86 AB 20
Chiusura *BO* .... 81 AF 17
Chiusura *MO* .... 79 Y 18
Chiusura *SI* .... 94 AE 24
Chiusurli *LU* .... 85 X 20
Chivasso *TO* .... 48 I 12
Chivo *BZ* .... 4 AF 3
Chizzola *TN* .... 26 AB 9
Chizzoline *BS* .... 39 Y 10
Chorio *RC* .... 178 BD 56
Chorio *RC* .... 179 BE 55
Ciabattu *OT* .... 210 Q 37
Ciabaudo *IM* .... 72 H 20
Ciaculli *PA* .... 184 AP 55
Ciagnano *BO* .... 81 AD 17
Ciago *PA* .... 15 AL 6
Ciago *TN* .... 26 AB 7
Ciaixe *IM* .... 72 G 21
Cialla *UD* .... 31 AP 7
Ciammarita *PA* ...... 183 AN 55
Ciampie *TN* .... 13 AF 5
Ciampiello *FR* ...... 131 AR 34
Ciampino *RM* .... 128 AK 33
Cianaluca *CB* .... 125 AZ 32
Cianciana *AL* .... 192 AP 58
Ciannavera *BN* ...... 133 AY 36
Ciano *MO* .... 80 AB 17
Ciano *TV* .... 28 AH 9
Ciano *VV* .... 174 BG 52
Ciano d'Enza *RE* ...... 65 X 16
Ciappi *RC* .... 178 BD 55
Ciaramiti *VV* .... 176 BE 52
Ciardelli Sup. *AV* .. 142 AX 37
Ciardes *BZ* .... 12 AA 4
Ciardullo *BN* .... 141 AW 37
Ciarelli *RC* .... 108 AQ 27
Ciariscelli *TE* ..... 116 AR 28
Ciatti *SV* .... 75 L 18
Ciavarra *FR* .... 131 AQ 33
Ciavola *CS* .... 171 BG 48
Ciavolo *TP* .... 190 AK 57
Ciavolone *AV* .... 143 AZ 37
Ciavolotto *TP* ...... 190 AK 57
Cibeno *MO* .... 66 AA 15
Cibiana di Cadore *BL* . 14 AI 4
Cibottola *PG* .... 105 AI 26
Cicagna *GE* .... 76 Q 17
Cicala *CZ* .... 171 BH 49
Ciccarelli *NA* ...... 151 AW 38
Ciccattali *ME* ...... 189 BA 56
Cicciano *NA* .... 141 AW 38
Cicconi *MC* .... 107 AN 25
Ciccotondo *AV* ...... 143 BA 36
Cicengo *AL* .... 49 J 13
Cicera *CZ* .... 175 BI 51
Cicerale *SA* .... 162 AZ 41
Cicerata *CS* .... 171 BH 48
Cicerata *SR* .... 205 AZ 62
Cicerchia *LT* .... 129 AM 35
Cicerone *LT* .... 139 AQ 36
Cicese *RO* .... 56 AG 13
Cichetti *TE* .... 109 AS 27
Ciciano *SI* .... 93 AB 25
Cicignano *RI* .... 113 AK 29
Ciciliano *RM* .... 120 AM 32
Cicogna *AR* .... 95 AE 22
Cicogna *PD* .... 55 AD 12
Cicogna *VB* .... 21 L 7
Cicognaia *AR* .... 88 AI 21
Cicognara *MN* .... 53 X 14
Cicogni *PC* .... 63 R 14
Cicognola *LC* .... 37 R 9
Cicognolo *CR* .... 53 W 13
Cicola *BG* .... 38 U 10
Ciconia *TR* .... 105 AH 27
Ciconicco *UD* .... 30 AN 7
Ciconio *TO* .... 48 H 12

Cicoria *KR* .... 173 BK 48
Cicuta Nuova *CL* .... 194 AT 59
Cicuta Vecchia *CL* .. 194 AT 59
Cievole *SI* .... 94 AD 24
Cifo *PG* .... 107 AM 26
Cigarello *RE* .... 65 Y 17
Ciggiano *AR* .... 95 AF 23
Cigiana *LU* .... 79 X 19
Cigliano *FI* .... 86 AC 21
Cigliano *FI* .... 87 AE 21
Cigliano *MC* .... 98 AQ 24
Cigliano *VC* .... 49 J 12
Cigliè *CN* .... 74 I 17
Ciglione *AL* .... 61 L 16
Cignano *BS* .... 38 V 11
Cignano *PI* .... 81 AF 19
Cignano *MC* .... 98 AN 25
Cignano *PC* .... 52 U 13
Cignano *TA* .... 156 BJ 40
Cigno *FC* .... 88 AH 20
Cignone *CR* .... 52 U 12
Cigognola *PV* .... 51 Q 13
Cigole *BS* .... 53 W 12
Cilavegna *PV* .... 50 N 12
Ciliano *SI* .... 95 AF 25
Ciliverghe *BS* .... 39 X 11
Cillian *AO* .... 33 G 9
Cima *CO* .... 22 P 7
Cima Gogna *BL* .... 15 AJ 4
Cimabanche *BL* .... 5 AI 4
Cimabanche *BZ* .... 5 AI 4
Cimadolmo *TV* .... 29 AJ 9
Cimadomo *BA* .... 137 BH 36
Cimafava *PC* .... 64 T 14
Cimaferle *AL* .... 61 L 16
Cimamulera *VB* .... 21 K 7
Cimano *UD* .... 16 AN 6
Cimapiasole *TO* .... 47 G 11
Cimasappada *BL* .... 15 AL 4
Cimavilla *TV* .... 29 AJ 8
Cimbalello *RC* ...... 176 BE 53
Cimbano *PG* .... 105 AH 25
Cimbergo *BS* .... 25 X 7
Cimbriolo *MN* .... 54 Y 13
Cimbro *VA* .... 35 N 9
Cime *GO* .... 31 AP 7
Cimego *TN* .... 25 Y 8
Cimena *TO* .... 48 I 12
Cimetta *TV* .... 29 AJ 8
Cimillà *RG* .... 204 AX 62
Ciminà *RC* .... 179 BF 54
Ciminna *PA* .... 185 AQ 56
Cimino *CS* .... 167 BG 46
Cimirlo *TN* .... 26 AC 7
Cimitelle *TR* .... 113 AL 29
Cimitile *NA* .... 151 AW 38
Cimmo *BS* .... 38 W 9
Cimnago *MI* .... 36 P 9
Cimolais *PN* .... 15 AJ 6
Cimpello *PN* .... 29 AL 8
Cinaglietta Sopra e Sotto *BS* .. 38 V 10
Cinaglio *AT* .... 49 J 14
Cinciano *SI* .... 94 AC 22
Cinecittà *RM* .... 119 AK 32
Cinelli *FI* .... 85 Z 21
Cinelli *VT* .... 112 AG 30
Cineto Romano *RM* ... 120 AM 31
Cinghianello *MO* ...... 79 Z 17
Cingia de' Botti *CR* .. 53 W 13
Cingoli *MC* .... 98 AO 23
Cinigiano *GR* .... 104 AD 26
Cinisello Balsamo *MI* . 36 Q 10
Cinisi *PA* .... 183 AN 55
Cino *SO* .... 23 R 7
Cinquale *LU* .... 84 V 20
Cinquanta *AV* .... 151 AX 38
Cinquanta *BO* .... 67 AD 16
Cinque Confini *RI* .. 114 AM 29
Cinquecerri *RE* .... 78 X 17
Cinquefrondi *RC* .... 176 BF 53
Cinquegrana *AV* ..... 142 AZ 37
Cinquegrana *CT* ..... 195 AX 59
Cinquegrana I *AV* ... 142 AZ 37
Cinquevie *NA* .... 151 AW 38
Cinquina *RM* .... 119 AK 32
Cintano *TO* .... 33 H 11
Cinte Tesino *TN* ...... 27 AE 7
Cintello *VE* .... 30 AM 9
Cinto *VI* .... 41 AD 10
Cinto Caomaggiore *VE* . 29 AL 9
Cinto Euganeo *PD* ..... 56 AE 12
Cintoia *FI* .... 86 AD 22
Cintoia Alta *FI* ...... 86 AD 22
Cintolese *PT* .... 85 Z 20
Cintorelli *AQ* ...... 115 AR 30
Cinzano *CN* .... 60 I 15

Cinzano *TO* .... 48 I 13
Cioccafa *CL* .... 193 AS 58
Cioccaro *AT* .... 49 K 13
Ciocchini *CN* .... 60 I 16
Cioffi *SA* .... 152 AY 40
Ciola *FC* .... 82 AG 18
Ciola *FC* .... 88 AH 20
Ciola Araldi *FC* ...... 82 AI 19
Ciolla Fama *CN* .... 71 F 18
Ciollo *CT* .... 197 BA 57
Ciommarino *FG* ...... 143 BB 36
Cioni *FI* .... 85 Z 21
Ciorani *SA* .... 151 AX 39
Ciorlano *CE* .... 132 AT 35
Ciotta *AG* .... 199 AR 61
Ciotte *SA* .... 153 BC 40
Cipampini *PA* .... 194 AT 57
Cipino *CZ* .... 172 BJ 49
Cipolla *KR* .... 173 BL 49
Cipollaie *CR* .... 53 W 12
Cipollara *AV* .... 142 AZ 38
Cipolleto *PG* .... 96 AK 24
Cipolloni *CZ* .... 175 BJ 50
Cipressa *IM* .... 72 I 20
Cipressi *LU* .... 78 X 19
Cipressi *PE* .... 116 AT 28
Cirano *BG* .... 24 U 9
Circello *BN* .... 133 AX 35
Circondariale *LT* ... 138 AO 36
Cireggio *VB* .... 21 L 8
Cireglio *PT* .... 85 AA 20
Cirella *PG* .... 63 R 15
Cirella *CS* .... 166 BD 45
Cirella *RC* .... 179 BF 54
Cirella *RC* .... 176 BE 53
Cireni *ME* .... 188 AY 54
Ciriano *PC* .... 64 T 14
Ciricchiello *PE* .... 116 AR 30
Circilla *CZ* .... 171 BI 49
Ciriè *TO* .... 47 G 12
Cirignano *BN* .... 142 AW 37
Cirignano *MT* .... 154 BG 41
Cirimarco *CS* .... 166 BE 46
Cirimido *CO* .... 36 P 9
Cirò *KR* .... 169 BL 47
Cirò Marina *KR* ..... 169 BL 47
Cirvoi *BL* .... 28 AI 7
Cis *TN* .... 12 AB 5
Cisano *BS* .... 39 Y 10
Cisano *VR* .... 39 Z 10
Cisano Bergamasco *BG* . 37 R 9
Cisano sul Neva *SV* ... 73 J 19
Ciscati *VI* .... 27 AE 9
Ciserano *BG* .... 38 S 10
Ciseriis *UD* .... 16 AO 6
Cisigne *UD* .... 31 AQ 7
Cisiano di Sotto *PC* .. 64 S 14
Cislano *MS* .... 78 V 18
Cislago *VA* .... 36 O 10
Cislano *BS* .... 38 V 9
Cisliano *MI* .... 36 O 11
Cismon del Grappa *VI* . 27 AF 8
Cison di Valmarino *TV* . 28 AH 8
Cisterna *FR* .... 131 AQ 33
Cisterna *PG* .... 106 AJ 26
Cisterna *TN* .... 26 AB 8
Cisterna *UD* .... 30 AM 7
Cisterna d'Asti *AT* ... 60 J 15
Cisterna di Latina *LT* . 129 AL 34
Cisterni *CE* .... 131 AS 35
Cisternino *BR* ...... 148 BN 39
Citala *SA* .... 151 AX 39
Citerna *PG* .... 96 AH 23
Citerno *FI* .... 86 AD 21
Citerno *TR* .... 105 AG 27
Citino *CS* .... 166 BE 46
Città *TO* .... 47 E 13
Città del Mare-Perla
del Golfo *PA* .... 183 AN 55
Città del Vaticano *RM* . 119 AJ 32
Città della Pieve *PG* . 105 AH 26
Città di Castello *PG* .. 96 AI 23
Città Giardino *SR* .. 203 BA 61
Città Sant'Angelo *PE* . 116 AT 28
Cittadella *BO* .... 68 AE 16
Cittadella *MN* .... 54 AA 13

Cittadella *MN* .... 54 Z 12
Cittadella *MN* .... 54 Z 13
Cittadella *NO* .... 35 M 11
Cittadella *PD* .... 41 AF 10
Cittadella *TV* .... 29 AI 8
Cittadella del Capo *CS* . 166 BE 46
Cittaducale *RI* ..... 114 AM 29
Cittanova *RC* .... 176 BF 53
Cittanova *VE* .... 43 AK 10
Cittareale *RI* ...... 107 AN 28
Cittiglio *VA* .... 21 M 8
Ciuchesu *OT* .... 206 Q 36
Ciummiento *CE* ...... 141 AV 37
Civago *RE* .... 79 X 18
Civalleri *CN* .... 71 G 17
Civate *LC* .... 23 R 9
Civé *PD* .... 57 AH 12
Civenna *CO* .... 23 Q 8
Civezza *IM* .... 72 I 20
Civezzano *TN* .... 26 AC 7
Civi Passagliastro *CT* . 197 BA 57
Civiasco *VC* .... 35 K 9
Cividale *MO* .... 67 AB 14
Cividale del Friuli *UD* . 31 AP 7
Cividale Mantovano *MN* . 53 X 13
Cividate al Piano *BG* .. 38 T 10
Cividate Camuno *BS* ... 25 W 8
Cividino *BG* .... 38 U 10
Civiglio *CO* .... 22 P 9
Civine *BS* .... 38 V 10
Civita *AQ* .... 120 AN 31
Civita *AV* .... 143 BA 37
Civita *CS* .... 167 BG 45
Civita *FR* .... 130 AP 33
Civita *PG* .... 107 AN 27
Civita *VT* .... 112 AH 28
Civita Campomarano *CB* . 124 AX 33
Civita Castellana *VT* . 113 AJ 30
Civita d'Antino *AQ* .. 121 AP 32
Civita di Bagno *AQ* .. 115 AP 30
Civita Superiore *CB* . 132 AV 35
Civitaluparella *CH* .. 123 AU 32
Civitanova Alta *MC* ... 99 AR 24
Civitanova del Sannio *IS* . 132 AV 33
Civitanova Marche *MC* .. 99 AR 24
Civitaquana *PE* ..... 116 AS 30
Civitaretenga *AQ* ... 115 AR 30
Civitatomassa *AQ* ... 115 AO 29
Civitavecchia *FR* ... 131 AQ 34
Civitavecchia *RM* ... 118 AF 31
Civitella *CE* .... 132 AT 36
Civitella *MC* .... 107 AM 26
Civitella *PG* .... 107 AL 27
Civitella *PG* .... 107 AM 26
Civitella *RI* .... 114 AO 30
Civitella *TR* .... 120 AM 31
Civitella Alfedena *AQ* . 122 AS 33
Civitella Benazzone *PG* .. 96 AJ 24
Civitella Casanova *PE* . 116 AS 30
Civitella Cesi *VT* .. 112 AH 30
Civitella d'Agliano *VT* . 112 AI 28
Civitella d'Arno *PG* .. 96 AJ 25
Civitella de'Conti *TR* . 105 AI 26
Civitella del Lago *TR* . 105 AI 27
Civitella del Tronto *TE* . 108 AR 27
Civitella di Romagna *FC* . 82 AG 19
Civitella in Val
di Chiana *AR* .... 95 AF 23
Civitella Licinio *BN* . 133 AW 36
Civitella Marittima *GR* . 103 AC 26
Civitella Ranieri *PG* .. 96 AJ 24
Civitella Roveto *AQ* . 121 AP 32
Civitella San Paolo *RM* . 113 AK 30
Civitella Vèrrico *AQ* . 114 AO 28
Civitello *AQ* .... 108 AO 23
Civo *SO* .... 23 S 7
Civorio *FC* .... 88 AH 20
Cizzago *BS* .... 38 U 11
Cizzolo *MN* .... 54 Y 13
Claino *CO* .... 22 P 7
Clanezzo *BG* .... 37 S 9
Clap *UD* .... 17 AP 6
Clapasson *AO* .... 34 I 10
Classe *RA* .... 82 AI 17
Clastra *UD* .... 31 AQ 7
Clauiano *UD* .... 31 AP 8
Claut *PN* .... 15 AK 6
Clauzetto *PN* .... 16 AM 6
Clavais *UD* .... 16 AM 5
Clavarezza *GE* .... 63 P 16
Clavesana *CN* .... 60 I 17
Clavière *TO* .... 46 B 14
Clementi *AV* .... 142 AX 37
Clemenze *CZ* .... 174 BH 51
Clenia *UD* .... 31 AP 7
Cles *TN* .... 12 AB 5
Cleto *CS* .... 170 BF 49

Cleulis *UD* .... 16 AN 4
Cleva *PN* .... 16 AM 6
Cleva *TN* .... 13 AF 5
Clez *PN* .... 15 AL 6
Clibbio *BS* .... 39 X 10
Clivio *VA* .... 22 O 8
Clivo Formello *RM* .. 129 AL 33
Clodig *UD* .... 17 AQ 7
Clotes *TO* .... 58 C 14
Cloutra *AO* .... 33 G 9
Cloz *TN* .... 12 AB 5
Clusane sul Lago *BS* .. 38 V 10
Clusaz *AO* .... 18 E 9
Clusio / Schleis *BZ* .... 2 Y 3
Clusone *BG* .... 24 U 8
Coagneli *LT* .... 129 AL 35
Coarezza *VA* .... 35 M 9
Coassolo *TO* .... 47 F 12
Coatti *RO* .... 55 AD 14
Coazzano *MI* .... 51 P 12
Coazze *MN* .... 54 AA 14
Coazze *SA* .... 55 AB 13
Coazze *TO* .... 47 E 13
Coazzolo *AT* .... 61 J 15
Cobietta *MS* .... 77 T 17
Coccaglio *BS* .... 38 U 10
Coccanile *FE* .... 56 AG 14
Coccau Alto *UD* .... 17 AQ 4
Coccau di Sopra *UD* ... 17 AQ 4
Cocche *VR* .... 39 Z 10
Cocciagrasso *PE* .... 116 AT 29
Coccioli *CH* .... 123 AU 31
Cocciorro *AQ* .... 114 AO 30
Cocco *VI* .... 40 AC 10
Coccolia *RA* .... 82 AH 18
Cocconato *AT* .... 49 J 13
Coccorano *PG* .... 97 AK 24
Coccore *AN* .... 97 AL 23
Coccorino *VV* .... 176 BE 52
Cocetta *AL* .... 50 N 13
Cocianzi *UD* .... 17 AP 6
Cocolicchio *BR* ..... 148 BM 39
Cocquio *VA* .... 22 N 8
Cocquo *VA* .... 35 M 9
Coculla *AQ* .... 122 AR 31
Cocumola *LE* .... 161 BT 43
Cocuruzzo *CE* .... 131 AS 35
Cocuzzola *PA* .... 186 AS 55
Coda *VR* .... 40 AA 10
Coda della Muccia *MC* . 97 AN 25
Coda di Lupo *SR* .... 205 AY 63
Codacchio *CB* .... 132 AV 34
Codarda *LT* .... 130 AM 35
Codaruina *SS* .... 209 N 38
Codavolpe *CT* .... 197 BA 57
Codena *MS* .... 78 V 19
Codera *SO* .... 9 R 6
Coderno *UD* .... 30 AM 7
Codesino *LC* .... 23 R 7
Codevigo *PD* .... 57 AH 12
Codevilla *CN* .... 71 I 18
Codevilla *PV* .... 51 P 14
Codevilla *RE* .... 66 Y 15
Codicina-Manche *CS* . 170 BG 48
Codigoro *FE* .... 69 AH 15
Codiponte *MS* .... 78 V 18
Codisotto *RE* .... 54 Z 14
Codissago *BL* .... 15 AI 6
Codivara *SP* .... 77 S 17
Codiverno *PD* .... 42 AG 11
Codogna *CO* .... 23 Q 7
Codogne *TV* .... 29 AJ 8
Codogno *LO* .... 52 T 13
Codogno *PR* .... 77 S 17
Codolo *MS* .... 77 T 17
Codolo di Sotto *MS* ... 77 U 17
Codorso *MS* .... 77 S 17
Codrea *FE* .... 68 AF 15
Codrignano *BO* .... 81 AE 18
Codroipo *UD* .... 30 AM 8
Codromaz *UD* .... 31 AQ 7
Codrongianos *SS* .... 213 N 40
Coenzo *PR* .... 65 X 14
Coette *VE* .... 55 AH 13
Coffia *AR* .... 87 AF 21
Coggiola *BI* .... 34 K 9
Coghinas *OT* .... 210 P 39
Cogliandrino *PZ* .... 164 BE 43
Cogliate *MI* .... 36 P 10
Cogna *LT* .... 128 AK 34
Cogna *LU* .... 78 W 18

Cognaro VE 42 AG 11
Cogne AO 33 F 10
Cognento RE 66 Z 15
Cogno CN 59 E 17
Cogno PD 41 AF 10
Cognola TN 26 AB 7
Cognon CN 59 E 16
Cognone PZ 154 BD 41
Cogoleto GE 75 M 17
Cogollo RA 82 AH 17
Cogollo VR 40 AB 10
Cogollo del Cengio VI 27 AD 9
Cogolo TN 11 Z 5
Cogorno GE 76 R 18
Cogozzo BS 38 W 10
Cogozzo BS 39 X 10
Cogozzo MN 53 Y 14
Cogruzzo RE 66 Y 15
Coi BL 14 AH 5
Coia UD 16 AO 6
Coiano FI 86 AA 22
Coiano PO 86 AB 20
Coimo VB 7 L 7
Coiromonte NO 21 L 8
Cojana BL 14 AH 4
Col BL 14 AH 4
Col BL 28 AI 7
Col del Fico LT 130 AO 35
Col di Luco LU 84 X 19
Col di Morro AR 96 AH 24
Col di Pietra MC 98 AO 25
Col di Prà BL 14 AG 6
Col di Rocca BL 14 AG 5
Col di Salce BL 28 AI 7
Col di San giovanni TO 47 F 12
Col Francesco PG 96 AJ 24
Col Giacone TR 106 AK 28
Col Piccione PG 96 AI 24
Col Rialto BN 133 AX 35
Col San Martino TV 28 AH 8
Cola RE 78 X 17
Colà VR 39 Z 11
Cola Ca RC 177 BG 53
Colacaruso RC 178 BD 54
Colanonni IS 132 AU 34
Colantuono CB 132 AV 34
Colapietro FR 130 AP 34
Colardoni IS 132 AV 33
Colarete BG 24 U 8
Colasante PE 116 AS 29
Colazza NO 35 L 9
Colbassano PG 97 AL 24
Colbertaldo TV 28 AH 8
Colbordolo PU 89 AL 21
Colbuccaro MC 98 AP 24
Colcavagno AT 49 J 13
Colcellalto AR 88 AI 21
Colcello AN 97 AM 23
Colcerasa MC 98 AO 24
Colcerver BL 14 AH 5
Coldazzo PU 89 AL 21
Coldellaio MC 107 AO 25
Coldellanoce AN 97 AL 25
Colderù BL 28 AH 7
Coldigioco MC 98 AN 23
Coldirodi IM 72 H 21
Coldorso PU 97 AL 22
Coldragone FR 131 AQ 34
Coldrano / Goldrain BZ 12 Z 4
Colelli RC 178 BD 54
Colere BG 24 V 8
Colfano MC 98 AO 25
Colfari CS 165 BI 44
Colferraio MC 97 AN 24
Colfiorito PG 107 AM 25
Colforcella PG 107 AN 27
Colfosco TV 28 AI 8
Colfosco / Kelfushog BZ 14 AG 4
Colfulignano PG 97 AL 25
Coli PC 63 R 15
Colico LC 23 R 7
Colignola AR 95 AG 22
Colitti PE 116 AS 29
Colla CZ 171 BH 49
Colla CZ 171 BH 49
Colla ME 188 AY 55
Colla ME 188 AY 55
Colla MN 53 X 12
Colla MS 78 V 18
Colla PZ 163 BD 43
Colla di Netro BI 34 I 10
Colla Maffone ME 188 AY 55
Colla Muggiasca BG 23 S 8
Collabassa IM 72 G 20
Collacchia GR 103 AB 26
Collagna RE 78 W 17
Collaiello MC 98 AN 24
Collalbo BZ 13 AD 4
Collalbrigo TV 28 AI 8
Collalto SI 93 AB 23
Collalto SI 95 AF 24
Collalto TV 28 AI 8
Collalto UD 16 AO 6
Coll'Alto IS 131 AT 34
Collalto Sabino RI 120 AN 31
Collamato AN 97 AM 24
Collarmele AQ 122 AQ 31
Collaspro BZ 4 AG 2
Collatea RI 114 AL 28
Collatoni MC 107 AM 26
Collattoni MC 107 AN 25
Collazzone PG 106 AJ 26
Collazzoni PG 107 AN 26
Colle AN 97 AL 24
Colle AN 97 AM 24
Colle AP 107 AO 26
Colle AP 108 AO 27
Colle AP 108 AP 26
Colle AP 108 AQ 27
Colle AP 108 AQ 27
Colle AP 108 AR 26
Colle AQ 115 AO 29
Colle BG 38 U 9
Colle BZ 13 AF 4
Colle CE 131 AS 35
Colle CH 124 AW 32
Colle CN 59 E 17
Colle LU 78 X 19
Colle LU 85 X 20
Colle MC 98 AN 25
Colle MC 98 AO 25
Colle PG 106 AJ 25
Colle PG 97 AL 24
Colle PG 97 AL 24
Colle PN 29 AL 7
Colle PN 29 AL 8
Colle RI 113 AK 29
Colle SI 94 AD 23
Colle SI 95 AE 24
Colle SP 77 S 18
Colle TR 105 AH 26
Colle TR 113 AK 28
Colle / Bichl BZ 3 AC 2
Colle Alberti FI 85 AA 21
Colle Alto FR 130 AQ 34
Colle Alto FR 131 AS 35
Colle Alto VI 27 AF 9
Colle Aprico AN 97 AM 22
Colle Aprico PG 97 AM 25
Colle Barone CH 116 AU 30
Colle Bianco CH 117 AU 31
Colle Bisenzio PO 86 AB 20
Colle Bove CB 133 AW 34
Colle Calvo AQ 114 AO 28
Colle Calzolaro PG 105 AH 25
Colle Canne FR 131 AS 35
Colle Carafa RM 113 AK 30
Colle Carino FR 131 AQ 33
Colle Case CH 123 AV 31
Colle Castagno AQ 114 AO 30
Colle Castagno FR 130 AP 34
Colle Cavaliere LT 129 AL 34
Colle Cavaliere PE 116 AS 29
Colle Chiesa
Santa Maria PA 186 AT 56
Colle Ciollo RM 120 AL 31
Colle Comare RM 120 AM 33
Colle Croce IS 132 AU 34
Colle Croce PG 107 AM 25
Colle Curioso PG 107 AM 27
Colle d'Anchise CB 132 AW 34
Colle d'Antico PG 96 AJ 22
Colle del Fagiano RM 119 AK 31
Colle del Marchese PG 106 AK 27
Colle della Corte CB 133 AW 34
Colle della Fonte RI 113 AL 29
Colle della Sponga RI 114 AN 30
Colle della Stella CB 124 AY 32
Colle dell'Api CB 133 AX 34
Colle di Avendita PG 107 AN 27
Colle di Cicerone RM 129 AL 34
Colle di Compito LU 85 Y 21
Colle di Dentro BZ 5 AI 3
Colle di Fuori RM 120 AL 33
Colle di Fuori /
Pichl Ausser BZ 5 AI 3
Colle di Lucoli AQ 115 AP 30
Colle di Palombaia LI 100 W 27
Colle di Preturo AQ 115 AO 29
Colle di Procchio LI 100 W 27
Colle di Roio AQ 115 AP 29
Colle di Sassa AQ 115 AO 29
Colle di Sora I FR 131 AQ 33
Colle di Tora RI 114 AM 30
Colle di Vaccina RM 118 AH 32
Colle di Val d'Elsa SI 94 AB 23
Colle Diana VT 112 AI 30
Colle Dito TR 113 AJ 28
Colle Doddo RM 120 AM 32
Colle d'Orano LI 100 V 27
Colle Farelli AQ 114 AO 30
Colle Farnese VT 113 AI 30
Colle Fiorito RM 119 AI 31
Colle Florido PE 116 AT 29
Colle Grotte IS 132 AT 34
Colle Guardia AP 108 AR 26
Colle Isarco / Gossensab BZ 4 AD 2
Colle Leoncini PG 96 AI 24
Colle Longo CB 133 AW 34
Colle Luna TE 109 AS 27
Colle Malamerenda SI 94 AD 24
Colle Manno FR 130 AP 34
Colle Marino AQ 115 AQ 30
Colle Marino PE 116 AU 29
Colle Marrollo CH 124 AW 31
Colle Mastroianni FR 131 AR 33
Colle Mattarello FR 130 AP 34
Colle Mausoleo FR 130 AP 34
Colle Mezzano LI 92 Y 23
Colle Micotti TR 113 AK 29
Colle Monte CB 133 AY 33
Colle Monte Varmine AP 108 AQ 25
Colle Noveri AQ 114 AO 28
Colle Organo RI 114 AM 28
Colle Paganello AN 97 AM 24
Colle Paganica AQ 114 AO 28
Colle Pagnotto CH 116 AU 30
Colle Palme RM 120 AM 33
Colle Passero RM 120 AM 32
Colle Pecce CE 131 AS 35
Colle Pian Fienile PG 106 AL 26
Colle Piuccio LT 138 AN 36
Colle Plinio PG 96 AI 22
Colle Ponte FR 130 AQ 35
Colle Primo AN 97 AM 23
Colle Rinaldo RI 114 AN 29
Colle Rosa FR 120 AN 33
Colle Rotondo LT 130 AN 35
Colle S. Maria FR 130 AP 34
Colle San Clemente PG 106 AK 26
Colle San Giacomo AQ 121 AO 31
Colle San Leonardo CH 123 AU 31
Colle San Lorenzo PG 106 AL 26
Colle San Magno FR 131 AR 34
Colle San Marco AP 108 AQ 27
Colle San Paolo PG 105 AH 25
Colle San Pietro LT 130 AO 35
Colle Sannita BN 133 AX 35
Colle Santa Lucia BL 14 AH 5
Colle Santa Maria TE 108 AR 27
Colle Santa Procula RM 128 AK 33
Colle Sant'Alberto SI 105 AG 26
Colle Sant'Angelo TR 113 AL 28
Colle Sant'Antimo RI 114 AL 29
Colle Santo PG 96 AI 25
Colle Secco TR 106 AJ 27
Colle Spina RM 120 AM 33
Colle Spinello RM 120 AL 31
Colle Talli SI 93 AB 24
Colle Tenuto MC 97 AN 24
Colle Tronco FR 131 AQ 35
Colle Umberto PG 96 AI 24
Colle Umberto TV 29 AJ 8
Colle Vallerano RM 120 AM 33
Colle Verde RM 119 AK 32
Colle Vèrrico AQ 114 AO 28
Colle Vertiere PE 116 AS 30
Colle Viglia RI 114 AM 29
Colleatterato Alto TE 108 AR 27
Collebaccaro RI 113 AL 29
Collebaldo PG 105 AI 26
Collebarucci FI 86 AC 20
Collebeato BS 38 W 10
Colleberardi FR 120 AP 33
Colleberardo RI 113 AK 29
Collebrincioni AQ 115 AP 29
Collecavallo FR 130 AP 34
Collecazzillo FR 131 AS 34
Collecchio GR 110 AB 28
Collecchio PR 65 W 15
Colleciccangelo MC 107 AO 25
Collecinciero PE 116 AT 29
Collecorvino PE 116 AT 29
Collecurti MC 107 AM 26
Colledara TE 115 AQ 28
Colledimacine CH 123 AU 31
Colledimezzo CH 123 AV 32
Colledonico TE 115 AQ 28
Colledoro TE 115 AR 28
Collefalciano AP 108 AP 27
Collefava IS 132 AT 33
Colleferro RM 120 AN 33
Colleferro Scalo RM 120 AN 33
Collefosso FR 131 AQ 34
Collefracido AQ 115 AO 30
Collegalli FI 85 AA 22
Collegentilesco RI 107 AO 28
Collegiglioni AN 97 AM 23
Collegio Leoniano FR 130 AN 33
Collegiove RI 114 AN 30
Collegno TO 47 G 13
Colleiano-Roccareonile AP 108 AP 26
Collelicino TR 113 AL 28
Collelongo AQ 122 AQ 32
Colleluce MC 98 AO 24
Collelungo PG 106 AL 26
Collelungo PI 85 Z 22
Collelungo RI 114 AL 30
Collelungo TR 105 AI 26
Collelungo TR 106 AJ 27
Colle-Lungo AP 108 AQ 26
Collemacchia IS 132 AT 34
Collemacina RI 113 AK 29
Collemaggiore RI 114 AO 30
Collemancio PG 106 AK 26
Collemare AQ 115 AO 30
Collemare RI 114 AM 29
Collemarino BN 142 AX 36
Collemarraco CB 133 AW 35
Collematteo IS 132 AT 34
Collemese MC 98 AN 25
Collemeto LE 160 BR 42
Colleminicio PG 97 AL 24
Colleminuccio TE 108 AR 27
Collemontanino PI 92 Y 22
Collemoresco RI 107 AO 28
Collemoro AP 108 AP 26
Collenasso RI 114 AN 28
Collenoci li FR 130 AQ 34
Colleoli PI 85 Z 22
Collepagliaro IS 132 AU 34
Collepardo FR 130 AP 33
Collepasso LE 160 BR 43
Collepepe PG 106 AJ 26
Collepietra / Steinegg BZ 13 AD 5
Collepietro AQ 116 AR 30
Collepietro TE 109 AS 27
Collepino PG 106 AL 25
Collepizzuto CH 124 AX 31
Collepizzuto TR 113 AK 28
Colleponi AN 97 AM 23
Colleponte TR 107 AL 28
Colleposta FR 131 AS 34
Colleregnone AP 108 AO 26
Colleretto Castelnuovo TO 33 H 11
Colleretto Giacosa TO 34 H 11
Colleri PV 63 Q 15
Collerumiz UD 16 AO 6
Collesalvetti LI 85 X 22
Collesano PA 186 AS 56
Collesanto MC 107 AN 25
Collescipoli TR 113 AK 28
Collesecco AR 95 AG 23
Collesecco CH 117 AU 30
Collesecco PG 106 AK 26
Collesino MS 78 V 18
Collesorbo IS 132 AV 34
Collespada RI 107 AO 27
Collestatte TR 113 AL 28
Collestrada PG 106 AJ 25
Colletara AQ 114 AO 29
Colletaverna FR 131 AS 35
Colletorto CB 133 AY 34
Colletta CN 71 F 18
Colletta GE 63 P 16
Colletta SV 73 J 19
Colletta VR 40 AB 10
Colletto CN 70 E 17
Collevalenza PG 106 AJ 27
Collevalle MC 98 AO 24
Collevecchio MC 98 AN 25
Collevecchio RI 113 AK 30
Collevecchio TE 108 AQ 28
Colleverde RI 114 AN 28
Collevico RI 114 AK 30
Colli AL 49 K 13
Colli AQ 114 AO 29
Colli CE 131 AS 35
Colli CN 70 F 18
Colli FR 130 AQ 34
Colli LU 78 W 19
Colli MC 97 AN 24
Colli MC 98 AN 25
Colli PE 116 AT 29
Colli PE 116 AT 30
Colli RI 113 AK 30
Colli SI 94 AC 23
Colli SP 77 S 18
Colli TE 115 AR 28
Colli a Volturno IS 132 AT 34
Colli del Sole LT 128 AK 34
Colli del Tronto AP 108 AR 26
Colli di Fontanelle NA 151 AV 40
Colli di Montebove AQ 121 AN 31
Colli sul Velino RI 113 AL 29
Colliano SA 153 BA 39
Colliberti TE 115 AR 28
Collicelle RI 114 AO 28
Collicelli MC 98 AO 24
Collicello AQ 114 AO 29
Collicello PG 106 AK 25
Collicello TR 113 AJ 28
Collicello VI 27 AF 8
Collicello-Corbara AP 108 AP 26
Collimento AQ 115 AP 30
Collina AN 98 AO 23
Collina AP 108 AP 26
Collina AP 108 AP 27
Collina AP 108 AR 26
Collina BO 80 AB 18
Collina FC 88 AG 20
Collina FC 82 AH 18
Collina LU 85 Y 21
Collina MC 98 AN 24
Collina PE 116 AS 28
Collina PT 86 AA 19
Collina PT 86 AA 20
Collina PU 88 AI 20
Collina RC 176 BE 53
Collina RI 114 AM 29
Collina UD 15 AM 4
Collina Nuova AP 108 AQ 25
Collina Primosole CT 203 AZ 59
Collinas VS 221 O 46
Collinello FC 82 AH 19
Collinetta UD 15 AM 4
Collinverno CE 131 AS 35
Collio BS 25 X 9
Collio BS 39 Y 10
Collo del Lupo CS 167 BG 46
Collo di Casaglio FI 81 AD 19
Collo Pirrera ME 181 AY 53
Collobiano VC 35 L 11
Collobie VC 35 L 10
Collodi PT 85 Y 20
Colloredo UD 31 AP 7
Colloredo VI 55 AE 11
Colloredo di M. Albano UD 16 AN 7
Colloredo di Prato UD 30 AN 7
Colloro VB 21 K 7
Collotto AP 108 AP 27
Colma AL 49 L 13
Colma BI 34 J 10
Colma VB 21 L 9
Colma VC 35 L 9
Colmaggiore MC 97 AM 24
Colmaggiore TV 28 AI 8
Colmano FC 82 AG 19
Colmata LI 102 Y 26
Colmegna VA 22 N 7
Colmello TV 42 AH 10
Colmello VE 42 AI 10
Colmine VB 7 K 6
Colmirano BL 28 AG 8
Colmurano MC 98 AP 25
Colobraro MT 165 BH 42
Cologna FE 56 AG 14
Cologna SA 151 AX 39
Cologna SO 10 W 6
Cologna TE 109 AS 27
Cologna TN 26 AA 8
Cologna TN 25 Y 8
Cologna UD 16 AO 6
Cologna Marina TE 109 AS 27
Cologna Spiaggia TE 109 AS 27
Cologna Veneta VR 55 AD 12
Cologne BS 38 U 10
Cologni CS 170 BF 49
Cologno al Serio BG 37 T 10
Cologno Monzese MI 36 Q 10
Colognola BG 38 U 9
Colognola MC 98 AO 23
Colognola PG 96 AJ 24
Colognola ai Colli VR 40 AC 11
Colognole FI 87 AE 20
Colognole LI 92 X 22
Colognole PI 85 X 21
Colognolo del Piano BG 37 S 9
Colognora LU 85 X 20
Colognora LU 85 Y 20
Colombaia PT 86 AA 20
Colombaia RE 79 Y 17
Colombaie Averoldi BS 38 V 11
Colombaiolo SI 94 AC 23
Colombano RO 55 AE 13
Colombara AL 61 L 16
Colombara CR 52 U 12
Colombara PC 64 U 15
Colombara PD 41 AF 10
Colombara PD 56 AG 12
Colombara PR 65 V 14
Colombara PU 89 AJ 22
Colombara PU 97 AL 22
Colombara PV 63 P 14
Colombara PV 63 P 14
Colombara PV 51 P 14
Colombara VC 49 K 12
Colombara VI 40 AC 10
Colombara VI 27 AE 9
Colombara VI 41 AE 9
Colombara VI 41 AF 9
Colombara VR 55 AD 12
Colombara Orlandini BS 39 X 11
Colombare CR 52 T 12
Colombare MN 54 Y 12
Colombare PD 55 AE 13
Colombare VI 41 AD 9
Colombare VR 54 AA 12
Colombare VR 40 AB 11
Colombare VR 39 Z 10
Colombarini PC 52 T 14
Colombaro BS 38 U 10
Colombaro MO 66 AA 16
Colombaro TO 48 I 13
Colombaro Rossi CN 59 G 16
Colombarolo CR 53 W 13
Colombarolo PV 51 P 13
Colombarone MO 66 Z 16
Colombarone PR 53 W 14
Colombassi AL 63 P 15
Colombata CN 58 C 17
Colombella PG 96 AJ 25
Colombera BS 38 V 10
Colombera SV 73 K 19
Colombera TV 42 AI 9
Colombi CN 61 J 17
Colombiera Molicciara SP 78 V 19
Colombiere TO 46 B 14
Colombina BS 38 V 10
Colombina MN 54 Y 13
Colombit AO 34 I 10
Colombrara PU 97 AL 23
Colongi CS 170 BF 49
Colonia CI 224 L 49
Colonia Cozzo
Impalastro PA 185 AR 56
Colonia Hanseniana BA 146 BJ 39
Colonna AP 108 AQ 27
Colonna PV 50 O 13
Colonna RM 120 AL 32
Colonna di Grillo SI 94 AE 24
Colonna San Giovanni AV 142 AY 37
Colonnata AP 108 AQ 26
Colonnata FI 86 AC 20
Colonnata MS 78 V 19
Colonne AL 63 P 15
Colonnella TE 109 AS 26
Colonnetta RI 114 AM 30
Colonnetta di Prodo TR 105 AI 27
Colonnetta La Memoria RI 113 AK 30
Colonno CO 22 P 8
Colordesoli SI 93 AB 25
Coloreto PR 65 X 15
Coloretta MS 77 T 17
Colorina SO 24 T 7
Colorio FC 88 AH 21
Colorno PR 53 X 14
Colosimi CS 171 BH 49
Colotto MC 98 AO 24
Colpalombo PG 97 AK 24
Colpetrazzo PG 106 AK 27
Colsaino PG 97 AL 25
Colsano BZ 12 AA 4
Coltano Radio PI 85 X 22
Coltaro PR 53 W 14
Coltavolino PG 96 AJ 24
Colterenzio BZ 13 AC 5
Colti OT 210 Q 37
Coltodino RI 113 AL 30
Coltrancui TV 29 AJ 9
Coltrini VR 40 AC 10
Coltura PN 29 AJ 7
Coltura RC 177 BI 53
Coltura TN 26 Z 7
Colturano MI 37 R 11
Colubro RM 120 AM 33
Colucci CS 168 BH 46
Colugna UD 30 AO 7
Coluonni BN 142 AX 37
Colza UD 16 AM 5
Colzate BG 24 U 9
Colzè VI 41 AE 11

COMO

Ambrosoli (V.)	Z	2
Battisti (Vle Cesare)	Z	3
Carcano (V.)	Y	5
Castelnuovo (V.)	Z	6
Cattaneo (Viale C.)	Z	7
Cavallotti (Viale)	Y	8

Gallio (V. T.)	Y	14
Garibaldi (V.)	Y	15
Giulio Cesare (Vle)	Z	16
Leoni (V. Leone)	Z	18
Lucini (V.)	Z	19
Manzoni (V.)	Y	21
Masia (Viale M.)	Y	22
Piave (V.)	Z	27
Plinio (V.)	Y	26

Recchi (V.)	Y	29
Rosselli (Viale F.)	Y	30
S. Bartolomeo (Pza)	Z	32
S. Rochetto (Pzale)	Y	33
Trento (Largo Lario)	Y	36
Trieste (Largo Lario)	Y	37
Vittorio Emanuele II (V.)	Y	39
Volta (Pza)	Y	42

Broletto . . . . Y A

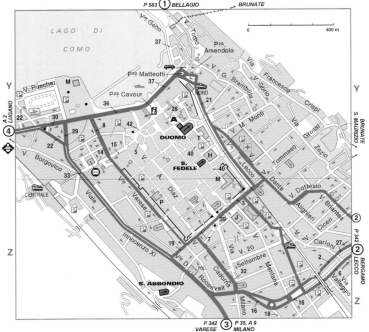

Comabbio *VA*	35	N 9	Compiano *PR*	64	S 17	Concio *MT*	165	BI 42	Console *LE*	158	BQ 42
Comacchio *FE*	69	AI 15	Compiano *RE*	65	X 16	Concio Longo *CS*	167	BG 45	Consovero *CN*	60	H 17
Comacchio *VA*	22	N 8	Compignano *LU*	85	X 20	Conco *VI*	27	AE 9	Consuma *FI*	87	AE 21
Comano *MS*	78	V 18	Compignano *PG*	105	AI 26	Concordia Sagittaria *VE*	30	AM 9	Consuma *PT*	79	Z 19
Comano *TN*	26	AA 7	Compiobbi *FI*	86	AD 21	Concordia sulla Secchia *MO*	54	AA 14	Contane *FE*	56	AH 14
Comasine *TN*	11	Z 6	Compione *MS*	78	V 18	Concorezzo *MI*	37	R 10	Contarina *RO*	57	AI 13
Comazzo *LO*	37	R 11	Compito *AR*	88	AG 21	Condemine *AO*	19	E 9	Contea *FI*	87	AE 20
Comba *TN*	59	E 15	Compresso *PG*	96	AJ 24	Condino *TN*	25	Y 8	Contea *RO*	56	AG 13
Combagarino *TO*	47	D 14	Comugne *VE*	30	AM 9	Condofuri *RC*	178	BE 55	Conterico *MI*	37	R 11
Combai *TV*	28	AH 8	Comugni *AR*	95	AF 22	Condofuri Marina *RC*	178	BE 56	Contessa *CS*	167	BG 47
Combala *CN*	59	E 17	Comun Nuovo *BG*	37	S 10	Condojanni *RC*	179	BG 54	Contessa Entellina *PA*	192	AO 57
Combattuta *BS*	9	X 10	Comuna *BI*	34	J 11	Condove *TO*	47	E 13	Conti *AP*	108	AP 26
Combe *CN*	58	D 17	Comuna Bellis *MN*	55	AC 13	Condrò *ME*	189	BA 54	Conti *TN*	27	AC 7
Combe *TN*	71	H 17	Comunaglia *PG*	96	AI 23	Condurso *ME*	188	AZ 55	Contigliano *RI*	113	AL 29
Combes *AO*	32	D 9	Comunanza *AP*	108	AP 26	Conegliano *TV*	29	AI 8	Contignaco Cella *PR*	64	U 15
Comeana *PO*	86	AB 21	Comunanza *AP*	109	AR 26	Conetta *VE*	56	AG 12	Contignano *SI*	104	AF 26
Comeglians *UD*	16	AM 4	Comune *SA*	162	BA 42	Confenti *VR*	40	AC 10	Contile *PR*	64	U 16
Comelico Sup. *BL*	15	AJ 4	Comunella *TV*	41	AG 9	Confiengo *TO*	47	G 14	Contrada *AV*	151	AX 39
Comèrcon *VV*	176	BE 52	Comunetto *TV*	42	AG 10	Confienza *PV*	50	M 12	Contrada *CN*	74	J 17
Comerio *VA*	22	N 8	Comungrande *MO*	79	AA 17	Confini *RI*	113	AK 29	Contrada *SV*	74	L 18
Comerlati *VR*	40	AB 10	Cona *CH*	123	AV 31	Confini *TR*	106	AK 27	Contrada Abbazia *CB*	133	AX 34
Comerlati *VR*	40	AB 10	Cona *CS*	170	BF 49	Confino *RI*	107	AO 28	Contrada Camerata *CS*	167	BG 45
Comero *BS*	38	W 9	Cona *CS*	171	BG 48	Confin *TV*	28	AI 8	Contrada Caracoli *PA*	185	AR 56
Comerzo *UD*	16	AN 6	Cona *FE*	68	AF 15	Confine *AG*	193	AR 59	Contrada Carpine *BE*	39	AV 25
Comezzano *BS*	38	U 11	Cona *LT*	129	AM 33	Confini *AP*	108	AR 27	Contrada Carrarola *SA*	153	BC 41
Comians *AO*	19	G 8	Cona *PE*	116	AS 30	Conflenti Inf. *CZ*	171	BG 49	Contrada Chianche *PA*	185	AR 56
Comighello *TN*	26	AA 7	Cona *VE*	56	AH 12	Conflenti Sup. *CZ*	171	BG 49	Contrada Cicirelli *SA*	163	BC 42
Comignago *NO*	35	M 9	Cona *VR*	40	AA 10	Confos *BL*	28	AI 7	Contrada Conicelle *CS*	167	BG 45
Comigno *UD*	16	AN 6	Cona Faiete *TE*	108	AQ 27	Confreria *CN*	71	G 17	Contrada Crocefisso *SA*	163	BC 43
Cominelli *VR*	54	Z 12	Conaprato *PE*	116	AS 29	Congiunti *PE*	116	AT 29	Contrada della Chiesa *PR*	52	V 14
Cominello *BS*	39	X 11	Conca *AQ*	122	AS 31	Coni *PC*	64	S 14	Contrada Fiumicello *SA*	163	BC 42
Cominio *AQ*	115	AP 30	Conca *PU*	89	AJ 20	Coniale *FI*	81	AD 19	Contrada Fratta *BA*	146	BJ 37
Comiso *RG*	204	AW 62	Conca Casale *IS*	131	AT 35	Conigo *MI*	51	P 11	Contrada Gangemi *KR*	173	BL 48
Comitini *AG*	193	AQ 59	Conca Dei Marini *SA*	151	AW 40	Conio *IM*	72	I 20	Contrada Garletti *BS*	39	X 11
Comiziano *NA*	141	AW 38	Conca della Campania *CE*	131	AS 35	Coniolo *AL*	49	L 13	Contrada Hangar *SA*	163	BB 43
Commenda *AP*	98	AQ 25	Conca Specchiulla *LE*	159	BT 42	Coniolo *BS*	38	U 11	Contrada Iannacci *VV*	174	BF 52
Commenda *RE*	66	Z 14	Conca Verde *NA*	151	AV 40	Conna *SV*	73	J 20	Contrada Lacco *ME*	188	AY 55
Commenda *TO*	48	G 12	Conca Verde *OT*	207	Q 36	Connio *AL*	63	Q 16	Contrada Malepasso *AV*	143	BB 38
Commenda *VT*	112	AH 29	Conca Verde *SV*	75	L 18	Conocchia *IS*	132	AU 34	Contrada Noce		
Commessaggio *MN*	53	Y 13	Concadirame *RO*	56	AF 13	Conoglano *UD*	16	AO 6	del Conte *SA*	153	BC 42
Comnago *NO*	21	M 8	Concagno *CO*	22	O 9	Consalvi *CH*	117	AU 31	Contrada Palazzo		
Como *CO*	22	P 9	Concas *NU*	215	S 40	Consandolo *FE*	68	AF 16	Soccorso *SA*	162	BA 41
Comone d'Enea *NO*	35	L 10	Concenedo *LC*	23	R 8	Conscente *SV*	73	J 19	Contrada Petraro *ME*	188	BA 55
Compagnia Evaristiani *VS*	221	O 47	Concerviano *RI*	114	AM 30	Conscenti *GE*	76	R 17	Contrada Poria *SA*	163	BC 43
Comparine *AP*	55	AC 11	Concesio *BS*	38	W 10	Conscio *TV*	42	AI 10	Contrada Pratelli *AN*	97	AN 23
Comparni *VV*	176	BF 52	Concessa *RC*	189	BC 54	Conselice *RA*	68	AF 16	Contrada Riposo *CS*	171	BH 48
Compart *SO*	10	V 4	Conche *PD*	57	AI 12	Conselve *PD*	56	AG 12	Contrada		
Comparte *BS*	25	X 7	Conche *TV*	43	AK 9	Conservatore *RG*	204	AX 62	San Giovanni *TA*	157	BN 41
			Conche *VI*	55	AD 12	Consolazione *RC*	189	BD 55	Contrada		
			Conci *AP*	98	AP 25				San Girolamo *PA*	185	AR 56
									Contrada San Marco *CS*	171	BG 48
									Contrada Taverna *CZ*	171	BI 52
									Contrada Taverna		
									Barone *SA*	153	BB 40
									Contrada Tenna *AP*	99	AQ 25
									Contrada Venedise *TP*	190	AQ 63
									Contrapò *PR*	68	AF 14
									Contrebbia *PC*	52	S 13
									Contrin *BL*	14	AJ 4
									Contro *MC*	98	AP 25
									Contron *PN*	15	AJ 9
									Controne *LU*	85	Y 19
									Controne *SA*	152	BA 40
									Contura *ME*	187	AX 55
									Contura *ME*	188	AY 55
									Contura Inf. *ME*	189	BB 56
									Contura Sup. *ME*	189	BA 56
									Conturbia *NO*	35	M 9
									Contursi Terme *SA*	152	BA 40
									Convalle *LU*	85	X 20
									Conventi di		
									San Giuliano *AQ*	115	AP 29
									Conventino *RM*	120	AK 31
									Convento *BO*	81	AE 18
									Convento *CZ*	170	BF 49
									Convento *EN*	194	AV 58
									Convento *FE*	57	AH 14
									Convento *MC*	98	AQ 24
									Convento *PR*	65	X 15
									Convento *RI*	114	AM 30
									Convento Cappuccini *FG*	134	AZ 34
									Convento		
									di San Francesco *SA*	162	AZ 42
									Convento		
									di San Giacomo *RI*	114	AM 28
									Convento		
									di Santa Vittoria *PU*	90	AM 22
									Convento Fonte		
									Colombo *RI*	114	AL 29
									Convento Immacolata *BA*	147	BM 38
									Convento Lo Speco *TR*	113	AK 29
									Convento		
									Padri Passionisti *GR*	110	AB 29
									Convento Passionisti *AN*	90	AO 22

Convento			Coriano *FC*	82	AH 18
San Francesco *NA*	151	AV 39	Coriano *RE*	65	X 17
Convento Santa Maria			Coriano *RE*	79	X 18
di Cotrino *BR*	148	BP 40	Coriano *RN*	89	AK 20
Convento Suore			Coriano *VR*	55	AC 12
Consolata *VT*	119	AI 30	Coriasco *TO*	48	H 12
Conversano *BA*	147	BL 38	Corica *CS*	170	BF 49
Converselle *RA*	82	AG 18	Coriconi *AP*	108	AP 26
Conza della Campania *AV*	143	BB 38	Coriemano *IS*	132	AU 34
Conzano *AL*	49	L 13	Corigliano *CE*	140	AS 36
Cooperativa Giove *EN*	194	AU 58	Corigliano *SA*	152	AY 40
Copece *PN*	30	AM 8	Corigliano Calabro *CS*	168	BI 46
Copellaro *LT*	129	AM 34	Corigliano Perticara *PZ*	154	BF 41
Copelletra *RM*	120	AN 32	Corigliano d'Otranto *LE*	161	BS 43
Coperchia *SA*	151	AX 39	Corigliano Scalo *CS*	168	BI 46
Coperchiata *IS*	132	AV 33	Corio *TO*	47	G 12
Copernio *PR*	53	X 14	Coritis *UD*	17	AP 5
Copersito *SA*	162	AZ 42	Corlanzone *VI*	41	AD 11
Coperso *AP*	108	AQ 27	Corleone *PA*	184	AO 57
Copertino *LE*	159	BR 42	Corleto *FG*	144	BC 36
Copezzato *PR*	53	W 14	Corleto *RA*	82	AG 18
Copiano *PV*	51	Q 12	Corleto Monforte *SA*	153	BB 41
Copiers *TO*	59	E 15	Corleto Perticara *PZ*	154	BF 41
Copogna *MC*	97	AM 25	Corlo *FE*	68	AF 14
Coppa di Cielo *FG*	127	BF 32	Corlo *MO*	66	Z 16
Copparo *FE*	56	AF 14	Corlo *PG*	96	AI 23
Coppe *TR*	113	AK 29	Cormaiano *CB*	124	AY 31
Coppetelle *NA*	151	AV 40	Cormano *MI*	36	P 10
Coppi *AL*	49	L 13	Cormons *GO*	31	AP 8
Coppieri *TO*	59	E 15	Corna Imagna *BG*	23	S 9
Coppitella *FG*	127	BF 32	Cornacchiaia *FI*	80	AD 19
Coppito *AQ*	115	AP 29	Cornacchiaia *FI*	80	AD 19
Coppo *AN*	91	AQ 22	Cornaglie *AL*	50	M 14
Coppoli *BN*	141	AV 36	Cornacervina *FE*	68	AG 15
Corace *CZ*	175	BI 50	Cornadella *TV*	42	AJ 8
Coraci *CS*	171	BH 49	Cornaiano / Girlan *BZ*	12	AC 5
Corana *PV*	50	O 13	Cornalba *BG*	24	T 8
Corano *GR*	111	AE 28	Cornale *AL*	49	K 13
Corano *PC*	51	R 14	Cornale *CN*	61	J 15
Corato *BA*	137	BH 37	Cornale *PV*	50	O 13
Corato *VE*	57	AH 12	Cornale *PZ*	164	BF 43
Corazzano *PI*	85	AA 22	Cornale *PZ*	164	BF 43
Corbanese *TV*	28	AI 8	Cornalea *AT*	61	L 14
Corbara *SA*	151	AW 39	Cornaleto *CR*	52	T 12
Corbara *TR*	105	AJ 29	Cornaleto *GE*	62	R 16
Corbellino *AQ*	115	AQ 30	Cornaletto *CN*	70	E 18
Corbesassi *PV*	63	Q 15	Cornappo *UD*	17	AP 6
Corbesate *PV*	51	Q 12	Cornarè *TV*	29	AK 8
Corbet *AO*	19	H 9	Cornaredo *MI*	36	P 10
Corbetta *MI*	36	O 11	Cornaro *PC*	63	R 15
Corbezzi *PT*	86	AA 20	Cornarotta *TV*	42	AG 9
Corbiglia *TO*	47	F 13	Cornarotta *TV*	42	AH 10
Corbiolo *VR*	40	AB 10	Cornate d'Adda *MI*	37	R 10
Corbiolo *VR*	55	AC 12	Cornazzai *VR*	30	AN 8
Corbola *RO*	57	AH 13	Cornazzano *RM*	119	AJ 31
Corbolone *VE*	43	AL 9	Cornè *TN*	26	AA 9
Corcagnano *PR*	65	W 15	Corneda *MS*	78	U 18
Corchia *PR*	64	U 17	Cornedo all'isarco /		
Corchiano *VT*	113	AJ 29	Kafneld *BZ*	13	AD 5
Corcia *PG*	97	AL 24	Cornedo Vicentino *VI*	40	AD 10
Corciano *PG*	96	AI 25	Comegliano Laudense *LO*	51	R 12
Corcolle *RM*	120	AL 32	Corneliano Bertario *MI*	37	R 11
Corcrevà *RO*	56	AH 13	Corneliano d'Alba *CN*	60	I 15
Corcumello *AQ*	121	AP 31	Cornelle *RI*	114	AO 28
Cordani *PC*	64	S 15	Corneto *AP*	108	AP 27
Cordellon *BL*	28	AH 7	Corneto *BS*	38	V 10
Cordenazzetti *VE*	57	AH 12	Cornetti *TO*	47	E 12
Cordenazzo *VE*	57	AH 12	Cornia *GE*	76	Q 17
Cordenons *PN*	29	AL 8	Corniana *PR*	65	V 16
Cordignano *TV*	29	AJ 8	Corniana *MN*	54	Z 12
Cordovado *VE*	30	AM 8	Cornice *SP*	77	T 18
Cordova *TO*	48	H 13	Corniga *CO*	22	P 8
Cordusi *RC*	179	BF 56	Cornigian *BL*	14	AI 5
Coredo *TN*	12	AB 5	Corniglia *SP*	77	T 19
Coreglia *BA*	147	BM 39	Cornigliano Ligure *GE*	75	O 17
Coreglia Antelminelli *LU*	79	Y 19	Corniglio *PR*	65	V 17
Coreglia Ligure *GE*	76	Q 17	Cornillo Nuovo *RI*	108	AP 29
Coregna *SP*	77	T 19	Cornillo Vecchio *RI*	108	AO 28
Corella *FI*	87	AE 20	Cornino *TP*	182	AK 55
Coremò *CI*	224	M 49	Cornino *UD*	16	AN 6
Corenno Plinio *LC*	23	Q 7	Cornio *VE*	42	AH 11
Coreno Ausonio *FR*	131	AR 35	Corniola *PC*	51	R 13
Corese Terra *RI*	120	AL 30	Corniola *FC*	87	AF 20
Coretto *CS*	167	BG 47	Corniolo *FI*	80	AD 19
Corezzo *AR*	88	AG 21	Corniolo *FI*	87	AD 20
Corfinio *AQ*	122	AS 31	Corniolo *PT*	80	AA 19
Corfino *LU*	78	X 18	Cornizza *PN*	29	AK 8
Corgeno *VA*	35	N 9	Corno *AL*	49	L 12
Corgna *PG*	96	AH 24	Corno *CN*	60	I 16
Corgneto *MC*	107	AM 26	Corno *TO*	59	H 15
Corgnolaz *AO*	19	G 8	Corno *VR*	39	Z 10
Corgnolo *BO*	80	AB 19	Corno di Rosazzo *UD*	31	AP 8
Corgnolo *UD*	30	AO 8	Corno d'Oro *SA*	152	AY 40
Corgnul *UD*	16	AN 6	Corno Giovine *LO*	52	T 13
Cori *LT*	129	AM 34	Cornocchio *RE*	65	X 15

Cornola *LU*	78	X 19
Cornolo *PC*	64	T 15
Cornolo *PR*	64	S 16
Cornovecchio *LO*	52	T 13
Cornuda *TV*	28	AH 9
Corobolli *VI*	40	AC 9
Coroglio *NA*	150	AU 39
Corona *AQ*	121	AP 31
Corona *BO*	80	AA 18
Corona *BS*	39	Y 10
Corona *GO*	31	AP 8
Corona *MT*	154	BG 39
Corona *SV*	75	L 17
Corona / Graun *BZ*	12	AC 6
Corone *BG*	23	T 8
Corone *BL*	14	AH 6
Corone *PG*	107	AN 26
Corone *TV*	42	AH 9
Coronella *FE*	67	AE 15
Corongiu *CI*	224	M 48
Corpi Santi *CH*	123	AU 31
Corpo di Cava *SA*	151	AX 39
Corpo Reno *FE*	67	AC 15
Corpo Santo *SI*	94	AC 23
Corpolo *RN*	83	AJ 19
Corposano *PG*	88	AI 22
Corradino *AP*	98	AP 25
Corraduccio *PG*	97	AL 24
Correano *FR*	131	AR 35
Correggi *FE*	68	AG 15
Correggio *RE*	66	Z 15
Correggioli *MN*	55	AC 13
Correggioverde *MN*	54	Y 14
Correzzana *MI*	37	Q 10
Correzzo *PD*	56	AF 13
Correzzo *VR*	55	AB 13
Correzzola *PD*	56	AH 12
Corrianu *OT*	210	Q 39
Corrido *CO*	22	P 7
Corridoio *AV*	143	AZ 37
Corridonia *MC*	98	AQ 24
Corridore del Pero *SR*	203	AZ 59
Corridori *CT*	197	BA 57
Corrieri *PT*	79	AA 19
Corroccioni *AQ*	114	AO 29
Corropoli *TE*	109	AR 27
Corrubbio *VR*	40	AA 11
Corrubbioli *VR*	55	AC 11
Corrubio *VR*	40	AA 10
Corrubio *VR*	40	AB 10
Corrugunele *OT*	210	R 39
Corruttò *RC*	176	BF 52
Corsaglia *CN*	71	I 18
Corsagna *LU*	85	Y 20
Corsalone *AR*	87	AG 21
Corsanico *LU*	84	W 20
Corsanico *MS*	84	W 19
Corsano *AV*	142	AY 36
Corsano *LE*	161	BT 44
Corsano *SA*	151	AW 39
Corsano *SI*	94	AD 24
Corsari *LE*	160	BQ 42
Corsciano *MC*	98	AN 24
Corsella *PU*	89	AK 22
Corsi *CS*	168	BH 45
Corsico *MI*	36	P 11
Corsiglia *GE*	76	Q 17
Corsione *AT*	49	J 13
Corsitti *PA*	183	AN 55
Corso *TP*	182	AJ 56
Corso *VR*	40	AA 10
Corso *VR*	55	AC 12
Cort *TN*	26	Z 7
Cortabbio *LC*	23	R 8
Cortaccia / Kurtatsch *BZ*	12	AC 6
Cortale *CZ*	174	BH 50
Cortale *UD*	16	AO 7
Cortalta *VR*	54	AA 12
Cortandone *AT*	49	J 14
Cortanze *AT*	49	J 13
Cortazzone *AT*	49	J 14
Corte *AT*	61	K 15
Corte *BL*	14	AG 5
Corte *BL*	28	AH 7
Corte *BL*	14	AI 5
Corte *BZ*	4	AG 3
Corte *CS*	171	BH 48
Corte *GE*	77	R 17
Corte *IM*	72	H 20
Corte *MO*	66	AA 14
Corte *MS*	78	V 18
Corte *PD*	41	AF 9
Corte *PD*	56	AH 12
Corte *VB*	20	J 8
Corte *VC*	21	K 8
Corte *VI*	41	AD 9
Corte *VR*	39	Z 11
Corte Bragagnani *VR*	55	AB 12
Corte Brigafatta Nuova *VR*	54	AA 12
Corte de' Cortesi *CR*	52	U 12
Corte de' Frati *CR*	53	V 12
Corte della Chiesa *PV*	50	M 12

COSENZA

Alimena (Vle degli)	Y	2
Amendola (Pza)	Z	3
Cafarone (V.)	Z	5
Calabria (V.)	Z	7
Campanella (Pza)	Z	7
Crispi (Pza)	Z	9
De Seta (Lungo Crati)	Z	10
Frugiuele (Via D.)	Y	12
Gravina (V. G. V.)	Z	13
Grotte S. Francesco d'Assisi (V.)	Z	14
Matteotti (Pza)	Y	16
Mazzini (Cso)	Y	
Monte Baldo (V.)	YZ	19
Monte Grappa (V.)	Y	20
Monte S. Michele (V.)	Y	22
Panebianco (V.)	Y	23
Parisio (Via N.)	Y	45
Pezzullo (V.)	Z	24
Plebiscito (Cso)	Z	25
Ponte M. Martire (V.)	Z	27
Riforma (Piazza)	Z	40
Roma (Via)	Z	28
Scura (Pza P.)	Z	29
Serra (V.)	Z	33
Spirito Santo (Pza)	Z	34
Stadi (V. degli)	Y	35
Tocci (V. G.)	Y	36
Tribunali (V.)	Z	38
Vittoria (Pza della)	Y	39
Vittorio Veneto (V.)	Y	41
20 Settembre (Pza)	Y	43
24 Maggio (V.)	Y	44

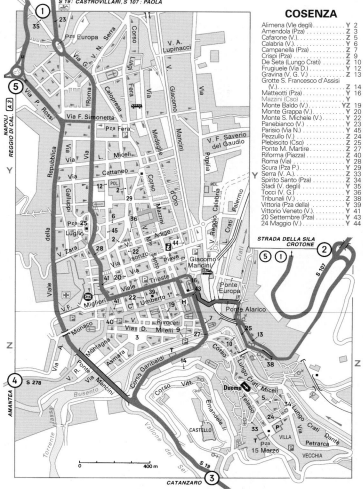

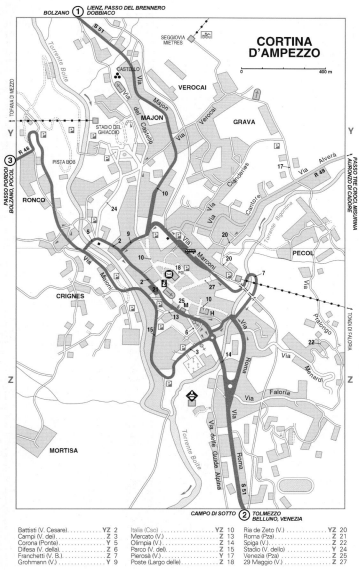

CORTINA D'AMPEZZO

Battisti (V. Cesare)	YZ	2
Campi (V. dei)	Z	3
Corona (Ponte)	Y	5
Difesa (V. della)	Z	6
Franchetti (V. B.)	Z	7
Grohmann (V.)	Y	9
Italia (Cso)	YZ	10
Mercato (V.)	Z	13
Olimpia (V.)	Z	14
Parco (V. del)	Z	15
Pierosà (V.)	Y	17
Poste (Largo delle)	Z	18
Ria de Zeto (V.)	Z	20
Roma (Pza)	Z	21
Spiga (V.)	Z	22
Stadio (V. dello)	Y	24
Venezia (Pza)	Z	25
29 Maggio (V.)	Z	27

Corte Franca *BS*	38	U 10
Corte Madama *CR*	52	T 12
Corte Miniscalchi *VR*	55	AB 12
Corte Palasio *LO*	52	S 12
Corte Prestinari *MN*	54	Z 12
Corte Re *CO*	22	O 9
Corte Ronchi *MN*	54	Z 13
Corte Sant'Andrea *LO*	52	S 13
Corte Terza *SO*	9	Q 6
Corte Tezzoli *MN*	54	Z 12
Corte Vescovado *PR*	53	W 14
Cortecorbo *AV*	142	AZ 38
Cortejoanna *AV*	142	AY 38
Cortellazzo *BS*	39	X 11
Cortellazzo *VE*	43	AL 10
Cortello *UD*	30	AO 8
Cortemaggiore *PC*	52	U 14
Cortemilia *CN*	61	K 16
Cortenedolo *BS*	25	W 6
Corteno Golgi *BS*	25	W 7
Cortenova *LC*	23	R 8
Cortenovo *MS*	78	U 18
Cortenuova *BG*	37	T 10
Cortenuova di Sopra *BG*	37	T 10
Corteolona *PV*	51	R 13
Cortereggio *TO*	48	H 12
Cortesano *TN*	26	AB 7
Cortetano *CR*	52	U 12
Corti *BZ*	4	AG 3
Corti *PC*	64	T 15
Corti *SO*	9	R 5
Corti Rosas *CA*	222	R 46
Cortia *LU*	78	W 18
Corticella *BO*	67	AD 16
Corticella *BZ*	3	AA 3
Corticella *RE*	66	Z 16
Corticelle *SA*	151	AX 39
Corticelle *SA*	162	AZ 42
Corticelle Pieve *BS*	38	V 11
Cortiglia Presti San Lorenzo *PA*	183	AN 55
Cortigliolo *TP*	182	AK 55
Cortiglione *AT*	49	J 13
Cortiglione *AT*	61	L 15
Cortigno *PG*	107	AM 27
Cortila *MS*	78	V 18
Cortile *MO*	66	AA 15
Cortile Falzoni *MN*	54	Z 12
Cortile Spanora *RM*	119	AI 31
Cortili dell'Acquaro *PG*	107	AN 26
Cortina *PC*	64	U 14
Cortina *RA*	82	AH 17
Cortina *RO*	55	AC 13
Cortina *TN*	11	Z 6
Cortina *VR*	39	Z 10
Cortina / Kurtinig *BZ*	12	AC 6
Cortina d'Ampezzo *BL*	14	AH 4
Cortina di Giais *PN*	29	AK 7
Cortine *BS*	38	W 10
Cortine *BS*	39	X 10
Cortine *FI*	94	AC 22
Cortine *MN*	54	Y 12
Cortino *TE*	108	AQ 28
Cortino *VB*	7	L 6
Cortivo *SO*	24	V 7
Cortivo *VR*	40	AC 10
Cortivo *VR*	40	AC 10
Cortoghiana *CI*	224	L 48
Cortogno *RE*	65	X 16
Cortona *AR*	95	AG 24
Corva *PN*	29	AK 8
Corvaiano *TR*	113	AK 29
Corvara *PE*	116	AS 30
Corvara *SP*	77	T 18
Corvara in Badia / Kurfar *BZ*	14	AG 4
Corvara in Passiria / Rabenstein *BZ*	3	AB 2
Corvaro *RI*	115	AO 30
Corvarola *MS*	78	U 18
Corveglia *AT*	48	I 14
Corvella *BO*	80	AA 18
Corvi *CN*	71	H 17
Corviale *RM*	119	AJ 32
Corvinia *SA*	152	AY 40
Corvino *PV*	51	P 13
Corvino San Quirico *PV*	51	Q 13
Corvione *BS*	53	W 12
Corzano *BS*	38	V 11
Corzati *VI*	40	AC 9
Corzes *BZ*	11	Z 4
Cosa *PN*	30	AM 7
Cosana *CN*	74	K 17
Cosasca *VB*	7	K 7
Coschi *CS*	170	BG 49
Coscogno *MO*	79	AA 17
Coseano *UD*	30	AN 7
Cosentini *SA*	152	BA 41
Cosenza *CS*	170	BG 48
Cosina *RA*	82	AG 18
Cosio di Arroscia *IM*	72	H 19
Cosio Valtellino *SO*	23	S 7
Cosizza *UD*	31	AQ 7
Cosniga-Zoppè *TV*	29	AJ 8
Cosoleto *RC*	179	BE 54
Cosona *SI*	104	AE 25
Cospaia *PG*	88	AI 22
Cossano Belbo *CN*	61	K 15
Cossano Canavese *TO*	34	I 11
Cossato *BI*	34	K 10
Cosseria *SV*	74	K 17
Cossignano *AP*	108	AR 26
Cossila San Grato *BI*	34	J 10
Cossito *RI*	107	AO 27
Cossogno *VB*	21	M 8
Cossoine *SS*	213	N 41
Cossombrato *AT*	49	J 14
Costa *AL*	62	M 16
Costa *AL*	61	M 16
Costa *AL*	62	O 14
Costa *AN*	97	AM 23
Costa *AN*	98	AN 23
Costa *BG*	23	S 8
Costa *BG*	23	S 8
Costa *BG*	38	U 9

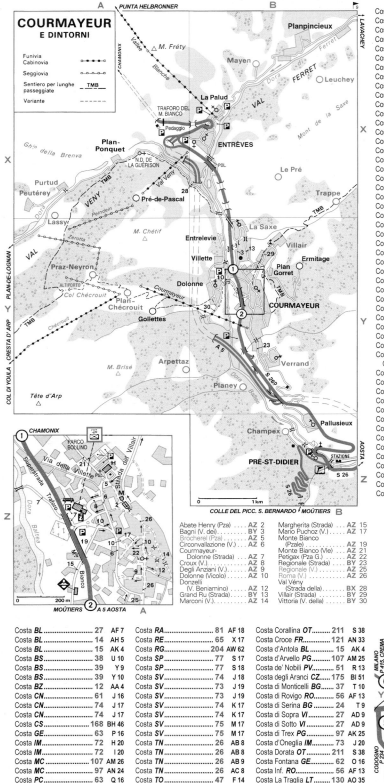

COURMAYEUR E DINTORNI

Courmayeur — street index

Abate Henry (Pza)	AZ 2	Margherita (Strada)	AZ 15
Bagni (V. dei)	BY 3	Mario Puchoz (V.)	AZ 17
Brocherel (Pza)	AZ 5	Monte Bianco (Pzale)	AZ 19
Circonvallazione (V.)	AZ 6	Monte Bianco (Vle)	AZ 21
Courmayeur-Dolonne (Strada)	AZ 7	Petigax (Pza G.)	AZ 22
Croux (V.)	AZ 8	Regionale (Strada)	BY 23
Degli Anziani (V.)	AZ 9	Regionale (V.)	AZ 25
Dolonne (Vicolo)	AZ 10	Roma (V.)	AZ 26
Donzelli (V. Beniamino)	BX 28	Val Vény (Strada della)	BX 28
Grand Ru (Strada)	BY 13	Villair (Strada)	BY 29
Marconi (V.)	AZ 14	Vittoria (V. della)	BY 30

Costa — index

Costa BL	27	AF 7
Costa BL	14	AH 5
Costa BL	15	AK 4
Costa BS	38	U 10
Costa BS	39	Y 9
Costa BS	39	Y 10
Costa BZ	12	AA 4
Costa CN	61	J 16
Costa CN	74	J 17
Costa CN	74	J 17
Costa CS	168	BH 46
Costa GE	63	P 16
Costa IM	72	H 20
Costa IM	72	I 20
Costa MC	107	AM 26
Costa MC	97	AN 24
Costa PC	63	Q 16
Costa PC	63	R 16
Costa PC	52	S 14
Costa PC	8	S 15
Costa PC	64	T 14
Costa PC	64	T 15
Costa PD	41	AF 10
Costa PG	97	AL 25
Costa PN	29	AK 7
Costa PR	8	S 16
Costa PR	64	S 16
Costa PR	78	V 17
Costa PR	65	W 16
Costa RA	81	AF 18
Costa RE	65	X 17
Costa RG	204	AW 62
Costa SP	77	S 17
Costa SP	77	S 18
Costa SV	74	J 18
Costa SV	73	J 19
Costa SV	74	K 17
Costa SV	75	M 17
Costa SV	75	M 17
Costa TN	26	AB 8
Costa TN	26	AB 9
Costa TN	26	AB 9
Costa TO	47	F 14
Costa TV	29	AI 8
Costa UD	17	AQ 7
Costa VC	20	J 8
Costa VI	27	AD 8
Costa VI	40	AD 10
Costa VI	27	AE 9
Costa VI	27	AE 9
Costa VI	27	AF 8
Costa Bacelega IM	73	J 19
Costa Carnara IM	72	I 20
Costa Casale CB	132	AW 34
Costa Cavalieri PV	63	Q 14
Costa Corallina OT	211	S 38
Costa Croce FR	121	AN 33
Costa d'Antola BL	15	AK 4
Costa d'Arvello PG	107	AM 25
Costa de' Nobili PV	51	R 13
Costa degli Aranci CZ	175	BI 51
Costa di Monticelli BG	37	T 10
Costa di Rovigo RO	56	AF 13
Costa di Serina BG	24	T 9
Costa di Sopra VI	27	AD 9
Costa di Sotto VI	27	AD 9
Costa di Trex PG	97	AK 25
Costa d'Oneglia IM	73	J 20
Costa Dorata OT	211	S 38
Costa Fontana GE	62	O 16
Costa Inf. RO	56	AF 13
Costa La Traglia LT	130	AO 35
Costa Masnaga LC	36	Q 9
Costa Merlata BR	148	BO 39
Costa Mezzana PR	65	V 15
Costa Montefedele PV	51	R 13
Costa Montemartino PV	63	Q 15
Costa Paradiso OT	209	O 37
Costa Pavesi PR	65	V 15
Costa Romantica OT	211	S 38
Costa San Paolo AV	143	AZ 36
Costa San Savino PG	97	AL 23
Costa San Severo PG	72	I 20
Costa Sant'Abramo CR	52	U 12
Costa Serena OT	207	R 36

Cos – Cre index

Costa Toffol BL	14	AH 5
Costa Valle Imagna BG	23	S 9
Costa Vescovato AL	62	O 15
Costa Volpino BG	24	V 8
Costabianca AN	99	AQ 23
Costa-bissara VI	41	AD 10
Costabona RE	79	X 17
Costacalda CN	71	I 18
Costacciaro PG	97	AL 23
Costadedoi BL	14	AG 4
Costafinale GE	63	Q 17
Costafiore MC	107	AN 25
Costalissoio BL	15	AK 4
Costalovara BZ	13	AD 4
Costalpino SI	94	AC 24
Costalta BL	15	AK 4
Costalta PC	63	R 14
Costalta VI	17	AE 8
Costalunga CN	74	J 17
Costalunga GE	63	P 16
Costalunga GE	63	Q 16
Costalunga UD	31	AP 7
Costalunga VI	27	AE 9
Costalunga VR	40	AC 11
Costalunga / Karer TN	13	AE 5
Costamagna CN	60	I 16
Costamala MS	78	U 18
Costamartina MC	99	AR 24
Costamolino UD	16	AO 5
Costamora VR	40	AA 24
Costano PG	106	AK 25
Costanti BS	39	X 10
Costantini AV	143	AZ 37
Costanzana VC	49	L 12
Costaraba CZ	175	BI 51
Costarainera IM	72	I 20
Costa-Rustigazzo PC	64	T 15
Costasaracena Castelluccio SR	203	AZ 60
Coste AN	98	AO 23
Coste AP	99	AQ 24
Coste CB	133	AW 35
Coste MC	98	AP 25
Coste SA	162	AY 42
Coste TV	28	AG 9
Coste VI	27	AF 8
Coste VR	40	AA 10
Coste VT	112	AH 28
Coste di Oratino CB	133	AW 34
Coste di Sopra IS	132	AV 33
Coste San Paolo PG	106	AL 26
Costeggiola VR	40	AA 10
Costeggiola VR	40	AC 11
Costeons UD	16	AN 4
Costermano VR	39	Z 10
Costey AO	34	I 10
Costigliola AL	62	O 15
Costigliole d'Asti AT	61	K 15
Costigliole Saluzzo CN	59	F 16
Costituzione AP	98	AP 25
Costoia BL	14	AG 5
Costorio BS	38	W 10
Costozza BO	80	AB 19
Costozza VI	41	AE 11
Costrignano MO	79	Y 17
Cotignola RA	82	AG 17
Cotomino CT	201	AV 60
Cotronei KR	172	BJ 49
Cottà CN	61	J 15
Cottanello RI	113	AL 29
Cotti RI	114	AM 30
Cotti VI	117	AV 31
Cotto MS	78	V 18
Cotugno AV	143	BA 37
Cotura PZ	164	BF 44
Courmayeur AO	18	C 9
Courtil AO	33	H 10
Covala RC	178	BD 54
Covelano BZ	11	Z 4
Covelo BS	38	V 10
Covelo TN	26	AB 7
Covelo TN	26	AB 8
Coviello SA	152	BA 41
Covigliaio FI	80	AC 19
Coviolo RE	66	Y 15
Covo BG	37	T 11
Covolo TV	28	AH 8
Covolo VI	41	AD 10
Cozza AV	142	AZ 37
Cozzana BA	147	BM 38
Cozzano AR	95	AG 23
Cozzano PG	95	AG 25
Cozzano PR	65	W 16
Cozzarelle CT	197	AZ 58
Cozze BA	147	BL 37
Cozzi CT	197	BA 57
Cozzile PT	85	Z 20
Cozzo PR	65	W 16
Cozzo PV	50	M 12
Cozzo Carbonaro CS	167	BG 47
Cozzo Corvo PA	185	AQ 55
Cozzo del Re RG	204	AW 62
Cozzo di Naro CL	193	AT 59
Cozzo di Pietra CS	168	BH 47
Cozzo Pettingoli PA	184	AO 55
Cozzuolo PN	29	AJ 7
Cozzuolo TV	28	AI 8
Crabi CI	225	N 48
Crabi CI	225	N 49
Cracchi VI	41	AD 10
Cracchi VR	40	AC 10
Craco MT	155	BH 41
Crana VB	7	L 7
Crandola Valsassina LC	23	R 8
Craoretto UD	31	AP 7
Cras UD	17	AQ 6
Crasciana LU	85	Y 19
Crasto RC	179	BF 54
Crastu OR	218	P 45
Crauglio UD	31	AP 8
Crava BI	34	K 10
Crava CN	71	H 17
Cravagliana VC	21	K 8
Cravanzana CN	61	J 16
Cravasco GE	62	O 16
Craveggia VB	7	L 7
Cravegna VB	7	K 6
Cravioli CN	60	I 15
Crè AO	19	E 9
Crea VE	42	AH 11
Crealla VB	7	M 7
Creara VR	55	AD 11
Creazzo VI	41	AD 10
Crebbio LC	23	R 8
Crebini AL	6	N 15
Creda BO	80	AC 18
Creda VR	55	AB 12
Credaro BG	38	U 10
Credera CR	52	S 12
Crego VB	7	L 6
Crema CR	52	T 11
Cremadasca PR	8	S 16
Cremenaga VA	22	N 8
Cremeno GE	62	O 17
Cremeno LC	23	R 8
Cremezzano BS	38	V 11
Cremia CO	23	Q 7
Cremignane BS	38	V 10
Cremnago CO	36	Q 9
Cremolino AL	62	M 16
Cremona CR	52	U 13
Cremosano CR	37	S 11
Crenna VA	35	N 9
Creola-Vecchia PD	41	AF 11
Crepaldo VE	43	AL 10
Crepin AO	19	G 8
Creppo IM	72	H 19
Crescentino VC	49	J 12

CREMONA

Boccaccino (V.)	BZ 3	Libertà (Pza della)	BY 14
Cadorna (Pza L.)	AZ 4	Mantova (V.)	BY 17
Campi (Cso)	BZ 5	Manzoni (V.)	BZ 18
Cavour (Cso)	BZ 6	Marconi (Pza)	BZ 19
Comune (Pza del)	BZ 7	Marmolada (V.)	BZ 22
Garibaldi (Cso)	AYZ	Matteotti (Cso)	BYZ
Geromini (V. Felice)	BY 9	Mazzini (Cso)	BZ 23
Ghinaglia (V. F.)	AY 12	Melone (V. Altobello)	BZ 24
Ghisleri (V. A.)	BY 13	Mercatello (V.)	BZ 25
		Monteverdi (V. Claudio)	BZ 27
		Novati (V.)	BZ 28
		Risorgimento (Pza)	AY 29
Spalato (V.)	AY 35		
Stradivari (Pza)	BZ 37		
S. Maria in Betlem (V.)	BZ 32		
S. Rocco (V.)	BZ 33		
Tofane (V.)	BZ 39		
Ugolani Dati (V.)	BY 40		
Vacchelli (Cso)	AZ 42		
Verdi (V.)	BZ 43		
Vittorio Emanuele II	AZ 45		
4 Novembre (Pza)	BZ 46		
20 Settembre (Cso)	BZ 48		

Battistero	BZ	L
Chiesa di Sant'Agostino	AZ	B
Palazzo Fodri	BZ	D

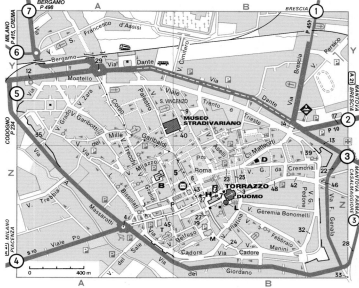

CUNEO

Alba (V.) .... Y 2
Audiffredi (Largo) .... Y 3
Bellavista (V.) .... Y 4
Boves (Pza) .... Y 6
De Amicis (Largo Edmondo) ... Y 8
Dronero (V.) .... Y 10
Foro Boario (Pza) .... Y 12
Galimberti (Pza) .... Y 13
Garibaldi (Cso) .... Y 14
Giovanni XXIII (Lungo Gesso) . YZ 15
Martiri d. Libertà
  (Pza) .... Z 16
Mondovì (Via) .... Y 7
Nizza (Cso) .... Z
Roma (V.) .... Y 21
Santa Maria
  .... Y 23
Savigliano (V.) .... Y 24
Virginio (Pza) .... Y 26

Crescenzago *MI*	36	Q 10
Cresole *VI*	41	AE 10
Crespadoro *VI*	40	AC 10
Crespano del Grappa *TV*	28	AG 9
Crespellano *BO*	67	AB 16
Crespiatica *LO*	52	S 11
Crespignaga *TV*	28	AG 9
Crespignano *PI*	85	Y 21
Crespina *PI*	92	Y 22
Crespino *RO*	56	AG 14
Crespino del Lamone *FI*	81	AE 19
Cressa *MI*	35	M 10
Cressogno *CO*	22	P 7
Cresta *ME*	187	AX 55
Cresta *VB*	21	K 7
Cresto *TO*	47	E 12
Cresto *VB*	7	K 7
Creta *AV*	142	AZ 36
Creta *PC*	51	R 13
Cretaio *GR*	103	AA 25
Cretaio *NA*	150	AS 39
Cretarola *AP*	99	AR 24
Cretarossa *CS*	167	BG 46
Cretaz *AO*	33	F 10
Cretazzo *AV*	151	AX 38
Creti *AR*	95	AG 24
Creto *GE*	62	P 17
Creto *TN*	25	Y 8
Creton *AO*	32	E 10
Creton *AO*	19	G 8
Cretone *FR*	131	AR 33
Cretone *RM*	120	AL 31
Crevacuore *BI*	34	K 9
Crevada *TV*	28	AI 8
Crevalcore *BO*	67	AB 15
Crevari *GE*	75	N 17
Crevenna *CO*	23	Q 9
Crevola Sesia *VC*	34	K 9
Crevoladossola *VB*	7	K 7
Crichi *CZ*	171	BI 50
Crichi Soprano *CZ*	171	BH 50
Crino *KR*	7	K 6
Crisci *CE*	141	AV 37
Criscia *CE*	132	AV 36
Crispa Nuova *FE*	68	AG 14
Crispano *NA*	150	AU 38
Crispiano *TA*	157	BM 40
Crispiero *MC*	98	AN 24
Crispino *CS*	171	BG 48
Crissolo *CN*	58	D 15
Crist *BS*	25	W 8
Cristini *CN*	60	H 15
Cristo *VB*	7	L 6
Cristò *RC*	176	BF 53
Cristo della Cozzana *BA*	147	BM 38
Cristo Re *BA*	147	BM 38
Crivaro *CS*	170	BF 48
Crivelle *AT*	48	I 14
Croara *BO*	80	AD 17
Croara *BO*	81	AE 18
Crocci *TP*	182	AK 55
Croce *AL*	61	L 15
Croce *AR*	95	AF 24
Croce *CE*	141	AU 36
Croce *CN*	59	E 15
Croce *FR*	131	AS 34
Croce *LU*	78	X 19
Croce *MC*	107	AN 26
Croce *MO*	40	AO 25
Croce *ME*	189	BB 55
Croce *MN*	53	X 12
Croce *MS*	77	U 18
Croce *MS*	78	V 18
Croce *NO*	35	L 10
Croce *PC*	51	R 14
Croce *PZ*	153	BD 39
Croce *RE*	65	X 15
Croce *RE*	79	X 17
Croce *RN*	89	AK 20
Croce *TV*	29	AK 9
Croce *VE*	57	AH 13
Croce *VE*	43	AK 10
Croce *VR*	40	AB 10
Croce *VR*	40	AB 10
Croce a Uzzo *PT*	86	AA 20
Croce Anselice *AV*	142	AZ 37
Croce Daniele *AV*	81	AE 19
Croce di Casale *AP*	108	AP 26
Croce di Casale *CE*	140	AT 36
Croce di Casale *CE*	140	AT 36
Croce di Castiglione *PG*	96	AI 23
Croce di Magara *CS*	171	BH 48
Croce di San Lorenzo *RC*	178	BE 55
Croce di Via *AP*	99	AQ 25
Croce Lagrimosa *AV*	142	AZ 37

Croce Moschitto *LT*	129	AN 34
Croce Nera *AP*	108	AQ 26
Croce Penta *AV*	143	BB 38
Croce Nuova *VT*	118	AH 30
Croce Rossa *AP*	108	AQ 26
Croce Santo Spirito *PC*	52	U 13
Croce Valanidi *RC*	178	BD 55
Croce Verde *PA*	185	AP 55
Croceferro *PG*	106	AL 27
Crocefieschi *GE*	62	P 16
Crocefissello *TP*	182	AK 55
Crocefisso *PG*	106	AK 26
Crocefisso *RC*	179	BF 55
Crocella *CB*	133	AX 35
Crocemarroggia *PG*	106	AK 27
Crocepietra *VI*	41	AE 11
Croceta *CH*	117	AU 30
Crocetta *AT*	61	L 14
Crocetta *BO*	67	AB 15
Crocetta *BO*	68	AF 17
Crocetta *FC*	82	AH 18
Crocetta *FE*	67	AC 15
Crocetta *GE*	62	O 16
Crocetta *GE*	76	Q 17
Crocetta *GE*	76	R 18
Crocetta *ME*	187	AX 55
Crocetta *MO*	79	AA 17
Crocetta *MS*	77	U 18
Crocetta *PC*	52	T 14
Crocetta *PR*	65	W 15
Crocetta *RO*	55	AD 13
Crocetta *TO*	60	H 15
Crocetta *VR*	40	AA 10
Crocetta del Montello *TV*	28	AH 8
Crocette *AN*	98	AQ 23
Crocette *MN*	54	Z 13
Crocette *MO*	79	AA 17
Crocette *VR*	40	AC 11
Crocevanella *PA*	183	AN 55
Crocevia *AV*	142	AW 37
Crocevia *CS*	171	BG 47
Crocevia *ME*	187	AX 55
Crocevia *MN*	53	Y 11
Crocevia *RC*	178	BD 54
Crocevia-Novello *ME*	188	AY 55
Crocevie *AV*	143	AZ 37
Crocevie *TP*	182	AK 55
Croci di Calenzano *FI*	86	AC 20
Crociale *BO*	80	AA 18
Crociale *BS*	39	Y 10
Crociale *FE*	55	AD 14
Crociali *PT*	85	AA 20
Crociarone *RA*	82	AI 18
Crociarone *RO*	57	AH 14
Crocicchie *RM*	119	AI 31
Crocicella *CS*	175	BH 51
Crocicella *RC*	177	BG 53
Crociera *AT*	61	L 15
Crocifisso *CH*	116	AT 30
Crociglia *PV*	63	Q 14
Crociletto *PR*	53	W 14
Crocino *LI*	92	X 22
Croda *TV*	28	AH 8
Crodo *VB*	7	K 6
Croesio *CN*	59	E 16
Crofeno *SI*	94	AE 24
Crognaleto *TE*	115	AP 28
Crone *BS*	39	Y 9
Cropalati *CS*	168	BJ 46
Cropani *CZ*	175	BJ 50
Cropani *PZ*	164	BF 43
Cropani Marina *CZ*	175	BJ 50
Croppo *VB*	7	K 7
Crosa *BI*	34	K 9
Crosa *PC*	52	U 14
Crosa *SV*	73	J 19
Crosa *SV*	74	K 18
Crosano *TN*	26	AA 9
Crosara *PD*	55	AD 12
Crosara *PD*	56	AE 12
Crosara *PD*	56	AF 13
Crosara *RO*	56	AF 13
Crosara *VI*	27	AC 9
Crosara *VI*	27	AE 9
Crosara *VI*	41	AE 9
Crosara *VI*	41	AE 10
Crosara *VI*	41	AE 11
Crosara *VI*	41	AF 9
Crosara *VR*	55	AD 12
Crosare *VI*	27	AE 9
Crosare *VI*	27	AF 8
Crosare *VR*	55	AD 12
Crosazza *PD*	56	AE 12
Crosia *CS*	168	BJ 46
Crosio della Valle *VA*	35	N 9

Crostù *UD*	31	AQ 7
Crot *TO*	47	E 12
Crotone *KR*	173	BL 49
Crotta *PV*	63	Q 14
Crotta d'Adda *CR*	52	U 13
Crotte *TO*	46	D 13
Crotte *TO*	34	I 11
Crotto *CO*	22	Q 8
Crova *GE*	77	R 18
Crova *VC*	49	K 12
Croveo *VB*	7	K 6
Croviana *TN*	12	AA 5
Cruci *AV*	142	AY 38
Cruci *RM*	120	AM 33
Cruciano *RI*	114	AM 29
Crucoli *KR*	169	BL 47
Crugnola *VA*	35	N 9
Cruser *RA*	69	AI 16
Crusinallo *VB*	21	L 8
Cuasso al Monte *VA*	22	O 8
Cuasso al Piano *VA*	22	O 8
Cuccagna *MC*	98	AO 24
Cuccana *UD*	30	AO 8
Cuccarello *MS*	78	V 18
Cuccaro *AP*	108	AP 26
Cuccaro Monferrato *AL*	49	L 14
Cuccaro Vetere *SA*	162	BA 43
Cucche *VV*	177	BG 52
Cucchetta *BS*	53	W 11
Cucchiales *CN*	58	D 16
Cucchiano *CS*	170	BG 47
Cucciago *CO*	36	P 9
Cucciano *BN*	142	AY 37
Cucciano *PT*	85	AA 20
Cuccio *CS*	168	BH 46
Cucco *BO*	67	AD 15
Cucco *ME*	189	BB 56
Cucco *UD*	17	AP 4
Cucco *VA*	22	N 8
Cucco -Riviere *CS*	166	BG 45
Cuccumella *SR*	202	AY 59
Cuccurano *PU*	90	AM 21
Cuccurru Suergiu *CI*	224	L 48
Cuccuru de' Portu *OR*	216	M 44
Cuccuru e Iana *NU*	215	T 40
Cuceglio *TO*	48	H 11
Cucuzzi *RC*	177	BH 53
Cudacchi *BN*	133	AY 35
Cuffia *TO*	48	H 11
Cuffiano *BN*	133	AX 35
Cuffiano *RA*	81	AF 18
Cufò San Blasio *RC*	177	BH 53
Cufurà *TP*	190	AG 63
Cuggiono *MI*	36	N 10
Cugliate Fabiasco *VA*	22	N 8
Cuglieri *OR*	216	M 42
Cugnan *BL*	28	AI 7
Cugnana *OT*	211	S 37
Cugnoli *PE*	116	AS 30
Cuile Corruda *SS*	208	K 39
Cuili Murvoni *CA*	227	R 49
Cuili Saccheddu *SS*	208	L 39
Cuili San Giorgio *SS*	208	K 39
Cuirone *VA*	35	N 9
Culcasi *TP*	182	AJ 56
Culla *LU*	84	W 20
Cultura *PZ*	154	BD 41
Cumerlotti *TN*	26	AB 9
Cumia *ME*	189	BB 54
Cumiana *TO*	47	F 14
Cumignano		
sul Naviglio *CR*	52	U 11
Cumulata *RI*	114	AN 28
Cuna *SI*	94	AD 24
Cunaccia *VC*	20	J 8
Cunardo *VA*	22	N 8
Cuncia *MS*	78	U 18
Cune *LU*	85	Y 20
Cuneo *CN*	71	G 17
Cuneo *SV*	73	J 19
Cunevo *TN*	12	AB 6
Cunico *AT*	49	J 13
Cuoco *CS*	170	BF 48
Cuorgnè *TO*	33	G 11
Cuorno *AV*	142	AY 37
Cupa *CE*	140	AS 36
Cupa *MC*	98	AN 25
Cupa *PU*	89	AJ 21
Cupa del Medico *BN*	133	AY 35
Cupa Soprana *CZ*	171	BH 49
Cupacci *PG*	106	AL 25
Cupano *AN*	97	AM 23
Cupe *PU*	89	AL 22
Cupello *CH*	124	AW 33
Cupello *CH*	124	AX 31
Cupi *GR*	110	AB 28

Cupi *MC*	107	AN 26
Cupigliolo *PG*	107	AM 26
Cupo *AN*	97	AL 23
Cupoli *PE*	116	AR 29
Cupoli *PG*	106	AL 26
Cupone *CS*	168	BI 47
Cupone *KR*	173	BK 48
Cupone *PZ*	164	BE 43
Cuponello *CS*	168	BI 47
Cupra Marittima *AP*	109	AS 25
Cupramontana *AN*	98	AN 23
Cuquello *AL*	62	O 15
Cura *VT*	112	AH 30
Curà *RO*	55	AD 14
Cura Carpignano *PV*	51	Q 12
Cura Nuova *GR*	102	Z 26
Curano *VE*	42	AH 11
Curanuova *BI*	34	J 10
Curapede *PR*	65	V 16
Curatico *PR*	65	V 16
Curatolo *TP*	190	AJ 57
Curavecchia *VC*	34	K 10
Curci *SA*	162	BA 42
Curcio *LC*	23	R 7
Curcuraci *ME*	189	BC 54
Curcuris *OR*	221	N 45
Cureggio *NO*	35	L 9
Curenna *SV*	73	J 19
Curetta *AP*	108	AP 25
Curiano *SI*	94	AD 24
Curiglia *VA*	22	N 7
Curinga *CZ*	174	BG 51
Curino *BI*	34	K 10
Curiona Bossoleto *AT*	61	L 14
Curletti *PC*	63	R 16
Curno *BG*	37	S 9
Curogna *TV*	28	AG 8
Curon Venosta / Graun Vins-		
chgau *BZ*	2	Y 3
Currone *CT*	195	AY 58
Cursi *LE*	161	BS 43
Cursolo *VB*	7	M 7
Cuzzago *VB*	21	L 8
Cuzzego *VB*	7	K 7
Cuzzola *OT*	211	S 39

Curtipitrizzi *BR*	149	BQ 41
Curzo *PZ*	163	BD 43
Cusago *MI*	36	P 11
Cusalo *BS*	38	V 9
Cusano *AV*	142	AZ 36
Cusano *PN*	29	AL 8
Cusano Milanino *MI*	36	Q 10
Cusano Mutri *BN*	132	AW 35
Cusciano *TE*	115	AQ 28
Cupra Marittima *AP*	109	AS 25
Cusercoli *FC*	82	AH 19
Cusiano *TN*	12	AA 5
Cusico *MI*	51	P 11
Cusighe *BL*	28	AI 7
Cusignana *TV*	28	AI 9
Cusignano *PI*	85	AA 22
Cusinati *VI*	41	AF 9
Cusino *CO*	22	P 7
Cusio *BG*	23	S 8
Cusona *SI*	93	AB 23
Cussignacco *UD*	30	AO 7
Cussorgia *CI*	224	L 49
Custonaci *TP*	182	AL 55
Custoza *VR*	39	Z 11
Cuta *CS*	167	BH 47
Cuticchi *EN*	195	AW 58
Cutigliano *PT*	79	Z 19
Cutino *FG*	135	BD 35
Cutoni *IS*	132	AU 34
Cutro *KR*	173	BK 49
Cutrofiano *LE*	160	BS 43
Cutuli *CT*	197	BA 57
Cutunizza *RC*	177	BH 53
Cutura *CS*	170	BF 47
Cutura *CS*	165	BH 44
Cuturegia *CZ*	175	BJ 50
Cuturella *CZ*	171	BJ 50
Cuturella *CZ*	175	BJ 50
Cuveglio *VA*	22	N 8
Cuvio *VA*	22	N 8
Cuviolo *BO*	81	AD 18

D		
Dacollato *CZ*	170	BG 49
Dadomo *PC*	64	T 15
D'Adora *RC*	178	BD 56
Daffinà *VV*	174	BE 51
Daglio *AL*	63	P 16

Dagnente *NO*	35	M 9
Daiano *TN*	13	AD 6
Dailleu *AO*	32	E 9
Dailley *AO*	32	D 9
Dairago *MI*	36	O 10
Dala *VV*	85	Y 21
Dal Cerro *LU*	36	P 10
Dal Pozzo *VA*	41	AD 10
Dalla Vecchia *VI*	78	W 18
Dalli Sopra *LU*	78	W 18
Dalli Sotto *LU*	47	T 13
Dalmassi *TO*	60	H 17
Dalmazzi *CN*	37	S 10
Dalmine *BG*	7	L 7
Dalovio *VB*	88	AG 21
Dama *AR*	12	AB 5
Dambel *TN*	4	AF 2
Dan *BZ*	130	AN 33
Dandini *FR*	29	AL 7
Dandolo *PN*	40	AC 13
Danesi di Sopra *VR*	23	Q 6
Dangri *OT*	61	K 15
Dani *AR*	185	AQ 56
Danigarci *PA*	15	AK 4
Danta *BL*	26	D 16
Dao *CN*	25	Y 8
Daone *TN*	25	AK 7
Dardago *PN*	25	Z 7
Darè *TN*	24	W 8
Darfo *BS*	49	K 12
Darola *VC*	25	Y 8
Darzo *TN*	176	BG 52
Dasà *VV*	23	R 6
Dascio *CO*	26	AA 7
Dasindo *TN*	22	P 7
Dasio *CO*	47	G 11
Data *TO*	166	BE 46
Dattilo *CS*	182	AK 56
Dattilo *TP*	182	AK 56
Dattilo Soprano *TP*	76	P 17
Davagna *GE*	15	AK 5
Davanzali *UD*	14	AG 5
Davedino *BL*	56	AF 12
Davena *BS*	11	X 6
Daverio *VA*	35	N 9
Davestra *BL*	15	AI 6
Davino *AL*	49	L 13
Davoli *CZ*	175	BL 52
Dayllon *AO*	19	E 9
Dazio *SO*	23	S 7
Dazio *TN*	26	AC 8

De Costanzi CN....58 D 16
De Felice SA....151 AW 39
De Franceschi PD....41 AG 10
De Furia AV....142 AZ 36
De Gregorio BN....142 AY 37
De Matthaéis FR....130 AP 34
De Siervo MS....151 AV 38
De Simone PA....185 AP 55
Debal BZ....13 AD 6
Debbia RE....79 Y 17
Debbio SP....77 T 18
Debellis UD....16 AO 6
Debicò MS....78 V 18
Deccio LU....85 Y 20
Deccio VB....21 M 8
Decima BO....67 AC 15
Decima PG....96 AJ 23
Decimomannu CA....226 O 48
Decimoputzu CA....221 O 47
Decolla PZ....154 BD 41
Decontra PE....116 AT 30
Decontra PE....116 AT 30
Decorata BN....133 AY 35
Defensola FG....127 BF 32
Deggiano TN....12 AA 6
Degioz AO....32 E 10
Deglio Faraldi IM....73 J 20
Degna SV....73 J 19
Dego PV....63 P 15
Dego SV....74 K 17
Degolla SV....73 J 19
Deiva Marina SP....77 S 18
Del AO....33 G 9
Del Rio BZ....4 AD 3
Delebio SO....23 R 7
Delia CL....193 AS 59
Delianuova RC....178 BE 54
Delicata FR....131 AR 33
Deliceto FG....143 BB 36
Dello BS....38 V 11
Delmo BS....38 V 10
Dema CS....168 BJ 47
Demo BS....25 X 7
Demonte CN....70 E 18
Dendalo AL....116 AU 30
Denice AL....61 L 16
Denno TN....12 AB 6
Denore FE....68 AG 15
Denzano MO....66 AA 17
Deppo BL....15 AJ 5
Depressa LE....161 BT 44
Derby AO....32 D 9
Dercogna GE....76 P 17
Dermulo TN....12 AB 5
Dernago BS....38 W 10
Dernice AL....63 P 15
Derovere CR....53 W 13
Deruta PG....106 AJ 26
Dervio LC....23 Q 7
Desana AL....49 L 12
Dese PU....88 AI 21
Dese VE....42 AI 10
Desedan BL....14 AI 6
Desenzano del Garda BS....39 Y 11
Deserto BN....141 AV 37
Deserto PD....56 AF 12
Deserto RO....57 AI 13
Deserto SV....75 M 17
Desio MI....36 Q 10
Destra CZ....170 BG 50
Destra di Tornaturo CS....171 BG 48
Destre CS....167 BG 47
Destre di Ghiandaro CS....167 BG 46
Destri CS....166 BE 45
Destro CS....170 BF 48
Destro CS....168 BJ 47
Desulo NU....218 Q 43
Deuda CS....170 BF 48
Deusi RE....79 X 18
Deutschnofen / Nova Ponente BZ....13 AD 5
Deval AO....33 F 9
Deversi CN....74 I 18
Devesio NO....35 L 11
Devetachi GO....31 AQ 8
Deveys TO....46 C 13
Dezzo di Scalve BG....24 V 8
Dho CN....71 H 18
Di Girolamo TP....190 AK 57
Di Nallo FR....131 AS 35
Di Nisio CH....116 AU 29
Di Prato Sopralacroce GE....77 R 17
Diacceto FI....87 AE 21
Diaccialone GR....111 AD 29
Dialley AO....19 E 9
Diamante CS....166 BD 45
Diamanti PR....64 T 16

Diana Marina BR....148 BO 39
Diano CS....171 BG 49
Diano Arentino IM....73 J 20
Diano Borello IM....73 J 20
Diano Castello IM....73 J 20
Diano d'Alba CN....61 J 16
Diano Evigno IM....73 J 20
Diano Marina IM....73 J 20
Diano San Pietro IM....73 J 20
Dicomano FI....87 AE 20
Didiero TO....46 D 14
Diecimo LU....85 Y 20
Diegaro FC....82 AI 19
Dieneri TN....26 AB 8
Dierico UD....16 AN 4
Difesa AV....143 BA 37
Difesa BN....142 AX 36
Difesa BR....147 BN 39
Difesa CS....166 BE 46
Difesa CZ....175 BJ 50
Difesa SA....162 AY 42
Difesa Grande AV....142 AZ 37
Difesa Tedesco CZ....171 BG 49
Difisola CS....167 BG 46
Diga Salto RI....114 AN 30
Digerbato TP....190 AK 57
Dignano MC....107 AM 25
Dignano UD....30 AM 7
Digonera BL....14 AG 5
Diligenza RG....204 AV 62
Dilignidis UD....15 AL 5
Dimaro TN....12 AA 6
Diminniti VV....178 BD 54
Dinami VV....176 BF 52
Dinazzano RE....66 Z 16
Dino CS....166 BD 44
Diolaguardia FC....82 AI 19
Diolo PR....53 V 14
Dipignano CS....170 BG 48
Disconesi SP....77 S 17
Disconzi-Stempellati VI....40 AC 10
Diso LE....161 BT 43
Dispensa OG....223 S 45
Dissimo VB....7 M 7
Disvetro MO....66 AB 14
Ditella ME....181 AZ 52
Divignano NO....35 M 10
Divisa PV....51 P 12
Dizzasco CO....22 P 8
Dobbia GO....31 AP 9
Dobbiaco / Toblach BZ....5 AI 3
Dobbiaco Nuovo / Neu Toblach BZ....5 AI 3
Dobbiate VA....35 N 9
Doberdò del Lago GO....31 AQ 8
Doccia FI....87 AD 21
Doccio VC....34 K 9
Dodici Morelli FE....67 AC 15
Dogala FI....86 AA 22
Dogana FI....86 AA 22
Dogana GR....103 AC 26
Dogana RSM....89 AJ 20
Dogana SA....152 BA 39
Dogana SP....78 V 19
Dogana Nuova MO....79 Y 19
Doganaccia PT....79 Z 19
Doganella GR....110 AC 28
Doganella LT....129 AM 34
Dogaro MO....67 AC 15
Dogato FE....68 AG 15
Dogli PE....116 AS 30
Dogli SV....61 L 17
Dogliani CN....60 I 16
Doglio AN....97 AM 22
Doglio PG....105 AJ 27
Dogliola CH....124 AW 32
Dogna BL....15 AI 6
Dogna UD....16 AO 5
Dolcè VR....40 AA 10
Dolceacqua IM....72 G 20
Dolcecanto BA....145 BH 38
Dolcedo IM....72 I 20
Dolciano SI....105 AG 25
Dolegna FE....67 AC 15
Dolegna del Collio GO....31 AP 7
Dolegnano UD....31 AP 8
Dolfina VE....57 AI 13
Dolianova CA....222 Q 47
Dolo VE....42 AH 11
Dolonne AO....18 C 9
Dolzago LC....37 R 9
Domagnano RSM....89 AJ 20
Domanico CS....170 BG 48
Domanins PN....30 AL 7

Domaso CO....23 R 7
Domazzano LU....85 X 20
Domegge di Cadore BL....15 AJ 5
Domicella AV....151 AW 38
Domio TS....45 AR 10
Domo AN....97 AN 23
Domo MC....98 AO 23
Domodossola LO....51 R 12
Domodossola VB....7 K 7
Domu Beccia CI....224 L 48
Domus de Maria CA....225 O 50
Domusnovas CI....221 M 48
Domusnovas Canales OR....217 O 43
Don BL....14 AG 6
Don TN....12 AB 5
Don Luca LT....129 AM 34
Donada RO....57 AI 13
Donadeo LE....159 BR 42
Donato BI....34 I 10
Donceto PC....63 R 15
Dondenaz AO....33 G 10
Donego VB....21 M 7
Donelasco PV....51 Q 13
Donetta GE....63 P 16
Dongo CO....23 Q 7
Donicilio FC....88 AH 20
Donigala CA....222 Q 46
Donigala OG....219 T 44
Donigala Fenughedu OR....216 M 44
Donna Cà VV....176 BE 52
Donnafugata RG....204 AW 62
Donnagona RG....202 AW 61
Donnalucata RG....204 AW 63
Donnas AO....33 H 10
Donnella CS....170 BF 48
Donnici Inf. CS....171 BG 48
Donnici Sup. CS....171 BG 48
Donnini FI....87 AE 21
Donoratico LI....92 Y 24
Donori CA....222 P 47
Dont BL....14 AH 5
Donzella RO....57 AI 14
Donzella VR....39 Z 11
Doppi PC....64 U 14
Dorà TN....13 AD 6
Dorbie ME....35 M 9
Dordola UD....16 AO 5
Dorf I / Villa BZ....5 AI 2
Dorga BG....24 V 8
Dorgagnano FC....82 AH 19
Dorgali NU....215 S 42
Doria CS....167 BH 45
Doria GE....76 P 17
Dorigo TV....28 AH 8
Dorinchi VV....174 BH 51
Dorio LC....23 Q 7
Dormelletto NO....35 M 9
Dornere CN....61 K 15
Dorno PV....50 O 13
Dorsino TN....26 AA 7
Dorzano BI....34 J 11
Dosa di Sotto TV....43 AK 9
Dosdega VR....40 AA 11
Dosimo CR....53 V 12
Dosolo MN....54 Y 14
Dossello BG....38 U 9
Dossena BG....23 T 8
Dossi AL....49 L 13
Dossi BG....24 U 7
Dossi BS....24 U 7
Dossi BS....53 V 12
Dossi BS....53 W 11
Dossi BS....25 X 8
Dossi CR....52 T 12
Dossi CR....53 X 13
Dossi MN....53 X 13
Dossi PD....55 AE 12
Dossi TO....34 I 11
Dossi VC....49 L 11
Dossi VR....54 AB 12
Dosso BG....38 U 9
Dosso BG....38 U 9
Dosso BG....34 U 8
Dosso BS....38 V 10
Dosso BS....38 W 9
Dosso BS....39 X 11
Dosso BZ....12 AA 5
Dosso BZ....4 AD 2
Dosso CO....22 O 9
Dosso FE....67 AD 15
Dosso MI....37 Q 10
Dosso MN....53 Y 12
Dosso MN....54 Z 12
Dosso SO....11 X 5
Dosso SP....77 S 18
Dosso TN....26 AB 8

Dosso TN....26 AB 9
Dosso VI....27 AD 8
Dosso VR....40 AB 10
Dosso Baroardo CR....52 U 12
Dosso de' Frati CR....53 W 13
Dosso del Liro CO....23 Q 7
Dosso dell'Inferno MN....55 AC 14
Dossobuono VR....40 AA 11
Dossola BS....39 X 9
Dosson TV....42 AI 10
Dova IM....72 H 19
Dova Inf. AL....63 P 16
Dova Sup. AL....63 P 16
Dovadola FC....82 AG 19
Dovena TN....12 AB 5
Dovera CR....51 S 11
Dovera SA....153 BB 40
Doviziosi CS....170 BG 48
Dozza BO....81 AE 17
Dozzano MS....77 U 17
Draga Sant'Elia TS....45 AS 10
Draghi VI....27 AC 9
Dragonara PZ....154 BD 40
Dragoncello MN....55 AC 14
Dragone AP....108 AQ 26
Dragonetti PZ....144 BD 39
Dragonetto BN....142 AY 36
Dragoni LE....159 BR 42
Dragoni RC....177 BG 54
Dragoniere CN....59 E 16
Drapia VV....176 BE 52
Drasso AO....54 Z 12
Drauto ME....181 AZ 52
Dreccia CN....70 D 18
Drena TN....26 AA 8
Drenchia UD....17 AQ 6
Dresano MI....51 R 11
Drezzo CO....22 O 9
Driolassa UD....30 AN 8
Drizzona CR....53 X 13
Dro TN....26 AA 8
Drodo-Cavallo Mauro SA....162 AZ 42
Dromo ME....188 AZ 56
Droneretto CN....59 E 16
Dronero CN....59 F 17
Drosi RC....176 BE 53
Drubiaglio TO....47 F 13
Druento TO....47 G 13
Druetto BI....34 J 9
Druges AO....33 F 9
Drugolo BS....39 X 10
Drugolo VB....7 L 7
Drusacco TO....33 H 11
Drusco PR....64 S 16
Drusù RC....177 BG 54
Dualchi NU....213 O 42
Duanera La Rocca FG....135 BC 34
Dubbione TO....47 E 14
Dubino SO....23 R 7
Duc TO....46 C 14
Duca FR....131 AR 34
Ducato Fabriago RA....68 AG 17
Ducentola FE....68 AF 15
Cudda FI....87 AD 22
Duddova AR....94 AE 23
Due Bandiere PC....63 S 15
Due Carrara PD....56 AF 12
Due Casette RM....118 AH 31
Due Cossani VA....22 N 7
Due Fiumare ME....188 AX 55
Due Maestà RE....66 Y 16
Due Monti ME....188 AZ 55
Due Ponti GE....63 Q 16
Due Ponti MO....66 AA 17
Due Santi PG....106 AJ 27
Due Strade AV....142 AX 38
Due Sture AL....49 L 12
Dueville VI....41 AE 10
Dugali di Sotto BS....39 X 11
Dugenta BN....141 AV 37
Dughera VC....34 J 9
Duglia CS....168 BH 46
Dugliolo BO....68 AE 16
Duino- TS....31 AQ 9
Dulceti TP....190 AK 58
Dumengoni BG....38 U 9
Dumenza VA....22 N 7
Duna Verde VE....43 AL 10
Dunarobba TR....106 AJ 27
Dune I AG....199 AQ 60
Dune II AG....199 AQ 60
Dune III AG....199 AQ 60
Dune IV AG....199 AQ 60
Duno VA....22 N 8

Duomo BS....38 V 10
Durando FG....135 BD 36
Durante IS....132 AU 34
Duranti AL....61 L 16
Durazzanino FC....82 AH 18
Durazzano BN....141 AV 37
Durazzano RA....82 AH 18
Durines PN....16 AM 6
Durini CO....36 Q 9
Durlo VI....40 AC 10
Duma in Selva / Dumwald BZ....5 AI 3
Durnholz / Valdurna BZ....4 AD 3
Durnwald / Durna in Selva BZ....5 AI 3
Duronia CB....132 AV 34
Dusino AT....48 I 14
Dussoi BL....28 AI 7
Dzovennoz AO....19 F 8

E

E.U.R. RM....119 AJ 33
Ebbio PC....64 S 15
Eboli SA....152 AZ 40
Eca CN....74 I 18
Ecche BL....15 AL 4
Echallod AO....33 H 10
Echallogne AO....33 H 10
Echarlod AO....32 D 9
Echevennoz AO....18 E 9
Eclause TO....46 C 13
Edifizio TV....42 AG 9
Edolo BS....25 W 6
Eggi PG....106 AL 27
Eglio LU....79 X 19
Egna / Neumarkt BZ....12 AC 6
Egro VB....35 L 9
Ehrenburg / Casteldarne BZ....4 AF 3
Eia PC....65 W 15
Eianina CS....167 BG 45
Elce TE....108 AQ 28
Elce della Vecchia CZ....177 BH 52
Elcito MC....98 AN 24
Elevaz AO....32 C 9
Elice PE....116 AS 28
Elighe SS....208 K 37
Elini OG....219 S 44
Ellera RC....177 BI 53
Ellera SV....75 L 17
Ello LC....37 R 9
Elmas CA....226 P 48
Elmo GR....104 AF 27
Elpidiense AP....99 AR 24
Elvas BZ....4 AF 3
Emarèse AO....33 H 9
Embriciera AV....142 AX 38
Embrisi RC....178 BD 55
Emmaus CT....197 AZ 57
Emo VB....7 K 6
Empoli FI....86 AA 21
Enas OT....210 R 38
Enas Fratelli Giua OT....210 R 38
Endenna BG....23 T 9
Endine Gaiano BG....24 U 9
Enego VI....27 AF 8
Enego 2000 VI....27 AF 8
Enemonzo UD....16 AM 5
Engazzà-Crosara VR....54 AB 12
Engheda BZ....12 AC 4
Enguiso TN....25 Z 7
Enna EN....194 AU 58
Enna VI....40 AC 9
Eno BS....39 Y 9
Ente Maremma Valle Lunga RM....119 AK 31
Entesano UD....30 AN 7
Entrà MO....67 AC 15
Entracine CN....61 K 16
Entracque CN....70 F 18
Entrampo UD....16 AM 4
Entratico BG....38 U 9
Entrel AO....18 C 9
Entreves AO....32 C 9
Envie CN....59 F 15
Enzano PR....65 X 14
Eores / Afers BZ....4 AF 3
Epinel AO....33 E 10
Epineys AO....32 D 9
Episcopani CS....171 BG 48
Episcopia CS....170 BF 48
Episcopia PZ....164 BF 43
Episcopio SA....151 AW 39
Epitaffio BN....142 AX 37
Epitaffio SA....152 AZ 40
Epitàffio CB....133 AW 35
Eppan / Appiano BZ....12 AC 5
Equi Terme MS....78 V 18

Era SO....9 R 6
Eraclea VE....43 AL 10
Eraclea Mare VE....43 AL 10
Eraclea Minoa AG....192 AO 59
Eranova CN....176 BE 53
Erasca CN....59 E 15
Erba CO....23 Q 9
Erbanno BS....25 W 8
Erbareti VC....21 K 8
Erbè VR....54 AA 12
Erbezzo UD....17 AP 6
Erbezzo VR....40 AB 10
Erbonne CO....22 P 8
Erbusco BS....38 U 10
Erchie BR....158 BP 41
Erchie SA....151 AX 40
Ercolano NA....151 AV 39
Eredità RG....204 AW 63
Eremita PU....96 AK 22
Eremiti SA....162 BA 43
Eremo RM....118 AH 31
Eremo Sant'Anna CT....197 AZ 58
Eresaz AO....33 H 9
Ergadi CZ....174 BG 51
Erice TP....182 AK 55
Eridania FG....135 BB 34
Erli SV....73 J 19
Erno CO....22 Q 8
Errano RA....81 AF 18
Erto PN....15 AJ 6
Ertola GE....63 R 16
Erula SS....209 O 39
Erve LC....23 R 9
Esanatoglia MC....97 AM 24
Escalaplano CA....222 R 46
Esche AV....142 AZ 37
Eschio / Aschl BZ....12 AC 4
Escolca CA....222 P 45
Escovedu OR....217 O 45
Esemon di Sopra UD....16 AM 5
Esemon di Sotto UD....16 AM 5
Esenta BS....39 X 11
Esigo VB....7 K 6
Esine BS....25 W 8
Esino Lario LC....23 R 8
Esio VB....21 M 8
Esmate BG....24 V 9
Esperia FR....131 AR 35
Esporlatu SS....213 O 41
Este PD....56 AE 12
Esterzili CA....218 Q 45
Estoul AO....33 H 9
Ete AP....99 AQ 25
Eternon AO....18 E 9
Etirol AO....19 G 9
Etroubles AO....18 E 9
Eula CN....71 H 17
Eupilio CO....23 Q 9
Eurovillage LE....158 BP 42
Evangelisti LI....92 X 23
Evangelisti Rubino ME....188 BA 56
Eveques AO....19 E 8
Excenex AO....33 E 9
Exilles TO....46 C 13
Extrepieraz AO....19 H 9

F

Fabbiano LU....84 W 19
Fabbiano PC....51 R 14
Fabbiano PC....56 S 14
Fabbrecce PG....96 AI 23
Fabbrece VT....113 AJ 30
Fabbrega VI....41 AD 10
Fabbreria BO....67 AC 16
Fabbreria BO....67 AD 16
Fabbreria PG....106 AL 27
Fabbreria di Sala BO....67 AC 16
Fabbri PG....106 AK 26
Fabbri PG....106 AL 26
Fabbrica BO....81 AE 18
Fabbrica CE....132 AU 35
Fabbrica CS....167 BG 46
Fabbrica FI....86 AC 22
Fabbrica PC....63 R 16
Fabbrica PG....56 AE 12
Fabbrica Bettolino AL....62 O 15
Fabbrica Curone AL....63 P 15
Fabbrica di Peccioli PI....93 Z 22
Fabbrica Nuova MS....152 AY 40
Fabbricaccia SI....94 AC 24
Fabbricata BN....133 AY 36
Fabbriche FC....81 AF 18
Fabbriche LU....85 Y 19
Fabbriche PI....93 Z 24
Fabbriche VR....54 AB 12

Fabbriche di Vallico *LU* 85   X 20
Fabbrico *RE* 66   Z 14
Fabiana *BO* 80   AB 18
Fabiano *AL* 49   K 13
Fabiano *CS* 170   BF 48
Fabio *PO* 86   AB 20
Fabrezza *BS* 25   X 7
Fabriano *AN* 97   AM 23
Fabrica di Roma *VT* 112   AI 29
Fabrizia *VV* 177   BG 53
Fabrizio *CS* 168   BI 46
Fabro *TR* 105   AH 26
Fabro Scalo *TR* 105   AH 26
Facco *PD* 41   AF 10
Facen *BL* 28   AG 7
Facofano *SA* 153   BG 41
Fadalto *TV* 29   AJ 7
Fadarechi *ME* 189   BA 56
Fado *GE* 62   N 17
Fae *BL* 14   AG 5
Faè *BL* 14   AI 6
Faè *TV* 43   AJ 9
Faedis *UD* 31   AP 7
Faedo *PD* 56   AF 12
Faedo *TN* 26   AB 6
Faedo *VI* 41   AD 10
Faedo Valtellina *SO* 24   U 7
Faenza *RA* 81   AG 18
Faetano *RSM* 89   AJ 20
Faete *AP* 108   AO 27
Faeto *AR* 87   AF 22
Faeto *FG* 134   AZ 36
Faeto *RE* 65   X 16
Faetto *TO* 47   D 14
Fagagna *UD* 30   AN 7
Fagarè *TV* 43   AJ 9
Fagge *RI* 114   AO 30
Faggeto Lario *CO* 22   P 8
Faggia *CE* 104   AE 26
Faggiano *BN* 141   AW 37
Faggiano *RE* 66   Y 16
Faggiano *TA* 157   BN 41
Faggio *PR* 64   S 16
Faggiona *SP* 77   T 18
Fagianeria *CE* 141   AW 37
Fagioli *VR* 55   AD 12
Fagnano *BO* 80   AB 17
Fagnano *MI* 36   O 11
Fagnano *SI* 94   AD 23
Fagnano *VR* 54   AA 12
Fagnano Castello *CS* 166   BF 46
Fagnano Olona *VA* 36   O 9
Fagnigola *PN* 29   AL 8
Fago del Soldato *CS* 171   BH 47
Fai della Paganella *TN* .. 26   AB 6
Faia *SV* 74   L 18
Faiano *AP* 108   AO 26
Faiano *SA* 152   AY 40
Faiano *TE* 115   AQ 28
Faibano *NA* 151   AV 38
Faicchio *BN* 141   AV 36
Faida *TN* 26   AC 7
Faidello *MO* 79   Y 19
Faidona *PN* 15   AL 6
Faie *SV* 75   M 17
Faiete *TE* 109   AS 28
Faieto *TE* 108   AQ 28
Faiolo *TR* 105   AH 26
Faito *CB* 132   AV 34
Faito *FR* 130   AO 34
Falaride *SR* 205   AZ 62
Falcade *BL* 14   AH 6
Falcemagna *TO* 47   D 13
Falchetto *CN* 60   H 15
Falciani *FI* 86   AC 21
Falciano *AR* 88   AG 22
Falciano *RSM* 89   AK 20
Falciano del Massico *CE* . 140   AS 37
Falcinello *SP* 78   U 19
Falcineto Secondo *PU* 90   AM 21
Falcioni *AN* 97   AM 23
Falciraga *PU* 90   AM 20
Falco *CS* 171   BG 48
Falco *CS* 168   BI 46
Falcognana *RM* 128   AK 33
Falconara *CL* 200   AT 61
Falconara Albanese *CS* .. 170   BF 48
Falconara Alta *AN* 91   AP 22
Falconara Marittima *AN* .. 91   AP 22
Falcone *ME* 188   AZ 55
Falconello
    S. Domenica *SR* 203   AZ 60
Faldo *BO* 80   AB 18
Falera *FC* 88   AH 21
Faleri *VT* 113   AJ 30
Faleria *VT* 113   AJ 30
Faleriense *AP* 99   AR 24

Falerna *CZ* 170   BG 50
Falerna Marina *CZ* 170   BF 50
Falerna Scalo *CZ* 170   BF 50
Falgano *FI* 87   AE 21
Falicetto *CN* 59   G 16
Fallascoso *CH* 123   AU 31
Fallavecchia *MI* 50   O 12
Fallena *FR* 131   AR 34
Faller *BL* 28   AF 7
Fallo *CH* 123   AU 32
Falmenta *VB* 7   M 7
Falsaggiu *OT* 209   O 37
False *AV* 143   AZ 38
False *CZ* 175   BI 51
False *FI* 86   AD 20
False *FR* 131   AQ 34
False *PZ* 153   BD 41
Falsettaio *GR* 104   AD 26
Faltignano *FI* 86   AC 21
Faltona *AR* 87   AF 22
Faltona *FI* 86   AD 20
Faltugnano *PO* 86   AB 20
Falvaterra *FR* 130   AQ 34
Falzè *TV* 42   AH 9
Falzè di Piave *TV* 28   AI 8
Falzes / Pfalzen *BZ* 4   AG 3
Falzittu *SS* 209   O 39
Famolasco *TO* 59   E 15
Fanano *MO* 79   Z 18
Fanano *PU* 89   AL 20
Fanciullata *PG* 106   AJ 26
Fandetta *FG* 135   BC 35
Fane *BS* 24   V 9
Fane *VR* 40   AA 10
Fangacco *PT* 86   AB 20
Fangarielli *SA* 152   AY 40
Fangarielli a Mare *SA* .. 152   AX 40
Fanghetto *IM* 72   G 20
Fanna *PN* 15   AL 6
Fano *PU* 90   AN 20
Fano a Corno *TE* 115   AQ 29
Fano Adriano *TE* 115   AQ 28
Fanovo *BG* 24   U 9
Fantasina *BS* 38   W 10
Fantecolo *BS* 38   V 10
Fantella *FC* 81   AG 19
Fantese *BR* 148   BN 39
Fantina *ME* 188   BA 55
Fantina Prima *FG* 125   AZ 32
Fantino *CS* 172   BJ 48
Fantino *FI* 81   AE 19
Fantuzza *BO* 68   AF 17
Fanusa *SR* 203   BA 61
Fanzaghe *PD* 56   AF 12
Fanzarotta *CL* 193   AS 58
Fanzolo *TV* 42   AG 9
Fara Filiorum Petri *CH* . 116   AU 30
Fara Gera d'Adda *BG* 37   S 10
Fara in Sabina *RI* 113   AL 30
Fara Novarese *NO* 35   L 10
Fara Olivana *BG* 37   T 11
Fara San Martino *CH* 123   AU 31
Fara Vicentino *VI* 41   AE 9
Faraona *VA* 35   N 9
Faraone *TE* 108   AR 27
Fardella *PZ* 164   BG 43
Farenzena *BL* 14   AH 6
Fares *AP* 99   AR 25
Farettaz *AO* 34   I 10
Farfa *RI* 113   AL 30
Farfanaro *PR* 64   T 16
Farfareta *FI* 87   AE 19
Farfengo *BS* 52   U 11
Farfengo *CR* 52   U 12
Farigliano *CN* 60   I 16
Farina *KR* 173   BL 49
Farinate *GR* 37   S 11
Farindola *PE* 116   AR 29
Farini *PC* 64   S 15
Faris *UD* 16   AO 6
Farla *UD* 16   AN 6
Farnese *VT* 111   AF 28
Farneta *AR* 87   AF 21
Farneta *AR* 95   AG 24
Farneta *CS* 165   BH 43
Farneta *FR* 130   AP 34
Farneta *MO* 79   Y 17
Farneta *SI* 93   AB 23
Farneta di Riccò *MO* 79   AA 17
Farnetella *SI* 95   AF 24
Farneto *BO* 81   AD 17
Farneto *BO* 81   AD 17
Farneto *CE* 131   AS 35
Farneto *CS* 171   BG 48
Farneto *CS* 168   BH 46
Farneto *PG* 96   AJ 25

Farneto *PU* 89   AK 20
Farneto *PU* 89   AL 21
Farnetozzo Montebello *LT* . 129   AL 34
Farnetta *TR* 106   AJ 28
Farni *VV* 174   BG 51
Farnia *CZ* 175   BH 51
Farniole *AR* 95   AF 24
Farno *AP* 108   AP 27
Farno *PZ* 163   BD 42
Farnocchia *LU* 84   W 20
Faro *NA* 150   AT 39
Faro *SV* 73   K 19
Faro *ME* 189   BC 54
Faro Sup. *ME* 189   BC 54
Farra *BL* 28   AG 7
Farra *BL* 28   AH 7
Farra *TV* 28   AG 9
Farra d'Alpago *BL* 29   AJ 7
Farra di Soligo *TV* 28   AH 8
Farra d'Isonzo *GO* 31   AQ 8
Farro *TV* 28   AH 8
Farsiche *PI* 97   Y 23
Fasana *KR* 173   BL 48
Fasana Polesine *RO* 56   AH 13
Fasanara *SA* 152   AY 40
Fasani *CE* 140   AS 36
Fasanina *BO* 68   AE 17
Fasano *BR* 147   BN 38
Fasano *PA* 186   AT 57
Fascia *GE* 63   Q 16
Fascia di Carlo *GE* 63   P 16
Fasciano *AR* 95   AG 24
Fascionella *RI* 114   AM 29
Fasciot *CN* 59   E 16
Faserno *TN* 25   Y 7
Fassinoro *RI* 114   AM 30
Fastello *VT* 112   AH 28
Fastro *BL* 27   AF 8
Fatagliano *TV* 93   AA 23
Fatiga *CN* 70   E 17
Fattore *CH* 117   AV 30
Fattore *NA* 151   AW 38
Fattori *CE* 132   AV 36
Fattoria Acquisti *GR* ... 103   AB 26
Fattoria Aiali *GR* 103   AB 27
Fattoria Banditaccia *GR* . 103   AC 26
Fattoria Catorniano *SI* .. 94   AB 24
Fattoria Colle Lupa *GR* . 103   AB 26
Fattoria Colle Lupo *GR* . 111   AD 28
Fattoria Cornocchia *SI* .. 93   AB 24
Fattoria dei Roscetti *PG* . 96   AJ 23
Fattoria dell'Aratrice *GR* . 103   AC 26
Fattoria di Vicarello *PI* . 93   AA 23
Fattoria Diliella *CL* ... 200   AT 60
Fattoria Ficuzza *CL* 200   AT 60
Fattoria Iudica *SR* 205   AY 62
Fattoria Marsiliana *GR* . 102   Z 25
Fattoria Paganina *PI* 93   AA 24
Fattoria Pergolacce *GR* . 111   AE 28
Fattoria Pilli *OR* 216   M 43
Fattoria Poggio
    Montone *TR* 105   AH 27
Fattoria Reniere *SI* 94   AC 24
Fattoria San Lorenzo *SR* . 205   AZ 63
Fattoria Sterpeto *GR* ... 103   AB 27
Fauglia *PI* 92   Y 22
Fauglis *UD* 30   AO 8
Faugnacco *UD* 30   AN 7
Faule *CN* 59   G 15
Faure *TO* 47   D 14
Fautari *ME* 189   BA 56
Favacco *RC* 177   BH 53
Favale *MO* 79   Y 18
Favale *PC* 64   T 15
Favale *PZ* 144   BD 39
Favale *TE* 108   AR 27
Favale di Malvaro *GE* 76   Q 17
Favari *TO* 60   H 14
Favari *BI* 34   J 10
Favaro *RC* 178   BD 54
Favaro *VE* 42   AI 10
Favaro Veneto *VE* 42   AI 10
Favarotta *AG* 199   AS 60
Favazzina *RC* 178   BD 54
Favella *TO* 47   F 13
Favello *VV* 174   BG 51
Favelloni *VV* 174   BG 51
Faver *TN* 26   AC 6
Faverga *BL* 28   AI 7
Faverzano *BS* 38   V 11
Favete *MC* 98   AN 23

Faveto *AP* 108   AP 26
Faviano *PR* 65   W 16
Favignana *TP* 182   AI 56
Favilli *RC* 178   BD 55
Favischio *RI* 114   AN 28
Favogna di Sotto /
    Oberfennberg *BZ* 12   AC 6
Favogna di Sotto /
    Unterfennberg *BZ* 12   AC 6
Favria *TO* 48   H 12
Faye *AO* 34   H 10
Fazio *TP* 182   AL 56
Fazzano *MS* 78   V 18
Fazzano *RE* 66   Z 15
Fazzari *VV* 176   BE 52
Fè *TN* 25   Z 7
Fè *TO* 47   F 12
Febbio *RE* 79   X 18
Fecchia *CO* 36   P 9
Fecchiera *VI* 40   AC 9
Fecile *PZ* 163   BD 43
Fedai *TN* 28   AG 7
Feder *BL* 14   AG 5
Federa *TV* 28   AI 8
Federavecchia *BL* 14   AI 4
Federici *AV* 142   AY 38
Fedi *PT* 85   AA 20
Fedio *TO* 70   E 18
Fedula *CS* 167   BG 45
Fegatara *AP* 98   AQ 25
Feglino *SV* 74   K 18
Fego *PV* 63   Q 15
Feilley *AO* 33   H 9
Feilongo *TO* 33   G 11
Feisoglio *CN* 61   J 16
Felcete *VT* 112   AG 28
Felci *FR* 131   AR 35
Felcine *AN* 97   AM 23
Felcino *PU* 88   AI 22
Felcioni *AN* 97   AM 23
Feldthurns / Velturno *BZ* .. 4   AE 3
Felecarelle *BN* 133   AY 35
Felegara *RE* 65   V 15
Felettano *UD* 30   AO 7
Felette *AV* 142   AY 37
Feletto *UD* 30   AO 8
Feletto *TO* 48   H 12
Feletto Umberto *UD* 30   AO 7

Felicetta *CZ* 171   BG 50
Felicetta *CZ* 174   BH 52
Felicione *PZ* 164   BE 43
Feligara *PV* 63   Q 15
Felina *RE* 79   X 17
Felino *PR* 65   W 15
Felisio *RA* 81   AG 17
Felitto *SA* 153   BA 41
Felizzano *AL* 61   L 14
Fellegara *RE* 66   Z 16
Fellette *VI* 41   AF 9
Fellicarolo *MO* 79   Z 18
Felline *LE* 160   BR 44
Fello *AT* 61   K 15
Felonica *MN* 55   AD 14
Feltre *BL* 28   AG 7
Feltrone *UD* 15   AL 5
Feluca *TR* 112   AI 28
Femate *MC* 107   AN 26
Femmina Morta *ME* 189   BA 55
Femminamorta *BR* 148   BN 39
Femminamorta *PT* 85   Z 20
Fenegrò *CO* 36   O 9
Fener *BL* 28   AG 8
Fenestrelle *TO* 46   D 13
Fengo *CR* 52   U 12
Fenigli *PU* 89   AL 22
Fenile *BG* 37   T 9
Fenile *PU* 90   AM 20
Fenile *TO* 59   E 15
Fenile *AO* 32   E 10
Fenilaz *AO* 33   H 9
Fenile Belasi *BS* 38   V 11
Fenilone *CR* 53   X 13
Fenils *TO* 46   B 14
Fenis *AO* 33   F 9
Fenogli *CN* 61   J 16
Fenosa *SA* 163   BC 43
Fercole *GR* 103   AC 25
Ferdinandea *RC* 177   BH 52
Ferentillo *TR* 113   AL 28
Ferentino *FR* 130   AO 33
Ferie *CR* 52   T 12
Ferié *PA* 41   AF 11
Ferioli *AL* 62   O 15
Feriolo *RE* 79   X 17
Feriolo *VB* 21   L 8

Ferla *SR* 203   AY 61
Fermata Toscano-
    Nubrica *CS* 168   BJ 46
Fermignano *PU* 89   AK 21
Fermo *AP* 99   AR 25
Fernetti *TS* 45   AR 9
Ferno *VA* 35   N 10
Feroleto Antico *CZ* 171   BH 50
Feroleto della Chiesa *RC* . 176   BF 53
Feronzo *LE* 161   BT 44
Ferracane *AT* 49   K 14
Ferrada *GE* 76   Q 17
Ferraglia *FI* 86   AC 20
Ferrai-Legatti *PC* 64   U 15
Ferraiolo *SI* 94   AD 23
Ferramonti *CS* 167   BG 46
Ferrandina *MT* 155   BH 41
Ferrania *SV* 74   K 17
Ferrano *FI* 87   AE 21
Ferrante *CS* 168   BH 47
Ferranzano *CE* 141   AU 37
Ferrara *FE* 68   AF 15
Ferrara *PN* 15   AL 6
Ferrara / Schmieden *BZ* ... 5   AH 3
Ferrara di Monte Baldo *VR* . 40   AA 9
Ferrarello *PA* 194   AT 57
Ferrari *AL* 61   L 16
Ferrari *PC* 65   R 15
Ferrari *PR* 65   V 15
Ferrari *SO* 24   V 7
Ferrari *SV* 75   K 18
Ferrari *TN* 26   AC 7
Ferrari *VI* 41   AF 9
Ferrari *VR* 40   AC 10
Ferraria *CL* 193   AS 58
Ferraris *AT* 61   L 15
Ferrarisi *BN* 142   AW 36
Ferraro *CS* 166   BE 45
Ferraro *RC* 177   BG 54
Ferraro *RC* 177   BH 54
Ferrarola *RE* 66   Z 14
Ferrarie *VC* 20   J 8
Ferrauto *PE* 116   AS 29
Ferrazzano *CB* 133   AX 34
Ferrazzo *VC* 21   K 8
Ferre *VC* 21   K 8
Ferrera di Varese *VA* 22   N 8
Ferrera Erbognone *PV* 50   O 13

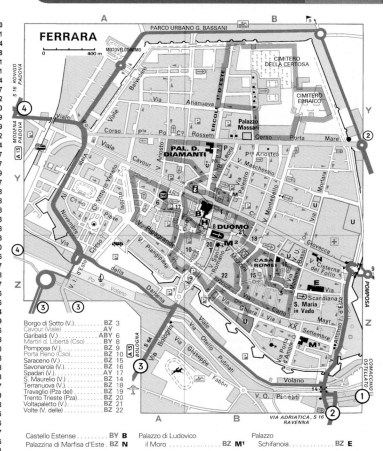

FERRARA

Castello Estense .... BY **B**
Palazzina di Marfisa d'Este . BZ **N**
Palazzo di Ludovico
    il Moro .... BZ **M¹**
Palazzo
    Schifanoia .... BZ **E**

Borgo di Sotto (V.) .... BZ 3
Cavour (Viale) .... AY
Garibaldi (V.) .... ABY 6
Martiri d. Libertà (Cso) .. BY 8
Pomposa (V.) .... BZ 9
Porta Reno (Cso) .... BZ 10
Saraceno (V.) .... BZ 15
Savonarola (V.) .... BZ 16
Spadari (V.) .... AY 17
S. Maurelio (V.) .... BZ 18
Terranuova (V.) .... BZ 18
Travaglio (Pza del) ...... BZ 19
Trento Trieste (Pza) ..... BZ 20
Voltapaletto (V.) .... BZ 21
Volte (V. delle) .... BZ 22

Ferrere *AT* 60   I 14
Ferrere *CN* 70   C 17
Ferretta *ME* .... 187 AW 55
Ferretto *FI* 85   Z 21
Ferretto *PG* 95   AG 24
Ferri *MN* 54   Z 12
Ferriera *AV* .... 151 AX 39
Ferriera *SA* .... 151 AW 39
Ferriera *SV* 75   L 17
Ferriera *TO* 47   F 13
Ferriera di Codevilla *SV* .. 74   K 18
Ferriere *GE* 76   P 17
Ferriere *PC* 63   R 16
Ferrito *CZ* 171   BI 50
Ferruccia *PT* .... 86 AA 20
Ferruzzano *RC* .... 179 BF 55
Fertilia *SS* 212   K 40
Feruci *SI* .... 171 BG 48
Fervento *VC* 20   J 8
Festà *MO* .... 80 AA 17
Festarona *VB* 20   J 8
Festi Rasini *BG* 24   U 8
Festiona *CN* 70   F 18
Festola *AV* .... 142 AY 38
Fetovaia *LI* 100   V 27
Feudi *TE* .... 116 AS 28
Feudo *CB* .... 133 AX 34
Feudo *CH* .... 117 AV 29
Feudo *RC* .... 177 BG 54
Feudo Cortesano *AV* .... 142 AZ 37
Feudo De Seta *CZ* ...... 175 BJ 50
Feudo della Paglia *FG* .. 135 BD 34
Feudotti I *RC* .... 176 BF 53
Feudotti II *RC* .... 176 BF 53
Fezzana *FI* .... 86 AB 22
Fezzano *SP* 77   T 19
Fiaccabrino *AG* .... 199 AR 60
Fiaiano *NA* .... 150 AS 39
Fiaiola *TR* .... 113 AK 28
Fiamenga *CN* 71   I 17
Fiamenga *PG* .... 106 AK 26
Fiames *BL* 14   AH 4
Fiamignano *RI* .... 114 AN 30
Fiammoi *BL* 28   AI 6
Fianello *RI* .... 113 AK 29
Fiano *FI* .... 86 AB 22
Fiano *LU* 85   X 20
Fiano *PG* .... 107 AN 27
Fiano *TO* 47   G 12
Fiano II *PE* .... 116 AR 29
Fiano Romano *RM* .... 119 AK 30
Fiasca *RO* .... 55 AD 14
Fiaschetteria *BG* 38   U 10
Fiaschetti *PN* 29   AJ 8
Fiasco Baldaia *CZ* 175   BI 51
Fiascora *ME* .... 197 BA 56
Fiattone *LU* 79   X 19
Fiavé *TN* 26   AA 7
Fibbialla *LU* 84   X 20
Fibbialla *PT* 85   Z 20
Fibbiana *FI* .... 86 AA 21
Fibbiano *LU* 85   X 20
Ficara *CS* .... 167 BF 45
Ficara *RC* .... 177 BH 53
Ficara III *CS* .... 167 BF 46
Ficara La Rocca *RC* ..... 178 BD 55
Ficarazzi *CT* .... 197 BA 56
Ficarazzi *PA* .... 185 AP 55
Ficarella *CZ* .... 174 BG 50
Ficarella *TP* .... 183 AL 55
Ficareto *PG* .... 106 AJ 27
Ficareto *SI* .... 94 AC 23
Ficarolo *RO* .... 55 AD 14
Ficarra *ME* .... 188 AX 55
Ficarrola *CS* .... 164 BE 44
Ficiarà *AP* .... 99 AR 25
Fico Fontanelle *AG* ..... 193 AR 59
Ficobianco *CS* .... 166 BE 45
Ficoncella *VT* .... 118 AH 30
Ficucelle *AV* .... 143 AV 34
Ficulle *TR* .... 105 AH 27
Ficuzza *PA* .... 184 AP 56
Fidelini *SV* 61   L 17
Fidenza *PR* 65   V 14
Fiè allo Sciliar /
  Vals em Schlem *BZ* 13   AD 4
Fielis *UD* 16   AN 5
Fienil del Turco *RO* ...... 56 AG 13
Fienil Nuovo *BS* 38   W 11
Fienil Nuovo *RE* 66   Z 14
Fienile Bosco *BS* 38   V 11
Fienile Canetti *PD* .... 55 AE 13
Fienile Castella *BS* 38   W 11
Fienile Confortino *BS* 53   V 11
Fienile Mirabella *BS* 53   W 12
Fienile Osteria Nuova *BS* . 53   W 12
Fienile Rescato *BS* 53   W 11

Fienile Salvelle *BS* 53   W 12
Fienile Solaro *BS* 53   W 12
Fienili *CR* 37   T 11
Fienili *LT* .... 130 AO 35
Fienili *MN* .... 55 AB 13
Fienili *MN* 54   Z 12
Fienili *PC* 52   U 13
Fienili *RN* .... 89 AK 20
Fienili *RN* .... 89 AL 20
Fienilone *FE* .... 56 AH 14
Fiera di Primiero *TN* 28   AF 6
Fiera di Ronza *CS* ...... 168 BJ 47
Fiera di Viterbo *VT* ..... 112 AH 29
Fiernaz *AO* 19   G 9
Fierozzo *TN* 27   AC 7
Fiesco *CR* 52   T 11
Fiesole *FI* .... 86 AC 21
Fiesole *SI* .... 104 AE 25
Fiesse *BS* 53   W 12
Fiesso *BO* .... 67 AD 16
Fiesso *VE* .... 42 AH 11
Fiesso Umbertiano *RO* ..... 56 AE 14
Fietri *SI* .... 94 AE 23
Fietta *TV* 28   AG 8
Fietta *VR* .... 40 AB 10
Figadelli *BG* 38   U 9
Figarolo *GE* 76   Q 17
Figaruia *OT* 209   O 38
Figazzano *BR* .... 147 BN 39
Figheri *ME* .... 188 BA 56
Fighille *PG* .... 96 AH 22
Figiglola *TE* .... 115 AQ 28
Figino *AL* 63   P 15
Figino *MI* 36   P 11
Figino *PV* .... 114 AN 28
Figino Serenza *CO* 36   P 9
Figliano *FI* .... 87 AD 20
Figliaro *CO* 36   O 9
Figlieri *CN* 70   E 17
Figline *PO* .... 86 AB 20
Figline Valdarno *FI* ...... 87 AD 22
Figline Vegliaturo *CS* .. 171 BG 48
Figlino *SA* .... 151 AW 39
Fignola *MO* 79   Z 18
Figuretta Bassa *AN* .... 98 AQ 23
Filacciano *RM* .... 113 AK 30
Filadelfia *VV* .... 174 BG 51
Filaga *PA* .... 192 AP 57
Filago *BG* 37   S 10
Filanda *MO* .... 66 AA 16
Filandari *VV* .... 174 BF 52
Filari *ME* .... 189 BB 54
Filattiera *MS* 78   U 18
Filecchio *LU* 79   X 19
Filetta *SA* .... 152 AY 39
Filetta *SI* .... 94 AC 24
Filette *AV* .... 142 AZ 37
Filette *AV* .... 143 AZ 37
Filette *CE* .... 132 AV 36
Filettino *FR* .... 121 AO 32
Filetto *AN* .... 90 AO 22
Filetto *AQ* .... 115 AQ 29
Filetto *CH* .... 117 AU 30
Filetto *ME* 78   U 18
Filetto *RA* .... 82 AH 18
Filettole *PI* 85   X 21
Filia *TO* 33   H 11
Filiano *PZ* .... 144 BD 39
Filicaia *LU* 78   X 19
Filichito *NA* .... 151 AW 38
Filici *MT* 165   BI 42
Filicudi Porto *ME* ...... 180 AW 52
Filigheddu *SS* 209   M 39
Filighera *PV* 51   Q 12
Filignano *IS* .... 132 AT 34
Filippa *KR* .... 172 BJ 49
Filippantò *MC* .... 99 AR 24
Filippi *PR* 64   U 16
Filippona *AL* 50   N 14
Filipponi *PE* .... 116 AS 29
Filo *FE* .... 68 AG 16
Filogaso *VV* .... 174 BG 51
Filorsi *CE* .... 140 AS 36
Filottrano *AN* .... 98 AP 23
Fimon *VV* .... 41 AE 11
Finaita *ME* .... 197 BA 56
Finale *PA* .... 186 AT 55
Finale *PD* .... 56 AF 13
Finale *ME* .... 56 AE 12
Finale di Rero *FE* .... 56 AG 15
Finale Emilia *MO* .... 67 AC 14
Finale Ligure *SV* 74   L 18
Finata Mazzarrà *ME* ..... 188 AZ 55
Finero *VB* 7   M 7
Finestre *CE* .... 141 AV 37

Finetti *VR* .... 40 AC 10
Finieri *CS* .... 166 BD 45
Finiletti *BG* 38   U 11
Finiletti *BS* 38   V 10
Finiletti Mattina *BS* 38   W 11
Finimondo *FR* .... 130 AQ 33
Fino del Monte *BG* 24   U 8
Fino Mornasco *CO* 36   P 9
Finocchietana *RI* .... 113 AK 29
Finocchieto *TR* .... 113 AK 29
Finocchio *RM* .... 120 AL 32
Finocchio *SA* .... 162 AZ 41
Fiobbio *BG* 38   T 9
Fiola *TO* 47   F 13
Fiolera *CN* 71   G 18
Fioli *TE* .... 108 AP 28
Fiolli *RC* .... 176 BF 53
Fiondi *AL* 50   N 14
Fiorana *FE* .... 68 AG 16
Fiorana *TO* 34   I 11
Fioranello *RM* .... 128 AK 33
Fiorano al Serio *BG* 24   U 9
Fiorano Canavese *TO* 34   H 11
Fiorano Modenese *MO* 66   Z 16
Fiordipiano *PU* .... 90 AM 21
Fiore *PG* .... 106 AJ 27
Fiorentina *BO* .... 68 AE 16
Fiorentina *LI* 102   Y 26
Fiorentine *SI* .... 94 AD 24
Fiorentino *RSM* .... 89 AL 20
Fiorenzuola d'Arda *PC* 52   U 14
Fiorenzuola di Focara *PU* . 89 AL 20
Fioretta *RM* .... 119 AK 31
Fiorine *BG* 24   U 8
Fiorino *GE* 75   N 17
Fiorino *PI* 92   Y 24
Firenze *FI* .... 86 AC 21
Firenzuola *FI* .... 80 AD 19
Firenzuola *TR* .... 106 AK 27
Firmano *UD* 31   AP 7
Firmo *CS* .... 167 BG 45
Firriato *ME* .... 188 AZ 55
Fisciano *SA* .... 151 AX 39
Fisrengo *NO* 35   L 11
Fisto *TN* 25   Z 7
Fitili *VV* .... 176 BE 51
Fittà *VR* .... 40 AC 11
Fiuggi *FR* .... 121 AO 33
Fiugni *AQ* .... 114 AO 29
Fiumalbo *MO* 79   Y 18
Fiumana *FC* .... 82 AG 19
Fiumane *FC* .... 81 AF 19
Fiumara *AV* .... 143 BA 37
Fiumara *BA* .... 136 BG 35
Fiumara *PZ* .... 164 BF 44
Fiumara Grande *RM* 128   AI 33
Fiumarella *CS* .... 168 BJ 46
Fiumarella *RC* .... 179 BF 56
Fiumarella *SA* .... 143 AZ 43
Fiumaretta di Ameglia *SP* . 78   U 19
Fiumata *RI* .... 114 AN 30
Fiumazzo *RA* .... 68 AH 16
Fiume *MC* .... 107 AN 25
Fiume *PG* 96   AI 22
Fiume *TE* .... 108 AQ 28
Fiume Veneto *PN* 29   AL 8
Fiumedinisi *ME* .... 189 BB 55
Fiumefreddo Bruzio *CS* .. 170 BF 48
Fiumefreddo di Sicilia *CT* 197 BA 57
Fiumelato *PA* .... 184 AO 55
Fiumelatte *LC* 23   Q 8
Fiumenaro *AG* .... 199 AQ 60
Fiumenero *BG* 24   U 7
Fiumes *BZ* 4   AF 3
Fiumesino *AN* .... 91 AP 22
Fiumesino *PN* .... 29 AL 8
Fiumetto *LU* 84   W 20
Fiumicello *CS* .... 166 BD 45
Fiumicello *FC* .... 87 AF 20
Fiumicello *PZ* .... 163 BD 43
Fiumicello Santa
  Venere *PZ* .... 163 BD 44
Fiumicino *FC* .... 83 AJ 19
Fiumicino *RM* 128   AI 33
Fiuminata *MC* .... 97 AM 24
Fiunco *MC* .... 98 AN 25
Fivizzano *MS* 78   V 18
Fizzonasco *MI* 51   Q 11
Flaccadori *BG* 38   U 9
Flaccanico *BG* 24   V 9
Flacchi *VT* 112   AI 30
Flading / Gaude *BZ* 3   AC 2
Flagogna *UD* .... 16 AM 6
Flaibano *UD* .... 30 AM 7
Flaines *BZ* 4   AD 2
Flaio *TE* .... 109 AR 27
Flaipano *UD* .... 16 AO 6

Flambro *UD* 30   AN 8
Flambruzzo *UD* 30   AN 8
Flammignano *TE* .... 115 AQ 28
Flascio *CT* .... 196 AY 56
Flassin *AO* 18   E 9
Flavetto *CS* .... 171 BG 48
Flavon *TN* 12   AB 5
Fleccia *TO* 47   E 14
Fleno *AP* .... 108 AP 27
Fleres / Pflersch *BZ* 3   AD 2
Fleri *CT* .... 197 AZ 58
Flero *BS* 38   W 11
Fleuran *AO* 33   H 10
Flocco *NA* .... 151 AW 39
Floresta *ME* .... 188 AY 56
Floriano *TE* .... 108 AR 27
Floriano *TE* .... 116 AS 28
Floridia *SR* .... 203 AZ 61
Florinas *SS* 213   M 40
Floronzo *BZ* 4   AG 3
Flumeri *AV* .... 143 AZ 37
Flumignano *UD* 30   AN 8
Flumini *CA* 226   Q 48
Fluminimaggiore *CI* ..... 220 M 47
Fluno *BO* .... 81 AF 17
Flussio *OR* 213   M 42
Foca *RC* .... 177 BH 53
Focchia *LU* 85   X 20
Foce *AN* .... 97 AM 23
Foce *AP* .... 107 AO 26
Foce *AQ* .... 115 AO 30
Foce *MS* 78   U 18
Foce *PU* .... 97 AL 22
Foce *SA* .... 151 AW 39
Foce *SA* .... 162 AZ 43

Flamigno *UD* ...

Foce *SP* 77   S 18
Foce *SP* 77   T 19
Foce *TR* .... 113 AJ 28
Foce del Sele *SA* .... 152 AY 41
Foce di Varano *FG* ...... 126 BD 32
Foce Vecchia *VT* .... 111 AD 29
Focene *RM* 128   AI 33
Foci *IS* .... 132 AT 33
Fodico *RE* 66   Y 14
Foén *BL* 28   AG 7
Foenna *SI* .... 95 AF 24
Fogana *MS* 77   U 18
Fogare *AN* 54   Y 14
Fogarole *PC* 52   U 13
Foggetta *TE* .... 109 AR 28
Foggia *FG* .... 135 BC 35
Foggiamare *FG* .... 135 BE 35
Foggianello *PZ* .... 144 BC 38
Foggiano *PZ* .... 144 BC 38
Foglia *RI* .... 113 AJ 30
Foglianise *BN* .... 142 AX 37
Fogliano *MO* .... 66 AA 16
Fogliano *MO* 66   Z 16
Fogliano *PG* .... 107 AN 27
Fogliano *PV* 50   O 12
Fogliano *RE* 66   Y 16
Fogliano Redipuglia *GO* ... 31   AP 8
Fogliarella *BR* .... 148 BN 39
Foglizzo *TO* 48   H 12
Fognano *FI* .... 81 AD 19
Fognano *PI* 93   Z 23
Fognano *PR* 65   W 15
Fognano *PT* .... 86 AB 20
Fognano *RA* .... 81 AF 18
Fogolana *PD* .... 57 AH 12
Fogolari *LU* 85   X 20
Foi *AL* 61   L 16
Foiana / Voilan *BZ* 12   AB 4

Foiano della Chiana *AR* .. 95 AF 24
Foiano di Val Fortore *BN* 133 AY 35
Folcata *SA* .... 152 AZ 40
Folchi *CN* 71   G 18
Folchi Vigi *AN* .... 90 AO 21
Folciano *CO* 23   R 6
Folega *RO* .... 56 AE 14
Folegnano *MS* 78   V 18
Folgara *FR* .... 130 AQ 33
Folgaria *TN* 26   AC 8
Folgnano *AP* .... 108 AQ 27
Folignano *PC* 64   S 14
Foligno *PG* .... 106 AL 26
Follo *BL* 28   AH 8
Follo *BL* 28   AH 7
Follo *CN* 71   G 18
Follo *PD* .... 41 AF 10
Follo *SP* 77   U 18
Follonara *CS* .... 167 BG 46
Follonica *GR* 102   Z 26
Folta *PR* 77   T 17
Folzano *BS* 38   W 11
Fombio *LO* 52   T 13
Fonaco *AR* .... 96 AH 23
Fondaccio *AR* .... 95 AG 23
Fondachello *CT* .... 197 BA 57
Fondachello *ME* .... 188 AY 55
Fondachello *ME* .... 189 BB 54
Fondaco Margherito *CT* .. 196 AX 56
Fondaco Motta *ME* .... 197 BA 56
Fondaco Prete *ME* .... 189 BB 56
Fondagno *LU* 85   X 20
Fondelci *MC* .... 98 AO 24
Fondi *LT* .... 130 AP 35
Fondi *PG* .... 106 AL 25
Fondi *SR* .... 203 AY 61
Fondiano *RE* 66   Y 16

FIRENZE

Agnelli (V. Giovanni) .... BS 4
Alberti (Pza L. B.) .... BS 6
Aretina (V.) .... BS 13
Chiantigiana (V.) .... BS 36
Colombo (Lungarno C.) .... BS 37

D'Annunzio (V. G.) .... BS 41
De Amicis (Viale E.) .... BS 45
Europa (Viale) .... BS 49
Giannotti (Viale G.) .... BS 58
Guidoni (Viale A.) .... AR 67
Mariti (V. G. F.) .... BR 81
Novoli (V. di) .... AR 91
Panche (V. delle) .... BR 100

Paoli (V.) .... AS 103
Paoli (Viale Pasquale) .... BS 105
Pietro Leopoldo (Pza) .... BR 114
Poggio Imperiale (Viale del) .. BS 118
Pollaiuolo (V. A. del) .... AS 121
Salviati (V.) .... BR 144
S. Domenico (V.) .... BR 147
Villamagna (V. di) .... BS 196

Cenacolo di San Salvi .... BS **G**

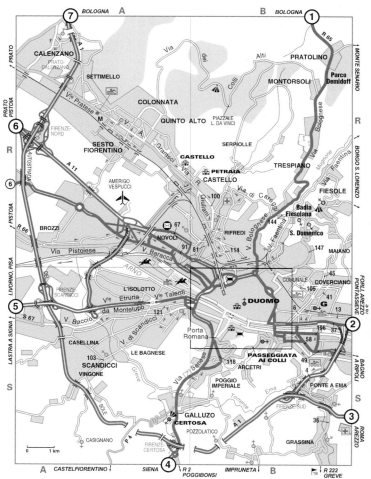

FIRENZE

Fontanelle *SA*...............153 BC 41
Fontanelle *SI*................94 AE 24
Fontanelle *TE*...............109 AS 28
Fontanelle *TV*................42 AG 9
Fontanelle *TV*................42 AI 9
Fontanelle *TV*................29 AJ 8
Fontanelle *VA*................36 O 9
Fontanelle *VI*.................27 AE 9
Fontanelle *VR*................40 AC 11
Fontanelle di Selvotta *RM*..128 AK 33
Fontanellette *TV*.............29 AJ 9
Fontanesi *PC*...............170 BG 48
Fontaneto *LU*................84 W 20
Fontaneto *TO*................48 H 14
Fontaneto d'Agogna *NO*.....35 L 10
Fontanetto Po *VC*...........49 K 12
Fontaney *AO*.................33 H 9
Fontanicchio *VT*...........112 AH 28
Fontaniello *SA*.............151 AW 39
Fontanile *AT*.................61 L 15
Fontaniva *PD*................41 AF 10
Fontarello *RI*...............114 AN 28
Fontazzi *SI*..................94 AC 24
Fonte *CB*...................AW 34
Fonte *SA*...................152 AZ 41
Fonte *TV*....................42 AG 9
Fonte al Melo *GR*..........103 AC 27
Fonte alla Roccia /
 Trinkstein *BZ*...............5 AH 1
Fonte Amica *CB*............133 AW 35
Fonte Arrigo *AP*...........108 AQ 26
Fonte Cannella *PU*..........90 AM 22
Fonte Cerreto *AQ*..........115 AQ 29
Fonte Cupa *CB*.............133 AY 35
Fonte d'Amore *AQ*.........122 AS 31
Fonte del Campo *RI*.......107 AO 27
Fonte della Regina *SI*.....104 AG 25
Fonte dell'Usignolo *VT*....112 AI 30
Fonte d'Ercole *AP*.........108 AQ 26
Fonte di Brescia *MC*........97 AM 25
Fonte di Frontignano *MC*..107 AN 26
Fonte di Mare *AP*...........99 AR 24
Fonte di Papa *RM*.........119 AK 31
Fonte d'Olio *AN*.............91 AQ 22
Fonte Giardino *CH*.........116 AU 30
Fonte Il *SA*.................152 AZ 41
Fonte La Cesa *CB*..........133 AW 35
Fonte La Noce *CB*..........133 AX 35
Fonte Paciano *PG*.........105 AH 25
Fonte Polo *CB*.............133 AW 34
Fonte Romana *AQ*.........122 AT 31
Fonte Sant'Angelo *IS*.....132 AU 34
Fonte Sant'Angelo *PG*......95 AH 24
Fonte Saraceno *SA*........162 AY 42
Fonte Serpe *AP*.............99 AR 24
Fonte Vetriana *SI*.........105 AG 26
Fonte Vivola *VT*...........112 AI 30
Fonteavignone *AQ*.........115 AQ 30
Fonteblanda *GR*...........110 AC 28
Fontebona *PU*...............90 AM 22
Fontebuona *FI*...............86 AC 20
Fontecchio *AQ*.............115 AQ 30
Fontechel *TN*................26 AA 9
Fontechiari *FR*.............131 AR 33
Fontecorniale *PU*...........89 AL 21

Fontecurello Vaglie *IS*....132 AU 33
Fontegreca *CE*.............132 AU 35
Fonteiaova *CB*.............132 AW 35
Fonteil *AO*...................33 F 9
Fontelacasa *CH*............124 AW 32
Fontelunga *AR*..............95 AF 24
Fontemaggio *PG*.............97 AL 23
Fonteno *BG*..................38 V 9
Fontenoce *MC*...............98 AQ 23
Fonterossi *CH*..............123 AU 31
Fonterutoli *SI*...............94 AC 23
Fontespina *MC*..............99 AR 24
Fonteviva *IS*...............132 AT 33
Fonti *BG*.....................38 U 9
Fonti *VB*......................7 K 7
Fontia *MS*...................78 V 19
Fontana *AR*..................95 AG 23
Fonticello *CH*..............123 AU 32
Fonticelli *CH*..............117 AV 29
Fontigo *TV*...................28 AH 8
Fontisterni *FI*...............87 AD 21
Fontitune *FR*...............131 AS 34
Fonzaso *BL*...................28 AF 7
Foppa *SO*....................23 S 7
Foppaluara *LC*..............37 R 9
Foppiano *GE*.................63 Q 16
Foppiano *PR*.................64 S 17
Foppiano *TN*................26 AB 8
Foppiano *VB*..................7 L 5
Foppo *SO*.....................9 R 6
Foppolo *BG*..................24 T 7
Forada Is Olias *CA*........226 P 49
Forame *UD*..................17 AP 6
Forani *CN*...................70 I 17
Forano *RI*..................113 AK 30
Forbesina *SO*...............10 T 6
Forca *AP*...................108 AP 27
Forca Canapine *AP*.......107 AO 27
Forca di Penne *AQ*........116 AS 30
Forca di Valle *TE*..........115 AQ 28
Forca Sant'Angelo *RM*....120 AN 31
Forcarigoli *RO*..............57 AH 13
Forcatura *MC*...............97 AM 25
Forcatura *PG*..............107 AM 25
Force *AP*...................108 AP 26
Forcella *AP*................108 AQ 27
Forcella *AP*................108 AP 27
Forcella *FR*................131 AQ 33
Forcella *MC*...............107 AM 26
Forcella *TE*................108 AR 28
Forcelle *RI*................107 AO 28
Forcelli *BO*.................67 AC 16
Forcello *CR*.................53 V 13
Forche *CZ*..................175 BI 51
Forchia *BN*................141 AW 37
Forchia *CE*................141 AV 37
Forcillo *PZ*................144 BD 39
Forcola *TO*..................47 G 12
Forcole *SO*..................24 T 6
Forcoli *PI*...................85 Z 22
Fordongianus *OR*..........217 N 44
Forella *CS*..................168 BI 46
Forenza *PZ*................144 BE 38
Foresi *MC*...................98 AO 23

Foresta *AV*.................143 AZ 37
Foresta *BZ*...................12 AB 4
Foresta *CS*.................170 BF 48
Foresta *CS*.................168 BH 46
Foresta *CS*.................168 BJ 46
Foresta *CZ*.................171 BG 50
Foresta *IS*.................132 AT 34
Foresta *KR*.................172 BJ 49
Foresta *KR*.................173 BL 49
Foresta *PZ*.................163 BD 43
Foresta di Burgos *SS*.....213 O 41
Foresta-Sidonio *FR*.......131 AS 35
Forestella *CS*..............167 BG 47
Forestella *FR*..............130 AP 34
Foresti *AL*...................61 M 16
Foresti *CN*...................59 F 17
Foresto *BG*...................37 S 9
Foresto *CN*...................58 D 16
Foresto *CN*...................60 H 15
Foresto *LU*...................78 W 19
Foresto *MN*..................54 Y 12
Foresto *TO*...................46 D 13
Foresto *VE*...................56 AH 12
Foresto Sesia *VC*...........34 K 9
Foresto Sparso *BG*..........38 U 9
Forette *VR*...................54 AA 11
Forfi *PG*....................107 AM 26
Forgaria nel Friuli *UD*.....16 AM 6
Foria *SA*...................162 BA 43
Forino *AV*..................151 AX 38
Forio *NA*...................150 AS 39
Forlì *FC*.....................82 AH 18
Forlì del Sannio *IS*.......132 AU 33
Forlimpopoli *FC*............82 AH 18
Forma *RM*..................129 AN 33
Formaga *BS*..................39 Y 9
Formazza *VB*..................7 L 5
Forme *AQ*..................121 AP 31
Forme Cerati *VT*............27 AD 8
Formeaso *UD*................16 AN 5
Formegan *BL*.................28 AH 7
Formelle *CB*...............133 AW 35
Formello *RM*...............119 AJ 31
Formeniga *TV*................28 AI 8
Formia *LT*..................139 AQ 36
Formica *BO*..................67 AB 17
Formica *MN*..................55 AB 13
Formica *MO*..................66 AB 17
Formicola *CE*..............141 AU 36
Formigara *CR*................52 T 12
Formigine *MO*................66 AA 16
Formigliana *VC*..............35 K 11
Formignana *FE*...............68 AG 14
Formignano *FC*...............82 AH 19
Formignano *SI*...............94 AC 24
Formigosa *MN*...............54 AA 13
Formole *AR*..................88 AH 22
Forna *BN*...................133 AY 35
Fornaca *CN*...................59 G 15
Fornaca *CN*...................74 J 18
Fornacchia *VT*.............112 AI 29
Fornace *AL*...................61 M 15
Fornace *AN*...................97 AM 23
Fornace *AN*...................90 AN 22
Fornace *AN*...................97 AN 22
Fornace *BG*...................37 S 10

Fornace *BG*...................38 U 9
Fornace *BN*.................141 AW 36
Fornace *BO*...................67 AB 17
Fornace *BO*...................81 AD 18
Fornace *CE*.................141 AU 36
Fornace *CO*...................22 O 9
Fornace *CR*...................52 U 12
Fornace *CR*...................52 U 13
Fornace *FI*...................86 AB 21
Fornace *FR*...................87 AE 20
Fornace *FR*.................131 AR 34
Fornace *GR*.................111 AD 28
Fornace *LU*...................85 Y 20
Fornace *MC*...................98 AN 23
Fornace *PC*...................52 T 14
Fornace *PT*...................86 AA 20
Fornace *PU*...................89 AL 22
Fornace *PV*...................51 P 13
Fornace *PV*...................52 Q 14
Fornace *PV*...................51 R 13
Fornace *RM*.................118 AG 31
Fornace *RN*...................83 AJ 19
Fornace *TN*...................26 AC 7
Fornace *TV*...................28 AG 8
Fornace *VE*...................30 AL 9
Fornace *VI*...................41 AD 10
Fornace *VR*...................54 AB 12
Fornace Felina *PC*..........52 U 14
Fornace Ferracuti *AP*.......99 AR 25
Fornace Giuliodori *AN*......98 AP 23
Fornace Guerrino *BO*.......68 AF 17
Fornace Laterizi *SI*........104 AE 25
Fornace Zarattini *RA*.......82 AH 17
Fornacelle *PO*...............86 AB 20
Fornacelle *SI*................94 AC 23
Fornacette *PG*................97 AK 23
Fornacette *PI*................85 Y 21
Fornaci *LO*...................52 T 12
Fornaci *PD*...................41 AE 11
Fornaci di Barga *LU*........79 X 19
Fornaciai *PT*.................86 AA 20
Fornacino *TO*................48 H 13
Fornacione *AL*...............49 K 13
Fornalis *UD*..................31 AP 7
Fornari *AV*..................162 AZ 42
Fornase *VR*...................39 Z 10
Fornasetta *PD*...............41 AE 11
Fornasette *BG*...............37 T 10
Fornasette *BS*................38 W 11
Fornasette *PD*...............56 AF 12
Fornasette *VA*................22 N 8
Fornasette *VR*...............55 AD 12
Fornazzano *RA*...............81 AE 19
Fornazzo *CT*................197 AZ 57
Fornelle *CB*................133 AW 35
Fornelle *MC*..................98 AN 23
Fornelli *IS*.................132 AT 34
Fornelli *SA*.................162 AY 42
Fornelli *SS*.................208 K 38
Fornelli *UD*..................30 AO 8
Fornello *AR*..................87 AE 21
Fornello *BA*.................146 BI 39
Fornello *FI*...................86 AA 21
Fornello *FI*...................87 AD 20
Fornello *MS*..................78 W 19
Fornello *PC*..................52 R 13
Fornello *SP*..................77 T 18
Forner *TV*....................28 AG 8
Fornero *VB*...................21 L 8
Fornesighe *BL*...............14 AI 5
Fornetti *TO*..................33 F 11
Forni *AT*.....................61 K 14
Forni *VI*.....................27 AD 8
Forni Avoltri *UD*............15 AL 4
Forni dell'Accesa *GR*......103 AA 26
Forni di Sopra *UD*..........15 AK 5
Forni di Sotto *UD*..........15 AL 5
Fornico *BS*...................39 Y 9
Fornillo *BN*.................142 AX 37
Fornillo *NA*.................151 AW 39
Fornio *PR*....................64 V 14
Fornione *BO*..................81 AE 18
Fornisco *TE*................108 AP 27
Forno *LT*...................138 AN 35
Forno *MO*....................80 AA 18
Forno *MS*.....................78 W 19
Forno *PC*.....................52 V 13
Forno *PN*.....................16 AM 6
Forno *TN*.....................13 AE 5
Forno *TO*.....................47 E 12
Forno *TO*.....................47 E 13
Forno *VB*.....................21 N 8
Forno *VI*.....................41 AE 11
Forno Alpi Graie *TO*.........32 E 11
Forno Canavese *TO*..........47 G 11
Forno della Gaiana *BO*.......68 AE 16
Forno di Canale *BL*..........14 AG 5

Forno di Zoldo *BL*...........14 AI 5
Forno d'Ono *BS*..............39 X 9
Forno Nuovo *BG*.............23 S 8
Fornole *TR*.................113 AJ 28
Fornoli *LU*...................85 Y 19
Fornoli *MS*...................78 U 18
Fornoli Ii *LT*...............130 AN 34
Fornolo *RE*...................78 W 17
Fornolosa *TO*.................33 F 11
Fornovo di Taro *PR*..........65 V 15
Fornovo San Giovanni *BG*....37 T 11
Fornovolasco *LU*.............84 X 19
Foro *CH*....................117 AU 29
Foro *CH*....................117 AV 29
Forone *PT*....................85 Z 20
Foroni *VR*....................54 Z 11
Forotondo *AL*.................63 Q 15
Forsivo *PG*..................107 AN 27
Forte *BI*.....................34 K 10
Forte dei Marmi *LU*..........84 W 20
Forte Filippo *GR*...........110 AC 29
Forte Maggiore *TO*...........48 I 14
Fortezza *FE*..................68 AF 15
Fortezza / Franzensfeste *BZ*...4 AE 3
Forti *CN*.....................70 D 17
Fortino *PZ*.................163 BD 43
Fortogna *BL*..................14 AI 6
Fortunago *PV*.................63 Q 14
Fortunati *CH*...............123 AU 32
Forza d'Agrò *ME*............189 BA 56
Forzo *TO*.....................33 F 10
Foscalina *MS*.................78 V 19
Fosciandora *LU*...............79 X 19
Fosdinovo *MS*.................78 V 19
Fosdondo *RE*..................66 Z 15
Fosini *SI*....................93 AA 24
Fossa *AQ*....................115 AP 30
Fossa *BS*.....................39 X 11
Fossa *BZ*.....................13 AD 5
Fossa *CS*....................168 BJ 46
Fossa *MO*.....................54 AB 14
Fossa *TV*.....................43 AJ 9
Fossa *VV*....................177 BG 52
Fossa di Valle *NA*...........151 AV 39
Fossa Guazzona *CR*...........53 W 13
Fossabiuba *TV*................29 AK 9
Fossacaprara *CR*..............53 X 14
Fossacesia *CH*...............117 AV 30
Fossacesia Marina *CH*.......117 AW 30
Fossalon di Grado *GO*........31 AP 9
Fossalta *FE*..................68 AF 14
Fossalta *PD*..................42 AH 10
Fossalta *VR*..................55 AC 12
Fossalta *VR*..................39 Z 11
Fossalta di Piave *VE*........43 AK 10
Fossalta di Portogruaro *VE*..30 AM 9
Fossalta Maggiore *TV*........43 AK 9
Fossalto *CB*.................133 AW 33
Fossalunga *TV*...............42 AH 9
Fossamerlo *TV*................29 AI 8
Fossano *CN*...................60 H 16
Fossanova *LT*...............130 AO 35
Fossanova di San Marco *FE*..68 AE 15
Fossaragna *PD*................56 AG 12
Fossarmato *PV*................51 Q 12
Fossatello *TR*...............105 AI 27
Fossatillo *AQ*...............114 AO 29
Fossato *BS*...................38 U 10
Fossato *MN*...................54 Y 12
Fossato *PO*...................80 AB 19
Fossato *PU*...................89 AK 22
Fossato *PU*...................97 AK 23
Fossato *SP*...................77 S 18
Fossato *SV*...................73 J 19
Fossato Cupo *CB*............133 AW 34
Fossato di Vico *PG*..........97 AL 24
Fossato Ionico *RC*..........178 BD 55
Fossato Serralta *CZ*........171 BI 50
Fossatone *BO*.................68 AE 17
Fossaz *AO*....................32 D 9
Fosse *BZ*......................4 AE 2
Fosse *BZ*......................4 AG 2
Fosse *CS*....................170 BF 47
Fosse *CS*....................170 BF 48
Fosse *TN*.....................27 AF 7
Fosse *VI*.....................27 AF 8
Fosse *VR*.....................40 AA 10
Fosseno *NO*...................35 M 9
Fossignano *LT*..............128 AK 34
Fosso *FR*....................131 AR 33
Fosso *PU*.....................97 AK 23
Fosso *VE*.....................42 AH 11
Fosso di Bosco *BN*..........133 AY 36
Fosso di San Giuliano *RM*...120 AL 32
Fosso Gelso *ME*.............188 AX 55

Fosso Pino *ME*..............188 AY 55
Fosso Salsi *PZ*.............164 BG 43
Fosso Sejore *PU*.............90 AM 20
Fossola *MS*...................78 V 19
Fossola *SP*...................65 W 16
Fossola *SP*...................77 T 19
Fossoli *MO*...................66 AA 15
Fossolo *RA*...................82 AG 17
Fossombrone *PU*.............89 AL 21
Fossona *PD*...................41 AF 11
Fossopietroso *RM*...........119 AI 31
Fosto *PU*.....................89 AK 22
Fox'E Sali *CA*..............225 O 50
Foxi *CA*....................226 Q 48
Foxi *TN*......................26 AB 9
Foxi Murdegu *OG*...........223 S 45
Foza *VI*......................27 AE 8
Fra Giuseppe *VV*...........174 BG 51
Fra Paolo *CZ*...............172 BJ 49
Frabosa Soprana *CN*.........71 H 18
Frabosa Sottana *CN*.........71 H 18
Frabotto Mannesi *CZ*.......175 BI 51
Fracassi *VI*..................40 AC 9
Fraccano *PG*..................96 AI 22
Fracchia *CR*..................51 R 11
Fracchie *VB*...................7 L 5
Frachey *AO*...................19 H 8
Frachiamo *TO*.................33 G 11
Fracicco-Lavandaio *CS*.....167 BG 46
Fracina *CR*...................51 R 11
Fraciscio *SO*..................9 R 5
Fraconalto *AL*................62 O 16
Frades Berritteddos *OT*....210 R 38
Frades Tilignas *OT*.........210 R 38
Fraelacco *UD*.................16 AO 6
Fraforeano *UD*................30 AM 9
Fragagnano *TA*..............157 BN 41
Fragaiolo *AR*.................88 AG 22
Fragheto *PU*..................88 AH 21
Fragnete *IS*.................132 AU 34
Fragnete *IS*.................132 AV 34
Fragneto L'Abate *BN*.......142 AX 36
Fragneto Monforte *BN*......142 AX 36
Fragno *PR*....................65 V 16
Fragone *TN*...................9 Y 8
Fraia *PG*....................107 AM 26
Fraia-Duglia *CS*............167 BG 46
Fraigas *SS*..................213 O 40
Fraigata *OT*................209 O 38
Frailliti *CS*...............170 BF 49
Fraine *BS*....................24 V 9
Fraine *CH*...................123 AV 32
Fraine *VR*....................40 AA 9
Fraioli *FR*.................131 AQ 34
Fraire *CN*....................59 F 15
Frais *TO*.....................46 C 13
Fraisse *TO*...................46 C 13
Fraita *TO*....................47 E 14
Franca *PG*...................106 AL 26
Francari *ME*.................188 AY 55
Francavilla *AN*...............90 AN 21
Francavilla al Mare *CH*.....117 AU 29
Francavilla Angitola *VV*....174 BG 51
Francavilla Bisio *AL*........62 N 15
Francavilla d'Ete *AP*........98 AQ 24
Francavilla di Sicilia *ME*...188 AZ 56
Francavilla Fontana *BR*.....148 BO 40
Francavilla in Sinni *PZ*....164 BG 43
Francavilla Marittima *CS*...167 BH 45
Francenigo *TV*................29 AK 8
Francesco *VR*.................40 AB 10
Franche *NA*.................151 AW 39
Franchini *AL*.................49 L 14
Franchini *PC*.................64 U 15
Franchini *PR*.................76 T 16
Franchi-Salvi *PR*............64 T 15
Franchitti *IS*..............132 AT 34
Francia *TO*...................59 E 14
Francica *VV*.................174 BF 52
Francocci *PG*...............106 AK 27
Francofonte *SR*.............202 AY 60
Francolane *LT*..............130 AO 35
Francolini *TN*................26 AC 8
Francolino *FE*................56 AE 14
Francolise *CE*...............140 AT 36
Francolucciu *NU*............211 S 39
Frangellini *RI*.............113 AK 29
Franscia *SO*..................10 U 6
Franseno *SO*...................9 R 6
Frantolo *FI*..................86 AA 21
Franzensfeste /
 Fortezza *BZ*.................4 AE 3
Franzese Secondo *BN*.......133 AY 35
Fraore *PR*....................65 W 15
Frapiero *PD*..................56 AG 12
Frasca *AQ*...................115 AR 30
Frascara *AQ*................115 AQ 30

FORLÌ

Albicini (V.) 2
Biondo (V.) 3
Cairoli (V.) 4
Duomo (Pza del) 6
Maroncelli (V.) 7
Repubblica (Cso della) 8
Romanello da Forlì (V.) . . . 8
Saffi (Pza Aurelio) 9
Saffi (V. Giorgina) 10
Torri (V. delle) 12

Frascaro **AL** 62 M 15
Frascaro **PG** 107 AN 27
Frascaro **RE** 78 X 17
Frascarolo **PV** 50 N 13
Frascata **AL** 63 P 15
Frascate **PV** 63 P 14
Frascati **RM** 120 AL 33
Frascheia **BI** 34 J 10
Fraschette **FR** 130 AO 33
Frascianida **ME** 188 BA 55
Frascineto **CS** 165 BG 44
Frascino **AV** 142 AZ 36
Frassaneit **PN** 15 AL 6
Frassanito **LE** 159 BT 42
Frassené **BL** 14 AG 6
Frassenè **BL** 28 AF 7
Frassenetto **UD** 15 AL 4
Frassi **FR** 130 AQ 34
Frassi **PC** 63 R 16
Frassignoni **PT** 80 AA 19
Frassilongo **TN** 27 AC 7
Frassinara **PR** 65 X 14
Frassine **GR** 102 Z 25
Frassinedolo **RE** 78 X 17
Frassinelle Polesine **RO** 56 AF 14
Frassinello Monferrato **AL** 49 L 13
Frassineta **AN** 97 AL 23
Frassineta **AR** 88 AG 21
Frassineta **BO** 80 AD 18
Frassineti **MO** 79 Z 17
Frassineto **AR** 95 AG 23
Frassineto **BO** 81 AD 17
Frassineto **GE** 63 P 16
Frassineto **PR** 64 S 16
Frassineto / Verschneid **BZ** 12 AC 4
Frassineto Po **AL** 50 M 13
Frassinetto **CS** 168 BH 45
Frassinetto **TO** 33 G 11
Frassiney **AO** 32 D 10
Frassini **SI** 94 AB 24
Frassino **CN** 59 E 16
Frassinoro **MO** 79 Y 18
Frasso **PR** 64 T 17
Frasso Sabino **RI** 114 AL 30
Frasso Telesino **BN** 141 AW 37
Frassoneta **SV** 74 K 17
Frassuolo **SO** 10 W 5
Frati **MC** 107 AM 25
Fraticciola **AR** 95 AG 24
Fratta **FC** 82 AH 19
Fratta **GO** 31 AP 8
Fratta **PG** 106 AL 26
Fratta **PN** 29 AJ 8
Fratta **PN** 15 AL 6
Fratta **PU** 89 AJ 22
Fratta **PU** 89 AL 20
Fratta **PZ** 164 BF 44
Fratta **RE** 65 X 16
Fratta **TV** 28 AI 8
Fratta **VE** 30 AM 9
Fratta Inf. **PZ** 164 BF 44
Fratta Polesine **RO** 56 AE 13
Fratta Todina **PG** 106 AJ 26
Frattaguida **TR** 105 AI 26
Frattamaggiore **NA** 150 AU 38
Fratta-minore **NA** 150 AU 38
Frattavecchia **PG** 105 AG 25
Fratte **AV** 142 AX 38
Fratte **FI** 80 AC 19
Fratte **IS** 132 AV 33
Fratte **PD** 42 AG 10
Fratte **PE** 116 AS 29
Fratte **PG** 96 AI 24
Fratte **PU** 89 AK 20
Fratte **TN** 27 AD 7
Fratte **TV** 29 AJ 8
Fratte di Cimpello **PN** 29 AL 8
Fratte Rosa **PU** 90 AM 22
Fratticello Stazione di Filetto **CH** 117 AU 30
Fratticiola Selvatica **PG** 96 AK 24
Frattina **PN** 29 AK 9
Frattina **VE** 42 AH 11
Frattins **UD** 16 AO 6
Frattocchie **RM** 120 AK 33
Frattoli **TE** 115 AP 28
Frattuccia **TR** 113 AJ 28
Frattura **AQ** 122 AS 32
Fraveggio **TN** 26 AA 7
Fraviano **TN** 11 Z 6
Fravica **PC** 51 R 14
Fravitta **CS** 166 BF 46
Fravitta **CS** 167 BG 46
Fravitte **CS** 170 BF 49
Frazzanò **ME** 187 AX 55
Freccioni **PO** 86 AB 20
Frecco **PG** 97 AL 24
Fredda **PD** 56 AF 12
Fredda **VR** 39 Z 11
Fregene **RM** 119 AI 32
Freggina **AR** 87 AF 21
Fregona **BL** 14 AG 5
Fregona **TV** 29 AJ 7
Freienteld / Campo di Trens **BZ** 4 AD 2
Freinetto **TO** 47 E 13
Frena **BZ** 4 AG 3
Frena **BZ** 4 AG 4
Freney **AO** 18 C 9
Frere **CN** 58 D 17
Frerola **BG** 24 T 8
Fresagrandinaria **CH** 124 AW 32
Frescada **TV** 42 AI 10
Frescarolo **PR** 53 V 14
Fresciano **AR** 88 AH 21
Frescondino **AL** 50 M 14
Fresine **BS** 25 X 7
Fresine **FR** 130 AO 33
Fresis **UD** 16 AM 5
Fresonara **AL** 62 N 15
Fresonara **SP** 77 U 19
Friddani **EN** 194 AU 59
Frigento **AV** 143 AZ 37
Friggiali **SI** 104 AD 25
Frighi **VI** 27 AC 9
Frigintini **RG** 204 AX 62
Frignane **PD** 56 AG 12
Frignani **RO** 69 AI 14
Frignano **CE** 141 AU 38
Frigole **LE** 159 BS 41
Frinco **AT** 49 K 13
Friola-Belvedere **VI** 41 AF 9
Frisa **CH** 117 AV 30
Frisanchi **TN** 26 AC 8
Frisanco **PN** 15 AL 6
Frisolino **GE** 77 R 18
Frisoni **VI** 27 AE 8
Frocco **CN** 71 I 17
Frondarola **TE** 108 AQ 28
Frondigliosi **AN** 97 AN 22
Front **TO** 48 G 12
Frontale **MC** 98 AN 23
Frontale **SO** 11 X 5
Fronti **CZ** 171 BH 50
Frontignano **BS** 38 V 11
Frontignano **PG** 106 AJ 26
Frontignano **SI** 94 AC 24
Frontillo **MC** 107 AN 25
Frontino **PU** 89 AJ 21
Frontino di Naro **PU** 89 AK 22
Frontone **PU** 97 AL 22
Fronzola **AR** 87 AF 21
Frosini **SI** 94 AB 24
Frosinone **FR** 130 AO 34
Frosolone **IS** 132 AV 34
Frossasco **TO** 47 F 14
Fruci **BN** 142 AY 37
Frugarolo **AL** 62 N 14
Fruges **RA** 68 AF 17
Frullo **PU** 88 AI 21
Frusci **PZ** 144 BD 39
Frusci **PZ** 164 BE 43
Frusta **VE** 42 AH 10
Fubina **TO** 47 F 12
Fubine **AL** 49 L 14
Fucecchio **FI** 85 Z 21
Fucidà **RC** 178 BD 56
Fucignano **TE** 108 AQ 27
Fucigno **FR** 130 AO 33
Fucina **CO** 23 Q 8
Fucina **VE** 42 AH 10
Fucine **BS** 24 W 8
Fucine **TN** 11 Z 6
Fucine **TO** 47 F 12
Fucito **FG** 127 BE 32
Fuetto **CN** 60 I 15
Fugazzolo **PR** 64 V 16
Fuipiano al Brembo **BG** 23 S 8
Fuipiano Valle Imagna **BG** 23 S 8
Fulcheri **CN** 71 G 17
Fulgatore **TP** 182 AL 56
Fumaloro **AG** 199 AR 60
Fumane **VR** 40 AA 10
Fumarogo **SO** 11 X 5
Fumarola **BR** 148 BO 39
Fumeri **GE** 62 O 16
Fumero **SO** 11 X 5
Fumone **FR** 130 AO 33
Fundres / Pfunders **BZ** 4 AF 2
Fundrò **EN** 194 AV 59
Funes **BL** 29 AJ 6
Funes / Viinoss **BZ** 13 AF 4
Fungaia **SI** 94 AC 23
Funo **BO** 67 AD 16
Funtanacia **BZ** 14 AG 4
Funtanona **CI** 224 M 49
Fuore Via **CS** 170 BG 48
Fuorlo **IS** 132 AV 33
Fuorni **SA** 152 AY 40
Furato **MI** 36 O 10
Furci **CH** 124 AW 31
Furci Siculo **ME** 189 BB 56
Furiano **ME** 187 AW 55
Furlo **PU** 89 AL 22
Furnari **ME** 188 AZ 55
Furnolo **CE** 140 AT 36
Furtei **VS** 221 O 46
Fusara **NA** 151 AW 39
Fusaro **AV** 142 AW 38
Fuscaldo **CS** 166 BF 47
Fuschi **BN** 133 AX 36
Fuscolaro **CS** 168 BH 45
Fusea **UD** 16 AM 5
Fusere **TV** 28 AG 8
Fusignano **RA** 68 AG 17
Fusina **VE** 42 AI 11
Fusine **SO** 24 T 7
Fusine **VI** 27 AC 9
Fusine **VI** 41 AD 10
Fusine in Valromana **UD** 17 AQ 5
Fusine Laghi **UD** 17 AR 4
Fusino **SO** 11 W 6
Futani **SA** 162 BA 43

G

Gabba **MC** 107 AO 25
Gabbia **TE** 108 AQ 27
Gabbia **VR** 54 AB 12
Gabbiana **MN** 54 Y 13
Gabbiana **MS** 78 V 18
Gabbiano **AP** 108 AP 26
Gabbiano **AP** 98 AQ 25
Gabbiano **BO** 80 AC 18
Gabbiano **FI** 86 AC 19
Gabbiano **PC** 63 R 14
Gabbiano **TE** 108 AQ 27
Gabbiano Vecchio **AR** 95 AG 24
Gabbiolo **TN** 26 AB 7
Gabbione **PV** 63 Q 14
Gabbione **PV** 51 Q 14
Gabbioneta **CR** 53 W 12
Gabbro **LI** 92 X 23
Gabeletta **TR** 113 AK 28
Gabeletta **VT** 111 AF 28
Gabella **AN** 90 AO 22
Gabella **CZ** 171 BG 50
Gabella **MO** 66 AA 14
Gabella **RC** 179 BG 54
Gabella Grande **KR** 173 BL 49
Gabella Nuova **MC** 107 AO 25
Gabelle **RC** 179 BF 54
Gabelletta **VT** 113 AI 30
Gabelli **PR** 64 U 16
Gabellino **GR** 103 AB 25
Gabellone **RC** 176 BE 53
Gabellotta **RC** 176 BE 53
Gabiano **AL** 49 K 13
Gabicce Mare **RN** 89 AL 20
Gabicce Monte **PU** 89 AL 20
Gabria **GO** 31 AQ 8
Gabrielassi **CN** 60 H 15
Gabrovizza San Primo **TS** 31 AR 9
Gabutti **CN** 74 J 17
Gaby **AO** 34 I 9
Gad **TO** 46 C 13
Gadana **PU** 89 AK 21
Gadesco **CR** 53 V 13
Gadignano **PC** 63 R 14
Gadir **TP** 190 AH 63
Gadoni **NU** 218 Q 44
Gadursello **CS** 166 BF 46
Gadurso **CS** 166 BF 46
Gaeta **LT** 139 AQ 36
Gaeta **MO** 66 AA 14
Gaffe **AG** 199 AR 61
Gaffuro **MN** 54 Y 12
Gagarengo **NO** 35 L 11
Gaggi **ME** 197 BA 56
Gaggianese **MI** 50 P 11
Gaggiano **MI** 36 P 11
Gaggiano **SI** 94 AC 23
Gaggina **AL** 62 M 15
Gaggino **CO** 22 O 9
Gaggio **BO** 81 AE 18
Gaggio **MO** 66 AB 16
Gaggio **TN** 27 AC 6
Gaggio **VA** 22 N 7
Gaggio **VA** 22 N 7
Gaggio **VA** 22 N 9
Gaggio **VA** 35 N 9
Gaggio **VE** 42 AI 10
Gaggio Montano **BO** 80 AA 18
Gaggiola **AN** 90 AP 22
Gaggiolo **FC** 82 AH 19
Gaggiolo **VA** 22 O 8
Gagliana **FI** 87 AD 22
Gaglianico **BI** 34 J 10
Gagliannuovo **MC** 98 AO 24
Gagliano **CZ** 171 BI 50
Gagliano **RC** 176 BE 53
Gagliano **TE** 108 AR 27
Gagliano **UD** 31 AP 7
Gagliano Aterno **AQ** 122 AR 31
Gagliano Castelferrato **EN** 195 AW 57
Gagliano del Capo **LE** 161 BT 44
Gaglianvecchio **MC** 98 AO 24
Gagliato **CZ** 175 BH 51
Gaglietole **PG** 106 AJ 26
Gagliole **MC** 98 AN 24
Gaglioli **PG** 106 AK 26
Gaglione **PZ** 164 BF 44
Gagnago **NO** 35 M 9
Gagno **LI** 102 Y 26
Gagnone **VB** 7 L 7
Gai **TV** 28 AI 8
Gaiana **BO** 68 AE 17
Gaianello **MO** 79 Z 18
Gaianigo **PD** 41 AF 10
Gaiano **AL** 49 K 13
Gaiano **PR** 65 W 15
Gaiano **RA** 81 AF 17
Gaiano **RN** 89 AK 20
Gaiano **SA** 152 AX 39
Gaiarine **TV** 29 AJ 8
Gaiato **MO** 79 AA 18
Gaiba **RO** 55 AD 14
Gaibana **FE** 68 AE 15
Gaibanella **FE** 68 AE 15
Gaibola **BO** 67 AC 17
Gaiche **PG** 105 AI 26
Gaico **AP** 108 AP 26
Gaida **RE** 65 Y 15
Gaidi **TO** 60 H 14
Gaietto **CN** 70 F 18
Gaifana **PG** 97 AL 24
Gainago **PR** 65 X 14
Gainazzo **MO** 80 AA 17
Gaini **AL** 61 L 16
Gaino **BS** 39 Y 10
Gaio **PN** 30 AM 7
Gaiofana **RN** 83 AK 19
Gaiola **CN** 71 F 17
Gaiola **PD** 41 AF 11
Gaiole in Chianti **SI** 94 AD 23
Gaione **PR** 65 W 15
Gairo Sant'Elena **OG** 219 S 44
Gairo Taquisara **OG** 219 R 44
Gais **BZ** 5 AG 2
Galaino **PZ** 154 BD 41
Galante **BR** 148 BN 39
Galanti **AL** 62 M 16
Galantina **RI** 113 AK 30
Galardo **FI** 87 AD 20
Galatese **CT** 196 AX 56
Galati **CS** 167 BF 45
Galati **ME** 189 BB 55
Galati **RC** 179 BF 56
Galati Mamertino **ME** 188 AX 55
Galati Marina **ME** 189 BC 55
Galati Sup. **RC** 179 BF 56
Galatina **LE** 160 BR 42
Galatone **LE** 160 BR 43
Galatro **RC** 176 BF 53
Galatrona **AR** 94 AE 23
Galazia **CE** 141 AV 37
Galbiate **LC** 23 R 9
Galciana **PO** 86 AB 20
Galdina **NO** 35 N 10
Galdo **SA** 152 AZ 40
Galdo **SA** 162 AZ 42
Galdo **SA** 153 BA 40
Galeata **FC** 88 AG 20
Galeata **KR** 172 BK 49
Galeazza **BO** 67 AC 15
Galeotta **NA** 150 AT 38
Galeotti **PU** 89 AK 22
Galera **PG** 96 AI 24
Galgagnano **LO** 51 R 11
Galgata **PG** 96 AK 24
Galgi **VI** 27 AE 9
Galia **CT** 197 BA 57
Galice **ME** 188 AZ 55
Galiga **FI** 87 AD 20
Galini **ME** 188 AX 55
Gallano **MC** 107 AN 25
Gallano **PG** 106 AL 25
Gallara **SA** 152 AY 39
Gallarate **CS** 168 BI 46
Gallarate **VA** 35 N 10
Gallareto **AT** 49 J 13
Gallatoio **LU** 84 X 19
Gallazzano **MC** 98 AN 25
Gallena **LU** 84 W 20
Gallena **SI** 94 AB 24
Galleno **BS** 24 W 6
Galleno **FI** 85 Z 21
Galleria **MO** 66 AA 15
Galleria del Sempione **VB** 6 J 6
Galleriano **UD** 30 AN 8
Gallese **TV** 42 AH 10
Gallese **VR** 55 AC 12
Gallese **VT** 113 AJ 29
Galletti **SV** 74 L 17
Galli **CZ** 171 BH 50
Galli **MC** 98 AP 23
Galli **UD** 30 AO 9
Galli **VC** 49 J 12
Gallia **PV** 50 O 13
Galliana **FI** 81 AF 19
Galliano **FI** 86 AC 19
Galliate **NO** 35 N 11
Galliate Lombardo **VA** 35 N 9
Galliavola **PV** 50 N 13
Gallicano **LU** 79 X 19
Gallicano nel Lazio **RM** 120 AL 32
Gallicchio **PZ** 164 BF 42
Gallicianò **RC** 178 BE 55
Gallico **CS** 171 BH 48
Gallico **CS** 168 BI 46
Gallico **RC** 189 BC 54
Gallico Marina **RC** 189 BC 55
Galliera **BO** 67 AD 15
Galliera Veneta **PD** 41 AF 10
Gallignana **PR** 65 W 16
Gallignano **AN** 91 AP 22
Gallignano **CR** 38 U 11
Gallina **BG** 37 S 9
Gallina **CN** 61 J 15
Gallina **RC** 178 BD 55
Gallina **SR** 205 BA 62
Gallinarga **BG** 38 V 9
Gallinaro **FR** 131 AR 34
Gallinaro **IM** 72 I 20
Gallinazza **UD** 30 AO 9
Gallio **TN** 26 AA 7
Gallio **VI** 27 AE 8
Gallipoli **LE** 160 BQ 43
Gallisterna **RA** 81 AF 18
Gallitano **PA** 185 AP 56
Gallivaggio **SO** 9 R 5
Gallizzi **PZ** 164 BF 44
Gallo **AL** 49 J 13
Gallo **AQ** 121 AO 31
Gallo **BO** 81 AE 17
Gallo **CE** 140 AS 36
Gallo **CE** 132 AU 35
Gallo **CH** 123 AU 31
Gallo **FE** 68 AE 15
Gallo **ME** 188 AY 55
Gallo **NA** 151 AW 38
Gallo **PD** 42 AG 10
Gallo **PD** 42 AG 10
Gallo **PV** 51 P 13
Gallo **RI** 113 AL 30
Gallo **RN** 89 AK 20
Gallo d'Alba **CN** 60 I 16
Gallodoro **ME** 189 BA 56
Gallorano **CR** 52 V 12
Galluccio **CE** 131 AS 35
Galluccio **CS** 167 BG 45
Galluffi **ME** 189 BB 56
Gallufo **CS** 166 BE 46
Galluzzo **FI** 86 AC 21
Galta **VE** 42 AH 11
Galtelli **NU** 215 S 41
Galugnano **LE** 159 BS 42
Galvagnina **MN** 54 AA 14
Galvana **FE** 56 AH 14
Galzignano **PD** 56 AF 12
Gamalero **AL** 62 M 15
Gambacane **AN** 90 AN 22
Gambaccio **PU** 88 AI 20
Gambara **BS** 53 W 12
Gambarana **PV** 50 N 13
Gambarie **RC** 178 BE 55
Gambaro **PC** 63 R 16
Gambaro **RO** 56 AE 14
Gambaroncia **AR** 95 AG 23
Gambasca **CN** 59 F 16
Gambassi Terme **FI** 93 AA 22
Gambatesa **CB** 133 AY 34
Gambellara **RA** 82 AH 18
Gambellara **VI** 40 AD 11
Gamberale **CH** 123 AU 32
Gambettola **FC** 82 AJ 19
Gambina **MN** 53 X 12
Gambolò **PV** 50 O 12
Gambugliano **VI** 41 AD 10
Gambulaga **FE** 68 AF 15
Gameragna **SV** 75 M 17
Gaminara **PV** 51 P 14
Gammicella **CS** 168 BJ 46
Ganaceto **MO** 66 AA 15
Gand / Ganda **BZ** 12 Z 4
Ganda **SO** 10 U 6
Ganda / Gand **BZ** 12 Z 4
Gandazzolo **FE** 68 AE 15
Gandellino **BG** 24 U 8
Gandino **BG** 24 U 9
Gandosso **BG** 38 U 10
Ganfardine **VR** 40 AA 11
Ganga **PU** 90 AM 22
Gangaglietti **CN** 60 H 15
Ganghereto **AR** 95 AE 22
Gangi **PA** 186 AU 57
Ganna **VA** 22 N 8
Gannano del Monte **MT** 155 BH 42
Gannavona **SA** 163 BB 43
Ganzanigo **BO** 68 AE 17
Ganzirri **ME** 189 BC 54
Garabiolo **VA** 22 N 7
Garadassi **AL** 63 P 15
Garaguso **MT** 155 BG 40
Garanta **RC** 176 BE 53
Garassini **CN** 60 I 16
Garassini **CN** 74 J 17
Garassini **SV** 73 J 20
Garavagna **CN** 71 H 17
Garavati **VV** 174 BF 52
Garaventa **GE** 63 Q 16
Garavicchio **GR** 111 AD 29
Garbagna **AL** 62 O 15
Garbagna Novarese **NO** 35 M 11
Garbagnate **LC** 36 Q 9
Garbagnate Milanese **MI** 36 P 10
Garbana **PV** 50 N 12
Garbaoli **AT** 61 K 16
Garbarini **AL** 61 L 16
Garbarini **GE** 76 Q 17
Garbarino **GE** 63 Q 16
Garbatella **RM** 119 AK 32
Garbugliaga **SP** 77 T 18
Garcea **RC** 178 BD 55
Garcia **CL** 194 AT 58
Garda **BS** 25 X 7
Garda **VR** 39 Z 10
Gardata **BG** 24 T 8
Gardigiano **VE** 42 AI 10
Gardino **LO** 37 R 11
Gardola **BS** 39 Z 9
Gardolo **TN** 26 AB 7
Gardoncino **BS** 39 Y 10
Gardone Riviera **BS** 39 Y 10
Gardone Val Trompia **BS** 38 W 9
Gardun **VR** 40 AB 10
Garella di Fondo **BI** 34 K 10
Gares **BL** 14 AG 6
Garessio **CN** 74 J 18
Garfagnolo **RE** 78 X 17
Gargallo **MO** 66 AA 15
Gargallo **NO** 35 L 9
Gargazon / Gargazzone **BZ** 12 AC 4
Gargazzone / Gargazon **BZ** 12 AC 4
Gargnano **BS** 39 Z 9
Gargonza **AR** 95 AF 23
Gargozzi **PI** 85 AA 21
Garibala **VE** 43 AM 9
Gariello **AV** 142 AY 38
Gariga **PC** 52 T 14
Gariglialto **CS** 167 BG 47
Garino **CN** 70 D 17
Garino **TO** 47 G 14
Garitte Karuscia **TP** 190 AG 62
Garlasco **PV** 50 O 12
Garlate **LC** 23 R 9
Garlenda **SV** 73 J 19
Garliano **AR** 87 AF 21
Garna d'Alpago **BL** 29 AJ 7
Garniga Terme **TN** 26 AB 7
Garniga Vecchia **TN** 26 AB 7
Garofali **CE** 140 AS 36
Garofano **MO** 66 AB 17
Garofolo **RO** 56 AF 14
Garolda **MN** 54 AA 13
Garonzi **VR** 40 AB 10
Garoppi **AL** 49 K 13
Garrano **TE** 108 AQ 27
Garrufo **TE** 108 AQ 27
Garrufo **TE** 108 AR 27
Garulla **MC** 107 AO 26
Garzano **CE** 141 AV 37

Garzano *TN* 26 AC 7
Garzara *PD* 55 AE 12
Garzeno *CO* 23 Q 7
Garzera *RO* 57 AH 14
Garzi Sottano *SV* 74 L 18
Garziere *VI* 41 AD 9
Garzigliana *TO* 59 F 14
Gaspanella *RG* 204 AV 62
Gasparrino *PI* 85 Z 22
Gasperina *CZ* 175 BI 51
Gasponi *VV* 176 BE 52
Gassano *MS* 78 V 18
Gassino Torinese *TO* 48 H 13
Gasteig / Casateia *BZ* 3 AD 2
Gastra *AR* 87 AE 21
Gatta *EN* 194 AV 60
Gatta *LO* 51 S 12
Gatta *RE* 79 X 17
Gattaia *FI* 87 AD 20
Gattaiola *LU* 85 X 21
Gattara *PU* 88 AI 21
Gattarella *FG* 127 BG 33
Gattatico *RE* 65 X 15
Gatteo *FC* 83 AJ 19
Gatteo a Mare *FC* 83 AJ 18
Gattera *VC* 35 K 9
Gatti *CS* 166 BF 47
Gatti *MN* 54 Z 12
Gatticello *RC* 177 BI 53
Gàttico *NO* 35 M 9
Gattinara *PV* 51 Q 12
Gattinara *VC* 35 L 10
Gatto Corvino *RG* 204 AW 63
Gattolina *FC* 82 AI 18
Gattolino *CR* 52 S 11
Gattorna *GE* 76 Q 17
Gattuccio *AN* 97 AM 25
Gaude / Flading *BZ* 3 AC 2
Gaudello *NA* 141 AV 38
Gaudes *PA* 184 AO 55
Gaudi *CE* 131 AS 35
Gaudiano *PZ* 144 BE 37
Gaudiciello *AV* 143 AZ 36
Gaudisciano *CE* 140 AT 36
Gaudo *CB* 133 AW 34
Gaudovito *IS* 132 AV 34
Gauna *TO* 33 H 11
Gauro *SA* 152 AY 39
Gauta *IS* 132 AV 34

Gauzza *BS* 53 V 12
Gavardo *BS* 39 X 10
Gavarno Rinnovata *BG* 37 T 9
Gavaseto *BO* 67 AD 15
Gavassa *RE* 66 Z 15
Gavasseto *RE* 66 Z 16
Gavaz *BL* 14 AH 5
Gavazzana *AL* 62 O 15
Gavazzo *BG* 24 U 7
Gavazzo *PR* 65 X 16
Gavazzo *TN* 26 AA 8
Gavazzoli *PO* 86 AC 19
Gavedo *MS* 78 U 18
Gavelle *VI* 27 AE 8
Gavelli *PG* 107 AM 27
Gavello *FE* 55 AC 14
Gavello *MO* 66 AA 14
Gavello *MO* 55 AC 14
Gavello *RO* 56 AG 13
Gavenola *IM* 73 I 19
Gaverina Terme *BG* 38 U 9
Gavi *AL* 62 N 15
Gavignano *AR* 95 AE 23
Gavignano *RM* 129 AN 33
Gavignano Sabino *RI* 113 AK 30
Gavigno *PO* 80 AB 19
Gaville *AN* 97 AL 23
Gaville *FI* 87 AD 22
Gavinana *PT* 79 Z 19
Gavirate *VA* 22 N 8
Gavoi *NU* 218 Q 43
Gavonata Fontaniale *AL* 62 M 15
Gavorrano *GR* 103 AA 26
Gavotti *LT* 138 AO 35
Gazo *AT* 61 K 14
Gazoldo degli Ippoliti *MN* 54 Y 12
Gazzada *VA* 36 N 9
Gazzadina *TN* 26 AB 7
Gazzane *BS* 39 X 10
Gazzane *BS* 39 Y 10
Gazzaniga *BG* 24 U 9
Gazzano *RE* 79 Y 18
Gazzaro *RE* 65 X 15
Gazzaro *RE* 66 Z 15
Gazzelli *IM* 73 I 20
Gazzena *CT* 197 BA 58
Gazzo *CR* 53 W 13
Gazzo *GE* 75 M 17
Gazzo *IM* 72 I 19

Gazzo *MN* 54 AA 12
Gazzo *MN* 54 AA 13
Gazzo *PD* 56 AE 12
Gazzo *PD* 41 AF 10
Gazzo *PD* 56 AG 12
Gazzo *PR* 64 T 16
Gazzo *SV* 74 J 19
Gazzo Veronese *VR* 55 AB 13
Gazzola *AL* 50 O 13
Gazzola *PC* 52 S 14
Gazzola *PC* 64 T 15
Gazzoli *VR* 39 Z 10
Gazzolo *BS* 38 U 10
Gazzolo *CR* 53 V 13
Gazzolo *GE* 62 O 16
Gazzolo *GE* 63 P 16
Gazzolo *GE* 76 R 17
Gazzolo *GE* 78 W 17
Gazzolo *RE* 65 X 16
Gazzolo *VR* 40 AC 11
Gazzuoli *MN* 53 X 12
Gazzuolo *MN* 54 Y 13
Gebbo *VB* 7 K 6
Gebrarossa *CL* 193 AS 59
Gecchelini *VI* 40 AC 9
Gecchelini *VI* 27 AE 8
Gela *CL* 201 AU 61
Gelagna Alta *MC* 97 AN 25
Gelagna Bassa *MC* 97 AN 25
Gello *AR* 88 AG 21
Gello *AR* 95 AG 22
Gello *LU* 85 X 20
Gello *PI* 85 X 21
Gello *PI* 85 Y 22
Gello *PI* 85 Z 22
Gello *PT* 86 AA 20
Gello Biscardo *AR* 87 AF 22
Gello Mattaccino *PI* 92 Y 22
Gelonardo *AG* 198 AP 60
Gelsa *LU* 85 Z 21
Gelsi *CE* 131 AS 35
Gelsomini *CS* 166 BF 47
Gelsomini Sorisi *PA* 183 AN 55
Gemerello *TO* 59 F 15
Gemini *LE* 160 BS 44
Geminiano *PR* 64 S 16
Gemmano *RN* 89 AK 20
Gemmiano *RN* 83 AJ 19
Gemona del Friuli *UD* 16 AN 6

Gemonio *VA* 21 N 8
Gena *BL* 28 AH 6
Genazzano *RM* 120 AM 33
Genca *BN* 142 AY 37
Genepreto *PC* 63 R 14
Genga *AN* 97 AM 23
Genga *PG* 97 AL 24
Genghe-Caturchio *PU* 88 AJ 21
Geniccola *MS* 77 U 18
Genivolta *CR* 52 U 11
Genna Corriga *CI* 224 M 48
Genna Gonnesa *CI* 224 L 48
Gennamari *VS* 222 L 47
Genniauri *CA* 226 O 49
Gennomius *CA* 225 N 49
Genola *CN* 59 G 16
Genoni *OR* 218 P 45
Genova *GE* 76 O 17
Genova-Rulli *CH* 124 AX 30
Genovese *ME* 187 AX 55
Genovese *RG* 204 AX 63
Genuri *VS* 221 O 45
Genzana *CN* 58 D 16
Genzano *AQ* 115 AO 29
Genzano di Lucania *PZ* 145 BF 38
Genzano di Roma *RM* 129 AL 33
Genzone *PV* 51 R 12
Geo Canonero *GE* 62 O 17
Geppa *PG* 107 AM 27
Geppetto *FI* 86 AB 21
Gera *BL* 15 AK 4
Gera Lario *CO* 23 R 6
Gerace *RC* 179 BG 54
Geracello *EN* 194 AU 59
Geraci Siculo *PA* 186 AT 56
Gerano *RM* 120 AM 32
Gerbi *CN* 59 G 17
Gerbidi *AL* 50 O 14
Gerbido *PC* 52 T 13
Gerbido *TO* 48 I 12
Gerbido di Costagrande *TO* 47 E 14
Gerbini *CT* 195 AY 59
Gerbo *CN* 59 G 16
Gerbo *CO* 22 O 9
Gerbola *CN* 59 G 16
Gerbola *CN* 59 G 16
Gerbole *TO* 47 G 14
Gerbole *TO* 49 J 13
Gerchia *PN* 16 AM 6

Gere *LO* 52 T 13
Geremeas *CA* 227 R 48
Gerenzago *PV* 51 R 12
Gerenzano *VA* 36 O 10
Gerfalco *GR* 93 AA 25
Gergei *CA* 221 P 45
Gerlotto *AL* 50 M 14
Germagnano *TO* 47 F 12
Germagno *VB* 21 L 8
Germanedo *LC* 23 R 8
Germaneto *CZ* 175 BI 50
Germano *CS* 171 BI 48
Germasino *CO* 23 Q 7
Germignaga *VA* 22 N 8
Gerno *MI* 36 Q 10
Gerocarne *VV* 174 BG 52
Gerola Alta *SO* 23 S 7
Gerola Nuova *PV* 50 O 13
Gerolanuova *BS* 38 V 11
Geroli *TN* 26 AC 8
Gerosa *AP* 108 AP 26
Gerosa *BG* 23 S 8
Gerre de' Capriolii *CR* 53 V 13
Gerrone *LO* 52 T 13
Gerrone *PU* 89 AK 20
Gesico *CA* 222 P 46
Gesina *BN* 133 AY 36
Gessate *MI* 37 R 10
Gessi *RN* 89 AJ 20
Gesso *ME* 189 BB 54
Gesso *BO* 67 AC 17
Gesso *BO* 81 AE 18
Gesso *ME* 89 AK 20
Gesso *TE* 108 AQ 27
Gesso Bianco *CE* 131 AS 35
Gessopalena *CH* 123 AU 31
Gestino *RM* 119 AI 32
Gesturi *VS* 221 P 45
Gesù Maria *ME* 188 AY 55
Gesualdo *AV* 143 AZ 37
Gesuiti *CS* 170 BF 47
Gete *SA* 151 AW 39
Getsemani *SA* 152 AZ 41
Gettaz *AO* 33 Q 8
Gfril / Caprile di Tesino *BZ* 12 AB 4
Gfrill / Cauria *BZ* 13 AC 6
Ghedi *BS* 38 W 11
Gheit *CN* 58 D 17

Ghemme *NO* 35 L 10
Gherardi *FE* 68 AG 14
Gherba *AT* 60 I 14
Gherghenzano *BO* 67 AD 15
Ghetto *FE* 56 AF 14
Ghetto *FE* 56 AH 14
Ghetto *MN* 54 AA 14
Ghetto *PD* 41 AF 11
Ghetto *PD* 56 AF 12
Ghetto *PU* 90 AM 20
Ghetto *TV* 42 AI 10
Ghetto *VR* 54 AB 12
Ghetto Abbazia *RN* 89 AL 20
Ghetto Cinque Quattrini *RN* 89 AL 20
Ghetto Randuzzi *RN* 83 AK 19
Ghetto Tamagnino *RN* 83 AK 20
Ghevio *NO* 35 M 9
Ghezzano *PI* 85 X 21
Ghiaie *BG* 37 S 9
Ghiaie *PV* 50 O 13
Ghiandaro *CS* 167 BG 46
Ghiara *PR* 65 W 14
Ghiardo *RE* 65 Y 16
Ghiare *PR* 64 U 16
Ghiare *PR* 64 U 16
Ghiare Madonna *AT* 61 L 15
Ghiasti *PZ* 144 BD 39
Ghiastu *RA* 82 AH 17
Ghibullo *RA* 82 AH 17
Ghidone *CN* 60 H 16
Ghiffa *VB* 21 M 8
Ghilardino *PU* 90 AM 21
Ghilarza *OR* 217 O 43
Ghirano *PN* 29 AK 8
Ghirla *VA* 22 N 8
Ghirlanda *GR* 103 AA 25
Ghisalba *BG* 37 T 10
Ghisione *MN* 55 AB 13
Ghisiolo *MN* 54 AA 13
Ghislarengo *VC* 35 L 10
Ghisola *CN* 59 E 15
Ghisone *FI* 86 AB 22
Ghivizzano *LU* 85 Y 19
Ghizzano *PI* 93 Z 22
Ghizzole *VI* 41 AE 11
Ghizzole *VI* 41 AE 11
Ghorio *RC* 179 BE 55

GENOVA

Albaro (V.) . . . . F 3
Angeli (Salita degli) . . . . . . E 5
Barrili (V.) . . . . G 6
Bassi (Cso U.) . . . . F 9
Belvedere (Cso) . . . . E 10
Bobbio (V.) . . . . F 13
Boselli (V.) . . . . G 14
Buozzi (V.) . . . . E 16
Caprera (V.) . . . . G 18
Casoni (V.) . . . . F 22
Dassori (V. F.) . . . . F 27
Degola (V.) . . . . E 28
Fereggiano (V.) . . . . F 32
Fillak (V. W.) . . . . E 34
Fontanarossa (V. S.) . . . . . G 35
Gianelli (V. A.) . . . . H 41
Martinetti (Corso L. A.) . . . E 43
Milano (V.) . . . . E 47
Mille (V. dei) . . . . G 48
Monaco Simone (V.) . . . . . G 49
Montaldo (V. L.) . . . . F 50
Mura del Castellaccio
(V.) . . . . F 52
Mura di Granorolo (V.) . . . . E 53
Mura di Porta Murata
(V. delle) . . . . E 55
Murcarolo (V.) . . . . H 56
Olivieri (V.) . . . . G 59
Piacenza (V.) . . . . F 60
Piave (V.) . . . . F 63
Pieragostini (V. R.) . . . . . . E 64
Ricci (V.) . . . . G 77
Rolando (V. C.) . . . . E 78
S. Benedetto (V.) . . . . EF 80
S. Erasmo
(Mura) . . . . F 83
S. Martino (V.) . . . . G 84
S. Ugo (V.) . . . . G 88
Sturla (V.) . . . . G 92
Timavo (V.) . . . . G 95
Tolemaide (V.) . . . . F 97
Torti (V. G.) . . . . G 98

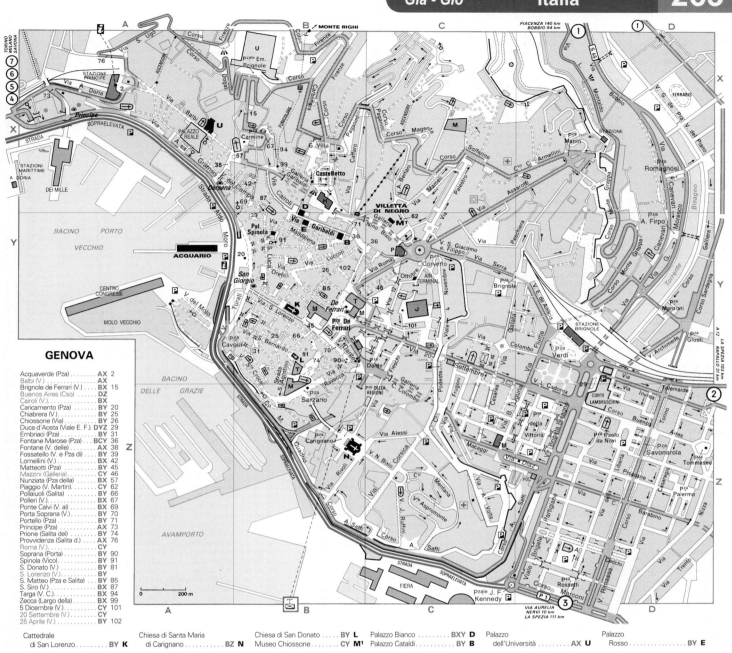

GENOVA

Acquaverde (Pza) . . . . AX 2
Balbi (V.) . . . . AX
Brignole de Ferrari (V.) . . . BX 15
Buenos Aires (Cso) . . . . . . DZ
Cairoli (V.) . . . . BX
Caricamento (Pza) . . . . . . BY 20
Chiabrera (V.) . . . . BY 25
Chiossone (Via) . . . . BY 26
Duca d'Aosta (Viale E. F.) . DYZ 29
Embriaci (Pza) . . . . BY 31
Fontane Marose (Pza) . . . BCY 36
Fontane (V. delle) . . . . AX 38
Fossatello (V. e Pza di) . . . BY 39
Lomellini (V.) . . . . BX 42
Matteotti (Pza) . . . . BX 45
Mazzini (Galleria) . . . . CY 46
Nunziata (Pza della) . . . . . BX 57
Piaggio (V. Martin) . . . . . . CY 62
Pollaiuoli (Salita) . . . . BX 66
Polleri (V.) . . . . BX 67
Ponte Calvi (V. al) . . . . . . BX 69
Porta Soprana (V.) . . . . . . BY 70
Portello (Pza) . . . . BY 71
Principe (Pza) . . . . AX 73
Prione (Salita del) . . . . BY 74
Provvidenza (Salita d.) . . . AX 76
Roma (V.) . . . . CY
Soprana (Porta) . . . . BY 90
Spinola (Vico) . . . . BY 91
S. Donato (V.) . . . . BY 81
S. Lorenzo (V.) . . . . BY
S. Matteo (Pza e Salita) . . BY 85
S. Siro (V.) . . . . BX 87
Targa (V. C.) . . . . BY 94
Zecca (Largo della) . . . . . . BX 99
5 Dicembre (V.) . . . . CY 101
20 Settembre (V.) . . . . CY
25 Aprile (V.) . . . . BY 102

Cattedrale
di San Lorenzo . . . . BY **K**

Chiesa di Santa Maria
di Carignano . . . . BZ **N**

Chiesa di San Donato . . . . BY **L**
Museo Chiossone . . . . CY **M¹**

Palazzo Bianco . . . . BXY **D**
Palazzo Cataldi . . . . BY **B**

Palazzo
dell'Università . . . . AX **U**

Palazzo
Rosso . . . . BY **E**

Giacalone *PA* . . . . 184 AO 55
Giaccherino *PT* . . . . 85 AA 20
Giacchini *SV* . . . . 74 K 18
Giacciano *RO* . . . . 55 AD 13
Giacco *CN* . . . . 60 J 16
Giachindi-Placanica *RC* . 178 BD 56
Giacobbi *AP* . . . . 108 AQ 25
Giacobbi *NA* . . . . 151 AV 38
Giacomuzzi *VI* . . . . 41 AD 11
Giaconecchia *BR* . . . . . . 148 BN 39
Giaconia *CT* . . . . 195 AY 58
Giagazzu *SS* . . . . 209 O 38
Giaglione *TO* . . . . 46 D 13
Giagone *OT* . . . . 210 P 39
Giai *VE* . . . . 29 AL 9
Giai *VE* . . . . 30 AL 9
Giaia *PA* . . . . 194 AT 57
Giaiette *GE* . . . . 77 R 17
Giais *PN* . . . . 29 AK 7
Giammartino *TE* . . . . 109 AS 27
Giammoro *ME* . . . . 189 BA 54
Giamosa *BL* . . . . 28 AI 7
Giampereta *AR* . . . . 88 AG 21
Giampereto *MC* . . . . 107 AQ 25
Giampierone *PT* . . . . 85 Z 20
Giampilieri *ME* . . . . 189 BB 55
Giampilieri Marina *ME* . . . 189 BB 55

Gianforma *RG* . . . . 204 AY 62
Giani *VI* . . . . 40 AC 10
Gianico *BS* . . . . 24 W 8
Giannarena *RC* . . . . 177 BG 54
Giannini *LU* . . . . 79 X 19
Giannotti *VT* . . . . 112 AH 28
Giannottola *LT* . . . . 129 AL 34
Giano dell' Umbria *PG* . . . 106 AK 27
Gianoglio *CN* . . . . 60 H 15
Gianola *AT* . . . . 61 L 15
Gianoli *CN* . . . . 60 I 14
Giaon *BL* . . . . 28 AI 7
Giardina Gallotti *AG* . . . . 192 AQ 59
Giardinaccio *AG* . . . . 199 AR 60
Giardinello *CZ* . . . . 175 BI 51
Giardinello *PA* . . . . 183 AN 55
Giardinello *PA* . . . . 185 AP 57
Giardinetto *FG* . . . . 134 BB 36
Giardinetto *FG* . . . . 136 BF 35
Giardinetto Nuovo *FG* . . . 134 BB 36
Giardinetto-
Ponte Maggio *LU* . . . . . 79 Z 19
Giardini *CB* . . . . 133 AX 33
Giardini *PZ* . . . . 153 BB 39
Giardini-Duglia *CS* . . . . . 167 BG 46
Giardiniera *PU* . . . . 88 AH 21
Giardiniera *PZ* . . . . 154 BD 39

Giardini-Naxos *ME* . . . . . 197 BA 57
Giardino *AV* . . . . 142 AY 37
Giardino *BO* . . . . 81 AF 17
Giardino *BS* . . . . 38 U 11
Giardino *BS* . . . . 38 W 11
Giardino *CS* . . . . 166 BE 45
Giardino *FG* . . . . 136 BE 35
Giardino *MN* . . . . 53 Y 13
Giardino *RA* . . . . 68 AG 17
Giardino *RC* . . . . 177 BH 53
Giardino *SA* . . . . 162 BA 42
Giardino Buonaccorsi *MC* . 99 AR 23
Giardino Corazzo *KR* . . . . 173 BL 48
Giardino della Galla *PU* . . . 89 AK 21
Giardoni *BN* . . . . 141 AV 37
Giare *PD* . . . . 41 AF 11
Giare *RO* . . . . 56 AE 13
Giare *RO* . . . . 55 AE 13
Giare *VE* . . . . 56 AH 12
Giare *VR* . . . . 40 AA 10
Giarette *RO* . . . . 57 AJ 14
Giarola *PV* . . . . 63 Q 15
Giarole *AL* . . . . 50 M 13
Giarole *VR* . . . . 39 Z 10
Giarolo *AL* . . . . 63 P 15
Giarone *AL* . . . . 49 L 12
Giaroni *BL* . . . . 28 AF 8

Giarra *AG* . . . . 199 AQ 60
Giarra *ME* . . . . 188 BA 55
Giarratana *RG* . . . . 202 AX 61
Giarre *CT* . . . . 197 BA 57
Giarre *CT* . . . . 197 BA 57
Giarre *MN* . . . . 55 AC 14
Giarre *VR* . . . . 55 AD 12
Giarrocco *CH* . . . . 117 AV 31
Gias Creusa Soprano *CN* . 71 G 18
Gias Creusa Sottano *CN* . 71 G 18
Giasinozza *TN* . . . . 28 AG 7
Giassico *GO* . . . . 31 AP 8
Giave *SS* . . . . 213 N 41
Giavenale *VI* . . . . 41 AD 9
Giaveno *TO* . . . . 47 F 13
Giavera del Montello *TV* . . 28 AI 9
Giavone *VR* . . . . 55 AD 12
Giavons *UD* . . . . 30 AN 7
Giazza *BS* . . . . 39 X 11
Giazza *VR* . . . . 40 AB 10
Giazzoi *BL* . . . . 28 AH 7

Gidoni *VE* . . . . 42 AH 11
Gidora *CS* . . . . 167 BG 47
Gifflenga *BI* . . . . 34 K 11
Giffone *RC* . . . . 176 BF 53
Giffoni *SA* . . . . 152 AY 39
Gigioni *LU* . . . . 85 Y 21
Giglia *RC* . . . . 177 BG 54
Gigliana *MS* . . . . 78 U 17
Giglio *AR* . . . . 95 AF 24
Giglio Campese *GR* . . . . . 110 AA 29
Giglio Castello *GR* . . . . . . 110 AA 29
Giglio Porto *GR* . . . . 110 AA 29
Gigliola *FE* . . . . 69 AI 14
Gigliola *FI* . . . . 86 AB 22
Gigliotti *CS* . . . . 171 BH 49
Gignese *VB* . . . . 21 M 8
Gignod *AO* . . . . 19 E 9
Gilba Inf. *CN* . . . . 59 F 16
Gilba Sup. *CN* . . . . 59 E 16
Gildone *CB* . . . . 133 AX 34
Giliaquas *CA* . . . . 226 P 48
Giliotto *CB* . . . . 132 AW 34
Giba *CI* . . . . 224 M 49
Gibellina *TP* . . . . 191 AM 57
Giberto *AT* . . . . 49 K 14
Gibilmanna *PA* . . . . 186 AT 56
Gibilrossa I *PA* . . . . 185 AP 55
Gibilrossa II *PA* . . . . 185 AP 55

Ginepreto *RE* . . . . 79 X 17
Ginestole *PZ* . . . . 154 BD 41
Ginestra *PA* . . . . 184 AO 56
Ginestra *PZ* . . . . 144 BD 38
Ginestra degli
Schiavoni *BN* . . . . 134 AZ 36
Ginestra Fiorentina *FI* . . . 86 AB 21
Ginestra Sabina *RI* . . . . . 114 AM 30
Ginestreto *CS* . . . . 167 BG 47
Ginestreto *FC* . . . . 88 AI 20
Ginestreto *PU* . . . . 89 AL 21
Ginevra *BS* . . . . 38 W 11
Ginnari *MT* . . . . 165 BI 42
Ginosa *TA* . . . . 156 BJ 40
Ginostra *ME* . . . . 181 BA 51
Giocagni *BN* . . . . 133 AW 36
Gioffa *CS* . . . . 166 BD 44
Giogo *BG* . . . . 38 U 9
Giogo *PC* . . . . 4 AG 3
Gioi *SA* . . . . 162 BA 42
Gioia *CS* . . . . 168 BH 46
Gioia dei Marsi *AQ* . . . . . 122 AR 32
Gioia del Colle *BA* . . . . . . 146 BK 39
Gioia del Tirreno *VV* . . . . 176 BE 52
Gioia Sannitica *CE* . . . . . 132 AV 36
Gioia Tauro *RC* . . . . 176 BE 53
Gioia Vecchio *AQ* . . . . . . 122 AR 32

Gioiella PG .... 105 AG 25
Gioiello PG .... 96 AI 23
Gioiosa Ionica RC .... 177 BG 53
Gioiosa Marea ME .... 188 AY 54
Giomici PG .... 97 AK 24
Giona AR .... 88 AG 21
Gioncoli SA .... 163 BC 42
Gionghi TN .... 27 AC 8
Gionzana NO .... 35 M 11
Gioppo RC .... 179 BF 54
Giordani TO .... 47 D 13
Giorgilorio LE .... 159 BR 41
Giorgio di Scarperia FI .... 81 AD 19
Giosio VB .... 7 L 7
Giovagallo MS .... 77 U 18
Giovan Marco OT .... 207 Q 36
Giovancorso SI .... 105 AG 25
Giovanni XXIII CS .... 170 BF 47
Giove BL .... 14 AH 6
Giove MC .... 98 AN 25
Giove PG .... 96 AI 23
Giove TR .... 113 AI 28
Giovecca RA .... 68 AG 16
Gioveto PG .... 105 AH 25
Giovi AR .... 95 AG 22
Giovi GE .... 62 O 16
Giovi Altimare SA .... 152 AY 39
Giovi Bottiglieri SA .... 152 AX 39
Gioviano LU .... 85 Y 19
Giovinazzo BA .... 137 BJ 36
Gioz BL .... 28 AI 7
Giragello PA .... 194 AT 57
Giralba BL .... 15 AJ 4
Girardi RM .... 119 AK 31
Girardi TN .... 26 AC 8
Girardi TO .... 47 F 13
Girasole AL .... 61 M 15
Girasole OG .... 219 S 44
Giratola RA .... 86 AC 19
Giravolte SA .... 153 BC 41
Girgenti RI .... 114 AN 30
Girini SV .... 74 L 17
Girlan / Cornaiano BZ .... 12 AC 5
Girola AP .... 99 AQ 25
Girola MC .... 98 AP 25
Gironico al Monte CO .... 22 O 9
Gironico al Piano CO .... 22 P 9
Gisbarro CS .... 171 BH 48
Gisola TO .... 47 F 12
Gissara-Starze AV .... 142 AY 38
Gissi CH .... 124 AW 31
Gisuole CN .... 61 J 16
Giucano MS .... 78 V 19
Giuggianello LE .... 161 BT 43
Giugliano in Campania NA .... 150 AU 38
Giugnola BO .... 81 AD 18
Giulia LT .... 138 AM 35
Giuliana PA .... 192 AO 57
Giulianello LT .... 129 AM 33
Giuliani AL .... 61 L 16
Giuliani MC .... 98 AP 23
Giuliano AR .... 88 AG 22
Giuliano LE .... 161 BT 44
Giuliano PZ .... 154 BD 39
Giuliano di Roma FR .... 130 AO 34
Giuliano Teatino CH .... 117 AU 30
Giulianova TE .... 109 AS 27
Giulianova Lido TE .... 109 AS 27
Giuliantonio PZ .... 164 BF 43
Giuliodori MC .... 98 AP 23
Giuliopoli CH .... 123 AV 32
Giulo MC .... 107 AN 25
Giumarra CT .... 195 AW 59
Giumello LC .... 23 R 7
Giuncana SS .... 209 O 38
Giuncano Scalo TR .... 106 AK 28
Giuncarico GR .... 103 AA 26
Giuncugnano LU .... 78 W 18
Giungano SA .... 152 AZ 41
Giungatelle SA .... 162 AY 42
Giunzione RE .... 79 Y 18
Giurdignano LE .... 161 BT 43
Giusiani Opaco CN .... 59 E 16
Giussago PV .... 51 P 12
Giussago VE .... 30 AM 9
Giussano MI .... 36 Q 9
Giustimana AP .... 108 AP 27
Giustino TN .... 26 Z 7
Giusulana AL .... 62 O 15
Giusvalla SV .... 74 L 17
Givigliana UD .... 16 AM 4
Givoletto TO .... 47 F 13
Gizzeria CZ .... 170 BG 50
Gizzeria Lido CZ .... 174 BG 50
Glacier UD .... 19 E 8
Glaunicco UD .... 30 AM 8
Gleise TO .... 46 B 13

Glen / Gleno BZ .... 13 AC 6
Gleno / Glen BZ .... 13 AC 6
Glera PN .... 29 AK 7
Gleris PN .... 30 AM 8
Gli Ondini BI .... 34 I 9
Gli Sgarroni PZ .... 144 BC 38
Gli Stombi CS .... 168 BH 45
Gliaca ME .... 188 AY 55
Glorenza / Glurns BZ .... 2 Y 3
Glori IM .... 72 I 20
Gloriani CE .... 140 AT 36
Glorie RA .... 69 AH 17
Glurns / Glorenza BZ .... 2 Y 3
Gnignano MI .... 51 Q 12
Gniva UD .... 16 AO 5
Gnive CN .... 71 G 18
Gnocca RO .... 57 AJ 14
Gnocchetta RO .... 69 AJ 14
Gnocchetto AL .... 62 N 16
Gobbera TN .... 27 AF 7
Godega di Sant'Urbano TV .... 29 AJ 8
Godenza RE .... 66 Y 14
Godi PC .... 64 T 14
Godia UD .... 30 AO 7
Godiasco PV .... 63 P 14
Godio AL .... 49 K 13
Godo RA .... 82 AH 17
Godrano PA .... 185 AP 56
Goggianello BO .... 81 AF 18
Goglio VB .... 7 K 6
Gogoli NU .... 214 R 40
Goia VI .... 41 AD 11
Goido PV .... 50 N 13
Goito MN .... 54 Z 12
Golasecca VA .... 35 M 9
Golden Hill II PA .... 185 AQ 56
Golden Hill III PA .... 185 AQ 56
Goldrain / Coldrano BZ .... 12 Z 4
Goledo SP .... 77 T 18
Goletta CN .... 70 E 18
Golferenzo PV .... 51 Q 14
Golfo Aranci OT .... 211 S 37
Golia VI .... 133 AY 36
Golizzis UD .... 16 AO 5
Gollieri CZ .... 170 BF 49
Golometto GO .... 31 AQ 9
Gomagoi BZ .... 11 Y 4
Gombio BS .... 38 V 9
Gombio RE .... 65 X 16
Gombion VR .... 40 AB 11
Gombitelli LU .... 84 X 20
Gombito CR .... 52 T 12
Gombo PI .... 84 W 21
Gombola MO .... 79 Z 17
Gomeno RC .... 178 BD 55
Gomion BZ .... 3 AC 3
Gonars UD .... 30 AO 8
Gonella AT .... 61 J 14
Gonengo AT .... 48 I 13
Goni CA .... 222 Q 46
Gonnesa CI .... 224 L 48
Gonnoscodina OR .... 221 O 45
Gonnosfanadiga VS .... 221 M 47
Gonnosnò OR .... 221 O 45
Gonnostramatza OR .... 221 O 45
Gonte VB .... 21 M 8
Gonzaga MN .... 54 Z 14
Gonzagone MN .... 54 Z 13
Gonzati VI .... 40 AC 10
Gonzati VI .... 41 AD 9
Goraiolo PT .... 85 Z 20
Gorandaccio PO .... 80 AB 19
Gorasco MS .... 78 V 18
Gorciti AR .... 87 AE 22
Gordena AL .... 63 P 16
Gordona SO .... 9 R 6
Gorei BI .... 34 K 11
Gorfigliano LU .... 78 W 19
Gorga RM .... 130 AN 34
Gorga SA .... 162 BA 42
Gorghi TN .... 26 AA 8
Gorgo BS .... 38 V 10
Gorgo FE .... 68 AE 15
Gorgo MN .... 54 AA 13
Gorgo PD .... 56 AG 12
Gorgo PD .... 56 AG 12
Gorgo UD .... 30 AN 9
Gorgo VE .... 30 AM 9
Gorgo VR .... 39 Z 11
Gorgo al Monticano TV .... 29 AK 9
Gorgo dei Molini TV .... 29 AK 9
Gorgo Lungo PA .... 186 AS 55
Gorgodaino RG .... 205 AY 62
Gorgofreddo BA .... 147 BM 38
Gorgoglicino LT .... 129 AM 35
Gorgoglione MT .... 154 BF 41
Gorgognano BO .... 80 AD 17

Gorgona Scalo LI .... 92 U 23
Gorgonzola MI .... 37 R 10
Gorgotto CO .... 23 Q 7
Goria CN .... 58 D 16
Goriano Sicoli AQ .... 122 AR 31
Goricizza UD .... 30 AM 8
Gorino Sullani RO .... 69 AJ 14
Gorino Veneto FE .... 69 AJ 15
Gorino Veneto RO .... 69 AJ 14
Gorisi RE .... 66 Z 14
Gorizia BO .... 80 AC 17
Gorizia GO .... 31 AQ 8
Gorizzo UD .... 30 AM 8
Gorla Maggiore VA .... 36 O 10
Gorla Minore VA .... 36 O 10
Gorlago BG .... 38 T 9
Gorle BG .... 37 T 9
Gornate Olona VA .... 36 O 9
Gornate Sup. VA .... 36 O 9
Goro FE .... 69 AI 14
Gorra CN .... 60 H 16
Gorra SV .... 74 K 18
Gorra TO .... 48 H 14
Gorreto CN .... 70 F 17
Gorreto PC .... 63 Q 16
Gorrino CN .... 61 K 16
Gorzano AT .... 60 J 14
Gorzano MO .... 66 AA 16
Gorzano PR .... 64 V 15
Gorzegno CN .... 61 J 16
Gosaldo BL .... 14 AG 6
Gosi CN .... 71 H 17
Gossensab / Colle Isarco BZ .... 4 AD 2
Gossi CN .... 59 G 17
Gossolengo PC .... 52 S 13
Gost UD .... 16 AO 5
Gotra PR .... 77 T 17
Gottardo PD .... 41 AF 11
Gottasecca CN .... 74 K 17
Gottolengo BS .... 53 W 12
Gottro CO .... 22 Q 7
Goubelin AO .... 32 D 9
Governolo MN .... 54 AA 13
Govone CN .... 61 J 15
Govoni CN .... 71 H 17
Gozza BS .... 11 X 6
Gozzano NO .... 35 L 9
Gozzolina MN .... 53 X 11
Gr. Bruson AO .... 33 G 9
Gr. Golette AO .... 32 C 9
Gr. Haury AO .... 32 D 9
Grabiasca BG .... 24 U 7
Gracciano SI .... 95 AF 25
Gracciano d'Elsa SI .... 94 AB 23
Gracco UD .... 16 AM 4
Gradara PU .... 89 AL 20
Gradaro MN .... 54 AA 13
Gradella PC .... 37 S 11
Gradia-San Lorenzo KR .... 172 BJ 48
Gradina AN .... 91 AQ 22
Gradisca PN .... 30 AM 7
Gradisca UD .... 30 AM 7
Gradisca d'Isonzo GO .... 31 AQ 8
Gradiscutta UD .... 30 AM 8
Gradizza FE .... 68 AG 14
Grado GO .... 44 AP 9
Grado Lido GO .... 45 AP 9
Grado Pineta GO .... 45 AP 9
Gradoli VT .... 112 AG 28
Graffignana CR .... 52 U 12
Graffignana LO .... 51 R 12
Graffignane BG .... 37 T 10
Graffignano VT .... 112 AI 28
Graglia BI .... 34 I 10
Graglia Piana VB .... 21 M 8
Gragliana LU .... 85 X 19
Graglio VA .... 22 N 7
Gragnana BO .... 80 AD 18
Gragnana LU .... 78 W 18
Gragnana MS .... 78 V 19
Gragnanino PC .... 52 S 13
Gragnano AR .... 88 AH 22
Gragnano LU .... 85 Y 20
Gragnano NA .... 151 AW 39
Gragnano Trebbiense PC .... 52 S 13
Gragnola MS .... 78 V 18
Graines AO .... 33 H 9
Gramignana CR .... 52 T 12
Gramignana VT .... 112 AI 29
Gramignazzo PR .... 53 W 14
Graminatoggiu OT .... 211 S 39
Gramizzola PC .... 63 Q 16
Grammatica PR .... 78 V 17
Grammichele CT .... 202 AW 60
Gramolazzo LU .... 78 W 19

Grampa VC .... 34 J 9
Gramsci CS .... 170 BF 47
Gramugnana PI .... 92 Y 22
Gran Faetto TO .... 47 D 13
Gran Praz AO .... 34 I 9
Grana AT .... 49 K 14
Grana BG .... 24 V 8
Grana SV .... 75 M 17
Granaglione BO .... 80 AA 19
Granaiola LU .... 85 Y 19
Granaiolo FI .... 86 AA 22
Granaione GR .... 103 AC 27
Granare RI .... 113 AL 30
Granari RI .... 113 AL 30
Granarola PU .... 89 AL 20
Granarolo FC .... 82 AG 18
Granarolo RA .... 82 AG 17
Granarolo dell'Emilia BO .... 67 AD 16
Granarone RO .... 55 AD 13
Granata CS .... 166 BD 45
Granatello TP .... 182 AK 56
Grancare VI .... 41 AE 11
Grancetta AN .... 90 AO 22
Grancetta AN .... 91 AP 22
Grancia GR .... 103 AB 27
Grancona VI .... 41 AD 11
Grand Brissogne AO .... 33 F 9
Grand Pollein AO .... 33 F 9
Grand Puy TO .... 46 C 13
Grand Rosier AO .... 33 G 10
Grand Villa AO .... 19 G 9
Grandate CO .... 36 P 9
Grande TP .... 190 AJ 57
Grande Chaux AO .... 33 F 10
Granella VI .... 41 AF 9
Granelli SR .... 205 AZ 63
Granerolo VB .... 21 L 8
Granfone SA .... 151 AX 39
Grange Arpillas AO .... 32 E 9
Grange di Brione TO .... 47 F 13
Grange di Fiano TO .... 47 G 12
Grange di Nole TO .... 47 G 12
Grange La Rho TO .... 46 B 13
Granges TO .... 46 C 13
Grangette AO .... 33 E 10
Grangia TO .... 47 F 13
Grangia VB .... 7 K 7
Granigo TV .... 28 AG 8
Granilia CT .... 195 AW 58
Graniti ME .... 189 BA 56
Granitola Torretta TP .... 190 AK 58
Grano BS .... 11 X 6
Granozzo NO .... 50 M 11
Grantino PD .... 41 AF 10
Grantorto PD .... 41 AF 10
Granvilla BL .... 15 AL 4
Granze PD .... 55 AD 12
Granze PD .... 55 AD 13
Granze PD .... 55 AE 12
Granze PD .... 56 AF 12
Granze RO .... 56 AF 13
Granze VR .... 55 AD 12
Granze
  di Frassenelle PD .... 41 AF 11
Grasaura VC .... 21 K 8
Grasciano TE .... 109 AS 27
Grassaga San Giorgio VE .... 43 AK 9
Grassano MT .... 155 BG 40
Grasseghella TV .... 43 AJ 9
Grassina Ponte a Ema FI .... 86 AC 21
Grasso SA .... 23 S 8
Grasso BG .... 23 S 8
Grassobbio BG .... 37 T 10
Grassona VB .... 35 L 9
Grastiello AV .... 142 AX 38
Gratacasolo BS .... 24 V 9
Gratimana RO .... 57 AI 13
Grati PT .... 85 Z 20
Graticelle BS .... 25 W 9
Gratillon AO .... 32 E 9
Grattacoppa RA .... 69 AH 16
Gratteri PA .... 186 AS 56
Grattone CN .... 71 H 17
Graun / Corona BZ .... 2 AC 6
Graun Vinschgau / Curon
  Venosta BZ .... 2 Y 3
Grauno TN .... 13 AC 6
Grauzaria UD .... 16 AO 5

Grava AL .... 50 N 14
Gravà CT .... 188 AZ 56
Gravagna San Rocco MS .... 78 U 17
Graveccio BZ .... 13 AE 4
Gravedona CO .... 23 Q 7
Graveglia GE .... 76 R 17
Graveglia SP .... 77 T 19
Gravellona PV .... 50 N 12
Gravellona Toce VB .... 21 L 8
Gravellone PV .... 51 P 12
Gravere TO .... 46 D 13
Graves RM .... 16 AM 6
Gravina BR .... 148 BN 39
Gravina CS .... 167 BG 46
Gravina PU .... 204 AQ 63
Gravina di Catania CT .... 197 AZ 58
Gravina in Puglia BA .... 145 BH 39
Grazia ME .... 189 BA 55
Graziana VC .... 35 K 11
Grazie MC .... 107 AO 25
Grazie MN .... 54 Z 13
Grazie VC .... 20 K 8
Grazie VT .... 112 AH 28
Graziola RA .... 82 AG 18
Grazioli MN .... 54 Y 11
Grazzanise CE .... 140 AT 37
Grazzano Badoglio AT .... 49 K 13
Grazzano Visconti PC .... 52 T 14
Grazzi PV .... 63 R 15
Grea BL .... 15 AJ 5
Grecale .... 191 AK 70
Grecchia Gabba BO .... 80 AA 18
Grecciano LI .... 85 X 22
Greccio RI .... 113 AL 29
Greci AV .... 134 BA 36
Greci CS .... 170 BF 49
Greco CS .... 170 BF 47
Greggio VC .... 35 L 11
Grello PG .... 97 AL 24
Gremiasco AL .... 63 P 15
Greppolischieto PG .... 105 AH 26
Gressa AR .... 87 AF 21
Gressan AO .... 33 E 9
Gressoney-la-Trinité AO .... 20 H 9
Gressoney-St-Jean AO .... 34 H 9
Greti FI .... 86 AC 22
Greuli OT .... 209 O 37
Greve in Chianti FI .... 86 AC 22
Grevo VC .... 25 X 7
Grezzago MI .... 37 R 10
Grezzana VR .... 40 AB 10
Grezzano FI .... 87 AD 19
Grezzano VR .... 54 AA 12
Grezzo PR .... 64 T 16
Griante CO .... 23 Q 8
Gricciano FI .... 86 AB 22
Gricigliana PO .... 86 AB 19
Gricignano AR .... 96 AH 22
Gricignano FI .... 86 AD 20
Gricignano FI .... 87 AD 21
Gricignano di Aversa CE .... 141 AU 38
Gricilli LT .... 130 AM 35
Grieci AV .... 142 AY 37
Grieco BR .... 148 BN 39
Gries BZ .... 13 AC 4
Gries BZ .... 13 AE 4
Gries TN .... 13 AF 5
Griez VR .... 40 AB 10
Griffe VR .... 55 AB 12
Griffoglieto GE .... 62 O 16
Grignaghe BS .... 24 V 9
Grignani TP .... 182 AK 56
Grignano PD .... 41 AF 10
Grignano II AV .... 143 AZ 37
Grignano Polesine RO .... 56 AF 13
Grigno TN .... 27 AE 7
Grignasco NO .... 35 L 9
Grillano AL .... 62 M 16
Grillara RO .... 57 AI 14
Grilli AR .... 103 AA 26
Grillo PG .... 97 AL 25
Grimacco UD .... 17 AQ 7
Grimaldi CS .... 170 BG 49
Grimaldi IM .... 72 G 21
Grimaldo BZ .... 4 AG 3
Grimana RO .... 57 AI 13
Grimoldo RC .... 178 BD 54
Grinzane Cavour CN .... 60 I 16
Grinzano CN .... 60 H 16
Grions UD .... 30 AM 7
Grions del Torre UD .... 30 AO 7
Gris UD .... 30 AO 8
Grisciano RI .... 107 AO 27
Grisì PA .... 183 AN 56
Grisignana FC .... 82 AH 18
Grisignano SA .... 151 AW 39
Grisignano di Zocco VI .... 41 AF 11

Griso VI .... 26 AC 9
Grisoglio TO .... 49 J 13
Grisolia CS .... 166 BE 45
Grissiano BZ .... 12 AC 4
Grizzana BO .... 80 AB 18
Grizzo PN .... 29 AK 7
Grognardo AL .... 61 L 16
Grole MN .... 39 Y 11
Gromignana LU .... 79 Y 19
Gromlongo BG .... 37 S 9
Gromo BG .... 24 U 8
Gromo San Marino BG .... 24 U 8
Gromola SA .... 152 AY 41
Grompo RO .... 56 AF 13
Gron BL .... 28 AH 7
Gronda BI .... 34 K 10
Gronda MS .... 78 W 19
Grondana PR .... 77 R 17
Grondari CB .... 132 AV 34
Grondo VC .... 20 K 8
Grondola MS .... 77 U 17
Grondona AL .... 62 O 15
Grondone Sopra PC .... 63 R 15
Grondone Sotto PC .... 63 R 16
Grone BG .... 38 U 9
Grontardo CR .... 53 V 12
Grontorto CR .... 52 U 12
Gropada TS .... 45 AS 10
Gropello Cairoli PV .... 50 O 13
Gropello d'Adda MI .... 37 S 10
Gropina AR .... 87 AE 22
Groppallo PC .... 64 S 15
Gropparello PC .... 64 T 14
Groppizioso PR .... 65 W 17
Groppo MO .... 79 Y 18
Groppo MS .... 78 U 18
Groppo MS .... 78 V 18
Groppo PC .... 64 U 15
Groppo PR .... 65 W 16
Groppo RE .... 78 X 17
Groppo SP .... 77 S 18
Groppo SP .... 77 T 19
Groppo Ducale PC .... 64 S 15
Groppodalosio MS .... 78 U 17
Groppoli MS .... 78 U 17
Groppoli MS .... 78 V 18
Groppovisdomo PC .... 64 T 15
Gros Passet TO .... 46 D 14
Groscavallo TO .... 32 E 11
Grosio SO .... 11 W 6
Grosotto SO .... 11 W 6
Grossa PD .... 41 AF 10
Grossaix AO .... 33 G 9
Grosse CS .... 170 BG 48
Grosseto GR .... 103 AB 27
Grotta ME .... 189 BC 54
Grotta NA .... 151 AV 39
Grotta PR .... 64 U 15
Grotta RC .... 178 BE 56
Grotta TN .... 26 AA 8
Grotta Amare AQ .... 115 AP 29
Grotta d'Angelo CT .... 196 AY 58
Grotta del Pianoro RM .... 119 AI 31
Grotta dell'Acqua FG .... 127 BF 32
Grotta Figazzano BR .... 148 BN 39
Grotta Giusti PT .... 85 Z 20
Grotta Parrelle NA .... 151 AV 39
Grottacalda EN .... 194 AV 59
Grottaccia MC .... 98 AO 23
Grottaferrata RM .... 120 AK 33
Grottafornara TA .... 157 BM 40
Grottaglie TA .... 148 BN 40
Grotta-minarda AV .... 142 AZ 37
Grottammare AP .... 109 AS 26
Grottazzolina AP .... 99 AQ 25
Grotte AG .... 193 AR 59
Grotte AV .... 143 AZ 38
Grotte ME .... 188 AZ 55
Grotte PG .... 90 AM 20
Grotte Cavalieri GR .... 104 AE 27
Grotte Colle di Lice FR .... 131 AR 33
Grotte di Castro VT .... 105 AG 27
Grotte Santo Stefano VT .... 112 AI 28
Grottelle RG .... 205 AY 63
Grotteria RC .... 177 BG 53
Grotteria Mare RC .... 177 BG 54
Grotte-Sotto Le Noci AN .... 97 AN 23
Grotti PG .... 107 AL 27
Grotti RI .... 114 AN 29
Grotti RI .... 121 AO 31
Grotti SI .... 94 AC 24
Grotti VI .... 27 AD 8
Grotticella FR .... 130 AO 34

Grottino *AN* .... 90 AO 22
Grottola *CE* .... 132 AT 36
Grottole *AW* .... 133 AW 36
Grottole *BN* .... 133 AW 36
Grottole *MT* .... 155 BH 40
Grottolella *AV* .... 142 AX 38
Grottone *PZ* .... 144 BD 38
Grovella *VB* .... 7 L 5
Grozzana *TS* .... 45 AS 10
Gruaro *VE* .... 30 AM 8
Gruccia *SI* .... 94 AC 23
Gruda *RC* .... 179 BF 56
Gruettaz *AO* .... 18 D 8
Grugliasco *TO* .... 47 G 13
Grugnaleto *AN* .... 90 AO 22
Grugno *PR* .... 65 W 14
Grumale *AI* .... 96 AI 22
Grumale *PU* .... 97 AL 22
Grumello *BS* .... 25 W 7
Grumello *BS* .... 38 W 9
Grumello *VI* .... 41 AD 10
Grumello Cremonese *CR* .... 52 U 12
Grumello del Monte *BG* .... 38 U 10
Grumento Nova *PZ* .... 164 BE 42
Grumes *TN* .... 13 AC 6
Grumi *VI* .... 41 AD 10
Grumo *LC* .... 23 Q 8
Grumo Appula *BA* .... 146 BJ 37
Grumo Nevano *NA* .... 150 AU 38
Grumolo *RO* .... 56 AG 13
Grumolo *VI* .... 41 AD 9
Grumolo delle Abbadesse *VI* .... 41 AE 10
Grun *AO* .... 33 H 9
Grunuovo-Campomaggiore
   San Luca *LT* .... 139 AR 36
Grupignano *UD* .... 31 AP 7
Grusiner *TO* .... 33 F 11
Grutti *PG* .... 106 AJ 26
Gschnon / Casignano *BZ* ... 13 AC 6
Guadagni *NA* .... 151 AV 38
Guadagnolo *RM* .... 120 AM 32
Guadamello *TR* .... 113 AJ 29
Guadetto *CR* .... 53 W 13
Guadine *MS* .... 78 W 19
Guado Tufo *RM* .... 119 AJ 31
Guagnano *LE* .... 158 BQ 41
Guaifola *VC* .... 34 J 9
Gualdo *AN* .... 90 AO 22
Gualdo *AR* .... 87 AE 21
Gualdo *FC* .... 82 AH 19
Gualdo *FC* .... 82 AI 19
Gualdo *FE* .... 68 AF 15
Gualdo *LU* .... 84 X 20
Gualdo *MC* .... 107 AO 26
Gualdo *MC* .... 98 AP 25
Gualdo *TR* .... 113 AJ 29
Gualdo Cattaneo *PG* .... 106 AK 26
Gualdo Tadino *PG* .... 97 AL 24
Gualdrasco *PV* .... 51 Q 12
Gualina *PV* .... 50 N 12
Gualtieri *RE* .... 66 Y 14
Gualtieri *SA* .... 163 BB 43
Gualtieri Sicaminò *ME* ... 189 BA 55
Guamaggiore *CA* .... 221 P 46
Guamo *LU* .... 85 Y 21
Guanzate *CO* .... 36 P 9
Guarana *BN* .... 142 AY 36
Guarcino *FR* .... 121 AO 33
Guarda *BO* .... 68 AE 16
Guarda *TV* .... 28 AH 8
Guarda Ferrarese *FE* .... 56 AF 14
Guarda Veneta *RO* .... 56 AF 14
Guardabosone *VC* .... 34 K 9
Guardamiglio *LO* .... 52 T 13
Guardasone *PR* .... 65 X 16
Guardavalle *CZ* .... 177 BI 52
Guardavalle *SI* .... 95 AF 24
Guardavalle Marina *CZ* ... 177 BI 53
Guardea *TR* .... 112 AI 28
Guardia *AL* .... 62 M 16
Guardia *CT* .... 197 AZ 57
Guardia *GE* .... 62 O 17
Guardia *RC* .... 177 BI 53
Guardia *TN* .... 13 AB 8
Guardia de is Morus *CA* ... 225 O 50
Guardia Grande *SS* .... 212 K 40
Guardia Lombardi *AV* ... 143 BA 38
Guardia Perticara *PZ* ... 154 BF 41
Guardia Piemontese *CS* ... 166 BE 47
Guardia Sanframondi *BN* ... 141 AW 36
Guardia Vecchia *OT* ... 207 R 36
Guardia Vomano *TE* ... 109 AS 28
Guardiabruna *CH* .... 124 AW 32
Guardiagrele *CH* .... 116 AU 30
Guardialfiera *CB* .... 124 AX 33
Guardiaregia *CB* .... 133 AW 35
Guardie *AV* .... 142 AX 37
Guardiola *AV* .... 143 BA 37

Guardiola *CH* .... 124 AW 31
Guardiole *CE* .... 132 AT 35
Guardistallo *PI* .... 93 Y 24
Guarene *AT* .... 60 J 14
Guarene *CN* .... 61 J 15
Guarenna Nuova *CH* ... 117 AV 31
Guarniera *CH* .... 124 AW 31
Guarrato *TP* .... 182 AK 56
Guarraia *PA* .... 194 AT 57
Guarrazzano *SA* .... 162 AZ 42
Guasila *CA* .... 221 P 46
Guastalla *RE* .... 54 Y 14
Guastameroli *CH* .... 117 AV 30
Guasti *VR* .... 55 AC 12
Guasticce *LI* .... 85 X 22
Guasto *IS* .... 132 AU 34
Guazzano *TE* .... 108 AQ 27
Guazzino *SI* .... 95 AF 24
Guazzolo *AL* .... 49 K 13
Guazzora *AL* .... 50 O 13
Gubbio *PG* .... 96 AK 23
Gudo Gambaredo *MI* ... 36 P 11
Gudo Visconti *MI* .... 50 P 11
Guello *CO* .... 23 Q 8
Guerci *MC* .... 98 AP 25
Guerra *PC* .... 63 S 15
Gugi *VV* .... 40 AB 11
Gugliano *LU* .... 85 X 20
Guglielmi *FR* .... 131 AQ 34
Guglielmo *CS* .... 168 BH 46
Guglieri *PC* .... 64 S 15
Gugliete *BN* .... 133 AX 36
Guglionesi *CB* .... 124 AY 32
Gugnano *LO* .... 51 Q 12
Guia *TV* .... 28 AH 8
Guia *VC* .... 21 K 8
Guia *VC* .... 21 K 8
Guidizzolo *MN* .... 54 Y 12
Guido I *VV* .... 174 BH 52
Guido II *VV* .... 174 BH 52
Guidomandri Marina *ME* ... 189 BB 55
Guidomandri Sup. *ME* ... 189 BB 55
Guidonia *RM* .... 120 AL 32
Guietta *TV* .... 28 AH 8
Guiglia *MO* .... 80 AA 17
Guilmi *CH* .... 123 AV 32
Guinadi *MS* .... 77 U 17
Guinza *PU* .... 88 AI 22
Guisa Pepoli *BO* ... 67 AC 15
Guisano *LC* .... 23 Q 8
Guistrigona *SI* .... 94 AD 24
Guitto *BN* .... 133 AW 36
Guizza *PD* .... 42 AG 11
Guizza *TV* .... 28 AI 8
Guizza *VI* .... 41 AD 9
Guizza *TV* .... 42 AI 9
Gullo *KR* .... 173 BL 49
Gumeno *RC* .... 178 BD 55
Gummer /
   San Valentino *BZ* ...... 13 AD 5
Gurafi *ME* .... 188 BA 55
Gurata *CR* .... 53 W 13
Gurlamanna *BA* .... 145 BH 38
Gurna *RC* .... 177 BG 54
Gurone *VA* .... 22 O 9
Gurro *VB* .... 7 M 7
Gurrone *VB* .... 7 M 7
Gurzone *RC* .... 56 AE 14
Gusano *PC* .... 64 T 14
Guselli *PC* .... 64 T 15
Guspini *VS* .... 220 M 46
Gussago *BS* .... 38 V 10
Gussola *CR* .... 53 X 13
Gusti *CE* .... 140 AS 36
Guzzafame *LO* .... 52 S 13
Guzzano *BO* .... 80 AB 19
Guzzano *BO* .... 80 AC 17
Guzzano *LU* .... 85 Y 20
Guzzano *TE* .... 109 AR 28

H - I

Hafing / Avelengo *BZ* ...... 12 AC 4
Hers *AO* .... 33 F 9
Hohlen / Olmi *BZ* .... 13 AD 5
Hone *AO* .... 33 H 10
Huiben *BZ* .... 5 AI 2
I Ballotti *PG* .... 105 AG 25
I Bertonili *PG* .... 95 AH 25
I Biuson *PV* .... 51 P 13
I Boschetti *PG* .... 93 AA 25
I Cappuccini *PG* .... 105 AH 26
I Cappuccini *PG* .... 107 AN 27
I Carani *CE* .... 140 AS 36
I Casetti *BO* .... 67 AC 16
I Casoni *BO* .... 68 AE 16

I Casotti *VR* .... 54 AA 12
I Cerri *IS* .... 123 AU 33
I Colli *PE* .... 116 AS 30
I Conti *LT* .... 138 AM 38
I Dossi *RO* .... 55 AD 14
I Fabbri *AR* .... 95 AG 24
I Fornaciari *PG* .... 105 AI 25
I Forni *LI* .... 102 Z 25
I Grottini *RM* .... 118 AG 31
I Gulfi *PI* .... 93 Y 23
I Maggio-Vasche *SA* ... 152 BA 39
I Mandorli *FI* .... 86 AB 22
I Martiri *AV* .... 143 AZ 37
I Masi *FR* .... 130 AP 34
I Mistris *PN* .... 29 AL 6
I Monti *AN* .... 98 AP 23
I Narei *BL* .... 28 AI 6
I Nonni *PG* .... 95 AH 25
I Passeri *PR* .... 64 U 15
I Piani *SS* .... 212 K 40
I Pieracci *PG* .... 95 AG 25
I Piloni *PG* .... 103 AC 25
I Pini *AR* .... 95 AF 23
I Poggi *PG* .... 105 AH 25
I Pozzi *PR* .... 130 AO 33
I Quattro Pini *VT* ... 111 AE 29
I Renai *FI* .... 87 AD 21
I Rocchi *CS* .... 170 BG 47
I Ronchi *MO* .... 79 Y 18
I Ronchi *TV* .... 42 AJ 9
I Saidi *MS* .... 78 U 18
I Santi *VR* .... 55 AC 12
I Serafini *TO* .... 47 F 14
I Solaioli *GR* .... 111 AD 28
I Torami *PG* .... 105 AH 25
I Trampani *RI* .... 114 AM 30
I Tre Ponti *CS* .... 168 BH 45
I Tre Rivi *PC* .... 52 T 13
I Vaccari *PC* .... 52 T 14
Iacco *LU* .... 84 W 20
Iacono Pietro *TP* ... 182 AK 55
Iadanza *BN* .... 133 AX 36
Iainich *UD* .... 31 AQ 7
Ialmicco *UD* .... 31 AP 8
Iamanti *FR* .... 131 AQ 33
Ianelle *BA* .... 147 BM 39
Iannazzo *PZ* .... 164 BE 43
Iannello *ME* .... 188 AY 55
Iano *FI* .... 93 AA 22
Iano *PT* .... 86 AA 20
Iano *RE* .... 66 Y 16
Iantosca *AV* .... 142 AY 38
Iardino *AV* .... 142 AX 37
Iardino *CS* .... 166 BE 46
Iassa *SI* .... 171 BG 48
Iatrona *RC* .... 178 BD 55
Iavre' *TN* .... 25 Z 7
Iazziceli *PZ* .... 164 BF 44
Iazzidono *CS* .... 164 BE 44
Iazzo delle Fabbriche *TA* ... 157 BM 40
Icciano *PG* .... 106 AK 27
Iddiano *MO* .... 79 AA 17
Idice *BO* .... 67 AD 17
Idro *BS* .... 39 X 9
Iebba *BN* .... 142 AY 37
Iella *BN* .... 133 AX 36
Iencarella *CZ* .... 174 BH 51
Ientile *RC* .... 179 BF 55
Iera *MS* .... 78 V 18
Iermanata *RC* .... 179 BF 56
Ierna *PG* .... 105 AH 26
Iesizza *UD* .... 31 AQ 7
Igea Marina *RN* ... 83 AJ 19
Iggio *PR* .... 64 U 15
Iglesias *CI* .... 224 M 48
Igliano *CN* .... 74 J 17
Ignago *VI* .... 41 AD 10
Ignazia *BN* .... 142 AY 36
Igne *BL* .... 14 AI 6
Il Baraccone *CS* ... 165 BH 43
Il Barone *CS* .... 166 BE 46
Il Belagaio *GR* .... 103 AC 25
Il Bocchino *GR* .... 102 AA 25
Il Borgo *BO* .... 67 AD 15
Il Borgo *MO* .... 66 AA 15
Il Borgo *PU* .... 97 AK 22
Il Bosco *MS* .... 78 U 18
Il Caldese *PU* .... 89 AK 21
Il Calvario *CH* .... 123 AV 31
Il Canto *TR* .... 113 AJ 28
Il Capannone *PI* ... 93 AA 23
Il Cardo *BL* .... 14 AI 5
Il Cardon *LI* .... 100 V 28
Il Càrmine *KR* .... 173 BL 49
Il Carrubo *AV* .... 110 AO 29
Il Casale *AN* .... 90 AN 21

Il Casale *MN* .... 54 Y 14
Il Casaleccio *VT* ... 112 AG 30
Il Casalone *RM* .... 112 AG 30
Il Casalone *VT* .... 112 AG 29
Il Casalotto *FR* .... 121 AN 33
Il Casato *SI* .... 95 AF 24
Il Casino *BO* .... 68 AE 16
Il Casino *PA* .... 184 AO 55
Il Casino *PI* .... 93 Z 23
Il Casino *PU* .... 88 AI 20
Il Casone *LI* .... 92 Y 24
Il Casone *RE* .... 65 X 17
Il Castagna *AV* .... 143 AA 23
Il Castagno *LT* .... 129 AN 34
Il Castellaccio *RM* ... 119 AI 32
Il Castello *BO* .... 81 AE 18
Il Castellone *LT* .... 129 AM 34
Il Centro *RM* .... 119 AI 31
Il Ciocco *LU* .... 79 X 19
Il Colle *PG* .... 96 AI 25
Il Colle *PG* .... 107 AM 28
Il Colle *RI* .... 113 AK 29
Il Colle *TR* .... 113 AJ 28
Il Colle *VB* .... 21 M 7
Il Conte *BO* .... 67 AC 15
Il Conventino *VT* ... 112 AI 29
Il Convento *FC* .... 82 AH 19
Il Cristo *MO* .... 66 AB 15
Il Cristo *PD* .... 56 AF 12
Il Crocione *PC* .... 52 U 13
Il Fabbro *PO* .... 86 AB 20
Il Ferraccio *LT* .... 129 AN 34
Il Ferrone *FI* .... 86 AC 22
Il Fondo *RN* .... 83 AJ 19
Il Gallo *PU* .... 89 AL 21
Il Gelso *AN* .... 90 AN 22
Il Ghetto *BO* .... 67 AD 15
Il Ghetto *MO* .... 66 AA 16
Il Giardinetto *AL* ... 50 M 14
Il Giardino *LI* .... 92 X 23
Il Giardino *PT* .... 80 AB 19
Il Giovannolo *GR* ... 103 AC 26
Il Luogo *GR* .... 103 AD 27
Il Marziano *BA* .... 136 BG 37
Il Mascherino *GR* ... 110 AC 29
Il Merlo *SI* .... 93 AB 23
Il Molinaccio *SI* .... 94 AC 25
Il Molino *AP* .... 99 AQ 25
Il Molino *AP* .... 99 AQ 24
Il Montale *PU* .... 89 AL 21
Il Monte *MO* .... 55 AB 14
Il Mozzo *PU* .... 90 AM 20
Il Muraccio *VT* .... 112 AI 29
Il Palazzaccio *LI* .... 92 Y 24
Il Palazzo *AN* .... 90 AN 22
Il Palazzo *AP* .... 108 AP 26
Il Palazzo *FI* .... 87 AE 20
Il Palazzo *PU* .... 89 AK 21
Il Palazzo *PV* .... 51 Q 12
Il Palazzo *PZ* .... 154 BD 40
Il Palazzo *PZ* .... 164 BF 42
Il Palazzo *SI* .... 94 AC 24
Il Palazzone *RA* ... 68 AG 16
Il Palone *LI* .... 92 Y 24
Il Pellegrino *VT* .... 112 AI 28
Il Pero *BN* .... 142 AY 37
Il Piano *AR* .... 95 AE 22
Il Piano *BZ* .... 12 AB 4
Il Pino *AG* .... 92 AA 24
Il Pino *AR* .... 95 AE 22
Il Pino *FI* .... 93 AB 22
Il Pino *RM* .... 119 AJ 31
Il Poderetto *GR* ... 104 AF 27
Il Poggetto *PT* .... 85 Z 20
Il Poggio *AP* .... 87 AF 20
Il Poggio *AR* .... 86 AB 22
Il Poggio *FI* .... 81 AD 18
Il Poggio *GR* .... 103 AA 25
Il Poggio *GR* .... 103 AC 27
Il Poggio *GR* .... 104 AE 27
Il Poggio *LI* .... 102 Z 25
Il Poggio *MO* .... 66 AA 17
Il Poggio *MO* .... 79 Z 17
Il Poggio *PC* .... 64 S 14
Il Poggio *PU* .... 89 AL 22
Il Poggio *RE* .... 65 Y 16
Il Poggio *SP* .... 77 U 18
Il Poggiolo *AR* .... 94 AE 23
Il Poggione *GR* .... 103 AB 27
Il Ponte *BO* .... 67 AD 15
Il Ponterotto *AP* .... 109 AS 26
Il Porcile *CS* .... 167 BH 45
Il Porro *SR* .... 205 AY 62
Il Prainito *SR* .... 205 AY 62
Il Purgatorio *BA* ... 147 BM 38

Il Rengone *PG* .... 105 AG 25
Il Ronco *AL* .... 49 L 13
Il Ronzone *AL* .... 49 L 13
Il Rosi *FI* .... 86 AB 20
Il Santo *SI* .... 95 AF 24
Il Santo *SI* .... 95 AG 25
Il Signorino *PT* .... 86 AA 19
Il Sodo *SI* .... 95 AF 24
Il Terriccio *PI* .... 92 Y 23
Il Torrino *PT* .... 86 AC 20
Il Torrione *SI* .... 95 AG 24
Il Vallo *PG* .... 106 AK 26
Ilbono *OG* .... 219 S 44
Ilci *PG* .... 106 AJ 26
Ilici *AV* .... 142 AY 37
Ilistra *BZ* .... 4 AF 3
Illasi *VR* .... 40 AC 11
Illica *PE* .... 64 S 16
Illica *RI* .... 107 AO 27
Illice *AP* .... 108 AP 26
Illorai *SS* .... 213 P 41
Illuminati *MC* .... 98 AP 24
Ilombati *ME* .... 188 AX 55
Imbersago *LC* .... 37 R 9
Imbratti *FR* .... 130 AP 34
Imbrecciata *AN* .... 98 AP 23
Imbriaca *PA* .... 192 AP 57
Imer *TN* .... 28 AF 7
Immacolata *RC* .... 178 BD 55
Imola *BO* .... 81 AF 17
Impalata *BA* .... 147 BM 38
Imperato *CB* .... 132 AV 34
Imperatore *NA* .... 150 AT 38
Imperia *IM* .... 73 J 20
Impero *AT* .... 61 L 15
Imponzo *UD* .... 16 AN 5
Imposte *TE* .... 108 AQ 27
Impostino *GR* .... 110 AC 28
Impostino *GR* .... 110 AC 28
Impruneta *FI* .... 86 AC 21
in Casies Valbassa /
   San Martino *BZ* ...... 5 AI 3
Inarzo *VA* .... 35 N 9
Incasate *CO* .... 36 Q 9
Incassata *SA* .... 152 AY 40
Incino *BL* .... 27 AF 8
Incisa in Val d'Arno *FI* ... 87 AD 22
Incoronata *AV* .... 142 AZ 37
Incoronata *CH* .... 124 AX 31
Incoronata *FG* .... 135 BC 35
Incoronata *IS* .... 132 AX 34
Incorvino *PA* .... 185 AP 55
Incudine al Solivo *BS* ... 11 X 6
Incudine al Vago *BS* ... 11 X 6
Incugnate *MI* .... 37 R 11
Indicatore *AR* .... 95 AF 23
Indiritto *TO* .... 47 E 13
Indovero *LC* .... 23 R 7
Induno Olona *VA* ... 22 O 8
Inesio *LC* .... 23 R 7
Infernetto *RM* .... 128 AJ 33
Inforchia *FG* .... 144 BD 39
Ingegnere *VV* .... 177 BG 52
Inglagna *PN* .... 15 AL 6
Ingria *TO* .... 33 G 11
Ingurtosu *VS* .... 220 M 46
Innamorati *AP* .... 108 AP 26
Innichen /
   San Candido *BZ* ...... 5 AI 3
Inno *FI* .... 86 AB 21
Inserra *PA* .... 184 AO 55
Insiti *CS* .... 171 BG 48
Intavolata *CS* .... 166 BE 47
Intermesoli *TE* .... 115 AQ 28
Interneppo *UD* .... 16 AN 6
Intignano *FR* .... 130 AP 33
Intimiano *CO* .... 36 P 9
Intissans *UD* .... 16 AM 5
Intorcia *TP* .... 190 AJ 57
Intra *VB* .... 21 M 8
Intragna *VB* .... 21 M 8
Intresiglio *FG* .... 127 BF 32
Intriglione *MC* .... 98 AP 23
Intro d'Acqua *PE* ... 116 AS 30
Introbio *LC* .... 23 R 8
Introd *AO* .... 32 E 9
Introdacqua *AQ* .... 122 AS 31
Introini *MI* .... 36 P 10
Introzzo *LC* .... 23 R 7
Inveriaghi *PV* .... 51 Q 14
Inverigo *CO* .... 36 Q 9
Inverno *PV* .... 51 R 12
Inverso *TO* .... 33 H 10
Inverso Pinasca *TO* .... 47 E 14
Inverso Porte *TO* ... 47 E 13
Inveruno *MI* .... 36 O 10
Invico *BS* .... 38 W 9

Invillino *UD* .... 16 AM 5
Inviolata *RM* .... 120 AL 32
Invorio Inf. *NO* .... 35 L 9
Invorio Sup. *NO* .... 35 L 9
Invrea *SV* .... 75 M 17
Inzago *MI* .... 37 R 10
Inzino *BS* .... 38 W 9
Ioannis *UD* .... 31 AP 8
Ioggi *CS* .... 166 BF 46
Iolo *PO* .... 86 AB 20
Iomba *VI* .... 40 AC 10
Ionadi *VV* .... 174 BF 52
Iontapede *CB* .... 133 AW 34
Ipplis *UD* .... 31 AP 7
Ippocampo *FG* .... 135 BE 34
Irgoli *NU* .... 215 S 41
Iria *ME* .... 187 AW 55
Irianni *ME* .... 188 AY 55
Irma *BS* .... 38 W 9
Irsina *MT* .... 145 BG 39
Is Achenzas *CI* .... 224 N 48
Is Aios *CI* .... 225 N 48
Is Arenas *CA* .... 226 P 48
Is Bangius *OR* .... 217 N 45
Is Canis *CI* .... 225 N 49
Is Carillus *CA* .... 225 N 49
Is Cherchis-Is Canes *CI* ... 225 M 49
Is Cinus *CI* .... 224 M 50
Is Collus *CI* .... 224 L 49
Is Collus *CI* .... 225 N 49
Is Cordeddas *CI* .... 224 M 49
Is Cosas *CI* .... 225 N 49
Is Cuccus *CI* .... 224 M 49
Is Domus *CI* .... 224 M 49
Is Erriolus *OG* .... 223 S 45
Is Faddas *CI* .... 224 M 49
Is Fiascus *CI* .... 224 M 49
Is Gannaus *CI* .... 224 L 49
Is Grazias *CI* .... 225 M 49
Is Lais *CI* .... 225 M 49
Is Langius *CI* .... 225 N 49
Is Loccis *CI* .... 224 M 49
Is Loddis *CI* .... 224 L 49
Is Lois *CI* .... 225 M 49
Is Lois de Basciu *CI* ... 225 M 48
Is Manais *CI* .... 224 M 48
Is Massaius *CI* .... 224 M 49
Is Meddas *CI* .... 225 N 49
Is Melonis *CI* .... 224 L 49
Is Molas *CA* .... 225 O 50
Is Morus *CA* .... 225 O 50
Is Murronis *CI* .... 224 M 49
Is Orrus *CA* .... 226 O 48
Is Palas *CI* .... 224 M 50
Is Peis *CI* .... 224 M 50
Is Perrizzonis *CA* .... 226 O 48
Is Pes *CI* .... 224 M 49
Is Pillonis *CI* .... 224 M 49
Is Pillonis *CI* .... 225 M 49
Is Pinnas *CI* .... 225 N 49
Is Pinnas *CI* .... 225 N 49
Is Pireddas *CI* .... 225 N 49
Is Piricocus *CA* .... 227 Q 48
Is Piroddis *CI* .... 225 N 49
Is Pirosus *CI* .... 225 N 49
Is Pisanus *CI* .... 225 N 49
Is Pistis *CI* .... 224 M 49
Is Pistis *CI* .... 225 N 49
Is Pisus-Is Concias *CA* ... 226 Q 48
Is Pittaus *CI* .... 225 N 49
Is Pitzus *CI* .... 224 L 49
Is Porcus *CI* .... 224 M 48
Is Potettus *CI* .... 224 M 50
Is Pruinis *CI* .... 224 L 49
Is Pruxineddas *CA* ... 226 O 48
Is Puesceddus *CI* .... 224 M 49
Is Sabas *CI* .... 225 N 49
Is Sais *CI* .... 225 M 48
Is Santus *CI* .... 225 N 49
Is Scanus *CI* .... 225 M 49
Is Scarteddus *CI* .... 224 M 49
Is Scattas *CI* .... 225 N 49
Is Senis *CI* .... 225 N 49
Is Sinzus *CI* .... 225 N 49
Is Solinas *CI* .... 224 M 49
Is Spigas *CA* .... 224 N 50
Is Urigus *CI* .... 224 L 49
Is Vaccas *CI* .... 225 N 49
Is Xianas *CI* .... 225 N 49
Isarno *NO* .... 35 M 10
Isasca *CN* .... 59 F 16
Isca *AV* .... 143 BB 38
Isca *BN* .... 142 AX 36
Isca *BN* .... 133 AY 35
Isca *PZ* .... 153 BC 40
Isca *SA* .... 162 BA 42
Isca Marina *CZ* .... 175 BI 52

Isca sullo Ionio *CZ*.....175 BI 52
Iscalonga *SA*.....162 AY 41
Iscalunga *PZ*.....144 BD 39
Ischia *NA*.....150 AS 39
Ischia *SA*.....153 BC 41
Ischia *TN*.....26 AC 7
Ischia Cardone *AV*.....143 AZ 37
Ischia di Castro *VT*.....111 AF 28
Ischia-Mezzana *FG*.....134 AZ 35
Ischitella *FG*.....127 BE 32
Iscit *NO*.....35 M 10
Iscra e Voes *NU*.....215 T 40
Isella *NO*.....35 L 9
Isella *VB*.....7 M 7
Iselle *VB*.....7 K 6
Isengo *CR*.....38 U 11
Iseo *BS*.....38 V 10
Isera *TN*.....26 AB 8
Isernia *IS*.....132 AU 34
Isiata *VE*.....43 AK 10
Isili *CA*.....222 P 45
Isnello *PA*.....186 AT 56
Isola *BG*.....37 T 9
Isola *BS*.....25 W 8
Isola *BS*.....25 X 7
Isola *CN*.....60 H 16
Isola *FC*.....88 AG 20
Isola *GE*.....63 Q 16
Isola *LU*.....79 X 18
Isola *MC*.....98 AN 23
Isola *MC*.....98 AN 25
Isola *PG*.....97 AL 25
Isola *PI*.....86 AA 21
Isola *PR*.....64 S 17
Isola *PR*.....65 W 16
Isola *PR*.....78 W 17
Isola *RA*.....81 AF 18
Isola *SO*.....9 Q 5
Isola *SO*.....10 W 4
Isola *SP*.....77 U 19
Isola *SR*.....203 BA 61
Isola *SV*.....75 L 17
Isola *UD*.....16 AO 6
Isola *VC*.....34 K 9
Isola Albarella *RO*.....57 AJ 13
Isola Bella *LT*.....129 AL 34
Isola d'Arbia *SI*.....94 AD 24
Isola d'Asti *AT*.....61 K 15
Isola del Cantone *GE*.....62 O 16
Isola del Gran Sasso
 d'Italia *TE*.....115 AQ 28
Isola del Liri *FR*.....130 AQ 33
Isola del Piano *PU*.....89 AL 21
Isola della Scala *VR*.....54 AB 12
Isola delle Femmine *PA*.....184 AO 54
Isola di Borgonovo *GE*.....77 R 17
Isola di Capo Rizzuto *KR*.....173 BL 50
Isola di Carturo *PD*.....41 AF 10
Isola di Fano *PU*.....90 AM 22
Isola di Niente *EN*.....195 AX 58
Isola Dovarese *CR*.....53 W 12
Isola Farnese *RM*.....119 AJ 31
Isola Fossara *PG*.....97 AL 23
Isola Morosini *GO*.....31 AP 9
Isola -Palazza *CS*.....166 BE 46
Isola Perosa *CN*.....74 I 19
Isola Pescaroli *CR*.....53 W 13
Isola Rizza *VR*.....55 AC 12
Isola Rossa *OT*.....209 O 37
Isola San Biagio *AP*.....107 AO 26
Isola Sant' Antonio *AL*.....50 O 13
Isola Santa *LU*.....78 W 19
Isola Vicentina *VI*.....41 AD 10
Isolabella *TO*.....60 I 14
Isolabona *IM*.....72 G 20
Isolabuona *GE*.....62 O 16
Isolaccia *SO*.....11 W 5
Isolagrande *SV*.....74 J 18
Isolalta *VR*.....54 AA 11
Isolana *SS*.....209 O 38
Isolano *MS*.....97 V 19
Isole *AL*.....61 K 16
Isole *SV*.....73 J 19
Isolella *RO*.....56 AH 13
Isolella *VC*.....34 K 9
Isolella *VR*.....55 AC 12
Isolello *CR*.....53 W 13
Isolello *VC*.....34 I 9
Isoletta *FR*.....130 AQ 34
Isoletta *SV*.....74 J 18
Isolidda *TP*.....183 AL 55
Isolina *CH*.....123 AU 31
Isollaz *AO*.....33 H 9
Isolona *GE*.....76 Q 17
Isorella *BS*.....53 W 12
Isorella *GE*.....62 O 17
Isorelle *GE*.....62 O 16

Isoverde *GE*.....62 O 16
Ispani *SA*.....163 BC 43
Ispica *RG*.....205 AY 63
Ispra *VA*.....35 M 9
Issengo / Issing *BZ*.....4 AG 3
Issicia *NU*.....218 Q 43
Issiglio *TO*.....33 H 11
Issime *AO*.....34 I 9
Issing / Issengo *BZ*.....4 AG 3
Isso *BG*.....37 T 11
Issogne *AO*.....33 H 10
Ist Santa Maria
 degli Angeli *RM*.....119 AJ 32
Istia d'Ombrone *GR*.....103 AC 27
Istiria *CN*.....70 E 17
Istituto Elio Ortopedico *SA*.....152 AY 40
Istrago *PN*.....30 AM 7
Istrana *TV*.....42 AH 9
Itala *ME*.....189 BB 55
Italba *FE*.....57 AH 14
Itieli *TR*.....113 AK 29
Itri *LT*.....139 AQ 36
Ittireddu *SS*.....213 O 40
Ittiri *SS*.....213 M 40
Iuliani *AV*.....142 AX 37
Iunci Sottano *CZ*.....171 BH 49
Iungito *AV*.....151 AX 39
Iuris *PN*.....16 AM 6
Ivano Fracena *TN*.....27 AE 7
Ivrea *TO*.....34 I 11
Izano *CR*.....52 T 11
Izzalini *PG*.....106 AJ 27
Izzo *BN*.....141 AW 36

J

Jacurso *CZ*.....174 BH 50
Jamiano *GO*.....31 AQ 9
Jelsi *CB*.....133 AX 34
Jenesian / San Genesio
 Atesino *BZ*.....13 AC 4
Jenne *RM*.....121 AO 32
Jerago *VA*.....35 N 9
Jerener *TO*.....33 F 11
Jerzu *OG*.....219 S 45
Jesi *AN*.....90 AO 22
Jesina *AN*.....98 AQ 23
Jesolo *VE*.....43 AK 10
Jolanda di Savoia *FE*.....68 AG 14
Joppolo *VV*.....176 BE 52
Joppolo Giancaxio *AG*.....192 AQ 59
Joppolo-Siroto *VV*.....176 BE 52
Jossaud *TO*.....46 C 14
Jouvenceaux *TO*.....46 C 13
Jovencan *AO*.....33 E 9
Jovençan *AO*.....18 D 9

K

Kafneld /
 Cornedo all'isarco *BZ*.....13 AD 5
Kaltanbrunn /
 Fontanefredde *BZ*.....13 AD 6
Kaltern / Caldaro *BZ*.....12 AC 5
Kalura *PA*.....186 AT 55
Kampidell / Campidello *BZ*.....13 AC 4
Kapron / Caprone *BZ*.....2 Y 3
Karer / Costalunga *TN*.....13 AE 5
Kartheus / Certosa *BZ*.....3 AA 3
Karuscia *TP*.....190 AG 63
Kastelbell / Castelbello *BZ*.....12 AA 4
Kastelruth / Castelrotto *BZ*.....13 AE 4
Katharinaberg /
 Santa Caterina *BZ*.....3 AA 3
Kelfushog / Colfosco *BZ*.....14 AG 4
Kematen / Caminata *BZ*.....4 AE 2
Khaddiuggia *TP*.....190 AG 63
Khamma *TP*.....190 AH 63
Khamma Fuori *TP*.....190 AH 63
Kiens / Chienes *BZ*.....4 AG 3
Klausen / Chiusa *BZ*.....13 AE 4
Knutten Alm /
 Malga dei Dossi *BZ*.....5 AH 2
Kraut / Novale *BZ*.....12 AC 4
Kuens / Càines *BZ*.....3 AC 3
Kuppelwies / Pracupola *BZ*.....12 AA 4
Kurfar / Corvara in Badia *BZ*.....14 AG 4
Kurtatsch / Cortaccia *BZ*.....12 AC 5
Kurting / Cortina *BZ*.....12 AC 6
Kurzras / Maso Corto *BZ*.....2 Z 3

L

L'Abbandonato *GR*.....104 AD 26
L'Abet Bianco *VV*.....177 BG 52
L'Acqua *PO*.....80 AB 19

L'Acquerino *PT*.....86 AB 19
L'Addolorata *BZ*.....5 AI 3
L'Ago *SP*.....77 T 18
L'Aiale *PT*.....85 Z 19
L'Aiale *SI*.....105 AG 26
L'Aiola *PI*.....93 Y 23
L'Albergo *AR*.....95 AF 23
L'Albergo *SI*.....95 AF 24
L'Alzoni *NU*.....211 S 39
L'Ambrogina *GR*.....104 AD 26
L'Angelina *MO*.....67 AC 14
L'Annunziata *AL*.....135 BD 34
L'Annunziata *FR*.....130 AO 33
L'Annunziata *RG*.....204 AX 62
L'Aquila *AQ*.....115 AP 29
L'Assunta *BA*.....147 BM 38
L'Avru *SS*.....209 O 38
L'Eyele *AO*.....33 F 10
L'Immacolata *MC*.....98 AP 25
L'Immacolata *RM*.....119 AI 31
L'Imposto *CH*.....103 AC 25
L'Imposto *SI*.....103 AC 25
L'Incontro *FI*.....87 AD 21
L'Isola *AN*.....97 AM 23
L'Olmo *BO*.....67 AC 16
L'Olmo *BO*.....68 AE 16
L'Olmo *PG*.....96 AL 25
L'Olmo *RO*.....56 AF 13
L'Opera Pia *PG*.....106 AL 25
L'Osteriaccia *TR*.....105 AG 26
L'Ugolino *FI*.....86 AC 21
La Badessa *CS*.....171 BH 47
La Badia *FR*.....130 AO 34
La Badia *PG*.....105 AH 25
La Badia *PG*.....97 AL 23
La Badia *PO*.....80 AB 19
La Balma *VB*.....6 J 6
La Balme *AO*.....32 C 9
La Banchina di Sopra *RO*.....56 AG 13
La Bandita *LI*.....102 Y 25
La Banditella *TR*.....105 AG 26
La Baracca *RI*.....114 AN 29
La Baraccola *AN*.....91 AQ 22
La Barbona *MO*.....79 Z 17
La Barca del Grazi *GR*.....110 AC 28
La Barcaccia *PG*.....97 AK 24
La Bassa *RE*.....66 Z 15
La Beccia *AR*.....88 AG 21
La Befa *SI*.....94 AD 25
La Bella *PI*.....93 AA 22
La Berga *PT*.....86 AA 21
La Bertole *MN*.....54 AA 14
La Berzigala *MO*.....79 Z 17
La Bettola *PD*.....56 AE 13
La Bettola *VR*.....40 AB 10
La Bianca *RM*.....118 AG 31
La Bicocca *SI*.....94 AC 24
La Bigattiera *PI*.....84 X 21
La Borghesiana *RM*.....120 AL 32
La Borra *PI*.....85 Y 22
La Botte *PI*.....85 Y 21
La Botteghetta *PD*.....56 AG 12
La Braia *MS*.....77 T 17
La Briglia *PO*.....86 AB 20
La Buca *BO*.....67 AC 15
La Buca *FI*.....86 AB 22
La Buca *VT*.....111 AF 28
La Bufolara *RM*.....128 AJ 33
La Bugnotta *PI*.....85 X 21
La Busa del Veris *UD*.....30 AO 7
La Bussola *SG*.....135 BE 34
La Ca' *BO*.....80 AC 18
La Ca' *PC*.....63 R 16
La Ca' *RE*.....79 Y 17
La Cafulana *RC*.....177 BH 53
La Caletta *CI*.....224 K 49
La Caletta *NU*.....215 T 40
La California *LI*.....92 Y 24
La Calle *PG*.....96 AH 23
La Camosciara *AQ*.....131 AS 33
La Campana *AP*.....108 AR 25
La Campana *RM*.....129 AL 34
La Campana *SI*.....94 AD 24
La Campigliola *GR*.....111 AE 28
La Canna *BZ*.....3 AB 2
La Canna *PT*.....85 Z 21
La Capanna *VT*.....112 AI 30
La Capannella *VT*.....112 AI 30
La Capannina *PI*.....93 Y 22
La Cappella *SA*.....152 AX 39
La Cappelletta *CN*.....61 J 16
La Capraccia *VT*.....112 AH 28
La Capraia *TP*.....190 AK 57
La Casa *PI*.....92 Y 22
La Casaccia *VT*.....113 AJ 29
La Casazza *MO*.....55 AC 14
La Cascina *PV*.....50 O 13

La Casedda *OT*.....210 P 38
La Casella *PU*.....96 AK 23
La Casetta *VT*.....112 AH 29
La Casina *PT*.....85 X 21
La Casina *VT*.....104 AF 27
La Casona *VE*.....42 AI 11
La Cassa *TO*.....47 G 12
La Catena *AG*.....199 AS 60
La Catena *PR*.....65 X 15
La Cava *AR*.....103 AC 26
La Cava *PG*.....106 AJ 25
La Cava *PI*.....85 Y 22
La Celletta *PU*.....89 AK 21
La Cerchiaia *SI*.....94 AD 24
La Cetina *SI*.....94 AC 24
La Cerqua *TR*.....113 AK 28
La Chiesolina *RO*.....55 AD 13
La Chiocciola *FI*.....87 AD 21
La Chiostra *PI*.....93 Z 23
La Chiusa *AN*.....90 AO 22
La Chiusa *FC*.....82 AH 19
La Chiusa *MO*.....66 Z 16
La Chiusa *RA*.....82 AI 17
La Ciaccia *SS*.....209 N 38
La Cinquantina *PI*.....92 Y 24
La Cittadella *TP*.....190 AH 63
La Clusaz *AO*.....32 D 9
La Colombara *TV*.....41 AG 9
La Comina *PN*.....29 AK 8
La Cona *LT*.....130 AN 34
La Conia *OT*.....210 R 37
La Corsina *SI*.....93 AB 23
La Corte *AL*.....62 M 16
La Corte *SS*.....208 K 39
La Corte *VC*.....49 K 12
La Costa *AL*.....49 L 13
La Costa *BG*.....23 S 8
La Costa *CO*.....22 P 9
La Costa *GE*.....76 P 17
La Costa *GE*.....77 R 17
La Costa *LO*.....52 U 13
La Costa *LU*.....78 X 18
La Costa *PC*.....64 S 14
La Costa *PG*.....105 AH 25
La Costa *PG*.....106 AK 27
La Costa *PR*.....65 V 15
La Costa *PR*.....65 V 16
La Costa *PR*.....65 V 16
La Costa *RE*.....65 X 16
La Costa *RE*.....78 W 17
La Costa *SO*.....24 T 7
La Costa *SV*.....74 K 17
La Costa *VI*.....27 AD 8
La Costa *VR*.....40 AB 11
La Croce *AN*.....90 AN 21
La Croce *AP*.....108 AQ 25
La Croce *MO*.....79 Y 18
La Croce *PD*.....41 AF 11

La Croce *PU*.....90 AN 21
La Croce *RE*.....66 Y 14
La Croce *RI*.....114 AL 28
La Croce *VI*.....55 AE 12
La Crocetta *AQ*.....115 AP 30
La Crocetta *FC*.....82 AJ 19
La Crocina *AQ*.....104 AQ 27
La Crosara *RO*.....56 AF 14
La Crosetta *TV*.....29 AJ 7
La Crucca *SS*.....208 L 39
La Cugna *PT*.....86 AA 20
La Dispensa *GR*.....104 AE 27
La Dogana *PG*.....96 AI 24
La Dogana *PO*.....86 AB 19
La Dora *PU*.....90 AM 21
La Fabbrica *AR*.....95 AF 22
La Fabbrica *BO*.....68 AE 17
La Farnesiana *RM*.....118 AG 30
La Fattoria *PI*.....85 X 21
La Favella *CS*.....168 BH 45
La Fenice *FG*.....135 BB 35
La Fica *BR*.....148 BN 39
La Ficaccia *OT*.....206 Q 36
La Ficuzza *AG*.....199 AS 60
La Filandra *AR*.....95 AG 23
La Filetta *OT*.....206 Q 36
La Finge *MO*.....79 AA 17
La Finocchiara *CL*.....200 AT 60
La Fiora *LT*.....138 AO 35
La Foce *LI*.....100 W 27
La Fonte *CH*.....123 AU 31
La Fonte *PG*.....96 AH 24
La Forcella *FE*.....56 AG 14
La Foresta *RI*.....114 AM 29
La Forma *FR*.....121 AN 32
La Fornace *MO*.....67 AB 16
La Fornace *PC*.....93 Y 23
La Fornace *PR*.....65 X 16
La Fornace *PU*.....89 AJ 21
La Fornace *RE*.....65 X 16
La Fornace *RE*.....65 Y 16
La Fossa *AR*.....87 AG 21
La Fossa *RE*.....65 X 15
La Fossetta *VE*.....43 AJ 10
La Francesca *BN*.....142 AX 36
La Fratta *PC*.....64 T 14
La Fratta *PT*.....86 AA 20
La Fratta *SI*.....95 AF 24
La Frattina *RO*.....56 AF 14
La Fressy *AO*.....32 D 10
La Frizza *MN*.....54 AA 14
La Frua *VB*.....7 L 5
La Gabellina *RE*.....78 W 18
La Gabriella *AN*.....90 AO 21
La Gala *ME*.....188 BA 55
La Ginestra *FI*.....87 AD 20
La Gioia *AL*.....63 P 15

La Giorgina *AQ*.....121 AO 31
La Giudecca *VE*.....42 AI 11
La Giustiniana *RM*.....119 AJ 32
La Gnighera *VT*.....112 AG 29
La Gobba *GR*.....104 AE 27
La Goga *PG*.....96 AI 24
La Grancia *AQ*.....121 AP 32
La Greta *MS*.....78 V 19
La Guardia *AQ*.....122 AR 32
La Guardia *LI*.....100 V 27
La Guardia *MO*.....79 AA 17
La Lacuna *SS*.....208 K 39
La Lama *AR*.....87 AE 22
La Lama *TA*.....157 BM 41
La Landrigga *SS*.....208 L 39
La Lechère *AO*.....19 F 8
La Lena *GR*.....103 AC 26
La Lima *PT*.....79 Z 19
La Lucca *FR*.....130 AQ 34
La Luce *AP*.....99 AR 24
La Macchia *PT*.....85 Z 20
La Macchia
 della Madonna *AR*.....95 AG 24
La Maddalena *CA*.....226 P 49
La Maddalena *GE*.....62 N 16
La Maddalena *OT*.....207 R 36
La Maddalena *RC*.....176 BE 54
La Madonna *SI*.....94 AD 23
La Madonnella *VT*.....111 AF 29
La Madonnina *AN*.....91 AQ 22
La Madonnina *BZ*.....13 AD 4
la Madonnina *FR*.....130 AP 33
La Madonnina *RE*.....66 Y 15
La Maestà *PG*.....106 AK 27
La Maggeleine *AO*.....19 G 9
La Magione *FR*.....130 AP 33
La Magione *VT*.....112 AH 29
La Maina *UD*.....15 AL 5
La Malpensata *TO*.....47 G 12
La Mandra *FR*.....131 AR 34
La Mandria *GR*.....111 AD 29
La Marana *PD*.....56 AG 13
La Marchesa *FG*.....134 BA 34
La Marchesa *PR*.....65 V 15
La Marchesa *VC*.....34 K 11
La Marinedda *OT*.....209 O 37
La Marta *GR*.....110 AC 28
La Martella *MT*.....155 BI 40
La Martina *BO*.....80 AD 18
La Mastra *PZ*.....144 BC 39
La Menta *CL*.....193 AS 59
La Mola *RM*.....118 AG 30
La Molaccia *RM*.....113 AK 30
La Moletta *RI*.....113 AL 30
La Molinella *AN*.....90 AN 22
La Molla *SI*.....105 AG 26

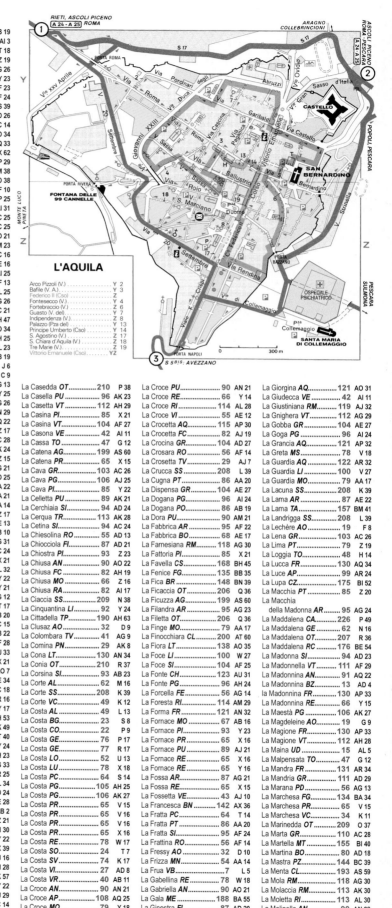

L'AQUILA

Arco Pizzoli (V.).....Y 2
Bafile (V. A.).....Y 3
Federico II (Cso).....Z
Fontesecco (V.).....Y 4
Fortebraccio (V.).....Z 6
Guasto (V. del).....Y 7
Indipendenza (V.).....Z 8
Palazzo (Pza del).....Y 13
Principe Umberto (Cso).....Y 14
S. Agostino (V.).....Z 17
S. Chiara d'Aquila (V.).....Z 18
Tre Marie (V.).....Z 19
Vittorio Emanuele (Cso).....YZ

La Monaca RC 176 BE 53
La Monachina RM 119 AJ 32
La Mondiezza FE 68 AG 14
La Montagnola PA 184 AO 55
La Montata RE 65 X 16
La Montesca PG 96 AI 23
La Morentella AN 97 AL 23
La Morra CN 60 I 16
La Motticella FG 134 BB 34
La Mozza GR 103 AC 27
La Muda BL 14 AH 6
La Muddizza SS 209 N 38
La Muntagna SS 208 K 39
La Muraiola PI 92 Y 22
La Nave AR 95 AG 24
La Noce PC 52 S 13
La Pachenia FE 68 AG 14
La Palazza AR 88 AH 22
La Palazzetta PG 106 AJ 25
La Palazzina FI 86 AB 21
La Palazzina GR 103 AB 26
La Palazzina MO 67 AC 14
La Palazzina OT 210 R 38
La Palazzina PC 52 U 14
La Palazzina PI 84 W 21
La Palazzina PI 85 Z 22
La Paura LT 130 AN 35
La Pavona VC 35 K 10
La Pedraia SS 208 K 39
La Pervolidda CL 193 AS 59
La Pescaia PI 93 Y 23
La Pescia FG 135 BD 35
La Pesta GR 103 AA 26
La Petrizia CZ 175 BJ 50
La Petrora VT 112 AH 28
La Piana CE 132 AU 35
La Piana LT 138 AM 38
La Piana VC 20 J 8
La Piana Porticelle CT 196 AX 56
La Pianaccia GR 111 AD 28
La Piastra MS 78 U 18
La Picciola SA 152 AY 40
La Pietra AV 142 AW 37
La Pietra PN 29 AK 8
La Pietra RO 55 AE 13
La Pietra TO 48 J 13
La Pieve FI 87 AD 22
La Pieve GR 110 AC 28
La Pieve PU 89 AL 21
La Pineta PG 97 AL 23
La Pineta SV 75 L 17
La Pineta TO 48 I 12
La Pipara NU 211 T 38
La Pisana RM 119 AJ 32
La Polverosa GR 110 AC 28
La Porcheria PA 193 AR 57
La Posta AN 97 AM 23
La Posta FI 80 AD 18
La Presura FI 86 AC 21
La Principina GR 103 AB 27
La Punta PI 84 X 21
La Punta VR 40 AB 11
La Querce PO 86 AB 20
La Quercia BO 80 AC 18
La Rasega BS 25 X 7
La Reale SS 208 K 37
La Ripa FI 86 AB 22
La Ripa SI 94 AC 23
La Riposa TO 46 D 12
La Rocca CN 60 I 16
La Rocca MO 66 AA 15
La Rocca PG 106 AJ 26
La Rocca RE 66 Y 15
La Rocca SV 75 M 17
La Rocca TV 42 AH 10
La Rocca VT 112 AG 29
La Rojata PN 29 AK 7
La Rosa PI 93 Z 22
La Rosetta SA 162 BA 42
La Rota PU 90 AM 22
La Rotondella CT 195 AY 59
La Rotta FE 69 AH 16
La Rotta GR 111 AF 28
La Rotta MN 55 AB 13
La Rotta PI 85 Y 22
La Rotte TR 113 AJ 28
La Runcina NU 211 S 39
La Sabatina GR 103 AC 27
La Salle AO 32 D 9
La Salute di Livenza VE 43 AL 10
La Salvadega PD 56 AF 13
La Santa MN 54 Z 13
La Santina PC 52 U 13
La Santona MO 79 Z 18
La Saxe AO 18 C 9
La Sbarra MN 55 AC 14
La Sbarra VT 105 AG 27
La Scalitta OT 209 O 38
La Scalitta SS 209 O 38
La Schezza PI 93 Z 24
La Scogliara TR 113 AK 28
La Sdriscia LI 102 Y 26
La Secchia PT 73 Z 19
La Seggiana PD 56 AG 13
La Selce AR 95 AF 24
La Selva AR 94 AE 23
La Selva FR 120 AN 33
La Selva FR 130 AQ 33
La Selva FR 131 AS 34
La Selva SI 93 AB 25
La Selva TR 105 AI 27
La Selviata RM 119 AJ 31
La Serra BA 147 BM 39
La Serra LI 100 W 27
La Serra MO 79 Z 18
La Serra PI 85 Z 22
La Serra PU 97 AL 22
La Sesta SI 104 AD 26
La Sgrilla GR 111 AD 28
La Siligata PU 89 AL 20
La Souche AO 32 C 9
La Spagna PT 86 AA 20
La Spezia SP 77 T 19
La Stanga BL 14 AH 6
La Stanza AQ 121 AQ 31
La Sterza PI 93 Z 23
La Storta RM 119 AJ 31
La Strea LE 160 BQ 42
La Sturara PD 56 AE 13
La Taverna IS 132 AU 34
La Taverna PZ 154 BF 41
La Thuile AO 32 C 9
La Torba GR 110 AC 29
La Torraccia LI 102 Y 25
La Torre AR 94 AE 23
La Torre FC 83 AJ 19
La Torre FI 86 AC 21
La Torre FI 86 AD 20
La Torre FR 130 AO 34
La Torre MO 80 AA 17
La Torre MO 80 AA 17
La Torre PD 56 AG 12
La Torre PU 89 AL 21
La Torre PV 50 M 12
La Torre SI 94 AB 24
La Torre SI 94 AC 23
La Torre SI 104 AF 25
La Torretta BR 148 BP 40
La Torretta CH 124 AW 32
La Torricelle PG 105 AI 25
La Tozza OT 209 O 38
La Traggiara MS 78 V 18
La Trappa BI 34 I 10
La Trappe AO 18 C 9
La Trappola MO 80 AB 18
La Traversa NU 215 S 41
La Trinità PC 64 U 15
La Trinità PG 96 AI 25
La Truna CN 71 G 18
La Turchia PI 85 Y 22
La Turchia RA 68 AG 16
La Valle PG 96 AI 25
La Valle PV 50 M 12
La Valle RE 79 Y 17
La Valle RE 66 Z 15
La Valle TV 28 AG 8
La Valle / Wengen BZ 4 AG 4
La Valle Agordina BL 14 AH 6
La Vecchia LT 130 AP 35
La Vecchia RE 65 Y 16
La Vella PR 53 V 14
La Vena AP 108 AP 26
La Vena GR 103 AC 26
La Vergine PT 85 AA 20
La Verna AR 88 AG 21
La Verna MO 79 Y 17
La Via SP 77 T 18
La Villa AN 98 AP 23
La Villa AQ 115 AR 31
La Villa AR 87 AF 22
La Villa BO 67 AC 16
La Villa BO 80 AC 18
La Villa BO 80 AC 18
La Villa FI 94 AD 22
La Villa GE 63 R 16
La Villa MC 98 AO 25
La Villa MO 67 AB 15
La Villa PC 52 T 14
La Villa PG 105 AG 25
La Villa PO 80 AB 19
La Villa PR 65 X 16
La Villa PU 89 AJ 21
La Villa SV 74 K 17
La Villa / Stern BZ 14 AG 4
La Villaccia-Monastero AR 95 AF 24
La Villetta MO 54 AB 14
La Vipera BN 142 AX 37
La Visaille AO 18 C 9
La Zecchinetta PD 56 AF 13
Laas / Lasa BZ 11 Z 4
Laatsch / Laudes BZ 2 Y 3
Labante BO 80 AB 18
Labico RM 120 AM 33
Labro RI 113 AL 28
Labso AV 151 AX 38
Laca CZ 175 BJ 50
Lacca BG 37 T 9
Laccata CS 167 BH 45
Lacchi RC 179 BF 54
Lacchi VV 174 BG 52
Lacchiarella MI 51 P 12
Laccio GE 63 P 17
Lacciola PZ 144 BD 39
Lacco ME 189 BB 56
Lacco Ameno NA 150 AS 39
Lacco Sari VV 174 BG 52
Lacedonia AV 143 BB 37
Laces / Latsch BZ 12 AA 4
Lachelle VC 49 K 12
Lacinigo BZ 12 AA 4
Lacona LI 100 W 27
Lacone CS 170 BG 48
Laconi OR 218 P 44
Lacugnano PG 105 AJ 25
Laculo RI 114 AN 29
Ladino FC 82 AG 18
Ladispoli RM 118 AH 32
Laerru SS 209 O 39
Lagacci PT 80 AA 19
Lagadello PR 64 U 16
Laganadi RC 178 BD 54
Laganeto ME 187 AX 55
Lagani III CZ 171 BH 50
Laganosa CZ 175 BI 51
Lagaro BO 80 AC 18
Lagarò Lupinacci CS 168 BH 47
Lagatone PZ 154 BD 39
Lagdei PR 78 V 17
Laggera CN 60 I 15
Laggio di Cadore BL 15 AJ 5
Laghetti / Lasg BZ 12 AC 6
Laghetto RM 120 AL 32
Laghetto VT 113 AI 30
Laghi AN 98 AQ 23
Laghi PD 41 AF 9
Laghi TV 28 AI 8
Laghi VE 30 AM 9
Laghi VI 27 AC 9
Laghi di Sibari CS 168 BI 45
Laghina PR 64 T 17
Laghi-Valle AV 143 AZ 37
Laglesie UD 16 AP 4
Laglio CO 22 P 8
Lagna NO 35 L 9
Lagnasco CN 59 G 16
Lagni AV 143 BA 37
Lago AP 108 AP 26
Lago AP 108 AQ 26
Lago AV 142 AX 37
Lago AV 143 AZ 38
Lago BG 23 T 8
Lago CS 166 BE 45
Lago CS 170 BF 48
Lago CT 195 AW 59
Lago FC 81 AF 19
Lago GE 76 P 17
Lago ME 188 AY 55
Lago MO 79 Y 18
Lago MO 79 Y 18
Lago PC 63 R 15
Lago PR 65 V 17
Lago PU 97 AL 22
Lago RE 65 Y 15
Lago SA 152 AY 40
Lago TN 13 AE 6
Lago TV 28 AI 8
Lago VI 40 AC 10
Lago VI 27 AD 9
Lago Acquapartita FC 88 AH 20
Lago del Conte-
Ca' Mafuccio PU 89 AJ 21
Lago I SA 152 AY 40
Lago II SA 152 AY 40
Lago Patria NA 150 AT 38
Lago Patrono AL 63 P 16
Lago Rosso SA 152 BA 40
Lago Villagrande PU 88 AJ 20
Lago-Cancello AP 99 AR 25
Lagogemolo BA 146 BJ 38
Lagonegro PZ 163 BD 43
Lagoni GR 93 AA 25
Lagoni GR 93 AB 24
Lagoni IS 131 AT 34
Lagoni PI 93 AA 24
Lagoni del Sasso PI 93 AA 24
Lagoni Rossi PI 93 Z 25
Lagora BO 80 AC 19
Lagosanto FE 69 AH 15
Lagoscillo FR 130 AO 34
Lagrimone PR 65 W 17
Laguccio FR 130 AP 33
Lagundo / Algund BZ 3 AB 3
Lagusello BL 14 AH 5
Laiano BN 141 AW 37
Laiano PI 85 X 21
Laigueglia SV 73 J 20
Lainate MI 36 P 10
Lainn / Lajen BZ 13 AE 4
Laino CO 22 P 8
Laino Borgo CS 164 BE 44
Laino Castello CS 164 BE 44
Laipacco UD 30 AO 7
Laise CS 166 BE 46
Laiter BZ 13 AD 5
Laives / Leifers BZ 13 AD 5
Lajatico PI 93 Z 23
Lajen / Lainn BZ 13 AE 4
Lajetto TO 47 E 13
Lalatta PR 78 W 17
Lállio BG 37 S 10
Lama AR 88 AG 22
Lama BO 80 AC 18
Lama PG 96 AI 22
Lama PR 65 V 16
Lama PV 63 Q 15
Lama RO 56 AE 13
Lama SI 103 AC 25
Lama SI 104 AE 25
Lama SP 78 V 19
Lama dei Peligni CH 123 AU 31
Lama di Monchio MO 79 Z 17
Lama di Reno BO 80 AC 17
Lama Mocogno MO 79 Z 18
Lama Pezzoli RO 56 AG 13
Lamalunga BA 136 BE 37
Lamalunga BA 147 BN 38
Lamalunga MO 79 Y 17
Lamandia BA 147 BN 38
Lamardilla BR 148 BO 39
Lamascrasciola BA 147 BM 38
Lambicco BN 142 AW 36
Lambrinia PV 51 S 13
Lambrugno UD 16 AN 4
Lambrugo CO 36 Q 9
Lame PC 64 U 14
Lame PI 92 Y 23
Lame TE 108 AP 28
Lamen BL 28 AG 7
Lamezia Terme CZ 174 BG 50
Lamia BN 141 AW 37
Lamia SA 152 AY 40
Lamie BA 146 BK 37
Lamie di Olimpie BA 147 BN 39
Lammari LU 85 Y 20
Lamole FI 94 AD 22
Lamoli PU 88 AI 22
Lamon BL 27 AF 7
Lamosano BL 29 AJ 6
Lampazzone VV 176 BE 52
Lampedusa AG 191 AK 71
Lampezia CS 166 BE 46
Lamporecchio PT 86 AA 21
Lamporo VC 49 J 12
Lana BZ 12 AB 4
Lanaro PU 89 AL 22
Lanca NO 35 M 10
Lancenigo TV 42 AI 9
lanchina RC 179 BG 54
Lanciafame PG 97 AL 23
Lanciaia PI 93 AA 24
Lanciano CH 117 AV 30
Lanciano FI 87 AE 20
Lanciano PG 97 AL 25
Lanciatoio AP 108 AP 26
Lanciole PT 85 Z 20
Lancisa PT 79 Z 19
Lancusi-Penta-Bolano SA 151 AX 39
Landaro TP 191 AL 58
Landi RM 129 AL 34
Landiona NO 35 L 11
Landò BS 25 W 7
Landriano PV 51 Q 12
Landro PA 193 AS 58
Lanfredi SV 73 J 20
Langa CN 74 J 17
Langa Soprana CN 61 K 16
Langasco GE 62 O 16
Langhirano PR 65 W 16
Langosco PV 50 M 12
Langra CN 58 E 16
Langre PZ 164 BE 43
Lano BO 80 AC 17
Lano SI 93 AB 23
Lanusei OG 219 S 44
Lanuvio RM 129 AL 33
Lanza TN 12 AB 5
Lanzada SO 10 U 6
Lanzano MI 37 R 11
Lanzara SA 151 AX 39
Lanzé VI 41 AE 10
Lanzena RC 178 BD 55
Lanzetta PD 56 AE 12
Lanzo d'Intelvi CO 22 P 8
Lanzo Torinese TO 47 F 12
Laorca LC 23 R 8
Lapedona AP 99 AR 25
Lapio AV 142 AY 38
Lapio VI 41 AE 11
Lappago di Sopra /
Oberlappach BZ 4 AF 2
Lappago di Sotto /
Nieberlappach BZ 4 AF 2
Lappano CS 171 BG 48
Lappeggi FI 86 AC 21
Larciano FC 88 AG 20
Larciano PT 86 AA 21
Larcione TN 13 AF 6
Lardara LO 52 T 13
Lardaro TN 25 Y 8
Larderello PI 93 AA 24
Larderia ME 188 BA 55
Larderia ME 189 BA 56
Larderia ME 189 BB 55
Lardirago PV 51 Q 12
Larghetto RI 114 AL 29
Largisi CE 141 AV 37
Largnano PG 106 AL 25
Largo Moricone RI 114 AM 30
Largolungo FG 126 BD 32
Lari PI 92 Y 22
Lariano RM 120 AM 33
Larino CB 124 AY 33
Larizzate VC 49 L 12
Larone RC 177 BG 54
Laroscia CH 117 AV 31
Larzana TN 25 Z 7
Larzonei BL 14 AG 5
Las Plassas VS 221 O 45
Lasa / Laas BZ 11 Z 4
Lascari PA 186 AS 56
Lases TN 26 AC 7
Lasg / Laghetti BZ 12 AC 6
Lasinetto TO 33 G 10
Lasino TN 26 AA 7
Lasira BL 29 AJ 7
Lasiz UD 17 AP 7
Lasnigo CO 23 Q 8
Lassolaz AO 33 G 9
Lasta BZ 4 AA 4
Laste / Asten BZ 4 AD 3
Laste di Sopra BL 14 AG 5
Lastebasse VI 27 AC 8
Lastra a Signa FI 86 AB 21
Lateis UD 15 AL 5
Latera VT 111 AF 28
Latereto AR 95 AF 22
Laterina AR 95 AF 22
Laterza TA 156 BJ 40
Latiano BR 148 BP 40
Latignano PI 85 Y 22
Latina CE 141 AU 36
Latina LT 138 AM 35
Latina Scalo LT 129 AM 34
Latisana UD 30 AM 9
Latronico PZ 164 BF 43
Latsch / Laces BZ 12 AA 4
Lattani CE 140 AS 36
Lattarico CS 167 BF 47
Latte PZ 144 BD 39
Latte di Ventimiglia IM 72 G 21
Latzfons / Lazfons BZ 4 AE 3

LA SPEZIA

Battisti (Pza Cesare) AB 2
Beverini (Pza G.) A 3
Brin (Pza Benedetto) A 4
Caduti del Lavoro (Piazzale) A 6
Cavour (Cso e Pza) AB
Chiodo (Pza e V. Domenico) B 8
Colli (V. dei) AB 9
Da Passano (V.) B 10
Europa (Pza) B 12
Fieschi (Viale Nicolò) A 13
Fiume (V.) A 14
Manzoni (V.) B 15
Milano (V.) A 16
Mille (V. dei) A 17
Napoli (V.) A 18
Prione (V. del) AB
Rosselli (V. Fratelli) A 20
Spallanzani (V. e Salita) A 22
Verdi (Pza Giuseppe) B 23
20 Settembre (V.) B 24
27 Marzo (V.) AB 26

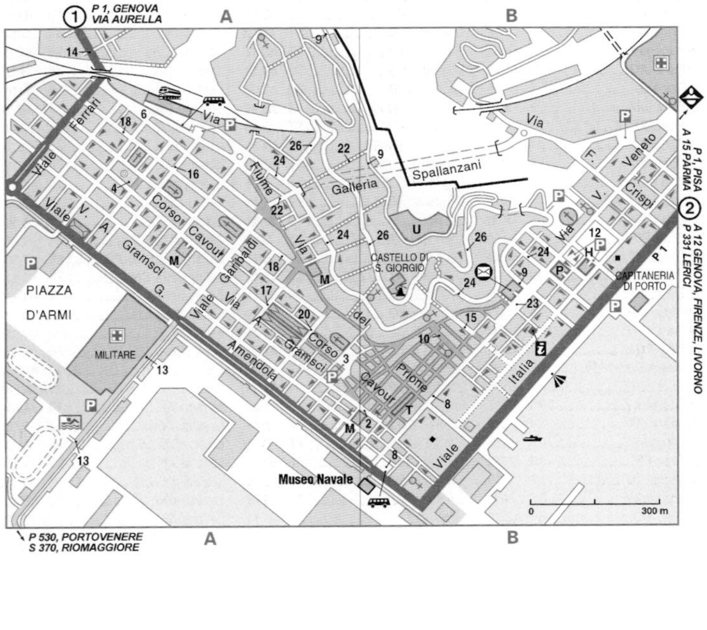
P 1, GENOVA VIA AURELIA
A
B
Via Spallanzani
Galleria
Corso Cavour
Viale Gramsci
Viale Garibaldi
CASTELLO DI S. GIORGIO
CAPITANERIA DI PORTO
PIAZZA D'ARMI
MILITARE
Viale Amendola
Museo Navale
Viale Italia
P 1, PISA A 15 PARMA
A 12 GENOVA, FIRENZE, LIVORNO P 331 LERICI
0 300 m
P 530, PORTOVENERE S 370, RIOMAGGIORE

Lauco *UD* ...... 16 AM 5
Laudes / Laatsch *BZ* ...... 2 Y 3
Launeto *RN* ...... 89 AK 20
Laura *AV* ...... 142 AY 38
Laura *SA* ...... 152 AY 41
Laureana Cilento *SA* ...... 162 AZ 42
Laureana di Borrello *RC* ...... 176 BF 53
Lauregno *BZ* ...... 12 AB 5
Laurello *ME* ...... 188 AY 55
Laurenzana *PZ* ...... 154 BE 41
Laureto *BA* ...... 147 BN 39
Lauria *PZ* ...... 164 BE 43
Lauriano *TO* ...... 48 I 13
Laurignano *CS* ...... 170 BG 48
Laurino *SA* ...... 162 BB 41
Laurito *SA* ...... 151 AW 40
Laurito *SA* ...... 163 BB 42
Lauro *AV* ...... 151 AW 38
Lauro *CE* ...... 140 AS 36
Lauro *CS* ...... 166 BD 45
Lauro *RC* ...... 179 BF 54
Lauro *TV* ...... 42 AG 9
Lauropoli *CS* ...... 167 BH 45
Lautoni *CE* ...... 141 AU 36
Laux *TO* ...... 46 D 13
Lauzacco *UD* ...... 30 AO 8
Lauzzana *UD* ...... 30 AN 7
Lava *AP* ...... 108 AR 26
Lava *BS* ...... 25 W 7
Lavachey *AO* ...... 18 D 8
Lavaggiorosso *SP* ...... 77 S 18
Lavagna *GE* ...... 76 R 18
Lavagna *LO* ...... 37 R 11
Lavagno *VR* ...... 40 AB 11
Lavaiano *PI* ...... 85 Y 22
Laval *TO* ...... 46 C 14
Lavancher *AO* ...... 32 D 9
Lavanghe *SA* ...... 153 BB 39
Lavannina *PZ* ...... 154 BD 39
Lavarda *VI* ...... 41 AE 9
Lavariano *UD* ...... 30 AO 8
Laveggiolo *SO* ...... 23 S 7
Lavello *PC* ...... 51 R 13
Lavello *PZ* ...... 144 BD 37
Lavena Ponte Tresa *VA* ...... 22 O 8
Laveno *BS* ...... 25 W 8
Laveno-Mombello *VA* ...... 21 M 8
Lavenone *BS* ...... 39 X 9

Laverda *VI* ...... 27 AE 9
Laverinello *MC* ...... 97 AM 25
Laverino *MC* ...... 97 AM 25
Lavezzola *RA* ...... 68 AG 16
Lavezzole *AT* ...... 61 J 15
Laviano *PG* ...... 95 AG 25
Laviano *SA* ...... 153 BA 39
Lavina *BG* ...... 23 S 8
Lavina *BL* ...... 29 AJ 7
Lavina *IM* ...... 72 I 19
Lavinaio-Monterosso *CT* ...... 197 AZ 58
Lavinia Bianca /
   Wellblahn *BZ* ...... 13 AE 5
Lavinio *RM* ...... 128 AK 34
Lavino *BS* ...... 38 W 9
Lavino di Mezzo *BO* ...... 67 AC 16
Lavino di Sotto *BO* ...... 67 AC 16
Lavis *TN* ...... 26 AB 7
Lavone *BS* ...... 38 W 9
Lavoria *PI* ...... 85 Y 22
Lavrio *SV* ...... 74 K 18
Lazel *AO* ...... 32 D 9
Lazfons / Latzfons *BZ* ...... 4 AE 3
Lazise *VR* ...... 39 Z 10
Lazzacco *UD* ...... 30 AO 7
Lazzano *BS* ...... 39 X 9
Lazzaretti *VI* ...... 27 AE 8
Lazzaretti *VI* ...... 41 AE 9
Lazzaretto *BS* ...... 38 V 10
Lazzaretto *CH* ...... 117 AU 29
Lazzaretto *FE* ...... 56 AF 14
Lazzaretto *LO* ...... 52 T 13
Lazzaretto *PD* ...... 56 AG 12
Lazzaretto *PV* ...... 51 P 13
Lazzaretto *TS* ...... 45 AM 10
Lazzaretto *VE* ...... 43 AK 10
Lazzaro *RC* ...... 178 BD 56
Lazzate *MI* ...... 36 P 9
Lazzeretto *FI* ...... 85 AA 21
Le Bolle *FI* ...... 86 AC 22
Le Botteghe *FI* ...... 85 Z 21
Le Brande *MO* ...... 66 Z 17
Le Caggiole *SI* ...... 95 AF 25
Le Cannella *KR* ...... 173 BL 50
Le Capannacce *AR* ...... 95 AG 24
Le Capanne *FC* ...... 88 AH 21
Le Capanne *PR* ...... 65 V 15
Le Carvane *CZ* ...... 172 BJ 50

Le Cascine *PO* ...... 86 AB 21
Le Cascine *PG* ...... 107 AN 28
Le Case *MC* ...... 98 AP 25
Le Case di Risolaia *FI* ...... 81 AD 19
Le Case Nove *VT* ...... 112 AH 28
Le Caselle *AR* ...... 95 AG 24
Le Caselle *MO* ...... 66 AA 15
Le Caselle *NA* ...... 151 AV 40
Le Caselle *PG* ...... 105 AI 27
Le Caselle I *CS* ...... 167 BG 46
Le Caselle II *CS* ...... 167 BG 46
Le Caselline *PI* ...... 85 X 21
Le Casette *AN* ...... 98 AP 23
Le Casette *MC* ...... 98 AO 24
Le Casette *MO* ...... 66 AA 16
Le Casette *PD* ...... 56 AG 12
Le Casette *RI* ...... 113 AL 29
Le Casette *RM* ...... 120 AL 31
Le Casette *RN* ...... 83 AK 20
Le Casine *AR* ...... 95 AG 24
Le Castagne *AP* ...... 108 AP 26
Le Castella *KR* ...... 173 BL 50
Le Castella *LT* ...... 131 AL 34
Le Catese *FI* ...... 86 AC 20
Le Cave *AN* ...... 97 AL 23
Le Cave *BZ* ...... 12 AA 5
Le Cave *BZ* ...... 4 AE 3
Le Cetine *SI* ...... 94 AC 24
Le Champ *AO* ...... 32 D 9
Le Chiaviche *MN* ...... 54 Y 13
Le Colombaie *PI* ...... 93 AA 23
Le Colonne *GR* ...... 103 AB 27
Le Compre *FR* ...... 131 AQ 33
Le Conche *PR* ...... 92 Y 23
Le Conie *SI* ...... 104 AF 26
Le Corti *FI* ...... 87 AD 21
Le Corti *FI* ...... 94 AD 22
Le Corti *FI* ...... 85 Z 21
Le Corti *MN* ...... 54 Y 12
Le Cosole *GR* ...... 103 AD 26
Le Coste *LU* ...... 78 X 19
Le Coste *MO* ...... 79 AA 17
Le Cozze *AN* ...... 90 AO 22
Le Crete *CS* ...... 166 BE 46
Le Croci *BO* ...... 80 AA 19
Le Croci *FI* ...... 86 AC 19

Le Croci *RE* ...... 66 Y 16
Le Cupe *PG* ...... 96 AI 25
Le Due Torri *RM* ...... 119 AJ 31
Le Ettie *RI* ...... 114 AM 28
Le Farine *VT* ...... 112 AH 29
Le Ferriere *AO* ...... 19 F 8
Le Ferriere *LT* ...... 129 AL 34
Le Focette *LU* ...... 84 W 20
Le Foci *PU* ...... 97 AK 22
Le Forna *LT* ...... 138 AM 38
Le Fornacelle *VT* ...... 112 AG 30
Le Fornacette *FI* ...... 86 AB 22
Le Fornacette *GR* ...... 103 AB 27
Le Fornaci *AQ* ...... 122 AT 31
Le Fornaci *MC* ...... 107 AN 26
Le Fornaci *NO* ...... 35 M 10
Le Fornaci *PO* ...... 86 AB 20
Le Fornaci *RO* ...... 55 AC 13
Le Fornaci *VB* ...... 7 L 7
Le Forri *PT* ...... 85 Z 19
Le Fosse *AR* ...... 95 AG 24
Le Fratte *BL* ...... 14 AG 5
Le Ghiare *PR* ...... 65 V 16
Le Gorghe *AR* ...... 95 AF 24
Le Gotte *FR* ...... 130 AQ 34
Le Grazie *AN* ...... 91 AQ 22
Le Grazie *AP* ...... 99 AQ 25
Le Grazie *BL* ...... 14 AH 5
Le Grazie *MC* ...... 98 AO 24
Le Grazie *SP* ...... 77 U 19
Le Grette *AQ* ...... 122 AR 32
Le Grotte *FI* ...... 41 AD 11
Le Lacque *MC* ...... 98 AO 24
Le Lastre *AR* ...... 95 AG 23
Le Logge *PU* ...... 89 AM 20
Le Macchie *BA* ...... 137 BJ 36
Le Macchie *GR* ...... 104 AE 26
Le Maggiola *PI* ...... 85 X 21
Le Marche *TV* ...... 42 AJ 9
Le Marze *PZ* ...... 153 BB 39
Le Maschere *BZ* ...... 4 AE 3
Le Masseruole *MT* ...... 155 BG 41
Le Miniere *GR* ...... 110 AC 29
Le Moie *AN* ...... 90 AM 22
Le Moie *PR* ...... 77 T 17
Le Mole *PR* ...... 65 W 16
Le Molina *FI* ...... 86 AC 20
Le Molina *PT* ...... 85 Z 20
Le Moline *PC* ...... 64 S 16
Le Monache *LT* ...... 130 AO 35
Le Monache *RI* ...... 114 AL 29
Le Morgie *CH* ...... 117 AW 30
Le Moriccia *AR* ...... 87 AE 20
Le Morre *RM* ...... 120 AN 32
Le Mose *PC* ...... 52 T 13
Le Motte *VE* ...... 57 AI 13
Le Mule *SV* ...... 74 K 17
Le Murate *AN* ...... 90 AN 22
Le Murge *BA* ...... 164 BE 43
Le Palombe *BA* ...... 136 BF 36
Le Pantanele *RM* ...... 119 AJ 32
Le Pastine *LT* ...... 129 AM 34
Le Pastinelle *FR* ...... 131 AS 35
Le Pera *CS* ...... 170 BF 48
Le Perete *PI* ...... 93 Z 24
Le Pergole *TP* ...... 183 AM 56
Le Perle *CE* ...... 139 AS 37
Le Piagge *PG* ...... 96 AI 25
Le Pianacce *GR* ...... 104 AF 27
Le Pianacce *LU* ...... 85 Y 20
Le Pianche *CN* ...... 71 H 19
Le Piane *AQ* ...... 123 AT 32
Le Piane *BI* ...... 34 I 9
Le Piane *LU* ...... 79 X 19
Le Piane *SP* ...... 77 T 19
Le Piane *VC* ...... 34 I 9
Le Piane *VC* ...... 21 K 8
Le Poggere *VT* ...... 112 AH 28
Le Poggiacce *AR* ...... 95 AG 23
Le Poggiole *AR* ...... 95 AF 23
Le Porte *PU* ...... 88 AI 20
Le Pozze *PT* ...... 86 AA 20
Le Prata *PG* ...... 106 AL 25
Le Prese *AP* ...... 99 AQ 25
Le Prese *SO* ...... 11 X 5
Le Prese *TR* ...... 105 AM 27
Le Pulci *PG* ...... 96 AJ 24
Le Quattro Strade *FI* ...... 86 AC 22
Le Querce *CE* ...... 131 AS 36
Le Querce *LT* ...... 130 AP 35
Le Querce *PT* ...... 86 AA 20
Le Querce *SS* ...... 209 M 39
Le Rase *FR* ...... 130 AO 34
Le Regine *PT* ...... 79 Z 19
Le Rocche *PR* ...... 65 V 14
Le Rose *BO* ...... 80 AB 19

Le Rote *MC* ...... 107 AM 25
Le Rovine *BO* ...... 80 AB 18
Le Ruine *AO* ...... 32 D 9
Le Saline *OT* ...... 207 R 37
Le Saline *OT* ...... 211 S 38
Le Scotte *SI* ...... 94 AD 23
Le Sei Vie *MN* ...... 54 Z 12
Le Selve *AR* ...... 95 AG 24
Le Selve *RM* ...... 120 AN 32
Le Sodole *BA* ...... 88 AB 21
Le Sorbolaro *RO* ...... 56 AF 13
Le Sterpare *FR* ...... 130 AP 34
Le Tagliole *MO* ...... 79 Y 19
Le Tolfe *SI* ...... 94 AD 23
Le Tombe *PI* ...... 85 Z 22
Le Tombe *RO* ...... 57 AH 14
Le Tombine *RO* ...... 57 AH 14
Le Tore *LT* ...... 139 AK 36
Le Torri *FG* ...... 136 BE 36
Le Torri *PG* ...... 106 AJ 26
Le Torri *PO* ...... 86 AB 21
Le Torri *RA* ...... 69 AH 17
Le Torri *TE* ...... 109 AR 27
Le Tour *AO* ...... 32 C 9
Le Tre Strade *RI* ...... 114 AM 29
Le Trezze *VE* ...... 43 AJ 10
Le Vallette *LI* ...... 92 Y 24
Le Valli *CR* ...... 52 T 12
Le Valli *FI* ...... 80 AD 19
Le Valli *TR* ...... 113 AK 29
Le Valli *TV* ...... 41 AG 9
Le Vanne *PO* ...... 86 AB 20
Le Vegre *TV* ...... 41 AG 9
Le Vele *SS* ...... 208 K 38
Le Vendute *FI* ...... 85 Z 21
Le Versegge *GR* ...... 103 AB 26
Le Vigne *AN* ...... 90 AO 21
Le Vigne *IS* ...... 132 AT 33
Le Ville *AR* ...... 95 AH 23
Le Ville *FC* ...... 88 AH 21
Le Ville *MC* ...... 98 AQ 24
Le Ville *PR* ...... 93 Y 24
Le Ville *RE* ...... 66 Z 16
Le Ville di Corsano *SI* ...... 94 AD 24
Le Volte *CN* ...... 74 J 18
Le Volte *SI* ...... 94 AC 24
Leandro *RC* ...... 178 BD 55
Leano *TN* ...... 26 Z 8
Leazzano *TR* ...... 113 AL 28
Leca *SV* ...... 73 K 19
Lecara *CS* ...... 166 BE 46
Lecce *LE* ...... 159 BR 41
Lecce nei Marsi *AQ* ...... 122 AR 32
Lecceto *SI* ...... 94 AC 24
Lecchi *SI* ...... 94 AC 23
Lecchiore *IM* ...... 72 I 20
Leccia *PI* ...... 93 AA 24
Leccia *PU* ...... 97 AL 23
Leccio *AR* ...... 87 AD 21
Leccio *GR* ...... 103 AC 25
Leccio *GR* ...... 104 AE 26
Leccioli *SI* ...... 93 AA 24
Lecco *LC* ...... 23 R 8
Leda *LT* ...... 129 AL 34
Leffe *BG* ...... 24 U 9
Leggiana *PG* ...... 106 AL 26
Leggio-Ferrè *PC* ...... 63 S 15
Leggiuno *VA* ...... 21 M 8
Legnago *VR* ...... 55 AC 12
Legnano *MI* ...... 36 O 10
Legnaro *BG* ...... 24 U 7
Legnaro *PD* ...... 42 AG 11
Legnaro *SP* ...... 77 S 18
Legogne *PG* ...... 107 AN 27
Legoli *PI* ...... 93 Z 22
Legos *TN* ...... 26 Z 8
Leguigna *RE* ...... 65 X 16
Lei *NU* ...... 213 O 42
Leifers / Laives *BZ* ...... 13 AD 5
Leini *TO* ...... 48 H 12
Leitisetto *TO* ...... 47 F 12
Leivi *GE* ...... 76 Q 17
Leizzatas *AO* ...... 33 E 9
Lella *PZ* ...... 144 BD 39
Lembo *ME* ...... 188 AY 55
Lemie *TO* ...... 47 E 12
Lemignano *PR* ...... 65 W 15
Lemizzone *RE* ...... 66 Z 15
Lemma *CN* ...... 59 F 16
Lemmi *AL* ...... 62 P 15
Lemna *CO* ...... 22 P 8
Lemprato *BS* ...... 39 X 9
Lemura *PG* ...... 105 AH 25
Lendinara *RO* ...... 56 AE 13

Lengstein / Longostagno *BZ* 13 AD 4
Lenguin *VR* ...... 40 AA 10
Leni *ME* ...... 181 AX 52
Lenna *BG* ...... 23 T 8
Lennova *CO* ...... 22 Q 8
Lenno *CO* ...... 22 Q 8
Lennova *PR* ...... 64 U 16
Leno *BS* ...... 53 W 11
Lenola *LT* ...... 130 AP 35
Lenta *VC* ...... 35 L 10
Lentesco *CH* ...... 117 AV 30
Lentia *ME* ...... 181 AY 53
Lentiai *BL* ...... 28 AH 7
Lentigione *RE* ...... 65 X 14
Lentina *TP* ...... 182 AL 55
Lentini *SR* ...... 203 AY 60
Lentini *TP* ...... 191 AL 58
Lentiscosa *SA* ...... 163 BB 43
Lenzevacche *SR* ...... 205 AZ 62
Lenzi *CZ* ...... 170 BF 50
Lenzi *TN* ...... 27 AD 7
Lenzi *TP* ...... 182 AK 55
Lenzima *TN* ...... 26 AA 8
Lenzone *UD* ...... 16 AM 5
Lenzumo *TN* ...... 25 Z 8
Leofara *TE* ...... 108 AQ 27
Leofreni *RI* ...... 114 AN 30
Leognano *TE* ...... 115 AR 28
Leonacco *UD* ...... 30 AO 7
Leonardi *PR* ...... 64 U 16
Leone *IS* ...... 131 AT 34
Leonessa *PZ* ...... 144 BC 37
Leonessa *RI* ...... 114 AM 28
Leonforte *EN* ...... 194 AV 58
Leonina *SI* ...... 94 AD 24
Leonore *PD* ...... 55 AE 13
Leporano *CE* ...... 141 AU 36
Leporano *TA* ...... 157 BM 41
Lepreno *BG* ...... 24 T 8
Leprosso *UD* ...... 31 AP 7
Lequile *LE* ...... 159 BR 42
Lequio Berria *CN* ...... 61 J 16
Lequio Tanaro *CN* ...... 60 I 16
Lera *BG* ...... 23 S 9
Lerano *BG* ...... 38 U 9
Lerca *GE* ...... 75 M 17
Lercara Bassa *PA* ...... 193 AQ 57
Lercara Friddi *PA* ...... 193 AQ 57
Lerchi *PG* ...... 96 AI 23
Lerici *IM* ...... 73 I 19
Lerici *SP* ...... 77 S 18
Lerici *SP* ...... 78 U 19
Lerino *VI* ...... 41 AE 10
Lerma *AL* ...... 62 N 16
Les Arnauds *TO* ...... 46 B 13
Les Ecules *AO* ...... 18 D 9
Les Granges *TO* ...... 46 B 13
Les Ors *AO* ...... 18 D 9
Les Perreres *AO* ...... 19 G 8
Lesa *NO* ...... 35 M 9
Lesca *FR* ...... 120 AN 32
Lesegno *CN* ...... 74 I 17
Lesignana *MO* ...... 66 AA 15
Lesignano de' Bagni *PR* ...... 65 W 16
Lesignano Palmia *PR* ...... 65 V 16
Lesina *FG* ...... 125 BB 32
Lesina *VI* ...... 41 AD 9
Lesis *PN* ...... 15 AK 6
Lesmo *MI* ...... 37 Q 10
Lesna *AN* ...... 16 AN 6
Lessolo *TO* ...... 33 H 11
Lessona *BI* ...... 34 K 10
Lestans *PN* ...... 30 AM 7
Lestizza *UD* ...... 30 AN 8
Letee *LC* ...... 23 R 7
Letegge *MC* ...... 98 AN 25
Letino *CE* ...... 132 AU 35
Letojanni *ME* ...... 189 BA 56
Lettichedda *OT* ...... 206 Q 37
Lettomanoppello *PE* ...... 116 AT 30
Lettopalena *CH* ...... 123 AT 31
Leumann *TO* ...... 47 G 13
Leuso *SV* ...... 73 J 19
Leva *CT* ...... 202 AW 61
Levà *GE* ...... 76 P 17
Levada *PD* ...... 42 AH 10
Levada *TV* ...... 29 AJ 8
Levada *TV* ...... 43 AJ 9
Levada *TV* ...... 42 AJ 9
Levade *TV* ...... 29 AJ 8
Levaldigi *CN* ...... 59 G 16
Levane *AR* ...... 95 AE 23
Levane *SI* ...... 94 AD 24

LECCE

Aragona (V. F. d') ...... YZ 3
Caracciolo (V. Roberto) ...... Z 7
Cavallotti (Viale F.) ...... Y 8
Fazzi (V. Vito) ...... Y 12
Imperatore Adriano (V.) ...... Y 14
Imperatore Augusto (V.) ...... Y 15
Jacobis (V. Agostino de) ...... Z 17

Ludovico (V.) ...... Y 21
Marche (Viale) ...... Z 22
Orsini del Balzo (V.) ...... Z 25
Palazzo dei Conti di Lecce
   (V. del) ...... Z 26
Pietro (V. M. de) ...... Y 28
Realino (V. Bernardino) ...... Z 29
Rubichi (V. Francesco) ...... Y 32
S. Oronzo (Pza) ...... Y
Taranto (V.) ...... Y 38

Trinchese (V. Salvatore) ...... Y
Vitt. Emanuele II (V.) ...... Y 42
Vitt. Emanuele (Pza) ...... Y 43
25 Luglio (V.) ...... Y 44

Museo Provinciale ...... Z M

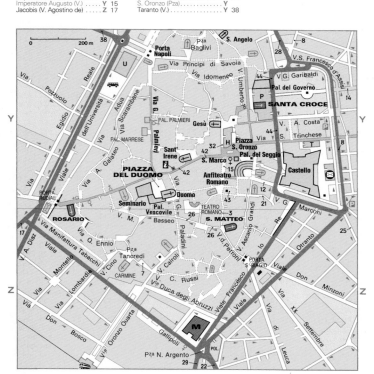

Levanella *AR*.................94 AE 22
Levanto *SP*..................77 S 18
Levanzo *TP*.................182 AJ 56
Levata *AL*...................61 L 16
Levata *AL*...................62 N 14
Levata *CN*..................70 E 17
Levata *CR*..................53 V 12
Levata *MN*..................54 Z 13
Levata *UD*..................31 AP 9
Levate *BG*..................37 S 10
Levego *BL*..................28 AI 7
Levei *PC*...................64 T 15
Leverano *LE*...............158 BQ 42
Leverone *IM*................73 I 19
Levice *CN*..................61 J 16
Levico Terme *TN*............27 AC 7
Levigliani *LU*...............84 W 19
Levizzano *MO*...............66 AA 17
Levizzano *RE*...............66 Y 17
Levo *VB*....................21 M 8
Levone *TO*..................47 G 12
Levrange *BS*................39 X 9
Levratti *PC*.................63 R 15
Lezza *BS*...................25 W 7
Lezzara *PR*.................64 T 16
Lezzaruole *GE*..............76 Q 17
Lezze *VE*...................56 AH 13
Lezzeno *CO*.................22 Q 8
Li Cuncheddi *OT*...........211 S 38
Li Ferroli *OT*..............210 P 37
Li Junchi *OT*...............209 O 38
Li Lieri *OT*................206 Q 37
Li Mori *NU*.................211 S 39
Li Paulis *OT*...............209 O 38
Li Pinnenti *OT*.............206 Q 36
Li Punti *SS*................208 M 39
Li Reni *SS*.................209 O 38
Li Vaccaggi *OT*.............209 O 37
Lia *VV*....................174 BG 51
Liano *BO*...................81 AE 17
Liano *BS*...................39 Y 9
Lianò I *RC*................178 BD 56
Lianò II *RC*...............178 BD 56
Liardi *CZ*.................171 BH 49
Liariis *UD*.................16 AM 5
Libano *BL*..................28 AH 7
Libbia *PR*..................64 S 16
Libbia *PR*..................64 U 15
Libbiano *PI*................93 Z 22
Libbiano *PI*................93 Z 24
Libbiano *SI*................93 AA 23
Liberani *RI*...............120 AN 31
Liberi *CE*.................141 AU 36
Libertinia *CT*.............195 AW 58
Libiano *PU*.................88 AI 20
Libiano *PU*.................88 AJ 20
Libiola *GE*.................77 R 18
Libiola *MN*.................55 AB 13
Liboia *CS*.................168 BJ 46
Libolla *FE*.................68 AG 15
Librari *TA*................157 BN 42
Librizzi *ME*...............188 AY 55
Librizzi *PA*...............194 AT 57
Licastro *CS*...............166 BF 45
Licata *AG*.................199 AS 61
Licciana Nardi *MS*..........78 V 18
Licco *CB*..................132 AV 34
Licenza *RM*................120 AM 31
Liceto *AN*..................97 AL 23
Licinella *SA*..............152 AY 41
Licinella-Torre
  di Paestum *SA*...........152 AY 41
Licodia Eubea *CT*..........202 AX 61
Licola Mare *NA*............150 AT 38
Liconi *AO*..................18 D 9
Licosa I *SA*...............162 AY 42
Licosa II *SA*..............162 AY 42
Licosa III *SA*.............162 AY 42
Licusati *SA*...............163 BB 43
Lidarno *PG*.................96 AJ 25
Lido *LI*...................100 X 27
Lido Adriano *RA*............82 AI 17
Lido Azzurro *TA*...........157 BL 40
Lido Campomarino *CB*.......125 AZ 32
Lido Cerano *BR*............149 BR 40
Lido Checca *TA*............157 BN 41
Lido Conchiglie *LE*........160 BR 43
Lido degli Estensi *FE*......69 AI 16
Lido degli Scacchi *FE*......69 AI 15
Lido dei Pini *RM*..........128 AK 34
Lido del Golfo *CZ*.........175 BI 51
Lido del Sole *FG*..........126 BD 32
Lido del Sole *VE*..........211 S 38
Lido Delle Nazioni *FE*......69 AI 15
Lido di Avola *SR*..........205 AZ 62
Lido di Camaiore *LU*........84 W 20
Lido di Caminia *CZ*........175 BI 51

Lido di Casalbordino *CH*....117 AW 30
Lido di Classe *RA*..........82 AJ 18
Lido di Copanello *CZ*.......175 BI 51
Lido di Dante *RA*...........82 AI 17
Lido di Enea *RM*...........128 AK 34
Lido di Fermo *FM*...........99 AR 24
Lido di Jesolo *VE*..........43 AL 10
Lido di Licola *NA*.........150 AT 38
Lido di Metaponto *MT*......156 BK 41
Lido di Noto *SR*...........205 AZ 62
Lido di Ostia *RM*..........128 AI 33
Lido di Pisciotta *SA*......162 BA 43
Lido di Policoro *MT*.......165 BJ 42
Lido di Pomposa *FE*.........69 AI 15
Lido di Portonuovo *FG*.....127 BG 32
Lido di Rivoli *FG*.........135 BE 35
Lido di Sant'Angelo *CS*....168 BI 46
Lido di Savio *RA*...........82 AJ 18
Lido di Scanzano *MT*.......156 BJ 42
Lido di Siponto *FG*........135 BE 34
Lido di Spina *RA*...........69 AI 16
Lido di Squillace *CZ*......175 BI 51
Lido di Torre Mileto *FG*...126 BC 32
Lido di Venezia *VE*.........43 AJ 11
Lido di Volano *FE*..........69 AI 15
Lido Gandoli *TA*...........157 BM 41
Lido Manfria *CL*...........200 AT 61
Lido Marini *LE*............160 BS 44
Lido Orri *OG*..............219 T 44
Lido Quarantotto *MT*.......156 BJ 42
Lido Riccio *CH*............117 AV 29
Lido Rossello *AG*..........198 AP 60
Lido Signorino *TP*.........190 AU 57
Lido Silvana *TA*...........157 BN 41
Liedolo *TV*.................41 AF 9
Lierna *AR*..................87 AF 21
Lierna *LC*..................23 Q 8
Lignan *AO*..................19 F 9
Lignana *VC*.................49 L 12
Lignano Pineta *UD*..........44 AN 9
Lignano Riviera *UD*.........44 AN 10
Lignano Sabbiadoro *UD*......44 AN 9
Lignera *CN*.................74 K 17
Lignod *AO*..................19 H 9
Ligonchio *RE*...............78 X 18
Ligosullo *UD*...............16 AN 4
Ligugnana *PN*...............30 AM 8
Ligurno *VA*.................22 N 8
Illegio *UD*.................16 AN 5
Lilla *TO*...................33 F 11
Lillaz *AO*..................33 F 9
Lillaz *AO*..................33 F 10
Lillianes *AO*...............34 I 10
Lilliano *SI*................94 AC 23
Lillini *MC*.................98 AP 23
Limana *BL*..................28 AH 7
Limano *LU*..................79 Z 19
Limata *CE*.................140 AS 37
Limatella *FR*..............131 AR 35
Limatola *BN*...............141 AR 37
Limbadi *VV*................176 BE 52
Limbiate *MI*................36 P 10
Limena *PD*..................41 AG 11
Limestre *PT*................79 Z 19
Limidi *MO*..................66 AA 15
Limido Comasco *CO*..........36 O 9
Limigiano *PG*..............106 AK 26
Limina *ME*.................189 BA 56
Limisano *FC*................81 AG 19
Limisano *RA*................81 AF 18
Limite *AR*..................86 AA 21
Limiti *PG*.................106 AK 26
Limiti di Greccio *RI*......113 AL 29
Limitone *PZ*...............154 BD 39
Limone *BS*..................39 X 10
Limone Piemonte *CN*.........71 G 18
Limone sul Garda *BS*........26 Z 9
Limonetto *CN*...............71 G 18
Limonta *LC*.................23 Q 8
Limosano *CB*...............133 AW 33
Limpiddu *NU*...............211 T 39
Limpidi *VV*................176 BG 52
Linari *BO*..................80 AB 19
Linari *FI*..................94 AB 23
Linari *SI*..................94 AE 23
Linaro *BO*..................80 AB 19
Linaro *FC*..................88 AH 20
Linarolo *PV*................51 Q 13
Linate *MI*..................36 Q 11
Lindinuso *BR*..............149 BR 40
Linera *CT*.................197 AZ 58
Lingua *ME*.................181 AY 52
Linguaglossa *CT*...........197 AZ 56
Linguaglietta *IM*...........72 I 20
Linnas *OR*.................220 M 45
Linosa *AG*.................191 AM 68

Linzanico *LC*...............23 R 8
Lio Piccolo *VE*.............43 AJ 11
Lion *PD*....................56 AG 11
Lioni *AV*..................143 BA 38
Lipari *ME*.................181 AY 53
Lipomo *CO*..................22 P 9
Lippiano *PG*................96 AH 23
Lippo *BO*...................67 AC 16
Lirio *PV*...................51 Q 14
Lirone *SO*...................9 R 5
Lisanza *VA*.................35 M 9
Liscate *MI*.................37 R 11
Liscedo *SO*.................24 V 7
Liscia *CH*.................124 AW 32
Liscia Culumba *OT*.........207 R 36
Liscia di Vacca *OT*........207 S 37
Lisciano *AP*...............108 AP 26
Lisciano *AP*...............108 AQ 27
Lisciano *RI*...............114 AM 29
Lisciano di Colloto *AP*....108 AP 27
Lisciano Niccone *PG*........96 AH 24
Liserà *RC*.................179 BG 54
Liserna *BO*.................80 AB 18
Lisiera *VI*.................41 AE 10
Lisignago *TN*...............26 AC 7
Lisio *TO*...................74 I 18
Lison *VE*...................43 AL 9
Lisoni *BN*.................133 AY 35
Lissago *VA*.................22 N 9
Lissaro *PD*.................41 AF 11
Lissolo *LC*.................37 R 9
Lissone *MI*.................36 Q 10
Lista *VC*...................34 K 11
Listolade *BL*...............14 AH 6
Lities *TO*..................47 F 11
Litoranea *LT*..............129 AM 35
Litta Parodi *AL*............62 N 14
Littigheddu *SS*............209 N 38
Littu Erede *SS*............209 O 38
Liussa *TO*..................58 D 15
Liveglia *PR*................64 S 16
Livellazzo *BS*..............39 X 11
Livelli *BS*.................39 X 10
Livelli *BS*.................39 X 11
Livelli *PD*.................55 AE 13
Livelli *PV*.................63 P 14
Livelli *RO*.................57 AH 14
Livelli Inferiori *CR*.......53 W 13
Livelli Superiori *CR*.......53 W 13
Livemano *SI*................94 AD 23
Livemmo *BS*.................39 X 9
Liverani *LT*...............130 AP 35
Livergnano *BO*..............80 AD 18
Liveri *NA*.................151 AW 38
Liverna *NA*................151 AW 38
Liviera *VI*.................41 AD 9
Livigliano *LU*..............78 W 18
Livignano *CR*...............52 V 12
Livigno *SO*.................10 V 4
Livo *CO*....................23 Q 6
Livo *TN*....................12 AB 5
Livorni *CS*................166 BE 46
Livorno *LI*.................92 W 22
Livorno Ferraris *VC*........49 J 12
Livraga *LO*.................52 S 12
Livraschino *CR*.............52 V 12
Livrasco *CR*................52 V 12
Livrio *BS*..................39 X 9
Lixius *CA*.................221 P 45
Lizzana *TN*.................26 AB 8
Lizzanello *LE*.............159 BS 42
Lizzano *FC*.................82 AI 19
Lizzano *PT*.................79 Z 19
Lizzano *TA*................157 BN 41
Lizzano in Belvedere *BO*....80 AA 19
Lizzo *BO*...................80 AB 19
Lizzola *BG*.................24 V 7
Lizzola Bassa *BG*...........24 V 7
Lo Dico *PA*................186 AT 57
Lo Sbarcatello *GR*.........110 AC 29
Lo Stallone *SR*............203 AY 60
Lo Zucco *PA*...............183 AN 55
Loanella *TE*...............108 AQ 28
Loano *SV*...................73 K 19
Loazzolo *AT*................61 K 15
Lobbi *AL*...................50 N 14
Lobia *PD*...................41 AF 10
Lobia *VR*...................40 AD 11
Locadi *ME*.................189 BB 56
Località Chianello *VT*.....112 AI 30
Località Santanna *BL*.......15 AJ 5
Locana *TO*..................33 F 11
Locanda *GR*................103 AB 26
Locanda *ME*................188 AZ 57
Locara *VR*..................40 AD 11
Locarno *VC*.................34 K 9
Locasca *VB*..................6 J 7

Locate di Triulzi *MI*.......51 Q 11
Locate Varesino *CO*.........36 O 9
Locatello *BG*...............23 S 8
Locati *PA*.................194 AT 57
Locca *PA*...................25 Z 8
Loceri *OG*.................219 S 44
Loch *UD*....................17 AP 6
Lochere *TN*.................27 AC 8
Loco Sotto *GE*..............63 Q 16
Locogrande *TP*.............182 AK 56
Loconia *BA*................136 BE 37
Locorotondo *BA*............147 BM 39
Locri *RC*..................179 BG 54
Loculi *NU*.................215 S 41
Lodano *CH*..................19 G 9
Lodè *NU*...................215 S 40
Lodene-Cannata *VV*.........176 BF 52
Lodetto *BS*.................38 V 10
Lodi *FE*....................67 AF 15
Lodi *LO*....................51 R 12
Lodi Vecchio *LO*............51 R 12
Lodine *NU*.................218 Q 43
Lodisio *SV*.................61 K 17
Lodonero *RI*...............114 AN 29
Lodrignano *PR*..............65 W 16
Lodrone *TN*.................25 Y 9
Loggi *AR*...................95 AG 24

Loggio *CO*..................22 P 7
Loghetto *FE*................67 AE 15
Logna *PG*..................107 AN 27
Logognano *AP*...............99 AQ 25
Lograto *BS*.................38 V 11
Loiano *BO*..................80 AC 18
Loirano *MI*.................36 P 11
Loiri *OT*..................211 R 38
Lollove *NU*................214 R 41
Lomagna *MI*.................36 P 9
Lomaniga *LC*................37 R 9
Lomazzo *CO*.................36 P 9
Lomba *AV*..................142 AY 38
Lombai *UD*..................17 AQ 7
Lombara *VI*.................27 AF 8
Lombardara *BN*.............133 AX 36
Lombardi *VT*...............118 AF 30
Lombardore *TO*..............48 H 12
Lombriasco *TO*..............59 G 14
Lombrici *LU*................84 W 20
Lombriciano *AR*.............95 AG 24
Lombro *BS*..................25 W 6
Lomello *PV*.................50 N 13
Lomnago *VA*.................35 N 9
Lonaro *AQ*.................114 AO 28
Lonate Ceppino *VA*..........36 O 9
Lonate Pozzolo *VA*..........35 N 10
Lonato *BS*..................39 X 11

Lonca *UD*...................30 AN 8
Loncon *VE*..................43 AL 9
Loncon *VE*..................43 AL 9
Londa *FI*...................87 AE 20
Loneriacco *UD*..............16 AO 6
Longa *VI*...................41 AE 9
Longagne *BI*................34 J 10
Longana *RA*.................82 AH 17
Longano *BL*.................28 AH 7
Longano *IS*................132 AU 34
Longara *BO*.................67 AC 16
Longara *VI*.................41 AE 10
Longardore *CR*..............53 V 13
Longare *VI*.................41 AE 11
Longareddu *SS*.............209 O 38
Longarone *BL*...............14 AI 6
Longastrino *FE*.............68 AH 16
Longega /
  Zwischenwasser *BZ*.........4 AG 3
Longeni *CS*................170 BG 47
Longana *TS*.................45 AR 10
Longhena *BS*................38 V 11
Longhere *TV*................28 AI 7
Longhi *VI*..................27 AC 8
Longi *ME*..................187 AX 55
Longiano *FC*................82 AI 19
Longobardi *CS*.............170 BF 48
Longobardi *VV*.............174 BF 51

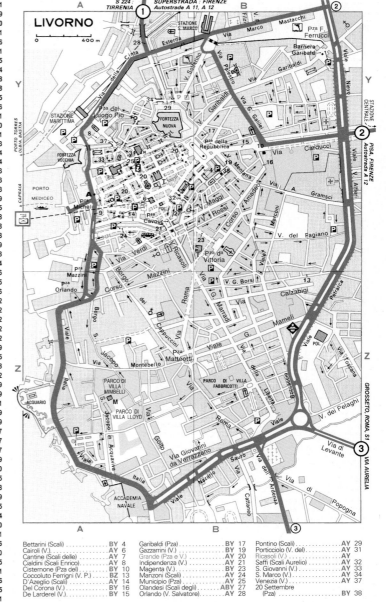

LIVORNO

Bettarini (Scali) . . . . BY 4
Cairoli (V.) . . . . AY 6
Cantine (Scali delle) . . . . AY 7
Cialdini (Scali Enrico) . . . . BY 8
Cisternone (Pza del) . . . . BY 10
Coccoluto Ferrigni (V. P.) . . . . BZ 13
D'Azeglio (Scali) . . . . AY 14
Del Corona (V.) . . . . BY 16
De Larderel (V.) . . . . AY 15

Garibaldi (Pza) . . . . BY 17
Gazzarrini (V.) . . . . BY 19
Grande (Pza e V.) . . . . AY 20
Indipendenza (V.) . . . . AY 21
Magenta (V.) . . . . BY 23
Manzoni (Scali) . . . . AY 24
Municipio (Pza) . . . . AY 25
Olandesi (Scali degli) . . . . . . ABY 27
Orlando (V. Salvatore) . . . . . . AY 28

Pontino (Scali) . . . . AY 29
Porticciolo (V. del) . . . . AY 31
Ricasoli (V.) . . . . AY 30
Saffi (Scali Aurelio) . . . . AY 32
S. Giovanni (V.) . . . . AY 33
S. Marco (V.) . . . . AY 34
Venezia (V.) . . . . AY 37
20 Settembre
  (Pza) . . . . BY 38

Monumentato a Ferdinando I
de' Medici . . . . AY **A**

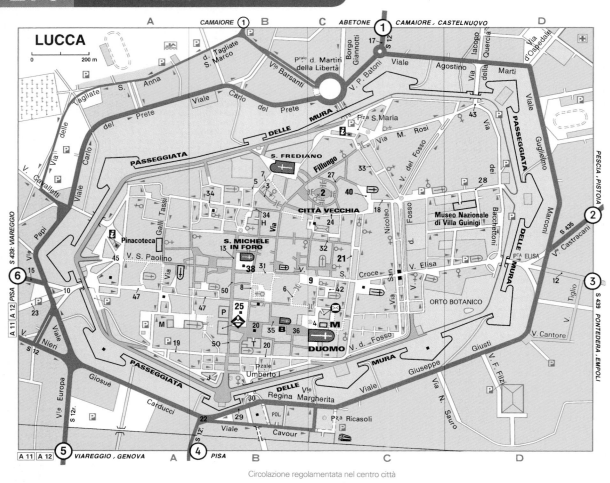

LUCCA

Circolazione regolamentata nel centro città

Anfiteatro (Pza dell') .... C 2
Angeli (V. degli) .... B 3
Antelminelli (Pza) .... C 4
Asili (V. degli) .... B 5
Battisti (V. C.) .... B 7
Beccheria (V.) .... B 8
Bernardini (Pza dei) .... C 9
Boccherini (Pza L.) .... A 10
Cadorna (Viale) .... D 12
Calderia (V.) .... B 13

Catalani (V.) .... A 15
Civitali (V. M.) .... C 17
Fillungo (V.) .... BC
Fratta (V. della) .... C 18
Garibaldi (Cso) .... AB 20
Giglio (Pza del) .... B 21
Guinigi (V.) .... C 22
Indipendenza (Pza dell') .... C 23
Mordini (V. A.) .... C 24
Napoleone (Pza) .... B 25

Pascoli (Viale) .... B 26
Portico (V. del) .... C 27
Quarquonia (V. della) .... D 28
Repubblica (Viale) .... B 29
Risorgimento (Pzale) .... B 30
Roma (V.) .... B 31
Servi (Pza dei) .... C 42
S. Andrea (V.) .... C 32
S. Gemma Galgani
   (V.) .... C 33

S. Giorgio (V.) .... B 34
S. Giovanni (Pza) .... B 35
S. Martino (Pza) .... B 36
S. Michele (Pza) .... C 38
S. Pietro (Pza) .... C 40
Varanini (Pza L.) .... D 43
Verdi (Pzale G.) .... A 45
Vittorio Emanuele II
   (V.) .... AB 47
Vittorio Veneto (Via) .... B 50

Longobardi Marina CS .... 170 BF 48
Longobucco CS .... 168 BI 47
Longoio-Mobbiano LU .... 85 Y 19
Longone al Segrino CO ... 23 Q 9
Longone Sabino RI .... 114 AM 30
Longoni BG .... 37 S 9
Longostagno /
   Lengstein BZ .... 13 AD 4
Lonigo VI .... 41 AD 11
Lonnano AR .... 87 AF 21
Lonno BG .... 37 T 9
Lontignano AP .... 108 AP 26
Lonzano GO .... 31 AP 7
Loo Inf. AO .... 34 I 9
Loo Sup. AO .... 34 I 9
Lopi PG .... 105 AG 25
Loppeglia-Fiano LU .... 85 X 20
Loppia LU .... 79 X 19
Loppiano FI .... 87 AD 22
Loppio TN .... 26 AA 8
Lora RE .... 66 Y 15
Lora VI .... 41 AD 10
Lora VR .... 40 AA 11
Lorano MS .... 78 V 18
Loranzè TO .... 34 H 11
Lore VI .... 27 AE 9
Loreggia PD .... 42 AG 10
Loreggiola PD .... 42 AG 10
Loreggiola TV .... 42 AG 9
Loreglia VB .... 21 L 8
Lorenteggio MI .... 36 P 11
Lorentino LC .... 23 R 9
Lorenzago di Cadore BL .. 15 AJ 5
Lorenzana MS .... 78 U 18

Lorenzana PI .... 92 Y 22
Lorenzaso UD .... 16 AN 5
Lorenzatico BO .... 67 AC 16
Loreo RO .... 57 AI 13
Loretello AN .... 90 AM 22
Loreto AL .... 61 L 16
Loreto AN .... 99 AQ 23
Loreto AT .... 61 K 15
Loreto BO .... 80 AC 17
Loreto BO .... 68 AE 17
Loreto GE .... 76 R 17
Loreto IM .... 72 H 20
Loreto NO .... 35 M 10
Loreto PG .... 96 AJ 23
Loreto PG .... 106 AJ 26
Loreto Aprutino PE .... 116 AS 29
Loreto Grande AQ .... 122 AQ 32
Loria TV .... 42 AG 9
Lorica CS .... 171 BI 48
Loricco TE .... 115 AR 28
Lorichella CS .... 171 BI 48
Lorie CN .... 74 I 18
Loritto BS .... 25 W 7
Lornano SI .... 94 AC 23
Loro VB .... 21 K 8
Loro Ciuffenna AR .... 87 AE 22
Loro Piceno MC .... 98 AP 25
Lorsica GE .... 76 Q 17
Lortallo NO .... 35 L 9
Losana PV .... 51 Q 13
Losanche AO .... 19 G 8
Loscove AR .... 87 AF 21
Losego BL .... 28 AI 7
Loseto BA .... 146 BK 37
Losina I CS .... 168 BI 46

Losine BS .... 25 W 8
Losso PC .... 63 Q 16
Losson della Battaglia VE .. 43 AJ 10
Loto GE .... 77 R 18
Lottano CN .... 59 E 17
Lottizzazione RI .... 113 AL 30
Lotzorai OG .... 219 S 44
Lova VE .... 57 AH 12
Lovadina TV .... 42 AI 9
Lovara VI .... 41 AD 10
Lovari GE .... 63 R 16
Lovari PD .... 41 AG 10
Lovaria UD .... 30 AO 7
Lovati VI .... 40 AC 9
Lovati VI .... 40 AC 10
Lovea UD .... 16 AN 5
Lovegno IM .... 72 I 19
Loveno BS .... 25 W 7
Lovera CN .... 60 J 16
Lovere BG .... 24 V 9
Lovero SO .... 10 W 6
Lovertino VI .... 56 AE 11
Lovetti PC .... 63 R 15
Lovoleto BO .... 67 AD 16
Lovolo VI .... 41 AE 11
Lozio BS .... 25 W 8
Lozza VA .... 36 O 9
Lozzo Atestino PD .... 56 AE 12
Lozzo di Cadore BL ...... 15 AJ 5
Lozzola PR .... 64 U 16
Lozzole FI .... 81 AE 19
Lozzolo VC .... 35 K 10
Lu AL .... 49 L 13

Lu Bagnu SS .... 209 N 38
Lu Colbu OT .... 209 P 37
Lu Falzu OT .... 210 P 38
Lu Finocciu NU .... 211 T 39
Lu Fraili NU .... 211 S 39
Lu Fraili NU .... 211 S 39
Lu Fraili di Sopra NU ... 211 S 39
Lu Fraili di Sotto NU ... 211 T 39
Lu Impostu NU .... 211 T 39
Lu Lioni NU .... 211 S 39
Lu Miriacheddu NU ...... 211 T 39
Lu Mocu OT .... 210 Q 37
Lu Muntiggiu
   di La Petra NU .... 211 S 39
Lu Nibbareddu NU .... 211 S 38
Lu Sticcadu OT .... 210 R 38
Lu Torrinu OT .... 209 O 38
Lubriano VT .... 112 AH 28
Lubrichi RC .... 179 BE 54
Luca TV .... 29 AJ 7
Lucagnano PI .... 85 Y 22
Lucardo FI .... 86 AB 22
Lucarelli SI .... 94 AC 22
Lucca LU .... 85 Y 20
Lucca VI .... 27 AD 8
Lucca Sicula AG .... 192 AO 58
Lucchetta CS .... 167 BG 47
Lucchi CN .... 60 H 16
Lucchio LU .... 79 Z 19
Lucciana SI .... 93 AB 23
Lucciano MC .... 107 AN 25
Luciano PT .... 86 AA 20
Luce MO .... 66 AA 15
Lucedio VC .... 49 K 12
Lucemburgo AR .... 88 AI 21
Lucente FI .... 87 AD 21

Lucente VV .... 174 BG 51
Lucera FG .... 134 BB 34
Lucerena SI .... 94 AC 24
Lucerna LT .... 130 AO 35
Lucernate MI .... 36 P 10
Lucia RC .... 178 BD 54
Luciana FI .... 86 AC 22
Luciana PZ .... 92 X 22
Luciana PO .... 80 AB 19
Luciani LU .... 85 Z 20
Lucignana LU .... 79 Y 19
Lucignano AR .... 95 AF 24
Lucignano FI .... 86 AB 22
Lucignano d'Arbia SI ... 94 AD 24
Lucignano d'Asso SI .... 95 AE 25
Lucinasco IM .... 72 I 20
Lucinico GO .... 31 AQ 8
Lucino CO .... 36 P 9
Lucino MI .... 37 R 11
Lucito CB .... 124 AX 33
Luco AP .... 108 AP 27
Luco dei Marsi AQ ...... 121 AP 32
Luco Mugello FI .... 87 AD 19
Lucolena FI .... 87 AD 22
Lùcoli AQ .... 115 AP 30
Lùcoli Alto AQ .... 115 AP 30
Lucrezia PU .... 90 AM 21
Ludaria UD .... 15 AM 4
Luddui NU .... 211 T 39
Ludizzo BS .... 25 W 9
Ludriano BS .... 38 U 11
Ludrigno BG .... 24 U 8
Ludurru OT .... 210 R 39
Lufrano NA .... 150 AV 38

Lugagnano PR .... 78 V 17
Lugagnano VR .... 40 AA 11
Lugagnano Val d'Arda PC .. 64 T 15
Lugana BS .... 39 Y 11
Lugara RC .... 178 BE 56
Lugherzano PC .... 64 S 15
Lughetto VE .... 42 AH 11
Lughezzano VR .... 40 AB 10
Lughignano TV .... 42 AJ 10
Lugnacco TO .... 34 H 11
Lugnano PG .... 96 AI 23
Lugnano PI .... 85 Y 21
Lugnano RI .... 114 AM 29
Lugnano in Teverina TR .. 113 AI 28
Lugnola RI .... 113 AK 29
Lugo RA .... 82 AG 17
Lugo RE .... 79 Y 17
Lugo VE .... 42 AH 11
Lugo VR .... 40 AA 10
Lugo di Vicenza VI ...... 41 AE 9
Lugugnana VE .... 30 AM 9
Luicciana PO .... 80 AB 19
Luignano CR .... 52 U 12
Luincis UD .... 16 AM 4
Luino VA .... 22 N 7
Luint UD .... 16 AM 5
Luisa PA .... 185 AP 56
Luisago CO .... 36 P 9
Luisetta TO .... 48 H 11
Luisetti TO .... 47 F 14
Lula NU .... 215 R 41
Lumarzo GE .... 76 P 17
Lumbaldu SS .... 209 O 39
Lumbia ME .... 197 BA 56
Lume RC .... 189 BC 55
Lumellogno NO .... 35 M 10
Lumiere LI .... 102 Y 25
Lumignacco UD .... 30 AO 8
Lumignano VI .... 41 AE 11
Luminaria CT .... 197 AZ 57
Luminasio BO .... 80 AC 17
Lumini VR .... 39 Z 10
Lunamatrona VS .... 221 O 46
Lunano PU .... 89 AJ 21
Lunassi AL .... 63 Q 15
Lunata LU .... 85 Y 20
Lunchi RC .... 177 BH 53
Lundo TN .... 26 AA 7
Lunecco VB .... 7 M 7
Lunella ME .... 188 AY 55
Luneo VE .... 42 AH 10
Lunes BZ .... 5 AG 3
Lungagnana FI .... 86 AB 22
Lungarella AV .... 143 BA 37
Lungavilla PV .... 51 P 13
Lunghezza RM .... 120 AL 32
Lungo FI .... 86 AA 21
Lungo Sisto III LT .... 138 AN 36
Lungo Valle SS .... 209 M 39
Lungolago RM .... 119 AI 31
Lungomare AN .... 90 AO 22
Lungomare
   di Sabaudia LT .... 138 AN 36
Lungotenna AP .... 99 AR 24
Lungro CS .... 167 BF 45
Luogo Grande PA .... 184 AO 55
Luogomano PO .... 86 AB 19
Luogosano AV .... 142 AV 38
Luogosanto OT .... 210 Q 37
Lupaiolo PU .... 89 AJ 21
Lupara BO .... 68 AE 16
Lupara CB .... 124 AX 33
Lupara CB .... 133 AX 34
Lupara FG .... 135 BE 35
Lupara GE .... 76 Q 17
Lupazzano PR .... 65 W 16
Lupazzo RE .... 79 Y 17
Lupi PC .... 63 R 15
Lupia CS .... 171 BG 49
Lupia VI .... 41 AE 10
Lupicino / Wolfl BZ ..... 13 AD 5
Lupinaia LU .... 79 X 19
Lupompesi SI .... 94 AD 24
Luponio PZ .... 144 BD 39
Luppa PD .... 55 AE 12
Luppia VR .... 55 AC 12
Luppineria ME .... 197 BA 56
Lura CO .... 22 P 8
Lurago d'Erba CO .... 36 Q 9
Lurago Marinone CO .... 36 O 9
Lurano BG .... 37 S 10
Luras OT .... 210 Q 38
Lurate Caccivio CO ...... 36 O 9
Luri OR .... 220 M 45
Luriano SI .... 103 AB 25
Lurisia CN .... 71 H 18
Lusana MS .... 78 V 18

Lusciano CE .... 141 AU 38
Luscignano MS .... 78 V 18
Lusen / Luson BZ .... 4 AF 3
Luserna TN .... 27 AC 8
Luserna TO .... 59 E 15
Lusernetta TO .... 59 E 15
Lusevera UD .... 16 AO 6
Lusia RO .... 56 AE 13
Lusiana VI .... 27 AE 9
Lusiglié TO .... 48 H 12
Lusignana RE .... 79 X 17
Luson / Lusen BZ .... 4 AF 3
Lussello AL .... 49 K 13
Lussito AL .... 61 L 16
Lustignano PI .... 93 Z 24
Lustra SA .... 162 AZ 42
Lustrola BO .... 80 AA 19
Lusuolo MS .... 78 U 18
Lusurasco PC .... 64 U 14
Lutago / Luttach BZ .... 4 AG 2
Lutago di Sopra /
  Oberluttach BZ .... 4 AG 2
Lutiano Nuovo FI .... 87 AD 20
Lutirano FI .... 81 AF 19
Lutizzo UD .... 30 AM 8
Lutrano TV .... 29 AJ 9
Luttach / Lutago BZ .... 4 AG 2
Lutturai NU .... 211 S 38
Lutturai NU .... 211 S 39
Luviera SO .... 24 U 7
Luvigliano PD .... 56 AF 11
Luvinate VA .... 22 N 8
Luxia Collu CI .... 224 L 49
Luziano TP .... 182 AL 55
Luzzana BG .... 38 U 9
Luzzano BN .... 141 AW 37
Luzzano PV .... 51 R 13
Luzzara RE .... 54 Z 14
Luzzena FC .... 82 AH 19
Luzzi CS .... 167 BG 47
Luzzogno VB .... 21 L 8

M
Macanno RN .... 83 AK 19
Macari TP .... 183 AL 55
Maccabei BN .... 142 AX 37
Maccacari VR .... 55 AB 13
Maccagno VA .... 22 N 7
Maccantone PG .... 97 AL 24
Maccarese RM .... 119 AI 32
Maccaretolo BO .... 67 AD 15
Maccaronere AV .... 142 AZ 38
Maccarrone PZ .... 164 BF 43
Maccastorna LO .... 52 U 13
Macchia CS .... 168 BH 46
Macchia CT .... 197 AZ 57
Macchia PG .... 107 AM 27
Macchia PZ .... 144 BD 38
Macchia RI .... 107 AO 27
Macchia SA .... 152 AY 40
Macchia TO .... 47 G 12
Macchia AV .... 143 AZ 38
Macchia Albanese CS .... 168 BH 46
Macchia da Sole TE .... 108 AQ 27
Macchia dei Monaci CS ... 167 BG 46
Macchia di Mauro FG .... 127 BF 32
Macchia di Monte BA .... 147 BM 38
Macchia d'Isernia IS .... 132 AU 34
Macchia Grande LT .... 129 AL 35
Macchia Nuova MT .... 156 BJ 41
Macchia Piccola SA .... 152 BA 39
Macchia Rotonda FG .... 135 BD 35
Macchia Valfortore CB ... 133 AY 34
Macchiagodena IS .... 132 AV 34
Macchialunga TR .... 113 AL 28
Macchiareddu CA .... 226 P 48
Macchiarelli CB .... 124 AW 33
Macchiarello AV .... 142 AZ 37
Macchiaroli SA .... 153 BC 41
Macchiascandona GR ... 103 AA 27
Macchiatornella TE .... 108 AP 28
Macchie CB .... 133 AW 35
Macchie CH .... 123 AU 31
Macchie CZ .... 172 BJ 49
Macchie MC .... 107 AO 26
Macchie MC .... 98 AP 25
Macchie PG .... 105 AH 25
Macchie TR .... 113 AL 28
Macchino PT .... 85 Z 20
Macchione CB .... 132 AW 34
Macchioni FR .... 130 AP 34
Macchitella AV .... 143 BA 37
Macciano PG .... 106 AK 26
Macciano SI .... 105 AG 25
Maccio CO .... 36 P 9
Maccoli BN .... 142 AX 37

Macella BN .... 142 AX 36
Macellai CN .... 60 I 15
Macellara CS .... 166 BF 46
Macello TO .... 59 F 14
Macerata MC .... 98 AP 24
Macerata PI .... 85 Y 22
Macerata Campania CE ... 141 AU 37
Macerata Feltria PU .... 89 AJ 21
Maceratoi VR .... 55 AD 12
Maceratola PG .... 106 AL 26
Macere RM .... 120 AM 33
Macereto PG .... 105 AH 26
Macerie FR .... 130 AN 33
Macerone FC .... 82 AI 19
Macesina BS .... 39 X 10
Macherio MI .... 36 Q 10
Maciano PU .... 88 AI 20
Macie SI .... 94 AC 23
Macina BO .... 80 AD 17
Macina BS .... 38 U 10
Macina BS .... 38 W 11
Macina MC .... 98 AQ 24
Macine Borgo Loreto AN ... 98 AN 23
Macini CE .... 131 AT 36
Maciolla PU .... 89 AK 21
Maclino BS .... 39 Y 10
Maclodio BS .... 38 V 11
Macomer NU .... 213 N 42
Macra CN .... 58 E 17
Macugnaga VB .... 20 I 8
Madama VV .... 174 BE 51
Maddalena AT .... 61 L 14
Maddalena BN .... 133 AY 36
Maddalena BS .... 39 X 10
Maddalena CN .... 58 D 16
Maddalena CN .... 58 D 17
Maddalena MC .... 98 AN 25
Maddalena SV .... 61 L 16
Maddalena VA .... 35 N 10
Maddalene CN .... 59 G 16
Maddalene TO .... 47 F 13
Maddalene VI .... 41 AE 10
Maddaloni CE .... 141 AV 37
Maddaloni Sup. CE .... 141 AV 37
Maddo RC .... 178 BD 56
Madesimo SO .... 9 R 5
Madignano CR .... 52 T 11
Madone BG .... 37 S 10
Madonna AP .... 98 AP 25
Madonna AT .... 49 J 14
Madonna BO .... 67 AD 17
Madonna PD .... 56 AG 12
Madonna PE .... 116 AU 29
Madonna PV .... 50 N 13
Madonna SI .... 51 P 13
Madonna UD .... 16 AN 6
Madonna VB .... 21 K 7
Madonna VI .... 41 AD 11
Madonna VR .... 54 AB 12
Madonna Boschi RA .... 69 AH 16
Madonna Bruna AP .... 99 AR 25
Madonna degli Angeli LT ... 129 AN 34
Madonna degli Angeli PE ... 116 AS 28
Madonna degli Angeli RI ... 113 AQ 29
Madonna degli Orti TO .... 59 G 15
Madonna dei Boschi FE .... 67 AD 15
Madonna dei Fornelli BO .. 80 AC 18
Madonna dei Pini TR .... 113 AJ 28
Madonna dei Tre Fiumi FI ... 87 AD 19
Madonna del Bagno CB .... 132 AV 36
Madonna del Barco VT .... 112 AI 30
Madonna del Buon
  Cammino BA .... 146 BI 38
Madonna del Campo PV ... 50 N 12
Madonna del Carmine PU ... 97 AK 23
Madonna del Colletto TO ... 70 F 18
Madonna del Lago AP ..... 108 AQ 26
Madonna del Latte LT ..... 130 AP 35
Madonna del Mattone RI ... 113 AL 30
Madonna del Monte AQ .. 115 AO 29
Madonna del Monte MC ... 98 AP 23
Madonna del Monte SV .... 75 L 18
Madonna del Passo RI ..... 114 AM 29
Madonna del Piano AN ..... 90 AN 22
Madonna del Piano FR ..... 130 AP 34
Madonna del Piano PU ..... 90 AM 22
Madonna del Piano RI ..... 113 AK 30
Madonna del Piano RI ..... 113 AK 30
Madonna del Piano VT ..... 112 AI 29
Madonna del Poggio BO ... 67 AC 16
Madonna del Porto TR ..... 112 AI 28
Madonna del Roseto CH .. 123 AU 31
Madonna del Sasso PU .... 97 AL 22
Madonna del Soccorso LT .. 129 AM 34
Madonna del Soccorso VT .. 113 AQ 29
Madonna del Sole AN ...... 90 AO 22

Madonna del Sorbo RM .. 119 AJ 31
Madonna della Cona MC ... 107 AO 26
Madonna della Libera BN 133 AW 36
Madonna della Libera FG .. 127 BE 33
Madonna della Luce RI .... 113 AL 28
Madonna della Neve IM .... 72 H 21
Madonna della Pace PE ... 116 AT 28
Madonna della Pace RM ... 120 AN 32
Madonna della Pia PE ...... 106 AK 26
Madonna della Puglia PG .. 106 AL 26
Madonna della Quercia VT .. 105 AG 27
Madonna della Rocca AQ .. 192 AP 58
Madonna della Salute TV .. 42 AG 9
Madonna della Salute TV .. 43 AJ 10
Madonna della Sanità PG .. 105 AH 26
Madonna della Scala BA ... 147 BL 39
Madonna della Scala TO ... 48 H 13
Madonna della Stella FR ... 130 AO 33
Madonna della Stella PG .. 106 AL 26
Madonna della Strada AQ .. 114 AO 29
Madonna dell'Acqua PI .... 84 X 21
Madonna dell'Albero RA ... 82 AI 17
Madonna delle Bozzole PV .. 50 O 12
Madonna delle Grazie AN ... 91 AP 22
Madonna delle Grazie AV .. 142 AY 37
Madonna delle Grazie AV .. 142 AY 38
Madonna delle Grazie AV .. 142 AZ 37
Madonna delle Grazie CS .. 167 BG 47
Madonna delle Grazie FR .. 130 AO 33
Madonna delle Grazie LI .. 100 X 27
Madonna delle Grazie PG .. 106 AK 26
Madonna delle Grazie PG .. 107 AM 26
Madonna delle Grazie PV .. 50 N 13
Madonna delle Grazie SR .. 203 AZ 60
Madonna delle Grazie TP .. 190 AG 63
Madonna delle Grazie TV .. 42 AH 10
Madonna Delle Piane CH .. 116 AT 29
Madonna dell'Eschio VT ... 111 AF 28
Madonna dell'Oca CN ...... 59 E 15
Madonna dell'Olmo CN .... 71 G 17
Madonna dell'Uva Secca VR .. 54 AA 11
Madonna di Baiano PG .... 106 AL 27
Madonna di Braccano RM .. 119 AJ 31
Madonna
  di Buonviaggio SP .... 77 U 19
Madonna di Campiglio TN .. 12 Z 6
Madonna di Curagna CN ... 73 J 19
Madonna di Loreto RI .... 113 AK 29
Madonna di Loreto VT ...... 112 AI 29
Madonna di Pietravolta MO .. 79 Y 18
Madonna di Pisano TA ...... 157 BO 41
Madonna di Pugliano PU ... 88 AJ 20
Madonna di
  Rocca Vecchia LE .... 159 BT 42
Madonna di San
  Sebastiano SR .... 105 AI 28
Madonna di Senales /
  Unserfrau in Schnals BZ ... 2 AA 3
Madonna di Tirano SO ...... 10 V 6
Madonna di Tremonti CT ... 197 AZ 58
Madonna Ete AP .... 99 AR 25
Madonna Immacolata BN .. 141 AW 37
Madonna Manù AP .... 99 AR 25
Madonna Manu Primo AP .. 99 AR 25
Madonna Marina SR .... 205 AZ 62
Madonna Pietracquaria AQ .. 121 AP 31
Madonna Pozzo
  Guacito BR .... 148 BN 39
Madonna Scoperta BS ...... 39 Y 11
Madonna Scoperta TR ...... 113 AK 29
Madonna Valleluogo AV ... 143 AZ 36
Madonna Valverde MN .... 54 AA 13
Madonnella BN .... 141 AW 36
Madonnella CB .... 132 AV 34
Madonnetta AP .... 98 AQ 25
Madonnetta AP .... 108 AR 25
Madonnetta TV .... 42 AI 9
Madonnetta TV .... 28 AI 9
Madonnina AN .... 91 AF 22
Madonnina RM .... 128 AK 34
Madonnina RO .... 56 AG 13
Madonnino SI .... 95 AF 25
Madonnuzza PA .... 186 AT 57
Madrano TN .... 26 AC 7
Madrigano PU .... 90 AM 22
Madrisio UD .... 30 AM 8
Madrisio UD .... 30 AN 7
Maè AO .... 33 H 9
Maeggio SR .... 203 BA 61
Maenza LT .... 130 AO 34
Maerne VE .... 42 AH 10
Maestà AN .... 97 AM 23
Maestà MC .... 98 AP 24
Maestà dei Saldi MS .... 78 V 18
Maestà della Villa MS ...... 78 V 19
Maestra FE .... 69 AH 15

Maestrazza RO .... 57 AJ 14
Maestrello PG .... 96 AI 24
Mafalda CB .... 124 AX 32
Maffea VR .... 40 AB 11
Maffioli BG .... 37 T 9
Maffiotto TO .... 47 E 13
Mafuca PG .... 105 AH 25
Magaroti CS .... 166 BD 45
Magasa BS .... 25 Y 9
Magazzeno SA .... 152 AY 40
Magazzinazzo CL .... 193 AR 57
Magazzini RO .... 57 AI 14
Magazzini SA .... 162 AZ 42
Magazzini Alberese GR ... 103 AB 27
Magazzini-Schiopparello LI .. 100 X 27
Magazzino BO .... 67 AB 16
Magellano I AG .... 199 AQ 60
Magellano II AG .... 199 AQ 60
Magenta MI .... 36 O 11
Magera TV .... 29 AK 9
Magghiu TP .... 190 AK 57
Maggiana CO .... 23 Q 7
Maggiana LC .... 23 R 8
Maggianico LC .... 23 R 8
Maggiate Sup. NO .... 35 L 9
Maggio BO .... 81 AE 17
Maggio CZ .... 171 BI 49
Maggiora NO .... 35 L 9
Magherno PV .... 51 Q 12
Maghialonga RG .... 204 AU 62
Magione BO .... 81 AE 17
Magione PG .... 96 AI 25
Magisano CZ .... 171 BI 49
Magli MC .... 108 AP 25
Maglianello Alto RI .... 114 AM 29
Maglianello Basso RI .... 114 AM 29
Magliano CN .... 60 I 15
Magliano FI .... 94 AB 22
Magliano LE .... 159 BR 41
Magliano LU .... 78 W 18
Magliano MS .... 78 V 18
Magliano PU .... 90 AM 21
Magliano TE .... 108 AQ 27
Magliano Alfieri CN ...... 61 J 15
Magliano Alpi CN .... 71 H 17
Magliano De' Marsi AQ .. 121 AP 31
Magliano di Tenna AP .... 99 AQ 25
Magliano in Toscana GR . 110 AC 28
Magliano Novo SA .... 162 BA 41
Magliano Romano RM ... 119 AJ 31
Magliano Sabina RI .... 113 AJ 29
Magliano Sottano CN .... 71 H 17
Magliano Vetere SA ...... 153 BA 41
Maglie LE .... 161 BS 43
Maglietola MS .... 78 V 18
Maglio BO .... 81 AF 17
Maglio BS .... 38 V 10
Maglio BS .... 39 X 11
Maglio MN .... 54 Z 12
Maglio PD .... 41 AF 9
Maglio PG .... 42 AG 10
Maglio TV .... 42 AH 9
Maglio VI .... 40 AC 10
Maglio VI .... 41 AD 9
Magliolo SV .... 74 K 18
Maglione TO .... 48 J 11
Magnacavallo MN .... 55 AC 13
Magnadola TV .... 29 AK 9
Magnago AN .... 97 AM 22
Magnago MI .... 35 N 10
Magnago TN .... 26 AC 7
Magnalardo RI .... 114 AM 30
Magnaldi CN .... 71 H 18
Magnanella TE .... 108 AQ 27
Magnanins UD .... 16 AM 4
Magnano BI .... 34 J 11
Magnano LU .... 78 X 19
Magnano PZ .... 164 BF 43
Magnano in Riviera UD .. 16 AO 6
Magnas TO .... 34 H 11
Magnasco GE .... 63 R 16
Magneaz AO .... 19 H 9
Magno BS .... 38 W 9
Magno BS .... 38 W 9
Magnola BS .... 39 W 11
Magnolina RO .... 56 AG 13
Magnonevolo BI .... 34 J 11
Mago TO .... 47 F 14
Magognino VB .... 21 M 8
Magolà CZ .... 171 BG 50
Magomadas OR .... 212 M 42
Magorno SA .... 163 BD 42
Magrano VR .... 40 AB 10
Magras TN .... 12 AA 5
Magrassi AL .... 62 O 15

Magrè VI .... 40 AD 9
Magrè / Magreid BZ .... 12 AC 6
Magredis UD .... 30 AO 7
Magreglio CO .... 23 Q 8
Magreid / Magrè BZ .... 12 AC 6
Magreta MO .... 66 Z 16
Magri AG .... 193 AQ 58
Magrignana MO .... 79 Z 18
Magrignano VR .... 39 Z 9
Magugnano VT .... 112 AI 28
Maguzzano BS .... 39 Y 11
Maia Alta BZ .... 12 AC 4
Maiano CE .... 139 AS 36
Maiano FI .... 86 AC 21
Maiano PG .... 106 AL 27
Maiano PU .... 88 AI 20
Maiano TN .... 12 AB 5
Maiano di Sopra CE ..... 139 AS 36
Maiano Monti RA .... 68 AG 17
Maias BL .... 15 AJ 5
Maiaso UD .... 16 AM 5
Maida CZ .... 174 BH 50
Maida RC .... 177 BG 53
Maida Marina CZ .... 174 BG 50
Maie CN .... 74 I 17
Maierà CS .... 166 BE 45
Maierato VV .... 174 BG 51
Maiern / Masseria BZ .... 3 AC 2
Maiero FE .... 68 AF 15
Maimone ME .... 188 AY 55
Mainizza GO .... 31 AQ 8
Mainolfo SA .... 162 AY 42
Maio NA .... 150 AS 39
Maio PZ .... 144 BD 38
Maiocca LO .... 52 T 12
Maiodi VV .... 174 BH 51
Maiola RE .... 65 X 17
Maiolati Spontini AN ..... 98 AN 23
Maiolino CZ .... 170 BF 50
Maiolo PC .... 64 S 15
Maione CS .... 170 BG 49
Maiorani ME .... 189 BA 54
Maiorano KR .... 173 BL 49
Maiorano di Monte CE ... 141 AU 36
Maiorca NU .... 211 T 39
Maiori SA .... 151 AW 40
Maiorisi CE .... 140 AT 36
Mairago LO .... 52 S 12
Mairano BS .... 38 V 11
Mairano LO .... 51 R 12
Mairano MI .... 51 P 11
Mairano PV .... 51 P 13
Maisonasse AO .... 32 E 10
Maissana SP .... 77 S 17
Majano UD .... 16 AN 6
Mala TN .... 27 AC 7
Malaborsa ME .... 188 AY 55
Malacalzetta CI .... 220 M 47
Malacappa BO .... 67 AC 16
Malacorona CS .... 170 BF 48
Malacosta MS .... 78 V 18
Malacrinò RC .... 178 BD 55
Maladroscia CI .... 224 L 50
Malafarina CS .... 166 BE 46
Malafesta VE .... 30 AM 9
Malafrinà RC .... 177 BG 53
Malagatti SV .... 74 K 18
Malagnino CR .... 53 V 13
Malalbergo BO .... 67 AE 15
Malamocco VE .... 42 AJ 11
Malamori NU .... 211 T 39
Malandriano PR .... 65 X 15
Malandrone PI .... 92 Y 23
Malandroni AT .... 49 J 14
Malanghero TO .... 48 G 12
Malapignata PZ .... 163 BD 42
Malarolo PR .... 65 W 15
Malasà ME .... 188 BA 55
Malavedo LC .... 23 R 8
Malaventre PG .... 84 X 21
Malavicina MN .... 53 Y 12
Malavicina MN .... 54 Z 12
Malavolta LI .... 92 X 23
Malborghetto FE ..... 67 AD 14
Malborghetto RM ..... 119 AJ 31
Malborghetto UD ..... 17 AP 4
Malborghetto UD ..... 31 AP 9
Malborghetto
  di Correggio FE ..... 68 AF 14
Malcantone MN ..... 54 AA 14
Malcantone MN ..... 55 AC 14
Malcesine VR .... 39 Z 9
Malche SA .... 152 AY 39
Malchina TS .... 31 AP 7
Malciaussia TO ..... 47 D 12
Malcontenta VE ..... 42 AI 11

Malé TN .... 12 AA 5
Malefosse TO .... 46 C 13
Malegno BS .... 25 W 8
Malemaseria UD .... 16 AO 6
Maleo LO .... 52 T 12
Maleon PN .... 15 AL 6
Malesco VB .... 7 M 7
Maletto CT .... 196 AY 57
Malfa ME .... 181 AY 52
Malga Ciapela BL .... 14 AG 5
Malga dei Dossi /
  Knutten Alm BZ .... 5 AH 2
Malga Pudio / Pidig Alm BZ .. 5 AI 2
Malga Saisera UD .... 17 AP 5
Malgasott BZ .... 12 AB 4
Malgesso VA .... 35 N 9
Malgolo TN .... 12 AB 5
Malgrate LC .... 23 R 8
Malgrate MS .... 78 U 18
Malignano SI .... 94 AC 24
Malintrada TV .... 43 AK 9
Malisana UD .... 30 AO 9
Maliscia AP .... 108 AQ 25
Maliseti PO .... 86 AB 20
Malita FC .... 182 BF 44
Malito CS .... 170 BG 49
Malittoro CZ .... 174 BH 51
Malivindi RC .... 177 BG 54
Mallà PA .... 192 AO 57
Mallare SV .... 74 K 18
Malles Venosta / Mals BZ .. 2 Y 3
Malmantile FI .... 86 AB 21
Malmissole FC .... 82 AH 18
Malnate VA .... 22 O 9
Malo VI .... 41 AD 9
Malò ME .... 187 AX 55
Malocco Sotto BS ..... 39 X 11
Malon BL .... 15 AJ 4
Malongola CR .... 53 V 13
Malonno BS .... 25 W 7
Malopasso CT .... 197 AZ 57
Malopirtusillo CL .... 193 AS 58
Malosco TN .... 12 AB 5
Maloto ME .... 188 BA 55
Malpaga BG .... 37 T 10
Malpaga BS .... 38 W 11
Malpaga BS .... 39 X 9
Malpaga VE .... 42 AH 11
Malpasso BG .... 23 S 8
Malpasso BO .... 80 AB 18
Malpasso MN .... 55 AB 13
Malpassoti CT .... 197 BA 57
Malpertus TO .... 58 D 15
Malpotremo CN .... 74 J 17
Mals / Malles Venosta BZ .. 2 Y 3
Malti OT .... 210 P 37
Maltignano AP .... 108 AR 27
Maltignano PG .... 107 AN 27
Maltraverso SI .... 94 AB 23
Maluventu RC .... 177 BG 54
Malvaglio MI .... 35 N 10
Malvagna ME .... 188 AZ 56
Malvezza BO .... 68 AE 16
Malviano AN .... 90 AO 22
Malvicino AL .... 61 L 16
Malvisi PC .... 64 T 15
Malvitani CS .... 166 BE 46
Malvitani CS .... 170 BG 48
Malvito AV .... 142 AY 38
Malvito CS .... 166 BF 46
Malvizza AV .... 142 AZ 36
Malvizza di Sopra AV ... 142 AZ 36
Malvizza di Sotto AV ... 142 AZ 36
Mamago PC .... 52 S 13
Mambrotta VR .... 40 AB 11
Mamiano PR .... 65 X 15
Mammiano PT .... 85 Z 19
Mammola RC .... 177 BG 53
Mamoiada NU .... 218 Q 42
Mamone NU .... 214 R 40
Mamurrano LT .... 139 AQ 36
Mamusi OT .... 210 R 39
Manacore FG .... 127 BF 32
Manarola SP .... 77 T 19
Manazzons PN .... 16 AM 6
Manca di Basso PZ ..... 164 BF 43
Manca di Sopra PZ ..... 164 BF 43
Mancamento VI .... 41 AF 11
Manche CS .... 166 BE 46
Manciano GR .... 111 AE 28
Mancine PZ .... 164 BG 43
Mancinelli MC .... 98 AP 23

MANTOVA

Accademia (V.) .... BY 2	Don Tazzoli (V. Enrico) .... BZ 7	Roma (V.) .... AZ
Acerbi (V.) .... AZ 3	Erbe (Pza delle) .... BZ 8	Sordello (Pza) .... BY 21
Broletto (V. e Pza)......... BZ 4	Fratelli Cairoli (V.) .... BY 10	S. Giorgio (V.) .... BY 20
Canossa (Pza) .... AY 5	Libertà (Cso) .... AZ 12	Umberto (Cso) .... AZ
Don Leoni (Pza) .... AZ 6	Marconi (Pza) .... ABZ 15	Verdi (V. Giuseppe)......... AZ 24
	Mantegna (Pza Andrea)...... BZ 13	Virgilio (V.) .... AY 25
	Martiri di Belfiore (Pza)...... AZ 16	20 Settembre
	Matteotti (V.) .... AZ 17	(V.) .... BZ 27

Rotonda di San Lorenzo .... BZ **B**

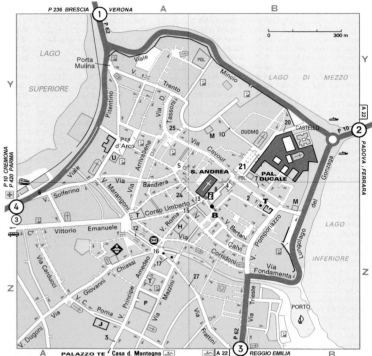

Mancini CB .... 133 AY 35	Manera CO .... 36 P 9	Manzano UD .... 31 AP 8
Mancini CH .... 117 AV 30	Manerba del Garda BS ..... 39 Y 10	Manzi AR .... 88 AH 22
Mancini CZ .... 171 BH 50	Manerbio BS .... 53 V 11	Manziana ME .... 118 AH 31
Mancino CS .... 167 BG 46	Manesseno GE .... 62 O 17	Manzinello UD .... 31 AP 8
Mancino RC .... 177 BH 53	Manfio LE .... 160 BS 43	Mapello BG .... 37 S 9
Manco CS .... 168 BJ 47	Manfredonia FG .... 135 BE 34	Mappa CL .... 193 AR 58
Mancone SA .... 152 AZ 41	Manfria CL .... 200 AT 61	Mara BZ .... 4 AE 3
Mancuso ME .... 189 BA 56	Manganaro PA .... 185 AQ 57	Mara SS .... 213 M 41
Mancuso RC .... 189 BD 54	Mangani RC .... 178 BE 56	Mara VA .... 22 N 8
Mandanici ME ...... 188 BA 55	Manganiello ME ...... 197 AZ 56	Maracalagonis CA ...... 226 Q 48
Mandaradoni VV .... 174 BE 51	Mangano CT .... 197 BA 57	Maragnani SS .... 209 N 38
Mandaràdoni VV .... 176 BE 52	Mangia SP .... 77 T 18	Maragnole VI .... 41 AE 9
Mandas CA .... 222 P 46	Mango CN .... 61 J 15	Maraldi PN .... 15 AL 6
Mandatoriccio CS ... 169 BK 47	Mangona FI .... 80 AC 19	Marana AQ .... 114 AO 29
Mandela RM .... 120 AM 31	Mangone CS .... 171 BG 48	Marana OT .... 211 S 37
Mandello VR .... 54 AB 12	Maniace CT .... 196 AX 56	Marana PZ .... 153 BD 39
Mandello del Lario LC .. 23 Q 8	Maniaglia UD .... 16 AN 6	Marana VI .... 40 AC 10
Mandello Vitta NO ... 35 L 11	Maniago PN .... 29 AL 6	Marandola FR .... 131 AS 35
Mandia SA .... 162 BA 43	Maniga CN .... 60 H 15	Marane AQ .... 122 AS 31
Mandoleti MC .... 99 AQ 24	Manigi VI .... 107 AN 27	Maranello MO .... 66 AA 16
Mandoleto PG ...... 105 AI 27	Maniglia TO .... 46 D 14	Maranello MO .... 79 Z 17
Mandolossa BS ...... 38 V 10	Mannacciu OT .... 210 R 38	Marangana NO .... 35 M 11
Mandorleto RC ..... 179 BG 54	Mannara SA .... 151 AW 39	Marangi LE .... 159 BS 41
Mandra di l'Ainu SS .. 208 M 39	Mannarella RC ...... 178 BD 55	Marangona VI .... 41 AF 9
Mandra Rossa CL ... 193 AS 58	Mannoli RC .... 178 BD 54	Maranise CZ .... 171 BI 49
Mandravecchia ME .. 189 BA 54	Mannu SS .... 208 K 37	Marano BO .... 80 AB 18
Mandrea TN .... 26 AA 8	Manocalzati AV ...... 142 AY 38	Marano BO .... 67 AD 16
Mandria PD .... 41 AF 11	Manocchio CB .... 133 AX 35	Marano PE .... 116 AS 30
Mandria TO .... 48 I 12	Manoppello PE ...... 116 AT 30	Marano PE .... 65 X 15
Mandria del Forno CS . 168 BH 46	Manoppello Scalo PE .. 116 AT 30	Marano TN .... 26 AB 8
Mandria Luci CS .... 167 BG 45	Mansué TV .... 29 AK 9	Marano VE .... 42 AH 11
Mandrino AL .... 62 M 14	Manta CN .... 59 F 16	Marano dei Marsi AQ .. 121 AO 31
Mandrino PV .... 51 Q 12	Mantana BZ .... 4 AG 3	Marano di Napoli NA .. 150 AU 38
Mandrio RE .... 66 Z 15	Mantegazza MI .... 36 O 10	Marano di Valpolicella VR . 40 AA 10
Mandriola AN .... 90 AO 21	Mantello SO .... 23 R 7	Marano Equo RM .... 120 AN 32
Mandriola RM ...... 128 AJ 33	Mantie VC .... 50 M 12	Marano Lagunare UD ... 30 AO 9
Mandriole RA .... 69 AI 16	Mantignana PG .... 96 AI 25	Marano Marchesato CS .. 170 BG 48
Mandrioli CH .... 124 AW 31	Mantinero RC .... 178 BD 56	Marano Principato CS .. 170 BG 48
Mandriolo RE .... 66 Z 15	Mantino VV .... 174 BF 51	Marano sul Panaro MO .. 66 AA 16
Mandrione FG ...... 127 BF 32	Mantignana PG .... 96 AI 25	Marano Ticino NO ...... 35 M 10
Mandriou AO .... 19 H 9	Mantova MN .... 54 Z 12	Marano Vicentino VI .... 41 AD 9
Mandrizzo AS ...... 152 AX 39	Manuela AL .... 62 M 15	Maranola LT .... 139 AQ 36
Mandrogne AL .... 62 N 14	Manuli LT .... 139 AR 36	Maranza / Maranzen BZ .... 4 AE 3
Mandroni BN .... 133 AY 35	Manune VR .... 40 AA 10	Maranza AT .... 61 L 15
Manduca AV .... 143 AZ 38	Manza CL .... 201 AV 62	Maranzana AT .... 61 L 15
Manduria TA .... 158 BO 41	Manzana TV .... 28 AI 8	Maranzanis UD .... 16 AM 4
Manela PR .... 64 U 15	Manzano AR .... 95 AG 24	Maranzano PG .... 105 AH 26
Manera CN .... 61 J 16	Manzano PR .... 65 W 16	

Maranzen / Maranza BZ ..... 4 AE 3	Margarola PV .... 50 P 12	Marina di Orosei NU .... 215 T 41
Maras BL .... 28 AH 7	Marghera VE .... 42 AI 11	Marina di Ostuni BR ..... 148 BO 39
Marasa CB .... 124 AW 33	Margherita KR .... 173 BL 49	Marina di Palma AG ..... 199 AR 60
Maraschina VR .... 39 Y 11	Margherita di Savoia FG . 136 BF 35	Marina di Patti ME ...... 188 AY 55
Maratea PZ .... 163 BD 44	Margherito CE .... 131 AT 35	Marina di Pietrasanta LU .. 84 W 20
Maratello FC .... 82 AH 19	Margherito Soprano CT .. 202 AW 59	Marina di Pisa PI .... 84 W 21
Maratta AN .... 91 AQ 22	Margherito Sottano CT .. 202 AW 59	Marina di Pulsano TA .... 157 BN 41
Maratta TR .... 113 AK 28	Margine AV .... 143 BB 38	Marina di Puolo NA ..... 151 AV 40
Marausa TP .... 182 AK 56	Margine di Momigno PT ... 85 Z 20	Marina di Ragusa RG .... 204 AW 63
Marazzino OT .... 206 Q 36	Marginone LU .... 85 Z 20	Marina di Ravenna RA .... 69 AI 17
Marcallo MI .... 36 O 11	Margnier AO .... 33 G 9	Marina di Salivoli LI ..... 102 X 26
Marcandindoli BN .... 133 AY 35	Margno LC .... 23 R 7	Marina di San Lorenzo RC .. 178 BE 56
Marcantonio CB ..... 133 AX 35	Margone TN .... 26 AA 7	Marina di San Salvo CH .. 124 AX 31
Marcaria MN .... 53 Y 13	Margone TO .... 47 E 12	Marina di San Vito CH ... 117 AV 30
Marcato Bianco EN .. 194 AU 59	Margutti RO .... 55 AD 14	Marina di Sant'António CZ .. 177 BI 52
Marcatobianco PA ... 193 AR 57	Marguzzo BS .... 39 X 10	Marina di Santa Croce VE .. 43 AL 10
Marcedusa CZ .... 172 BK 49	Mari Ermi OR .... 216 L 44	Marina di Sant'Ilario
Marcellano PG .... 106 AK 26	Maria Paternò	dello Ionio RC .... 179 BG 54
Marcelli AN .... 99 AQ 23	e Arezzo RG .... 204 AX 62	Marina di Sibari CS ..... 168 BH 45
Marcellina CS .... 166 BD 45	Mariae PN .... 15 AK 6	Marina di Sorso SS ..... 209 M 39
Marcellina RM .... 120 AL 31	Mariana Mantovana MN .. 53 X 12	Marina di Strongòli KR .. 173 BL 48
Marcellinara CZ ..... 171 BH 50	Marianella NA .... 150 AU 38	Marina di Tarquinia VT .. 111 AF 30
Marcellise VR .... 40 AB 11	Marianitto RI .... 114 AO 28	Marina di Torre
Marcena AR .... 95 AG 22	Mariano PR .... 64 T 16	del Lago LU .... 84 W 21
Marcena TN .... 12 AB 5	Mariano PR .... 65 X 15	Marina di Torre Grande OR . 216 M 44
Marcetelli RI .... 114 AN 30	Mariano al Brembo BG ... 37 S 10	Marina di Varcaturo NA .. 150 AT 38
Marcheno BS .... 38 W 9	Mariano Comense CO .... 36 Q 9	Marina di Vasto CH ..... 124 AX 31
Marchesa Augusta RI .. 113 AK 29	Mariano del Friuli GO .... 31 AP 8	Marina di Zambrone VV .. 174 BE 51
Marchesana ME ...... 188 AZ 55	Marianopoli CL ...... 193 AS 58	Marina d'Itala ME ...... 189 BB 55
Marchesino VR .... 40 AB 11	Mariconda NA .... 151 AW 39	Marina Faleriensa AP ..... 99 AR 24
Marchetti AT .... 49 L 14	Mariglianella NA ..... 151 AV 38	Marina Julia GO .... 31 AQ 8
Marchetti TO .... 59 E 14	Marigliano NA .... 151 AV 38	Marina Palmense AP ..... 99 AR 25
Marchetti VI .... 27 AE 9	Marignano PN .... 30 AL 8	Marina Romea RA .... 69 AI 16
Marchiazza VC .... 35 L 10	Marignano PC .... 64 U 14	Marina San Gregorio LE .. 161 BS 45
Marchirolo VA .... 22 O 8	Marilleva 1400 TN ...... 12 Z 6	Marina Schiavonea CS .. 168 BI 46
Marchitti BN .... 141 AW 37	Marilleva 900 TN .... 12 Z 6	Marina Serra LE .... 161 BT 44
Marchitti BN .... 141 AW 37	Marin BL .... 14 AH 5	Marina Velca VT .... 111 AF 30
Marciaga VR .... 39 Z 10	Marina CS .... 166 BE 46	Marindi CZ .... 175 BJ 50
Marcialla FI .... 86 AB 22	Marina PD .... 56 AH 12	Marine AO .... 34 H 10
Marciana LI .... 100 W 27	Marina PE .... 116 AT 28	Marinella CS .... 167 BG 47
Marciana Marina LI ... 100 W 27	Marina dei Ronchi MS .... 84 V 20	Marinella CS .... 167 BG 47
Marcianise CE .... 141 AU 37	Marina di Acate RG .... 201 AV 62	Marinella CZ .... 174 BG 50
Marciano AR .... 87 AG 21	Marina di Acquappesa CS .. 166 BE 47	Marinella KR .... 173 BL 50
Marciano NA .... 151 AU 40	Marina di Altidona AP .... 99 AS 25	Marinella LU .... 84 W 20
Marciano SP .... 78 V 19	Marina di Amendolara CS . 165 BI 44	Marinella OT .... 211 S 38
Marciano della Chiana AR .. 95 AF 24	Marina di Andora SV ..... 73 J 20	Marinella TP .... 191 AM 58
Marciano Freddo CE .. 141 AW 36	Marina di Andrano LE ... 161 BT 44	Marinella VE .... 44 AN 9
Marciaso MS .... 78 V 19	Marina di Arbus VS .... 220 L 46	Marinella di Bruzzano RC .. 179 BF 56
Marcignana PV .... 51 P 12	Marina di Ardea RM .... 128 AK 34	Marinella di Sarzana SP ... 78 V 19
Marcignana FI .... 86 AA 21	Marina di Ascea SA .... 162 BA 43	Marinelli BR .... 147 BN 39
Marcignano PG .... 96 AH 23	Marina di Avola SR .... 205 AZ 62	Marinello ME .... 188 AZ 55
Marcillera CS .... 171 BH 49	Marina di Belmonte CS .. 170 BF 49	Marinello VT .... 111 AF 28
Marcinà Inf. RC ...... 177 BG 54	Marina di Belvedere CS .. 166 BE 46	Marineo PA .... 185 AP 56
Marcinà Sup. RC ..... 177 BG 54	Marina di Bibbona LI ..... 92 Y 24	Marini IS .... 132 AU 34
Marco TN .... 26 AB 8	Marina di Camerota SA .. 163 BB 43	Marini SA .... 151 AX 39
Marco TN .... 13 AD 6	Marina di Campo LI ..... 100 W 27	Marini VI .... 41 AF 9
Marco Simone RM .... 120 AL 32	Marina di Caronia ME .. 187 AV 55	Marini VI .... 41 AF 9
Marcoiano FI .... 80 AC 19	Marina di Carrara MS .... 84 V 19	Marini Giavarra PD ..... 56 AF 12
Marcon VE .... 42 AI 10	Marina di Casal Velino SA . 162 AZ 42	Marino RM .... 120 AK 33
Marconi PD .... 56 AF 13	Marina di Castagneto	Marino SV .... 73 J 20
Marconi TE .... 109 AS 26	Carducci LI .... 92 Y 24	Marino del Tronto AP .... 108 AQ 26
Marconia MT .... 156 BJ 41	Marina di Cecina LI ..... 92 X 24	Marinoni BG .... 24 U 8
Marcorengo TO .... 49 J 13	Marina di Cerveteri RM .. 118 AH 32	Marinoni VE .... 42 AH 11
Marcosignori AN .... 90 AO 21	Marina di Cetraro CS .... 166 BE 46	Marins PN .... 16 AM 6
Marcottini GO .... 31 AQ 8	Marina di Chieuti FG .... 125 AZ 32	Marinsalta MC .... 98 AP 23
Marcucci MC .... 98 AO 24	Marina di Davoli CZ .... 175 BI 51	Marinuccia AN .... 98 AP 23
Mardimago RO .... 56 AG 13	Marina di Felloniche LE .. 161 BS 45	Mariotto BA .... 146 BI 37
Mare VI .... 27 AE 9	Marina di Ferrara TA .... 156 BL 40	Marischio AN .... 97 AM 23
Marebba RN .... 83 AK 19	Marina di Fuscaldo CS .. 166 BF 47	Maristella CR .... 53 V 13
Marega VR .... 55 AD 12	Marina di Gairo OG .... 223 T 45	Maristella SS .... 212 K 40
Maregnago VR .... 40 AA 10	Marina di Ginosa TA .... 156 BK 41	Marittima LE .... 161 BT 43
Mareit / Mareta BZ ...... 3 AD 2	Marina di Gioiosa	Marittima SS .... 209 M 38
Marena PR .... 64 U 15	Ionica RC .... 177 BG 54	Marlengo / Marling BZ ... 12 AB 4
Marendole PD .... 56 AF 12	Marina di Grosseto GR .. 103 AA 27	Marlia LU .... 85 Y 20
Marene CN .... 60 H 16	Marina di Guardia	Marliana PT .... 85 Z 20
Marengo CN .... 60 J 16	Piemontese CS .... 166 BE 47	Marliano FI .... 86 AB 21
Marengo MN .... 54 Z 12	Marina di Lago Patria CE .. 150 AT 38	Marling / Marlengo BZ ... 12 AB 4
Mareno di Piave TV .... 29 AJ 8	Marina di Leporano TA .. 157 BM 41	Marmassana GE .... 62 O 16
Marentino TO .... 48 I 13	Marina di Lesina FG .... 125 BA 32	Marmi LI .... 100 W 27
Mareri RI .... 114 AN 30	Marina di Leuca LE .... 161 BT 45	Marmigliano LI .... 92 X 22
Mares BL .... 28 AI 7	Marina di Lizzano TA .... 157 BN 42	Marmirolo MN .... 54 Z 12
Maresca PT .... 79 AA 19	Marina di Mancaversa LE . 160 BR 44	Marmirolo RE .... 66 Z 16
Mareson BL .... 14 AH 5	Marina	Marmo AT .... 61 K 15
Maresso LC .... 37 R 9	di Mandatoriccio CS .... 169 BK 46	Marmora CN .... 58 D 17
Mareta GE .... 63 P 16	Marina di Maratea PZ ... 163 BD 44	Marmora RC .... 177 BG 53
Mareta / Mareit BZ ...... 3 AD 2	Marina di Marittima LE .. 161 BT 44	Marmoraia SI .... 94 AC 24
Marettima SA .... 162 AY 42	Marina di Massa MS .... 84 V 19	Marmorassi SV .... 75 L 17
Marettimo TP .... 182 AH 56	Marina di Massignano AP . 99 AS 25	Marmorata SA .... 151 AW 40
Maretto AT .... 49 J 14	Marina di Minturno LT .. 139 AR 36	Marmore AV .... 78 W 17
Marezzane VR .... 40 AC 11	Marina di Modica RG .... 204 AX 63	Marmore TR .... 113 AL 28
Marfì RM .... 128 AK 33	Marina	Marmoreo SV .... 73 J 19
Margani MC .... 107 AO 25	di Montemarciano AN .... 91 AP 22	Marmoreto PR .... 78 W 17
Margarita CN .... 71 H 17	Marina di Montenero CB .. 124 AX 31	Marmorito AT .... 48 J 13
	Marina di Nocera	Marmorta BO .... 68 AF 16
	Terinese CZ .... 170 BF 49	
	Marina di Novaglie LE .... 161 BT 44	

Marnate *VA* ... 36 O 10
Marniga *VR* ... 39 Z 9
Maro *RE* ... 79 X 17
Marocchi *TO* ... 48 H 14
Marocchina *BS* ... 38 U 11
Marocchino *VI* ... 41 AE 10
Marocco *TV* ... 42 AI 10
Maroggia *SO* ... 23 T 6
Marola *RE* ... 65 X 17
Marola *RO* ... 55 AD 13
Marola *SP* ... 77 T 19
Marola *VI* ... 41 AD 9
Marola *VI* ... 41 AE 10
Maron *PN* ... 29 AK 8
Marone *BS* ... 38 V 9
Marone *RC* ... 177 BI 53
Maropati *RC* ... 176 BF 53
Marore *PR* ... 65 X 15
Marostica *VI* ... 41 AE 9
Marotta *AV* ... 142 AY 37
Marotta *ME* ... 188 AY 54
Marotta *PU* ... 90 AN 21
Marotta-Pirilli *RC* ... 176 BE 53
Marozzo *FE* ... 69 AH 15
Marpione *CB* ... 133 AY 35
Marra *PR* ... 78 V 17
Marradi *FI* ... 81 AE 19
Marrado *FI* ... 93 AA 22
Marrara *FE* ... 68 AF 15
Marrautti *BN* ... 142 AY 36
Marrazzano *PT* ... 85 AA 20
Marri *CS* ... 167 BF 47
Marrona *GR* ... 104 AE 26
Marroneto *GR* ... 104 AE 26
Marrubiu *OR* ... 220 M 45
Marsaglia *BZ* ... 2 Y 3
Marsaglia *PC* ... 63 R 15
Marsaglia *TO* ... 47 F 11
Marsaglia *TO* ... 47 G 12
Marsala *TP* ... 190 AJ 57
Marsan *AO* ... 33 F 9
Marsan *VI* ... 27 AF 9
Marsango *PD* ... 41 AG 10
Marsano di Strada *UD* ... 30 AO 8
Marsciano *PG* ... 106 AJ 26
Marsecana *FR* ... 130 AO 34
Marseiller *AO* ... 33 G 9
Marsella *CE* ... 131 AS 35
Marsia *AP* ... 108 AP 26
Marsia *AQ* ... 121 AO 31
Marsiai *BL* ... 28 AH 7
Marsico Nuovo *PZ* ... 154 BD 41
Marsicovetere *PZ* ... 154 BD 41
Marsiglia *GE* ... 76 P 17
Marsiletti *MN* ... 54 Z 12
Marsili *VI* ... 40 AC 9
Marsiliana *GR* ... 111 AD 28
Marsure *PN* ... 29 AK 7
Marsure di Sopra *UD* ... 30 AO 7
Marsure di Sotto *UD* ... 30 AO 7
Marta *SV* ... 73 J 19
Marta *VT* ... 112 AG 28
Martana *LE* ... 161 BS 42
Martassina *TO* ... 47 E 12
Marteggia *VE* ... 43 AJ 10
Martellago *VE* ... 42 AH 10
Martelletto *CZ* ... 175 BI 50
Martelli *CZ* ... 175 BI 51
Martelli *FR* ... 130 AO 33
Martelli *MN* ... 54 Z 12
Martelletto *BR* ... 147 BN 39
Marter *TN* ... 27 AD 7
Marti *PI* ... 85 Z 22
Martigliano *AR* ... 88 AI 21
Martignacco *UD* ... 30 AN 7
Martignana *FI* ... 86 AA 21
Martignana di Po *CR* ... 53 X 13
Martignano *LE* ... 159 BS 42
Martignano *PG* ... 96 AH 24
Martignano *TN* ... 26 AB 7
Martin *BL* ... 14 AG 5
Martina *BG* ... 37 S 10
Martina *BG* ... 38 U 9
Martina *PC* ... 51 R 14
Martina *SV* ... 62 M 17
Martina Franca *TA* ... 147 BN 39
Martinazzo *UD* ... 16 AO 6
Martincelli *TN* ... 27 AF 8
Martine *CB* ... 133 AW 34
Martinella *TV* ... 42 AH 9
Martinelle *VE* ... 57 AH 13
Martinenghe *BS* ... 52 U 11
Martinengo *AL* ... 49 K 13
Martinengo *BG* ... 37 T 10
Martinetti *TO* ... 47 E 13
Martinetto *SV* ... 74 K 17
Martingana *TP* ... 190 AH 63

Martini *AL* ... 49 M 13
Martini *ME* ... 188 AX 55
Martini *ME* ... 188 AY 55
Martini *TO* ... 47 F 14
Martiniana Po *CN* ... 59 F 16
Martiniello *NA* ... 151 AW 38
Martiniglio *PZ* ... 153 BC 39
Martino *CN* ... 58 E 15
Martino *RC* ... 178 BD 55
Martinsicuro *TE* ... 109 AS 26
Martirano *CZ* ... 171 BG 49
Martirano Lombardo *CZ* .. 170 BG 49
Martis *SS* ... 209 N 39
Martofa *NA* ... 150 AS 39
Martone *RC* ... 177 BG 53
Martorano *FC* ... 82 AI 18
Martorano *PR* ... 65 X 15
Marudo *LO* ... 51 R 12
Maruggio *TA* ... 158 BO 42
Marza *PV* ... 50 N 12
Marzabotto *BO* ... 80 AC 17
Marzaglia *MO* ... 66 Z 16
Marzalengo *CR* ... 52 U 12
Marzalesco *NO* ... 35 L 10
Marzamemi *SR* ... 205 AZ 63
Marzanello *CE* ... 132 AT 36
Marzanello *PR* ... 53 V 14
Marzano *GE* ... 63 P 16
Marzano *LO* ... 37 R 11
Marzano *PR* ... 65 V 16
Marzano *PV* ... 51 Q 12
Marzano di Nola *AV* ... 151 AW 38
Marzeno *RA* ... 81 AG 18
Marzi li *FR* ... 130 AQ 34
Marziai *BL* ... 28 AG 8
Marziele *VI* ... 27 AE 9
Marzinis *PN* ... 29 AL 8
Marzio *VA* ... 22 O 8
Marzocca *AN* ... 90 AO 21
Marzolara *BO* ... 80 AB 18
Marzolara *PR* ... 65 W 16
Marzonago *PC* ... 63 R 14
Mas *BL* ... 14 AG 5
Mas *BL* ... 14 AH 5
Masainas *CI* ... 224 M 49
Masanello *CL* ... 193 AR 59
Masano *BG* ... 37 T 10
Masanti *PR* ... 64 S 16
Masarè *BL* ... 14 AH 5
Masarè *BL* ... 14 AI 5
Masarolis *UD* ... 17 AP 6
Masate *MI* ... 37 R 10
Mascali *CT* ... 197 BA 57
Mascalucia *CT* ... 197 AZ 58
Mascari *CS* ... 171 BH 49
Maschedo *NA* ... 151 AW 38
Maschito *PZ* ... 144 BD 38
Mascia *NA* ... 151 AW 38
Masciaga *BS* ... 39 X 10
Masciago Primo *VA* ... 22 N 8
Mascione *CB* ... 133 AX 34
Mascioni *AQ* ... 115 AP 28
Mascioni *CE* ... 141 AV 37
Mascognaz *AO* ... 19 H 9
Masella *RC* ... 178 BD 56
Maser *TV* ... 28 AG 9
Maserà di Padova *PD* ... 56 AG 12
Maserada sul Piave *TV* .. 42 AI 9
Masereto *PG* ... 64 U 16
Maseris *UD* ... 30 AM 7
Masetti *TN* ... 27 AC 8
Masi *BZ* ... 4 AF 3
Masi *BZ* ... 5 AI 3
Masi *PD* ... 55 AD 13
Masi *PD* ... 44 AA 9
Masi *TN* ... 27 AD 7
Masi *VI* ... 27 AD 9
Masi di Cavalese *TN* ... 13 AD 6
Masi di Vigo *TN* ... 12 AB 6
Masi San Giacomo *FE* .. 68 AF 15
Masi Torello *FE* ... 68 AF 15
Masiello Tordiglione *AV* .. 142 AY 37
Masiera *RA* ... 68 AG 16
Masieri *VI* ... 41 AD 10
Masina *VC* ... 34 K 11
Masineri *CN* ... 70 F 17
Masino *SO* ... 23 S 7
Masino *TO* ... 34 I 11
Masino *AL* ... 61 L 14
Masio *TO* ... 48 I 14
Maslianico *CO* ... 22 P 8

Masnago *VA* ... 22 N 9
Maso *BZ* ... 12 AC 5
Maso *VI* ... 40 AC 9
Maso *VI* ... 40 AC 9
Maso *VI* ... 27 AD 8
Maso *VI* ... 27 AE 9
Maso *VR* ... 40 AA 10
Maso *VR* ... 40 AA 10
Maso Corto / Kurzras *BZ* ... 2 Z 3
Maso di Sopra *BZ* ... 12 Z 4
Mason *PD* ... 41 AF 11
Mason *PN* ... 29 AL 7
Mason Vicentino *VI* ... 41 AE 9
Masone *GE* ... 62 N 16
Masone *PR* ... 65 V 14
Masone *RE* ... 66 Z 15
Masone Pardu *CA* ... 227 S 48
Maspiano *BS* ... 38 V 9
Mass Maramonte
  Nuovo *LE* ... 161 BT 43
Mass Spagnoletti *BA* .. 136 BG 37
Mass. Cariati *BA* ... 136 BG 37
Mass. Chieffo *FG* ... 143 BC 37
Mass. Ciminarella *BA* ... 136 BF 36
Mass. Citulo *BA* ... 145 BG 37
Mass. Contedi Noia *FG* .. 135 BD 36
Mass. Coppe
  di Maltempo *BA* ... 136 BE 37
Mass. Ferranti *FG* ... 135 BC 36
Mass. Giuncata *BA* ... 145 BG 37
Mass. il Pidocchio *FG* ... 144 BC 37
Mass. Inacguata *FG* ... 135 BE 35
Mass. le Matine
  di Latta *BA* ... 146 BH 37
Mass. Mezzana
  Grande *FG* ... 134 BA 35
Mass. Monaco
  Cappelli *FG* ... 135 BC 34
Mass. Paolillo *FG* ... 135 BD 36
Mass. Piano
  del Monaco *BA* ... 145 BG 37
Mass. Piscicelli *FG* ... 125 AZ 33
Mass. Roberti *BA* ... 147 BL 37
Mass. San Vincenzo *BA* .. 136 BG 36
Mass. Taverna Nuova *BA* .. 145 BG 38
Mass. Torre di Bocca *BA* .. 136 BF 36
Mass. Torretta *FG* ... 144 BD 36
Massa *BN* ... 141 AW 36
Massa *FC* ... 82 AI 19
Massa *FC* ... 82 AI 19
Massa *FI* ... 87 AD 22
Massa *LU* ... 79 X 18
Massa *MC* ... 97 AM 24
Massa *MS* ... 84 V 19
Massa *NA* ... 151 AV 39
Massa *PT* ... 85 Z 20
Massa *PU* ... 96 AK 22
Massa *PZ* ... 163 BD 44
Massa *RA* ... 82 AH 18
Massa *RE* ... 79 Y 17
Massa *SA* ... 162 BA 42
Massa d'Albe *AQ* ... 121 AP 31
Massa di Somma *NA* ... 151 AV 38
Massa Fermana *AP* ... 98 AP 25
Massa Finalese *MO* ... 67 AC 14
Massa Fiscaglia *FE* ... 68 AH 15
Massa Lombarda *RA* ... 68 AF 17
Massa Lubrense *NA* ... 151 AV 40
Massa Macinaia *LU* ... 85 Y 21
Massa Martana *PG* ... 106 AK 27
Massa San Giorgio *ME* .. 189 BC 54
Massa San Giovanni *ME* .. 189 BC 54
Massa San Nicola *ME* ... 189 BC 54
Massa Santa Lucia *ME* .. 189 BC 54
Massacci *RI* ... 114 AL 30
Massaciuccoli *LU* ... 84 X 20
Massacornuta *CS* ... 164 BE 44
Massalengo *LO* ... 51 R 12
Massama *OR* ... 216 M 44
Massamanente *FC* ... 88 AI 20
Massanova *CS* ... 166 BF 45
Massanzago *PD* ... 42 AH 10
Massaquano *NA* ... 151 AV 40
Massarella *FI* ... 85 Z 21
Massarini *AL* ... 50 N 14
Massarosa *LU* ... 84 X 20
Massasco *GE* ... 77 R 18
Massascusa *SA* ... 162 BA 42
Massazza *BI* ... 34 J 11
Massello *TO* ... 46 D 14
Massenzatica *FE* ... 57 AI 14
Massenzatico *RE* ... 66 Z 15
Masseranga *BI* ... 34 K 9

Masserano *BI* ... 34 J 10
Masserano *BI* ... 34 K 10
Masseri *TE* ... 108 AR 27
Masseria *ME* ... 189 BA 54
Masseria *SA* ... 151 AX 39
Masseria / Maiern *BZ* ... 3 AC 2
Masseria Acciardi *CS* ... 165 BI 44
Masseria Acquevive *IS* ... 123 AV 33
Masseria Adducci *CS* ... 165 BH 45
Masseria Antenna *FG* ... 135 BC 34
Masseria Apani *BR* ... 148 BP 39
Masseria Appio *MT* ... 156 BJ 41
Masseria Appio *MT* ... 156 BJ 41
Masseria Arlea *MT* ... 165 BH 42
Masseria Armiento *PZ* ... 154 BF 39
Masseria Arnieci *BA* ... 136 BG 36
Masseria Azzardatore *FG* .. 125 BA 33
Masseria Balsente *BA* ... 147 BM 39
Masseria Barretta *BA* ... 135 BD 34
Masseria Basto *CS* ... 167 BH 45
Masseria Battista *CB* ... 124 AY 32
Masseria Belloluogo *BR* .. 148 BP 40
Masseria Bernardo *CB* ... 133 AY 34
Masseria Billarella *CB* ... 133 AY 34
Masseria Bochicchio *PZ* .. 144 BE 38
Masseria Bonelli *MT* ... 155 BI 42
Masseria Bozzelli *PZ* ... 144 BD 39
Masseria Bramante *FG* ... 135 BD 34
Masseria Brichetto *CS* ... 168 BH 45
Masseria Bronzini *MT* ... 155 BG 40
Masseria Buongiorno *MT* .. 165 BI 42
Masseria Cagadiavoli *PZ* .. 153 BC 41
Masseria Calapane *PZ* ... 144 BC 37
Masseria Campanara *MT* .. 155 BI 41
Masseria Campetello *RI* .. 114 AO 30
Masseria Candelaro *FG* .. 135 BD 34
Masseria Cangiulli *TA* ... 156 BJ 39
Masseria Capoiazzo *AV* .. 143 BA 36
Masseria Caprarica *TA* ... 157 BN 41
Masseria Caprariccio *MT* .. 156 BI 42
Masseria Capruccia *IS* ... 132 AU 34
Masseria Carabella *MT* ... 156 BK 40
Masseria Caracciolo *FG* .. 135 BD 34
Masseria Carbone *CE* ... 141 AV 37
Masseria Carone *MT* ... 146 BI 39
Masseria Caronna *PZ* ... 145 BF 39
Masseria Casanova *FG* .. 134 BA 35
Masseria Cascigno *BN* ... 133 AX 35
Masseria Casella *PZ* ... 144 BD 37
Masseria Castaldi *NA* ... 150 AT 38
Masseria Castelluzzo *BR* .. 148 BO 40
Masseria Catalano *BN* ... 142 AX 37
Masseria Cauzzanette *PZ* .. 154 BF 41
Masseria Celentano *PZ* .. 153 BC 39
Masseria Cerascletta *PZ* .. 145 BF 38
Masseria Ceresa *MT* ... 156 BJ 41
Masseria Checchia *FG* ... 125 BA 33
Masseria Chinunno *BA* ... 146 BI 38
Masseria Ciaferri-
  Marcocci *BN* ... 133 AX 35
Masseria Ciccoporcari *BN* .. 133 AX 35
Masseria Cimino *BA* ... 146 BK 38
Masseria Cipoletti *CB* ... 124 AX 33
Masseria Civiello *PZ* ... 144 BE 38
Masseria Colagiovanni *CB* .. 124 AY 32
Masseria Colantonio *CH* .. 123 AW 31
Masseria Conca d'Oro *TA* .. 156 BK 40
Masseria Coppe
  di Rose *FG* ... 125 BA 33
Masseria Copputa *MT* ... 155 BG 41
Masseria Cornello *FG* ... 127 BE 33
Masseria Cornicale *CB* ... 125 AZ 33
Masseria
  Cortemaggiore *TA* ... 148 BN 40
Masseria Coscialonga *NA* .. 151 AV 38
Masseria Costabile *CS* ... 167 BG 45
Masseria Costarizza *BA* .. 145 BG 38
Masseria Creta *AV* ... 142 AZ 37
Masseria Croce *CH* ... 123 AU 32
Masseria Crocegrossa *CH* .. 124 AW 32
Masseria Cuccioni *BA* ... 124 AX 32
Masseria Culmi *PZ* ... 165 BH 43
Masseria Cutello *CB* ... 124 AX 31
Masseria Dalcino *PZ* ... 144 BE 37
Masseria D'Amati *MT* ... 155 BI 40
Masseria d'Anela *BA* ... 145 BK 40
Masseria d'Ardes *FG* ... 134 AZ 34
Masseria de Gregorio *BN* .. 142 AX 37
Masseria De Lilia *CB* ... 125 AZ 32
Masseria de Lillo *AV* ... 143 AZ 37
Masseria de Lorenzis *BA* .. 146 BH 38
Masseria de Marco *CH* ... 123 AV 31
Masseria De Nicola *PZ* ... 154 BE 40
Masseria del Duca *TA* ... 148 BN 40
Masseria del
  Finocchito *FG* ... 134 AZ 34

Masseria del Ponte *BN* ... 142 AX 36
Masseria del Vecchio *TA* .. 156 BK 40
Masseria
  della Chiesa *BZ* ... 4 AG 2
Masseria dell'Arciprete *CB* .. 124 AW 33
Masseria delle Palme *TA* .. 156 BJ 41
Masseria dell'Erba *BA* ... 147 BL 38
Masseria
  dell'Incoronata *MT* ... 156 BJ 41
Masseria di Giancia *PZ* .. 164 BG 42
Masseria di Rio *IS* ... 132 AV 35
Masseria di Santo *BA* ... 146 BI 38
Masseria di Stefano *BN* .. 133 AX 35
Masseria di Tronco *FG* ... 125 AZ 33
Masseria di Zagarella *MT* .. 155 BI 40
Masseria Diodati *CS* ... 167 BH 45
Masseria D'Innella *BA* ... 136 BG 38
Masseria Dogana *MT* ... 155 BI 40
Masseria Don Gennaro *FG* .. 135 BD 34
Masseria Dursi *MT* ... 156 BI 41
Masseria Epitaffio *BA* ... 145 BF 38
Masseria Faraldo *BA* ... 154 BD 40
Masseria Fiscale *BA* ... 146 BI 38
Masseria Flamia *FG* ... 146 BC 37
Masseria Flammia *AV* ... 143 AZ 37
Masseria Follerato *TA* ... 156 BJ 40
Masseria
  Fonteromano *FG* ... 134 AZ 34
Masseria Fornisono *BA* .. 145 BH 38
Masseria Forno *MT* ... 145 BF 39
Masseria Forno *BA* ... 144 BE 37
Masseria Fraccacreta *FG* .. 126 BC 33
Masseria Fragneto *TA* ... 157 BM 40
Masseria Franchini *BA* ... 136 BH 38
Masseria Francomano *CS* .. 165 BG 44
Masseria Furiana *CL* ... 193 AT 59
Masseria Furlo *MT* ... 155 BJ 41
Masseria Gaggiano *PZ* ... 144 BE 38
Masseria Galgano *PZ* ... 154 BE 41
Masseria Galli *MT* ... 155 BI 40
Masseria Gaudella *MT* ... 156 BI 41
Masseria Gaudella *TA* ... 156 BK 40
Masseria Ginistrelli *PZ* ... 144 BD 37
Masseria Glionne *MT* ... 155 BJ 41
Masseria Grande *BN* ... 142 AY 37
Masseria Granieri *SR* ... 205 AY 62
Masseria Grimolizzi *PZ* ... 144 BD 38
Masseria Grotte *CS* ... 125 BB 33
Masseria Guarnero *PZ* ... 164 BG 42
Masseria i Lauri *FG* ... 134 BA 35
Masseria Ievoli *BN* ... 141 AV 37
Masseria Improsta *SA* ... 152 AY 40
Masseria La Bruna *MT* ... 156 BJ 41
Masseria La Contessa *MT* .. 145 BF 39
Masseria La Frana *PZ* ... 165 BG 43
Masseria La Macchia *FG* .. 136 BE 36
Masseria la Marchesa *FG* .. 125 BA 33
Masseria La Marchesa *PZ* .. 144 BE 37
Masseria La Palmenta *BN* .. 142 AX 37
Masseria La Piana *MT* ... 155 BH 41
Masseria La Pilla *PZ* ... 153 BC 40
Masseria La Ripa *MT* ... 133 AX 35
Masseria La Serra *MT* ... 155 BG 40
Masseria Lama
  la Noce *BA* ... 146 BH 39
Masseria Lamalunga *MT* .. 155 BI 41
Masseria Lancellotti *PZ* ... 145 BF 38
Masseria Lancieri *PZ* ... 144 BE 38
Masseria Lanza *PZ* ... 164 BG 43
Masseria Lauria *FG* ... 125 BA 33
Masseria Laurito *BR* ... 158 BO 41
Masseria Lella *TA* ... 148 BN 40
Masseria Leone *CB* ... 124 AY 32
Masseria Leone *MT* ... 155 BH 39
Masseria Limporchi *CB* ... 124 AX 32
Masseria Lioni *PZ* ... 144 BD 38
Masseria Lo Russo *BA* ... 146 BG 38
Masseria Londrone *SA* ... 151 AW 39
Masseria Madama
  Giulia *PZ* ... 145 BF 38
Masseria Magliati *TA* ... 156 BK 40
Masseria Maiorana *BA* ... 145 BH 38
Masseria Maiorana *BA* ... 149 BR 41
Masseria Malabocca *MT* .. 155 BI 42
Masseria Malandra *CH* ... 116 AT 30
Masseria Malvezzi *MT* ... 155 BJ 39
Masseria Manta *BA* ... 154 BE 40
Masseria Marchioni *LE* ... 158 BQ 42
Masseria Marchittari *BN* ... 142 AY 36
Masseria Marconi *FG* ... 125 BG 43
Masseria Maresca *FG* ... 125 BA 32
Masseria Marianello *FG* ... 125 BA 32
Masseria Maristella *CS* ... 165 BI 44
Masseria Marroni *CB* ... 133 AX 34
Masseria Marsello *LE* ... 159 BR 41
Masseria Martini *CB* ... 124 AY 32
Masseria Masciaro *PZ* ... 144 BE 38

Masseria Massanova *PZ* ... 165 BG 43
Masseria Mastinizio *BN* ... 133 AX 35
Masseria Mastrangelo *CB* .. 134 AZ 33
Masseria Menna *CH* ... 124 AW 31
Masseria Menolecchia *PZ* .. 144 BD 37
Masseria Mezzanelle *FG* .. 134 BB 35
Masseria Modesti *BA* ... 145 BH 38
Masseria Mole Perito *LT* .. 139 AP 36
Masseria Monacelli *LE* ... 149 BR 41
Masseria Monaci *TA* ... 147 BL 39
Masseria Monaco *AV* ... 142 AZ 37
Masseria Monte Pota *PZ* .. 145 BF 38
Masseria Monteforte *BN* .. 141 AV 37
Masseria Monteruga *LE* .. 158 BQ 41
Masseria Morea *BA* ... 147 BL 39
Masseria Morello *FG* ... 144 BD 37
Masseria Mugnolo *PZ* ... 144 BD 38
Masseria Murata *BA* ... 168 BH 45
Masseria Nola *CS* ... 167 BG 45
Masseria Nuova *LE* ... 160 BR 44
Masseria Nuova
  del Duca *BA* ... 145 BH 37
Masseria Oliveto *BA* ... 145 BG 38
Masseria Olivieri *BA* ... 145 BH 38
Masseria Olmo *LE* ... 159 BS 41
Masseria Onorati *MT* ... 155 BH 40
Masseria Orimini *TA* ... 147 BM 39
Masseria Orimini *TA* ... 157 BM 40
Masseria Pagliarone *FG* .. 135 BD 36
Masseria Palagogna *BR* .. 148 BO 40
Masseria Palmarini *BR* ... 149 BQ 40
Masseria Palmeri *CB* ... 125 AZ 33
Masseria Panella *CE* ... 132 AV 35
Masseria Panfresco *BA* .. 146 BI 37
Masseria Parasacco *PZ* .. 144 BD 37
Masseria Parisa *FG* ... 134 BA 34
Masseria Parlante *AV* ... 142 AY 36
Masseria Patanella *BA* ... 145 BH 37
Masseria Pazienza *CB* ... 134 BA 34
Masseria Pescarella *BA* .. 145 BG 39
Masseria Pesce *CB* ... 125 AZ 32
Masseria Petrosino *BA* ... 147 BK 38
Masseria Petrulli *FG* ... 134 BA 34
Masseria Piccola *BR* ... 148 BN 39
Masseria Piccoli *TA* ... 147 BM 39
Masseria
  Pietra Cipolle *FG* ... 125 BA 33
Masseria Pilotti *TE* ... 109 AR 27
Masseria Piovacqua *TA* .. 157 BM 40
Masseria Piscinella *TA* ... 147 BM 39
Masseria Pizziferro *TA* ... 156 BK 40
Masseria Pizzo Corvo *MT* .. 155 BH 41
Masseria Pollice *CB* ... 125 AZ 32
Masseria Polluce *FG* ... 135 BC 34
Masseria Pomarici *MT* ... 155 BH 40
Masseria Quarantiello *BN* .. 142 AX 37
Masseria Renzi *CB* ... 133 AY 35
Masseria Restinco *BR* ... 149 BQ 40
Masseria Ricci *CB* ... 124 AY 33
Masseria Risicata *FG* ... 144 BE 36
Masseria Rivolta *FG* ... 125 BA 32
Masseria Rodisani *FG* ... 125 BB 33
Masseria Romane *FG* ... 134 BA 34
Masseria Romano *NA* ... 150 AT 38
Masseria Rondinella *MT* .. 155 BI 39
Masseria Rucconi *CH* ... 117 AV 31
Masseria Russo *FG* ... 135 BD 34
Masseria Salinari *MT* ... 155 BI 40
Masseria Salmenta *LE* ... 158 BQ 42
Masseria San Chirico *PZ* .. 135 BD 34
Masseria
  San Domenico *BA* ... 146 BK 38
Masseria
  San Francesco *FG* ... 134 BA 35
Masseria
  San Giacomo *BR* ... 148 BO 40
Masseria
  San Lorenzo *FG* ... 136 BE 35
Masseria San Marco *MT* .. 155 BH 41
Masseria
  San Martino *MT* ... 165 BH 42
Masseria
  San Nazario *FG* ... 126 BB 32
Masseria San Paolo *TA* .. 157 BM 41
Masseria San Pietro *AV* ... 142 AZ 36
Masseria San Pietro *MT* .. 155 BI 40
Masseria San Pietro *FG* .. 165 BH 42
Masseria San Sabino *FG* .. 125 BB 33
Masseria
  San Salvatore *MT* ... 156 BJ 41
Masseria San Vitale *BN* .. 142 AX 37
Masseria San Vito *PZ* ... 165 BG 42
Masseria
  Sant' Agostino *MT* ... 146 BJ 39

Masseria
  Sant' Angelo *MT* ....156 BJ 41
Masseria
  Sant' Antonio *PZ* ......144 BD 38
Masseria
  Santa Cecilia *FG* ....135 BB 35
Masseria Santa Maria *FG*.134 BA 35
Masseria Santelle *CB*....133 AX 34
Masseria Sava *BA*........145 BJ 39
Masseria Scianne *LE* ....158 BQ 42
Masseria Scorza *CS* ....167 BG 45
Masseria Scoto *BA* ....145 BG 38
Masseria Serramanno *CB*..124 AY 32
Masseria Servedio *BA*..146 BJ 38
Masseria Sivilla *MT* .....155 BI 41
Masseria Spensieri *CB*...133 AW 34
Masseria Spota *BA* .....145 BG 38
Masseria Stasuli *BA*......146 BI 39
Masseria Sterpara *PZ*...144 BE 38
Masseria
  Sterparapiana *FG*......134 AZ 39
Masseria Stilla *FG*......134 BA 34
Masseria Stimpato *CT*..202 AX 59
Masseria Straziuso *CS*...154 BF 39
Masseria Tabasso *CE*....141 AT 36
Masseria Tafuri *TA*......156 BK 39
Masseria Tonnicelli *MT*..165 BI 42
Masseria Torre
  Spagnola *MT* ....155 BJ 39
Masseria Trincinaro
  di Capo *MT* ....155 BI 41
Masseria Troili *MT*......165 BI 42
Masseria Trullo *BA*.....145 BG 38
Masseria Tufaroli *PZ*....144 BE 38
Masseria Urgenti *FG*....134 BB 35
Masseria Vecchia *NA*....150 AT 38
Masseria Venezia *MT*...156 BJ 40
Masseria Viceconti *PZ*...164 BE 43
Masseria Viggiani *PZ*.....144 BE 37
Masseria Viglione *BA*....146 BJ 39
Masseria Vigliotti *BN*....141 AV 37
Masseria Villanova *BR*..149 BQ 40
Masseria Visciglieto *FG*..134 BB 34
Masseria Vitelli *MT*.....155 BI 41
Masseria Vitolo *BA*....134 BB 34
Masseria Volpicella *FG*..135 BC 34
Masseria Vosa *PZ*......145 BF 39
Masseria Zippo *TA*.....147 BM 39
Masserie Belladonna *IS*..123 AV 33
Masserie di Cristo *IS*....123 AU 33
Masserie Griguoli *CB*....124 AW 33
Masserie Lotto *IS*........132 AU 34
Masserie
  Mastroiacovo *CB*....124 AW 33
Masserie Nigro *BA*......143 BA 38
Masserie Porfilio *IS*......123 AV 32
Masserie Rattini *BN*.....133 AX 35
Masserie Tedeschi *CB*...132 AW 34
Masserini *BG*..............24 T 9
Masseris *UD*..............17 AQ 6
Massete *CS*..............166 BE 45
Massete *CS*..............166 BE 46
Masseto *FI*................87 AD 21
Massi *MC*...............108 AP 25
Massignani *VI*............40 AC 10
Massignani *VI*............41 AD 10
Massignano *AN*...........99 AQ 22
Massignano *AP*...........99 AR 25
Massimbona *MN*..........54 Z 12
Massimeno *TN*............26 Z 7
Massimina *RM*...........119 AJ 32
Massimino *SV*............74 J 18
Massina *VA*...............36 O 10
Massinigo *PV*.............63 Q 15
Massino Visconti *NO*.....35 M 9
Massiola *VB*..............21 K 8
Masso *GE*................77 R 18
Massone *TN*..............26 AA 8
Massumatico *BO*.........67 AD 15
Mastanico *BS*............39 X 9
Mastari *PE*..............116 AS 29
Mastena *CO*..............23 Q 7
Mastiano *LU*..............85 X 20
Masticoso *CS*...........165 BH 44
Mastramici di Sotto *BN*...133 AW 36
Mastrantonio *RC*........179 BF 56
Mastrati *CE*.............132 AT 35
Mastrello *CO*..............48 O 9
Mastri *TO*.................48 H 12
Mastro *FC*................88 AI 20
Mastro Pietro *RC*........178 BD 56
Mastroiacovo *AQ*.......122 AS 31
Mastroleoni *IS*..........132 AT 34
Mastromarco *FC*..........85 AA 21
Mastruiagu *OT*...........209 O 38
Masua *CI*................220 L 48

Masuco *AV*...............151 AX 38
Masugna *ME*.............188 AY 55
Masullas *OR*.............221 N 45
Masullo *PZ*..............164 BF 43
Matarocco *TP*...........190 AK 57
Matassino *AR*............87 AD 22
Matassone *TN*............26 AB 9
Matelica *MC*..............97 AN 24
Matera *AP*...............108 AP 27
Matera *MT*...............155 BI 39
Materdomini *AV*.........143 BA 39
Mathi *TO*.................47 G 12
Matigge *PG*.............106 AL 26
Matinella *PZ*............153 BD 39
Matinella *SA*............152 AZ 40
Matini-Casette *ME*......188 AY 55
Matonti *SA*..............162 AZ 42
Mataia *LU*.................85 Y 20
Matrice *CB*.............133 AX 34
Matrice *FR*..............130 AO 33
Matsch / Mazia *BZ*.........2 Y 3
Matta e Peru *NU*........215 T 40
Mattaleto *PR*.............65 W 16
Mattarana *SP*............77 S 18
Mattarello *TN*............26 AB 7
Mattere *TE*.............108 AO 27
Mattia *FI*.................86 AC 20
Mattina *BS*...............38 W 10
Mattina *CS*.............167 BF 46
Mattina I *SA*...........153 BB 40
Mattina II *SA*...........153 BB 40
Mattina III *SA*..........153 BB 40
Mattina IV *SA*..........153 BB 40
Mattina V *SA*...........153 BB 40
Mattina VI *SA*..........153 BB 40
Mattinata *FG*...........127 BF 33
Mattinatella *FG*........127 BF 33
Mattine *AV*..............143 AZ 37
Mattine *SA*.............152 AZ 41
Mattinella *AV*..........143 BA 38
Mattinello *VI*............41 AF 9
Matzaccara *CI*.........224 L 49
Maucini *SR*............205 AZ 63
Mauletta *NO*............35 L 10
Mauls / Mules *BZ*.........4 AE 2
Maurengo *CN*...........58 D 17
Maurino *PZ*............163 BD 43
Maxena *GE*..............76 P 17
Mazara del Vallo *TP*....190 AK 58
Mazara II *TP*...........190 AK 57
Mazia / Matsch *BZ*........2 Y 3
Mazod *AO*................19 G 9
Mazzabue *PR*............65 X 14
Mazzacornuda *LT*.......129 AM 34
Mazzaforno *PA*.........186 AS 55
Mazzalasino *RE*..........66 Y 16
Mazzangrugno *AN*.......90 AO 22
Mazzano *BS*..............39 X 10
Mazzano Romano *RM*...113 AJ 30
Mazzanta *LI*..............92 X 24
Mazzanta *VR*.............55 AC 12
Mazzantica *VR*...........54 AB 12
Mazzarelli *AL*............62 N 16
Mazzarino *CL*...........201 AU 60
Mazzarò *ME*............197 BA 56
Mazzarrà
  Sant'Andrea *ME*......188 AZ 55
Mazzarrone *CT*.........202 AW 61
Mazzè *TO*................48 I 12
Mazzeo *ME*.............197 BA 56
Mazzi *FC*.................88 AH 20
Mazzi *VR*.................54 Z 12
Mazzin *TN*................13 AF 5
Mazzincollo *AV*.........143 AZ 36
Mazzini *PR*...............64 U 15
Mazzini *RM*.............120 AL 33
Mazzo di Valtellina *SO*...11 W 6
Mazzocca *BN*............133 AY 35
Mazzocco *TE*...........109 AS 27
Mazzola *PR*...............65 X 16
Mazzolada *VE*............30 AL 9
Mazzole *AR*..............88 AG 22
Mazzoleni *BG*............23 S 9
Mazzolla *PI*...............93 AA 23
Mazzone *BZ*..............13 AC 6
Mazzorbo *VE*............43 AJ 11
Mazzorno *RO*............57 AH 13
Mazzorno Sinistro *RO*...57 AH 13
Mazzunno *BS*............24 V 8
Mazzurega *VR*...........40 AA 10
Mea *RO*..................57 AI 13
Meana *TR*...............105 AG 27
Meana di Susa *TO*.......46 D 13
Meana Sardo *NU*........218 P 44
Meano *BL*.................28 AH 7

Meano *BS*................38 V 11
Meano *TN*................26 AB 7
Meano *TO*................47 E 14
Mecca *TO*................47 F 12
Mecciano *MC*............97 AN 24
Mechel *TN*................12 AB 5
Meco *GE*.................76 P 17
Meda *MI*..................36 P 10
Meda *VI*..................27 AD 9
Medassino *PV*............50 O 14
Medau Brau *CI*..........224 L 48
Medau Desogus *CI*......224 L 48
Medau is Fenus *CI*......224 L 48
Medau is Peis *CI*........224 M 49
Medau is Serafinis *CI*...224 L 48
Medau is Toccus *CI*.....224 M 49
Medau Piredda *CI*.......224 M 48
Medau Rubiu *CI*.........224 L 48
Medau su Conti *CI*......224 M 49
Medau Su Cramu *CA*....226 P 48
Medau Tanas *CI*.........224 M 48
Medau Tracasi *CI*.......224 M 49
Mede *PV*..................50 N 13
Medea *GO*................31 AP 8
Medeazza *TS*.............31 AQ 9
Medelana *BO*.............80 AC 17
Medelana *FE*..............68 AG 15
Medesano *PR*.............65 V 15
Medeuzza *UD*.............31 AP 8
Mediano *PR*...............65 W 16
Medicina *BO*..............68 AE 17
Medicina *PT*..............85 Z 20
Mediglia *MI*...............37 Q 11
Mediis *UD*.................15 AL 5
Medil *TN*..................13 AE 5
Medina *BN*..............142 AX 37
Medolago *BG*.............37 R 9
Medole *MN*...............53 Y 12
Medolla *MO*..............67 AB 14
Meduna di Livenza *TV*...29 AK 9
Meduno *PN*...............15 AL 6
Meggiano *PG*...........106 AL 27
Meggiano *PG*...........107 AM 27
Meggiano *VR*.............40 AC 11
Megliadino
  San Fidenzio *PD*.......55 AE 12
Megliadino San Vitale *PD*..55 AE 12
Megognano *SI*............94 AB 23
Megolo *VB*................21 K 8
Mehouve *AO*..............18 E 8
Meiern *BZ*.................12 Z 4
Meina *NO*.................35 M 9
Meirot *CN*................59 E 15
Mel *BL*...................28 AH 7
Mela *AV*.................142 AY 38
Mela *RI*...................86 AB 21
Melag / Melago *BZ*........2 Y 2
Melago / Melag *BZ*........2 Y 2
Melano *AN*................97 AM 23
Melara *PZ*...............164 BE 44
Melara *RO*................55 AC 13
Melas *SP*..................78 U 19
Melarolo *UD*..............31 AO 8
Melazzo *AL*...............61 L 16
Meldola *FC*................82 AH 19
Mele *GE*..................75 N 17
Meledo *VI*................41 AD 11
Melegnanello *LO*.........52 S 12
Melegnano *PR*............51 Q 11
Melendugno *LE*.........159 BS 42
Meleta *GR*...............103 AB 25
Meleti *LO*................52 U 13
Meleto *AN*................97 AM 23
Meleto *AR*................87 AD 22
Meleto *FI*.................86 AA 22
Meleto *RN*................89 AL 20
Meleto *SI*.................94 AD 23
Meleto *SI*................104 AE 25
Meletole *RE*..............66 Y 14
Melette *SA*..............163 BD 42
Melette *VI*................41 AE 10
Melezzole *TR*...........106 AJ 27
Melfa *FR*................131 AQ 34
Melfi *PZ*................144 BC 38
Melia *ME*...............189 BA 56
Melia *RC*...............176 BD 54
Melicelli *CZ*.............175 BJ 50
Meliciano *AR*.............95 AF 22
Melicuccà *RC*...........176 BE 54
Melicuccà *VV*...........176 BF 52
Melicucco *RC*..........176 BF 53
Melilli *SR*...............203 AZ 60
Melirolo *SO*..............10 U 6
Melisenda *OG*..........223 S 46
Melissa *KR*.............173 BL 48
Melissano *LE*...........160 BR 44

Melitello *CZ*.............171 BI 49
Meliti *CZ*................175 BI 51
Melito di Napoli *NA*....150 AU 38
Melito di Porto Salvo *RC*...178 BD 56
Melito Irpino *AV*........142 AZ 37
Melizzano *BN*...........141 AW 37
Mellace *VV*.............174 BG 51
Mellame *BL*...............27 AF 8
Mellaredo *VE*.............42 AG 11
Mellaro *CS*..............171 BH 48
Melle *CN*..................59 E 16
Melle *CR*..................53 W 12
Mellicciano d'Elsa *PI*....86 AA 22
Mellier *AO*................33 G 10
Mellitto *BA*.............146 BI 38
Mello *SO*..................23 S 7
Melo *PT*...................79 Z 19
Melobuono *CS*..........171 BH 48
Melogno *SV*...............74 K 17
Melogno *SV*...............74 K 18
Melone *CR*...............117 AU 30
Melotta *CR*................37 T 11
Melpignano *LE*..........161 BS 43
Meltina / Melton *BZ*.....12 AC 4
Melton / Meltina *BZ*.....12 AC 4
Memmi *MI*................37 R 10
Memmo *BS*...............25 W 9
Memola *SP*...............77 T 18
Mena *UD*..................15 AL 5
Menà *VR*..................55 AD 13
Menabò *AT*...............60 I 14

Menaggio *CO*.............23 Q 7
Menago *VR*...............55 AC 13
Menara *VI*................27 AC 9
Menarola *SO*..............9 R 6
Menci *AR*.................95 AG 24
Menconico *PV*............63 Q 15
Mendatica *IM*............72 H 19
Mendicino *CS*..........170 BG 48
Mendola *PA*............185 AP 57
Mendola *TP*............182 AK 56
Mendosio *MI*.............36 O 11
Menestalla *CS*.........166 BD 45
Menfi *AG*...............191 AM 58
Mengacini *AR*............96 AH 24
Mengara *PG*..............96 AK 24
Mengarone *PT*...........86 AA 20
Menin *BL*.................28 AG 7
Menin *VI*..................40 AC 10
Menin *VI*..................41 AE 10
Menna *CS*...............170 BG 48
Mennella *IS*............132 AT 34
Menniti *VV*.............174 BG 51
Menocchia *AP*..........108 AR 25
Menolzio *TO*.............46 D 13
Menosio *SV*..............73 J 19
Mensanello *SI*............94 AB 23
Mensano *SI*..............93 AB 24
Mensana *RM*...........120 AK 31
Mente *TP*...............182 AL 55
Mentoulles *TO*...........46 D 13
Menulla *TO*...............47 F 11
Menzano *AQ*...........114 AO 29
Menzino *BS*...............38 V 9

Meolo *VE*..................43 AJ 10
Meran / Merano *BZ*......12 AC 4
Merana *AL*................61 K 16
Merangeli *CE*...........141 AU 36
Merano / Meran *BZ*......12 AC 4
Merate *LC*.................37 R 9
Merca *ME*...............188 AY 55
Mercadante *CL*.........200 AU 60
Mercallo *VA*..............35 N 9
Mercatale *BO*............81 AD 17
Mercatale *BO*............81 AD 18
Mercatale *PG*............96 AH 24
Mercatale *PO*............80 AB 19
Mercatale *PU*............89 AJ 21
Mercatale *RA*............81 AK 18
Mercatale *SA*..........152 AX 40
Mercatale Val di Pesa *FI*...86 AC 22
Mercatale Valdarno *AR*...94 AE 23
Mercatello *PG*..........105 AL 26
Mercatello *PU*..........106 AL 26
Mercatello *SA*..........152 AX 40
Mercatino Conca *PU*....89 AJ 20
Mercato *PR*...............65 W 16
Mercato *PU*...............88 AH 21
Mercato *PU*...............88 AL 20
Mercato *SA*.............152 AY 39
Mercato *SA*.............162 AZ 42
Mercato San Severino *SA*..151 AX 39
Mercato Saraceno *FC*...88 AI 20
Mercato Vecchio *PU*....89 AJ 21
Mercenasco *TO*..........48 I 11
Mercogliano *AV*........151 AX 38
Mercore *PC*...............52 U 14
Mercuragu *NO*...........35 M 9
Mercuri *CI*..............224 L 49

MESSINA

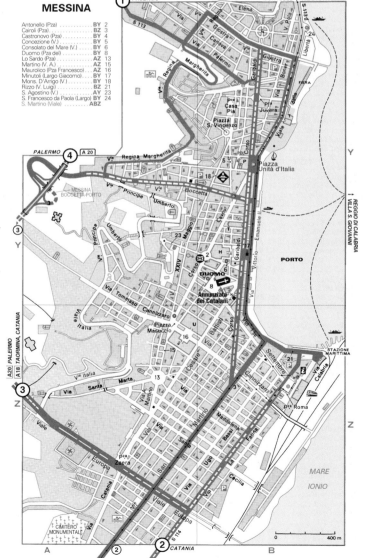

Antonello (Pza) ....BY 2
Cairoli (Pza) ....BZ 3
Castronovo (Pza) ....BY 4
Concezione (V.) ....BY 5
Consolato del Mare (V.) .....BY 6
Duomo (Pza del) ....BY 8
Lo Sardo (Pza) ....AZ 13
Martino (V. A.) ....AZ 15
Maurolico (Pza Francesco) ...BY 16
Minutoli (Largo Giacomo) ....BY 17
Mons. D'Arrigo (V.) ....BY 18
Rizzo (V. Luigi) ....BZ 21
S. Agostino (V.) ....AY 23
S. Francesco da Paola (Largo)...BY 24
S. Martino (Viale) ....ABZ

Mercuri Tedesco *CZ*	171 BG 49	Merone *CO*	36 Q 9	Meta-Piraino *RC*	179 BF 55	Mezzane *BS*	53 X 11
Meredo *MS*	78 U 18	Merosci *CH*	117 AV 31	Metaponto *MT*	156 BJ 41	Mezzane *CS*	166 BE 45
Merendaore *VI*	40 AC 9	Mersa *ME*	188 AY 55	Metato *PI*	84 X 21	Mezzane di Sopra *VR*	40 AB 11
Mereta *SV*	74 J 18	Merso di Sotto *UD*	31 AQ 7	Metello *LU*	78 X 18	Mezzane di Sotto *VR*	40 AB 11
Mereto di Capitolo *UD*	30 AO 8	Merso Soprano *UD*	31 AQ 7	Metello *LU*	78 X 19	Mezzanelli *PG*	106 AK 27
Mereto di Tomba *UD*	30 AN 7	Merulli *RC*	177 BG 53	Metoio *SA*	162 BA 42	Mezzanino *AL*	50 N 14
Mergnano *MC*	97 AN 24	Meruzzano *CN*	61 J 15	Metra *LU*	78 W 18	Mezzanino *LO*	52 T 13
Mergnano San Savino *MC*	97 AN 25	Mesa *LT*	130 AN 35	Metrano *NA*	151 AV 40	Mezzanino *PV*	51 Q 13
Mergo *AN*	97 AN 23	Mesagne *BR*	148 BP 40	Metsino *UD*	17 AP 6	Mezzano *MI*	51 Q 11
Mergozzo *VB*	21 L 8	Mesca *CS*	167 BG 47	Metti *MS*	78 U 18	Mezzano *PC*	52 U 13
Merì *ME*	189 BA 55	Meschia *AP*	108 AP 26	Metti *PR*	64 T 15	Mezzano *PG*	96 AI 23
Merici *RC*	179 BG 54	Mescio *PZ*	164 BF 44	Mettien *AO*	34 I 9	Mezzano *RO*	56 AF 14
Meridiana *AT*	49 J 14	Mescolino Minelle *TV*	29 AJ 8	Meugliano *TO*	34 H 11	Mezzano *PV*	51 R 13
Merine *LE*	159 BS 41	Mese *SO*	9 R 6	Mevale *MC*	107 AM 26	Mezzano *RA*	69 AH 17
Merizzana *MO*	79 Y 18	Mesenzana *VA*	22 N 8	Meyen *AO*	18 C 9	Mezzano *RO*	56 AG 13
Merizzo *MS*	78 U 18	Mesero *MI*	36 O 10	Mezzago *MI*	37 R 10	Mezzano *SA*	151 AX 39
Merlana *UD*	30 AO 8	Mesiano *VV*	174 BF 52	Mezzagrande *LE*	159 BS 41	Mezzano *SV*	75 M 17
Merlano *BO*	80 AB 17	Mesola *FC*	82 AI 19	Mezzana *LU*	78 X 19	Mezzano *TN*	28 AF 7
Merlara *PD*	55 AD 13	Mesola *FE*	57 AI 14	Mezzana *PI*	85 X 21	Mezzano *VT*	111 AF 28
Merlaschio *RA*	82 AG 18	Mesole *SA*	153 BC 41	Mezzana *SA*	153 BC 41	Mezzano di Sopra *LO*	52 T 13
Merlate *MI*	51 P 12	Mesonette *TO*	33 F 11	Mezzana *TO*	48 J 13	Mezzano di Sotto *LO*	52 T 13
Merlazza *AT*	61 J 14	Mesoraca *KR*	172 BJ 49	Mezzana Bigli *PV*	50 O 13	Mezzano Inf. *PR*	65 X 14
Merle *VR*	55 AB 12	Messaga *BS*	39 Y 10	Mezzana Casati *LO*	52 T 13	Mezzano Rondani *PR*	53 X 14
Merlengo *TV*	42 AI 9	Messenano *PG*	106 AK 27	Mezzana Corti *PV*	51 P 13	Mezzano Scotti *PC*	63 R 15
Merlini *AT*	61 K 15	Messercola *CE*	141 AV 37	Mezzana Perazza *AV*	143 BA 37	Mezzano Siccomario *PV*	51 P 13
Merlino *LO*	37 R 11	Messignadi *RC*	179 BE 54	Mezzana Piano *TN*	12 Z 6	Mezzano Sup. *PR*	53 X 14
Merlino *TO*	47 F 13	Messina *ME*	189 BC 54	Mezzana Rabattone *PV*	50 P 13	Mezzano Vigoleno *PC*	52 S 13
Merlo *CN*	71 H 17	Mestre *VE*	42 AI 11	Mezzana Sup. *VA*	35 N 9	Mezzanone *LO*	52 T 13
Merlo *VI*	41 AE 9	Mestriago *TN*	12 AA 6	Mezzana Torre *PZ*	164 BG 44	Mezzanotte *PU*	90 AM 22
Merlo *VI*	27 AF 8	Mestrino *PD*	41 AF 11	Mezzanaccio *VC*	34 I 9	Mezzaroma *VT*	112 AI 30
Merlo *VI*	27 AF 9	Meta *AQ*	121 AP 32	Mezzana-Frido *PZ*	164 AP 44	Mezzaselva *TN*	26 AC 8
Mernicco *GO*	31 AP 7	Meta *NA*	151 AV 40	Mezzana-Salice *PZ*	164 BG 44	Mezzaselva /

Mezzaselva di Roana *VI*	27 AD 8	Mezzomonte *LT*	138 AN 36
Mezzate *MI*	36 Q 11	Mezzomonte *PN*	29 AJ 7
Mezzatorre di San Mauro		Mezzomonte *TN*	26 AB 8
Cilento *SA*	162 AZ 42	Mezzovalle *TN*	13 AE 5
Mezzavalle *GE*	76 R 17	Miagliano *BI*	34 J 10
Mezzavia *AR*	95 AG 24	Mialley *AO*	32 C 9
Mezzavia *BZ*	13 AD 4	Miane *TV*	28 AH 8
Mezzavia *NA*	150 AS 39	Miano *PR*	65 V 15
Mezzavia *PD*	56 AF 12	Miano *PR*	65 V 17
Mezzavia *PG*	96 AI 23	Miano *TE*	108 AR 28
Mezzavia *RO*	56 AF 14	Miasino *NO*	35 L 9
Mezzavilla *RO*	57 AH 14	Miazzina *VB*	21 M 8
Mezzavilla *TV*	29 AJ 7	Micarone *PE*	116 AS 29
Mezzema *SP*	77 S 18	Micciani *RI*	114 AM 29
Mezzenile *TO*	47 F 12	Micciano *AR*	88 AH 22
Mezzeno *RA*	82 AG 18	Micciano *PI*	93 Z 24
Mezzi Po *TO*	48 H 13	Miccisi *CS*	170 BF 48
Mezzo *TO*	47 F 14	Miceno *MO*	79 Z 17
Mezzocampo *KR*	168 BJ 47	Michele delle Badesse *PD*	42 AG 10
Mezzocanale *BL*	14 AI 6	Michelica *RG*	204 AX 63
Mezzocorona *TN*	26 AB 6	Michellorie *VR*	55 AC 12
Mezzofato I *CS*	168 BH 46	Micheloni *GE*	76 Q 17
Mezzofato II *CS*	168 BH 46	Micheloni *LU*	85 Y 21
Mezzogoro *FE*	57 AH 14	Micheloni *TV*	28 AF 9
Mezzojuso *PA*	185 AP 56	Michi *LU*	85 Z 20
Mezzolago *TN*	26 Z 8	Micigliano *RI*	114 AN 29
Mezzolara *BO*	68 AE 16	Micottis *UD*	16 AO 6
Mezzoldo *BG*	23 S 7	Miculan *LT*	129 AL 34
Mezzolombardo *TN*	26 AB 6	Miega *VR*	55 AC 12
Mezzolpiano *SO*	9 R 6	Mieli *CE*	131 AS 35
Mezzomerico *NO*	35 M 10	Mieli *UD*	16 AM 4
Mittewald *BZ*	4 AE 3	Mezzomonte *FI*	86 AC 21
		Miemo *PI*	93 Z 23

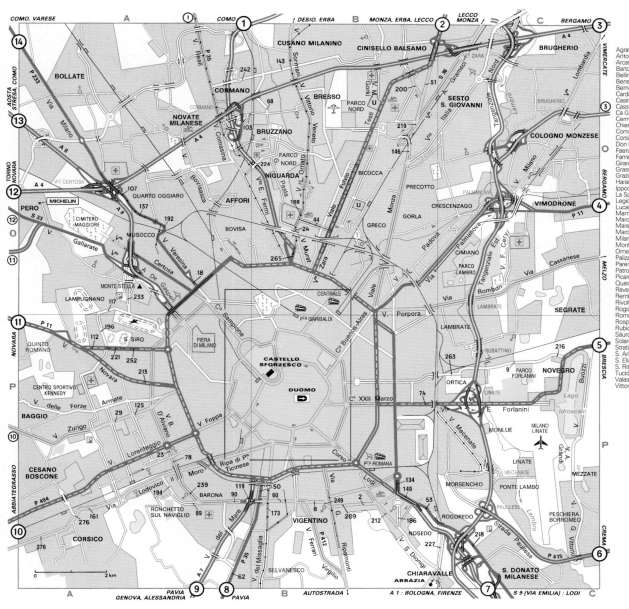

MILANO

Agrate (V. M. d')	BP 2
Antonini (V. G.)	BP 8
Arcangelo Corelli (V.)	CP 9
Bartolini (V.)	AO 18
Bellini (V. G.)	AP 23
Benefattori dell' Ospedale (V.)	BO 24
Berna (V.)	AP 29
Cardinale A. Sforza (V.)	BP 50
Casiraghi (Vie F.)	BO 51
Cassinis (V. G. B.)	BP 53
Cà Granda (Viale)	BO 44
Cermenate (V. G. da)	BP 60
Chiesa Rossa (V.)	AP 62
Comasinella (V.)	BO 68
Corsica (Viale)	BP 74
Don L. Milani (Cavalcavia)	AP 78
Faenza (Viale)	AP 89
Famagosta (Viale)	AP 90
Girardengo (V.)	AO 103
Grassi (V. G. B.)	AO 107
Graziano Imperatore	BO 108
Harar (V.)	AP 112
Ippodromo (V.)	AOP 117
La Spezia (V.)	AP 119
Legioni Romane (Viale)	AP 125
Lucania (Viale)	BP 134
Mambretti (V.)	AO 137
Marconi (V. G.)	BO 143
Marelli (Vle)	BO 146
Marochetti (V.)	BP 149
Milano (V.)	AP 161
Montegani (V.)	AP 173
Omero (Viale)	BP 186
Palizzi (V.)	AO 192
Parenzo (V.)	BP 194
Patroclo (V.)	AP 196
Picardi (V. F.)	BO 200
Quaranta (V. B.)	BP 209
Ravenna (V.)	BP 212
Rembrandt (V.)	AP 213
Rivoltana (Strada)	CP 216
Rogoredo (V.)	CP 218
Roma (V.)	BO 219
Rospigliosi (V. dei)	AP 221
Rubicone (Viale)	BO 224
Sauro (V. N.)	AO 242
Solaroli (V.)	BP 249
Stratico (V. S.)	AP 252
S. Araldo (V.)	CP 227
S. Elia (V. A.)	AO 233
S. Rita da Cascia (V.)	AP 239
Tucidide (V.)	CP 263
Valassina (V.)	BO 265
Vittorio Emanuele (V.)	AP 276

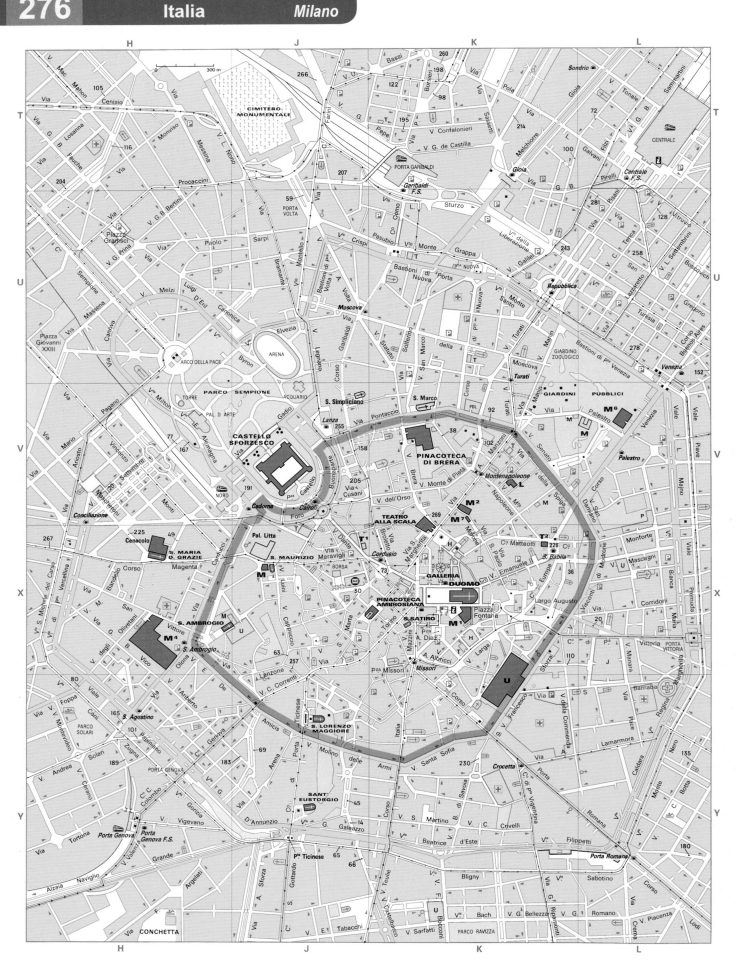

MILANO

Aurispa (V.) JY 14
Battisti (V. C.) KLX 20
Bocchetto (V.) JX 30
Borgogna (V.) KX 36
Borgonuovo (V.) KV 38
Calatafimi (V.) JY 45
Caradosso (V.) HX 49
Ceresio (V.) JU 59
Circo (V.) JX 63
Col di Lana (Viale) JY 65
Col Moschin (V.) JY 66
Conca del Naviglio (V.) JY 69
Copernico (V.) LT 72
Cordusio (Pza) KX 73
Curie (Viale P. M.) HV 77
Dante (V.) JX
Dugnani (V.) HY 80
Fatebenefratelli (V.) KV 92
Gardini (V. dei) KV 102
Garigliano (V.) KT 98
Generale Fara (V.) KT 100
Ghisleri (V. A.) HY 101
Gran S. Bernardo (V.) HT 105
Gustalla (V.) KX 110
Induno (V. Flli) HT 116
Lambertenghi (V. P.) KT 122
Lepetit (V.) LTU 128
Maffei (V. A.) LY 135
Manzoni (V. A.) KV
Melzo (V.) LU 152
Mercato (V.) JV 158
Modestino (V.) HY 165
Moliere (Viale E.) HV 167
Monte Napoleone (V.) KV
Muratori (V. L.) LY 180
Oggiono (V. M. d') HJY 183
Orseolo (V.) HY 189
Paleocapa (V.) JV 191
Pastrengo (V.) KT 195
Perasto (V.) KT 198
Poliziano (V.) HTU 204
Ponte Vetero (V.) JV 205
Quadrio (V. M.) JT 207
Restelli (Viale F.) KT 214
Ruffini (V. Flli) HX 225
Savoia (Viale F. di) KU 243
Spiga (V. della) KV
S. Babila (Pza) KX 228
S. Calimero (V.) KY 230
Tivoli (V.) HV 255
Torchio (V.) JX 257
Torino (V.) MZ
Torriani (V. N.) LU 258
Trau (V.) KT 260
Valtellina (V.) JT 266
Vercelli (Cso) HX 267
Verdi (V.) KV 269
Vittorio Emanuele II (Cso) NZ
Vittorio Veneto (Viale) KLU 278
Zezon (V.) LU 281

Casa di Manzoni KV M7
Conservatorio KX T 2
Museo Civico di Storia Naturale LV M6
Museo della Scienza e della Tecnologia HX M4
Museo del Duomo KX M1
Museo Poldi Pezzoli KV M2
Palazzo Bagatti Valsecchi KV L
Università KY U

Miggiano *LE* 161 BS 44
Migiana *PG* 96 AI 25
Migiana di Monte Tezio *PG* 96 AJ 24
Migiandone *VB* 21 L 8
Migiondo *SO* 11 W 6
Migliaccia *NA* 150 AS 39
Migliaiolo *PG* 105 AH 25
Migliana *PO* 86 AB 20
Migliandola *PT* 85 Z 20
Migliandolo *AT* 49 K 14
Miglianello *LU* 84 X 20
Miglianico *CH* 117 AU 29
Migliano *AV* 151 AW 38
Migliano *LU* 84 X 20
Migliano *PG* 105 AI 26
Migliara *RE* 65 X 17
Migliarelli *AP* 108 AP 27
Migliarese *BN* 133 AY 35
Migliari *FI* 80 AC 19
Migliarina *GE* 62 O 16
Migliarina *MO* 66 AA 15
Migliarina *MS* 78 U 17
Migliarina *PR* 65 V 17
Migliarino *FE* 68 AG 15
Migliarino *PI* 84 W 21
Migliaro *CR* 52 V 13
Migliaro *FE* 68 AG 15
Migliaro *GE* 77 S 18
Migliaro *SA* 151 AW 39
Migliere *TO* 33 E 11
Miglierina *CZ* 171 BG 49
Miglierina *CZ* 171 BG 50
Miglionico *MT* 155 BH 40
Migliorini *GR* 103 AC 26
Migliorini *PT* 79 Z 19
Migliuso *CZ* 171 BH 50
Mignagola *TV* 42 AI 9
Mignaio *PC* 64 T 15
Mignanego *GE* 62 O 16
Mignano *AR* 88 AH 21
Mignano *VI* 27 AF 9
Mignano di Monte Lungo *CE* 131 AS 35
Mignegno *MS* 77 U 17
Mignete *LO* 37 R 11
Migneto *FI* 80 AC 19
Mignone *VT* 118 AF 30
Milanere *TO* 47 F 13
Milanesi *RC* 178 BD 54
Milani *VI* 41 AD 10
Milano *MI* 36 Q 11
Milano Marittima *RA* 82 AJ 18
Milano San Felice *MI* 37 Q 11
Milazzo *ME* 189 BA 54
Milena *CL* 193 AR 59
Mileo *PZ* 164 BF 43
Mileto *GE* 63 R 17
Mileto *VV* 174 BF 52
Mili Marina *ME* 189 BC 55
Mili San Pietro *ME* 189 BB 55
Milia *ME* 188 AY 55
Milianni *ME* 186 AU 55
Milici *ME* 188 BA 55
Milies *TV* 28 AG 8
Milis *OR* 216 M 43
Militello in Val di Catania *CT* 202 AX 60
Militello Rosmarino *ME* 187 AX 55
Millan *BZ* 4 AE 3
Millesimo *SV* 74 K 17
Milmeggiu *OT* 211 S 37
Milo *CT* 197 AZ 57
Milordo *PZ* 164 BE 43
Milzanello *BS* 53 W 11
Milzano *BS* 53 W 12
Mimiani *CL* 193 AS 58
Mina *BI* 34 K 10
Minardi *BG* 38 U 9
Minazzana *LU* 84 W 19
Minceto *GE* 62 O 16
Minco di Lici *CH* 117 AV 31
Mindeo *VV* 174 BG 52
Mindino *CN* 74 I 18
Minella *PD* 56 AE 12
Mineo *CT* 202 AX 60
Minerbe *VR* 55 AC 12
Minerbio *BO* 67 AD 16
Minervino di Lecce *LE* 161 BT 43
Minervino Murge *BA* 145 BF 37
Mingarelli *TE* 109 AS 28
Minichini *NA* 151 AW 38
Minicozzi *BN* 142 AY 36
Miniera *PU* 88 AI 20
Miniera *PU* 89 AK 21
Miniera di Murlo *SI* 94 AD 25
Miniere *CS* 166 BE 46
Ministalla *CS* 168 BH 45
Minoprio *CO* 36 P 9
Minori *SA* 151 AW 40
Minotte *PD* 55 AD 13
Minozzo *RE* 79 X 17
Minturno *LT* 139 AR 36
Minucciano *LU* 78 W 18
Mioglia *SV* 61 L 17
Miogliola *AL* 61 L 16
Miola *TN* 26 AC 7
Mione *TN* 12 AB 5
Mione *UD* 16 AM 5
Miosa *TO* 47 F 13
Mira *VE* 42 AH 11
Mirabella *PG* 105 AH 25
Mirabella *VI* 41 AE 9
Mirabella Eclano *AV* 142 AY 37
Mirabella Imbaccari *CT* 194 AV 60
Mirabello *FE* 67 AD 15
Mirabello *LO* 52 S 13
Mirabello *PV* 51 P 12
Mirabello *SI* 94 AD 24
Mirabello *VA* 22 O 8
Mirabello *VA* 36 O 10
Mirabello Ciria *CR* 52 U 12
Mirabello Monferrato *AL* 49 M 13
Mirabello Sannitico *CB* 133 AX 34
Miracoli *CH* 124 AW 31
Miracolo *PZ* 144 BD 39
Miradolo *TO* 59 E 14
Miradolo Terme *PV* 51 R 12
Mirafiori *TO* 47 G 13
Miralago *CE* 132 AV 35
Miralbello *PU* 90 AM 22
Miralduolo *PG* 106 AJ 25
Miramare *RN* 83 AK 19
Miramonti *FI* 86 AC 20
Miranda *IS* 132 AU 34
Miranda *TR* 113 AL 28
Mirandola *BO* 67 AD 17
Mirandola *BS* 38 U 10
Mirandola *FI* 87 AD 20
Mirandola *MO* 67 AB 14
Mirandola *PC* 64 T 14
Mirandola *VA* 22 N 8
Mirano *VE* 42 AH 11
Mirante *TA* 158 BO 42
Miranti *PA* 186 AT 57
Mirasole *MN* 54 AA 13
Mirasole *NO* 35 M 10
Mirasole *TO* 59 F 14
Mirasole *VA* 21 M 8
Miratoio *PU* 88 AI 21
Miravalle *AT* 49 K 14
Miravalle *BO* 68 AE 16
Miravalle *BS* 25 W 7
Mircene *PA* 183 AN 55
Miroglio *CN* 71 H 18
Mirovano *CO* 36 Q 9
Mirra *BN* 142 AY 37
Mirri *PE* 116 AR 29
Mirteto *MS* 78 V 19
Mirto *CS* 168 BJ 46
Mirto *ME* 187 AX 55
Mirto Crosia *CS* 168 BJ 46
Mirto di Siderno *RC* 177 BG 54
Mis *BL* 14 AG 6
Mis *BL* 28 AH 7
Misà *CZ* 171 BH 50
Misano Adriatico *RN* 89 AL 20
Misano di Gera d'Adda *BG* 37 S 11
Misano Monte *RN* 89 AK 20
Miscecco *UD* 31 AQ 7
Misciano *AR* 95 AG 23
Misciano *AR* 88 AH 22
Misciano *AV* 151 AX 39
Misciano *PG* 107 AN 27
Miscoso *RE* 78 W 17
Miseno *NA* 150 AT 39
Misericordia *AP* 99 AR 25
Misericordia *AR* 95 AG 23
Misericordia *ME* 189 BA 55
Misericordia *RI* 113 AK 30
Misilmeri *PA* 185 AP 55
Misinto *MI* 36 P 10
Misirri *ME* 188 AX 55
Misitano *ME* 189 BA 56
Misitano Inf. *ME* 189 BA 56
Misogano *RC* 177 BG 53
Missaglia *LC* 37 R 9
Missanello *PZ* 164 BF 42
Missano *GE* 77 S 18
Missano *MO* 80 AA 17
Missano *PC* 64 S 15
Misserio *ME* 189 BA 56
Missian / Missiano *BZ* 12 AC 5
Missiano *PG* 105 AH 25
Missiano / Missian *BZ* 12 AC 5
Missone *BS* 38 W 9
Misterbianco *CT* 197 AZ 58
Mistretta *ME* 187 AV 56
Mistrorighi *VI* 40 AC 10
Misurina *BL* 14 AI 4
Mitisci *CS* 170 BF 48
Mitogio *CT* 197 BA 56
Mitoio *CZ* 171 BG 50
Mitta *ME* 189 BA 56
Mitterbad / Bagni di Mezzo *BZ* 12 AB 4
Mittertal / Val di Mezzo *BZ* 3 AD 2
Mittewald / Mezzaselva *BZ* 4 AE 3
Mitza Iusta *CI* 224 M 48
Mizzole *VR* 40 AB 11
Mo *VI* 41 AE 9
Moano *IM* 72 I 19
Moasca *AT* 61 K 15
Moasi *ME* 188 BA 55
Mocali *PG* 107 AM 26
Mocasina *BS* 39 X 10
Mocchi *TN* 26 AA 8
Mocchie *TO* 47 E 13
Moccone *CS* 171 BH 47
Mocelana *PG* 96 AJ 23
Mocenigo *TN* 12 AB 5
Mochignano *MS* 78 V 18
Mochignano di Sotto *MS* 78 V 18
Mockarta *TP* 182 AK 56
Mocogno *MO* 79 Z 18
Mocomero *PC* 64 T 15
Mocrone *MS* 78 U 18
Modalo *BL* 28 AI 7
Modanella *SI* 95 AF 24
Modditonalza *SS* 209 O 39
Modena *MO* 66 AA 16
Modica *RG* 204 AX 62
Modigliana *FC* 81 AF 19
Modigliana *RA* 81 AG 18
Modignano *LO* 51 R 11
Modine *AR* 87 AE 22
Modolena *RE* 66 Y 15
Modolo *OR* 212 M 42
Modon *VR* 55 AC 12
Modotto *UD* 30 AN 7
Modugno *BA* 146 BJ 37
Moè *BL* 14 AG 5
Moena *TN* 13 AE 5
Moerna *BS* 39 Y 9
Moggessa *UD* 16 AN 5
Mogginano *AR* 88 AH 21
Moggio *LC* 23 R 8
Moggio di Sopra *UD* 16 AO 5
Moggio di Sotto *UD* 16 AO 5
Moggio Udinese *UD* 16 AO 5
Moggiona *AR* 87 AF 21
Moglia *AL* 61 K 16
Moglia *AL* 62 M 15
Moglia *AT* 61 K 14
Moglia *BS* 39 X 10
Moglia *MN* 54 AA 14
Moglia *MN* 55 AC 13
Moglia *PC* 63 R 16
Moglia *PV* 63 P 15
Moglia d'Inverno *CN* 60 I 16
Moglianello *MC* 98 AP 24
Mogliano *MC* 98 AP 24
Mogliano Veneto *TV* 42 AI 10
Moglietta *AP* 108 AO 26
Mogliotti *AT* 61 L 14
Mogne *BO* 80 AB 19
Mogno *MO* 79 Y 17
Mogol *TO* 49 J 13
Mogorella *OR* 217 O 44
Mogoro *OR* 221 N 45
Moia *SO* 24 U 7
Moia *UD* 16 AM 5
Moiano *BN* 141 AW 37
Moiano *IM* 72 I 20
Moiano *NA* 151 AV 40
Moiano *PG* 105 AH 25
Moie *AN* 98 AN 22
Moimacco *UD* 31 AP 7
Moio Alcantara *ME* 188 AZ 56
Moio de' Calvi *BG* 23 T 8
Moio della Civitella *SA* 162 BA 42
Moiola *CN* 70 F 18
Moira *ME* 188 AY 55
Moirano *AL* 61 L 15
Moj *BG* 38 U 9
Mola *LI* 100 X 27
Mola di Bari *BA* 147 BL 37
Moladi *VV* 174 BF 52
Molar *TO* 59 E 15
Molara *LT* 129 AM 34
Molara *NA* 150 AS 39
Molara *RM* 120 AL 33
Molare *AL* 62 M 16
Molaretto *TO* 46 C 12
Molaro *RC* 178 BD 56
Molaro *RC* 178 BD 56
Molarotta *CS* 171 BH 47
Molassa *PN* 15 AK 6
Molassana *GE* 76 O 17
Molazzana *LU* 79 X 19
Moldai *BL* 28 AH 7
Mole *RM* 128 AK 33
Molè *TO* 47 E 13
Molella *LT* 138 AN 36
Moleti *ME* 189 BC 55
Moleto *AL* 49 L 13
Moleto *PU* 88 AI 20
Molette *TO* 47 E 12
Molevana *PN* 16 AM 6
Molezzano *FI* 87 AD 20
Molfetta *BA* 137 BI 36
Molillo *BR* 148 BO 39
Molin Nuovo *PT* 85 Z 20

MODENA

Acc. Militare (Cso) BY 2
Canalino (V.) BZ 5
Canal Chiaro (Cso) AYZ
Duomo (Cso) AY 7
Emilia (V.) ABYZ
Farini (V.) BY
Fonteraso (V.) BY 8
Giannone (V. P.) AZ 9
Luca (Calle di) AZ 10
Mazzini (Pza) BY 13
Nonantolana (V.) BY 15
Porta S. Agostino (Largo) AY 17
Rismondo (V. F.) ABY 18
Risorgimento (Piazzale) AZ 19
Storchi (V. G.) AY 24
S. Carlo (V.) BZ 21
S. Francesco (Piazzale) AZ 22
S. Giovanni del Cantone (V.) BY 23
3 Febbraio (V.) BY 25

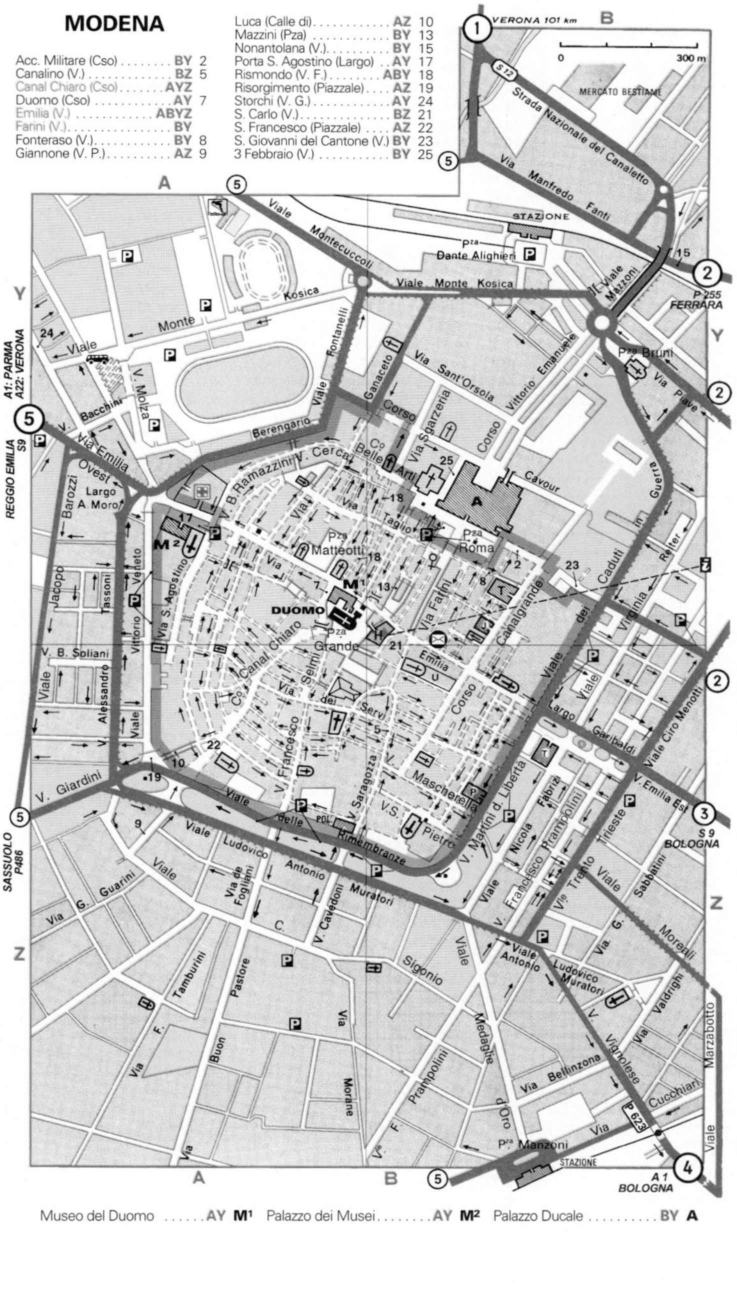

Museo del Duomo AY M1 Palazzo dei Musei AY M2 Palazzo Ducale BY A

Molin Rotto VE ...... 42 AH 11
Molina BL ...... 15 AJ 5
Molina CO ...... 22 P 8
Molina PU ...... 97 AL 25
Molina SO ...... 11 X 5
Molina TN ...... 13 AD 6
Molina VR ...... 41 AD 9
Molina VR ...... 40 AA 10
Molina Aterno AQ ...... 115 AR 31
Molina di Ledro TN ...... 26 Z 8
Molina di Quosa PI ...... 85 X 21
Molinaccio AN ...... 97 AL 23
Molinaccio BO ...... 80 AB 18
Molinaccio LU ...... 78 W 18
Molinaccio PT ...... 85 Z 20
Molinaccio PU ...... 90 AM 21
Molinaccio Umbro PG ...... 97 AM 24
Molinara BN ...... 133 AY 36
Molinara PV ...... 51 P 13
Molinari PC ...... 63 S 15
Molinat PN ...... 29 AL 7
Molinazzo PC ...... 52 S 14
Moline CN ...... 71 I 17
Molinella AB ...... 68 AF 16
Molinella CE ...... 141 AU 37
Molinella FG ...... 127 BF 32
Molinella RO ...... 56 AE 13
Molinella SA ...... 153 BC 41
Molinelle AV ...... 151 AX 38
Molinelli AR ...... 95 AG 23
Molinello BL ...... 28 AG 7
Molinello FC ...... 88 AG 20
Molinello MN ...... 53 X 12
Molinello PU ...... 89 R 16
Molinello PD ...... 55 AD 12
Molinello PU ...... 51 Q 14
Molinetto AL ...... 62 M 14
Molinetto BS ...... 39 X 10
Molinetto MC ...... 99 AQ 24
Molinetto MI ...... 36 O 11
Molinetto PR ...... 65 W 14
Molinetto VC ...... 49 K 12
Molinetto Piani RA ...... 81 AG 17
Molini AL ...... 62 M 14
Molini AL ...... 62 O 16
Molini AN ...... 91 AQ 22
Molini AV ...... 143 BA 37
Molini BG ...... 24 T 8
Molini BL ...... 29 AJ 6
Molini BS ...... 39 X 11
Molini BZ ...... 13 AC 6
Molini BZ ...... 4 AG 3
Molini GE ...... 63 R 16
Molini IM ...... 72 I 20
Molini PG ...... 107 AM 26
Molini PV ...... 50 O 12
Molini SV ...... 74 L 18
Molini TN ...... 12 AA 5
Molini TN ...... 12 AA 5
Molini TN ...... 26 AB 6
Molini TN ...... 26 AB 9
Molini TN ...... 27 AD 7
Molini TN ...... 27 AE 7
Molini VB ...... 21 K 7
Molini VI ...... 27 AC 9
Molini VI ...... 41 AF 9
Molini VI ...... 40 AA 9
Molini del Bucine VT ...... 112 AG 28
Molini di Colognola BG ...... 38 U 9
Molini di Faenza PV ...... 50 N 12
Molini di Tenna AP ...... 99 AR 24
Molini di Triora IM ...... 72 H 20
Molini di Tures / Muhlen BZ ...... 4 AG 2
Molini d'Isola AT ...... 61 K 15
Molinis UD ...... 16 AO 6
Molino AL ...... 49 L 13
Molino AN ...... 90 AN 21
Molino AN ...... 90 AN 22
Molino AN ...... 91 AP 22
Molino AP ...... 99 AQ 25
Molino AP ...... 99 AQ 25
Molino AP ...... 99 AR 25
Molino AP ...... 109 AS 26
Molino BG ...... 37 T 9
Molino BG ...... 24 V 9
Molino BS ...... 39 X 9
Molino CN ...... 61 J 18
Molino MC ...... 98 AP 24
Molino MC ...... 108 AP 25
Molino ME ...... 189 BB 55
Molino PR ...... 65 V 15
Molino PV ...... 51 Q 13
Molino PZ ...... 164 BD 43
Molino RM ...... 120 AL 31

Molino SP ...... 77 S 18
Molino SV ...... 73 J 19
Molino SV ...... 61 K 17
Molino TO ...... 47 F 13
Molino TV ...... 42 AH 10
Molino TV ...... 43 AK 9
Molino UD ...... 16 AN 6
Molino VC ...... 20 J 8
Molino VI ...... 27 AD 8
Molino VV ...... 174 BG 51
Molino Alto GE ...... 62 O 16
Molino Basilicati TE ...... 116 AR 29
Molino Caporilli FR ...... 130 AP 33
Molino Cesare BO ...... 80 AC 17
Molino Corte BN ...... 141 AV 37
Molino dei Torti AL ...... 50 O 13
Molino del Calcione AR ...... 95 AF 24
Molino del Conte PV ...... 50 N 11
Molino del Pallone BO ...... 80 AA 19
Molino del Piano FI ...... 87 AD 21
Molino del Sasso PG ...... 96 AI 23
Molino della Costa BS ...... 38 W 11
Molino dell'Attole PG ...... 106 AK 26
Molino di Berignone PI ...... 93 AA 24
Molino di Bucine AR ...... 95 AE 23
Molino di Campagna PN ...... 29 AL 7
Molino di Camporeggiano PG ...... 96 AJ 23
Molino di Mezzo AR ...... 95 AE 23
Molino di Paci GR ...... 103 AD 25
Molino di Punta TO ...... 47 F 13
Molino di Silla TR ...... 113 AJ 28
Molino di Sotto PC ...... 52 U 13
Molino di Vionica VT ...... 105 AH 28
Molino d'Isella PV ...... 50 O 12
Molino Malla PU ...... 89 AL 21
Molino Nuovo BG ...... 37 T 10
Molino Nuovo GE ...... 76 P 17
Molino Nuovo MN ...... 54 Y 12
Molino Nuovo SV ...... 73 J 20
Molino Ornate SI ...... 94 AC 25
Molino Primo AP ...... 108 AR 26
Molino Renzini PU ...... 89 AK 20
Molino San Antimo TE ...... 109 AT 28
Molino Santa Maria PV ...... 50 N 12
Molino Teodoro PC ...... 64 T 15
Molino Vecchio GE ...... 63 P 16
Molino Vecchio PU ...... 90 AN 21
Molino Vecchio SA ...... 162 BA 43
Molino Vecchio SA ...... 163 BB 42
Molino Vecchio VC ...... 40 AC 9
Molino Vitelli PG ...... 96 AI 24
Molino Zeoli BN ...... 133 AX 36
Molise ...... 132 AV 34
Moliterno PZ ...... 164 BE 42
Mollar dei Franchi TO ...... 47 F 13
Mollaro TN ...... 12 AB 6
Molleone PU ...... 89 AJ 22
Molli SI ...... 94 AC 24
Mollia VC ...... 34 J 9
Mollières TO ...... 46 B 14
Molmentet UD ...... 16 AO 6
Molo di Borbera AL ...... 62 O 15
Molochio RC ...... 176 BF 54
Mologno LU ...... 79 X 19
Moltedo IM ...... 73 J 20
Molteno LC ...... 36 Q 9
Moltrasio CO ...... 22 P 8
Molvena VI ...... 41 AE 9
Molveno TN ...... 26 AA 7
Molvina TE ...... 108 AR 27
Molvina BS ...... 39 X 10
Molzano CO ...... 22 P 7
Mombaldone AT ...... 61 K 16
Mombarcaro CN ...... 61 J 17
Mombaroccio PU ...... 90 AM 21
Mombaruzzo AT ...... 61 L 15
Mombasiglio CN ...... 74 I 17
Mombelli PV ...... 63 Q 14
Mombello di Torino TO ...... 48 I 13
Mombello Lago Maggiore VA ...... 21 M 8
Mombello Monferrato AL ...... 49 K 13
Mombercelli AT ...... 61 K 15
Momeliano PC ...... 51 S 14
Momena CS ...... 168 BI 46
Momigno PT ...... 85 Z 20
Mommio MS ...... 78 W 18
Mommio Castello LU ...... 84 W 20
Momo NO ...... 35 M 10
Mompantero TO ...... 46 D 13
Mompellato TO ...... 47 F 12
Mompeo RI ...... 113 AL 30
Momperone AL ...... 63 P 14
Mompiano BS ...... 38 W 10
Mompiano CN ...... 61 J 16

Monaca BN ...... 142 AW 37
Monacella CT ...... 197 AZ 57
Monache CS ...... 170 BG 48
Monachino PT ...... 86 AB 19
Monaci FR ...... 131 AS 35
Monaci RC ...... 177 BG 54
Monaciano SI ...... 94 AD 23
Monacilioni CB ...... 133 AX 34
Monacizzo TA ...... 157 BN 42
Monaco CZ ...... 171 BI 49
Monale AT ...... 49 J 14
Monasterace RC ...... 177 BI 53
Monasterace Marina RC ...... 177 BI 53
Monasteri di Sopra SR ...... 203 AZ 61
Monasteri di Sotto SR ...... 203 AZ 61
Monastero AR ...... 94 AD 22
Monastero CN ...... 59 F 17
Monastero CN ...... 71 H 17
Monastero MC ...... 98 AO 25
Monastero PD ...... 55 AD 12
Monastero PU ...... 89 AJ 21
Monastero TR ...... 105 AI 28
Monastero UD ...... 31 AP 9
Monastero Bormida AT ...... 61 K 16
Monastero di Lanzo TO ...... 47 F 12
Monastero d'Ombrone SI ...... 94 AE 23
Monastero San Giuseppe CT ...... 197 AZ 58
Monasterolo CR ...... 52 V 12
Monasterolo CR ...... 53 W 13
Monasterolo LO ...... 52 S 12
Monasterolo TO ...... 47 G 12
Monasterolo Casotto CN ...... 74 I 18
Monasterolo del Castello BG ...... 38 U 9
Monasterolo di Savigliano CN ...... 59 G 15
Monastier di Treviso TV ...... 43 AJ 10
Monastero PD ...... 42 AG 10
Monastir CA ...... 221 P 47
Monate VA ...... 35 N 9
Monbianco TO ...... 33 G 11
Moncalieri TO ...... 48 H 13
Moncalvo AT ...... 49 K 13
Moncenisio TO ...... 46 C 12
Moncerrato MO ...... 79 Z 17
Moncestino AL ...... 49 J 13
Moncestino AT ...... 49 K 14
Monchiero CN ...... 60 I 16
Monchio PR ...... 65 W 16
Monchio Delle Corti PR ...... 78 V 17
Monchio delle Olle RE ...... 65 X 16
Moncigoli MS ...... 78 V 18
Moncioni AR ...... 94 AE 23
Monclassico TN ...... 12 AA 5
Moncolombone TO ...... 47 F 12
Moncrivello VC ...... 48 I 12
Moncucco CN ...... 60 I 17
Moncucco CO ...... 22 P 9
Moncucco MI ...... 51 P 12
Moncucco MI ...... 36 Q 9
Moncucco Torinese AT ...... 48 I 13
Mondadizza SO ...... 11 X 5
Mondagnola CN ...... 71 I 18
Mondaino RA ...... 89 AL 20
Mondaniga RA ...... 68 AG 17
Mondara BS ...... 38 W 9
Mondarello RC ...... 59 L 15
Mondarola RC ...... 177 BG 54
Mondavio PU ...... 90 AM 21
Mondel PN ...... 16 AM 6
Mondelli VB ...... 20 J 8
Mondello PA ...... 184 AO 54
Mondello PA ...... 185 AQ 55
Mondolfo PU ...... 90 AN 21
Mondondone PV ...... 51 P 14
Mondoni CN ...... 74 J 17
Mondonico PV ...... 51 R 13
Mondonico VA ...... 22 N 8
Mondonio AT ...... 48 I 13
Mondonovo VE ...... 57 AH 13
Mondonovo VI ...... 40 AC 9
Mondonuovo BO ...... 68 AG 17
Mondovì CN ...... 71 H 17
Mondrago CO ...... 22 P 7
Mondrago VR ...... 40 AA 10
Mondragone CE ...... 140 AS 37
Mondrone TO ...... 47 E 12
Moneglia GE ...... 77 R 18
Mònesi di Triora IM ...... 72 H 19
Monesiglio CN ...... 74 J 17
Monesterolo FE ...... 68 AI 19
Moneta OT ...... 207 R 36
Monetto CO ...... 36 O 9
Monfalcone GO ...... 31 AQ 9
Monfallito AT ...... 61 K 14

Monfestino MO ...... 79 Z 17
Monfol TO ...... 46 C 13
Monforte FR ...... 131 AR 34
Monforte d'Alba CN ...... 60 I 16
Monforte Marina ME ...... 189 BB 54
Monforte San Giorgio ME ...... 189 BB 55
Monfumo TV ...... 28 AG 9
Mongabia VR ...... 39 Z 11
Mongardino AT ...... 61 K 14
Mongardino BO ...... 80 AC 17
Monghidoro BO ...... 80 AC 18
Mongiana VV ...... 177 BG 52
Mongiardino AL ...... 62 N 16
Mongiardino Ligure AL ...... 63 P 16
Mongiorgio BO ...... 80 AB 17
Mongiove ME ...... 188 AZ 55
Mongiuffi ME ...... 189 BA 56
Mongnardo AO ...... 19 G 9
Mongoni TE ...... 116 AR 28
Mongovone AT ...... 61 K 15
Mongrando BI ...... 34 J 10
Mongrassano CS ...... 167 BF 46
Mongreno TO ...... 48 H 13
Monguelfo / Welsberg BZ ...... 5 AH 3
Monguzzo CO ...... 36 Q 9
Moniego VE ...... 42 AH 10
Moniga del Bosco BS ...... 39 X 10
Moniga del Garda BS ...... 39 Y 10
Monitola RM ...... 120 AL 32
Monleale AL ...... 62 O 14
Monno BS ...... 11 X 6
Monopoli BA ...... 147 BM 38
Monreale PA ...... 184 AO 55
Monrupino TS ...... 31 AR 9
Monsagrati LU ...... 85 X 20
Monsampietro Morico AP ...... 99 AQ 25
Monsampolo del Tronto AP ...... 108 AR 26
Monsano AN ...... 90 AO 22
Monsano FI ...... 94 AC 23
Monsano FI ...... 84 X 21
Monserrato CA ...... 226 P 48
Monsigliolo AR ...... 95 AG 24
Monsola CN ...... 59 G 16
Monsola VE ...... 56 AH 12
Monsoreto VV ...... 176 BF 52
Monsummano Terme PT ...... 85 Z 20
Monta PD ...... 41 AG 11
Montà CN ...... 60 I 15
Montacchita PI ...... 85 Z 22
Montaciano VT ...... 112 AH 28
Montacuto AL ...... 63 P 15
Montacuto AN ...... 91 AQ 22
Montacuto PG ...... 96 AI 24
Montacuto PV ...... 63 Q 14
Montacuto SI ...... 94 AD 24
Montadamo AP ...... 108 AQ 26
Montafia AT ...... 48 J 14
Montagano CB ...... 133 AX 34
Montagliani VT ...... 120 AN 31
Montaglioni PG ...... 107 AN 26
Montagna AR ...... 88 AI 22
Montagna CB ...... 124 AW 33
Montagna CH ...... 123 AV 31
Montagna CS ...... 164 BE 44
Montagna SA ...... 205 AZ 62
Montagna SV ...... 74 L 18
Montagna / Montan BZ ...... 13 AC 6
Montagna Flassin Superiore AO ...... 18 E 9
Montagna Grande PA ...... 185 AP 55
Montagna in Valtellina SO ...... 24 U 6
Montagna Spaccata NA ...... 150 AT 38
Montagnana TN ...... 26 AC 7
Montagnana FI ...... 86 AB 21
Montagnana MO ...... 79 Z 17
Montagnana PD ...... 55 AD 12
Montagnana PT ...... 85 Z 20
Montagnana AR ...... 95 AF 23
Montagnana PC ...... 64 T 14
Montagnano KR ...... 173 BK 48
Montagnareale ME ...... 188 AY 55
Montagnola AQ ...... 122 AS 33
Montagnola CS ...... 168 BH 47
Montagnola GE ...... 62 O 16
Montagnola PG ...... 105 AH 26
Montagnola PZ ...... 164 BE 43
Montagnola RA ...... 69 AH 20
Montaguto AV ...... 134 BA 36
Montaguzzo AC ...... 82 AI 19
Montaiate PU ...... 89 AJ 22
Montaio AR ...... 94 AD 22
Montaione FI ...... 93 AA 22
Montalbano BR ...... 148 BN 39

Montalbano FE ...... 68 AE 15
Montalbano FI ...... 80 AD 18
Montalbano MO ...... 80 AA 17
Montalbano MO ...... 66 AB 14
Montalbano RN ...... 83 AJ 19
Montalbano SV ...... 74 K 17
Montalbano Elicona ME ...... 188 AZ 55
Montalbano Jonico MT ...... 155 BI 42
Montalbo PC ...... 51 R 14
Montalbo PG ...... 107 AM 26
Montalcide LT ...... 130 AO 35
Montalcinello SI ...... 93 AB 24
Montalcino SI ...... 104 AD 25
Montaldeo AL ...... 62 N 15
Montaldo AL ...... 49 K 13
Montaldo AL ...... 61 L 16
Montaldo MN ...... 54 Z 12
Montaldo SV ...... 74 K 17
Montaldo Bormida AL ...... 62 M 15
Montaldo Cosola AL ...... 63 Q 15
Montaldo di Mondovì CN ...... 71 I 18
Montaldo Roero CN ...... 60 I 15
Montaldo Scarampi AT ...... 61 K 15
Montaldo Torinese TO ...... 48 I 13
Montale AN ...... 90 AM 22
Montale MO ...... 66 AA 16
Montale MS ...... 78 V 18
Montale PC ...... 52 T 13
Montale PR ...... 65 V 16
Montale PT ...... 78 V 17
Montale PT ...... 86 AB 20
Montale RE ...... 65 X 16
Montale SP ...... 77 S 18
Montale SP ...... 77 S 18
Montale SP ...... 77 T 18
Montale SP ...... 78 U 19
Montalenghe TO ...... 48 I 11
Montaletto RA ...... 82 AJ 18
Montalfano CH ...... 124 AX 31
Montalfina TR ...... 105 AG 27
Montalfoglio PU ...... 90 AM 22
Montalfoni AR ...... 95 AF 23
Montali PG ...... 105 AI 25
Montalla AR ...... 95 AH 24
Montallegro AG ...... 192 AP 59
Montallese SI ...... 105 AG 25
Montalone AR ...... 88 AG 21
Montalto BA ...... 136 BG 36
Montalto CO ...... 23 R 6
Montalto FC ...... 88 AH 20
Montalto IS ...... 132 AT 33
Montalto MC ...... 98 AO 25
Montalto MO ...... 80 AA 18
Montalto PG ...... 96 AI 24
Montalto RE ...... 66 Y 16
Montalto VR ...... 54 AB 12
Montalto delle Marche AP ...... 108 AQ 26
Montalto di Castro VT ...... 111 AE 29
Montalto Dora TO ...... 34 I 11
Montalto Ligure IM ...... 72 I 20
Montalto Marina VT ...... 111 AE 30
Montalto Pavese PV ...... 51 Q 14
Montalto Tarugo PU ...... 89 AL 22
Montalto Uffugo CS ...... 167 BF 47
Montalvello MC ...... 98 AN 23
Montan / Montagna BZ ...... 13 AC 6
Montanara CR ...... 53 V 13
Montanara MN ...... 54 Z 13
Montanara AR ...... 95 AH 24
Montanaro BR ...... 148 BN 39
Montanaro CE ...... 140 AT 36
Montanaro PC ...... 52 T 14
Montanaro TO ...... 48 I 12
Montanaso Lombardo LO ...... 51 R 11
Montanate TV ...... 29 AJ 8
Montanella AP ...... 108 AO 25
Montanello MC ...... 98 AP 24
Montaner TV ...... 29 AJ 8
Montanes BL ...... 29 AJ 6
Montanina VI ...... 27 AD 9
Montanino FI ...... 87 AD 22
Montanaro RM ...... 120 AL 31
Montanucci AP ...... 98 AP 25
Montaquila IS ...... 132 AT 34
Montaratro FG ...... 134 BA 35
Montardone MO ...... 66 Z 17
Montaguzzo RM ...... 120 AL 31
Montargano CT ...... 197 AZ 57
Montaretto SP ...... 77 S 18
Montariolo AL ...... 50 N 14
Montariolo PV ...... 50 N 13

Montarolo VC ...... 49 K 12
Montarossa CN ...... 60 H 16
Montarsiccio PR ...... 64 S 16
Montasico BO ...... 80 AB 17
Montasola RI ...... 113 AL 29
Montassilone BZ ...... 5 AG 3
Montatrice MC ...... 99 AQ 23
Montattico FR ...... 131 AR 34
Montauro CZ ...... 175 BI 51
Montauto SI ...... 93 AB 23
Monte AL ...... 50 M 13
Monte AP ...... 108 AQ 26
Monte BN ...... 142 AX 36
Monte BR ...... 148 BN 39
Monte BS ...... 25 X 7
Monte BZ ...... 13 AC 5
Monte BZ ...... 12 AC 5
Monte CB ...... 133 AX 34
Monte MN ...... 54 Y 11
Monte MO ...... 79 Y 18
Monte PC ...... 64 T 15
Monte PU ...... 88 AI 20
Monte PU ...... 89 AJ 20
Monte RE ...... 79 Y 18
Monte SA ...... 153 BC 41
Monte SO ...... 11 X 5
Monte SV ...... 61 K 17
Monte SV ...... 74 K 18
Monte VA ...... 36 N 9
Monte VB ...... 7 K 7
Monte VC ...... 49 J 12
Monte VI ...... 27 AE 9
Monte VI ...... 41 AE 9
Monte VR ...... 40 AA 10
Monte VR ...... 40 AC 11
Monte a Pescia PT ...... 85 Z 20
Monte Agruxiau CI ...... 224 L 48
Monte Albino FI ...... 86 AB 22
Monte Altavelio PU ...... 89 AK 20
Monte Amiata SI ...... 104 AE 26
Monte Antico GR ...... 103 AD 26
Monte Armato BO ...... 81 AD 17
Monte Arrubiu CA ...... 226 O 49
Monte Benedetto PU ...... 88 AI 20
Monte Bicchieri PI ...... 85 Z 22
Monte Buono PG ...... 105 AI 25
Monte Calderaro BO ...... 81 AD 17
Monte Calderone VT ...... 113 AK 30
Monte Calgara AR ...... 119 AJ 31
Monte Calvo BN ...... 142 AX 37
Monte Cardeto RM ...... 119 AK 31
Monte Casteddu SS ...... 208 L 39
Monte Castello FC ...... 88 AI 20
Monte Castello PI ...... 85 Z 22
Monte Castello di Vibio PG ...... 106 AJ 26
Monte Catone BO ...... 81 AE 17
Monte Cavo RM ...... 120 AL 33
Monte Cerignone PU ...... 89 AJ 20
Monte Ciapellano PU ...... 90 AN 21
Monte Cicerale SA ...... 162 AZ 41
Monte Ciuffo RM ...... 120 AL 33
Monte Colombo RN ...... 89 AK 20
Monte Corona PG ...... 96 AJ 24
Monte Cremasco CR ...... 52 S 11
Monte Cresia CA ...... 227 P 49
Monte Cretaccio AP ...... 109 AS 26
Monte Croce TN ...... 27 AF 7
Monte Cucco CA ...... 103 AC 26
Monte degli Elci AN ...... 91 AP 22
Monte del Fico RM ...... 119 AI 32
Monte del Lago PG ...... 96 AH 25
Monte del Re BO ...... 81 AE 17
Monte di Fò FI ...... 80 AC 19
Monte di Leva RM ...... 128 AJ 33
Monte di Malo VI ...... 41 AD 10
Monte di Nese BG ...... 37 T 9
Monte di Procida NA ...... 150 AT 39
Monte di Terlago TN ...... 26 AB 7
Monte di Tramontana BZ ...... 12 Z 4
Monte d'Oro TS ...... 45 AR 10
Monte Farneto RN ...... 89 AK 20
Monte Figu CI ...... 224 M 48
Monte Fiolo RI ...... 113 AL 30
Monte Fiume PU ...... 89 AK 23
Monte Forno PU ...... 89 AJ 22
Monte Franco RM ...... 119 AI 31
Monte Gallo-San Barbato BR ...... 148 BN 40
Monte Gherardo PU ...... 89 AL 22
Monte Giberto AP ...... 99 AQ 25
Monte Giove PU ...... 90 AM 21
Monte Giove RM ...... 129 AK 33
Monte Grosso SA ...... 163 BC 42
Monte Gruttas CA ...... 227 S 48

Monte Imperatore *BA*......147 BL 39
Monte Iotta *CS* ....167 BG 46
Monte La Pieve *BO* ....81 AE 18
Monte Lattaia *GR* ....103 AB 26
Monte Livata *RM* ....121 AN 32
Monte Longu *NU* ....215 T 40
Monte Lottone *FC* ....88 AH 20
Monte Lungo *RM* ....119 AJ 31
Monte Maggio *TR* ....113 AK 28
Monte Magrè *VI* ....40 AD 9
Monte Marcone *CH* ....117 AV 31
Monte Marenzo *LC* ....37 R 9
Monte Martello *PU* ....89 AL 22
Monte Mauro *BN* ....142 AX 37
Monte Melino *PG* ....96 AI 25
Monte Mezzo *VI* ....41 AD 10
Monte Nai *CA* ....227 S 48
Monte Nuovo *MO* ....98 AQ 24
Monte Obizzo *MO* ....79 Z 18
Monte Ombraro *MO* ....80 AB 17
Monte Oro *SS* ....208 M 39
Monte Orsello *MO* ....80 AA 17
Monte Paganuccio *PU* ....89 AL 22
Monte Petrano *PU* ....97 AK 22
Monte Petriolo *PG* ....105 AI 25
Monte Petrosu *NU* ....211 S 38
Monte Piccolo *RM* ....94 AK 30
Monte Pietra Pertusa *RM*..119 AJ 31
Monte Pilorci *LT* ....129 AN 34
Monte Porzio *PU* ....90 AN 21
Monte Porzio Catone *RM*..120 AL 33
Monte Rigorio *RM* ....119 AK 31
Monte Rinaldo *AP* ....108 AQ 25
Monte Roberto *AN* ....98 AN 23
Monte Romano *VT* ....112 AG 30
Monte Rota *BZ* ....5 AI 3
Monte Rotondo *FR* ....131 AR 34
Monte S. Giovanni
  Campano *FR* ....130 AQ 34
Monte S. Giovanni
  in Sabina *RI* ....113 AL 30
Monte S. Maria Tiberina *PG*..96 AH 23
Monte S. Vito *AN* ....90 AO 22
Monte Sabinese *AQ* ....121 AN 31
Monte San Biagio *LT* ....130 AP 35
Monte San Giacomo *SA*.....153 BC 41
Monte San Giovanni *BO* .....80 AB 17
Monte San Giovanni *PU* .....90 AM 21
Monte San Giusto *MC* ....99 AQ 24
Monte San Martino *MC* ......108 AP 25
Monte San Pietrangeli *AP*..99 AQ 24
Monte San Pietro *BO* ....80 AB 17
Monte San Pietro *BZ* ....13 AD 5
Monte San Quirico *LU* ....85 Y 20
Monte San Savino *AR* ....95 AF 24
Monte San Vito *PG* ....107 AM 27
Monte Santa Maria *AN* ....89 AL 21
Monte Santa Maria *RI* ....113 AL 30
Monte Sant'Angelo *FG*.......127 BE 33
Monte Sant'Angelo *LE* ....161 BT 43
Monte
  Santissima Maria *SI*......94 AE 24
Monte Sasso *FC* ....88 AI 20
Monte Scopa *BA* ....147 BM 38
Monte Scorra *CI* ....224 L 48
Monte Sopra Rondine *AR*...95 AF 23
Monte Sperello *PG* ....96 AI 25
Monte Stallonara *RM* ....119 AJ 32
Monte Tauro *RN* ....89 AK 20
Monte Trepitò *RC* ....179 BF 54
Monte Urano *AP* ....99 AR 24
Monte Vibiano *PG* ....105 AI 26
Monte Vidon Combatte *AP*..108 AQ 25
Monte Vidon Corrado *AP*...98 AQ 25
Monteacuto *BO* ....80 AB 18
Monteacuto dell'Alpi *BO*...80 AA 19
Monteacuto Vallese *BO*.....80 AC 18
Montealfeo *PV* ....63 P 14
Monteaperta *UD* ....16 AO 6
Monteaperti *SI* ....94 AC 24
Montebamboli *GR* ....102 Z 25
Montebaranzone *MO* ....66 Z 17
Montebello *AL* ....62 O 15
Montebello *BL* ....28 AG 7
Montebello *FI* ....93 AB 22
Montebello *PG* ....106 AJ 25
Montebello *PU* ....96 AK 22
Montebello *PU* ....90 AM 21
Montebello *RN* ....88 AJ 20
Montebello *SP* ....77 U 18
Montebello *VT* ....111 AF 29
Montebello
  della Battaglia *PV*.........51 P 13
Montebello di Bertona *PE*..116 AS 29
Montebello Ionico *RC*........178 BD 56
Montebello sul Sangro *CH*..123 AU 32
Montebello Vicentino *VI*....41 AD 11

Montebelluna *TV*...............42 AH 9
Montebeltrano *CS* ....171 BG 48
Montebenni *AR*..................94 AE 23
Montebeni *FI* ....86 AD 21
Montebibico *PG* ....106 AL 28
Montebollo *AL* ....97 AL 23
Montebonello *FI*................87 AD 21
Montebonello *MO* ....79 Z 17
Montebono *LU* ....79 Y 19
Montebono *FI* ....86 AA 21
Montebradoni *PI* ....93 AA 23
Montebruno *GE* ....63 Q 16
Montebudello *BO* ....67 AB 17
Montebufo *PG* ....107 AN 27
Montebuglio *VB*................21 L 8
Montebuono *GR* ....104 AE 27
Montebuono *FI* ....86 AC 21
Montebuono *RI* ....113 AK 29
Montecagno *RE* ....78 X 18
Montecalende *PU* ....89 AK 21
Montecalvello *VT* ....112 AA 28
Montecalvo *BO* ....80 AD 17
Montecalvo *IM* ....73 I 19
Montecalvo Irpino *AV* ....142 AZ 36
Montecalvo Versiggia *PV*..51 Q 14
Montecalvoli *PI* ....85 Y 21
Montecalvoli *SI* ....95 AE 24
Montecampano *TR* ....113 AJ 28
Montecampione *BS*...........24 W 9
Montecanepino *MC* ....99 AQ 23
Montecani *CI* ....220 L 47
Montecapraro *AL* ....63 P 15
Montecapri *SP* ....77 T 19
Montecaprione *BN* ....142 AY 36
Montecarelli *FI*.................80 AC 19
Montecarlo *LU* ....85 Z 20
Montecarotto *AN* ....90 AN 22
Montecarulli *SI* ....93 AA 22
Monte-cassiano *MC* ....98 AP 23
Montecastelli *PG* ....96 AI 23
Montecastelli Pisano *PI*...93 AA 24
Montecastello *AL* ....50 N 14
Montecastrilli *TR* ....106 AJ 28
Montecatini *TS* ....31 AQ 9
Montecatini Alto *PT* ....85 Z 20
Montecatini Terme *PT* ......85 Z 20
Montecatini Val
  di Cecina *PI* ....93 Z 23
Montecavallo *RI* ....113 AL 30
Montecavolo *RE* ....65 Y 16
Montecchia di Crosara *VR*..40 AC 11
Montecchiane *VR* ....40 AB 10
Montecchio *AR*..................87 AG 21
Montecchio *AR*..................95 AG 24
Montecchio *AR*..................95 AG 24
Montecchio *BS* ....24 W 8
Montecchio *CR* ....37 T 11
Montecchio *FC* ....82 AG 19
Montecchio *PG* ....95 AH 24
Montecchio *PG* ....106 AK 26
Montecchio *PI* ....97 AL 25
Montecchio *PI* ....93 Z 22
Montecchio *PU* ....88 AI 20
Montecchio *PU* ....89 AL 20
Montecchio *RA* ....81 AF 18
Montecchio *SI* ....94 AC 24
Montecchio *TR* ....105 AI 28
Montecchio *VI* ....41 AE 9
Montecchio *VR* ....40 AA 10
Montecchio *VR* ....39 Z 10
Montecchio Emilia *RE* ......65 X 15
Montecchio Maggiore *VI*...41 AD 10
Montecchio Precalcino *VI*..41 AE 10
Montecelio *RM* ....120 AL 31
Montecenere *MO* ....79 AL 18
Montecerreto *MO* ....79 Z 17
Montechiaro *BZ*................11 Y 4
Montechiaro *NA* ....151 AW 40
Montechiaro *SI* ....94 AD 24
Montechiaro d'Acqui *AL*...61 L 16
Montechiaro d'Asti *AT*......49 J 13
Montechiaro Piana *AL*.......61 L 16
Montechiarugolo *PR*.........65 X 15
Monteciccardo *PU* ....89 AL 21
Montecilfone *CB*...............124 AY 32
Montecodruzzo *FC*............82 AI 19
Montecorbo *NA* ....162 AY 42

Montecoronaro *FC* ....88 AH 21
Montecorone *MO* ....80 AA 17
Montecorsaro *MC* ....99 AQ 24
Montecorvino Pugliano *SA*..152 AY 39
Montecorvino Rovella *SA*..152 AY 39
Montecosaro *MC* ....99 AQ 24
Montecrestese *VB*.............7 K 7
Montecreto *MO* ....79 Z 18
Montecucco *PC* ....51 R 14
Montecucco *PU* ....90 AN 21
Montecuccoli *FI* ....86 AC 19
Montecuccolo *MO* ....79 Z 18
Montecurto *MS* ....78 V 18
Montecurto *VR* ....40 AB 11
Montedale *PU* ....88 AI 22
Montedecoro *CE* ....141 AV 37
Montedinove *AP* ....108 AQ 26
Montedivalli *MS* ....77 U 18
Montedomenico *GE* ....77 R 18
Montedoro *BN* ....133 AY 36
Montedoro *CL* ....193 AR 59
Montedoro *TA* ....156 BK 40
Montefabbri *PU* ....89 AL 21
Montefalcione *AV* ....142 AY 38
Montefalco *PG* ....106 AK 26
Montefalcone *PI* ....85 Z 21
Montefalcone *RI* ....113 AL 30
Montefalcone
  Appennino *AP*...............108 AP 26
Montefalcone
  di Val Fortore *BN* ....134 AZ 36
Montefalcone
  nel Sannio *CB*..............124 AW 32
Montefalconi *SI* ....93 AB 23
Montefano *MC* ....98 AP 23
Montefanovecchio *MC*.......98 AP 23
Montefatucchio *AR*............88 AG 21
Montefegatesi *LU* ....79 Y 19
Montefelcino *PU* ....89 AM 21
Monteferrante *CH* ....123 AV 32
Montefiascone *VT* ....112 AH 28
Montefiascone A *PA* ....184 AO 55
Montefiascone B *PA* ....184 AO 55
Montefiesole *FI* ....87 AD 21
Montefino *TE* ....116 AS 28
Montefioralle *FI* ....86 AC 22
Montefiore *MC* ....98 AP 23
Montefiore *MS* ....78 W 18
Montefiore Conca *RN* ....89 AK 20
Montefiore dell'Aso *AP*.....99 AR 25
Montefiorello *PG* ....107 AM 27
Montefiorentino *PU* ....88 AJ 21
Montefiridolfi *FI* ....86 AC 22
Monteflavio *RM* ....120 AM 31
Montefollonico *SI* ....95 AF 25
Monteforte *SS* ....208 K 39
Monteforte Cilento *SA*......152 BA 41
Monteforte d'Alpone *VR*....40 AC 11
Monteforte Irpino *AV* ....151 AX 38
Montefortino *AN* ....97 AM 22
Montefortino *AP* ....108 AP 26
Montefosca *UD* ....17 AP 6
Montefoscoli *PI* ....93 Z 22
Montefotogno *PU* ....88 AJ 20
Montefranco *BZ* ....12 AA 4
Montefranco *PG* ....113 AL 28
Montefranco *TR* ....113 AL 28
Monte-fredane *AV* ....142 AX 38
Montefreddo *SV* ....74 K 18
Monte-freddo *AN* ....91 AQ 22
Montefredente *BO* ....80 AC 18
Montefresco *SI* ....94 AE 24
Montefusco *AV* ....142 AY 37
Montegabbione *TR* ....105 AH 26
Montegalda *VI* ....41 AF 11
Montegaldella *VI* ....41 AF 11
Montegallo *AN* ....91 AP 22
Montegallo *AP* ....108 AO 26
Montegaudio *PU* ....89 AL 21
Montegelli *FC* ....88 AI 20
Montegemoli *PI* ....93 Z 23
Montegiorgi *LU* ....84 W 20
Monteghirfo *GE* ....76 Q 17
Montegiano *PU* ....90 AM 21
Montegiardino *CS* ....165 BI 43
Montegiordano Marina *CS*..165 BI 43
Montegiorgio *AP* ....98 AQ 25
Montegiorgio *TO* ....48 I 12
Montegiovi *AR* ....41 AF 11
Montegiovi *GR* ....104 AE 26
Montegiusto *LO* ....52 U 13
Montegonzi *AR* ....94 AD 24
Montegranaro *AP* ....99 AQ 24

Montegranelli *FC* ....88 AG 20
Montegrazie *IM* ....73 I 20
Montegridolfo *RN* ....89 AL 20
Montegrimano *PU* ....89 AJ 20
Montegroppo *PR* ....77 T 17
Montegrosso *AT* ....49 J 14
Montegrosso *GE* ....63 R 16
Montegrosso *IM* ....72 H 19
Montegrosso *TO* ....47 F 14
Montegrosso d'Asti *AT*......61 K 15
Montegrosso Pian Latte *IM*..72 H 19
Montegrotto Terme *PD* ......56 AF 12
Monteguidi *CT* ....113 AL 30
Montegualtieri *TE* ....109 AR 28
Monteguardia *BN* ....142 AX 37
Montegufoni *FI* ....86 AB 21
Monteguidi *FC* ....88 AG 20
Monteguidi *SI* ....93 AB 24
Monteguiduccio *PU* ....89 AL 21
Monteiasi *TA* ....157 BN 40
Montelabate *PG* ....96 AJ 24
Montelabbate *PU* ....89 AL 20
Montelabreve *AR* ....88 AI 21
Montelago *AN* ....97 AL 23
Montelago *RE* ....79 Y 17
Montelaguardia *CT* ....197 AY 56
Montelama *MS* ....77 T 18
Montelanico *RM* ....129 AN 34
Montelapiano *CH* ....123 AV 32
Montelaterone *GR* ....104 AE 26
Monteleone *FC* ....82 AI 19
Monteleone *MO* ....79 Z 17
Monteleone *NA* ....150 AT 38
Monteleone *PV* ....51 R 12
Monteleone *SA* ....152 AY 40
Monteleone di Fermo *AP*...108 AQ 25
Monteleone di Puglia *FG*...143 BA 36
Monteleone di Spoleto *PG*..107 AM 28
Monteleone d'Orvieto *TR*..105 AH 26
Monteleone Rocca
  Doria *SS* ....213 M 41
Monteleone Sabino *RI*.......114 AM 30
Montelepre *PA* ....184 AO 55
Montelera *TO* ....47 F 13
Monteleto *PG* ....96 AK 23
Montelibretti *RM* ....120 AL 31
Montelicciano *PU* ....89 AJ 20
Montelifrè *SI* ....95 AE 24
Montella *AV* ....142 AZ 38
Montellaro *MS* ....94 AE 25
Montello *BG* ....37 T 9
Montello *PD* ....57 AH 12
Montelongo *CB* ....124 AY 33
Montelonti *SI* ....94 AB 23
Montelopio *PI* ....93 Z 22
Montelovesco *PG* ....96 AJ 24
Montelparo *AP* ....108 AQ 25
Monteluco *PG* ....106 AL 27
Montelungo *GE* ....76 P 17
Montelungo *MS* ....78 U 19
Montelupo Albese *CN*........61 J 16
Montelupo Fiorentino *FI*....86 AB 21
Montelupone *MC* ....99 AQ 23
Monteluro *PU* ....89 AL 20
Montemaggio *GE* ....62 P 16
Montemaggio *PG* ....89 AJ 20
Montemaggiore *BO* ....67 AB 17
Montemaggiore *FC* ....82 AG 19
Montemaggiore *RM* ....120 AL 31
Montemaggiore *UD* ....17 AP 6
Montemaggiore *UD* ....17 AQ 6
Montemaggiore
  al Metauro *PU* ....90 AM 21
Montemaggiore Belsito *PA*..185 AR 56
Montemagno *AT* ....49 K 14
Montemagno *LU* ....85 X 20
Montemagno *PI* ....85 Y 21
Montemagno *PT* ....86 AA 20
Montemale di Cuneo *CN*....70 F 17
Montemanno *AL* ....63 P 16
Montemarano *AV* ....142 AY 38
Montemarcello *SP* ....78 U 19
Montemarciano *AN* ....90 AO 22
Montemarciano *AR* ....87 AE 22
Montemarcone *PZ* ....144 BD 39
Montemarino *AL* ....62 O 14
Montemartino *PC* ....62 R 14
Montemarzino *AL* ....62 O 14
Montemassi *GR* ....103 AB 26
Montemerano *GR* ....111 AD 28
Montemerlo *PD* ....41 AF 11
Montemesola *TA* ....157 BN 40
Montemezzano *MO* ....79 Z 18

Montemignaio *AR* ....87 AE 21
Montemiletto *AV* ....142 AY 37
Montemilone *PZ* ....144 BE 37
Montemiscoso *RE* ....78 W 17
Montemitro *CB* ....124 AW 32
Montemoggio *GE* ....77 R 17
Montemolino *PG* ....106 AJ 27
Montemonaco *AP* ....108 AO 26
Montemontanaro *PU* ....89 AL 21
Montemorli *SV* ....94 AB 23
Montemoro *SV* ....75 L 18
Montemorosino *BO* ....81 AE 18
Montemurlo *PO* ....86 AB 20
Montemurro *PZ* ....164 BE 42
Montenars *UD* ....16 AN 9
Montenegro *CN* ....71 H 19
Montenero *GR* ....104 AD 26
Montenero *IM* ....72 H 21
Montenero *LI* ....92 X 23
Montenero *PG* ....106 AJ 27
Montenero di Bisaccia *CB*..124 AX 32
Montenero Sabino *RI* ....114 AL 30
Montenero Val
  Cocchiara *IS* ....132 AT 33
Montenerodomo *CH* ....123 AU 32
Montenotte Inf. *SV*............75 L 17
Montenotte Sup. *SV* ....75 L 17
Montenovo *FC* ....82 AI 19
Monteodorisio *CH* ....124 AW 31
Monteorsaro *RE* ....79 X 18
Monteortone *PD* ....41 AF 11
Montepagano *TE* ....109 AS 27
Montepaldi *FI* ....86 AB 21
Montepaone *CZ* ....175 BH 51
Montepaone Lido *CZ* ....175 BI 51
Monteparano *TA* ....157 BN 41
Montepastore *BO* ....80 AB 17
Montepegli *GE* ....76 Q 17
Montepennino *PG* ....106 AK 26
Montepertuso *SA* ....151 AV 40
Montepescali *GR* ....103 AB 26
Montepescini *SI* ....103 AD 25
Montepetra *FC* ....88 AI 20
Montepiano *PO* ....80 AB 19
Montepiano *TO* ....33 T 11
Montepiano *VI* ....27 AC 8
Monteplair *BZ* ....2 Y 3
Montepolesco *AN* ....98 AP 23
Montepoli *FI* ....80 AC 19
Montepolino *CN* ....224 M 48
Monteprandone *AP* ....109 AS 26
Montepratt *UD* ....16 AM 6
Monteprato *UD* ....16 AO 6
Montepulciano *SI* ....104 AF 25
Monte-pulciano *AN* ....98 AP 23
Montepulciano Stazione *SI*..95 AG 25
Monterado *AN* ....90 AN 21
Monterano *AR* ....88 AI 21
Monteranno *MN* ....118 AH 31
Monterappoli *FI* ....86 AA 21
Montereale *FC* ....82 AI 19
Montereale Valcellina *PN*..29 AK 7
Montereggi *FI* ....86 AD 20
Montereggio *MS* ....77 U 18
Montereggio *PC* ....64 S 16
Monterenzio *BO* ....81 AD 18
Monteresi *SI* ....94 AC 23
Montericco *PD* ....56 AF 12
Montericco *RE* ....66 Y 16
Monteriggioni *SI* ....94 AC 23
Monteriolo *FC* ....88 AH 20
Monterocco *PU* ....90 AM 22
Monteromano *AR* ....88 AI 21
Monterone *NA* ....150 AS 39
Monterongriffoli *SI* ....94 AE 25
Monteroni d'Arbia *SI* ....94 AD 24
Monteroni di Lecce *LE*......159 BR 42
Monteroseo *BS* ....39 X 11
Monteroso *VT* ....113 AI 30
Monterosso *BZ* ....3 AD 3
Monterosso *CN* ....36 O 9
Monterosso *CT* ....197 AZ 58
Monterosso *MN* ....35 L 9
Monterosso al Mare *SP*.....77 S 19
Monterosso Almo *RG* ....202 AX 61
Monterosso Calabro *VV*.....174 BG 51
Monterosso Grana *CN*.......70 E 17

Monterosso Stazione *AN*...97 AL 23
Monterotondo *BS* ....38 V 10
Monterotondo *LU* ....78 X 19
Monterotondo *RM* ....119 AK 31
Monterotondo
  Marittimo *GR* ....93 AA 25
Monterotto *PU* ....89 AJ 20
Monterubbiano *AP* ....99 AR 25
Monterubiaglio *TR* ....105 AH 27
Monterusciello *NA* ....150 AT 38
Montes *TN* ....12 AA 5
Montesano Salentino *LE*...161 BS 44
Montesano *PG* ....107 AM 26
Montesanto *FE* ....68 AF 15
Montesanto *BN* ....142 AW 37
Montesardo *LE* ....161 BT 44
Montesano sulla
  Marcellana *SA* ....163 BD 42
Montescaglioso *MT* ....156 BI 40
Montescano *PV* ....51 Q 13
Montescheno *VB*...............7 K 7
Montescudaio *PI*................93 Y 24
Montescudo *RN* ....89 AK 20
Montese *MO* ....80 AA 18
Montesecco *PU* ....90 AM 22
Montesegale *PV* ....63 P 14
Monteselvoli *SI* ....94 AD 24
Monte-sicuro *AN* ....91 AP 22
Montesilvano *PE* ....116 AT 28
Montesilvano Colle *PE*......116 AT 29
Montesilvano Marina *PE*....116 AT 28
Montesinaro *BI* ....34 I 9
Montesiro *PZ* ....144 BE 38
Montesiro *MI* ....36 Q 9
Montesoffio *PU* ....89 AK 21
Montesolaro *CO* ....36 P 9
Montesole *BZ* ....12 Z 4
Montesoro *VV* ....174 BG 51
Montespaccato *RM* ....119 AJ 32
Montespecchio *MO* ....79 AA 18
Montespertoli *FI* ....86 AB 22
Montespino *RN* ....89 AK 20
Montespluga *SO* ....9 R 5
Montessoro *GE* ....62 P 16
Montestigliano *SI* ....94 AC 24
Montestrutto *TO* ....34 I 10
Montet *AO* ....32 D 9
Montetauro *SR* ....203 BA 60
Montetermiti *TA* ....157 BM 40
Montetiffi *FC* ....88 AI 20
Montetto *FG* ....134 AZ 34
Montetune *BO* ....81 AD 18
Monteu da Po *TO* ....48 J 13
Monteu Roero *CN* ....60 I 15
Montevaccino *TN* ....26 AB 7
Montevago *AG* ....191 AM 57
Montevalese *MS* ....78 V 18
Montevarchi *AR* ....94 AE 22
Montevecchia *LC* ....37 R 9
Montevecchietto *PU* ....97 AL 23
Montevecchio *FC* ....88 AH 20
Montevecchio *PU* ....90 AM 22
Montevecchio *VS* ....220 M 46
Montevecchio
  Marina *VS* ....220 L 46
Monteveglio *BO* ....67 AB 17
Monteveglio Alto *BO*.........67 AB 17
Monteventano *PC* ....63 R 14
Monteverde *AP* ....98 AQ 25
Monteverde *AV* ....143 BC 38
Monteverde *CB* ....132 AV 34
Monteverde *OT* ....33 AW 35
Monteverde *PG* ....96 AK 25
Monteverde Nuovo *RM* ......119 AJ 32
Monteverdi Marittimo *PI*....93 Z 24
Montevescovo *FC* ....82 AH 19
Montevettolini *PT* ....85 AA 20
Monteviale *VI* ....41 AD 10
Montevirginio *RM* ....118 AH 31
Montevitozzo *GR* ....104 AF 27
Montevola *RE* ....66 Y 17
Montey *AO* ....33 H 10
Montezemolo *CN* ....74 J 17
Monti *AL* ....49 L 13
Monti *BG* ....24 W 8
Monti *MS* ....78 U 17
Monti *MS* ....78 V 18
Monti *MS* ....78 V 19
Monti *OT* ....210 Q 39
Monti *SI* ....93 AB 23
Monti *SP* ....78 U 19
Monti *SV* ....74 K 17

Nome	Pag.	Rif.
Monti *TO*	47	F 12
Monti *VI*	41	AD 9
Monti d'Arena *TA*	157	BN 41
Monti d'Arena-Bosco Caggione *TA*	157	BN 41
Monti di Villa *LU*	85	Y 19
Monti Nieddu *CA*	227	Q 48
Monti Nou *CA*	222	Q 47
Montiano *FC*	82	AI 19
Montiano *GR*	110	AC 28
Monticanaglia *OT*	211	R 37
Monticchiello *SI*	104	AF 25
Monticchio *AQ*	115	AP 30
Monticchio *LT*	129	AM 34
Monticchio *LT*	138	AN 36
Monticchio *LT*	138	AO 36
Monticchio Bagni *PZ*	144	BC 38
Monticchio *RI*	114	AL 29
Monticelle *BS*	38	U 11
Monticelli *AL*	62	P 14
Monticelli *AN*	97	AM 23
Monticelli *BR*	148	BO 39
Monticelli *BS*	38	U 10
Monticelli *FE*	57	AI 14
Monticelli *FR*	131	AQ 35
Monticelli *GE*	76	R 17
Monticelli *LO*	51	R 12
Monticelli *LO*	52	S 12
Monticelli *PC*	64	S 15
Monticelli *PD*	56	AF 12
Monticelli *PG*	105	AI 25
Monticelli *PG*	105	AI 25
Monticelli *PR*	64	T 17
Monticelli *PV*	63	P 14
Monticelli *RE*	65	X 16
Monticelli *SA*	152	AY 39
Monticelli *VC*	49	J 12
Monticelli *VR*	40	AB 11
Monticelli Brusati *BS*	38	V 10
Monticelli di Borgona *BG*	37	T 9
Monticelli di Sopra *SA*	151	AX 39
Monticelli d'Oglio *BS*	52	V 12
Monticelli d'Ongina *PC*	52	U 13
Monticelli Pavese *PV*	51	S 13
Monticelli Ripa d'Oglio *CR*	53	W 12
Monticelli Terme *PR*	65	X 15
Monticello *AR*	95	AE 22
Monticello *BI*	34	I 10
Monticello *CO*	36	P 9
Monticello *CS*	170	BG 47
Monticello *GO*	31	AP 8
Monticello *GR*	104	AD 26
Monticello *LC*	37	Q 9
Monticello *MO*	80	AA 18
Monticello *NA*	50	M 11
Monticello *PC*	63	S 14
Monticello *PG*	106	AJ 27
Monticello *RE*	79	X 17
Monticello *RM*	119	AI 31
Monticello *SA*	152	AZ 40
Monticello *SV*	74	K 18
Monticello *VI*	41	AD 11
Monticello *VI*	41	AE 11
Monticello Conte Otto *VI*	41	AE 10
Monticello d'Alba *CN*	60	I 15
Monticello di Fara *VI*	41	AD 11
Montichiari *BS*	39	X 11
Monticiano *SI*	94	AC 25
Monticolo / Montigl *BZ*	12	AC 5
Montiego *PU*	89	AK 22
Montieri *GR*	93	AB 25
Montieri *SI*	104	AF 26
Montigl / Monticolo *BZ*	12	AC 5
Montiglio *AT*	49	J 13
Montignano *AN*	90	AO 21
Montignano *PG*	106	AK 27
Montignano Ugnano *FI*	86	AC 21
Montignoso *FI*	93	AA 23
Montignoso *MS*	84	W 19
Montigallo *FC*	82	AJ 19
Montilittu *OT*	211	S 38
Montina *UD*	31	AP 7
Monticello *FG*	127	BF 32
Montinelle *BS*	39	Y 10
Montingegnoli *SI*	93	AB 24
Montione *AR*	95	AG 23
Montione *FC*	88	AG 21
Montione *PU*	89	AK 22
Montione *PU*	97	AK 22
Montioni *LI*	102	Z 25
Montirone *BS*	38	W 11
Montisi *SI*	95	AE 25
Montisola Primo *RI*	113	AL 29
Montisola Secondo *RI*	113	AL 29
Montjove *AO*	33	G 9
Montocchio *PZ*	154	BD 39
Montodine *CR*	52	T 12
Montoggio *GE*	63	P 16
Montonate *VA*	35	N 9
Montone *AP*	99	AQ 25
Montone *PG*	96	AI 23
Montone *TE*	109	AS 27
Montonero *VC*	49	L 12
Montoni-Vecchio *AG*	193	AR 57
Montopo di Sabina *RI*	113	AL 30
Montopoli in Val d'Arno *PI*	85	Z 21
Montorfano *CO*	36	P 9
Montorfano *VB*	21	L 8
Montorgiali *GR*	103	AC 27
Montorio *BO*	80	AC 18
Montorio *GR*	104	AF 27
Montorio *PT*	86	AA 21
Montorio al Vomano *TE*	115	AQ 28
Montorio in Valle *RI*	120	AM 31
Montorio nei Frentani *CB*	124	AY 33
Montorio Romano *RM*	120	AL 31
Montorio Veronese *VR*	40	AB 11
Montoro *AN*	98	AP 23
Montoro *TR*	113	AJ 28
Montorsaio *GR*	103	AC 26
Montorsi *BN*	142	AX 37
Montorso *AN*	99	AQ 23
Montorso *MO*	79	AA 18
Montorso Vicentino *VI*	41	AD 11
Montorsoli *FI*	86	AC 20
Montosero *PC*	64	S 15
Montoso *CN*	59	E 15
Montosoli *SI*	104	AD 25
Montotto *AP*	99	AR 25
Montotto *AP*	99	AR 25
Montottone *AP*	99	AQ 25
Montozzi *AR*	95	AE 23
Montpont *TO*	33	G 11
Montramito *LU*	84	W 20
Montresta *OR*	212	L 41
Montrigiasco *NO*	35	M 9
Montruccone *BI*	34	J 11
Montù Beccaria *PV*	51	Q 13
Monvalle *VA*	21	M 8
MONZA *MI*	36	Q 10
Monzambano *MN*	39	Z 11
Monzone *MO*	79	Z 18
Monzone *MS*	78	V 19
Monzoro *MI*	36	P 11
Monzuno *BO*	80	AC 18
Moos / Moso *BZ*	3	AC 3
Moos / San Giuseppe *BZ*	5	AJ 3
Mopolino *AQ*	115	AO 28
Mora *PG*	97	AK 25
Moracchino *VI*	41	AE 10
Moraduccio *FI*	81	AD 18
Moranda *TO*	47	F 13
Moranda *VR*	55	AD 12
Morango *GE*	63	P 17
Morano Calabro *CS*	164	BF 44
Morano Madonnuccia *PG*	97	AL 24
Morano sul Po *AL*	49	L 12
Moransengo *AT*	49	J 13
Moranzani *VE*	42	AI 11
Moraro *VB*	20	AP 8
Morasco *PC*	63	R 14
Moraso *VB*	7	K 7
Morazzone *VA*	35	N 9
Morbegno *SO*	23	S 7
Morcella *PG*	105	AJ 26
Morciano di Leuca *LE*	161	BS 44
Morciano di Romagna *RN*	89	AK 20
Morcicchia *PG*	106	AK 27
Morcone *BN*	133	AW 35
Mordano *BO*	81	AF 17
Mordomo *TP*	190	AG 62
Moregnano *AP*	99	AQ 25
Moreletti *FE*	67	AD 14
Morelli *CS*	171	BG 48
Morelli *FI*	85	Z 21
Morelli *MC*	107	AO 25
Morelli *UD*	16	D 13
Morello *AN*	97	AL 23
Morello *AP*	98	AP 25
Morello e Gualdo *FI*	86	AC 20
Morena *PG*	96	AJ 23
Morena *RM*	120	AK 33
Morengo *BG*	37	T 10
Moreri *ME*	188	AZ 55
Mores *SS*	213	N 40
Moresco *AP*	99	AR 25
Moreto *PI*	85	Y 24
Moretta *CN*	59	G 15
Moretta *PC*	51	R 13
Moretta *PR*	65	V 16
Moretti *AL*	61	M 16
Moretto *UD*	30	AO 7
Morfasso *PC*	64	T 15
Morgano *TV*	42	AH 10
Morge *AO*	32	D 9
Morgex *AO*	32	D 9
Morghengo *NO*	35	M 10
Morgia *CB*	132	AV 34
Morgia Campanaro *CB*	124	AW 33
Morgnaga *BS*	39	Y 10
Morgnano *PG*	106	AU 27
Morgonaz *AO*	33	F 9
Morgongiori *OR*	221	N 45
Mori *MC*	99	AR 23
Mori *TN*	26	AA 8
Mori *VI*	27	AE 8
Moria *PU*	89	AK 22
Moriago della Battaglia *TV*	28	AH 8
Morialdo *AT*	48	I 13
Moriano *FI*	87	AD 21
Moriano *PG*	106	AK 27
Morichella *MC*	98	AO 25
Morico *MC*	98	AO 25
Morico *MC*	98	AP 24
Moricone *RM*	120	AL 31
Moricone *TR*	113	AK 29
Morigerati *SA*	163	BC 43
Morigino *LE*	161	BS 43
Morigliassi *AL*	63	P 15
Moriglione *CN*	60	I 16
Morignano *AP*	108	AQ 26
Morignone *SO*	11	X 5
Morigozzi *MC*	98	AN 23
Morimenta *CI*	225	N 49
Morimondo *MI*	50	O 11
Morinesio *CN*	58	D 16
Morini *MN*	53	X 12
Morino *AQ*	121	AP 32
Morino Vecchio *AQ*	121	AP 32
Moriondo *TO*	48	I 13
Moriondo Torinese *TO*	48	I 13
Morla *MC*	98	AP 24
Morleschio *PG*	96	AJ 24
Morliere *TO*	46	C 13
Morlupo *RM*	119	AK 31
Mormanno *CS*	164	BE 44
Mormorola *PR*	64	U 16
Mornago *VA*	35	N 9
Mornese *AL*	62	N 16
Mornico *PV*	51	Q 13
Mornico al Serio *BG*	37	T 10
Moro *RC*	178	BD 56
Moro di Locate *MI*	51	Q 11
Morolo *FR*	130	AO 34
Moron *AO*	33	G 9
Moroni *SO*	24	T 6
Moronico *RA*	81	AG 18
Morosolo *VA*	22	N 9
Morozzo *CN*	71	H 17
Morra *PG*	96	AH 23
Morra de Sanctis *AV*	143	BA 38
Morra del Villar *CN*	59	F 17
Morra San Giovanni *CN*	59	F 16
Morrano Nuovo *TR*	105	AH 27
Morrano Vecchio *TR*	105	AH 27
Morre *TR*	106	AJ 27
Morrea *AQ*	121	AQ 32
Morretto *CH*	123	AU 31
Morrice *TE*	108	AP 27
Morricone *TE*	115	AR 28
Morro *MC*	97	AN 25
Morro *PG*	107	AM 26
Morro d'Alba *AN*	90	AO 22
Morro d'Oro *TE*	109	AS 28
Morro Reatino *RI*	114	AL 28
Morrocco *FI*	94	AC 22
Morrona *PI*	93	Y 22
Morrone del Sannio *CB*	133	AX 33
Morroni *AV*	142	AY 37
Morroni *RI*	113	AK 29
Morrovalle *MC*	99	AQ 24
Morruzze *TR*	106	AI 27
Morsano al Tagliamento *PN*	30	AM 8
Morsasco *AL*	62	M 16
Morsella *PV*	50	N 12
Morsenchio Rogoredo *MI*	36	Q 11
Morsone *BS*	39	X 10
Mortaiolo *LI*	85	X 22
Mortano *FC*	88	AG 20
Mortara *PV*	50	N 12
Mortaso *TN*	25	Z 7
Mortegliano *UD*	30	AO 8
Mortelle *ME*	189	BC 54
Mortellito *ME*	188	BA 55
Morteo *SV*	73	K 19
Morter *BZ*	12	Z 4
Morterone *LC*	23	R 8
Morti *ME*	188	BA 55
Mortigliano *LI*	100	V 27
Mortilla *CZ*	170	BG 50
Mortilla *RG*	202	AW 61
Mortilletto *KR*	169	BL 47
Mortilli *PA*	184	AO 56
Mortilli *TA*	156	BL 40
Mortisa *BL*	14	AH 4
Mortisa *VI*	27	AE 9
Mortizza *PC*	52	T 13
Mortizza *RG*	52	G 21
Mortizzuolo *MO*	67	AB 14
Mortola Inf. *IM*	72	G 21
Mortola Sup. *IM*	72	G 21
Morulli *ME*	189	BA 56
Mosana *TN*	26	AB 7
Moscamento *CT*	197	AZ 56
Moscano *AN*	97	AM 23
Moscarda *UD*	16	AN 4
Moscarella *BN*	141	AV 37
Moscarello *CT*	197	AZ 57
Moscazzano *CR*	52	T 12
Moscheri *VI*	26	AB 8
Moscheta *FI*	81	AD 19
Moschetta *RC*	179	BG 54
Moschiano *AV*	151	AW 38
Moscia *BN*	133	AY 35
Mosciano *FI*	86	AB 21
Mosciano *CE*	131	AS 35
Mosciano Sant'Angelo *TE*	109	AS 27
Mosciano Stazione *TE*	109	AS 27
Moscosi *MC*	98	AN 23
Moscufo *PE*	116	AT 29
Moscuso *CE*	131	AS 35
Mosetti *TO*	48	H 14
Mosezzo *NO*	35	M 11
Mosiacchio *RI*	107	AO 28
Mosilec *PZ*	153	BB 40
Mosio *MN*	53	X 13
Moso / Moos *BZ*	3	AC 3
Mosorrofa *RC*	178	BD 55
Mossa *GO*	31	AQ 8
Mossa *MC*	98	AP 24
Mossale *PR*	78	V 17
Mossano *VI*	41	AE 11
Mosse *VT*	112	AH 28
Mossini *SO*	24	U 6
Mosso Santa Maria *BI*	34	J 10
Mosson *VI*	27	AD 9
Mostra *GO*	31	AQ 8
Mostrapiedi *AP*	99	AQ 24
Mostrazzi *RG*	204	AW 61
Motella *BS*	52	V 11
Motola *AR*	88	A 21
Motorone *LU*	85	X 19
Motta *AT*	61	J 15
Motta *BN*	142	AX 37
Motta *CN*	60	H 15
Motta *CS*	166	BE 46
Motta *CS*	170	BG 48
Motta *FE*	57	AE 14
Motta *MN*	55	AD 14
Motta *MN*	55	Y 12
Motta *MO*	66	AA 15
Motta *PD*	56	AF 12
Motta *PV*	51	Q 12
Motta *SO*	9	R 5
Motta *SO*	10	U 6
Motta *TO*	59	H 15
Motta *VI*	41	AD 10
Motta *VR*	55	AC 12
Motta Baluffi *CR*	53	W 13
Motta Camastra *ME*	188	BA 54
Motta d'Affermo *ME*	186	AU 56
Motta de Conti *VC*	49	M 12
Motta di Livenza *TV*	29	AK 9
Motta Filicastro *VV*	176	BE 52
Motta Gastaldi *CN*	59	G 15
Motta Montecorvino *FG*	134	AZ 34
Motta San Fermo *CE*	53	X 14
Motta San Giovanni *RC*	178	BD 55
Motta Sant'Anastasia *CT*	197	AV 58
Motta Santa Lucia *CZ*	171	BG 49
Motta Vigana *LO*	51	S 12
Motta Visconti *MI*	50	O 12
Mottafollone *CS*	166	BF 46
Mottalciata *BI*	34	K 10
Mottarelle *PD*	56	AF 12
Mottaziana *PC*	51	S 13
Motte *CR*	53	W 12
Motteggiana *MN*	54	Z 13
Mottella *MN*	54	AA 13
Mottera *TO*	33	F 11
Mottes *AO*	18	D 9
Motticella *RC*	179	BF 55
Mottola *TA*	156	BL 40
Mottura *TO*	59	G 15
Moulin *AO*	32	C 9
Mozzagrogna *CH*	117	AV 30
Mozzanella *LU*	78	X 19
Mozzanica *BG*	37	T 11
Mozzano *AP*	108	AQ 27
Mozzano *MS*	78	V 18
Mozzano *PR*	65	W 16
Mozzate *CO*	36	O 9
Mozzecane *VR*	54	Z 12
Mozzio *VB*	7	K 6
Mozzo *BG*	37	S 9
Mozzo *PD*	41	AF 10
Mu *BS*	25	X 6
Muccari *RC*	178	BE 56
Mucchi *IS*	123	AV 33
Mucchi Bianchi *OT*	210	R 37
Mucchia *AR*	95	AG 24
Muccia *MC*	97	AN 25
Mucciaciaro *BN*	133	AX 36
Mucciana *FI*	86	AB 22
Mucciano *FI*	87	AD 20
Mucciatella *RE*	66	Y 16
Muccignano *PG*	96	AH 23
Muceno *VA*	22	N 8
Mucigliani *SI*	94	AD 24
Mucinasso *PC*	52	T 13
Mucini *PG*	55	AE 12
Muda *UD*	17	AQ 5
Muda-Maè *BL*	14	AI 6
Muddizzo Piana *OT*	210	R 38
Mudronno *CO*	23	Q 8
Muffa *BO*	67	AB 16
Muffa *PG*	105	AH 25
Muggia *TS*	45	AR 10
Muggiano *MI*	36	P 11
Muggiano *NO*	35	M 9
Muggiò *MI*	36	Q 10
Mugiasco *LC*	23	Q 8
Muglia *EN*	195	AX 58
Mugliano *AR*	95	AF 23
Mugnai *BL*	28	AG 7
Mugnano *PG*	105	AI 25
Mugnano *VT*	112	AI 29
Mugnano del Cardinale *AV*	142	AW 38
Mugnano di Napoli *NA*	150	AU 38
Mugniva *CN*	59	E 15
Mühlbach / Rio di Pusteria *BZ*	4	AF 3
Mühlbach / Riomolino *BZ*	5	AG 2
Muhlen / Molini di Tures *BZ*	4	AG 2
Mühtwald / Selva dei Molini *BZ*	4	AG 2
Muina *UD*	16	AM 5
Muja *UD*	16	AN 4
Mulargia *NU*	213	N 42
Mulazzana *LO*	52	T 12
Mulazzano *LO*	51	R 11
Mulazzano *RN*	89	AK 20
Mulazzano Monte *PR*	65	W 16
Mulazzo *MS*	77	U 18
Mulera *BG*	23	T 8
Mules / Mauls *BZ*	4	AE 2
Mulina *LU*	84	W 20
Mulinaccio *AV*	86	AD 20
Mulinazzo *ME*	188	AX 55
Mulinello *RC*	179	BG 54
Mulini *RC*	22	O 9
Mulini di Calanna *RC*	178	BD 54
Mulino Bunello *UD*	30	AN 7
Muliparte *TV*	28	AG 9
Multeddu *SS*	209	N 38
Murata *FR*	131	AQ 34
Murata *RSM*	89	AJ 20
Murata Alta *CH*	117	AV 30
Muratella *BG*	37	T 10
Muratello *BS*	38	W 10
Muratori *CN*	60	I 16
Muratori *IM*	73	J 20
Muravalle *TN*	40	AB 9
Muravera *CA*	223	S 47
Murazzano *AN*	97	AM 23
Murazzano *CN*	60	J 17
Murazzetta *VE*	43	AL 10
Murazzo *CN*	59	G 17
Murazzorotto *CT*	196	AY 56
Murci *GR*	104	AD 27
Mure *PN*	30	AL 8
Mure *TV*	29	AK 9
Mure *VI*	41	AE 9
Murella *RM*	113	AG 28
Murelle *PD*	42	AG 11
Murello *CN*	59	G 15
Murenz *CN*	70	D 17
Murgetta *BA*	145	BH 38
Murgi *RC*	178	BE 55
Murgia di Serra Ficaia *BA*	145	BG 38
Muriaglio *TO*	33	H 11
Muris *TO*	59	E 15
Muriscuvò *NU*	211	T 39
Murisenghi *TO*	59	F 14
Murisengo *AL*	49	J 13
Murlis *PN*	29	AL 8
Murlo *SI*	94	AD 25
Murlongo *VR*	39	Z 10
Murmari *ME*	188	AY 55
Muro *BS*	39	Y 10
Muro *SO*	34	J 9
Muro Leccese *LE*	161	BT 43
Muro Lucano *PZ*	153	BB 39
Muros *SS*	213	N 39
Mursecco *CN*	74	J 18
Murta Maria *OT*	211	S 38
Murtas Artas *NU*	215	T 40
Murzalis *UD*	16	AN 4
Musadino *VA*	22	N 8
Musano *FC*	82	AJ 19
Musano *TV*	42	AH 9
Musano *AR*	95	AG 24
Muscello *PZ*	164	BF 43
Muschieto *SV*	74	J 18
Musci *NA*	151	AW 38
Musciano *PI*	85	Z 22
Muscianò-Cupparo *ME*	197	BA 56
Muscletto *UD*	30	AN 8
Muscoli *UD*	31	AP 8
Muscoline *BS*	39	X 10
Muse *UD*	16	AN 4
Museddu *OG*	219	S 45
Musei *CI*	225	N 48
Musella *FC*	88	AH 20
Musellaro *PE*	116	AS 30
Muserale *PG*	105	AH 25
Musestre *TV*	43	AJ 10
Musi *UD*	16	AO 6
Musiara *PR*	65	W 17
Musicile *CE*	141	AU 37
Musigliano *AL*	63	P 15
Musignano *VA*	22	N 7
Musignano *VT*	111	AF 29
Musile di Piave *VE*	43	AK 10
Muslone *BS*	39	Z 9
Musocco *MI*	36	P 11
Musone *AN*	99	AQ 23
Mussatico *PR*	65	W 16
Mussetta di Sopra *VE*	43	AK 10
Mussi *CN*	71	H 17
Mussingiua *NU*	214	P 42
Musso *CN*	71	H 19
Musso *CO*	23	Q 7
Mussolente *VI*	41	AF 9
Mussolina *MN*	54	Y 12
Mussolina *VI*	41	AE 11
Mussolini *PD*	42	AG 10
Mussomeli *CL*	193	AR 58
Mussons *PN*	30	AM 8
Mussotto *CN*	60	J 15
Mustaccio *CB*	132	AV 34
Musuponiti *RC*	178	BD 56
Muteterre *LE*	160	BR 43
Muti Pairò *ME*	187	AW 55
Mutigliano *LU*	85	X 20
Mutignano *TE*	109	AT 28
Mutino *PU*	89	AJ 21
Muzio *IM*	72	I 19

Muzza *LO*	51	R 12	Narano *BZ*	12	AB 4	Nascio *CN*	74	I 18	Navate *BS*	38	V 11	Nazzano *PV*	51	P 14	Nembro *VB*	7	K 6
Muzzana del Turgnano *UD*	30	AN 9	Narbolia *OR*	216	M 43	Nascio *GE*	77	R 17	Navazzo *BS*	39	Y 9	Nazzano *RM*	113	AK 30	Nemeggio *BL*	28	AG 7
Muzzano *BI*	34	I 10	Narbona *CN*	70	E 17	Nasida *RC*	179	BF 55	Nave *BL*	28	AH 7	Nazzari *AQ*	123	AU 32	Nemi *MC*	107	AN 25
Muzzano *LO*	37	R 11	Narcao *CI*	225	N 48	Nasidi *ME*	188	AY 55	Nave *BS*	38	W 10	Ne *GE*	76	R 17	Nemi *RM*	129	AL 33
Muzzeddu *OT*	211	S 39	Nardelli *PG*	95	AG 25	Nasino *SV*	73	J 19	Nave *LU*	85	X 20	Nebbiano *AN*	97	AM 23	Nemoli *PZ*	163	BD 43
			Nardi *AR*	94	AD 22	Nasiti *RC*	178	BD 55	Nave *RG*	204	AW 63	Nebbiano *FI*	94	AB 22	Nenno *GE*	62	P 16
N			Nardi *PI*	85	Z 21	Naso *ME*	188	AX 55	Nave S.Felice *TN*	26	AB 7	Nebbiano *FI*	86	AB 22	Neoneli *OR*	218	O 43
Nadalini *VR*	54	Z 11	Nardi *VI*	41	AD 11	Nasolino *BG*	24	U 8	Nave San Rocco *TN*	26	AB 6	Nebbiano *SI*	94	AD 23	Nepezzano *TE*	108	AR 27
Nadro *BS*	25	X 7	Nardini *PT*	86	AA 20	Nasseto *FC*	88	AH 20	Navedano *CO*	36	P 9	Nebbione *VC*	34	K 11	Nepi *VT*	113	AJ 30
Naggio *CO*	22	Q 7	Nardodipace *VV*	177	BH 53	Nasuti *CH*	117	AV 30	Navelli *AQ*	115	AR 30	Nebbiù *BL*	15	AJ 5	Nera Montoro *TR*	113	AJ 29
Nago *TN*	26	AA 8	Nardodipace Vecchio *VV*	177	BH 53	Natile Nuovo *RC*	179	BF 54	Navene *VR*	26	AA 9	Nebbiuno *NO*	35	M 9	Neraissa Inf. *CN*	70	D 18
Nàlles / Nals *BZ*	12	AC 4	Nardoni *CB*	133	AX 35	Natile Vecchio *RC*	179	BF 54	Navetta *TO*	33	G 11	Nebida *CI*	224	L 48	Neraissa Inferiore *CN*	70	D 18
Nals / Nàlles *BZ*	12	AC 4	Nardoni *PI*	85	Y 21	Naturno / Naturns *BZ*	12	AB 4	Navezze *BS*	38	V 10	Neblà *RC*	177	BG 53	Nerano *NA*	151	AV 40
Nanno *TN*	12	AB 6	Naregno *LI*	102	X 27	Naturns / Naturno *BZ*	12	AB 4	Navezze *BS*	39	X 9	Negi *IM*	72	H 20	Nerbisci *PG*	96	AJ 23
Nanto *VI*	41	AE 11	Narnali *PO*	86	AB 20	Natz / Naz *BZ*	4	AF 3	Naviante *CN*	60	I 17	Negrar *VR*	40	AA 10	Nerbon *TV*	42	AI 10
Napola *TP*	182	AK 56	Narni *TR*	113	AK 28	Naunina *UD*	16	AN 4	Navicello *MO*	66	AA 16	Negrisia *TV*	43	AJ 9	Nereto *TE*	109	AR 27
Napoleone *FR*	130	AQ 34	Narni Scalo *TR*	113	AK 28	Nava *BG*	37	T 10	Naviledo *VB*	7	L 7	Negrisoli *MN*	53	Y 12	Neri *AP*	108	AR 26
Napoli *NA*	141	AU 38	Naro *AG*	199	AR 60	Nava *IM*	72	I 19	Navola *MS*	77	T 17	Negrone *BG*	37	T 9	Nerito *TE*	115	AP 28
Nar *TN*	25	Y 9	Narzole *CN*	60	I 16	Nava *LC*	37	R 9	Navolè *TV*	29	AK 9	Neirone *GE*	76	Q 17	Nero *PA*	194	AT 57
Naracauli *VS*	220	L 46	Nasari *CN*	59	F 17	Nava *VB*	7	L 6	Navono *BS*	38	W 9	Neive *CN*	61	J 15	Nero *TO*	33	G 11
Naragoni *OT*	210	P 37	Nasca *VA*	21	N 8	Navacchio *PI*	85	X 21	Naz / Natz *BZ*	4	AF 3	Nembro *BG*	37	T 9	Nerola *RM*	120	AL 31
						Navarons *PN*	15	AL 6	Nazzano *MS*	78	V 19				Nervesa della Battaglia *TV*	28	AI 9

NAPOLI

Augusto (Viale)	AU 10		
Capodichino (Calata)	CT 16		
Caravaggio (V. Michelangelo Da)	AU 19		
Casoria (Str. Prov.)	CT 21		
Cilea (V. Francesco)	BU 26		
Claudio (V.)	AU 28		
De Amicis (V. Tommaso)	BT 41		
Di Pinedo (V.)	AY 44		
Di Vittorio (Pza)	AY 45		
Domiziana (V.)	AU 46		
Don Bosco (V.)	CT 47		
Europa (Cso)	BU 52		
Ferraris (V. Galileo)	CTU 54		
Garibaldi (Cso G.)	DU 62		
Gianturco (V. E.)	CTU 64		
Giulio Cesare (V.)	AU 66		
Imparato (V. F.)	CTU 68		
Jannelli (V. Gabriele)	BT 69		
Kennedy (Viale J. F.)	AU 70		
Maddalena (Viale U.)	CT 71		
Miraglia (V. Nicola)	CT 79		
Napoli Capodimonte (V.)	BT 92		
Nicolini (V. Nicola)	CT 95		
Orazio (V.)	BU 103		
Piave (V.)	AU 112		
Pietravalle (V. M.)	BT 114		
Pigna (V.)	BU 116		
Ponti Rossi (V.)	BT 122		
Reggia di Portici (V.)	CU 128		
Riposo (V. del)	CT 132		
S. Giovanni a Teduccio (V.)	CU 141		
Taddeo da Sessa (V.)	CT 157		
Tasso (V. Torquato)	BU 158		
Tecchio (Piazzale V.)	AU 160		
Traccia a Poggioreale (V.)	CT 164		
Volta (V. A.)	CU 173		

Palazzo e Galleria di Capodimonte . . . . **BT M¹**

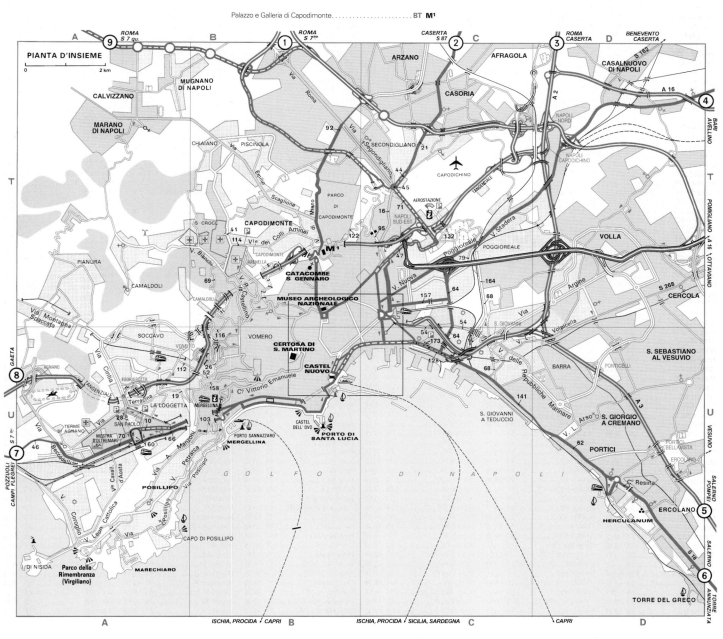

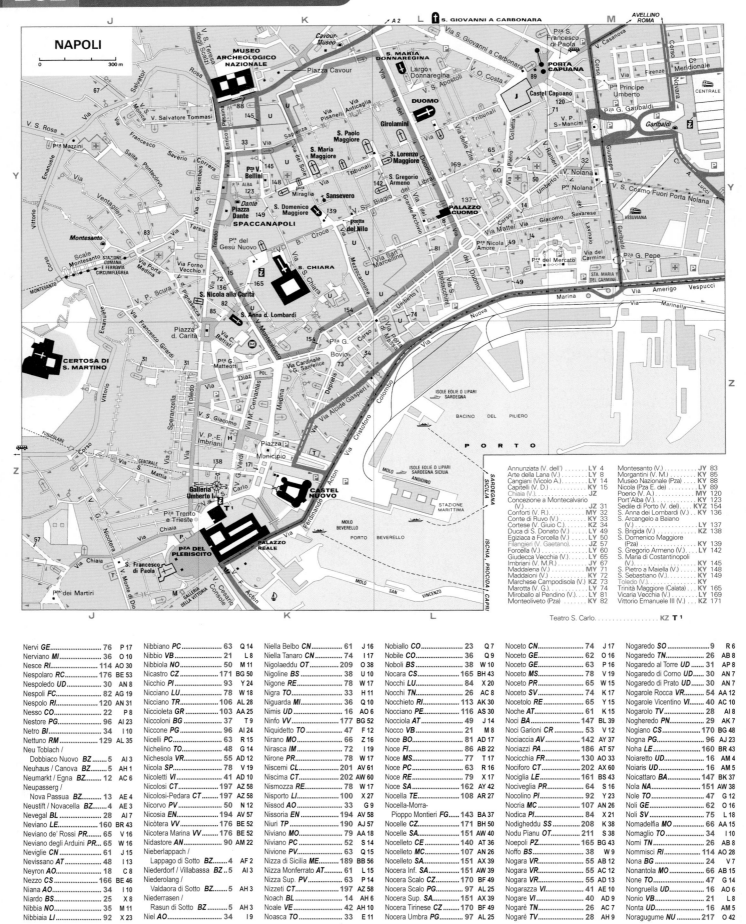

Name	Page	Grid
Norbello *OR*	217	N 43
Norcen *BL*	28	AG 7
Norcia *PG*	107	AN 27
Nordham / Villa *BZ*	13	AD 4
Norea *CN*	71	H 18
Norge Polesine *RO*	57	AI 13
Norma *LT*	129	AM 34
Nortiddi *NU*	214	R 40
Nortosce *PG*	107	AM 27
Nosadello *CR*	37	S 11
Nosate *MI*	35	N 10
Nosedole *MN*	54	AA 13
Notara *CT*	197	BA 57
Notaresco *TE*	109	AS 28
Noto *SR*	205	AZ 62
Notteri *CA*	227	S 49
Nottola *SI*	95	AF 25
Nottoria *PG*	107	AM 27
Noussan *AO*	19	G 9
Nova *SO*	10	W 6
Nova Levante / Welschnofen *BZ*	13	AE 5
Nova Milanese *MI*	36	Q 10
Nova Passua / Neupasserg *BZ*	13	AE 4
Nova Ponente / Deutschnofen *BZ*	13	AD 5
Nova Siri *MT*	165	BI 43
Nova Siri Scalo *MT*	165	BI 43
Novacella / Neustift *BZ*	4	AE 3
Novafeltria *PU*	88	AI 20
Novagli Campagna *BS*	39	X 11
Novagli Mattina *BS*	39	X 11
Novagli Sera *BS*	39	X 11
Novaglie *VR*	40	AB 11
Novaglio *VB*	8	M 8
Novalba di Cardinale *CZ*	174	BH 52
Novale *BZ*	12	AA 4
Novale *BZ*	4	AE 2
Novale *BZ*	13	AE 4
Novale *BZ*	11	Z 4
Novale *VI*	40	AC 10
Novale / Kraut *BZ*	12	AC 4
Novale / Rauth *BZ*	13	AD 5
Novale / Ried *BZ*	4	AD 2
Novale / Ried *BZ*	5	AH 3
Novale Basso *BZ*	4	AD 2
Novaledo *TN*	27	AD 7
Novalesa *TO*	46	D 12
Novara *NO*	35	M 11
Novara di Sicilia *ME*	188	AZ 55
Novaretto *TO*	47	F 13
Novate Mezzola *SO*	9	R 6
Novate Milanese *MI*	36	P 10
Novate Roglieri *PC*	52	T 13
Novazza *BG*	24	U 8
Nove *VI*	41	AF 9
Novedo *PV*	51	Q 12
Novedrate *CO*	36	P 9
Novegigola *MS*	78	U 18
Noveglia *PR*	64	T 16
Noveira *AT*	49	K 14
Novella *AP*	108	AP 27
Novella II *CH*	117	AV 30
Novellano *RE*	79	X 18
Novellara *RE*	66	Z 14
Novelle *BS*	25	X 7
Novelli *CN*	74	J 17
Novello *CN*	60	I 16
Novello *PD*	42	AG 10
Noventa *PD*	42	AG 11
Noventa di Piave *VE*	43	AK 10
Noventa Vicentina *VI*	55	AE 12
Noverasco *MI*	36	Q 11
Novi di Modena *MO*	66	AA 14
Novi Ligure *AL*	62	N 15
Novi Velia *SA*	162	BA 42
Noviglio *MI*	51	P 11
Novilara *PU*	90	AM 20
Novileto *VI*	41	AE 10
Novoli *FI*	86	AC 20
Novoli *LE*	158	BR 41
Nozzarego *GE*	76	Q 18
Nozon *AO*	19	G 9
Nozza *BS*	39	X 9
Nozzano *LU*	85	X 20
Nubia *TP*	182	AK 56
Nucarelle *VV*	174	BG 51
Nuccio *TP*	190	AJ 57
Nucetto *CN*	74	J 17
Nuchis *OT*	210	P 38
Nuditta *NU*	211	S 39
Nugareto *BO*	80	AC 17
Nughedu di San Nicolò *SS*	214	P 40
Nughedu Santa Vittoria *OR*	218	O 43
Nugola *LI*	92	X 22
Nule *SS*	214	Q 41
Nulvi *SS*	209	N 39
Numana *AN*	91	AQ 22
Nunziata *CT*	197	AZ 57
Nunziatella *GR*	111	AD 29
Nuoitas *UD*	15	AK 5
Nuoro *NU*	214	Q 42
Nuova Cliternia *CB*	125	AZ 32
Nuova Colmata *NA*	150	AT 38
Nuova Olonio *SO*	23	R 6
Nuppolara *CS*	164	BE 44
Nurachi *OR*	216	M 44
Nuragheddu *NU*	211	S 39
Nuragus *CA*	218	P 45
Nurallao *CA*	218	P 45
Nuraminis *CA*	221	P 47
Nuraxi Atzori *CI*	224	L 48
Nuraxi Figus *CI*	224	L 48
Nuraxinieddu *OR*	216	M 44
Nureci *OR*	218	O 45
Nurri *CA*	222	Q 45
Nus *AO*	33	F 9
Nusco *AV*	143	AZ 38
Nusenna *SI*	94	AE 23
Nusone *PC*	51	R 13
Nuvolato *MN*	54	AB 13
Nuvolento *BS*	39	X 10
Nuvolera *BS*	39	X 10
Nuxis *CI*	225	N 49

O

Name	Page	Grid
O N P I *VT*	112	AH 28
Obedon / Auna Sup. *BZ*	13	AD 4
Obenetto *UD*	17	AQ 7
Obenplanken / Planca di Sopra *BZ*	5	AI 3
Ober Olang / Valdaora di Sopra *BZ*	5	AH 3
Ober Wielenbach / Villa di Sopra *BZ*	5	AH 3
Oberbozen / Soprabolzano *BZ*	13	AD 4
Obereggen / San Floriano *BZ*	13	AE 5
Oberfennberg / Favogna di Sotto *BZ*	12	AC 6
Oberlappach / Lappago di Sopra *BZ*	4	AF 2
Oberluttach / Lutago di Sopra *BZ*	4	AG 2
Oberrasen / Rasun di Sopra *BZ*	5	AH 3
Obervierschach / Versciaco di Sopra *BZ*	5	AI 3
Obledo *TV*	28	AG 8
Oblizza *UD*	31	AQ 7
Obolo *PC*	64	S 15
Oborza *UD*	31	AQ 7
Obranchi *UD*	17	AQ 7
Oca *BO*	80	AB 17
Oca *RO*	57	AI 14
Oca *VA*	36	M 9
Oca *VR*	55	AD 12
Occagno *CO*	22	P 8
Occhetti *CN*	60	I 15
Occhieppo Inf. *BI*	34	J 10
Occhieppo Sup. *BI*	34	J 10
Occhio *RC*	189	BC 55
Occhio Piccolo *BR*	148	BN 39
Occhiobello *RO*	56	AE 14
Occiano *SA*	152	AY 39
Occimiano *AL*	49	M 13
Ocenelli *PG*	106	AK 27
Ocosce *PG*	107	AM 27
Ocre *RI*	114	AM 28
Odalengo Grande *AL*	49	K 13
Odalengo Piccolo *AL*	49	K 13
Odecla *BS*	25	W 7
Odeno *BS*	39	X 9
Oderzo *TV*	29	AJ 9
Odolo *BS*	39	X 10
Offagna *AN*	91	AP 22
Offeio *RI*	114	AN 30
Offida *AP*	108	AR 26
Offlaga *BS*	38	V 11
Offredi *PU*	89	AJ 22
Oga *SO*	11	X 5
Oggebbio *VB*	8	M 8
Oggia *CO*	22	P 7
Oggiogno *BZ*	21	N 7
Oggiona *VA*	36	N 9
Oggiono *LC*	23	R 9
Ogie *CN*	70	E 17
Ogliano *TV*	29	AI 8
Ogliara *SA*	152	AX 39
Ogliastrillo *PA*	186	AS 55
Ogliastro *CT*	202	AW 60
Ogliastro *SA*	162	AY 42
Ogliastro Cilento *SA*	162	AZ 41
Ogliastro Marina *SA*	162	AY 42
Ogna *BG*	24	U 8
Ognato *BS*	38	V 11
Ognina *SR*	205	BA 62
Ognio *GE*	76	Q 17
Ognissanti *CR*	53	W 13
Oia *CN*	60	H 15
Oian *AO*	33	G 9
Oira *VB*	7	K 6
Oira *VB*	21	L 8
Oitana *TO*	59	G 14
Ola *BG*	24	T 8
Olano *SV*	74	K 18
Olantreghe *BL*	14	AI 6
Olbia *OT*	211	S 38
Olbicella *AL*	62	M 16
Olcenengo *VC*	49	K 11
Olcio *LC*	23	Q 8
Olda *BG*	23	S 8
Oldelle *VI*	41	AE 9
Oldenico *VC*	35	L 11
Oldesio *BS*	39	Z 9
Oleandro *NA*	150	AT 38
Olecenello *BN*	133	AY 36
Oleggio *NO*	35	M 10
Oleggio Castello *NO*	35	M 9
Oleificio Panichi *AP*	108	AQ 26
Oleis *UD*	31	AP 7
Olena *FI*	94	AC 22
Olena *PV*	51	Q 12
Olengo *NO*	35	M 11
Olera *BG*	37	T 9
Olesi *PV*	51	P 14
Olevano di Lomellina *PV*	50	N 12
Olevano Romano *RM*	120	AN 32
Olevano sul Tusciano *SA*	152	AZ 40
Olevole *TR*	105	AH 26
Oley *AO*	33	G 9
Olfino *MN*	39	Z 11
Olgia *VB*	7	M 7
Olgiasca *LC*	23	Q 7
Olgiata *RM*	119	AJ 31
Olgiate Comasco *CO*	36	O 9
Olgiate Molgora *LC*	37	R 9
Olgiate Olona *VA*	36	O 10
Olginate *LC*	23	R 9
Olia Speciosa *CA*	227	S 48
Olibra Incinante *AP*	108	AP 26
Olibra Incinesca *AP*	108	AQ 26
Oliena *NU*	214	R 42
Oliero *VI*	27	AF 8
Olino *LC*	23	R 8
Oliosi *VR*	39	Z 11
Oliva *CS*	170	BF 49
Oliva Gessi *PV*	51	Q 13
Olivadi *CZ*	175	BH 51
Olivara *AV*	142	AZ 36
Olivarella *ME*	189	BA 54
Olivarelli Grimaldi *RC*	176	BE 54
Olive *VR*	40	AB 11
Olivella *CS*	166	BE 46
Olivella *FR*	131	AS 34
Olivella *SA*	152	AZ 40
Oliveri *ME*	188	AZ 55
Oliveto *AN*	90	AO 22
Oliveto *AR*	95	AF 23
Oliveto *BO*	67	AB 17
Oliveto *CS*	170	BF 49
Oliveto *KR*	169	BL 47
Oliveto *ME*	187	AW 55
Oliveto *ME*	189	BB 54
Oliveto *RC*	178	BD 55
Oliveto *RC*	179	BG 54
Oliveto *RI*	114	AM 30
Oliveto *SV*	74	K 18
Oliveto Citra *SA*	152	BA 39
Oliveto Lario *LC*	23	Q 8
Oliveto Lucano *MT*	154	BG 40
Olivetta *IM*	72	G 20
Olivola *AL*	49	L 13
Olivola *MS*	78	V 18
Ollasca *CN*	70	F 17
Ollastra Simaxis *OR*	217	N 44
Olle *TN*	27	AD 7
Ollolai *NU*	218	Q 42
Ollomont *AO*	19	E 8
Olmeda *CO*	36	P 9
Olmedo *SS*	212	L 40
Olmeneta *CR*	52	V 12
Olmo *BZ*	3	AB 3
Olmo *PG*	105	AI 26
Olmo *TE*	108	AQ 27
Olmetti *RM*	119	AJ 31
Olmi *CH*	123	AV 32
Olmi *PT*	86	AA 20
Olmi / Hohlen *BZ*	13	AD 5
Olmini *PG*	105	AH 25
Olmitello *PG*	96	AI 22
Olmo *AR*	95	AG 23
Olmo *AP*	108	AR 26
Olmo *AT*	61	J 15
Olmo *BS*	53	W 11
Olmo *CN*	86	AD 20
Olmo *LC*	51	S 12
Olmo *PC*	64	S 15
Olmo *PZ*	154	BD 41
Olmo *RE*	65	X 15
Olmo *SA*	152	AY 40
Olmo *SO*	9	R 5
Olmo *SV*	75	L 17
Olmo *TV*	28	AF 9
Olmo *VE*	42	AI 10
Olmo *VI*	41	AD 10
Olmo *VR*	55	AB 13
Olmo *VR*	55	AC 12
Olmo *VR*	55	AD 12
Olmo al Brembo *BG*	23	S 8
Olmo di Bagnoli *PD*	56	AG 12
Olmo Gentile *AT*	61	K 16
Olmo Lungo *MN*	54	AA 13
Olmobello *LT*	129	AL 34
Olmolongo *RC*	176	BE 53
Olsano *BS*	39	X 9
Oltra *BL*	27	AF 7
Oltre *TN*	26	AB 7
Oltre il Colle *BG*	24	T 8
Oltreacqua *UD*	17	AQ 4
Oltrerugo *RN*	16	AM 6
Oltrevara *SP*	77	T 18
Oltris *UD*	15	AL 5
Oltrona *VA*	22	N 9
Oltrona di San Mamette *CO*	36	O 9
Olza *LO*	52	S 12
Olza *PC*	64	T 15
Olza *PC*	52	U 13
Olzai *NU*	218	P 42
Olzano *BS*	38	V 9
Olzano *CR*	52	T 12
Olzo *CR*	53	W 13
Ombrece *CS*	166	BF 45
Ombriano *BS*	38	W 9
Ombrone *VT*	112	AH 28
Ome *BS*	38	V 10
Omegna *VB*	21	L 8
Omignano *SA*	162	AZ 42
Omignano Scalo *SA*	162	AZ 42
Onanì *NU*	214	R 41
Onano *VT*	104	AF 27
Onara *PD*	41	AF 10
Oncedis *UD*	16	AN 6
Oncino *CN*	58	E 15
Onè *TV*	42	AG 9
Oneda *VA*	35	M 9
Oneglia *IM*	73	J 20
Onelli *PG*	107	AN 27
Oneta *BG*	24	T 8
Oneta *LU*	85	Y 20
Oneto *PC*	63	R 15
Onferno *RN*	89	AK 20
Onfiano *RE*	66	Y 17
Ongarie *TV*	42	AH 10
Ongaro *VI*	40	AC 9
Ongina *PR*	53	V 13
Oni *VR*	55	AD 12
Onies *BZ*	4	AG 3
Onifai *NU*	215	S 41
Oniferi *NU*	214	Q 42
Onigo *TV*	28	AG 8
Onna *AQ*	115	AP 30
Onno *LC*	23	Q 8
Ono Degno *BS*	39	X 9
Ono San Pietro *BS*	25	W 7
Onore *BG*	24	V 8
Ontagnano *UD*	30	AO 8
Ontaneta *FC*	87	AF 19
Ontignano *FI*	86	AD 21
Ontraino *PI*	85	Z 21
Onzato *BS*	38	W 11
Onzo *SV*	73	J 19
Opaco *FI*	86	AD 20
Opaco *PG*	107	AN 27
Opagna *PG*	107	AN 28
Opera *MI*	36	P 9
Opera Pelagallo *AP*	109	AS 26
Opi *AQ*	115	AQ 30
Opi *AQ*	122	AR 33
Opicina *TS*	31	AR 9
Oppeano *VR*	55	AC 12
Oppi *VR*	55	AC 12
Oppi *VR*	55	AC 12
Oppia Nuova *SS*	213	O 40
Oppidi *SA*	152	AZ 40
Oppido Lucano *PZ*	145	BE 39
Oppido Mamertina *RC*	179	BE 54
Oppilo *MS*	77	U 17
Oppio *PT*	79	AA 19
Ora / Auer *BZ*	13	AC 5
Oradoro *SP*	77	T 18
Orago *VA*	36	N 9
Orani *NU*	214	Q 42
Orasso *VB*	7	M 7
Oratino *CB*	133	AW 34
Oratorio *CE*	53	X 14
Oratorio *PE*	116	AS 30
Oratorio *RE*	78	W 18
Oratorio *TV*	43	AK 9
Orba-Pedarace *RC*	176	BE 53
Orbassano *TO*	47	G 13
Orbeillaz *AO*	33	H 9
Orbetello *GR*	110	AC 29
Orbetello Scalo *GR*	110	AC 29
Orbicciano *LU*	85	X 20
Orbregno *AL*	61	M 16
Orcenico Inf. *PN*	29	AL 8
Orcenico Sup. *PN*	30	AL 8
Orchi *CE*	131	AT 36
Orciano di Pesaro *PU*	90	AM 21
Orciano Pisano *PI*	92	Y 23
Orciatico *PI*	93	Z 23
Orco *SV*	7	L 18
Ordona *FG*	135	BC 36
Orecchiazzi *ME*	187	AW 55
Orecchiazzi Rosselli *ME*	187	AW 55
Orecchiella *LU*	78	X 18
Orecchiuto *CS*	166	BE 45
Orecchiuto *CS*	166	BE 46
Oreno *MI*	37	R 10
Orentano *PI*	85	Y 21
Orero *GE*	76	Q 17
Orezola e Orezzoletta *CR*	53	W 13
Orezzo *BG*	37	T 9
Orezzoli *PC*	63	R 16
Orfanotrofio Allegra *CT*	197	AZ 58
Orfanotrofio *LT*	128	AK 34
Orfanotrofio Rosa *LT*	129	AM 34
Orfengo *NO*	35	M 11
Orgare *AO*	32	C 9
Orgia *SI*	94	AC 24
Organo *FI*	41	AD 11
Orgnano *UD*	30	AN 7
Orgnano *VR*	40	AC 11

NOVARA

Scale: 0 — 400 m

Antonelli (V.)	A 2
Bellini (Largo)	A 3
Cavallotti (Cso F.)	B 4
Cavour (Cso)	B
Don Minzoni (Largo)	A 5
Ferrari (V. G.)	A 6
Galilei (V. Galileo)	A 7
Italia (Cso)	AB
Martiri dlle Libertà (Pza)	A 8
Mazzini (Cso)	A
Puccini (V.)	A 13
Risorgimento (Cso)	A 14
San Francesco d'Assisi (V.)	B 15
San Gaudenzio (V.)	A 17
Trieste (Cso)	B 18
Vittoria (Cso della)	B 19
20 Settembre (Cso)	A 20

Orgnese *PN*	15	AL 6
Orgosolo *NU*	218	R 42
Oria *BR*	148	BO 40
Oria Nova *FG*	135	BD 35
Oriago *VE*	42	AH 11
Oriano *BS*	52	V 11
Oriano *PR*	64	V 16
Oriano Brianza *LC*	36	Q 9
Oriano Ticino *VA*	35	M 9
Oricola *AQ*	120	AN 31
Origgio *VA*	36	P 10
Orignano *SA*	151	AX 39
Orino *VA*	22	N 8
Orio Canavese *TO*	48	I 11
Orio Litta *LO*	52	S 13
Oriolo *BS*	39	X 10
Oriolo *BS*	39	Y 10
Oriolo *PG*	106	AL 27
Oriolo *PV*	50	P 13
Oriolo *RA*	82	AG 18
Oriolo Calabro *CS*	165	BH 43
Oriolo Romano *VT*	118	AH 31
Oriomosso *BI*	34	J 10
Oris *BZ*	11	Y 4
Oristano *OR*	216	M 44
Ormagnano *MC*	97	AN 24
Ormanico *TN*	28	AG 6
Ormea *CN*	74	I 19
Ormelle *TV*	29	AJ 9
Ornago *MI*	37	R 10
Ornano Grande *TE*	115	AQ 28
Ornaro *RI*	114	AM 30
Ornaro Basso *RI*	114	AM 30
Ornato *CN*	60	J 16
Ornavasso *VB*	21	L 8
Ornella *BL*	14	AG 5
Orneta *AV*	143	AZ 37
Ornica *BG*	23	S 8
Ornina *AR*	87	AF 22
Ornito *SA*	152	AY 39
Orno *FG*	136	BF 35
Oro *PG*	105	AH 26
Oropa *BI*	34	I 10
Orosei *NU*	215	T 41
Orotelli *NU*	214	P 42
Orpiano *MC*	97	AM 24
Orpiano *MC*	98	AN 24
Orria *SA*	162	BA 42
Orroli *CA*	222	Q 45
Orsa *PR*	183	AN 54
Orsago *TV*	29	AJ 8
Orsaiola *PU*	89	AK 22
Orsano *NA*	151	AW 39
Orsano *PG*	107	AM 26
Orsara *BO*	81	AE 18
Orsara Bormida *AL*	62	M 15
Orsara di Puglia *FG*	134	BA 36
Orsaria *UD*	31	AP 7
Orsenigo *CO*	36	Q 9
Orsigliadi *VV*	176	BE 52
Orsigna *PT*	80	AA 19
Orsogna *CH*	117	AU 30
Orsoleto *RN*	83	AK 19
Orsomaci *CS*	167	BF 46
Orsomarso *CS*	166	BE 45
Orsucci *LU*	79	X 19
Orta *FR*	130	AQ 34
Orta di Atella *CE*	141	AU 38
Orta Nova *FG*	135	BD 36
Orta San Giulio *NO*	35	L 9
Ortacesus *CA*	221	P 46
Ortale *AR*	88	AI 21
Ortano *LI*	102	X 27
Orte *VT*	113	AJ 29
Orte Scalo *VT*	113	AJ 29
Ortelle *FR*	130	AO 34
Ortelle *LE*	161	BT 43
Ortesei *SO*	10	W 6
Ortezzano *AP*	108	AQ 25
Orti *BO*	80	AA 19
Orti *RO*	55	AE 13
Orti *VR*	55	AC 12
Orti *RC*	178	BD 55
Orti Su Loi *CA*	226	P 49
Ortiano *CS*	168	BJ 47
Ortica *MI*	36	Q 10
Orticelli *RO*	56	AH 13
Ortichella *AV*	143	BA 36
Ortignano *AR*	87	AF 21
Ortigoso *VC*	34	J 9
Ortimino *FI*	86	AB 22
Ortisei / St.Ulrich *BZ*	13	AF 4
Orto *AT*	61	K 15
Ortodonico *SA*	162	AZ 42
Ortola *CE*	141	AN 34
Ortolano *AQ*	115	AP 28
Ortomatera *CS*	170	BG 48
Orton *PN*	16	AM 6
Orton di Sopra *PN*	16	AM 6
Ortona *CH*	117	AV 29
Ortona dei Marsi *AQ*	122	AR 32
Ortonovo *SP*	78	V 19
Ortovero *SV*	73	J 19
Ortucchio *AQ*	122	AQ 32
Ortueri *NU*	218	O 43
Orturano *MS*	78	U 18
Orune *NU*	214	R 41
Orvano *MC*	107	AN 26
Orvieto *TR*	105	AH 29
Orvinio *RI*	120	AM 31
Orzaglia *LU*	78	W 18
Orzale *PR*	65	W 16
Orzano *UD*	31	AP 7
Orzes *BL*	28	AH 7
Orzinuovi *BS*	38	U 11
Orzivecchi *BS*	38	U 11
Osa *TR*	105	AI 27
Osacca *PR*	64	T 16
Osarella *TR*	105	AI 27
Osasco *TO*	59	F 14
Osasio *TO*	59	G 14
Oscano *PG*	96	AJ 25
Oscasale *CR*	52	T 12
Oscata *AV*	143	BA 37
Oscato *SA*	151	AX 39
Oschiena *VC*	49	K 12
Oschiri *OT*	210	P 39
Oseacco *UD*	16	AO 5
Oselle *TO*	60	H 15
Osidda *NU*	214	Q 40
Osiglia *SV*	74	K 18
Osigo *CO*	23	Q 8
Osigo *TV*	29	AJ 7
Osilo *SS*	209	N 39
Osimo *AN*	98	AP 23
Osimo Stazione *AN*	98	AQ 23
Osini Nuovo *OG*	219	R 45
Osini-Vecchio *OG*	219	R 45
Osio Sopra *BG*	37	S 10
Osio Sotto *BG*	37	S 10
Oslavia *GO*	31	AQ 8
Osmate *VA*	35	M 9
Osnago *LC*	37	R 9
Osoli *AP*	108	AP 26
Osoppo *UD*	16	AN 6
Ospanesco *RI*	114	AN 30
Ospedale *KR*	172	BJ 49
Ospedaletti *IM*	72	H 21
Ospedaletto *AR*	88	AH 21
Ospedaletto *FC*	88	AG 20
Ospedaletto *FC*	82	AH 18
Ospedaletto *LT*	129	AM 34
Ospedaletto *PG*	107	AN 27
Ospedaletto *PI*	85	X 21
Ospedaletto *RN*	89	AK 20
Ospedaletto *TN*	27	AE 7
Ospedaletto *TR*	105	AI 26
Ospedaletto *TV*	42	AH 10
Ospedaletto *UD*	16	AN 6
Ospedaletto *VR*	40	AA 10
Ospedaletto d'Alpinolo *AV*	142	AX 38
Ospedaletto Euganeo *PD*	56	AE 12
Ospedaletto Lodigiano *LO*	52	S 12
Ospedalicchio *PG*	106	AK 25
Ospital Monacale *FE*	68	AF 16
Ospitale *FE*	67	AD 14
Ospitale *MO*	79	Z 19
Ospitale di Brenta *PD*	41	AF 10
Ospitale di Cadore *BL*	15	AI 6
Ospitaletto *BS*	38	V 10
Ospitaletto *MN*	54	Y 13
Ospitaletto *RE*	78	W 18
Ospitaletto *RO*	56	AE 14
Ospitaletto *MO*	80	AA 17
Ospizio *AR*	95	AG 24
Ossago Lodigiano *LO*	51	S 12
Ossaia *AR*	95	AH 24
Ossalengo *CR*	52	V 12
Ossana *TN*	11	Z 6
Ossanesga *BG*	37	S 9
Ossano *RA*	81	AF 18
Osseddu *OT*	211	S 38
Ossegna *SP*	77	S 17
Ossenigo *VR*	40	AA 9
Osservanza *PE*	116	AS 30
Ossi *SS*	213	M 39
Ossiach *UD*	17	AQ 6
Ossimo Inf. *BS*	25	W 8
Ossimo Sup. *BS*	24	W 8
Osso	7	K 6
Ossola *LC*	37	R 9
Ossona *MI*	36	O 10
Ossuccio *CO*	22	Q 8
Osta *AL*	49	K 13
Ostaglio *SA*	152	AY 40
Ostana *CN*	58	E 15
Ostellato *FE*	68	AG 15
Osteno *CO*	22	P 7
Osteria *AN*	90	AN 22
Osteria *AP*	108	AQ 26
Osteria *AR*	95	AG 24
Osteria *BO*	67	AD 16
Osteria *BS*	53	W 12
Osteria *FE*	68	AE 15
Osteria *MO*	66	AA 14
Osteria *MO*	79	Z 19
Osteria *PU*	97	AL 22
Osteria *RA*	82	AI 18
Osteria *RI*	113	AK 29
Osteria *RN*	83	AJ 19
Osteria *RO*	55	AC 13
Osteria *TV*	28	AG 9
Osteria *VR*	40	AB 11
Osteria Capannacce *VT*	112	AI 29
Osteria del Bagno *RN*	83	AJ 19
Osteria del Colle *PG*	96	AI 24
Osteria del Gatto *PG*	97	AL 24
Osteria del Sambuco *AQ*	114	AO 29
Osteria della Fontana *FR*	130	AN 33
Osteria delle Macchie *SI*	103	AB 25
Osteria dell'Osa *RM*	120	AL 32
Osteria di Biagio *TR*	105	AH 27
Osteria di Morano *PG*	97	AL 24
Osteria Grande *BO*	81	AE 17
Osteria Moricone *RM*	120	AL 32
Osteria Nuova *BO*	67	AC 16
Osteria Nuova *PC*	64	U 14
Osteria Nuova *PU*	89	AL 20
Osteria Nuova *RI*	114	AL 30
Osteria Nuova *RM*	118	AM 32
Osteria Nuova *RM*	119	AI 31
Osteria Nuova *RM*	120	AL 31
Osteria Nuova *RM*	89	AK 20
Osterianova *MC*	98	AP 23
Osteriola *BO*	67	AD 16
Osteriola *RE*	66	Z 15
Osteriola *RE*	66	Z 15
Osteriola *VT*	104	AF 27
Ostia *RM*	128	AI 33
Ostia Antica *RM*	128	AI 33
Ostia Parmense *PR*	64	U 16
Ostiano *CR*	53	W 12
Ostiglia *MN*	55	AB 13
Ostiglia *PD*	42	AG 10
Ostigliano *SA*	162	AZ 42
Ostina *PI*	87	AE 22
Ostra *AN*	90	AN 22
Ostra Vetere *AN*	90	AN 22
Ostuni *BR*	148	BO 39
Osulai *OG*	219	S 44
Otra *VB*	21	K 8
Otra *VC*	34	J 9
Otranto *LE*	161	BT 43
Otricoli *TR*	113	AJ 29
Ottaggi *PG*	107	AM 26
Ottana *NU*	214	P 42
Ottati *SA*	153	BA 41
Ottava *SS*	208	L 39
Ottava Presa *VE*	43	AM 10
Ottavia *RM*	119	AJ 32
Ottaviano *NA*	151	AV 38
Ottavo *FI*	87	AD 22
Ottiglio *AL*	49	L 13
Ottignana *FC*	81	AF 19
Ottiolu *NU*	211	T 39
Ottobiano *PV*	50	N 13
Ottone *LI*	100	X 27
Ottone *PC*	63	R 16
Ottone Soprano *PC*	63	R 16
Oulme *TO*	46	C 13
Oulx *TO*	46	C 13
Ova *AL*	50	O 14
Ovada *AL*	62	M 16
Ovanengo *BS*	52	U 11
Ovaro *UD*	16	AM 5
Ovasta *UD*	16	AM 5
Ovedasso *UD*	16	AO 5
Ovedino *IS*	132	AV 34
Oviglia *TO*	48	I 14
Oviglio *AL*	61	L 14
Ovile Nazionale *FG*	135	BB 35
Ovilò *OT*	211	S 39
Ovindoli *AQ*	121	AQ 31
Ovodda *NU*	218	P 43
Ovoledo *PN*	29	AL 8
Oyace *AO*	19	F 8
Ozegna *TO*	48	H 11
Ozein *AO*	32	E 9
Ozieri *SS*	213	P 40
Ozzanello *PR*	65	V 16
Ozzano *PR*	65	V 15
Ozzano dell'Emilia *BO*	67	AD 17
Ozzano Monferrato *AL*	49	L 13
Ozzero *MI*	50	O 11

P

Pabillonis *VS*	221	N 46
Pacchione *LI*	92	Y 23
Pacci *LE*	160	BR 44
Paccone *BN*	133	AX 36
Pace *ME*	189	BC 54
Pace *MN*	54	Z 12
Pace *RI*	114	AN 30
Pace del Mela *ME*	189	BA 54
Paceco *TP*	182	AK 56
Pacengo *VR*	39	Z 11
Pacentro *AQ*	122	AS 31
Pachino *SR*	205	AZ 63
Pacigliano *MC*	98	AQ 24
Padana *PU*	90	AN 21
Padaro *TN*	26	AA 8
Padella *RC*	178	BD 55
Padella *TP*	105	AH 27
Padella-Rubino *FR*	130	AQ 33
Padelli *CS*	167	BG 46
Padenghe sul Garda *BS*	39	Y 10
Padergnone *BG*	37	T 10
Padergnone *TN*	26	AA 7
Paderna *AL*	62	O 15
Paderna *PC*	52	T 14
Paderna *PR*	65	X 16
Paderna *RE*	66	Y 16
Paderna *RE*	65	Y 16
Paderna *BS*	52	U 10
Paderna *TV*	42	AH 9
Paderno *BG*	37	T 9
Paderno *BL*	28	AH 7
Paderno *BO*	80	AC 17
Paderno *FC*	82	AI 19
Paderno *FC*	88	AI 20
Paderno *TV*	42	AI 9
Paderno *UD*	30	AO 7
Paderno *UD*	31	AP 7
Paderno d'Adda *LC*	37	R 9
Paderno del Grappa *TV*	28	AG 9
Paderno Dugnano *MI*	36	P 10
Paderno Franciacorta *BS*	38	V 10
Paderno Ponchielli *CR*	52	U 12
Padiglione *AN*	98	AP 23
Padiglione *PU*	89	AL 20
Padivarma *SP*	77	T 18
Pado *ME*	187	AX 55
Padola *BL*	15	AJ 4
Padonchia *AR*	95	AH 23
Padova *PD*	42	AG 11
Padova *SA*	152	AY 40
Padria *SS*	213	M 41
Padriciano *TS*	45	AS 10
Padrogiano *OT*	211	S 38
Padru *OT*	211	S 39
Padru Gaias *OT*	210	R 39
Padru Mannu *NU*	213	N 41
Padula *SA*	153	BC 41
Padula *TE*	108	AP 28
Padula Bianca *LE*	160	BR 43
Padula Fede *LE*	158	BP 42
Padulamenta *BR*	148	BN 39
Padule *CH*	123	AV 32
Padule *LU*	85	Y 21
Padule *PG*	97	AK 24
Padule *SA*	162	AZ 42
Paduledda *OT*	209	O 38
Paduli *BN*	142	AY 37
Padulle *BO*	67	AC 16
Paesana *CN*	59	E 15
Paese *TV*	42	AH 9
Paestum *SA*	152	AZ 40
Pagadelli *MN*	53	Y 13
Paganelli *PG*	107	AN 27

PADOVA

Altinate (V.)	DYZ
Carmine (V. del)	DY 10
Cavour (Pza e V.)	DY 15
Cesarotti (V. M.)	DZ 17
Dante (V.)	CY
Erbe (Pza delle)	DZ 20
Eremitani (Pza)	DY 21
Filiberto (V. E.)	DY 24
Frutta (Pza della)	DZ 25
Garibaldi (Cso)	DY 27
Garibaldi (Pza)	DY 28
Gasometro (V. dell' ex)	DY 29
Guarieno (V.)	DY 35
Insurrezione (Pza)	DY 39
Monte di Pietà (V. del)	CZ 45
Petrarca (V.)	CZ 50
Ponte Molino (Vicolo)	CY 52
Ponti Romani (Riviera dei)	DYZ 53
Roma (V.)	DZ
S. Canziano (V.)	DZ 57
S. Fermo (V.)	DY
S. Lucia (V.)	DY 59
Vandelli (V. D.)	CZ 66
Verdi (V. G.)	CY 67
Vittorio Emanuele II (Cso)	CZ 70
8 Febbraio (V.)	DZ 74
58 Fanteria (V.)	DZ 75
Museo civico agli Eremitani	DY M
Oratorio di San Giorgio e Scuola di Sant'Antonio	DZ B
Palazzo della Regione	DZ J
Statua equestre del Gattamelata	DZ A

Pagani SA .... 151 AW 39
Pagani VR .... 40 AB 10
Pagania CS .... 168 BH 46
Paganica AQ .... 115 AP 29
Paganico FC .... 88 AG 20
Paganico GR .... 103 AC 26
Paganico PU .... 89 AJ 21
Paganico Sabino RI .. 114 AM 30
Paganina VR .... 55 AC 12
Pagannoni Alto TE ... 108 AR 27
Pagazzano BG .... 37 T 10
Pagazzano PR .... 64 U 16
Pagella AL .... 62 N 14
Paggese AP .... 108 AP 27
Paggi GE .... 76 R 17
Paghezzana MS .... 78 U 19
Pagiano FI .... 87 AE 21
Pagino PU .... 89 AL 21
Pagino PU .... 89 AM 22
Paglia RA .... 81 AF 18
Pagliadiccio MS ...... 77 U 18
Pagliai TP .... 182 AL 55
Pagliaine PT .... 85 Z 20
Pagliana FI .... 80 AD 19
Pagliano MC .... 97 AM 24
Pagliano NA .... 151 AW 39
Paglianza FG .... 127 BF 32
Pagliara AQ .... 121 AO 31
Pagliara AV .... 143 AZ 37
Pagliara CT .... 197 BA 57
Pagliara ME .... 189 BB 56
Pagliara RI .... 114 AO 30
Pagliarazzi SR ...... 205 AY 62
Pagliare AP .... 108 AR 26
Pagliare AQ .... 115 AO 29
Pagliare del Tione AQ . 115 AQ 30
Pagliare di Fontecchio AQ . 115 AQ 30
Pagliarelle KR ...... 172 BJ 49
Pagliarelli CH ...... 124 AX 31
Pagliarello PA ...... 184 AP 55
Pagliari BG .... 24 T 7
Pagliaro BG .... 23 T 9
Pagliaro Inf. AL ..... 63 P 15
Pagliaro Sup. AL ..... 63 P 15
Pagliarola SA .... 162 AZ 42
Pagliaroli TE .... 108 AQ 28
Pagliarone AV .... 134 AZ 36
Pagliarone NA .... 151 AW 38
Pagliarone SA .... 152 AY 40
Pagliarone IS .... 132 AU 33
Pagliate NO .... 35 M 11
Paglieres CN .... 59 E 17
Pagliericcio AR ...... 87 AF 21
Pagliero CN .... 59 E 16
Paglieta CH .... 117 AV 31
Pagnacco UD .... 30 AO 7
Pagnano RA .... 81 AE 18
Pagnano TV .... 28 AG 9
Pagno CN .... 59 F 16
Pagno FC .... 88 AH 20
Pagnolle FI .... 86 AD 20
Pagnona LC .... 23 R 7
Pago del Vallo
  di Lauro AV .... 151 AW 38
Pago Veiano BN ...... 142 AW 36
Pagogna BL .... 28 AH 7
Pai VR .... 39 Z 10
Paiedo SO .... 9 R 6
Paiere TO .... 47 F 13
Paiesco VB .... 7 L 7
Paina MI .... 36 Q 9
Pairana PV .... 51 Q 12
Pairola IM .... 73 J 20
Paisco BS .... 25 W 7
Paitone BS .... 39 X 10
Pala VB .... 21 M 8
Paladina BG .... 37 S 9
Paladine VV .... 174 BG 52
Paladini TE .... 115 AP 28
Palagani CS .... 170 BG 48
Palagano MO .... 79 Y 18
Palagianello TA ..... 156 BK 40
Palagiano TA .... 156 BL 40
Palagio FI .... 93 AA 23
Palagio PI .... 85 Z 22
Palagnana LU .... 84 X 20
Palagonia CT .... 202 AX 60
Palaia PI .... 85 Z 22
Palamentano RG ...... 204 AY 63
Palanche PI .... 85 X 21
Palanzano PR .... 78 W 17
Palanzo CO .... 22 P 8
Palata BO .... 67 AC 15
Palata CB .... 124 AX 32
Palau OT .... 207 R 36
Palazza CS .... 166 BE 45

Palazza SA .... 162 AZ 42
Palazza Alta CS ..... 166 BE 46
Palazzago BG .... 37 S 9
Palazzata MC .... 98 AO 24
Palazzatto GO .... 31 AP 9
Palazzelli SR .... 202 AY 59
Palazzello CS .... 167 BF 47
Palazzetti AR .... 95 AG 23
Palazzetto PG .... 97 AL 24
Palazzetto RO .... 56 AH 13
Palazzetto SI .... 94 AB 25
Palazzetto VE .... 43 AK 10
Palazzetto VE .... 30 AM 9
Palazzi AR .... 88 AI 21
Palazzi PG .... 105 AH 25
Palazzi PI .... 85 X 22
Palazzi PU .... 89 AJ 22
Palazzi TN .... 26 AB 7
Palazzi TV .... 29 AK 9
Palazzi di Diamantina FE . 67 AE 14
Palazzina AL .... 62 O 14
Palazzina SI .... 94 AD 24
Palazzina VR .... 40 AB 11
Palazzina VR .... 55 AD 12
Palazzina d' Ete AP .. 99 AR 25
Palazzine BS .... 53 W 12
Palazzine RO .... 56 AE 13
Palazzine TN .... 26 AB 7
Palazzine
  Santa Maria MT ... 155 BG 41
Palazzo AL .... 62 O 14
Palazzo AN .... 90 AM 22
Palazzo BG .... 23 S 8
Palazzo BO .... 80 AB 18
Palazzo BS .... 39 Y 11
Palazzo CR .... 53 X 13
Palazzo CZ .... 171 BH 50
Palazzo GE .... 76 Q 17
Palazzo LI .... 100 X 27
Palazzo MC .... 97 AM 24
Palazzo MN .... 55 AC 13
Palazzo PG .... 96 AK 25
Palazzo PG .... 97 AL 25
Palazzo PU .... 97 AK 23
Palazzo PV .... 50 M 12
Palazzo PV .... 51 Q 13
Palazzo SA .... 153 BB 40
Palazzo SV .... 75 L 17
Palazzo Adriano PA .. 192 AP 57
Palazzo Bovarino TR . 105 AK 26
Palazzo Canavese TO . 34 I 11
Palazzo Ceccoli PG ... 97 AL 24
Palazzo Corni PG ..... 56 AG 13
Palazzo d'Ascoli FG . 135 BE 36
Palazzo dei Mucci PU . 88 AI 22
Palazzo del Pero AR .. 95 AG 23
Palazzo del Piano PU . 89 AI 21
Palazzo di Ferro PU .. 89 AJ 21
Palazzo Doria SV ..... 75 L 17
Palazzo Guelfi GR ... 102 Z 26
Palazzo Magrano PG ... 97 AK 24
Palazzo Mancinelli PG . 97 AL 24
Palazzo Massaini SI . 104 AF 25
Palazzo Minerva SS .. 212 M 41
Palazzo Mocenigo PD .. 55 AE 13
Palazzo Piana CS .... 165 BH 45
Palazzo Pignano CR ... 37 S 11
Palazzo Rossi BO ..... 80 AC 17
Palazzo
  San Gervasio PZ .. 144 BE 38
Palazzo San Martino LT . 130 AO 35
Palazzo Terzano PG ... 96 AJ 24
Palazzo Torlonia PG .. 97 AK 24
Palazzo Venturi SI ... 94 AE 24
Palazzolo CT .... 195 AV 58
Palazzolo FI .... 87 AD 21
Palazzolo PG .... 97 AL 24
Palazzolo RM .... 120 AL 33
Palazzolo VR .... 39 Z 11
Palazzolo Acreide SR . 202 AY 61
Palazzolo dello Stella UD . 30 AN 9
Palazzolo sull'Oglio BS . 38 U 10
Palazzolo Vercellese VC . 49 K 12
Palazzuolo AR .... 95 AE 23
Palazzuolo Alto AR ... 95 AE 23
Palazzuolo sul Senio FI . 81 AE 19
Palcano PU .... 97 AK 23

Palchisce GO .... 31 AQ 8
Pale PG .... 106 AL 26
Palè TO .... 47 E 13
Palena CH .... 123 AT 32
Palentuccio MC .... 97 AN 25
Palera TO .... 48 H 14
Palermiti CZ .... 175 BH 51
Palermo CN .... 60 H 14
Palermo PA .... 184 AP 55
Palese BA .... 146 BJ 37
Palestrina RM .... 120 AM 32
Palestrina TO .... 47 E 14
Palestro PV .... 50 M 12
Palì ME .... 197 BA 56
Paliano FR .... 120 AN 33
Palidano MN .... 54 Z 14
Palidoro RM .... 119 AI 32
Palinudo CS .... 171 BH 49
Palinuro SA .... 162 BA 43
Palizzi RC .... 179 BE 56
Palizzi Marina RC ... 179 BE 56
Palla Palla CS ...... 171 BJ 48
Pallagorio KR .... 172 BK 48
Pallaila-I Santi PG . 107 AM 26
Pallanfre CN .... 71 F 18
Pallanza VB .... 21 M 8
Pallanzeno VB .... 7 K 7
Pallare SV .... 74 K 18
Pallareto SV .... 74 J 18
Pallaud AO .... 32 D 10
Pallavicino AL .... 63 P 15
Pallavicino PA ...... 184 AO 54
Pallerone MS .... 78 V 18
Palline BS .... 24 V 8
Pallino Secondo PU ... 89 AK 21
Pallone VT .... 112 AI 29
Pallotta CB .... 132 AV 35
Pallotta ME .... 188 AY 55
Pallotta PG .... 106 AJ 26
Pallusieux AO .... 18 C 9
Palma TP .... 182 AK 56
Palma Campania NA ... 151 AW 38
Palma di Montechiaro AG . 199 AR 60
Palmadula SS .... 208 K 39
Palmanova UD .... 30 AO 8
Palmariggi LE .... 161 BT 43
Palmarola Nuova RM .. 119 AJ 32
Palmas CI .... 224 M 49
Palmas Arborea OR ... 217 M 44
Palmata LU .... 85 Y 20
Palmatico CZ .... 171 BH 50
Palmi RC .... 176 BE 53
Palmiano AP .... 108 AP 26
Palmirano FE .... 68 AF 15
Palmisano BA .... 147 BN 39
Palmoli CH .... 124 AW 32
Palmori FG .... 134 BB 34
Palmschoss / Plancios BZ . 4 AF 3
Palnu Sartu CI ...... 220 L 47
Palo RM .... 118 AH 32
Palo SV .... 62 M 17
Palo TN .... 25 Z 8
Palo del Colle BA ... 146 BJ 37
Palomandro CS .... 170 BF 49
Palomba SA .... 151 AW 39
Palombaia BA .... 143 BA 38
Palombaio BA .... 146 BI 37
Palombara BR .... 158 BO 41
Palombara CS .... 168 BH 46
Palombara PU .... 90 AM 20
Palombara RI .... 114 AM 30
Palombara TE .... 115 AR 29
Palombara TR .... 113 AK 28
Palombara Sabina RM . 120 AL 31
Palombare AN .... 97 AM 23
Palombare AN .... 97 AN 23
Palombare TR .... 113 AL 28
Palombaro CH .... 117 AU 31
Palombaro ME .... 188 AY 54
Palombe SA .... 162 AZ 42
Palombella CS .... 170 BF 48
Palomonte SA .... 153 BA 40
Palosco BG .... 38 T 10
Palpazu SS .... 209 N 38
Palse PN .... 29 AK 8
Palù BZ .... 4 AG 3
Palù PD .... 56 AG 12
Palù VR .... 55 AB 12
Palù VR .... 39 Z 10
Palù del Fersina TN . 27 AD 7
Paluan PD .... 56 AE 12
Palucco AT .... 61 J 14
Palude FG .... 126 BD 32
Palude Mezzane FG ... 127 BF 32
Paludea PN .... 16 AM 6
Paludi BL .... 29 AI 7
Paludi CS .... 168 BJ 46

Paludo di Latisana UD . 30 AN 9
Paluello VE .... 42 AH 11
Palugana PD .... 56 AE 12
Palumbo FR .... 131 AS 35
Palus San Marco BL .. 14 AI 4
Paluzza UD .... 16 AN 4
Pampaluna UD .... 30 AO 8
Pamparato CN .... 74 I 18
Pampeago TN .... 13 AE 5
Pamperduto MC .... 99 AR 23
Pampuro VR .... 54 AB 12
Panaccio FR .... 131 AQ 34
Panaccioni FR .... 131 AR 35
Panaia VV .... 176 BE 52
Panarea ME .... 181 AZ 52
Panarella RO .... 57 AH 14
Panarotti VR .... 40 AC 10
Panatniello IS ...... 132 AU 34
Pancalieri TO .... 59 G 14
Pancallo EN .... 187 AV 57
Pancarana PV .... 51 P 13
Panchià TN .... 13 AE 6
Pancole GR .... 103 AC 27
Pancole SI .... 93 AB 22
Paneduro CS .... 166 BE 46
Panelli BN .... 142 AX 37
Panetti CZ .... 171 BG 49
Panettieri CS .... 171 BH 49
Paneveggio TN .... 13 AF 6
Panevino MT .... 165 BJ 42
Paniaie VC .... 49 L 11
Panicaglia FI .... 87 AD 20
Panicagliora PT ...... 85 Z 20
Panicale LU .... 84 X 20
Panicale MS .... 78 V 18
Panicale PG .... 105 AH 25
Panicale PG .... 96 AI 22
Panicali MC .... 98 AO 23
Panicarola PG .... 105 AH 25
Panico BO .... 80 AC 17
Panico NA .... 151 AV 38
Paniesu CI .... 224 M 49
Panigà PV .... 63 Q 14
Panigai PN .... 29 AL 9
Panigaletto MS .... 78 V 18
Panighina FC .... 82 AH 18
Paninventre MC ...... 107 AN 25
Panna FI .... 80 AC 19
Pannàconi VV .... 174 BF 51
Pannarano BN .... 142 AX 37
Pannesi GE .... 76 P 17
Panni FG .... 143 BA 36
Pannone TN .... 26 AA 8
Panocchia PR .... 65 W 15
Panoramica NA .... 151 AV 39
Pantaleo AQ .... 121 AP 32
Pantaleo CI .... 225 N 49
Pantalia CS .... 168 BH 46

PALERMO

0 _____ 1 km

Al-Sadat (V. A.) .... FV 3
Ammiraglio Rizzo
  (V. L.) .... FV 4
Brigata Verona (V.) ...... EV 15
Cantieri (V. dei) .... EV 17
Cappuccini (V.) .... EV 19
Croce Rossa (V.) .... EUV 40
Dalla Chiesa (V. C. A.) .. FV 41
Duca degli Abruzzi
  (Viale) .... EU 44
Duca della Verdura (V.) .. FV 45

Empedocle Restivo (V.) ... EV 47
Favorita (V. della) ..... FUV 50
Finocchiaro Aprile
  (Cso C.) .... EV 54
Giachery (Pza) .... FV 61
Imperatore Federico
  (V.) .... FV 66
Marchese
  di Villabianca (V.) ... FV 70
Maresciallo Diaz (V.) ... EU 72
Mater Dolorosa (V.) ..... EU 74

Messina Marine (V.) ...... FV 77
Mondello (V.) .... EU 78
Montegrappa (V.) .... FV 80
Monte Pellegrino (V.) ... FV 83
Museo Etnografico
  (Vle) .... EU 87
Notarbartolo (V. E.) ... EFV 88
Palme (Viale delle) .... EV 92
Piazza Michele (V.) .... EV 100
Resurrezione (V. della) . EU 114
Resuttana (V.) .... EU 116

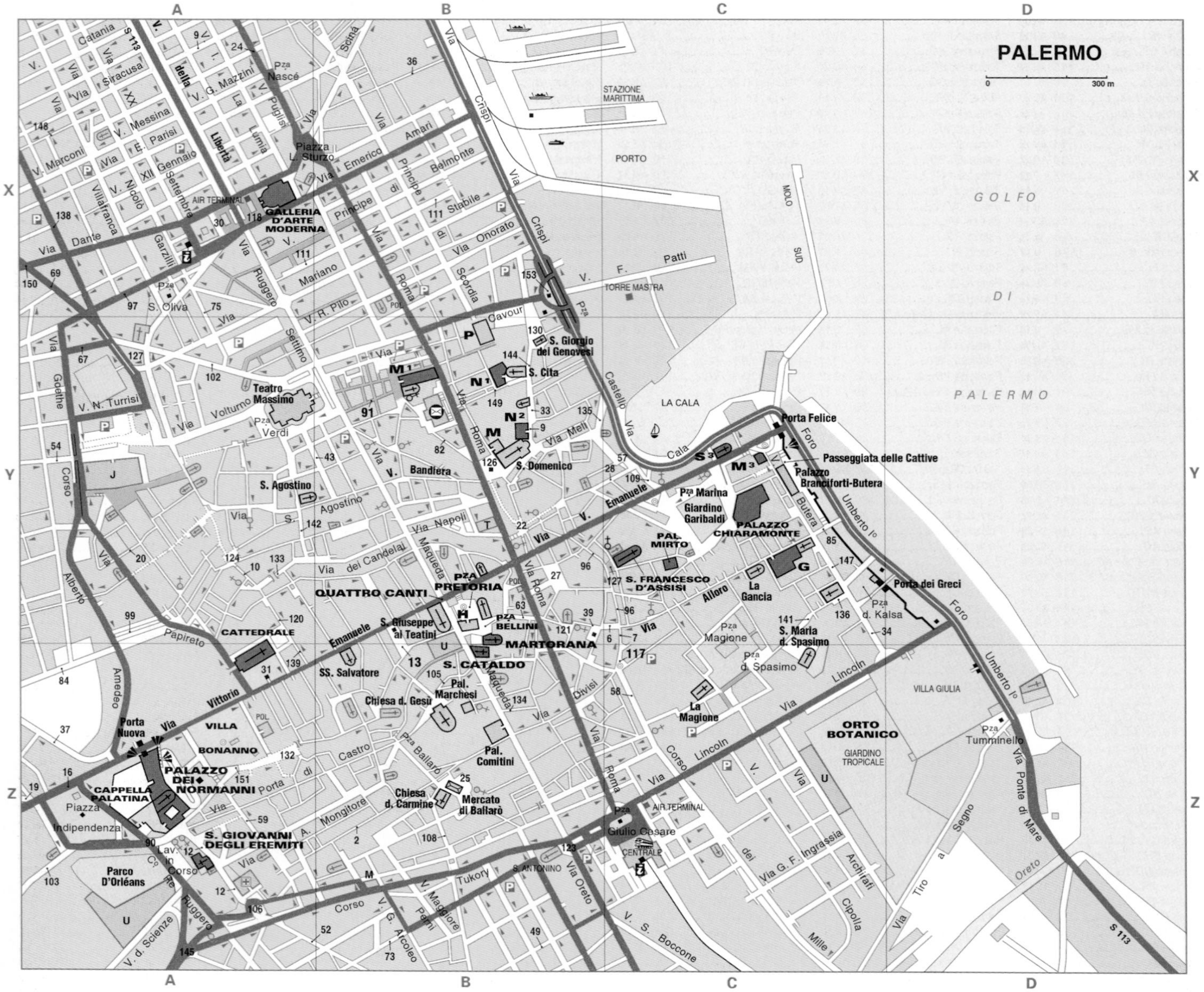

PALERMO
0
300 m
A
B
C
D
X
Y
Z
STAZIONE MARITTIMA
PORTO
GOLFO DI PALERMO
MOLO SUD
LA CALA
TORRE MASTRA
Piazza L. Sturzo
Pza Nascé
GALLERIA D'ARTE MODERNA
AIR TERMINAL
Teatro Massimo
Pza Verdi
S. Giorgio dei Genovesi
S. Cita
S. Domenico
S. Agostino
Bandiera
Porta Felice
Passeggiata delle Cattive
Palazzo Branciforti-Butera
Pza Marina
Giardino Garibaldi
PALAZZO CHIARAMONTE
PAL. MIRTO
S. FRANCESCO D'ASSISI
La Gancia
Porta dei Greci
Pza d. Kalsa
S. Maria d. Spasimo
Pza Magione
Pza d. Spasimo
La Magione
VILLA GIULIA
ORTO BOTANICO
GIARDINO TROPICALE
Pza Tumminello
QUATTRO CANTI
PZA PRETORIA
PZA BELLINI
MARTORANA
S. Giuseppe al Teatini
S. CATALDO
SS. Salvatore
CATTEDRALE
Pal. Marchesi
Chiesa d. Gesù
Pal. Comitini
Pza Ballarò
Chiesa d. Carmine
Mercato di Ballarò
Porta Nuova
VILLA BONANNO
PALAZZO DEI NORMANNI
CAPPELLA PALATINA
Piazza Indipendenza
S. GIOVANNI DEGLI EREMITI
Parco D'Orléans
S. ANTONINO
Pza Giulio Cesare
CENTRALE
AIR TERMINAL
Via Roma
Via Maqueda
Corso Vittorio Emanuele
Via Lincoln
Foro Umberto I°
Via Ponte di Mare
Via Crispi
Via della Libertà
Corso Tukory
Corso Calatafimi
Corso Alberto Amedeo
S 113

Parco Marghetto SA........ 162 AZ 42
Parco Mazzola NA.......... 150 AT 38
Parco Principi BA.......... 146 BK 38
Parco San Nicola AV....... 151 AX 38
Parco Scizzo-
  Parchitello BA........... 147 BK 37
Parco Verde NA........... 150 AT 38
Pardella BO............... 81 AD 18
Pardesca RC.............. 179 BF 55
Pardu Atzei VS............ 220 M 46
Pardu Nou OR............. 216 M 44
Parè CO................... 22 P 9
Parella AT................ 61 K 14
Parenti CS................ 171 BH 49
Parete CE................ 150 AT 38
Pareti LI................. 100 X 27
Pareto AL................ 61 L 16
Pareto GE................ 63 P 16
Pareto GE................ 63 R 16
Pareto PR................ 64 T 16
Paretola MS.............. 77 T 18
Paretola MS.............. 78 V 18
Paretone TA.............. 157 BN 41
Parghelia VV............. 176 BE 51
Pari GR.................. 103 AC 25
Pariana LU............... 85 Y 20
Parigi FR................. 59 F 16
Paringianu CI............. 224 L 48
Parlapiani BN............. 133 AX 35
Parlascio PI.............. 92 Y 22
Parlasco LC.............. 23 R 7
Parlati AQ............... 40 AC 9
Parlati VI................ 41 AD 10
Parleaz AO............... 33 F 9
Parleaz AO............... 33 G 9

Parlesca PG.............. 96 AJ 24
Parma PR................ 65 X 15
Parmetta PR.............. 65 X 15
Parnacciano PG........... 88 AI 22
Parnetz BZ............... 11 Z 4
Parodi Ligure AL.......... 62 N 15
Parola PR................ 65 V 14
Paroldo CN............... 74 J 17
Parole BS................ 39 Y 9
Paroletta PR.............. 65 V 14
Parolise AV............... 142 AY 38
Parolito MC.............. 98 AO 24
Parona AT................ 49 J 13
Parona PV................ 50 N 12
Parona PV................ 50 N 13
Parona VR................ 40 AH 11
Parpanese PV............. 51 R 13
Parpinasca VB............ 7 L 7
Parrana San Martino LI.... 92 X 22
Parrana-San Giusto LI..... 92 X 22
Parrano PG.............. 106 AL 26
Parrano TR.............. 105 AH 26
Parravicino CO........... 23 Q 9
Parrazzà Alto ME......... 188 AY 55
Parrazzà Basso ME....... 188 AY 55
Parre BG................ 24 U 8
Parrera KR............... 173 BL 48
Parrinello TP............. 182 AK 56
Parrini PA............... 183 AN 55
Parrini TP............... 190 AJ 57
Parrocchia CN............ 59 E 17
Parrocchia TN............ 26 AB 9
Parrulli CS............... 171 BG 47
Parruta PZ............... 163 BD 43
Partanna TP.............. 191 AM 57

Particelle LU.............. 85 Y 20
Partidor PN.............. 29 AL 7
Partigliano LU............ 85 X 20
Partina AR............... 87 AF 21
Partinico PA............. 183 AN 55
Partino PI............... 85 Z 22
Partistagno UD........... 16 AO 6
Partitore RE.............. 65 X 15
Partschins / Parcines BZ... 3 AB 3
Paruzza CN............... 74 I 17
Paruzzaro NO............. 35 M 9
Parzanica BG............. 38 V 9
Parzano CO............... 36 Q 9
Parzano PV............... 50 N 13
Pasa BL.................. 28 AH 7
Pascalia CS.............. 166 BE 46
Pascaretto TO............ 59 F 14
Pascarola NA............ 141 AU 38
Pascarosa BR............ 148 BN 39
Pasce CN................ 72 H 19
Pascellata TE............ 108 AP 27
Pascelupo PG............ 97 AL 23
Paschera CN............. 71 F 17
Paschero CN............. 58 D 16
Paschero TO............. 47 F 14
Pasciano RI.............. 107 AO 28
Pascione FR............. 130 AN 33
Pasco CN................ 59 G 15
Pascolano AQ............ 121 AP 31
Pascolare Alto RM........ 129 AK 34
Pascolare Basso RM...... 129 AK 34
Pascoli BL............... 15 AI 6
Pascoli BL............... 28 AI 6
Pascoli TV............... 42 AI 9
Pascomonti CN........... 71 I 17

Pasconi CH.............. 123 AU 32
Pasero CN............... 71 G 17
Pasian di Prato UD........ 30 AO 7
Pasiano PN.............. 29 AK 8
Pasini VI................ 41 AD 10
Paspardo BS............. 25 X 7
Pasqualazzo CZ.......... 171 BH 50
Pasquali VI.............. 40 AC 10
Pasquali-Merenzata CS.... 170 BG 48
Pasquana AT............. 61 K 15
Pasquarelli BN........... 142 AX 37
Pasquarelli CH........... 123 AU 32
Pasquaro TO............. 48 H 12
Pasquero CN............. 71 H 17
Passaggio PG............ 106 AK 25
Passaggio d'Assisi PG.... 106 AK 25
Passamasseria RC........ 178 BE 56
Passano RN.............. 89 AK 20
Passarella VE............ 43 AK 10
Passarella di Sotto VE.... 43 AK 10
Passarello AG........... 199 AS 60
Passarera CR............ 52 S 12
Passarera Corte LO....... 52 S 12
Passariano UD........... 30 AN 8
Passatempo AN.......... 98 AP 23
Passerano AT............ 48 J 13
Passerano RM........... 120 AL 32
Passeri CZ.............. 170 BG 49
Passerini FI.............. 87 AE 20
Passetto AN............. 90 AN 22
Passetto VE............. 56 AH 13
Passiano SA............. 151 AX 39
Passignano LT........... 130 AP 35
Passignano

Pasconi CH.............. 123 AU 32
sul Trasimeno PG........ 96 AH 24
Passionisti MC........... 99 AQ 24
Passirana MI............. 36 P 10
Passirano BS............ 38 V 10
Passirano BS............ 38 V 10
Passo PU................ 90 AM 21
Passo Casale TP......... 183 AL 55
Passo Colmurano Nord MC. 98 AP 24
Passo Corese RM......... 120 AK 31
Passo Crocchio CZ....... 175 BJ 50
Passo del Convento PU... 90 AM 21
Passo della Fogolana PD.. 57 AH 12
Passo di Ripe AN........ 90 AN 22
Passo di Treia MC........ 98 AO 24
Passo di Vezzena TN..... 27 AD 8
Passo d'Orta FG......... 135 BD 36
Passo Lanciano PE....... 116 AT 30
Passo Monterolo PU...... 90 AM 22
Passo Moroni CS......... 170 BF 49
Passo Oscuro RM........ 119 AH 32
Passo San Domenico AN.. 90 AN 22
Passo San Leonardo AQ... 122 AT 31
Passo Sant'Andrea PU.... 90 AM 22
Passo Sant'Angelo MC.... 98 AP 25
Passocordone PE........ 116 AS 29
Passodoppio RO......... 56 AG 14
Passoforno ME........... 188 AY 55
Passogatto RA........... 68 AG 16
Passolauro ME........... 188 AY 55
Passopisciaro CT......... 197 AZ 56
Passosegni BO........... 68 AE 15
Pastanelle CE............ 141 AU 36
Pastena FR.............. 130 AP 35
Pastena IS.............. 132 AU 34
Pastena NA............. 151 AV 38

Pastena-Lone SA......... 151 AW 40
Pastene BN.............. 142 AX 37
Pasteria-Lapide CT....... 197 BA 57
Pastina AP.............. 108 AP 26
Pastina PG.............. 97 AL 24
Pastina PI............... 92 Y 23
Pastine FI............... 94 AB 22
Pastini SA............... 152 AY 40
Pastorano BN............ 141 AW 37
Pastorano CE............ 141 AU 36
Pastorello PR............ 65 W 16
Pastrengo VR............ 39 Z 11
Pasturago MI............ 51 P 12
Pasturana AL............ 62 N 15
Pasturera TO............ 33 G 11
Pasturo LC.............. 23 R 8
Pasubio CT.............. 195 AW 59
Patacca PZ.............. 154 BD 39
Patalecchia AR........... 95 AG 24
Patanocco LI............ 93 Y 24
Patarico RC............. 107 AO 28
Paternione SI............ 105 AG 26
Pateresso AR............ 94 AE 22
Paterna AR.............. 87 AE 22
Paterna PA.............. 183 AN 55
Paterna PA.............. 183 AN 55
Paternella PA............ 183 AN 55
Paterno AN.............. 97 AM 24
Paterno AP.............. 91 AP 22
Paterno AP.............. 107 AO 26
Paterno AQ.............. 115 AO 28
Paterno AQ.............. 121 AP 31
Paterno FI............... 86 AC 20
Paterno FI............... 87 AE 21
Paterno MC.............. 98 AO 24
Paterno MC.............. 98 AO 24
Paterno PG.............. 107 AM 27
Paterno PZ.............. 154 BD 41
Paterno RI.............. 114 AN 29
Paterno TE.............. 108 AR 27
Paternò CT.............. 195 AY 58
Paterno Calabro CS...... 171 BG 48
Paterno
  Sant'Arcangelo SA....... 151 AW 39
Paternopoli AV........... 142 AZ 38
Paternostro CT........... 197 AZ 58
Paterriti RC.............. 178 BD 55
Patierno AV.............. 143 AZ 37
Patierno NA.............. 151 AV 40
Patigno MS.............. 77 T 17
Patoc UD................ 17 AP 5
Patone TN............... 26 AA 8
Patrica FR............... 130 AO 34
Patrico PG.............. 106 AL 27
Patrignolo MC........... 98 AN 24
Patrignone AP........... 108 AQ 26
Patrignone AR........... 95 AG 23
Patrignone PI............ 85 X 21
Patro AT................ 49 K 13
Patrovaro TA............ 157 BM 41
Pattada SS.............. 214 P 40
Pattano SA.............. 151 AX 39
Pattano SA.............. 162 BA 42
Pattemouche TO......... 46 C 14
Patti ME................ 188 AY 55
Patti PA................ 184 AO 54
Patù LE................ 161 BT 44
Pau OR................ 217 N 45
Paulara UD.............. 16 AN 4
Pauli Arbarei VS.......... 221 O 46
Pauli Arruis VS.......... 221 O 45
Paulilatino OR........... 217 N 43
Paullo MI............... 37 R 11
Paupisi BN.............. 142 AW 36
Paurano SI.............. 93 AB 23
Pautasso TO............. 48 G 14
Pavaglione TO........... 47 E 13
Pavana PT............... 80 AB 19
Pavarano VI............. 55 AE 12
Pavareto SP............. 77 S 18
Pavarolo TO............. 48 I 13
Pavelli FI............... 87 AD 22
Paveto GE............... 62 O 16
Pavia PV................ 51 Q 12
Pavia di Udine UD........ 30 AO 8
Pavicolo BZ............. 12 AB 4
Paviglianiti Trunca RC.... 178 BD 55
Pavignano BI............ 34 J 10
Paviole RO.............. 56 AE 14
Pavona RM.............. 128 AK 33
Pavone BS.............. 39 X 10
Pavone Canavese TO..... 34 I 11
Pavone del Mella BS..... 53 W 12
Pavullo nel Frignano MO.. 79 AA 17
Pazzano MO............. 79 Z 17
Pazzano RC............. 177 BH 53
Pazzon VR.............. 39 Z 10

PARMA

Bottego (Ponte) .... BY 18
Cavour (Str.) .... BY 3
Duomo (Str. al) .... CY 8

Garibaldi (Pza) .... BZ 9
Garibaldi (V.) .... BCY
Mazzini (V.) .... BZ 13
Pace (Pza della) .... BY 15
Parmigianino (Borgo del) ...... CY 16
Pilotta (Pza) .... BY 17

Ponte Caprazucca .... BZ 19
Ponte di Mezzo .... BZ 21
Ponte Italia .... BZ 20
Ponte Verdi .... BY 22
Reggio (V.) .... BY 23
Rustici (Viale G.) .... BZ 24

Salnitrara
  (Borgo) .... BZ 26
Studi (Borgo degli) .... CY 27
Toscanini (Viale) .... BZ 28
Trento (V.) .... CY 30
Varese (V.) .... BZ 31

Battistero .... CY A
Casa Toscanini .... BY M2
Madonna della Steccata .... BZ E
Museo Glauco Lombardi .... BY M1
San Giovanni
  Evangelista .... CYZ D

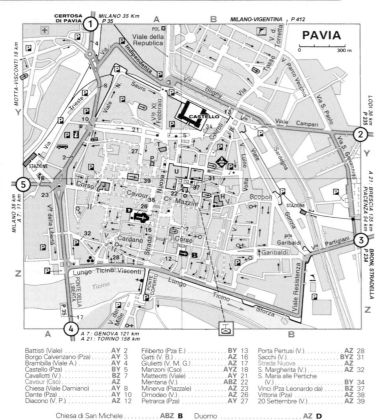

PAVIA

Battisti (Viale)	AY	2
Borgo Calvenzano (Pza)	AY	3
Brambilla (Viale A.)	AY	4
Castello (Pza)	BY	5
Cavallotti (V.)	BZ	7
Cavour (Cso)	AZ	
Chiesa (Viale Damiano)	AY	8
Dante (Pza)	AY	10
Diacono (V. P.)	AY	12
Filiberto (Pza E.)	BY	13
Gatti (V. B.)	AZ	16
Giulietti (V. M. G.)	AZ	17
Manzoni (Cso)	AYZ	18
Matteotti (Viale)	AY	21
Mentana (V.)	ABZ	22
Minerva (Piazzale)	AY	23
Omodeo (V.)	AZ	26
Petrarca (V.)	AY	27
Porta Pertusi (V.)	AZ	28
Sacchi (V.)	BYZ	31
Strada Nuova	AZ	
S. Margherita (V.)	AZ	32
S. Maria alle Pertiche	BY	34
Vinci (Pza Leonardo da)	BZ	37
Vittoria (Pza)	AZ	38
20 Settembre (V.)	AZ	39

Chiesa di San Michele . . . . ABZ **B**   Duomo . . . . AZ **D**

Peagna SV	73	K	19
Peaio BL	14	AI	5
Pecchione RE	66	Z	16
Pecci PZ	154	BD	41
Peccia VC	34	I	9
Pecciola VB	21	K	7
Peccioli PI	93	Z	22
Pecereca BN	141	AV	37
Pecetto TO	48	H	13
Pecetto VB	20	I	8
Pecetto di Valenza AL	50	N	14
Peci GO	31	AQ	8
Pecorara PC	63	R	14
Pecorari CE	131	AS	35
Pecoreria TP	182	AK	56
Pecorile AN	97	AN	23
Pecorile PR	65	X	15
Pecorile RE	65	Y	16
Pecorile SV	75	M	17
Pecorini a Mare ME	180	AW	52
Pecorone PZ	164	BE	43
Pecorone TR	105	AG	27
Pecoul GO	29	E	15
Pedace CS	171	BH	48
Pedagaggi SR	203	AY	60
Pedaggera CN	61	J	16
Pedaggio TO	59	E	15
Pedaletti PU	97	AL	22
Pedali CS	164	BE	44
Pedalino RG	202	AW	61
Pedalto VI	27	AE	9
Pedara AP	108	AP	26
Pedara CT	197	AZ	58
Pedaso AP	99	AS	25
Pedavena BL	28	AG	7
Pedeguarda TV	28	AH	8
Pedemonte GE	62	O	16
Pedemonte PN	29	AK	7
Pedemonte SO	23	T	6
Pedemonte VB	21	L	8
Pedemonte VC	20	I	8
Pedemonte VI	27	AC	8
Pedemonte VR	40	AA	10
Pedenosso SO	11	W	5
Pedergnaga BS	52	V	11
Pedergnano BS	38	U	10
Pederiva VI	41	AD	11
Pederoa BZ	4	AG	4
Pederobba TV	28	AG	8
Pedersano TN	26	AB	8
Pedescala VI	27	AD	8
Pedesina SO	23	S	7
Pedia CZ	171	BH	50
Pediano BO	81	AF	18
Pedicate FR	131	AR	34
Pedicciano AQ	115	AQ	30
Pedicone FR	131	AR	33
Pedina PC	64	T	15
Pedincona RN	132	AV	34
Pedivigliano CS	171	BG	49
Pedocchiella KR	173	BL	50
Pedocchio VI	41	AD	11
Pedocchio VR	55	AD	12
Pedogna LU	85	X	20
Pedona LU	84	W	20
Pedra Bianca OT	215	S	40
Pedra Sciolta SS	209	N	38
Pedraces BZ	14	AG	4
Pedrazzola RE	66	Z	14
Pedreto RN	89	AK	20
Pedriano MI	51	Q	11
Pedrignano PR	65	X	15
Pedrocca BS	38	V	10
Pedrolara RN	89	AK	20
Pedrosi CO	36	O	9
Pedrosola RA	81	AF	19
Pedru Gaias OT	210	R	39
Pedru Malu SS	209	O	38
Pegara RC	176	BE	53
Peghera BG	23	S	8
Pegli GE	75	N	17
Peglio CO	23	Q	7
Peglio FI	80	AD	19
Peglio PU	89	AJ	21
Pegognaga MN	54	AA	14
Pegola BO	67	AE	15
Pegolotte VE	56	AH	12
Pegoraro PD	41	AF	11
Pegoraro PD	42	AG	11
Pegoraro TV	42	AH	9
Peia BG	24	U	9
Peio TN	11	Z	5
Peiron CN	70	D	18
Pelago FI	87	AE	21
Pelizzare RO	55	AE	14
Pella NO	35	L	9
Pellacini PC	64	S	15
Pellaro RC	189	BC	55
Pellegra CR	52	T	12
Pellegrina PV	50	N	13
Pellegrina RC	178	BD	54
Pellegrina VR	54	AB	12
Pellegrino CE	141	AU	36
Pellegrino CE	141	AU	36
Pellegrino ME	189	BB	55
Pellegrino RC	174	BH	51
Pellegrino RG	204	AW	63
Pellegrino Parmense PR	64	U	15
Pellenchi TO	47	E	14
Pellescritta AQ	114	AO	28
Pellestrina VE	57	AI	12
Pellezzano SA	151	AX	39
Pellio d'Intelvi CO	22	P	8
Pellizzano TN	12	Z	6
Pellizzara PA	186	AT	57
Pellizzari AL	50	N	13
Pellizzari PD	42	AG	10
Pellizzaro ME	188	AZ	55
Pelos di Cadore BL	15	AJ	5
Pelosin PD	42	AG	10
Pelugo TN	25	Z	7
Penango AT	49	K	13
Penavara FE	68	AE	15
Penazzi AL	61	L	16
Pendenza RI	114	AN	29
Pendolo NA	151	AW	39
Pendolo SA	151	AW	39
Penegelet BS	25	X	9
Peneto AR	95	AG	24
Pengo PD	56	AG	12
Penia TN	13	AE	5
Penitro LT	131	AR	36
Penna AR	87	AE	22
Penna AR	95	AF	22
Penna CB	124	AW	33
Penna TP	190	AG	63
Penna in Teverina TR	113	AJ	29
Penna San Giovanni MC	98	AP	25
Penna Sant' Andrea TE	108	AR	28
Pennabilli PU	88	AI	21
Pennadomo CH	123	AU	31
Pennapiedimonte CH	116	AU	31
Pennar VI	27	AE	8
Penne PE	116	AS	29
Pennes / Pens BZ	3	AD	3
Pennesi AP	108	AR	25
Pennini AV	151	AX	38
Pennisi CT	197	AZ	58
Penon / Penone BZ	12	AC	6
Penone/ Penon BZ	12	AC	6
Pens / Pennes BZ	3	AD	3

Pensabene PA	184	AO	55
Penta SA	151	AX	39
Pentedattilo RC	178	BD	56
Pentema GE	63	P	16
Pentenera CN	70	E	17
Pentimento PG	95	AG	25
Pentolina SI	94	AC	24
Pentone CZ	171	BI	50
Peonia Rosa CI	224	L	50
Peonis UD	16	AN	6
Pepponi AV	143	BB	38
Pequerel TO	46	D	13
Pera AP	108	AP	26
Pera TN	13	AF	5
Peracchia AP	108	AP	26
Perano CH	123	AV	31
Peraro PD	55	AD	13
Peraro VI	41	AE	9
Perarolo VI	41	AD	11
Perarolo di Cadore BL	15	AJ	5
Perasacco FR	130	AO	34
Perazze FG	135	BD	35
Perazzeta BN	142	AY	36
Perazzeta GR	103	AC	27
Perazzeta RM	118	AG	31
Perazzeta LT	130	AN	35
Perazzeto VT	113	AJ	30
Perca / Percha BZ	5	AG	3
Percenna SI	94	AD	25
Percha / Perca BZ	5	AG	3
Percia RC	177	BH	53
Perciante-Strago RC	179	BG	54
Perciato ME	180	AV	52
Percile RM	120	AN	31
Percoto UD	31	AO	8
Percozzone AN	97	AM	22
Percusa SI	175	BH	51
Perdaiola CA	225	M	49
Perdasdefogu OG	223	R	45
Perdaxius CI	224	M	49
Perdifumo SA	162	AZ	42
Perdioni CN	70	E	18
Perducco PV	63	Q	14
Peregallo MI	36	Q	9
Peregallo MI	37	Q	10
Perego LC	37	R	9
Perelli AR	94	AE	23
Perer BL	27	AF	7
Perer TV	42	AG	9
Peressine PN	29	AK	8
Pereta GR	110	AC	28
Pereto AQ	120	AN	31
Pereto PR	64	T	15
Pereto PU	88	AI	20
Pereto Molino			
S. Antino PU	88	AI	21
Peretti PR	64	T	16
Peretti TO	59	G	14
Perfugas SS	209	O	39
Pergari VR	40	AB	10
Pergatti AT	49	L	14
Pergheri BZ	12	AB	5
Pergheri TN	26	AB	8
Perginato FI	86	AC	22
Pergine Valdarno AR	95	AF	23
Pergine Valsugana TN	26	AC	7
Pergo AR	95	AH	24
Pergola PU	89	AM	22
Pergola PZ	153	BD	41
Pergola RA	81	AF	18
Pergola VR	40	AC	11
Pergola Bella PG	105	AI	25
Pergole AG	198	AP	60
Pergusa EN	194	AU	58
Peri PA	186	AT	57
Peri VR	40	AA	10
Periasc AO	19	H	9
Perignano PI	85	Y	22
Perilli TR	105	AI	27
Perillo SA	153	BC	41
Perillo I AV	142	AZ	38
Perillo II AV	143	AZ	38
Perinaldo IM	72	H	20
Perinata Borghese VT	112	AI	28

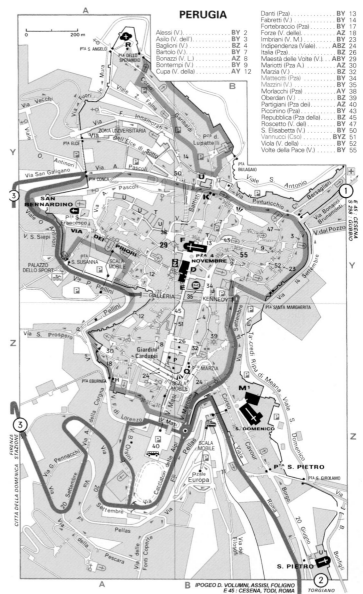

PERUGIA

Alessi (V.)	BY	2
Asilo (V. dell')	BY	3
Baglioni (V.)	BZ	4
Bartolo (V.)	BY	
Bonazzi (V. L.)	AZ	8
Bontempi (V.)	BY	9
Cupa (V. della)	AY	12
Danti (Pza)	BY	13
Fabretti (V.)	BY	14
Fortebraccio (Pza)	BY	17
Forze (V. delle)	AZ	18
Imbriani (V.)	BY	23
Indipendenza (Viale)	ABZ	24
Italia (Pza)	BZ	26
Maestà delle Volte (V.)	ABY	29
Mariotti (Pza A.)	AZ	30
Marzia (V.)	BZ	32
Mazzini (V.)	BY	35
Morlacchi (Pza)	AY	38
Oberdan (V.)	BZ	39
Partigiani (Pza dei)	AZ	40
Piccinino (Pza)	BY	43
Repubblica (Pza della)	BZ	45
Roscetto (V. del)	BY	47
S. Elisabetta (V.)	BY	50
Vannucci (Cso)	BYZ	51
Viola (V. della)	BY	52
Volte della Pace (V.)	BY	55

Arco Etrusco	BY	K	
Cattedrale	BY	F	
Collegio del Cambio	BY	E	
Museo Archeologico Nazionale dell'Umbria	BZ	M¹	
Palazzo dei Priori	BY	D	
Palazzo Gallenga	BY	U	
Rocca Paolina	BZ	Q	
Sant'Angelo	AY	R	

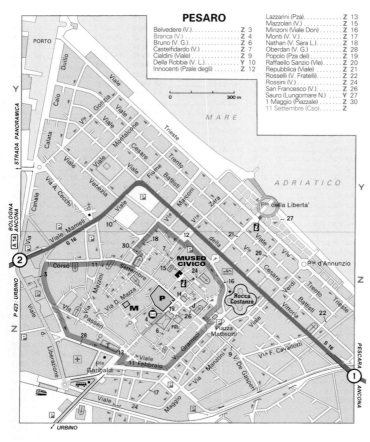

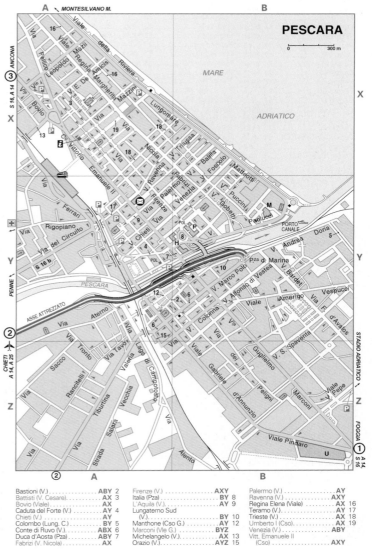

PESARO

Belvedere (V.)	Z 3
Branca (V.)	Z 4
Bruno (V. G.)	Z 6
Castelfidardo (V.)	Z 7
Cialdini (Viale)	Z 9
Della Robbia (V. L.)	Y 10
Innocenti (Pzale degli)	Z 12

Lazzarini (Pza)	Z 13
Mazzolari (V.)	Z 15
Minzoni (Viale Don)	Z 16
Monti (V. V.)	Z 17
Nathan (V. Sara L.)	Z 18
Oberdan (V. G.)	Z 28
Popolo (Pza del)	Z 19
Raffaello Sanzio (Vle)	Z 20
Repubblica (Viale)	Z 21
Rosselli (V. Fratelli)	Z 22
Rossini (V. Fratelli)	Z 22
San Francesco (V.)	Z 26
Sauro (Lungomare N.)	Y 27
1 Maggio (Piazzale)	Z 30
11 Settembre (Cso)	Z

Pescosansonesco				Petrara AV	142	AZ 38	Petrini CS	167	BG 47
Vecchio PE	116	AS 30	Petrara BN	142	AX 37	Petriolo FI	87	AD 21
Pescosolido FR	131	AQ 33	Petrara IS	132	AT 34	Petriolo MC	98	AP 24
Pescosta BZ	14	AG 4	Petrara IS	132	AT 34	Petriolo PG	95	AH 23
Pescul BL	14	AH 5	Petrara PU	97	AL 22	Petrito AV	142	AY 37
Pesculuse LE	161	BS 44	Petrara RC	177	BG 54	Petritoli AP	99	AQ 25
Peseggia VE	42	AI 10	Petrarca CO	36	O 9	Petrizzi CZ	175	BH 51
Pesek di Grozzana TS	45	AS 10	Petrarca PD	42	AG 10	Petrognano AR	95	AG 22
Pesina VR	39	Z 10	Petrarca VE	42	AH 10	Petrognano FI	94	AB 22
Pesindolo MC	98	AO 25	Petraro CS	170	BF 47	Petrognano FI	87	AE 20
Pessano MI	37	R 10	Petraro CS	167	BG 47	Petrognano FI	87	AE 21
Pessenti AL	62	N 15	Petrara SA	151	AW 39	Petrognano LU	78	W 18
Pessina Cremonese CR	53	W 12	Petrarolo BA	147	BM 38	Petrognano LU	85	Y 20
Pessinate AL	63	P 15	Petrazzi FI	86	AB 21	Petrognano PG	106	AL 27
Pessinea TO	47	E 12	Petrella AP	108	AR 26	Petrognola LU	78	W 18
Pessinetto TO	47	F 12	Petrella TE	108	AR 27	Petroia PG	96	AK 24
Pessione TO	48	I 14	Petrella Guidi PU	88	AI 20	Petroia PG	97	AL 24
Pessola PR	64	U 16	Petrella Liri AQ	121	AO 31	Petroio SI	94	AC 23
Pestello AR	94	AE 22	Petrella Massana AR	88	AI 21	Petroio SI	95	AF 25
Pesus CI	225	M 49	Petrella Salto RI	114	AN 30	Petroio PG	96	AJ 25
Peta PZ	153	BC 40	Petrella Tifernina CB	133	AX 33	Petrole CB	133	AW 34
Petacciato CB	124	AY 31	Petrelle PG	96	AH 23	Petrolo PT	85	Z 20
Petacciato Marina CB	124	AY 31	Petrelle PG	96	AH 23	Petrolo RM	113	AJ 30
Petarolo VR	40	AC 11	Petriano PU	89	AJ 21	Petrona CS	172	BJ 49
Petazzano PG	96	AK 23	Petriano PU	89	AJ 21	Petrone CS	167	BF 46
Peternel UD	17	AQ 7	Petreto AR	95	AG 23	Petrone CS	170	BG 48
Peticcia CH	117	AV 29	Petricci GR	104	AE 27	Petrone CS	171	BH 48
Petigliolo FI	86	AC 21	Petriccia SI	104	AG 25	Petroro PG	106	AJ 27
Petilia Policastro KR	172	BJ 49	Petriciana CS	170	BF 53	Petrosa AV	151	AX 38
Petina SA	153	BB 40	Petricciolo Alli CZ	175	BI 50	Petrosa CS	166	BE 46
Petogna AQ	115	AQ 29	Petrignacola PR	65	V 16	Petrosa SA	162	BA 42
Petralana OT	207	R 36	Petrignano di Lago PG	95	AG 25	Petrosino CT	196	AX 56
Petralia Soprana PA	186	AT 57	Petrignano PG	96	AK 25	Petrosino TP	190	AJ 57
Petralia Sottana PA	186	AT 57	Petrilli CB	133	AW 35	Petrozza CS	167	BG 47
Petrana RI	108	AO 28	Petrilli Alto TE	116	AS 28	Petrucci PT	86	AA 20
Petrara AV	151	AX 39						

Perinera TO	47	E 12	Persano SA	152	AZ 40	Pescheto CE	132	AU 35
Perino PC	63	S 15	Persereano UD	30	AO 8	Peschici FG	127	BF 32
Perino TP	182	AK 57	Persi AL	62	O 15	Peschiera AQ	121	AP 32
Perito CS	171	BG 48	Persico CR	53	V 12	Peschiera MT	155	BH 41
Perito MC	97	AN 25	Persignano AR	87	AE 22	Peschiera PC	63	R 14
Perito SA	162	AZ 42	Persone BS	39	Y 9	Peschiera PG	105	AH 25
Perlà TO	58	D 15	Persone PU	16	AM 6	Peschiera Borromeo MI	37	Q 11
Perledo LC	23	Q 7	Pertana PG	97	AL 25	Peschiera		
Perletta CN	74	J 17	Pertegada UD	30	AN 9	del Garda VR	39	Z 11
Perletto CN	61	K 16	Pertengo VC	49	L 12	Peschiere MO	79	Y 17
Perlezzi GE	77	R 17	Perteole UD	31	AP 8	Peschilli SA	162	BA 42
Perloz AO	34	H 10	Pertica VR	39	Z 10	Peschiola AQ	115	AO 30
Permuta CS	168	BH 45	Perticara AN	97	AL 23	Peschiola CH	124	AW 31
Perna MC	99	AQ 23	Perticara PU	88	AI 20	Peschiola PE	116	AS 30
Pernasca NO	49	L 12	Perticara TR	113	AK 28	Pescia PG	107	AN 27
Pernasiti RC	178	BD 55	Perticaro KR	169	BK 47	Pescia PT	85	Z 20
Pernate NO	35	N 11	Pertina CS	168	BH 46	Pescia Fiorentina GR	111	AD 29
Pernici PG	95	AG 25	Pertosa SA	153	BB 40	Pescia Romana VT	111	AD 29
Perno AL	49	K 13	Pertusella VA	36	P 10	Pesciano PG	106	AJ 27
Perno CN	60	I 16	Pertusio TO	48	G 11	Pescina AQ	122	AQ 31
Pernocari VV	174	BF 52	Perucca CN	60	H 17	Pescina FI	86	AC 20
Pernosano AV	151	AW 38	Perugia PG	96	AJ 25	Pescina FI	87	AC 20
Pernumia PD	56	AF 12	Peruzzo GR	103	AB 25	Pescina GR	104	AE 26
Pero MI	36	P 10	Perzacco VR	40	AC 11	Pescina PC	63	R 15
Pero SV	75	M 17	Pesariis UD	15	AL 4	Pescincanna PN	29	AL 8
Pero TV	42	AJ 9	Pesaro PU	89	AM 20	Pesciola FI	86	AA 22
Pero dei Santi AQ	121	AP 32	Pesca FR	131	AQ 33	Pesciola FI	87	AA 22
Perolla GR	103	AA 25	Pescaglia LU	85	X 20	Pesciola LU	78	W 19
Peron BL	28	AH 7	Pescaia AR	95	AF 24	Pesciola SO	10	W 6
Peron BL	15	AJ 5	Pescallo CO	23	Q 8	Pesco CS	166	BF 47
Perondo CN	71	I 18	Pescantina VR	40	AA 11	Pesco Farese CB	133	AX 34
Perosa CN	60	I 16	Pescara AQ	116	AU 29	Pesco San Nicola CB	133	AW 35
Perosa Argentina TO	47	E 14	Pescara FE	56	AF 14	Pesco Sannita BN	142	AX 36
Perosa Canavese TO	34	H 11	Pescara PG	106	AJ 25	Pesco Strascino CB	133	AX 35
Perossi PC	64	T 15	Pescara SA	152	BA 40	Pescocanale AQ	121	AP 32
Perotta PG	96	AJ 25	Pescara del Tronto AP	107	AO 27	Pescocostanzo AQ	123	AT 32
Peroulaz AO	33	E 9	Pescarella RM	128	AK 34	Pescocupo CB	133	AX 35
Perpoli LU	79	X 19	Pescarola MO	79	Z 17	Pescocupo IS	132	AU 34
Perral AO	33	H 9	Pescarola UD	30	AN 9	Pescolanciano IS	132	AV 33
Perrazze SA	153	BA 39	Pescarolo ed Uniti CR	53	W 12	Pescole AV	142	AY 37
Perrero TO	46	D 14	Pescarzo BS	25	W 7	Pescolla AP	108	AR 26
Perrero TO	47	G 12	Pescarzo di Breno BS	25	W 8	Pescomaggiore AQ	115	AQ 29
Perriere AO	33	G 9	Pescasseroli AQ	122	AR 33	Pescone NO	21	L 8
Perriere Sottano CT	202	AY 59	Pescate LC	23	R 9	Pescopagano CE	140	AS 37
Perrillo BN	142	AX 37	Pescasserri AQ	122	AR 33	Pescopagano PZ	143	BB 38
Perrona AT	49	K 13	Pescazze RG	204	AW 63	Pescopennataro IS	123	AV 32
Perrone CE	141	AV 37	Pesche CE	132	AT 35	Pescore AV	142	AZ 38
Pers UD	16	AN 6	Pesche IS	132	AU 34	Pescorocchiano RI	114	AN 30
Pers UD	16	AO 6	Pesche PC	64	S 16	Pescosansonesco PE	116	AS 30

PESCARA

Bastioni (V.)	ABY 2	Firenze (V.)	AXY	Palermo (V.)	AY
Battisti (V. Cesare)	AX 3	Italia (Pza)	BY 8	Ravenna (V.)	AXY
Bovio (Viale)	AX	L'Aquila (V.)	AY 9	Regina Elena (Viale)	AX 16
Caduta del Forte (V.)	AY 4	Lungaterno Sud	BY 10	Teramo (V.)	AY 17
Chieti (V.)	AY	Colombo (Lung. C.)	BY 5	Trieste (V.)	AX 18
Colombo (Lung. C.)	BY 5	Manthone (Cso G.)	AY 12	Umberto I (Cso)	ABY 19
Conte di Ruvo (V.)	ABX 6	Marconi (Vle G.)	BYZ	Venezia (V.)	ABY
Duca d'Aosta (Pza)	ABY 7	Michelangelo (V.)	AX 13	Vitt. Emanuele II	
Fabrizi (V. Nicola)	AX	Orazio (V.)	AYZ 15	(Cso)	AXY

Petrucco *PZ*	154	BD 40
Petrulli *CT*	197	AZ 57
Petrulo *CE*	141	AT 36
Peturo *AV*	151	AX 38
Peturo Irpino *AV*	142	AX 37
Petruschetto *RM*	119	AJ 31
Pettenasco *NO*	35	L 9
Petti di Galera *VV*	176	BE 51
Pettinara *RA*	81	AG 18
Pettinengo *BI*	34	J 10
Pettineo *ME*	186	AU 56
Pettino *PG*	106	AL 26
Pettiva *VC*	49	K 11
Pettogallico *RC*	178	BD 54
Pettoranello del Molise *IS*	132	AX 34
Pettorano sul Gizio *AQ*	122	AS 32
Pettorazza Grimani *RO*	56	AG 13
Pettunti *BN*	133	AX 35
Peveragno *CN*	71	G 18
Peveranza *VA*	36	O 9
Pevero *OT*	211	S 37
Pey *PC*	63	Q 15
Pez *BL*	28	AG 7
Pezza *GE*	63	P 16
Pezza *GE*	76	P 17
Pezza Grande *SA*	152	AZ 40
Pezza Rotonda *SA*	152	AZ 40
Pezzagrande *CE*	141	AU 37
Pezzalonga *CS*	170	BF 48
Pezzan *TV*	42	AH 9
Pezzan *TV*	42	AI 9
Pezzana *VC*	49	L 12
Pezzano *SA*	152	AY 39
Pezzatonega *VR*	55	AC 12
Pezze *TN*	28	AF 7
Pezzè *BL*	27	AF 7
Pezze della Regina *CS*	167	BF 46
Pezze di Greco *BR*	148	BN 39
Pezze di Monsignore *BR*	148	BN 39
Pezzeit *UD*	17	AP 5
Pezzingoli *PA*	184	AO 55
Pezzo *AR*	88	AG 21
Pezzo *BS*	11	Y 6
Pezzo *VR*	40	AB 10
Pezzo La Corte *PZ*	164	BF 44
Pezzoli *RO*	56	AG 13
Pezzolla *BA*	147	BN 39
Pezzolo *BG*	24	V 8
Pezzolo *LO*	51	R 12
Pezzolo *ME*	189	BB 55
Pezzolo *RA*	82	AH 17
Pezzolo *RC*	177	BH 53
Pezzolo Valle Uzzone *CN*	61	K 16
Pezzoro *BS*	38	W 9
Pfalzen / Falzes *BZ*	4	AG 3
Pfatten / Vadena *BZ*	13	AC 5
Pfelders / Plan *BZ*	3	AB 3
Pflersch / Fleres *BZ*	3	AD 2
Pflung / Vallone *BZ*	5	AH 3
Pfunders / Fundres *BZ*	4	AF 2
Piacco *VA*	22	O 8
Piacentina *RO*	56	AE 14
Piacenza *PC*	52	S 13
Piacenza d'Adige *PD*	55	AE 13
Piadena *CR*	53	X 13
Piaganini *TE*	115	AQ 28
Piagge *AN*	98	AN 22
Piagge *AP*	108	AQ 26
Piagge *AQ*	115	AO 30
Piagge *FR*	121	AN 33
Piagge *GR*	104	AE 26
Piagge *PG*	97	AL 24
Piagge *PU*	90	AM 21
Piagge *RI*	114	AM 30
Piaggia *CN*	72	H 19
Piaggia *PG*	107	AM 26
Piaggia *VB*	21	M 7
Piaggiasecca *AN*	97	AL 23
Piaggie *AN*	97	AM 23
Piaggie *AQ*	115	AO 30
Piaggine *SA*	153	BB 41
Piaggio *VB*	7	K 6
Piaggio di Valmara *VB*	7	N 7
Piaggione *LU*	85	Y 20
Piaggiori *LU*	85	X 20
Piaggiori *LU*	85	Y 20
Piaghedo *CO*	23	Q 6
Piagna *MS*	77	T 18
Piagnano *PU*	89	AJ 21
Piagnolo *RE*	65	X 16
Piai *BL*	28	AH 7
Piai *TO*	49	J 13
Piai *TV*	29	AJ 7
Piaia *BL*	28	AI 6
Piallancato *VC*	20	J 9
Pialpetta *TO*	33	E 11
Piamaggio *BO*	80	AC 18
Piamborno *BS*	24	W 8
Piamboschi *SV*	73	K 19
Piammartino *MC*	98	AO 23
Piamo *VA*	22	O 8
Piamori *PT*	80	AB 19
Piampalente *MC*	97	AN 25
Piampaludo *SV*	75	M 17
Piamprato *TO*	33	G 10
Pian Bausano *TO*	47	F 12
Pian Castagna *AL*	62	M 16
Pian da Lago *BL*	14	AH 4
Pian d'Alma *GR*	102	Z 26
Pian d'Assino *PG*	96	AJ 24
Pian d'Audi *TO*	47	G 11
Pian de' Cerri *FI*	86	AB 21
Pian de Sorres *SS*	208	L 39
Pian de' Valli *RI*	114	AM 29
Pian degli Ontani *PT*	79	Z 19
Pian dei Conti *PU*	89	AL 22
Pian Dei Manzi *GE*	76	Q 17
Pian de Sisi *PT*	79	Z 19
Pian del Colle *TO*	46	B 13
Pian del Lago *CS*	171	BG 48
Pian del Medico *AN*	98	AO 23
Pian del Meo *PT*	85	Z 19
Pian del Poggio *PV*	63	Q 15
Pian del Ponte *AR*	87	AG 21
Pian del Vantaggio *TR*	105	AH 27
Pian dell' Osteria *BL*	29	AJ 7
Pian della Noce *MC*	107	AN 26
Pian della Noce *PG*	106	AK 27
Pian della Pieve *MC*	98	AO 23
Pian della Pieve *PG*	97	AK 25
Pian della Serra *PG*	96	AJ 22
Pian Delle Merie *PN*	15	AL 6
Pian dell'Elmo *MC*	97	AN 23
Pian di Balbano *PG*	97	AK 23
Pian di Barca *SP*	77	T 18
Pian di Casale *BO*	80	AB 18
Pian di Cerreto *LU*	79	X 19
Pian di Gerri *RM*	129	AL 33
Pian di Là *UD*	17	AP 5
Pian di Lucchio *PU*	89	AK 23
Pian di Marte *PG*	96	AI 24
Pian di Molino *MS*	78	V 18
Pian di Molino *PU*	89	AJ 22
Pian di Monetto *VT*	112	AH 28
Pian di Morrano *GR*	111	AE 28
Pian di Mugnone *FI*	86	AC 21
Pian di Novello *PT*	79	Z 19
Pian di Ospedaletto *LU*	85	Y 19
Pian di Porto *PG*	106	AJ 27
Pian di Rocca *GR*	102	Z 27
Pian di Rosce *RM*	114	AM 29
Pian di Rose *PU*	90	AM 21
Pian di Rota *LI*	92	X 22
Pian di S. Martino *VT*	112	AH 29
Pian di Salesei *BL*	14	AG 5
Pian di San Bartolo *FI*	86	AC 20
Pian di San Martino *PG*	106	AJ 27
Pian di Scale *TR*	105	AH 26
Pian di Sco *AR*	87	AE 22
Pian di Spille *VT*	111	AF 30
Pian di Venola *BO*	80	AC 18
Pian di Ventena *RN*	89	AL 20
Pian Falzarego *BL*	14	AH 4
Pian Formosa *BL*	29	AJ 6
Pian Gelassa *TO*	46	D 13
Pian Grande *PG*	96	AK 23
Pian Munè *CN*	59	E 16
Pian Prè *BI*	34	I 10
Piana *AT*	61	J 14
Piana *BG*	37	S 9
Piana *BN*	142	AY 36
Piana *CB*	132	AV 34
Piana *CS*	166	BF 46
Piana *MC*	98	AP 24
Piana *ME*	188	AY 55
Piana *PG*	95	AH 25
Piana *PV*	51	P 14
Piana *SO*	23	T 7
Piana *SP*	77	S 18
Piana *TO*	47	G 12
Piana *TO*	34	H 11
Piana *VB*	21	K 8
Piana *VC*	20	J 8
Piana *VC*	34	J 9
Piana Altare *CB*	133	AX 35
Piana Battaglia *PA*	186	AS 55
Piana Calzata *PA*	186	AS 55
Piana degli Albanesi *PA*	184	AO 56
Piana dei Greci *AV*	142	AY 37
Piana del Sole *RM*	119	AI 33
Piana della Torre *CS*	165	BI 44
Piana delle Mele *CH*	117	AV 31
Piana di Forno *VB*	21	K 8
Piana di Nese *PG*	96	AI 24
Piana di Sciarra *CB*	132	AW 33
Piana d'Olmo *CB*	133	AX 35
Piana Macaro *CB*	133	AW 34
Piana Materazzi *RG*	204	AW 62
Piana Pugliese *VV*	174	BF 51
Piana Romana *BN*	142	AY 36
Piana San Raffaele *TO*	48	I 13
Pianacce *LU*	79	X 19
Pianacce *PU*	89	AL 22
Pianaccerro *AP*	108	AP 27
Pianacci *MO*	79	Y 18
Pianacci *PU*	89	AJ 20
Pianaccio *BO*	79	AA 19
Pianadelle *PC*	63	R 15
Pianadetto *PR*	78	V 17
Pianale *UD*	30	AO 9
Pianaronda *VC*	21	K 8
Pianas-Sa Murighessa *OT*	210	P 39
Pianatti *UD*	17	AP 5
Pianavia *IM*	72	I 20
Pianaz *BL*	14	AH 5
Pianazzo *TO*	9	R 5
Pianazzo *SV*	74	K 18
Piancada *UD*	30	AN 9
Piancaldoli *FI*	81	AD 18
Piancarani *TE*	108	AR 27
Piancasale *PC*	63	R 15
Piancastagnaio *SI*	104	AF 26
Piancavallo *PN*	29	AK 7
Piancavallo *VB*	21	M 7
Pianceri *BI*	34	K 9
Piancerreto *AL*	49	K 13
Pianche *CN*	70	D 18
Pianchiosso *CN*	74	J 18
Piandana *PG*	96	AI 23
Piandebari *SI*	94	AE 24
Piandebussi *MC*	98	AO 25
Piandepreti *GE*	76	Q 17
Piandelagotti *MO*	79	Y 18
Piandelloro *AP*	108	AQ 27
Piandemma *TO*	33	F 11
Piandicastello *PU*	89	AK 20
Piandicontro *AP*	108	AQ 26
Piandifieno *GE*	77	R 17
Piandimeleto *PU*	89	AJ 21
Piandioli *PG*	107	AM 27
Piandrati *FI*	87	AE 20
Piane *AP*	99	AQ 25
Piane *GE*	76	P 17
Piane *GE*	63	Q 17
Piane *GE*	76	Q 17
Piane *MC*	97	AN 24
Piane *RI*	113	AL 29
Piane Chienti *AP*	99	AQ 24
Piane Chienti *MC*	99	AR 24
Piane Crati *CS*	171	BG 48
Piane di Falerone *AP*	108	AP 26
Piane di Mocogno *MO*	79	Z 18
Piane di Morro *AP*	108	AQ 27
Piane di Potenza *MC*	98	AP 23
Piane di Rosso *GE*	76	P 17
Piane Maglierici *TE*	116	AT 28
Piane Sesia *VC*	35	K 9
Piane Vecchie *PA*	186	AS 55
Pianella *CN*	61	K 15
Pianella *PE*	116	AT 29
Pianella *SA*	152	AY 40
Pianella *SI*	94	AD 23
Pianelle *MC*	107	AO 25
Pianelle *SA*	153	BB 39
Pianelli *PP*	64	U 15
Pianello *AN*	97	AM 23
Pianello *AN*	90	AN 22
Pianello *AN*	98	AN 23
Pianello *GE*	62	O 16
Pianello *MC*	107	AO 25
Pianello *PG*	96	AK 22
Pianello *PU*	89	AK 22
Pianello *VC*	21	K 8
Pianello del Lario *CO*	23	Q 7
Pianello Val Tidone *PC*	51	R 14
Pianellucci *CZ*	171	BH 49
Pianengo *CR*	37	T 11
Pianera *BS*	38	V 10
Pianestolla *PR*	65	W 17
Pianeta *VI*	41	AD 10
Pianette *AT*	61	J 14
Pianette *CS*	167	BG 47
Pianetti *AT*	61	J 14
Pianetti *VT*	113	AI 30
Pianetto *CS*	166	BF 47
Pianetto *FC*	88	AG 20
Pianetto *TO*	47	E 12
Pianetto *TO*	33	G 10
Pianezza *BG*	24	V 7
Pianezza *GE*	76	Q 17
Pianezza *GE*	65	V 15
Pianezza *RI*	114	AN 28
Pianezza *TO*	47	G 13
Pianezza *VB*	20	J 8
Pianezza *VB*	35	L 9
Pianezze *TN*	27	AE 7
Pianezze *TV*	28	AH 8
Pianezze *VI*	41	AE 9
Pianezze *VI*	41	AE 11
Pianezzo *MO*	79	Y 17
Pianezzo *SO*	23	S 7
Pianfei *CN*	71	H 17
Pianfreciso *SV*	74	L 17
Piangaiano *BG*	24	U 9
Piangevino *BA*	147	BM 38
Piangianni *FI*	86	AC 19
Piangipane *RA*	82	AH 17
Piani *AV*	143	BA 39
Piani *CN*	74	I 17
Piani *GE*	63	P 16
Piani *IM*	72	I 20
Piani *SO*	23	T 7
Piani *SV*	74	K 17
Piani *TE*	116	AS 28
Piani *TO*	33	G 11
Piani *UD*	16	AN 5
Piani *UD*	17	AP 5
Piani di Canolo *RC*	177	BG 53
Piani di Luzza *UD*	15	AL 4
Piani Poggio Fidoni *RI*	114	AL 29
Piani Resinelli *LC*	23	R 8
Piani San Pietro *AV*	143	BB 38
Piani San Paolo *TE*	108	AQ 27
Piani Uggi *RM*	120	AN 31
Piani Viscose *AV*	143	AZ 37
Pianiano *VT*	111	AF 29
Pianibbie *CH*	117	AU 31
Pianico *BG*	24	V 9
Pianiga *VE*	42	AH 11
Pianillo *NA*	151	AW 39
Pianillo *NA*	151	AW 40
Pianizza / Platzing *BZ*	12	AC 5
Pianlago *AL*	61	L 16
Pianlungo *TR*	105	AH 27
Pianmisura *VC*	20	I 8
Piano *AL*	61	M 15
Piano *AL*	62	M 15
Piano *AN*	97	AM 23
Piano *AN*	97	AM 23
Piano *AN*	90	AN 22
Piano *AP*	108	AP 26
Piano *AV*	151	AX 39
Piano *AQ*	115	AQ 30
Piano *BG*	24	T 7
Piano *BN*	141	AV 37
Piano *BN*	38	U 9
Piano *CN*	60	I 16
Piano *CN*	74	J 18
Piano *CT*	197	AZ 58
Piano *GE*	63	R 16
Piano *MC*	107	AO 25
Piano *MS*	78	V 18
Piano *RO*	57	AI 14
Piano *SI*	95	AF 24
Piano *SO*	24	U 7
Piano *SV*	74	K 17
Piano *TN*	26	AB 9
Piano *TN*	12	Z 6
Piano *TO*	47	E 14
Piano *VA*	22	N 8
Piano Alastre *TP*	182	AL 55
Piano Api *CT*	197	AZ 58
Piano Battaglia *PA*	186	AT 56
Piano Calcato *AV*	143	BA 37
Piano Canino *TP*	190	AJ 57
Piano Caruso *CS*	168	BI 46
Piano Casiello *BN*	142	AY 37
Piano Cataldo *PZ*	164	BE 43
Piano Cavoli *PA*	183	AN 55
Piano d'Arco *BN*	142	AY 36
Piano d'Arnice *CS*	168	BH 47
Piano d'Arta *UD*	16	AN 5
Piano dei Geli *PA*	184	AO 55
Piano dei Peri *PZ*	163	BD 44
Piano dei Rossi *CS*	167	BF 47
Piano del Conte *PZ*	144	BD 39
Piano del Gatto *CZ*	177	BH 52
Piano del Lago *CS*	167	BG 45
Piano del Lago *PZ*	144	BD 39
Piano del Principe *NA*	151	AW 39
Piano del Voglio *BO*	80	AC 18
Piano dell' Ospedale *CH*	124	AW 31
Piano della Farnia *MO*	79	Z 18
Piano della Regina *CN*	58	D 15
Piano della Torre *SA*	162	BA 43
Piano dell'Acqua *RG*	202	AW 61
Piano Delle Castagne *TE*	116	AT 30
Piano delle Fonti *CH*	117	AU 30
Piano delle Rose *CS*	167	BF 46
Piano di Ascigno *CH*	117	AU 31
Piano di Collecchia *MS*	78	V 18
Piano di Coreglia *LU*	79	X 19
Piano di Follo *SP*	77	U 19
Piano di Madrignano *SP*	77	U 18
Piano di Maglia *PZ*	164	BE 42
Piano di Mommio *LU*	84	W 20
Piano di Rocchetta *AN*	97	AM 23
Piano di Sorrento *NA*	151	AV 40
Piano d'Orta *PE*	116	AS 30
Piano Grande *TE*	108	AQ 28
Piano Grande *TE*	116	AR 28
Piano Inferno *PA*	183	AN 55
Piano Lanzirotti *PA*	185	AP 55
Piano Liguori *NA*	150	AS 39
Piano Maggiore *TE*	108	AQ 27
Piano Maglio- Blandino *PA*	184	AO 55
Piano Marzano *PZ*	143	BB 38
Piano Menta *CS*	166	BE 46
Piano Mezzapelle *TP*	190	AK 57
Piano Ospedale *PA*	186	AU 57
Piano Pantaleo *PA*	185	AP 55
Piano Pietra *CZ*	174	BH 51
Piano Porlezza *CO*	22	Q 7
Piano Pozzi *RG*	202	AY 61
Piano Risteccio *TE*	108	AQ 27
Piano Rosso *LT*	129	AL 35
Piano San Michele *PU*	90	AM 22
Piano San Paolo *TE*	202	AW 61
Piano San Pietro *TE*	108	AQ 27
Piano Scarpara *PE*	116	AS 29
Piano Serre *CZ*	174	BH 51
Piano Soprano *SV*	74	K 18
Piano Sottano *SV*	74	K 18
Piano Stoppa *PA*	185	AP 55
Piano Tavola *CT*	197	AZ 58
Piano Vite *CT*	195	AY 58
Piano Vomano *TE*	115	AQ 28
Pianoconte *ME*	181	AY 53
Pianogreca *ME*	181	AY 53
Pianola *AQ*	115	AQ 30
Pianomarotta *AV*	143	AZ 38
Pianomonaci *ME*	188	AX 55
Piano-Pezze *AV*	142	AY 38
Pianopoli *CZ*	171	BH 50
Pianore *PI*	85	Z 21
Pianoro *BO*	80	AD 18
Pianoso *MO*	79	Z 17
Pianosa *LI*	100	V 28
Pianoscafo- Liattughelle *CS*	168	BH 45
Pianosinatico *PT*	79	Z 19

PIACENZA

Belcredi (V. G.)	B 2
Borgo (Pza)	A 3
Calzolai (Via)	A 6
Castello (Via del)	A 4
Cavalli (Pza dei)	B 5
Garibaldi (V.)	A 9
Genova (Piazzale)	A 10
Giordani (V. P.)	B 12
La Primogenita (V.)	B 13
Legione Zanardi Landi (V.)	B 15
Legnano (V.)	A 16
Manfredi (V. Giuseppe)	A 17
Marconi (Piazzale)	B 19
Milano (Piazzale)	A 20
Pace (V.)	B 22
Risorgimento (Viale)	B 23
Roma (Piazzale)	B 24
Scalabrini (V.)	B 34
S. Antonino (V.)	B 27
S. Eufemia (V.)	A 28
S. Sisto (V.)	A 29
S. Tommaso (V.)	A 32
Torino (Piazzale)	A 35
Venturini (V.)	A 38
Verdi (V.)	B 39
Vittorio Emanuele II (Cso)	A 40
20 Settembre (V.)	B 41
Duomo	B E
Il Gotico	B D

Piano-Starze *AV* .... 142 AY 38
Pianotaverna *AV* .... 143 AZ 37
Piano-Vetrale *SA* .... 162 BA 42
Pianporcelli *SI* .... 104 AG 26
Pianporcino *SI* .... 104 AF 25
Piansano *VT* .... 111 AF 28
Piansone *CN* .... 59 E 16
Pianta *BO* .... 81 AE 17
Piantaglio *PT* .... 79 Z 19
Piante *PN* .... 29 AK 7
Piantedo *SO* .... 23 R 7
Piantito *BN* .... 141 AV 37
Piantoli *CE* .... 131 AS 35
Piantonia *PR* .... 65 V 16
Piantorre *CN* .... 74 I 17
Piantrano *PG* .... 96 AH 23
Piantravigne *AR* .... 87 AE 22
Pianucciolo *VT* .... 112 AI 28
Pianura *NA* .... 150 AU 38
Pianzano *TV* .... 29 AJ 8
Pianzo *RE* .... 65 X 16
Piardello *LO* .... 52 T 13
Piario *BG* .... 24 U 8
Piasco *CN* .... 59 F 16
Piastra *MS* .... 78 V 19
Piastre *PT* .... 85 AA 19
Piastroso *LU* .... 79 Y 19
Piateda *SO* .... 24 U 7
Piateda Centro *SO* .... 24 U 7
Piatour *TO* .... 33 F 11
Piatta *SO* .... 24 T 6
Piattaforma *ME* .... 187 AX 55
Piatto *BI* .... 34 J 10
Piattoni *AP* .... 108 AR 26
Piavenna *BZ* .... 2 Y 3
Piavola *FC* .... 82 AH 19
Piavon *TV* .... 43 AK 9
Piazza *AL* .... 61 M 16
Piazza *BS* .... 38 V 10
Piazza *CN* .... 71 I 17
Piazza *NA* .... 151 AW 39
Piazza *PR* .... 65 X 15
Piazza *RO* .... 56 AH 14
Piazza *SI* .... 94 AC 22
Piazza *TN* .... 26 AB 8
Piazza *TO* .... 47 F 14
Piazza al Serchio *LU* .... 78 W 18
Piazza Armerina *EN* .... 194 AV 59
Piazza Brembana *BG* .... 23 T 8
Piazza Caduti *SA* .... 37 S 9
Piazza del Galdo-
Sant' Angelo *SA* .... 151 AX 39
Piazza di Brancoli *LU* .... 85 Y 20
Piazza di Pandola *AV* .... 151 AX 39
Piazza Nuova *BO* .... 67 AE 16
Piazza Nuova *RE* .... 66 Y 14
Piazza Rivalunga *VR* .... 55 AB 11
Piazza Roma *NA* .... 151 AW 39
Piazza Vecchia *SV* .... 74 K 18
Piazza Vecchia *VE* .... 42 AH 11
Piazzana *LU* .... 79 Y 19
Piazzano *AL* .... 49 K 13
Piazzano *LU* .... 85 X 20
Piazzatorre *BG* .... 23 T 8
Piazze *BS* .... 24 W 8
Piazze *BS* .... 39 X 10
Piazze *SI* .... 105 AG 26
Piazze *TN* .... 26 AA 8
Piazze *TN* .... 27 AC 7
Piazzeda *SO* .... 24 V 6
Piazzette *TO* .... 47 E 12
Piazzette *VI* .... 27 AE 9
Piazzo *GE* .... 62 P 16
Piazzo *SO* .... 9 R 6
Piazzo *TN* .... 40 AA 9
Piazzo *TN* .... 26 AC 6
Piazzo Alto *BG* .... 23 T 8
Piazzo Basso *BG* .... 23 T 8
Piazzola *TN* .... 12 Z 5
Piazzola sul Brenta *PD* ...... 41 AF 10
Piazzola *PZ* .... 154 BD 41
Piazzolo *AL* .... 50 M 13
Piazzolo *BG* .... 23 T 8
Piazzolo *BG* .... 24 U 8
Pibor *TN* .... 25 Y 8
Picarelli *AV* .... 142 AX 38
Picasi *ME* .... 187 AX 55
Piccalinna *VS* .... 220 M 46
Piccarello *GE* .... 62 O 17
Picchena *SI* .... 93 AB 23
Picchetta *NO* .... 35 N 10
Picchetto *PG* .... 96 AI 23
Picchio *BO* .... 81 AE 17
Piccianello *PE* .... 116 AS 29
Picciano *PE* .... 116 AS 29

Picciano *PU* .... 89 AL 20
Picciche *PG* .... 106 AL 26
Piccilli *CE* .... 132 AT 35
Piccione *PG* .... 96 AK 24
Piccione *PU* .... 97 AL 23
Piccola Casetta
di Nazareth *CE* .... 140 AT 38
Piccoli *PC* .... 63 S 15
Piccolini *PV* .... 50 N 12
Piccolino *BZ* .... 4 AG 3
Piccolo Pevero *OT* .... 211 S 37
Picenengo *CR* .... 52 U 13
Picenze *AQ* .... 115 AQ 30
Picerno *PZ* .... 153 BC 40
Pichl Ausser /
Colle di Fuori *BZ* .... 5 AI 3
Picille *FI* .... 86 AC 21
Picinisco *FR* .... 131 AS 34
Pició *RC* .... 178 BD 54
Pico *BR* .... 148 BN 39
Picone *PT* .... 130 AQ 35
Picone *SA* .... 162 AZ 42
Pideura *RA* .... 81 AF 18
Pidig Alm / Malga Pudio *BZ* .. 5 AI 2
Pie' Casavecchia *MC* ...... 107 AN 26
Piè dei Balzi *SA* .... 163 BC 42
Piè del Colle *MC* .... 107 AO 25
Piè del Colle *MC* .... 107 AN 26
Piè del Dosso *BS* .... 38 V 10
Piè del Sasso *MC* .... 107 AN 26
Piè delle Piagge *FR* ...... 131 AR 34
Piè la Costa *AQ* .... 115 AO 30
Piea *AT* .... 49 J 13
Pieberti *SI* .... 94 AD 25
Piecorto *SI* .... 94 AC 22
Piedelpoggio *RI* .... 114 AM 28
Piedicastello *TN* .... 26 AB 7
Piedicavallo *BI* .... 34 I 9
Piedicolle *AQ* .... 114 AO 28
Piedicolle *PG* .... 106 AJ 26
Piedicolle *RI* .... 114 AM 28
Piedifiume *RI* .... 113 AL 29
Piedilacosta *PG* .... 107 AM 27
Piedilago *VB* .... 7 L 6
Piedilama *AP* .... 107 AO 27
Piediluco *TR* .... 113 AL 28
Piedim *UD* .... 16 AN 5
Piedimonte *CE* .... 140 AS 36
Piedimonte *FI* .... 81 AE 19
Piedimonte *PU* .... 89 AJ 20
Piedimonte *SA* .... 152 AY 39
Piedimonte *TR* .... 113 AK 28
Piedimonte
del Calvario *GO* .... 31 AQ 8
Piedimonte Etneo *CT* ...... 197 BA 57
Piedimonte Matese *CE* .... 132 AV 35
Piedimonte San
Germano Alta *FR* .... 131 AR 34
Piedimonte
San Germano *FR* .... 131 AR 35
Piedimordenti *RI* .... 114 AN 28
Piedimulera *VB* .... 21 K 7
Piedipaterno *PG* .... 107 AM 27
Piediripa *MC* .... 98 AP 24
Piediripa *PG* .... 107 AM 27
Piedivalle *AP* .... 107 AO 26
Piedivalle *PG* .... 107 AN 26
Piegaro *PG* .... 105 AH 26
Piegolelle *SA* .... 152 AX 39
Piegusciano *MC* .... 98 AN 25
Pieia *PU* .... 96 AK 24
Pielia *MO* .... 79 Y 18
Pielungo *PN* .... 16 AM 6
Piemarano *AP* .... 99 AR 25
Piemonte *PG* .... 106 AK 27
Pienza *SI* .... 104 AF 25
Piepasso *AL* .... 49 L 14
Pierabec *UD* .... 15 AL 4
Pierantonio *PG* .... 96 AJ 24
Pierdicino *PI* .... 85 X 21
Pieria *UD* .... 15 AL 4
Pieris *GO* .... 31 AP 9
Pierle *AR* .... 96 AH 24
Pierno *PZ* .... 144 BC 39
Piero *SO* .... 10 W 6
Pierosara *AN* .... 97 AM 23
Pierremenaud *TO* .... 46 B 13
Pierucciani *PT* .... 86 AA 20
Pietà *SA* .... 162 AY 42
Pietole *MN* .... 54 Z 13
Pietole Vecchie *MN* .... 54 Z 13
Pietra *BG* .... 24 U 7
Pietra *BO* .... 67 AD 15
Pietra *CZ* .... 171 BG 49
Pietra *PD* .... 56 AG 12

Pietra *RC* .... 177 BH 53
Pietra *SO* .... 9 R 5
Pietra *TN* .... 26 AB 8
Pietra *TN* .... 26 AB 8
Pietra *VI* .... 40 AC 9
Pietra Alata *SI* .... 94 AB 24
Pietra Bassa *PU* .... 88 AI 20
Pietra de' Giorgi *PV* .... 51 Q 13
Pietra dell'Uso *FC* .... 88 AI 20
Pietra Forcella *CT* .... 197 AZ 58
Pietra Lamberti *FR* .... 130 AO 33
Pietra Ligure *SV* .... 74 K 19
Pietra Marazzi *AL* .... 50 N 14
Pietra Porci *LT* .... 130 AO 35
Pietra Stoppa *CS* .... 165 BI 44
Pietrabbondante *IS* .... 123 AW 33
Pietrabianca *ME* .... 189 BA 56
Pietrabianca *RC* .... 178 BD 54
Pietrabissara *GE* .... 62 O 16
Pietrabruna *IM* .... 72 I 20
Pietrabuona *PT* .... 85 Z 20
Pietracamela *TE* .... 115 AQ 28
Pietracatella *CB* .... 133 AY 34
Pietracolora *BO* .... 80 AA 18
Pietracupa *CB* .... 132 AW 33
Pietracuta *PU* .... 89 AJ 20
Pietradonata *IS* .... 132 AU 34
Pietrafaccia *GE* .... 62 O 16
Pietrafitta *CS* .... 171 BH 48
Pietrafitta *FR* .... 131 AR 34
Pietrafitta *GE* .... 76 Q 17
Pietrafitta *PG* .... 105 AI 26
Pietrafitta *SI* .... 94 AC 23
Pietrafitta *SI* .... 104 AE 25
Pietraforte *RI* .... 120 AM 31
Pietragalla *PZ* .... 154 BE 39
Pietragavina *PV* .... 63 Q 14
Pietragrossa *ME* .... 188 AZ 56
Pietraguisa *MO* .... 79 Y 18
Pietraia *AR* .... 95 AG 24
Pietraia *PG* .... 105 AI 25
Pietralacroce *AN* .... 91 AQ 22
Pietralavezzara *GE* .... 62 O 16
Pietralba *BZ* .... 13 AD 5
Pietrale-Capo di Fiume *SA* .. 152 AZ 41
Pietralta *TE* .... 108 AP 27
Pietralunga *CT* .... 195 AY 58
Pietralunga *PG* .... 96 AJ 23
Pietramala *FI* .... 80 AD 19
Pietramaura *PU* .... 89 AJ 20
Pietramelara *CE* .... 141 AU 36
Pietramelina *PG* .... 96 AJ 24
Pietramogolana *PR* .... 64 U 16
Pietramonte *BN* .... 133 AY 35
Pietramontecorvino *FG* .... 134 AZ 34
Pietramora *RA* .... 81 AG 18
Pietramorella *CS* .... 168 BH 46
Pietramurata *TN* .... 26 AA 7
Pietranera *GE* .... 63 Q 16
Pietranico *PE* .... 116 AS 30
Pietransieri *AQ* .... 123 AT 32
Pietrapaola *CS* .... 168 BJ 47
Pietrapazza *FC* .... 88 AG 20
Pietrapennata *RC* .... 179 BF 56
Pietrapertosa *PZ* .... 154 BF 40
Pietraperzia *EN* .... 194 AT 59
Pietrapiana *FI* .... 87 AE 21
Pietrapica *PZ* .... 164 BF 43
Pietraporzio *CN* .... 70 D 17
Pietrara *VT* .... 112 AH 30
Pietraroja *BN* .... 133 AW 35
Pietrarotta *CZ* .... 177 BI 53
Pietrasalta *MS* .... 77 U 18
Pietrasanta *LU* .... 84 W 20
Pietrascritta *CT* .... 175 BH 51
Pietrasecca *AQ* .... 121 AN 31
Pietraspaccata *PR* .... 64 U 15
Pietrastornina *AV* .... 142 AX 38
Pietratagliata *UD* .... 16 AO 5
Pietrauta *PG* .... 106 AK 26
Pietravairano *CE* .... 132 AU 36
Pietraviva *AR* .... 94 AE 23
Pietre Marce *VC* .... 20 J 8
Pietre Mole *PA* .... 184 AO 55
Pietre Nere
San Zagaria *RG* .... 204 AX 62
Pietre Rosse *ME* .... 188 BA 55
Pietrelcina *BN* .... 142 AY 36
Pietrelunghe *PA* .... 184 AO 55
Pietremarine *CS* .... 168 BH 46
Pietrenere *RC* .... 176 BE 53
Pietrerotte *CE* .... 139 AS 36
Pietretagliate *TP* .... 182 AK 56
Pietreto *LI* .... 92 X 22
Pietri *AV* .... 143 BA 38
Pietrineri *SI* .... 104 AF 26
Pietrito *RM* .... 129 AN 34

Pietroneri *CB* .... 132 AW 34
Pietta *PR* .... 65 W 16
Pievalle / Bevalle *BZ* .... 13 AE 5
Pieve *AL* .... 62 N 15
Pieve *BL* .... 14 AI 5
Pieve *BO* .... 67 AE 16
Pieve *BS* .... 38 V 11
Pieve *BS* .... 38 W 10
Pieve *BS* .... 39 X 9
Pieve *BS* .... 39 Z 9
Pieve *GE* .... 62 O 16
Pieve *LU* .... 84 W 20
Pieve *MC* .... 107 AN 26
Pieve *MS* .... 78 U 18
Pieve *MS* .... 78 V 18
Pieve *PC* .... 63 Q 15
Pieve *PR* .... 29 AK 8
Pieve *PV* .... 64 T 16
Pieve *PU* .... 89 AJ 21
Pieve *PV* .... 89 AJ 21
Pieve *PV* .... 50 N 13
Pieve *SI* .... 95 AF 24
Pieve *SP* .... 77 T 18
Pieve *TN* .... 28 AF 6
Pieve *TO* .... 47 F 14
Pieve *TV* .... 28 AG 8
Pieve *VI* .... 40 AC 9
Pieve *VR* .... 40 AC 11
Pieve a Elici *LU* .... 84 W 20
Pieve a Maiano *AR* .... 95 AF 23
Pieve a Nievole *PT* .... 85 Z 20
Pieve a Pitania *FI* .... 87 AE 21
Pieve a Presciano *AR* ...... 95 AF 23

Pieve a Salti *SI* .... 94 AE 25
Pieve a Socana *AR* .... 87 AF 22
Pieve al Toppo *AR* .... 95 AF 23
Pieve Albignola *PV* .... 50 O 13
Pieve Asciata *SI* .... 94 AD 23
Pieve Caina *PG* .... 105 AI 25
Pieve Cesato *RA* .... 82 AG 17
Pieve d'Alpago *BL* .... 29 AJ 7
Pieve del Cairo *PV* .... 50 N 13
Pieve del Pino *BO* .... 80 AD 17
Pieve del Vescovo *PG* ...... 96 AI 25
Pieve delle Rosa *PG* .... 96 AI 24
Pieve di Aggiglione *PG* .... 96 AJ 22
Pieve di Cadore *BL* .... 15 AJ 5
Pieve di Cagna *PU* .... 89 AK 21
Pieve di Cento *BO* .... 67 AC 15
Pieve di Chio *AR* .... 95 AG 24
Pieve di Compito *LU* .... 85 Y 21
Pieve di Compresseto *PG* .. 97 AL 24
Pieve di Coriano *RO* .... 55 AB 13
Pieve di Crespiano *MS* ...... 78 V 18
Pieve di Cusignano *PR* ...... 65 V 15
Pieve di Gualaiggio *PR* ...... 64 U 16
Pieve di Ledro *TN* .... 25 Z 8
Pieve di Livinallongo *BL* .... 14 AG 5
Pieve di Marebbe *BZ* .... 4 AG 3
Pieve di Monti di Villa *LU* .. 85 Y 19
Pieve di Panzano *FI* .... 94 AC 22
Pieve di Pava *SI* .... 94 AE 25
Pieve di Piana *SI* .... 94 AD 25
Pieve di Rigutino *AR* .... 95 AG 23
Pieve di Saddi *PG* .... 96 AJ 23
Pieve di Santa Luce *PI* ...... 92 Y 23

Pieve di Scalenghe *TO* ...... 59 F 14
Pieve di Soligo *TV* .... 28 AI 8
Pieve di Teco *IM* .... 72 I 19
Pieve d'Olmi *CR* .... 53 V 13
Pieve Dugliara *PC* .... 64 S 14
Pieve Emanuele *MI* .... 51 Q 11
Pieve Fanonica *PG* .... 106 AL 25
Pieve Fissiraga *LO* .... 51 R 12
Pieve Fosciana *LU* .... 79 X 19
Pieve Grumone *CR* .... 53 V 12
Pieve Ligure *GE* .... 76 P 17
Pieve Pagliaccia *PG* .... 96 AJ 25
Pieve Petroia *PG* .... 96 AI 24
Pieve Pontenano *AR* .... 87 AF 22
Pieve Porto Morone *PV* ...... 51 R 13
Pieve Rivoschio *FC* .... 88 AH 19
Pieve Rossa *RE* .... 66 Z 15
Pieve S. Lorenzo *LU* .... 78 W 18
Pieve S. Michele *RN* .... 83 AJ 19
Pieve Saliceto *RE* .... 66 Y 14
Pieve San Giacomo *CR* ...... 53 W 13
Pieve San Giovanni *AR* ...... 95 AF 22
Pieve San Nicolò *PG* .... 97 AK 25
Pieve San Quirico *RE* .... 78 W 17
Pieve San Vicenzo *RE* .... 78 W 17
Pieve Sant' Andrea *BO* ...... 81 AE 18
Pieve Santo Stefano *AR* .... 88 AH 21
Pieve Terzagni *CR* .... 53 W 12
Pieve Tesino *TN* .... 27 AE 7
Pieve Torina *MC* .... 107 AN 25
Pieve Vecchia *BS* .... 39 X 9
Pieve Vecchia *BS* .... 39 Y 10
Pieve Vecchia *PI* .... 92 X 23
Pieve Vergonte *VB* .... 21 K 7

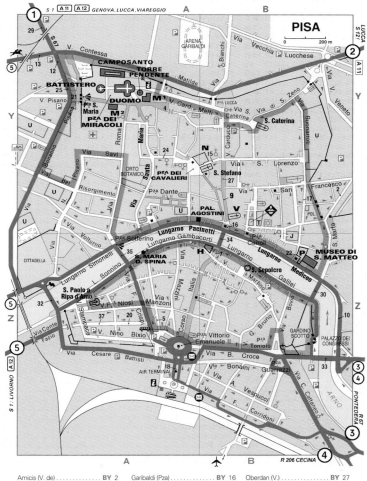

PISA

Amicis (V. de) .... BY 2
Arcivescovado (Pza) .... AY 4
Azeglio (V.) .... AZ 5
Banchi (V. di) .... BZ 7
Borgo Stretto .... BY 9
Buozzi (Lungardo B.) .... BZ 10
Cammeo (V.) .... AY 12
Cascine (V. delle) .... AY 13
Consoli del Mare (V.) .... BY 15

Garibaldi (Pza) .... BY 16
Giovanni di Simone (V.) .... BY 17
Gramsci (Viale) .... AZ 18
Italia (Cso) .... AZ
Lavagna (V.) .... AZ 20
Manin (Pza) .... AY 21
Mazzini (Pza) .... AY 22
Mille (V. dei) .... AY 24
Niccolini (V.) .... AY 25

Oberdan (V.) .... BY 27
Pietrasantina
(V.) .... AY 29
Ponte alla Fortezza .... BZ 30
Ponte della Cittadella .... AZ 32
Ponte della Vittoria .... BZ 33
Ponte di Mezzo .... BZ 34
Ponte Solferino .... AZ 35
Zerboglio (V.) .... AZ 37

Museo delle Sinopie .... AY M2
Museo dell'Opera
del Duomo .... AY M1
Palazzo dei Cavalieri .... ABY N
Palazzo dei Medici
(Prefettura) .... BZ P
Palazzo Gambacorti
(Municipio) .... BZ H
San Michele in Borgo .... BY V

Pievebovigliana MC 107 AN 25
Pievecchia FI 87 AD 21
Pievedizio BS 38 V 11
Pievefavera MC 98 AO 25
Pievelunga TR 105 AH 26
Pieveottoville PR 53 V 13
Pievepelago MO 79 Y 18
Pievequinta FC 82 AH 18
Pievescola SI 94 AB 24
Pievetta CN 74 J 18
Pievetta GE 63 R 16
Pievetta PC 51 R 13
Pievevecchia PU 89 AL 20
Pievina SI 94 AE 24
Pievuccia AR 95 AG 24
Piezza LU 79 X 19
Pigano BZ 12 AC 5
Pigazzano PC 64 S 14
Pigge PG 106 AL 26
Pighenzo TV 41 AG 9
Pigli AR 95 AG 23
Piglio FR 121 AN 33
Pigna IM 72 G 20
Pignano AV 151 AW 38
Pignano FR 130 AP 33
Pignano PI 93 AA 23
Pignano UD 30 AM 6
Pignare PD 56 AH 12
Pignaro PA 185 AP 56
Pignataro Interamna FR 131 AR 35
Pignataro Maggiore CE 141 AU 36
Pigne SA 152 AY 39
Pigno CT 197 AZ 58
Pigno PU 89 AL 22
Pignocco AN 98 AP 23
Pignola PZ 154 BD 40
Pignona SP 77 T 18
Pignone PR 65 W 17
Pignone SP 77 T 18
Pignotti AP 108 AO 26
Pignotto TE 109 AS 26
Pigozzo VR 40 AB 11
Pigra CO 22 P 8
Pila AO 33 E 9
Pila LI 100 W 27
Pila PD 41 AF 10
Pila PG 105 AI 25
Pila RO 57 AJ 14
Pila SO 24 V 7
Pila VC 34 J 9
Pilarcelle BN 142 AY 36
Pilarciano FI 87 AD 20
Pilastrello BO 67 AD 15
Pilastrello FE 67 AC 15
Pilastrello MO 66 AB 16
Pilastrello PR 65 X 15
Pilastri FE 55 AC 14
Pilastri RO 55 AE 14
Pilastri VI 41 AD 9
Pilastrino BO 80 AB 17
Pilastro MN 54 Y 13
Pilastro PR 65 W 15
Pilastro RA 82 AH 17
Pilastro VI 55 AD 12
Pilati RC 178 BD 56
Pilaz AO 19 H 9
Pilcante TN 26 AA 9
Pile VI 27 AE 9
Pile VT 112 AG 30
Piletta BI 34 J 11
Pili Il CH 124 AW 31
Pilieri PA 184 AO 54
Pilinga CZ 175 BI 51
Pilla BN 133 AY 35
Pillaz AO 34 I 10
Pille MN 54 Z 11
Pillo FI 93 AA 22
Pilone CB 133 AW 35
Pilone LT 139 AR 36
Pilone MN 54 Y 12
Pilone TE 115 AR 28
Piloni GR 103 AB 25
Piloni TR 113 AK 29
Pilonico Materno PG 105 AI 25
Pilonico Paterno PG 96 AK 25
Pilotti MC 108 AP 25
Pilottina PR 53 W 14
Pilzone BS 38 V 9
Pimentel CA 221 P 47
Piminoro RC 179 BF 54
Pinarella RA 82 AJ 18
Pinarolo Po PV 51 Q 13
Pinasca TO 47 E 14
Pincara RO 56 AE 14
Pincera AV 142 AX 38
Pincere CB 132 AV 35
Pinceto GE 62 O 16
Pinedo PN 15 AJ 6
Pinei BL 14 AH 6
Pineland SV 73 K 19
Pinerolo TO 59 F 14
Pinet CN 70 E 18
Pineta BS 38 W 9
Pineta BZ 13 AD 5
Pineta RC 176 BE 52
Pineta TN 12 AB 6
Pineta TN 26 AC 6
Pineta UD 16 AN 6
Pineta Mare CE 150 AS 38
Pineta Nuova CE 140 AS 37
Pineta Riviera CE 140 AS 37
Pinete FI 85 Z 21
Pineto RE 65 X 17
Pineto TE 109 AT 28
Pingrosso GR 103 AB 27
Piniè BL 14 AH 5
Piniè BL 15 AJ 4
Piniella IM 72 H 19
Pino BN 142 AX 37
Pino Collito CS 171 BI 48
Pino d'Asti AT 48 I 13
Pino Lago Maggiore VA 22 N 7
Pino Soprano GE 76 O 17
Pino Torinese TO 48 H 13
Pinocchio AN 91 AP 22
Pinto MC 98 AP 24
Pintura MC 99 AQ 24
Pinzago BZ 4 AE 3
Pinzale PO 86 AB 20
Pinzano MI 36 P 10
Pinzano al Tagliamento PN 16 AM 6
Pinzolo TN 26 Z 7
Pio RO 55 AD 13
Piobbico MC 107 AO 25
Piobbico PU 89 AK 22
Piòbesi d'Alba CN 60 I 15
Piobesi Torinese TO 47 G 14
Pioda SO 23 S 6
Pioda VB 7 K 6
Piode VC 34 J 9
Pioi VB 7 K 7
Piolanas CI 224 M 48
Piolo RE 78 X 18
Pioltello MI 37 Q 10
Pioltino MI 51 P 11
Piombino BO 67 AD 15
Piombino LI 102 Y 26
Piombino Dese PD 42 AH 10
Pionca PD 42 AG 11
Pione PR 64 S 16
Pioppa MO 66 AA 14
Pioppi SA 162 AZ 42
Pioppino MN 53 Y 13
Pioppo PA 184 AO 55
Pioraco MC 97 AM 24
Piosina PG 96 AI 23
Piossasco TO 47 F 14
Piovà Massaia AT 49 J 13
Piovani CN 59 G 16
Piove di Sacco PD 56 AH 12
Piovega PD 56 AH 12
Piovega TV 28 AG 9
Piovega TV 43 AK 9
Piovega VR 55 AD 12
Piovene Rocchette VI 41 AD 9
Piovera AL 50 N 14
Piovere BS 39 Z 9
Pioverno UD 16 AN 5
Piovezzano VR 39 Z 10
Piozzano PC 51 R 14
Piozzo CN 60 I 16
Pipirozzi IS 132 AT 35
Pippiete AP 108 AP 26
Piragineti CS 168 BI 46
Piraino ME 188 AY 55
Piraino Mare ME 188 AY 54
Piraino-Trappeto RC 179 BG 54
Piras OT 215 R 40
Pirastreddu SS 209 M 39
Piratello BO 81 AF 17
Pirato ME 188 AY 55
Pirato RG 204 AX 63
Pirazzolu OT 210 R 37
Piretto CS 167 BF 47
Pirillo CS 170 BG 48
Pirillo Sottano CZ 171 BH 49
Piro CS 170 BF 48
Pirocco PV 51 Q 13
Pirone RC 177 BG 54
Pirotto Li Frati OT 209 N 38
Pirrera ME 189 BB 54
Pirri CA 226 P 48
Pirricchio PZ 164 BF 43
Pirro Malena CS 168 BI 46
Pisa PI 85 X 21
Pisacane NA 151 AW 39
Pisana AV 142 AX 39
Pisano CT 197 AZ 58
Pisano NO 35 M 9
Pisavini CH 116 AU 31
Piscero CB 133 AX 35
Pischello PG 96 AH 24
Pischiano AR 88 AI 22
Pischina Salidda SS 208 K 38
Pischinazza OT 209 O 37
Piscia FR 131 AS 34
Pisciacavallo RM 119 AJ 31
Pisciano PG 96 AJ 23
Pisciarelli RM 119 AH 31
Pisciarello FR 130 AP 34
Pisciarello VT 112 AI 28
Pisciariello CE 131 AT 35
Piscina PD 56 AG 13
Piscina SO 24 W 6
Piscina TO 47 F 14
Piscinale CE 141 AV 37
Piscinas CI 225 N 49
Piscine TN 13 AC 6
Piscinelli CB 124 AW 33
Piscini CI 224 L 49
Pisciolo AV 143 BB 38
Pisciotta SA 162 BA 43
Pisciotto PA 186 AT 55
Pisciottolo PZ 164 BF 44
Piscitelli FR 130 AO 33
Piscitello TP 182 AK 56
Piscittina-Amola ME 187 AX 55
Piscopio VV 174 BF 52
Pisenti PG 106 AL 25
Pisetti BS 39 X 11
Pisignano FI 86 AB 21
Pisignano LE 159 BS 42
Pisignano RA 82 AI 18
Pismataro CS 169 BK 47
Pisnego NO 35 L 11
Pisogne BS 24 V 9
Pisogneto BS 24 W 7
Pisogno NO 35 L 9
Pisoniano RM 120 AM 32
Pissatola RO 55 AD 13
Pissignano PG 106 AL 26
Pissione VV 176 BE 52
Pisterzo LT 130 AO 35
Pisticci MT 155 BI 41
Pisticci Scalo MT 155 BI 41
Pistis VS 220 L 45
Pistoia PT 86 AA 20
Pistolesa BI 34 J 10
Pistone BR 148 BN 39
Pistoni MC 98 AN 23
Pistoni MN 53 X 12
Pistrino PG 96 AH 22
Pistrino PG 96 AH 23
Pitassi AQ 123 AU 32
Piteccio PT 86 AA 19
Piteglio PT 85 Z 19
Pitelli SP 77 U 19
Piticanni RC 177 BH 53
Piticchio AN 90 AM 22
Pitigliano GR 111 AF 28
Pitigliano PG 96 AI 22
Pitino MC 98 AO 24
Pitirolo RM 120 AL 30
Pito AP 108 AP 27
Pittarella CS 171 BG 49
Pitti CB 132 AV 34
Pittolo PC 52 S 13
Pittoni FR 131 AR 35
Pittulongu OT 211 S 38
Pitzinurri VS 220 M 46
Piubega MN 53 Y 12
Piuma GO 31 AQ 8
Piumazzo MO 67 AB 16
Piussogno SO 23 S 7
Piuzzo AL 63 P 15
Piverone TO 34 J 11
Piz BL 28 AH 7
Pizzago BZ 13 AF 4
Pizzale PR 65 V 14
Pizzale PV 51 P 13
Pizzanco VB 6 K 7
Pizzannocca TE 116 AS 28
Pizzano BO 81 AD 17
Pizzano TN 11 Z 6
Pizzarosto PV 50 M 12
Pizzelle BN 133 AY 35
Pizzighettone CR 52 T 12
Pizzinni VV 174 BF 52
Pizzino BG 23 S 8
Pizzo LE 160 BR 44
Pizzo MI 37 Q 11
Pizzo VV 174 BF 51
Pizzo Billi PG 97 AL 23
Pizzo Guglielmi PG 96 AJ 24
Pizzo Tamba RA 68 AG 16
Pizzocalvo BO 81 AD 17
Pizzocorno PV 63 P 14
Pizzoferrato CH 123 AU 32
Pizzoferro Monsignore TA 147 BK 39
Pizzofreddo PV 51 Q 14
Pizzolato TP 190 AJ 57
Pizzolese PR 65 X 14
Pizzoletta VR 54 AA 12
Pizzoli AQ 115 AO 29
Pizzoli BG 24 U 8
Pizzolungo TP 182 AK 55
Pizzon RO 56 AE 13
Pizzon VE 57 AI 13
Pizzone CE 140 AT 37
Pizzone IS 131 AT 33
Pizzoni PD 56 AG 13
Pizzoni VV 174 BG 52
Pizzutella PZ 144 BD 38
Placa RC 178 BD 56
Placanica RC 177 BH 53
Places AO 19 F 8
Plaesano RC 176 BF 53
Plaia Grande RG 204 AW 63
Plaino UD 30 AO 7
Plampincieux AO 18 C 9
Plan BZ 13 AF 4
Plan SO 10 W 4
Plan TO 46 C 14
Plan / Pfelders BZ 3 AB 3
Plan Checrouit AO 18 C 9
Plan della Mussa TO 47 D 12
Plan di Coces UD 16 AN 5
Plan di Fioba MS 78 W 19
Plan di Laris UD 16 AN 4
Plan Folliez AO 32 D 10
Plan Lambert AO 34 I 10
Plan Pessey AO 32 E 10
Plan Ponquet AO 18 C 9
Planaval AO 18 D 9
Plànaval AO 32 D 9
Planca di Sopra / Obenplanken BZ 5 AI 3
Planca di Sotto / Underplenken BZ 5 AI 3
Plancios / Palmschoss BZ 4 AF 3
Planeil / Planol BZ 2 Y 3
Planes TO 58 C 14
Plania FC 82 AH 18
Planitzing / Pianizza BZ 12 AC 5
Planol / Planeil BZ 2 Y 3
Plans UD 16 AO 5
Plante AO 32 D 10
Plasencis UD 30 AN 7
Plata BZ 4 AG 3
Plata BZ 5 AH 3
Plata / Platt BZ 3 AC 3
Plataci CS 165 BH 44
Platamona SS 208 L 39
Platamona Lido SS 208 L 39
Platania CZ 171 BG 49
Platano VR 39 Z 11
Platì RC 179 BF 54
Platischis UD 17 AP 6
Platt / Plata BZ 3 AC 3
Plau AO 33 G 9
Plaus BZ 12 AB 4
Plauto FR 131 AR 34
Plazzoles BZ 12 AB 4
Plembaci RC 178 BE 56
Plemmirio SR 203 BA 61
Plemo BS 24 W 8
Plesio CO 23 Q 7
Plessiva GO 31 AQ 8
Pleyne CN 58 D 16
Pleziche UD 17 AP 5
Plezzut UD 17 AQ 5
Ploaghe SS 213 N 40
Plodio SV 74 K 17
Pluda BS 53 W 11
Plugna UD 16 AM 5
Po Bandino PG 105 AG 26
Poasco MI 36 Q 11
Pobbia TO 34 I 11
Pobbietta TO 34 I 11
Pobbio AL 63 P 15
Pocaia AR 95 AH 23
Pocapaglia CN 60 I 15
Pocchettino TO 60 H 14
Poccola AT 61 J 14
Pocenia UD 30 AN 8
Pocol BL 14 AH 4
Podalla MC 107 AO 25
Podargoni RC 178 BD 55
Podenzana MS 78 U 18
Podenzano PC 52 T 14
Podenzoi BL 14 AI 6
Poder Cerreto TR 105 AI 27
Poder Fornaciaccia GR 104 AD 27
Poder le Pescine GR 103 AC 25
Poder Montarsone TR 105 AH 27
Poder Pian di Mucini GR 103 AA 25
Poder Toscano SI 104 AE 25
Poder Vaiano TR 105 AI 26
Podere PG 106 AJ 25
Podere PU 97 AL 22
Podere Borgheretto SI 104 AE 26
Podere Caminino GR 103 AB 26
Podere Cancelli SI 104 AE 26
Podere Cantagalline TR 105 AI 26
Podere Casanova PG 96 AK 25
Podere Casella TR 105 AI 26
Podere Castagna TR 113 AJ 28
Podere Causa SI 94 AC 24
Podere Cerbaiola SI 94 AC 24
Podere Corso GR 110 AC 28
Podere del Pelagone GR 102 AA 26
Podere Frassina SI 104 AD 25
Podere Galluzzi SI 104 AF 26
Podere Gamosa SI 94 AD 25
Podere Gesseri PI 93 AA 24
Podere Gualda PI 93 Z 25
Podere Ischia TR 105 AI 27
Podere la Pieve LI 102 Z 25
Podere Lamaccione GR 103 AC 27
Podere Lanzo GR 103 AC 25
Podere Lazzeri GR 104 AF 27
Podere le Case SI 104 AE 26
Podere Lecce SI 104 AE 26
Podere Massò GR 103 AB 25
Podere Nuovo GR 104 AD 26
Podere Ospedaletto TR 113 AJ 28
Podere Pantano VT 105 AG 27
Podere Pelagone GR 111 AE 28
Podere Poggio Castagnolo GR 104 AE 26
Podere Pozzarello SI 95 AF 25
Podere Pozzi GR 103 AC 26
Podere San Fele TR 105 AI 27
Podere San Francesco PI 93 AA 24
Podere San Giustino VT 104 AF 27
Podere Santa Maria TR 113 AJ 28
Podere Sant'Antonio GR 103 AC 25
Podere Scala SI 104 AF 25
Podere Torre PG 106 AJ 26
Podere Treggiana PI 93 Z 24
Podere Vadopiano GR 103 AB 25
Podere Vesperino SI 94 AB 24
Poderetto TR 105 AG 27
Poderi di Montemerano GR 111 AE 28
Poderi Palombino FG 126 BB 33
Poderia SA 163 BB 43
Poderone GR 110 AC 28
Poderuccio VT 105 AG 27
Podio CN 60 I 16
Podresca UD 31 AQ 7
Poerza BG 24 V 8
Poesilla PT 86 AA 21
Poetto CA 226 P 48
Poffabro PN 15 AL 6
Pofi FR 130 AP 34
Pogallo VB 21 L 7
Pogerola SA 151 AW 40
Poggetello AQ 121 AO 31
Poggeto MC 97 AN 24
Poggetto BO 67 AD 15
Poggetto PO 86 AB 21
Poggetto PU 97 AL 23
Poggi GR 103 AC 26
Poggi IM 73 I 20
Poggi San Siro CN 74 J 17
Poggi Sant'Ercolano PG 97 AL 24
Poggi Santo Spirito CN 74 J 17
Poggialto IM 72 I 20
Poggiana TV 42 AG 9
Poggiardo LE 161 BT 43
Poggibonsi SI 94 AB 23
Poggiforzoli FI 87 AD 19
Poggio AL 61 L 16
Poggio AP 108 AP 26
Poggio AP 108 AP 27
Poggio BO 80 AA 19
Poggio BO 80 AB 18
Poggio BO 81 AE 17
Poggio BO 81 AF 16
Poggio FC 82 AH 18
Poggio FC 88 AH 20
Poggio GE 63 P 16
Poggio GE 63 P 16
Poggio IM 72 H 21
Poggio LI 100 W 27
Poggio LU 78 X 19
Poggio MC 108 AO 25
Poggio MC 98 AQ 24
Poggio PC 64 T 15
Poggio PG 106 AL 25
Poggio PI 85 AA 21
Poggio PR 64 T 17
Poggio PR 65 W 16
Poggio PU 88 AH 20
Poggio PV 51 Q 14
Poggio RM 119 AH 31
Poggio SV 73 J 19
Poggio TR 106 AJ 28
Poggio TR 113 AK 29
Poggio a Caiano PO 86 AB 21
Poggio a Isola PI 86 AA 21
Poggio alla Croce FI 87 AD 22
Poggio alla Malva PO 86 AB 21
Poggio all'Agnello LI 102 Y 26
Poggio alle Mura SI 104 AD 26
Poggio Ancisa PU 88 AH 21
Poggio Aquilone TR 105 AI 26
Poggio Berni RN 83 AJ 19
Poggio Bianco PU 88 AI 21
Poggio Brucoli SI 94 AC 25
Poggio Bustone RI 114 AM 28
Poggio Cancelli AQ 115 AO 28
Poggio Catino RI 113 AL 30
Poggio Catino RI 113 AL 30
Poggio Cavallo GR 103 AC 27
Poggio Cinolfo AQ 120 AN 31
Poggio Cupro AN 98 AN 23
Poggio d'Acona AR 88 AG 22
Poggio d'Ancona AN 91 AQ 22
Poggio d'Api RI 108 AO 27
Poggio dei Pini CA 226 O 49
Poggio del Castagno VT 112 AI 28
Poggio delle Corti PG 105 AI 25
Poggio delle Ginestre RM 119 AI 31
Poggio delle Rose TE 116 AR 28
Poggio dell'Ellera RM 119 AJ 31
Poggio di Bretta AP 108 AQ 26
Poggio di Croce PG 107 AM 26
Poggio di Loro AR 87 AE 22
Poggio di Roio AQ 115 AP 30
Poggio Favaro GE 76 P 17
Poggio Ferrato PV 63 Q 14
Poggio Fidoni RI 113 AL 29
Poggio Filippo AQ 121 AO 31
Poggio Fiorito RM 119 AK 32
Poggio Frusta VT 112 AH 28
Poggio Fuoco GR 111 AD 28
Poggio Gagliardo PI 92 Y 24
Poggio Gerba AT 61 L 14
Poggio Gherardo FI 86 AC 21
Poggio Giubbiani FI 87 AE 21
Poggio Imperiale FG 125 BB 33
Poggio Lastra FC 88 AG 20
Poggio Lavarino TR 106 AK 28
Poggio Mirteto RI 113 AL 30
Poggio Mirteto Scalo RI 113 AK 30
Poggio Moiano RI 114 AM 30
Poggio Montone GR 104 AE 27
Poggio Morello TE 109 AS 27
Poggio Morico PG 97 AK 24
Poggio Murella GR 104 AE 27
Poggio Nativo RI 114 AL 30
Poggio Nuovo PI 84 X 21
Poggio Nuovo TR 112 AI 28
Poggio Pallano PG 97 AL 25
Poggio Perugino RI 113 AL 29
Poggio Picenze AQ 115 AQ 30
Poggio Pinci SI 95 AE 24
Poggio Primocaso PG 107 AM 27
Poggio Rattieri TE 108 AQ 28
Poggio Renatico FE 67 AD 15
Poggio Ridente PA 184 AO 55
Poggio Rusco MN 55 AB 14
Poggio S. Lorenzo RI 114 AM 30
Poggio San Dionisio PG 97 AK 24
Poggio San Giovanni RI 114 AO 30
Poggio San Marcello AN 97 AN 22
Poggio San Marco AR 94 AE 23
Poggio San Michele PZ 154 BD 40
Poggio San Romualdo AN 97 AN 23
Poggio San Vicino MC 98 AN 23
Poggio San Vittorino TE 108 AR 28
Poggio Sannita IS 123 AV 33
Poggio Santa Cecilia SI 95 AE 24
Poggio Santa Maria AQ 115 AO 30
Poggio Sommavilla RI 113 AK 30
Poggio Sorifa MC 97 AM 25
Poggio Tempesti FI 85 Z 21
Poggio Terzarmata GO 31 AQ 8
Poggio Tignoso FI 80 AD 19
Poggio Ubertini FI 86 AB 22
Poggio Umbricchio TE 115 AQ 28
Poggio Valle TR 105 AG 26

Poggio Vecchio *PI* 84   X 21
Poggio Vittiano *RI* 114   AN 30
Poggio Zocchi *PU* 88   AJ 20
Poggiodomo *PG* 107   AM 27
Poggioferro *GR* 104   AD 27
Poggioferro *GR* 104   AE 26
Poggiofiorito *CH* 117   AU 30
Poggiola *AR* 95   AF 23
Poggiolforato *BO* 79   Z 18
Poggiolino *FI* 87   AD 22
Poggiolo *AR* 95   AF 24
Poggiolo *PG* 106   AJ 26
Poggiolo *PT* 86   AA 20
Poggiolo *SI* 94   AC 23
Poggiolo *SV* 95   AF 24
Poggiolo *TR* 113   AK 29
Poggiolo *FI* 87   AD 20
Poggiolungo *PZ* 153   BC 39
Poggiomarino *NA* 151   AW 39
Poggioni *FI* 85   AA 21
Poggioreale *TP* 191   AN 57
Poggioreale *TP* 191   AN 57
Poggiorsini *BA* 145   BG 38
Poggiovalle *RI* 114   AO 30
Poggiridenti *SO* 24   U 6
Pogi *AR* 95   AE 23
Pogli *SV* 73   J 19
Pogliana *VA* 22   O 8
Poglianasca *MI* 36   O 10
Pogliano Milanese *MI* 36   O 10
Pogliasca *SP* 77   T 18
Pognana *MS* 78   V 18
Pognana Lario *CO* 22   P 8
Pognano *BG* 37   S 10
Pogno *NO* 35   L 9
Poiago *RE* 79   Y 17
Poiana Maggiore *VI* 55   AE 12
Poiane *BS* 53   W 11
Poiane *VR* 40   AA 11
Poianella *VI* 41   AE 10
Poianis *UD* 31   AP 7
Poiano *MN* 53   X 12
Poiano *RE* 79   X 17
Poiano *VA* 35   M 9
Poiano *VR* 40   AB 11
Poincicco *PN* 29   AL 8
Poirino *TO* 48   I 14
Polaggia *SO* 24   T 6
Polava *UD* 17   AQ 6
Polaveno *BS* 38   V 10
Polazzo *GO* 31   AP 8
Polcanto *FI* 86   AD 20
Polcenigo *PN* 29   AJ 7
Polcoda *PN* 16   AM 6
Polea *PU* 96   AK 22
Poledrara *VT* 112   AG 29
Polegge *VI* 41   AE 10
Polenaco *TR* 106   AK 28
Polengo *CR* 52   U 12
Polenta *FC* 82   AH 19
Polentes *BL* 28   AI 7
Poleo *VI* 40   AC 9
Polese *CB* 133   AX 34
Polesella *RO* 56   AF 14
Polesine *MN* 54   Z 14
Polesine Camerini *RO* ... 57   AJ 14
Polesine Parmense *PR* ... 53   V 13
Polesinello *RO* 57   AI 14
Polesio *AP* 108   AQ 26
Poletto *MN* 54   AB 13
Polgeto *PG* 96   AI 24
Poli *RM* 120   AM 32
Polia *VV* 174   BG 51
Policarette *CS* 168   BF 46
Policaretto *CS* 168   BH 47
Policastrello *CS* 166   BF 45
Policastro Bussentino *SA*..163   BC 43
Policiano *AR* 95   AG 23
Policoro *MT* 165   BJ 42
Policorvo *CH* 123   AV 31
Polignano *PC* 52   U 13
Polignano a Mare *BA* 147   BM 38
Poligono *BZ*............. 5   AH 3
Polinago *MO* 79   Z 17
Polino *TR* 114   AM 28
Polistena *RC* 176   BF 53
Polizzello *CL* 193   AS 58
Polizzi Generosa *PA* 186   AT 57
Polla *SA* 153   BB 40
Pollara *ME* 181   AX 52
Pollastra *AL* 62   N 14
Pollein *AO* 33   F 9
Pollena Trocchia *NA* 151   AV 38
Pollentina *AV* 142   AZ 38
Pollenza *MC* 98   AP 24
Pollenzo *CN* 60   I 15

Pollica *SA* 162   AZ 42
Polligrone *KR* 173   BK 48
Pollina *MS* 77   U 17
Pollina *PA* 186   AT 56
Pollinare *CS* 168   BH 45
Polline *RM* 119   AI 31
Pollino *AR* 87   AF 21
Pollino *VB* 21   M 8
Pollone *BI* 34   J 10
Pollutri *CH* 124   AW 31
Polonghera *CN* 59   G 15
Polonini *BS* 39   X 11
Polpenazze del Garda *BS*.. 39   X 10
Polpet *BL* 28   AI 6
Polpresa *TO* 47   F 12
Poltu Quatu *OT* 207   R 37
Polvano *AR* 95   AH 23
Polveraia *GR* 103   AC 27
Polverara *PD* 56   AG 12
Polverara *SP* 77   T 19
Polveraro *CS* 167   BG 46
Polvereto *FI* 86   AB 22
Polverigi *AN* 91   AP 22
Polverina *AP* 108   AP 26
Polverina *MC* 98   AN 25
Polveroni *LI* 92   X 23
Polvica *CE* 141   AW 38
Polvica *SA* 151   AW 39
Pomaia *PI* 92   Y 23
Pomara *MN* 53   Y 13
Pomarance *PI* 93   AA 24
Pomarelli *RC* 178   BE 54
Pomaretto *TO* 47   E 14
Pomaretto *TO* 48   H 14
Pomarico *MT* 155   BI 40
Pomaro *AP* 108   AP 27
Pomaro Monferrato *AL*.... 50   M 13
Pomarolo *CN* 59   G 16
Pomarolo *PC* 63   R 16
Pomarolo *TN* 26   AB 8
Pombia *NO* 35   M 10
Pomeano *TO* 59   E 14
Pomedo *LC* 23   R 8
Pometo *PV* 51   Q 14
Pomezia *RM* 128   AK 33
Pomezzana *LU* 84   W 20
Pomice *AV* 142   AY 37
Pomicione *NA* 150   AS 39
Pomigliano d'Arco *NA*.... 151   AV 38
Pomino *BG* 37   R 9
Pomonte *GR* 111   AD 28
Pomonte *LI* 100   V 27
Pomonte *PG* 106   AK 26
Pomonte *RI* 113   AL 30
Pompagnano *PG* 106   AL 27
Pompeano *MO* 79   Z 17
Pompegnino *BS* 39   X 10
Pompei *NA* 151   AV 39
Pompeiana *IM* 72   I 20
Pompiano *BS* 38   U 11
Pomponesco *MN* 54   Y 14
Pompongias *OR* 220   M 45
Pomposa *FE* 69   AI 15
Pompu *OR* 221   N 45
Poncarale *BS* 38   W 11
Ponchiera *SO* 24   U 6
Pondel *AO* 32   E 9
Ponderano *BI* 34   J 10
Poneta *FI* 86   AC 22
Pongelli *AN* 90   AN 22
Pongennaro *PR* 53   V 14
Pongnana *AR* 87   AG 22
Ponna *CO* 22   P 8
Ponna di Mezzo *CO* 22   P 8
Ponna Inf. *CO*.......... 22   P 8
Ponnola *AV* 143   AZ 37
Ponsacco *PI* 85   Y 22
Ponsano *PI* 93   AA 23
Ponso *PD* 56   AE 12
Pont *AO* 18   D 8
Pont *AO* 32   E 10
Pont *BL* 28   AG 7
Pont Canavese *TO*...... 33   G 11
Pont Serrand *AO*....... 32   C 9
Pont St-Martin *AO*...... 34   H 10
Pont Suaz *AO*......... 33   E 9
Pont Trenta *AO*........ 34   I 9
Pontagliara *RC* 177   BG 53
Pontalto *LT* 138   AO 36
Pontano *IS* 131   AT 34
Pontassieve *PI* 85   X 21
Pontasio *BS* 24   V 9
Pontassieve *FI* 87   AD 21
Pontassio *PT* 86   AA 20
Pontboset *AO*......... 33   H 10
Ponte *BN* 142   AX 36
Ponte *CE* 140   AS 36

Ponte *PG* 107   AM 27
Ponte *VB* 7   L 5
Ponte a Bozzone *SI* 94   AD 23
Ponte a Buriano *AR*..... 95   AF 22
Ponte a Cappiano *FI* ... 85   Z 21
Ponte a Egola *PI* 85   Z 21
Ponte a Elsa *FI* 86   AA 21
Ponte a Greve *FI* 86   AC 21
Ponte a Moriano *LU* 85   Y 20
Ponte a Tigliano *PO* 86   AB 21
Ponte a Tressa *SI* 94   AD 24
Ponte Abbadesse *FC* ... 82   AI 19
Ponte agli Stolli *FI* 87   AD 22
Ponte alla Mussa *TV* 42   AG 10
Ponte alla Navetta *PI* ... 85   Y 21
Ponte alla Piera *AR* 88   AG 22
Ponte all'Asse *FI* 86   AB 21
Ponte Alto *BL* 14   AH 6
Ponte Alto *FE* 67   AD 15
Ponte Alto *VI* 41   AE 11
Ponte Arche *TN* 26   AA 7
Ponte Arenazza *CS* 166   BE 46
Ponte Armellina *PU*..... 89   AL 21
Ponte Aventino *CH* 117   AV 31
Ponte Barizzo *SA* 152   AZ 41
Ponte Binuara *TP* 183   AL 56
Ponte Bolfalora *NO* 36   N 11
Ponte Bovino *FG* 134   BB 36
Ponte Buggianese *PT* ... 85   Z 20
Ponte Caffaro *BS* 25   Y 9
Ponte Calcara *PG* 97   AL 23
Ponte Cappuccini *PU* ... 89   AJ 21
Ponte Carolei *CS* 170   BG 48
Ponte Castronovo *PA*....185   AQ 55
Ponte Centesimo *PG* ... 106   AL 25
Ponte Cervaro *FG* 135   BC 35
Ponte Chiaradovo *AN* ... 97   AM 23
Ponte Ciatagnera *TO* ... 58   C 14
Ponte Cingoli *MC* 98   V 10
Ponte Cinque Archi *CB* .. 133   AX 35
Ponte Conca *PU* 89   AJ 21
Ponte Corradini *LT* 138   AN 35
Ponte Corvo *CS* 167   BF 47
Ponte Cozzolino *NA* 151   AV 38
Ponte Crenna *PV* 63   P 15
Ponte Crispolti *RI* 114   AM 29
Ponte d' Assi *PG* 96   AK 24
Ponte d'Arbia *SI* 94   AD 24
Ponte degli Alberi *PU* ... 89   AJ 21
Ponte Dei Santi *AV* 142   AX 37
Ponte del Castello *RA* ... 81   AF 18
Ponte del Colombarone *PU*..89   AL 20
Ponte del Giulio *PN* 29   AL 7
Ponte del Grillo *RM* 119   AK 31
Ponte del Porco *FG* 134   BA 33
Ponte del Sabato *AV* ... 142   AY 38
Ponte del Trave *AN* 90   AO 22
Ponte della Delizia *PN* ... 30   AM 8
Ponte della Maddalena *LU*.. 85   Y 20
Ponte della Muda *TV* ... 29   AJ 8
Ponte della Pietra *FC* ... 82   AI 19
Ponte della Rovina *CN* ... 70   F 18
Ponte della Selva *BG* ... 24   U 8
Ponte della Valle *FI* 81   AF 19
Ponte della Venturina *PT*.. 80   AA 19
Ponte delle Tavole *RM*....120   AL 31
Ponte Dell'Olio *PC* 64   S 14
Ponte di Barbarano *VI* ... 41   AE 11
Ponte di Camurano *FI* ... 81   AE 19
Ponte di Castegnero *VI* .. 41   AE 11
Ponte di Castelvecchio *PT*.. 85   Z 20
Ponte di Cetti *VT* 112   AH 29
Ponte di Ciccalento *FG* .. 135   BC 34
Ponte di Ferro *NA* 151   AV 38
Ponte di Ferro *PG* 106   AK 26
Ponte di Ferro *PU* 89   AL 22
Ponte di Legno *BS* 11   Y 6
Ponte di Masino *FI* 85   AA 21
Ponte di Nanto *VI* 41   AE 11
Ponte di Nava *CN* 72   I 19
Ponte di Piave *TV* 43   AJ 9
Ponte di Posara *MS* 78   V 18
Ponte di Savignone *GE*... 62   O 16
Ponte di Troia *FG* 134   BB 35
Ponte di Verzuno *BO* ... 80   AB 18
Ponte Doccia *PU* 89   AJ 21
Ponte Esse *AR* 95   AF 23
Ponte Ete-Caldarette *AP*.. 99   AR 25
Ponte Felcino *PG* 96   AJ 25
Ponte Felice *AN* 90   AO 22
Ponte Ferraioli *LT* 130   AN 35
Ponte Galeria *RM* 119   AJ 33
Ponte Gardena *BZ* 13   AE 4
Ponte Giacoio *PZ* 153   BC 39
Ponte Giurino *BG* 23   S 9
Ponte Grande *PG* 97   AK 25
Ponte Guazzariello *SA*....152   AZ 39

Ponte Impiso *BA* 145   BG 38
Ponte in Valtellina *SO* ... 24   U 6
Ponte La Torre *AQ* 122   AS 31
Ponte Lambro *CO* 23   Q 9
Ponte Lungo *SO*........ 10   V 4
Ponte Maggiore *LT* 138   AO 36
Ponte Maglio *AP* 108   AQ 26
Ponte Malafede *PZ* 165   BG 43
Ponte Mariano *RM* 118   AH 31
Ponte Mercato *RM* 120   AL 30
Ponte Merlano *MN* 54   AA 13
Ponte Messa *PU* 88   AJ 21
Ponte Mezzotta *NA* 150   AU 38
Ponte Minchione *VT* 113   AJ 30
Ponte Molinello *SA* 152   AY 39
Ponte Murello *PU* 90   AM 21
Ponte Musone *AN* 98   AO 23
Ponte Naso *ME* 188   AX 55
Ponte nelle Alpi *BL* 28   AI 6
Ponte Nina *AP* 99   AS 25
Ponte Nizza *PV* 63   P 14
Ponte Nossa *BG* 24   U 8
Ponte Nova /
   Birchabruck *BZ* 13   AD 5
Ponte Nuovo *CO* 23   Q 9
Ponte Nuovo *CS* 167   BG 45
Ponte Nuovo *MO* 66   Z 15
Ponte Nuovo *MO* 66   Z 16
Ponte Nuovo *PD* 56   AE 13
Ponte Nuovo *PG* 106   AJ 25
Ponte Nuovo *PG* 107   AN 26
Ponte Nuovo *PU* 86   AA 20
Ponte Nuovo *PU* 89   AJ 21
Ponte Nuovo *SA* 153   BB 40
Ponte Odioso *FI* 81   AF 19
Ponte Oliveto-Bagni *SA*..152   BA 39
Ponte Olivo *CL* 201   AU 61
Ponte Organasco *PC* ... 63   Q 15
Ponte Ospedaletto *FC* ... 82   AJ 19
Ponte Paoli *PT* 86   AA 20
Ponte Parco *PA* 184   AO 55
Ponte Parrano *PG* 97   AL 25
Ponte Pattoli *PG* 96   AJ 24
Ponte Pedana *AP* 108   AQ 27
Ponte Pio *PG* 98   AO 23
Ponte Rio *AN* 90   AN 21
Ponte Rio *PG* 106   AL 25
Ponte Rodoni *FE* 67   AD 14
Ponte Romano *GO* 31   AQ 8
Ponte Ronca *BO* 67   AC 16
Ponte Rosso *BS* 53   W 11
Ponte Rosso *PU* 89   AK 22
Ponte S. Giovanni *PG* ... 96   AJ 25
Ponte S. Giusta *FG* 134   BB 34
Ponte S. Lucia *PG* 106   AL 26
Ponte S. Margherita *RI*... 114   AN 29
Ponte S. Venere *FG* 143   BB 37
Ponte Samoggia *BO* ... 67   AB 16
Ponte San Biagio *VT* ... 105   AG 27
Ponte San Giovanni *AN* .. 97   AN 23
Ponte San Marco *BS* ... 39   X 11
Ponte San Michele *SA* ... 151   AW 39
Ponte San Nicolò *PD* ... 42   AG 11
Ponte San Pellegrino *MO*.. 67   AB 14
Ponte San Pietro *BG* ... 37   S 9
Ponte San Pietro *FE* 56   AG 14
Ponte San Quirino *UD* ... 31   AP 7
Ponte
   Santa Margherita *SP*.. 77   S 18
Ponte Santa Maria
   Maddalena *PU* 88   AJ 20
Ponte Santo *BO* 81   AF 17
Ponte Sargano *PG* 107   AM 26
Ponte Sestaione *PT* 79   Z 19
Ponte Sfondato *RI* 113   AK 30
Ponte Sorgenza *BN* 133   AX 36
Ponte Sotto *PC* 63   R 15
Ponte Stazzemese *LU* ... 84   W 19
Ponte Stoppino *BO* 68   AF 16
Ponte Storto *VI* 41   AF 9
Ponte Striglia *VT* 118   AH 30
Ponte Taro *PR* 65   W 15
Ponte Tavole *BN* 142   AX 37
Ponte Tavollo *PU* 89   AL 20
Ponte Teglia *MS* 78   U 17
Ponte Tesino *AP* 108   AR 26
Ponte Torto *FI* 86   AB 21
Ponte Travagli *FE* 68   AE 14
Ponte Ulica *RM* 129   AL 34
Ponte Uso *FC* 88   AI 20
Ponte Valleceppi *PG* 96   AJ 25
Ponte Vangaro *PC* 52   S 14
Ponte Vècchio *RC* 176   BE 53
Ponte Vecchio *MI* 36   O 11
Ponte Veruccio *RN* 89   AJ 20
Ponte Villanova *FG* 135   BC 34

Ponte Zanano *BS* 38   W 9
Ponte Zappella *NA* 151   AV 39
Ponte Zeza *AV* 142   AY 37
Ponteacco *UD* 31   AP 7
Pontebavi *PG* 106   AL 27
Pontebba *UD* 16   AO 4
Pontebernardo *CN* 70   D 17
Pontebba *PI* 92   Y 22
Pontebosio *MS* 78   V 18
Pontebovesecco *AN* ... 97   AM 23
Pontecagnano *SA* 152   AY 40
Pontecasale *PD* 56   AG 12
Pontechiusa *LU* 78   W 18
Pontechiusita *PG* 107   AM 26
Pontechiusita *PG* 107   AM 26
Ponteceno *PR* 64   S 16
Ponteceno *PR* 64   S 16
Pontechianale *CN* 58   D 16
Pontecorvo *FR* 131   AR 35
Pontecosi *LU* 78   X 19
Pontecurone *AL* 50   O 14
Pontecuti *PG* 106   AJ 27
Pontedassio *IM* 73   J 20
Pontedazzo *PU* 97   AK 23
Pontedecimo *GE* 62   O 17
Pontedera *PI* 85   Y 22
Pontegatello *BS* 38   V 11
Pontegrande *CZ* 171   BI 50
Pontegrande *VB* 20   J 8
Pontegrande *VR* 55   AB 12
Pontelagoscuro *FE* 68   AE 14
Pontelandolfo *BN* 133   AX 36
Pontelangorino *FE* 69   AH 14
Pontelatone *CE* 141   AU 36
Pontelongo *PD* 56   AH 12
Pontelucerta *AN* 90   AN 22
Pontelungo *PT* 86   AA 20
Pontenure *PC* 52   T 14
Pontemaglio *VB* 7   K 6
Pontemaira *CN* 58   C 17
Pontemaodino *FE* 69   AH 14
Pontemazzori *LU* 84   W 20
Pontenano *AR* 87   AF 22
Pontenisi *VV* 174   BG 51
Pontenove *BS* 39   X 11
Pontenuovo *IS* 132   AT 35
Pontenure *PC* 52   T 14
Pontepetri *PT* 79   AA 19
Pontepietra *TO* 47   E 13
Pontepossero *VR* 54   AA 12
Ponteprimario *SA* 151   AW 39
Ponteranica *BG* 37   T 9
Pontericcioli *PU* 97   AK 23
Ponteromito *AV* 142   AZ 38
Ponterosso *GE* 62   O 16
Ponterotto *AV* 142   AY 37
Ponterotto *PE* 77   R 18
Ponterotto *SV* 74   K 17
Pontesambuca *IS* 123   AV 33
Pontesesto *MI* 36   Q 11
Pontestrambo *PR* 77   S 17
Pontestura *AL* 49   L 13
Ponteterra *MN* 53   X 14
Pontetto *VB* 7   K 7
Pontevecchio *PU* 89   AL 21
Pontevecchio *SV* 61   K 17
Ponteventuno *MN* 54   Z 13
Pontevico *BS* 53   V 12
Ponte-vigodarzere *PD* ... 42   AG 11
Pontevilla *BZ*............ 11   X 4
Pontey *AO* 33   G 9
Ponti *AL* 61   L 16
Ponti *IM* 72   I 19
Ponti di Spagna *FE* 55   AD 14
Ponti Ezzu *OT*......... 209   O 38
Ponti sul Mincio *MN*..... 39   Z 11
Ponticella *BO* 67   AD 17
Ponticelli *AR* 94   AE 23
Ponticelli *BO* 67   AD 15
Ponticelli *BO* 81   AE 18
Ponticelli *CB* 124   AY 32
Ponticelli *PG* 105   AG 26
Ponticelli *PU* 106   AJ 25
Ponticelli *RE* 66   Y 16
Ponticelli *RI* 120   AL 30
Ponticelli *VR* 54   AB 13
Ponticello *PD* 56   AF 12
Ponticello *RA* 82   AG 18
Ponticello *RM* 113   AK 30
Ponticino *AR* 95   AF 22
Ponticino / Bundschen *BZ*.13   AD 4

Pontina *LT* 138   AN 36
Pontinia *LT* 138   AN 35
Pontinvrea *SV* 75   L 17
Pontirolo Capredoni *CR*... 53   W 13
Pontirolo Nuovo *BG* 37   S 10
Pontisette *FE* 67   AE 14
Pontita *PI* 92   Y 22
Pontito *PT* 85   Z 20
Pontocello *VR* 40   AB 11
Pontoglio *BS* 38   U 10
Pontolo *PR* 64   T 17
Ponton *VR* 39   Z 10
Pontone *NA* 151   AX 40
Pontone *RE* 79   X 17
Pontone *SA* 151   AW 40
Pontone a Marciano *NA*..151   AU 40
Pontoni *CB* 124   AW 33
Pontoni *IT* 128   AK 34
Pontorme *FI* 86   AA 21
Pontoro *LU* 85   Y 20
Pontremoli *MS* 77   U 17
Pontuglia *PG* 106   AL 27
Ponza *LT* 138   AM 38
Ponzalla *FI* 81   AD 19
Ponzana *NO* 35   M 11
Ponzanello *MS* 78   V 19
Ponzano *BO* 80   AB 17
Ponzano *PT* 86   AA 20
Ponzano *TE* 108   AR 27
Ponzano di Fermo *AP* ... 99   AQ 25
Ponzano Magra *SP* 78   U 19
Ponzano Monferrato *AL*.. 49   K 13
Ponzano Romano *RM*....113   AK 30
Ponzano Sup. *SP* 78   U 19
Ponzano Veneto *TV* 42   AH 9
Ponzilovo *RO* 56   AF 14
Ponzilovo *VR* 55   AC 11
Ponza *VR* 55   AC 12
Ponzone *AL* 61   L 16
Popelli *RC* 177   BH 53
Popetto *MS* 78   U 18
Popiglio *PT* 79   Z 19
Popogna *LI* 92   X 22
Popoli *PE* 116   AR 30
Popoli *PG* 107   AN 27
Popolo *AL* 49   L 13
Popolo *TE* 108   AQ 28
Popoltaio *PG* 105   AH 25
Poppano *AV* 142   AZ 38
Poppi *AR* 87   AF 21
Poppiano *FI* 86   AB 22
Poppino *VA* 22   N 7
Poppiula *LI* 102   X 26
Por *TN* 25   Y 8
Porana-Ceranica *PV* ... 51   P 13
Porano *TR* 105   AH 27
Porassey *AO* 32   C 9
Porcagresta *CS* 167   BF 46
Porcale *SP* 77   T 19
Porcara *BN* 133   AY 35
Porcara *MN* 55   AC 14
Porcareccia *RI* 114   AO 30
Porcareccia *VB* 21   K 7
Porcareccia *PI* 85   Y 20
Porcari *LU* 85   Y 20
Porcellengo *TV* 42   AH 9
Porcelli *VB* 7   K 7
Porcellino *FI* 87   AE 22
Porcen *BL* 28   AG 8
Porchera *BS* 38   T 9
Porchera *CE* 132   AV 35
Porchia *AP* 108   AQ 26
Porchiano *AP* 108   AQ 26
Porchiano *PG* 106   AJ 27
Porchiano *TR* 113   AJ 28
Porcia *PN* 29   AK 8
Porciaglia *RC* 179   BG 54
Porciano *AR* 87   AF 21
Porciano *FI* 87   AD 20
Porciano *PT* 86   AA 21
Porcigatone *PR* 64   T 16
Porcili *CS* 166   BE 46
Porcino *VR* 55   Z 10
Porciorasco *SP* 77   S 17
Pordedone *PN* 29   AL 8
Porera *LT* 130   AO 34
Poreta *PG* 106   AL 27
Porle *BS* 39   X 10
Porlezza *CO* 22   P 7
Porliod *AO* 19   G 9
Pornaro *VI* 40   AD 9
Pornassino *CN* 72   H 19
Pornello *TR* 105   AI 26
Pornia *MS* 163   BB 43
Porossan *AO* 33   E 9

Porotto-Cassana *FE*	67	AE 14	Porto Mandriola *OR*	216	L 43
Porpetto *UD*	30	AO 8	Porto Mantovano *MN*	54	Z 12
Porponi *FI*	86	AA 21	Porto Marghera *VE*	42	AI 11
Porporana *FE*	55	AD 14	Porto Massimo *OT*	207	R 36
Porporano *PR*	65	X 15	Porto Maurizio *IM*	73	J 20
Porrazzito *SR*	203	AZ 60	Porto Nogaro *UD*	30	AO 9
Porrazzo *CT*	195	AY 58	Porto Paglia *OT*	211	S 37
Porrena *AR*	87	AF 21	Porto Palma *VS*	220	L 45
Porreta *LU*	78	W 19	Porto Palo *AG*	191	AM 58
Porretta Terme *BO*	80	AA 19	Porto Pino *CI*	224	M 50
Porrettina *SO*	9	R 6	Porto Pollo *OT*	207	Q 36
Porri *SV*	74	L 17	Porto Potenza Picena *MC*	99	AR 23
Porricelli *NA*	151	AV 38	Porto Pozzo *OT*	207	Q 36
Porrino *FR*	130	AQ 33	Porto Rafael *OT*	207	R 36
Porrona *AL*	62	N 14	Porto Recanati *MC*	99	AQ 23
Porrona *GR*	104	AD 26	Porto Rotondo *OT*	211	S 37
Porta Sole *RC*	176	BE 53	Porto S. Margherita *VE*	43	AM 10
Portacaldaia *PE*	116	AS 29	Porto sa Ruxi *CA*	227	R 49
Portacomaro *AT*	49	K 14	Porto Salvo *LT*	139	AQ 36
Portalbera *PV*	51	Q 13	Porto Salvo *ME*	188	BA 55
Portanuova *AL*	62	M 15	Porto Salvo *VV*	174	BF 51
Portaria *TR*	106	AK 28	Porto San Giorgio *AP*	99	AR 24
Portarino *BR*	148	BN 39	Porto San Paolo *OT*	211	S 38
Porte *TN*	26	AB 8	Porto Sant' Elpidio *AP*	99	AR 24
Porte *TO*	59	E 14	Porto Santo Stefano *GR*	110	AB 29
Portegrandi *VE*	43	AJ 10	Porto Secco *VE*	57	AI 12
Portella *FR*	131	AS 34	Porto Taverna *OT*	211	S 38
Portella *LT*	130	AP 35	Porto Tolle *RO*	57	AJ 14
Portella *RC*	178	BD 55	Porto Torres *SS*	208	L 38
Portella di Mare *PA*	185	AP 55	Porto Tramatzu *CA*	223	S 47
Portese *BS*	39	Y 10	Porto Valtravaglia *VA*	21	N 8
Porti *BN*	141	AV 36	Porto Viro *RO*	57	AI 13
Porticalazzo *TP*	182	AK 56	Portobello di Gallura *OT*	210	P 37
Porticaletto *SR*	203	AY 61	Portobuffolè *TV*	29	AK 8
Porticato *ME*	188	BA 55	Portocannone *CB*	125	AZ 32
Porticato *ME*	188	BA 57	Portoferraio *LI*	100	W 27
Porticelle *CS*	171	BH 49	Portofino *GE*	76	Q 18
Porticelli *ME*	181	AY 52	Portogruaro *VE*	30	AM 9
Porticello *PA*	185	AQ 55	Portolecchia *AV*	143	BA 37
Porticello *RC*	189	BD 54	Portolo *TN*	12	AB 6
Portichetto *CO*	36	P 9	Portolo *TN*	27	AC 7
Portici *BG*	38	U 11	Portomaggiore *FE*	68	AF 15
Portici *CR*	38	U 11	Portone *FR*	130	AQ 34
Portici *NA*	151	AV 39	Portone del Pizzo *PR*	53	W 14
Portico *BS*	39	X 10	Portonovo *AN*	91	AQ 22
Portico *CR*	37	T 11	Portonovo *BO*	68	AF 16
Portico di Caserta *CE*	141	AU 37	Portopaleddu *CI*	224	L 48
Portico di Romagna *FC*	81	AF 19	Portopalo di Capo		
Portico e S. Benedetto *FC*	81	AF 19	Passero *SR*	205	AZ 63
Portiere-Crocifisso *CT*	197	AZ 58	Portopinetto *CI*	224	M 50
Portigliola *RC*	179	BG 54	Portorotta *FE*	68	AF 15
Portiglione *GR*	102	Z 26	Portosalvo *CT*	197	BA 57
Portile *MO*	66	AA 16	Portoscuso *CI*	224	L 48
Portio *SV*	74	L 18	Portovecchio *MO*	55	AC 14
Portiolo *MN*	54	AA 13	Portovenere *SP*	77	U 19
Portirone *BG*	38	V 9	Portoverrara *FE*	68	AG 15
Portis *UD*	16	AN 5	Portu Maga *VS*	220	L 46
Portis Vecchio *UD*	16	AN 5	Portula *BI*	34	K 9
Portisco *OT*	211	S 37	Porzano *BS*	38	W 11
Portixeddu *CI*	220	L 47	Porzano *TR*	106	AK 28
Porto *BS*	38	U 10	Porziano *PG*	97	AK 25
Porto *CZ*	171	BI 50	Porzus *UD*	17	AP 6
Porto *GE*	63	Q 16	Posa *CO*	22	P 8
Porto *LI*	92	U 25	Posa *MI*	37	S 10
Porto *PG*	105	AG 25	Posa *TV*	28	AG 9
Porto *RA*	69	AI 17	Posada *NU*	215	T 40
Porto *SA*	162	BA 43	Posala *PT*	80	AA 19
Porto *SI*	95	AF 24	Posalz *BL*	14	AH 5
Porto Alabe *OR*	212	L 42	Posara *MS*	78	V 18
Porto Azzurro *LI*	102	X 27	Posatora *AN*	91	AP 22
Porto Badisco *LE*	161	BT 43	Poscante *BG*	37	T 9
Porto Botte *CI*	224	M 49	Poschini *AR*	95	AF 24
Porto Ceresio *VA*	22	O 8	Poscolle *UD*	17	AQ 4
Porto Cervo *OT*	207	S 37	Posico *BS*	38	W 9
Porto Cesareo *LE*	158	BQ 42	Posillesi *TP*	183	AL 57
Porto Columbu-			Posina *VI*	27	AC 9
Perd'e Sali *CA*	225	P 49	Positano *SA*	151	AW 40
Porto Conte *SS*	212	K 40	Posmon *TV*	28	AH 8
Porto Corallo *CA*	223	S 47	Possagno *TV*	28	AG 8
Porto Corsini *RA*	69	AI 17	Possal *UD*	15	AL 4
Porto d'Adda *MI*	37	R 10	Possessione *VR*	55	AC 12
Porto d'Ascoli *AP*	109	AS 26	Possesso *RM*	119	AI 30
Porto di Basèleghe *VE*	44	AM 10	Possidente *PZ*	144	BD 39
Porto di Brenzone *VR*	39	Z 9	Posta *RI*	114	AN 28
Porto di Cortellazzo *VE*	43	AL 10	Posta delle Camerelle *FG*	144	BD 37
Porto di Falconera *VE*	44	AM 10	Posta Fibreno *FR*	131	AR 33
Porto di Maratea *PZ*	163	BD 44	Posta Fissa *FG*	144	BC 37
Porto di Piave Vecchia *VE*	43	AK 11	Posta Rosa *FG*	135	BD 34
Porto di Vasto *CH*	124	AX 30	Postal / Burgstall *BZ*	12	AC 4
Porto Empedocle *AG*	198	AQ 60	Postalesio *SO*	24	T 6
Porto Ercole *GR*	110	AC 29	Posterla *MS*	78	V 19
Porto Foxi *CA*	226	P 49	Posticciola *RI*	114	AM 30
Porto Fuori *RA*	82	AI 17	Posticeddu *BR*	148	BQ 39
Porto Garibaldi *FE*	69	AI 15	Postiglione *SA*	152	BA 40
Porto Istana *OT*	211	S 38	Postignano *PG*	107	AM 26
Porto Levante *RO*	57	AJ 13	Postilli *CH*	117	AU 29
			Postioma *TV*	42	AH 9

Posto della Madonna-			Pozzomoretto *VR*	39	Z 11
Verlingieri *SA*	163	BC 42	Pozzone *AQ*	121	AQ 31
Posto Rosso *LE*	160	BR 44	Pozzonovo *PD*	56	AF 12
Postoncicco *PN*	30	AM 7	Pozzoromolo *NA*	151	AW 38
Postua *VC*	34	K 9	Pozzovetere *CE*	141	AV 37
Postuman *VR*	40	AB 11	Pozzuoli *NA*	150	AT 39
Potame *CS*	170	BG 48	Pozzuolo *MC*	98	AN 25
Potame *ME*	188	AX 55	Pozzuolo *PG*	95	AG 25
Potenza Picena *MC*	99	AQ 23	Pozzuolo *PU*	89	AM 21
Potenza Picena *PZ*	154	BD 40	Pozzuolo *SI*	94	AE 24
Potenzoni *VV*	174	BF 51	Pozzuolo del Friuli *UD*	30	AO 8
Potete *CE*	131	AT 35	Pozzuolo Martesana *MI*	37	R 10
Pourrieres *TO*	46	C 13	Pra *BZ*	13	AF 4
Pove del Grappa *VI*	27	AF 9	Pra *CN*	71	I 18
Povegliano *TV*	42	AI 9	Prà *GE*	75	N 17
Povegliano Veronese *VR*	54	AA 11	Prà *VI*	26	AC 9
Poverella *CS*	171	BH 48	Prà Campo *SO*	10	W 6
Poverello *NA*	151	AW 38	Pra d'Arc *AO*	18	D 8
Poviglio *RE*	78	W 17	Pra de Ram *AO*	33	H 9
Povo *TN*	26	AB 7	Prà del Prete *MS*	77	U 17
Povolaro *UD*	16	AM 4	Pra di Bondo *TN*	25	Z 8
Povolaro *VI*	41	AE 10	Pra di Botte *PD*	55	AE 12
Povoletto *UD*	30	AO 7	Pra di Farcoz *AO*	18	D 8
Poza *CE*	140	AT 36	Prà di Levada *VE*	43	AL 9
Pozza *AP*	108	AP 27	Pra Piano *TO*	46	C 13
Pozza *AQ*	115	AO 29	Prabernardo *VB*	6	J 7
Pozza *GE*	76	Q 17	Prabione *BS*	39	Z 9
Pozza *MO*	66	AA 16	Pracando *LU*	85	Y 20
Pozza *TN*	26	AB 6	Pracchi *LU*	79	Y 19
Pozza *TN*	26	AB 8	Pracchia *PT*	80	AA 19
Pozza *TN*	26	AC 7	Pracchia *TR*	106	AK 28
Pozza *VI*	40	AC 9	Pracchiola *MS*	78	U 17
Pozza *VR*	40	AC 10	Pracorno *TN*	12	AA 5
Pozza *VR*	55	AC 11	Pracul *TN*	25	Y 8
Pozza di Fassa *TN*	13	AF 5	Pracupola / Kuppelwies *BZ*	12	AA 4
Pozzacchio *TN*	26	AB 9	Prad am Stilfser Joch /		
Pozzaglia Sabino *RI*	120	AM 31	Prato allo Stelvio *BZ*	11	Y 4
Pozzaglio *CR*	52	V 12	Prada *RA*	82	AH 17
Pozzale *BL*	15	AJ 5	Prada *VR*	39	Z 10
Pozzale *FI*	86	AA 21	Pradalunga *BG*	37	T 9
Pozzale *SA*	153	BB 41	Pradamano *UD*	30	AO 7
Pozzalis *UD*	30	AN 7	Pradazzi *TV*	42	AG 9
Pozzallo *PV*	63	R 15	Pradazzo *CR*	52	T 12
Pozzallo *RG*	205	AY 63	Prade *TN*	27	AF 7
Pozzan *VI*	41	AE 10	Pradeboni *CN*	71	G 18
Pozzani di Sotto *VI*	41	AD 9	Pradegnan *TV*	28	AH 8
Pozzano *NA*	151	AV 39	Pradel *BZ*	13	AE 4
Pozzarello *PT*	85	AA 20	Pradella *BG*	24	V 7
Pozzarolo *SA*	152	AY 39	Pradella *BS*	39	X 11
Pozzecco *UD*	30	AN 8	Pradella *PC*	63	R 15
Pozzengo *AL*	49	K 13	Pradellano *TN*	27	AE 7
Pozzera *VI*	40	AC 9	Pradelle *SO*	11	W 5
Pozzetto *AN*	98	AN 22	Pradelle *VR*	54	AA 12
Pozzetto *PD*	56	AF 12	Pradelle *VR*	40	AB 11
Pozzi *LU*	84	W 20	Pradelle *VR*	55	AB 13
Pozzi *RC*	178	BD 55	Pradello *MN*	54	AA 13
Pozzi *VE*	30	AM 9	Pradeltorno *TO*	58	E 14
Pozzi *VI*	54	Z 11	Pradielis *UD*	16	AO 6
Pozzilli *IS*	132	AT 34	Pradimezzo *BL*	14	AG 5
Pozzillo *CE*	141	AU 36	Pradipaldo-Zeggio *VI*	27	AE 9
Pozzillo *CT*	197	BA 58	Pradipozzo *VE*	29	AL 9
Pozzillo *PA*	183	AN 54	Pradis *PN*	16	AM 6
Pozzillo *SA*	151	AX 39	Pradis *PN*	16	AM 6
Pozzillo *SA*	153	BB 40	Pràdis *UD*	16	AO 5
Pozzis *UD*	16	AM 5	Pradleves *CN*	70	E 17
Pozzo *PG*	106	AK 26	Prado *PV*	51	Q 12
Pozzo *PN*	29	AK 8	Pradona *MO*	79	Z 17
Pozzo *PN*	30	AM 7	Pradovera *PC*	63	R 15
Pozzo *UD*	30	AM 8	Pradumbli *UD*	15	AL 4
Pozzo Alto *PU*	89	AL 20	Praello *VE*	42	AI 10
Pozzo Baronzio *CR*	53	W 13	Pragate *PV*	51	P 14
Pozzo Bon *TV*	42	AH 9	Pragatto *BO*	67	AB 16
Pozzo Ciolino *TR*	105	AI 28	Pragelato Ruà *TO*	46	C 13
Pozzo Cucù *BA*	147	BM 38	Prags / Braies *BZ*	5	AH 3
Pozzo d'Adda *MI*	37	S 10	Praia a Mare *CS*	163	BD 44
Pozzo de Masi *BN*	142	AX 37	Praia a Mare *TA*	157	BM 41
Pozzo del Sale *AV*	142	AX 38	Praialonga *KR*	173	BK 50
Pozzo dell' Inferno *LT*	129	AL 34	Praiano *SA*	151	AW 40
Pozzo della Chiana *AR*	95	AF 24	Praiola *CT*	197	BA 57
Pozzo Nuovo *AR*	95	AG 23	Pralboino *BS*	53	W 12
Pozzo Ponente *TP*	182	AI 56	Prale *CN*	72	I 19
Pozzo Salerno *TA*	148	BN 39	Praleto *CN*	70	E 17
Pozzo San Nicola *SS*	208	K 38	Prali *TO*	58	D 14
Pozzo Secco *RC*	176	BF 53	Pralongo *BL*	14	AH 5
Pozzo Terraneo *FG*	144	BD 36	Pralongo *TN*	12	AA 5
Pozzoceravolo *NA*	151	AW 38	Pralongo *TV*	43	AJ 10
Pozzolengo *BS*	39	Y 11	Pralormo *TO*	60	I 14
Pozzoleone *VI*	41	AF 10	Pralungo *BI*	34	J 10
Pozzolo *MN*	54	Z 12	Pramaggiore *VE*	29	AL 9
Pozzolo *PR*	64	T 15	Pramezza *BL*	14	AG 5
Pozzolo *VI*	41	AD 11	Pramonico *TO*	33	H 11
Pozzolo Formigaro *AL*	62	N 16	Pramorella *CN*	59	F 16
Pozzolo Inf. *CO*	36	Q 9	Pramorisio *BL*	14	AH 5
Pozzomaggiore *SS*	213	M 41	Pramosio *PG*	107	AM 26

Pradelle *VR*	40	AB 11	Prapotnizza *UD*	17	AQ 6
Pradelle *VR*	55	AB 13	Prarayer *AO*	33	F 9
Pradello *MN*	54	AA 13	Prarayer *AO*	19	G 8
Pradeltorno *TO*	58	E 14	Prarolo *GE*	62	O 16
Pradielis *UD*	16	AO 6	Prarolo *VC*	49	L 12
Pradimezzo *BL*	14	AG 5	Prarostino *TO*	59	E 14
Pradipaldo-Zeggio *VI*	27	AE 9	Prasco *AL*	62	M 16
Pradipozzo *VE*	29	AL 9	Prascorsano *TO*	47	G 11
Pradis *PN*	16	AM 6	Praso *TN*	25	Y 8
Pradis *PN*	16	AM 6	Prasottano *SV*	74	L 17
Pràdis *UD*	16	AO 5	Prastio *PZ*	164	BF 44
Pradleves *CN*	70	E 17	Prata *GR*	103	AA 25
Prado *PV*	51	Q 12	Prata *LI*	102	Y 25
Pradona *MO*	79	Z 17	Prata *VB*	7	K 7
Pradovera *PC*	63	R 15	Prata *VB*	7	K 7
Pradumbli *UD*	15	AL 4	Prata Camportaccio *SO*	9	R 6
Praello *VE*	42	AI 10	Prata d'Ansidonia *AQ*	115	AQ 30
Pragate *PV*	51	P 14	Prata di Laculo *VT*	114	AN 29
Pragatto *BO*	67	AB 16	Prata di Pordenone *PN*	29	AK 8
Pragelato Ruà *TO*	46	C 13	Prata di Principato Ultra *AV*	142	AY 38
Prags / Braies *BZ*	5	AH 3	Prata di Sotto *PN*	29	AK 8
Praia a Mare *CS*	163	BD 44	Prata Sannita *CE*	132	AT 35
Praia a Mare *TA*	157	BM 41	Prata Sannita Inf. *CE*	132	AU 35
Praialonga *KR*	173	BK 50	Prataccio *PT*	85	Z 19
Praiano *SA*	151	AW 40	Prata-Conte *FR*	131	AS 35
Praiola *CT*	197	BA 57	Pratalborato *AL*	62	N 15
Pralboino *BS*	53	W 12	Pratale *AR*	87	AF 21
Prale *CN*	72	I 19	Pratale *PT*	79	Z 19
Praleto *CN*	70	E 17	Pratalenza *PG*	105	AH 26
Prali *TO*	58	D 14	Pratalutoli *AR*	87	AF 21
Pralongo *BL*	14	AH 5	Pratantico *AR*	95	AF 23
Pralongo *TN*	12	AA 5	Pratariccia *AR*	87	AE 21
Pralongo *TV*	43	AJ 10	Pratavecchia *CN*	71	F 17
Pralormo *TO*	60	I 14	Pratavecchie *PI*	84	X 21
Pralungo *BI*	34	J 10	Pratella *CE*	132	AU 35
Pramaggiore *VE*	29	AL 9	Pratello *AQ*	122	AT 32
Pramezza *BL*	14	AG 5	Pratello *BS*	39	X 10
Pramonico *TO*	33	H 11	Prateria *RC*	177	BG 53
Pramorella *CN*	59	F 16	Prati *BO*	80	AA 18
Pramorisio *BL*	14	AH 5	Prati *BS*	39	X 11
Pramosio *PG*	107	AM 26	Prati *GE*	76	R 17
Prandaglio *BS*	39	X 10	Prati *RA*	68	AH 17
Prandleben *PR*	65	W 16	Prati *TN*	26	AB 9
Pranixeddu *OR*	217	N 44	Prati *VR*	40	AB 10
Prann / Prene *BZ*	3	AC 3	Prati / Wiesen *BZ*	4	AD 2
Pranolz *BL*	28	AI 7	Prati di Tesido *BZ*	5	AH 3
Pranzalito *TO*	34	H 11	Prati di Tivo *TE*	115	AQ 29
Pranzo *TN*	26	Z 8	Prati Gaggio *SO*	23	T 6
Praole *VR*	40	AB 10	Prati Nuovi *RO*	34	H 10
Prapiero *PN*	15	AK 6	Prati Nuovi *SO*	55	AE 14
			Prati Nuovi *VE*	44	AM 9
			Pratica di Mare *RM*	128	AJ 34
			Praticello *RE*	65	X 15

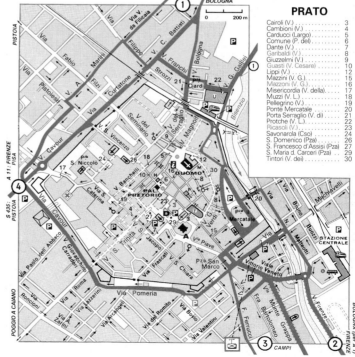

BOLOGNA

PRATO

Cairoli (V.)	3
Cambioni (V.)	4
Carducci (Largo)	5
Comune (P. del)	6
Dante (V.)	7
Garibaldi (V.)	8
Giuzzelmi (V.)	9
Guasti (V. Cesare)	10
Lippi (V.)	12
Mazzini (V. G.)	15
Mazzoni (V. G.)	16
Misericordia (V. della)	17
Muzzi (V. L.)	18
Pellegrino (V.)	19
Ponte Mercatale	20
Porta Serraglio (V. di)	21
Protche (V. L.)	22
Ricasoli (V.)	23
Savonarola (Cso)	24
S. Domenico (Pza)	26
S. Francesco d'Assisi (Pza)	27
S. Maria d. Carceri (Pza)	29
Tintori (V. dei)	30

Castello dell'Imperatore .... **A**   Palazzo Pretorio .... **D**

Pratieghi ***AR*** 88 AH 21
Pratiglione ***TO*** 47 G 11
Pratipoia ***SV*** 74 L 17
Pratissolo ***RE*** 66 Z 16
Prativero ***BI*** 34 K 10
Prato ***AL*** 63 P 15
Prato ***BO*** 67 AE 16
Prato ***BO*** 67 AE 16
Prato ***BO*** 81 AE 18
Prato ***CN*** 70 F 17
Prato ***CZ*** 174 BG 50
Prato ***GE*** 76 P 17
Prato ***GE*** 77 R 17
Prato ***MS*** 84 W 19
Prato ***PG*** 96 AH 23
Prato ***PO*** 86 AB 20
Prato ***PR*** 64 S 16
Prato ***PR*** 78 V 17
Prato ***PZ*** 163 BD 43
Prato ***RE*** 66 Z 15
Prato ***SA*** 153 BC 41
Prato ***SP*** 77 T 18
Prato ***SV*** 75 L 17
Prato ***TR*** 105 AI 27
Prato ***VB*** 6 K 7
Prato ***VV*** 174 BG 51
Prato alla Drava / Winnebach ***BZ*** 5 AJ 3
Prato all'Isarco / Blumau ***BZ*** 13 AD 5
Prato allo Stelvio / Prad am Stilfser Joch ***BZ*** 11 Y 4
Prato Carnico ***UD*** 15 AL 4
Prato Casale ***AT*** 49 K 13
Prato Comune ***SA*** 163 BD 42
Prato delle Femmine ***PR*** 64 T 16
Prato d'Era ***PI*** 93 AA 23
Prato di Coppola ***LT*** 129 AM 35
Prato di Mandeto ***RE*** 66 Y 16
Prato di Strada ***AR*** 87 AF 21
Prato la Corte ***RM*** 119 AJ 31
Prato la Nave ***AQ*** 115 AQ 30
Prato Nevoso ***CN*** 71 H 18
Prato Perillo ***SA*** 153 BC 41
Prato Roseto ***RM*** 119 AJ 31
Prato San Pietro ***LC*** 23 R 8
Prato Selva ***TE*** 115 AP 28
Prato Sesia ***NO*** 35 L 10
Prato Valentino ***SO*** 24 V 6
Pratoataffa ***TR*** 105 AG 27
Pratobello ***NU*** 218 Q 43
Pratobotrile ***TO*** 47 E 13
Pratoferro ***TO*** 48 I 11
Pratogrande ***PR*** 67 T 15
Pratogrande ***SV*** 74 K 18
Pratoianni ***RI*** 114 AM 30
Pratola Peligna ***AQ*** 122 AS 31
Pratola Serra ***AV*** 142 AY 38
Pratole ***SA*** 152 AY 40
Pratoleva ***VT*** 112 AH 28
Pratolino ***FI*** 86 AC 20
Pratolongo ***BG*** 37 S 9
Pratolungo ***AL*** 62 O 15
Pratolungo ***CN*** 70 D 18
Pratolungo ***CN*** 59 E 16
Pratolungo ***GE*** 62 P 16
Pratolungo ***GR*** 104 AF 27
Pratolungo ***PC*** 64 U 14
Pratolungo ***PR*** 65 W 17
Pratolungo ***PV*** 63 Q 14
Pratolungo ***PV*** 63 Q 15
Prato-Masseria Perugini ***CS*** 167 BF 46
Pratomedici ***MS*** 78 V 18
Pratomorone ***AT*** 61 J 14
Pratonoero ***CN*** 61 J 16
Pratonuovo ***TO*** 48 H 12
Pratopiano ***PR*** 78 W 17
Pratora ***CZ*** 171 BI 50
Pratorotondo ***CN*** 70 C 17
Pratorsi ***PT*** 79 Z 19
Pratovalle ***AR*** 87 AF 22
Pratovecchio ***AR*** 87 AF 21
Pratovigero ***TO*** 47 F 13
Pratozanino ***GE*** 75 M 17
Praturlone ***PN*** 29 AL 8
Pravisdomini ***PN*** 29 AL 9
Pray ***BI*** 34 K 9
Praz ***AO*** 19 G 9
Praz ***AO*** 34 I 9
Praz Sec ***AO*** 18 D 8
Prazzo ***CN*** 58 D 17
Prazzo ***CN*** 60 I 15
Pre ***AO*** 18 C 9
Pre ***AO*** 34 H 10
Prè di Ledro ***TN*** 26 Z 8
Prea ***CE*** 141 AU 36
Prea ***CN*** 71 H 18
Preabocco ***VR*** 40 AA 10
Preara ***VI*** 41 AE 9
Preare ***PD*** 56 AF 12
Preazzano ***NA*** 151 AV 40
Precasaglio ***BS*** 11 Y 6
Precenicco ***UD*** 30 AN 9
Precenico ***TS*** 31 AR 9
Preci ***PG*** 107 AN 26
Precicchie ***AN*** 97 AN 23
Precona ***RO*** 55 AE 14
Predaia ***PN*** 15 AK 6
Predalbora ***PC*** 64 S 15
Predalve ***IS*** 132 AT 33
Predappio ***FC*** 82 AG 19
Predappio Alta ***FC*** 82 AG 19
Predas Arbas ***NU*** 214 Q 42
Predazzo ***TN*** 13 AE 6
Predenon ***VB*** 20 J 8
Prediera ***BO*** 80 AC 18
Prediera ***RE*** 66 Y 16
Predoi / Prettau ***BZ*** 5 AH 1
Predondo ***BS*** 25 W 9
Predore ***BG*** 38 V 9
Predosa ***AL*** 62 M 15
Pregaio ***AR*** 95 AH 23
Preganziol ***TV*** 42 AI 10
Preganziol ***TV*** 42 AI 10
Pregasina ***TN*** 26 Z 8
Pregasio ***BS*** 39 Z 9
Preggio ***PG*** 96 AI 24
Preghena ***TN*** 12 AB 5
Pregnana Milanese ***MI*** 36 P 10
Pregno ***BS*** 38 W 10
Pregola ***PV*** 63 Q 15
Preia ***VB*** 21 K 8
Preiale ***RC*** 177 BG 54
Preie ***AT*** 61 K 15
Preit ***CN*** 70 D 17
Preitoni ***VV*** 176 BE 52
Prejon ***PD*** 56 AG 13
Prelà ***IM*** 72 I 20
Prelerna ***PR*** 64 U 16
Prelle ***BI*** 34 J 11
Premana ***LC*** 23 R 7
Premanico ***GE*** 76 P 17
Premaor ***TV*** 28 AH 8
Premaore ***VE*** 42 AH 11
Premariacco ***UD*** 31 AP 7
Premeno ***VB*** 21 M 8
Premenugo ***MI*** 37 R 11
Premezzo ***VA*** 35 N 9
Premia ***VB*** 7 L 6
Premilcuore ***FC*** 87 AF 20
Premolo ***BG*** 24 U 8
Premosello ***VB*** 21 L 7
Pren ***BL*** 28 AG 7
Prendomino ***PV*** 63 P 14
Prene / Prann ***BZ*** 3 AC 3
Prennaro ***CO*** 23 Q 6
Preone ***UD*** 16 AM 5
Preore ***TN*** 26 Z 7
Prepezzano ***SA*** 152 AY 39
Prepier ***TV*** 43 AK 9
Prepotto ***UD*** 31 AP 7
Prerro ***NO*** 35 L 9
Presa ***CN*** 70 E 17
Presa ***CT*** 197 AZ 57
Presa Pisana ***RO*** 57 AI 14
Presciane ***RO*** 45 AE 13
Presciano ***AR*** 88 AI 21
Presciano ***SI*** 94 AD 24
Prese ***CN*** 59 G 15
Prese della Franza ***TO*** 47 E 13
Prese di Piossasco ***TO*** 47 F 13
Prese Montone ***TO*** 32 E 11
Presegno ***BS*** 39 X 9
Preselle ***GR*** 103 AC 27
Presenaio ***BL*** 15 AK 4
Presenzano ***CE*** 132 AT 35
Presezzo ***BG*** 37 S 9
Presicce ***LE*** 161 BS 44
Presina ***PD*** 41 AF 10
Presina ***VR*** 55 AC 12
Presinaci ***VV*** 174 BF 52
Pressana ***VR*** 55 AD 12
Pressano ***TN*** 26 AB 7
Pressenga ***VR*** 39 Z 10
Pressocito ***RC*** 179 BF 56
Presta ***BN*** 141 AV 37
Prestarona ***RC*** 177 BG 54
Prestarona ***RC*** 179 BG 54
Pré-St-Didier ***AO*** 32 C 9
Prestento ***UD*** 31 AP 7
Prestianni ***CL*** 193 AT 59
Prestine ***BS*** 25 W 8
Prestone ***SO*** 9 R 5
Presule / Prosels ***BZ*** 13 AD 4
Preta ***CE*** 140 AT 36
Preta ***RI*** 108 AP 28
Pretara ***TE*** 115 AQ 29
Pretare ***AP*** 107 AO 27
Pretaro ***PE*** 117 AU 29
Pretella ***AR*** 87 AF 22
Preti ***BR*** 158 BO 41
Preti ***PZ*** 164 BF 43
Pretoro ***CH*** 116 AT 30
Pretta ***PC*** 52 S 14
Prettau / Predoi ***BZ*** 5 AH 1
Preturo ***AQ*** 115 AO 29
Prevalle ***BS*** 39 X 10
Prevenisco ***TE*** 108 AQ 27
Previdè ***MS*** 78 U 17
Prezza ***AQ*** 122 AS 31
Prezzo ***TN*** 25 Y 8
Priabona ***VI*** 41 AD 10
Priacco ***TO*** 33 G 11
Priami ***VC*** 20 J 8
Priano ***CZ*** 171 BG 50
Priatu ***OT*** 210 Q 38
Priero ***CN*** 74 J 17
Priezzo ***BS*** 26 Z 9
Prignano Cilento ***SA*** 162 AZ 42
Prignano sulla Secchia ***MO*** 79 Z 17
Primaluna ***LC*** 23 R 8
Primaluna ***TN*** 27 AE 7
Primavalle ***RM*** 119 AJ 32
Prime Ville ***RI*** 114 AM 30
Primecase ***RI*** 113 AL 30
Primo Ponte ***FR*** 120 AN 33
Primogenito ***RC*** 176 BF 53
Primolano ***VI*** 27 AF 8
Primolo ***SO*** 10 U 6
Primosole Beach ***CT*** 203 AZ 59
Primosole Est ***CT*** 203 AZ 59
Primulacco ***UD*** 30 AO 7
Prinardo ***CN*** 70 C 17
Principe ***SA*** 162 AY 42
Principe I ***RG*** 204 AW 63
Principi ***AV*** 142 AX 37
Principina a Mare ***GR*** 103 AB 27
Priò ***TN*** 12 AB 6
Priocca ***CN*** 61 J 15
Priola ***CN*** 74 J 18
Priola ***UD*** 16 AM 4
Priolo ***CL*** 201 AV 61
Priolo Gargallo ***SR*** 203 BA 61
Priorato ***PR*** 65 V 14
Priore ***PZ*** 144 BC 39
Priosa ***GE*** 63 Q 17
Prisa ***CZ*** 170 BG 50
Priscoli ***SA*** 151 AX 39
Prisdarella ***RC*** 177 BH 53
Prissiano ***BZ*** 12 AC 4
Priuso ***UD*** 15 AL 5
Privano ***UD*** 31 AO 8
Privata Monterusso ***NA*** 150 AT 38
Priverno ***LT*** 130 AO 35
Prizzi ***PA*** 192 AP 57
Prizzone ***TN*** 27 AE 8
Procaria ***TO*** 47 F 12
Procchio ***LI*** 100 W 27
Proceno ***VT*** 104 AF 27
Procida ***NA*** 150 AT 39
Procoio ***LT*** 138 AN 35
Procoio ***PZ*** 164 BF 43
Procoio ***RM*** 128 AI 33
Procoio ***RM*** 119 AK 31
Prodo ***TR*** 105 AI 27
Prodolone ***PN*** 30 AM 8
Proe di Sopra ***VI*** 41 AD 9
Proe di Sotto ***VI*** 41 AD 9
Profeti ***CE*** 141 AU 36
Profondiero ***CS*** 166 BD 44
Progasso ***BS*** 38 V 9
Prognol ***VR*** 40 AA 10
Proh ***NO*** 35 M 10
Promano ***PG*** 96 AI 23
Prombialla ***PT*** 86 AA 19
Promiod ***AO*** 19 G 9
Promo ***BS*** 39 X 9
Propata ***GE*** 63 Q 16
Propezzano ***AP*** 108 AP 26
Prosano ***AN*** 97 AM 23
Prosecco ***TS*** 31 AR 9
Prosels / Presule ***BZ*** 13 AD 4
Proserpio ***CO*** 23 Q 9
Prosperi ***TE*** 109 AS 26
Prospi ***CE*** 141 AV 37
Prossedi ***LT*** 130 AO 34
Prosto ***SO*** 9 R 6
Prota ***MS*** 78 V 18
Protonotaro ***ME*** 188 BA 55
Protte ***PG*** 106 AL 27
Proussaz ***AO*** 32 D 10
Prova ***MN*** 55 AD 14
Provaglio d' Iseo ***BS*** 38 V 10
Provaglio Val Sabbia ***BS*** 39 X 9
Provagna ***BL*** 15 AI 6
Provalo ***VR*** 40 AA 10
Provazzano ***PR*** 65 X 16
Proveis / Proves ***BZ*** 12 AB 5
Provenziani ***MC*** 99 AQ 23
Proves / Proveis ***BZ*** 12 AB 5
Provesano ***PN*** 30 AM 7
Provezza ***FC*** 82 AI 18
Provezze ***BS*** 38 V 10
Provonda ***TO*** 47 E 13
Provvidenti ***CB*** 133 AX 33
Provvidenza ***ME*** 188 AY 55
Prozzolo ***VE*** 42 AH 11
Prugnano ***PI*** 93 AA 24
Prugno ***RA*** 81 AE 18
Prun ***VR*** 40 AA 10
Prunaro ***BO*** 67 AE 17
Prunarola ***BO*** 80 AB 18
Prunella ***RC*** 178 BD 56
Pruneto ***LT*** 130 AN 35
Prunetta ***PT*** 85 Z 19
Prunetto ***CN*** 61 J 17
Pruno ***BZ*** 4 AD 2
Pruno ***LU*** 84 W 19
Pucara ***SA*** 151 AW 39
Pucciarelli ***PG*** 105 AH 25
Pudiano ***BS*** 38 V 11
Puegnago del Garda ***BS*** 39 Y 10
Puginate ***CO*** 36 P 9
Puglia ***AR*** 95 AG 22
Puglia ***BN*** 142 AX 36
Puglia ***PC*** 52 S 13
Puglianella ***LU*** 78 W 19
Puglianello ***BN*** 141 AV 36
Pugliano ***CE*** 140 AT 36
Pugliano ***LU*** 78 W 18
Pugliano ***PU*** 89 AJ 20
Puglietta ***SA*** 152 AZ 40
Pugliole ***AR*** 95 AG 23
Pugnago ***MO*** 79 Y 17
Pugnai ***BL*** 27 AF 7
Pugnano ***PI*** 85 X 21
Pugnello ***VI*** 40 AC 10
Pugnetolo ***PR*** 65 V 16
Pugnetto ***TO*** 47 F 12
Pugnochiuso ***FG*** 127 BG 33
Pugnolo ***CR*** 53 W 13
Puia ***PN*** 29 AK 8
Puianello ***RE*** 66 Y 16
Pula ***CA*** 225 P 49
Pulani ***TP*** 190 AJ 57
Pulcheddu ***OT*** 207 R 37
Pulcherini ***LT*** 139 AR 36
Pulciano ***BS*** 39 Y 10
Pulciarati ***PG*** 96 AI 22
Pulfero ***UD*** 17 AP 6
Pulica ***MS*** 78 V 19
Pulicciano ***AR*** 87 AE 22
Pulicciano ***FI*** 87 AD 20
Pullo ***ME*** 188 AX 55
Pulpiano ***RE*** 66 Y 16
Pulsano ***TA*** 157 BN 41
Puma ***CS*** 166 BE 45
Pumenengo ***BG*** 38 U 11
Puncichitti ***CH*** 117 AV 30
Punta Ala ***GR*** 102 Z 27
Punta Bados ***OT*** 211 S 38
Punta Braccetto ***RG*** 204 AV 63
Punta del Cavalluccio ***CH*** 117 AW 30
Punta del Lago ***VT*** 112 AI 30
Punta Don Diego ***OT*** 211 S 38
Punta Gorzone ***VE*** 57 AI 12
Punta Grande ***AG*** 198 AP 60
Punta Lagno ***NA*** 151 AU 40
Punta Marina ***RA*** 69 AI 17
Punta Milocca ***SR*** 203 BA 61
Punta Molara ***NU*** 211 T 38
Punta Pali ***VE*** 57 AH 13
Punta Parrino Sibiliana ***TP*** 190 AJ 57
Punta Pedrosa ***OT*** 211 S 38
Punta Pietra Bianca ***OT*** 211 S 38
Punta Prosciutto ***LE*** 158 BP 42
Punta Rossa ***LT*** 138 AN 36
Punta Secca ***RG*** 204 AV 63
Punta Tramontana ***SS*** 209 M 38
Punta Villa ***OT*** 207 R 36
Puntalazzo ***CT*** 197 AZ 57
Puntarazzi ***RG*** 204 AX 62
Puntata ***PI*** 85 X 21
Puntone ***GR*** 102 Z 26
Puntone ***PI*** 85 Y 21
Puntoni ***PT*** 85 AA 21
Puntoni ***VT*** 112 AH 30
Puori ***SA*** 162 BA 42
Puos d'Alpago ***BL*** 29 AJ 7
Pupaggi ***PG*** 107 AM 26
Purano ***VR*** 40 AA 10
Purello ***PG*** 97 AL 24
Purgatorio ***FR*** 131 AR 34
Purgatorio ***TP*** 183 AL 55
Purgessimo ***UD*** 31 AP 7
Puria ***CO*** 22 P 7
Purtud ***AO*** 18 C 9
Pus ***BL*** 28 AI 7
Pusiano ***CO*** 23 Q 9
Pusterno ***BL*** 27 AF 8
Putifigari ***SS*** 212 L 40
Putignano ***BA*** 147 BL 38
Putignano ***PI*** 85 X 21
Putignano ***TE*** 108 AQ 27
Putzolu ***OT*** 210 R 38
Putzu Idu ***OR*** 216 L 43
Puys ***TO*** 46 B 13
Puzzaca ***FR*** 130 AQ 34
Puzzaca ***FR*** 131 AR 34
Puzzillo ***CS*** 170 BG 48
Puzzoni ***OT*** 207 R 36
Pyrgi ***RM*** 118 AG 31

Q

Quacinara ***PA*** 186 AU 57
Quaderna ***BO*** 67 AE 17
Quaderni ***VR*** 54 Z 12
Quadrato II ***LT*** 129 AL 35
Quadreggiana ***MC*** 97 AM 24
Quadrella ***AV*** 142 AW 38
Quadrelle li ***RM*** 120 AM 33
Quadrelli ***PC*** 64 S 14
Quadrelli ***TR*** 106 AK 28
Quadri ***CH*** 123 AU 32
Quadri ***VI*** 27 AC 8
Quadrivio ***SA*** 152 AZ 40
Quadro ***RM*** 119 AK 31
Quadroni ***RM*** 118 AH 31
Quadruviale ***SA*** 151 AX 39
Quagliera ***TO*** 47 E 12
Quaglietta ***AV*** 152 BA 39
Quaglio ***RG*** 202 AW 61
Qua-gliuzzo ***TO*** 34 H 11
Qualiano ***NA*** 150 AT 38
Qualso ***UD*** 16 AO 6
Qualto ***BO*** 80 AC 18
Quantin ***BL*** 28 AI 7
Quara ***RE*** 79 Y 17
Quara ***VB*** 7 L 7
Quaranta ***FI*** 86 AC 20
Quaranta ***SI*** 104 AE 26
Quaranti ***AT*** 61 L 15
Quarantoli ***MO*** 55 AB 14
Quarata ***AR*** 95 AF 22
Quarata ***VB*** 7 K 7
Quaratica ***SP*** 77 T 19
Quarazzana ***MS*** 78 V 18
Quare ***VC*** 34 J 9
Quaregna ***BI*** 34 J 10
Quarena ***BS*** 39 X 10
Quaresima ***CS*** 171 BH 48
Quargente ***VI*** 41 AE 11
Quargnenta ***VI*** 40 AC 10
Quargnento ***AL*** 49 L 14
Quari Destra ***VR*** 55 AD 12
Quarna Sopra ***VB*** 21 L 8
Quarna Sotto ***VB*** 21 L 8
Quarona ***VC*** 34 K 9
Quaronia ***AT*** 60 I 14
Quarrata ***PT*** 86 AA 20
Quartaia ***SI*** 93 AB 23
Quartana ***TP*** 182 AK 55
Quartarella ***CB*** 133 AX 35
Quartarella ***RG*** 204 AX 63
Quartarole ***IM*** 73 I 19
Quartazzola ***PC*** 52 S 13
Quartesana ***FE*** 68 AF 15
Quarti ***AL*** 49 L 13
Quarti ***CR*** 53 V 13
Quarti ***RO*** 56 AF 14
Quartiano ***LO*** 51 R 11
Quarticciolo ***FR*** 130 AO 34
Quarticciolo ***RM*** 119 AJ 31
Quartière ***FE*** 68 AF 15
Quartiere Paolo VI ***TA*** 157 BM 40
Quartino ***AT*** 61 K 16
Quartirolo ***MO*** 66 AA 15
Quarto ***AT*** 61 K 14
Quarto ***BO*** 67 AD 16
Quarto ***FC*** 88 AH 20
Quarto ***IS*** 123 AV 33
Quarto ***NA*** 150 AT 38
Quarto ***PC*** 52 S 14
Quarto d'Altino ***VE*** 43 AJ 10
Quarto Dei Mille ***GE*** 76 O 17
Quarto La Lastra ***FI*** 86 AC 21
Quartolo ***RA*** 81 AF 18
Quartu Sant' Elena ***CA*** 226 Q 48
Quartucciu ***CA*** 226 Q 48
Quarzano ***CO*** 22 P 8
Quarzina ***CN*** 72 I 19
Quasano ***BA*** 146 BI 38
Quassa ***VA*** 35 M 9
Quassolo ***TO*** 34 H 10
Quattordio ***AL*** 61 L 14
Quattrelle ***MN*** 55 AD 14
Quattrino ***LI*** 102 Z 25
Quattro Cascine ***AL*** 62 N 14
Quattro Castella ***RE*** 65 X 16
Quattro Strade ***AG*** 193 AQ 59
Quattro Strade ***FR*** 130 AO 34
Quattro Strade ***MN*** 53 X 12
Quattro Strade ***PI*** 85 Y 21
Quattro Strade ***TV*** 28 AG 8
Quattro Stradoni ***CE*** 132 AT 35
Quattro Vanelle ***TP*** 182 AJ 56
Quattro Vie ***PD*** 56 AF 12
Quattrocase ***CR*** 53 X 14
Quattrocase ***MN*** 55 AB 14
Quattropani ***ME*** 181 AY 52
Quattrostrade ***CR*** 53 V 13
Quattrostrade ***GR*** 110 AC 29
Qucere ***TN*** 27 AC 8
Quellenhof ***BZ*** 3 AC 3
Querce ***FI*** 85 Z 21
Querce al Pino ***SI*** 105 AG 25
Querce d'Orlando ***VT*** 112 AH 30
Quercegrossa ***SI*** 94 AC 23
Querceta ***LU*** 84 W 20
Querceti ***BO*** 80 AB 18
Querceto ***AN*** 90 AN 21
Querceto ***AR*** 87 AE 22
Querceto ***AR*** 95 AF 23
Querceto ***AR*** 87 AG 21
Querceto ***CS*** 167 BG 47
Querceto ***PC*** 64 S 14
Querceto ***PI*** 92 Y 22
Querceto ***PI*** 93 Z 24
Querceto ***SI*** 93 AB 24
Quercia ***MS*** 78 V 18
Quercia Ompiso ***PE*** 116 AT 29
Quercianella ***LI*** 92 X 23
Querciapiana ***CB*** 124 AW 33
Querciola ***BO*** 79 AA 18
Querciola ***FI*** 86 AC 20
Querciola ***FI*** 86 AC 20
Querciolano ***FC*** 81 AF 19
Quercioli ***RE*** 65 Y 15
Quero ***BL*** 28 AG 8
Quers ***BL*** 29 AJ 6
Quetta ***TN*** 12 AB 6
Quiesa ***LU*** 84 X 20
Quiliano ***SV*** 75 L 18
Quinciano ***SI*** 94 AD 24
Quincinetto ***TO*** 34 H 10
Quincod ***AO*** 33 H 9
Quindici ***AV*** 151 AW 38
Quingentole ***MN*** 54 AB 13
Quinlis ***UD*** 16 AM 5
Quintanello ***TO*** 59 G 14
Quintano ***CR*** 37 S 11
Quintilago ***BS*** 39 X 10
Quintino ***BG*** 38 U 10
Quinto ***FI*** 86 AC 21
Quinto al Mare ***GE*** 76 P 17
Quinto di Treviso ***TV*** 42 AI 10
Quinto di Valpantena ***VR*** 40 AB 11
Quinto Romano ***MI*** 36 P 11
Quinto Vercellese ***VC*** 35 L 11
Quinto Vicentino ***VI*** 41 AE 10
Quintodecimo ***AP*** 108 AP 27
Quintosole ***MI*** 36 Q 11
Quinzanello ***BS*** 38 V 11
Quinzano ***AP*** 108 AP 26
Quinzano ***BO*** 80 AD 18
Quinzano ***PR*** 65 W 16
Quinzano ***PR*** 65 X 16
Quinzano ***VA*** 35 N 9
Quinzano ***VR*** 40 AA 11
Quinzano d'Oglio ***BS*** 52 V 12
Quirra ***CA*** 223 S 46
Quistello ***MN*** 54 AA 13
Quistello ***VR*** 54 Z 12
Quistro ***CR*** 53 V 12
Quittengo ***BI*** 34 J 10
Quorle ***AR*** 87 AF 21
Quota ***AR*** 87 AF 21
Quote Roseto ***RC*** 177 BI 53
Quote San Francesco-Stranghilo ***RC*** 179 BG 54

R

Rabatana *MT*	165	BH 42
Rabatta *FI*	87	AD 20
Rabbini *PC*	64	T 15
Rabenstein / Corvara in Passiria *BZ*	3	AB 2
Rablà *BZ*	12	AB 3
Racale *LE*	160	BR 44
Racalmuto *AG*	193	AR 59
Raccano *RO*	56	AF 14
Racchiuso *UD*	16	AO 7
Racciano *SI*	93	AB 23
Racconigi *CN*	59	H 15
Raccui *ME*	188	BA 56
Raccuja *ME*	188	AY 55
Racines / Ratschings *BZ*	3	AC 2
Radda in Chianti *SI*	94	AD 23
Raddi *IS*	132	AT 34
Raddusa *CT*	195	AW 59
Radein / Redagno *BZ*	13	AD 5
Radi *SI*	94	AD 24
Radicara *RI*	114	AM 29
Radicena *RC*	176	BF 53
Radicofani *SI*	104	AF 26
Radicondoli *SI*	93	AB 24
Radicosa *AN*	97	AM 23
Radicosa *FR*	131	AS 34
Radicosa *FR*	131	AS 35
Radogna *FG*	134	BB 36
Raffa *BS*	39	Y 10
Raffadali *AG*	192	AQ 59
Raffaello Sanzio *AP*	99	AR 25
Raffo *PA*	186	AT 57
Ragada *TN*	25	Y 6
Ragalna *CT*	196	AY 58
Ragapiedi-Bonavita *CS*	167	BF 46
Ragazza *BO*	80	AB 18
Ragazzola *PR*	53	W 13
Raggi *NA*	151	AW 38
Raggiano *MC*	97	AN 25
Raggio *FC*	88	AQ 20
Raggio *PG*	96	AK 23
Raggio *PG*	106	AK 27
Raggioli *FI*	87	AE 21
Raggiolo *AR*	87	AF 21
Raghudi Nuovo *RC*	178	BD 56
Ragnitelli *PE*	116	AS 30
Ragogna *UD*	16	AM 8
Ragoli *TN*	26	Z 7
Ragonà *VV*	177	BH 53
Ragonese *CT*	195	AW 59
Ragusa *RG*	204	AX 62
Rai *CN*	71	H 17
Rai *TV*	29	AJ 9
Raiano *AQ*	122	AR 31
Raiello *SA*	152	AY 40
Rain in Taufers / Riva di Tures *BZ*	...AH 2	
Raina *TN*	12	AB 5
Rainuzzi *RE*	65	X 15
Raisa I *EN*	195	AX 58
Raisa II *EN*	195	AX 58
Raito *SA*	151	AX 40
Raiù *ME*	188	BA 55
Raldon *VR*	54	AB 11
Rallio *PC*	64	S 14
Rallo *TN*	12	AB 5
Ramacca *CT*	202	AX 59
Ramazzano *PG*	96	AJ 24
Rambona *MC*	98	AO 24
Ramedello *RO*	56	AE 13
Ramello *AT*	61	K 14
Ramello *SP*	77	T 18
Ramen *BL*	28	AF 7
Ramera *TV*	29	AJ 8
Ramezzana *VC*	49	K 12
Ramiano *PR*	65	V 16
Ramilia *CL*	193	AS 59
Ramini *PT*	86	AA 20
Ramiola *PR*	65	V 15
Ramiseto *RE*	78	W 17
Rammatico *CS*	166	BE 46
Ramon *TV*	42	AG 9
Ramonnino *PZ*	144	BD 39
Ramoscello *PR*	65	X 14
Rampazzo *VI*	41	AF 10
Rampin *VR*	55	AC 13
Ramponio *CO*	22	P 8
Ramunno I *BR*	148	BO 39
Ramunno II *BR*	148	BO 39
Ramuscello *PN*	30	AM 8
Ramuscello Vecchio *PN*	30	AM 8
Ranca *TA*	157	BO 42
Rancale *PG*	96	AJ 24
Rancale *PG*	97	AK 23
Ranchi *PG*	96	AI 23
Ranchio *FC*	88	AH 20
Ranciano *PG*	105	AH 25
Rancio Valcuvia *VA*	22	N 8
Ranco *AR*	95	AH 23
Ranco *AR*	88	AI 21
Ranco *CH*	117	AV 31
Ranco *PG*	97	AL 23
Ranco *SV*	73	J 19
Ranco *VA*	35	M 9
Randacoli *RC*	177	BH 53
Randazzo *CT*	196	AY 56
Rangasia *CT*	202	AW 60
Rango *BS*	39	X 9
Rango *TN*	26	Z 7
Rangona *FE*	55	AD 14
Rangono *LT*	129	AM 34
Ranica *BG*	37	T 9
Ranno *CT*	195	AY 58
Ranucci *VT*	112	AH 28
Ranuccio *SP*	130	AN 33
Ranza *SI*	93	AB 23
Ranzanico *BG*	24	U 9
Ranzano *PN*	29	AK 7
Ranzano *PR*	78	W 17
Ranzi *SV*	74	K 19
Ranzo *TN*	26	AA 7
Ranzola *PG*	96	AH 23
Raossi *TN*	26	AB 9
Rapagnano *AP*	99	AQ 25
Rapale *AR*	94	AE 23
Rapallo *GE*	76	Q 17

REGGIO DI CALABRIA

Agam Spanò (V.)	Z	2
Arcovito (V.)	Z	3
Bàrlaam (V.)	Z	4
Cattolica dei Greci (V.)	Z	6
Cirnino (V. Antonio)	Z	7
Crocefisso (V.)	Z	9
De Nava (Pza)	Y	10
Garibaldi (Cso)	YZ	
Garibaldi (Pza)	Z	12
Genoese Zerbi (Viale)	Y	14
Indipendenza (Pza)	Y	15
Italia (V.)	Y	17
Manfroce (Viale)	Y	18
Matteotti (Corso Giacomo)	YZ	28
Missori (V.)	Z	19
Popolo (Pza del)	Y	21
S. Caterina (V. del)	Z	22
S. Francesco da Paola (V.)	Z	24
S. Marco (V.)	Z	27
Salvatore (V.)	Z	25
Vitt. Emanuele III (Pza)	Z	29
25 Luglio 1943 (Viale)	Y	31

Rapano Sup. *ME*	189	BB 54
Rapattoni *PE*	116	AT 29
Rapegna *MC*	107	AN 26
Rapelle *RI*	114	AN 29
Rapezzo *FI*	81	AD 19
Rapicciano *PG*	106	AK 27
Rapino *CH*	116	AU 30
Rapino *TE*	108	AR 28
Rapolano Terme *SI*	95	AE 24
Rapolla *PZ*	144	BD 38
Rapolla *PZ*	164	BE 42
Rapone *AV*	151	AX 38
Rapone *PZ*	143	BC 38
Rappareddi *TP*	190	AK 57
Rara *TP*	4	AG 3
Ras *BZ*	4	AG 3
Rasa *BZ*	4	AE 3
Rasa *RO*	55	AE 13
Rasa di Varese *VA*	22	N 8
Rasai *BL*	28	AG 8
Raschiaccio *UD*	31	AP 7
Rascio *AP*	108	AO 26
Rasdeglia *SO*	9	Q 5
Rasega *VI*	41	AF 10
Rasego *BG*	37	T 10
Rasen-Antholz / Rasun-Antersalva *BZ*	5	AH 3
Rasenna *MC*	107	AM 26
Rasetti *BG*	38	U 9
Rasiglia *PG*	107	AM 26
Rasina *PG*	97	AL 24
Rasora *BO*	80	AB 18
Raspano *UD*	16	AO 6
Rassa *VC*	34	J 9
Rassina *AR*	87	AG 22
Rastellino *MO*	67	AB 16
Rastello *CN*	71	H 18
Rastia *MC*	97	AN 24
Rasun di Sopra / Oberrasen *BZ*	5	AH 3
Rasun di Sotto / Niederrasen *BZ*	5	AH 3
Rasun-Antersalva / Rasen-Antholz *BZ*	5	AH 3
Rasura *SO*	23	S 7
Rata *PD*	56	AG 12
Ratschings / Racines *BZ*	3	AC 2
Rattaloro *TP*	182	AK 56
Rattine *RC*	178	BE 55
Rattissi Nuovo *BZ*	3	AA 3
Raune *UD*	31	AQ 7
Rauscedo *PN*	30	AL 7
Rauth / Novale *BZ*	13	AD 5
Rava *BG*	23	S 8
Rava *VA*	60	I 15
Ravadese *PR*	65	X 14
Ravaglia *BG*	37	S 11
Ravaldino *FC*	82	AH 19
Ravalle *FE*	55	AE 14
Ravanusa *AG*	199	AS 60
Ravarano *PR*	65	V 16
Ravarino *MO*	67	AB 15
Ravascletto *UD*	16	AM 4
Ravazzana *RC*	178	BD 56
Ravazzolo *PD*	56	AG 12
Ravello *MI*	36	O 10
Ravello *MI*	36	O 11
Ravello *SA*	151	AW 40
Ravenna *RA*	82	AI 17
Raveo *UD*	16	AM 5
Ravera *CR*	53	W 13
Ravera *TO*	47	E 14
Ravezza *PR*	77	S 17
Ravi *GR*	103	AA 26
Ravigliano *PG*	105	AH 25
Ravignano *PG*	106	AK 25
Ravina *BZ*	3	AC 2
Ravina *TN*	26	AB 7
Ravinis *UD*	16	AN 4
Raviscanina *CE*	132	AU 35
Ravizze *SO*	23	S 7
Ravoledo *SO*	11	W 6
Ravosa *UD*	30	AO 7
Razzà *RC*	179	BF 56
Razzagno *RE*	79	Y 17
Razzuolo *FI*	81	AD 19
Re *TE*	108	AR 27
Re *VB*	7	M 7
Rea *PV*	51	P 13
Rea *CN*	60	I 15
Reaglie *TO*	48	H 13
Reala *CN*	60	I 15
Realdo *IM*	72	H 19
Reale *MN*	54	Z 14
Realizio *TO*	34	I 11
Realmonte *AG*	198	AP 60
Rean *AO*	33	F 9
Reana del Roiale *UD*	30	AO 7
Reane *BL*	15	AJ 4
Reano *TO*	47	F 13
Reant *UD*	17	AP 7
Reaso *SO*	56	AG 12
Rebecco *MN*	53	Y 12
Rebeccu *SS*	213	N 41
Reboana *CR*	53	W 13
Recale *CE*	141	AU 37
Recanati *MC*	98	AQ 23
Recattivo *PA*	193	AT 58
Recchia *RM*	120	AN 33
Recco *GE*	76	P 17
Recesio *PC*	64	S 15
Recetto *NO*	35	L 11
Recoaro Terme *VI*	40	AC 9
Recoleta *MT*	165	BI 42
Recorfano *CR*	53	X 13
Recovato *MO*	67	AB 16
Reda *RA*	82	AG 18
Redagno / Radein *BZ*	13	AD 5
Redagno di Sotto *BZ*	13	AD 5
Redavalle *PV*	51	Q 13
Redealto *CB*	133	AX 35
Redena *FE*	55	AC 14
Redenzicco *UD*	30	AM 7
Redicesi *MS*	78	W 19
Redipiano *CS*	171	BG 47
Redipuglia *GO*	31	AP 8
Redondesco *MN*	53	Y 13
Redù *MO*	67	AB 16
Refavaie *TN*	13	AE 6
Reforzate *PU*	90	AM 21
Refrancore *AT*	49	L 14
Refrontolo *TV*	28	AI 8
Regalbuto *EN*	195	AW 58
Regalgioffoli *PA*	185	AQ 57
Regedano *AN*	97	AL 23
Reggello *FI*	87	AE 21
Reggetto *BG*	23	S 8
Reggimonti *SP*	77	S 18
Reggio di Calabria *RC*	189	BB 55
Reggio nell'Emilia *RE*	66	Y 15
Reggio-Scomavacca *CS*	170	BF 48
Regia Corte *PA*	185	AP 55
Regia Mandria *TO*	47	G 13
Regina *PV*	50	O 13
Regina Coeli *PE*	116	AS 29
Regina Elena *VV*	174	BF 52
Reginella *NA*	150	AT 38
Regio *SR*	203	AZ 60
Regnana *MC*	98	AO 25
Regnano *MS*	78	W 18
Regnano *PG*	96	AI 23
Regnano *RE*	66	Y 16
Regoledo *LC*	23	Q 7
Regoledo *SO*	23	S 7
Regolelli *VT*	113	AJ 30
Regona *BS*	53	W 12
Regona *CR*	52	T 12
Reine *CB*	132	AW 34
Reinero *CN*	70	D 17
Reino *BN*	133	AX 36
Reinswald / San Martino *BZ*	4	AD 3
Reischach / Riscone *BZ*	5	AG 3
Reitani *SR*	205	AZ 63
Reitano *ME*	187	AV 56

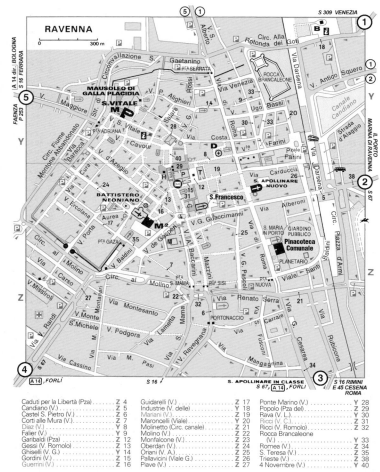

RAVENNA

Caduti per la Libertà (Pza)	Z	4
Candiano (V.)	Z	5
Castel S. Pietro (V.)	Z	6
Corti alle Mura (V.)	Z	7
Diaz (V.)	Y	8
Falier (V.)	Y	9
Garibaldi (Pza)	Z	12
Gessi (V. Romolo)	Z	13
Ghiselli (V. G.)	Y	14
Gordini (V.)	Z	15
Guerrini (V.)	Y	16
Guidarelli (V.)	Z	17
Industrie (V. delle)	Y	18
Mariani (V.)	Z	19
Maroncelli (Viale)	Y	20
Molinetto (Circ. canale)	Z	21
Molino (V.)	Y	22
Monfalcone (V.)	Z	23
Oberdan (V.)	Z	24
Oriani (V. A.)	Z	25
Pallavicini (Viale G.)	Z	26
Piave (V.)	Z	27
Ponte Marino (V.)	Y	28
Popolo (Pza del)	Z	29
Rava (V. L.)	Y	30
Ricci (V. C.)	Z	31
Ricci (V. Romolo)	Z	32
Rocca Brancaleone (V.)	Y	33
Romea (V.)	Z	34
S. Teresa (V.)	Y	35
Trieste (V.)	Z	38
4 Novembre (V.)	Z	40
Battistero degli Ariani	Y	D
Cattedrale	Z	E
Mausoleo di Teodorico	Y	B
Museo Arcivescovile	Z	M²
Museo Nazionale	Y	M¹
Sepolcro di Dante	Z	A

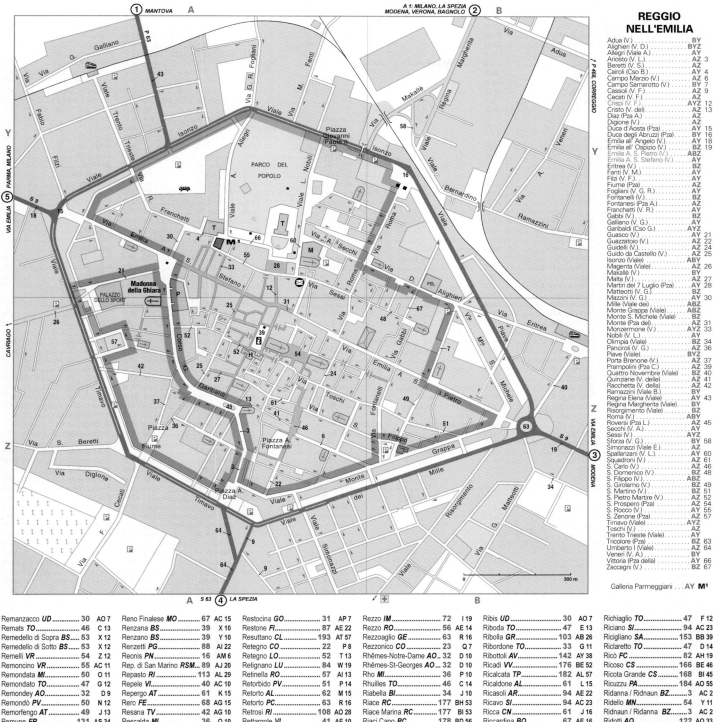

REGGIO NELL'EMILIA

Adua (V.)	BY
Alighieri (V. D.)	BYZ
Allegri (Viale A.)	AY
Ariosto (V. L.)	AZ 3
Beretti (V. S.)	AZ
Cairoli (Cso B.)	AY 4
Campo Marzio (V.)	AZ 6
Campo Samarotto (V.)	BY 7
Cassoli (V. F.)	AZ 9
Cecati (V. F.)	AZ
Crispi (V. F.)	AYZ 12
Cristo (V. del)	AZ 13
Diaz (Pza A.)	AZ
Digione (V.)	AZ
Duca d'Aosta (Pza)	AY 15
Duca degli Abruzzi (Pza)	BY 16
Emilia all'Angelo (V.)	AY 18
Emilia all' Ospizio (V.)	AY 19
Emilia A. S. Pietro (V.)	ABZ
Emilia A. S. Stefano (V.)	AY
Eritrea (V.)	BZ
Fanti (V. M.)	AZ
Filzi (V. F.)	AY
Fiume (Pza)	AZ
Fogliani (V. G. R.)	AY
Fontanelli (V.)	BZ
Fontanesi (Pza A.)	AZ
Franchetti (V. R.)	AY
Gabbi (V.)	BZ
Galliano (V. G.)	AY
Garibaldi (Cso G.)	AYZ
Guasco (V.)	AY 21
Guazzatoio (V.)	AZ 22
Guidelli (V.)	AZ 24
Guido da Castello (V.)	AZ 25
Isonzo (Viale)	ABY
Magenta (Viale)	AZ 26
Makallè (V.)	BY
Malta (V.)	AZ 27
Martiri del 7 Luglio (Pza)	AZ 28
Matteotti (V. G.)	BZ
Mazzini (V. G.)	AY 30
Mille (Viale dei)	ABZ
Monte Grappa (Viale)	ABZ
Monte S. Michele (Viale)	BZ
Monte (Pza del)	AZ 31
Monzermone (V.)	AZ 33
Nobili (V. L.)	AZ
Olimpia (Viale)	BZ 34
Panciroli (V. G.)	AZ 36
Piave (Viale)	BYZ
Porta Brenone (V.)	AZ 37
Prampolini (Pza C.)	AZ 39
Quattro Novembre (Viale)	BZ 40
Quinziane (V. delle)	AZ 41
Racchetta (V. della)	AZ 42
Ramazzini (V. B.)	BY
Regina Elena (Viale)	AZ 43
Regina Margherita (Viale)	BY
Risorgimento (Viale)	AZ
Roma (V.)	ABY
Roversi (Pza L.)	AZ 45
Secchi (V. A.)	AYZ
Sessi (V.)	AYZ
Sforza (V. G.)	BY 58
Simonazzi (Viale E.)	AZ
Spallanzani (V. L.)	AZ 60
Squadroni (V.)	AZ 61
S. Carlo (V.)	AZ 46
S. Domenico (V.)	BZ 48
S. Filippo (V.)	ABZ
S. Girolamo (V.)	AZ 49
S. Martino (V.)	BZ 51
S. Pietro Martire (V.)	BZ
S. Prospero (Pza)	AZ 54
S. Rocco (V.)	AY 55
S. Zenone (V.)	AZ 57
Timavo (Viale)	AYZ
Toschi (V.)	AZ
Trento Trieste (Viale)	AY
Tricolore (Pza)	AZ 63
Umberto I (Viale)	AZ 64
Veneri (V.)	BY
Vittoria (Pza della)	AY 66
Zaccagni (V.)	AZ 67

Galleria Parmeggiani . . . AY **M¹**

Remanzacco *UD*	30	AO 7	Reno Finalese *MO*	67	AC 15	Restocina *GO*	31	AP 7
Remats *TO*	46	C 13	Renzana *BS*	39	X 10	Restone *FI*	87	AE 22
Remedello di Sopra *BS*	53	X 12	Renzano *BS*	39	Y 10	Resuttano *CL*	193	AT 57
Remedello di Sotto *BS*	53	X 12	Renzetti *PG*	88	AI 22	Retegno *CO*	22	P 8
Remelli *VR*	54	Z 12	Reonis *PN*	16	AM 6	Retegno *LU*	52	T 13
Remoncino *VR*	55	AC 11	Rep. di San Marino *RSM*	89	AJ 20	Retignano *LU*	84	W 19
Remondata *MI*	50	O 11	Repasto *RI*	113	AL 29	Retinella *RO*	57	AI 13
Remondato *TO*	47	G 12	Repele *VI*	40	AC 10	Retorbido *PV*	51	P 14
Remondey *AO*	32	D 9	Repergo *AT*	61	K 15	Retorto *AL*	62	M 15
Remondò *PV*	50	N 12	Rero *FE*	68	AG 15	Retorto *PC*	63	R 16
Remorfengo *AT*	49	J 13	Resana *TV*	42	AG 10	Retrosi *RI*	108	AO 28
Remune *FR*	131	AS 34	Rescalda *MI*	36	O 10	Rettargole *VI*	41	AE 10
Ren *BL*	14	AG 6	Rescaldina *MI*	36	O 10	Reusa *MS*	78	W 18
Rena Majore *OT*	206	AQ 37	Resceto *MS*	78	W 19	Revedoli *VE*	43	AL 10
Renacci *AR*	87	AE 22	Reschen / Resia *BZ*	2	Y 3	Revello *LO*	51	S 12
Renaio *LU*	79	Y 19	Reschigliano *PD*	42	AG 11	Revello *CN*	59	F 16
Renate *MI*	36	Q 9	Rescia *PG*	107	AM 28	Reverdita *SV*	75	L 17
Renaudo *CN*	71	G 17	Resera *TV*	28	AI 8	Revere *MN*	55	AB 13
Renaz *BL*	14	AG 5	Reseretta *TV*	28	AI 8	Revigliasco *TO*	48	H 13
Renazzo *FE*	67	AC 15	Resia *UD*	16	AO 5	Revigliasco d'Asti *AT*	61	J 14
Rencine *SI*	94	AC 23	Resia / Reschen *BZ*	2	Y 3	Reviglione *NA*	151	AV 38
Rencine *SI*	94	AE 24	Resicco *NA*	151	AW 40	Revignano *AT*	61	J 14
Rendale *VI*	27	AE 8	Residenza-Dorica *SA*	152	AZ 41	Revine Lago *TV*	28	AI 7
Rende *CS*	170	BG 48	Resinali *PG*	96	AJ 24	Revislate *NO*	35	M 9
Rendinara *AQ*	121	AP 32	Resinego *BL*	14	AI 5	Revò *TN*	12	AB 5
Rendola *AR*	94	AE 23	Resiutta *UD*	16	AO 5	Rey *AO*	19	E 8
Renno *MO*	79	Z 18	Respaglie *CR*	52	T 11	Rezzago *CO*	23	Q 8
Reno *PR*	65	W 16	Respiccio *PR*	65	V 15	Rezzanello *PC*	63	S 14
Reno *TO*	47	E 13	Ressora *SP*	78	U 19	Rezzano *PC*	64	T 14
Reno *VA*	21	M 8	Restall *AO*	34	H 9	Rezzato *BS*	38	W 10
Reno Centese *FE*	67	AC 15	Restegassi *AL*	63	P 15	Rezzo *IM*	72	I 19

Rezzo *RO*	56	AE 14	Ribis *UD*	30	AO 7	Richiaglio *TO*	47	F 12
Rezzoaglio *GE*	77	R 16	Riboda *TO*	47	E 13	Riciano *SI*	94	AC 23
Rezzonico *CO*	23	Q 7	Ribolla *GR*	103	AB 26	Ricigliano *SA*	153	BB 39
Rhêmes-Notre-Dame *AO*	32	D 10	Ribordone *TO*	33	G 11	Riclaretto *TO*	47	D 14
Rhêmes-St-Georges *AO*	32	D 10	Ribottoli *AV*	142	AY 38	Ricò *FC*	82	AH 19
Rho *MI*	36	P 10	Ricadi *VV*	176	BE 52	Ricoso *CS*	166	BE 46
Rhuilles *TO*	46	C 14	Ricalcata *TP*	182	AL 57	Ricota Grande *CS*	168	BI 45
Riabella *BI*	34	J 10	Ricaldone *AL*	61	L 15	Ricuzzu *PA*	184	AO 55
Riace *RC*	177	BH 53	Ricasoli *AR*	94	AE 22	Ridanna / Ridnaun *BZ*	3	AC 2
Riace Marina *RC*	177	BI 53	Ricavo *SI*	94	AC 23	Ridello *MN*	54	Y 11
Riaci Capo *RC*	178	BD 56	Ricca *CN*	61	J 16	Ridnaun / Ridanna *BZ*	3	AC 2
Riale *BO*	67	AC 17	Riccardina *BO*	67	AE 16	Ridotti *AQ*	122	AQ 33
Riale *RE*	79	Y 17	Ricchiardi *TO*	32	E 11	Ridracoli *FC*	87	AG 20
Riale *VB*	7	L 5	Ricchiardo *CN*	60	H 15	Ried / Novale *BZ*	4	AD 2
Riale *VC*	20	I 8	Ricchiò *ME*	187	AV 55	Ried / Novale *BZ*	5	AH 3
Rialmosso *BI*	34	J 10	Ricci *CE*	141	AV 36	Riesci *LE*	159	BR 41
Rialto *SV*	75	L 17	Ricci *CB*	133	AY 35	Riese Pio X *TV*	42	AG 9
Rialto *PD*	56	AG 12	Ricciardelli *AV*	142	AX 39	Riesi *CL*	200	AT 60
Rialto *SV*	74	K 18	Riccio *AR*	95	AH 24	Rietine *RI*	114	AL 29
Rialto *VE*	42	AH 10	Ricciolio *ME*	179	BF 55	Rietine *SI*	94	AD 23
Rialto-Terminillo *RI*	114	AM 29	Riccione *RN*	83	AK 19	Riffian / Rifiano *BZ*	3	AC 3
Riana *PR*	78	V 17	Riccò del Golfo			Rifiano / Riffian *BZ*	3	AC 3
Rianico *CS*	171	BG 48	di Spezia *SP*	77	T 19	Rifiglio *AR*	87	AF 21
Riano *CS*	171	BG 48	Riccourt *AO*	34	I 9	Rifodor *CN*	70	E 18
Riano *RM*	119	AK 31	Riccovolto *MO*	79	Y 18	Riforano *CN*	71	G 17
Riardo *CE*	141	AT 36	Riceci *PU*	89	AL 21	Rifreddo *CN*	61	J 15
Ribera *AG*	192	AO 58	Ricengo *CR*	37	T 11	Rifreddo *CN*	59	F 16
Riardo *CE*	141	AT 36	Riceno *VB*	7	K 6	Rifreddo *CN*	71	I 17
Ribba *TO*	58	D 14	Ricetto *RI*	114	AN 30	Rifreddo *PZ*	154	BD 40
Ribera *PC*	52	T 14	Richetti *CZ*	171	BH 50	Rifredo *FI*	81	AD 19
						Rifugia *MC*	107	AO 26

Riga *PE* .... 116 AT 31
Rigaiolo *SI* .... 95 AF 24
Rigaletta *TP* .... 182 AK 55
Rigali *PG* .... 97 AL 24
Rigatti *RI* .... 114 AN 30
Riglio *PC* .... 64 T 15
Riglione *PI* .... 85 X 21
Rignano Flaminio *RM* ... 113 AJ 30
Rignano Garganico *FG* .. 135 BC 33
Rignano sull'Arno *FI* .... 87 AD 21
Rigo *AP* .... 108 AO 27
Rigolato *UD* .... 16 AM 4
Rigoli *PI* .... 85 X 21
Rigolizia *PA* .... 184 AO 55
Rigolizia *SR* .... 203 AY 62
Rigomagno *SI* .... 95 AF 24
Rigon *VI* .... 40 AD 10
Rigoni *VI* .... 27 AE 8
Rigoroso *AL* .... 62 O 16
Rigosa *BO* .... 67 AC 16
Rigosa *PR* .... 53 W 14
Rigoso *PR* .... 78 V 17
Rigrasso *CN* .... 59 G 16
Riguardo *SI* .... 104 AD 25
Rigutino *AR* .... 95 AG 23
Rilevo *SR* .... 203 AZ 60
Rilievo *TP* .... 182 AK 56
Rima *VC* .... 20 I 8
Rimaggino *FI* .... 86 AD 21
Rimaggio *FI* .... 87 AE 21
Rimagna *PR* .... 78 V 17
Rimale *PR* .... 64 V 14
Rimasco *VC* .... 20 J 8
Rimbocchi *AR* .... 88 AG 21
Rimella *VC* .... 21 K 8
Rimendiello *PZ* .... 164 BE 42
Rimigliano *LI* .... 102 Y 25
Rimini *RN* .... 83 AK 19
Riminino *VT* .... 111 AE 29
Riminino Nuovo *VT* .... 111 AE 29
Rimiti *ME* .... 189 BA 56
Rimogno *LU* .... 85 Y 20
Rina *BZ* .... 4 AG 3
Rina *ME* .... 189 BB 56
Rinacchio *CS* .... 166 BF 46
Rinaldi *AT* .... 61 K 15
Rinaldi *CN* .... 60 I 16
Rinascente *RM* .... 119 AI 31
Rinazza *RC* .... 178 BD 55

Rincine *FI* .... 87 AE 20
Rinella *ME* .... 181 AX 52
Rinella *ME* .... 188 AX 55
Rinforzati *FI* .... 87 AD 22
Ringata *ME* .... 188 AY 54
Rino *BS* .... 25 X 7
Rio *BO* .... 81 AD 18
Rio *BZ* .... 4 AE 3
Rio *FR* .... 131 AR 34
Rio *PG* .... 106 AL 25
Rio *SP* .... 77 T 18
Rio Claro *LT* .... 138 AP 36
Rio di Lagundo /
    Aschbach *BZ* ...... 12 AB 4
Rio di Pusteria /
    Mühlbach *BZ* ...... 4 AF 3
Rio Forgia *TP* .... 182 AK 55
Rio Marina *LI* .... 102 X 27
Rio nell'Elba *LI* .... 102 X 27
Rio Petroso *FC* .... 88 AG 20
Rio Saliceto *RE* .... 66 Z 15
Rio Salso *FC* .... 88 AG 20
Rio Salso-Case Bernardi *PU*..89 AL 20
Rio San Martino *VE* .... 42 AH 10
Rio Secco *BO* .... 80 AC 19
Rio Torto *VI* .... 40 AC 10
Rio Verde *FR* .... 131 AQ 34
Riobianco /
    Weissenbach *BZ* .... 3 AD 3
Riobianco /
    Weissenbach *BZ* .... 4 AG 2
Riobonello *VI* .... 41 AD 10
Riofreddo *FC* .... 88 AH 20
Riofreddo *MC* .... 107 AM 26
Riofreddo *RM* .... 120 AM 31
Riofreddo *SV* .... 74 J 18
Riofreddo *UD* .... 17 AQ 5
Riola *BO* .... 80 AB 18
Riola di Vergato *BO* .... 80 AB 18
Riola Sardo *OR* .... 216 M 44
Riolo *LO* .... 51 S 11
Riolo *MO* .... 67 AB 16
Riolo Terme *RA* .... 81 AF 18
Riolunato *MO* .... 79 Y 18
Riomaggiore *SP* .... 77 T 19
Riomagno *LU* .... 84 W 19
Riomolino / Mühlbach *BZ*..5 AG 2
Riomoro *TE* .... 109 AS 26
Riomurtas *CI* .... 225 N 48

Rione Branca *RC* ...... 178 BD 56
Rione Catalano *TP* ..... 182 AK 55
Rione Forche *AV* ...... 143 BA 38
Rione Fornace *AV* ..... 143 BA 38
Rione La Sala *TP* ...... 182 AK 55
Ripe Marcucci *CH* ..... 123 AV 30
Rione Montemarano *AV*..143 BA 38
Rione Sant'Antonio *CH* . 123 AT 32
Rionero /
    Schwazenbach *BZ* .. 13 AD 5
Rionero in Vulture *PZ* ... 144 BD 38
Rionero Sannitico *IS* .... 132 AT 33
Riosecco *AR* .... 87 AF 21
Riosecco *PG* .... 96 AI 23
Riotorto *LI* .... 102 Z 26
Rioveggio *BO* .... 80 AC 18
Riozzo *MI* .... 51 Q 11
Ripa *AQ* .... 115 AQ 30
Ripa *BG* .... 24 U 8
Ripa *LU* .... 84 W 20
Ripa *MN* .... 54 Z 12
Ripa *MS* .... 78 U 18
Ripa *SV* .... 74 K 18
Ripa *TE* .... 108 AQ 28
Ripa Dicorno *RI* .... 114 AM 28
Ripa d'Orcia *SI* .... 104 AE 25
Ripa Teatina *CH* .... 116 AU 29
Ripaberarda *AP* .... 108 AR 26
Ripabianca *PG* .... 106 AJ 26
Ripabottoni *CB* .... 133 AX 33
Ripacandida *PZ* .... 144 BD 38
Ripafratta *PI* .... 85 X 21
Ripaioli *PG* .... 106 AJ 26
Ripaldina *PV* .... 51 R 12
Ripalimosani *CB* ...... 133 AW 34
Ripalta *AN* .... 90 AM 22
Ripalta *FG* .... 125 BA 35
Ripalta *PU* .... 90 AM 21
Ripalta *SP* .... 77 T 18
Ripalta Arpina *CR* ..... 52 T 12
Ripalta Guerina *CR* .... 52 T 12
Ripalta Nuova *CR* ..... 52 T 12
Ripalta Vecchia *CR* .... 52 T 11
Ripalta-Cremasca *CR* .. 52 T 12
Ripalvella *TR* .... 105 AI 26
Ripamassana *PU* ...... 89 AK 20
Ripapersico *FE* .... 68 AF 15

Riparbella *PI* .... 92 Y 23
Riparotonda *RE* .... 79 X 18
Ripatransone *AP* ...... 108 AR 26
Ripattoni *TE* .... 109 AS 27
Ripavecchia *AP* .... 108 AP 26
Ripe *AN* .... 90 AN 21
Ripe *PU* .... 89 AL 21
Ripe *TE* .... 108 AQ 27
Ripe Alte *LI* .... 102 X 27
Ripe San Ginesio *MC* ... 98 AP 25
Ripi *FR* .... 130 AP 34
Ripiani *FR* .... 130 AP 34
Ripola *MS* .... 78 V 18
Ripole *FR* .... 130 AP 35
Ripoli *AP* .... 95 AH 23
Ripoli *BO* .... 80 AC 18
Ripoli *CN* .... 70 F 17
Ripoli *FR* .... 130 AP 34
Ripoli *PI* .... 92 Y 22
Ripório *CN* .... 59 E 15
Riposto *CT* .... 197 BA 57
Ripuaria *NA* .... 150 AT 38
Risano *UD* .... 30 AO 8
Riscone / Reischach *BZ*...5 AG 2
Riserva Nuova *LT* ..... 129 AK 34
Risi *CZ* .... 174 BG 50
Risigliano *NA* .... 141 AW 38
Rissordo *CN* .... 60 I 17
Ristonchi *AR* .... 87 AF 21
Ristonchi *FI* .... 87 AE 21
Ristonchia *AR* .... 95 AG 24
Risubbiani *PO* .... 80 AC 19
Ritani *SV* .... 75 L 17
Ritirata *PG* .... 97 AK 24
Ritiro *RE* .... 66 Z 15
Ritornato *TO* .... 47 G 11
Rittana *CN* .... 70 F 17
Riulade *UD* .... 16 AO 5
Riva *BS* .... 38 V 10
Riva *BZ* .... 4 AE 2
Riva *CN* .... 60 H 15
Riva *CO* .... 22 P 8
Riva *GE* .... 77 R 18
Riva *MN* .... 54 Z 14
Riva *PC* .... 64 T 15
Riva *PC* .... 64 U 14
Riva *RE* .... 54 Z 14
Riva *TN* .... 26 AB 9
Riva *TO* .... 59 F 14
Rivà *RO* .... 57 AI 14
Riva Borghino *CN* ..... 59 F 16
Riva dei Tessali *TA* .... 156 BK 41
Riva del Garda *TN* ..... 26 AA 8
Riva del Sole *GR* ...... 102 AA 27
Riva di Solto *BG* .... 38 V 9
Riva di Sotto *BZ* ...... 12 AC 5
Riva di Tures /
    Rain in Taufers *BZ* ... 5 AH 2
Riva Faraldi *IM* .... 73 J 20
Riva Ligure *IM* .... 72 I 20
Riva Livenza *TV* .... 29 AK 9
Riva Presso Chieri *TO* ... 48 I 14
Riva Staro *VI* .... 40 AC 9
Riva Valdobbia *VC* ..... 20 I 8
Riva Verde *MC* .... 99 AR 23
Riva Verde *RA* .... 69 AI 17
Rivabella *BO* .... 80 AB 18
Rivabella *BO* .... 67 AC 17
Rivabella *BO* .... 67 AD 16
Rivabella *LE* .... 160 BR 43
Rivabella *RN* .... 83 AK 19
Rivadolmo *PD* .... 56 AE 12
Rivai *BL* .... 27 AF 8
Rivaira *BZ* .... 11 X 4
Rivalazzo *PR* .... 65 V 15
Rivalba *AL* .... 50 M 13
Rivalba *PR* .... 65 V 17
Rivalba *TO* .... 48 I 13
Rivale *GE* .... 76 P 17
Rivale *VE* .... 42 AH 11
Rivalgo *BL* .... 15 AJ 5
Rivalpo *UD* .... 16 AN 5
Rivalta *CN* .... 60 I 16
Rivalta *MN* .... 54 Z 12
Rivalta *PR* .... 65 W 16
Rivalta *PR* .... 65 X 16
Rivalta *RA* .... 82 AG 18
Rivalta *RE* .... 66 Y 16
Rivalta *VR* .... 42 AD 10
Rivalta *VR* .... 40 AA 10
Rivalta Bormida *AL* .... 62 M 15
Rivalta di Torino *TO* .... 47 G 13
Rivalta Nuova *AL* ..... 62 N 14
Rivalta Trebbia *PC* .... 52 S 14
Rivalto *PI* .... 93 Y 23
Rivamaor *BL* .... 28 AI 7
Rivamonte Agordino *BL* .. 14 AH 6

Rivanazzano *PV* .... 50 P 14
Rivara *MO* .... 67 AC 14
Rivara *TO* .... 48 G 11
Rivarano *AV* .... 151 AX 38
Rivarola *CN* .... 59 H 16
Rivarola *GE* .... 76 R 17
Rivarolo *PR* .... 65 W 14
Rivarolo Canavese *TO* .. 48 H 12
Rivarolo del Re *CR* .... 53 X 13
Rivarolo Ligure *GE* .... 75 O 17
Rivarolo Mantovano *MN*.. 53 X 13
Rivarossa *TO* .... 48 H 12
Rivarotta *PN* .... 29 AK 8
Rivarotta *UD* .... 30 AN 9
Rivarotta *VI* .... 41 AF 9
Rivasacco *TO* .... 47 G 12
Rivasco *VB* .... 7 L 6
Rivasecca *TO* .... 59 F 14
Rivasso *AT* .... 60 J 14
Rivata *TO* .... 47 F 13
Rivazza *PV* .... 51 P 14
Rivazzo *MS* .... 78 U 18
Rivazzurra *RN* .... 83 AK 19
Rive *BS* .... 39 X 10
Rive *VC* .... 49 L 12
Rive *VI* .... 40 AD 9
Rive *VI* .... 41 AF 9
Rive d'Arcano *UD* ..... 30 AN 7
Rivello *PZ* .... 163 BD 43
Rivera *PR* .... 65 X 16
Rivera *TO* .... 47 F 13
Rivera *TO* .... 48 H 12
Rivera *VB* .... 7 K 7
Rivera *AL* .... 61 L 16
Rivergaro *PC* .... 64 S 14
Rividulano *PR* .... 65 V 17
Riviera *BO* .... 81 AE 18
Riviera *PN* .... 16 AM 6
Riviera di Marcigliano *NA*..151 AV 40
Rivignano *UD* .... 30 AN 8
Rivis *VB* .... 30 AM 7
Rivisondoli *AQ* .... 123 AT 32
Rivo *UD* .... 16 AN 4
Rivò *BI* .... 34 K 9
Rivodora *TO* .... 48 H 13
Rivodutri *RI* .... 114 AM 28
Rivoira *CN* .... 71 G 18
Rivoira *TO* .... 47 E 14
Rivoira *TO* .... 33 G 11
Rivoli *TO* .... 47 G 13
Rivola *RA* .... 81 AF 18
Rivoli di Osoppo *UD* ... 16 AN 6
Rivoli Veronese *VR* .... 39 Z 10
Rivolpaio *PU* .... 88 AH 20
Rivolta d'Adda *CR* ..... 37 S 11
Rivolta *BS* .... 39 Y 11
Rivoltella *PV* .... 51 M 12
Rivoltella *VI* .... 27 AF 9
Rivolto *UD* .... 30 AN 8
Rivoreta *PT* .... 79 Z 19
Rivorte *VB* .... 7 L 7
Rivò *BI* .... 34 K 9
Rivotorto *PG* .... 106 AK 25
Rivotta *UD* .... 30 AN 7
Rizza *VR* .... 40 AA 11
Rizza *VR* .... 55 AB 12
Rizzacorno *CH* .... 117 AV 30
Rizzardina *TV* .... 42 AH 9
Rizzato *RO* .... 57 AI 14
Rizziconi *RC* .... 176 BE 53
Rizzios *BL* .... 15 AJ 5
Rizzo *TP* .... 190 AH 63
Rizzoli *BG* .... 24 U 8
Rizzolo *PC* .... 64 T 14
Rizzolo *UD* .... 30 AO 7
Rizzuto *CS* .... 170 BG 48
Ro *FE* .... 56 AF 14
Rò di Sopra *BS* .... 39 X 11
Rò di Sotto *BS* .... 39 X 11
Roa *TN* .... 27 AF 7
Roà Marenca *CN* ..... 71 I 18
Roà Piana *CN* .... 71 I 18
Roana *VI* .... 27 AD 8
Roapiana *CN* .... 71 H 17
Roara *PD* .... 41 AF 10
Roarlongo *VR* .... 39 Z 11
Roaro *PD* .... 55 AE 12
Roaschia *CN* .... 70 F 18
Roascio *CN* .... 74 J 17
Roasio *VC* .... 35 K 10
Roata Chiusani *CN* .... 71 G 17
Roata Rossi *CN* ...... 71 G 17
Roata Soprano *CN* .... 74 I 17

Roatta Sottana *CN* .... 74 I 17
Roatto *AT* .... 49 J 14
Robarello *VC* .... 49 K 11
Robassomero *TO* ..... 47 G 12
Robbiano *MI* .... 37 Q 11
Robbiate *LC* .... 37 R 9
Robbio *PV* .... 50 M 12
Robecchetto con Induno *MI*..35 N 10
Robecco *LO* .... 52 S 12
Robecco *MI* .... 52 S 12
Robecco d'Oglio *CR* ... 53 V 12
Robecco Pavese *PV* ... 51 P 13
Robecco sul Naviglio *MI*.. 36 O 11
Robegano *VE* .... 42 AH 10
Robella *AT* .... 49 J 13
Robella *CN* .... 59 E 16
Robella *VC* .... 49 K 12
Roberso *TO* .... 46 D 14
Roberti *VI* .... 41 AF 9
Robilante *CN* .... 71 G 18
Robini *CN* .... 61 K 15
Roboaro *AL* .... 61 L 16
Roburent *CN* .... 71 I 18
Rocca *AP* .... 107 AO 26
Rocca *AP* .... 108 AP 26
Rocca *AT* .... 49 J 13
Rocca *BL* .... 27 AF 8
Rocca *CZ* .... 175 BI 50
Rocca *GE* .... 63 R 16
Rocca *IM* .... 73 J 20
Rocca *IS* .... 131 AT 35
Rocca *LU* .... 85 Y 20
Rocca *PC* .... 64 S 15
Rocca *PC* .... 64 U 14
Rocca *PD* .... 56 AG 12
Rocca *PR* .... 65 W 15
Rocca *RO* .... 56 AF 14
Rocca *SV* .... 75 L 17
Rocca *TO* .... 47 E 13
Rocca *TO* .... 48 I 12
Rocca Bernarda *UD* ... 31 AP 7
Rocca Canavese *TO* ... 47 G 12
Rocca Canterano *RM* .. 120 AN 32
Rocca Ceppino *TE* .... 108 AQ 27
Rocca Cerbaia *PO* .... 86 AB 19
Rocca Cigliè *CN* ...... 74 I 17
Rocca Cilento *SA* ..... 162 AZ 42
Rocca Cinquemiglia *AQ*..123 AT 33
Rocca Colonnalta *MC* .. 98 AO 25
Rocca Corneta *BO* .... 79 AA 18
Rocca Cranata *AR* .... 88 AH 22
Rocca da Capo *AP* .... 107 AO 26
Rocca d'Anfo *BS* ..... 25 X 9
Rocca d'Arazzo *AT* ... 61 K 14
Rocca d'Arce *FR* ..... 131 AQ 34
Rocca de' Baldi *CN* ... 71 H 17
Rocca de'Giorgi *PV* ... 51 Q 14
Rocca d'Evandro *CE* .. 131 AS 35
Rocca di Botte *AQ* .... 120 AN 31
Rocca di Cambio *AQ* .. 115 AP 30
Rocca di Capri Leone *ME*..187 AX 55
Rocca di Cave *RM* .... 120 AM 32
Rocca di Civitelle *TE* ... 108 AR 27
Rocca di Corno *RI* .... 114 AN 29
Rocca di Fondi *RI* ..... 114 AN 29
Rocca di Fondi *RI* ..... 114 AN 29
Rocca di Galbato *ME* .. 188 AY 54
Rocca di Mezzo *AQ* ... 115 AQ 30
Rocca di Monte
    Varmine *AP* ...... 108 AQ 25
Rocca di Morro *AP* .... 108 AQ 27
Rocca di Neto *KR* ..... 173 BL 48
Rocca di Papa *RM* .... 120 AL 33
Rocca di Roffeno *BO* .. 80 AB 18
Rocca di Sillano *PI* .... 93 AA 24
Rocca d'Orcia *SI* ...... 104 AE 25
Rocca Grimalda *AL* ... 62 M 15
Rocca Imperiale *CS* ... 165 BI 43
Rocca Imperiale
    Marina *CS* .... 165 BI 43
Rocca Leonella *PU* .... 89 AK 22
Rocca Malatina *MO* ... 80 AA 17
Rocca Marsaglia *CN* ... 74 I 17
Rocca Massima *LT* .... 129 AM 33
Rocca Monte Calvo *AP*..108 AP 27
Rocca Pia *AQ* .... 122 AS 32
Rocca Pietore *BL* ..... 14 AH 6
Rocca Pitigliana *BO* ... 80 AB 18
Rocca Pratiffi *PU* ..... 88 AI 21
Rocca Priora *AN* ..... 91 AP 22
Rocca Priora *RM* ..... 120 AL 33
Rocca Ripesena *TR* ... 105 AH 27
Rocca Rossa *PA* ...... 185 AP 55
Rocca Ruja *SS* .... 208 K 38
Rocca S. Stefano *RM* .. 120 AN 32
Rocca San Casciano *FC*.. 81 AG 19

RIMINI

0 — 400 m

MARE ADRIATICO

CESENATICO

A14 : BOLOGNA, FORLÌ
RAVENNA, VIA ADRIATICA

P 258 : VERUCCHIO
SAN SEPOLCRO

S 16 : AEROPORTO
S 72 : S. MARINO
A 14 : PESARO

S. MARINO

BICCIONE

Augusto (Cso d') .... AZ 2
Bastioni Settentrionale (V.) . AYZ 3
Cavour (Pza) .... AZ 4
Clementini (V.) .... BZ 6
Galeria (V. C.) .... BZ 7
Giovanni XXIII (Cso) .... AYZ 8
Giulio Cesare (Largo) .... AZ 9
Principe Amedeo (V.) .... BY
Rodi (Viale) .... ABY 10
Serpieri (V.) .... AZ 12
Tempio Malatestano (V.) .... AZ 14
Tonini (V. L.) .... AZ 15
Tre Martiri (Pza) .... AZ 16
Verdi (V. G.) .... AZ 19
4 Novembre (V.) .... AZ

Tempio Malatestiano. . AZ **A**

Rocca San Felice *AV*	143	AZ 38
Rocca San Giovanni *CH.*	117	AV 30
Rocca San Zenone *TR*	113	AL 28
Rocca Santa Maria *MO*	66	Z 17
Rocca Sant'Angelo *PG*	96	AK 25
Rocca Sigillina *MS*	78	U 17
Rocca Sinibalda *RI*	114	AM 30
Rocca Vecchia *LE*	159	BT 42
Roccabascerana *AV*	142	AX 37
Roccabernarda *KR*	172	BK 49
Roccabianca *PR*	53	W 13
Roccabruna *CN*	59	E 17
Roccacaramanico *PE*	122	AT 31
Roccacasale *AQ*	122	AS 31
Roccacerro *AQ*	121	AO 31
Roccadaspide *SA*	152	BA 41
Roccaferrara *PR*	65	V 17
Roccafinadamo *PE*	116	AR 29
Roccafiorita *ME*	189	BA 56
Roccaforte del Greco *RC*	179	BE 55
Roccaforte Ligure *AL*	62	P 15
Roccaforte Mondovì *CN*	71	H 18
Roccaforzata *TA*	157	BN 41
Roccafranca *BS*	38	U 11
Roccagiovine *RM*	120	AM 31
Roccagloriosa *SA*	163	BB 43
Roccagnano *PG*	96	AH 23
Roccagorga *LT*	130	AN 34
Roccaguglielma *FR*	131	AR 35
Roccalanzona *PR*	65	V 15
Roccalbegna *GR*	104	AE 27
Roccalberti *LU*	78	W 19
Roccalta *SR*	202	AY 61
Roccalumera *ME*	189	BB 56
Roccalvecce *VT*	112	AH 28
Roccamaia *MC*	107	AN 25
Roccamandolfi *IS*	132	AV 35
Roccamare *GR*	102	Z 27
Roccamena *PA*	184	AN 56
Roccamonfina *CE*	140	AS 36
Roccamorice *PE*	116	AT 30
Roccamurata *PR*	64	U 16
Roccani *CZ*	175	BJ 50
Roccanolfi *PG*	107	AN 26
Roccanova *PZ*	164	BG 42
Roccantica *RI*	113	AL 30
Roccapalumba *PA*	185	AQ 57
Roccapassa *RI*	114	AO 28
Roccapiemonte *SA*	151	AX 39
Roccapietra *VC*	34	K 9
Roccaporena *PG*	107	AM 27
Roccaprebalza *PR*	64	U 16
Roccapreturo *AQ*	115	AR 30
Roccarainola *NA*	141	AW 38
Roccarandisi *RI*	114	AO 30
Roccaranieri *RI*	114	AM 30
Roccaraso *AQ*	123	AT 32
Roccaravindola *IS*	132	AT 34
Roccaromana *CE*	141	AU 36
Roccasalli *RI*	107	AO 28
Roccascalegna *CH*	123	AU 31
Roccasecca *FR*	131	AR 34
Roccasecca dei Volsci *LT*	130	AO 35
Roccasecca Stazione *FR*	131	AQ 34
Roccasicura *IS*	132	AU 33
Roccasparvera *CN*	71	F 17
Roccaspinalveti *CH*	123	AV 32
Roccaspromonte *CB*	133	AW 34
Roccastrada *GR*	103	AC 25
Roccatagliata *GE*	76	Q 17
Roccatamburo *PG*	107	AM 27
Roccatederighi *GR*	103	AB 25
Roccati *TO*	48	I 13
Roccavaldina *ME*	189	BB 54
Roccaverano *AT*	61	K 16
Roccavignale *SV*	74	K 17
Roccavione *CN*	71	F 18
Roccavivara *CB*	124	AW 32
Roccavivi *AQ*	121	AQ 33
Roccazzo *RG*	202	AW 61
Roccella *CZ*	175	BI 51
Roccella *PA*	191	AN 57
Roccella Ionica *RC*	177	BH 54
Roccella Valdemone *ME*	188	AZ 56
Roccette *TO*	47	E 13
Rocchenere *ME*	189	BB 56
Rocchetta *AL*	49	K 13
Rocchetta *AL*	61	K 16
Rocchetta *AN*	97	AM 23
Rocchetta *AN*	97	AM 23
Rocchetta *AN*	90	AN 21
Rocchetta *AP*	108	AR 26
Rocchetta *CE*	141	AT 36
Rocchetta *CN*	59	E 15
Rocchetta *MC*	98	AO 24
Rocchetta *MO*	80	AA 17
Rocchetta *PC*	64	T 15
Rocchetta *PG*	107	AM 27
Rocchetta *RI*	113	AJ 29
Rocchetta *TP*	191	AM 58
Rocchetta al Volturno *IS*	132	AT 34
Rocchetta Belbo *CN*	61	K 16
Rocchetta Cairo *SV*	74	K 17
Rocchetta di Vara *SP*	77	T 18
Rocchetta Ligure *AL*	63	P 15
Rocchetta Nervina *IM*	72	G 20
Rocchetta Nuova *IS*	132	AT 34
Rocchetta Palafea *AT*	61	L 15
Rocchetta Sant'Antonio *FG*	143	BB 37
Rocchetta Scalo *FG*	144	BC 37
Rocchetta Tanaro *AT*	61	L 14
Rocchette *GR*	104	AE 27
Rocchette *GR*	102	Z 27
Rocchette *RI*	113	AK 29
Rocchetti *PD*	42	AG 11
Rocchetti *TN*	27	AC 8
Rocchetti *VR*	39	Z 10
Rocchetto sul Naviglio *MI*	36	Q 11
Rocchi *AV*	142	AW 37
Rocciano *TE*	108	AR 28
Rocciola *RG*	204	AX 62
Rocco *BS*	39	Y 9
Roccolo *BG*	24	V 8
Roccolo *CO*	22	O 9
Roccolo *VA*	21	M 8
Roccolo *VA*	36	N 9
Roccolo *VA*	22	O 8
Roccolo Svampa *AP*	99	AQ 24
Rochemolles *TO*	46	B 13
Roco *FI*	81	AD 18
Roda *ME*	188	AY 55
Roda *TN*	13	AE 6
Rodallo *TO*	48	I 12
Rodano *MI*	37	R 11
Roddi *CN*	60	I 15
Roddino *CN*	60	J 16
Rodeano *UD*	30	AN 7
Rodello *CN*	61	J 16
Rodello *MO*	66	Z 16
Rodeneck / Rodengo *BZ*	4	AF 3
Rodengo / Rodeneck *BZ*	4	AF 3
Rodero *CO*	22	O 9
Rodi *RC*	178	BE 56
Rodi *ME*	188	BA 55
Rodi Garganico *FG*	127	BE 32
Rodiano *BO*	80	AB 18
Rodiano *MO*	80	AA 17
Rodigo *MN*	54	Y 12
Rodina *PD*	56	AG 12
Rodio *SA*	162	BA 43
Rodocanacchi *LI*	92	X 22
Rodogno *RE*	78	X 17
Rodolo *SO*	23	T 7
Rodoretto *TO*	46	D 14
Roe *BL*	28	AH 7
Roè *BS*	39	X 10
Rofelle *AR*	88	AI 21
Roffia *PI*	85	AA 21
Rofigliano *SA*	152	AZ 40
Rofrano *SA*	163	BB 42
Rogani *ME*	189	BA 56
Rogeno *LC*	36	Q 9
Roggia *BL*	14	AI 6
Roggia di Sopra *VI*	41	AD 11
Roggia di Sotto *VI*	41	AD 11
Roggiano *VA*	22	N 8
Roggiano Gravina *CS*	167	BF 46
Roggio *LU*	78	W 19
Roggio *SV*	73	J 20
Roggiolo *VA*	22	N 7
Roggione *CR*	52	T 12
Roghudi *RC*	179	BE 55
Rogliano *CS*	171	BG 48
Rognano *PV*	51	P 12
Rogno *BG*	24	V 8
Rognoni *CT*	195	AY 58
Rogoledo *LC*	37	Q 9
Rogolo *SO*	23	R 7
Rogoredo *MI*	36	O 10
Rogorotto *MI*	36	O 10
Roi *VC*	20	J 8
Roia / Rojen *BZ*	2	X 3
Roiano *TE*	108	AQ 27
Roiate *RM*	120	AN 32
Roina *BS*	39	Y 9
Roio del Sangro *CH*	123	AV 32
Roio Piano *AQ*	115	AQ 30
Roisan *AO*	19	E 9
Rojen / Roia *BZ*	2	X 3
Roledo *VB*	7	K 7
Roletto *TO*	47	E 14
Roletto *VB*	20	J 8
Rolino *BI*	34	K 10
Rolle *TV*	28	AI 8
Rolletta *ME*	188	AY 55
Rollieres *TO*	46	C 14
Rollini *AL*	49	L 13
Rollo *SV*	73	J 20
Rollo *SV*	73	K 19
Rolo *RE*	66	AA 14
Roma *RM*	119	AK 32
Romagi *GE*	76	Q 17
Romagnani *CR*	53	W 12
Romagnano *PU*	88	AI 20
Romagnano *TN*	26	AB 7
Romagnano *VR*	40	AB 10
Romagnano al Monte *SA*	153	BB 40
Romagnano Sesia *NO*	35	L 10
Romagnese *PV*	63	Q 14
Romallo *TN*	12	AB 5
Romana *SO*	24	V 7
Romana *SS*	213	M 41
Romana *SV*	74	K 18
Romanazzi *BA*	147	BM 38
Romandola *SA*	152	AZ 40
Romanengo *CR*	37	T 11
Romani *MC*	107	AO 25
Romani *NA*	151	AV 38
Romani *RE*	66	Z 15
Romanico *VB*	21	M 8
Romanina *BI*	34	J 10
Romaniz *PN*	15	AL 6
Romano Banco *MI*	36	P 11
Romano Canavese *TO*	34	I 11
Romano d'Ezzelino *VI*	27	AF 9
Romano di Lombardia *BG*	37	T 10
Romanore *MN*	54	Z 13
Romanoro *MO*	79	Y 18
Romans *UD*	30	AN 8
Romans d'Isonzo *GO*	31	AP 8
Romanziol *VE*	43	AK 9
Romatisi *CZ*	174	BG 51
Romazzano *PG*	106	AJ 27
Romazzino *OT*	211	S 37
Rombiolo *VV*	174	BF 52
Romeggio *PG*	96	AI 24
Romeno *TN*	12	AB 5
Romentino *NO*	35	N 11
Rometta *ME*	189	BA 54
Rometta *MS*	78	V 18
Rometta *VC*	34	K 11
Rometta Marea *ME*	189	BA 54
Romezzano *PR*	63	S 16
Romita *FI*	86	AC 22
Romitello *PA*	183	AN 55
Romiti *BN*	133	AY 35
Romito Magra *SP*	78	U 19
Romitorio *LU*	85	Y 20
Romitorio *RM*	120	AK 31
Romola *FI*	86	AB 21
Romola *PC*	64	S 14
Rompeggio *PC*	63	R 16
Romperein *AO*	32	E 9

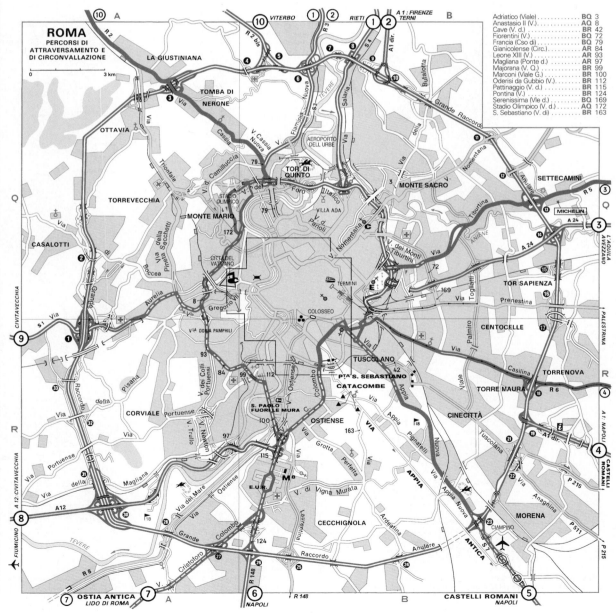

Adriatico (Viale)	BQ	3
Anastasio II (V.)	AQ	8
Cave (V. d.)	BR	42
Fiorentini (V.)	BQ	72
Francia (Cso di)	BQ	79
Gianicolense (Circ.)	AR	84
Leone XIII (V.)	AR	93
Magliana (Ponte d.)	AR	97
Majorana (V.)	BR	99
Marconi (Viale G.)	BR	100
Oderisi da Gubbio (V.)	BR	112
Pattinaggio (V. d.)	BR	115
Pontina (V.)	BR	124
Serenissima (Vle d.)	BQ	169
Stadio Olimpico (V. d.)	AQ	172
S. Sebastiano (V. di)	BR	163

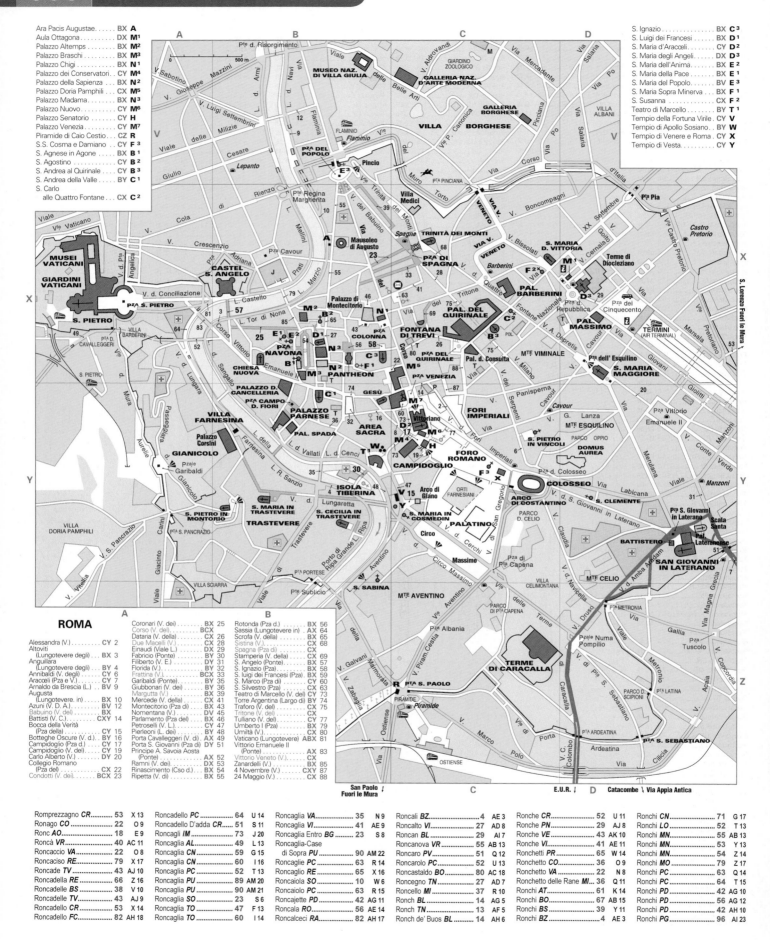

Ara Pacis Augustae . . . . . BX **A**
Aula Ottagona . . . . DX **M¹**
Palazzo Altemps . . . . . . BX **M²**
Palazzo Braschi . . . . . . BX **M³**
Palazzo Chigi . . . . BX **N¹**
Palazzo dei Conservatori . . CY **M⁴**
Palazzo della Sapienza . . BX **N²**
Palazzo Doria Pamphili . . CX **M⁵**
Palazzo Madama . . . . . . BX **N³**
Palazzo Nuovo . . . . CY **M⁶**
Palazzo Senatorio . . . . . CY **H**
Palazzo Venezia . . . . . . CY **M⁷**
Piramide di Caio Cestio . . CZ **R**
S.S. Cosma e Damiano . . CY **F³**
S. Agnese in Agone . . . . BX **B¹**
S. Agostino . . . . CY **B²**
S. Andrea al Quirinale . . CX **B³**
S. Andrea della Valle . . BY **C¹**
S. Carlo
  alle Quattro Fontane . . . CX **C²**

S. Ignazio . . . . BX **C³**
S. Luigi dei Francesi . . . . BX **D¹**
S. Maria d'Aracoeli . . . . . CY **D²**
S. Maria degli Angeli . . . DX **D³**
S. Maria dell'Anima . . . . BX **E²**
S. Maria della Pace . . . . BX **E¹**
S. Maria del Popolo . . . . BV **E³**
S. Maria Sopra Minerva . . BX **F¹**
S. Susanna . . . . CX **F²**
Teatro di Marcello . . . . . . BY **T¹**
Tempio della Fortuna Virile . CY **V**
Tempio di Apollo Sosiano . . BY **W**
Tempio di Venere e Roma . CY **X**
Tempio di Vesta . . . . CY **Y**

ROMA

Alessandra (V.) . . . . CY 2	Coronari (V. dei) . . . . . . BX 25	Rotonda (Pza d.) . . . . . BX 56
Altoviti (Lungotevere degli) . BX 3	Corso (V. del) . . . . . . BCX	Sassia (Lungotevere in) . . AX 64
Anguillara (Lungotevere degli) . BY 4	Dataria (V. della) . . . . . . CX 26	Scrofa (V. della) . . . . . BX 65
Annibaldi (V. degli) . . . . CY 6	Due Macelli (V.) . . . . . . CX 28	Sistina (V.) . . . . CX 68
Araceli (Pza e V.) . . . . . CY 7	Einaudi (Viale L.) . . . . . DX 29	Spagna (Pza di) CX
Arnaldo da Brescia (L.) . . BV 9	Fabricio (Ponte) . . . . . . BY 30	Stamperia (V. della) . . . CX 69
Augusta (Lungotevere. in) . . BX 10	Filiberto (V. E.) . . . . . . DY 31	S. Angelo (Ponte) . . . . BX 57
Azuni (V. D. A.) . . . . . . BV 12	Florida (V.) . . . . DY 32	S. Ignazio (Pza) . . . . . . BX 58
Babuino (V. del) . . . . . . BX	Frattina (V.) . . . . BCX 33	S. Luigi dei Francesi (Pza) . BX 59
Battisti (V. C.) . . . . . . CXY 14	Garibaldi (Ponte) . . . . . BY 35	S. Marco (Pza di) . . . . CY 60
Bocca della Verità (Pza di) . CY 15	Giubbonari (V. dei) . . . . BY 36	S. Silvestro (Pza) . . . . CX 63
Botteghe Oscure (V. d.) . BY 16	Margutta (V. dei) . . . . . BX 39	Teatro di Marcello (V. del) . CY 73
Campidoglio (Pza d.) . . . CY 17	Mercede (V. della) . . . . CX 41	Torre Argentina (Largo di) . BY 74
Campidoglio (Pza di) . . . CY 19	Montecitorio (Pza di) . . . BX 43	Traforo (V. del) . . . . . CX 75
Carlo Alberto (V.) . . . . . DY 20	Nomentana (V.) . . . . . . DV 45	Tritone (V. del) CX
Collegio Romano (Pza del) . CX 22	Parlamento (Pza del) . . . BX 46	Tulliano (V. del) . . . . . CY 77
Condotti (V. dei) . . . . . BCX 23	Petroselli (V. L.) . . . . . CY 47	Umberto I (Pza) . . . . . BX 79
	Pierleoni (L. dei) . . . . . BY 48	Umiltà (V.) . . . . CX 80
	Porta Cavalleggeri (V.) . . AX 49	Vaticano (Lungotevere) . . ABX 81
	Porta S. Giovanni (Pza di) . DY 51	Vittorio Emanuele II (Ponte) . AX 83
	Principe A. Savoia Aosta (Ponte) . AX 52	Vittorio Veneto (V.) . . . CX 85
	Ramni (V. dei) . . . . . . AX	Zanardelli (V.) . . . . . . BX 85
	Rinascimento (Cso d.) . . BX 54	4 Novembre (V.) . . . . . CXY 87
	Ripetta (V. di) . . . . . . BX 55	24 Maggio (V.) . . . . . . CX 88

Ronchi *RE* 66 AA 14
Ronchi *SO* 24 U 7
Ronchi *SV* 74 K 18
Ronchi *TN* 26 AB 7
Ronchi *TN* 40 AB 9
Ronchi *TN* 13 AF 5
Ronchi *TO* 33 G 11
Ronchi *UD* 30 AO 8
Ronchi *UD* 31 AP 9
Ronchi *VC* 20 J 8
Ronchi *VC* 48 J 12
Ronchi *VE* 30 AM 9
Ronchi *VI* 40 AC 9
Ronchi *VI* 27 AE 8
Ronchi *VI* 27 AE 9
Ronchi *VR* 55 AC 12
Ronchi *VR* 55 AD 12
Ronchi *VR* 39 Z 10
Ronchi *VR* 39 Z 11
Ronchi / Rungg *BZ* 12 AC 5
Ronchi dei Legionari *GO* 31 AQ 9
Ronchi di Bagnarola *BO* 68 AE 16
Ronchi Valsugana *TN* 27 AD 7
Ronchiettis *UD* 30 AO 8
Ronchis *UD* 30 AM 9
Ronchis *UD* 30 AO 7
Roncigliano *RM* 119 AJ 31
Ronciglione *VT* 112 AI 30
Roncitelli *AN* 90 AN 21
Ronco *AL* 63 P 15
Ronco *BG* 24 V 7
Ronco *BI* 34 K 10
Ronco *BI* 34 K 10
Ronco *BL* 14 AH 4
Ronco *BO* 81 AE 18
Ronco *BS* 38 V 10
Ronco *BS* 25 W 6
Ronco *BS* 39 X 10
Ronco *BZ* 4 AF 3
Ronco *BZ* 4 AG 4
Ronco *CO* 22 O 8
Ronco *CO* 36 P 9
Ronco *CR* 52 U 11
Ronco *FC* 82 AH 18
Ronco *GE* 75 O 17
Ronco *NO* 21 L 9
Ronco *PC* 64 T 14
Ronco *PD* 41 AF 10
Ronco *PD* 56 AF 12
Ronco *RA* 82 AG 18
Ronco *SV* 75 M 17
Ronco *TN* 77 AF 7
Ronco *VB* 21 M 8
Ronco all'Adige *VR* 55 AC 11
Ronco Biellese *BI* 34 J 10
Ronco Briantino *MI* 37 R 10
Ronco Campo Canetto *PR* 65 W 14
Ronco Canavese *TO* 33 G 11
Ronco Scrivia *GE* 62 O 16
Roncobello *BG* 24 T 8
Roncobello *VI* 27 AF 8
Roncobertolo *BO* 80 AC 18
Roncobilaccio *BO* 80 AC 19
Roncocesi *RE* 66 Y 15
Roncoferraro *MN* 54 AA 13
Roncofreddo *FC* 82 AI 19
Roncogennaro *AL* 61 L 15
Roncola *BG* 37 S 9
Roncole *VC* 34 K 9
Roncole Verdi *PR* 53 V 14
Roncoleva *VR* 54 AA 12
Roncolo *RE* 65 X 16
Roncolongo *PR* 65 V 16
Roncone *TN* 25 Z 8
Ronconi *VR* 40 AA 10
Roncopascolo *PR* 65 W 14
Roncosambaccio *PU* 90 AM 20
Roncostorto *VE* 57 AH 13
Roncovetro *RE* 65 X 16
Roncroffio *RE* 65 X 17
Rondanina *GE* 63 Q 16
Rondelli *GR* 102 Z 26
Rondello *PU* 90 AM 20
Rondinara *RE* 66 Z 16
Rondine *AR* 95 AF 22
Rondinella *SI* 94 AD 23
Rondinelli *AR* 104 AE 26
Rondissone *TO* 48 I 12
Rondole *VI* 41 AD 11
Rondon *GO* 31 AP 9
Rondotto *BS* 39 Y 11
Rondover *PN* 29 AK 8
Rong *AO* 34 H 9
Rongio *BI* 34 K 10
Rongolise *CE* 140 AS 36
Ronsecco *VC* 49 K 12
Ronta *FC* 82 AI 18

Ronta *FI* 87 AD 19
Rontagnano *FC* 88 AI 20
Rontano *LU* 78 X 19
Ronti *PG* 96 AH 23
Ronzano *AR* 95 AG 24
Ronzano *TE* 115 AR 28
Ronzini *CT* 197 AZ 58
Ronzino *PZ* 163 BD 43
Ronzone *TN* 12 AB 5
Ropaga *AP* 108 AP 26
Roppa *UD* 15 AK 5
Roppe *PN* 15 AK 6
Roppolo *BI* 34 J 11
Rora *TO* 59 E 15
Roracco *CN* 71 H 17
Rorai Piccolo *PN* 29 AK 8
Rore *CN* 59 E 16
Roreto Chisone *TO* 47 D 14
Rosa *PN* 30 AM 8
Rosà *VI* 41 AF 9
Rosa Marina *BR* 148 BO 39
Rosa Marina *LE* 159 BS 41
Rosaguti *GE* 76 P 17
Rosaine *SA* 162 AY 42
Rosasia *NO* 35 N 11
Rosali *RC* 189 BD 54
Rosaneto *CS* 163 BD 44
Rosanisco *FR* 131 AR 34
Rosaniti *RC* 178 BD 54
Rosano *AL* 62 O 14
Rosano *AL* 63 P 16
Rosano *FI* 87 AD 21
Rosano *RE* 78 X 17
Rosapineta *RO* 57 AI 13
Rosara *AP* 108 AQ 26
Rosara *PD* 57 AH 12
Rosara *PV* 63 Q 14
Rosario *CS* 170 BG 48
Rosario *FE* 55 AD 14
Rosario *MN* 54 AB 14
Rosario *VI* 41 AF 9
Rosario *RC* 176 BE 53
Rosaro *TR* 106 AJ 27
Rosarolo *VB* 21 K 8
Rosasco *GE* 76 Q 17
Rosasco *PV* 50 M 12
Rosate *MI* 50 P 11
Rosazza *BI* 34 I 9
Rosazzo *UD* 31 AP 7
Rosceto *PG* 106 AJ 27
Rosciano *BG* 37 S 9
Rosciano *PE* 116 AT 30
Rosciano *PU* 88 AI 20
Rosciano *PU* 90 AM 21
Rosciano *TR* 114 AL 28
Rosciavizza *CH* 117 AV 30
Roscigno *SA* 152 AY 39
Roscigno *SA* 153 BB 41
Rosciolo dei Marsi *AQ* 121 AP 32
Rose *CS* 167 BG 47
Rose *RI* 114 AN 28
Rosegaferro *VR* 54 Z 11
Roselle Modica *RG* 205 AY 63
Roselli *FR* 131 AR 34
Roselli *PG* 106 AK 27
Rosello *CH* 123 AV 32
Rosenga *AN* 97 AM 23
Rosennano *SI* 94 AE 23
Roseto Capo Spulico *CS* 165 BI 44
Roseto degli Abruzzi *TE* 109 AT 27
Roseto Marina *CS* 165 BI 44
Roseto Valfortore *FG* 134 AZ 35
Rosi *PC* 64 U 15
Rosia *SI* 94 AC 24
Rosica *SO* 9 T 6
Rosignano Marittimo *LI* 92 X 23
Rosignano Monferrato *AL* 49 L 13
Rosignano Solvay *LI* 92 X 23
Rosina *AR* 88 AG 21
Rosingo *AL* 49 K 13
Rosio *MI* 36 O 11
Rosito *KR* 173 BL 50
Rosito *RC* 177 BI 53
Rosna *BL* 27 AF 7
Rosola *MO* 80 AA 18
Rosolina *RO* 57 AI 13
Rosolina Mare *RO* 57 AI 13
Rosolini *SR* 205 AY 63
Rosolotti *VR* 39 Z 11
Rosone *TO* 33 F 11
Rosora *AN* 97 AN 23
Ross *PN* 16 AM 6
Rossa *BS* 38 U 11

Rossa *VC* 20 J 9
Rossaga *VA* 22 O 8
Rossana *CN* 59 F 16
Rossano *CS* 168 BI 46
Rossano *MS* 77 T 18
Rossano Stazione *CS* 168 BI 46
Rossano Veneto *VI* 41 AF 9
Rossarola *PC* 63 R 15
Rossato *TO* 47 F 12
Rosselli *CE* 141 AU 38
Rossellina *ME* 189 BA 55
Rossena *RE* 65 X 16
Rossetta *RA* 68 AH 17
Rossi *AT* 49 L 14
Rossi *CN* 60 I 16
Rossi *GE* 63 P 17
Rossi *NA* 151 AV 38
Rossi *PR* 64 T 16
Rossi *PR* 64 U 15
Rossi *SV* 73 J 19
Rossi *VI* 74 K 18
Rossi *VI* 40 AC 9
Rossi *VI* 27 AD 8
Rossiglione *GE* 62 N 16
Rossignago *VE* 42 AH 10
Rossignolo *PD* 41 AF 10
Rossillo *CS* 167 BG 46
Rossina *LE* 160 BR 43
Rossoio *FI* 87 AE 20
Rossone *PV* 63 Q 14
Rosta *TO* 47 F 13
Rosta *VR* 55 AC 13
Rosta *VR* 55 AD 13
Rostagni *TO* 59 E 14
Rostio *GE* 76 Q 18
Rota *RM* 118 AH 31
Rota *TR* 105 AI 27
Rota *VR* 40 AB 11
Rota Dentro *BG* 23 S 8
Rota Fuori *BG* 23 S 9
Rota Greca *CS* 167 BF 47
Rotacesta *PE* 116 AS 29
Rotale *PZ* 163 BD 43
Rotari *MO* 79 Y 19
Rotecastello *TR* 105 AI 26
Roteglia *RE* 66 Z 17
Rotella *AP* 108 AQ 26
Rotelle *CH* 117 AV 30
Rotelli *MC* 98 AP 24
Rotello *CB* 125 AZ 33
Roti *MC* 107 AN 25
Rotonda *BN* 142 AX 37
Rotonda *AT* 61 J 14
Rotonda *PZ* 164 BF 44
Rotondella *MT* 165 BI 42
Rotondella *PZ* 163 BD 43
Rotondi *AV* 142 AW 37
Rotondo *AN* 97 AM 23
Rotone *PT* 86 AA 20
Rotorscio *AN* 97 AN 23
Rotta *FC* 82 AH 18
Rotta *MN* 54 Z 12
Rotta *PC* 52 U 13
Rotta *PV* 51 P 13
Rotta *VE* 43 AL 9
Rottanova *VE* 56 AH 13
Rottofreno *PC* 52 S 13
Rottole *FE* 68 AE 15
Rotzo *VI* 27 AD 8
Roure *TO* 47 D 14
Rovagnate *LC* 37 R 9
Rovale *CS* 171 BI 48
Rovarè *TV* 43 AJ 9
Rovasco *CO* 22 P 8
Rovasenda *VC* 35 K 10
Rovato *BS* 38 U 10
Roveda *TN* 27 AC 7
Rovedaro *LO* 52 T 12
Rovegliana *VI* 40 AC 9
Rovegno *GE* 63 Q 16
Rovegro *VB* 21 L 8
Roveleto *PC* 52 S 14
Roveleto *PC* 52 U 14
Rovella *CS* 171 BG 48
Rovellasca *CO* 36 P 9
Rovello Porro *CO* 36 P 9
Rovenaud *AO* 32 E 10
Rovenna *CO* 22 P 8
Rover *TN* 13 AD 6
Roverazza *GE* 75 N 17
Roverbasso *TV* 29 AJ 8
Roverbella *MN* 54 Z 12
Roverchiara *VR* 55 AC 12
Roverchiaretta *VR* 55 AC 12
Rovere *BS* 38 V 10

Rovere *FC* 82 AG 18
Rovere *MN* 55 AC 13
Rovere *SV* 74 L 18
Rovere *AQ* 115 AQ 30
Roverè della Luna *TN* 12 AC 6
Rovere Veronese *VR* 40 AD 10
Roveredo *UD* 30 AM 8
Roveredo *UD* 30 AN 8
Roveredo *SV* 16 AO 5
Roveredo di Guà *VR* 55 AD 12
Roveredo in Piano *PN* 29 AK 7
Rovereto *CR* 52 S 12
Rovereto *FE* 68 AG 15
Rovereto *GE* 77 R 18
Rovereto *PC* 63 R 16
Rovereto *TN* 26 AB 8
Rovereto Chiesa *AL* 62 N 15
Rovereto sul Secchia *MO* 66 AA 14
Roversano *FC* 82 AI 19
Roversella *MN* 55 AC 14
Roversola *VR* 55 AB 11
Rovesca *VB* 6 J 7
Rovescala *PV* 51 R 13
Roveta *FC* 86 AB 21
Rovetino *AP* 108 AQ 26
Roveto *SR* 205 AZ 63
Rovettazzo *CT* 197 BA 57
Roviano *RM* 120 AM 31
Roviasca *SV* 74 L 18
Roviera *CN* 70 D 18
Rovigliano *PG* 96 AH 23
Roviglieto *PG* 106 AL 26
Rovigo *RO* 56 AF 13
Rovina *PR* 64 T 15
Rovinaglia *PR* 77 T 17
Rovinato *LI* 102 Y 25
Rovito *CS* 171 BG 48
Rovitolo *AP* 108 AO 26
Rovittello *CT* 197 AZ 56
Rovizza *VR* 39 Y 11
Rovoni *VI* 27 AF 9
Rovolon *PD* 41 AE 11
Royeres *TO* 46 B 13
Rozzampia *VI* 41 AE 9
Rozzano *MI* 51 P 11
Rua Bernardo *CN* 71 F 17
Rua Croce *CN* 59 E 15
Ruà del Prato *CN* 59 E 17
Rua di Feletto *TV* 28 AI 8
Rualis *UD* 31 AP 7
Rualp *TN* 13 AF 5
Ruano *MC* 99 AQ 24
Ruari *VI* 27 AC 9
Ruata *CN* 58 E 15
Ruata *CN* 47 E 14
Ruata del Re *CN* 59 F 16
Ruata Eandi *CN* 59 G 16
Ruatela *BL* 14 AH 5
Ruballa *FI* 86 AB 22
Rubano *PD* 41 AF 11
Rubattoro *PT* 86 AA 20
Rubbianello *AP* 99 AR 25
Rubbiano *AP* 107 AO 26
Rubbiano *CR* 52 S 12
Rubbiano *MO* 79 Y 17
Rubbiano *PR* 65 V 15
Rubbiara *MO* 66 AB 16
Rubbio *VI* 27 AE 9
Rubiana *TO* 47 F 13
Rubiana *VR* 39 Z 10
Rubianetta *TO* 47 G 13
Rubiera *RE* 66 Z 16
Rubignacco *UD* 31 AP 7
Rubina *RC* 177 BG 53
Rubizzano *BO* 67 AD 15
Rucavà *BL* 14 AG 5
Ruccoli *CS* 170 BF 49
Rucorso *FI* 87 AC 21
Ruda *PD* 56 AF 13
Ruda *UD* 31 AP 8
Rudalza *OT* 211 S 37
Rudiano *BS* 38 U 11
Rue *TO* 59 E 14
Rueglio *TO* 33 H 11
Rufelli *RM* 129 AK 33
Ruffano *LE* 161 BS 44
Ruffia *CN* 59 G 15
Ruffia *FC* 82 AI 19
Ruffignano *AR* 95 AH 24
Rufina *FI* 87 AD 21
Ruffrè *TN* 12 AC 5
Ruggero *CL* 175 BG 57
Ruggiano *FG* 127 BE 33
Ruggiano *LE* 161 BS 44

Ruginello *MI* 37 R 10
Rugolo *TV* 29 AJ 8
Ruina *FE* 56 AF 14
Ruinas *OR* 217 O 44
Ruine *AO* 34 H 10
Ruino *PV* 63 Q 14
Rullato *FC* 88 AH 20
Rumanedda *SS* 208 L 39
Rumer *TO* 59 E 15
Rumianca *VB* 21 K 8
Rumiod *AO* 32 E 9
Runaz *AO* 32 D 9
Runci *RC* 178 BD 54
Runco *FE* 68 AF 15
Runco *TV* 29 AK 9
Rungg / Ronchi *BZ* 12 AC 5
Runzi *RO* 55 AE 14
Ruocce *AN* 97 AL 23
Ruocchio del Conte *AV* 143 BA 38
Ruocco *NA* 151 AW 38
Ruodo *CS* 167 BG 47
Ruoni *OT* 206 Q 36
Ruora *CN* 72 I 19
Ruota *LU* 85 Y 21
Ruoti *PZ* 153 BD 39
Ruotoli *CE* 141 AV 37
Rupa *GO* 31 AQ 8
Rupecanina *FI* 87 AD 20
Rupingrande *TS* 31 AR 9
Rupinpiccolo *TS* 31 AR 9
Rupo *TE* 108 AR 27
Rupoli *PU* 90 AM 21
Rüsa *VC* 34 J 9
Ruscala *TO* 59 G 14
Ruscello *AR* 95 AF 23
Ruscello *FC* 88 AH 20
Ruscio *MC* 107 AM 28
Ruscioli *LT* 138 AN 35
Ruscitto *FR* 131 AQ 33
Ruscleto *UD* 30 AN 7
Rusini *RC* 179 BG 54
Rusio *BG* 24 V 8
Russa *ME* 188 AY 55
Russa *TO* 33 G 11
Russellina *RC* 179 BF 55
Russi *PC* 63 S 15
Russi *RA* 82 AH 17
Russo *AV* 143 AZ 37
Russo *ME* 188 AY 55
Russo *RC* 176 BE 53
Russy *AO* 34 I 10
Rustano *MC* 97 AN 24
Rustega *PD* 42 AG 10
Rusteghini *PC* 64 T 15
Rustici *AP* 108 AP 26
Rustico *AN* 98 AP 22
Rustigazzo *PC* 64 T 15
Rustignè *TV* 43 AJ 9
Ruta *BI* 34 I 10
Ruta *GE* 76 Q 17
Rutello *VI* 27 AD 9
Rutigla *NA* 151 AV 38
Rutigliano *BA* 147 BL 37
Rutino *CE* 162 AZ 42
Rutorbol *BL* 14 AH 5
Ruttars *GO* 31 AP 8
Rutte *CN* 61 J 16
Rutte *UD* 17 AQ 5
Ruvacco *BZ* 5 AI 3
Ruvari *RC* 177 BG 53
Ruviano *CE* 141 AV 36
Ruvo del Monte *PZ* 144 BC 38
Ruvo di Puglia *BA* 137 BH 37
Ruz *AO* 19 F 8
Ruzza *FI* 86 AC 19
Ruzza *PD* 41 AF 10
Ruzzano *PR* 65 W 17
Ruzzolino *ME* 188 BA 55

S

Sa Carabia *CI* 224 M 49
Sa Castanza *OT* 210 R 39
Sa Contra *SS* 209 O 38
Sa Duchessa *CI* 220 M 47
Sa Grux 'e Marmuri *CA* 226 P 49
Sa Inistra *SS* 209 O 39
Sa Istrana *OT* 210 R 38
Sa Lumenera *OR* 212 L 42
Sa Marigosa *OR* 216 L 43
Sa Mela *SS* 209 O 39
Sa Perda Longa *CA* 225 O 50
Sa Perda Pera *OG* 223 S 45
Sa Portedda *CA* 225 N 50
Sa Segada *SS* 212 K 40
Sa Serra *OT* 210 R 39

Sa Sia *SS* 210 P 39
Sa Stallada *VS* 221 O 46
Sa Tanca ' e Sa Idda *NU* 213 O 42
Sa Zeppara *VS* 221 M 46
Sabadi *CA* 227 R 48
Sabatara *CS* 166 BE 46
Sabatella *SA* 152 AZ 41
Sabatini *TA* 157 BM 40
Sabatino *FR* 130 AP 34
Sabaudia *LT* 138 AN 36
Sabbia *VC* 21 K 8
Sabbieta *MC* 98 AN 24
Sabbio Chiese *BS* 39 X 10
Sabbion *VR* 55 AD 12
Sabbionara *TN* 40 AA 9
Sabbioncello San Pietro *FE* 68 AF 14
Sabbione *FE* 67 AD 14
Sabbione *PV* 51 P 12
Sabbione *RE* 66 Z 16
Sabbionara-
Breda Franca *BS* 38 U 11
Sabbioneta *MN* 53 X 14
Sabbioni *BO* 80 AC 18
Sabbioni *FE* 56 AF 14
Sabbioni *RO* 57 AH 14
Sabbiuno *BO* 67 AD 16
Sabioncello San Vittore *FE* 68 AF 14
Sabionera *BS* 38 V 10
Sacca *BS* 24 W 8
Sacca *MN* 54 AA 13
Sacca *MN* 54 Y 12
Sacca *PR* 53 X 14
Sacca *VE* 43 AL 10
Saccavezza *VR* 55 AB 12
Sacchetta *PR* 53 X 14
Saccione *AR* 95 AG 23
Sacco *BL* 15 AJ 5
Sacco *BZ* 4 AD 3
Sacco *BZ* 4 AE 3
Sacco *CO* 36 P 9
Sacco *RI* 114 AN 28
Sacco *SA* 153 BB 41
Sacco *TN* 26 AB 8
Saccol *TV* 28 AH 8
Saccolongo *PD* 41 AF 11
Saccon *BL* 28 AI 7
Saccona *TO* 47 F 12
Sacconago *VA* 36 O 10
Sacconi *AV* 142 AX 38
Sacconi *CN* 71 H 18
Saccovescio *PG* 107 AN 26
Saccuti *RC* 179 BF 55
Sacerno *BO* 67 AC 16
Sachet *BL* 14 AG 5
Sacile *PN* 29 AJ 8
Saciletto *UD* 31 AP 8
Saclaro *TO* 34 H 10
S'Acqua Callenti *CI* 225 N 49
Sacramento *PU* 90 AM 21
Sacri Cuori *AP* 99 AR 25
Sacro Cuore *CT* 195 AY 57
Sacro Cuore *VI* 41 AF 9
Sacrofano *RM* 119 AJ 31
Scudello *PN* 30 AM 8
Sadali *CA* 218 Q 45
Sadleri *TN* 26 AC 8
Sadurano *BO* 80 AD 18
Sadurano *FC* 82 AG 19
Safforze *BL* 28 AI 7
Sagama *OR* 213 M 42
Sagarote *CS* 166 BE 45
Saggese *NA* 150 AW 38
Sagginale *FI* 87 AD 20
Sagliano *PV* 63 P 14
Sagliano Micca *BI* 34 J 10
Sagliasco *NO* 35 L 9
Saglieta *BN* 142 AY 37
Sagno *VI* 40 AC 9
Sagrado *GO* 31 AP 8
Sagrati *RO* 57 AH 13
Sagron *TN* 28 AG 6
Saguccio *RC* 178 BE 55
Saguedo *RO* 56 AE 13
Saiano *FC* 82 AI 19
Saiatine *ME* 188 AZ 55
Saie *CT* 202 AW 60
Sailetto *MN* 54 Z 13
Saint Denis *AO* 33 G 9
Saint Gree *CN* 74 I 18
Saint Jacques *AO* 19 H 8
Saint Marcel *AO* 33 F 9
Saint Maurice *AO* 32 E 9
Saint Oyen *AO* 18 E 9
Saint Pierre *AO* 32 E 9

Saint-Rhémy-en-Bosses AO18	E 8	Salbertrand TO	46	C 13
Saint-Vincent AO	33	G 9	Salboro PD	42	AG 11
Sairano PV	51	P 13	Salce BL	28	AI 7
Saitta RG	204	AY 62	Salce CH	123	AV 33
Saitta-Dromo RC	179	BG 54	Salcedo VI	41	AE 9
Saitti TE	108	AR 27	Salceto PU	88	AI 20
Sala AP	108	AP 27	Salcheto SI	95	AB 25
Sala AP	108	AQ 25	Salci PG	105	AG 26
Sala AV	87	AF 21	Salciaroli CH	117	AV 30
Sala AV	142	AY 37	Salcito CB	124	AW 33
Sala AV	142	AY 38	Sale AL	50	N 14
Sala AV	142	AY 38	Sale BS	38	V 10
Sala BL	14	AG 5	Sale VB	7	L 6
Sala CE	141	AU 37	Sale VR	40	AA 10
Sala FC	83	AJ 19	Sale delle Langhe CN	74	J 17
Sala FI	86	AA 22	Sale Marasino BS	38	V 9
Sala LU	85	Y 19	Sale San Giovanni CN	74	J 17
Sala MC	98	AN 25	Salecchio FI	81	AE 19
Sala MC	64	S 15	Salecchio Inf. VB	7	L 6
Sala PR	53	W 14	Salecchio Sup. VB	7	L 6
Sala PV	63	Q 15	Salella CZ	177	BH 52
Sala RC	177	BH 53	Salemi CT	197	AZ 58
Sala RI	114	AM 29	Salemi TP	183	AL 57
Sala RI	114	AN 28	Salento SA	162	BA 42
Sala SA	151	AW 39	Salenzano FI	86	AC 20
Sala TO	47	F 13	Salera CB	132	AW 34
Sala TR	105	AH 27	Salera VB	7	L 6
Sala TV	42	AH 9	Salerano Canavese TO	34	I 11
Sala Baganza PR	65	W 15	Salerano sul Lambro LO	51	R 12
Sala Biellese BI	34	I 10	Salere AT	61	K 15
Sala Bolognese BO	67	AC 16	Salerna PA	194	AT 57
Sala Comacina CO	22	P 8	Salerno CS	168	BH 47
Sala Consilina SA	153	BC 41	Salerno SA	151	AX 39
Sala Mandelli PC	51	R 14	Sales TS	31	AR 9
Sala Monferrato AL	49	L 13	Saletta FE	56	AF 14
Salaci PA	186	AT 57	Saletta MC	98	AP 25
Salaiola GR	104	AE 26	Saletta NA	151	AW 39
Salamina BR	147	BN 39	Saletta RI	107	AO 27
Salamina BR	147	BN 39	Saletta TO	47	L 12
Salandra MT	155	BG 40	Saletta VC	49	L 12
Salaparuta TP	191	AM 57	Salette AP	99	AR 24
Salaparuta TP	191	AM 57	Salette VR	54	AA 12
Salapreti LU	84	W 20	Saletti TE	116	AS 28
Salara AP	108	AQ 26	Saletto BO	67	AD 16
Salara LU	79	X 18	Saletto PD	55	AE 12
Salara RO	55	AD 14	Saletto PD	42	AG 11
Salarona ME	187	AW 55	Saletto PN	30	AM 8
Salasco VC	49	K 12	Saletto TV	43	AJ 9
Salasio TO	60	H 14	Saletto UD	16	AO 5
Salassa TO	48	H 11	Saletto UD	17	AP 5
Salata GE	63	P 16	Saletto / Wieden BZ	4	AE 2

Salettuol TV	42	AI 9	Salino IM	73	J 19
Salgareda TV	43	AJ 9	Salino SP	77	S 18
Salgaro PD	42	AG 11	Salino UD	16	AN 4
Sali Vercellese VC	49	K 12	Salinola BR	148	BO 39
Saliano CS	171	BH 48	Salionze VR	39	Z 11
Salica KR	173	BL 49	Salisano RI	113	AL 30
Salice CS	170	BF 48	Salita LU	85	Y 19
Salice CS	170	BF 48	Salitto SA	152	AZ 39
Salice CZ	171	BG 49	Salitto SA	153	BA 39
Salice CZ	170	BG 49	Salivoli LI	102	Y 26
Salice CZ	171	BH 50	Salizzole VR	55	AB 12
Salice ME	189	BB 54	Salle PE	116	AS 30
Salice SA	162	BA 42	Salle Vecchia PE	116	AS 31
Salice Salentino LE	158	BQ 41	Salleret AQ	33	G 10
Salice Terme PV	62	P 14	Salmaregia PG	97	AM 24
Saliceto CN	60	I 15	Salmaso PD	42	AG 11
Saliceto CN	74	K 17	Salmour CN	60	H 16
Saliceto ME	188	AY 55	Salò BS	39	Y 10
Saliceto PC	64	U 14	Salogni AL	63	Q 15
Saliceto PC	52	U 14	Salomino VC	49	J 11
Saliceto PR	64	T 16	Salomone PU	90	AM 21
Saliceto PR	65	W 16	Salonetto / Schlaneid BZ	12	AC 4
Saliceto VC	21	K 8	Salorno / Salurn BZ	12	AC 6
Saliceto Buzzalino MO	66	AA 15	Salponada TV	43	AJ 9
Saliceto Parano MO	66	AA 16	Salsan BL	28	AH 7
Salicetti CS	168	BH 45	Salse IM	72	H 19
Salicuneta SA	162	BA 42	Salso PR	65	V 14
Salietto IS	132	AU 34	Salsomaggiore Terme PR	64	U 15
Salignano LE	161	BT 44	Salsominore PC	63	R 16
Salimati CS	166	BF 47	Salt UD	30	AO 7
Salina MN	54	Y 14	Salt / Salto BZ	12	Z 4
Salina PA	185	AQ 55	Saltalfabbro SI	94	AE 24
Salinà ME	188	AY 55	Saltara PU	90	AM 21
Salina Bamba NU	211	T 38	Saltaus / Saltusio BZ	3	AC 3
Saline AT	61	K 15	Salter TN	12	AB 5
Saline MC	98	AP 25	Saltino FI	87	AE 21
Saline PD	56	AE 12	Saltino MO	79	Y 17
Saline PD	56	AF 12	Saltirana VA	21	N 8
Saline RO	56	AG 13	Salto BZ	3	AB 2
Saline RO	56	AF 13	Salto GE	63	Q 17
Saline VR	40	AA 10	Salto MO	80	AA 18
Saline VT	118	AF 30	Salto TO	33	G 11
Saline di Volterra PI	93	Z 23	Salto / Salt BZ	12	Z 4
Saline Ioniche RC	178	BD 56	Salto Chiesa GE	76	Q 17
Salinedda NU	211	T 38	Salto Covino LT	138	AP 36
Salinella KR	172	BK 48	Saltore TV	42	AI 9
Salinella PA	186	AT 57	Saltrio VA	22	O 8
Salinelle BR	158	BO 41	Saltusio / Saltaus BZ	3	AC 3
Salino GE	77	R 17	Saluci CT	197	AY 58
			Saludecio RN	89	AL 20
			Saluggia VC	48	J 12
			Salussola BI	34	J 11
			Salutio AR	87	AF 22
			Saluzzo CN	59	F 16
			Salvano AP	99	AR 25
			Salvarano RE	65	Y 16
			Salvarolo VE	29	AL 9
			Salvaro TV	42	AG 9
			Salvaterra RE	66	Z 16
			Salvaterra RO	55	AE 13
			Salvatonica FE	55	AD 14
			Salvatore SA	162	AY 42
			Salvatronda TV	42	AG 9
			Salve LE	161	BS 44
			Salvello BS	38	V 11
			Salvero BO	80	AB 18
			Salvi AP	108	AP 26
			Salvi RC	177	BG 54
			Salviano LI	92	X 22
			Salvina PA	183	AN 55
			Salvirola CR	52	T 11
			Salvitelle SA	153	BB 40
			Salza Irpina AV	142	AY 38
			Salzano VE	42	AH 10
			Salzen BL	28	AF 7
			Salzetto TO	33	G 10
			Samarate VA	35	N 10
			Samassi VS	221	O 47
			Samatorza TS	31	AR 9
			Samatzai CA	221	P 47
			Sambate CZ	171	BG 49
			Sambatello RC	178	BD 54
			Sambiase CZ	171	BG 50
			Sambo UD	16	AO 6
			Samboseto PR	53	V 14
			Sambrasi RC	177	BH 53
			Sambruson VE	42	AH 11
			Sambuca FI	94	AC 22
			Sambuca LU	78	X 19
			Sambuca di Sicilia AG	191	AN 58
			Sambuca Pistoiese PT	80	AA 19
			Sambuceto CH	116	AU 29
			Sambuceto GE	77	R 18

Sambuceto PR	64	T 16	San Benedetto AG	193	AQ 59
Sambucetole TR	113	AJ 28	San Benedetto AQ	115	AP 30
Sambucheto MC	98	AP 23	San Benedetto BI	34	J 11
Sambucheto TR	107	AL 28	San Benedetto BO	67	AB 16
Sambuchi PA	185	AQ 56	San Benedetto BO	67	AD 15
Sambuci RM	120	AM 32	San Benedetto BZ	4	AF 3
Sambuco CN	70	D 17	San Benedetto CI	220	M 47
Sambuco RM	118	AH 31	San Benedetto CS	171	BG 47
Sambuco SA	151	AW 39	San Benedetto ME	188	BH 46
Sambuco SI	104	AF 26	San Benedetto LT	138	AO 36
Sambughé TV	42	AI 10	San Benedetto MS	78	U 18
Sambughetto VB	21	K 8	San Benedetto PD	41	AF 11
Sammardenchia UD	16	AO 6	San Benedetto PG	96	AJ 23
Sammardenchia UD	30	AO 8	San Benedetto RI	114	AL 30
Sammarella PZ	164	BG 43	San Benedetto RM	121	AN 32
Sammartini BO	67	AC 15	San Benedetto SP	77	T 19
Sammichele di Bari BA	147	BK 38	San Benedetto VE	42	AH 10
Sammontana FI	86	AB 21	San Benedetto VI	41	AD 10
Samo RC	179	BF 55	San Benedetto Belbo CN	61	J 17
Samoclevo TN	12	AA 5	San Benedetto dei Marsi AQ	122	AQ 31
Samoggia BO	80	AB 17	San Benedetto del Querceto BO	80	AD 18
Samolaco SO	9	R 6	San Benedetto del Tronto AP	109	AS 26
Samone MO	80	AA 17	San Benedetto in Alpe FC	87	AF 20
Samone TN	27	AE 7	San Benedetto in Perillis AQ	116	AR 30
Samone TO	34	I 11	San Benedetto Po MN	54	AA 13
Samperone PV	51	P 12	San Benedetto Ullano CS	167	BF 47
Sampeyre CN	58	E 16	San Benedetto Val di Sambro BO	80	AC 18
Sampierdarena GE	75	O 17	San Benedetto Valle MC	107	AN 25
Sampieri RG	204	AX 63	San Benigno CN	60	G 17
Samprogno BL	28	AH 7	San Benigno PG	106	AJ 27
Samuele PE	116	AR 29	San Benigno TO	48	G 13
Samugheo OR	218	O 44	San Benigno Canavese TO	48	H 12
San Agapito RI	114	AN 30	San Bernardino AN	91	AP 22
San Bamaba CN	59	G 16	San Bernardino AT	61	K 15
San Barbato AV	142	AY 38	San Bernardino CR	52	T 11
San Barbato CH	124	AW 31	San Bernardino LO	52	S 13
San Barnaba AP	108	AR 26	San Bernardino RA	82	AG 16
San Baronto PT	86	AA 20	San Bernardino RE	66	Y 14
San Bartolo AN	90	AN 21	San Bernardino RM	119	AK 30
San Bartolo ME	181	BA 51	San Bernardino SP	77	T 19
San Bartolo PU	90	AM 21	San Bernardino TO	47	F 13
San Bartolo al Monte ME	181	AY 53	San Bernardino TR	113	AL 28
San Bartolomeo AN	98	AN 23	San Bernardino VR	54	AA 12
San Bartolomeo AT	48	I 14	San Bernardino VT	113	AJ 29
San Bartolomeo AV	151	AX 39	San Bernardo BS	38	V 11
San Bartolomeo AV	142	AY 37	San Bernardo CN	59	F 16
San Bartolomeo BA	147	BM 38	San Bernardo CN	70	F 18
San Bartolomeo BG	24	T 8	San Bernardo CN	71	F 18
San Bartolomeo CE	140	AS 36	San Bernardo CN	60	H 16
San Bartolomeo CH	117	AU 30	San Bernardo CN	60	H 16
San Bartolomeo CN	71	H 18	San Bernardo CN	60	I 15
San Bartolomeo CN	60	I 16	San Bernardo CN	61	J 17
San Bartolomeo CN	60	I 17	San Bernardo GE	62	O 17
San Bartolomeo CO	36	O 9	San Bernardo GE	76	R 18
San Bartolomeo GE	62	O 16	San Bernardo IM	72	G 21
San Bartolomeo GE	76	P 17	San Bernardo PD	56	AH 12
San Bartolomeo GE	76	Q 17	San Bernardo SO	24	T 7
San Bartolomeo IM	72	H 20	San Bernardo SO	24	U 6
San Bartolomeo IM	72	I 19	San Bernardo SV	74	K 18
San Bartolomeo ME	187	AW 55	San Bernardo SV	74	L 18
San Bartolomeo PG	96	AK 23	San Bernardo SV	75	M 17
San Bartolomeo PG	106	AL 26	San Bernardo TN	12	AA 5
San Bartolomeo RA	82	AI 17	San Bernardo TO	60	H 14
San Bartolomeo RE	65	Y 15	San Bernardo VA	36	O 9
San Bartolomeo RM	120	AM 33	San Bernardo VB	21	K 7
San Bartolomeo SV	73	J 20	San Bernardo VB	7	K 7
San Bartolomeo TO	48	H 13	San Bernardo di Conio IM	72	I 19
San Bartolomeo TR	113	AK 28	San Bernolfo CN	70	D 18
San Bartolomeo TV	43	AJ 9	San Biagio AN	91	AP 22
San Bartolomeo VB	7	N 7	San Biagio AN	98	AP 23
San Bartolomeo a Quarate FI	86	AC 21	San Biagio BL	14	AH 4
San Bartolomeo al Mare IM	73	J 20	San Biagio BO	67	AC 17
San Bartolomeo in Bosco FE	68	AE 15	San Biagio BS	39	X 10
San Bartolomeo in Galdo BN	134	AZ 35	San Biagio CN	59	H 17
San Bartolomeo Val Cavargna CO	22	P 7	San Biagio CN	71	H 17
San Basile CH	117	AU 30	San Biagio FE	68	AE 15
San Basile CS	166	BE 45	San Biagio FE	68	AG 16
San Basile CS	166	BE 46	San Biagio ME	188	AX 55
San Basile CS	167	BF 45	San Biagio ME	188	AY 55
San Basile EN	187	AV 57	San Biagio MN	54	AA 13
San Basilio CA	222	Q 46	San Biagio MO	67	AB 14
San Basilio CA	227	R 48	San Biagio PA	192	AN 58
San Basilio ME	188	AX 55	San Biagio PC	64	T 15
San Basilio ME	188	AZ 55	San Biagio PD	41	AF 11
San Basilio MN	54	AA 13	San Biagio PD	56	AF 12
San Basilio MT	156	BJ 42	San Biagio PG	96	AJ 23
San Basilio RC	178	BD 55	San Biagio PU	90	AM 20
San Basilio RM	119	AK 32	San Biagio PV	50	O 12
San Basilio RO	57	AI 14			
San Basilio TA	147	BK 39			
San Bavello FI	87	AE 20			
San Bellino RO	56	AE 13			

SALERNO

0 — 300 m

per Cava de Tirreni

Str. Panoramica

A 3

COSENZA POTENZA AVELLINO

PEDAGGIO

CASTELLO

NAPOLI A 3

Via Risorgimento

S. V. de Ruggiero

V. Spinosa

V. Torquato Tasso

DUOMO

PINACOTECA

VIA ROMA

MERCANTI

LUNGOMARE TRIESTE

V. Porto

PORTO

S 18 NAPOLI S 163 SORRENTO

V. Pio XI

V. M. Vernieri

V. M. Schipa

Arce

Via S. Benedetto

Corso

V. Volpe

Emanuele

BATTIPAGLIA S 18

LUNGOMARE TRIESTE

AMALFI, POSITANO, CAPRI

Circolazione regolamentata nel centro città

Abate Coforti (Largo)	AB 2	Luciani (Pza M.)	A 12	Sedile di Pta. Nuova (Pza)	B 24
Alfano I (Pza)	AB 3	Mercanti (V.)	AB	Sorgente (V. Camillo)	B 25
Cavaliero (V. L.)	B 4	Paglia (V. M.)	B 13	S. Eremita (V.)	B 20
Cilento (V. A.)	B 6	Plebiscito (Largo)	B 14	S. Tommaso d'Aquino (Largo)	B 22
Dogana Vecchia (V.)	A 7	Portacatena (V.)	A 15	Velia (V.)	B 26
Duomo (V.)	B 8	Porta di Mare (V.)	A 16	Vittorio Emanuele (Cso)	B
Indipendenza (V.)	A 9	Sabatini (V. A.)	A 19	24 Maggio (Pza)	B 27
Lista (V. Stanislas)	A 10	Sedile del Campo (Largo)	A 23		

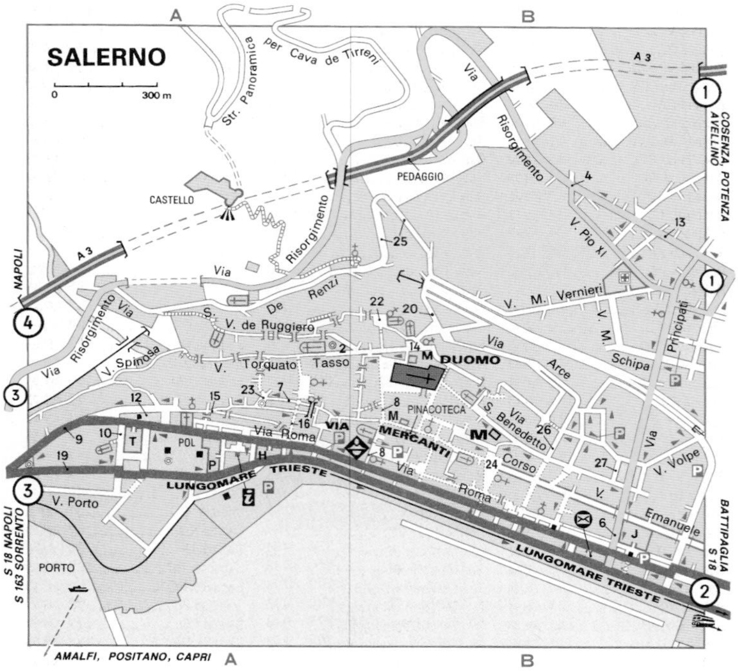

San Biagio PV 51 P 14
San Biagio RA 82 AG 18
San Biagio RA 82 AG 18
San Biagio RE 66 Z 15
San Biagio RI 113 AL 29
San Biagio SA 153 BC 42
San Biagio TE 108 AQ 27
San Biagio del Vezzane FE 55 AD 14
San Biagio della Cima IM 72 G 21
San Biagio della Valle PG 105 AI 25
San Biagio di Callalta TV 43 AJ 9
San Biagio di Chiesanuova GE 77 R 17
San Biagio Platani AG 192 AQ 58
San Biagio Saracinisco FR 131 AS 34
San Biase CB 133 AW 33
San Biase CS 170 BF 48
San Biase SA 162 BA 42
San Bonico PC 52 T 13
San Bonifacio VR 40 AC 11
San Bononio BI 34 K 10
San Bortolo PD 56 AF 12
San Bortolo delle Montagne VR 40 AC 10
San Bovio MI 37 Q 11
San Bovo CN 61 J 16
San Brancato PZ 164 BG 42
San Briccio VR 40 AB 11
San Brizio MN 54 Z 12
San Brizio PG 106 AL 27
San Bruno Melia VV 176 BE 52
San Bucolino LU 85 Y 21
San Buono CH 124 AW 32
San Callisto PE 116 AT 30
San Calògero VV 176 BF 52
San Candido CS 166 BE 46
San Candido / Innichen BZ 5 AI 3
San Canzian d'Isonzo GO 31 AP 9
San Capone RI 107 AO 27
San Carlo AT 61 J 14
San Carlo AT 61 K 14
San Carlo AT 61 K 15
San Carlo AT 49 L 14
San Carlo CE 140 AS 36
San Carlo CN 60 I 16
San Carlo CR 37 T 11
San Carlo FC 82 AI 19
San Carlo FE 67 AD 15
San Carlo GE 62 O 17
San Carlo GR 103 AB 27
San Carlo LI 102 Y 25
San Carlo LU 79 X 19
San Carlo MC 98 AO 24
San Carlo ME 189 BA 56
San Carlo MS 78 V 19
San Carlo NO 35 M 9
San Carlo PA 183 AN 55
San Carlo PA 192 AO 58
San Carlo RC 178 BE 56
San Carlo RE 54 Z 14
San Carlo SO 11 W 5
San Carlo SP 77 S 17
San Carlo TR 113 AK 29
San Carlo Canavese TO 47 G 12
San Carlo d'Ascoli FG 144 BD 37
San Casciano MC 107 AO 25
San Casciano TR 113 AK 28
San Casciano dei Bagni SI 105 AG 26
San Casciano in Val di Pesa FI 86 AC 22
San Cassiano AR 95 AG 23
San Cassiano FC 81 AG 18
San Cassiano LE 161 BS 43
San Cassiano LU 79 Y 19
San Cassiano LU 85 Y 21
San Cassiano MC 97 AM 24
San Cassiano MN 54 Y 11
San Cassiano MN 53 Y 12
San Cassiano RA 81 AF 19
San Cassiano RE 79 Y 17
San Cassiano RO 56 AG 13
San Cassiano SO 9 R 6
San Cassiano VR 40 AB 11
San Cassiano / St.Kasalen BZ 14 AG 4
San Cassiano di Livenza PN 29 AK 8
San Castrese CE 139 AS 36
San Cataldo CE 131 AS 35
San Cataldo CL 193 AS 59
San Cataldo CS 169 BK 46
San Cataldo CZ 170 BG 49
San Cataldo FR 131 AQ 34
San Cataldo IS 123 AV 33
San Cataldo LE 159 BS 41
San Cataldo ME 197 BA 56
San Cataldo MN 54 Z 13
San Cataldo PA 183 AN 55
San Cataldo PZ 153 BD 39
San Cataldo PZ 164 BF 44
San Cesareo PU 90 AM 21
San Cesareo RM 120 AL 33
San Cesario di Lecce LE 159 BR 42
San Cesario sul Panaro MO 66 AB 16
San Chiaffredo CN 59 G 17
San Chierlo BO 80 AB 17
San Chimento AR 95 AG 23
San Chirico I SA 152 AZ 41
San Chirico II SA 152 AZ 41
San Chirico Nuovo PZ 154 BF 39
San Chirico Raparo PZ 164 BF 42
San Cipirello PA 184 AO 56
San Cipriano AP 108 AQ 27
San Cipriano AQ 115 AP 30
San Cipriano BL 14 AH 6
San Cipriano BZ 13 AE 5
San Cipriano GE 62 O 17
San Cipriano PI 93 AA 23
San Cipriano PU 89 AK 21
San Cipriano SP 77 T 18
San Cipriano TV 43 AJ 10
San Cipriano d'Aversa CE 141 AT 38
San Cipriano Picentino SA 152 AY 39
San Cipriano Po PV 51 Q 13
San Cirillo PI 93 AA 24
San Ciro Ulmi Filci TP 183 AL 56
San Claudio MC 98 AQ 24
San Claudio Stazione Trodica MC 98 AQ 24
San Clemente AL 63 P 16
San Clemente AP 98 AQ 25
San Clemente BO 81 AD 18
San Clemente CE 131 AS 35
San Clemente CE 141 AV 37
San Clemente FI 87 AD 21
San Clemente RI 114 AN 28
San Clemente RN 89 AK 20
San Clemente TP 182 AK 56
San Clemente VE 42 AJ 11
San Clemente in Valle AR 87 AE 22
San Colombano BS 25 X 9
San Colombano FC 82 AH 19
San Colombano GE 76 Q 17
San Colombano LU 85 Y 20
San Colombano PV 50 O 12
San Colombano TN 26 AB 8
San Colombano TO 46 C 13
San Colombano al Lambro MI 51 R 12
San Colombano Belmonte TO 33 G 11
San Concordio di Moriano LU 85 X 20
San Cono CT 201 AV 60
San Cono ME 188 AZ 55
San Cono ME 189 BB 55
San Cono VV 174 BF 51
San Cono Sottano CL 201 AV 60
San Corrado di Fuori SR 205 AZ 62
San Cosimo AV 143 AZ 37
San Cosimo RC 177 BH 53
San Cosimo della Macchia BR 158 BP 41
San Cosma SA 151 AW 40
San Cosmo Albanese CS 168 BH 46
San Costantino ME 188 AY 55
San Costantino PZ 163 BD 43
San Costantino VV 174 BF 51
San Costantino / San Kostantin BZ 13 AE 4
San Costantino Albanese PZ 165 BG 43
San Costantino Calabro VV 174 BF 52
San Costanzo PU 90 AN 21
San Crescentino PU 97 AK 23
San Cresci FI 87 AD 20
San Crispieri TA 157 BN 41
San Cristoforo AL 62 N 15
San Cristoforo AP 108 AP 25
San Cristoforo AR 88 AG 22
San Cristoforo CH 123 AV 32
San Cristoforo FC 82 AI 18
San Cristoforo FE 68 AF 15
San Cristoforo MS 77 U 17
San Cristoforo PC 63 R 15
San Cristoforo PG 107 AM 26
San Cristoforo PV 51 P 13
San Cristoforo SA 163 BC 43
San Cristoforo TR 105 AH 26
San Cristoforo Basso PG 96 AK 24
San Cristoforo de'valli PU 89 AL 21
San Croce AN 97 AM 23
San Cusumano di Sotto SR 203 BA 60
San Damaso MO 66 AA 16
San Damiano BO 80 AB 19
San Damiano FC 88 AI 20
San Damiano PC 64 T 14
San Damiano PG 106 AJ 27
San Damiano PG 106 AK 25
San Damiano SV 73 J 19
San Damiano VC 34 K 11
San Damiano al Colle PV 51 R 13
San Damiano d'Asti AT 61 J 15
San Damiano Macra CN 59 E 17
San Dana LE 161 BT 44
San Daniele TV 29 AJ 7
San Daniele TV 29 AJ 8
San Daniele VI 40 AC 10
San Daniele VI 41 AD 10
San Daniele del Friuli UD 30 AN 7
San Daniele Po CR 53 W 13
San Demetrio SR 203 AZ 59
San Demetrio Corone CS 167 BH 46
San Demetrio ne' Vestini AQ 115 AQ 30
San Desiderio AT 49 K 14
San Desiderio PV 63 P 14
San Didero TO 47 E 13
San Domenico AN 98 AP 23
San Domenico BA 146 BI 37
San Domenico BN 142 AX 36
San Domenico CE 140 AS 36
San Domenico CE 141 AV 36
San Domenico CH 117 AU 30
San Domenico FR 130 AQ 33
San Domenico RC 178 BD 55
San Domenico VB 7 K 6
San Domenico VI 27 AD 8
San Donà VI 27 AD 9
San Donà di Piave VE 43 AK 10
San Donaci BR 158 BQ 41
San Donatino SI 94 AC 23
San Donato AN 97 AM 23
San Donato AP 109 AS 26
San Donato AQ 121 AO 31
San Donato AR 87 AF 21
San Donato AR 88 AI 21
San Donato BL 27 AF 7
San Donato BN 142 AY 37
San Donato BR 148 BN 39
San Donato CE 140 AS 36
San Donato CN 61 J 16
San Donato CR 52 T 12
San Donato FI 86 AC 20
San Donato FI 94 AC 22
San Donato FI 87 AE 21
San Donato GR 110 AC 28
San Donato IM 72 H 20
San Donato LT 138 AM 35
San Donato LU 85 X 20
San Donato PD 56 AG 12
San Donato PG 97 AK 25
San Donato PI 85 Z 21
San Donato PI 85 Z 21
San Donato PR 65 X 15
San Donato PU 88 AI 20
San Donato PU 89 AJ 20
San Donato PU 89 AK 21
San Donato PU 89 AL 20
San Donato PZ 154 BD 41
San Donato SI 93 AB 23
San Donato TA 157 BM 41
San Donato a Livizzano FI 86 AB 21
San Donato di Lecce LE 159 BS 42
San Donato di Ninea CS 166 BF 45
San Donato in Avane FI 87 AD 22
San Donato in Collina FI 87 AD 21
San Donato in Taviglione PU 89 AK 21
San Donato Milanese MI 36 Q 11
San Donato Val di Comino FR 131 AR 33
San Donato Vecchio GR 110 AC 28
San Donino BO 67 AC 16
San Donnino AN 97 AM 23
San Donnino FC 81 AG 19
San Donnino FI 86 AB 21
San Donnino LU 78 W 18
San Donnino MO 66 AA 16
San Donnino PG 96 AI 23
San Donnino a Maiano AR 95 AG 23
San Dono VE 42 AH 10
San Dorligo della Valle TS 45 AS 10
San Eliseo UD 16 AN 6
San Erasmo SA 151 AW 39
San Fabiano AR 95 AG 23
San Fabiano SI 94 AD 24
San Facondino PG 97 AL 24
San Fantino KR 173 BL 50
San Fantino RC 178 BD 56
San Faustino BS 39 X 10
San Faustino CR 53 W 13
San Faustino PG 96 AJ 23
San Faustino PR 65 V 14
San Faustino TR 105 AI 27
San Faustino TR 113 AK 28
San Faustino VR 39 Z 11
San Fedele Intelvi CO 22 P 8
San Fedele Lusignano SV 73 K 19
San Fele PZ 144 BC 39
San Felice AL 50 M 13
San Felice AN 97 AL 23
San Felice AV 142 AX 38
San Felice AV 151 AX 39
San Felice AV 142 AZ 36
San Felice BG 38 U 9
San Felice BL 28 AH 7
San Felice BN 133 AW 35
San Felice CB 132 AV 35
San Felice CE 140 AS 36
San Felice CE 132 AT 35
San Felice CE 132 AU 36
San Felice CR 53 V 13
San Felice PG 105 AH 25
San Felice PG 106 AK 26
San Felice RE 66 Y 16
San Felice RN 89 AK 20
San Felice SI 94 AD 23
San Felice TE 108 AQ 28
San Felice TO 48 H 13
San Felice TV 29 AJ 8
San Felice VR 40 AB 11
San Felice / St.Felix BZ 12 AB 5
San Felice a Cancello CE 141 AV 37
San Felice Circeo LT 138 AN 36
San Felice del Benaco BS 39 Y 10
San Felice del Molise CB 124 AX 32
San Felice d'Ocre AQ 115 AP 30
San Felice sul Panaro MO 67 AB 14
San Feliciano PG 96 AI 25
San Feliciano VI 55 AD 11
San Fennardo UD 30 AO 7
San Ferdinando RC 176 BE 53
San Ferdinando di Puglia FG 136 BF 36
San Fereolo LO 51 R 12
San Fermo BG 38 U 9
San Fermo BS 38 U 11
San Fermo MN 53 Y 12
San Fermo VI 41 AD 9
San Fermo VR 40 AB 11
San Fermo della Battaglia CO 22 P 9
San Fili CS 170 BF 47
San Fili CZ 171 BG 49
San Fili RC 176 BF 57
San Filippo CS 166 BD 45
San Filippo FI 94 AC 22
San Filippo FR 130 AN 33
San Filippo FR 130 AP 34
San Filippo ME 188 AZ 55
San Filippo NA 151 AV 40
San Filippo RC 189 BD 55
San Filippo RG 204 AX 63
San Filippo RI 113 AL 29
San Filippo del Mela ME 189 BA 54
San Filippo Inf. ME 189 BC 55
San Filippo sul Cesano PU 90 AN 21
San Filippo Sup. ME 189 BC 54
San Filippo-Battendieri CS 166 BE 46
San Filomone TE 109 AS 27
San Fior di Sopra TV 29 AJ 8
San Fior di Sotto TV 29 AJ 8
San Fiorano LO 52 T 13
San Fiore CR 53 Y 13
San Fiorino PU 89 AK 22
San Firenze AR 95 AG 23
San Firmano MC 98 AQ 23
San Firmino CN 59 F 15
San Floreano UD 16 AN 6
San Floriano BZ 12 AC 6
San Floriano PN 15 AJ 6
San Floriano TV 42 AG 9
San Floriano VR 40 AA 10
San Floriano / Obereggen BZ 13 AE 5
San Floriano del Collio GO 31 AQ 8
San Floriano di Campagna TV 42 AG 9
San Floriano Olmi TV 42 AI 9
San Floro CZ 175 BI 50
San Foca PN 29 AL 7
San Fortunato AN 97 AM 23
San Fortunato PG 105 AI 26
San Fortunato PG 106 AK 26
San Fortunato RN 83 AK 19
San Forzorio CA 226 Q 48
San Francesco AP 108 AQ 26
San Francesco AP 108 AR 26
San Francesco AV 142 AY 39
San Francesco AV 143 AZ 38
San Francesco BI 34 J 10
San Francesco BL 15 AJ 5
San Francesco BO 81 AF 17
San Francesco BS 39 Y 11
San Francesco CS 166 BE 45
San Francesco CS 166 BE 46
San Francesco FI 87 AD 21
San Francesco ME 188 AY 55
San Francesco PN 16 AM 6
San Francesco PZ 154 BD 39
San Francesco RM 120 AN 32
San Francesco RM 120 AN 32
San Francesco SI 105 AG 26
San Francesco TA 156 BK 39
San Francesco TN 27 AD 7
San Francesco TO 48 H 12
San Francesco TV 43 AJ 9
San Francesco VR 55 AD 12
San Francesco VR 39 Z 9
San Francesco al Campo TO 48 G 12
San Francesco di Paola ME 189 BB 56
San Francisco GR 111 AF 28
San Fratello ME 187 AW 55
San Frediano PI 92 Y 22
San Fruttuoso GE 76 Q 18
San Gabriele BL 28 AG 7
San Gabriele BO 68 AE 16
San Gabriele PC 63 R 14
San Gabriele VR 54 AB 12
San Gaetano AP 99 AQ 25
San Gaetano MC 99 AR 24
San Gaetano MO 66 Z 16
San Gaetano RO 56 AF 14
San Gaetano SO 24 V 6
San Gaetano TV 42 AH 9
San Gaetano VE 57 AI 13
San Gaetano VE 29 AL 9
San Gaetano VE 43 AM 10
San Gaetano VI 41 AE 9
San Gaetano VI 41 AE 9
San Gaetano VI 27 AF 8
San Galgano SI 94 AB 25
San Gallo BG 23 T 8
San Gallo BS 38 W 10
San Gallo PD 56 AH 12
San Gallo SO 11 X 5
San Gaudenzio AL 62 P 15
San Gaudenzio FI 86 AB 22
San Gaudenzio NO 35 M 10
San Gaudenzio PV 50 P 13
San Gaudenzio VI 41 AD 11
San Gavino NU 211 T 39
San Gavino Monreale VS 221 N 46
San Gemignanello SI 95 AE 24
San Gemignano LU 85 Y 19
San Gemini TR 113 AK 28
San Genesio TO 48 I 12
San Genesio Atesino / Jenesian BZ 13 AC 4
San Genesio ed Uniti PV 51 Q 12
San Gennaro FR 131 AS 34
San Gennaro LT 139 AR 36
San Gennaro LU 85 Y 20
San Gennaro RM 129 AL 33
San Gennaro Vesuviano NA 151 AW 38
San Genuario VC 49 J 12
San Germano AL 49 L 13
San Germano AN 91 AQ 22
San Germano Chisone TO 59 E 14
San Germano dei Berici VI 41 AD 11
San Germano Vercellese VC 49 K 11
San Gervasio PI 85 Z 22
San Gervasio PU 89 AL 22
San Gervasio UD 30 AN 9
San Gervasio UD 16 AO 6
San Gervasio Bresciano BS 53 V 12
San Gervasio d'Adda BG 37 S 10
San Giacomo AL 62 M 15
San Giacomo AP 109 AS 26
San Giacomo AQ 115 AP 29
San Giacomo AT 61 J 14
San Giacomo BI 34 J 10
San Giacomo BO 67 AC 16
San Giacomo BO 80 AC 19
San Giacomo BS 39 X 10
San Giacomo BZ 13 AF 4
San Giacomo CH 124 AW 31
San Giacomo CN 70 E 17
San Giacomo CN 71 G 18
San Giacomo CN 71 H 17
San Giacomo CN 71 H 18
San Giacomo CN 60 I 15
San Giacomo CN 71 I 18
San Giacomo CR 52 T 12
San Giacomo CS 167 BF 47
San Giacomo CS 168 BJ 46
San Giacomo FC 88 AG 20
San Giacomo IM 72 G 21
San Giacomo LO 52 S 12
San Giacomo MC 99 AQ 24
San Giacomo MI 36 O 11
San Giacomo MN 54 Y 12
San Giacomo PE 116 AT 28
San Giacomo PG 106 AL 27
San Giacomo RA 82 AH 17
San Giacomo RE 66 Y 16
San Giacomo SO 24 V 7
San Giacomo SS 213 O 40
San Giacomo SV 75 M 17
San Giacomo TE 109 AS 28
San Giacomo TN 12 AA 5
San Giacomo TN 26 AA 9
San Giacomo TO 33 F 11
San Giacomo TO 47 G 12
San Giacomo TO 47 G 12
San Giacomo TR 113 AK 29
San Giacomo TV 29 AI 8
San Giacomo TV 43 AJ 10
San Giacomo VC 49 J 12
San Giacomo VE 30 AM 9
San Giacomo VI 41 AF 9
San Giacomo / St.Jacob BZ 13 AD 5
San Giacomo / St.Jacob BZ 4 AE 2
San Giacomo / St.Jakob BZ 5 AH 1
San Giacomo d'Acri CS 168 BH 46
San Giacomo d'Agliasco CN 59 E 15
San Giacomo degli Schiavoni CB 124 AY 32
San Giacomo del Martignone BO 67 AC 16
San Giacomo della Cereda PV 51 Q 13
San Giacomo delle Segnate MN 54 AB 14
San Giacomo dell'Occa CN 59 F 15
San Giacomo di Musestrelle TV 42 AI 9
San Giacomo Filippo SO 9 R 5
San Giacomo Lovara CR 53 V 13
San Giacomo Maggiore MO 80 AA 18
San Giacomo Maggiore RE 54 Y 14
San Giacomo Minore RE 66 Y 14
San Giacomo Montesano RG 204 AY 62
San Giacomo Mulino RG 204 AX 62
San Giacomo Po MN 54 AA 13
San Giacomo Roncole MO 67 AB 14
San Giacomo Torre RG 204 AY 62
San Giacomo Vercellese VC 35 K 11
San Giacomo-Albaccara RG 205 AY 62
San Giacomo-Marinella CS 168 BJ 46
San Gianni AR 88 AI 21
San Gillio TO 47 G 13
San Gimignano SI 93 AB 23
San Ginese LU 85 Y 21
San Ginesio AN 90 AM 22
San Ginesio MC 98 AO 25
San Giobbe BO 67 AD 16
San Giorgetta AP 108 AQ 26
San Giorgio BL 28 AH 6
San Giorgio BS 38 V 10
San Giorgio BS 38 W 10
San Giorgio BS 39 X 11
San Giorgio BZ 12 AB 4
San Giorgio BZ 3 AC 3
San Giorgio BZ 13 AD 4
San Giorgio CE 141 AU 36
San Giorgio CN 70 F 17
San Giorgio CO 22 P 9
San Giorgio CT 197 AZ 59
San Giorgio EN 194 AV 58
San Giorgio FC 82 AH 18
San Giorgio FC 82 AI 18
San Giorgio GR 103 AB 26
San Giorgio LC 23 Q 8
San Giorgio ME 187 AX 55
San Giorgio ME 188 AY 54
San Giorgio NA 151 AW 39
San Giorgio NO 35 M 10

SAN GIMIGNANO

Berignano (V.)
Bonda (V. di) 2
Capassi (V.)
Castello (V. del) 3
Cisterna (Pza della)
Diacceto (V.) 4
Duomo (Pza del)
Folgore da S. Gimignano (V.)
Fonti (V. delle)
Fossi (V. dei)
Garibaldi (V.)
Ghiacciaia (V.)
Mainardi 7
Martiri di Montemaggio (Piazzale dei)
Pecori (Pza Luigi) 9
Piandornella (V.)
Quercecchio (V. di) 8
Romite (V. delle)
Santo Stefano (V.) 12
S. Giovanni (V.)
S. Matteo (V.)
20 Settembre (V.) 13

Circolazione stradale regolamentata nel centro città

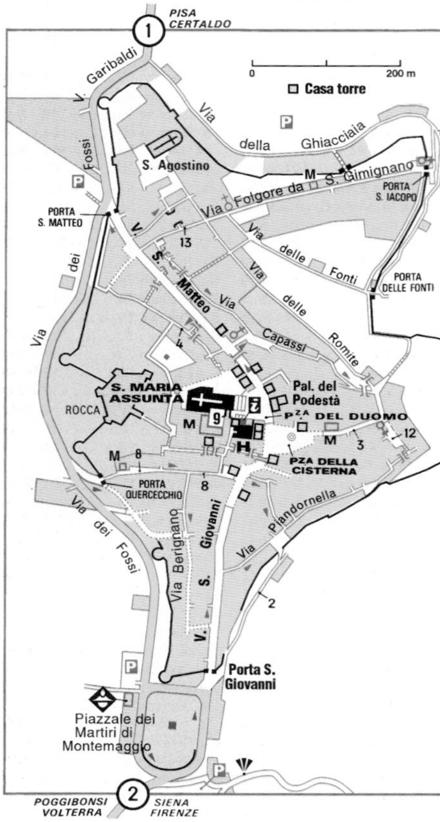

San Giorgio *PC* 51 R 14
San Giorgio *PG* 107 AN 27
San Giorgio *PI* 85 Y 21
San Giorgio *PU* 89 AL 21
San Giorgio *PZ* 144 BC 38
San Giorgio *PZ* 144 BD 39
San Giorgio *RA* 82 AH 17
San Giorgio *RE* 65 X 14
San Giorgio *RE* 54 Z 14
San Giorgio *RI* 107 AO 28
San Giorgio *RO* 57 AJ 14
San Giorgio *SP* 77 S 18
San Giorgio *SV* 73 K 19
San Giorgio *SV* 74 L 18
San Giorgio *TE* 115 AQ 28
San Giorgio *TE* 116 AS 28
San Giorgio *TN* 26 AA 8
San Giorgio *TO* 47 E 13
San Giorgio *TP* 190 AK 57
San Giorgio *TR* 105 AH 27
San Giorgio *TV* 43 AJ 9
San Giorgio *UD* 16 AO 5
San Giorgio *VC* 34 K 10
San Giorgio *VI* 27 AD 9
San Giorgio *VI* 41 AD 10
San Giorgio *VI* 41 AE 9
San Giorgio *VR* 40 AA 10
San Giorgio *VR* 40 AB 9
San Giorgio *VR* 40 AB 10
San Giorgio / St.Georgen *BZ* 4 AG 3
San Giorgio a Colonica *FI* 86 AB 21
San Giorgio
a Cremano *NA* 151 AV 39
San Giorgio a Liri *FR* 131 AR 35
San Giorgio
al Tagliamento *VE* 30 AM 9
San Giorgio Albanese *CS* 168 BH 46
San Giorgio all'Isola *AP* 108 AP 26
San Giorgio Canavese *TO* 48 H 11
San Giorgio del Sannio *BN* 142 AY 37
San Giorgio della
Richinvelda *PN* 30 AM 7
San Giorgio
Delle Pertiche *PD* 42 AG 10
San Giorgio di Brenta *PD* 41 AF 10
San Giorgio di Livenza *VE* 43 AL 10
San Giorgio di Lomellina *PV* 50 N 12
San Giorgio di Mantova *MN* 54 Z 13
San Giorgio di Nogaro *UD* 30 AO 8
San Giorgio di Pesaro *PU* 90 AM 21
San Giorgio di Piano *BO* 67 AD 16
San Giorgio in Bosco *PD* 41 AF 10
San Giorgio in
Ceparano *RA* 81 AG 18
San Giorgio in Salici *VR* 39 Z 11
San Giorgio Ionico *TA* 157 BN 41
San Giorgio La Molara *BN* 133 AY 36
San Giorgio Lucano *MT* 165 BH 43
San Giorgio Monferrato *AL* 49 L 13
San Giòrgio Morgeto *RC* 176 BF 53
San Giorgio Piacentino *PC* 52 T 14
San Giorgio Scarampi *AT* 61 K 16
San Giorgio su Legnano *MI* 36 O 10
San Giovannello *CT* 197 AZ 58
San Giovannello *EN* 194 AU 58
San Giovanni *AN* 97 AM 23
San Giovanni *AN* 97 AN 23
San Giovanni *AN* 90 AO 22
San Giovanni *AP* 108 AP 27
San Giovanni *AP* 108 AQ 26
San Giovanni *AQ* 121 AO 31
San Giovanni *AQ* 115 AQ 30
San Giovanni *AR* 95 AF 24
San Giovanni *BA* 147 BL 38
San Giovanni *BG* 24 U 8
San Giovanni *BN* 142 AX 37
San Giovanni *BS* 38 V 10
San Giovanni *BZ* 12 AC 6
San Giovanni *CB* 124 AX 33
San Giovanni *CH* 123 AV 31
San Giovanni *CH* 123 AV 32
San Giovanni *CI* 224 L 48
San Giovanni *CN* 59 G 16
San Giovanni *CN* 71 G 18
San Giovanni *CN* 60 H 16
San Giovanni *CN* 60 H 17
San Giovanni *CN* 60 I 17
San Giovanni *CO* 22 P 7
San Giovanni *CO* 23 Q 8
San Giovanni *CS* 170 BF 47
San Giovanni *CS* 167 BF 47
San Giovanni *CS* 168 BI 47
San Giovanni *CT* 197 AZ 57
San Giovanni *CZ* 171 BI 49
San Giovanni *FC* 82 AJ 19
San Giovanni *FE* 68 AH 15
San Giovanni *FR* 130 AO 33
San Giovanni *FR* 130 AP 34
San Giovanni *IS* 132 AT 34
San Giovanni *ME* 187 AW 55
San Giovanni *MN* 54 AA 13
San Giovanni *MO* 67 AB 16
San Giovanni *NA* 151 AV 38
San Giovanni *NO* 35 N 10
San Giovanni *NU* 214 R 41
San Giovanni *NU* 215 T 40
San Giovanni *PA* 185 AR 56
San Giovanni *PA* 194 AT 57
San Giovanni *PC* 52 T 13
San Giovanni *PD* 41 AF 10
San Giovanni *PE* 116 AT 29
San Giovanni *PG* 106 AK 26
San Giovanni *PG* 106 AL 25
San Giovanni *PI* 93 Z 23
San Giovanni *PN* 29 AK 7
San Giovanni *PU* 89 AJ 21
San Giovanni *PU* 89 AK 21
San Giovanni *PV* 63 P 14
San Giovanni *PZ* 153 BD 39
San Giovanni *PZ* 164 BE 42
San Giovanni *PZ* 154 BE 42
San Giovanni *RC* 178 BD 55
San Giovanni *RC* 176 BE 53
San Giovanni *RE* 65 X 17
San Giovanni *RI* 114 AN 28
San Giovanni *RI* 107 AO 27
San Giovanni *RO* 55 AC 13
San Giovanni *SA* 152 AY 39
San Giovanni *SA* 162 AZ 42
San Giovanni *SA* 153 BB 40
San Giovanni *SI* 94 AD 23
San Giovanni *SO* 24 U 6
San Giovanni *SO* 24 V 6
San Giovanni *SR* 205 AZ 62
San Giovanni *SS* 208 M 39
San Giovanni *SS* 209 N 38
San Giovanni *SV* 73 J 20
San Giovanni *SV* 75 L 17
San Giovanni *TE* 115 AQ 28
San Giovanni *TN* 26 AA 8
San Giovanni *TN* 13 AF 5
San Giovanni *TO* 46 D 13
San Giovanni *TO* 59 E 15
San Giovanni *TO* 47 F 13
San Giovanni *TO* 59 F 15
San Giovanni *TO* 60 H 15
San Giovanni *TO* 48 I 13
San Giovanni *TV* 28 AH 8
San Giovanni *TV* 29 AK 9
San Giovanni *VR* 55 AB 12
San Giovanni *VT* 113 AJ 30
San Giovanni *VV* 174 BE 51
San Giovanni *VV* 174 BF 52
San Giovanni / St.Jhann *BZ* 3 AD 3
San Giovanni / St.Johan *BZ* 4 AG 2
San Giovanni a Piro *SA* 163 BB 43
San Giovanni
al Natisone *UD* 31 AP 8
San Giovanni
al Timavo *TS* 31 AQ 9
San Giovanni alla Vena *PI* 85 Y 21
San Giovanni Battista *MO* 66 AA 14
San Giovanni Bianco *BG* 23 S 8
San Giovanni Cerreto *CB* 133 AX 34
San Giovanni d'Asso *SI* 94 AE 25
San Giovanni dei Gelsi *CB* 133 AX 34
San Giovanni
del Dosso *MN* 55 AB 14
San Giovanni
del Pantano *PG* 96 AI 24
San Giovanni del Tempio *PN* 29 AK 8
San Giovanni
della Fossa *RE* 66 Z 15
San Giovanni
delle Contee *GR* 104 AF 27
San Giovanni
di Baiano *PG* 106 AL 27
San Giovanni di Casarsa *PN* 30 AM 8
San Giovanni di Gerace *RC* 177 BG 53
San Giovanni di Nanto *VI* 41 AE 11
San Giovanni
di Querciola *RE* 66 Y 16
San Giovanni di Sinis *OR* 216 L 44
San Giovanni di Sopra *PN* 29 AK 8
San Giovanni e Paolo *CE* 141 AV 36
San Giovanni Galermo *CT* 197 AZ 58
San Giovanni Gemini *AG* 193 AQ 58
San Giovanni Il *TE* 109 AR 26
San Giovanni Ilarione *VR* 40 AC 10
San Giovanni in Croce *CR* 53 X 13
San Giovanni in Fiore *CS* 171 BJ 48
San Giovanni in Fonte *FG* 135 BD 36
San Giovanni in Fonti *SA* 153 BC 41
San Giovanni in Galdo *CB* 133 AX 34
San Giovanni in Galilea *FC* 88 AJ 20
San Giovanni in Golfo *CB* 133 AX 34
San Giovanni
in Marignano *RN* 89 AL 20
San Giovanni in
Persiceto *BO* 67 AC 16
San Giovanni in Petroio *FI* 86 AC 20
San Giovanni in Pietra *PU* 89 AJ 21
San Giovanni
in Pozzuolo *PU* 89 AK 21
San Giovanni in Strada *AP* 108 AR 26
San Giovanni in Triario *BO* 67 AE 16
San Giovanni Incarico *FR* 130 AQ 34
San Giovanni La Punta *CT* 197 AZ 58
San Giovanni Lipioni *CH* 124 AW 32
San Giovanni Lupatoto *VR* 40 AB 11
San Giovanni
Paganica *AQ* 114 AO 28
San Giovanni
Reatino *RI* 114 AM 29
San Giovanni Rotondo *FG* 126 BD 33
San Giovanni
San Bernardino *PC* 64 S 15
San Giovanni Suergiu *CI* 224 M 49
San Giovanni Teatino *CH* 116 AU 29
San Giovanni Valdarno *AR* 94 AE 22
San Giovanni Valle
Roveto Inf. *AQ* 121 AQ 33
San Giovenale *CN* 71 G 18
San Giovenale *FI* 87 AE 22
San Giovenale *RI* 114 AN 28
San Girio *MC* 99 AQ 23
San Girolamo *AP* 99 AQ 25
San Girolamo *PD* 57 AH 12
San Girolamo *PI* 92 X 23
San Girolamo *RE* 54 Z 14
San Giuliano *AL* 62 N 14
San Giuliano *CE* 140 AT 36
San Giuliano *CN* 59 E 17
San Giuliano *CS* 170 BF 47
San Giuliano *PC* 52 U 13
San Giuliano *PD* 42 AG 10
San Giuliano *SA* 162 AZ 41
San Giuliano *VT* 111 AF 29
San Giuliano a Mare *RN* 83 AK 19
San Giuliano del
Sannio *CB* 133 AW 35
San Giuliano di Puglia *CB* 133 AY 33
San Giuliano Milanese *MI* 36 Q 11
San Giuliano Nuovo *AL* 62 N 14
San Giuliano Terme *PI* 85 X 21
San Giuseppe *AP* 108 AR 25
San Giuseppe *AT* 48 I 13
San Giuseppe *AT* 49 J 14
San Giuseppe *AV* 142 AY 38
San Giuseppe *AV* 143 BA 37
San Giuseppe *BS* 38 U 10
San Giuseppe *CN* 59 F 17
San Giuseppe *CN* 71 H 17
San Giuseppe *CN* 60 I 15
San Giuseppe *CN* 61 J 15
San Giuseppe *CS* 165 BI 44
San Giuseppe *CT* 195 AW 59
San Giuseppe *FE* 69 AI 15
San Giuseppe *FR* 131 AS 34
San Giuseppe *MC* 98 AO 24
San Giuseppe *ME* 188 AY 55
San Giuseppe *MI* 51 P 12
San Giuseppe *PA* 183 AN 55
San Giuseppe *PZ* 164 BD 43
San Giuseppe *RM* 120 AM 33
San Giuseppe *RN* 89 AL 20
San Giuseppe *SA* 152 AZ 41
San Giuseppe *SA* 153 BC 41
San Giuseppe *SI* 105 AG 25
San Giuseppe *SO* 10 U 6
San Giuseppe *SS* 209 O 39
San Giuseppe *SV* 74 K 17
San Giuseppe *TE* 109 AR 26
San Giuseppe *TE* 109 AS 27
San Giuseppe *TV* 43 AJ 9
San Giuseppe *VC* 20 J 8
San Giuseppe / Moos *BZ* 5 AJ 3
San Giuseppe /
St.Joseph *BZ* 12 AC 5
San Giuseppe
della Chiusa *TS* 45 AS 10
San Giuseppe
in Anterselva *BZ* 5 AH 2
San Giuseppe Jato *PA* 184 AO 56
San Giuseppe La Rena *CT* 203 AZ 59
San Giuseppe
Vesuviano *NA* 151 AW 38
San Giustino *AR* 95 AE 23
San Giustino *PG* 96 AI 22
San Giustino Valdarno *AR* 95 AF 22
San Giusto *LI* 92 Y 25
San Giusto *MC* 98 AN 25
San Giusto *PI* 93 AA 23
San Giusto *SI* 94 AD 23
San Giusto *SI* 94 AD 25
San Giusto *VE* 30 AL 9
San Giusto *VT* 104 AG 27
San Giusto alle Monache *SI* 94 AD 23
San Giusto Canavese *TO* 48 H 12
San Giusto di Brancoli *LU* 85 Y 20
San Godenzo *FI* 87 AE 20
San Gottardo *BS* 38 V 11
San Gottardo *BS* 38 W 10
San Gottardo *SO* 11 X 5
San Gottardo *UD* 30 AO 7
San Gratignano *PG* 96 AI 24
San Grato *AT* 61 K 15
San Grato *CN* 59 F 16
San Grato *CN* 71 H 17
San Grato *CN* 60 I 16
San Grato *CN* 71 I 17
San Grato *LO* 51 R 12
San Gregorio *AN* 90 AN 22
San Gregorio *AP* 108 AP 27
San Gregorio *AQ* 115 AP 30
San Gregorio *AV* 142 AY 38
San Gregorio *BG* 37 R 9
San Gregorio *CA* 227 R 48
San Gregorio *CN* 60 I 16
San Gregorio *IM* 72 H 20
San Gregorio *PC* 64 S 16
San Gregorio *PG* 96 AK 25
San Gregorio *RC* 189 BC 55
San Gregorio *RI* 114 AM 29
San Gregorio *SA* 151 AX 39
San Gregorio *SV* 73 J 20
San Gregorio *VR* 55 AC 11
San Gregorio
da Sassola *RM* 120 AM 32
San Gregorio
di Catania *CT* 197 AZ 58
San Gregorio d'Ippona *VV* 174 BF 52
San Gregorio Magno *SA* 153 BB 40
San Gregorio Matese *CE* 132 AV 35
San Gregorio nelle Alpi *BL* 28 AH 7
San Gregorio-Bagnoli *ME* 187 AX 55
San Grisante *VC* 49 J 12
San Grisogono *MC* 98 AQ 24
San Guido *LI* 92 Y 24
San Gusmè *SI* 94 AD 23
San Iacopo *PI* 85 X 21
San Iorio *CS* 166 BE 47
San Ippolito *RI* 114 AN 30
San Jacopo al Girone *FI* 86 AD 21
San Kostantin /
San Costantino *BZ* 13 AE 4
San Lanfranco *PV* 51 P 12
San Latino *CR* 52 T 12
San Lauro *CS* 166 BF 46
San Lazzaro *AP* 108 AR 26
San Lazzaro *BN* 133 AY 36
San Lazzaro *CN* 59 F 16
San Lazzaro *CS* 167 BF 45
San Lazzaro *GE* 77 R 18
San Lazzaro *LO* 51 S 12
San Lazzaro *MN* 53 Y 12
San Lazzaro *MO* 66 AA 16
San Lazzaro *NA* 151 AW 40
San Lazzaro *PC* 52 T 13
San Lazzaro *PG* 107 AM 26
San Lazzaro *RO* 56 AE 13
San Lazzaro *SV* 74 K 17
San Lazzaro *TN* 26 AB 7
San Lazzaro *VI* 41 AE 10
San Lazzaro
degli Armeni *VE* 43 AJ 11
San Lazzaro di Savena *BO* 67 AD 17
San Lazzaro Reale *IM* 72 I 20
San Leo *AR* 95 AH 22
San Leo *BO* 68 AE 16
San Leo *IS* 132 AU 33
San Leo *PU* 88 AJ 20
San Leo *PU* 89 AK 21
San Leo *RC* 189 BC 55
San Leo Bastia *PG* 96 AH 24
San Leo-Apesana *ME* 187 AW 55
San Leonardo *AO* 18 E 9
San Leonardo *AV* 143 BA 37
San Leonardo *BA* 147 BM 39
San Leonardo *CB* 124 AW 33
San Leonardo *CH* 117 AU 30
San Leonardo *CI* 224 M 49
San Leonardo *FG* 135 BD 34
San Leonardo *FG* 144 BD 37
San Leonardo *GR* 104 AF 27
San Leonardo *KR* 169 BL 47
San Leonardo *KR* 173 BL 49
San Leonardo *ME* 188 AY 55
San Leonardo *PN* 29 AL 7
San Leonardo *PR* 65 X 15
San Leonardo *PV* 51 Q 13
San Leonardo *RC* 178 BD 56
San Leonardo *SA* 152 AX 40
San Leonardo *SA* 153 BA 39
San Leonardo *TP* 182 AJ 56
San Leonardo *UD* 31 AQ 7
San Leonardo /
St.Leonard *BZ* 14 AG 4
San Leonardo /
St.Leonhard *BZ* 4 AF 3
San Leonardo de
Siete Fuentes *OR* 217 M 42
San Leonardo di Cutro *KR* 173 BK 50
San Leonardo in Passiria /
St.Leonhardi. Pass *BZ* 3 AC 3
San Leonardo
in Schiova *FC* 82 AH 18
San Leone *AG* 199 AQ 60
San Leone Mosè *AG* 199 AQ 60
San Leonino *AR* 94 AE 23
San Leonino *SI* 94 AC 23
San Leopardo *MC* 98 AQ 23
San Leopoldo *UD* 16 AP 4
San Leucio del Sannio *BN* 142 AX 37
San Liberale *VE* 42 AJ 10
San Liberato *RI* 119 AM 29
San Liberato *RM* 116 AH 31
San Liberato *TR* 113 AJ 29
San Liberato *VT* 113 AJ 29
San Liberatore *AV* 142 AZ 37
San Liberatore *BN* 142 AX 37
San Liberio *PU* 90 AM 21
San Ligorio *LE* 159 BS 41
San Liguori *CS* 164 BF 44
San Lino *BS* 39 X 10
San Litardo *PG* 105 AG 26
San Lorenzello *BN* 141 AW 36
San Lorenzello *RC* 178 BD 55
San Lorenzo *AL* 62 M 16
San Lorenzo *AL* 62 P 14
San Lorenzo *AP* 108 AP 25
San Lorenzo *AP* 99 AR 24
San Lorenzo *AQ* 115 AO 29
San Lorenzo *AQ* 115 AQ 30
San Lorenzo *AR* 95 AH 22
San Lorenzo *AT* 61 L 15
San Lorenzo *BG* 37 T 9
San Lorenzo *BG* 24 U 8
San Lorenzo *BN* 133 AX 35
San Lorenzo *BN* 142 AY 37
San Lorenzo *BO* 67 AB 16
San Lorenzo *BO* 81 AE 17
San Lorenzo *CE* 140 AT 36
San Lorenzo *CE* 141 AU 38
San Lorenzo *CH* 124 AW 31
San Lorenzo *CN* 59 E 16
San Lorenzo *CN* 71 F 17
San Lorenzo *CN* 70 F 18
San Lorenzo *CN* 70 F 18
San Lorenzo *CN* 59 G 15
San Lorenzo *CN* 71 G 17
San Lorenzo *CN* 60 H 16
San Lorenzo *CN* 72 I 19
San Lorenzo *CS* 166 BE 46
San Lorenzo *CS* 170 BF 48
San Lorenzo *FC* 82 AH 19
San Lorenzo *FG* 127 BF 32
San Lorenzo *GE* 76 Q 17
San Lorenzo *GR* 104 AE 26
San Lorenzo *IM* 72 G 21
San Lorenzo *LT* 139 AR 36
San Lorenzo *MC* 98 AO 24

San Lorenzo *MC* .... 98 AP 25
San Lorenzo *MI* .... 36 O 10
San Lorenzo *MN* .... 54 AB 13
San Lorenzo *MN* .... 54 Y 12
San Lorenzo *MN* .... 54 Z 13
San Lorenzo *MO* .... 66 AA 16
San Lorenzo *NU* .... 211 T 39
San Lorenzo *PA* .... 184 AO 55
San Lorenzo *PA* .... 185 AP 56
San Lorenzo *PC* .... 64 U 14
San Lorenzo *PD* .... 56 AG 12
San Lorenzo *PG* .... 106 AK 25
San Lorenzo *PG* .... 97 AL 24
San Lorenzo *PG* .... 106 AL 26
San Lorenzo *PN* .... 30 AL 8
San Lorenzo *PU* .... 88 AI 21
San Lorenzo *PU* .... 89 AK 21
San Lorenzo *PZ* .... 164 BF 44
San Lorenzo *RA* .... 68 AG 17
San Lorenzo *RC* .... 178 BE 55
San Lorenzo *RI* .... 120 AN 31
San Lorenzo *SA* .... 151 AW 39
San Lorenzo *SS* .... 205 AZ 63
San Lorenzo *SS* .... 209 M 39
San Lorenzo *SV* .... 74 K 18
San Lorenzo *TO* .... 33 F 11
San Lorenzo *TR* .... 105 AH 26
San Lorenzo *TR* .... 113 AK 29
San Lorenzo *UD* .... 30 AM 8
San Lorenzo *UD* .... 31 AP 8
San Lorenzo *VB* .... 7 K 7
San Lorenzo a Collina *FI* .. 86 AC 21
San Lorenzo a Merse *SI* .... 94 AC 25
San Lorenzo
a Montalbano *SI* .... 93 AA 24
San Lorenzo a Vaccoli *LU* .. 85 X 21
San Lorenzo al Lago *MC* ... 107 AN 25
San Lorenzo al Mare *IM* ... 72 H 20
San Lorenzo al Pinaco *RI* .. 108 AO 28
San Lorenzo Aroldo *CR* ..... 53 X 13
San Lorenzo Bellizzi *CS* .. 165 BG 44
San Lorenzo Croce della
Madonna *CH* .... 116 AT 30
San Lorenzo
De' Picenardi *CR* .... 53 W 13
San Lorenzo del Vallo *CS* .. 167 BG 45
San Lorenzo
di Fiumicello *UD* .... 31 AP 9
San Lorenzo
di Monte Nero *PG* .... 96 AJ 24
San Lorenzo
di Rabatta *PG* .... 96 AJ 24
San Lorenzo di San /
St.Lorenzen *BZ* .... 4 AG 3
San Lorenzo e Flaviano *RI* .. 107 AO 27
San Lorenzo Guazzone *CR* .. 53 X 13
San Lorenzo in Banale *TN* .. 26 AA 7
San Lorenzo in Campo *PU* .. 90 AM 22
San Lorenzo in Collina *BO* .. 67 AC 17
San Lorenzo
in Colpolina *MC* .... 98 AN 25
San Lorenzo
in Correggiano *RN* .... 83 AK 19
San Lorenzo in Noceto *FC* .. 82 AH 19
San Lorenzo in Seanno *FC* .. 82 AJ 19
San Lorenzo in Strada *RN* .. 83 AK 19
San Lorenzo Isontino *GO* .. 31 AQ 8
San Lorenzo Maggiore *BN* .. 142 AW 36
San Lorenzo Mondinari *CR* ..53 W 13
San Lorenzo Nuovo *CS* .. 165 BG 44
San Lorenzo Nuovo *VT* .. 105 AG 27
San Lorenzo Primo *VT* ... 113 AJ 30
San Lorenzo Secondo *VT* .. 113 AJ 30
San Lorenzo Stellanello *SV* .. 73 J 19
San Lorenzo Vecchio *PG* .. 106 AL 25
San Lorenzo Vecchio *SR* .. 205 AZ 63
San Luca *AL* .... 62 M 16
San Luca *MC* .... 98 AN 25
San Luca *MS* .... 78 V 19
San Luca *PD* .... 56 AG 12
San Luca *PG* .... 106 AL 26
San Luca *RC* .... 178 BD 55
San Luca *RE* .... 78 BE 54
San Luca *RC* .... 179 BF 55
San Luca *SA* .... 152 AY 40
San Luca *TO* .... 59 F 15
San Luca *VI* .... 27 AE 9
San Luca *CH* .... 117 AV 31
San Lucchese *SI* .... 94 AB 23
San Luciano *AR* .... 95 AF 23
San Lucido *CS* .... 170 BF 48
San Lugano *BL* .... 14 AH 6
San Lugano *BL* .... 13 AD 6
San Luigi *AN* .... 91 AP 22
San Luigi *AT* .... 61 J 15
San Luigi *CN* .... 74 J 17
San Luigi *IM* .... 72 I 19

San Luigi *RI* .... 113 AK 30
San Lupo *BN* .... 142 AW 36
San Macario *VA* .... 35 N 10
San Macario in Piano *LU* .. 85 X 20
San Magno *BA* .... 145 BH 37
San Magno *CN* .... 71 G 17
San Magno *LT* .... 130 AP 35
San Maiano *PG* .... 96 AI 23
San Mamante *TV* .... 42 AG 9
San Mamante *CO* .... 22 P 7
San Mamilliano *TR* .... 113 AL 28
San Mango *SA* .... 162 AZ 42
San Mango d'Aquino *CZ* .. 170 BG 49
San Mango Piemonte *SA* .. 152 AY 39
San Mango sul Calore *AV* .. 142 AY 38
San Marcellino *CE* .... 141 AU 38
San Marcellino *SI* .... 94 AD 23
San Marcello *AN* .... 90 AO 22
San Marcello *MC* .... 98 AN 25
San Marcello *VI* .... 40 AD 11
San Marcello Pistoiese *PT* .. 79 Z 19
San Marco *AP* .... 99 AR 24
San Marco *AQ* .... 115 AO 29
San Marco *AQ* .... 95 AG 24
San Marco *BA* .... 147 BM 39
San Marco *BG* .... 23 T 9
San Marco *BL* .... 28 AG 7
San Marco *CE* .... 140 AT 36
San Marco *CE* .... 141 AU 36
San Marco *CE* .... 141 AU 36
San Marco *CH* .... 123 AV 31
San Marco *CT* .... 197 BA 57
San Marco *FR* .... 131 AR 35
San Marco *FR* .... 131 AR 35
San Marco *LT* .... 139 AR 36
San Marco *MC* .... 98 AN 25
San Marco *ME* .... 188 AZ 55
San Marco *MT* .... 154 BF 40
San Marco *NA* .... 150 AT 38
San Marco *PD* .... 41 AF 11
San Marco *PG* .... 96 AI 25
San Marco *PG* .... 97 AK 24
San Marco *PG* .... 107 AM 27
San Marco *RA* .... 82 AH 17
San Marco *SA* .... 162 AY 42
San Marco *SA* .... 153 BC 41
San Marco *SA* .... 163 BC 43
San Marco *SS* .... 212 K 40
San Marco *TO* .... 46 C 13
San Marco *TP* .... 182 AK 55
San Marco *TV* .... 42 AG 10
San Marco *UD* .... 30 AN 7
San Marco *VB* .... 7 K 7
San Marco *VC* .... 35 K 11
San Marco ai Monti *BN* .. 142 AX 37
San Marco Argentano *CS* .. 167 BF 46
San Marco d'Alunzio *ME* .. 187 AX 55
San Marco dei Cavoti *BN* .. 133 AY 36
San Marco Evangelista *CE* .. 141 AV 37
San Marco in Lamis *FG* .. 126 BC 33
San Marco La Catola *FG* .. 134 AZ 34
San Marco-Campitello *CE* .. 132 AV 35
San Mariano *AN* .... 90 AM 22
San Mariano *PG* .... 105 AI 25
San Marino *BO* .... 67 AD 16
San Marino *CR* .... 53 V 13
San Marino *MO* .... 66 AA 15
San Mariano *PU* .... 88 AI 21
San Marino *PU* .... 89 AJ 20
San Marino *PU* .... 89 AL 21
San Marino *RM* .... 129 AN 33
San Marino *RN* .... 83 AJ 19
San Marino *TR* .... 105 AI 27
San Marino *VI* .... 27 AF 8
San Marino d'Urbino *PU* .. 89 AL 21
San Martin in T. /
San Martino in B. *BZ* .... 4 AG 3
San Martino *AL* .... 49 L 13
San Martino *AN* .... 90 AM 22
San Martino *AP* .... 108 AP 25
San Martino *AP* .... 108 AP 27
San Martino *AP* .... 108 AQ 26
San Martino *AQ* .... 115 AP 30
San Martino *AQ* .... 115 AP 30
San Martino *AR* .... 94 AE 23
San Martino *AR* .... 87 AF 22
San Martino *AT* .... 61 L 14
San Martino *AV* .... 142 AZ 37
San Martino *BI* .... 34 K 10
San Martino *BL* .... 28 AH 7
San Martino *BN* .... 142 AY 37
San Martino *BO* .... 67 AC 16
San Martino *BO* .... 80 AC 18
San Martino *BO* .... 80 AC 18
San Martino *BO* .... 68 AF 17

San Martino *BS* .... 39 Y 9
San Martino *BZ* .... 4 AG 3
San Martino *CB* .... 133 AX 34
San Martino *CE* .... 140 AS 36
San Martino *CH* .... 116 AU 29
San Martino *CH* .... 124 AW 33
San Martino *CN* .... 58 D 16
San Martino *CN* .... 59 F 15
San Martino *CN* .... 60 I 16
San Martino *CN* .... 61 K 15
San Martino *CO* .... 23 Q 7
San Martino *CS* .... 166 BE 46
San Martino *CS* .... 168 BH 47
San Martino *FC* .... 82 AG 19
San Martino *FC* .... 82 AG 19
San Martino *FC* .... 88 AG 20
San Martino *FC* .... 88 AH 20
San Martino *FC* .... 82 AI 19
San Martino *FE* .... 68 AE 15
San Martino *FI* .... 87 AD 21
San Martino *GE* .... 76 R 17
San Martino *GR* .... 103 AC 26
San Martino *IM* .... 72 H 20
San Martino *LI* .... 100 W 27
San Martino *LI* .... 93 Y 24
San Martino *LT* .... 130 AP 35
San Martino *MC* .... 107 AM 26
San Martino *MC* .... 98 AN 25
San Martino *MC* .... 98 AP 25
San Martino *ME* .... 188 AZ 56
San Martino *ME* .... 189 BB 54
San Martino *MO* .... 66 AA 15
San Martino *MO* .... 80 AA 18
San Martino *NO* .... 35 N 11
San Martino *PD* .... 41 AF 11
San Martino *PG* .... 105 AH 25
San Martino *PI* .... 85 X 21
San Martino *PI* .... 92 Y 23
San Martino *PN* .... 15 AJ 6
San Martino *PN* .... 29 AK 7
San Martino *PR* .... 64 T 16
San Martino *PR* .... 64 U 16
San Martino *PR* .... 65 X 14
San Martino *PU* .... 89 AJ 21
San Martino *PU* .... 89 AJ 21
San Martino *PV* .... 50 N 13
San Martino *PV* .... 63 Q 15
San Martino *PZ* .... 144 BD 39
San Martino *RC* .... 176 BE 53
San Martino *RE* .... 54 Z 14
San Martino *RE* .... 66 Z 15
San Martino *RI* .... 114 AM 30
San Martino *RN* .... 83 AJ 19
San Martino *RN* .... 83 AK 19
San Martino *SA* .... 151 AX 39
San Martino *SA* .... 152 AY 39
San Martino *SI* .... 94 AB 22
San Martino *SI* .... 94 AD 23
San Martino *SO* .... 9 S 6
San Martino *SO* .... 11 W 6
San Martino *SO* .... 11 X 5
San Martino *SV* .... 75 M 17
San Martino *TN* .... 26 AA 8
San Martino *TO* .... 46 D 14
San Martino *TO* .... 59 F 14
San Martino *TO* .... 48 H 13
San Martino *TV* .... 28 AG 9
San Martino *TV* .... 42 AH 10
San Martino *TV* .... 29 AJ 8
San Martino *TV* .... 42 AJ 9
San Martino *UD* .... 30 AM 8
San Martino *VR* .... 39 Z 11
San Martino / Reinswald *BZ*..4 AD 3
San Martino / St.Martin *BZ*..4 AG 2
San Martino / St.Martin *BZ*..2 Y 4
San Martino a Carcheri *FI* .. 86 AB 21
San Martino a Maiano *FI* .. 86 AB 22
San Martino a Monte *AR* .. 87 AF 21
San Martino a Scopeto *FI* .. 87 AD 20
San Martino al Cimino *VT* .. 112 AH 29
San Martino al Monte /
St.Martin am Vorberg *BZ* .. 12 AA 4
San Martino
al Tagliamento *PN* .... 30 AM 7
San Martino Alfieri *AT* .... 61 J 15
San Martino alla Palma *FI* .. 86 AB 21
San Martino
Buon Albergo *VR* .... 40 AB 11
San Martino
Canavese *TO* .... 34 H 11
San Martino Carano *MO* .. 66 AB 14
San Martino d'Agri *PZ* .. 164 BF 42
San Martino
dall'Argine *MN* .... 53 Y 13
San Martino dei Colli *PG* .. 105 AI 25
San Martino dei Muri *PU* .. 89 AL 22
San Martino del Carso *GO* .. 31 AQ 8

San Martino del Lago *CR* .. 53 W 13
San Martino del Piano *PU* .. 89 AJ 22
San Martino del Piano *PU* .. 89 AL 21
San Martino Delfico *PG* .. 106 AJ 25
San Martino
della Battaglia *BS* .... 39 Y 11
San Martino
delle Scale *PA* .... 184 AO 55
San Martino di Bagnolo *FC* .. 82 AI 19
San Martino di Bagnolo *FC*..82 AI 19
San Martino
di Castrozza *TN* .... 14 AF 6
San Martino di Finita *CS* .. 167 BF 47
San Martino di Lupari *PD* .. 41 AG 10
San Martino
di Muggiano *MO* .... 66 AA 16
San Martino di Noceto *GE* .. 76 Q 17
San Martino di Terzo *UD* .. 31 AO 9
San Martino di Venezze *RO* .. 56 AG 13
San Martino
di Villafranca *FC* .... 82 AH 18
San Martino Gusnago *MN* .. 53 Y 12
San Martino in Argine *BO* .. 68 AE 16
San Martino in B. /
San Martin in T. *BZ* .... 4 AG 3
San Martino in Beliseto *CE* .. 52 U 12
San Martino in Campo *PG* 106 AJ 25
San Martino in Casola *BO* .. 67 AB 17
San Martino in Colle *LU* .. 85 Y 20
San Martino in Colle *PG* .. 106 AJ 25
San Martino in Colle *PG* .. 96 AK 23
San Martino
in Freddana *LU* .... 85 X 20
San Martino in Gattara *RA* .. 81 AF 19
San Martino in Pedriola *BO*..81 AE 17
San Martino in Passiria /
St.Martin i. P. *BZ* .... 3 AC 3
San Martino in Pensilis *CB*..125 AZ 32
San Martino in Poggio *AR* .. 95 AF 23
San Martino in Rio *RE* .. 66 Z 15
San Martino
in Selvanera *PU* .... 89 AJ 21
San Martino in Soverzano *BO*67
AE 16
San Martino in Strada *FC*.. 82 AH 18
San Martino in Strada *LO*.. 52 S 12
San Martino in Trignano *PG*106
AK 27
San Martino Monte L'Abate *RN* 83
AK 19
San Martino Monteneve / St.Martin
am Schnesberg *BZ*........... 3 AC 2
San Martino Olearo *MI* ...... 37 R 11
San Martino Pizzolano *LO*.. 52 S 13
San Martino Sannita *BN*.. 142 AY 37
San Martino Siccomario *PV*.. 51 P 13

San Martino Sinzano *PR* .. 65 W 15
San Martino Sopr'Arno *AR*.. 95 AG 22
San Martino Spino *MO*.... 55 AC 14
San Martino sul Fiora *GR*.. 104 AE 27
San Martino
sulla Marrucina *CH*.... 116 AU 30
San Martino Tremoleto *AR*.. 87 AF 21
San Martino
Valle Caudina *AV* .... 142 AW 37
San Martino/ in Casies
Valbassa *BZ*........... 5 AI 3
San Marzano di
San Giuseppe *TA*........ 157 BO 41
San Marzano Oliveto *AT*.. 61 K 15
San Marzano
sul Sarno *SA*........... 151 AW 39
San Marzanotto *AT*........ 61 K 14
San Massimo *CB*........ 132 AV 35
San Massimo *GE*........... 76 Q 17
San Massimo *PD*........ 56 AG 12
San Massimo *SV*........... 66 K 16
San Massimo *TE*........ 115 AR 29
San Massimo all'Adige *VR*.. 40 AA 11
San Materno *BA*........ 147 BL 37
San Matteo *AN*........... 90 AN 21
San Matteo *BA*........ 137 BJ 36
San Matteo *CN*........... 70 F 17
San Matteo *FG*........ 126 BB 33
San Matteo *FG*........ 126 BC 33
San Matteo *PR*........... 78 V 17
San Matteo delle
Chiaviche *MN*........... 54 Y 13
San Mattia *SA*........ 152 AY 40
San Maurizio *AL*........... 49 L 13
San Maurizio *BZ*........... 13 AC 4
San Maurizio *BZ*........... 13 AE 4
San Maurizio *CN*........... 59 E 16
San Maurizio *CN*........... 70 E 18
San Maurizio *RE*........... 66 Y 15
San Maurizio *VC*........... 34 K 10
San Maurizio al Monte *GE*.. 76 Q 17
San Maurizio Canavese *TO*.. 48 G 12
San Maurizio d'Opaglio *NO*.. 35 L 9
San Mauro *AV*........ 152 BA 39
San Mauro *CE*........ 141 AV 37
San Mauro *CN*........... 59 F 17
San Mauro *CN*........... 71 F 17
San Mauro *CT*........ 202 AV 60
San Mauro *FI*........... 86 AB 21
San Mauro *ME*........ 188 AX 55
San Mauro *NU*........ 218 P 43
San Mauro *SA*........ 151 AW 39
San Mauro *TE*........ 109 AR 27
San Mauro *TN*........... 26 AC 7
San Mauro *VE*........... 30 AM 9
San Mauro a Mare *RN*.. 83 AJ 19
San Mauro

Castelverde *PA*........ 186 AU 56
San Mauro Cilento *SA*.. 162 AZ 42
San Mauro di Saline *VR*.. 40 AB 10
San Mauro Forte *MT*.. 155 BG 41
San Mauro la Bruca *SA*.. 162 BA 43
San Mauro
Marchesato *KR*........ 173 BK 49
San Mauro Pascoli *FC*..... 83 AJ 19
San Mauro Torinese *TO*.. 48 H 13
San Mazzeo-Vallone
Cupo *CZ*........ 171 BG 49
San Menaio *FG*........ 127 BE 32
San Menale *SA*........ 163 BB 42
San Miceli *CS*........ 170 BF 47
San Michele *AN*........ 193 AQ 59
San Michele *AN*........... 97 AM 23
San Michele *AN*........... 97 AM 24
San Michele *AN*........... 98 AN 23
San Michele *AP*........... 99 AR 25
San Michele *AT*........... 60 I 14
San Michele *BA*........ 147 BL 39
San Michele *BS*........... 25 Z 9
San Michele *CN*........... 71 F 17
San Michele *CN*........... 60 I 16
San Michele *CN*........... 61 K 17
San Michele *CO*........... 36 P 9
San Michele *CR*........... 53 V 13
San Michele *CS*........ 171 BG 48
San Michele *CS*........ 168 BH 46
San Michele *CZ*........ 171 BH 50
San Michele *FI*........... 87 AD 21
San Michele *FR*........ 131 AS 34
San Michele *IM*........... 72 G 20
San Michele *KR*........ 173 BK 48
San Michele *ME*........ 189 BC 54
San Michele *PC*........... 64 T 15
San Michele *PI*........... 93 Z 23
San Michele *PN*........... 29 AJ 8
San Michele *PZ*........ 164 BF 42
San Michele *RA*........... 82 AH 17
San Michele *RE*........... 66 Z 15
San Michele *RI*........ 113 AK 30
San Michele *RM*........ 120 AL 31
San Michele *SA*........ 151 AW 40
San Michele *SV*........... 74 K 17
San Michele *SV*........... 74 K 19
San Michele *TO*........... 59 E 15
San Michele *TP*........ 190 AG 63
San Michele *TV*........... 42 AG 9
San Michele *TV*........... 28 AI 8
San Michele *TV*........... 42 AJ 10
San Michele *VA*........... 22 N 8
San Michele *VB*........... 7 L 5
San Michele *VR*........... 39 Z 10
San Michele *VS*........ 221 N 47
San Michele *VT*........ 112 AI 29

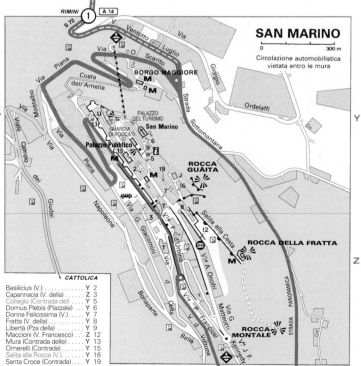

San Marino

RIMINI   A 14   S 72

SAN MARINO

0   300 m

Circolazione automobilistica
vietata entro le mura

BORGO MAGGIORE

PALAZZO DEL TURISMO

San Marino

GUARDIA DI ROCCA

Palazzo Pubblico

ROCCA GUAITA

ROCCA DELLA FRATTA

ROCCA MONTALE

CATTOLICA

Basilicius (V.) .... Y 2
Capannacia (V. della) .... Z 3
Collegio (Contrada del) .... Y 5
Domus Plebis (Piazzale) .... Y 6
Donna Felicissima (V.) .... Y 7
Fratta (V. della) .... Y 8
Libertà (Pza della) .... Y 9
Maccioni (V. Francesco) .... Y 12
Mura (Contrada delle) .... Y 13
Omerelli (Contrada) .... Y 15
Salita alla Rocca (V.) .... Y 16
Santa Croce (Contrada) .... Y 19

306 Italia San - San

San Michele VT 113 AJ 29
San Michele / S.Michael BZ 12 AC 5
San Michele / St.Michael BZ 13 AE 4
San Michele a Monteripaldi FI 86 AC 21
San Michele a Torri FI 86 AB 21
San Michele al Fiume PU 90 AM 22
San Michele al Tagliamento VE 30 AM 9
San Michele all'Adige TN 26 AB 6
San Michele Angarano VI 27 AF 9
San Michele dei Mucchietti MO 66 Z 16
San Michele del Carso GO 31 AQ 8
San Michele di Ganzaria CT 201 AV 60
San Michele di Piave TV 29 AJ 9
San Michele di Pratola AV 142 AY 38
San Michele di Serino AV 142 AY 38
San Michele e Grato TO 60 H 14
San Michele Extra VR 40 AB 11
San Michele Gatti PR 65 W 15
San Michele in Bosco MN 54 Y 13
San Michele in Quartetto RA 81 AF 18
San Michele in Teverina VT 112 AI 28
San Michele Mondovì CN 74 I 17
San Michele Salentino BR 148 BO 40
San Michele Tiorre PR 65 W 15
San Minà CZ 170 BG 50
San Miniatello FI 86 AB 21
San Miniato PI 85 AA 21
San Miniato in Alpe FI 87 AE 21
San Mommè PT 86 AA 19
San Montano NA 150 AS 39
San Morello CS 169 BK 47
San Nazario CN 60 I 16
San Nazario SA 162 BA 43
San Nazario VI 27 AF 8
San Nazzario SI 94 AE 25
San Nazzaro AL 63 P 15
San Nazzaro BN 142 AY 37
San Nazzaro IS 132 AT 34
San Nazzaro PC 52 U 13
San Nazzaro PR 53 W 14
San Nazzaro Sesia NO 35 L 11
San Nazzaro Val Cavargna CO 22 P 7
San Nicandro AQ 115 AQ 30
San Niccolo BO 82 AC 18
San Niccolo a Cignano AR 95 AG 24
San Niccolò di Celle PG 106 AJ 25
San Nico CS 168 BH 46
San Nicola AG 199 AS 60
San Nicola AQ 115 AO 30
San Nicola AV 142 AY 37
San Nicola BN 141 AV 37
San Nicola BZ 4 AF 3
San Nicola CB 133 AW 34
San Nicola CL 194 AT 58
San Nicola CS 164 BE 44
San Nicola CS 167 BF 47
San Nicola CS 168 BH 46
San Nicola FG 127 BF 32
San Nicola FR 131 AR 35
San Nicola LT 130 AQ 35
San Nicola NA 151 AW 39
San Nicola PC 52 S 13
San Nicola PE 116 AS 29
San Nicola PZ 144 BD 37
San Nicola PZ 154 BD 39
San Nicola PZ 163 BD 44
San Nicola PZ 164 BE 42
San Nicola RC 178 BD 54
San Nicola RC 178 BD 56
San Nicola RC 176 BF 54
San Nicola RC 179 BF 54
San Nicola RC 179 BF 55
San Nicola RC 177 BH 53
San Nicola RC 177 BH 53
San Nicola SA 152 AX 39
San Nicola SA 152 AZ 41
San Nicola SA 162 BA 42
San Nicola SA 162 BA 43
San Nicola SA 163 BC 43
San Nicola SS 213 O 40
San Nicola TO 59 F 15
San Nicola VT 112 AI 29
San Nicola CS 164 BE 44
San Nicola a Mare SA 162 AY 42
San Nicola Arcella CS 166 BD 44
San Nicola Baronia AV 143 BA 37
San Nicola da Crissa VV 174 BG 52
San Nicola d'Arpi FG 135 BC 34
San Nicola De Legistris VV 176 BE 52
San Nicola dell'Alto KR 173 BK 48
San Nicola di Tremiti FG 126 BC 31
San Nicola la Strada CE 141 AU 37
San Nicola l'Arena PA 185 AQ 55
San Nicola Manfredi BN 142 AX 37
San Nicola Silano CS 171 BI 48
San Nicola Varano FG 126 BD 32
San Nicolao PE 116 AT 31
San Nicolao TO 59 G 14
San Nicolas AO 32 E 9
San Nicolella ME 188 AY 55
San Nicolino AP 108 AR 26
San Nicollò TV 43 AK 9
San Nicolò BO 81 AE 17
San Nicolò FE 68 AF 15
San Nicolò ME 188 AY 55
San Nicolò PC 52 S 13
San Nicolò PG 106 AL 27
San Nicolò UD 31 AP 8
San Nicolò UD 31 AP 9
San Nicolò VV 176 BE 52
San Nicolò / St.Nicolaus BZ 12 AA 4
San Nicolò a Tordino TE 109 AR 27
San Nicolò d'Arcidano OR 221 M 45
San Nicolo Dega / St.Nicolaus BZ 13 AE 5
San Nicolò di Comelico BL 15 AK 4
San Nicolò Gerrei CA 222 Q 47
San Nicolò Po MN 54 AA 13
San Nicolò Vecchio ME 188 AY 55
San Novo MI 36 P 11
San Nullo CT 197 AZ 58
San Onofrio RM 119 AJ 32
San Pacifico MC 98 AO 24
San Pancrazio AR 95 AE 23
San Pancrazio FI 86 AB 22
San Pancrazio IM 72 G 21
San Pancrazio ME 188 AY 55
San Pancrazio MO 66 AA 15
San Pancrazio PR 65 W 15
San Pancrazio RA 82 AH 17
San Pancrazio TO 47 G 13
San Pancrazio TR 113 AJ 28
San Pancrazio VA 35 N 9
San Pancrazio VA 36 O 9
San Pancrazio VR 40 AB 11
San Pancrazio / St.Pankraz BZ 12 AB 4
San Pancrazio Salentino BR 158 BQ 41
San Panfilo d'Ocre AQ 115 AP 30
San Pantaleo OT 210 R 37
San Pantaleone RC 178 BE 56
San Paolo AN 97 AM 23
San Paolo AP 108 AP 27
San Paolo BZ 4 AF 3
San Paolo CA 227 R 48
San Paolo CN 74 I 17
San Paolo FC 88 AG 20
San Paolo FI 86 AC 21
San Paolo ME 189 BA 55
San Paolo PG 96 AI 24
San Paolo PN 30 AM 8
San Paolo PV 50 M 12
San Paolo PV 63 P 14
San Paolo PZ 164 BE 43
San Paolo RN 83 AJ 19
San Paolo SA 152 AZ 40
San Paolo SA 162 BA 42
San Paolo SR 205 AZ 62
San Paolo TA 157 BM 40
San Paolo VE 42 AI 10
San Paolo VI 41 AF 9
San Paolo /San Paul BZ 12 AC 5
San Paolo Albanese PZ 165 BH 43
San Paolo Bel Sito NA 151 AW 38
San Paolo Cervo BI 34 J 10
San Paolo d'Argon BG 37 T 9
San Paolo di Civitate FG 125 BA 33
San Paolo di Jesi AN 98 AO 23
San Paolo in Acquilano FC 82 AH 19
San Paolo in Alpe FC 87 AF 20
San Paolo Solbrito AT 48 I 14
San Pasquale CE 141 AU 36
San Pasquale FG 127 BE 33
San Pasquale OT 207 Q 36
San Pasquale RC 179 BE 56
San Paterniano AN 98 AP 22
San Patrignano PU 89 AK 21
San Patrignano RN 89 AK 20
San Patrizio RA 68 AF 17
San Paul / San Paolo BZ 12 AC 5
San Pedretto PC 52 U 13
San Pedrino MI 37 R 11
San Pelagio TS 31 AR 9
San Pelagio TV 42 AI 9
San Pelino AQ 114 AO 29
San Pelino AQ 121 AP 31
San Pellegrinetto LU 85 X 19
San Pellegrinetto MO 79 Z 17
San Pellegrino AN 99 AQ 23
San Pellegrino FI 81 AD 19
San Pellegrino PE 116 AS 29
San Pellegrino PG 97 AL 24
San Pellegrino PG 107 AN 27
San Pellegrino PT 80 AA 19
San Pellegrino TN 13 AF 5
San Pellegrino in Alpe LU 79 X 18
San Pellegrino Terme BG 23 S 8
San Peri RC 178 BD 54
San Pier d'Isonzo GO 31 AP 8
San Pier Fedele RC 176 BF 52
San Pier Niceto ME 189 BB 55
San Pierino FI 85 Z 21
San Piero AR 87 AF 21
San Piero FI 87 AD 21
San Piero ME 187 AW 55
San Piero a Ponti FI 86 AB 21
San Piero a Sieve FI 86 AC 20
San Piero in Bagno FC 88 AG 20
San Piero in Campo LI 100 W 27
San Piero in Campo SI 104 AF 26
San Piero Patti ME 188 AY 55
San Pietrello PU 89 AL 22
San Pietro AL 50 N 13
San Pietro AN 90 AM 22
San Pietro AN 98 AP 23
San Pietro AP 108 AQ 25
San Pietro AP 108 AQ 27
San Pietro AQ 115 AP 29
San Pietro AQ 121 AP 31
San Pietro AQ 122 AS 31
San Pietro AT 61 J 14
San Pietro AV 151 AX 39
San Pietro AV 143 AZ 37
San Pietro AV 142 AZ 37
San Pietro BA 146 BK 37
San Pietro BN 142 AW 36
San Pietro BN 141 AW 37
San Pietro BN 142 AY 36
San Pietro BO 81 AD 17
San Pietro BS 24 V 7
San Pietro BS 39 Y 11
San Pietro BZ 3 AB 3
San Pietro BZ 11 Y 4
San Pietro CA 227 S 48
San Pietro CE 141 AU 36
San Pietro CE 141 AV 36
San Pietro CH 117 AU 30
San Pietro CN 59 F 16
San Pietro CN 61 J 15
San Pietro CN 61 J 16
San Pietro CR 53 V 12
San Pietro CS 166 BF 47
San Pietro CS 170 BG 48
San Pietro CZ 175 BH 51
San Pietro CZ 171 BI 49
San Pietro FR 131 AR 34
San Pietro FR 131 AS 34
San Pietro GE 62 O 17
San Pietro KR 173 BL 50
San Pietro LC 23 R 8
San Pietro MC 98 AQ 23
San Pietro MC 98 AQ 24
San Pietro ME 188 AY 55
San Pietro ME 181 AZ 52
San Pietro ME 189 BB 54
San Pietro MI 36 O 11
San Pietro MI 36 P 11
San Pietro MN 53 X 12
San Pietro MO 67 AB 15
San Pietro NA 150 AT 38
San Pietro NU 211 S 39
San Pietro PC 64 U 14
San Pietro PE 116 AS 30
San Pietro PG 105 AI 25
San Pietro PG 106 AK 26
San Pietro PG 106 AK 27
San Pietro PR 64 T 16
San Pietro PZ 164 BF 42
San Pietro RC 189 BD 54
San Pietro RC 178 BD 55
San Pietro RC 176 BF 53
San Pietro RI 113 AK 30
San Pietro RI 113 AK 30
San Pietro RI 114 AN 28
San Pietro SA 151 AW 39
San Pietro SA 162 AY 42
San Pietro SA 162 BA 42
San Pietro SO 9 R 6
San Pietro SO 11 X 5
San Pietro SV 73 J 20
San Pietro TE 115 AQ 29
San Pietro TE 116 AR 28
San Pietro TO 47 F 12
San Pietro TO 48 H 13
San Pietro TV 29 AJ 8
San Pietro UD 16 AM 6
San Pietro VA 21 N 8
San Pietro VB 6 J 7
San Pietro VC 49 J 11
San Pietro VE 42 AH 11
San Pietro VR 40 AB 11
San Pietro VR 55 AC 12
San Pietro / St.Peter BZ 5 AH 1
San Pietro a Grado PI 84 X 21
San Pietro a Maida CZ 174 BH 50
San Pietro a Maida Scalo CZ 174 BG 50
San Pietro a Mare SS 209 N 38
San Pietro a Monte PG 96 AI 24
San Pietro a Vico LU 85 Y 20
San Pietro Acquaeortus TR 105 AG 26
San Pietro ad Lacum TE 108 AR 27
San Pietro al Natisone UD 31 AP 7
San Pietro al Tanagro SA 153 BB 41
San Pietro all'Olmo MI 36 P 11
San Pietro Apostolo CZ 171 BH 49
San Pietro Assarti CN 59 F 15
San Pietro Avellana IS 123 AU 33
San Pietro Basso RO 56 AH 13
San Pietro Belvedere PI 93 Z 22
San Pietro Capofiume BO 68 AE 16
San Pietro Chiazzacco UD 31 AP 7
San Pietro Clarenza CT 197 AZ 58
San Pietro d'Airali TO 48 I 13
San Pietro d'Arli AP 108 AP 27
San Pietro del Gallo CN 71 F 17
San Pietro di Cadore BL 15 AK 4
San Pietro di Candidà RC 176 BF 52
San Pietro di Cavarzere VE 57 AI 13
San Pietro di Feletto TV 28 AI 8
San Pietro di Morubio VR 55 AC 12
San Pietro d'Olba SV 62 M 17
San Pietro d'Orzio BG 23 S 8
San Pietro Frascati GE 77 S 18
San Pietro in Amantea CS 170 BF 49
San Pietro in Angaro CS 168 BI 47
San Pietro in Bevagna TA 158 BP 42
San Pietro in Campiano RA 82 AI 18
San Pietro in Campo BL 28 AI 7
San Pietro in Campo LU 79 X 19
San Pietro in Cariano VR 40 AA 10
San Pietro in Casale BO 67 AD 15
San Pietro in Cerro PC 52 U 13
San Pietro in Corte PC 52 U 13
San Pietro in Curolis FR 131 AR 35
San Pietro in Gardena BZ 13 AE 4
San Pietro in Gu PD 41 AE 10
San Pietro in Guarano CS 171 BG 47
San Pietro in Guardiano FC 82 AI 18
San Pietro in Laguna RA 81 AG 18
San Pietro in Lama LE 159 BR 42
San Pietro in Mercato FI 86 AB 22
San Pietro in Palazzi LI 92 Y 24
San Pietro in Trento RA 82 AH 18
San Pietro in Valle IS 132 AV 34
San Pietro in Valle VR 55 AB 13
San Pietro in Villa AR 88 AH 22
San Pietro in Vincoli RA 82 AH 18
San Pietro in Volta VE 57 AI 12
San Pietro Infine CE 131 AS 35
San Pietro Intrigogna VI 41 AE 11
San Pietro Irpino AV 142 AX 37
San Pietro Mezzomonte BZ 4 AE 3
San Pietro Mosezzo NO 35 M 11
San Pietro Mussolino VI 40 AC 10
San Pietro Novello TV 43 AJ 10
San Pietro Piturno BA 147 BL 38
San Pietro Polesine RO 55 AC 13
San Pietro Sovera CO 22 P 7
San Pietro Spadafora ME 189 BA 54
San Pietro Val Lemina TO 59 E 14
San Pietro Valdastico VI 27 AD 8
San Pietro Vara SP 77 S 17
San Pietro Vecchio VI 40 AC 10
San Pietro Vernotico BR 149 BQ 41
San Pietro Viminario PD 56 AF 12
San Pio AQ 115 AQ 30
San Pio delle Camere AQ 115 AQ 30
San Placido MC 107 AN 26
San Polematese CB 141 AW 35
San Polo AR 95 AG 23
San Polo BS 38 W 10
San Polo PC 52 T 14
San Polo PR 65 X 14
San Polo RI 113 AK 29
San Polo SI 94 AD 23
San Polo dei Cavalieri RM 120 AM 31
San Polo d'Enza RE 65 X 16
San Polo di Piave TV 29 AJ 9
San Polo in Chianti FI 86 AD 21
San Polomatese CB 132 AV 35
San Ponso Canavese TO 48 H 11
San Ponzo Semola PV 63 P 14
San Possidonio MO 66 AA 14
San Potito AQ 121 AQ 31
San Potito RA 82 AG 17
San Potito Sannitico CE 132 AV 35
San Potito Ultra AV 142 AY 38
San Predengo CR 52 U 13
San Presto PG 97 AL 25
San Pretoia Dame AR 96 AH 23
San Priamo CA 223 S 47
San Primo CO 23 Q 8
San Prisco CE 141 AU 37
San Procolo AP 99 AQ 25
San Procolo FR 120 AN 33
San Procopio RC 178 BE 54
San Prospero BO 80 AB 17
San Prospero BO 67 AD 15
San Prospero BO 81 AF 17
San Prospero MN 54 Z 13
San Prospero PI 85 X 21
San Prospero PR 65 X 15
San Prospero RA 81 AG 18
San Prospero RE 66 Z 15
San Prospero RI 113 AK 29
San Prospero sulla Secchia MO 66 AB 15
San Protaso PC 64 U 14
San Prugnano FI 87 AD 21
San Quirico AL 62 N 15
San Quirico CN 59 G 17
San Quirico FR 120 AN 32
San Quirico GE 76 R 17
San Quirico GR 104 AF 27
San Quirico LU 85 Y 21
San Quirico PO 80 AB 19
San Quirico PR 77 T 17
San Quirico PR 53 W 14
San Quirico PT 85 Z 20
San Quirico RI 114 AN 29
San Quirico SI 94 AC 23
San Quirico SO 9 T 6
San Quirico SS 208 M 39
San Quirico TR 105 AH 27
San Quirico VI 40 AC 9
San Quirico d'Orcia SI 104 AE 25
San Quirico in Collina FI 86 AB 22
San Quirino PN 29 AL 7
San Raffaele CS 167 BG 47
San Raffaele SA 153 BC 41
San Raffaele TO 48 I 13
San Regolo PI 92 X 22
San Regolo SI 94 AD 23
San Remo IM 72 H 21
San Roberto RC 178 BD 54
San Rocchetto AN 98 AQ 23
San Rocchino PC 64 U 14
San Rocco AL 61 M 15
San Rocco AT 61 K 15
San Rocco BG 24 T 9
San Rocco BS 38 V 10
San Rocco CE 132 AT 35
San Rocco CH 116 AT 30
San Rocco CH 117 AU 30
San Rocco CH 117 AV 30
San Rocco CN 59 F 16
San Rocco CN 60 I 14
San Rocco CN 60 I 15
San Rocco CN 74 J 17
San Rocco CO 22 P 8
San Rocco CR 52 S 11
San Rocco FI 86 AB 21
San Rocco GE 76 P 17
San Rocco LU 84 X 20
San Rocco MN 54 AB 14
San Rocco MO 67 AB 15
San Rocco NA 150 AT 38
San Rocco PD 41 AF 10
San Rocco PR 52 V 14
San Rocco PT 85 AA 21
San Rocco PU 97 AK 23
San Rocco RA 82 AG 18
San Rocco RC 189 BD 54
San Rocco RE 66 Y 14
San Rocco RO 69 AJ 14
San Rocco SO 9 R 5
San Rocco SO 10 V 4
San Rocco SO 24 V 6
San Rocco TO 59 F 14
San Rocco TS 45 AR 10
San Rocco TS 45 AR 10
San Rocco TV 42 AI 9
San Rocco UD 16 AM 6
San Rocco VB 7 K 6
San Rocco VI 41 AD 9
San Rocco VR 40 AA 10
San Rocco VR 40 AB 11
San Rocco VR 39 Z 11
San Rocco VT 112 AI 30
San Rocco a Pilli SI 94 AC 24
San Rocco al Porto LO 52 T 13
San Rocco di Bernezzo CN 71 F 17
San Rocco di Piegara VR 40 AB 10
San Rocco di Premia VB 7 L 6
San Romano CH 117 AU 30
San Romano FC 88 AH 19
San Romano LU 85 X 19
San Romano PI 85 Z 21
San Romano RE 66 Y 16
San Romano in Garfagnana LU 78 X 18
San Romedio TN 12 AB 5
San Romolo IM 72 H 20
San Romualdo RA 69 AI 17
San Ruffillo FC 81 AG 19
San Ruffillo RA 81 AE 18
San Ruffillo RA 81 AF 18
San Ruffilo BO 67 AD 17
San Ruffino AL 62 O 14
San Ruffino PI 92 Y 22
San Ruffino PR 65 W 15
San Ruffino RE 66 Z 16
San Rufo SA 153 BB 41
San Ruosi-Ceraldi CE 140 AS 36
San Rustico AP 99 AQ 24
San Sabino AN 98 AQ 23
San Sabino PG 106 AK 26
San Sabino PG 106 AL 27
San Sago CS 164 BD 44
San Salvaro PD 55 AD 12
San Salvatore AP 109 AR 26
San Salvatore BN 142 AY 36
San Salvatore BR 148 BN 39
San Salvatore CN 59 G 16
San Salvatore CR 53 W 13
San Salvatore CS 170 BF 47
San Salvatore CZ 174 BH 51
San Salvatore FG 127 BE 33
San Salvatore GE 76 R 18
San Salvatore LU 85 Z 20
San Salvatore PC 63 R 15
San Salvatore RC 178 BD 55
San Salvatore RN 83 AK 20
San Salvatore TE 115 AR 29
San Salvatore VA 22 O 8
San Salvatore di Fitalia ME 188 AX 55
San Salvatore di Nulvara OT 210 Q 38
San Salvatore Monferrato AL 50 M 14
San Salvatore Telesino BN 141 AV 36
San Salvo CH 124 AX 31
San Sano SI 94 AD 23
San Saturnino GE 77 S 18
San Saturnino SS 214 P 41
San Savino AP 108 AR 26
San Savino AQ 121 AP 32
San Savino CR 53 V 13
San Savino FC 82 AG 19
San Savino PC 64 S 15
San Savino PG 96 AI 25
San Savino RA 68 AG 17
San Savino RE 66 Y 15
San Savino RN 89 AK 20
San Savino SI 105 AG 25
San Sebastiano AQ 122 AR 32
San Sebastiano AT 60 I 14
San Sebastiano BS 38 W 10
San Sebastiano CE 140 AS 36
San Sebastiano CN 59 H 16
San Sebastiano FR 130 AO 34
San Sebastiano PD 56 AG 12
San Sebastiano PE 116 AS 29
San Sebastiano PI 93 Z 24
San Sebastiano PU 90 AN 21
San Sebastiano RI 113 AL 30
San Sebastiano SO 24 V 7
San Sebastiano SV 74 K 18
San Sebastiano TN 26 AC 8
San Sebastiano VR 55 AD 12
San Sebastiano VR 55 AD 12
San Sebastiano al Vesuvio NA 151 AV 38
San Sebastiano Curone AL 63 P 15
San Sebastiano da Po TO 48 I 13
San Secondo BI 34 J 11
San Secondo PG 96 AI 23
San Secondo di Pinerolo TO 59 E 14

SAN REMO

Cassini (Pza) . . . . B 2
Cavallotti (Cso) . . . . B 3
Colombo (Pza) . . . . B 4
Dante Alighieri (V.) . . . . B 5
Feraldi (V.) . . . . B 6
Gioberti (V.) . . . . B 7
Manzoni (V.) . . . . B 8
Matteotti (V.) . . . . B 9
Matuzia (Cso) . . . . A 10
Mombello (Cso) . . . . B 13
Palazzo (V.) . . . . B 14
Roccasterone (V.) . . . . A 15
Roma (V.) . . . . B
San Francesco (V.) . . . . B 17
San Siro (Pza) . . . . B 19
20 Settembre (V.) . . . . B 18

San Secondo
Parmense *PR* 53   W 14
San Severino *AP* 99   AQ 25
San Severino *SA* 162   BB 43
San Severino Lucano *PZ* .. 164   BF 43
San Severino Marche *MC* .. 98   AO 24
San Severo *AR* 95   AG 23
San Severo *FG* 134   BB 33
San Severo *RA* 82   AG 17
San Sicario *TO* 46   B 14
San Sicario Alto *TO* 46   B 14
San Sigismondo *BZ* 4   AF 3
San Sillo *CR* 53   V 12
San Silvestro *AN* 90   AO 22
San Silvestro *AP* 108   AR 26
San Silvestro *AV* 143   AZ 37
San Silvestro *BL* 34   K 11
San Silvestro *FC* 88   AG 20
San Silvestro *FI* 86   AC 21
San Silvestro *MN* 54   Z 13
San Silvestro *MO* 66   AB 15
San Silvestro *NU* 211   T 39
San Silvestro *PE* 116   AU 29
San Silvestro *PG* 106   AL 27
San Silvestro *PU* 89   AK 22
San Silvestro *RA* 82   AG 18
San Silvestro *RI* 114   AM 30
San Silvestro *VC* 49   J 12
San Simone *CA* 221   P 46
San Simone *TA* 157   BM 40
San Sinibaldo *FR* 131   AS 35
San Siro *MI* 36   P 11
San Siro *MN* 54   AA 13
San Siro *PD* 56   AG 12
San Siro *PR* 64   U 16
San Siro *PR* 65   W 14
San Siro Foce *GE* 77   R 17
San Sisto *IS* 132   AV 34
San Sisto *LO* 52   T 13
San Sisto *PG* 106   AJ 25
San Sisto *PG* 106   AJ 27
San Sisto *PU* 88   AJ 21
San Sisto *RE* 65   X 14
San Sisto *RO* 56   AF 13
San Sisto *TV* 42   AH 9
San Sisto dei Valdesi *CS* .. 170   BF 47
San Sosimo *BZ* 37   S 9
San Sosio *FR* 130   AP 34
San Sossio *AV* 142   AY 38
San Sossio Baronia *AV* .. 143   BA 37
San Sostene *CZ* 175   BH 52
San Sostene Marina *CZ*.. 175   BI 52
San Sosti *CS* 166   BF 46
San Sperate *CA* 221   P 47
San Stefano *RA* 82   AI 18
San Stefano *RI* 114   AO 30
San Stefano *UD* 16   AN 6
San Stefano Lodigiano *LO* .. 52   T 13
San Stefano Udinese *UD*.. 30   AO 8
San Stino di Livenza *VE*.... 43   AL 9
San Tammaro *CE* 141   AU 37
San Teodone *BZ* 5   AG 3
San Teodoro *ME* 187   AX 56
San Teodoro *NU* 211   T 39
San Teodoro *SA* 162   AZ 42
San Terenziano *GE* 76   Q 17
San Terenziano *PG* 106   AJ 26
San Terenzio *PU* 89   AL 20
San Terenzio *MS* 78   V 18
San Terenzo *SP* 78   U 19
San Tiburzio *AP* 99   AQ 25
San Todaro *RC* 177   BG 53
San Tomà *VI* 41   AD 11

San Tomaso *BS* 39   X 11
San Tomaso *FC* 82   AI 19
San Tomaso *LO* 51   S 12
San Tomaso *RE* 66   Z 15
San Tomaso *UD* 16   AN 6
San Tomaso Agordino *BL* .. 14   AG 5
San Tomè *FC* 82   AH 18
San Tomio *VI* 41   AD 10
San Tomio *VR* 55   AC 12
San Tommaso *BS* 39   X 11
San Tommaso *CS* 166   BE 46
San Tommaso *CS* 167   BG 46
San Tommaso *PE* 116   AS 30
San Tommaso *RE* 66   Z 15
San Tommaso
della Fossa *RE* 66   Z 15
San Tommè *AR* 94   AE 22
San Trovaso *TV* 42   AI 10
San Valentino *BZ* 13   AE 4
San Valentino *FR* 130   AO 33
San Valentino *GR* 104   AF 27
San Valentino *PD* 56   AH 12
San Valentino *PG* 105   AJ 26
San Valentino *PG* 107   AL 27
San Valentino *RE* 66   Z 16
San Valentino *RI* 113   AL 30
San Valentino *SI* 95   AF 25
San Valentino *TN* 26   AA 9
San Valentino *TR* 113   AK 28
San Valentino *VI* 41   AD 9
San Valentino *VI* 41   AD 11
San Valentino *VR* 40   AB 10
San Valentino /
Gummer *BZ* 13   AD 5
San Valentino /
St.Valentin *BZ* 3   AD 3
San Valentino alla Muta /
St.Valentin a. d. Halde *BZ* ... 2   Y 3
San Valentino
di Fiumicello *UD* 31   AP 9
San Valentino
in Abruzzo *PE* 116   AS 30
San Valentino Torio *SA* .. 151   AW 39
San Varese *PV* 51   P 12
San Venanzio *BO* 67   AD 15
San Venanzio *MO* 66   AA 17
San Venanzio *AP* 99   AQ 24
San Venanzio *AP* 108   AQ 26
San Venanzio *MC* 97   AM 24
San Venanzio *MC* 98   AO 23
San Venanzio *MC* 108   AP 25
San Venanzio *TR* 105   AI 26
San Venanzio II *TE* 109   AS 26
San Vendemiano *TV* 29   AI 8
San Venditto *CE* 139   AS 36
San Vero Congius *OR*.... 217   N 44
San Vero Milis *OR* 216   M 43
San Vettore *VI* 41   AD 11
San Vicino *RN* 89   AJ 20
San Vidotto *UD* 30   AM 8
San Vigilio *BG* 24   V 8
San Vigilio *BL* 29   AJ 7
San Vigilio *BS* 38   W 10
San Vigilio *BZ* 13   AE 4
San Vigilio *MN* 53   X 11
San Vigilio *VR* 39   Z 10
San Vigilio / St.Vigil *BZ*.. 12   AB 4
San Vigilio / St.Vigil *BZ*.. 5   AG 3
San Vincenti *SI* 94   AE 23
San Vincenzo *BA* 147   BM 38
San Vincenzo *BO* 67   AD 15
San Vincenzo *CH* 117   AU 30
San Vincenzo *LI* 102   Y 25

San Vincenzo *ME* 181   BA 51
San Vincenzo *PD* 56   AG 12
San Vincenzo *PE* 116   AS 29
San Vincenzo *PG* 96   AI 23
San Vincenzo *PN* 16   AM 6
San Vincenzo *PR* 77   T 17
San Vincenzo *SA* 152   AZ 41
San Vincenzo d'Elba *GR*.. 103   AA 27
San Vincenzo Ferreri *FR*.. 131   AQ 33
San Vincenzo
La Costa *CS* 170   BF 47
San Vincenzo Nuovo *AQ*.. 121   AQ 32
San Vincenzo
Valle Roveto *AQ* 121   AQ 32
San Vincenzo
Valle Roveto Sup. *AQ*..121   AQ 32
San Vitale *AP* 99   AQ 25
San Vitale *BO* 67   AC 16
San Vitale *CN* 59   G 16
San Vitale *CR* 52   T 12
San Vitale *PG* 106   AK 25
San Vitale *RA* 81   AG 17
San Vitale di Baganza *PR*.. 65   W 16
San Vitale in Arco *VR* 40   AB 10
San Vitaliano *NA* 151   AV 38
San Vito *AP* 108   AP 27
San Vito *AT* 61   K 15
San Vito *AV* 143   AZ 36
San Vito *AV* 143   AZ 37
San Vito *AV* 143   BA 38
San Vito *AV* 143   BA 38
San Vito *BA* 147   BM 37
San Vito *BG* 37   T 9
San Vito *BL* 27   AF 8
San Vito *BS* 39   X 11
San Vito *BZ* 13   AD 5
San Vito *CA* 223   S 47
San Vito *CB* 133   AW 34
San Vito *CB* 133   AY 33
San Vito *CN* 60   I 15
San Vito *CO* 23   Q 7
San Vito *CR* 52   U 12
San Vito *FE* 68   AG 15
San Vito *FI* 93   AB 22
San Vito *LC* 23   Q 8
San Vito *LT* 138   AN 36
San Vito *LT* 130   AP 35
San Vito *MN* 53   X 12
San Vito *MO* 66   AA 16
San Vito *MS* 84   W 19
San Vito *MT* 156   BJ 41
San Vito *PG* 96   AI 24
San Vito *PG* 106   AK 27
San Vito *PZ* 153   BC 40
San Vito *PZ* 153   BD 41
San Vito *RG* 205   AY 62
San Vito *RI* 114   AN 28
San Vito *SA* 152   AY 40
San Vito *SA* 153   BA 41
San Vito *SI* 94   AD 23
San Vito *SI* 94   AE 24
San Vito *TA* 157   BM 41
San Vito *TE* 108   AQ 27
San Vito *TN* 12   AB 5
San Vito *TN* 26   AC 7
San Vito *TP* 190   AG 63
San Vito *TR* 113   AJ 29
San Vito *TV* 28   AG 8
San Vito *TV* 42   AG 9
San Vito *TV* 42   AI 9
San Vito *VE* 57   AI 12

San Vito *VI* 41   AD 11
San Vito *VI* 41   AE 9
San Vito *VR* 55   AC 12
San Vito *VT* 112   AI 29
San Vito / St.Volt *BZ*...5   AH 3
San Vito al Tagliamento *PN* .. 30   AM 8
San Vito al Torre *UD* 31   AP 8
San Vito Chietino *CH* .. 117   AV 30
San Vito dei Normanni *BR*.. 148   BP 40
San Vito di Cadore *BL* .. 14   AI 5
San Vito di Fagagna *UD* .. 30   AN 7
San Vito di Leguzzano *VI*.. 41   AD 9
San Vito di Rimini *RN* .. 83   AJ 19
San Vito in Monte *TR* .. 105   AI 26
San Vito lo Capo *TP* 183   AL 54
San Vito Romano *RM* .. 120   AM 32
San Vito sul Cesano *PU* .. 90   AM 22
San Vito sullo Ionio *CZ* .. 175   BH 51
San Vittore *AL* 62   P 14
San Vittore *AN* 97   AM 23
San Vittore *CN* 59   G 16
San Vittore *CO* 22   P 8
San Vittore *FC* 82   AI 19
San Vittore *MC* 98   AO 23
San Vittore *PR* 64   U 15
San Vittore *PV* 50   O 12
San Vittore *RI* 113   AK 29
San Vittore *SA* 153   BA 39
San Vittore *SO* 9   R 6
San Vittore *VR* 40   AC 11
San Vittore del Lazio *FR*.. 131   AS 35
San Vittore Olona *MI*.... 36   O 10
San Vittoria
in Matenano *AP* 108   AP 25
San Vittorino *AQ* 115   AO 29
San Vittorino *IS* 132   AT 33
San Vittorino *PE* 116   AT 31
San Vittorino *RI* 114   AM 29
San Vittorino *RM* 120   AL 32
San Vittorito *TE* 116   AT 28
San Vivaldo *FI* 93   AA 22
San Zaccaria *RA* 82   AI 18
San Zaccaria *SA* 152   BA 40
San Zanut *GO* 31   AP 8
San Zeno *AL* 50   N 14
San Zeno *AR* 95   AF 23
San Zeno *BS* 39   Y 11
San Zeno *VR* 40   AC 11
San Zeno *VR* 54   Z 12
San Zeno di Montagna *VR*.. 39   Z 10
San Zeno Naviglio *BS* 38   W 11
San Zenone *BO* 67   AE 16
San Zenone *BS* 38   V 10
San Zenone *VR* 55   AD 12
San Zenone al Lambro *MI*.. 51   R 12
San Zenone al Po *PV* 51   R 13
San Zenone
degli Ezzelini *TV* 41   AG 9
Sanacco *MS* 78   V 18
Sanalvò *OT* 211   S 39
Sanarica *LE* 161   BT 43
Sanatori *BS* 24   V 8
SanBernardo *CN* 10   V 6
Sanbucchi *PE* 116   AT 29
Sanbuco *CT* 197   AZ 58
Sand i. Taufers /
Campo Tures *BZ* 5   AG 2
Sanda *SV* 75   M 17
Sandalo *RM* 129   AK 34
Sandetole *FI* 87   AE 20
Sandigliano *BI* 34   J 10
Sandon *VE* 42   AH 11
Sandrà *VR* 39   Z 11
Sandri *VI* 40   AC 9
Sandri *VI* 41   AD 10
Sandrigo *VI* 41   AE 10
Sanfatucchio *PG* 105   AH 25
Sant'Antonio *VE* 57   AI 12
Sanfré *CN* 60   H 15
Sanfront *CN* 59   E 16
Sangano *TO* 47   F 13
Sangiano *VA* 21   M 8
Sangineto *CS* 166   BE 46
Sangineto *CS* 170   BE 46
Sangineto Lido *CS* 166   BE 46
Sangone *TO* 48   G 13
Sanguarzo *UD* 31   AP 7
Sanguigna *PR* 53   X 14
Sanguignano *PV* 63   P 14
Sanguigno *VR* 65   Y 14
Sanguinello *CZ* 170   BG 50
Sanguineto *GE* 76   Q 17
Sanguineto *PC* 63   R 15
Sanguineto *PG* 95   AH 24
Sanguinetto *VR* 55   AB 12

Sanguoneda *BO* 80   AB 18
Sanico *AL* 49   K 13
Sanico *BS* 39   Y 10
Sanguoneda *BO* 80   AB 18
Sankt Andrä /
Sant'Andrea *BZ*........4   AF 3
Sant'Anton /
Sant'Antonio *BZ*...... 12   AC 5
Sankt Georgen /
San Giorgio *BZ*.......... 4   AG 3
Sankt Gertraud /
San Geltrude *BZ* 12   AA 5
Sankt Jacob /
San Giacomo *BZ* 13   AD 5
Sankt Jacob /
San Giacomo *BZ*........4   AE 2
Sankt Jakob /
San Giacomo *BZ*........5   AH 1
Sankt Jhann /
San Giuseppe *BZ*...... 12   AC 5
Sankt Kasalen /
San Cassiano *BZ*...... 14   AG 4
Sankt Leonard / San Leonardo *BZ*
14 .... AG 4
Sankt Leonhard / San Leonardo *BZ*
4 .... AF 3
Sankt Leonhardi. Pass /
San Leonardo in Passiria *BZ*3   AC 3
Sankt Lorenzen /
San Lorenzo di San *BZ*....4   AG 3
Sankt Magdalena /
Santa Maddalena *BZ*... 13   AF 4
Sankt Magdalena / Santa Maddalena
in Casies Vallalta *BZ*....5   AI 2
Sankt Martin /
San Martino *BZ*........4   AG 2
Sankt Martin /
San Martino *BZ*........2   Y 4
Sankt Martin am Schnesberg /
S. Martino Monteneve *BZ*..3   AC 2
Sankt Martin am Vorberg /
S. Martino al Monte *BZ*.. 12   AA 4
Sankt Martin i. P. /
San Martino in Passiria *BZ*..3   AC 3
Sankt Michael /
San Michele *BZ* 12   AC 5
Sankt Michael /
San Michele *BZ*...... 13   AE 4
Sankt Nicolaus /
San Nicolò *BZ*...... 12   AA 4
Sankt Nicolaus / San Nicolo
Dega *BZ*...... 13   AE 5
Sankt Pankraz /
San Pancrazio *BZ*...... 12   AB 4
Sankt Peter / San Pietro *BZ*....5   AH 1
Sankt Ulrich / Ortisei *BZ*.. 13   AF 4
Sankt Valentin /
San Valentino *BZ*........3   AD 3
Sankt Valentin a. d. Halde /
S. Valentino alla Muta *BZ*..2   Y 3
Sankt Vigil / San Vigilio *BZ*.. 12   AB 4
Sankt Vigil / San Vigilio *BZ*..5   AG 3
Sankt Volt / San Vito *BZ*....5   AH 3
Sankt Walburga /
Santa Valburga *BZ*... 12   AB 4
Sanluri *VS* 221   O 46
Sannazzaro de' Burgondi *PV*..50   O 13
Sannicandro di Bari *BA*..146   BJ 37
Sannicandro
Garganico *FG* 126   BC 33
Sannicola *LE* 160   BR 43
Sano *TN* 26   AA 8
Sansepolcro *AR* 88   AH 22
Sansone *FG* 127   BF 33
Sant Gurs *AO* 32   D 9
Sant'Antonio *VE* 57   AI 12
Santa Anatolia *RI* 121   AO 31
Santa Balbina *RM* 120   AM 32
Santa Barbara *AV* 142   AZ 37
Santa Barbara *CA* 227   R 48
Santa Barbara *CS* 166   BE 46
Santa Barbara *CS* 170   BF 46
Santa Barbara *LE* 160   BR 42
Santa Barbara *ME* 188   AZ 55
Santa Barbara *PD* 56   AH 12
Santa Barbara *PI* 93   AA 23
Santa Barbara *PU* 89   AL 20
Santa Barbara *SA* 162   BA 42
Santa Barbara *SS* 213   N 41
Santa Barbara *TN* 26   AA 8
Santa Barbara
in Campitelli *PU* 89   AK 21
Santa Barbara-Ripa *FG*..127   BE 32

Santa Barnaba *RA* 82   AG 18
Santa Bianca *FE* 67   AD 14
Santa Brigida *BG* 23   S 8
Santa Brigida *BO* 67   AD 16
Santa Brigida *FI* 87   AD 20
Santa Brigida *TV* 42   AG 10
Santa Caterina *AR* 95   AG 24
Santa Caterina *AV* 142   AX 38
Santa Caterina *AV* 142   AZ 37
Santa Caterina *AV* 143   BA 39
Santa Caterina *BL* 15   AJ 4
Santa Caterina *BZ* 12   AC 4
Santa Caterina *BZ* 13   AD 5
Santa Caterina *CI* 224   L 49
Santa Caterina *CS* 170   BF 49
Santa Caterina *CS* 167   BG 47
Santa Caterina *GR* 104   AD 27
Santa Caterina *LE* 160   BQ 43
Santa Caterina *MO* 54   AA 14
Santa Caterina *PR* 53   V 14
Santa Caterina *PZ* 163   BD 44
Santa Caterina *RC* 177   BG 54
Santa Caterina *RC* 179   BG 54
Santa Caterina *SA* 152   AZ 41
Santa Caterina *SO* 11   X 5
Santa Caterina *TN* 26   AC 7
Santa Caterina *TV* 43   AJ 9
Santa Caterina *UD* 17   AA 4
Santa Caterina *VI* 40   AC 9
Santa Caterina *VI* 27   AE 9
Santa Caterina *VT* 112   AH 28
Santa Caterina /
Katharinaberg *BZ*.......... 3   AA 3
Santa Caterina
Albanese *CS* 166   BF 46
Santa Caterina
dello Ionio *CZ* 177   BI 52
Santa Caterina dello
Ionio Marina *CZ* 177   BI 52
Santa Caterina
di Pittinuri *OR* 216   L 43
Santa Caterina Primo *AP* .. 99   AR 24
Santa Caterina Secondo *AP* .. 99   AR 24
Santa Caterina
Villarmosa *CL* 193   AT 58
Santa Cecilia *PC* 63   R 15
Santa Cecilia *TE* 108   AQ 27
Santa Cesarea Terme *LE*.. 161   BT 43
Santa Chiara *FG* 136   BF 35
Santa Chiara *LE* 158   BQ 42
Santa Chiara *TP* 190   AG 63
Santa Chiara *TP* 190   AG 63
Santa Chiara del Tirso *OR*.. 217   O 43
Santa Colomba *PI* 85   Y 21
Santa Colomba *SI* 94   AC 24
Santa Cristina *AV* 151   AX 38
Santa Cristina *BZ* 13   AF 4
Santa Cristina *NO* 35   L 9
Santa Cristina *PG* 106   AL 25
Santa Cristina *PV* 63   Q 15
Santa Cristina *PV* 51   R 13
Santa Cristina *RM* 120   AM 33
Santa Cristina *RN* 89   AJ 20
Santa Cristina *VR* 40   AA 11
Santa Cristina *VR* 39   Y 11
Santa Cristina
d'Aspromonte *RC* 179   BE 54
Santa Cristina Gela *PA*.. 184   AO 56
Santa Croce *AN* 97   AM 23
Santa Croce *AP* 99   AQ 25
Santa Croce *AP* 99   AR 24
Santa Croce *AQ* 115   AO 30
Santa Croce *AR* 88   AH 22
Santa Croce *BG* 23   T 8
Santa Croce *BN* 141   AV 37
Santa Croce *BN* 142   AX 37
Santa Croce *CE* 141   AU 36
Santa Croce *CN* 71   G 17
Santa Croce *CS* 168   BI 46
Santa Croce *LT* 139   AR 36
Santa Croce *MC* 98   AO 25
Santa Croce *ME* 188   BA 55
Santa Croce *MN* 55   AC 14
Santa Croce *PD* 56   AE 12
Santa Croce *PG* 106   AL 27
Santa Croce *PR* 53   V 13
Santa Croce *PV* 51   P 13
Santa Croce *RI* 114   AO 28
Santa Croce *RO* 55   AD 14
Santa Croce *SA* 151   AW 39
Santa Croce *SO* 23   S 7
Santa Croce *TE* 115   AQ 28
Santa Croce *TE* 109   AS 25
Santa Croce *TN* 26   AA 7
Santa Croce *TS* 31   AR 9

Santa Croce VI................ 41 AE 10
Santa Croce Bigolina PD... 41 AF 10
Santa Croce
Camerina RG......... 204 AW 63
Santa Croce del Lago BL.. 29 AI 7
Santa Croce
del Sannio BN......... 133 AX 35
Santa Croce
di Magliano CB........ 125 AY 33
Santa Croce
di Marmorta BO.......... 68 AF 16
Santa Croce sull'Arno PI... 85 Z 21
Santa Domenica CZ...... 174 BG 50
Santa Domenica ME..... 188 AX 55
Santa Domenica ME..... 188 AY 55
Santa Domenica ME..... 189 BB 55
Santa Domenica RC...... 177 BH 53
Santa Domenica VV...... 176 BE 52
Santa Domenica Talao CS.166 BE 45
Santa Domenica
Vittoria ME............ 188 AY 56
Santa Elisabetta AG..... 192 AQ 59
Santa Elisabetta SO....... 10 U 6
Santa Eufemia
Lamezia CZ......... 174 BG 50
Santa Eufemia Vetere CZ.. 171 BG 50
Santa Fecitola LT........ 138 AM 35
Santa Felicita AV........ 143 AZ 38
Santa Filomena AG...... 192 AP 58
Santa Filomena PE...... 116 AU 29
Santa Filomena PZ...... 144 BC 39
Santa Fiora AR........... 95 AG 23
Santa Fiora AR............ 88 AH 22
Santa Fiora GR......... 104 AE 27
Santa Firmina AR......... 95 AG 23
Santa Fista PG............ 96 AH 22
Santa Flavia PA......... 185 AQ 55
Santa Foca LE........... 159 BT 42
Santa Fosca BL........... 14 AH 5
Santa Franca PR.......... 53 V 13
Santa Francesca FR..... 130 AP 33
Santa Geltrude /
Sankt Gertraud BZ... 12 AA 5
Santa Giorgia RC........ 179 BE 54
Santa Giulietta PV........ 51 Q 13
Santa Giulia GE.......... 76 R 18
Santa Giulia RO.......... 69 AJ 14
Santa Giuliana TN........ 27 AC 8
Santa Giulianeta CE..... 140 AT 36
Santa Giusta CH........ 123 AV 32
Santa Giusta FR........ 131 AS 35
Santa Giusta OR........ 216 M 44
Santa Giusta RI......... 114 AN 28
Santa Giusta RI......... 107 AO 28
Santa Giustina BL........ 28 AH 7
Santa Giustina BS........ 38 W 11
Santa Giustina MS........ 78 U 17
Santa Giustina PC........ 51 R 14
Santa Giustina RN........ 83 AJ 19
Santa Giustina SV........ 75 L 17
Santa Giustina TV........ 42 AG 9
Santa Giustina VR........ 40 AC 11
Santa Giustina in Colle PD.. 42 AG 10
Santa Giustina Vigona MO.. 55 AB 14
Santa Iusta IS........... 132 AV 34
Santa Libera RO.......... 56 AF 13
Santa Libera SV.......... 74 K 18
Santa Liberata GR....... 110 AB 29
Santa Luce AR............ 95 AF 24
Santa Luce PI............ 92 Y 23
Santa Lucia AN........... 90 AN 21
Santa Lucia AN........... 90 AO 22
Santa Lucia AN........... 90 AO 22
Santa Lucia AP.......... 108 AP 26
Santa Lucia AP........... 99 AQ 25
Santa Lucia AP........... 98 AQ 25
Santa Lucia AP.......... 108 AR 26
Santa Lucia AQ.......... 115 AP 30
Santa Lucia AQ.......... 122 AS 31
Santa Lucia AV.......... 142 AY 37
Santa Lucia AV.......... 143 BA 37
Santa Lucia AV.......... 143 BA 38
Santa Lucia BA.......... 147 BM 38
Santa Lucia BG........... 37 T 9
Santa Lucia BL........... 28 AG 7
Santa Lucia BN.......... 141 AW 36
Santa Lucia BO........... 80 AB 18
Santa Lucia CE.......... 132 AT 36
Santa Lucia CH.......... 124 AW 32
Santa Lucia CN........... 70 E 17
Santa Lucia CN........... 70 F 17
Santa Lucia CN........... 71 F 18
Santa Lucia CS.......... 166 BE 46
Santa Lucia CS.......... 171 BG 47
Santa Lucia CS.......... 175 BH 51
Santa Lucia FI............ 80 AC 19
Santa Lucia FR.......... 130 AP 35

Santa Lucia FR.......... 131 AS 35
Santa Lucia LU........... 84 W 20
Santa Lucia MC........... 98 AP 24
Santa Lucia MC........... 98 AQ 24
Santa Lucia ME.......... 189 BC 55
Santa Lucia MN........... 54 AB 13
Santa Lucia MN........... 54 Z 12
Santa Lucia NU.......... 215 T 40
Santa Lucia PD........... 41 AF 9
Santa Lucia PD........... 56 AF 12
Santa Lucia PE.......... 116 AT 29
Santa Lucia PG........... 96 AI 23
Santa Lucia PI............ 85 Y 22
Santa Lucia PN........... 29 AK 7
Santa Lucia PT........... 85 Z 20
Santa Lucia PU........... 89 AJ 20
Santa Lucia RA........... 82 AG 18
Santa Lucia RI.......... 113 AK 29
Santa Lucia RI.......... 113 AK 30
Santa Lucia RI.......... 114 AN 30
Santa Lucia RI.......... 114 AN 30
Santa Lucia RM.......... 113 AK 30
Santa Lucia RM.......... 120 AN 32
Santa Lucia SA.......... 151 AW 39
Santa Lucia SA.......... 151 AX 39
Santa Lucia SA.......... 162 AZ 42
Santa Lucia SI........... 93 AB 22
Santa Lucia SI........... 93 AB 23
Santa Lucia SI........... 94 AC 23
Santa Lucia SO........... 11 X 5
Santa Lucia SR.......... 203 AY 61
Santa Lucia SR.......... 203 BA 61
Santa Lucia TE.......... 109 AS 27
Santa Lucia TN........... 26 AB 9
Santa Lucia TR.......... 106 AK 27
Santa Lucia TR.......... 113 AK 28
Santa Lucia TV........... 42 AG 9
Santa Lucia VI........... 41 AD 10
Santa Lucia VR........... 55 AC 12
Santa Lucia VR........... 39 Z 10
Santa Lucia VR........... 39 Z 11
Santa Lucia CS.......... 170 BF 48
Santa Lucia del Mela ME.. 189 BA 55
Santa Lucia di Piave TV... 29 AI 8
Santa Lucia di Serino AV... 142 AY 38
Santa Lucia I RC........ 189 BC 54
Santa Lucia-Santa Maria
La Nova SA......... 152 AZ 40
Santa Maddalena BZ..... 13 AF 4
Santa Maddalena SV..... 75 L 17
Santa Maddalena /
St.Magdalena BZ..... 13 AF 4
Santa Maddalena in Casies Vallalta /
St.Magdalena BZ.....5 AI 2
Santa Mama AR........... 87 AG 22
Santa Marena AV........ 143 BA 37
Santa Margherita AP..... 98 AP 25
Santa Margherita AT..... 61 J 15
Santa Margherita BO..... 67 AD 16
Santa Margherita BO..... 81 AE 18
Santa Margherita CA.... 225 O 50
Santa Margherita CN..... 59 E 17
Santa Margherita CN..... 71 G 17
Santa Margherita CO..... 22 P 7
Santa Margherita FE..... 68 AG 15
Santa Margherita FI...... 80 AC 19
Santa Margherita ME.... 181 AY 53
Santa Margherita ME.... 188 AY 55
Santa Margherita ME.... 188 AY 55
Santa Margherita ME.... 189 BB 56
Santa Margherita MI...... 36 Q 10
Santa Margherita PD..... 57 AH 12
Santa Margherita PR..... 65 V 14
Santa Margherita PV..... 51 Q 13
Santa Margherita PV..... 63 Q 15
Santa Margherita RI..... 114 AM 29
Santa Margherita TE.... 109 AS 28
Santa Margherita TN..... 26 AB 9
Santa Margherita TO..... 48 H 13
Santa Margherita TV..... 28 AG 9
Santa Margherita UD..... 30 AN 7
Santa Margherita VE..... 30 AM 9
Santa Margherita VR..... 40 AC 11
Santa Margherita
a Saletta FI......... 86 AC 21
Santa Margherita
di Belice AG......... 191 AN 57
Santa Margherita Ligure GE..76 Q 18
Santa Maria AL........... 63 P 15
Santa Maria AN........... 97 AN 23
Santa Maria AN........... 90 AO 22
Santa Maria AN........... 98 AQ 23
Santa Maria AP.......... 108 AP 27
Santa Maria AP........... 99 AR 25
Santa Maria AT........... 49 K 13
Santa Maria BG........... 38 U 11

Santa Maria BI........... 34 K 10
Santa Maria BI........... 34 K 10
Santa Maria BL........... 28 AG 8
Santa Maria BN.......... 142 AX 36
Santa Maria CA......... 223 S 47
Santa Maria CE......... 141 AV 36
Santa Maria CN........... 60 I 16
Santa Maria CO........... 36 O 9
Santa Maria CO........... 23 Q 7
Santa Maria CZ.......... 171 BG 50
Santa Maria CZ.......... 175 BI 50
Santa Maria FC........... 87 AQ 20
Santa Maria FI........... 87 AD 21
Santa Maria FR.......... 130 AP 34
Santa Maria LA.......... 173 BK 48
Santa Maria LT.......... 138 AM 38
Santa Maria ME......... 188 AY 55
Santa Maria ME......... 189 BA 55
Santa Maria PC........... 63 R 14
Santa Maria PC........... 63 R 15
Santa Maria PE.......... 116 AS 29
Santa Maria PG.......... 105 AI 27
Santa Maria PG........... 96 AJ 24
Santa Maria PI........... 93 AA 24
Santa Maria PU........... 88 AI 20
Santa Maria PU........... 89 AJ 20
Santa Maria PU........... 90 AM 21
Santa Maria PZ.......... 154 BD 41
Santa Maria RC.......... 178 BE 55
Santa Maria RI.......... 113 AK 29
Santa Maria RI.......... 113 AL 30
Santa Maria RM.......... 119 AJ 31
Santa Maria RM.......... 120 AM 32
Santa Maria SA.......... 162 AY 42
Santa Maria SA.......... 152 AZ 41
Santa Maria SA.......... 153 BC 41
Santa Maria SO........... 10 V 4
Santa Maria SP........... 77 S 17
Santa Maria SP........... 77 T 18
Santa Maria SP........... 77 U 18
Santa Maria SS.......... 208 K 38
Santa Maria TE.......... 115 AR 28
Santa Maria TO........... 47 G 13
Santa Maria TO........... 48 H 11
Santa Maria TR.......... 105 AH 26
Santa Maria TR.......... 113 AJ 28
Santa Maria TV........... 28 AI 9
Santa Maria VC........... 20 J 8
Santa Maria VC........... 49 J 12
Santa Maria VC........... 35 K 10
Santa Maria VV.......... 176 BE 52
Santa Maria VV.......... 177 BG 52
Santa Maria a Bagnano FI.... 94 AB 22
Santa Maria a Coleiaia FI..86 AB 21
Santa Maria a Corte AP ..108 AQ 27
Santa Maria a Mare AP.... 99 AR 25
Santa Maria a Monte PI... 85 Z 21
Santa Maria a Pantano CE..150 AT 38
Santa Maria a Potenza MC.... 99 AR 23
Santa Maria a Vezzano FI... 87 AD 20
Santa Maria a Vico CE.... 141 AV 37
Santa Maria a Vico SA.... 152 AY 39
Santa Maria al Bagno LE... 160 BQ 43
Santa Maria Amaseno FR... 130 AP 33
Santa Maria Ammalati CT... 197 AZ 58
Santa Maria Apparente MC... 99 AR 24
Santa Maria Apparve AN... 90 AM 22
Santa Maria Arabona PE.. 116 AT 30
Santa Maria
Ausiliatrice PG......... 106 AJ 25
Santa Maria
Capua Vetere CE.... 141 AU 37
Santa Maria Codifiume FE... 68 AE 16
Santa Maria Coghinas SS...209 O 38
Santa Maria de
Is Acquas VS........ 221 N 46
Santa Maria
degli Angeli PG..... 106 AK 25
Santa Maria degli Ulivi SA...153 BC 41
Santa Maria dei Manzi FG... 135 BE 35
Santa Maria
dei Sabbioni CR........ 52 U 12
Santa Maria del Bosco MI... 50 AO 8
Santa Maria del Campo FR..131 AR 33
Santa Maria del Castello NA.151 AV 40
Santa Maria del Cedro CS.166 BE 45
Santa Maria del Colle AN... 98 AO 23
Santa Maria del Fiore AN.. 90 AO 22
Santa Maria del Fiume ME.188 AY 55
Santa Maria del Focallo RG.205
AY 63
Santa Maria del Giudice LU...85 X 21
Santa Maria del Mare OR.....212 L 42
Santa Maria del Mare VE ..42 AI 12
Santa Maria del
Mare Torrazzo CZ...175 BI 51
Santa Maria del Molise IS..132 AV 34

Santa Maria del Monte MC...98 AP 24
Santa Maria del Monte PE..116 AS 30
Santa Maria del Monte VA... 22 N 8
Santa Maria del Piano AN... 98 AO 22
Santa Maria del Piano PR... 65 W 16
Santa Maria del Piano RN... 89 AK 20
Santa Maria del Piave TV... 29 AI 9
Santa Maria del Ponte AQ...115 AQ 30
Santa Maria del Rivo PC... 64 T 14
Santa Maria del Sasso AR... 87 AF 21
Santa Maria del Sasso BG... 37 T 10
Santa Maria del Taro PR... 77 R 17
Santa Maria dell'Arzilla PU... 90 AM 20
Santa Maria della Fede AP... 108 AR 25
Santa Maria della Fossa RE.. 66 Z 15
Santa Maria
della Grazia SA.....152 AZ 41
Santa Maria della Neve TR...113 AK 29
Santa Maria
della Portella FR.....121 AO 32
Santa Maria della Versa PV... 28 S 13
Santa Maria della Vittoria PU... 28 AH 9
Santa Maria delle Grazie AR...87 AF 21
Santa Maria
Delle Macchie CB....133 AW 35
Santa Maria
delle Vergini MC......98 AP 24
Santa Maria
delle Vertighe AR..... 95 AF 24
Santa Maria di Campagna TV.43 AK 9
Santa Maria
di Castellabate SA.....162 AY 42
Santa Maria
di Cavamonte RM.....120 AL 32
Santa Maria di Cropani VV...177 BG 52
Santa Maria di Feletto TV... 28 AI 8
Santa Maria
di Flumentepido CI......224 L 48
Santa Maria di Galeria RM..119 AI 31
Santa Maria di Licodia CT...195 AY 58
Santa Maria di Mortola CE... 131 AS 35
Santa Maria di Negrar VR... 40 AA 10
Santa Maria di Non PD..... 41 AG 10
Santa Maria di Piave VE.... 43 AK 10
Santa Maria di Pieca MC... 98 AO 25
Santa Maria
di Pugliano FR......120 AN 33
Santa Maria
di Rispescia GR......103 AB 27
Santa Maria
di Roversano FC..... 82 AI 19
Santa Maria di Sala VE... 42 AH 10
Santa Maria
di Sclaunicco UD..... 30 AN 8
Santa Maria di Sette PG... 96 AI 24
Santa Maria di Settimo CS... 170 BG 47
Santa Maria di Veggiano PD... 41 AF 11
Santa Maria di Zevio VR... 40 AB 11
Santa Maria d'Irsi MT..... 155 BH 39
Santa Maria d'Olivola FG... 143 BB 37
Santa Maria d'Oriente AQ... 121 AO 31
Santa Maria Egiziaca FR... 131 AS 35
Santa Maria Fiume FR..... 130 AP 34
Santa Maria Goretti AP... 108 AR 26
Santa Maria Hoè LC........ 37 R 9
Santa Maria Imbaro CH... 117 AV 30
Santa Maria in Calafria PU... 89 AL 21
Santa Maria in Duno BO... 67 AD 16
Santa Maria in Fabriago RA... 68 AG 17
Santa Maria
in Pantano PG......106 AK 27
Santa Maria in Prato MI... 51 R 12
Santa Maria in Punta RO... 57 AE 14
Santa Maria in Stelle VR... 40 AB 11
Santa Maria in Strada BO... 67 AB 16
Santa Maria in Valle PG... 106 AL 26
Santa Maria Infante LT... 139 AR 36
Santa Maria la Carità NA... 151 AW 39
Santa Maria
La Castagna CS......167 BF 47
Santa Maria La Fossa CE... 141 AT 37
Santa Maria La Longa UD... 30 AO 8
Santa Maria La Palma SS..212 K 40
Santa Maria La Piana CE... 140 AS 36
Santa Maria La Scala CT... 197 BA 58
Santa Maria La Scala NA... 151 AV 39
Santa Maria La Stella CT... 197 AZ 58
Santa Maria La Strada BN... 142 AW 36
Santa Maria Le Grotte CS... 167 BF 47
Santa Maria Li Piani SA... 163 BC 43
Santa Maria Macerata FI... 86 AC 22
Santa Maria Maddalena BO... 80 AC 18
Santa Maria Maddalena PC... 64 U 14
Santa Maria Maddalena RO... 56 AE 14
Santa Maria Maddalena SO... 11 X 5
Santa Maria

Maddalena TR............ 113 AK 29
Santa Maria Maddalena VI...... 27 AE 8
Santa Maria Maddalena VI..... 41 AF 11
Santa Maria Maggiore VB...7 L 7
Santa Maria Manganelli AV .. 143 BA 38
Santa Maria Navarrese OG.. 219 T 44
Santa Maria Nuova AN..... 98 AO 23
Santa Maria Nuova FC..... 82 AI 18
Santa Maria Nuova RM..... 119 AJ 32
Santa Maria Oliveto IS..... 132 AT 34
Santa Maria Pietrafitta RN... 89 AL 20
Santa Maria Rassinata AR..... 95 AH 23
Santa Maria Riopetra FC..... 82 AI 19
Santa Maria Rossa PG..... 106 AJ 25
Santa Maria Val di Loto PU... 89 AJ 21
Santa Maria Valongo CE.... 140 AS 36
Santa Maria Vecchia RM.... 120 AM 31
Santa Maria Villiana BO..... 80 AB 18
Santa Marina CS......... 166 BE 46
Santa Marina CT......... 196 AY 58
Santa Marina ME......... 187 AX 55
Santa Marina PC........... 52 T 14
Santa Marina PU........... 90 AM 20
Santa Marina SA......... 163 BC 43
Santa Marina
in Particeto FC........ 82 AG 19
Santa Marina Salina ME... 181 AY 52
Santa Marinella RM...... 118 AG 31
Santa Marizza UD......... 30 AM 8
Santa Marta GE........... 62 O 16
Santa Marta RM.......... 119 AK 31
Santa Massenza TN........ 26 AA 7
Santa Menna TV........... 43 AJ 9
Santa Nicola ME......... 189 BA 55
Santa Ninfa TP.......... 191 AM 57
Santa Oliva FR.......... 131 AQ 35
Santa Palomba RM....... 128 AK 33
Santa Panagia SR....... 203 BA 61
Santa Paola FC........... 82 AI 19
Santa Paolina AV........ 142 AY 37
Santa Porada CA......... 226 O 48
Santa Procula
Maggiore RM........128 AK 34
Santa Rania KR.......... 172 BJ 48
Santa Reparata FC........ 81 AF 19
Santa Reparata OT...... 206 Q 36
Santa Restituta AQ...... 121 AQ 32
Santa Restituta NA...... 150 AS 39
Santa Restituta TR...... 106 AJ 28
Santa Rita CL........... 193 AT 59
Santa Rita PA............ 89 AJ 20
Santa Rosa LT.......... 129 AL 35
Santa Rosalia PA....... 184 AO 55
Santa Rosalia PA....... 192 AQ 57
Santa Rosalia RG....... 204 AX 62
Santa Rossella CN........ 59 H 15
Santa Rufina AQ........ 115 AP 30
Santa Rufina RI......... 114 AM 29
Santa Rufina RI......... 114 AN 28
Santa Scolastica RM..... 121 AN 32
Santa Serra CS......... 170 BF 48
Santa Severa RM........ 118 AG 31
Santa Severina KR...... 173 BK 49
Santa Sofia BS........... 38 U 11
Santa Sofia CE.......... 141 AV 37
Santa Sofia FC........... 88 AG 20
Santa Sofia OR......... 218 P 44
Santa Sofia SA......... 162 AZ 41
Santa Sofia d'Epiro CS... 167 BG 46
Santa Susanna OR...... 217 O 43
Santa Tecla CT......... 197 BA 58
Santa Tecla SA.......... 152 AY 39
Santa Teresa PE........ 116 AT 29
Santa Teresa VR.......... 55 AC 12
Santa Teresa VR.......... 55 AC 13
Santa Teresa VT......... 112 AI 30
Santa Teresa di Riva ME... 189 BB 56
Santa Teresa Gallura OT...206 Q 36
Santa Teresina VE........ 43 AK 9
Santa Teresina OT...... 211 R 37
Santa Trada SC......... 178 BE 55
Santa Trinità PG........ 107 AM 27
Santa Valburga /
Sankt Walburg BZ..... 12 AB 4
Santa Venera CT........ 197 BA 57
Santa Venera ME........ 188 AX 55
Santa Venera Grotta ME... 188 BA 55
Santa Veneranda AN...... 90 AO 22
Santa Veneranda PU..... 90 AM 20
Santa Venere CS........ 165 BI 43
Santa Venere SA........ 152 AZ 41
Santa Venerina CT...... 197 AZ 57
Santa Viola BO........... 67 AC 16
Santa Vittoria AQ....... 114 AO 28
Santa Vittoria PE....... 116 AS 29

Santa Vittoria RE......... 66 Y 14
Santa Vittoria RI......... 114 AM 30
Santa Vittoria SS........ 209 N 39
Santa Vittoria d'Alba CN... 60 I 15
Santa Vittoria di Libiola GE... 77 R 18
Sant'Abbondio TR...... 105 AH 27
Santadi CI............ 225 N 49
Santadi Basso CI....... 225 N 49
Sant'Adriano ME........ 188 AX 55
Sant'Adriano Vecchio ME... 188 AX 55
Sant'Adriano FI........... 81 AE 19
Sant'Agapito IS.......... 132 AU 34
Sant'Agapito VT......... 112 AG 28
Sant'Agata AR............ 95 AG 24
Sant'Agata CE.......... 140 AS 36
Sant'Agata CH.......... 123 AU 31
Sant'Agata
Soccorso-Lago AP......... 99 AR 25
Sant'Agata CN............ 59 E 16
Sant'Agata CO............ 23 R 7
Sant'Agata CS.......... 167 BH 46
Sant'Agata FC............ 87 AF 20
Sant'Agata FI............ 86 AD 19
Sant'Agata FI............ 87 AE 21
Sant'Agata KR.......... 169 BK 47
Sant'Agata PC............ 52 T 14
Sant'Agata PU............ 52 V 14
Sant'Agata RE............ 66 Z 15
Sant'Agata VB............. 7 N 7
Sant'Agata VV.......... 176 BE 52
Sant'Agata Bolognese BO... 67 AB 16
Sant'Agata de' Goti BN... 141 AW 37
Sant'Agata del Bianco RC... 179 BF 55
Sant'Agata del Terrino AR... 95 AG 23
Sant'Agata di Esaro CS... 166 BE 46
Sant'Agata di Militello ME... 187 AW 55
Sant'Agata di Puglia FG... 143 BB 37
Sant'Agata Feltria PU..... 88 AJ 20
Sant'Agata Fossili AL..... 62 O 15
Sant'Agata Li Battiati CT... 197 AZ 58
Sant'Agata
sul Santerno RA......... 68 AG 17
Sant'Agnello NA......... 151 AV 40
Sant'Agnese CB.......... 133 AW 33
Sant'Agnese SI........... 94 AC 23
Sant'Agnese TN........... 26 AC 7
Sant'Agostino CE....... 132 AU 35
Sant'Agostino FE......... 67 AD 15
Sant'Agostino PD......... 57 AH 12
Sant'Agostino TE........ 108 AR 28
Sant'Agostino TO......... 47 F 13
Sant'Agostino TV......... 43 AK 9
Sant'Albano Stura CN..... 60 H 16
Sant'Alberto BO........... 67 AD 15
Sant'Alberto RA.......... 69 AH 16
Sant'Alberto TV.......... 42 AH 10
Sant'Albino SI.......... 104 AF 25
Sant'Alessandro
Barbaglio PV........... 50 N 12
Sant'Alessandro RC...... 178 BD 54
Sant'Alessio con Vialone PV...51 Q 12
Sant'Alessio Siculo ME... 189 BB 56
Sant'Alessio Village ME... 189 BB 56
Sant'Alfio CT.......... 197 AZ 57
Sant'Alfonso PZ......... 164 BE 43
Sant'Amato-Nasuti CH... 117 AV 30
Sant'Ambrogio AL......... 63 P 15
Sant'Ambrogio BG......... 38 T 9
Sant'Ambrogio CO......... 36 Q 9
Sant'Ambrogio MO......... 66 AA 16
Sant'Ambrogio PA....... 186 AT 55
Sant'Ambrogio PD......... 42 AH 10
Sant'Ambrogio SI......... 95 AF 25
Sant'Ambrogio di Torino TO... 47 F 13
Sant'Ambrogio
di Valpolicella VR....... 40 AA 10
Sant'Ambrogio Olona VA... 22 N 8
Sant'Ambrogio
sul Garigliano FR...... 131 AS 35
Sant'Amico AN........... 90 AO 22
Sant'Amico CH.......... 123 AV 31
Sant'Anastasia NA...... 151 AV 38
Sant'Anastasio PI......... 93 AA 24
Sant'Anastasio TV........ 43 AL 9
Sant'Anatolia AQ........ 107 AM 27
Sant'Anatolia di Narco PG... 107 AM 27
Santandra TV............ 42 AI 9
Sant'Andrat UD........... 30 AN 8
Sant'Andrat UD........... 31 AP 8
Sant'Andrea AL........... 61 M 15
Sant'Andrea AN........... 91 AQ 22
Sant'Andrea AP........... 99 AQ 24
Sant'Andrea AR........... 88 AI 21
Sant'Andrea AV.......... 142 AY 38
Sant'Andrea BN.......... 142 AY 36
Sant'Andrea BO........... 80 AC 18

Sant'andrea *BO*............ 81 AD 17
Sant'Andrea *BO*........... 81 AD 18
Sant'Andrea *BS*.............. 39 X 10
Sant'Andrea *CA*.......... 226 P 48
Sant'Andrea *CA*.......... 226 Q 48
Sant'Andrea *CE*.......... 140 AT 37
Sant'Andrea *FG*.......... 127 BF 32
Sant'Andrea *FR*.......... 131 AR 34
Sant'Andrea *GO*............. 31 AQ 8
Sant'Andrea *GR*.......... 110 AD 28
Sant'Andrea *IS*............ 132 AV 33
Sant'Andrea *KR*.......... 173 BL 49
Sant'Andrea *LE*........... 159 BT 42
Sant'Andrea *LU*............. 85 Y 21
Sant'Andrea *MC*............ 98 AO 25
Sant'Andrea *ME*.......... 188 AY 55
Sant'Andrea *ME*.......... 189 BB 54
Sant'Andrea *PG*.......... 107 AN 27
Sant'Andrea *PN*............. 29 AK 8
Sant'Andrea *PR*............. 52 V 14
Sant'Andrea *PR*............. 65 W 14
Sant'Andrea *PR*............. 65 X 14
Sant'Andrea *PU*............. 90 AM 20
Sant'Andrea *RA*.......... 144 BC 38
Sant'Andrea *RA*............ 82 AG 17
Sant'Andrea *RA*............ 82 AI 18
Sant'Andrea *RI*........... 113 AK 29
Sant'Andrea *RI*........... 114 AL 30
Sant'Andrea *RN*............ 83 AJ 19
Sant'Andrea *SA*.......... 152 AV 39
Sant'Andrea *SA*.......... 152 AZ 40
Sant'Andrea *SI*............. 93 AB 23
Sant'Andrea *SI*............. 94 AB 23
Sant'Andrea *TE*.......... 108 AR 27
Sant'Andrea *TN*............. 26 AB 8
Sant'Andrea *TV*............. 42 AG 10
Sant'Andrea *VC*............. 20 K 8
Sant'Andrea *VR*............. 40 AB 10
Sant'Andrea *VR*............. 55 AD 12
Sant'Andrea /
   Sankt Andrä *BZ*............. 4 AF 3
Sant'Andrea a Gavignalla *FI*... 43 AA 22
Sant'Andrea a Morgiano *FI*... 86 AD 21
Sant'Andrea Apostolo
   dello Ionio *CZ*......... 175 BI 52
Sant'Andrea Bagni *PR*..... 65 V 15
Sant'Andrea Bonagia *TP*... 182 AK 55
Sant'Andrea d'Agliano *PG*.... 106 AJ 25
Sant'Andrea
   del Garigliano *FR*..... 131 AS 35
Sant'Andrea
   delle Fratte *PG*..... 105 AJ 25
Sant'Andrea
   di Barbarana *TV*........ 43 AJ 9
Sant'Andrea
   di Codiverno *PD*........ 42 AG 11
Sant'Andrea di Conza *AV*... 143 BB 38
Sant'Andrea di Foggia *GE*... 76 Q 17
Sant'Andrea di Rossano *FC*.. 82 AH 18
Sant'Andrea di Rovereto *GE*... 76 Q 18
Sant'Andrea di Sorbello *AR*... 96 AI 24
Sant'Andrea di Suasa *PU*.. 90 AM 22
Sant'Andrea Frius *CA*.... 222 Q 47
Sant'Andrea in Bagnolo *FC*.. 82 AI 18
Sant'Andrea in Casale *RN*... 89 AK 20
Sant'Andrea
   Ionio Marina *CZ*... 175 BI 52
Sant'Andrea Pelago *MO*... 79 Y 18
Sant'Angelo *AN*............. 90 AO 21
Sant'Angelo *AP*.......... 108 AQ 26
Sant'Angelo *CH*.......... 123 AV 31
Sant'Angelo *CI*.......... 220 L 47
Sant'Angelo *CS*.......... 166 BE 46
Sant'Angelo *CS*.......... 167 BF 47
Sant'Angelo *CS*.......... 170 BF 47
Sant'Angelo *CZ*.......... 175 BI 51
Sant'Angelo *FC*............ 83 AJ 19
Sant'Angelo *FI*............ 86 AB 21
Sant'Angelo *FR*.......... 130 AP 35
Sant'Angelo *MC*............ 97 AN 24
Sant'Angelo *MC*............ 97 AN 24
Sant'Angelo *NA*.......... 150 AS 39
Sant'Angelo *PG*.......... 107 AN 26
Sant'Angelo *PU*............ 90 AN 21
Sant'Angelo *PZ*.......... 154 BD 39
Sant'Angelo *RC*.......... 178 BD 54
Sant'Angelo *RI*........... 114 AN 28
Sant'Angelo *RI*........... 108 AO 25
Sant'Angelo *TE*.......... 109 AS 26
Sant'Angelo *TR*.......... 113 AJ 28
Sant'Angelo *VE*............. 42 AH 10
Sant'Angelo *VT*........... 112 AH 30
Sant'Angelo *VV*.......... 174 BG 52
Sant'Angelo a Cancelli *AV*... 142 AY 37
Sant'Angelo a Cupolo *BN*... 142 AX 37
Sant'Angelo

a Fasanella *SA*........... 153 BB 41
Sant'Angelo a Scala *AV*... 142 AX 38
Sant'Angelo all'Esca *AV*... 142 AY 37
Sant'Angelo d'Alife *CE*... 132 AU 35
Sant'Angelo
   Sciortino *ME*.......... 188 AX 55
Sant'Angelo
   dei Lombardi *AV*..... 143 BA 38
Sant'Angelo del Pesco *IS*... 123 AU 32
Sant'Angelo di Brolo *ME*... 188 AY 55
Sant'Angelo di Celle *PG*... 106 AJ 25
Sant'Angelo di Chieli *PG*... 96 AJ 24
Sant'Angelo
   di Piove di Sacco *PD*... 42 AH 11
Sant'Angelo di Sotto *BN*.. 142 AX 37
Sant'Angelo in Colle *SI*... 104 AD 26
Sant'Angelo in Formis *CE*... 141 AU 37
Sant'Angelo in Grotte *IS*... 132 AV 34
Sant'Angelo in Lizzola *PU*... 89 AL 21
Sant'Angelo in Mercole *PG*.. 106 AL 27
Sant'Angelo in Pontano *MC*... 98 AP 25
Sant'Angelo
   in Theodice *FR*..... 131 AR 35
Sant'Angelo in Vado *PU*... 89 AJ 22
Sant'Angelo in Villa *FR*... 130 AP 34
Sant'Angelo Le Fratte *PZ*... 153 BC 40
Sant'Angelo Limosano *CB*... 133 AW 33
Sant'Angelo Lodigiano *LO*... 51 R 12
Sant'Angelo Lomellina *PV*... 50 M 12
Sant'Angelo Muxaro *AG*... 192 AQ 59
Sant'Angelo Romano *RM*... 120 AL 31
Santaniello *CB*.......... 124 AW 33
Sant'Anna *AG*........... 192 AO 58
Sant'Anna *AG*........... 193 AR 59
Sant'Anna *AN*............. 98 AO 23
Sant'Anna *AP*............ 109 AR 26
Sant'Anna *AT*.............. 61 J 15
Sant'Anna *BL*.............. 29 AJ 7
Sant'Anna *BN*............ 141 AW 37
Sant'Anna *BN*............ 133 AW 36
Sant'Anna *BO*............. 67 AE 16
Sant'Anna *BS*.............. 38 V 10
Sant'Anna *CN*.............. 59 E 16
Sant'Anna *CN*.............. 58 E 16
Sant'Anna *CN*.............. 70 E 17
Sant'Anna *CN*.............. 71 F 17
Sant'Anna *CN*.............. 70 F 17
Sant'Anna *CN*.............. 71 G 17
Sant'Anna *CN*.............. 71 G 18
Sant'Anna *CN*.............. 71 H 18
Sant'Anna *CN*.............. 71 I 18
Sant'Anna *CO*.............. 22 P 8
Sant'Anna *CT*........... 197 BA 57
Sant'Anna *EN*........... 195 AW 58
Sant'Anna *FR*........... 130 AN 33
Sant'Anna *FR*........... 130 AP 33
Sant'Anna *IS*........... 132 AV 34
Sant'Anna *KR*........... 173 BL 49
Sant'Anna *LU*............. 84 W 20
Sant'Anna *ME*........... 188 AA 54
Sant'Anna *MN*............. 53 Y 12
Sant'Anna *MO*............. 66 AB 16
Sant'Anna *NU*........... 215 S 40
Sant'Anna *OR*........... 217 M 45
Sant'Anna *PI*.............. 85 Y 21
Sant'Anna *PU*............. 90 AM 21
Sant'Anna *RC*........... 178 BE 54
Sant'Anna *RC*........... 176 BF 53
Sant'Anna *RC*........... 179 BF 55
Sant'Anna *SI*............. 95 AE 25
Sant'Anna *SO*.............. 10 U 6
Sant'Anna *SO*.............. 10 U 6
Sant'Anna *SO*.............. 10 W 4
Sant'Anna *SV*.............. 74 K 17
Sant'Anna *TE*........... 109 AT 28
Sant'Anna *TN*............. 26 AB 8
Sant'Anna *TN*............. 26 AB 9
Sant'Anna *TO*.............. 46 D 12
Sant'Anna *TO*.............. 58 H 12
Sant'Anna *VA*............. 35 M 9
Sant'Anna *VB*.............. 7 N 7
Sant'Anna *VE*............. 41 AI 13
Sant'Anna *VI*............. 41 AE 10
Sant'Anna *VR*............. 55 AD 13
Sant'Anna Arresi *CI*.... 224 M 49
Sant'Anna d'Alfaedo *VR*... 40 AA 10
Sant'Anna di Rialpo *CN*.... 70 E 18
Sant'Anna di Valdieri *CN*.... 70 E 18
Sant'Anna Morosina *PD*... 41 AF 10
Sant'Anna Pelago *MO*.... 79 Y 18
Sant'Ansano *PI*.......... 86 AA 21
Sant'Ansovino *RN*.......... 89 AK 20
Sant'Antimo *NA*......... 150 AU 38
Sant'Antimo *TR*......... 113 AK 28
Sant'Antioco *CI*......... 224 L 49
Sant'Antonino *CI*......... 224 L 49
Sant'Antonino *CT*......... 197 BA 57
Sant'Antonino *ME*......... 188 AX 55

Sant'Antonino *RE*............ 66 Z 16
Sant'Antonino *VC*............ 49 J 12
Sant'Antonino di Susa *TO*... 47 E 13
Sant'Antonino
   Sciortino *ME*.......... 188 AX 55
Sant'Antonino Ticino *VA*.... 35 N 10
Sant'Antonino-Selvotta *FR*... 131 AS 35
Sant'Antonio *AN*............. 90 AO 22
Sant'Antonio *AP*............. 99 AQ 25
Sant'Antonio *AP*.......... 108 AQ 27
Sant'Antonio *AQ*.......... 122 AQ 32
Sant'Antonio *AQ*.......... 122 AT 32
Sant'Antonio *AT*............. 48 J 14
Sant'Antonio *AT*............. 61 K 15
Sant'Antonio *BG*............. 37 R 9
Sant'Antonio *BG*............. 37 T 9
Sant'Antonio *BG*............. 38 U 9
Sant'Antonio *BL*............. 28 AQ 7
Sant'Antonio *BL*............. 28 AH 7
Sant'Antonio *BN*.......... 141 AW 36
Sant'Antonio *BN*.......... 142 AW 37
Sant'Antonio *BN*.......... 133 AX 35
Sant'Antonio *BN*.......... 142 AY 37
Sant'Antonio *BO*............. 68 AF 16
Sant'Antonio *BS*............. 24 W 7
Sant'Antonio *BS*............. 38 W 11
Sant'Antonio *BZ*.............. 3 AD 2
Sant'Antonio *BZ*............. 13 AE 4
Sant'Antonio *CN*............. 59 E 15
Sant'Antonio *CN*............. 59 F 16
Sant'Antonio *CN*............. 59 G 15
Sant'Antonio *CN*............. 59 G 16
Sant'Antonio *CN*............. 60 J 16
Sant'Antonio *FG*.......... 134 BA 35
Sant'Antonio *FR*.......... 130 AP 34
Sant'Antonio *GR*.......... 103 AC 27
Sant'Antonio *IM*............. 72 G 21
Sant'Antonio *IM*............. 72 H 20
Sant'Antonio *KR*.......... 172 BK 48
Sant'Antonio *LO*............. 52 U 13
Sant'Antonio *ME*.......... 188 AX 55
Sant'Antonio *MO*............. 79 AA 17
Sant'antonio *NA*.......... 150 AS 39
Sant'Antonio *NO*............. 35 L 10
Sant'Antonio *PC*............. 64 U 14
Sant'Antonio *PD*............. 41 AF 11
Sant'Antonio *PG*............. 96 AH 22
Sant'Antonio *PN*............. 30 AM 8
Sant'Antonio *PR*............. 64 U 15
Sant'Antonio *PZ*.......... 153 BC 40
Sant'Antonio *RC*.......... 178 BD 55
Sant'Antonio *RC*.......... 177 BG 54
Sant'Antonio *RM*.......... 118 AG 31
Sant'Antonio *SA*.......... 152 AV 39
Sant'Antonio *SA*.......... 162 AY 42
Sant'Antonio *SA*.......... 162 AZ 42
Sant'Antonio *SO*............. 23 T 7
Sant'Antonio *SO*............. 24 V 7
Sant'Antonio *SO*............. 11 X 5
Sant'Antonio *TN*............. 26 AA 8
Sant'Antonio *TO*............. 59 F 15
Sant'Antonio *TO*............. 48 H 12
Sant'Antonio *TV*............. 28 AG 9
Sant'Antonio *TV*............. 28 AI 9
Sant'Antonio *TV*............. 43 AJ 9
Sant'Antonio *UD*............. 31 AP 9
Sant'Antonio *VC*............. 20 K 8
Sant'Antonio *VE*............. 43 AK 10
Sant'Antonio *VI*............. 40 AC 9
Sant'Antonio *VR*............. 40 AC 11
Sant'Antonio *VT*.......... 112 AH 28
Sant'Antonio / S.Anton *BZ*... 12 AC 5
Sant'Antonio
   a Picenzia *SA*......... 152 AY 40
Sant'Antonio a Trebbia *PC*... 52 S 13
Sant'Antonio Abate *NA*... 151 AW 39
Sant'Antonio Casalini *PZ*... 153 BC 39
Sant'Antonio Dascula *BA*... 147 BM 38
Sant'Antonio
   di Gallura *OT*......... 210 Q 38
Sant'Antonio
   di Mavignola *TN*......... 26 Z 6
Sant'Antonio di Santadi *VS*... 220 L 45
Sant'Antonio in Bosco *TS*... 45 AS 10
Sant'Antonio
   in Mercadello *MO*......... 66 AA 14
Sant'Antonio Morignone *SO*... 11 X 5
Sant'Antonio-
   Avagliano *SA*......... 151 AW 39
Sant'Antuono *SA*......... 153 BC 41
Sant'Apollinare *FI*......... 81 AE 19
Sant'Apollinare *AN*......... 98 AO 23
Sant'Apollinare *BO*......... 80 AB 17

Sant'Apollinare *BO*............ 81 AE 18
Sant'Apollinare *CH*.......... 117 AV 30
Sant'Apollinare *FE*............ 56 AG 14
Sant'Apollinare *FR*.......... 131 AR 35
Sant'Apollinare *PG*.......... 105 AI 26
Sant'Apollinare *PU*............ 88 AJ 20
Sant'Apollinare *RO*............ 56 AF 13
Sant'Apollinare
   in Gifarco *PU*............ 89 AK 21
Sant'Apollonia *AN*............. 90 AN 22
Sant'Apollonia *PD*............. 56 AG 12
Sant'Apollonio *BS*............. 38 W 10
Sant'Appiano *FI*............... 94 AB 22
Sant'Arcangelo *ME*.......... 188 AY 55
Sant'Arcangelo *PZ*.......... 164 BG 42
Santarcangelo
   di Romagna *RN*............ 83 AJ 19
Santarcangelo
   Trimonte *BN*........... 142 AY 37
Santarioli *RI*............... 114 AL 28
Sant'Arpino *CE*.............. 141 AU 38
Sant'Arsenio *SA*............ 153 BB 41
SantaTrinita *PN*.............. 29 AK 8
Sant'Atto *TE*............... 109 AR 27
Sante Marie *AQ*............ 121 AO 31
Sant'Edigio *FE*............... 68 AE 15
Sant'Egidio *AV*.............. 142 AY 37
Sant'Egidio *CH*.............. 117 AW 30
Sant'Egidio *MC*............... 98 AP 23
Sant'Egidio *PG*............. 105 AH 26
Sant'Egidio *PG*............... 96 AJ 25
Sant'Egidio *PU*............... 90 AN 21
Sant'Egidio *TE*............. 108 AR 28
Sant'Egidio *VT*............. 112 AI 30
Sant'Egidio
   alla Vibrata *TE*......... 108 AR 27
Sant'Egidio
   del Monte Albino *SA*... 151 AW 39
Santel *IM*.................... 26 AB 6
Sant'Elena *AN*............... 97 AN 23
Sant'Elena *AQ*............. 123 AU 32
Sant'Elena *BZ*................ 12 AA 4
Sant'Elena *MC*............... 98 AN 24
Sant'Elena *MN*............... 53 X 12
Sant'Elena *OR*............. 216 M 43
Sant'Elena *PD*................ 56 AF 12
Sant'Elena *PG*............. 105 AI 26
Sant'Elena *TV*................ 42 AJ 10
Sant'Elena *VE*................ 43 AL 9
Sant'Elena Irpina *AV*...... 142 AY 37
Sant'Elena Sannita *IS*... 132 AV 34
Sant'Elia *AN*................ 97 AN 23
Sant'Elia *CA*................ 226 P 48
Sant'Elia *CS*............... 171 BG 48
Sant'Elia *CZ*............... 171 BI 50
Sant'Elia *LE*............... 158 BR 41
Sant'Elia *PA*............... 185 AQ 55
Sant'Elia *PE*............... 116 AT 30
Sant'Elia *RC*............... 178 BD 56
Sant'Elia *RI*............... 113 AK 30
Sant'Elia *RI*............... 114 AL 29
Sant'Elia a Pianisi *CB*... 133 AY 34
Sant'Elia Fiumerapido *FR*... 131 AS 34
Sant'Eligio *CN*.............. 70 E 18
Sant'Elia *AQ*............... 115 AP 29
Sant'Ellero *FI*............... 87 AD 21
Santellone *BS*................ 38 U 10
Sant'Elmo *CA*.............. 227 S 48
Sant'Elpidio *RI*............ 114 AO 30
Sant'Elpidio a Mare *AP*.... 99 AR 24
Sant'Elpidio Morico *AP*... 108 AQ 25
Santena *TO*.................. 48 H 14
Sant'Enea *AR*................ 95 AG 23
Sant'Enea *PG*............... 106 AJ 25
Sant'Eraclio *PG*............ 106 AL 26
Santeramo in Colle *BA*... 146 BJ 39
Sant'Erasmo *BG*............. 37 T 9
Sant'Erasmo *MC*............. 97 AN 25
Sant'Erasmo *NA*............ 184 AP 55
Sant'Erasmo *VE*............. 43 AJ 11
Sant'Ermete *RN*............. 83 AJ 19
Sant'Ermia *CZ*............. 170 BG 50
Sant'Ermo *PI*................ 92 Y 22
Santerno *RA*................. 69 AH 17
Sant'Eufemia *FC*............ 87 AG 20
Sant'Eufemia *PG*............ 42 AG 10
Sant'Eufemia *RA*............ 81 AF 18
Sant'Eufemia a Maiella *PE*... 122 AT 31
Sant'Eufemia della Fonte *BS*... 38 W 10
Sant'Eulalia *TV*............. 28 AF 9
Sant'Eupleo *ME*............ 188 AY 55
Sant'Eurosia *BI*.............. 34 J 10
Sant'Eurosia *TE*........... 108 AR 27
Sant'Eusanio *AQ*........... 114 AO 29

Sant'Eusanio *IS*............ 132 AT 34
Sant'Eusanio
   del Sangro *CH*......... 117 AV 31
Sant'Eusanio
   Forconese *AQ*......... 115 AQ 30
Sant'Eusebio *MO*............ 66 AA 16
Sant'Eusebio *PU*............ 89 AJ 22
Sant'Eusebio *PV*............ 63 Q 14
Sant'Eustachio *AV*........ 142 AZ 38
Sant'Eustachio *CE*........ 141 AV 37
Sant'Eustachio *MS*......... 84 W 19
Sant'Eutizio *VT*........... 112 AI 29
Sant'Eutizio *VT*........... 112 AI 29
Santhià *VC*.................. 49 K 11
Santi *AQ*.................. 114 AO 29
Santi Angeli *TV*............. 28 AH 9
Santi Cancelli *PG*........ 106 AL 26
Santi Cosma
   e Damiano *LT*......... 139 AR 36
Santi Filippo
   e Giacomo *TP*......... 182 AK 56
Santi Neri *AN*.............. 90 AO 22
Santicolo *BS*................ 25 W 6
Santiella *VI*................. 41 AD 11
Sant'Ignazio *AN*............ 98 AO 23
Sant'Ignazio *TO*............ 47 F 12
Sant'Ilario *FI*.............. 86 AB 21
Sant'Ilario *FI*.............. 81 AE 19
Sant'Ilario *MC*............ 107 AN 25
Sant'Ilario *PZ*............ 144 BG 39
Sant'Ilario Baganza *PR*... 65 W 16
Sant'Ilario dello Ionio *RC*... 179 BG 54
Sant'Ilario d'Enza *RE*..... 65 X 15
Sant'Ilario in Campo *LI*... 100 W 27
Sant'Ilario Ligure *GE*..... 76 P 17
Sant'Imento *PC*............. 52 S 13
Sant'Imero *AP*............ 108 AR 25
Sant'Ingenuim /
   Sauban *BZ*............... 13 AE 4
Santino *PZ*................ 154 BD 41
Santino *VB*.................. 21 M 8
Sant'Ippolito *CS*.......... 171 BG 48
Sant'Ippolito *PO*............ 80 AB 19
Sant'Ippolito *PU*............ 90 AM 21
Santiquaranta *PZ*........ 163 BD 43
Sant'Irene *CS*............. 168 BI 46
Sant'Isidoro *AN*............ 90 AN 22
Sant'Isidoro *AP*............ 99 AR 25
Sant'Isidoro *BN*.......... 142 AY 37
Sant'Isidoro *CA*........... 225 N 50
Sant'Isidoro *CA*........... 226 Q 48
Sant'Isidoro *CO*............ 36 Q 9
Sant'Isidoro *CS*.......... 168 BJ 46
Sant'Isidoro *LE*.......... 160 BQ 42
Santissima Annunziata *NU*... 215 R 40
Santissima Trinità *CS*... 171 BI 50
Santissimo Salvatore *ME*... 189 BB 54
Santo *SI*.................. 103 AC 25
Santo Ianni *AV*............ 142 AT 36
Santo Ianni *CS*............ 164 BE 44
Santo Ianni *CS*............ 166 BE 46
Santo Ianni *CS*............ 166 BE 46
Santo Ianni *CS*............ 166 BE 46
Santo Ianni *CS*............ 164 BF 44
Santo Ianni *CS*............ 170 BG 48
Santo Ianni *IS*............ 132 AV 34
Santo Ianni *CB*............ 133 AW 35
Santo Iasso *SA*........... 151 AW 39
Santo Janni *CB*........... 132 AW 34
Santo Jorio *SA*........... 152 AZ 41
Santo Martino *PZ*........ 163 BD 42
Santo Massimo *RM*........ 120 AN 32
Santo Nocaio *CS*........... 164 BE 44
Santo Padre
   delle Perriere *TP*..... 190 AK 57
Santo Pietro *CT*......... 202 AV 61
Santo Sisino *RM*.......... 113 AJ 30
Santo Sperato *RC*........ 178 BD 55
Santo Spirito *AV*........ 142 AZ 36
Santo Spirito *BA*........ 137 BJ 37
Santo Spirito *PE*......... 116 AT 30
Santo Spirito *SA*........ 152 BA 41
Santo Stefano *AL*........... 50 N 14
Santo Stefano *AL*........... 62 N 16
Santo Stefano *AN*........... 97 AM 23
Santo Stefano *AN*........... 91 AP 22
Santo Stefano *AP*......... 108 AQ 26
Santo Stefano *AQ*.......... 99 AR 25
Santo Stefano *AQ*......... 121 AO 31
Santo Stefano *AR*........... 95 AH 23
Santo Stefano *AT*........... 49 L 14
Santo Stefano *BN*......... 142 AW 36
Santo Stefano *BZ*............ 4 AG 3
Santo Stefano *BZ*............ 12 Z 4
Santo Stefano *CA*......... 227 S 49

Santo Stefano *CB*......... 133 AW 34
Santo Stefano *CN*........... 71 F 17
Santo Stefano *CN*........... 60 I 16
Santo Stefano *CS*......... 170 BG 47
Santo Stefano *CZ*......... 177 BH 52
Santo Stefano *FC*........... 81 AF 19
Santo Stefano *FI*........... 86 AA 22
Santo Stefano *FI*........... 87 AD 20
Santo Stefano *FI*........... 86 AD 21
Santo Stefano *LU*........... 85 X 20
Santo Stefano *MC*........... 98 AO 24
Santo Stefano *ME*......... 188 AY 54
Santo Stefano *NO*........... 35 M 11
Santo Stefano *PO*........... 86 AB 19
Santo Stefano *PU*........... 89 AL 20
Santo Stefano *RI*......... 113 AK 30
Santo Stefano *RI*......... 114 AO 30
Santo Stefano *RO*........... 55 AC 13
Santo Stefano *SI*........... 94 AC 25
Santo Stefano *TE*......... 108 AQ 28
Santo Stefano *TN*........... 26 AC 7
Santo Stefano *TV*........... 28 AH 8
Santo Stefano *TV*........... 29 AJ 8
Santo Stefano *TV*........... 44 AK 9
Santo Stefano *VA*........... 36 N 9
Santo Stefano *VR*........... 55 AC 12
Santo Stefano al Mare *IM*... 72 I 20
Santo Stefano Belbo *CN*... 61 K 15
Santo Stefano Canetto *AT*... 61 K 15
Santo Stefano d'Aveto *GE*... 63 R 16
Santo Stefano del Sole *AV*... 142 AY 38
Santo Stefano di Briga *ME*... 189 BB 55
Santo Stefano di Cadore *BL*... 15 AK 4
Santo Stefano
   di Camastra *ME*..... 187 AV 55
Santo Stefano di Magra *SP*... 78 U 19
Santo Stefano
   di Rogliano *CS*..... 171 BG 48
Santo Stefano
   di Sessanio *AQ*..... 115 AQ 29
Santo Stefano
   in Aspromonte *RC*..... 178 BD 54
Santo Stefano
   Quisquina *AG*..... 192 AP 58
Santo Stefano Roero *CN*... 60 I 15
Santo Stefano Ticino *MI*... 36 O 11
Santo Todaro *VV*......... 177 BH 53
Santojanni *CE*............ 132 AT 35
Sant'Olcese *GE*............ 62 O 17
Santomato *PT*.............. 86 AA 20
Santomenna *SA*........... 143 BA 39
Sant'Omero *TE*............ 109 AR 27
Sant'Omobono Imagna *BG*... 23 S 9
Sant'Onofrio *CH*......... 117 AV 31
Sant'Onofrio *CS*.......... 167 BF 46
Sant'Onofrio *FR*.......... 131 AR 33
Sant'Onofrio *PA*......... 185 AQ 56
Sant'Onofrio *PZ*.......... 164 BF 44
Sant'Onofrio *TE*.......... 108 AR 27
Sant'Onofrio *TE*.......... 108 AR 27
Sant'Onofrio *VV*.......... 174 BF 51
Santopadre *FR*............ 131 AQ 34
Sant'Oreste *RM*.......... 113 AK 30
Santoro *BR*............... 148 BN 39
Santorso *VI*............... 41 AD 9
Sant'Orsola *TN*............ 27 AC 7
Sant'Osvaldo *BZ*............ 3 AC 3
Sant'Osvaldo *BZ*........... 13 AE 4
Sant'Osvaldo *PN*........... 15 AJ 6
Sant'Osvaldo *UD*........... 30 AO 7
Sant'Ottaviano *PI*......... 93 AA 23
Santu Juanni *OT*......... 211 S 39
Santu Lussurgiu *OR*..... 217 M 43
Santuario del Rosario *PA*... 184 AO 56
Santuario
   della Mentorella *RM*..... 120 AM 32
Santuario
   di Caravaggio *BG*..... 37 S 11
Santuario Francescano *RI*... 113 AL 29
Santuario Grotta
   di Santa Rosalia *PA*... 184 AP 54
Santuario Incoronata *FG*... 135 BC 35
Santuario Madonna
   dell'Olio *PA*......... 194 AT 57
Santuario
   San Francesco *CS*..... 170 BF 47
Santuario Valleverde *FG*... 134 BB 36
Sant'Ubaldo *AN*........... 90 AO 22
Sant'Ubarto *FC*............ 88 AG 20
Santuccione *PE*.......... 116 AT 29
Sant'Ulderico *VI*.......... 40 AD 9
Sant'Uopo *PZ*............ 164 BG 43
Sant'Urbano *BS*............ 39 Y 10
Sant'Urbano *PD*............ 56 AE 13

Sant'Urbano *TR*.....113 AK 29
Sant'Urbano *VI*.....41 AD 10
Sanvarezzo *SV*.....61 K 17
Sanza *NA*.....151 AW 39
Sanza *SA*.....163 BC 42
Sanzan *BL*.....28 AG 8
Sanzeno *TN*.....12 AB 5
Sao Paolo *BA*.....146 BJ 37
Sao Paolo *PG*.....106 AL 26
Saonara *PD*.....42 AG 11
Saone *TN*.....26 Z 7
Sapenzie *BN*.....141 AW 36
Sapigno *PU*.....88 AI 20
Saponara *ME*.....189 BB 54
Saponara Marittima *ME*.....189 BB 54
Saponelli *CH*.....117 AV 31
Sappada *BL*.....15 AL 4
Sappade *BL*.....14 AG 5
Sappanico *AN*.....91 AP 22
Sapri *SA*.....163 BC 43
Saps *UD*.....16 AO 5
Saputelli *TE*.....116 AR 28
Saputelli di Sopra *TE*.....116 AR 28
Saquana *AL*.....61 L 16
Saracchi *AT*.....61 J 15
Saracena *CS*.....166 BD 44
Saracena *CS*.....167 BF 45
Saraceni *LE*.....158 BQ 42
Saracinello *CS*.....163 BD 44
Saracinesco *RM*.....120 AM 31
Saragano *PG*.....106 AJ 26
Saragiolo *SI*.....104 AE 26
Sarasino *BS*.....38 V 9
Sarcedo *VI*.....41 AE 9
Sarche *TN*.....26 AA 7
S'Archittu *OR*.....216 L 43
Sarconi *VV*.....164 BE 42
Sardagna *TN*.....26 AB 7
Sardara *VS*.....221 N 46
Sardigliano *AL*.....62 O 15
Sarego *VI*.....40 AC 9
Sarego *VI*.....41 AD 11
S'Arena Scoada *OR*.....216 L 43
Sarentino / Sarnthein *BZ*.....13 AD 4
Saret *CN*.....70 E 18
Saretto *CN*.....58 C 17
Saretto *CN*.....70 E 17
Sarezzano *AL*.....62 O 14
Sarezzo *BS*.....38 W 10
Sarginesco *MN*.....54 Y 12
Sariano *PC*.....64 T 14

Sariano *RO*.....55 AD 13
Sarignan *AO*.....32 E 9
Sarigo *VA*.....21 N 8
Sarissola *GE*.....62 O 16
Sarmato *PC*.....51 R 13
Sarmazza *VR*.....40 AC 11
Sarmede *TV*.....29 AJ 8
Sarmego *VI*.....41 AF 11
Sarmeola *PD*.....41 AF 11
Sarna *AR*.....88 AG 21
Sarna *RA*.....81 AF 18
Sarnano *MC*.....107 AO 25
Sarnella *NA*.....151 AW 38
Sarnes *BZ*.....4 AE 3
Sarnico *BG*.....38 U 9
Sarno *SA*.....151 AW 39
Sarnonico *TN*.....12 AB 5
Sarnthein / Sarentino *BZ*.....13 AD 4
Sarola *IM*.....73 I 20
Sarone *PN*.....29 AJ 8
Saronno *VA*.....36 P 10
Saronsella *TO*.....48 I 13
Sarra *OT*.....211 S 39
Sarral *AO*.....32 D 10
Sarriod *AO*.....32 E 9
Sarripoli *PT*.....85 AA 20
Sarro *CT*.....197 AZ 57
Sarrocciano *MC*.....98 AQ 24
Sarroch *CA*.....226 P 49
Sarrottino *CZ*.....175 BI 50
Sarsina *FC*.....88 AH 20
Sartano *CS*.....167 BG 46
Sarteano *SI*.....105 AG 26
Sartiano *PU*.....88 AI 20
Sartirana Lomellina *PV*.....50 N 13
Sarto *RC*.....178 BD 55
Sartore *VE*.....42 AH 11
Sartore *VI*.....40 AC 9
Sarturano *PC*.....51 S 14
Sarule *NU*.....214 Q 42
Sarzana *SP*.....78 U 19
Sarzano *RO*.....56 AF 13
Sas Contreddas *SS*.....209 O 38
Sas Linnas Siccas *NU*.....215 T 41
Sas Murtas *NU*.....215 T 39
Sas Tanchittas *SS*.....209 O 39
Sasi *TP*.....183 AM 56
S'Aspru *SS*.....213 N 40
Sassa *AQ*.....115 AO 29
Sassa *PI*.....93 Z 24
Sassaia *LU*.....84 W 20

Sassalbo *MS*.....78 W 18
Sassani *PA*.....184 AO 55
Sassano *PZ*.....144 BD 39
Sassano *SA*.....153 BC 41
Sassari *SS*.....209 M 39
Sassatella *MO*.....79 Y 18
Sassatelli *RA*.....68 AF 16
Sassella *SO*.....24 U 7
Sassello *SV*.....61 L 17
Sasseta *PO*.....80 AB 19
Sasseta *SP*.....77 T 18
Sassetta *LI*.....102 Y 25
Sassi *CE*.....140 AS 36
Sassi *LU*.....79 X 19
Sassi *MN*.....53 Y 12
Sassi *TO*.....48 H 13
Sassi *VI*.....27 AE 9
Sasso *AL*.....62 O 15
Sasso *AN*.....97 AN 23
Sasso *BS*.....39 Y 9
Sasso *BZ*.....4 AE 2
Sasso *CE*.....141 AU 36
Sasso *FC*.....87 AF 20
Sasso *MC*.....107 AN 26
Sasso *MO*.....79 Z 18
Sasso *PC*.....56 AH 12
Sasso *PG*.....106 AL 25
Sasso *PR*.....65 W 16
Sasso *RM*.....118 AH 31
Sasso *SA*.....153 BA 39
Sasso *TN*.....26 AB 8
Sasso *VA*.....36 N 9
Sasso *VI*.....27 AE 8
Sasso *VR*.....40 AB 11
Sasso di Bordighera *IM*.....72 H 21
Sasso di Castalda *PZ*.....153 BD 41
Sasso d'Ombrone *GR*.....103 AC 26
Sasso Marconi *BO*.....80 AC 17
Sasso Marozzo *MC*.....98 AN 24
Sasso Morelli *BO*.....81 AF 17
Sasso Pisano *PI*.....93 AA 24
Sassocorvaro *PU*.....89 AJ 21
Sassofeltrio *PU*.....89 AK 20
Sassoferrato *AN*.....97 AM 23
Sassofortino *GR*.....103 AB 25
Sassoleone *BO*.....81 AD 18
Sassomolare *BO*.....80 AA 18
Sassomonello *MO*.....79 Z 17

Sassonero *BO*.....81 AD 18
Sassorosso *LU*.....79 X 18
Sassu *OR*.....216 M 45
Sassuolo *MO*.....66 Z 16
Sassuolo *PG*.....97 AL 24
Sa'Tanca *VS*.....220 M 46
Satia *BR*.....148 BN 39
Satriano *CZ*.....175 BH 52
Satriano di Lucania *PZ*.....153 BC 40
Saturnana *PT*.....86 AA 20
Saturnia *GR*.....104 AE 28
Saturo *TA*.....157 BM 41
Saubam / Sant'Ingenuim *BZ*.....13 AE 4
Sauglio *TO*.....48 H 14
Sauris di Sopra *UD*.....15 AL 5
Sauris di Sotto *UD*.....15 AL 5
Sauro *ME*.....188 AY 55
Sause *VC*.....20 J 8
Sauze di Cesana *TO*.....46 C 14
Sauze d'Oulx *TO*.....46 C 13
Sava *AV*.....151 AX 39
Sava *TA*.....157 BO 41
Savalons *UD*.....30 AN 7
Savarna *RA*.....69 AH 16
Savazza *BO*.....81 AD 18
Savelletri *BR*.....148 BN 38
Savelli *KR*.....172 BJ 48
Savelli *PG*.....107 AN 27
Savellon *PD*.....56 AF 13
Savenone *BS*.....25 W 9
Savi *AT*.....48 I 14
Saviano *NA*.....151 AW 38
Savigliano *CN*.....59 G 16
Savignano *BO*.....80 AB 18
Savignano *PG*.....89 AJ 20
Savignano *TN*.....26 AB 8
Savignano a Mare *FC*.....83 AJ 19
Savignano di Rigo *FC*.....88 AI 20
Savignano Irpino *AV*.....143 BA 36
Savignano sul Panaro *MO*.....66 AB 17
Savignano sul Rubicone *FC*.....83 AJ 19
Savignano-Montetassi *PU*.....89 AJ 20
Savigno *BO*.....80 AB 17
Savinelli *CE*.....141 AV 37
Saviner di Calloneghe *BL*.....14 AH 5
Saviner di Laste *BL*.....14 AG 5
Savini *CH*.....117 AU 29
Savio *PD*.....42 AG 11
Savio *RA*.....82 AI 18
Saviore dell'Adamello *BS*.....25 X 7
Savoca *ME*.....189 BB 56
Savogna *UD*.....17 AQ 7
Savogna d'Isonzo *GO*.....31 AQ 8
Savognatica *RE*.....79 Y 17
Savogno *SO*.....9 R 5
Savoia di Lucania *PZ*.....153 BC 40
Savona *SV*.....75 L 18
Savonera *TO*.....47 G 13
Savoniero *MO*.....79 Y 17
Savora *TO*.....47 E 13
Savorgnano *PN*.....30 AM 8
Savorgnano del Torre *UD*.....16 AO 7
Savoulx *TO*.....46 B 13
Savuci *CZ*.....171 BI 49
Savuto *CS*.....170 BG 49
Sbarra *TE*.....115 AR 28
Sbarra Molinella *MN*.....54 AA 12
Sbabbiamara *GE*.....63 Q 16
Scacciano *RN*.....89 AK 20
Scafa *BN*.....142 AX 37
Scafa *ME*.....188 AX 55
Scafa *PE*.....116 AS 30
Scafali *PG*.....106 AL 26
Scafati *SA*.....151 AW 39
Scaffa *FR*.....130 AQ 34
Scaffardi *PR*.....64 U 15
Scafone Cipollazzi *ME*.....187 AW 55
Scaglia *RM*.....118 AF 31
Scaglieri *LI*.....100 W 27
Scagnane *PE*.....116 AS 30
Scagnane di Sotto *PE*.....116 AS 30
Scagnello *CN*.....74 I 17
Scai *RI*.....114 AO 28
Scala *ME*.....188 AZ 55
Scala *ME*.....189 BB 54
Scala *PI*.....85 AA 21
Scala *RC*.....178 BD 55
Scala *SA*.....151 AW 40
Scala Coeli *CS*.....169 BK 47
Scala di Furno *LE*.....158 BQ 42
Scala di Giocca *SS*.....209 M 39
Scala Greca *SR*.....203 BA 61
Scala Nuova *CL*.....193 AS 58
Scala Nuova *CL*.....193 AS 58
Scala Pedrosa *OT*.....210 R 39
Scala Ruia *OT*.....209 O 38

Scalandrone *NA*.....150 AT 38
Scalaro *TO*.....33 H 10
Scalchi *VI*.....41 AF 9
Scaldaferro *VI*.....41 AF 10
Scaldasole *PV*.....50 O 13
Scalea *CS*.....166 BD 45
Scalea *PA*.....184 AO 55
Scalelle *AP*.....108 AP 27
Scalenghe *TO*.....59 F 14
Scalera *PZ*.....144 BD 38
Scaleres / Schalders *BZ*.....4 AE 3
Scaletta Marina *ME*.....189 BB 55
Scaletta Sup. *ME*.....189 BB 55
Scaletta Uzzone *CN*.....61 K 17
Scaliti *VV*.....174 BF 52
Scalo Calitri-
  Pescopagano *AV*.....143 BB 38
Scalo dei Saraceni *FG*.....135 BE 34
Scalo di Savignano
  e Greci *AV*.....143 AZ 36
Scalo Ferroviario *AQ*.....123 AU 33
Scalo Ferroviario *CE*.....140 AT 36
Scalo Ferroviario *CS*.....166 BD 45
Scalo Ferroviario *CS*.....167 BG 46
Scalo Ferroviario *CZ*.....171 BH 50
Scalo Ferroviario *PA*.....185 AR 57
Scalo Ferroviario *RM*.....120 AL 32
Scalo Montorsi *BN*.....142 AX 37
Scalo Tarsia *CS*.....167 BG 46
Scalo Teverina *VT*.....113 AJ 29
Scalon *BL*.....28 AG 8
Scalonazzo *CT*.....197 AZ 58
Scalone *ME*.....189 BB 54
Scaltenigo *VE*.....42 AH 11
Scalvaia *SI*.....103 AB 25
Scalvino *BG*.....23 T 8
Scalzati *CL*.....171 BG 48
Scalzatoio *CE*.....141 AV 36
Scalzeri *VI*.....27 AC 8
Scamardella *BA*.....147 BL 38
Scamardi *CZ*.....175 BH 51
Scampata *AV*.....143 AZ 37
Scampata *FI*.....87 AD 22
Scampitella *AV*.....143 BA 37
Scanarello *RO*.....57 AJ 13
Scanasio *MI*.....36 P 11
Scandale *KR*.....173 BK 49
Scandeluzza *AT*.....49 J 13
Scandiano *RE*.....66 Z 16
Scandicci *FI*.....86 AC 21
Scandolara *TV*.....42 AH 10
Scandolara *VR*.....40 AB 10
Scandolara Ravara *CR*.....53 W 13
Scandolara Ripa d'Oglio *CR*.....53 V 12
Scandolaro *PG*.....106 AL 26
Scandole *BZ*.....5 AH 3
Scandole *VR*.....40 AB 10
Scandosio *TO*.....33 G 10
Scandriglia *RI*.....120 AM 31
Scanello *BO*.....80 AD 18
Scannabue *CR*.....37 S 11
Scanno *AQ*.....122 AS 32
Scano al Brembo *BG*.....37 S 9
Scano di Montiferro *OR*.....216 M 42
Scansano *AQ*.....103 AD 27
Scansano *AQ*.....121 AO 31
Scanzano *PG*.....106 AL 26
Scanzano Jonico *MT*.....165 BJ 42
Scanzorosciate *BG*.....37 T 9
Scapezzano *AN*.....90 AO 21
Scapoli *IS*.....131 AT 34
Scapuccia *AN*.....97 AM 23
Scaracci *RG*.....106 AL 27
Scarampi *PR*.....64 U 15
Scaramuccia *AL*.....61 L 15
Scarazze *CS*.....170 BF 48
Scarcelli *CS*.....166 BF 47
Scarcelli *ME*.....189 BB 54
Scarcioni *BN*.....133 AX 35
Scardevara *VR*.....55 AC 11
Scardola *PD*.....56 AG 12
Scardon *VR*.....40 AB 10
Scardovari *RO*.....57 AJ 14
Scarenna *CO*.....23 Q 8
Scareno *VB*.....21 M 7
Scaria *CO*.....22 P 8
Scaricalasino *AN*.....91 AQ 22
Scario *SA*.....163 BB 43
Scarlino *GR*.....102 AA 26
Scarlino Scalo *GR*.....102 AA 26
Scarmagno *TO*.....34 I 11
Scarna *SI*.....94 AB 23
Scarnadore *MN*.....54 Y 11
Scarnafigi *CN*.....59 G 15
Scarnecchia *AV*.....143 AZ 37
Scarnici-Forche *RC*.....178 BD 54

Scarpaleggia *PZ*.....164 BF 44
Scarparina *RC*.....179 BF 55
Scarpelli *CZ*.....171 BH 50
Scarpello *LU*.....79 Y 19
Scarperia *FI*.....86 AD 20
Scarpizzolo *BS*.....38 V 11
Scarro *VV*.....174 BG 51
Scarrone *CN*.....60 I 16
Scarrone *TO*.....60 I 14
Scarzola *RE*.....65 Y 16
Scascoli *BO*.....80 AC 18
Scatolari *VI*.....27 AC 8
Scauri *LT*.....139 AR 36
Scauri *TP*.....190 AG 63
Scauri Basso *TP*.....190 AG 63
Scavata *SA*.....152 AY 40
Scavignano *RA*.....81 AG 18
Scavolino *PU*.....88 AI 21
Scavolio *CS*.....170 BG 49
Scavuzzo *AG*.....198 AP 60
Scena / Schenna *BZ*.....3 AC 3
Scendame *RA*.....174 BG 52
Scendamo *VV*.....174 BH 51
Scentella *AP*.....108 AP 25
Scerne *TE*.....109 AT 28
Scerni *CH*.....124 AW 31
Sceselunghe *CE*.....141 AV 37
Scesta *LU*.....79 Y 19
Sceti *ME*.....188 AX 55
Schabs / Sciaves *BZ*.....4 AF 3
Schalders / Scaleres *BZ*.....4 AE 3
Scheggia *AR*.....95 AG 22
Scheggia e Pascelupo *PG*.....97 AL 23
Scheggianico *FI*.....81 AD 19
Scheggino *PG*.....107 AL 27
Schenna / Scena *BZ*.....3 AC 3
Schete *CE*.....131 AT 35
Schia *PR*.....65 W 17
Schiagni *PG*.....97 AL 25
Schianno *VA*.....36 O 9
Schiava *NA*.....141 AW 38
Schiavi *AV*.....143 BB 38
Schiavi *AV*.....41 AD 10
Schiavi di Abruzzo *CH*.....123 AV 33
Schiavizzolo *AR*.....95 AG 24
Schiavo *RC*.....179 BG 54
Schiavo *RC*.....177 BG 54
Schiavoi *PN*.....29 AJ 8
Schiavon *VI*.....41 AE 9
Schiavonea *CS*.....171 BG 48
Schiavoni *BN*.....133 AW 36
Schiavonia *PD*.....56 AF 12
Schiazzano *FC*.....88 AH 20
Schiazzano *NA*.....151 AV 40
Schieno Vieste *CZ*.....171 BG 49
Schieranco *VB*.....6 J 7
Schierano *AT*.....48 I 13
Schiete *CE*.....141 AV 37
Schieti *PU*.....89 AK 21
Schievenin *BL*.....28 AG 8
Schifanoia *TR*.....113 AK 29
Schifanola *PG*.....97 AK 24
Schifoni *NU*.....211 S 39
Schignano *PO*.....86 AB 20
Schignano *PU*.....88 AH 21
Schilpario *BG*.....24 V 7
Schine *PG*.....96 AH 23
Schio *VI*.....41 AD 9
Schiocca *VV*.....174 BG 51
Schioppo *PG*.....106 AL 27
Schito *MC*.....108 AO 25
Schivenoglia *MN*.....55 AB 14
Schivito *AV*.....142 AZ 37
Schizzola *PV*.....51 P 14
Schlanders / Silandro *BZ*.....12 Z 4
Schlaneid / Salonetto *BZ*.....12 AC 4
Schleis / Clusio *BZ*.....2 Y 3
Schluderbach / Carbonin *BZ*.....4 AI 4
Schluderns / Sluderno *BZ*.....2 Y 4
Schmieden / Ferrara *BZ*.....5 AH 3
Schnels / Senales *BZ*.....3 AA 3
Schonau / Belprato *BZ*.....3 AB 2
Schwazenbach /
  Rionero *BZ*.....13 AD 5
Sciabani *AG*.....199 AS 60
Sciacca *AG*.....191 AN 58
Scialara *FG*.....127 BF 32
Sciali degli Zingari *FG*.....135 BE 34
Sciali di Lauro *FG*.....135 BE 34
Scianini *ME*.....188 AY 55
Sciano *FI*.....93 AB 22
Sciantarri *VV*.....176 BF 52
Sciara *PA*.....185 AR 56
Sciarborasca *GE*.....75 M 17
Sciattigli *FR*.....131 AS 35
Sciaves / Schabs *BZ*.....4 AF 3
Sciccone *NA*.....150 AT 38

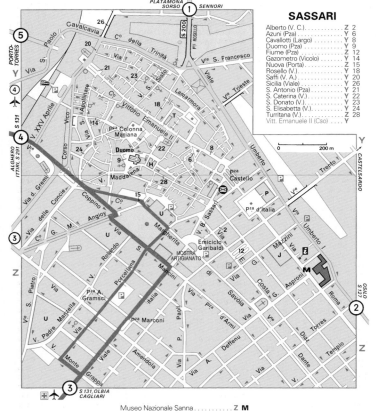

SASSARI

Alberto (V. C.).....Z 2
Azuni (Pza).....Y 6
Cavallotti (Largo).....Y 8
Duomo (Pza).....Y 9
Fiume (Pza).....Y 12
Gazometro (Vicolo).....Y 14
Nuova (Porta).....Z 15
Rosello (V.).....Y 18
Saffi (V. A.).....Y 20
Sicilia (Viale).....Y 26
S. Antonio (Pza).....Y 21
S. Caterina (V.).....Y 22
S. Donato (V.).....Y 23
S. Elisabetta (V.).....Y 24
Turritana (V.).....Z 28
Vitt. Emanuele II (Cso).....Y

Museo Nazionale Sanna.....Z M

Scicli *RG* .... 204 AX 63
Scido *RC* .... 179 BE 54
Sciedi *PG* .... 107 AN 27
Scifelli *FR* .... 130 AP 33
Scifelli *FR* .... 130 AP 34
Sciffra *PZ* .... 154 BD 40
Scifi *ME* .... 189 BA 56
Scifo *KR* .... 173 BM 49
Scigliano *CS* .... 171 BG 49
Scigliati *SA* .... 152 AZ 41
Sciglio *ME* .... 189 BB 56
Scilla *RC* .... 178 BD 54
Scillato *PA* .... 186 AS 56
Scille *AR* .... 88 AG 22
Scillichenti *CT* .... 197 BA 58
Scintilia *AG* .... 193 AR 59
Sciolze *TO* .... 48 I 13
Scipione *PR* .... 64 U 15
Scipione *TE* .... 116 AR 28
Scirca *PG* .... 97 AL 23
Scirropio *KR* .... 173 BK 48
Scisciano *AN* .... 98 AN 23
Scisciano *NA* .... 151 AV 38
Sciullo *AQ* .... 123 AU 32
Sciuvechi *TP* .... 190 AG 63
Scivolenta *CS* .... 166 BF 46
Sclafani Bagni *PA* .... 186 AS 57
Sclanò *RC* .... 178 BD 55
Sclaunicco *UD* .... 30 AN 8
Scoffera *GE* .... 63 P 17
Scoglitti *RG* .... 204 AV 62
Scogna Inf. *SP* .... 77 T 18
Scogna Sup. *SP* .... 77 T 18
Scoiano *AR* .... 95 AH 22
Scomigo *TV* .... 29 AI 8
Scontrone *AQ* .... 131 AT 33
Scopa *VC* .... 34 J 9
Scopella *VA* .... 40 AA 11
Scopello *TP* .... 183 AL 55
Scopello *VC* .... 34 J 9
Scopeti *FI* .... 87 AE 20
Scopeto *AR* .... 95 AG 23
Scopeto *SI* .... 94 AD 23
Scopeto *SI* .... 104 AD 25
Scopetta *VC* .... 34 J 9
Scopiccio *LT* .... 129 AN 34
Scopoli *PG* .... 106 AL 26
Scopolo *PR* .... 64 S 16
Scoppieto *TR* .... 105 AI 27
Scoppio *TR* .... 106 AK 27
Scoppito *AQ* .... 114 AO 29
Scorano *MS* .... 77 U 17
Scorcelletti *AN* .... 98 AO 22
Scorcetoli *MS* .... 78 U 17
Scorciagallo *CH* .... 123 AV 31
Scorciapelle *RC* .... 177 BG 54
Scorciosa *CH* .... 117 AV 30
Scorcoro *PR* .... 65 X 16
Scordia *CT* .... 202 AY 60
Scorgiano *SI* .... 94 AB 23
Scoria *SA* .... 153 BB 40
Scorrano *LE* .... 161 BS 43
Scorrano *TE* .... 109 AR 28
Scorrone *CN* .... 61 K 16
Scortichino *FE* .... 67 AC 14
Scorzano *AN* .... 97 AM 23
Scorzarolo *MN* .... 54 Z 13
Scorzè *VE* .... 42 AH 10
Scorzo *SA* .... 153 BA 40
Scossicci *MC* .... 99 AQ 23
Scotaneto *PU* .... 89 AL 21
Scovetta *RO* .... 57 AJ 14
Scovizze *VI* .... 41 AD 10
Scovola *BS* .... 38 W 11
Scriò *GO* .... 31 AQ 7
Scrisà *RC* .... 179 BF 55
Scrisera *ME* .... 188 AX 55
Scritto *PG* .... 96 AK 24
Scrofario *RC* .... 176 BF 53
Scrofiano *SI* .... 95 AF 24
Scruppo *PZ* .... 154 BD 41
Scrutto *UD* .... 31 AQ 7
Scubina *UD* .... 17 AQ 6
Sculazzon *VI* .... 27 AD 8
Sculca *CS* .... 171 BI 48
Sculchiella *CS* .... 171 BI 48
Scullera *BG* .... 24 T 8
Scuola San Pietro *MC* .... 98 AQ 23
Scuole *RM* .... 119 AI 32
Scupaggiu *OT* .... 209 O 38
Scura *CT* .... 197 AZ 58
Scurano *PR* .... 65 W 16
Scurati *TP* .... 182 AL 55
Scurcola Marsicana *AQ* .... 121 AP 31
Scurelle *TN* .... 27 AE 7
Scurtabò *SP* .... 77 S 17
Scurzolengo *AT* .... 49 K 14

Scutellara *RE* .... 65 X 14
Sealza *IM* .... 72 G 21
Seano *PO* .... 86 AB 21
Sebbioni *CB* .... 132 AV 34
Seborga *IM* .... 72 H 21
Secca Grande *AG* .... 192 AO 59
Seccata *CN* .... 71 H 18
Secchia *MO* .... 66 AA 15
Secchia *RE* .... 66 Z 16
Secchiano *PU* .... 88 AI 20
Secchiano *PU* .... 89 AK 22
Secciola *TE* .... 108 AR 27
Secli *LE* .... 160 BR 43
Seconde Ville *RI* .... 114 AM 30
Secula *VI* .... 41 AE 11
Seddargia *CI* .... 224 M 48
Seddas Moddizzis *CI* .... 224 L 48
Sedegliano *UD* .... 30 AM 7
Sedena *BS* .... 39 X 11
Sedesina *BS* .... 39 X 10
Sedico *BL* .... 28 AH 7
Sedilis *UD* .... 16 AO 6
Sedilo *OR* .... 217 O 42
Sedime *TO* .... 48 G 12
Sedini *SS* .... 209 N 38
Sedrano *PN* .... 29 AL 7
Sedriano *MI* .... 36 O 11
Sedrina *BG* .... 23 S 9
Sedrio *RE* .... 65 Y 16
Sefro *MC* .... 97 AM 25
Sega *MI* .... 50 O 11
Sega *PD* .... 41 AG 10
Sega *TN* .... 26 AB 8
Sega *TN* .... 26 AB 9
Sega *TV* .... 42 AH 10
Sega *VR* .... 39 Z 10
Sega Digon *BL* .... 15 AK 4
Segabiello *BS* .... 38 V 10
Segalare *FE* .... 57 AI 14
Segalari *FI* .... 86 AC 20
Segana *PA* .... 184 AO 55
Segariu *VS* .... 221 O 46
Segat *TV* .... 28 AI 7
Seggiano *GR* .... 104 AE 26
Seggiano *PG* .... 106 AK 26
Seggio *CS* .... 168 BH 46
Seggio *LU* .... 79 Y 19
Seggio *PG* .... 107 AM 25
Seggiole *MC* .... 107 AN 25
Seghe *BZ* .... 5 AI 3
Seghe *TN* .... 26 AA 7
Seghe *VI* .... 27 AD 9
Seghebbia *CO* .... 22 P 7
Segheria *BZ* .... 5 AH 3
Seghetto *LU* .... 85 Y 20
Seglia *IM* .... 72 G 21
Segnacco *UD* .... 16 AO 6
Segni *RM* .... 129 AN 33
Segno *SV* .... 74 L 18
Segno *TN* .... 12 AB 6
Segonda *MN* .... 55 AC 14
Segonzano *TN* .... 26 AC 6
Segrate *MI* .... 36 Q 11
Segreta *CT* .... 197 AY 58
Segromigno *LU* .... 85 Y 20
Seguno *FC* .... 88 AH 20
Seguro *MI* .... 36 P 11
Segusino *TV* .... 28 AG 8
Seiano *NA* .... 151 AV 40
Seio *TN* .... 12 AB 5
Seis / Siusi *BZ* .... 13 AE 4
Seissogne *AO* .... 33 F 9
Selargius *CA* .... 226 Q 48
Selasca *VB* .... 21 M 8
Selbagnone *FC* .... 82 AH 18
Selci *PG* .... 96 AI 22
Selci *RI* .... 113 AK 30
Selegas *CA* .... 221 P 46
Selegnano *AP* .... 98 AP 25
Seleiraut *TO* .... 46 D 13
Selinunte *TP* .... 191 AL 58
Sella *BI* .... 34 J 10
Sella *GE* .... 63 P 17
Sella *TN* .... 27 AD 7
Sella *UD* .... 30 AN 8
Sella *VI* .... 41 AD 10
Sella *VR* .... 27 AC 8
Sella / Soll *BZ* .... 12 AC 5
Sella di Corno *AQ* .... 114 AO 29
Sella Nevea *UD* .... 17 AP 5
Sellano *PG* .... 107 AM 26
Sellecchia *RI* .... 113 AL 29
Sellere *BG* .... 24 V 9
Sellero *BS* .... 25 X 7

Sellette *CN* .... 58 D 16
Sellia *CZ* .... 171 BI 50
Sellia Marina *CZ* .... 175 BJ 50
Sellica *ME* .... 188 AY 55
Sellina *CS* .... 170 BF 48
Sellitte *CS* .... 167 BG 46
Seluci *PZ* .... 164 BE 43
Selva *BI* .... 34 J 10
Selva *BR* .... 147 BM 39
Selva *PN* .... 29 AK 7
Selva *RO* .... 56 AG 13
Selva *VT* .... 112 AH 28
Selva /Walkenstein *BZ* .... 13 AF 4
Selva Candida *RM* .... 119 AJ 32
Selva Cimino-Setera *LT* .... 139 AR 36
Selva dei Molini /
Mühtwald *BZ* .... 4 AG 2
Selva del Montello *TV* .... 28 AH 9
Selva di Cadore *BL* .... 14 AH 5
Selva di Progno *VR* .... 40 AB 10
Selva di Trissino *VI* .... 40 AC 10
Selva Grossa *PR* .... 64 V 16
Selva Maggiore *CR* .... 38 U 11
Selva Malvezzi *BO* .... 68 AE 16
Selva Piana-Baia
d'Argento *LT* .... 138 AN 36
Selva Ponterossi *SA* .... 162 AZ 42
Selva Sup. *AL* .... 63 P 15
Selvacava *FR* .... 131 AR 35
Selvaccia *SI* .... 94 AC 24
Selvaggio *TO* .... 47 E 13
Selvalagli *MC* .... 98 AN 24
Selvalonga *FR* .... 131 AS 35
Selvanelli *SI* .... 95 AF 25
Selvanizza *PR* .... 78 W 17
Selvapiana *AL* .... 63 Q 15
Selvapiana *BN* .... 133 AY 35
Selvapiana *FC* .... 88 AH 20
Selvapiana *MC* .... 107 AM 26
Selvapiana *RE* .... 65 X 16
Selvarelle Basse *TR* .... 106 AJ 27
Selvarizzo *MN* .... 54 Y 12
Selvatelle *PI* .... 93 Z 22
Selvatine *SA* .... 162 AZ 42
Selvatorta *AN* .... 90 AO 22
Selvavecchia *VR* .... 40 AA 10
Selvazzano *RC* .... 97 AN 25
Selvazzano Dentro *PD* .... 41 AF 11
Selve *VC* .... 49 K 12
Selve Vecchie *AV* .... 142 AX 38
Selvelle *FR* .... 131 AQ 34
Selvena *GR* .... 104 AE 27
Selvino *BG* .... 37 T 9
Selvis *UD* .... 30 AO 7
Selvola *PR* .... 63 S 16
Selvone *FR* .... 131 AS 35
Selvone *IS* .... 132 AT 34
Selvotta *FR* .... 131 AR 35
Selvotta *IS* .... 132 AT 35
Selvuzzis *UD* .... 30 AO 8
Semelano *MO* .... 80 AA 18
Sementana *AN* .... 97 AM 22
Semestene *SS* .... 213 N 41
Semiana *PV* .... 50 N 13
Seminara *RC* .... 176 BE 53
Seminario *CS* .... 168 BI 46
Seminario *VT* .... 105 AG 27
Seminario Vescovile *FG* .... 135 BC 35
Seminenga *AL* .... 49 J 13
Semino *GE* .... 62 O 16
Seminò *PC* .... 51 R 14
Semogo *SO* .... 11 W 5
Semoin *PD* .... 42 AG 11
Semonte Castello *PG* .... 96 AK 23
Semonte-Casamorcia *PG* .... 96 AK 23
Semonzetto *TV* .... 28 AF 9
Semonzo *TV* .... 28 AF 9
Semovigo *GE* .... 77 R 17
Semproniano *GR* .... 104 AE 27
Semurano *CO* .... 23 Q 7
S'ena 'e sa Chitta *NU* .... 215 T 40
Senago *MI* .... 36 P 10
Senale / Walde *BZ* .... 12 AB 4
Senales / Schnels *BZ* .... 3 AA 3
Senarega *GE* .... 63 P 16
Senarica *TE* .... 115 AQ 28
Senatello *PU* .... 88 AH 21
Seneghe *OR* .... 216 M 43
Senerchia *AV* .... 152 BA 39
Seniga *BS* .... 53 W 12
Senigallia *AN* .... 90 AO 21
Senis *OR* .... 218 O 45
Senise *PZ* .... 164 BG 43
Senna Comasco *CO* .... 36 P 9
Senna Lodigiana *LO* .... 52 S 13
Sennariolo *OR* .... 216 M 42
Senni *FI* .... 86 AD 20

Sennori *SS* .... 209 M 39
Sènoli *RC* .... 179 BF 54
Senorbi *CA* .... 222 P 46
Sensano *PI* .... 93 AA 23
Sentina *AP* .... 109 AS 26
Sentino *MC* .... 98 AN 25
Senzano *BS* .... 38 V 9
Senzano *FC* .... 81 AF 19
Separassiu *CA* .... 226 Q 48
Sepicciano *CE* .... 132 AV 35
Sepino *CB* .... 133 AW 35
Seppiana *VB* .... 7 K 7
Seppio *MC* .... 97 AN 24
Septumian *AO* .... 33 G 9
Sequals *PN* .... 30 AL 7
Serapo *LT* .... 139 AQ 36
Seravezza *LU* .... 84 W 20
Serbadone *RN* .... 89 AK 20
Serbariu *CI* .... 224 M 49
Sercognano *MS* .... 78 V 18
Serdes *BL* .... 14 AI 5
Serdiana *CA* .... 222 P 47
Seregno *MI* .... 36 Q 10
Seren del Grappa *BL* .... 28 AG 8
Sergnano *CR* .... 37 T 11
Sergola *MS* .... 77 U 17
Seriana *LU* .... 78 W 18
Seriate *BG* .... 37 T 9
Serie *BS* .... 39 X 10
Serione *MC* .... 98 AO 25
Serle *BS* .... 39 X 10
Serluca -Calabaia *CS* .... 166 BE 46
Sermerio *BS* .... 25 Z 9
Sermezzana *LU* .... 78 W 18
Sermide *MN* .... 55 AC 13
Sermoneta *LT* .... 129 AM 34
Sermoneta Scalo *LT* .... 129 AM 34
Sermoria *AL* .... 62 N 16
Sermugnano *VT* .... 105 AH 28
Semaglia della Battaglia *TV* .... 28 AH 8
Sernaglia *BS* .... 39 Y 10
Sernio *SO* .... 10 W 6
Sernovella *LC* .... 37 R 9
Serò *BL* .... 28 AF 7
Serole *AT* .... 61 K 16
Serone *SO* .... 23 S 7
Serpiano *MO* .... 79 Y 18
Serra *AL* .... 49 K 13
Serra *AL* .... 49 K 13
Serra *AL* .... 61 L 14
Serra *AL* .... 61 L 15
Serra *AL* .... 63 P 15
Serra *AP* .... 108 AP 26
Serra *AT* .... 88 AG 21
Serra *AT* .... 48 I 13
Serra *AV* .... 142 AY 37
Serra *AV* .... 142 AY 38
Serra *AV* .... 142 AY 38
Serra *AV* .... 142 AZ 37
Serra *CN* .... 74 I 18
Serra *CN* .... 61 J 17
Serra *CS* .... 171 BG 48
Serra *CT* .... 196 AX 56
Serra *CZ* .... 168 BG 50
Serra *CZ* .... 171 BH 50
Serra *CZ* .... 175 BJ 50
Serra *FC* .... 88 AI 20
Serra *GE* .... 76 Q 17
Serra *MO* .... 79 Z 17
Serra *PA* .... 183 AN 55
Serra *PI* .... 93 Z 24
Serra *PU* .... 86 AB 21
Serra *PU* .... 89 AL 20
Serra *PU* .... 89 AL 20
Serra *PZ* .... 153 BD 40
Serra *PZ* .... 164 BF 44
Serra *RE* .... 66 Y 16
Serra *RN* .... 89 AK 20
Serra *SA* .... 162 AY 42
Serra *SA* .... 152 AZ 41
Serra *SP* .... 78 U 19
Serra *TE* .... 108 AQ 27
Serra *TN* .... 12 Z 5
Serra Alimini I *LE* .... 159 BT 42
Serra Alimini II *LE* .... 159 BT 42
Serra Amendola *MT* .... 154 BF 39
Serra Bassa *PG* .... 106 AL 26
Serra Bernarda *ME* .... 187 AW 55
Serra Brunamonti *PG* .... 97 AK 24
Serra Carpini *IS* .... 123 AV 32
Serra Castagna *CZ* .... 171 BG 49
Serra Cavallo *MT* .... 155 BG 40
Serra Chiesa *CZ* .... 171 BH 49
Serra d'Aiello *CS* .... 170 BF 49
Serra d'Asino *CS* .... 167 BG 46
Serra dei Monti *BN* .... 142 AY 36
Serra del Monte *PV* .... 63 P 15

Serra del Stella *BA* .... 146 BH 39
Serra dell'Edera *SA* .... 163 BC 42
Serra di Croce *MT* .... 155 BH 41
Serra di Fusco *AV* .... 143 BA 37
Serra di Genga *PU* .... 89 AL 21
Serra di Maiolo *PU* .... 88 AI 20
Serra di Piastra *PU* .... 89 AJ 21
Serra di Piro *CS* .... 171 BH 49
Serra di Sopra *BO* .... 80 AC 19
Serra di Sopra *RN* .... 89 AK 20
Serra di Sotto *RN* .... 89 AK 20
Serra d'Olivo *CS* .... 170 BF 48
Serra d'Ulivo *CS* .... 170 BG 47
Serra Innocenti *PA* .... 185 AQ 55
Serra Marina *MT* .... 156 BJ 41
Serra Masini *PU* .... 88 AI 20
Serra Miceli *CS* .... 170 BG 48
Serra Nanni *PU* .... 89 AL 22
Serra Pedace *CS* .... 171 BH 48
Serra Pertucci *PG* .... 96 AJ 24
Serra Pistoiese *PT* .... 85 Z 20
Serra San Bruno *VV* .... 174 BG 52
Serra San Facondino *AN* .... 97 AM 23
Serra San Quirico *AN* .... 97 AN 23
Serra Sant'Abbondio *PU* .... 97 AL 23
Serra Sarzana *BO* .... 80 AB 18
Serra Scirocco *PA* .... 185 AQ 55
Serra Venerdi *MT* .... 155 BI 39
Serrada *TN* .... 26 AB 8
Serradarce *SA* .... 152 AZ 40
Serradica *AN* .... 97 AM 24
Serradifalco *CL* .... 193 AS 59
Serradimigni *MO* .... 79 Y 18
Serraglio *BO* .... 80 AC 19
Serraglio *MN* .... 54 Z 13
Serraglio *RA* .... 68 AF 17
Serraglio *VR* .... 54 AA 12
Serralonga *AV* .... 143 AZ 36
Serralonga *CS* .... 168 BH 47
Serralonga *SS* .... 208 M 39
Serralta *MC* .... 98 AO 24
Serralta *MS* .... 77 U 18
Serralunga d'Alba *CN* .... 60 J 16
Serralunga di Crea *AL* .... 49 K 13
Serramanna *VS* .... 221 O 47
Serramazzoni *MO* .... 79 Z 17
Serramezzana *SA* .... 162 AZ 42
Serramonacesca *PE* .... 116 AT 30
Serrano *LE* .... 161 BT 42
Serranova *BR* .... 148 BP 39
Serrapetrona *MC* .... 98 AO 24
Serrapreta *AV* .... 143 AZ 37
Serraspinosa *PU* .... 89 AL 22
Serrastretta *CZ* .... 171 BH 49
Serrata *RC* .... 176 BF 52
Serravalle *AT* .... 87 AE 21
Serravalle *AT* .... 49 J 14
Serravalle *CN* .... 59 F 16
Serravalle *FE* .... 56 AH 14
Serravalle *FI* .... 86 AC 20
Serravalle *MS* .... 78 U 17
Serravalle *PG* .... 107 AN 27
Serravalle *PR* .... 64 U 15
Serravalle *RSM* .... 89 AJ 20
Serravalle *SI* .... 95 AE 24
Serravalle a Po *MN* .... 55 AB 13
Serravalle all'Adige *TN* .... 26 AB 9
Serravalle di Carda *PU* .... 89 AJ 22
Serravalle di Chienti *MC* .... 107 AM 25
Serravalle Langhe *CN* .... 61 J 16
Serravalle Pistoiese *PT* .... 85 Z 20
Serravalle Scrivia *AL* .... 62 O 15
Serravalle Sesia *VC* .... 35 K 9
Serrazzano *PI* .... 93 Z 24
Serre *AV* .... 143 AZ 38
Serre *BN* .... 141 AW 36
Serre *CH* .... 123 AV 32
Serre *CN* .... 58 D 16
Serre *CN* .... 59 E 15
Serre *ME* .... 187 AW 55
Serre *MO* .... 79 Z 17
Serre *TO* .... 46 D 14
Serre *TO* .... 47 E 14
Serre *TO* .... 47 E 14
Serre *TO* .... 59 E 14
Serre Calabre *VV* .... 174 BG 52
Serre di Conca *FR* .... 131 AR 33
Serre di Rapolano *SI* .... 95 AE 24
Serrenti *VS* .... 221 O 47
Serreta *IM* .... 73 J 20
Serretta *MS* .... 78 W 19
Serretto *PT* .... 79 Y 19
Serri *CA* .... 222 P 45

Serricciolo *MS* .... 78 V 18
Serricella *CS* .... 166 BF 47
Serricella *CS* .... 168 BH 47
Serricella *VV* .... 177 BG 53
Serripola *MC* .... 98 AN 24
Serrisi *CS* .... 171 BI 48
Serro *CN* .... 59 E 16
Serro *CN* .... 71 H 18
Serro *ME* .... 188 AY 55
Serro *ME* .... 189 BA 54
Serro *ME* .... 189 BB 54
Serro *RC* .... 178 BD 54
Serro *RC* .... 178 BD 55
Serro Alloro *ME* .... 188 AX 55
Serro Calderaro *CT* .... 195 AW 59
Serro d'Annunzio *AV* .... 143 BA 37
Serro del Bosco *AV* .... 143 AZ 38
Serro di Ruzzolino *ME* .... 188 BA 55
Serro Palumbo *AV* .... 143 AZ 37
Serromaio *ME* .... 188 AY 55
Serronchia *MC* .... 98 AN 23
Serrone *FR* .... 121 AN 32
Serrone *MC* .... 98 AO 24
Serrone *PG* .... 107 AM 26
Serrone *PZ* .... 164 BE 43
Serrone *SA* .... 153 BC 41
Serroni *AV* .... 151 AX 38
Serroni *LT* .... 130 AO 35
Serroni *RM* .... 121 AO 32
Serroni *SA* .... 152 AY 40
Serroni *SA* .... 152 BA 39
Serrungarina *PU* .... 90 AM 21
Sersale *CZ* .... 172 BJ 49
Seruci *CI* .... 224 L 48
Servagno *CN* .... 70 D 17
Servagno *CZ* .... 175 BH 51
Servigliani *MC* .... 107 AO 25
Servigliano *AP* .... 98 AP 25
Servillo *TE* .... 108 AQ 28
Servino *CN* .... 70 D 17
Servo *BL* .... 28 AF 7
Sesana *VA* .... 35 M 9
Sessa Aurunca *CE* .... 140 AS 36
Sessa Cilento *SA* .... 162 AZ 42
Sessaglia *PU* .... 89 AJ 22
Sessame *AT* .... 61 L 15
Sessana *AL* .... 49 K 13
Sessano del Molise *IS* .... 132 AU 34
Sessant *AT* .... 49 J 14
Sessarego *GE* .... 76 P 17
Sesso *RE* .... 66 Y 15
Sesta *PR* .... 78 V 17
Sesta Godano *SP* .... 77 T 18
Sestano *SI* .... 94 AE 23
Sestino *AR* .... 88 AI 21
Sesto *LO* .... 51 S 12
Sesto *RG* .... 202 AW 61
Sesto *TN* .... 26 AA 7
Sesto / Sexten *BZ* .... 5 AJ 3
Sesto al Reghena *PN* .... 30 AL 8
Sesto Calende *VA* .... 35 M 9
Sesto Campano *IS* .... 132 AT 35
Sesto Ed Uniti *CR* .... 52 U 12
Sesto Fiorentino *FI* .... 86 AC 20
Sesto Imolese *BO* .... 68 AF 17
Sesto San Giovanni *MI* .... 36 Q 10
Sesto Ulteriano *MI* .... 36 Q 11
Sestola *MO* .... 79 Z 18
Sestri Levante *GE* .... 77 R 18
Sestri Ponente *GE* .... 75 O 17
Sestriere *TO* .... 46 C 14
Sestriere Vecchio *TO* .... 46 C 14
Sestu *CA* .... 226 P 48
Seta *RE* .... 66 Y 15
Setri *PG* .... 107 AM 26
Settala *MI* .... 37 R 11
Sette Dolori *RM* .... 114 AM 29
Sette Feudi *CT* .... 202 AW 60
Sette Poste *FG* .... 135 BE 35
Sette Torri *BA* .... 146 BI 37
Sette Vene *VT* .... 119 AJ 31
Settebagni *RM* .... 119 AK 31
Settecamini *RM* .... 120 AK 32
Settecerri *TE* .... 108 AQ 27
Settecomuni *TV* .... 42 AI 10
Settefichi *SA* .... 152 AX 39
Settefinestre *MC* .... 98 AP 23
Settefonti *BO* .... 81 AD 17
Settefrati *FR* .... 131 AS 33
Settefrati *PA* .... 186 AS 55
Settepolesini *FE* .... 67 AD 14
Setteporte *KR* .... 173 BK 48
Settequerce / Siebeneich *BZ* .... 12 AC 4
Setterone *PR* .... 77 S 17
Setteville *RM* .... 120 AK 32
Setti Ballas *CA* .... 225 O 50
Settignano *FI* .... 86 AC 21

Settignano *FR* ... 131 AR 34
Settima *PC* ... 52 S 14
Settime *AT* ... 49 J 14
Settimello *FI* ... 86 AC 20
Settimo *CS* ... 167 BG 47
Settimo *PV* ... 51 Q 12
Settimo *TV* ... 42 AH 10
Settimo *VE* ... 29 AL 8
Settimo *VR* ... 40 AA 11
Settimo di Gallese *VR* ... 54 AA 12
Settimo Milanese *MI* ... 36 P 11
Settimo Rottaro *TO* ... 34 I 11
Settimo San Pietro *CA* ... 226 Q 48
Settimo Torinese *TO* ... 48 H 13
Settimo Vittone *TO* ... 34 H 10
Settingiano *CZ* ... 171 BI 50
Settingiano Scalo *CZ* ... 175 BI 50
Settumi *SR* ... 203 AZ 60
Setzu *VS* ... 221 O 45
Seui *OG* ... 218 Q 44
Seulo *CA* ... 218 Q 44

Seuni *CA* ... 222 P 46
Sevegliano *UD* ... 30 AO 8
Severini *AV* ... 142 AX 37
Seveso *MI* ... 36 P 10
Sevignano *TN* ... 26 AC 6
Sevizzano *PC* ... 63 R 14
Sexten / Sesto *BZ* ... 5 AJ 3
Sezza *UD* ... 16 AN 5
Sezzadio *AL* ... 62 M 15
Sezze *LT* ... 129 AN 35
Sezze Scalo *LT* ... 129 AN 35
Sezzella *AL* ... 62 O 15
Sfercia *MC* ... 98 AN 25
Sferracavallo *AV* ... 143 BA 37
Sferracavallo *TR* ... 105 AH 27
Sferro *CT* ... 195 AX 58
Sforza-costa *MC* ... 98 AP 24
Sforzesca *GR* ... 104 AF 27
Sforzesca *PV* ... 50 O 12
Sforzin *TV* ... 43 AK 9

Sfrizzera *VR* ... 54 Z 12
Sfruz *TN* ... 12 AB 5
Sgarbina *PV* ... 51 P 14
Sgarbossa Ponte Galle *PD* ... 42 AG 10
Sgonico *TS* ... 31 AR 9
Sgrillazzo *GR* ... 111 AD 28
Sgurgola *FR* ... 130 AN 33
Shling / Slingia *BZ* ... 2 X 3
Siacco *UD* ... 30 AO 7
Siamaggiore *OR* ... 216 N 44
Siamanna *OR* ... 217 N 44
Siano *CZ* ... 171 BI 50
Siano *SA* ... 151 AX 39
Siapiccia *OR* ... 217 N 44
Sibano *BO* ... 80 AC 18
Sibari *CS* ... 168 BH 45
Siba-Roncone *TP* ... 190 AG 63
Siberia *NU* ... 92 Y 22
Sicaminò *ME* ... 189 BA 55
Siccomonte *PR* ... 65 V 15

Sicelle *SI* ... 94 AC 22
Sicignano degli Albumi *SA* ... 153 BA 40
Sicili *SA* ... 163 BC 43
Sicilia *PZ* ... 154 BD 40
Sicille *SI* ... 95 AF 25
Sicina *TN* ... 13 AD 6
Siculiana *AG* ... 198 AP 59
Siculiana Marina *AG* ... 198 AP 59
Siddi *VS* ... 221 O 45
Siderno *RC* ... 179 BG 54
Siderno Sup. *RC* ... 177 BG 54
Sidolo *PR* ... 64 T 16
Sieci *FI* ... 87 AD 21
Sief *BL* ... 14 AG 5
Siena *ME* ... 188 AZ 55
Siena *SI* ... 94 AD 24
Sierre *BR* ... 148 BN 39
Sieti *SA* ... 152 AY 39
Sigilletto *UD* ... 15 AL 4
Sigillo *PG* ... 97 AL 24
Sigillo *RI* ... 114 AN 29
Sigliano *AR* ... 88 AH 22
Signa *FI* ... 86 AB 21
Signano *MS* ... 78 V 18
Signat / Signato *BZ* ... 13 AD 4
Signatico *PR* ... 65 V 16
Signato / Signat *BZ* ... 13 AD 4
Signayes *AO* ... 33 E 9
Signols *TO* ... 46 B 13
Signorella *PZ* ... 144 BC 38
Signoressa *TV* ... 42 AH 9
Signoria *PG* ... 106 AJ 25
Sigola *LO* ... 52 T 13
Siino Orsa *PA* ... 183 AN 54
Silana *OG* ... 219 S 43
Silandro / Schlanders *BZ* ... 12 Z 4
Silanus *NU* ... 213 O 42
Sile *PN* ... 29 AL 8
Sile *TV* ... 42 AH 9
Silea *TV* ... 42 AI 10
Silì *OR* ... 216 M 44
Siligo *SS* ... 213 N 40
Siliqua *CA* ... 225 N 48
Silius *CA* ... 222 Q 46
Silla *BO* ... 80 AA 18
Silla *SA* ... 153 BC 41
Sillano *LU* ... 78 W 18
Sillavengo *NO* ... 35 L 10
Sillavetro *BS* ... 39 Y 10
Sillicagnana *LU* ... 78 X 19
Sillicano *LU* ... 78 X 19
Sillico *LU* ... 79 X 19
Silva *AT* ... 61 K 14
Silva *PR* ... 64 U 15
Silva *TO* ... 34 H 11
Silvana Mansio *CS* ... 171 BI 48
Silvani *PC* ... 64 U 15
Silvano d'Orba *AL* ... 62 N 15
Silvano Pietra *PV* ... 50 O 13
Silvella *CR* ... 53 W 13
Silvella *TV* ... 29 AJ 8
Silvella *UD* ... 30 AN 7
Silvelle *PD* ... 42 AH 10
Silvera *NO* ... 35 L 9
Silvi Alta *TE* ... 116 AT 28
Silvi Marina *TE* ... 116 AT 28
Silviane *BS* ... 38 V 10
Silvignano *PG* ... 106 AU 27
Simala *OR* ... 221 N 45
Simaxis *OR* ... 217 N 44
Simbario *VV* ... 174 BH 52
Simeri *CZ* ... 171 BI 50
Simeri Mare *CZ* ... 175 BJ 50
Simigliano *ME* ... 188 BA 55
Simignano *SI* ... 94 AC 24
Simioni *PD* ... 42 AG 10
Simius *CA* ... 227 S 49
Simma *KR* ... 173 BK 48
Simonetti I *CS* ... 168 BH 47
Simoni *BN* ... 142 AX 36
Sinablana / Tanna *BZ* ... 12 AB 5
Sinagra *ME* ... 188 AY 55
Sinalunga *SI* ... 95 AF 24
Sindacale *VE* ... 43 AM 9
Sindaro Marina *ME* ... 189 BB 54
Sindia *NU* ... 213 M 42
Singlin *AO* ... 19 G 8
Sini *OR* ... 221 O 45
Sinigo *BZ* ... 12 AC 4
Sinio *CN* ... 60 J 16
Siniscola *NU* ... 215 T 40
Sinnai *CA* ... 226 Q 48
Sinni *CS* ... 166 BE 46
Sinopoli *RC* ... 178 BE 54
Sinopoli Inf. *RC* ... 178 BE 54
Sinopoli Vecchio *RC* ... 178 BE 54
Sintigliano *AR* ... 88 AH 21

Sipari *FG* ... 135 BE 35
Sipicciano *CE* ... 131 AS 36
Sipicciano *VT* ... 112 AI 29
Siracusa *SR* ... 203 BA 61
Sirai *CI* ... 224 L 48
Sirano *BO* ... 80 AC 17
Sirenuse *NA* ... 151 AV 40
Sirgole *LE* ... 160 BS 43
Sirignano *AV* ... 142 AW 38
Sirignano *PA* ... 183 AM 56
Siris *OR* ... 221 N 45
Sirleto *CZ* ... 177 BI 52
Sirmione *BS* ... 39 Y 11
Sirolo *AN* ... 91 AQ 22
Siror *TN* ... 28 AF 6
Sirri *CI* ... 224 M 48
Sirta *SO* ... 23 T 7
Sirtori *LC* ... 37 Q 9
Sirugno Sotto *CZ* ... 171 BG 49
Sisano *SA* ... 163 BC 43
S'Iscala *NU* ... 211 T 39
Sisini *CA* ... 222 P 46
Sismano *TR* ... 106 AJ 27
Sissa *PR* ... 53 W 14
Sista Alta *VE* ... 57 AH 12
Sista Bassa *VE* ... 57 AH 12
Sistiana *TS* ... 31 AQ 9
Sisto *BR* ... 147 BN 39
Sitagliacciu *NU* ... 211 S 39
Sitizano *RC* ... 179 BE 54
Sitran *BL* ... 29 AJ 7
Siurgus *CH* ... 222 Q 46
Siusi / Seis *BZ* ... 13 AE 4
Siva *BG* ... 23 S 8
Siviano *BS* ... 38 V 9
Sivigliano *UD* ... 30 AN 8
Sivignano *AQ* ... 115 AO 28
Sivizzano *PR* ... 65 V 16
Siziano *PV* ... 51 Q 12
Sizzano *NO* ... 35 L 10
Slebenelch / Settequerce *BZ* ... 12 AC 4
Slingia / Shlinig *BZ* ... 2 X 3
Slivia *TS* ... 31 AQ 9
Sluderno / Schluderns *BZ* ... 2 Y 4
Smarano *TN* ... 12 AB 5
Smeglio *VB* ... 7 K 6
Smerillo *AP* ... 108 AP 25
Sminatori *PU* ... 89 AL 20
Smirra *PU* ... 89 AL 22
Smudres *BZ* ... 4 AD 2
Snodres *BZ* ... 4 AE 3
Soanne *PU* ... 88 AJ 20
Soarza *PC* ... 52 V 13
Soave *MN* ... 54 Z 12
Soave *VR* ... 40 AC 11
Soccher *BL* ... 29 AI 6
Socchieve *UD* ... 16 AM 5
Socciglia *LU* ... 85 Y 20
Soccorso *ME* ... 189 BA 55
Soccorso *PG* ... 96 AI 25
Soccorso *SA* ... 151 AW 39
Soci *AR* ... 87 AF 21
Socol *BL* ... 14 AH 4
Socraggio *VB* ... 7 M 7
Socragno *VB* ... 7 N 7
Sodalarga *IS* ... 132 AT 34
Soddi *OR* ... 217 O 43
Sodo *AR* ... 95 AG 24
Soella *VI* ... 41 AE 10
Sofarma *MC* ... 98 AP 24
Sofferetti *CS* ... 168 BH 46
Soffranco *BL* ... 14 AI 6
Soffratta *TV* ... 29 AJ 8
Sofiliciano *SA* ... 151 AW 39
Soghe *VI* ... 41 AE 11
Sogliano al Rubicone *FC* ... 82 AI 19
Sogliano Cavour *LE* ... 160 BS 43
Soglio *AT* ... 49 J 14
Soglio *GE* ... 76 Q 17
Soglio *MS* ... 77 U 17
Soglio *VI* ... 27 AD 8
Soglio *VI* ... 40 AD 10
Soglioni *CB* ... 133 AX 34
Sogna *AR* ... 95 AE 23
Sogne *LC* ... 23 R 9
Soi di Dentro *VB* ... 20 J 8
Soi di Fuori *VB* ... 20 J 8
Soiana *PI* ... 93 Y 22
Soianella *PI* ... 93 Y 22
Soiano del Lago *BS* ... 39 Y 10
Sois *BL* ... 28 AH 7
Sola *BG* ... 37 T 11
Solagna *VI* ... 27 AF 9
Solagne *CH* ... 123 AV 31
Solagne *PE* ... 116 AS 30
Solaia *SI* ... 103 AC 25

Solanas *CA* ... 227 R 49
Solanas *OR* ... 216 M 44
Solano Inf. *RC* ... 178 BD 54
Solano Sup. *RC* ... 178 BD 54
Solanto *PA* ... 185 AQ 55
Solara *MO* ... 67 AB 15
Solara *RE* ... 65 X 16
Solarino *SR* ... 203 AZ 61
Solaro *LC* ... 23 R 9
Solaro *MI* ... 36 P 10
Solaro *PC* ... 63 R 15
Solaro *BS* ... 39 Y 10
Solarolo *CE* ... 53 W 13
Solarolo *MN* ... 54 Y 12
Solarolo *NO* ... 35 M 10
Solarolo *RA* ... 81 AG 17
Solarolo *SP* ... 77 S 18
Solarolo del Persico *CR* ... 53 V 12
Solarolo Paganino *CR* ... 53 W 13
Solarolo Rainerio *CR* ... 53 X 13
Solarussa *OR* ... 217 N 44
Solata *AR* ... 94 AE 23
Solazzo *EN* ... 194 AV 59
Solbiate *CO* ... 22 O 9
Solbiate Arno *VA* ... 36 N 9
Solbiate Olona *VA* ... 36 O 10
Solcano *CH* ... 116 AT 30
Solcio *NO* ... 35 M 9
Solcio *VB* ... 7 K 6
Solda / Sulden *BZ* ... 11 Y 4
Solda di Fuori /
 Ausser Sulden *BZ* ... 11 Y 4
Soldagnina *NO* ... 35 N 11
Soldano *IM* ... 72 G 21
Soleminis *CA* ... 222 Q 47
Solere *CN* ... 59 G 16
Solero *AL* ... 61 M 14
Soleschiano *UD* ... 31 AP 8
Solesino *PD* ... 56 AF 12
Soleto *LE* ... 160 BS 42
Solfara Mare *CS* ... 168 BJ 46
Solfarelli *PZ* ... 186 AS 56
Solfata *PZ* ... 154 BD 41
Solferino *MN* ... 39 Y 11
Solfurio *RC* ... 179 BG 54
Solgia *VB* ... 7 M 7
Solicchiata *CT* ... 197 AZ 56
Soliera *MO* ... 66 AA 15
Soliera *MS* ... 78 V 18
Solighetto *TV* ... 28 AI 8
Solignano *PR* ... 64 U 16
Solignano Nuovo *MO* ... 66 AA 16
Soligo *TV* ... 28 AH 8
Solimbergo *PN* ... 16 AL 6
Solità *NU* ... 211 T 39
Soliva *VC* ... 35 L 9
Solivo *VC* ... 20 J 8
Solivo *VC* ... 34 K 9
Soll / Sella *BZ* ... 12 AC 5
Solla *BN* ... 133 AX 36
Soller *TV* ... 28 AI 8
Solofra *AV* ... 142 AY 39
Sologno *NO* ... 35 M 10
Sologno *RE* ... 79 X 17
Solomeo *PG* ... 105 AI 25
Solomiac *TO* ... 46 B 14
Solonghello *AL* ... 49 K 13
Solopaca *BN* ... 141 AW 36
Soluco *BR* ... 147 BN 39
Soluri *CZ* ... 171 BI 50
Solza *BG* ... 37 R 9
Somaggia *SO* ... 9 R 6
Somaglia *LO* ... 52 S 13
Somano *CN* ... 60 J 16
Somasca *LC* ... 23 R 9
Sombreno *BG* ... 37 S 9
Someraro *VB* ... 21 M 8
Somma *PG* ... 106 AL 28
Somma Lombardo *VA* ... 35 N 9
Somma Vesuviana *NA* ... 151 AV 38
Somma-campagna *VR* ... 40 AA 11
Sommacologna *SO* ... 11 W 6
Sommana *LC* ... 141 AV 37
Sommaprada *BS* ... 25 W 8
Sommarese *AO* ... 33 H 9
Sommariva *PA* ... 184 AO 55
Sommariva del Bosco *CN* ... 60 H 15
Sommariva Perno *CN* ... 60 I 15
Sommati *RI* ... 108 AO 28
Sommatino *CL* ... 193 AS 59
Sommavilla *VR* ... 39 Z 9
Sommito *AV* ... 142 AZ 37
Sommo *CR* ... 53 V 13
Sommo *PV* ... 51 P 13

SIENA

0   200 m

Banchi di Sopra (V.) .... BVX 4
Banchi di Sotto (V.) .... BX 6
Beccafumi (V. D.) .... BV 9
Camporegio (V.) .... AV 15
Cantine (V. delle) .... BX 16
Capitano (V. del) .... AX 17
Casato di Sopra .... BX 18
Città (V. di) .... BX
Fusari (V. dei) .... AX 31

Galluzza (V. della) .... AX 32
Gazzani (V.) .... AX 33
Maitani (V. L.) .... BV 39
Massetana (Strada) .... AX 42
Montanini (V. dei) .... AV
Montluc (V. Biagio di) .... AX 45
Orti (V. degli) .... BV 49
Pellegrini (V. di) .... BX 50
Pian dei Mantellini .... AX 53

Pian d' Ovile .... ABV 54
Porrione (V. del) .... BX 59
Rinaldini (V.) .... BX 64
Salimbeni (Pza) .... BV 70
S. Caterina (V. di) .... AX 67
S. Girolamo (V.) .... BX 68
Tolomei (Pza) .... BV 78
Vittorio Emanuele II
 (Viale) .... AV 85

Battistero S. Giovanni .... A
Museo dell'Opera Metropolitana ..... M¹
Palazzo Pubblico .... H

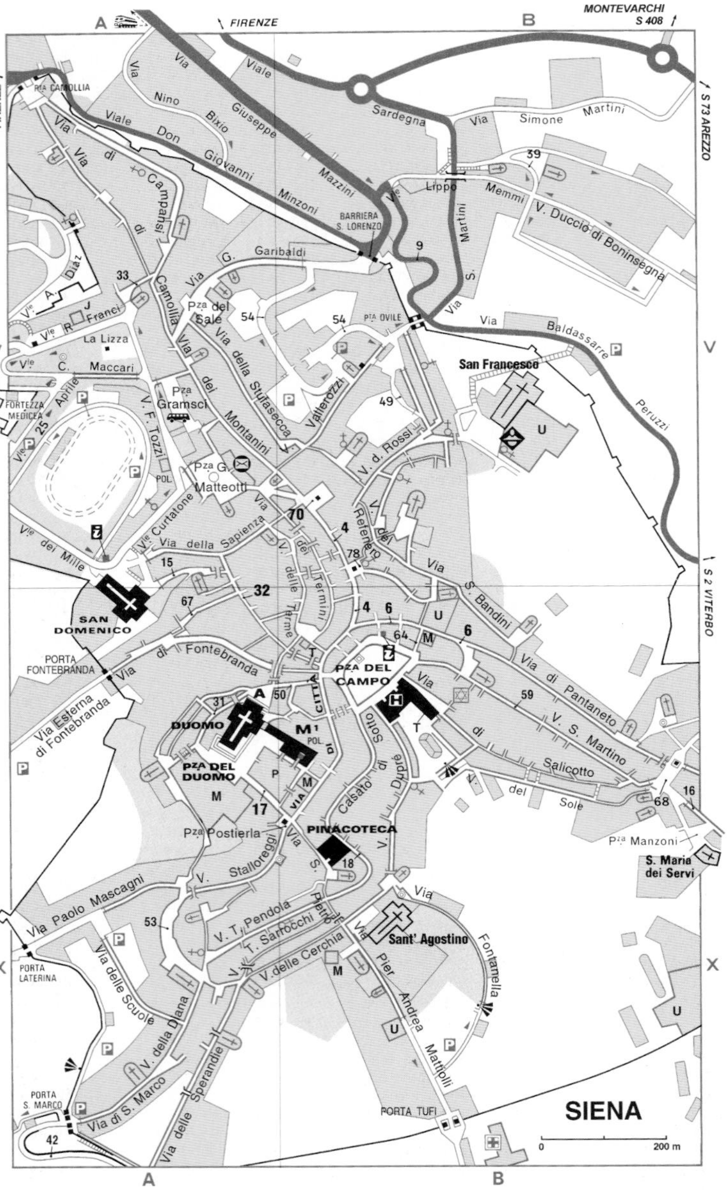

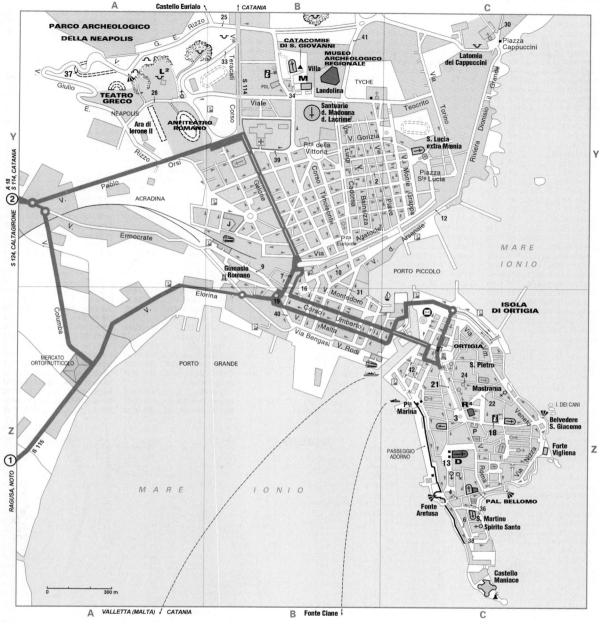

PARCO ARCHEOLOGICO DELLA NEAPOLIS · Castello Eurialo · CATANIA · TEATRO GRECO · NEAPOLIS · Ara di Ierone II · ANFITEATRO ROMANO · ACRADINA · Ginnasio Romano · CATACOMBE DI S. GIOVANNI · MUSEO ARCHEOLOGICO REGIONALE · Villa Landolina · TYCHE · Santuario d. Madonna d. Lacrime · Latomia dei Cappuccini · Piazza Cappuccini · S. Lucia extra Mœnia · Piazza St° Lucia · PORTO PICCOLO · MARE IONIO · ISOLA DI ORTIGIA · ORTIGIA · S. Pietro · Mastrarua · Belvedere S. Giacomo · I. DEI CANI · Forte Vigliena · PAL. BELLOMO · P¹ª Marina · MERCATO ORTOFRUTTICOLO · PORTO GRANDE · PASSEGGIO ADORNO · Fonte Aretusa · S. Martino · Spirito Santo · Castello Maniace · MARE IONIO

A18 S114, CATANIA · S124, CALTAGIRONE · S115 RAGUSA, NOTO · VALLETTA (MALTA) / CATANIA · Fonte Ciane

0 — 300 m

SIRACUSA

Agatocle (V.)	BCY	
Agrigento (V.)	BCY	2
Archimede (Pza)	CZ	3
Arsenale (V. d.)	BCY	
Bainsizza (V.)	BY	
Bengasi (V.)	BZ	
Cadorna (Viale L.)	BY	
Capodieci (V.)	CZ	4
Cappuccini (Pza)	CY	
Castello Maniace (V.)	CZ	6
Catania (V.)	BY	7
Columba (V.)	AYZ	
Crispi (V. F.)	BY	9
Diaz (Viale A.)	BY	10
Dionisio il Grande (Riviera)	CY	12
Duomo	CZ	
Duomo (Pza)	CZ	13
Elorina (V.)	ABZ	
Ermocrate (V.)	AY	
Euripide (Pza)	BY	
Foro Siracusano	BYZ	16
Gelone (Cso)	BY	
Gorizia (V.)	BY	
Latomia del Paradiso	AY	
Maestranza (V. d.)	CZ	18
Malta (V.)	BZ	
Marconi (Piazzale)	BZ	19
Matteotti (Cso G.)	CZ	21
Mergulensi (V.)	CZ	22
Mirabella (V.)	CZ	24
Montedoro (V.)	BZ	
Montegrappa (V.)	CY	
Necropoli Groticelle (V. d.)	BY	25
Nizza (V.)	CZ	
Orsi (Viale P.)	ABY	
Palazzo Mergulese-Montalto	CZ	
Pancali (Pza)	CZ	27
Paradiso (V.)	AY	28
Piave (V.)	BCY	
Puglia (V.)	CY	30
Regina Margherita (Viale)	BYZ	31
Rizzo (Viale G. E.)	AY	
Rodi (V.)	BZ	
Romagnoli (V.)	ABY	33
Roma (V.)	CZ	
Sepolcri (V. d.)	AY	37
Svevia (Pza F. d.)	CZ	38
S. Giovanni (Viale)	BY	34
S. Lucia (Pza)	CY	
S. Martino (V.)	CZ	36
Teocrito (Viale)	BCY	
Teracati (Viale)	BY	
Testaferrata (V. G.)	BY	39
Timoleonte (Cso)	BY	
Torino (V.)	CY	
Tripoli (V.)	BZ	40
Umberto I (Cso)	BZ	
Vittoria (Pza d.)	BY	
Vittorio Veneto (V.)	CZ	
Von Platen (V. A.)	BY	41
XX Settembre (V.)	CZ	42

Sorgnano *MS*	78	V 19
Sorgono *NU*	218	P 43
Sori *GE*	76	P 17
Soria *AT*	61	K 15
Sorianello *VV*	174	BG 52
Soriano *MI*	36	O 11
Soriano Calabro *VV*	174	BG 52
Soriano nel Cimino *VT*	112	AI 29
Soriasco *PV*	51	Q 14
Soricelli *BN*	142	AY 37
Sorico *CO*	23	R 6
Soriente *AV*	143	AZ 38
Sorifa *PG*	97	AL 25
Sorio *VI*	40	AD 11
Soriso *NO*	35	L 9
Sorisole *BG*	37	S 9
Sormano *CO*	23	Q 8
Sorne *TN*	26	AA 9
Sorradile *OR*	217	O 43
Sorreley *AO*	33	F 9
Sorrenti *CS*	168	BJ 46
Sorrentini *ME*	188	AY 55
Sorrento *NA*	151	AV 40
Sorretti *TE*	109	AS 28
Sorrezzana *PI*	85	AA 22
Sorricchio *PE*	116	AT 28
Sorriva *BL*	27	AF 7
Sorrivi *GE*	62	P 16
Sorrivoli *FC*	82	AI 19
Sorso *SS*	209	M 39
Sorte *VR*	40	AC 11
Sorti *MC*	97	AM 25
Sorti *MC*	107	AN 26
Sortino *SR*	203	AZ 61
Sorvella *SA*	152	AZ 41
Sorzento *UD*	31	AP 7
Sos Alinos *NU*	215	T 41
Sos Coddos *OT*	210	R 39
Sos Eremos *NU*	214	Q 42
Sos Rueddos *OT*	210	R 39
Sos Runcos *OT*	211	R 39
Sos Sonorcolos *OT*	214	R 40
Soseto *BS*	39	X 10
Sospiro *CR*	53	V 13
Sospirolo *BL*	28	AH 7
Sossai *BL*	28	AI 7

Sommocolonia *LU*	79	Y 19
Sommorio *RA*	81	AE 19
Somole *PU*	89	AJ 22
Somor *BL*	14	AG 5
Sompiano *PU*	88	AI 22

Somplago *UD*	16	AN 5
Somrabbi *TN*	12	Z 5
Sona *VR*	39	Z 11
Soncino *CR*	38	U 11
Soncino *PV*	51	P 12

Sondalo *SO*	11	W 6
Sondrio *SO*	24	U 7
Sonego *TV*	29	AJ 7
Songavazzo *BG*	24	U 8
Sonico *BS*	38	W 10

Sonico *BS*	25	X 7
Sonnino *LT*	130	AO 35
Sonvico *BS*	24	V 9
Sonvigo / Aberstuckl *BZ*	3	AC 3
Sopalù *BL*	15	AK 4
Sopra Gadir *TP*	190	AH 63
Sopra Gaeta *FR*	131	AR 35
Sopra Monte *CE*	141	AU 37
Soprabolzano / Oberbozen *BZ*	13	AD 4
Sopracastello *TV*	41	AG 9
Sopracordevole *BL*	14	AG 5
Sopracroda *BL*	28	AI 7
Sopralirto *CS*	166	BE 46
Sopramonte *OT*	211	S 38
Sopramonte *TN*	26	AB 7
Soprana *BL*	34	K 10
Sopranico *BS*	35	X 10
Soprapaludo *UD*	16	AN 6
Sopraponte *BS*	39	X 10
Sopraprato *UD*	16	AO 6
Soprarivo *PC*	52	S 13
Sopravia *AV*	151	AW 38
Sora *CO*	22	P 7
Sora *FR*	131	AQ 33
Sorafurcia *BZ*	5	AG 3
Soraga *TN*	13	AF 5
Soraggio *RE*	65	X 17
Soragna *PR*	53	V 14
Soramaè *BL*	14	AH 5

Sorana *PT*	85	Z 20
Sorano *CN*	60	I 16
Sorano *GR*	104	AF 27
Soranzen *BL*	28	AG 7
Sorarù *AL*	14	AG 5
Sorba *AL*	61	L 17
Sorbano *LU*	85	Y 21
Sorbara *MN*	53	X 12
Sorbara *MO*	66	AB 15
Sorbello *CE*	140	AS 36
Sorbetolo *PU*	89	AJ 21
Sorbo *AQ*	121	AO 31
Sorbo *CS*	168	BH 46
Sorbo San Basile *CZ*	171	BI 49
Sorbo Serpico *AV*	142	AY 38
Sorbola *MC*	107	AN 26
Sorbola *BL*	148	BO 39
Sorbolo *PR*	65	X 14
Sorbolo *SP*	77	T 19
Sorbolongo *PU*	90	AM 21
Sordevolo *BI*	34	I 10
Sordiglio *RE*	65	X 16
Sordino *GR*	104	AF 27
Sordio *LO*	51	R 11
Sordo *VV*	174	BG 51
Soresina *CR*	52	U 12
Soresina *VE*	42	AI 11
Sorga *VR*	54	AA 12
Sorge *PZ*	144	BD 39
Sorgiulia *RC*	177	BH 53

SORRENTO

De Maio (V.)	B 3
Italia (Cso)	AB

S. Antonino (Pza)	B 6
S. Cesareo (V.)	AB 7
S. Maria d. Grazie (V.)	A 8
Vittoria (Pza della)	A 9

CAPRI · MARINA PICCOLA · MARINA GRANDE · VILLA COMUNALE · Piazza A. Veniero · Pza Tasso · SALERNO · S145 · S145 · NAPOLI · PENISOLA SORRENTINA · Corso Italia · V. Califano · Correale · Aranci

0 — 300 m

Belvedere di Correale	B A
Chiesa di San Francesco	A F
Museo Correale di Terranova	B M

Sossano *VI* .... 41 AE 11
Sossasso *AP* .... 108 AO 26
Sostegno *BI* .... 34 K 10
Sostegno *PV* .... 51 R 13
Sostino *PG* .... 106 AL 26
Sott'Acqua *BS* .... 38 W 10
Sotterra *CS* .... 170 BF 47
Sottili *PI* .... 85 Z 21
Sottinghiazza *BL* .... 14 AG 5
Sotto la Frua *VB* .... 7 L 5
Sottocastello *BS* .... 39 X 9
Sottochiesa *BG* .... 23 S 8
Sottocroda *TV* .... 28 AI 8
Sottoguda *BL* .... 14 AG 5
Sottolerive *BL* .... 14 AH 5
Sottomarina *VE* .... 57 AI 12
Sottomonte *OT* .... 211 S 38
Sottomonte *PN* .... 15 AL 6
Sottoripa *AL* .... 49 K 15
Sottoriva *VI* .... 41 AD 10
Sottoselva *UD* .... 31 AO 8
Sottovalle *AL* .... 62 O 16
Soubras *TO* .... 46 B 13
Souchères-Basses *TO* .... 46 C 13
Souchères-Hautes *TO* ...... 46 C 13
Souiran *TO* .... 58 D 14
Sovana *GR* .... 111 AE 28
Sovarette *CS* .... 167 BG 47
Sovazza *NO* .... 35 L 9
Sover *TN* .... 13 AC 6
Soverano *CS* .... 167 BG 46
Soverato *CZ* .... 175 BI 51
Soverato Sup. *CZ* .... 175 BI 51
Sovere *BG* .... 24 V 9
Sovereto *BA* .... 146 BI 37
Soveria Mannelli *CZ* ...... 171 BH 49
Soveria Simeri *CZ* .... 171 BJ 50
Soverito *CZ* .... 171 BH 50
Soverzene *BL* .... 14 AI 6
Sovicille *SI* .... 94 AC 24
Sovico *MI* .... 36 Q 10
Sovita *LI* .... 92 X 23
Sovizzo *VI* .... 41 AD 10
Sovvieco *SA* .... 152 AY 39
Sozza *OT* .... 211 R 39
Sozzago *NO* .... 35 N 11
Sozze di Sopra *AV* .... 142 AY 38
Sozze di Sotto *AV* .... 142 AY 38
Sozzigalli *MO* .... 66 AA 15
Sozzine *BS* .... 11 Y 6
Spaccarelli *CH* .... 117 AV 30
Spaccio Bacucco *MC* ...... 98 AP 23
Spaccio Costa
 dei Ricchi *MC* .... 98 AQ 23
Spaccio Romitelli *MC* ...... 98 AQ 23
Spaccio Tombesi *MC* ...... 98 AQ 23
Spada *PC* .... 51 R 14
Spada *PG* .... 97 AK 24
Spadacenta *VE* .... 29 AL 9
Spadafora *ME* .... 189 BB 54
Spadarolo *RN* .... 83 AK 19
Spadellata *RM* .... 129 AK 34
Spadola *VV* .... 174 BH 52
Spagnago *VI* .... 40 AC 10
Spagnolo *BN* .... 133 AY 36
Spagnulu *CA* .... 225 P 49
Spagnulo *LE* .... 160 BS 43
Spagnuola *TP* .... 182 AJ 56
Spagnuolo *NA* .... 141 AU 38
Spalmatoio Ischiaiola *GR* ...... 110 AB 30
Sparacia *AG* .... 193 AR 58
Sparaciotta *PA* .... 184 AN 56
Sparagona *ME* .... 189 BB 56
Sparanise *CE* .... 140 AT 36
Sparone *TO* .... 33 G 11
Spartà *ME* .... 189 BC 54
Spartimento *NA* .... 151 AV 38
Sparvasile *CS* .... 166 BE 46
Sparvo *BO* .... 80 AC 18
Spatolicchi *RC* .... 179 BF 56
Spazzona *AL* .... 61 M 15
Speccheri *TN* .... 26 AB 9
Specchia *BR* .... 148 BN 39
Specchia *LE* .... 161 BS 44
Specchia *TP* .... 182 AK 56
Specchiagallone *LE* .... 161 BT 43
Specchiarica *TA* .... 158 BP 42
Specchiaruzzo *BR* .... 148 BN 39
Specchiolla *BR* .... 148 BP 39
Spedaletto *BO* .... 81 AD 18
Spedaletto *FC* .... 82 AH 18
Spedaletto *FI* .... 86 AC 21
Spedaletto *PT* .... 80 AA 19
Spedaletto *SI* .... 94 AC 23
Spedalicchio *PG* .... 96 AI 24
Spedaluzzo *FI* .... 86 AC 22
Spedino *RI* .... 115 AO 30

Spello *PG* .... 106 AL 26
Spelonga *AP* .... 107 AO 27
Spera *TN* .... 27 AE 7
Spercenigo *TV* .... 42 AJ 10
Spergolaia *GR* .... 103 AB 27
Sperina *CN* .... 60 H 15
Sperlinga *EN* .... 187 AV 57
Sperlinga *PA* .... 185 AQ 55
Sperlonga *LT* .... 139 AP 36
Speron *VI* .... 27 AE 9
Sperone *AQ* .... 122 AR 32
Sperone *AV* .... 142 AW 38
Sperone *CN* .... 60 I 15
Sperone *PT* .... 86 AA 20
Spert *BL* .... 29 AJ 7
Sperticano *BO* .... 80 AC 18
Spescia *FC* .... 87 AG 20
Spezzano *BZ* .... 5 AG 4
Spessa *PD* .... 41 AF 10
Spessa *PV* .... 51 P 13
Spessa *PV* .... 51 R 13
Spessa *UD* .... 31 AP 7
Spessa *VR* .... 55 AD 11
Spettine *PC* .... 64 S 14
Spettoleria *BO* .... 67 AD 16
Speziale *BR* .... 148 BN 39
Spezzano *MO* .... 66 AA 16
Spezzano Albanese *CS* ...... 167 BG 45
Spezzano della Sila *CS* ...... 171 BH 48
Spezzano Piccolo *CS* ...... 171 BH 48
Spiaggia di Rio Torto *RM* ...... 128 AJ 34
Spiaggia Scialmarino *FG* ...... 127 BF 32
Spiaggio *PR* .... 64 U 15
Spianate *LU* .... 85 Z 21
Spiano *SA* .... 151 AX 39
Spiano *TE* .... 108 AR 28
Spianzana *VI* .... 41 AE 11
Spiazzi *BG* .... 24 U 8
Spiazzi *VR* .... 40 AA 10
Spiazzo *TN* .... 25 Z 7
Spiazzo *VR* .... 40 AA 10
Spiazzolo *LC* .... 37 R 9
Spicchiaiola *PI* .... 93 AA 23
Spicchio *PT* .... 86 AA 21
Spicchio-Sovigliana *FI* ...... 86 AA 21
Spicciano *FI* .... 94 AC 22
Spicciano *MS* .... 78 V 19
Spicciano *PI* .... 92 Y 23
Spicello *PU* .... 90 AN 21
Spigarolo *PR* .... 53 V 14
Spignana *PT* .... 79 Z 19
Spigno Monferrato *AL* ...... 61 L 16
Spigno Saturnia Inf. *LT* ...... 139 AR 36
Spigno Saturnia Sup. *LT* ...... 139 AR 36
Spignon *UD* .... 31 AP 7
Spigone *RE* .... 65 X 17
Spilamberto *MO* .... 66 AB 16
Spilimbergo *PN* .... 30 AM 7
Spilinga *VV* .... 176 BE 52
Spillichi *VR* .... 40 AB 10
Spillocchi *FI* .... 93 AA 22
Spilonci *BR* .... 158 BP 41
Spin *RO* .... 57 AH 14
Spin *VR* .... 55 AD 12
Spina *BS* .... 38 U 10
Spina *CS* .... 170 BG 47
Spina *PG* .... 105 AI 26
Spina *PG* .... 107 AM 26
Spina *RC* .... 176 BE 53
Spina Nuova *PG* .... 107 AM 26
Spinaceto *RI* .... 113 AL 29
Spinaceto *RM* .... 128 AJ 33
Spinadesco *CR* .... 52 U 13
Spinazzino *FE* .... 68 AE 15
Spinazzo *PZ* .... 164 BF 44
Spinazzo *SA* .... 152 AZ 41
Spinazzola *BA* .... 145 BF 38
Spindoli *MC* .... 97 AM 24
Spinea *VE* .... 42 AH 11
Spineda *CR* .... 53 Y 13
Spineda *TV* .... 42 AG 9
Spinelli *AV* .... 142 AZ 36
Spinelli *CT* .... 195 AY 58
Spinelli *PI* .... 85 Y 22
Spinello *FC* .... 88 AG 20
Spinello *KR* .... 172 BK 48
Spinello *PC* .... 63 S 15
Spineta *PG* .... 105 AJ 26
Spineta *SI* .... 104 AF 26
Spinete *CB* .... 132 AV 34
Spineto *AN* .... 97 AM 23
Spineto *CS* .... 170 BF 48
Spineto *CS* .... 171 BI 49
Spineto *TO* .... 33 H 11
Spineto Manco *CS* ...... 171 BI 48
Spineto Scrivia *AL* ...... 62 O 14

Spinetoli *AP* .... 108 AR 26
Spinetta *CN* .... 71 G 17
Spinetta *SV* .... 74 K 17
Spinetta Marengo *AL* ...... 62 N 14
Spinetto *CS* .... 167 BG 46
Spinetto *VV* .... 174 BG 52
Spinga *BZ* .... 4 AE 3
Spini *TN* .... 26 AB 7
Spinielli *AV* .... 142 AX 38
Spinimbecco *VR* .... 55 AD 13
Spino *VI* .... 41 AD 11
Spino d'Adda *CR* .... 37 R 11
Spinone Dei Castelli *BG* ...... 38 U 9
Spinoso *PZ* .... 164 BE 42
Spirago *PV* .... 51 Q 12
Spirano *BG* .... 37 T 10
Spirito Santo *CS* .... 167 BF 47
Spisone *ME* .... 197 BA 56
Spizzichino *RM* .... 119 AJ 32
Spoccia *VB* .... 7 M 7
Spoiano *AR* .... 95 AF 23
Spoletino *VT* .... 112 AI 28
Spoleto *PG* .... 106 AL 27
Spoltore *PE* .... 116 AT 29
Sponda *BG* .... 24 T 7
Spondigna / Spondinig *BZ* ...... 11 Y 4
Spondinig / Spondigna *BZ* ...... 11 Y 4
Spongano *LE* .... 161 BT 43
Spontumata *SA* .... 151 AX 39
Spora *PR* .... 63 S 16
Spormaggiore *TN* .... 26 AB 6
Spormontana *TN* .... 12 AB 6
Sportinia *TO* .... 46 C 13
Spotorno *SV* .... 75 L 18
Spotigene *VB* .... 7 L 6
Spranico *CZ* .... 171 BH 50
Sprazzi *ME* .... 187 AW 55
Sprea *VR* .... 40 AC 10
Spresiano *TV* .... 42 AI 9
Spriana *SO* .... 10 U 6
Spromonte *RC* .... 178 BD 56
Spropolo *RC* .... 179 BF 56
Squadretto *BS* .... 53 W 12
Squadrone *RM* .... 120 AK 31
Squarci *PR* .... 77 T 17
Squillace *CZ* .... 175 BI 51
Squaneto *AL* .... 61 L 17
Squillani *AV* .... 142 AX 37
Squille *CE* .... 141 AV 37
Squinzano *LE* .... 158 BR 41
Squizzato *PD* .... 41 AG 10
Squizzato *PD* .... 42 AG 10
Stabbio *GE* .... 62 O 16
Stabiazzoni *PT* .... 80 AA 19
Stabirigo *BL* .... 14 AI 4
Stabiuzzo *TV* .... 43 AJ 9
Stabiziane *BL* .... 14 AI 4
Stablo *BS* .... 25 X 7
Stablum *TN* .... 12 AA 5
Staccarulo *SA* .... 151 AX 39
Stacciola *PU* .... 90 AN 21
Stadano *MS* .... 78 U 18
Stadera *PC* .... 51 Q 14
Stadirano *PR* .... 65 W 16
Stadolina *BS* .... 11 X 6
Stadtl *BZ* .... 13 AE 5
Stafalo *VR* .... 39 Z 11
Staffarda *CN* .... 59 F 15
Staffola *RE* .... 54 Z 14
Staffoli *PI* .... 85 Z 21
Staffoli *RI* .... 114 AN 30
Staffolo *AN* .... 98 AO 23
Staffolo *MN* .... 39 Y 11
Staffolo *VE* .... 43 AL 10
Staggia *MO* .... 67 AB 15
Staggia *SI* .... 94 AC 23
Staggiano *AR* .... 95 AG 23
Staghiglione *PV* .... 51 Q 14
Staglieno *GE* .... 76 O 17
Staglio *BN* .... 142 AX 36
Staglio *CS* .... 171 BH 49
Stagliozzo *PZ* .... 144 BD 39
Stagnali *OT* .... 207 R 36
Stagnetto *VS* .... 220 O 47
Stagno *BO* .... 80 AB 19
Stagno *CR* .... 52 V 13
Stagno *LI* .... 84 X 22
Stagno *PR* .... 65 W 13
Stagno Lombardo *CR* ...... 53 V 13
Staineri *TN* .... 26 AB 9
Staiti *RC* .... 179 BF 55
Staletti *BG* .... 24 U 8
Staletti *CZ* .... 175 BI 51
Stalis *UD* .... 16 AM 4

Stalla *PD* .... 56 AF 13
Stalla Pescara *RI* .... 120 AM 31
Stallavena *VR* .... 40 AA 10
Stanco *BO* .... 80 AB 18
Stander *VR* .... 40 AB 10
Stange *BZ* .... 3 AD 2
Stanghella *PD* .... 56 AF 13
Stanpella *SA* .... 162 AZ 42
Stanpella I *SA* .... 162 BA 42
Staol *BL* .... 28 AJ 6
Starà *RC* .... 178 BD 55
Staranzano *GO* .... 31 AQ 9
Starda *SI* .... 94 AE 23
Starleggia *SO* .... 9 Q 5
Staro *VI* .... 40 AC 9
Starza *AV* .... 142 AX 39
Starza *BN* .... 142 AX 37
Starza *CE* .... 132 AU 36
Starza *CE* .... 141 AU 37
Starza *CE* .... 141 AU 37
Starza *SA* .... 151 AX 39
Starze *CE* .... 132 AT 35
Starze *IS* .... 132 AT 34
Statale *CE* .... 77 R 17
Statigliano *CE* .... 141 AU 36
Statte *MC* .... 98 AN 25
Statte *TA* .... 157 BM 40
Statua *RM* .... 119 AH 32
Stauli Gnivizza *UD* ...... 16 AO 5
Stava *BZ* .... 12 AA 4
Stavali *UD* .... 16 AN 5
Stavellina *AN* .... 97 AL 23
Stavena *PN* .... 29 AJ 8
Stazione *AN* .... 98 AN 22
Stazione *FR* .... 130 AP 34
Stazione *PG* .... 106 AJ 26
Stazione *PG* .... 106 AK 27
Stazione *PR* .... 53 X 14
Stazione *VR* .... 40 AC 10
Stazione Casal Sabini *BA* ...... 146 BI 39
Stazione Chiarone *GR* .... 111 AD 29
Stazione di Acri
 Bisignano *CS* .... 167 BG 47
Stazione di Alcamo

Diramazione *TP* .... 183 AM 56
Stazione di Alviano *TR* .... 112 AI 28
Stazione
 di Apricena *FG* .... 125 BB 33
Stazione di Aragona
 Caldara *AG* .... 193 AQ 59
Stazione di Ascoli
 Satriano *FG* .... 143 BC 36
Stazione di Bassano
 in Teverina *VT* .... 113 AI 29
Stazione di Bovino *FG* .... 134 BB 36
Stazione di
 Cammarata *AG* .... 193 AR 58
Stazione di Candelaro *FG* ...... 135 BD 34
Stazione di Cannara *PG* .... 106 AK 25
Stazione di Cistemino *BR* .... 148 BN 39
Stazione di Eccellente *VV* .... 174 BG 51
Stazione di Enna *EN* ...... 194 AU 58
Stazione di Fasano *BR* .... 147 BN 38
Stazione di Fiumefreddo
 Bruzio *CS* .... 170 BF 48
Stazione di Francavilla *VV* .... 174 BG 51
Stazione di Itri *LT* .... 139 AQ 36
Stazione
 di Mongrassano *CS* .... 167 BG 46
Stazione
 di Montemiletto *AV* .... 142 AY 38
Stazione di Orta Nova *FG* .... 135 BD 35
Stazione di Pirato *EN* .... 194 AV 58
Stazione
 di Poggio Mirteto *RM* .... 113 AK 30
Stazione di Ricadi *VV* .... 176 BE 52
Stazione di Salone *RM* .... 120 AK 32
Stazione di San Marco
 in Lamis *FG* .... 126 BC 33
Stazione di Spezzano
 Albanese *CS* .... 167 BG 45
Stazione di Torano *CS* .... 167 BG 47
Stazione di Tuturano *BR* .... 149 BQ 40
Stazione di Zambrone *VV* .... 174 BE 51
Stazione Mandela
 Scalo *RM* .... 120 AM 31
Stazione Montalto *CS* .... 167 BG 47
Stazione Morrovalle *MC* .... 99 AQ 24

Stazione Nasisi *TA* .... 157 BM 40
Stazione Ponte Rio *PG* .... 106 AJ 27
Stazione Sant'Oreste *RM* .... 113 AJ 30
Stazione Troia-Castelluccio
 dei Sauri *FG* .... 134 BB 36
Stazione Vibo Pizzo *VV* .... 174 BF 51
Stazione Vizzini
 Licodia *CT* .... 202 AX 60
Stazzana *LU* .... 78 X 19
Stazzano *AL* .... 62 O 15
Stazzano Nuovo *RM* .... 120 AL 31
Stazzema *LU* .... 84 W 20
Stazzo *CT* .... 197 BA 58
Stazzo *RM* .... 119 AJ 31
Stazzo dei Cavalli *CH* .... 123 AU 31
Stazzo Villa *OT* .... 207 R 36
Stazzona *CO* .... 23 Q 7
Stazzona *SO* .... 24 V 7
Stazzone *ME* .... 187 AX 55
Stazzone *MS* .... 78 U 17
Stazzu Bruciatu *NU* .... 211 S 39
Steccato *KR* .... 173 BK 50
Stefanàconi *VV* .... 174 BF 51
Steinegg / Collepietra *BZ* .... 13 AD 5
Steinhaus / Cadipietra *BZ* .... 5 AG 2
Stella *AP* .... 109 AR 26
Stella *SA* .... 162 AZ 42
Stella *SV* .... 75 L 17
Stella *TO* .... 59 F 14
Stella *UD* .... 16 AO 6
Stellar *VI* .... 27 AE 8
Stellata *FE* .... 55 AD 14
Stelletànone *RC* .... 176 BF 53
Stellone *MS* .... 78 U 18
Stelvio / Stilfs *BZ* .... 11 Y 4
Stenico *TN* .... 26 AA 7
Stern / La Villa *BZ* .... 14 AG 4
Sternatia *LE* .... 160 BS 42
Sterpaia *PI* .... 84 X 21
Sterpara *RM* .... 120 AM 32
Sterpara del Piano *CB* .... 133 AX 35
Sterpare *RM* .... 130 AO 34
Sterpareti Primo *RM* .... 119 AK 31
Sterparo *IS* .... 132 AT 34

SPOLETO

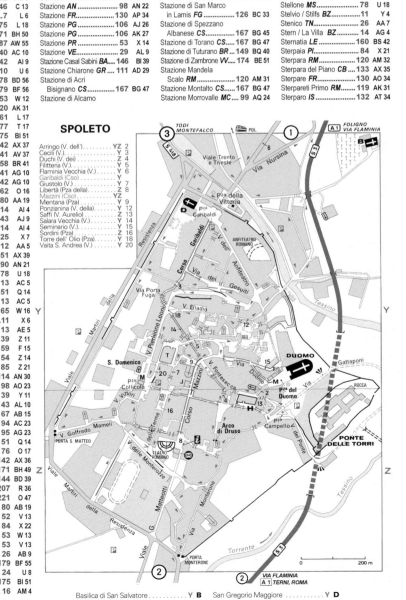

Arringo (V. dell') .... YZ 2
Cecili (V.) .... Y 3
Duchi (V. dei) .... Z 4
Filitteria (V.) .... Y 5
Flaminia Vecchia (V.) .... Y 6
Garibaldi (Cso) .... Y
Giustolo (V.) .... Y 7
Libertà (Pza della) .... Z 8
Mazzini (Cso) .... YZ
Mentana (Pza) .... Y 9
Ponzianina (V. della) .... Y 12
Saffi (V. Aurelio) .... Z 13
Salara Vecchia (V.) .... Y 14
Seminario (V.) .... Y 15
Sordini (Pza) .... Z 16
Torre dell' Olio (Pza) .... Y 18
Vaita S. Andrea (V.) .... Y 20

Basilica di San Salvatore .... Y B   San Gregorio Maggiore .... Y D

Sterpete *PG*................106 AL 26
Sterpeti *PU*................90 AM 21
Sterpeti *VT*................112 AH 28
Sterpeto *PG*................96 AI 23
Sterpeto *PG*................96 AK 25
Sterpeto *PG*................106 AK 27
Sterpetto *FR*................130 AO 34
Sterpine *TA*................156 BK 40
Sterpito di Sopra *PZ*....144 BD 39
Sterpito di Sotto *PZ*....144 BD 39
Sterpo *UD*................30 AN 8
Sterzing / Vipiteno *BZ*....4 AD 2
Stevani *AL*................49 L 13
Stezzano *BG*................37 S 10
Stia *AR*................87 AF 21
Stiaccia *SI*................104 AD 25
Stiano *RE*................79 Y 17
Stiappa *PT*................85 Z 20
Stiatico *BO*................67 AD 16
Stiava *LU*................84 W 20
Stiavola *AR*................88 AI 21
Stibbio *PI*................85 Z 21
Sticcianese *GR*................103 AC 27
Sticciano *GR*................103 AB 26
Sticciano Scalo *GR*....103 AB 26
Stienta *RO*................55 AE 14
Stiffe *AQ*................115 AQ 30
Stigliano *MT*................155 BG 41
Stigliano *SI*................94 AC 24
Stigliano *VE*................42 AH 10
Stigliano Capo *MC*....98 AN 24
Stigliano Piede *MC*....98 AN 24
Stignano *FG*................126 BC 33
Stignano *RC*................177 BH 53
Stilfs / Stelvio *BZ*....11 Y 4
Stilo *RC*................177 BH 53
Stilo de' Mariani *CR*....53 W 13
Stilves *BZ*................4 AD 2
Stimigliano *RI*................113 AK 30
Stimigliano Scalo *RI*....113 AK 30
Stinco *MC*................107 AO 25
Stinò *RC*................178 BD 56
Stintino *SS*................208 K 38
Stio *CS*................167 BG 47
Stio *SA*................162 BA 42
Stiolo *RE*................66 Z 15
Stiore *BO*................67 AB 17
Stipes *RI*................114 AM 30
Stoccareddo *VI*................27 AE 8
Stolvizza *UD*................17 AP 5
Stonera *VI*................40 AC 9
Stoppiaro *MN*................55 AC 14
Storaco *AR*................98 AO 23
Storca *AR*................88 AG 21
Storlo *RE*................78 W 17
Stornara *FG*................135 BD 36
Stornarella *FG*................135 BD 36
Storno *AP*................99 AR 25
Storo *TN*................25 Y 8
Storti *AV*................142 AZ 38
Storti *VI*................40 AC 9
Stortola *PD*................56 AF 12
Stozza *BN*................133 AX 35

Strà *PC*................51 R 14
Strà *VE*................42 AH 11
Strà *VR*................55 AC 12
Strabatenza *FC*................88 AG 20
Straboria *TP*................182 AJ 56
Straccis *UD*................30 AM 8
Straci *RC*................178 BE 56
Strada *AR*................87 AF 21
Strada *MC*................97 AN 25
Strada *MC*................98 AO 23
Strada *PI*................85 Z 22
Strada *PU*................89 AJ 21
Strada *RE*................65 X 17
Strada *RE*................65 Y 16
Strada *SI*................93 AB 23
Strada *SV*................74 K 17
Strada *TN*................25 Y 8
Strada dei Confini *LT*....130 AO 35
Strada delle Risaie *LT*....138 AN 36
Strada in Chianti *FI*....86 AC 22
Strada Romana *VT*....112 AH 29
Strada Romana
  Dritta *RM*................119 AJ 31
Strada San Zeno *FC*....82 AG 19
Stradella *MN*................54 AA 12
Stradella *PR*................64 T 16
Stradella *PV*................65 W 15
Stradella *PV*................50 O 12
Stradella *PV*................51 Q 13
Stradella *VE*................65 X 16
Stradellino *PV*................51 P 13
Stradona *VR*................55 AD 13
Stradelle *PD*................42 AG 10
Stragalata *KR*................169 BK 47
Straluzzo *CN*................71 H 18
Stramare *TV*................28 AG 8
Strambinello *TO*................33 H 11
Strambino *TO*................34 I 11
Stramentizzo *TN*................13 Y 6
Strangolagalli *CE*....141 AU 36
Strangolagalli *FR*....130 AP 34
Straorino *RC*................178 BD 55
Strappaceci *VT*................112 AH 28
Strasatti *TP*................190 AK 57
Strasatto *PA*................184 AO 55
Strassoldo *UD*................31 AO 8
Stratola-Trave *AV*....143 AZ 37
Straulas *NU*................211 S 39
Stravignano *PG*................97 AL 25
Stravino *TN*................26 AA 7
Strazzari *SA*................163 BB 43
Stregna *UD*................31 AQ 7
Strela *PR*................64 T 16
Strella *VC*................49 K 11
Strembo *TN*................25 Z 7
Stremiz *UD*................17 AP 6
Streppina *SA*................152 AZ 41
Stresa *TO*................47 G 13
Stresa *VB*................21 M 8
Stretti *UD*................17 AP 5

Stretti *VE*................43 AL 10
Strettura *PG*................106 AL 28
Strevi *AL*................61 M 15
Striano *FI*................87 AD 19
Striano *NA*................151 AW 39
Stribugliano *GR*................104 AD 26
Strigaia *PG*................105 AH 25
Strigara *FC*................88 AI 20
Strigno *TN*................27 AE 7
Strim *BL*................14 AG 5
Strognano *PR*................65 W 16
Stromboli *ME*................181 BA 51
Strona *BI*................34 K 10
Strona *VB*................21 L 8
Stroncone *TR*................113 AK 28
Strongòli *KR*................173 BL 48
Stroppare *PD*................56 AF 13
Stroppari *PD*................42 AG 10
Stroppari *VI*................41 AF 9
Stroppiana *VC*................49 L 12
Stroppo *CN*................58 D 16
Strove *SI*................94 AC 23
Strovina *VS*................221 O 46
Strozza *BG*................37 S 9
Strozzacapponi *PG*....105 AI 25
Struda *LE*................159 BS 42
Strugas *NU*................211 S 39
Studena Alta *UD*................16 AO 4
Studena Bassa *UD*....16 AO 4
Stuerda *TO*................60 I 14
Stuetta *SO*................9 R 5
Stuffione *MO*................67 AB 15
Stulles *BZ*................3 AC 3
Stumiaga *TN*................26 AA 7
Stumio *KR*................173 BL 50
Stupinigi *TO*................47 G 14
Stupizza *UD*................17 AP 6
Stura *AT*................49 J 13
Sturla *GE*................76 O 17
Sturno *AV*................143 AZ 37
Su Benatzu *CI*................225 N 49
Su Bullone *SS*................209 O 39
Su Cambusciu *CI*....224 M 50
Su Carroppu *CA*....226 O 48
Su Carru *OT*................210 R 39
Su Cossu *NU*................215 S 39
Su de Is Pinnas *CI*....225 N 48
Su De is Seis *CA*....225 N 49
Su Fonnesu *CA*....225 M 49
Su Guventeddu *CA*....225 P 50
Su Meriagu *CA*................221 O 48
Su Montiju *SS*................209 O 39
Su Noduledu *OT*....210 Q 39
Su Pallosu *OR*................216 L 43
Su Pardu *CI*................224 M 48
Su Peppi Mereu *CI*....225 N 49
Su Pezzu Mannu *CA*....226 Q 48
Su Planu *CA*................226 P 48
Su Pradu *NU*................214 R 41
Su Pranu *CA*................224 M 49
Su Pranu *NU*................215 T 40
Su Rai *CA*................225 N 49
Su Tirialzu *OT*................210 R 39

Sualdin *PN*................16 AM 6
Sualeddu *OT*................207 R 36
Suardi *PV*................50 N 13
Suaredda *NU*................211 S 39
Subbiano *AR*................88 AG 22
Subiaco *RM*................120 AN 32
Subit *UD*................17 AP 6
Suc *AO*................34 I 10
Succhi *CN*................71 H 17
Succhiva *NA*................150 AS 39
Succiano *AQ*................115 AR 30
Succinto *TO*................33 H 10
Succiso *RE*................78 W 17
Succivo *CE*................141 AU 38
Sucinva *BS*................25 W 8
Sueglio *LC*................23 Q 7
Suelli *CA*................222 P 46
Suello *LC*................23 Q 9
Sugano *TR*................105 AH 27
Sughera *FI*................93 AA 22
Sugherotorto *RG*....204 AV 62
Sugremaro *PR*................64 T 17
Suio *LT*................139 AS 36
Suisio *BG*................37 S 10
Sulbiate Inf. *MI*................37 R 10
Sulbiate Sup. *MI*................37 R 10
Sulcis *CA*................78 X 18
Sulden / Solda *BZ*....11 Y 4
Sulmona *AQ*................122 AS 31
Sulpiano *TO*................49 J 13
Sulzano *BS*................38 V 9
Sumirago *VA*................35 N 9
Summaga *VE*................30 AL 9
Summichele *RC*................177 BG 54
Summonte *AV*................142 AX 38
S'Ungroni *OR*................216 M 45
Suni *OR*................213 M 42
Suniglia *CN*................59 G 16
Suno *NO*................35 M 10
Sunvile *UD*................16 AO 6
Supeglio *PV*................51 Q 13
Superga *BA*................146 BK 37
Superga *TO*................48 H 13
Supersano *LE*................161 BS 43
Supiane *BS*................9 Y 10
Supino *FR*................130 AO 34
Suppa *CE*................141 AV 37
Suppiane *BL*................14 AI 5
Suppiavento *VR*................55 AD 12
Suracianins *BZ*................14 AA 4
Surano *LE*................161 BT 43
Surbo *LE*................159 BR 41
Surda *CS*................171 BG 48
Tai di Cadore *BL*................15 AJ 5
Surdelli *VS*................221 P 45
Surdo *CS*................170 BG 48
Surigheddu *SS*................212 L 40
Survia *RC*................177 BH 53
Susa *TO*................46 D 13
Susà *TN*................26 AC 7
Susano *BO*................80 AB 18
Susano *MN*................54 AA 12
Susano *MO*................79 Y 17
Susans *UD*................16 AN 6
Susegana *TV*................28 AI 8
Susella *PV*................63 P 14
Suseneo *IM*................72 H 20
Susinna *PA*................184 AO 55
Suso *LT*................129 AN 34
Sussisa *GE*................76 P 17
Sustinente *MN*................54 AB 13
Sustinenza *VR*................55 AC 13
Sutera *CL*................193 AR 58
Sutri *VT*................112 AI 30
Sutrio *UD*................16 AM 4
Suvarelli *PA*................184 AO 55
Suvereto *LI*................102 Z 25
Suveri *SA*................152 AZ 41
Suvero *SP*................77 T 18
Suviana *BO*................80 AB 19
Suvignano *SI*................94 AD 24
Suzzano *PC*................52 S 14
Suzzara *MN*................54 Z 14
Suzzi *PC*................63 Q 16
Suzzolins *VE*................30 AM 9
Svarchi *AN*................99 AQ 23
Svizzo *PN*................78 V 17
Svolta del Podere *AR*....88 AH 21

T

Tabaccaia *GR*................103 AD 25
Tabaccaro *TP*................182 AJ 57
Tabano *AN*................90 AO 22
Tabbiano *MC*................89 AM 24
Tabbiano *PR*................65 W 16
Tabellano *MN*................54 Z 13

Tabia dei Colli Alti *BZ*....5 AH 3
Tabiago Cibrone *LC*....36 Q 9
Tabiano *RE*................66 Y 16
Tabiano Castello *PR*....64 V 15
Tabina *PD*................42 AG 10
Tabina *VE*................42 AH 10
Tabina *VE*................43 AL 10
Tablà / Tabland *BZ*....12 AA 4
Tabland / Tablà *BZ*....12 AA 4
Taboga *UD*................16 AN 6
Tacca Rossa *CI*................224 K 48
Taccarelli *AP*................108 AO 26
Taccona *PV*................51 P 13
Taccone *MT*................145 BF 39
Taccone *VV*................176 BE 52
Tacconotti *AL*................61 L 15
Tache *AO*................32 E 9
Tadasuni *OR*................217 O 43
Tagaro *BA*................147 BN 39
Taggi di Sopra *PD*....41 AF 11
Taggi di Sotto *PD*....41 AF 11
Taggia *IM*................72 I 20
Tagli *RC*................178 BD 54
Tagliacozzo *AQ*................121 AO 31
Tagliaferri *CH*................117 AW 30
Tagliaferro *FI*................86 AC 20
Tagliaferro *TO*................48 G 14
Tagliano *FR*................121 AN 33
Tagliata *BG*................24 T 8
Tagliata *CN*................60 H 15
Tagliata *MO*................80 AA 17
Tagliata *RE*................54 Z 14
Tagliatore *ME*................189 BA 54
Taglio *PD*................56 AG 13
Taglio *RO*................57 AI 13
Taglio *VE*................42 AH 11
Taglio Corelli *RA*....68 AH 16
Taglio di Candia *AN*....91 AP 22
Taglio di Falce *FE*....81 AI 15
Taglio di Po *RO*................57 AI 13
Taglio di Torrette *AN*....91 AP 22
Tagliolo Monferrato *AL*....62 N 16
Taglione *FE*................68 AE 15
Tagliuno *BG*................38 U 10
Tagusa / Tagusena *BZ*....13 AE 4
Tagusena / Tagusa *BZ*....13 AE 4
Taibo *FC*................88 AI 20
Taibon *BL*................14 AH 6
Taiedo *PN*................29 AL 8
Taiello *LC*................37 R 9
Tainate *MI*................51 P 11
Taino *VA*................35 M 9
Taio *TN*................12 AB 6
Taipana *UD*................16 AP 6
Tairano di Quà *VC*....35 K 9
Taisten / Tesido *BZ*....5 AH 3
Taizzano *TR*................113 AJ 29
Talacchio *PU*................89 AL 21
Talada *RE*................78 X 17
Talamello *PU*................88 AI 20
Talamona *SO*................23 S 7
Talamone *GR*................110 AB 28
Talana *OG*................219 R 43
Talavà *NU*................211 S 39
Talavorno *MS*................78 U 18
Talbignano *MO*................79 Z 17
Talciona *SI*................94 AC 23
Taleggio *BG*................23 S 8
Talente *FI*................86 AB 21
Taliani *RM*................129 AK 33
Talla *AR*................87 AF 22
Tallacano *AP*................108 AP 27
Tallandino *BL*................28 AH 7
Tallorno *TO*................33 G 10
Talmassons *UD*................30 AN 8
Talocci *RI*................113 AL 30
Talonno *NO*................35 L 9
Taloro *NU*................218 P 43
Talosio *TO*................33 F 11
Talponedo *PN*................29 AK 8
Talsano *TA*................157 BM 41
Talucco *TO*................47 E 14
Talvacchia *AP*................108 AQ 27
Tamagnone *TO*................48 I 14
Tamai *PN*................29 AK 8
Tamantino *GR*................103 AC 26
Tamara *FE*................68 AF 14
Tamaricciola *FG*....135 BD 35
Tamarispa *NU*................211 T 39

Tamaroz *UD*................17 AP 5
Tamborlani *PC*................63 R 14
Tambre *BL*................29 AJ 7
Tambre d'Alpago *BL*....29 AJ 7
Tamburiello *NA*................151 AV 38
Tamburino *FI*................87 AD 20
Tamburu *OT*................209 P 37
Tamers / Tamores *BZ*....5 AH 4
Tamores / Tamers *BZ*....5 AH 4
Tampolose *UD*................17 AP 6
Tana *AT*................61 K 15
Tana *VI*................27 AE 8
Tana a Termini *LU*....79 Z 19
Tanai / Thanai *BZ*....2 Z 3
Tanas / Tannas *BZ*....11 Z 4
Tananella *NU*................211 T 39
Tanca Altara *NU*....215 T 40
Tanca Manna *CI*................224 M 49
Tanca Manna *OT*....210 R 37
Tanca Marchese *OR*....220 M 45
Tanca Molino *OT*....217 M 44
Tanca Regia *OR*....217 N 43
Tanca su Cordolino *CA*....227 S 49
Tancau sul Mare *OG*....219 T 44
Tanchello *VB*................21 L 8
Tanesi *TE*................109 AS 27
Taneto *RE*................65 X 15
Tangi *TP*................182 AL 56
Tani *PT*................85 AA 20
Tani *SI*................224 M 48
Taniga Malafede *SS*....209 M 39
Tanna / Sinablana *BZ*....12 AB 5
Tannas / Tanas *BZ*....11 Z 4
Tantighi *VV*................177 BG 52
Tanzarella *BR*................148 BN 39
Tanzolino *PR*................65 X 15
Taormina *ME*................197 BA 56
Tapigliano *NO*................35 M 9
Tapogliano *UD*................31 AP 8
Taponecco *MS*................78 V 18
Tapot Clanzon *UD*....16 AO 5
Tappi Rosa *BI*................34 J 10
Tappino *CB*................133 AW 34
Tarabina *RA*................68 AF 16
Tarano *RI*................113 AK 29
Tarantasca *CN*................59 G 16
Taranto *TA*................157 BM 41
Tarantone *LT*................130 AP 35
Tarasco *MS*................78 U 17
Tarcento *UD*................16 AO 6
Tarces / Tarstsch *BZ*....2 Y 3
Tarcetta *UD*................17 AP 7
Tarderia *CT*................197 AZ 58
Tardiano *AT*................61 K 16
Tarditi *AT*................61 K 16
Targnod *AO*................33 H 9
Tarifi *CS*................170 BF 48
Tarifi Croce *CS*................170 BF 48
Tarifi Giudice *CS*....170 BF 48
Tarignano *AQ*................114 AO 29
Tarmassia *VR*................54 AB 12
Tarnell / Tarnello *BZ*....11 Z 4
Tarnello / Tarnell *BZ*....11 Z 4
Taro *MC*................107 AN 25
Taronno *SO*................11 W 6
Tarpezzio *UD*................31 AQ 7
Tarquinia *VT*................111 AF 30
Tarres / Tarsch *BZ*....12 AA 4
Tarsch / Tarres *BZ*....12 AA 4
Tarsia *CS*................167 BG 46
Tarsogno *PR*................77 S 17
Tarstsch / Tarces *BZ*....2 Y 3
Tartano *SO*................23 T 7
Tartari *FR*................131 AR 35
Tartiglia *AR*................87 AF 21
Tarugo *PU*................89 AL 22
Tarvisio *UD*................17 AQ 4
Tarvò *RC*................177 BH 53
Tarzo *TV*................28 AI 8
Tasonis *CA*................226 Q 48
Tassanare *AN*................97 AN 23
Tassani *GE*................77 R 18
Tassano *BS*................38 V 9
Tassara *PC*................51 R 14
Tassarolo *AL*................62 N 15
Tassei *BL*................28 AI 7
Tassera *CO*................36 Q 9
Tasso *AP*................108 AP 25
Tasso *AR*................95 AE 22
Tasso *CS*................171 BH 49
Tasso *GE*................76 P 17
Tassone Alto *BG*....37 T 9
Tassorello *GE*................76 P 17

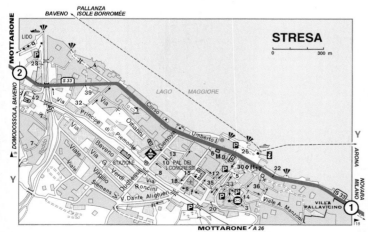

STRESA

Bolongaro (V. F.)................Y 6
Borromeo (V. F.)................Y 4
Cadorna (Pza)................Y 5
Canonica (V. P.)................Y 6
Cardinale F. Borromeo (V.)....Y 7
Carducci (V. G.)................Y 8
Cavour (V.)................Y 9
D'Azeglio (V. M.)................Y 10
Devit (V.)................Y 14

De Amicis (V. E.)................Y 12
De Martini (V. C.)................Y 13
Europa (Piazzale)................Y 15
Fulgosi (V.)................Y 18
Garibaldi (V. G.)................Y 17
Gignous (V.)................Y 20
Italia (Cso)................Y 22
Lido (Viale)................Y 23
Marconi (Pza)................Y 25

Mazzini (V. G.)................Y 30
Monte Grappa (V. del)................Y 32
Principe Tomaso (V.)................Y 33
Roma (V.)................Y 35
Rosmini (V. A.)................Y 36
Sempione
  (Strada
  statale del)................Y 39
Volta (V. A.)................Y 42

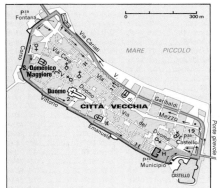

TARANTO

Aquino (V. d')	2
Arcivescovado (Pza)	3
Battisti (V. Cesare)	3
Cugini (V.)	4
De Cesare (V. G.)	5
Duca d'Aosta (Viale)	6
Ebalia (Pza)	8
Falanto (V.)	9
Mari (Cso due)	10
Massari (V. G.)	12
Mignogna (V. Nicola)	13
Palma (V. di)	
Ponte (Vico del)	14
Porto Mercantile (V.)	16
Pupino (V.)	17
Roma (V.)	18
Vasto (V. del)	19

Tassullo *TN*	12	AB 5
Tatti *GR*	103	AB 25
Taufers / Tubre *BZ*	11	X 4
Taufers / Tures *BZ*	5	AG 2
Taurano *AV*	151	AW 38
Taurasi *AV*	142	AY 37
Taureana *RC*	176	BE 53
Tauriana *CS*	170	BF 48
Taurianova *RC*	176	BF 53
Tauriano *PN*	30	AM 7
Taurisano *LE*	160	BS 44
Tausano *PU*	88	AJ 20
Tausia *UD*	16	AN 4
Tavagnacco *UD*	30	AO 7
Tavagnasco *TO*	34	H 10
Tavanora *VR*	55	AB 12
Tavarnelle Val di Pesa *FI*	94	AC 22
Tavarone *SP*	77	S 18
Tavazzano con Villavesco *LO*	51	R 12
Tavella *MS*	77	U 18
Tavenna *CB*	124	AX 32
Taverna *AV*	143	BA 37
Taverna *CH*	123	AV 33
Taverna *CS*	167	BG 47
Taverna *CZ*	171	BI 49
Taverna *FR*	131	AS 35
Taverna *LT*	130	AQ 35
Taverna *PR*	64	S 16
Taverna *RN*	89	AK 20
Taverna del Postiere *PZ*	164	BE 43
Taverna di Mezzo *AP*	108	AQ 27
Taverna di Montaguto *AV*	143	BA 36
Taverna di Pignataro Maggiore *CE*	141	AT 36
Taverna Figura *AV*	142	AY 37
Taverna Marotta *CE*	141	AU 37
Taverna Nuova *AV*	142	AY 38
Taverna Orneta *AV*	142	AX 38
Taverna Pittella *PZ*	164	BE 43
Taverna Rocca *BN*	142	AY 36
Taverna Sottana *CS*	171	BG 48
Tavernacce *PG*	96	AJ 24
Tavernago *PC*	51	R 14
Tavernanova *CS*	167	BG 47
Tavernaricci *IS*	132	AT 34
Tavernasco *MI*	51	P 11
Taverna-Zarone *CE*	140	AT 36
Tavernazza *FG*	134	BB 35
Taverne *MC*	107	AM 25
Taverne *PZ*	153	BC 41
Taverne *SA*	153	BC 41
Taverne d' Arbia *SI*	94	AD 24
Tavernelle *AP*	108	AP 26
Tavernelle *MO*	66	AA 17
Tavernelle *MS*	78	V 18
Tavernelle *PG*	105	AH 25
Tavernelle *PU*	90	AM 21
Tavernelle *SI*	104	AD 25
Tavernelle *VI*	41	AD 10
Tavernelle d'Emilia *BO*	67	AC 16

Tavernerio *CO*	22	P 9
Tavernette *TO*	47	F 14
Tavernola *BN*	142	AY 36
Tavernola *BO*	80	AB 18
Tavernola *FG*	135	BD 35
Tavernola *FR*	130	AP 34
Tavernola Bergamasca *BG*	38	V 9
Tavernole *VR*	40	AB 10
Tavernole sul Mella *BS*	38	W 9
Tavernstein *BO*	80	AC 19
Taviano *LE*	160	BR 44
Taviano *PT*	80	AB 19
Taviano *RC*	178	BD 55
Tavigliano *BI*	34	J 10
Taviano *RE*	78	W 17
Tavo *PD*	42	AG 11
Tavodo *TN*	26	AA 7
Tavola *CE*	140	AT 36
Tavola *PO*	86	AB 20
Tavolaia *PI*	85	Y 21
Tavolaro *CS*	165	BI 43
Tavole *IM*	72	I 20
Tavoleto *PU*	89	AK 20
Tavoletta *TR*	112	AI 28
Tavolicci *FC*	88	AH 20
Tavon *TN*	12	AB 5
Tavullia *PU*	89	AL 20
Tazza *MC*	107	AN 26
Tazzo *PG*	107	AN 27
Teana *PZ*	164	BF 43
Teano *CE*	140	AT 36
Teatro *BS*	38	W 11
Tebano *RA*	81	AF 18
Teggiano *SA*	153	BC 41
Teggiate *SO*	9	R 5
Tegli *AL*	62	O 16
Teglia *AP*	108	AP 26
Teglia *MS*	77	U 17
Teglia *SA*	153	BB 39
Teglia *SV*	75	M 17
Teglie *BS*	39	X 10
Teglieto *RI*	114	AN 30
Teglio *SO*	24	V 6
Teglio Veneto *VE*	30	AM 9
Tegolaio *RG*	205	AY 63
Tegoleto *AR*	95	AF 23
Tel *BZ*	3	AB 3
Telegrafo *CS*	166	BE 46
Telese *BN*	141	AW 36
Telese Vetere *BN*	141	AW 36
Telfen *BZ*	3	AE 2
Telfes / Telves *BZ*	3	AD 2
Telgate *BG*	38	U 10
Teliseri *NU*	218	Q 43
Tellaro *SP*	78	U 19
Telti *OT*	210	R 38
Telugno *FR*	131	AR 33
Telve *TN*	27	AD 7
Telves / Telfes *BZ*	3	AD 2
Temennotte *IS*	132	AU 34
Temi *NU*	214	R 40

Temossi *GE*	76	R 17
Tempa del Conte *PZ*	164	BE 42
Tempa delle Craste *SA*	152	AY 40
Tempa Grue-Pedace *SA*	153	BC 41
Tempa Rossa *PZ*	154	BF 42
Tempagnano *LU*	85	X 20
Tempalta *SA*	152	AZ 41
Tempe *SA*	153	BC 41
Tempe *SA*	163	BC 42
Tempera *AQ*	115	AP 29
Tempi Nuovi *LE*	159	BS 41
Tempio *TV*	29	AJ 9
Tempio Pausania *OT*	210	P 38
Tempone *PZ*	164	BE 43
Tempone *SA*	153	BC 41
Temponi *SA*	152	AY 39
Temponi *SA*	153	BB 40
Temporia *RE*	78	W 17
Temù *BS*	11	X 6
Tenaglie *TR*	105	AI 28
Tencarola *PD*	41	AF 11
Tendola *MS*	78	V 19
Tenerano *MS*	78	V 19
Tenimento *CS*	170	BF 47
Tenimento *CS*	168	BH 46
Tenna *TN*	27	AC 7
Tenne *PG*	106	AL 26
Tenno *TN*	26	AA 8
Tenou *CN*	58	D 16
Tenuta Colonna *VT*	112	AI 28
Tenuta La Bartolina *GR*	103	AB 26
Tenuta la Castellaccia *GR*	103	AB 26
Tenuta Quarto *FG*	136	BE 36
Tenuta S. Cecilia *RM*	119	AJ 32
Tenuta Schizzanello *RM*	128	AK 33
Tenutella *SR*	203	AZ 60
Teo *AL*	63	P 15
Teodorano *FC*	82	AH 19
Teolo *PD*	41	AF 11
Teonghio *VI*	55	AD 11
Teor *UD*	30	AN 8
Teora *AQ*	114	AO 29
Teora *AV*	143	BA 38
Tepolini *GR*	104	AE 26
Teramo *TE*	108	AR 27
Terceretoli *MS*	78	U 18
Tercimonte *UD*	17	AQ 6
Tercine *PG*	96	AI 24
Terdobbiate *NO*	50	N 11
Tereglio *LU*	79	Y 19
Terelle *FR*	131	AR 34
Terenten / Terento *BZ*	4	AF 3
Terento / Terenten *BZ*	4	AF 3
Terenzano *LO*	52	S 12
Terenzano *MS*	78	V 18
Terenzano *UD*	30	AO 7
Terenzo *PR*	65	V 16
Tergu *SS*	209	N 38
Teriasca *GE*	76	P 17
Terlago *TN*	26	AB 7
Terlan / Terlano *BZ*	12	AC 4

TAORMINA

Carmine (Pza d.)	AZ	3
Don Bosco (V.)	BZ	6
Duomo (Pza d.)	AZ	7
Fazzelo (V.)	AZ	9
Giardinazzo (V.)	BZ	10
Ginnasio (V. d.)	BZ	12
Giovanni (V. d.)	BZ	13
Guardiola Vecchia (V.)	BCZ	15
Jallia Bassia (V.)	BZ	16
S. Antonio (Pza)	AZ	18
S. Caterina (Largo)	BZ	19
S. Domenico (Piazzale)	AZ	21
Umberto I (Cso)	ABZ	
Von Gloeden (V. W.)	AZ	22

Circolazione regolamentata nel centro città da giugno a settembre

Terlano / Terlan BZ 12 AC 4
Terlizzi BA 146 BI 37
Terma dei Gracchi VT 113 AJ 30
Terme PD 41 AF 11
Terme Aurora SS 214 P 41
Terme Caronte CZ 171 BG 50
Terme di Bacedasco PC 64 U 14
Terme di Cotilia RI 114 AN 29
Terme di Firenze FI 86 AC 21
Terme di Fontecchio PG 96 AI 23
Terme di Salvarola MO 66 Z 16
Terme di Spezzano della Sila CS 167 BG 45
Terme di Valdieri CN 70 E 18
Terme Luigiane CS 166 BE 47
Terme Santa Lucia MC 98 AO 24
Terme Vigliatore ME 188 AZ 55
Termenago TN 12 Z 6
Termeno / Tramin BZ 12 AC 5
Termetrio BR 148 BN 39
Termine AQ 114 AO 29
Termine AQ 115 AQ 30
Termine BL 15 AI 6
Termine SP 77 S 18
Termine TR 113 AK 28
Termine Grosso PC 63 R 14
Termini IM 72 H 21
Termini NA 151 AV 40
Termini Imerese PA 185 AR 56
Termini-Sant' Agata SA 153 BC 41
Termo SP 77 U 19
Termoli CB 125 AY 31
Termon TN 12 AB 6
Ternano GE 62 P 16
Ternate VA 35 N 9
Ternavasso TO 60 I 14
Terne PG 107 AM 26
Ternengo BI 34 J 10
Terni TR 113 AL 28
Ternità CS 168 BH 46
Terno d'Isola BG 37 S 9
Ternova Piccola TS 31 AR 9
Terontola AR 95 AH 24
Terontola Stazione AR 95 AH 24
Terra RI 114 AN 28
Terra Bianca SI 95 AF 25
Terra del Sole FC 82 AG 18
Terra del Sole SV 73 K 19
Terra Fredda VT 118 AH 30
Terra Verde BS 52 U 11
Terrabianca SS 209 N 38
Terrabianca TE 109 AS 27
Terracina LT 138 AO 36
Terracino RI 107 AO 27
Terracorpo CE 131 AT 36
Terrada SS 208 M 39
Terradura PD 56 AF 12
Terradura SA 162 BA 43
Terraglione PD 42 AG 11
Terraia PG 106 AL 27
Terraio FI 87 AD 21
Terralba OR 220 M 45
Terranegra VR 55 AC 12
Terranera AQ 115 AQ 30
Terranova AG 191 AK 70
Terranova AL 49 M 13
Terranova BN 142 AX 37
Terranova BN 142 AY 37
Terranova CH 116 AT 30
Terranova CH 123 AU 31
Terranova PD 56 AH 12
Terranova SA 153 BA 40
Terranova da Sibari CS 167 BH 46
Terranova dei Passerini LO 52 S 12
Terranova di Pollino PZ 165 BG 44
Terranova Sappo Minulio RC 176 BF 54
Terranuova Bracciolini AR 94 AE 22
Terrapadedda NU 211 S 39
Terrapini CN 60 H 15
Terrarossa GE 76 Q 17
Terrarossa GE 76 R 17
Terrarossa GR 110 AC 29
Terrarossa MS 78 U 18
Terras Collu CI 224 L 48
Terrasa PV 50 M 12
Terraseo CI 224 M 48
Terrasili CA 226 P 48
Terrasini PA 183 AN 55
Terrassa Padovana PD 56 AG 12
Terrata OT 211 S 38
Terrati CS 170 BF 49
Terravalle FR 130 AO 33
Terravecchia CS 169 BK 47
Terravecchia SA 152 AY 39
Terravecchia-Portoquadro OT 206 Q 36
Terrazzano MI 36 P 10
Terrazze AT 48 I 14
Terrazzo VR 55 AD 12
Terrazzu CI 225 N 49
Terredonniche CS 170 BG 48
Terremorte CT 197 AZ 57
Terrenove TP 190 AK 57
Terres TN 12 AB 6
Terresoli CI 225 N 49
Terreti RC 178 BD 55
Terria RI 114 AL 29
Terria TR 107 AM 28
Terricciola PI 93 Z 22
Terricoli MC 97 AM 24
Terrignano FR 120 AN 33
Terrigoli PO 86 AB 19
Terrinca LU 84 W 19
Terro MC 107 AO 25
Terrone SA 152 AZ 41
Terrossa VR 40 AC 11
Terrossola AR 87 AF 21
Terrubia CI 225 N 48
Terruggia AL 49 L 13
Terrusso GE 76 P 17
Tertenia OG 223 S 45
Tertiveri FG 134 BA 35
Teruzzi PC 64 T 15
Terzago BS 39 X 10
Terzago MI 36 P 11
Terzano FI 87 AD 21
Terzerie SA 152 AZ 41
Terzigno NA 151 AV 39
Terzo AL 61 L 15
Terzo PT 85 Z 20
Terzo PV 50 O 13
Terzo PZ 164 BG 43
Terzo UD 16 AN 5
Terzo Caracciolo MT 156 BJ 42
Terzo Cavone MT 156 BJ 42
Terzo d'Aquileia UD 31 AP 9
Terzo di Mezzo SA 152 BA 40
Terzo di Mezzo I AV 143 BA 38
Terzo la Pieve PG 106 AK 27
Terzo Marzoccolo MT 156 BJ 42
Terzo San Severo PG 106 AK 27
Terzoglio BI 34 K 10
Terzolas TN 11 AA 5
Terzone RI 114 AN 28
Terzorio IM 72 I 20
Tese BS 25 X 9
Tese TO 47 F 12
Tesenella FR 130 AQ 34
Tesero TN 13 AE 6
Tesido / Taisten BZ 5 AH 3
Tesimo / Tisens BZ 12 AC 4
Tesina PG 106 AL 25
Tesis PN 29 AL 7
Tesori CS 167 BG 47
Tesoriero ME 188 AY 55
Tesoro AN 91 AP 22
Tesoro AV 143 AZ 37
Tessano CS 170 BG 48
Tessar Sopra VI 27 AE 8
Tessello FC 82 AH 19
Tessennano VT 111 AF 29
Tessera VE 41 AI 10
Testa dell'Acqua SR 205 AY 62
Testa di Lepre di Sopra RM 119 AI 32
Testa di Lepre di Sotto RM 119 AI 32
Testaccio NA 150 AS 39
Testaccio TR 113 AK 29
Testana GE 76 P 17
Testara CB 133 AX 34
Testi FI 86 AC 22
Testico SV 73 J 19
Teti NU 218 P 43
Tetti CN 59 E 17
Tetti TO 33 G 11
Tetti Avena CN 59 F 16
Tetti Canova CN 74 I 18
Tetti Cavalloni TO 59 G 14
Tetti Chiaramelli CN 60 H 16
Tetti della Tula CN 70 E 18
Tetti Fasano TO 48 H 14
Tetti Gaina CN 70 E 18
Tetti Giro TO 48 H 14
Tetti Grella CN 70 F 18
Tetti Griffa TO 48 G 14
Tetti Maigre CN 70 F 18
Tetti Martin CN 71 F 18
Tetti Mauriti TO 48 H 14
Tetti Merlet CN 71 G 18
Tetti Milanesi CN 60 H 15
Tetti Neirotti TO 47 G 13
Tetti Parodo IM 72 I 19
Tetti Pesio CN 71 G 17
Tetti Roccia CN 59 G 16
Tetti Rolle TO 48 G 14
Tetti Rosbella CN 71 G 18
Tetti Sapini TO 48 H 14
Tetti Sottani CN 71 G 18
Tettile SS 209 O 39
Tetto Cherro CN 71 F 18
Tetto Chiappello CN 71 G 18
Tetto Curune CN 71 G 18
Tetto della Colla CN 71 F 18
Tetto Grosso CN 71 G 18
Tetto Massa Soprano CN 71 F 18
Tetto Tonietto CN 71 F 18
Tettorosso CN 59 F 17
Teulada CA 225 N 50
Teveno BG 24 V 8
Teverina AR 96 AH 24
Teverola CE 141 AU 38
Texauto FG 135 BC 35
Tezze BS 38 U 11
Tezze BS 53 X 11
Tezze MN 54 Y 12
Tezze TN 27 AE 8
Tezze TV 29 AJ 9
Tezze VE 43 AL 9
Tezze VI 41 AD 10
Tezze VR 39 Z 10
Tezze sul Brenta VI 41 AF 9
Tezzeli TN 26 AC 8
Tezzo FC 88 AH 20
Tezzon VE 43 AL 10
Thanai / Tanai BZ 2 Z 3
Thiene VI 41 AD 9
Thiesi SS 213 N 40
Thoules AO 19 F 8
Thoules di Sopra AO 19 F 8
Thovex AO 32 C 9
Thuins / Tunes BZ 3 AD 2
Thumel AO 32 D 10
Thuras TO 58 C 14
Thures TO 46 B 14
Thures Gorlier TO 46 B 14
Thurio CS 168 BH 45
Thuy AO 33 G 9
Tiago BL 28 AH 7
Tiana NU 218 P 43
Tiarno di Sopra TN 25 Z 8
Tiarno di Sotto TN 25 Z 8
Tiberia PV 50 P 13
Tiberio ME 187 AX 55
Ticciano NA 151 AV 40
Ticengo CR 52 T 11
Ticineto AL 50 M 13
Tidolo CR 53 V 13
Tiedoli PR 64 T 16
Tierno TN 26 AA 8
Tiers / Tires BZ 13 AE 5
Tierzi AV 143 AZ 37
Tiezzo PN 29 AL 8
Tiggiano LE 161 BT 44
Tigliano FI 86 AA 21
Tigliano FI 87 AD 21
Tiglieto GE 62 M 16
Tiglio LU 79 Y 19
Tiglio PR 64 S 16
Tiglio UD 17 AP 7
Tiglio Alto LU 79 Y 19
Tigliole AT 61 J 14
Tignai TO 47 D 13
Tignale BS 39 Z 9
Tignano BN 142 AY 37
Tignano BO 80 AC 17
Tignano FI 94 AC 22
Tignes BL 29 AJ 7
Tignet AO 32 E 10
Tiles BZ 4 AE 3
Tilly AO 33 H 9
Timau UD 16 AN 4
Timmari MT 155 BH 40
Timoline BS 38 V 10
Timonchio VI 41 AD 9
Timpanari RC 189 BC 54
Timparello CS 167 BG 47
Timparossa PZ 164 BE 43
Timparossa SR 205 AY 62
Timpello LU 84 X 19
Timperosso KR 173 BL 49
Timpi Bianchi TP 183 AL 55
Timpone CZ 171 BG 49
Timpone SA 163 BC 43
Timpone TP 183 AL 55
Timpone Morte CS 167 BH 47
Timponello CZ 175 BI 51
Tina CS 170 BF 47
Tina TO 34 I 11
Tinchi MT 156 BI 41
Tindari ME 188 AZ 55
Tingi CL 193 AR 59
Tinnari OT 209 O 37
Tinnura OR 213 M 42
Tino RI 107 AO 27
Tintiera PZ 154 BD 40
Tintoria BO 80 AB 17
Tintoria BO 67 AE 16
Tintoria MO 79 Z 18
Tiocchi CH 123 AU 31
Tiola BO 80 AB 17
Tiola SO 11 X 5
Tiolo SO 11 W 6
Tione degli Abruzzi AQ 115 AQ 30
Tione di Trento TN 25 Z 7
Tiosels BZ 13 AE 4
Tipano FC 82 AI 19
Tipoldo ME 189 BB 55
Tiranni ME 187 AW 55
Tirano SO 10 W 6
Tiravento FR 131 AR 33
Tires / Tiers BZ 13 AE 5
Tiria OR 217 N 44
Tiricella PI 85 Y 21
Tiriddò OT 211 S 38
Tiriolo CZ 171 BI 50
Tirivolo CZ 171 BI 49
Tirli GR 103 AA 26
Tirlo Valloni FR 131 AR 34
Tiro a Segno FR 130 AP 34
Tirol / Tirolo BZ 3 AB 3
Tirolo MN 54 Y 12
Tirolo / Tirol BZ 3 AB 3
Tironega BG 24 U 9
Tirrenia PI 84 W 22
Tisana BZ 13 AE 4
Tisens / Tesimo BZ 12 AC 4
Tiso BZ 13 AE 4
Tisoi BL 28 AI 7
Tissano UD 30 AO 8
Tissi SS 213 M 39
Titelle BL 14 AG 6
Titi RC 177 BH 53
Titiano UD 30 AN 9
Titignano TR 105 AI 27
Tito PZ 153 BD 40
Titta PG 96 AI 23
Tivegna SP 77 U 18
Tivo FC 88 AH 20
Tivoli BO 67 AB 16
Tivoli RM 120 AL 32
Tivolille CS 170 BG 48
Tizio BS 25 X 9
Tizzana PT 86 AB 20
Tizzano Val Parma PR 65 W 16
Tizzola RE 79 X 17
Tizzolo RE 65 X 17
Toano RE 79 Y 17
Toara VI 41 AE 11
Tobbiana PO 86 AB 20
Tobbiana PT 86 AB 20
Tobia VT 112 AH 29
Tobina PN 30 AM 8
Toblach / Dobbiaco BZ 5 AI 3
Toccalmatto PR 65 V 14
Tocchi SI 94 AC 25
Toccio PG 97 AL 24
Tocco Caudio BN 142 AW 37
Tocco da Casauria PE 116 AS 30
Toceno VB 7 L 7
Todesca TN 25 Y 6
Todeschino CR 52 T 11
Todi PG 106 AJ 27
Todiano PG 107 AN 26
Todocco CN 61 K 16
Tofarole AV 151 AX 38
Tofe AP 108 AO 26
Toffia RI 113 AL 30
Tofo TE 108 AQ 28
Togliano UD 31 AP 7
Toglie TO 47 F 12
Tognana PD 56 AH 12
Tognano AV 142 AY 38
Tognazza SI 94 AC 23
Tognola TN 13 AF 6
Toiano FI 86 AA 21
Toiano PI 85 Z 22
Toiano SI 94 AC 24
Toirano SV 73 K 19
Tola SO 11 X 5
Tolcinasco MI 51 Q 11
Tole MO 79 Z 18
Tolè BO 80 AB 18
Tolentino MC 98 AO 24
Toleto AL 61 M 16
Tolfa RM 118 AG 31
Toline BS 24 V 9
Tollara PC 64 T 14
Tolle RO 57 AJ 14
Tollegno BI 34 J 10
Tolli BN 133 AY 35
Tollo CH 117 AU 29
Tollo TN 27 AE 7
Tolmezzo UD 16 AN 5
Tolosano CN 70 D 17
Tolve PZ 154 BF 39
Tomacella FR 130 AO 34
Tomaini CZ 171 BH 49
Tomaiolo FG 127 BE 33
Tomassucci MC 98 AP 25
Tomba BO 81 AD 17
Tomba PG 106 AK 25
Tomba UD 16 AN 6
Tomba UD 30 AN 7
Tombara MS 84 V 19
Tombazosana VR 55 AC 12
Tombe BO 67 AC 16
Tombe BO 67 AD 15
Tombe BO 81 AF 17
Tombe FE 69 AH 15
Tombelle VE 42 AG 11
Tombolino VE 43 AK 10
Tombolo PD 41 AF 10
Tommaselle RO 55 AD 14
Tommaso Natale PA 184 AO 54
Tomo BL 28 AG 7
Tomoliccio CB 133 AW 35
Ton TN 12 AB 6
Tonadico TN 28 AG 6
Tonara NU 218 Q 43
Tonco AT 49 K 13
Tonda FI 93 AA 22
Tondaco Nuovo CT 202 AY 59
Tonengo AT 48 J 13
Tonengo TO 48 I 12
Toneri NU 218 P 43
Tonezza del Cimone VI 27 AD 8
Tonfano LU 84 W 20
Tonnara CI 224 L 48
Tonnara CS 170 BF 49
Tonnara SS 209 M 38
Tonnara di Bonagia TP 182 AK 55
Tonnara Saline SS 208 K 38
Tonnare CI 224 K 48
Tonnarella ME 188 AZ 55
Tonni SI 94 AC 24
Tonnicoda RI 114 AN 30
Tonniello IS 132 AV 33
Tontola FC 82 AG 19
Topaligo PN 29 AJ 8
Topanera PE 116 AS 29
Topanti LT 130 AO 35
Topina SI 94 AC 23
Topolò UD 17 AQ 6
Toppo PN 16 AL 6
Toppo di Scioscio PZ 153 BD 39
Toppola AV 142 AY 38
Toppole AR 95 AH 23
Toppolo AV 142 AY 38
Toppolo al Vento BN 142 AY 37
Toppolo San Felice AV 142 AY 38
Toppolocozzetto AV 142 AY 38
Tor Bella Monaca RM 120 AK 32
Tor di Bruno RM 128 AK 34
Tor Sapienza RM 119 AK 32
Tor Tre Ponti LT 129 AM 34
Tor Vaiánica RM 128 AJ 34
Tora CE 131 AT 35
Tora CE 132 AV 36
Tora PZ 154 BD 40
Torana AV 142 AZ 37
Toranello RA 81 AF 18
Torano CE 140 AS 36
Torano MS 78 V 19
Torano RI 121 AO 31
Torano Castello CS 167 BF 46
Torano Nuovo TE 108 AR 27
Torassi TO 48 I 12
Torazza BI 34 J 10
Torba PD 42 AH 10
Torba VA 36 O 9
Torbecchia PT 85 AA 20
Torbiato BS 38 U 10
Torbiera TN 26 AA 8
Torbole BS 38 V 10
Torbole TN 26 AA 8
Torca NA 151 AV 40
Torcegno TN 27 AD 7
Torcello AL 49 L 13
Torcello VE 43 AJ 11
Torchiagina PG 96 AK 25
Torchiara SA 162 AZ 42
Torchiaro AP 99 AR 25
Torchiarolo BR 149 BR 41
Torchiati AV 151 AX 39
Torchiedo LC 23 Q 7
Torchiera BS 53 V 12
Torcigliano LU 84 X 20
Torcigliano LU 85 X 20
Tordandrea PG 106 AK 25
Tordibetto PG 97 AK 25
Tordinia TE 108 AQ 28
Tore LT 139 AR 36
Torella dei Lombardi AV 143 AZ 38
Torella del Sannio CB 132 AW 34
Torelle CE 140 AS 36
Torello BN 141 AV 36
Torello CE 131 AT 36
Torello PU 89 AJ 20
Torello SA 152 AY 39
Torgiano PG 106 AJ 25
Tori CH 117 AV 31
Toria CN 71 H 19
Torille Rivarolla AO 33 H 9
Torino TO 48 H 13
Torino di Sangro CH 117 AW 30
Torino di Sangro Marina CH 117 AW 30
Toritto BA 146 BJ 38
Torlano UD 16 AO 6
Torlino Vimercati CR 37 S 11
Tormeno VI 41 AE 10
Tormine MN 54 Z 12
Tormo LO 52 S 11
Tornaco NO 50 N 11
Tornadri SO 10 U 6
Tornano FC 88 AI 20
Tornareccio CH 123 AV 31
Tornarezza PC 63 R 16
Tornata CR 53 X 13
Tornavento VA 35 N 10
Tornazzano AN 98 AP 23
Tornello PV 51 Q 13
Tornetti TO 47 F 12
Tornia AR 95 AH 24
Torniella GR 103 AB 25
Tornimparte AQ 115 AO 30
Torno CO 22 P 8
Torno FR 131 AR 34
Torno PZ 164 BF 44
Tornolo PR 64 S 17
Tornova RO 57 AI 13
Toro CB 133 AX 34
Torone AV 143 AZ 37
Torone CE 141 AV 37
Torpè NU 215 T 40
Torpiana SP 77 T 18
Torra AP 108 AP 26
Torra TN 12 AB 6
Torraca SA 163 BC 43
Torralba SS 213 N 40
Torrano MS 77 U 17
Torrano PC 64 T 14
Torrano VR 55 AD 12
Torrate PN 30 AL 8
Torrazza CN 59 G 15
Torrazza GE 76 O 17
Torrazza PV 50 O 12
Torrazza Clavi IM 72 I 20
Torrazza Coste PV 51 P 14
Torrazza Piemonte TO 48 I 12
Torrazzo AT 61 J 15
Torrazzo AT 61 K 14
Torrazzo BI 34 I 11
Torrazzo RE 79 Y 17
Torre AL 49 K 13
Torre AQ 114 AO 29
Torre AR 87 AF 21
Torre AV 142 AZ 38
Torre BO 67 AD 16
Torre FI 85 Z 21
Torre IS 132 AV 34
Torre LU 85 X 20
Torre LU 85 X 20
Torre MC 98 AO 23
Torre MN 54 Z 12
Torre PG 97 AL 24
Torre PR 77 T 17
Torre PR 65 V 16
Torre PR 65 W 16
Torre PR 65 X 16
Torre RC 176 BE 53
Torre VA 22 N 8
Torre VI 27 AF 9
Torre VR 54 AA 12
Torre a Castello SI 94 AE 24
Torre a Cona FI 87 AD 21
Torre a Mare BA 147 BK 37
Torre Accio MT 156 BI 41
Torre Alfieri BN 142 AX 37
Torre Alfina VT 105 AG 27

Torre Annunziata *NA*	151	AV 39	Torre del Colle *PG*	106	AK 26	Torre Ellera *RC*	177	BI 53	Torre Pallavicina *BG*	38	U 11	Torreano *UD*	30	AN 7	Torresina *CN*	74	J 17

Torre Annunziata *NA* .... 151 AV 39
Torre Archifari *CT* .... 197 BA 57
Torre Balfredo *TO* .... 34 I 11
Torre Beretti *PV* .... 50 N 13
Torre Berteri *CR* .... 53 W 13
Torre Boldone *BG* .... 37 T 9
Torre Bormida *CN* .... 61 J 16
Torre Caietani *FR* .... 130 AO 33
Torre Calderari *AL* .... 62 O 14
Torre Calzolari *PG* .... 97 AL 24
Torre Canavese *TO* .... 33 H 11
Torre Canne *BR* .... 148 BN 38
Torre Caravicchia *FR* .... 130 AP 33
Torre Castiglione *LE* .... 158 BP 42
Torre Cerchiara *CS* .... 168 BH 45
Torre Colimena *TA* .... 158 BP 42
Torre Colonna-Sperone *PA* .... 185 AQ 55
Torre d'Acceglio *CN* .... 71 G 17
Torre d'Arese *PV* .... 51 Q 12
Torre d'Astari *PV* .... 51 Q 12
Torre de' Busi *LC* .... 37 R 9
Torre de' Negri *PV* .... 51 R 13
Torre de' Passeri *PE* .... 116 AS 30
Torre de' Picenardi *CR* .... 53 W 13
Torre de' Torti *PV* .... 51 P 13
Torre degli Alberi *PV* .... 63 Q 14
Torre degli Amanti *AV* .... 143 AZ 37
Torre dei Corsari *VS* .... 220 L 45
Torre dei Frati *CN* .... 71 G 17
Torre dei Guardiniani *BA* .... 137 BH 37
Torre dei Mussi *SA* .... 152 AY 40

Torre del Colle *PG* .... 106 AK 26
Torre del Greco *NA* .... 151 AV 39
Torre del Lago Puccini *LU* .... 84 W 21
Torre del Lauro *ME* .... 187 AW 55
Torre del Mangano *PV* .... 51 P 12
Torre del Maro *FC* .... 82 AI 19
Torre del Padiglione *LT* .... 129 AL 34
Torre del Vento *BA* .... 136 BH 37
Torre dell' Inserraglio *LE* .... 160 BQ 42
Torre dell' Ovo *TA* .... 157 BO 42
Torre della Castagna *IS* .... 132 AV 33
Torre della Chiesa *CS* .... 167 BH 45
Torre dell'Acqua *GR* .... 110 AC 29
Torre delle Stelle *CA* .... 227 R 49
Torre dell'Orso *LE* .... 159 BT 42
Torre de'Roveri *BG* .... 37 T 9
Torre di Bari *OG* .... 219 T 45
Torre di Buiano *FI* .... 86 AD 20
Torre di Campi *FG* .... 127 BG 33
Torre di Fine *VE* .... 43 AL 10
Torre di Gaffe *AG* .... 199 AS 61
Torre di Mezzo *RG* .... 204 AV 63
Torre di Mezzo I *CS* .... 168 BI 46
Torre di Mezzo II *CS* .... 168 BH 46
Torre di Mosto *VE* .... 43 AL 9
Torre di Nolfi *AQ* .... 122 AS 31
Torre di Portogreco *FG* .... 127 BG 33
Torre di Ruggiero *CZ* .... 174 BH 52
Torre di Santa Maria *SO* .... 10 U 6
Torre di Taglio *RI* .... 114 AO 30
Torre d'Isola *PV* .... 51 P 12
Torre Elena *CZ* .... 175 BI 51

Torre Ellera *RC* .... 177 BI 53
Torre Faro *ME* .... 189 BC 54
Torre Gaia *RM* .... 120 AK 32
Torre Garemia *PG* .... 105 AH 26
Torre Gentile *PG* .... 106 AJ 27
Torre Guaceto *BR* .... 148 BP 39
Torre Guevara *FG* .... 134 BB 36
Torre Lapillo *LE* .... 158 BQ 42
Torre Le Nocelle *AV* .... 142 AY 37
Torre Logge *CZ* .... 174 BH 51
Torre Lupara *RM* .... 120 AK 31
Torre Maccarese *RM* .... 119 AI 32
Torre Magna *CS* .... 171 BG 47
Torre Maina *MO* .... 66 AA 17
Torre Malizia *LE* .... 167 BG 47
Torre Mancina *RM* .... 120 AK 31
Torre Marangone *RM* .... 118 AF 31
Torre Marino *VV* .... 176 BE 52
Torre Masino *VR* .... 54 AA 12
Torre Mattarelle *BR* .... 149 BR 40
Torre Mattina *SA* .... 153 BB 40
Torre Melissa *KR* .... 173 BL 48
Torre Metola *PU* .... 89 AJ 22
Torre Mileto *FG* .... 126 BC 32
Torre Mondovì *CN* .... 74 I 17
Torre Montenero *FR* .... 131 AQ 34
Torre Mozza *LE* .... 160 BR 44
Torre Nova *RM* .... 120 AK 32
Torre Nuova *LT* .... 138 AM 35
Torre Olivola *PG* .... 106 AJ 27
Torre Orsaia *SA* .... 163 BB 43
Torre Pali *LE* .... 161 BS 44

Torre Pallavicina *BG* .... 38 U 11
Torre Papone *IM* .... 72 I 20
Torre Passeri *BG* .... 38 T 10
Torre Pedrera *RN* .... 83 AK 19
Torre Pellice *TO* .... 59 E 15
Torre Picentina *SA* .... 152 AY 40
Torre Pozella *BR* .... 148 BP 39
Torre Rinalda *LE* .... 149 BS 41
Torre Rossa *BR* .... 149 BQ 39
Torre San Giorgio *CN* .... 59 G 15
Torre San Giovanni *LE* .... 160 BR 44
Torre San Marco *PU* .... 90 AM 22
Torre San Patrizio *AP* .... 99 AQ 24
Torre San Sabina *BR* .... 148 BP 39
Torre San Severo *TR* .... 105 AH 27
Torre Santa Lucia *AP* .... 108 AQ 27
Torre Santa Susanna *BR* .... 158 BP 41
Torre Santi *RM* .... 120 AN 33
Torre Saracena *LE* .... 159 BT 42
Torre Sibiliana *TP* .... 190 AJ 57
Torre Spaccata *BR* .... 148 BN 39
Torre Spada *FE* .... 67 AC 15
Torre Specchia
 Ruggeri *LE* .... 159 BT 42
Torre Squillace *LE* .... 160 BQ 42
Torre Suda *LE* .... 160 BR 44
Torre Susale *BR* .... 148 BN 39
Torre Vado *LE* .... 161 BS 45
Torre Vaigorrera *TO* .... 60 I 14
Torre Voluta di Frassa *CS* .... 168 BH 45
Torre Voluta
 di Torricella *CS* .... 168 BH 45

Torreano *UD* .... 30 AN 7
Torreano *UD* .... 31 AP 7
Torrebelvicino *VI* .... 40 AC 9
Torrebruna *CH* .... 124 AW 32
Torrecandele *ME* .... 187 AW 55
Torrecchia Nuova *LT* .... 129 AM 34
Torrececcona *PG* .... 106 AJ 27
Torrechiara *PR* .... 65 W 16
Torrecuso *BN* .... 142 AX 36
Torredaniele *TO* .... 34 H 10
Torreggiani *TP* .... 190 AJ 57
Torreglia *PD* .... 56 AF 11
Torregrotta *ME* .... 189 BB 54
Torreluca *PG* .... 105 AI 27
Torremaggiore *FG* .... 134 BA 33
Torremenapace *PV* .... 50 O 13
Torremezzo
 di Falconara *CS* .... 170 BF 48
Torremontanara *CH* .... 116 AU 29
Torremuzza *ME* .... 187 AU 55
Torrenieri *SI* .... 104 AE 25
Torrenova *ME* .... 187 AX 55
Torrent *AO* .... 32 C 9
Torrènt *AO* .... 19 E 9
Torrenuova *CS* .... 166 BE 46
Torrenzana *PI* .... 93 Y 23
Torreorsina *TR* .... 113 AL 28
Torrepaduli *LE* .... 161 BS 44
Torrepinta *CS* .... 168 BH 46
Torrerossa *GE* .... 75 N 17
Torresella *VE* .... 30 AM 9
Torreselle *PD* .... 42 AH 10

Torresina *CN* .... 74 J 17
Torreto *MC* .... 98 AN 24
Torretta *CL* .... 194 AT 59
Torretta *CS* .... 166 BF 47
Torretta *CT* .... 202 AX 61
Torretta *FR* .... 130 AO 33
Torretta *IM* .... 72 I 20
Torretta *KR* .... 169 BL 47
Torretta *PA* .... 184 AO 55
Torretta *PI* .... 92 X 22
Torretta *PR* .... 65 X 15
Torretta *PV* .... 63 P 15
Torretta *PV* .... 51 Q 12
Torretta *PZ* .... 154 BD 39
Torretta *SP* .... 77 U 18
Torretta *TA* .... 157 BN 41
Torretta *TA* .... 157 BN 41
Torretta *TP* .... 182 AL 56
Torretta *VI* .... 41 AE 11
Torretta *VR* .... 55 AB 11
Torretta *VR* .... 55 AC 13
Torretta Spiaggia *ME* .... 188 BA 54
Torretta-Scalzapecora *NA* .... 150 AT 38
Torrette *CN* .... 58 D 16
Torrette *PU* .... 90 AN 21
Torrette *PZ* .... 154 BD 41
Torrette di Ancona *AN* .... 91 AP 22
Torrevecchia *CS* .... 166 BE 46
Torrevecchia *CZ* .... 174 BG 51
Torrevecchia *OR* .... 220 M 45
Torrevecchia Pia *PV* .... 51 Q 12
Torrevecchia Teatina *CH* .... 116 AU 29

TORINO

Aeroporto
 (Strada dell') .... GT 2
Agnelli (Cso G.) .... FU 3
Agudio (V. T.) .... HT 5
Bogino (V.) .... GU 8
Borgaro (V.) .... GT 9
Cebrosa (Str. d.) .... HT 22
Cosenza (Cso) .... FGU 29

De Sanctis (V. F.) .... FT 30
Garibaldi (Cso) .... GT 36
Grosseto (Cso) .... GT 39
Lazio (Lungo Stura) .... HT 41
Maroncelli (Cso P.) .... GU 43
Potenza (Cso) .... GT 58
Rebaudengo
 (P. Conti) .... GT 59
Regio Parco (Cso) .... HT 61
Sansovino (V. A.) .... FGT 71
Savona (Cso) .... GU 72

Sestriere (V.) .... GU 74
Stampini (V. E.) .... GT 78
Stradella (V.) .... GT 79
S. M. Mazzarello
 (V.) .... FT 68
Thovez (Viale E.) .... GHT 80
Torino (Strada) .... GU 81
Torino (Viale) .... FU 82
Unità d'Italia (Cso) .... GU 86
Vercelli (Cso) .... HT 89
Voghera (Lungo Dora) .... HT 92

Museo dell' Automobile Carlo Biscaretti di Ruffia .... GU M5

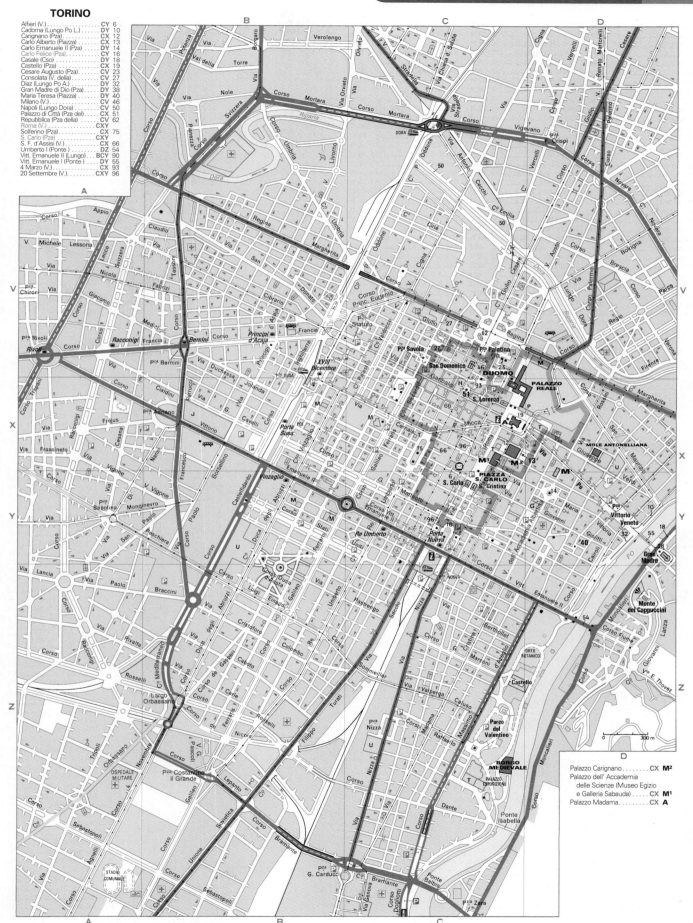

Torri *FC*	82	AG 18
Torri *FI*	86	AB 20
Torri *FI*	86	AB 21
Torri *FI*	87	AD 21
Torri *IM*	72	G 20
Torri *PC*	52	S 13
Torri *PT*	80	AB 19
Torri *SI*	93	AB 23
Torri *SI*	94	AC 24
Torri del Benaco *VR*	39	Z 10
Torri di Confine *VI*	41	AD 11
Torri di Quartesolo *VI*	41	AE 10
Torri in Sabina *RI*	113	AK 29
Torria *IM*	73	I 20
Torriana *RN*	89	AJ 20
Torricchio *CH*	123	AV 31
Torricchio *MC*	107	AN 26
Torrice *FR*	130	AP 34
Torricella *AR*	95	AF 24
Torricella *BN*	141	AW 37
Torricella *CR*	53	W 12
Torricella *LE*	149	BS 41
Torricella *MC*	98	AN 24
Torricella *ME*	181	AY 52
Torricella *MN*	54	Z 13
Torricella *PG*	96	AI 25
Torricella *PN*	30	AM 8
Torricella *PR*	53	W 14
Torricella *PU*	88	AI 20
Torricella *PU*	89	AK 20
Torricella *PU*	89	AL 22
Torricella *PU*	97	AL 22
Torricella *RO*	55	AC 13
Torricella *TA*	157	BN 41
Torricella del Pizzo *CR*	53	W 13
Torricella in Sabina *RI*	114	AM 30
Torricella Inf. *CS*	168	BI 46
Torricella Peligna *CH*	123	AU 31
Torricella Sicura *TE*	108	AQ 28
Torricella Soprana *CS*	168	BI 46
Torricelli Inf. *FR*	131	AR 35
Torricelli Sup. *FR*	131	AR 35
Torricello *PC*	63	R 14
Torriggia *CO*	22	P 8
Torriglia *GE*	63	P 16
Torrile *PR*	53	W 14
Torrimpietra *RM*	119	AI 32
Torrino *PV*	51	P 12
Torrio Casetta *PC*	63	R 16
Torriola *PU*	89	AJ 21
Torrion Quartara *NO*	35	M 11
Torrione *AP*	99	AQ 24
Torrione *MC*	99	AQ 23
Torrione *NO*	49	L 12
Torrione *SA*	151	AX 39
Torrione *TO*	59	F 14
Torrione *VC*	49	L 12
Torrioni *AV*	142	AX 37
Torrita *RI*	107	AO 28
Torrita di Siena *SI*	95	AF 24
Torrita Tiberina *RM*	113	AK 30
Torrone *AQ*	122	AS 31
Torrone *IS*	132	AT 34
Torrone *MC*	98	AN 25
Torrone *MC*	98	AO 23
Torrone *PV*	51	Q 14
Torrone Serralta *MC*	98	AO 24
Torsa *UD*	30	AN 8
Torsana *MS*	78	V 18
Torsoli *FI*	94	AD 22
Tortal *BL*	28	AH 7
Tortiano *PR*	65	X 15
Tortigliano *AR*	95	AH 23
Tortima *VI*	27	AE 9
Tortolì *OG*	219	S 44
Tortona *AL*	62	O 14
Tortora *CS*	164	BD 44
Tortora *SA*	151	AW 39
Tortora Marina *CS*	163	BD 44
Tortorella *SA*	163	BC 43
Tortorelle *TP*	190	AK 57
Tortoreto Alto *TE*	109	AS 27
Tortoreto Lido *TE*	109	AS 27
Tortorici *ME*	188	AX 55
Tortorolo *PV*	50	N 13
Torvaianica Alta *RM*	128	AJ 34
Torvillo *NA*	151	AV 40
Torviscosa *UD*	30	AO 9
Torza *SP*	77	S 18
Tos *BL*	14	AH 5
Tosca *PR*	64	T 16
Toscanella *BO*	81	AE 17
Toscano *ME*	188	AZ 55
Toscella *PG*	106	AJ 26
Toscolano *TR*	106	AJ 28
Toscolano Maderno *BS*	39	Y 10
Tosi *FI*	87	AE 21
Tosi *VR*	40	AB 11
Tosina *FI*	87	AE 21
Tosse *SV*	74	L 18
Tossicia *TE*	115	AQ 28
Tossignano *BO*	81	AE 18
Tostini *RM*	120	AN 32
Totea *CE*	132	AV 34
Tottea *TE*	115	AP 28
Tottubella *SS*	208	L 39
Tour d'Hereraz *AO*	34	H 10
Touranz *AO*	32	E 9
Tovere *SA*	151	AW 40
Tovo *BL*	27	AF 8
Tovo di Sant'Agata *SO*	11	W 6
Tovo Faraldi *IM*	73	J 20
Tovo San Giacomo *SV*	74	K 18
Trabia *PA*	185	AQ 55
Trabia *PA*	185	AQ 56
Trabuccato *SS*	208	K 37
Trabuchello *BG*	24	T 8
Tracchi *VR*	40	AB 10
Tràcino *TP*	190	AH 63
Tracoccia *ME*	189	BB 54
Tradate *VA*	36	O 9
Trafana *MT*	165	BG 41
Trafficanti *BG*	37	T 9
Trafoi *BZ*	11	Y 4
Traforo del Frejus *TO*	46	B 13
Traforo Gran		

Alpini (Cso degli)	AY	2
Battisti (Pza C.)	BZ	3
Belenzani (V. R.)	BZ	4
Carducci (Largo)	BZ	6
Clesio (V. B.)	BY	7
Dogana (V.)	BZ	8
Duomo (Pza del)	BZ	10
Garibaldi (V.)	BZ	12
Grazioli (V. G.)	BZ	13
Manci (V.)	BZ	14
Mazzini (V.)	BZ	15
Oriola (V.)	BZ	16
Oss Mazzurana (V.)	BZ	17
Pilati (V. C. A.)	BZ	19
Porta Nuova (Largo)	BZ	20
Pozzo (V.)	AZ	22
Prepositura (V.)	AZ	24
Sta Croce (V.)	BZ	34
Simonino (V. del)	BZ	32
S. Lorenzo (Cavalcavia)	AZ	27
S. Marco (V.)	BZ	30
S. Pietro (V.)	BZ	31
S. Vigilio (V.)	BZ	33
Torre Vanga (V.)	BZ	35
Torre Verde (V.)	BZ	37
Ventuno (V. dei)	BZ	40

Museo Diocesano Tridentino ...... BZ M¹   Palazzo Tabarelli .... BZ F

San Bernardo *AO*	18	E 8
Traggiaia *AR*	87	AE 22
Traghetto *BR*	148	BO 39
Traghetto *FE*	68	AF 16
Tragliata *RM*	119	AI 32
Tragliatella *RM*	119	AI 31
Tragliatella *RM*	119	AI 32
Traiana *AR*	95	AF 22
Trainu Moltu *OT*	210	R 39
Trajo *AO*	33	E 10
Tralia *NA*	151	AW 39
Tramariglio *SS*	212	J 40
Tramatza *OR*	217	M 43
Trambesere *AO*	33	H 10
Tramin / Termeno *BZ*	12	AC 5
Tramontana *AL*	62	N 16
Tramonte *PD*	41	AF 11
Tramonti *CE*	132	AT 35
Tramonti di Mezzo *PN*	15	AL 6
Tramonti di Sopra *PN*	15	AL 6
Tramonti di Sotto *PN*	15	AL 6
Tramostera *RG*	202	AW 61
Trampolino *CR*	52	T 11
Tramutola *PZ*	154	BD 42
Trana *TO*	47	F 13
Trani *BA*	137	BH 36
Tranna *FR*	131	AQ 33
Tranquillo *PU*	97	AK 23
Transacqua *BZ*	12	Z 4
Transacqua *TN*	28	AF 6
Tranzi *CE*	140	AT 36
Traona *SO*	23	S 7
Trapani *TP*	182	AK 55
Trapozzo *AN*	97	AM 23
Trappa *CN*	74	I 18
Trappeto *PA*	183	AN 55
Trappeto *RC*	179	BG 54
Trappola *AR*	87	AE 22
Trarego *VB*	7	M 7
Trarivi *RN*	89	AK 20
Trasacco *AQ*	121	AQ 32
Trasaghis *UD*	16	AN 6
Trasasso *BO*	80	AC 18
Traschio *PC*	63	Q 16
Traso *GE*	76	P 17
Trasquera *VB*	7	K 6
Trassani *PU*	89	AK 21
Trasserra *BO*	80	AB 18
Trassilico *LU*	79	X 19
Trastanello *IM*	72	I 19
Trastulli *CH*	117	AV 30
Tratalias *CI*	224	M 49
Trattera *CS*	168	BI 46
Trattoio *TR*	105	AG 27

Filippini (V.)	BY 2	Municipio (V.)	BY 6
Fra Giocondo (V.)	AY 3	Palestro (V.)	CY 7
Indipendenza (Pza e V.)	BY 4	Pescheria (V.)	CY 10
Monte di Pietà (Pza)	BY 5	Regg. Italia Libera (V.)	CZ 12

S. Antonio da Padova (Vle)	BY 13	S. Leonardo (Pza e V.)	CY 16
S. Caterina (V.)	CY 14	S. Parisio (V.)	CY 17
S. Francesco (Pza e V.)	BY 15	S. Vito (Pza e Via)	BY 19

Signori (Pza dei)	BY 21	
Vittoria (Pza della)	BZ 23	
20 Settembre (V.)	BY 24	

Palazzo dei Trecento .... BY **A**   Santa Lucia .... BY **B**

Traugnano BN.............141 AV 37
Trausella TO...............33 H 11
Trava UD...................16 AM 5
Travacò Siccomario PV.....51 P 13
Travagliato BS............38 V 10
Travaglini CB.............124 AV 33
Travaglini CH.............124 AW 30
Travaglino PV.............51 Q 14
Travagola BL..............28 AG 7
Travale GR................93 AB 25
Travatura RC..............177 BI 53
Travazzano PC.............64 T 14
Trave AN..................91 AQ 22
Travelio VB...............7 L 7
Traverde MS...............77 U 17
Traversa FI...............80 AC 19
Traversa SA...............151 AX 39
Traversa II PA............184 AO 56
Traversa III PA...........184 AO 56
Traversara RA.............82 AH 17
Traverse TO...............46 D 12
Traversella TO............33 H 10
Traverses TO..............46 C 13
Traversetolo PR...........65 X 16
Traverso BN...............142 AY 36
Traves TO.................47 F 12
Travesio PN...............16 AM 6
Travettore VI.............41 AF 9

Travo PC..................64 S 14
Tre Archi AP..............99 AR 24
Tre Aree CZ...............174 BH 51
Tre Arie RC...............179 BF 54
Tre Berte SI..............105 AG 25
Tre Camimi AP.............99 AQ 25
Tre Camini AP.............99 AS 25
Tre Cancelli RM...........129 AL 35
Tre Canne PD..............56 AE 13
Tre Carlini VV............174 BG 51
Tre Case MO...............66 AB 14
Tre Case SI...............104 AE 26
Tre Chiese BZ.............13 AE 4
Tre Croci TP..............183 AM 56
Tre Croci VT..............112 AH 30
Tre Fontane TP............191 AL 58
Tre Masserie AV...........143 AZ 37
Tre Masserie BN...........141 AW 37
Tre Olmi RE...............66 Z 15
Tre Piccioni NA...........150 AT 38
Tre Ponti BL..............28 AH 7
Tre Ponti PI..............85 X 21
Tre Ponti PU..............89 AL 20
Tre Rii PR................65 V 16
Tre Stelle CN.............61 J 15
Tre Valloni CB............124 AW 33
Trearie CS................171 BH 49

Treazzano AP..............109 AR 26
Trebaseleghe PD...........42 AH 10
Trebbiantico PU...........90 AM 20
Trebate NO................35 N 11
Trebbio AR................96 AH 22
Trebbio AR................95 AH 24
Trebbio BS................39 X 9
Trebbio BS................39 X 10
Trebbio FC................81 AF 19
Trebbio FI................85 AC 20
Trebbio LU................85 X 20
Trebbio MC................107 AN 25
Trebbio MC................98 AP 24
Trebbio PO................86 AB 19
Trebbio PU................89 AK 20
Trebbio PV................51 P 14
Trebbio RN................83 AJ 19
Trebbio della Sconfitta PU..90 AM 20
Trebbo di Reno BO.........67 AC 16
Trebecco BG...............38 U 10
Trebecco PC...............63 Q 14
Trebiano SP...............78 U 19
Trebiciano TS.............45 AR 9
Trebisacce CS.............165 BI 44
Trecallo CO...............36 P 9
Trecasali PR..............53 W 14
Trecase NA................151 AV 39

Trecastagni CT............197 AZ 58
Trecasuzze RG.............204 AX 62
Trecate NO................35 N 11
Trecchina PZ..............163 BD 43
Trecciano AR..............88 AG 22
Treccione CO..............23 Q 7
Trecella MI...............37 R 10
Trecenta RO...............55 AD 13
Treciminiere TE...........116 AT 28
Trecroci VV...............174 BG 51
Tredozio FC...............81 AF 19
Trefontane GE.............62 P 16
Trefonti GR...............104 AE 26
Tregasio MI...............36 Q 9
Treggiaia PI..............85 Z 22
Treggio PG................106 AL 26
Tregiovo TN...............12 AB 5
Treglia CE................141 AU 36
Treglio CH................117 AV 30
Tregnago VR...............40 AB 10
Tregole SI................94 AC 23
Tregozzano AR.............95 AG 22
Treia MC..................98 AO 24
Treiso CN.................61 J 15
Trelli UD.................16 AN 5
Tremarende PD.............42 AG 10
Tremauriello AV...........142 AY 38
Tremea BL.................28 AH 7

Tremenico LC..............23 R 7
Tremensuoli LT............139 AR 36
Tremestieri ME............189 BC 55
Tremestieri Etneo CT......197 AZ 58
Tremezzo CO...............23 Q 8
Tremignon PD..............41 AF 10
Tremoleto PI..............92 Y 22
Tremoli CS................166 BE 44
Tremonti AQ...............121 AO 31
Tremosine BS..............25 Z 9
Trenno MI.................36 P 11
Trenta CS.................171 BG 48
Trenta Miglia VT..........112 AI 30
Trentinara SA.............152 AZ 41
Trentino MO...............79 Z 18
Trento RO.................55 AD 14
Trento TN.................26 AB 7
Trentola CE...............141 AU 36
Trentola FC...............82 AH 19
Trentola-Ducenta CE.......141 AU 38
Trenzanesio MI............37 R 10
Trenzano BS...............38 V 11
Treo FR...................131 AR 33
Trepalade VE..............43 AJ 10
Trepalle SO...............10 W 4
Trepellice TO.............59 G 15
Trepidò Soprano KR........171 BJ 48
Trepidò Sottano KR........171 BJ 48

Treponti BS...............39 X 10
Treponti PD...............41 AF 11
Treponti PD...............56 AF 13
Treponti PD...............57 AH 12
Treponti RO...............56 AE 13
Treppanico FR.............131 AQ 34
Treppio PT................80 AB 19
Treppo Carnico UD.........16 AN 4
Treppo Grande UD..........16 AN 6
Treppo Piccolo UD.........16 AN 6
Trepuzzi LE...............159 BR 41
Trequanda SI..............95 AF 24
Trerio RA.................81 AE 18
Tres TN...................12 AB 6
Tresana MS................78 U 18
Tresanti FI...............86 AB 22
Tresauro RG...............204 AW 62
Treschè Conca VI..........27 AD 8
Treschietto MS............78 V 17
Trescore Balneario BG.....38 U 9
Trescore Cremasco CR......37 S 11
Tresenda SO...............24 V 7
Tresigallo FE.............68 AG 15
Tresilico RC..............176 BE 54
Tresivio SO...............24 U 6
Tresnico BS...............39 Y 10
Tresnuraghes OR...........212 M 42
Tresole PU................90 AM 20

TRIESTE

Barriera Vecchia (Largo) ... BY 3
Beccaria (V. Cesare) ..... BX 4
Bellini (V. Vincenzo) ..... AX 5
Bramante (V. Donato) ..... AY 6
Canale Piccolo (V. del) ... AX 7
Carducci (V.) .... BXY
Castello (V. del) .... AY 8
Cattedrale (Pza della) ... AY 9
Cavana (Pza) .... AY 10
Cavana (V.) .... AY 12
Cellini (V. Benvenuto) ... AX 13
Dalmazia (Pza) .... BX 14
Duca d'Aosta (V.) .... AY 15
Galatti (V.) .... AX 17
Ghega (V.) .... BY 18
Imbriani (V. M. R.) ..... BY 19
Italia (Cso) .... ABY
Madonna del Mare (V.) .... AY 20
Monache (V. delle) ...... AY 21
Paganini (V. Nicolò) .... BX 22
Pitteri (Largo Riccardo) . AY 23
Ponchielli (V. Amilcare) . BX 24
Rossini (V.) .... AX 25
Rotonda (V. della) ...... AY 26
Sansovino (Pza del) ..... BY 29
S. Giusto (V.) .... AY 28
Tarabocchia (V. Emo) .... BY 31
Teatro Romano (V. del) ... AY 32
Torri (V. delle) .... BX 33
Unità d'Italia (Pza dell') .. AY 35
Vittorio Veneto (Pza) .... AX 37
30 Ottobre (V.) .... ABX 38

Museo del Mare .... AY M[2]   Museo di Storia e d'arte .... AY M[1]

Trespiano *FI* .... 86 AC 21
Tressanti *AV* .... 142 AZ 36
Tressanti *BN* .... 142 AX 37
Tressanti *FG* .... 135 BE 35
Tressi *TO* .... 33 F 10
Trestina *PG* .... 96 AI 23
Tret *TN* .... 12 AB 5
Tretto *VI* .... 40 AD 9
Trevane *AR* .... 87 AE 22
Trevenzuolo *VR* .... 54 AA 12
Trevi *PG* .... 106 AL 26
Trevi *TR* .... 113 AL 28
Trevi nel Lazio *FR* .... 121 AO 32
Trevico *AV* .... 143 BA 37
Treviglio *BG* .... 37 S 10
Treviglio *PR* .... 65 W 17
Trevignano *PR* .... 78 W 17
Trevignano *TV* .... 42 AH 9
Trevignano Romano *RM*. 119 AI 31
Treville *AL* .... 49 L 13
Treville *TV* .... 42 AG 10
Trevinano *VT* .... 105 AG 27
Trevine *PG* .... 96 AI 23
Treviolo *BG* .... 37 S 9
Trevisago *VA* .... 21 N 8
Treviso *TV* .... 42 AI 9
Treviso Bresciano *BS* .... 39 X 9
Trevozzo *PC* .... 51 R 14
Trezzano Rosa *MI* .... 37 R 10
Trezzano sul Naviglio *MI*. 36 P 11
Trezzo *SP* .... 77 T 18
Trezzo sull'Adda *MI* .... 37 S 10
Trezzo Tinella *CN* .... 61 J 15
Trezzolano *VR* .... 40 AB 10
Trezzolasco *CR* .... 37 T 11
Triaca *PU* .... 90 AN 21
Triana *GR* .... 104 AE 27
Trianelli *BA* .... 136 BG 36
Triangia *SO* .... 24 U 6
Triasso *SO* .... 24 U 7
Tribano *PD* .... 56 AF 12
Tribbio *AN* .... 97 AM 23
Tribbio *MC* .... 98 AO 25
Tribbio *PG* .... 107 AM 26
Tribiano *MI* .... 37 R 11
Tribil di Sopra *UD* .... 31 AQ 7
Tribil Inf. *UD* .... 31 AQ 7
Tribola *FC* .... 82 AJ 19
Tribulina *BG* .... 37 T 9
Tricarico *MT* .... 154 BF 40
Tricase *LE* .... 161 BT 44
Tricase Porto *LE* .... 161 BT 44
Tricerro *VC* .... 49 K 12
Tricesimo *UD* .... 30 AO 7
Triches *BL* .... 28 AI 7
Trichiana *BL* .... 28 AH 7
Triei *OG* .... 219 S 43
Trieste *TS* .... 55 AR 10
Trifari *CS* .... 166 BE 46
Trifari Alto *CS* .... 166 BE 46
Triflisco *CE* .... 141 AU 37
Triggianello *BA* .... 147 BM 38
Triggiano *BA* .... 146 BK 37
Triginto *MI* .... 37 Q 11
Triglia Scaletta *TP* .... 190 AK 57
Trignano *MO* .... 79 AA 18
Trignano *TE* .... 115 AR 28
Trignete *IS* .... 132 AU 34
Trigolo *CR* .... 52 T 12
Trigoria Alta *RM* .... 128 AJ 33
Trimezzo *RI* .... 107 AN 28
Trimonti *AV* .... 142 AZ 36
Trina *PD* .... 55 AE 12
Trinità *BS* .... 38 W 10
Trinità *CN* .... 70 E 17
Trinità *CN* .... 71 F 18
Trinità *CN* .... 60 H 16
Trinità *RE* .... 65 X 16
Trinità *SA* .... 153 BC 41
Trinità *TE* .... 115 AR 28
Trinità *TO* .... 47 G 11
Trinità *TR* .... 105 AH 27
Trinità d'Agultu
 e Vignola *OT* .... 209 O 38
Trinitapoli *FG* .... 136 BF 35
Trinkstein /
 Fonte alla Roccia *BZ*...5 AH 1
Trino *VC* .... 49 K 12
Trinquelli *AN* .... 97 AM 23
Triolo *CS* .... 166 BE 46
Triora *IM* .... 72 H 20
Tripalle *PI* .... 92 Y 22
Triparni *VV* .... 174 BF 51
Tripi *ME* .... 188 AZ 55
Tripoli *LO* .... 51 S 12
Tripoli *PR* .... 65 X 15

Tripoli *VI* .... 41 AE 9
Tripomelingi *CZ* .... 175 BH 51
Triponzo *PG* .... 107 AM 27
Trippa Bella *BN* .... 133 AW 36
Trischiamps *UD* .... 16 AM 5
Triscina *TP* .... 191 AL 58
Triscioli *CS* .... 167 BF 47
Trisobbio *AL* .... 62 M 16
Trisogli *AL* .... 49 M 14
Trissino *VI* .... 41 AD 10
Trisungo *AP* .... 108 AO 27
Tritanti *RC* .... 176 BF 53
Trito *BA* .... 147 BN 39
Tritoni *TP* .... 182 AJ 56
Triuggio *MI* .... 36 Q 10
Triulza *LO* .... 52 T 13
Triulzo *MI* .... 36 Q 11
Trivellano *MN* .... 54 AA 14
Trivellini *BS* .... 39 X 11
Trivento *CB* .... 124 AW 33
Trivero *BI* .... 34 J 9
Trivero *BI* .... 34 J 10
Triviat *PN* .... 16 AM 6
Trivigliano *FR* .... 130 AO 33
Trivignano *VE* .... 42 AI 10
Trivignano Udinese *UD* ..... 31 AP 8
Trivigno *PZ* .... 154 BE 40
Trivigno *SO* .... 24 W 6
Trivio *AN* .... 97 AN 23
Trivio *AP* .... 108 AR 26
Trivio *LT* .... 139 AQ 36
Trivio *NA* .... 151 AW 38
Trivio *PG* .... 107 AM 28
Trivolischi *CE* .... 141 AU 36
Trivolzio *PV* .... 51 P 12
Trizzino *RC* .... 178 BD 55
Trobaso *VB* .... 21 M 8
Trobiolo *BS* .... 39 Y 10
Trochey *AO* .... 19 H 9
Trodena / Truden *BZ* .... 13 AD 6
Trodica *MC* .... 99 AQ 24
Trofarello *TO* .... 48 H 14
Trognano *PG* .... 107 AN 28
Trognano *PV* .... 51 Q 12
Trogoni *BS* .... 80 AA 19
Troia *FG* .... 134 BA 35
Troiani *AV* .... 142 AY 38
Troiano *CH* .... 116 AU 29
Troiano *TE* .... 116 AR 28
Troilo *IS* .... 123 AV 33
Troina *EN* .... 187 AW 57
Trombone *PG* .... 97 AM 24
Tromello *PV* .... 50 O 12
Tronca *KR* .... 173 BL 48
Tronca di Strongoli *KR* .... 173 BL 48
Troncea *TO* .... 58 C 14
Tronchetti *AN* .... 97 AM 23
Trontano *VB* .... 7 L 7
Tronzano *AP* .... 108 AQ 26
Tronzano Lago Maggiore *VA*. 22 N 7
Tronzano Vercellese *VC*... 49 K 11
Tropea *VV* .... 176 BE 51
Troppola *PG* .... 97 AK 23
Trossieri *TO* .... 47 D 14
Trovasta *IM* .... 72 I 19
Troviggiano *MC* .... 98 AO 23
Trovo *PV* .... 50 P 12
Truc di Miola *TO* .... 47 G 12
Truccazzano *MI* .... 37 R 11
Trucchi *CN* .... 71 G 17
Trucco *CN* .... 59 F 16
Trucco *IM* .... 72 G 20
Trucco *TO* .... 47 E 13
Trudda *OT* .... 211 S 38
Truden / Trodena *BZ* ...... 13 AD 6
Truglio *CS* .... 166 BE 45
Truglione *TA* .... 157 BN 42
Trugnano *SA* .... 151 AW 39
Truia *UD* .... 15 AL 4
Trullo *RM* .... 119 AJ 31
Trunconi *SS* .... 209 M 39
Truncu Reale *SS* .... 208 L 39
Trune *CN* .... 70 E 18
Truscera *PZ* .... 164 BF 44
Truson *TO* .... 47 D 14
Truvio Pagliarella *KR* .... 173 BL 48
Tschenels / Cengles *BZ*...11 Y 4
Tù *BS* .... 11 X 6
Tualis *UD* .... 16 AM 4
Tubbiano *LU* .... 85 Y 20
Tubione *AR* .... 121 AO 31
Tubre / Taufers *BZ*......11 X 4
Tucci *PT* .... 86 AA 20
Tuenno *TN* .... 12 AB 5
Tuerra *CA* .... 223 S 47
Tuerra li *CA* .... 223 S 47

Tufano *FR* .... 130 AO 33
Tufano *NA* .... 151 AV 39
Tufara *BN* .... 142 AX 37
Tufara *CB* .... 133 AY 35
Tufello *RM* .... 119 AK 32
Tuffarelli *RC* .... 177 BH 53
Tuffo *AT* .... 49 J 13
Tufillo *CH* .... 124 AW 32
Tufino *NA* .... 141 AW 38
Tufo *AP* .... 107 AO 27
Tufo *AQ* .... 121 AN 31
Tufo *AV* .... 142 AX 37
Tufo *BN* .... 142 AY 37
Tufo *LT* .... 139 AR 36
Tufo Alto *AQ* .... 120 AN 31
Tuglie *LE* .... 160 BR 43
Tuili *VS* .... 221 O 45
Tula *SS* .... 209 O 39
Tulliano *AR* .... 87 AF 22
Tulve *BZ* .... 4 AD 2
Tumbarino *SS* .... 208 K 37
Tuna *PC* .... 52 S 14
Tunes / Thuins *BZ* .... 3 AD 2
Tungoni *SS* .... 209 O 38
Tuninetti *TO* .... 60 H 14
Tuomaz *UD* .... 17 AQ 6
Tuori *AR* .... 95 AF 23
Tuori-punzoli *CE* .... 131 AS 35
Tuorlo *SI* .... 94 AD 24
Tuoro *AV* .... 142 AX 37
Tuoro *CE* .... 131 AT 36
Tuoro *CE* .... 140 AT 36
Tuoro *CE* .... 141 AV 37
Tuoro Podesti *CE* .... 140 AS 36
Tuoro sul Trasimeno *PG*... 95 AH 24
Tuorofunaro *CE* .... 132 AT 36
Turago Bordone *PV* .... 51 Q 12
Turania *RI* .... 120 AN 31
Turano *MS* .... 84 V 19
Turano *MS* .... 78 W 18
Turano Lodigiano *LO*...... 52 S 12
Turas *OR* .... 212 L 42
Turate *CO* .... 36 P 10
Turbigo *MI* .... 35 N 10
Turchetti *VR* .... 54 Z 12
Turchetto *LU* .... 85 Y 21
Turchia *AP* .... 99 AR 25
Turchio *PZ* .... 163 BD 43
Turco *VI* .... 27 AE 8
Turco *AV* .... 143 AZ 37
Tures / Taufers *BZ*.......5 AG 2
Turi *BA* .... 147 BL 38
Turicchi *FI* .... 87 AE 20
Turlago *MS* .... 78 V 18
Turner *SA* .... 151 AW 39
Turpino *AL* .... 61 L 16
Turpino *TO* .... 56 AF 12
Turra *VI* .... 41 AE 9
Turrati *CZ* .... 175 BI 51
Turri *CH* .... 117 AU 30
Turri *VS* .... 221 O 45
Turri Piano *SO* .... 11 X 5
Turriaco *GO* .... 31 AP 9
Turrida *UD* .... 30 AM 7
Turrita *OT* .... 211 S 38
Turritecava *LU* .... 85 X 19
Turriti *CZ* .... 175 BI 51
Turrito *FC* .... 88 AH 20
Turrivalignani *PE* .... 116 AT 30
Turro *PC* .... 52 T 14
Turro *VA* .... 21 M 8
Tursi *MT* .... 165 BH 42
Tusa *ME* .... 186 AU 56
Tuscania *VT* .... 112 AG 29
Tussillo *AQ* .... 115 AQ 30
Tussio *AQ* .... 115 AQ 30
Tutino *LE* .... 161 BT 44
Tuturano *BR* .... 149 BQ 40

U

Ubaga *IM* .... 73 I 19
Uberverschach /
 Versciaco di Sotto *BZ*...5 AJ 3
Ubiale *BG* .... 37 S 9
Uboldo *VA* .... 36 P 10
Uccea *UD* .... 17 AP 6
Uccellatoio *FI* .... 86 AC 20
Ucerano *AR* .... 94 AE 23
Ucria *ME* .... 188 AY 55
Udine *UD* .... 30 AO 7
Uffogliano *PU* .... 89 AK 21
Ugento *LE* .... 160 BR 44
Uggiano La Chiesa *LE* ... 161 BT 43

Uggiano Montefusco *TA*.. 158 BO 41
Uggiate Trevano *CO*........ 22 O 9
Ugliancaldo *MS* .... 78 W 18
Uglianlo *MC* .... 98 AN 24
Ugliano *MC* .... 98 AN 24
Ugozzolo *PR* .... 65 X 15
Ugrigno *PU* .... 88 AI 20
Ulà Tirso *OR* .... 217 O 43
Ulassai *OG* .... 219 R 45
Ulfas *BZ* .... 3 AC 3
Ulignano *PI* .... 93 AA 23
Ulignano *SI* .... 93 AB 22
Uliveto Terme *PI* .... 85 Y 21
Ulmi *TP* .... 183 AL 56
Ultimo *BZ* .... 2 Y 3
Umbertide *PG* .... 96 AI 24
Umbri *CZ* .... 171 BI 50
Umbriano *AL* .... 91 AQ 22
Umbriatico *KR* .... 169 BK 47
Umbro *VV* .... 177 BG 52
Umens *AO* .... 33 H 9
Umes / Ums *BZ* .... 13 AE 4
Umin *BL* .... 28 AG 7
Umito *AP* .... 108 AP 27
Ummari *TP* .... 183 AL 56
Ums / Umes *BZ* .... 13 AE 4
Unchio *VB* .... 21 M 8
Uncinano *PG* .... 106 AK 27
Underplanken /
 Planca di Sotto *BZ*...5 AI 3
Ungiasca *VB* .... 21 M 8
Unserfrau in Schnals /
 Madonna di Senales *BZ*..2 AA 3
Unterfennberg /
 Favogna di Sotto *BZ*... 12 AC 6
Untermoi / Antermoia *BZ*.... 4 AG 4
Uomomorto *CB* .... 124 AW 33
Uopini *SI* .... 94 AC 23
Upega *CN* .... 72 H 19

Uppiano *PG* .... 96 AI 23
Urago *BS* .... 38 W 10
Urago d'Oglio *BS* .... 38 U 10
Uras *OR* .... 221 N 45
Urbana *PD* .... 55 AD 12
Urbania *PU* .... 89 AK 21
Urbe *SV* .... 62 M 17
Urbiano *RA* .... 82 AG 18
Urbisaglia *MC* .... 98 AP 24
Urbisnacco *UD* .... 16 AN 6
Urbino *PU* .... 89 AK 21
Urgnano *BG* .... 37 T 10
Uri *SS* .... 212 L 40
Uria *CZ* .... 175 BJ 50
Urio *CO* .... 22 P 8
Urmo *TA* .... 158 BP 42
Ursini *RC* .... 177 BH 53
Ursinis *UD* .... 16 AN 6
Ururi *CB* .... 125 AZ 33
Urzano *PR* .... 65 W 16
Urzulei *OG* .... 219 S 43
Usago *PN* .... 16 AM 6
Usai *SS* .... 208 L 39
Uscero *AP* .... 108 AP 26
Uscio *GE* .... 76 P 17
Usella *PO* .... 86 AB 20
Usellus *OR* .... 217 O 45
Userna *PG* .... 96 AI 23
Usi *GR* .... 104 AD 27
Usigni *SS* .... 107 AM 27
Usini *SS* .... 213 M 40
Usmate Velate *MI* .... 37 R 10
Ussana *CA* .... 221 P 47
Ussaramanna *VS* .... 221 O 45
Ussassai *OG* .... 218 R 45
Usseaux *TO* .... 46 D 13
Usseglio *TO* .... 47 E 12

Ussel *AO* .... 33 G 9
Ussin *AO* .... 19 G 8
Ussolo *CN* .... 58 D 17
Ustica *PA* .... 185 AO 51
Usurana *SP* .... 77 T 18
Uta *CA* .... 226 O 48
Utile *BN* .... 142 AX 36
Uttenholm / Villa Ottone *BZ*...5 AG 2
Uzza *SO* .... 11 X 5
Uzzano *FI* .... 87 AE 20
Uzzano *FI* .... 86 AC 22
Uzzano *PT* .... 85 Z 20
Uzzi *CE* .... 132 AV 36

V

Va *AL* .... 50 M 13
Vaccara *PG* .... 97 AL 24
Vaccara *RO* .... 55 AD 13
Vaccara *VI* .... 41 AE 9
Vaccareccia *FR* .... 131 AR 34
Vaccareccia *MS* .... 78 V 18
Vaccareccia *RI* .... 114 AM 30
Vaccareccia Scanna
 Turco *MT* .... 156 BJ 42
Vaccarezza *GE* .... 62 P 16
Vaccarezza *PC* .... 63 R 15
Vaccarile *AN* .... 90 AN 22
Vaccarino *PG* .... 41 AF 10
Vaccariti *CZ* .... 171 BI 50
Vaccarizza *PV* .... 51 Q 13
Vaccarizzo *CS* .... 167 BF 47
Vaccarizzo Albanese *CS* .. 168 BH 46
Vaccarizzo Delfino *CT* ... 203 AZ 59
Vaccarizzotto *PA* .... 192 AO 57
Vaccarolo *BS* .... 39 Y 11
Vacchereccia *AR* .... 94 AD 22
Vacchereccia *PT* .... 85 Z 20
Vaccheria *CE* .... 141 AU 37

UDINE

Bartolini (Riva) .... AY 3
Calzolai (V.) .... BZ 4
Carducci (V.) .... BZ 5
Cavedalis (Piazzale G. B.) .... AY 6
Cavour (V.) .... AY 7

D'Annunzio
 (Piazzale) .... BZ 8
Diacono (Piazzale Paolo) .... AY 9
Gelso (V. del) .... AZ 12
Leopardi (Viale G.) .... BZ 13
Libertà (Pza della) .... AY 14
Manin (V.) .... BY 16
Marconi (Pza) .... AY 17

Matteotti (Pza) .... AY 18
Mercato Vecchio
 (V.) .... AY 19
Patriarcato (Pza) .... BY 20
Piave (V.) .... BYZ 21
Rialto (V.) .... AY 22
Vittorio Veneto (V.) .... BY 23
26 Luglio (Piazzale) .... AZ 24

Duomo .... BY B   Palazzo Arcivescovile .... BY A

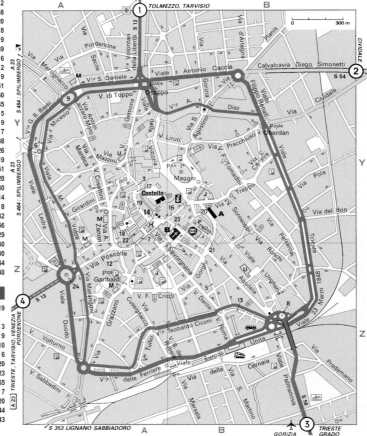

URBINO

Barocci (V.) 2
Comandino (Viale) 4
Don Minzoni (Viale) 5
Duca Federico (Pza) 6
Giro dei Debitori (V.) . . . 8
Matteotti (V.) 10
Mazzini (V.) 12
Mercatale (Borgo) 13
Piave (V.) 16
Puccinotti (V.) 17
Raffaello (V.) 19
Repubblica (Pza della) . 20
Rinascimento (Pza) 22
Stazione (V. della) 28
S. Chiara (V.) 23
S. Francesco (Pza) 24
S. Girolamo (V.) 25
Virgili (V.) 29
Vitt. Veneto (V.) 30

Casa di Raffaello . . . **A**
Chiesa . . . .
   di San Giuseppe   **B**
Chiesa-oratorio di . . .
   San Giovanni
   Battista   **F**
Galleria Nazionale . . .
   delle Marche   **M**

Vacci *TO*	59	F 15
Vacciago *NO*	35	L 9
Vaccileddi *OT*	211	S 38
Vaccolino *FE*	69	AI 15
Vachery *AO*	18	E 9
Vaciglio *MO*	66	AA 16
Vacil *TV*	42	AI 9
Vacile *PN*	30	AM 7
Vacone *RI*	113	AK 29
Vacri *CH*	116	AU 30
Vada *LI*	92	X 23
Vadaione *TN*	26	Z 7
Vadarengo *AL*	49	K 13
Vadena / Pfatten *BZ*	13	AC 5
Vadi *CS*	170	BF 49
Vaditari *CS*	166	BF 46
Vado *AN*	97	AM 23
Vado *BO*	80	AC 18
Vado *LU*	84	W 20
Vado *VE*	30	AM 9
Vado Amaseno *FR*	130	AP 33
Vado di Vaglia *FR*	131	AR 35
Vado Ligure *SV*	75	L 18
Vado Lucoli *AQ*	115	AP 30
Vado Oscuro *FR*	121	AN 33
Vadorotto *LT*	130	AO 35
Vadossi *SI*	104	AD 25
Vadue *CS*	170	BG 48
Vadun *AO*	32	D 9
Vaestano *PR*	78	W 17
Vaggi *MS*	77	U 18
Vaggimal *VR*	40	AA 10
Vaggio *FI*	87	AE 22
Vagli *AP*	99	AQ 24
Vagli *TR*	106	AJ 27
Vagli Sopra *LU*	78	W 19
Vagli Sotto *LU*	78	W 19
Vaglia *FI*	86	AC 20
Vaglia *PG*	106	AL 27
Vagliagli *SI*	94	AD 23
Vaglie *CE*	131	AS 35
Vaglie *IS*	132	AT 34
Vaglie *RE*	78	W 18
Vaglierano *AT*	61	J 14
Vaglierano Basso *AT*	61	J 14
Vaglio *MO*	79	Z 18
Vaglio Basilicata *PZ*	154	BE 39
Vaglio Serra *AT*	61	L 15
Vagliole *MC*	97	AM 24
Vagliumina *BI*	34	I 10
Vagna *VB*	7	K 7
Vagnarelli *AP*	108	AQ 26
Vagno *CS*	167	BH 46
Vago *VR*	40	AB 11
Vahrn / Varna *BZ*	4	AE 3
Vaiano *LO*	37	N 11
Vaiano *PG*	105	AH 25
Vaiano *PO*	86	AB 20
Vaiano *VT*	112	AI 28
Vaiano Cremasco *CR*	52	S 11
Vaie *PC*	51	R 14
Vaie *TO*	47	E 13

Vailate *CR*	37	S 11
Vaio *PC*	64	S 15
Vairano *CR*	37	T 11
Vairano *PV*	51	Q 12
Vairano Patenora *CE*	132	AT 36
Vairano Scalo *CE*	132	AT 36
Vairo *PR*	78	W 17
Vajont *PN*	29	AL 7
Val *BL*	14	AG 5
Val *UD*	16	AM 5
Val d'Asso *SI*	95	AE 24
Val della Meda *FI*	81	AE 19
Val della Meta *AR*	88	AG 21
Val di Lago *VT*	105	AG 28
Val di Luce *PT*	79	Y 19
Val di Mezzo *VR*	55	AD 12
Val di Mezzo / Mittertal *BZ*	3	AD 2
Val di Pugna *SI*	94	AD 24
Val di Rosa *PG*	96	AI 24
Val di Rua *VR*	55	AC 13
Val di Tenna *AP*	108	AP 25
Val Fegana *LU*	85	Y 19
Val Piana *TN*	28	AG 7
Val Sant'Angelo *MC*	107	AM 25
Val Tenna *AP*	99	AR 24
Valagnesi *AR*	87	AF 21
Valanidi *RC*	178	BD 55
Valanziera *FR*	131	AR 33
Valas *BZ*	13	AC 4
Valazzana *MS*	78	V 18
Valbembro *BG*	37	S 9
Valbiano *FC*	88	AH 20
Valbione *BS*	11	Y 6
Valbiore *SO*	9	S 6
Valbona *BS*	38	W 11
Valbona *LU*	79	X 18
Valbona *PD*	56	AE 12
Valbona *PR*	64	U 16
Valbona *RE*	78	W 17
Valbona *VR*	55	AC 12
Valbondione *BG*	24	V 7
Valbruna *UD*	17	AP 5
Valbuono *PU*	88	AI 22
Valbusa *VR*	40	AB 10
Valcaldara *MC*	107	AM 25
Valcaldara *PG*	107	AN 27
Valcanale *BG*	24	U 8
Valcanneto *RM*	119	AH 32
Valcarecce *MC*	98	AO 23
Valcarene *LI*	100	W 27
Valcasotto *CN*	74	I 18
Valcava *LC*	37	S 9
Valcava *TN*	27	AC 6
Valcerera *VE*	57	AI 13
Valcesura *FE*	68	AG 15
Valchiusella *TO*	33	H 10
Valcieca *PR*	78	W 17
Valcimarra *MC*	98	AO 25
Valcinante *AP*	108	AP 26
Valconasso *PC*	52	T 14
Valcora *MC*	97	AM 24
Valda *TN*	26	AC 6

Valdagno *VI*	40	AC 10
Valdamonte *PV*	51	Q 14
Valdaora di Mezzo *BZ*	5	AH 3
Valdaora di Sopra / Ober Olang *BZ*	5	AH 3
Valdaora di Sotto / Niederolang *BZ*	5	AH 3
Valdara *PR*	77	T 17
Valdarca *PU*	89	AL 22
Valdarena *PG*	106	AL 27
Valdarmella *CN*	71	I 18
Valdazze *AR*	88	AH 21
Valdena *PR*	77	T 17
Valdengo *BI*	34	J 10
Valdenogher *BL*	29	AJ 7
Valderice *TP*	182	AK 55
Valdestoli *PN*	15	AL 6
Valdevarri *AQ*	121	AO 31
Valdibrana *PT*	86	AA 20
Valdicastello *LU*	84	W 20
Valdiccioli *FI*	81	AD 19
Valdichiesa *AT*	48	I 14
Valdichiesa *ME*	181	AX 52
Valdidentro *SO*	11	W 5
Valdieri *CN*	70	F 18
Valdimolino *VI*	41	AD 10
Valdimonte *PG*	88	AI 22
Valdina *ME*	189	BB 54
Valdinferno *CN*	74	I 18
Valdinoce *FC*	82	AH 19
Valdiola *MC*	98	AN 24
Valdipino *SP*	77	T 19
Valdiporro *VR*	40	AB 10
Valditacca *PR*	78	V 17
Valditermine *MS*	77	T 17
Valdivilla *CN*	61	K 15
Valdo *VB*	7	L 5
Valdobbiadene *TV*	28	AG 8
Valdolenga *AL*	50	M 13
Valdolmo *AN*	97	AL 23
Valdone *CN*	60	I 15
Valdoneghe *VR*	39	Z 10
Valdonica *AN*	90	AN 22
Valdonica *PG*	107	AN 27
Valdonica *SP*	77	U 18
Valdoria *PG*	97	AL 23
Valdoria *ME*	188	AY 55
Valdottavo *LU*	85	X 20
Valduga *TN*	26	AB 8
Valduggia *VC*	35	K 9
Valdugliano II *AV*	143	AZ 37
Valdurna / Durnholz *BZ*	4	AD 3
Valeggio *PV*	50	O 13
Valeggio sul Mincio *VR*	54	Z 11
Valenta *PT*	85	AA 20
Valentano *VT*	111	AF 29
Valente *BA*	146	BI 37
Valentino *CN*	60	I 15
Valentino *TO*	49	J 13
Valentins *PN*	16	AM 6
Valenza *AL*	50	M 13
Valenzani *AT*	61	K 14

Valenzano *AR*	88	AG 22
Valenzano *AR*	88	AI 21
Valenzano *BA*	146	BK 37
Valera *MI*	36	P 10
Valera *PR*	65	W 15
Valera Fratta *LO*	51	Q 12
Valeriano *PN*	30	AM 6
Valeriano *SP*	77	U 19
Valesana *VR*	39	Z 10
Valfabbrica *PG*	97	AK 25
Valfenera *AT*	60	I 14
Valfonda *VR*	40	AC 11
Valfrancesca *FR*	131	AQ 33
Valgatara *VR*	40	AA 10
Valgiano *LU*	85	Y 20
Valgioie *TO*	47	F 13
Valgoda *VI*	27	AF 8
Valgoglio *BG*	24	U 8
Valgrana *CN*	70	F 17
Valgrande *BL*	15	AJ 4
Valgreghentino *LC*	37	R 9
Valgrisenche *AO*	32	D 10
Valguarnera *EN*	194	AV 59
Valguarnera *PA*	183	AN 55
Valiano *SI*	95	AG 25
Valiera *RO*	56	AE 14
Valitosa *AN*	97	AL 23
Valla *AL*	61	L 16
Vallà *TV*	42	AG 9
Vallaccia *BZ*	12	AA 5
Vallada *BL*	14	AG 5
Vallalta *BL*	14	AG 6
Vallalta *MO*	54	AB 14
Vall'Alta *BG*	38	T 9
Vallancasra *ME*	188	AZ 55
Vallanza *MC*	107	AN 26
Vallanzengo *BI*	34	J 10
Vallare *AL*	4	L 13
Vallarga / Weitental *BZ*	4	AF 2
Vallasciano *AP*	99	AR 24
Vallaspra *CH*	123	AV 31
Vallata *AV*	143	BA 37
Vallato *MC*	107	AO 25
Vallauria *PZ*	153	BC 40
Vallazza *NO*	35	M 10
Vallazza *PD*	56	AF 13
Valle *AV*	142	AW 37
Valle *BS*	25	X 7
Valle *IS*	132	AT 34
Valle *MS*	78	U 17
Valle *PN*	29	AK 8
Valle *UD*	16	AN 5
Valle *UD*	30	AO 7
Valle *UD*	17	AP 7

Valle Agricola *CE*	132	AU 35
Valle Amaseno *FR*	130	AP 33
Valle Avellana *PU*	89	AK 21
Valle Baroni *PE*	116	AS 30
Valle Benedetta *LI*	92	X 22
Valle Bianca *AP*	108	AQ 26
Valle Canzano *TE*	109	AR 28
Valle Caruso *CS*	167	BF 46
Valle Castellana *TE*	108	AQ 27
Valle Cecchina *AP*	108	AR 26
Valle Ceppi *TO*	48	H 13
Valle Clavia *FG*	127	BF 32
Valle Cupa *TE*	108	AQ 28
Valle d' Ocre *AQ*	115	AP 30
Valle Dame *AR*	96	AH 24
Valle dei Pelati *PU*	89	AM 20
Valle del Gelso *CS*	167	BG 45
Valle del Pozzo *PU*	90	AN 21
Valle del Sole *CH*	123	AU 32
Valle dell'Angelo *SA*	153	BB 41
Valle dell'Orco *CS*	166	BD 45
Valle di Cadore *BL*	15	AJ 5
Valle di Chiascio *PG*	97	AK 24
Valle di Gerola *SO*	23	S 7
Valle di Lifo *PZ*	154	BE 39
Valle di Maddaloni *CE*	141	AV 37
Valle di Paola *CS*	167	BG 45
Valle di Raio *SA*	153	BA 39
Valle di Sopra *CN*	60	H 15
Valle di Sopra *VI*	27	AE 9
Valle di Suio *LT*	139	AS 36
Valle di Teva *PU*	89	AJ 20
Valle Dorizzo *BS*	25	X 8
Valle Erica *OT*	207	Q 36
Valle Fiorana *AP*	108	AQ 26
Valle Frassino *AP*	163	BC 42
Valle Granara *FR*	121	AP 32
Valle Grazietti *PE*	116	AS 30
Valle La Posta *RM*	119	AJ 31
Valle Lomellina *PV*	50	N 13
Valle Maggiore *AQ*	103	AB 27
Valle Magnone *PU*	89	AJ 20
Valle Marina *LT*	138	AO 35
Valle Martella *RM*	120	AL 32
Valle Mosso *BI*	34	J 10
Valle Olona *VA*	22	O 9
Valle Orsara *AP*	108	AO 27
Valle Pera *RM*	120	AM 33
Valle Petrina *PG*	96	AI 23
Valle Rosa *RM*	113	AK 30
Valle S. Martino *PG*	113	AL 28
Valle Sala *CS*	167	BF 46
Valle Salimbene *PV*	51	Q 12
Valle San Bartolomeo *AL*	50	M 14

Valle San Floriano *VI*	27	AE 9
Valle San Giorgio *PD*	56	AF 12
Valle San Giovanni *TE*	108	AQ 28
Valle San Martino *MN*	54	AA 14
Valle San Nicolao *BI*	34	J 10
Valle San Silvestro / Wehlen *BZ*	5	AI 3
Valle Santa *RM*	119	AI 32
Valle Sant'Innocenzo *AL*	62	O 14
Valle Senzana *AP*	108	AQ 26
Valle Sole *RM*	119	AJ 31
Valle Soprana *TE*	108	AQ 28
Valle Vecchia *CS*	167	BG 46
Valle Vegenana *MC*	98	AN 24
Valle Yoro *RM*	119	AK 31
Valleandona *AT*	61	J 14
Vallebona *IM*	72	G 21
Vallebona *VT*	112	AI 28
Vallebuona *GE*	76	P 17
Vallebuono *RI*	120	AM 31
Vallecalda *AR*	88	AH 22
Vallecalda *GE*	62	O 16
Vallecalda *GE*	62	O 16
Vallecanto *MC*	107	AO 25
Vallecchia *LU*	84	W 20
Vallecchie *FR*	130	AP 35
Vallecchio *FI*	86	AB 22
Vallecchio *PG*	96	AJ 23
Vallecchio *RN*	89	AK 20
Vallecentanni *SA*	152	AZ 41
Vallecorsa *FR*	130	AP 35
Vallecrosia *IM*	72	G 21
Vallecrosia Alta *IM*	72	G 21
Vallecupa *AQ*	115	AQ 30
Vallecupa *CH*	123	AV 31
Vallecupa *IS*	131	AT 35
Vallecupola *RI*	114	AN 30
Valledolmo *PA*	193	AR 57
Vallefiorita *CZ*	175	BH 51
Vallefratta *FR*	130	AP 35
Vallefredda *FR*	131	AQ 33
Vallefredda *FR*	131	AQ 33
Vallefusella *AP*	108	AP 26
Valleggia *SV*	75	L 18
Vallegianno *SS*	171	BG 48
Vallegioli *AL*	49	J 13
Vallegrande *FR*	131	AS 34
Vallegrascia *AP*	108	AQ 26
Vallegrini *SA*	152	AZ 40
Vallelaposta *CS*	171	BH 49
Vallelarga *AQ*	122	AS 32
Vallelata Nord *LT*	129	AK 34
Vallelonga *VV*	174	BG 52
Valleluce *FR*	131	AS 34

VARESE

Bernascone (V. Giuseppe) . . 2
Manzoni (V.) . . . .
Marcobi (V.) 3
Matteotti (Cso) 4
Medaglie d'Oro (V.) 5
Monte Grappa (Pza) 6
Moro (Cso Aldo) 8
Repubblica (Piazza) 16
S. Martino (V.) 9
Trento (Pza.) 10
Vittorio Veneto (V.) 12
Volta (V.) 13
20 Settembre (Pza) 14

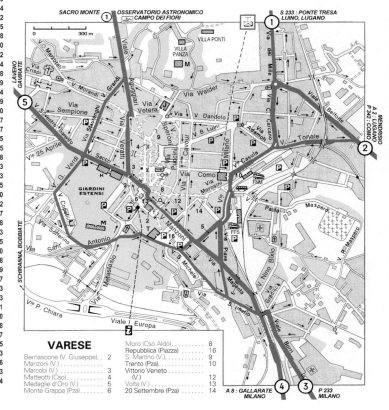

Vallelunga *CE* .... 132 AU 35	Vallery *AO* .... 33 G 9	Vallinfante *MC* .... 107 AO 26	Valloni *IS* .... 132 AT 34
Vallelunga Pratameno *CL* 193 AR 57	Valles / Vals *BZ* .... 4 AE 2	Vallinfreda *RM* .... 120 AM 31	Valloni *IS* .... 132 AT 34
Vallemaio *FR* .... 131 AR 35	Vallesaccarda *AV* .... 143 BA 37	Vallini I *CS* .... 165 BH 44	Valloni *TE* .... 108 AQ 27
Vallemania *AN* .... 97 AM 23	Vallese *VR* .... 55 AB 12	Vallio *TV* .... 43 AJ 10	Vallonsecco *SA* .... 163 BD 42
Vallemara *GE* .... 62 P 16	Vallesella *BL* .... 15 AJ 5	Vallio Terme *BS* .... 39 X 10	Vallonto *TV* .... 29 AJ 8
Vallemare *PE* .... 116 AR 29	Vallesina *BZ* .... 12 AC 4	Valliola *RI* .... 114 AM 28	Vallorano *AP* .... 108 AQ 26
Vallemare *RI* .... 114 AN 29	Vallesina di Sopra *BL* .... 14 AI 5	Vallisnera *RE* .... 78 W 17	Vallortorio *LT* .... 129 AL 35
Vallemartina *FR* .... 130 AP 35	Vallestrema *VR* .... 55 AD 13	Vallo *PD* .... 41 AG 9	Vallorch *TV* .... 29 AJ 7
Vallemeta *AQ* .... 122 AR 32	Vallestretta *MC* .... 107 AN 26	Vallo della Lucania *SA* .... 162 BA 42	Valloria *IM* .... 72 I 20
Vallemicero *TR* .... 113 AK 28	Valletta *BZ* .... 4 AF 3	Vallo di Nera *PG* .... 107 AM 27	Valloria *LO* .... 52 S 13
Vallemontagnana *AN* .... 97 AM 23	Vallettaz *AO* .... 19 E 9	Vallo Marino *CS* .... 167 BF 45	Vallortigara *VI* .... 40 AC 9
Vallemontana *FR* .... 131 AR 35	Valleve *BG* .... 24 T 7	Vallo Scalo *SA* .... 162 AZ 42	Valloscura *AP* .... 99 AR 24
Vallemontana *UD* .... 16 AO 6	Valleverde Stipes *RI* .... 114 AM 30	Vallo Torinese *TO* .... 47 F 12	Vallucciole *AR* .... 87 AF 20
Vallene *VR* .... 40 AA 10	Vallevignale *TE* .... 109 AS 27	Vallocchia *PG* .... 106 AL 27	Vallumida *AT* .... 61 K 15
Vallenoncello *PN* .... 29 AK 8	Valli del Pasubio *VI* .... 40 AC 9	Vallocchia Tesima *FR* .... 131 AS 34	Vallunga *AR* .... 88 AI 21
Vallenquina *TE* .... 108 AQ 27	Valli di Sopra *PU* .... 89 AL 21	Vallolunga *CT* .... 197 AY 58	Vallunga *RI* .... 114 AN 28
Vallenzona *GE* .... 63 P 16	Valli Mocenighe *PD* .... 55 AE 13	Vallombrosa *FI* .... 87 AE 21	Vallunga *RI* .... 41 AD 10
Vallepiana *GE* .... 77 R 17	Vallibbia *MC* .... 97 AM 24	Vallommari *FR* .... 131 AR 35	Vallurbana *PG* .... 96 AI 22
Vallepietra *RM* .... 121 AO 32	Vallicchio *MC* .... 98 AN 25	Vallonara *VI* .... 27 AE 9	Vallmacca *AL* .... 50 M 13
Vallera *PC* .... 52 S 13	Vallice *RO* .... 56 AE 14	Vallone *AN* .... 90 AO 21	Valmadonna *AL* .... 50 M 14
Valleranello *RM* .... 128 AJ 33	Vallicella *AP* .... 108 AP 26	Vallone *CN* .... 50 D 17	Valmadrera *LC* .... 23 R 8
Vallerano *PR* .... 65 W 16	Vallicella *AL* .... 55 AD 14	Vallone *RO* .... 56 AF 14	Valmaggia *VC* .... 34 K 9
Vallerano *RM* .... 120 AM 32	Vallicelle *PG* .... 105 AI 26	Vallone *SV* .... 73 J 19	Valmaggiore *AT* .... 60 I 14
Vallerano *SI* .... 94 AC 25	Vallicelli *AV* .... 143 AZ 38	Vallone Rosso *CT* .... 195 AY 57	Valmaggiore *BG* .... 24 U 9
Vallerano *VT* .... 112 AI 29	Vallico *LU* .... 85 X 19	Vallone/ Pflung *BZ* .... 5 AH 1	Valmala *CN* .... 59 F 16
Vallerea *PU* .... 90 AM 22	Vallico di Sotto *LU* .... 85 X 19	Vallonga *PD* .... 56 AH 12	Valmala *VR* .... 54 AA 12
Valleregia Chiesa *GE* .... 62 O 16	Valliera *PD* .... 41 AF 10	Vallonga *TN* .... 13 AE 5	Valmarana *RI* .... 41 AD 10
Valleremita *AN* .... 97 AM 24	Valliera *RO* .... 56 AH 13	Vallongo *TV* .... 28 AI 8	Valmareno *TV* .... 28 AH 8
Vallericciardi Sup. *CZ* .... 170 BG 49	Valliera *RO* .... 57 AI 13	Vallongo *TO* .... 60 H 14	Valmesta *VI* .... 27 AE 8
Vallermosa *CA* .... 221 N 47	Vallina *AN* .... 97 AL 23	Valloni *CB* .... 132 AV 34	Valmigna *BZ* .... 3 AD 2
Vallerona *GR* .... 104 AD 27	Vallina *FI* .... 87 AD 21	Valloni *CH* .... 124 AV 32	Valmiletta *MT* .... 154 BF 41
Vallerotonda *FR* .... 131 AS 34			Valmir *AP* .... 99 AR 25

Valmontasca *AT* .... 61 K 14	Valpromaro *LU* .... 84 X 20
Valmontone *RM* .... 120 AM 33	Valproto *VI* .... 41 AE 10
Valmorea *CO* .... 22 O 9	Valrovina *VI* .... 27 AF 9
Valmorel *BL* .... 28 AI 7	Vals *PN* .... 15 AL 6
Valmoresca *BG* .... 23 S 7	Vals / Valles *BZ* .... 4 AE 2
Valmosca *BI* .... 34 I 9	Vals em Schlem /
Valmozzola *PR* .... 64 U 16	Fiè allo Sciliar *BZ* .... 13 AD 4
Valnegra *BG* .... 23 T 8	Valsalva *BO* .... 81 AE 18
Valnera *BZ* .... 11 Y 4	Valsanzibio *PD* .... 56 AF 12
Valnogaredo *PD* .... 56 AE 12	Valsavarenche *AO* .... 32 E 10
Valnontey *AO* .... 33 G 9	Valsavignone *AR* .... 88 AH 21
Valogno *CE* .... 140 AS 36	Valsecca *BG* .... 23 R 9
Valorz *TN* .... 12 AA 5	Valsenio *RA* .... 81 AE 18
Valosio *AL* .... 61 M 16	Valserena *PI* .... 92 Y 24
Valparolo *AL* .... 50 M 13	Valseresino *CR* .... 52 T 12
Valpegara *VI* .... 27 AD 8	Valsigiara *PC* .... 63 Q 16
Valpelina *VE* .... 44 AN 10	Valsinni *MT* .... 165 BH 42
Valpelline *AO* .... 19 E 9	Valsoda *CO* .... 22 P 7
Valperga *TO* .... 33 G 11	Valsondra *VI* .... 27 AC 9
Valperosa *AT* .... 61 J 14	Valsorda *SV* .... 74 K 19
Valpetrosa *PU* .... 89 AJ 22	Valsorda *TN* .... 26 AB 7
Valpiana *AL* .... 50 M 14	Valstagna *VI* .... 27 AE 8
Valpiana *GR* .... 102 AA 25	Valsuolo *AT* .... 60 I 14
Valpiana *TV* .... 28 AG 8	Valt *BL* .... 14 AG 5
Valpiana *VB* .... 7 K 7	Valtina / Walten *BZ* .... 3 AC 3
Valpiana *VC* .... 35 L 9	Valtopina *PG* .... 106 AL 25
Valpicetto *UD* .... 16 AM 4	Valtorta *BG* .... 23 S 8
Valpone *CN* .... 60 J 15	Valtournenche *AO* .... 19 G 8
Valporro *BL* .... 27 AF 7	Valtreara *AN* .... 97 AM 23
Valprato Soana *TO* .... 33 G 10	Valtriano *PI* .... 85 Y 22
Valpredina *BG* .... 38 T 9	Valva *SA* .... 152 BA 39
	Valvacera Primo *RM* .... 119 AK 31

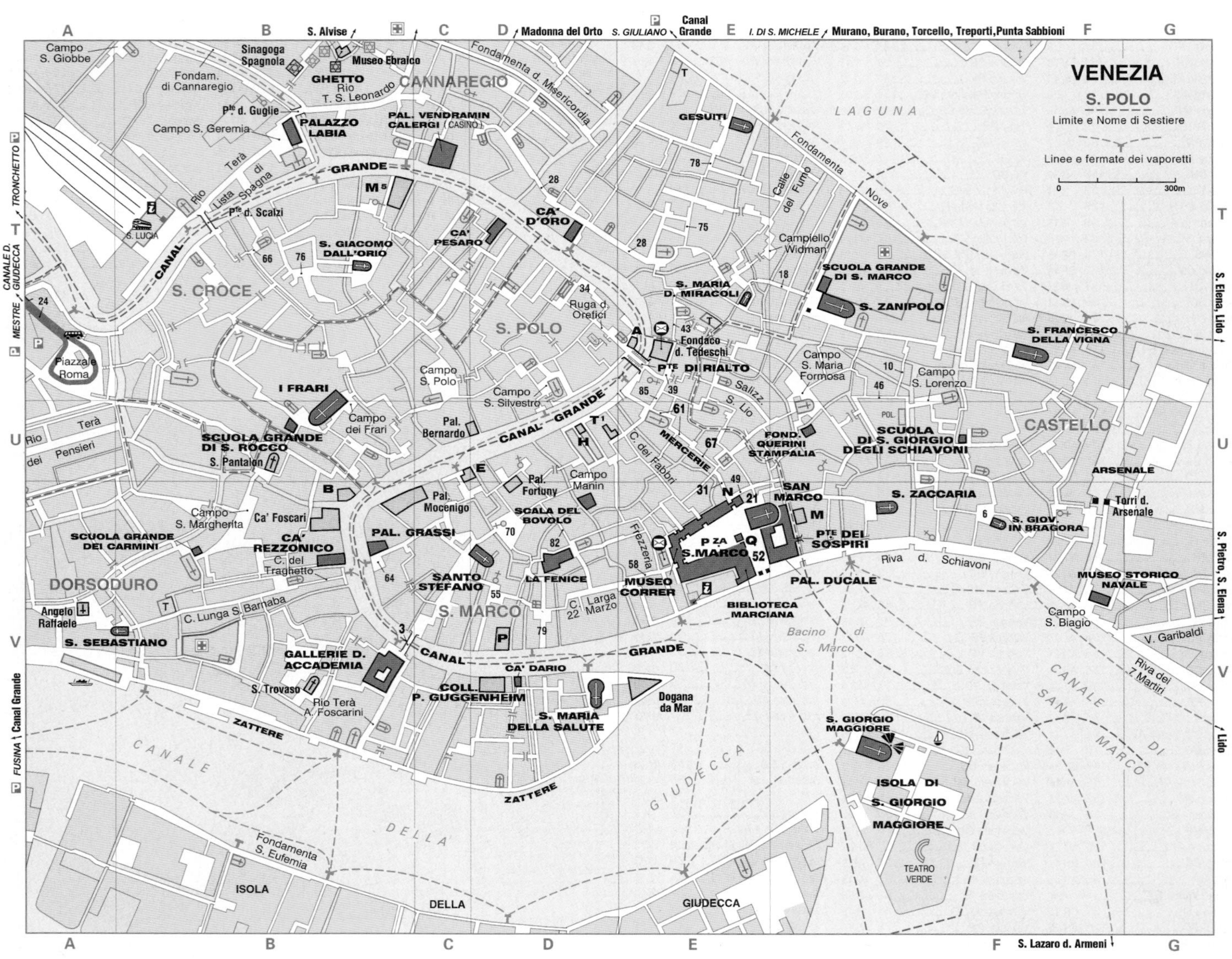

VENEZIA

S. POLO

Limite e Nome di Sestiere

Linee e fermate dei vaporetti

0 _____ 300m

Accademia (Pte dell') .... BV 3	Libertà (Pte della) .... AT 24	Santi Apostoli (Rio Terà dei) .... ET 75	S. Giovanni Crisostomo (Salizzada) .... ET 43	S. Maurizio (Campo) .... DV 55	S. Zulian (Merceria) .... EU 67
Bandiera e Moro (Campo) .... FV 6	Nuova (Str.) .... DET 28	Sant' Angelo (Campo) .... DV 70		S. Moisè (Salizzada) .... EV 58	Traghetto
Capello (Ramo) .... FT 10	Orologio (Merceria dell') .... EV 31	Seriman (Salizzada) .... ET 78	S. Lorenzo (Calle Larga) .... FT 46	S. Salvador (Merceria) .... EU 61	(Campo del) .... DV 79
Gallina (Calle Larga G.) .... FT 18	Pescaria (Campo della) .... DT 34	S. Bartolomeo	S. Marco (Calle Larga) .... EV 49	S. Samuele (Campo) .... BV 64	Verona (Calle della) .... DV 82
Leoncini (Pzetta dei) .... EV 21	Sàuro (Campo N.) .... BT 76	(Campo) .... ET 39	S. Marco (Pzetta) .... EV 52	S. Simeon Profeta (Campo) .... BT 66	2 Aprile (V.) .... ET 85

Valvarino *RM*	120 AM 33	Vanzo Vecchio *VI*	41 AF 11	Varco *PZ*	164 BG 44
Valvasone *PN*	30 AM 8	Vanzone *VB*	20 J 8	Varco d'Amendola *CS*	167 BG 45
Valventosa *LU*	84 W 20	Vanzone *VB*	21 M 8	Varco della Calce *SA*	153 BC 41
Valverde *AL*	50 M 14	Vanzone *VC*	34 K 9	Varco d'Izzo *PZ*	154 BE 40
Valverde *CT*	197 AZ 58	Vanzonico *CO*	23 Q 7	Varco Notar Ercole *SA*	153 BC 41
Valverde *FC*	83 AJ 18	Vaprio d'Adda *MI*	37 S 10	Varco Sabino *RI*	114 AN 30
Valvestino *BS*	39 Y 9	Vaprio d'Agogna *NO*	35 M 10	Varco San Mauro *CS*	168 BH 47
Valvori *FR*	131 AS 34	Vara Inf. *SV*	75 M 17	Varcovalle *PZ*	164 BD 43
Valzangona *PU*	89 AL 21	Vara Sup. *SV*	75 M 17	Varda *BL*	14 AG 4
Valzeglio *AT*	60 J 14	Varago *TV*	42 AI 9	Varena *TN*	13 AD 6
Valzella *BG*	24 U 8	Varallo *VC*	34 K 9	Varengo *AL*	49 K 13
Valzemola *SV*	74 K 17	Varallo Pombia *NO*	35 M 9	Varenna *LC*	23 Q 7
Valzurio *BG*	24 U 8	Varalta *VR*	40 AB 10	Varzi *PV*	63 Q 15
Vambolieri *CT*	197 AZ 58	Varana *MO*	79 Z 17	Varzo *VB*	7 K 6
Vancimuglio *VI*	41 AE 10	Varanallo *AV*	143 AZ 36	Vas *BL*	28 AG 8
Vandoies di Sopra *BZ*	4 AF 3	Varano *AN*	97 AM 24	Vasanello *VT*	113 AJ 29
Vandoies di Sotto *BZ*	4 AF 3	Varano *AN*	91 AQ 22	Vasari *AN*	90 AO 22
Vandra *IS*	132 AU 34	Varano *AP*	98 AP 25	Vasario *TO*	33 G 11
Vanga / Wangen *BZ*	13 AD 4	Varano *MC*	98 AN 25	Vasca Cappotto *LT*	130 AO 35
Vangadizza *VR*	55 AC 12	Varano *MS*	78 V 18	Vascagliana *AT*	61 J 14
Vangile *PT*	85 Z 20	Varano *SA*	152 AZ 40	Vasche *RI*	114 AN 29
Vanoni *SO*	24 T 6	Varano *TE*	108 AR 27	Vasci *CS*	170 BF 49
Vanoni *VR*	54 Z 12	Varano *TN*	26 AA 8	Vasciano *TR*	113 AK 29
Vantini *VR*	39 Z 11	Varano Borghi *VA*	35 N 9	Vasciano Nuovo *PG*	106 AJ 27
Vanza *TN*	26 AB 8	Varano de Melegari *PR*	64 V 15	Vascognano *GR*	102 Z 25
Vanzaghello *MI*	35 N 10	Varano Marchesi *PR*	64 V 15	Vascon *TV*	42 AI 9
Vanzago *MI*	36 O 10	Varapodio *RC*	176 BE 54	Vasconi *AN*	97 AM 24
Vanze *LE*	159 BS 42	Vararo *VA*	21 M 8	Vasi *RC*	177 BH 53
Vanzetti *TR*	113 AK 28	Varase *IM*	72 G 20	Vasia *IM*	72 I 20
Vanzi *VI*	41 AD 9	Varasone *TN*	25 Y 8	Vasino *TN*	12 AB 5
Vanzi *VR*	40 AC 10	Varazze *SV*	75 M 17	Vaso *BS*	53 X 11
Vanzo *PD*	56 AF 12	Varco *MC*	98 AP 24	Varna / Vahrn *BZ*	4 AE 3	Vassena *LC*	23 Q 8
Varni *GE*	63 Q 16	Vaste *LE*	161 BT 43	Vedano al Lambro *MI*	36 Q 10
Varo Chirico *NA*	151 AW 39	Vasto *CH*	124 AX 31	Vedano Olona *VA*	36 O 9
Varollo *TN*	12 AB 5	Vasto di Sopra *MN*	54 Y 12	Veddasca *VA*	22 N 7
Varone *TN*	26 AA 8	Vasto di Sotto *MN*	54 Y 12	Vedegheto *BO*	80 AB 17
Varoni *BN*	142 AW 37	Vastogirardi *IS*	123 AU 33	Vedelago *TV*	42 AH 9
Varramista *PI*	85 Z 22	Vaticano *BO*	68 AF 17	Vedeseta *BG*	23 S 8
Varrazzo *PZ*	164 BE 43	Vaticino *PU*	89 AL 21	Vediceto *PC*	63 S 15
Varreri *RC*	177 BG 53	Vaticano *GR*	103 AA 26	Vedole *PR*	53 X 14
Varrone *CS*	166 BF 46	Vatolla *SA*	162 AZ 42	Vedrana *BO*	68 AE 16
Varrone *PR*	64 U 15	Vatoni *RI*	176 BF 53	Vedriano *BO*	81 AE 17
Varsi *PR*	64 U 16	Vattaro *TN*	26 AC 8	Vedriano *MS*	78 W 18
Varzi *PV*	63 Q 15	Vatticeci *IS*	132 AV 33	Vedriano *RE*	65 X 16
Varzo *VB*	7 K 6	Vaud *AO*	19 E 8	Vedronza *UD*	16 AO 6
Vas *BL*	28 AG 8	Vauda *TO*	47 G 12	Veduggio con Colzano *MI*	36 Q 9
Vasanello *VT*	113 AJ 29	Vauda Canavese *TO*	47 G 12	Veduro *BO*	67 AD 16
Vasari *AN*	90 AO 22	Vauda Canavese Inf. *TO*	48 G 12	Veggiano *PD*	41 AF 11
Vasario *TO*	33 G 11	Vazia *RI*	114 AM 29	Veggio *BO*	80 AC 18
Vasca Cappotto *LT*	130 AO 35	Vazons *TO*	46 B 13	Veggiola *PC*	64 T 14
Vascagliana *AT*	61 J 14	Vazzano *VV*	174 BG 52	Veglia *CN*	60 H 15
Vasche *RI*	114 AN 29	Vazzola *TV*	29 AJ 8	Veglie *LE*	158 BQ 41
Vasci *CS*	170 BF 49	Veano *PC*	64 S 14	Veglio *BI*	34 J 10
Vasciano *TR*	113 AK 29	Vecchiano *PI*	85 X 21	Vegni *CO*	22 P 7
Vasciano Nuovo *PG*	106 AJ 27	Vecchiarelli *CB*	133 AW 35	Vegni *AL*	63 P 16
Vascognano *GR*	102 Z 25	Vecchiarello *CS*	169 BK 46	Vegno *LC*	23 R 7
Vascon *TV*	42 AI 9	Vecchiazzano *FC*	82 AH 18	Vegno *VB*	7 K 6
Vasconi *AN*	97 AM 24	Vecchietto *FI*	87 AD 22	Vegonno *VA*	35 N 9
Vasi *RC*	177 BH 53	Vecchietto *MS*	78 U 18	Vegre *VI*	41 AE 9
Vasia *IM*	72 I 20	Vecciano *RN*	89 AK 20	Vegre *VI*	41 AE 11
Vasino *TN*	12 AB 5	Vecciatica *PR*	78 W 17	Vegri *RO*	55 AD 14
Vaso *BS*	53 X 11	Vecciola di Mezzo *MC*	107 AO 25	Vegri *VI*	40 AC 10
Vassena *LC*	23 Q 8	Vecite *SA*	151 AW 40		

VERONA

0 300 m

Anfiteatro (V.)	CY 2	Emilei (V. Francesco)	CY 9	Manin (V. Daniele)	BZ 17	Porta Borsari (Cso)	CY 23	SS. Trinità (V.)	BZ 37	S. Maria in Organo
Artigliere (V. B.)	CDZ 3	Erbe (Pza delle)	CY	Mazzini (V.)	CY	Regaste Redentore (V.)	CY 24	Stella (V.)	CY 42	(V.)	DY 32
Barbarini (V. B.)	AY 4	Forti (V. Achille)	CY 12	Muro Padri (V.)	DY 18	Redentore (V.)	CY 25	S. Anastasia		S. Paolo (V.)	CY 33
Battisti (V. C.)	BZ 5	Garibaldi (Ponte)	CY 13	Nizza (V.)	DY 19	Roma (V.)	BYZ	(Cso)	BCY 27	S. Tomaso (V.)	CY 34
Cappello (V.)	CY 6	Giardino Giusti (V.)	DY 14	Oberdan (V.)	BY 20	Sammicheli (Lungadige)	CY 26	S. Chiara (V.)	DY 28	S. Toscana (Pza)	DY 36
Cavour (Cso)	BY 7	Leoni (V.)	CY 15	Pietra (Ponte di)	CY 21	Signori (Pza dei)	CY 39	S. Cosimo (V.)	CY 29	Tezone (V.)	CZ 43
Cittadella (Pza)	BZ 8	Malenza (V. G. B.)	CY 16	Ponte di Pietra (V.)	CY 22	Sottoriva (V.)	CY 40	S. Maffei (Stradone)	CZ 31	Zappatore (V. dello)	CZ 44

Arche Scaligere	CY **K**	Castel San Pietro	CY **D**	Duomo	CY **A**	Sant'Anastasia	CY **F**	San Fermo Maggiore	CY **B**	Teatro Romano	CY **C**

Vegri VI .... 41 AD 9
Vegri VR .... 55 AC 12
Veirera SV .... 75 M 17
Vejano VT .... 112 AH 30
Vela MN .... 54 AB 13
Vela TN .... 26 AB 7
Vela Piccola TV .... 43 AL 9
Velasca MI .... 37 R 10
Velate VA .... 22 N 8
Veleso CO .... 22 Q 8
Velezzo Lomellina PV ..... 50 N 13
Velina SA .... 162 AZ 42
Velina VR .... 21 L 7
Vellai BL .... 28 AG 7
Vellano PT .... 85 Z 20
Vellau / Velloi BZ .... 3 AB 3
Vellego SV .... 73 J 19
Velletri RM .... 129 AL 33
Vellezzo Bellini PV ...... 51 P 12
Vello BS .... 38 V 9
Velloi / Vellau BZ .... 3 AB 3
Velmaio VA .... 22 O 9
Velo d'Astico VI .... 27 AD 9
Velo Veronese VR .... 40 AB 10
Velon PD .... 56 AF 13
Velt UD .... 15 AL 5
Velturno / Feldthurns BZ .. 4 AE 3

Velucciana RE .... 79 X 17
Velva GE .... 77 S 18
Velzo CO .... 22 Q 7
Vena CT .... 197 AZ 57
Vena CZ .... 174 BH 50
Vena TO .... 33 G 11
Vena Imperi CT .... 197 AZ 56
Vena Media VV .... 174 BF 51
Vena Piccola AP .... 108 AQ 26
Vena Sup. VV .... 174 BF 52
Venafro IS .... 131 AT 35
Venagrande AP .... 108 AQ 26
Venamartello AP .... 108 AP 27
Venanzioni RI .... 113 AK 29
Venarotta AP .... 108 AP 26
Venas BL .... 14 AI 5
Venasca CN .... 59 F 16
Venatura AN .... 97 AL 23
Venaus TO .... 46 D 13
Vence Grande CS .... 170 BG 48
Venchi VV .... 40 AC 10
Vencò GO .... 31 AP 7
Vencorere AO .... 19 G 9
Vendaso MS .... 78 W 18
Vendicio LT .... 139 AQ 36
Venditti TE .... 116 AR 28

Vendoglio UD .... 16 AN 6
Vendrogno LC .... 23 Q 7
Vene PG .... 107 AM 26
Vene SV .... 74 K 18
Venegazzu TV .... 42 AH 9
Venegono Inf. VA .... 36 O 9
Venegono Sup. VA .... 36 O 9
Venenta BO .... 67 AC 16
Venere AQ .... 122 AQ 32
Veneri PT .... 85 Z 20
Veneria VC .... 49 K 12
Venetico ME .... 189 BB 54
Venetico Marina ME ...... 189 BB 54
Venezia VE .... 42 AI 11
Veneziano RO .... 56 AG 13
Venezzano BO .... 67 AD 15
Vengore AT .... 61 K 16
Veniano Inf. CO .... 36 O 9
Veniano Sup. CO .... 36 O 9
Veniera RO .... 57 AI 14
Venna CN .... 60 I 16
Vennariello CS .... 140 AT 36
Venosa PZ .... 144 BD 38
Venoz AO .... 19 F 9
Vens AO .... 32 D 9
Ventarola GE .... 76 Q 17
Ventaroli CE .... 140 AS 36
Venti TR .... 106 AK 28

Ventimiglia IM .... 72 G 21
Ventimiglia di Sicilia PA . 185 AQ 56
Ventosa LT .... 139 AR 36
Ventoso RE .... 66 Z 16
Ventoso RSM .... 89 AJ 20
Ventotene LT .... 139 AP 39
Ventria RC .... 178 BD 54
Venturelli VR .... 39 Z 11
Venturina LI .... 102 Y 25
Venzone UD .... 16 AN 6
Verana AO .... 33 G 10
Verano PC .... 52 S 14
Verano PC .... 63 S 15
Verano / Voran BZ .... 12 AC 4
Veratica RO .... 55 AD 14
Veratto PC .... 52 S 13
Veravo SV .... 73 J 19
Verazzano AR .... 95 AH 23
Verbania VB .... 21 M 8
Verbicaro CS .... 166 BE 45
Vercana CS .... 23 R 7
Verceia SO .... 23 R 6
Vercelli VC .... 49 L 11
Vercia RO .... 57 AI 14
Vercurago LC .... 23 R 9
Verda BZ .... 14 AG 4
Verdèggia IM .... 72 H 19
Verdellino BG .... 37 S 10
Verdello BG .... 37 S 10
Verderame TP .... 182 AK 56
Verderio Inf. LC .... 37 R 10
Verderio Sup. LC .... 37 R 9
Verdesca CE .... 132 AU 35
Verdesina TN .... 25 Z 7
Verdi I PA .... 186 AT 57
Verdi II PA .... 194 AT 57
Verdignes BZ .... 13 AE 4
Verdines / Verdins BZ ..... 3 AC 3
Verdins / Verdines BZ ..... 3 AC 3
Verdù ME .... 188 AY 55
Verduno CN .... 60 I 16
Verezzi SV .... 74 K 18
Verezzo IM .... 72 H 20
Vergagni AL .... 63 P 16
Vergano LC .... 23 R 9
Vergano Novarese NO ...... 35 L 9
Vergari RE .... 54 Z 14
Vergato BO .... 80 AB 18
Vergelle SI .... 94 AE 25
Vergemoli LU .... 79 X 19
Verghera VA .... 35 N 10
Verghereto FC .... 88 AH 21
Verghereto PO .... 86 AB 21
Vergiano BO .... 80 AC 18
Vergiano RN .... 83 AK 19
Vergiate VA .... 35 N 9
Vergine Maria PA .... 184 AP 55
Vergineto PU .... 90 AM 21
Vergnacco UD .... 16 AO 7
Vergne CN .... 60 I 16
Vergo MI .... 36 Q 9
Vergonzana CR .... 52 T 11
Veri CS .... 170 BF 49
Veriano BS .... 39 X 9
Verica MO .... 80 AA 18
Verità I CZ .... 171 BG 50
Verla TN .... 26 AB 7
Verlucca TO .... 33 G 11
Vermegliano GO .... 31 AQ 9
Vermezzo MI .... 36 O 11
Vermogno BI .... 34 J 11
Vermongoi TN .... 25 Y 8
Verna CO .... 22 P 8
Verna TO .... 47 E 13
Verna TO .... 47 F 13
Vernacchio BN .... 142 AY 37
Vernagl / Vernago BZ ...... 2 AA 3
Vernagli CN .... 71 I 18
Vernago / Vernagl BZ ...... 2 AA 3
Vernasso UD .... 31 AP 7
Vernazza SP .... 77 T 19
Vernazzano Basso PG ...... 96 AH 24
Vernetti CN .... 58 D 17
Vernetto CN .... 59 G 15
Verney AO .... 32 C 9
Verni LU .... 79 X 19
Verniana AR .... 95 AF 23
Vernicchio-Maiolongo CS .. 167 BG 46
Vernieri FR .... 130 AP 33
Vernine SI .... 95 AE 25
Vernio PO .... 80 AB 19
Vernole LE .... 159 BS 42

Vernone TO .... 48 I 13
Vernurio BZ .... 3 AC 3
Verolanuova BS .... 53 V 12
Verolavecchia BS .... 53 V 12
Verolengo TO .... 48 I 12
Veroli FR .... 130 AP 33
Verona VR .... 40 AB 11
Veronella VR .... 55 AC 12
Verrand AO .... 18 C 9
Verratti CH .... 117 AV 31
Verrayes AO .... 33 G 9
Verre AO .... 19 H 8
Verrecchie AQ .... 121 AO 31
Verrès AO .... 33 H 10
Verretto PV .... 51 P 13
Verri AP .... 108 AP 26
Verrogne AO .... 32 E 9
Verrone BI .... 34 J 10
Verrone CE .... 62 O 16
Verroni BN .... 141 AW 37
Verrua Po PV .... 51 Q 13
Verrucola MS .... 78 V 18
Verrucole LU .... 78 X 18
Verrucolette LU .... 78 W 19
Versa GO .... 31 AP 8
Versaggi CS .... 170 BF 49
Versciaco di Sopra /
  Oberverschach BZ .... 5 AI 3
Versciaco di Sotto /
  Uberverschach BZ .... 5 AJ 3
Versino TO .... 47 F 12
Versiola PN .... 30 AM 8
Versola MS .... 78 U 17
Versutta PN .... 30 AM 8
Vertelli AR .... 87 AE 21
Vertemate CO .... 36 P 9
Vertova BG .... 24 U 9
Verucchio RN .... 89 AJ 20
Veruno NO .... 35 M 9
Vervat AO .... 34 I 10
Vervio SO .... 10 W 6
Vervò TN .... 12 AB 6
Verza PC .... 52 T 13
Verzaglia FC .... 83 AJ 19
Verzago CO .... 36 Q 9
Verzari AV .... 142 AY 38
Verzedo SO .... 11 X 5
Verzegnis UD .... 16 AM 5
Verzella AL .... 61 L 16
Verzella CT .... 197 AZ 56
Verzen VR .... 40 AB 11
Verzi GE .... 76 Q 17
Verzi SV .... 74 K 19
Verzi SV .... 74 L 18
Verzimo VC .... 21 K 9
Verzino KR .... 172 BK 48
Verzuni PZ .... 164 BG 42
Verzuolo CN .... 59 F 16
Vesale MO .... 79 Z 18
Vesallo RE .... 79 Y 17
Vesallo SV .... 73 J 19
Vesana BS .... 39 X 9
Vescia GE .... 75 N 17
Vescia SV .... 74 K 17
Vesime AT .... 61 K 16
Vesio BS .... 26 Z 9
Vespeno MS .... 78 V 18
Vespolate NO .... 50 N 11
Vessa FC .... 88 AH 20
Vessalico IM .... 72 I 19
Vessichelli BN .... 142 AY 36
Vesta BS .... 25 Y 9
Vesta PR .... 65 V 17
Vestana PR .... 65 V 16
Vestea PE .... 116 AS 29
Vestenanova VR .... 40 AC 10
Vestenavecchia VR .... 40 AC 10
Vestignano MC .... 98 AO 25
Vestigne TO .... 34 I 11
Vestone BS .... 39 X 9
Vestreno LC .... 23 Q 7
Vetan AO .... 32 E 9

Veterana PU .... 90 AN 21
Veternigo VE .... 42 AH 10
Vetica LT .... 130 AO 35
Vetica AP .... 107 AO 26
Vetralla VT .... 112 AH 30
Vetrego VE .... 42 AH 11
Vetreto AP .... 108 AP 26
Vetria SV .... 74 J 18
Vetrianello LU .... 85 X 20
Vetriano FI .... 87 AD 20
Vetriano LU .... 85 X 20
Vetrina FR .... 131 AR 35
Vetriolo TN .... 27 AC 7
Vetriolo VT .... 112 AH 28
Vetta PD .... 56 AF 12
Vettica Maggiore SA ..... 151 AW 40
Vettica Minore SA .... 151 AW 40
Vettigne VC .... 34 K 11
Vetto RE .... 65 X 17
Vettola PI .... 84 X 21
Vetulonia GR .... 103 AA 26
Vezza AR .... 87 AF 22
Vezza d'Alba CN .... 60 J 15
Vezza d'Oglio BS .... 11 X 6
Vezzan / Vezzano BZ ...... 12 Z 4
Vezzane AP .... 107 AO 27
Vezzanello MS .... 78 V 18
Vezzano MO .... 66 Z 17
Vezzano PR .... 65 W 16
Vezzano RI .... 114 AN 28
Vezzano TN .... 26 AA 7
Vezzano / Vezzan BZ ...... 12 Z 4
Vezzano Ligure SP .... 77 U 19
Vezzano sul Crostolo RE .. 66 Y 16
Vezzo VB .... 21 M 8
Vezzola RE .... 66 Z 16
Vezzola SO .... 11 W 4
Vezzola SP .... 77 T 18
Vho AL .... 62 O 14
Via dei Romani CN .... 59 F 15
Via del Duca AR .... 95 AF 24
Via Impresa CS .... 166 BD 45
Via Larga MO .... 67 AB 15
Via Latina FR .... 131 AQ 34
Via Latina RM .... 120 AM 33
Via Lunga PD .... 56 AE 12
Via Marittima LT .... 130 AO 34
Via Militino RC .... 178 BD 54
Via Nuova BO .... 67 AF 17
Via Nuova SP .... 77 U 18
Via Piana PU .... 89 AL 21
Via Piana SI .... 105 AG 26
Via Provinciale CS ...... 171 BG 48
Via Provinciale KR ...... 173 BL 49
Via Purgatorio RC .... 178 BD 54
Via Sicilia AN .... 98 AQ 25
Via Stratta PU .... 89 AK 22
Viacce AN .... 97 AL 23
Viadagola BO .... 67 AD 16
Viadana MN .... 53 Y 14
Viadana Bresciana BS ..... 39 X 11
Viadanica BG .... 38 U 9
Viagrande CT .... 197 AZ 58
Viaiano CN .... 60 I 16
Vialba AR .... 88 AH 22
Vialdo AL .... 49 L 13
Viale AT .... 49 J 13
Viale PG .... 106 AJ 25
Viale di Porto RM .... 119 AI 32
Vialfrè TO .... 34 H 11
Viamaggio AR .... 88 AH 21
Viancino VC .... 49 K 12
Viani CN .... 58 D 16
Viano MS .... 78 V 19
Viano PU .... 89 AJ 21
Viano RE .... 79 Y 16
Vianoce AT .... 61 K 15
Vianova CZ .... 171 BH 50
Vianova LU .... 78 W 19
Viapiana PU .... 88 AH 21
Viareggio LU .... 84 W 20
Viariggi AT .... 49 L 14
Viarolo PR .... 65 W 14
Viarovere MO .... 67 AC 14
Viaso UD .... 16 AM 5
Vibbiana LU .... 78 X 18
Vibo Marina VV .... 174 BF 51
Vibo Valèntia VV .... 174 BF 51
Viboldone MI .... 36 Q 11

VICENZA

Map of Vicenza (scale 0 – 400 m). Frame references: TRENTO; BASSANO DEL GRAPPA P 248; TRENTO SCHIO, THIENE; A 31 TREVISO; A4 PADOVA; ESTE; VERONA (per A4); Basilica di Mte Berico; Piazzale della Vittoria.

Legend

Street / Place	Ref
Barche (Contrà delle)	BZ 2
Battisti (V. C.)	AZ 3
Biade o della Biava (Pza d.)	BZ 4
Cabianca (Contrà J.)	BYZ 5
Canove Vecchie (Contrà)	BY 7
Canove (Contrà delle)	BY 6
Castello (Pza del)	AZ 8
Ceccarini (V.)	BY 9
Chinotto (V. G.)	BZ 12
De Gasperi (Piazzale)	AZ 13
Erbe (Pza delle)	BZ 14
Gualdi (Pza)	BZ 16
Lioy (V. P.)	BZ 18
Matteotti (Pza)	BY 19
Montagna (V. B.)	AY 21
Mure Pta Nuova (Contrà)	AY 22
Palladio (Cso A.)	ABYZ
Porta Lupia (Contrà)	BZ 23
Porta S. Croce (Contrà)	AY 24
Porti (Contrà)	BY 25
Pusterla (Contrà)	BY 26
Riale (Contrà)	AY 27
Signori (Pza dei)	BZ 34
S. Barbara (Contrà)	BY 29
S. Corona (Contrà)	BY 30
S. Marco (Contrà)	BY 32
S. Tomaso (Contrà)	BZ 33
Valmerlara (Contrà)	AZ 36
Vescovado (Contrà)	AZ 37
20 Settembre (Contrà)	BY 38

Monument	Ref
Basilica Palladiana	BZ B
Chiesa delle Santa Corona	BY E
Duomo	AZ F
Loggia del Capitanio	BZ D
Museo Civico	BY M
Teatro Olimpico	BY A
Torre Bissara	BZ C

Vibonati *SA* .... 163 BC 43
Vicalvi *FR* .... 131 AR 33
Vicanini *PR* .... 64 T 16
Vicanino *PC* .... 64 T 15
Vicarello *LI* .... 85 X 22
Vicarello *RM* .... 119 AI 31
Vicari *PA* .... 185 AQ 57
Vicchio *FI* .... 87 AD 20
Vicchio *PV* .... 92 Y 22
Vicende *CB* .... 132 AV 35
Vicenne *AQ* .... 121 AP 32
Vicenne *AV* .... 133 AY 35
Vicenne *CB* .... 132 AV 34
Vicenne *PE* .... 116 AS 30
Vicenno *CB* .... 133 AW 34
Viceno *TR* .... 105 AH 27
Viceno *VB* .... 7 K 6
Vicenza *VR* .... 41 AE 10
Vicero *FR* .... 130 AO 33
Vicinale *UD* .... 31 AP 7
Vicinato *PG* .... 106 AK 25
Vicinato *VA* .... 22 O 8
Vicinato *PU* .... 89 AL 20
Vicinato *PU* .... 89 AL 21
Vicinato *PU* .... 90 AM 21
Vicini-Ravazzoli *PC* .... 64 T 15
Viciomaggio *AR* .... 95 AF 23
Vico *AL* .... 61 L 16
Vico *BS* .... 25 W 6
Vico *BS* .... 39 X 9
Vico *BS* .... 39 Y 9
Vico *LU* .... 79 Z 19
Vico *MC* .... 107 AN 25
Vico *MS* .... 78 U 17
Vico *NA* .... 151 AW 38
Vico *RE* .... 65 X 16
Vico *TE* .... 115 AQ 28
Vico *UD* .... 15 AK 5
Vico *UD* .... 15 AK 5
Vico *VC* .... 34 K 9
Vico Canavese *TO* .... 33 H 11
Vico d'Arbia *SI* .... 94 AD 24
Vico del Gargano *FG* .... 127 BE 32
Vico d'Elsa *FI* .... 93 AB 22
Vico di Sopra *BZ* .... 13 AF 4
Vico Equense *NA* .... 151 AW 40
Vico Matrino *VT* .... 112 AH 30
Vico nel Lazio *FR* .... 130 AP 33
Vicobarone *PC* .... 51 N 14
Vicoboneghisio *CR* .... 53 X 13
Vicoferaldi *FI* .... 87 AE 20
Vicofertile *PR* .... 65 W 15
Vicoforte *CN* .... 71 I 17
Vicoli *PE* .... 116 AS 29
Vicoli Vecchio *PE* .... 116 AS 29
Vicolo Rancolfo *PG* .... 96 AJ 24
Vicolungo *NO* .... 35 L 11
Vicomarino *PC* .... 51 R 14
Vicomero *PR* .... 65 W 14
Vicomezzano *GE* .... 63 R 16
Vicomorasso *GE* .... 62 O 17
Vicomoscano *CR* .... 53 X 14
Vicomune *PV* .... 51 Q 13
Viconago *VA* .... 22 O 8
Viconovo *FE* .... 68 AF 14
Vicopisano *PI* .... 85 Y 21
Vicosoprano *GE* .... 63 R 16
Vicovaro *RM* .... 120 AM 31
Vidalengo *BG* .... 37 S 10
Vidalenzo *PR* .... 53 V 13
Vidali *UD* .... 16 AO 5
Vidardo *LO* .... 51 R 12
Viddalba *SS* .... 209 O 38
Vidiana *PR* .... 65 W 16
Vidiano *PC* .... 63 R 14
Vidiceto *CR* .... 53 W 13
Vidiceto *RE* .... 78 X 17
Vidiciatico *BO* .... 79 AA 18
Vidigulfo *PV* .... 51 Q 12
Vidimina *LT* .... 130 AO 35
Vidiuno *BO* .... 81 AF 17
Vidolasco *CR* .... 37 T 11
Vidoni *AP* .... 108 AO 26
Vidor *VR* .... 28 AH 8
Vidor *TV* .... 28 AI 8
Vidracco *TO* .... 33 H 11
Vidulis *UD* .... 30 AM 7
Vieille *AO* .... 33 G 9
Viepri *PG* .... 106 AK 27
Viering *AO* .... 33 G 9
Vierle *TN* .... 87 AE 20
Viesca *FI* .... 87 AD 22
Viesci *AR* .... 114 AN 28
Vieste *FG* .... 127 BG 32
Vietri di Potenza *PZ* .... 153 BC 40
Vietri sul Mare *SA* .... 151 AX 39
Vietti *TO* .... 47 F 12
Vieyes *AO* .... 32 E 10

Viezze *RO* .... 56 AF 14
Vigalfo *PV* .... 51 Q 12
Vigalzano *TN* .... 26 AC 7
Viganallo *VC* .... 35 K 9
Viganego *GE* .... 76 P 17
Viganella *VB* .... 7 K 7
Vigano *MI* .... 36 P 11
Viganò *LC* .... 37 Q 9
Vigano San Martino *BG* ...... 38 U 9
Vigarano Mainarda *FE* .... 67 AD 14
Vigarano Pieve *FE* .... 67 AE 14
Vigatto *PR* .... 65 W 15
Vigellio *BI* .... 34 J 11
Vigena *PU* .... 89 AJ 21
Vigentina *RO* .... 56 AG 14
Vigevano *PV* .... 50 O 12
Viggianello *PZ* .... 164 BF 44
Viggiano *PZ* .... 154 BE 41
Viggiona *VB* .... 22 N 7
Viggiù *VA* .... 22 O 8
Vigheffio *PR* .... 65 W 15
Vighignolo *MI* .... 36 P 11
Vighizzolo *BS* .... 39 X 11
Vighizzolo *CO* .... 36 P 9
Vighizzolo *CR* .... 53 W 13
Vighizzolo d'Este *PD* .... 56 AF 14
Viglia *CS* .... 170 BF 48
Vigliano *AQ* .... 114 AO 29
Vigliano *PN* .... 29 AK 8
Vigliano Biellese *BI* .... 34 J 10
Vigliano d'Asti *AT* .... 61 K 15
Viglierchi *CN* .... 74 J 17
Vigliano *CN* .... 71 H 18
Vigna *PD* .... 56 AH 12
Vigna di Valle *RM* .... 119 AI 31
Vigna Grande *OT* .... 207 R 36
Vigna Grande *RM* .... 119 AI 31
Vignacastrisi *LE* .... 161 BT 43
Vignaga *VI* .... 40 AC 10
Vignai *IM* .... 72 H 20
Vignaia *PG* .... 105 AI 25
Vignale *AL* .... 49 L 13
Vignale *FI* .... 93 AA 22
Vignale *GE* .... 76 R 17
Vignale *LI* .... 102 Z 26
Vignale *NO* .... 35 M 11
Vignale *PR* .... 65 X 16
Vignale *TP* .... 190 AL 57
Vignale Lungo *SR* .... 205 AY 63
Vignale-Santa
    Margherita *PZ* .... 163 BD 43
Vignaletto *RI* .... 114 AM 29
Vignali *CS* .... 166 BE 45
Vignali *EN* .... 195 AX 58
Vignali *SR* .... 203 BA 60
Vignali *SV* .... 74 K 17
Vignali *TO* .... 49 J 13
Vignano *SI* .... 94 AD 24
Vignarello *NO* .... 50 N 11
Vignaretto *SV* .... 75 L 17
Vignate *MI* .... 37 R 11
Vigne *AN* .... 97 AN 23
Vigne *BN* .... 142 AX 37
Vigne *KR* .... 172 BK 48
Vigne *RC* .... 179 BG 54
Vigne *SA* .... 153 BC 41
Vigne *TR* .... 113 AK 29
Vigne di Circe *LT* .... 138 AN 36
Vigne Nuove *GR* .... 104 AD 26
Vigne Nuove *VT* .... 119 AI 30
Vigne Piane *FR* .... 131 AQ 34
Vigneta *LU* .... 78 W 18
Vignetta *PR* .... 65 W 16
Vignola *CH* .... 124 AX 31
Vignola *FC* .... 88 AI 20
Vignola *MO* .... 66 AB 17
Vignola *MS* .... 77 U 17
Vignola *RI* .... 114 AM 29
Vignola *RM* .... 120 AN 32
Vignola *TN* .... 27 AC 7
Vignola Mare *OT* .... 210 P 37
Vignole *AO* .... 33 E 9
Vignole *BL* .... 28 AH 7
Vignole *CB* .... 132 AW 34
Vignole *TN* .... 26 AA 8
Vignole *TV* .... 29 AJ 8
Vignole-VI .... 41 AE 9
Vignole Borbera *AL* .... 62 O 15
Vignole *CN* .... 71 F 17
Vignone *GE* .... 5 N 17
Vignone *VB* .... 21 M 8
Vignoni *SI* .... 104 AE 25

Vignui *BL* .... 28 AG 7
Vigo *BO* .... 80 AB 18
Vigo *BZ* .... 4 AG 4
Vigo *GE* .... 62 O 16
Vigo *SV* .... 73 K 19
Vigo *TN* .... 26 AA 7
Vigo *VI* .... 41 AD 10
Vigo *VR* .... 40 AA 10
Vigo *VR* .... 55 AC 12
Vigo Anaunia *TN* .... 12 AB 6
Vigo di Cadore *BL* .... 15 AJ 5
Vigo di Cavedine *TN* .... 26 AA 8
Vigo di Fassa *TN* .... 13 AF 5
Vigo Meano *TN* .... 26 AB 7
Vigo Rendena *TN* .... 25 Z 7
Vigodarzere *PD* .... 42 AG 11
Vigogna *GE* .... 63 P 16
Vigolante *PR* .... 65 W 15
Vigoleno *PC* .... 64 U 15
Vigolo *BG* .... 38 V 9
Vigolo *CR* .... 53 V 13
Vigolo *PC* .... 51 R 13
Vigolo *RE* .... 78 X 17
Vigolo Baselga *TN* .... 26 AB 7
Vigolo Marchese *PC* .... 64 U 14
Vigolo Vattaro *TN* .... 26 AC 7
Vigolone *PR* .... 65 V 16
Vigolzone *PC* .... 64 T 14
Vigone *TO* .... 59 F 14
Vigonovo *PN* .... 29 AK 8
Vigonovo *VE* .... 42 AH 11
Vigonza *PD* .... 42 AG 11
Vigonza *PD* .... 42 AG 11
Vigonzone *PV* .... 51 Q 12
Vigoponzo *AL* .... 63 P 15
Vigorovea *PD* .... 56 AG 12
Vigorso *BO* .... 67 AE 16
Vigostano *PC* .... 64 U 14
Viguzzolo *AL* .... 62 O 14
Viinoss / Funes *BZ* .... 13 AF 4
Vilano *PU* .... 96 AK 23
Viliani *PC* .... 86 AC 20
Villa *AO* .... 19 E 9
Villa *AQ* .... 115 AQ 30
Villa *AR* .... 87 AE 21
Villa *AR* .... 87 AF 21
Villa *AT* .... 61 K 15
Villa *BL* .... 14 AH 5
Villa *BL* .... 29 AJ 7
Villa *BS* .... 38 V 10
Villa *BS* .... 24 W 8
Villa *BS* .... 38 W 9
Villa *BS* .... 38 W 10
Villa *BS* .... 38 W 10
Villa *BS* .... 39 X 10
Villa *BS* .... 39 X 10
Villa *BS* .... 39 Y 9
Villa *BS* .... 39 Y 10
Villa *BS* .... 25 Z 9
Villa *BZ* .... 4 AF 3
Villa *BZ* .... 4 AF 3
Villa *BZ* .... 4 AG 4
Villa *BZ* .... 5 AH 2
Villa *CE* .... 141 AU 36
Villa *CN* .... 58 E 15
Villa *CN* .... 58 E 16
Villa *CN* .... 70 F 17
Villa *CN* .... 74 I 17
Villa *CN* .... 74 J 17
Villa *CN* .... 74 J 17
Villa *FC* .... 88 AH 20
Villa *GR* .... 104 AD 26
Villa *IM* .... 73 I 19
Villa *IM* .... 72 I 19
Villa *IM* .... 72 I 19
Villa *LC* .... 37 R 9
Villa *LU* .... 78 W 18
Villa *LU* .... 85 Y 21
Villa *MN* .... 53 X 12
Villa *MO* .... 66 AA 15
Villa *MS* .... 78 U 17
Villa *MS* .... 77 U 18
Villa *PC* .... 64 T 15
Villa *PC* .... 64 T 15
Villa *PD* .... 41 AF 11
Villa *PG* .... 96 AI 25
Villa *PR* .... 64 V 16
Villa *PU* .... 88 AI 20
Villa *RE* .... 79 X 17
Villa *RE* .... 79 Y 17
Villa *RN* .... 89 AK 20
Villa *SA* .... 151 AX 39
Villa *SI* .... 94 AC 23

Villa *SI* .... 94 AD 23
Villa *SP* .... 77 T 18
Villa *SV* .... 74 J 18
Villa *SV* .... 61 K 17
Villa *SV* .... 74 K 18
Villa *TN* .... 26 AA 7
Villa *TN* .... 26 AA 7
Villa *TN* .... 27 AE 7
Villa *TO* .... 32 E 11
Villa *TO* .... 47 E 12
Villa *TO* .... 34 H 11
Villa *UD* .... 16 AM 5
Villa *UD* .... 30 AO 8
Villa *VB* .... 21 L 8
Villa *VC* .... 34 J 9
Villa *VR* .... 40 AA 10
Villa / Dorfl *BZ* .... 5 AI 2
Villa / Nordham *BZ* .... 13 AD 4
Villa a Roggio *LU* .... 85 X 20
Villa a Sesta *SI* .... 94 AD 23
Villa a Tolli *SI* .... 104 AE 25
Villa Alessandri *FI* .... 86 AA 21
Villa Alta *UD* .... 17 AR 5
Villa Andreoli *CH* .... 117 AV 30
Villa Antolini *MC* .... 98 AP 23
Villa Ardente *TE* .... 109 AS 27
Villa Ascoli *PG* .... 42 AG 10
Villa Badessa *PE* .... 116 AT 29
Villa Baldassarri *LE* .... 158 BQ 41
Villa Bartolomea *VR* .... 55 AD 13
Villa Basilica *LU* .... 85 Y 20
Villa Bassa *UD* .... 17 AQ 5
Villa Berarde *AP* .... 98 AP 25
Villa Berti *RI* .... 114 AM 29
Villa Betti *PU* .... 89 AM 21
Villa Bigioni *RI* .... 114 AM 28
Villa Bilotta *CZ* .... 171 BI 48
Villa Biscossi *PV* .... 50 N 13
Villa Bizzarri *TE* .... 108 AR 27
Villa Botteri *AL* .... 62 M 16
Villa Bozza *TE* .... 116 AS 28
Villa Bruna *UD* .... 30 AO 9
Villa Bufalini *PG* .... 96 AI 23
Villa Cal Frate *PU* .... 89 AK 21
Villa Caldari *CH* .... 117 AV 30
Villa Camera *TE* .... 108 AR 27
Villa Campanile *PI* .... 85 Z 21
Villa Camponeschi *RI* ..... 114 AN 29
Villa Canale *IS* .... 123 AV 33
Villa Cantagallo *MC* .... 98 AP 24
Villa Cappella *MN* .... 54 Y 12
Villa Carmine *RI* .... 114 AM 28
Villa Carucci *MC* .... 108 AP 25
Villa Casale *SI* .... 94 AD 24
Villa Casetti *TE* .... 115 AR 28
Villa Castelli *BR* .... 148 BN 40
Villa Catenacci *TE* .... 109 AR 26
Villa Cavaretta *PA* .... 185 AP 55
Villa Ceccolini *PU* .... 89 AM 20
Villa Celiera *PE* .... 116 AS 29
Villa Cenol *PG* .... 96 AJ 24
Villa Cerreto *AT* .... 61 L 15
Villa Cheloni *LI* .... 85 X 22
Villa Ciambra-
    Malpasso *PA* .... 184 AO 55
Villa Cimarella *MC* .... 98 AP 23
Villa Climinti *RI* .... 114 AM 28
Villa Col de' Canali *PG* ..... 97 AL 23
Villa Collemandina *LU* ...... 79 X 19
Villa Convento *LE* .... 159 BR 41
Villa Corbelli *RE* .... 66 Y 16
Villa Cortese *MI* .... 36 O 10
Villa Cristina *TO* .... 47 G 13
Villa Curti *PU* .... 89 AM 21
Villa d' Arceno *SI* .... 94 AE 23
Villa da Capo *MC* .... 107 AO 26
Villa da Piedi *MC* .... 107 AO 26
Villa d'Adda *BG* .... 37 R 9
Villa d'Adige *RO* .... 55 AD 13
Villa d'Agri *PZ* .... 154 BD 41
Villa d'Aiano *BO* .... 80 AA 18
Villa d'Allegno *BS* .... 11 X 6
Villa d'Almè *BG* .... 37 S 9
Villa d'Asolo *TV* .... 42 AG 9
Villa d'Agri *PZ* .... 154 BD 41
Villa d'Arco *PN* .... 29 AK 8
Villa De Leonardis *RC* ..... 176 BF 53
Villa del Bosco *BI* .... 34 K 10
Villa del Bosco *PD* .... 56 AH 12
Villa del Conte *PD* .... 42 AG 10
Villa del Ferro *VI* .... 41 AD 11
Villa del Foro *AL* .... 61 M 14
Villa del Monte *PU* .... 90 AM 21
Villa del Piano-
    ca Bartolino *PU* .... 89 AJ 21
Villa dele Fontane *VT* ...... 111 AF 28
Villa di Baggio *PT* .... 86 AA 20

Villa di Briano *CE* .... 141 AT 38
Villa di Chiavenna *SO* .... 9 R 6
Villa di Fragheto *PU* .... 88 AI 21
Villa di Mezzo *BO* .... 80 AC 18
Villa di Mezzo *BZ* .... 13 AE 5
Villa di Molvena *VI* .... 41 AE 9
Villa di Panicale *MS* .... 78 V 18
Villa di Pianoia *SI* .... 104 AF 25
Villa di Postignano *PG* ...... 97 AL 25
Villa di Serio *BG* .... 37 T 9
Villa di Sopra *MS* .... 78 U 17
Villa di Sopra /
    Ober Wielenbach *BZ* ...... 5 AH 3
Villa di Sotto *PR* .... 64 V 16
Villa di Su *RE* .... 54 Z 14
Villa di Tirano *SO* .... 10 V 6
Villa di Villa *BL* .... 28 AH 7
Villa di Villa *TV* .... 29 AJ 8
Villa Dogana *FI* .... 80 AC 19
Villa d'Ogna *BG* .... 24 U 8
Villa d'Orri *CA* .... 226 P 49
Villa Dragonetti *BA* .... 137 BH 36
Villa Elce *CH* .... 117 AV 30
Villa Estense *PD* .... 56 AF 12
Villa Eucheria *FR* .... 131 AR 34
Villa Faggeto *PG* .... 96 AI 24
Villa Falcineto *PU* .... 90 AM 21
Villa Falilò *RI* .... 114 AM 29
Villa Faraldi *IM* .... 73 J 20
Villa Fassia *PG* .... 96 AK 24
Villa Fastiggi *PU* .... 90 AM 20
Villa Felici *TR* .... 105 AH 27
Villa Fimon *VI* .... 41 AE 11
Villa Fiorentini *RM* .... 120 AM 32
Villa Fiorita *RM* .... 120 AK 31
Villa Fontana *BO* .... 68 AE 17
Villa Forci *LU* .... 85 X 20
Villa Fornace *PV* .... 51 Q 14
Villa Fornaci *MI* .... 37 R 10
Villa Fortuna *NO* .... 35 N 11
Villa Franchi *TR* .... 113 AJ 28
Villa Fumosa *TE* .... 109 AR 28
Villa Garibaldi *MN* .... 54 AA 13
Villa Gatti *TE* .... 109 AS 27
Villa Gizzi *RI* .... 114 AM 28
Villa Gorizia *SS* .... 208 M 39
Villa Grande *AQ* .... 115 AR 30
Villa Grande *CH* .... 117 AV 30
Villa Grazia *CT* .... 202 AW 61
Villa Greppo *SI* .... 104 AE 25
Villa Grotti *RI* .... 114 AM 29
Villa Guardia *CO* .... 36 P 9
Villa Immacolata *VT* .... 112 AH 29
Villa Inferno *RA* .... 82 AI 18
Villa Lagarina *TN* .... 26 AB 8
Villa Lanzi *TE* .... 102 Y 25
Villa Latina *FR* .... 131 AS 34
Villa Laura *TR* .... 105 AH 27
Villa Lempa *TE* .... 108 AQ 27
Villa Liternno *CE* .... 140 AT 37
Villa Littorio *SA* .... 153 BA 41
Villa Lubatti *RI* .... 117 AV 30
Villa Luciani *AP* .... 99 AQ 24
Villa Maddalena *RM* .... 120 AN 32
Villa Maggiore *TE* .... 115 AR 28
Villa Maindi *PU* .... 88 AI 21
Villa Margherita *LI* .... 92 Y 25
Villa Margi *MC* .... 187 AV 55
Villa Martelli *CH* .... 117 AV 30
Villa Mattoni *AP* .... 108 AR 27
Villa Mazza *PU* .... 90 AM 20
Villa Minozzo *RE* .... 79 X 17
Villa Modica *RG* .... 205 AY 63
Villa Monga *VR* .... 54 AB 12
Villa Montagnola *PG* .... 106 AJ 25
Villa Montefreddo *PG* ...... 105 AI 25
Villa Nabian *AO* .... 33 H 9
Villa Oliveti *PE* .... 116 AT 29
Villa Ornaro *RI* .... 114 AN 29
Villa Palomba *TE* .... 108 AR 28
Villa Palombara *PU* .... 89 AM 21
Villa Paradiso *MI* .... 37 R 10
Villa Pasquali *MN* .... 53 Y 14
Villa Pasqualone *TE* .... 109 AS 27
Villa Passo *TE* .... 108 AQ 27
Villa Penna *TE* .... 108 AQ 27
Villa Petto *TE* .... 115 AR 28
Villa Piaggia *PG* .... 105 AH 26
Villa Piazzano *PG* .... 95 AH 24
Villa Pieri *TR* .... 112 AG 29
Villa Pitignano *PG* .... 96 AJ 25
Villa Pompea *RI* .... 37 R 10
Villa Pompeana *LO* .... 51 R 11
Villa Potenza *MC* .... 98 AP 24

Villa Pucci *PG* .... 106 AJ 25
Villa Pulcini *RI* .... 114 AM 28
Villa Raspa *TV* .... 42 AG 9
Villa Raverio *MI* .... 36 Q 9
Villa Rendena *TN* .... 25 Z 7
Villa Rey *CA* .... 227 S 48
Villa Ricci *TE* .... 108 AR 27
Villa Rogatti *CH* .... 117 AV 30
Villa Roma *RI* .... 114 AM 28
Villa Romagnoli *CH* .... 117 AV 30
Villa Romana *AN* .... 91 AQ 22
Villa Romana *AQ* .... 120 AN 31
Villa Romano *CO* .... 36 Q 9
Villa Rosa *PA* .... 185 AP 55
Villa Rosa *TE* .... 109 AS 26
Villa Rosselli *GR* .... 104 AE 27
Villa Rossi *TE* .... 115 AR 28
Villa Rote *PG* .... 106 AK 26
Villa Ruzzi *TE* .... 115 AR 28
Villa S. Apollinare *PG* .... 96 AK 23
Villa S. Faustino *PG* .... 106 AK 27
Villa S. Giorgio
    in Vezzano *RA* .... 81 AF 18
Villa S. Giovanni
    in Tuscia *VT* .... 112 AH 30
Villa S. Maria *TR* .... 113 AK 29
Villa Saletta *PI* .... 85 Z 22
Villa San Filippo *MC* .... 99 AQ 24
Villa San Giovanni *CH* ..... 117 AU 30
Villa San Giovanni *PE* ..... 116 AT 29
Villa San Giovanni *RC* ..... 189 BC 54
Villa San Giuseppe *AP* .... 108 AR 26
Villa San Leonardo *CH* .... 117 AV 30
Villa San Martino *RA* .... 81 AG 17
Villa San Nicola *AV* .... 142 AY 38
Villa San Nicola *CH* .... 117 AV 29
Villa San Pietro *CA* .... 225 O 49
Villa San Pietro *CN* .... 70 E 17
Villa San Romualdo *TE* .... 116 AS 28
Villa San Sebastiano *AQ* .. 121 AO 31
Villa San Secondo *AT* .... 49 J 13
Villa San Silvestro *PG* .... 107 AN 28
Villa San Tommaso *CH* .... 117 AV 29
Villa Santa Caterina *BZ* ...... 5 AG 3
Villa Santa Croce *CE* .... 141 AU 36
Villa Santa Lucia *FR* .... 131 AR 34
Villa Santa Lucia
    degli Abruzzi *AQ* .... 116 AR 30
Villa Santa Maria *AQ* ...... 122 AR 32
Villa Santa Maria *CH* ...... 123 AV 32
Villa Sant'Andrea *BL* .... 14 AG 6
Villa Sant'Angelo *AQ* ...... 115 AQ 30
Villa Sant'Antonio *AP* ..... 108 AR 26
Villa Sant'Antonio *OR* ..... 217 O 44
Villa Santina *UD* .... 16 AM 5
Villa Santo Stefano *FR* .... 130 AO 34
Villa Saviola *MN* .... 54 Z 13
Villa Scontrone *AQ* .... 131 AT 33
Villa Serena *AN* .... 98 AO 22
Villa Serena *PE* .... 116 AT 28
Villa Stanazzo *CH* .... 117 AV 30
Villa Strada *MC* .... 98 AP 25
Villa Superiore *MN* .... 54 Z 14
Villa Talamazzi *CR* .... 53 W 13
Villa Tomolati *TE* .... 115 AR 28
Villa Torre *CH* .... 117 AV 30
Villa Torricla *PU* .... 88 AJ 21
Villa Tucci *CH* .... 117 AU 30
Villa Turchini *UD* .... 16 AN 6
Villa Vallucci *TE* .... 108 AQ 28
Villa Vecchia *MS* .... 77 U 17
Villa Vecchia *PR* .... 65 V 15
Villa Vela *SR* .... 205 AZ 62
Villa Verde *OR* .... 217 N 45
Villa Verucchio *RN* .... 83 AJ 19
Villa Viani *IM* .... 73 I 20
Villa Vicentina *UD* .... 31 AP 9
Villa Voglia *MC* .... 98 AO 24
Villa Volpe *TE* .... 109 AS 27
Villa Vomano *TE* .... 108 AR 28
Villabalzana *VI* .... 41 AE 11
Villabassa /
    Niederdorf *BZ* .... 5 AI 3
Villabate *PA* .... 185 AP 55
Villabella *PA* .... 50 M 13
Villabella *VR* .... 40 AC 11
Villaberza *RE* .... 65 X 17
Villabianca *MO* .... 66 AA 17
Villabona *MN* .... 54 Z 12
Villabruna *BL* .... 28 AG 7
Villabuona *BS* .... 52 U 11
Villabuona *LU* .... 85 X 20
Villacaccia *UD* .... 30 AN 8
Villacampagna *CR* .... 52 U 11

Villacella *GE* 63   R 16
Villachiara *BS* 52   U 11
Villacidro *VS* 221   N 47
Villacriccola *PN* 29   AL 8
Villadeati *AL* 49   K 13
Villadolt *PN* 29   AK 8
Villadoro *EN* 194   AU 57
Villadose *RO* 56   AG 13
Villadossia *VA* 35   N 9
Villadossola *VB* 7   K 7
Villafalletto *CN* 59   G 16
Villafelice *FR* 131   AQ 34
Villafontana *VR* 55   AB 12
Villafora *RO* 55   AE 13
Villafranca *AN* 90   AN 21
Villafranca *LT* 129   AM 35
Villafranca *MO* 67   AB 14
Villafranca *SV* 73   J 19
Villafranca d'Asti *AT* 61   J 14
Villafranca di Forlì *FC* 82   AH 18
Villafranca di Verona *VR* ... 54   AA 11
Villafranca in Lunigiana *MS* ..78   U 18
Villafranca Padovana *PD* .. 41   AF 11
Villafranca Piemonte *TO* 59   G 15
Villafranca Sicula *AG* 192   AO 58
Villafranca Tirrena *ME* 189   BB 54
Villafrati *PA* 185   AP 56
Villaga *BL* 28   AG 7
Villaga *VI* 41   AE 11
Villagana *BS* 52   U 11
Villaganzerla *VI* 41   AE 11
Villaggio *BL* 14   AI 5
Villaggio *TN* 13   AD 6
Villaggio Acea *RM* 120   AM 32
Villaggio Adriano *RM* 120   AL 32
Villaggio Adriatico *LE* 159   BS 41
Villaggio Altair *LE* 159   BT 42
Villaggio Amendola *FG* 135   BD 34
Villaggio Aurora *TO* 47   G 13
Villaggio Azzurro
   G. Lisa *FG* 135   BC 35
Villaggio Azzurro *BA* 147   BK 39
Villaggio Azzurro *TP* 182   AK 56
Villaggio Baiabella *CS* 165   BI 43
Villaggio Boncore *LE* 158   BQ 42
Villaggio Brollo *MI* 36   P 10
Villaggio Busonera *VC* 57   AH 13
Villaggio Canovai *RC* 179   BE 55
Villaggio Capparini *PA* 183   AN 57
Villaggio Carrao *CZ* 175   BJ 50
Villaggio Costa
   del Turchese *CZ* 175   BK 50
Villaggio Crimi *TP* 190   AJ 57
Villaggio Dario *LE* 159   BS 41
Villaggio degli Aracci *MS* ... 77   T 17
Villaggio degli Ulivi *RG* ... 204   AV 62
Villaggio dei Gigli *CA* 227   Q 48
Villaggio del Fanciullo *RM* ...118   AF 31
Villaggio del Fanciullo *TA* ... 147   BN 39
Villaggio del Golfo *CZ* 170   BF 49
Villaggio del Pescatore *TS* ... 31   AQ 9
Villaggio del Sole *LE* 159   BS 41
Villaggio delle Mimose *CA* ... 227   R 48
Villaggio di Petruscio *TA* .. 156   BL 40
Villaggio Europa *BO* 79   AA 18
Villaggio Faina *CL* 193   AR 58
Villaggio Fosse *RG* 193   AR 58
Villaggio Frasso *CS* 168   BH 46
Villaggio Fratesca *MC* 98   AQ 23
Villaggio Fratta *KR* 171   BJ 49
Villaggio Gemma *AQ* 122   AS 31
Villaggio Grappa *CL* 193   AR 59
Villaggio Greco *TP* 190   AJ 57
Villaggio Grignella *VE* 57   AH 13
Villaggio Grotte *GR* 110   AA 29
Villaggio Gulfi *RG* 202   AX 61
Villaggio I Maggio *CS* 164   BD 44
Villaggio Ignis *VA* 22   N 9
Villaggio Ises *ME* 187   AW 55
Villaggio Ises *UD* 16   AN 6
Villaggio Laceno *AV* 143   AZ 39
Villaggio Lagomar *CZ* 171   BI 49
Villaggio Lario *AV* 142   AY 38
Villaggio Mancuso *CZ* 171   BI 49
Villaggio Mandorli *CA* 227   R 49
Villaggio Mangarelli *CL* ... 193   AR 59
Villaggio Martini *RI* 120   AL 30
Villaggio Merola *SA* 152   AY 41
Villaggio Montalto *TP* 190   AJ 57
Villaggio Montano *PA* 184   AO 55
Villaggio Monte Faito *NA* ... 151   AV 39
Villaggio Moresco Alto *FG* .. 127   BF 32
Villaggio Moresco
   Basso *FG* 127   BE 32
Villaggio Moschella *FG* ... 144   BE 37
Villaggio Mosè *AG* 199   AQ 60
Villaggio Nuragheddu *NU* ...211   S 39

Villaggio Paradiso *LE* 161   BT 43
Villaggio Paradiso
   degli Aranci *CT* 203   AZ 59
Villaggio Pino Grande *KR* 172   BJ 48
Villaggio Piras *OT* 207   R 36
Villaggio Polifemo *CI* 224   L 49
Villaggio Porte Rosse *RG* .. 204   AV 62
Villaggio Principe *KR* 171   BJ 49
Villaggio Quadrifoglio *BA* .. 146   BH 38
Villaggio Racise *CZ* 171   BI 49
Villaggio Resta *LE* 160   BQ 42
Villaggio Roma *UD* 30   AO 8
Villaggio S. Maria *RI* 114   AM 29
Villaggio S. Stefano *AV* ... 142   AY 38
Villaggio Samburgia *TP* ... 190   AJ 57
Villaggio Sammarco *EN* ... 194   AV 59
Villaggio San Domino *FG* .. 126   BB 31
Villaggio
   San Francesco *RM* 128   AI 33
Villaggio San Giovanni *BA* .. 146   BH 38
Villaggio San Giovanni *RG* .. 204   AV 62
Villaggio San Leonardo *SR* .. 203   AZ 59
Villaggio San Michele *CT* .. 197   AZ 57
Villaggio San Teodoro *TP* .. 182   AJ 56
Villaggio
   Santa Margherita *EN* .. 195   AW 57
Villaggio Santa Rita *LE* ... 160   BR 43
Villaggio Sant'Antonio *CT* 197   AZ 58
Villaggio Senn *CE* 139   AS 36
Villaggio Solito Posto *KR* .. 169   BL 47
Villaggio Stella d'Oro *TP* .. 190   AJ 57
Villaggio Taunus *AN* 99   AQ 22
Villaggio Tedeschi *PA* 185   AR 56
Villaggio Togliatti *LI* 102   X 27
Villaggio Tre Pietre *TP* ... 190   AG 63
Villaggio Volvito *KR* 169   BL 47
Villaggio Wojtila *LE* 159   BS 41
Villagnia *ME* 197   BA 56
Villagrande *AQ* 115   AO 30
Villagrande *BL* 14   AH 5
Villagrande *BL* 15   AJ 4
Villagrande *GE* 76   Q 17
Villagrande *PU* 88   AJ 20
Villagrande *PU* 90   AM 21
Villagrande Strisaili *OG* ... 219   S 44
Villagrappa *FC* 82   AG 18
Villagrazia di Carini *PA* ... 183   AN 55
Villagreca *CA* 221   P 47
Villagrossa *MN* 54   AA 13
Villagrossa *SP* 77   T 18
Villa-guattera *PD* 41   AF 11
Villair *AO* 32   C 9
Villair *AO* 32   D 9
Villair *AO* 32   D 9
Villair *AO* 19   E 9
Villair *AO* 33   F 9
Villalago *AQ* 122   AS 32
Villalba *AR* 88   AH 22
Villalba *CL* 193   AS 58
Villalba *RM* 120   AL 32
Vill'Albese *CO* 22   Q 9
Villalfonsina *CH* 124   AW 31
Villalta *FC* 82   AJ 18
Villalta *PD* 41   AF 10
Villalta *PN* 29   AL 8
Villalta *UD* 30   AN 7
Villalunga *PV* 51   P 12
Villalunga *RE* 66   Z 16
Villalvernia *AL* 62   O 15
Villamaggiore *MI* 51   Q 12
Villamagina *PG* 107   AM 26
Villamagna *CH* 116   AU 30
Villamagna *FI* 87   AD 21
Villamagna *PG* 97   AK 23
Villamagna *PI* 93   AA 23
Villamaina *AV* 143   AZ 38
Villamar *VS* 221   O 46
Villamarina *FC* 83   AJ 18
Villamarzana *RO* 56   AF 13
Villamassargia *CI* 224   M 48
Villamezzo *UD* 16   AN 4
Villamiroglio *AL* 49   K 13
Villammare *SA* 163   BC 43
Villamontagna *TN* 26   AB 7
Villana *CS* 170   BG 47
Villanders / Villandro *BZ* ... 13   AE 4
Villandro / Villanders *BZ* ... 13   AE 4
Villaneri *GE* 62   R 16
Villaneto *PZ* 164   BG 43
Villano *SA* 163   BC 43
Villanoce *GE* 63   R 16
Villanova *AL* 49   K 13
Villanova *BG* 37   T 10
Villanova *BL* 14   AI 5
Villanova *BL* 14   AI 5
Villanova *BL* 14   AI 6

Villanova *BO* 67   AD 17
Villanova *BR* 148   BO 39
Villanova *CR* 53   X 13
Villanova *CS* 170   BF 49
Villanova *FC* 82   AG 18
Villanova *FE* 68   AF 15
Villanova *FI* 86   AA 21
Villanova *MC* 98   AN 23
Villanova *MI* 37   R 10
Villanova *MO* 66   AA 15
Villanova *MS* 78   V 18
Villanova *PD* 42   AH 10
Villanova *PE* 116   AT 29
Villanova *PG* 105   AI 25
Villanova *PN* 29   AK 8
Villanova *PN* 29   AK 8
Villanova *PN* 29   AL 8
Villanova *PR* 65   V 16
Villanova *PR* 65   X 15
Villanova *PT* 86   AA 20
Villanova *PU* 88   AJ 20
Villanova *PU* 90   AM 21
Villanova *PV* 50   N 11
Villanova *RA* 69   AH 17
Villanova *RA* 82   AH 17
Villanova *RE* 54   AA 14
Villanova *RI* 107   AO 27
Villanova *RM* 120   AL 32
Villanova *SO* 24   V 6
Villanova *TO* 58   D 15
Villanova *TV* 42   AH 10
Villanova *TV* 43   AJ 9
Villanova *TV* 43   AK 9
Villanova *UD* 30   AM 7
Villanova *VI* 27   AE 9
Villanova *VR* 40   AA 10
Villanova *VR* 39   Z 10
Villanova Alghisi *CR* 53   V 12
Villanova Biellese *BI* 34   K 11
Villanova Canavese *TO* 47   G 12
Villanova Chiesa *PC* 63   S 15
Villanova d'Albenga *SV* ... 73   J 19
Villanova d'Ardenghi *PV* ... 51   P 12
Villanova d'Asti *AT* 48   I 14
Villanova de Bellis *MN* ... 54   AA 13
Villanova del Battista *AV* ... 143   AZ 37
Villanova del Ghebbo *RO* ... 56   AE 13
Villanova del Sillaro *LO* ... 51   R 12
Villanova dello ludrio *UD* .. 31   AP 8
Villanova di
   Camposampiero *PD* ... 42   AG 11
Villanova di Farra *GO* 31   AQ 8
Villanova di Vado *VE* 30   AM 9
Villanova Maiardina *MN* ... 54   AA 12
Villanova Marchesana *RO* ... 56   AG 14
Villanova Mondovì *CN* 71   H 17
Villanova Monferrato *AL* ... 49   L 12
Villanova Monteleone *SS* ..212   L 40
Villanova Solaro *CN* 59   G 15
Villanova Strisaili *OG* 219   R 44
Villanova sull'arda *PC* 52   U 13
Villanova Truschedu *OR* ... 217   N 44
Villanovaforru *VS* 221   O 46
Villanovafranca *VS* 221   P 46
Villanovatulo *CA* 218   Q 45
Villanovetta *CN* 59   F 16
Villanterio *PV* 51   R 12
Villanuova *BG* 38   U 11
Villanuova *BS* 52   V 12
Villanuova *PG* 65   V 15
Villanuova *TO* 33   G 11
Villanuova *VI* 55   AD 12
Villanuova sul Clisi *BS* ... 39   X 10
Villaorba *UD* 30   AN 7
Villapaiera *BL* 28   AG 7
Villaperuccio *CI* 225   N 49
Villapetrosa *TP* 190   AK 57
Villapia *MI* 36   O 10
Villapiana *BL* 28   AH 7
Villapiana *CS* 165   BH 44
Villapiana Lido *CS* 168   BH 45
Villapiana Scalo *CS* 168   BH 45
Villapinta *SO* 23   T 6
Villapriolo *EN* 194   AU 58
Villaputzu *CA* 223   S 47
Villar *CN* 58   D 16
Villar Dora *TO* 47   F 13
Villar Focchiardo *TO* 47   E 13
Villar Pellice *TO* 58   D 15
Villar Perosa *TO* 47   E 14
Villar San Costanzo *CN* ... 59   F 17
Villaraccolta *PN* 29   AK 8
Villarappa *PD* 42   AG 10

Villarasca *PV* 51   P 12
Villaraspa *TV* 28   AH 8
Villaraspa *VI* 41   AE 9
Villaraspa *VR* 55   AC 12
Villarazzo *TV* 42   AG 9
Villarbasse *TO* 47   F 13
Villarboit *VC* 35   L 11
Villareale *PV* 50   O 11
Villareggia *TO* 48   I 12
Villaregia *RO* 57   AI 14
Villarèia *PE* 116   AT 29
Villaret *AO* 32   C 9
Villaret *AO* 32   D 9
Villaretti *TO* 47   E 12
Villaretto *CN* 58   D 16
Villaretto *CN* 59   E 15
Villaretto *TO* 46   D 12
Villaretto *TO* 46   D 13
Villaretto *TO* 48   H 13
Villaricca *NA* 150   AU 38
Villarios *CI* 224   M 49
Villaro *CN* 58   C 17
Villaro *CN* 59   E 15
Villaro *CN* 74   I 19
Villarocca *CR* 53   W 12
Villaromagnano *AL* 62   O 14
Villarosa *EN* 194   AU 58
Villarotta *RE* 54   Z 14
Villasalto *CA* 222   R 47
Villasanta *MI* 36   Q 10
Villasanta *VS* 221   O 46
Villasco *CR* 53   V 12
Villaseta *AG* 198   AQ 60
Villasimius *CA* 227   S 49
Villasmundo *SR* 203   AZ 60
Villasor *CA* 221   O 47
Villaspeciosa *CA* 226   O 48
Villastellone *TO* 48   H 14
Villastrada *MN* 54   Y 14
Villastrada *PG* 105   AH 25
Villata *AT* 60   I 14
Villata *VC* 35   L 11
Villate *TO* 48   I 11
Villatella *IM* 72   G 21
Villaurbana *OR* 217   N 44
Villaurea *PA* 185   AR 56
Villavallelonga *AQ* 122   AQ 32
Villaverla *VI* 41   AD 10
Villavesco *LO* 51   R 11
Villaz *AO* 32   D 9
Ville *AL* 62   O 14
Ville *AN* 90   AN 22
Ville *AR* 94   AE 22
Ville *BS* 38   W 9
Ville *LU* 85   X 20
Ville *PU* 89   AM 21
Ville *SV* 74   K 17
Ville del Monte *TN* 26   Z 8
Ville di Fano *AQ* 114   AO 28
Ville di Giovo *TN* 26   AB 6
Ville di Roti *AR* 88   AH 21
Ville di Sopra *AR* 88   AI 21
Ville Petroni *SI* 94   AD 24
Ville San Pietro *IM* 72   I 20
Ville San Sebastiano *IM* ... 72   I 20
Ville Santa Lucia *PG* 97   AM 24
Ville Sasso *AN* 97   AN 23
Ville sur Sarre *AO* 32   E 9
Villecchia *MS* 77   U 18
Villefranche *AO* 33   F 9
Villeneuve *AO* 32   E 9
Villero *CN* 71   I 17
Villerose *RI* 114   AO 30
Villesse *GO* 31   AP 8
Villetta *BZ* 4   AF 3
Villetta *CN* 59   E 15
Villetta *LU* 78   X 19
Villetta Barrea *AQ* 122   AS 33
Villette *AO* 18   C 9
Villette *PV* 51   P 12
Villette *VB* 7   M 7
Villimpenta *MN* 54   AB 13
Villin *UD* 16   AO 6
Villò *PC* 64   S 14
Villongo *BG* 38   U 9
Villora *PR* 64   T 15
Villorba *TV* 42   AI 9
Villore *FI* 87   AE 20
Villotta *AO* 18   D 9
Villotta *PN* 29   AK 7
Villotta *PN* 29   AK 8
Villotta *PN* 29   AL 8
Villula *PR* 65   V 17

Villutta *PN* 29   AL 8
Villuzza *UD* 16   AM 6
Vilmaggiore *BG* 24   V 7
Vilmezzano *VR* 39   Z 10
Vilminore di Scalve *BG* 24   V 8
Vilpian / Vilpiano *BZ* 12   AC 4
Vilpiano / Vilpian *BZ* 12   AC 4
Vimanone *PV* 51   Q 12
Vimercate *MI* 37   R 10
Vimignano *BO* 80   AB 18
Vimodrone *MI* 36   Q 10
Vimogno *LC* 23   R 8
Vinacciano *PT* 85   AA 20
Vinadio *CN* 70   E 18
Vinago *VA* 35   N 9
Vinaio *UD* 16   AM 5
Vinano *MC* 97   AN 24
Vinca *MS* 78   V 19
Vinchiaturo *CB* 133   AW 35
Vinchio *AT* 61   K 15
Vinci *FI* 86   AA 21
Vinci *SR* 203   AZ 61
Vinciarello *CZ* 177   BI 53
Vincigliata *FI* 86   AC 21
Vincino *CO* 23   Q 6
Vinco *RC* 178   BD 55
Vincolise *CZ* 171   BI 49
Vindoli *RI* 114   AN 28
Vinè *CN* 71   H 18
Vinelli *ME* 189   BB 55
Vinigo *BL* 14   AI 5
Vinovo *TO* 48   G 14
Vintebbio *VC* 35   K 10
Vinzaglio *NO* 49   M 12
Vio *PG* 107   AM 26
Viola *CN* 74   I 18
Viola *MN* 54   AA 13
Viola *PC* 52   U 13
Viola *PR* 64   V 16
Viola *TE* 108   AR 27
Viola *VE* 57   AH 13
Viola *VE* 44   AM 9
Violo *LO* 51   R 11
Vione *BS* 11   X 6
Vione *MI* 51   Q 11
Vione *PT* 85   Z 21
Vione *SO* 11   W 6
Viotto *TO* 59   F 14
Viozene *CN* 71   H 19
Vipiteno / Sterzing *BZ* 4   AD 2
Virago *TV* 28   AG 8
Virano *FC* 82   AG 19
Virbo *BA* 147   BM 38
Virco *UD* 30   AN 8
Virgilio *MN* 54   Z 13
Virgoletta *MS* 78   U 18
Virle *VR* 39   Z 10
Virle Piemonte *TO* 59   G 14
Visano *BS* 53   X 12
Viscarda *AL* 50   N 14
Viscari *TP* 183   AL 55
Vische *TO* 48   I 12
Visciano *NA* 151   AW 38
Visciano *TR* 113   AJ 29
Visciglietta II *CS* 168   BH 46
Visciogliette III *CS* 168   BH 46
Visciogliette *CS* 168   BH 46
Viscigliata *CS* 166   BE 45
Visco *UD* 31   AP 8
Viscone *UD* 31   AP 8
Viserba *RN* 83   AK 19
Viserbella *RN* 83   AK 19
Visgnola *CO* 23   Q 8
Visiano *PR* 64   V 15
Visignano *FI* 81   AD 18
Visinale *UD* 31   AP 8
Visinale *UD* 31   AP 8
Visinale di Sopra *PN* 29   AK 8
Visinale *BZ* 4   AE 3
Visintini *GO* 31   AQ 8
Visnà *TV* 28   AH 8
Visnadello *CR* 53   V 13
Visnadello *TV* 42   AI 9
Visogliano *TS* 31   AQ 9
Visome *BL* 28   AI 7
Visone *AL* 61   M 16
Vissandone *UD* 30   AN 7
Vissani *MC* 98   AP 23
Vissignano *PN* 30   AM 8
Visso *MC* 107   AN 26
Vissone *BS* 24   V 9
Vistarino *PV* 51   Q 12

Vistorta *PN* 29   AJ 8
Vistrorio *TO* 33   H 11
Vita *TP* 183   AL 56
Vitale *FR* 130   AQ 33
Vitareta *AR* 87   AF 20
Vitarolo *VI* 27   AE 9
Vitelleria *CT* 196   AY 58
Vitellino *PG* 95   AH 25
Viterale *CZ* 171   BH 50
Viterbo *VT* 112   AH 29
Vitereta *AR* 95   AF 22
Vitiana *LU* 79   Y 19
Vitiano *AR* 95   AG 23
Viticcio *LI* 100   W 27
Viticuso *FR* 131   AS 34
Vitigliano *AR* 94   AC 22
Vitigliano *FI* 87   AD 20
Vitigliano *LE* 161   BT 43
Vitignano *FC* 82   AH 19
Vitimoso *CS* 164   BE 44
Vito *RC* 189   BD 55
Vito d'Asio *PN* 16   AM 6
Vito Nove *TV* 29   AI 7
Vitoio *LU* 78   W 19
Vitolini *FI* 86   AA 21
Vitorchiano *VT* 112   AI 29
Vitriola *MO* 79   Y 17
Vittadone *LO* 52   S 12
Vittoria *GE* 62   O 16
Vittoria *RG* 204   AW 62
Vittorio Veneto *TV* 29   AI 8
Vittorito *AQ* 122   AR 31
Vittuone *MI* 36   O 11
Vitulano *BN* 142   AW 36
Vitulazio *CE* 141   AU 37
Viturano *AV* 142   AY 37
Vituri *MT* 155   BG 42
Viù *TO* 47   F 12
Viustino *PC* 64   T 14
Vivai *SA* 152   AY 40
Vivaia *SI* 94   AC 23
Vivaio Forestale *RC* 178   BD 54
Vivara *CB* 124   AW 33
Vivario *TO* 33   H 11
Vivaro *BI* 34   K 10
Vivaro *PN* 29   AL 7
Vivaro Romano *RM* 120   AN 31
Vivente *PV* 51   Q 12
Viverone *BI* 34   J 11
Viviere *CN* 70   C 17
Vivo d'Orcia *SI* 104   AE 26
Viziliu *SS* 208   L 39
Vizioso *CS* 166   BE 45
Vizza *TV* 28   AI 7
Vizzaneta *PT* 79   Z 19
Vizzano *BO* 80   AC 17
Vizzarri *CB* 124   AY 33
Vizzero *BO* 80   AA 19
Vizzini *CT* 202   AX 61
Vizzola *PR* 65   V 15
Vizzola Ticino *VA* 35   N 10
Vo *PD* 56   AE 12
Vo *VI* 41   AD 11
Vò Pindemonte *VR* 54   AA 12
Vò Sinistro *TN* 40   AA 9
Vobarno *BS* 39   X 10
Vobbia *GE* 63   P 16
Vobbietta *GE* 62   O 16
Vocca *VC* 21   K 9
Vocemola *AL* 62   O 15
Voceto *RI* 108   AO 28
Vocolio *PZ* 164   BF 44
Vodà *CZ* 175   BI 52
Vodo Cadore *BL* 14   AI 5
Voga *SO* 9   R 6
Voghenza *FE* 68   AF 15
Voghera *PV* 50   P 14
Voghiera *FE* 68   AF 15
Vogogna *VB* 21   K 7
Vogognano *AR* 88   AG 22
Voilan / Foiana *BZ* 12   AB 4
Volania *FE* 69   AH 15
Volano *FE* 69   AI 15
Volano *TN* 26   AB 8
Volargne *VR* 39   Z 10
Volastra *SP* 77   T 19
Volciano *BS* 39   X 10
Volciano *RI* 114   AN 28
Volegno *LU* 84   W 19
Volla *NA* 151   AV 38
Vollein *AO* 33   F 9
Vollon *AO* 33   H 9
Volmiano *FI* 86   AC 20
Volognano *FI* 87   AD 21

VITERBO

Ascenzi (V. F.) .... Y 2
Caduti (Pza dei) .... Y 3
Cardinale la Fontaine (V.) .... Z 4
Carmine (V. del) .... Z 6
Crispi (Pza F.) .... Y 7
Fabbriche (V. delle) .... Z 10
Gesù (Pza del) .... Z 12
Italia (Cso) ....
Lorenzo da Viterbo (V.) .... Z 13

Marconi (V. G.) .... Y
Maria SS. Liberatrice (V.) ..... Y 15
Matteotti (V. G.) .... Y
Meone (V. del) .... Y 16
Mille (V. dei) .... Z 17
Morte (Pza della) .... Z 18
Orologio Vecchio (V.) .... Y 19
Pace (V. della) .... Z 20
Piaggiarelle (V. d.) .... Z 23
Pianoscarano (V. di) .... Z 24
Pietra del Pesce (V.) .... Z 25
Plebiscito (Pza del) .... Y 26

Roma (V.) .... Y 27
Rosselli (V. Fratelli) .... Y 28
Saffi (V.) .... YZ 29
San Bonaventura
 (V.) .... Y 32
San Carluccio (Pza) .... Z 33
San Leonardo (V.) .... Z 36
San Pellegrino (Pza) .... Z 37
San Pellegrino (V.) .... Z 39
Trinità (Pza della) .... Y 40
Vallepiatta (V.) .... Y 41
Verità (V. della) .... Y 43

Circolazione regolamentata nel centro città

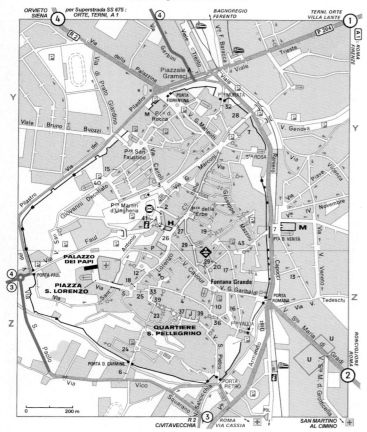

Vologno *RE* 79   X 17
Volon *VR* 55   AB 11
Volongo *CR* 53   W 12
Volongo *MN* 53   X 12
Volpago del Montello *TV* ... 42   AH 9
Volpaia *SI* 94   AD 22
Volpaie *SI* 94   AD 24
Volpaio *GR* .... 103 AC 26
Volpara *AL* 63   P 15
Volpara *PC* 52   T 13
Volpara *PR* 63   S 16
Volpara *PV* 51   Q 14
Volpares *UD* 30   AN 9
Volpari *AV* .... 151 AX 39
Volparo *PD* 56   AG 12
Volparo *SA* .... 152 AZ 41
Volpedo *AL* 62   O 14
Volpeglino *AL* 62   O 14
Volpente *VI* 41   AE 9
Volpera *BS* 25   W 7
Volperino *PG* .... 107 AM 26
Volpetta *TO* 47   F 11
Volpi *PR* 64   T 16
Volpi Primo *AP* 98   AP 25
Volpiano *TO* 48   H 12
Volpicchi *CS* .... 170 BG 48
Volpina *FC* 82   AG 18
Volpino *VR* 40   AD 11
Volponi *CS* .... 171 BH 49
Volpreto *AL* 62   N 16
Volta *VI* 55   AD 12
Volta Brusegana *PD* 42   AG 11
Volta Mantovana *MN* 54   Y 12
Volta Nespola *CT* .... 197 AZ 58
Voltab arozzo *PD* 42   AG 11
Voltaggio *AL* 62   O 16
Voltago *BL* 14   AH 6
Voltana *RA* 68   AG 16

Voltellina *MC* .... 107 AM 26
Volterra *PI* 93   AA 23
Volterrano *PG* 95   AH 23
Voltido *CR* 53   W 13
Voltino *BS* 26   Z 9
Volto *RO* 57   AI 13
Voltois *UD* 15   AL 5
Voltole *PG* 97   AL 24
Voltone *VT* .... 111 AF 30
Voltorre *VA* 22   N 8
Voltre *FC* 82   AH 19
Voltri *GE* 75   N 17
Volturara Appula *FG* ..... 134 AZ 35
Volturara Irpina *AV* ...... 142 AY 38
Volturino *FG* .... 134 AZ 35
Volvera *TO* 47   G 14
Voragno *TO* 47   F 12
Voran / Verano *BZ* 4   AC 4
Vorea *RC* .... 179 BF 55
Vorno *LU* 85   Y 21
Voscari *PZ* .... 164 BF 44
Vottero *CN* 59   E 15
Vottignasco *CN* 59   G 16
Voze *SV* 74   L 18
Vreccia *SA* .... 162 BA 42
Vrù *TO* 47   F 11
Vuccolo Cappasanta *SA* .. 152 AZ 41
Vuccolo di Maiorano *SA* ... 152 AZ 41
Vucida *RC* .... 178 BE 55
Vuezzis *UD* 16   AM 4
Vulcanello *ME* .... 181 AY 53
Vulcano Bleu *ME* .... 181 AY 53
Vulcano Piano *ME* .... 181 AY 53
Vulcano Porto *ME* .... 181 AY 53
Vunazzi *CZ* .... 171 BH 49
Vurgo *TP* .... 190 AK 57
Vuturella *CZ* .... 177 BH 52

W

Walde / Senale *BZ* 12   AB 4
Walkenstein / Selva *BZ* .. 13   AF 4
Walten / Valtina *BZ* 3   AC 3
Wangen / Vanga *BZ* 13   AD 4
Wehlen /
 Valle San Silvestro *BZ* .. 5   AI 3
Weissenbach / Riobianco *BZ* .3   AD 3
Weissenbach / Riobianco *BZ* .4   AG 2
Weitental / Vallarga *BZ* .. 4   AF 2
Wellblahn /
 Lavinia Bianca *BZ* 13   AE 5
Welsberg / Monguelfo *BZ* ..5   AH 3
Welschnofen /
 Nova Levante *BZ* 13   AE 5
Wengen / La Valle *BZ* 4   AE 2
Wieden / Saletto *BZ* 4   AE 2
Wiesen / Prati *BZ* 4   AD 2
Winnebach /
 Prato alla Drava *BZ* 5   AJ 3
Wolfl / Lupicino *BZ* 13   AD 5

X - Z

Xausa *VI* 27   AE 9
Xirbi *CL* .... 194 AT 58
Xitta *TP* .... 182 AK 56
Zaccanelle *CS* .... 170 BG 49
Zaccanesca *BO* 80   AC 18
Zaccano *CZ* .... 175 BI 50
Zaccanopoli *VV* .... 176 BE 52
Zaccaria *SI* .... 104 AF 26
Zadiana *CS* .... 170 BF 48
Zadina Pineta *RA* 82   AJ 18
Zaffaria *ME* .... 189 BC 55
Zafferana Etnea *CT* ...... 197 AZ 57
Zaffignano *PC* 64   T 14

Zaganara *PV* 51   R 13
Zagarellaro *CS* .... 167 BG 47
Zagaria *RC* .... 178 BD 55
Zagaria *VV* .... 174 BG 51
Zagarise *CZ* .... 171 BI 49
Zagarolo *RM* .... 120 AL 32
Zagonara *RA* 82   AG 17
Zaiama *UD* 16   AO 6
Zaingra *CS* .... 167 BF 47
Zambana *TN* 26   AB 7
Zambana Vecchia *TN* 26   AB 7
Zambia *PI* 85   X 21
Zambla *BG* 24   T 8
Zambla Alta *BG* 24   T 8
Zambone *MN* 54   AA 14
Zamboni *VI* 26   AC 9
Zambra *FI* 93   AB 22
Zambrone *VV* .... 174 BE 51
Zammarelli *FR* .... 131 AR 35
Zammaro *VV* .... 174 BF 52
Zampani *PG* .... 106 AK 27
Zampielli *CH* .... 117 AU 31
Zampine *RO* 55   AE 14
Zampis *UD* 30   AO 7
Zana *SA* .... 152 AY 39
Zanano *BS* 38   W 10
Zanardi *VR* 55   AD 13
Zanca *LI* .... 100 V 27
Zancan *PN* 16   AM 6
Zanchi *KR* .... 172 BJ 49
Zanco *AL* 49   J 13
Zancona *GR* .... 104 AE 26
Zandobbio *BG* 38   U 9
Zané *VI* 41   AD 9
Zanega *SP* 77   S 17
Zanengo *CR* 52   U 12
Zanetta *MN* 54   Z 13
Zanetti *BG* 24   U 8
Zanetti *PD* 56   AE 12
Zanga *BI* 34   J 11
Zangarona *CZ* .... 171 BH 50
Zangolo *PG* 96   AJ 23
Zanica *BG* 37   T 10
Zannini *VI* 27   AF 8
Zanon *TN* 12   AA 5
Zanon *VR* 54   AB 12
Zanoni *TN* 13   AE 6
Zapalli *OT* .... 211 R 38
Zapatocco *UD* 17   AP 6
Zappa *ME* .... 188 AY 55
Zappello *CR* 52   T 12
Zappello di Campagna *CT* .... 197 AZ 57
Zappia *RC* .... 177 BG 53
Zappolino *BO* 80   AB 17
Zapponeta *FG* .... 136 BE 35
Zappulla *ME* .... 187 AX 55
Zappulla *RG* .... 204 AX 63
Zappulla *SR* .... 203 AZ 60
Zappuneri *ME* .... 188 AY 55
Zara *MN* 54   AA 13
Zarantonelli *VI* 40   AC 10
Zarli *LU* 84   X 20
Zarlo *FR* .... 130 AO 34
Zattaglia *RA* 81   AF 18
Zavattarello *PV* 63   Q 14
Zazza *BS* 25   X 7
Zebbo *VI* 27   AE 8
Zebedassi *AL* 63   P 15
Zecca *CZ* .... 174 BH 51
Zeccagnuolo *SA* .... 151 AW 39
Zeccone *PV* 51   Q 12
Zeddiani *OR* .... 216 M 44
Zeffo Rovere *FE* 57   AI 14
Zegliacco *UD* 16   AN 6
Zeglianutto *UD* 16   AN 6
Zelarino *VE* 42   AI 10
Zelata *PV* 50   P 12
Zelbio *CO* 22   Q 8
Zeller *TN* 25   Z 7
Zellina *UD* 30   AO 8
Zello *BO* 81   AF 17
Zelloni-Vigne *CE* .... 140 AS 36
Zelo *RO* 55   AD 13
Zelo Buon Persico *LO* ... 37   R 11
Zelo Surrigone *MI* 36   O 11
Zeme *PV* 50   N 12
Zena *BO* 80   AD 17
Zena *PC* 52   T 14
Zenerigolo *BO* 67   AC 16
Zenevrari *VI* 41   AF 9
Zenevredo *PV* 51   Q 13
Zenevreto *AL* 49   K 13
Zenich *BL* 14   AH 6
Zenighe *BS* 38   U 10
Zenna *AR* 87   AG 22
Zenna *VA* 22   N 7

Zenodis *UD* 16   AN 4
Zenson di Piave *TV* 43   AJ 9
Zenzalino *FE* 56   AG 14
Zeppa Nuova *RA* 68   AG 17
Zeppara *OR* .... 221 N 45
Zepponami *VT* .... 112 AM 28
Zepponi *BN* .... 133 AX 35
Zerba *AL* 61   L 16
Zerba *MN* 53   Y 14
Zerba *PC* 63   Q 16
Zerbare *VR* 39   Z 11
Zerbati *VI* 40   AC 10
Zerbinate *FE* 55   AD 14
Zerbio *PC* 52   U 13
Zerbo *PV* 51   R 13
Zerbolò *PV* 50   P 12
Zerfaliu *OR* .... 217 N 44
Zergolon *BL* 15   AK 5
Zeriolo *TV* 42   AH 10
Zeri *MS* 77   T 17
Zermeghedo *VI* 41   AD 11
Zero Branco *TV* 42   AH 10
Zerti *CS* .... 171 BG 47
Zeta *CZ* .... 171 BH 49
Zevio *VR* 40   AB 11
Zianigo *VE* 42   AH 10
Ziano di Fiemme *TN* 13   AE 6
Ziano Piacentino *PC* 51   R 13
Zibana *PR* 78   V 17
Zibello *PR* 53   V 13
Zibido *PV* 51   Q 12
Zibido San Giacomo *MI* .. 51   P 11
Zifronte *ME* .... 189 BB 54
Zigaraga *VE* 42   AH 10
Zigole *BS* 38   W 9
Zija *RC* .... 177 BH 53
Zimardo Inf. *RG* .... 204 AY 63
Zimardo Sup. *RG* .... 204 AX 63
Zimarino *CH* .... 124 AW 30
Zimbi *CZ* .... 177 BH 52
Zimella *VR* 55   AD 11
Zimmaro *CS* .... 171 BI 48
Zimmer *PV* 50   P 13
Zimone *BI* 34   J 11
Zinasco Nuovo *PV* 50   P 13
Zinasco Vecchio *PV* 50   P 13
Zini *VR* 40   AC 10
Zinnavo *CZ* .... 170 BG 50
Zinnì *RC* .... 177 BG 53
Zinnibiri Mannu *OG* ...... 223 S 45
Zinnigas *CA* .... 225 N 48
Zinola *SV* 75   L 18
Ziracco *UD* 31   AP 7
Ziribega *BO* 80   AB 17
Ziu Zolo *NU* .... 213 O 42
Zivedo *PC* 52   T 14
Zoadello *BS* 38   V 10
Zoagli *GE* 76   Q 17
Zoate *MI* 37   R 11
Zocca *MN* 54   AA 14
Zocca *MO* 80   AA 17
Zoccalia *CS* .... 167 BG 45
Zocchetta *MO* 80   AA 17
Zocco *BS* 38   U 10
Zocco *SR* .... 202 AY 61
Zocco *VR* 40   AB 10
Zogno *BG* 23   S 9
Zola Predosa *BO* 67   AC 17
Zoldo Alto *BL* 14   AH 5
Zolla *TS* 45   AR 9
Zollara *RN* 89   AK 20
Zolli *AV* .... 142 AX 37
Zollino *LE* .... 160 BS 42
Zomaro *RC* .... 176 BF 54
Zombarella *CZ* .... 177 BH 52
Zomeais *UD* 16   AO 6
Zomino *RC* .... 177 BG 54
Zompicchia *UD* 30   AN 8
Zompitta *UD* 16   AO 6
Zona Artigianale *FG* ...... 135 BB 36
Zona Artigianale
 Val Menocchia *AP* .... 108 AR 25
Zona Canuta *BR* .... 149 BR 40
Zona di Lallo *LE* .... 159 BR 41
Zona Erchie Piccolo *LE* .. 159 BS 41
Zona Industriale *AN* 98   AO 23
Zona Industriale
 Cicerone *TA* .... 147 BM 39

Zona Industriale
 di Stiatico *BO* 67   AD 16
Zona Marangi *LE* .... 159 BS 41
Zona Ovest *AP* 99   AR 24
Zona Pescola *AP* 99   AR 24
Zona Pip Beldiletto *MC* .. 98   AP 23
Zonca *VB* 7   K 7
Zone *BS* 38   V 9
Zone *LU* 85   Y 20
Zonzo *SA* .... 152 BA 40
Zoppè di Cadore *BL* 14   AI 5
Zoppi *SA* .... 162 AY 42
Zoppola *PN* 29   AL 8
Zorba *AG* .... 193 AQ 59
Zordan *PD* 42   AG 11
Zoreri *TN* 26   AC 8
Zorlesco *LO* 52   S 12
Zornasco *VB* 7   L 7
Zorzoi *BL* 27   AF 7
Zorzone *BG* 24   T 8
Zovello *UD* 16   AM 4
Zovencedo *VI* 41   AE 11
Zovo *MN* 54   AA 13
Zovo *UD* 41   AD 10
Zovo *VR* 40   AC 10
Zovo *VR* 39   Z 10
Zovon *PD* 56   AE 11
Zù *BG* 38   V 9
Zuanes *PN* 16   AM 6
Zuari *SS* .... 208 M 39
Zubbio I *PA* .... 185 AP 55
Zubbio II *PA* .... 185 AP 55
Zubiena *BI* 34   I 11
Zuccara *SR* .... 205 AZ 62
Zuccarelli *BN* .... 142 AY 37
Zuccarello *PV* 63   P 14
Zuccarello *SV* 73   J 19
Zuccarello *VE* 42   AJ 10
Zuccaro *VC* 35   L 9
Zucchea *TO* 59   F 15
Zucchi *AL* 41   AE 9
Zuccotti *VR* 39   Z 11
Zuclo *TN* 26   Z 7
Zuel *BL* 14   AH 4
Zuel di Qua *TV* 28   AI 8
Zugliano *UD* 30   AO 7
Zugliano *VI* 41   AE 9
Zuglio *UD* 16   AN 5
Zuiano *PN* 29   AL 8
Zuino *AO* 34   I 9
Zuino *BS* 39   Y 9
Zula *BO* 80   AD 17
Zum Zeri *MS* 77   T 17
Zumaglia *BI* 34   J 10
Zumiè *BS* 39   Y 9
Zummino *ME* .... 188 AX 55
Zummo *CT* .... 197 BA 57
Zumpano *CS* .... 171 BG 48
Zungoli *AV* .... 143 BA 37
Zungri *VV* .... 174 BE 52
Zunico *MI* 51   Q 11
Zuppino *SA* .... 153 BA 40
Zurco *RE* 66   Y 15
Zuri *OR* .... 217 O 43
Zurlengo *BS* 38   U 11
Zuzoli *BN* .... 142 AY 37
Zwischenwasser /
 Longega *BZ* 4   AG 3

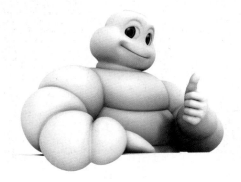

Edition 2010 by Manufacture Française des Pneumatiques Michelin
Société en commandite par actions au capital de 304 000 000 EUR
Place des Carmes-Déchaux - 63 Clermont-Ferrand (France)
R.C.S. Clermont-Fd **B** 855 200 507
© 2009 Michelin, Propriétaires-Éditeurs

CARTE STRADALI E TURISTICHE PUBBLICAZIONE PERIODICA
Reg. Trib. Di Milano N° 80 del 24/02/1997 Dir. Resp. FERRUCCIO ALONZI

In spite of the care taken in the production of this book, it is possible that a defective copy
may have escaped our attention. If this is so, please return it to your bookseller,
who will exchange it for you, or contact :
Michelin
Cartes et Guides
46, av. de Breteuil
75324 PARIS CEDEX 07
www.cartesetguides.michelin.fr
www.ViaMichelin.com

Dépôt légal Janvier 2010
Imprimé en Italie en 11-09
Impression : CANALE - Borgaro Torinese (Italie)